# 内　容

○改訂新版監修にあたって
○新版監修にあたって
○はしがき
○この辞典の使い方

○本　文 …………………………… 1〜553

○付　録
- ●常用漢字表 ………………………… 557
- ●旧「常用漢字表」からの
  変更点 …………………………… 613
   1　追加字種一覧
   2　削除字種一覧
   3　音訓及び付表の変更点
   4　「異字同訓」の漢字の用法例
- ●小学校学年別漢字配当表 ………… 623
- ●現代仮名遣い ……………………… 628
- ●送り仮名の付け方 ………………… 640
- ●公用文における漢字使用
  等について ……………………… 651
- ●法令における漢字使用等
  について ………………………… 655
- ●外来語の表記 ……………………… 665
- ●地名表記の手引 …………………… 680
- ●部首名一覧 ………………………… 697
- ●常用漢字筆順一覧表 ……………… 698

常用漢字・送り仮名
現代仮名遣い・筆順

# 例解辞典
［改訂新版］

高田智和：改訂新版監修
野元菊雄：新版監修
白石大二：編

ぎょうせい

## 改訂新版監修にあたって

　平成22年11月に改定「常用漢字表」が内閣告示となりました。昭和56年に「常用漢字表」が制定されて以来，29年を経ての改定です。
　「例解辞典」も，字種や音訓の追加・変更に対応させて，改訂新版として刊行することにしました。この改訂新版では，改定「常用漢字表」によって，これまでの表記がどのように変わるのかを明確に示すため，追加字種や削除字種，追加音訓や削除音訓などに記号をつけて，わかりやすく表現することに努めました。

　現行の「例解辞典」は，昭和57年，白石大二先生の編集で世に出ました。現代国語の書き表し方を，常用漢字・現代仮名遣いを原則として，豊富な見出し語と語例を添えて示しています。白石先生亡きあとは，故野元菊雄先生が監修の任にあたられました。今回の改訂新版では，白石先生，野元先生のご遺志を継いで監修にあたりました。

　この辞書が，いつも読者の座右にあることを願っています。
　　平成23年5月

　　　　　　　　　　　　　　　　　　　　　　　　高田　智和

# 新版監修にあたって

　この「例解辞典」の前身が世に出たのは、昭和39年のことですから、もう35年近くも前になります。その後、国の国語政策にも何回も転機がありました。その主な転換の度ごとに、この辞典も改訂を重ねて参りました。最終の改訂は昭和62年でありまして、その版は平成9年までに9刷を重ねて、世に迎えられています。

　今回、その前の版以後幾年月を重ねてきましたので、世相もいろいろ変わった、ということで、項目についても改めては、ということになりました。その編者は当然最初からの白石氏が当たられるべきですけれども、残念なことに、この間に白石氏が亡くなられましたので、ご遺族のご了承を得て、今般わたしがこの役を果たすことになりました。

　白石氏はわたしより10歳の年長ですが、出身学科も違い、若いころはそれほど親しくはなりませんでした。しかし、その後一時期お仕事のお手伝いをしたことがありました。

　わたしが大学を出て最初にした仕事は、日本占領軍の民間情報教育局がした「日本人の読み書き能力」調査でした。この昭和23年の調査の報告書は「日本人の読み書き能力」（昭和26年、東京大学出版部）となっています。その後は日本の文部省でこの調査の追跡的な調査を昭和29～31年に、調査局国語課の仕事としてやりました。前の連合軍の調査の縁で、アドバイザー的に何回も会議に出たとき、当時の国語課長白石氏と親しくなったのでした。

個人的な感慨をここで述べたのは，国語政策については一見勝手に訓令・告示を出しているように見えるかも知れませんが，その基礎として大きな調査をしているのだ，ということをこの辞典を利用して下さる方々にも知っていただきたい，と思ったからです。

　白石氏の遺志によってこの辞書がさらに世に大いに行われることを願っています。
　　　　平成10年2月


　　　　　　　　　　　　　　　　　　　　　　　野元　菊雄

# は　し　が　き

　昭和61年7月1日,「現代仮名遣い」が告示・訓令されたので,仮名遣いに関して,旧版の付録の中の「現代かなづかいの要領」を新しい告示と差し替えた。新しい「現代仮名遣い」は,旧「現代かなづかい」の一般の実際の使用とは更改のないものなので,本文に変更を加えるものはなかった。

　しかし,新しい告示の詳細に沿って多少語例などの増加を図った。

　　昭和62年5月

編　　者

# は　し　が　き(旧版)

　先に,「送りがなのつけ方」(昭34.7.11内閣告示1)が制定され,当用漢字制定以来の一連の国語政策が一段落したのを受けて,『例解辞典』を編集し刊行した。その後,国語政策の見直しが行われ,「当用漢字音訓表」(昭48.6.18内閣告示1),「送り仮名の付け方」(昭48.6.18内閣告示2)が制定され,国語政策に一転機を迎えるに至ったのを受けて,『新例解辞典』を編集し刊行した。

　このたび,その転換の一環として,「当用漢字表」に替わって「常用漢字表」(昭56.10.1内閣告示1)が制定され,字種・音訓・字体にわたって,「法令,公用文書,新聞,雑誌,放送など,一般の社会生活において,現代の国語を書き表す場合の漢字使用の目安」が示された。つ

いては，それによる新しい法令・公用文書の書き方の処置がなされ，小・中・高の各学校教育において，漢字教育のしかた，教科書の国語表記のしかたが指示された。更に，人名に用いる漢字について，常用漢字表と人名用漢字別表（戸籍法施行規則＜昭22.12.19司法省令94：昭56.10.1法務省令51で一部改正＞別表第二）の制定によって，増加する人名漢字と人名漢字の範囲が示された。それを受けて，『常用漢字・送り仮名・筆順　例解辞典』という新しい例解辞典を編集し刊行することとなった。

　国語政策は，広く社会の慣習に照らして，そのよりどころを，ゆとりのあるものとして，国語表記の目安を示すようになってきた。このような思潮を背景とした取り決めは，国語表記に関するすべてのものに，微妙に影響している。新しい例解辞典は，そういう点に配慮して編集してある。新しい取り決めの類は，なんらかの形で収めてある。

　内容とする骨組みは，これまでの例解辞典と同様のものであって，時代の要請に添って工夫・努力の成果を加えたものである。

　その詳細は，目次及び初めに掲げる「この辞典の使い方」によって見ていただきたい。

　終わりに，この版を出版するに際しては，総務部長兼企画調査部長荒川欽一氏，企画調査部企画課伊藤秀士・稲葉茂樹両氏の非常な協力のあったことを一言書き添えて，感謝の意を表する。また，例解辞典出版以来，配慮・助力をいただいたかたがたに，改めて，お礼の言葉を申し添えたい。

　　昭和56年12月　編集を終えるに当たって

編　　　者

# この辞典の使い方

　この辞典は,常用漢字・現代仮名遣いを原則とする現代国語の書き表し方を,例を挙げて示したものである。
　収録の語は,新聞・教科書・公用文など日常使用されるものを集め,特に,書くのに迷いやすいもの,あるいは誤りやすいものができるだけ載るよう努めた。

## 見　出　し　語

(1)　書き表し方
　見出し語は,アンチック体の活字を使用し,原則として音は片仮名,訓と送り仮名は平仮名で示した。
　常用漢字の音訓については,改定「常用漢字表」(平22.11.30内閣告示2)の音訓欄に掲げられた音訓のすべてを見出し語とした。そのうち下線＿＿を付けているものは,「常用漢字表」にいう特別なもの又は用法のごく狭い音訓を示す。(「常用漢字表」では,音訓欄に1字下げで掲げてある。)
　また,旧「常用漢字表」(昭56.10.1内閣告示1)からの音訓欄の変更については,追加された音訓には下線＿〰,削除された音訓には下線＿＿をつけて示す。
(2)　配　　列
　五十音順に配列した。
　同じ発音の音と訓については,音を先に,訓を後に掲げた。
　同じ音訓の語については,常用漢字・常用漢字表外の字(表外の音訓)の順に並べ,更に常用漢字については「常用漢字表」での順序に従って配列した。
　清濁は,清音・濁音・半濁音の順とし,促音の「っ」,よう音の「ゃ,ゅ,ょ」は,それぞれ直音「つ」,「や,ゆ,よ」の後に並べた。

## 語の書き表し方

(1) 原　　則

　常用漢字・現代仮名遣い・送り仮名の付け方を原則とする，一般的と考えられる書き表し方を，ゴシック体で示した。

　ゴシック体で示した書き表し方は，原則として1語について1種とした。2種の書き表し方があって，どちらによるとも決めにくいものについては，その両者をゴシック体で示した。更に，広く使用していると認められる書き表し方についても，適宜，明朝体で示した。

(2) 常用漢字・学年別漢字配当表の漢字

　常用漢字の右端にある算用数字は，常用漢字2136字を改定「常用漢字表」の配列に従って並べたものの整理番号である。巻末の「常用漢字筆順一覧表」は，これに従って配列してあるので，その漢字の筆順を調べる際には，この整理番号を参考とされたい。

　常用漢字のうち，小学校学習指導要領（平29.3.31文部科学省告示63）「第2章，第1節国語」に別表として示された「学年別漢字配当表」の漢字（1026字）には，右肩に配当学年を示す数字を付した。

　学年別漢字配当表の漢字を含めて常用漢字全部について，見出しの音訓以外に認められている音訓をすべてその漢字の右に列挙して示した。この場合も，音は片仮名，訓は平仮名で示し，送り仮名の部分はゴシック体で示した。

　音訓が見出しのもの以外は認められないものについては，音訓のいずれか欠如したものを，棒線—で示した。

(3) 送り仮名の許容

　かっこ（　）の中の書き表し方は，「送り仮名の付け方」（昭48.6.18内閣告示2）にいう許容の形で，送り仮名を省いてもよいと判断されるものである。公用文及び法令において使用するとされている書き表し方については，付録として掲げた「公用文における漢字使用等について」（平22.11.30内閣訓令1），「法令における漢字使用等について」（平22.11.30内閣法制局通知）の「2　送り仮名の付け方について」の項を参照されたい。

　「送り仮名の付け方」通則7には，「複合の語のうち，次のような名詞は，慣用に従って，送り仮名を付けない。」として複合名詞86語が例示されているが，

この辞典では、通則7に例示された86語以外にも、次のような慣用が固定していると認められる語は、送り仮名を省いた形で掲げてある。

　　挿絵　指図　建坪　漬物　履物　取組　缶詰　瓶詰　竜巻

## 用 例（例）の 説 明

(1) 原　　則

　見出し語を用いた語例、例文を例で表示して掲げてある。配列は、具体的な意味のものから抽象的な意味のもの、本来の意味のものから派生的な意味のものの順に並べた。なお、それらと違った意味を持つものについては、セミコロン；で区別した。

　原則として、見出し語そのままの形で使用するものを示したが、他動詞又は自動詞になるもの、派生語については、適宜、それらを例文中に示した。

(2) 常用漢字の語例

　常用漢字の音を使用するものについては、原則として、その漢字が前につくものを先に、後ろにつくものを後に、それぞれ五十音順に並べた。また、意味がはっきりと分類される語については、意味によって分け、それぞれについて語例を原則に従って掲げた。訓を使用するものについても、適宜、用例を掲げてある。

## 記 号・略 号 の 説 明

〔　〕……参考表記。常用漢字表外字・表外音訓、誤用・当て字などを示す。
　○……旧「常用漢字表」になくて、改定「常用漢字表」で追加された漢字
　●……旧「常用漢字表」になくて、改定「常用漢字表」で追加された音訓
　□……旧「常用漢字表」にあって、改定「常用漢字表」で削除された漢字
　■……旧「常用漢字表」にあって、改定「常用漢字表」で削除された音訓
　△……旧「常用漢字表」・改定「常用漢字表」に含まれていない漢字
　▲……旧「常用漢字表」・改定「常用漢字表」の音訓欄に含まれていない音訓
　×……誤って使用されているもの。
（　）……許容の書き表し方。送り仮名を省いた形。

\*……改定「常用漢字表」の付表に掲げられた語。ただし,付表の語を含む複合語には付けなかった。この語の見出しは平仮名で示した。

※……改定「常用漢字表」の備考欄に掲げられた都道府県名。これらの見出しは平仮名で示した。

< >……誤読のおそれがあるもの及び難読と思われるものに付した読み方の注記。常用漢字表の付表に掲げられた語については,平仮名で示した。

例……語例・句例・例文。

類……見出し語の類義語・同意語。

対……反対語・対照語・対語。

関……関連語。

学……文部省(現 文部科学省)が制定した「学術用語集」に含まれる語。

注……注記。語例・句例・例文の一部に注記を付す場合は(注……)の形で示した。

副詞……副詞的用法として使うものであって紛らわしい語。

接続詞……接続詞的用法として使うものであって紛らわしい語。

当て字……当て字。(常用漢字表の付表に掲げられていない熟字訓などを含む。)

# 例 解 辞 典
## 改訂新版

〔ア・あ〕

ア 亜 —　　　　　　　　　1
　例亜鉛, 亜熱帯, 亜流, 亜硫酸；東亜
アイ 哀 あわれ・あわれむ　　　2
　例哀感, 哀歓, 哀願, 哀愁, 哀悼, 哀楽, 哀話；悲哀　対楽
アイ 挨 —　　　　　　　　　3
　例挨拶〈アイサツ〉
アイ 愛[4] —　　　　　　　　4
　例親の愛, 美への愛；愛育, 愛犬, 愛護, 愛国, 愛児, 愛読, 愛用；敬愛, 慈愛, 博愛, 母性愛　対憎
　注※愛媛〈えひめ〉県
アイ 曖 —　　　　　　　　　5
　例曖昧〈アイマイ〉
あい 相[3]　ソウ・ショウ　1223
　例相協力する；相宿, 相手, 相乗り
あい 藍　ラン〔あい〕　　　2033
　例藍色, 藍染め
あいうち 相打ち, 相撃ち, 相討ち
　例相打ちになる
あいかぎ 合い鍵, 合いかぎ
　例賊は合い鍵を使って忍び込んだ
あいかわらず 相変わらず（相変らず）
　例相変わらず寒い, 相変わらず元気だ
アイカン 哀歓　例人生の哀歓　対悲喜
アイガン 哀願　例救援を哀願する
　類嘆願, 哀訴
アイガン 愛玩　例愛玩犬　類愛用
あいぎ 合い着（合着）〔間着〕　例春の合い着　類合い服　対冬着, 夏着
アイキョウ あいきょう〔愛敬, 愛嬌〕
　例あいきょうのよい娘, あいきょう者の猿

アイコ 愛顧　例御愛顧を賜わり……
あいことば 合い言葉（合言葉）
　例「世界平和」を合い言葉に進む
アイサツ 挨拶, あいさつ　例客に挨拶をする
アイシュウ 哀愁　例哀愁に満ちた調べ, 哀愁を帯びた……
あいショウ 愛称, 合い性（合性）
　例相性のよい人
アイジョウ 愛情　例愛情に満ちあふれた言葉, 深い愛情　対憎悪, 憎しみ
あいズ 合図　例合図の笛が鳴る
アイする 愛する　例子を愛する, 国を愛する, 自然を愛する　対憎む
アイセキ 哀惜　例哀惜の情
アイセキ 愛惜　例愛惜の念
アイソ 愛想〔愛相〕　例愛想がよい, 愛想を尽かす　注飲食店で客が払う勘定の意味のときは「おあいそ」。
アイソウ 愛想　注「アイソ」とも言う。
あいだ 間[2]　カン・ケン, ま　270
　例陸と島との間, 長い間の努力, 二つの意見の間を取る, 二人の間を裂く
アイタイする 相対する　例敵と相対する
あいだがら 間柄　例親子の間柄, 先輩と後輩の間柄
アイチャク 愛着　例古い物に対する愛着, 愛着を覚える　注「アイジャク」とも言う。
あいつぐ 相次ぐ　例企業の倒産が相次ぐ；事件が相次いで発生する
あいづち 相づち〔相槌〕　例相づちを打つ
あいて 相手〔対手〕　例相手になる, 競争相手, 話し相手　対自分
あいてかた 相手方　例相手方の電話番号
アイトウ 哀悼　例哀悼の意を表する

明朝体の右肩の数字は配当学年　末尾の数字は常用漢字表番号　（　）許容　類類義同意語　対反対対照語
関関連語　学学術用語

あいともなう　相伴う　例相伴って出発する

あいなかばする　相半ばする　例功罪相半ばする

あいにく　あいにく〔生憎:合憎当て字〕　例あいにくの雨，おあいにくさま　対折よく

あいのて　合いの手〔間の手〕　例合いの手を入れる

アイビョウカ　愛猫家

あいフク　合い服(合服)〔間服〕　例春の合い服　類合い着　対冬服，夏服

あいべや　相部屋

あいボウ　相棒〔合棒〕　例仕事の相棒

あいま　合間　例晴れた合間に干し物をする

アイマイ　曖昧，あいまい　例曖昧な答え　類あやふや，不確実　対明確，明瞭<メイリョウ>

あいまって　あいまって〔相俟って〕

アイヨク　愛欲〔愛慾〕

アイらしい　愛らしい　例愛らしい口元，愛らしさ

アイロ　隘路　類支障，困難，障害

あう　会う² カイ・エ　〔逢う〕　175　例客に会う，道で友達に会う　対別れる

あう　合う² ゴウ・ガッ・カッ，あわす・あわせる　652　例意見が合う，色が合う，落ち合う，話し合う　対離れる

あう　遭う　ソウ　〔遇う〕　1246　例暴風に遭う

アウン　阿吽　例阿吽の呼吸

あえぐ　あえぐ〔喘ぐ〕　例あえぎあえぎ，険しい山道をあえぎながら登る；不況にあえぐ，経営難にあえぐ

あえて　あえて〔敢て〕　例あえて反対する，あえて嫌われることを言う，あえて驚くにあたらない

あえない　あえない〔敢え無い〕　例あえない最期を遂げる

あお　青¹　セイ・ショウ，あおい　1115　例青色，青梅，青木，青草，青空，青地，青田，青竹，青葉，青菜，青葉，青豆，青竹；青写真，青信号　田＊真っ青<まっさお>

あおい　青い¹　セイ・ショウ，あお　1115　例青い海，青い色；青い鳥

あおぐ　仰ぐ　ギョウ・コウ，おおせ　420　例星を仰ぐ，師の徳を仰ぐ，助けを仰ぐ，会長に仰ぐ　対うつむく，伏す

あおぐ　あおぐ〔煽ぐ，扇ぐ〕　例うちわであおぐ

あおくさい　青くさい，青臭い　例青くさい臭い；青くさい文章

あおざめる　青ざめる　例心配のあまり顔色が青ざめる

あおテンジョウ　青天井　例青天井の下で野球をする　類青空

あおニサイ　青二才〔青二歳〕

あおむく　あおむく〔仰向く〕　例あおむいて寝る　対うつむく

あおり　あおり〔煽り〕　例不景気のあおりで倒産する，あおりを受ける

あおる　あおる〔呷る〕　例ウイスキーをあおる，毒をあおる

あおる　あおる〔煽る〕　例人をあおる；後ろからあおる

あか　赤¹　セキ・シャク，あかい・あからむ・あからめる　1141　例赤と黒；赤インク，赤茶ける，赤ばむ，赤みがかる，赤々と輝く；赤子，赤帽；赤の他人，赤恥をかく，

あか—あがる

- 赤裸 注*真っ赤<まっか>
- あか あか〔垢〕 例あかを落とす，あか抜けする，水あか
- あかあかと 赤々と 例夕日に赤々と映える
- あかあかと あかあかと，明々と 例あかあかと電灯がともる
- あかい 赤い¹ セキ・シャク，あか・あからむ・あからめる〔紅い〕 1141 例赤い色，赤い羽根募金
- あかがね あかがね〔銅〕 類銅 対くろがね
- あがき あがき〔足掻き〕 例あがきが取れない，悪あがきをする 類もがき
- あがく あがく〔足掻く〕 例苦しくってあがく 類もがく
- あかご 赤子 類赤ん坊
- あかし あかし〔証〕 例身のあかし
- あかジ 赤字 例赤字を訂正する，赤字財政，500万円の赤字 対黒字
- あかシンゴウ 赤信号 例危険を知らせる赤信号 対青信号
- あかす 飽かす ホウ，あきる 1849 例金に飽かして遊ぶ 注主に「……に飽かして」の形で用いる。
- あかす 明かす² メイ・ミョウ，あかり・あかるい・あかるむ・あからむ・あきらか・あける・あく・あくる 1928 例真相を明かす，手品の種を明かす；夜を明かして勉強する
- あかつき 暁 ギョウ 421 例暁の空；成功のあかつき（暁）
- あかミがかる 赤みがかる，赤味がかる 例柿が赤みがかる 類赤くなる
- あがめる あがめる〔崇める〕 例神仏をあがめる
- あからさまに あからさまに〔明白地に当て字〕 例人前であからさまに言う 対暗に
- あからむ 赤らむ¹ セキ・シャク，あか・あかい・あからめる 1141 例顔が赤らむ
- あからむ 明らむ² メイ・ミョウ，あかり・あかるい・あかるむ・あきらか・あける・あく・あくる・あかす 1928 例空が明らむ
- あからめる 赤らめる¹ セキ・シャク，あか・あかい・あからむ 1141 例顔を赤らめる
- あかり 明かり² メイ・ミョウ，あかるい・あかるむ・あからむ・あきらか・あける・あく・あくる・あかす〔灯り〕 1928 例電灯の明かり，明かり取り，明かり窓，明かり障子
- あがり 上がり¹ 例上がり口，上がり段，上がり目，上がり物，上がり湯；店の上がりを計算する 対下がり
- あがり ～あがり，～上がり 例軍人あがり，記者あがりの政治家 類くずれ
- あがりぐち 上がり口
- あがる 挙がる⁴ キョ，あげる 387 例手が挙がる；犯人が挙がる
- あがる 上がる¹ ジョウ・ショウ，うえ・うわ・かみ・あげる・のぼる・のぼせる・のぼす〔騰がる〕 1009 例石段を上がる，起き上がる，実績が上がる，風呂が上がる，人前で上がる，スピードが上がる，物価が上がる，腕まえが上がる，学校に上がる，新聞が刷り上がる，雨が上がる，名声が上がる；食事を上がる

あがる—あく

あがる 揚がる ヨウ, あげる 1999
  例旗が揚がる；士気が揚がる；てんぷらが揚がる
あかるい 明るい² メイ・ミョウ, あかり・あかるむ・あからむ・あきらか・あける・あく・あくる・あかす 1928
  例明るい場所, 明るい顔, 明るい性格, 明るい見通し, 法律に明るい
  対暗い
あかるみ 明るみ 例隠し事が明るみに出る 対暗がり, 暗闇
あかるむ 明るむ² メイ・ミョウ, あかり・あかるい・あからむ・あきらか・あける・あく・あくる・あかす 1928
  例空が明るむ
あき 秋² シュウ 891
  例秋風, 秋草, 秋口, 秋雨, 秋晴れ, 秋日和, 秋めく；男心と秋の空, 秋の日はつるべ落としだ 対春
あき 空き, 明き 例空き部屋, 空き家, 空き缶, 空き瓶, 空き地, 空き箱；仕事のあきを利用して本を読む, 傘のあきが有ったら貸してください
あき 飽き〔厭き〕 例仕事に飽きがくる
あきすねらい 空き巣狙い, 空き巣ねらい
あきたりない 飽き足りない〔慊りない〕 例単純な作業で飽き足りない
あきチ 空き地(空地), 明き地(明地)
あきない 商い(商内)〔当て字〕 例商いに出る, 商いが多い
あきなう 商う³ ショウ 982
  例野菜を商う
あきばれ 秋晴れ(秋晴)
あきま 空き間(空間), 明き間(明間)
  例空き間を探す, 戸の空き間

あきや 空き家(空家), 明き家(明家)
あきらか 明らか² メイ・ミョウ, あかり・あかるい・あかるむ・あからむ・あける・あく・あくる・あかす 1928
  例真偽を明らかにする, 彼が悪いのは明らかだ, 明らかにあなたの勝ちだ, 明らかな証拠
あきらめる 諦める テイ〔あきらめる〕 1458
  例進学を諦める 対ねばる
あきる 飽きる ホウ, あかす〔厭きる, 倦きる〕 1849
  例食べ飽きる, 仕事に飽きる 対飢える, 凝る
アキレスケン アキレスけん〔アキレス腱〕
あきれる あきれる〔呆れる〕 あまりの幼稚さにあきれる, あきれて開いた口が塞がらない
あきんど あきんど〔商人〕 例あきんどかたぎ
アク 悪³ オ, わるい 6
  (1)良くない 例悪の道に走る；悪意, 悪疫, 悪貨, 悪行, 悪口, 悪事, 悪疾, 悪党, 悪徳, 悪筆, 悪魔, 凶悪, 罪悪
  (2)みにくい・不快な 例醜悪
  (3)苦しい・険しい 例悪戦苦闘；険悪 対善
アク 握 にぎる 7
  例握手, 握力；把握, 掌握
アク 開く³ カイ, ひらく・ひらける・あける 187
  例戸が開く, 幕が開く；開いた口が塞がらない 対締まる
あく 空く¹ クウ, そら・あける・から 452
  例席が空く, 手が空く, 部長のポストが空く

あく 明く² メイ・ミョウ、あかり・あかるい・あかるむ・あからむ・あきらか・あける・あくる・あかす 1928
 例目が明く
あく 飽く 例仕事に飽く；飽くなき追求
あく あく〔灰汁 当て字〕 例あくを抜く
アクイ 悪意 例悪意に解釈する、悪意に取る 対善意
アクギョウ 悪行〔悪業〕 注仏教語の「アクゴウ」の場合は「悪業」。
アクジ 悪事 例悪事を重ねる、悪事千里を走る 対善事
アクシツ 悪質 例悪質な品、悪質な選挙違反 対良質
アクシュ 握手 例固い握手を交わす
アクシュウ 悪臭 例悪臭を放つ 類異臭
アクセク あくせく〔齷齪、偓促〕 例あくせくと働く、あくせくする 類こせこせ ゆゆうゆう
アクセントウ 悪戦苦闘 例少ない予算で悪戦苦闘する
アクタイ 悪態〔悪体〕 例悪態をつく 類悪口、憎まれ口
あくどい あくどい 例あくどいやり方
アクトウ 悪党 例悪党の一味、悪党退治 類悪者、悪漢
アクバ 悪罵 例悪口、罵る
あくび あくび〔欠伸 当て字〕
あくまで あくまで〔飽く迄〕 例あくまで反対する、あくまでも
アクヨウ 悪用 例法律を悪用する、役目を悪用する 対善用
あぐら あぐら〔胡座 当て字〕 例あぐらをかく
アクラツ 悪辣 例悪辣な手段 類悪質、あくどい、ひどい

あくる 明くる² メイ・ミョウ、あかり・あかるい・あかるむ・あからむ・あきらか・あける・あく・あかす 〔翌くる〕 1928
 例明くる朝、明くる年
あげあし あげ足、揚げ足、挙げ足 例あげ足を取る
あげおろし 上げ下ろし、上げ降ろし 例貨物の上げ下ろし
あけがた 明け方 例明け方の３時 類朝方 対暮れ方
あげク あげく、挙げ句、揚げ句 例あげくの果て 注連歌俳諧＜ハイカイ＞では「揚句」「挙句」と書く。
あけくれ 明け暮れ 例わびしい生活の明け暮れ、明け暮れ子どもの無事を祈っている 類朝晩、明けても暮れても
あげさげ 上げ下げ 例腕の上げ下げ、相場の上げ下げ；人を上げ下げする
あげしお 上げ潮 例上げ潮が満ちる 類満ち潮、差し潮 対下げ潮、引き潮
あけすけ あけすけ 例あけすけな性格
あけたて 開けたて〔開け閉て〕 例戸の開けたて 類開閉
あけっぱなし 開けっ放し、明けっ放し 例開けっ放しの戸；あけっぱなしな性格
あけはなす 開け放す、明け放す 例窓を開け放す
あけはなれる 明け離れる、明け放れる 例夜が明け離れる
あげもの 揚げ物 例魚の揚げ物 類煮物
あける 開ける³ カイ、ひらく・ひらける・あく 187
 例店を開ける、窓を開ける；穴を開ける 対塞ぐ
あける 空ける¹ クウ、そら・あ

明朝体の右肩の数字は配当学年　末尾の数字は常用漢字表番号　（ ）許容　類類義同意語　対反対対照語　関関連語　学学術用語

あける―あし

あける ― あし　6

く・から　452
　例家を空ける，時間を空ける
あける　明ける² メイ・ミョウ，
　あかり・あかるい・あかるむ・
　あからむ・あきらか・あく・あ
　くる・あかす　1928
　例夜が明ける，年が明ける；明けて
　も暮れても
あげる　挙げる⁴ キョ，あがる　387
　例式を挙げる，証拠を挙げる
あげる　上げる¹ ジョウ・ショウ,
　うえ・うわ・かみ・あがる・の
　ぼる・のぼせる・のぼす　1009
　例荷物を棚に上げる，幕を上げる，畳
　を上げる，顔を上げる，価格を上げ
　る，勢いを上げる，学校に上げる，会
　費を上げる，お祝いを上げる；貸し
　てあげる，持ってあげる　注「……てあ
　げる」の形で用いる場合は仮名書き。
あげる　揚げる ヨウ,あがる　1999
　例国旗を揚げる；てんぷらを揚げる
あけわたし　明け渡し(明渡し)
　例家屋の明け渡しを迫る
あけわたす　明け渡す(明渡す)
　例家屋を明け渡す
あご　顎 ガク　〔あご〕　230
　例顎を出す，顎足つき，上顎
あこがれる　憧れる ショウ　〔あ
　こがれる，憬れる〕　1003
　例英雄に憧れる，異国に憧れる
あさ　朝² チョウ　1406
　例朝飯，朝明け，朝起き，朝っぱら，
　朝な朝な，朝なタなタ，朝ぼらけ；あ
　さがお(朝顔)　対タ，晩，宵
あさ　麻 マ　1891
　例麻布＜あさぬの＞，麻織り
あざ　字 ジ　807
　例大字，小字
あさい　浅い⁴ セン　1174

　例浅い川，底が浅い，思慮が浅い，
　浅緑　対深い
あさおき　朝起き 例朝起きは三文の
　徳　類早起き 対朝寝
あさぎ　あさぎ〔浅葱〕 例あさぎ色
あざけり　嘲り，あざけり 例人の嘲り
　を受ける　類賞賛，称賛，褒めたたえ
あざける　嘲る チョウ　〔あざける〕
　　　　　　　　　　　　1412
　例嘲るような口調
あさせ　浅瀬
あさヂエ　浅知恵〔浅智恵〕
あさって　あさって〔明後日 当て字〕
　例あさって伺います　対おととい
あさっぱら　朝っぱら 例朝っぱらか
　ら酒を飲む　例朝早く，早朝　注「朝
　腹」の変化。朝食前の空腹の意で俗語。
あさはか　あさはか，浅はか〔浅墓
　当て字〕　例あさはかな考え，彼の
　見解はあさはかだ　対思慮深い
あさましい　あさましい，浅ましい
　例物欲しそうであさましい，あさま
　しい姿
あざむく　欺く ギ　342
　例人を欺く，鳥を欺くいだ天走り，
　昼を欺く明るさ
あざやか　鮮やか セン　1195
　例鮮やかな色彩，鮮やかな手並み
あさやけ　朝焼け 例朝焼けの空，朝
　焼け雲　対夕焼け
あさる　あさる〔漁る〕 例食べ物をあ
　さる，資料をあさる
あざわらう　あざ笑う〔嘲笑う〕
　例失敗をあざ笑う　類せせら笑う
あし　脚 キャク・キャ　356
　例机の脚(足)，雨脚(足)，船脚(足)
　類足
あし　足¹ ソク,たりる・たる・
　たす　　　　　　　　　　1263

○改定追加漢字　●改定追加音訓　□改定削除漢字　■改定削除音訓　〔 〕参考表記　〔△表外漢字
▲表外音訓　×誤用　当て字当て字〕

| | |
|---|---|
| 例足を踏み込む，足で書いた文章，足を早める；足がつく，足が出る，足を洗う；足跡，足首，足腰，足場，足代；手足，前足 類脚 | あしどり 足取り 例軽い足取り 類あしつき；犯人の足取り |
| あし あし〔葦〕 例水辺のあしが風にそよぐ | あしなみ 足並み(足並) 例足並みをそろえる |
| あじ 味³ ミ，あじわう 1911 例味を付ける，味かげんをみる，味が落ちる，味のある文章，味なことをする | あしならし 足慣らし〔足馴らし〕 例登山の足慣らし |
| | あしば 足場 例足場を固める，雨降りで足場が悪い，足場のよい駅の付近 |
| あしあと 足跡 例犬の足跡，犯人の足跡をたどる | あしぶみ 足踏み 例足踏みの練習；計画は足踏みの状態 |
| あしおと 足音 例足音を忍ばせる | あしもと 足元，足下，足もと〔足許〕 例足元が暗い，足元を見る；足もとから鳥が立つ |
| あしがかり 足がかり，足掛かり(足掛り) 例解決への足がかりをつかむ | |
| あしかけ 足かけ，足掛け 例足かけ3年 対まる，満 | あしらう あしらう〔配う〕 例松にゆりをあしらう 類配合する |
| あしかせ 足かせ〔足枷〕 例手かせ足かせ | あしらう あしらう〔遇う〕 例相手を軽くあしらう，鼻先であしらう 類扱う |
| あしからず あしからず〔悪からず；不悪 当て字〕 例欠席いたしますからあしからず | あじわい 味わい 例味わいのある造り，味わいの深い風景 |
| あじけない 味気ない，味気無い 例味気ない生活 注「あじきない」とも言う。 | あじわう 味わう³ ミ，あじ 1911 例酒を味わう；悲しみを味わう；句を味わう |
| あじさい あじさい〔紫陽花 当て字〕 | あす ＊明日 例明日出発する 類あした，明日＜ミョウニチ＞ 対＊昨日＜きのう＞，＊今日＜きょう＞ |
| あした あした〔明日 当て字〕 例あしたの昼 類明日＜あす・ミョウニチ＞ 対昨日＜きのう・サクジツ＞ | |
| あしつき 脚付き，足付き 例脚(足)付きの台 | あずかりキン 預かり金(預り金) |
| あしつき 足つき，足付き 例危ない足つき 類足取り | あずかる 預かる⁶(預る) ヨ，あずける 1990 例荷物を預かる，留守を預かる；勝負を預かる；決定を預かる |
| あじつけ 味付け〔味付〕 例料理の味付け，味付けのり | |
| あしでまとい 足手まとい〔足手纏い〕 例親の足手まといになる | あずかる あずかる〔与かる〕 例相談にあずかる，お褒めにあずかる |
| あしどめ 足止め，足留め 例大水で足止めを食う 類禁足 | あずき ＊小豆 例小豆相場 |
| | あずけキン 預け金 |
| | あずける 預ける⁶ ヨ，あずかる 1990 例現金を預ける，店員に店を預ける |
| | あせ 汗 カン 250 |

あぜ―あたま

例汗染みる, 汗知らず, 汗ばむ, 汗みどろ, 汗水; 寝汗, 玉の汗
あぜ　あぜ〔畔, 畦〕　例あぜ道
アセイ　阿世　例曲学阿世
あせばむ　汗ばむ　例額が汗ばむ
あせみずく　汗みずく〔汗水漬く〕
あせる　焦る　ショウ, こげる・こがす　991
　例焦って失敗を重ねる
あせる　あせる〔褪せる〕　例色があせる　類さめる
アゼン　あぜん〔啞然〕　類あっけ
あそばす　遊ばす　例子どもを遊ばす（注普通「遊ばせる」と言う）; 御覧遊ばす（注尊敬語）
あそび　遊び　例遊びにふける, 遊び相手, 遊び道具, 遊び人, 夜遊び
あそぶ　遊ぶ³　ユウ・ユ　1980
　例遊んで暮らす, 施設を遊ばせておく, 外国に遊ぶ　対働く
あたい　価⁵　カ　140
　例春宵一刻価千金; 品物の価, 商品に値を付ける　注主に品物の価格を表す。
あたい　値⁶　チ, ね　1358
　例値する; 数の値　注主に抽象的な価値を表す。
あたいする　値する, 価する　例1,000円に値(価)する品, 賞賛に値(価)する行為, 一見に値(価)する
あだうち　あだ討ち〔仇討ち〕　例主君のあだ討ち, 試合のあだ討ち　類報復, 仕返し
あたえる　与える　ヨ　1986
　例品物を与える, 褒美を与える, 問題を与える, 損害を与える
あたかも　あたかも〔恰も〕　例あたかも兄弟のような仲のよさ, あたかも春のような暖かさ　類まるで, さながら

あたたか　温か³　オン, あたたかい・あたたまる・あたためる　129
　例温かな家庭, あの人の心は温かだ, 水が温かだ
あたたか　暖か⁶　ダン, あたたかい・あたたまる・あたためる　1352
　例暖かな毛布, 春は暖かだ, 懐が暖かだ　類温か
あたたかい　温かい³　オン, あたたか・あたたまる・あたためる　129
　例温かい料理; 温かい気持ちの人, 温かいもてなし　類暖かい　対冷たい　注「あったかい」とも言う。
あたたかい　暖かい⁶　ダン, あたたか・あたたまる・あたためる　1352
　例暖かい気候, 暖かい冬　類温かい　対冷たい, 涼しい　注「あったかい」とも言う。
あたたかみ　温かみ, 暖かみ　例温かみのある言葉; 暖かみのある色
あたたまる　温まる³　オン, あたたか・あたたかい・あたためる　129
　例心温まる物語　類暖まる　対冷える
あたたまる　暖まる⁶　ダン, あたたか・あたたかい・あたためる　1352
　例部屋が暖まる　類温まる　対冷える
あたためる　温める³　オン, あたたか・あたたかい・あたたまる　129
　例友情を温める　類暖める　対冷やす
あたためる　暖める⁶　ダン, あたたか・あたたかい・あたたまる　1352
　例空気を暖める　類温める　対冷やす
あだな　あだ名〔仇名, 渾名, 綽名〕　類本名, 実名
あたま　頭²　トウ・ズ・ト, かしら　1531

○改定追加漢字　●改定追加音訓　□改定削除漢字　■改定削除音訓　〔　〕参考表記〔△表外漢字　▲表外音訓　×誤用　当て字当て字〕

**あたま―あっさ**

例頭が白い，頭を分ける；頭数，頭割り；頭金，頭打ち；頭株，頭を悩ます，頭がよい，頭が古い；頭ごなし；売り上げの頭をはねる；頭が下がる

**あたまわり 頭割り** 例頭割りにして一人当たり500円

**あたらしい 新しい**² シン，あらた・にい 1065
例新しい洋服，新しい思想，新しい規則 対古い

**あたり 辺り**⁴ ヘン，べ 1808
例辺り一面火の海，上野の辺り；明日あたり伺います，彼あたりが適任だ

**あたり 当たり(当り)〔中り〕** 例当たりがよい，当たりが止まる，当たりくじ，当たり年，当たり役；一日当たり800円；食あたり

**あたり あたり** 例昨年あたりから比べると……

**あたりさわり 当たり障り(当り障り)** 例当たり障りのない返事

**あたりまえ あたりまえ，当たり前** 例あたりまえの人間，あたりまえの考え 願普通，人並み

**あたる 当たる²(当る)** トウ，あてる〔中る〕 1501
例弾が当たる，つらく当たる，原典に当たる，事件の処理に当たる，任に当たる，懸賞に当たる，予報が当たる，この本は当たった，……に当たって，日光に当たる；魚にあたる，肉があたる；顔をあたる（注商家で「剃る」<する・そる>の忌み言葉から）

**アツ 圧**⁵ ― 8
例他を圧する；圧巻，圧縮，圧制，圧倒，圧迫，圧力；血圧，高圧，水圧，制圧，鎮圧，弾圧，低気圧，電圧

**あつい 厚い**⁵ コウ 614
例厚い壁，厚い志 対薄い

**あつい 暑い**³ ショ 948
例日中は暑い 対寒い，涼しい

**あつい 熱い**⁴ ネツ 1592
例熱い風呂，熱い仲，熱い戦争 対冷たい

**あつい あつい〔篤い〕** 例あつい病；友情にあつい

**アッカ 悪化** 例状況が悪化する，病気が悪化する 対好転

**あつかい 扱い** 例客の扱いが悪い

**あつかう 扱う** ― 9
例物を丁寧に扱う，客を大事に扱う，国賓として扱う，配達を扱う，患者を扱う

**あつかましい 厚かましい〔厚顔しい 当て字〕** 例厚かましい態度 対遠慮深い

**あつがる 暑がる** 例盛んに暑がる 対寒がる

**アッカン 圧巻** 例全編中の圧巻，運動会の圧巻は仮装行列であった

**あつぎ 厚着** 例厚着をする 対薄着

**あつく 厚く** 例厚くお礼申し上げます，厚くもてなす

**あつくるしい 暑苦しい** 例暑苦しい夏の夜

**あッケない あっけない〔呆気ない〕** 例あっけない幕切れ

**あッケにとられる あっけにとられる〔呆気にとられる〕** 例あっけにとられて互いに顔を見合わせる

**あつさ 厚さ〔篤さ〕** 例紙の厚さ；人情の厚さ 対薄さ

**あつさ 暑さ** 例暑さに向かう時候，暑さ寒さも彼岸<ヒガン>まで，暑さのしのぎに水を浴びる 対寒さ

**あつさ 熱さ** 例100度の熱さ 対冷たさ

**あッさり あっさり** 例あっさりした食べ物，あっさりした人柄，あっさ

---

明朝体の右肩の数字は配当学年　末尾の数字は常用漢字表番号　( )許容　願類義同意語　対反対対照語　関関連語　学学術用語

アッす―あと

**りと断られた** 対しつこく

**アッする　圧する**　例他を圧する

**アッセン　斡旋**,あっせん　例就職を斡旋する,斡旋業　類世話,周旋　田法令では仮名書き。

**あつで　厚手**　例厚手の生地　対薄手

**アットウ　圧倒**　例相手を圧倒する,圧倒的に勝つ,圧倒的勝利

**アッパク　圧迫**　例圧迫を受ける,相手を圧迫する,権利を圧迫する

**あっぱれ　あっぱれ**〔天晴れ 当て字〕
例あっぱれあっぱれ,あっぱれな活躍ぶりだ

**あつまり　集まり**(集り)　例委員会の集まり,群衆の集まり　類会,集会,寄り合い,群れ

**あつまる　集まる**³(集る)　シュウ,あつめる・つどう　901
例人が集まる,調査の結果が集まる,同情が集まる　類群がる　対散る

**あつみ　厚み**　例厚みのあるカツレツ

**あつめる　集める**³　シュウ,あつまる・つどう　901
例マッチのラベルを集める,寄附を集める;同情を集める,視線を集める　対散らす

**あつらえ　あつらえ**〔誂え〕　例あつらえの洋服　対出来合い

**あつらえむき　あつらえ向き**〔誂え向き〕
例夫婦暮らしにあつらえ向きの家,おあつらえ向きの場所

**あつらえる　あつらえる**〔誂える〕
例洋服をあつらえる　類注文する

**アツレキ　軋轢**　類摩擦,不和

**あて　当て**　例仕事の当て,当てが外れる,人を当てにする;肩当て;恋当て

**あて　宛て**(宛),あて　例本社宛てに申し込む,一人宛て3個

**あてがう　あてがう**〔宛う;宛行う 当て字〕
例社員に作業服をあてがう,傷口にガーゼをあてがう;あてがいぶち

**あてこすり　当てこすり**〔当て擦り〕
例当てこすりを言う　類皮肉

**あてこむ　当て込む**　例給料を当て込んで買い物をする,ボーナスを当て込んでテレビを売り込む

**あてさき　宛て先**(宛先),あて先
例宛て先を書く。

**あてジ　当て字**　例「目出度い」「亜細亜」「節」は,「めでたい」「アジア」「ノット」の当て字として用いられることがある

**あてな　宛て名**(宛名),あて名　例郵便の宛て名　類宛て先

**あてはずれ　当て外れ**　例期待が当て外れに終わる

**あでやか　あでやか**　例あでやかな姿

**あてる　充てる**　ジュウ　909
例月3,000円を交通費に充(当)てる

**あてる　当てる**²　トウ,あたる　1501
例ボールを当てる,正しい漢字を当てる,劇の役を振り当てる,破れた部分に継ぎを当てる,問題を当てて考えさせる,答えを言い当てる,株で当てる,布団を日光に当てる,矢を的に当てる

**あてる　宛てる　―**〔あてる〕　10
例父親に宛てた手紙

**あと　後**²　ゴ・コウ,のち・うしろ・おくれる　580
例後を振り返って見る,後足,後棒を担ぐ,後になり先になり,後々まで,後の祭り,後は任せる,後の月,後で会う,10年後　類後<のち>,うしろ　対前,先

---

○改定追加漢字　◎改定追加音訓　□改定削除漢字　■改定削除音訓　〔　〕参考表記〔△表外漢字　▲表外音訓　×誤用　当て字 当て字〕

| あと 痕 コン 677
  例弾丸の痕、傷痕が痛む、手術の痕〔跡〕
| あと 跡 セキ
  例古い城の跡、跡地、立つ鳥跡を濁さず、跡形、家の跡を継ぐ、跡目、跡取り、努力の跡が見られる
| あとあし 後足 1150
| あとあじ 後味 例後味が悪い
| あとおし 後押し 例車の後押し；有力者の後押し 類後援
| あとかた 跡形 例跡形もなく消えてしまう
| あとかたづけ 跡片づけ、後片づけ 例火事の跡片づけ、災害の跡片づけ；会議の後片づけ、食事の後片づけ
| あとがま 後釜、後がま 例後釜に座る 類後任
| あどけない あどけない 例あどけない表情
| あとさき 後先 例後先になって歩く、順序が後先になる
| あとシマツ 跡始末、後始末 例きちんと跡(後)始末を済ます 類跡(後)片づけ
| あとずさり 後ずさり〔後退り〕 例恐れて後ずさりする、計画が後ずさりする 注「後じさり」とも言う。
| あとつぎ 跡継ぎ、後継ぎ〔後嗣ぎ〕 例商売の跡継ぎ 類跡取り；役目の後継ぎ 類後継者
| あととり 跡取り 例跡取り息子 類跡継ぎ
| あとばらい 後払い 例運賃後払い 類後金 対前払い
| あとまわし 後回し 例めんどうなことは後回しだ
| あとめ 跡目 例跡目相続
| あともどり 後戻り 例忘れ物をして後戻りする 類引き返し；能力が後戻りする 類後退、退歩

あ

| あな 穴⁶ ケツ〔孔〕 507
  例穴を掘る、穴蔵、商売に穴を開ける、穴埋め、墓穴；この調査の穴は正確なデータが出ていないことだ；観光の穴地を見つけた、穴場；穴を当てる、穴馬
| あなうめ 穴埋め 例道路の穴埋め、借金の穴埋めをする
| あながち あながち〔強ち〕 例あながち彼だけが悪いとは言えない、あながち偶然ではない 類必ずしも
| あなぐら 穴蔵、穴倉 例穴蔵(倉)に野菜を蓄える
| あなた あなた〔彼方当て字〕 例山のあなたの空遠く幸い住むと人の言う 類あちら □こなた、こちら
| あなた あなた〔貴方当て字〕 例あなたの顔；あなた任せ
| あなどり 侮り 例侮りの言葉、侮りのまなざし、侮りを受ける 対敬い
| あなどる 侮る ブ 1759
  例相手を侮る、テストの問題を侮る 対敬う
| あに 兄² ケイ・キョウ 469
  例兄貴、兄弟子、兄嫁 類*兄さん<にいさん> 対弟、姉
| あね 姉² シ 780
  例姉さんかぶり、姉女房 類*姉さん<ねえさん> 対妹、兄
| あばく 暴く⁵ ボウ・バク、あばれる〔発く〕 1871
  例墓を暴く、秘密を暴く、悪事を暴く 対隠す
| あばれる 暴れる⁵ ボウ・バク、あばく 1871
  例怒って暴れる、政界の暴れ者
| アビキョウカン 阿鼻叫喚 例阿鼻叫喚の地獄

明朝体の右肩の数字は配当学年　末尾の数字は常用漢字表番号　( )許容　類類義同意語　対反対対照語
関関連語　学学術用語

あびせ—あまの　　　　12

| | |
|---|---|
| あびせる　浴びせる⁴　ヨク, あびる　　　　　　　　　　　2015 | 例海女小船 |

あびせる　浴びせる⁴　ヨク, あびる　　　　　　　　　　　2015
　例水を浴びせる, 背中から一太刀浴びせる, 砲火を浴びせる, 非難を浴びせる

あびる　浴びる⁴　ヨク, あびせる　　　　　　　　　　　2015
　例湯を浴びる, 日光を浴びる, 非難を浴びる

あぶない　危ない⁶　キ, あやうい・あやぶむ　　　　　　　303
　例命が危ない, 危ない空模様, そんな約束は危ない　対安全

あぶら　脂　シ〔膏〕　　　791
　例脂性, 脂汗を流す, 顔が脂ぎる, 脂を絞る, 脂が乗る, 脂っこい料理

あぶら　油³　ユ　　　　1964
　例油いため, 油揚げ, 油色, 油絵, 油紙, 油っ気, 油菜, 種油〔油ぜみ, 油虫；油を売って歩く

あぶらあげ　油揚げ

あぶらさし　油差し　例自転車の油差し

あぶる　あぶる〔炙る, 焙る〕　例するめをあぶる, 手をあぶる, あぶり出し

あふれる　あふれる〔溢れる〕　例川に水があふれる

あべこべ　あべこべ　例あべこべの方向

アヘンエン　あへん煙〔阿片煙〕　圧法令では「あへん煙」。

あま　雨¹　ウ, あめ　　　　61
　例雨脚(足), 雨傘, 雨具, 雨雲, 雨ざらし, 雨垂れ, 雨戸, 雨どい, 雨漏り, 雨模様, 雨宿り, 雨よけ；雨がえる

あま　天¹　テン, あめ　　1472
　例天の川, 天下り

あま　尼²　ニ　　　　　1578
　例尼寺

あま　＊海女・＊海士〔蜑；海人〕当て字

あま　甘～　例甘口, 甘酒, 甘党, 甘納豆, 甘辛煎餅〈センベイ〉

あまい　甘い　カン, あまえる・あまやかす　　　　　　　249
　例甘い菓子　辛い；ばらの甘い香り, 甘い言葉；子に甘い, 人間が甘い, 考えが甘い　対厳しい

あまえる　甘える　カン, あまい・あまやかす　　　　　　　249
　例親に甘える, 世の中に甘える

あまがさ　雨傘

あまがっぱ　雨がっぱ〔雨合羽〕当て字

あまぎ　雨着　類雨具, レインコート

あまグ　雨具　例雨具の用意　類雨着

あまぐもり　雨曇り(雨曇)　例雨曇りの空

あまごい　雨乞い, 雨ごい　例稲作のために雨乞いをする

あまざらし　雨ざらし〔雨曝し〕
　例干し物が雨ざらしになる

あます　余す⁵　ヨ, あまる　〔剰す〕　　　　　　　　　　　1988
　例90円使って10円余す, 余すなく, もて余す, もて余し者　類残す　対足りない, 不足

あまた　あまた〔数多, 許多〕当て字
　例戦争によってあまたの犠牲者が出る　類たくさん

あまだれ　雨垂れ　例軒から雨垂れが落ちる

あまつさえ　あまつさえ〔剰え〕
　例あまつさえ気が利かないときている　類そのうえ, おまけに

あまどい　雨どい〔雨樋〕　例軒の雨どい

あまナットウ　甘納豆

あまねく　あまねく〔普く, 遍く〕
　例世にあまねく知られる　類広く

あまのじゃく　あまのじゃく〔天の邪

○改定追加漢字　●改定追加音訓　□改定削除漢字　■改定削除音調　〔 〕参考表記〔△表外漢字
▲表外音訓　×誤用　当て字当て字〕

鬼〕 類つむじ曲がり
あまみず 雨水 類天水
あまモヨウ 雨模様 対晴れ模様
　類空模様
あまもり 雨漏り 例雨漏りの箇所
あまやかす 甘やかす カン，あま
　い・あまえる　　　　　　249
　例子どもを甘やかす
あまやどり 雨宿り 例雨宿りをする
　類雨よけ
あまよけ 雨よけ〔雨除け，雨避け〕
　例雨よけのテントを張る　類雨覆
　い；雨よけをする　類雨宿り
あまり 余り 例10円の余り，補って
　余りある（有る），30歳余り
あまり あまり 例あまり行き
　たくない，あまりおいしくない
　注法令・公用文では「余り」。
あまる 余る⁵ ヨ，あます 1988
　例5円余る，目に余る，身に余る光
　栄だ 対足りない
あまんずる 甘んずる 例現状に甘ん
　ずる，甘んじて罰を受ける 注「甘
　んじる」とも言う。
あみ 網 モウ　　　　　　 1946
　例網を張る，網を引く，法の網をく
　ぐる；網打ち，網戸，網目，網元
　注＊投網＜とあみ＞
あみあげ 編み上げ〔編上げ〕
あみあげる 編み上げる〔編上げる〕
　例手袋を編み上げる
あみかた 編み方 例セーターの編み
　方を習う
アミダ あみだ〔阿弥陀〕 例あみだか
　ぶり；あみだくじ 類阿弥陀仏，阿
　弥陀如来
あみひき 網引き〔網曳き〕 対網打ち
あみもの 編み物〔編物〕 例編み物教室
あむ 編む⁵ ヘン　　　　　 1813

例竹籠を編む，辞書を編む
あめ 雨¹ ウ，あま　　　　　 61
　例明日は雨だ，雨がちだ，雨上がり，
　雨模様；雨冠＜あめかんむり＞
　注「春雨」「小雨」「霧雨」などは「は
　るさめ」「こさめ」「きりさめ」と読む。
あめ 天¹ テン，あま　　　 1472
　例天が下 対つち
あめあがり 雨上がり〔雨上り〕
　注「あまあがり」とも言う。
あめふり 雨降り 例雨降りの日
あや あや〔文〕 例心のあや，言葉のあや
あやうい 危うい⁶ キ，あぶない・
　あやぶむ　　　　　　　　303
　例国が危うい
あやうく 危うく 例危うく死ぬとこ
　ろだった 類危なく
あやかる あやかる〔肖る〕 例偉人に
　あやかる，あやかり者
あやしい 怪しい カイ，あやしむ
　　　　　　　　　　　　　179
　例怪しい人影，怪しい話，怪しい天
　気，怪しい手つき
あやしい 妖しい ヨウ　　 1994
　例妖しい魅力
あやしがる 怪しがる 例挙動を怪し
　がる
あやしげ 怪しげ 例怪しげな答え，
　怪しげな空
あやしむ 怪しむ カイ，あやしい
　　　　　　　　　　　　　179
　例挙動を怪しむ，怪しまれる
あやす あやす 例赤ん坊をあやす
　類なだめる
あやつり 操り 例操り師，操り人形
あやつる 操る⁶ ソウ，みさお
　　　　　　　　　　　　1249
　例人形を操る，人を操る，フランス
　語を操る

明朝体の右肩の数字は配当学年　末尾の数字は常用漢字表番号　（　）許容　類類義同意語　対反対対照語
類関連語　学学術用語

あやぶ—あらだ

あやぶむ 危ぶむ⁶ キ，あぶない・あやうい 303
例成功を危ぶむ，挙動を危ぶむ

あやふや あやふや 例あやふやな態度 類曖昧＜アイマイ＞

あやまち 過ち⁵ カ，すぎる・すごす・あやまつ〔誤ち〕 153
例過ちを犯す，自分の過ちは気がつきにくい

あやまつ 過つ⁵ カ，すぎる・すごす・あやまち 153
例道を過つ，選んで過たぬ目，過って人を殺す，過って落とす

あやまり 誤り〔謬り〕 例誤りを正す

あやまる 誤る⁶ ゴ〔謬る〕 585
例考えを誤る，計画を誤る

あやまる 謝る⁵ シャ 852
例失礼を謝る；めんどうなことは謝るよ （注）「断わる」の意

あゆ あゆ〔鮎；年魚，香魚 当て字〕

あゆみ 歩み 例幼児の歩み，年月の歩み，歩み板

あゆみより 歩み寄り 例歩み寄りをみせる

あゆみよる 歩み寄る 例親子が歩み寄る，意見が歩み寄る

あゆむ 歩む² ホ・ブ・フ，あるく 1817
例ゆっくりと歩む，苦難の道を歩む

あら 荒～ 例荒海，荒いそ，荒事，荒だてる，荒巻き，荒武者，荒療治

あら 粗 例粗が目立つ，魚の粗

あらあらしい 荒々しい 例荒々しい言動

あらい 荒い コウ，あれる・あらす 619
例波が荒い，気性が荒い

あらい 粗い ソ 1210

例目の粗いざる，粗い粒；細工が粗い，手触りが粗い，木目が粗い
対細かい

あらい 洗い 例洗いが雑だ

あらいがみ 洗い髪

あらいざらい 洗いざらい〔洗い浚い〕
例洗いざらい打ち明ける 類残らず

あらいば 洗い場

あらいはり 洗い張り（洗張り）
例浴衣＜ゆかた＞を洗い張りする

あらいもの 洗い物 類洗濯物

あらう 洗う⁶ セン 1175
例体を洗う，岸を洗う波；足を洗う

あらかじめ あらかじめ〔予め〕
例あらかじめ準備する 類前もって

あらけずり 粗けずり，荒削り 例粗（荒）削りの板，性格が粗（荒）削りだ

あらさがし 粗探し 例他人の粗探しをする

あらし 嵐 —〔あらし〕 11
例春の嵐，社会の嵐，砂嵐

あらす 荒らす（荒す） コウ，あらい・あれる 619
例庭を荒らす，人の家を荒らす

あらず あらず〔非ず〕 例さにあらず，あらずもがな

あらすじ 粗筋，荒筋 例小説の粗（荒）筋 類あらまし，概要

あらそい 争い 例国と国との争い，相続争い，兄弟争い 類戦争，けんか，口論

あらそう 争う⁴ ソウ 1220
例敵と争う，優勝を争う，先を争う，一刻を争う

あらた 新た² シン，あたらしい・にい 1065
例新たな仕事に就く，新たに品物を注文する；装いが新ただ

あらだてる 荒だてる，荒立てる

○改定追加漢字 ●改定追加音訓 □改定削除漢字 ■改定削除音訓 〔 〕参考表記 〔△表外漢字 ▲表外音訓 ×誤用 当て字当て字〕

**あらたまる　改まる**⁴　カイ，あらためる　178
　例制度が改まる，性格が改まる；改まった態度

**あらためて**副詞　あらためて，改めて
　例あらためて返事をします

**あらためる　改める**⁴　カイ，あらたまる　178
　例規則を改める，言葉を改める

**あらもの　荒物**　例荒物屋　対小間物

**あらゆる　あらゆる**〔凡ゆる，所有〕
　例あらゆる人々，あらゆる事柄
　⑦一部

**あらわ　あらわ**〔露，顕〕　例事があらわになる

**あらわす　現す**⁵（現わす）　ゲン，あらわれる　552
　例姿を現す，危険な症状を現す，頭角を現す

**あらわす　著す**⁶（著わす）　チョ，いちじるしい　1390
　例書物を著す

**あらわす　表す**³（表わす）　ヒョウ，おもて・あらわれる　1718
　例感情を表す，善行を世に表す，実力を表す，文章に表す

**あらわれ　現れ**(現われ)　例太陽の現れ

**あらわれ　表れ**(表われ)　例真情の表れ

**あらわれる　現れる**⁵（現われる）　ゲン，あらわす〔顕れる〕　552
　例姿が現れる，悪事が現れる，本性が現れる

**あらわれる　表れる**³（表われる）　ヒョウ，おもて・あらわす　1718
　例顔に表れる

**あらわれる　著れる**（著われる）
　例名が著れる

**あらんかぎり　あらんかぎり，有らん**限り　例あらんかぎりの力を尽くす　類ありったけ

**あり　あり**〔蟻〕

**ありあけ　有り明け**（有明け）　例有り明けの月　類暁，夜明け

**ありあまる　有り余る**（有余る）
　例金が有り余る

**ありあわせ　有り合わせ**（有合せ）
　例有り合わせの材料

**ありか　ありか**〔在処，当て字〕　例宝のありか　類所在

**ありかた　在り方，有り方**　例会議の在り方，生活の在り方

**ありがたい　有り難い**（有難い）
　例有り難い事件；これは有り難い

**ありがたみ　有り難み**（有難み）
　例親の有り難み

**ありがち　ありがち，有り勝ち**　例ありがちな失敗

**ありがとう　ありがとう，有り難う**（有難う）　例御親切にありがとう

**ありがね　有り金**（有金）　例有り金を使い果たす，有り金残らず

**ありきたり　ありきたり，在り来たり**　例ありきたりの考え方　類あたりまえ　⑦珍しい

**ありさま　ありさま，有り様**（有様）
　例家を焼かれてこのありさまだ，世のありさま

**ありつく　ありつく，有り付く**　例仕事にありつく，ごちそうにありつく

**ありったけ　ありったけ，有りっ丈**
　例ありったけの力　類あらんかぎり

**ありのまま　ありのまま**〔有りの儘〕
　例ありのままの姿

**ある　在る**⁵　ザイ　717
　例在りし日，日本はアジアの東に在る

**ある　有る**³　ユウ・ウ　1972
　例扶養家族の有る者　対無い

**ある** ある、在る 例職務にある、逆境にある；問題は彼の判断にある

**ある** ある、有る 例反対者がある；風格がある、それは真理である、先生に話してある；あるなし(有る無し) 注法令・公用文では「……がある」のように用いるときは仮名書き。

**ある** ある〔或〕 例ある晴れた日に、ある人

**あるいは** 副詞 接続詞 あるいは〔或いは〕 例あるいは知っているかもしれない；山あるいは海

**あるく** 歩く² ホ・ブ・フ、あゆむ　1817
例寄附を集めて歩く、人を捜して歩く

**あるじ** あるじ〔主〕 例家のあるじ、旅館のあるじ 類主人、所有者

**あれ** 荒れ 例肌の荒れ、荒れ野、荒れ模様だ

**あれくるう** 荒れ狂う(荒狂う)
例象が荒れ狂う、荒れ狂う海

**あれショウ** 荒れ性 例荒れ性の肌 類脂性

**あれチ** 荒れ地 例荒れ地を耕す

**あれはてる** 荒れ果てる(荒果てる)
例土地が荒れ果てる

**あれる** 荒れる コウ、あらい・らす　619
例海が荒れる、土俵が荒れる、畑が荒れる、手が荒れる

**あわ** 泡 ホウ　1838
例泡が立つ；口角泡を飛ばす；泡を食う

**あわい** 淡い タン　1340
例淡い色、淡雪；淡い郷愁、淡い望みをかける 対濃い

**あわす** 合わす²(合す) ゴウ・ガッ・カッ、あう・あわせる　652
例話を合わす、心を合わす、答えを合わす

**あわせ** あわせ〔袷〕 対ひとえ

**あわせかがみ** 合わせ鏡(合せ鏡)

**あわせて** 副詞 接続詞 併せて、あわせて
例併せて支給する、両者を併せて考える；あわせて平素の御無沙汰をおわびします 類いっしょに、同時に

**あわせめ** 合わせ目(合せ目) 例板の合わせ目

**あわせる** 合わせる²(合せる) ゴウ・ガッ・カッ、あう・あわす　652
例心を合わせる、楽器の音を合わせる、答えを合わせる；合わせる行司

**あわせる** 併せる ヘイ　1791
例二つの会社を併せる

**あわせる** 会わせる 例顔を会わせる 対離す

**あわただしい** 慌ただしい コウ、あわてる〔遽しい〕　634
例師走の慌ただしい毎日、慌ただしい政局

**あわだてる** 泡立てる 例せっけんを泡立てる

**あわてる** 慌てる コウ、あわただしい　634
例慌てて現場へ駆けつける 類うろたえる、めんくらう 対落ち着く

**あわよくば** あわよくば 例あわよくば勝つことができるかもしれない

**あわれ** 哀れ アイ、あわれむ　2
例哀れを誘う、哀れを催す；哀れっぽい

**あわれむ** 哀れむ アイ、あわれ〔憐れむ、憫れむ〕　2
例人を哀れむ

**アン** 安³ やすい　12
例安静、安全、安泰、安否、安眠、安楽；治安、不安、平安、保安；安心、安息；慰安；安易、安産；安価、安直 対危、高

---

○改定追加漢字　●改定追加音訓　□改定削除漢字　■改定削除音訓　〔 〕参考表記　〔△表外漢字　▲表外音訓　×誤用　当て字〕当て字）

| アン 案⁴ — 13
例案に相違して、案の定、案外、案出、考案、思案；案を立てる、案を提出する、懸案、新案、草案、提案、答案、法案、立案

アン 暗³ くらい 14
例暗雲、暗黒、暗室、暗夜、明暗；暗中模索；暗愚、暗君；暗々裏；暗号、暗殺、暗躍；暗記、暗算、暗唱 対明

アン 行² コウ・ギョウ、いく・ゆく・おこなう 603
例行火＜アンカ＞、行宮＜アングウ＞

アン あん〔庵〕 例庵室、庵主、僧庵、草庵

あん あん〔餡〕 例あんこ、あん餅、葛あん

アンイ 安易 例安易な生活、安易な道を選ぶ、安易な考え 対難渋

アンイツ 安逸〔安佚〕 例安逸を貪る

アンエイ 暗影〔暗翳〕 例暗影を投ずる

アンカ 安価 例安価な品物 類安っぽい、廉価 対高価

アンガイ 案外 例案外うまくいく、案外な返事 類思いの外、意外 対案の定

アンキ 暗記〔諳記〕 例英単語の暗記 類暗算、暗唱

アンギャ 行脚 例行脚僧、諸国行脚

アンキョ 暗渠 例法令では、「暗渠」と振り仮名を付ける。

アンショウ 暗唱〔暗誦、諳誦〕 例漢詩の暗唱 類暗算、暗記

アンじる 案じる 例身の上を案じる、将来を案じる、一策を案じる 注「案ずる」とも言う。

アンシン 安心 例安心する、御安心なさい、安心感、安心立命 対不安

アンシンリツメイ 安心立命〔安神立命〕 注「アンシンリュウメイ」とも言う。

アンセイ 安静 例絶対安静

アンゼン 安全 例安全器、安全装置、安全地帯、安全灯、安全ピン、安全弁；交通安全週間 対危険

アンタイ 安泰 例彼の球界における首位の座は当分安泰だ

アンタン 暗澹 例暗澹たる気持ち 類真っ暗、暗い、陰惨

アンチ 安置 例安置する

アンチュウモサク 暗中模索 例暗中模索している

アンチョク 安直 例安直な考え、安直な方法

アンテイ 安定 例この机は安定がよい、生活の安定、精神の安定、安定感

アンテン 暗転 例舞台が暗転する

アンド 安堵 例安堵する 類安心

アンドン あんどん〔行灯〕

アンナイ 案内 例結婚の案内を出す、案内を請う、家に案内する、案内状、案内広告、買い物案内、水先案内、旅行案内

アンナイがかり 案内係 例旅行の案内係

アンに 暗に 例暗に承知する 類それとなく、ひそかに

アンのジョウ 案の定〔案の条〕 例案の定されている 対案外

アンノン 安穏 例安穏と暮らす 類静穏、平安

アンバ あん馬〔鞍馬〕

アンバイ あんばい〔塩梅〕 例よいあんばいだ、あんばいが悪い 類味かげん、調子

アンピ 安否 例安否を気遣う

アンブン 案分、按分 例案分比例 注法令では、「按分」と振り仮名を

明朝体の右肩の数字は配当学年　末尾の数字は常用漢字表番号　（　）許容　類類義同意語　対反対対照語　関関連語　学学術用語

付ける。
アンミン **安眠** 例安眠妨害
アンモク **暗黙** 例暗黙のうちに，暗黙の了解
アンヤ **暗夜**〔闇夜〕
アンラク **安楽** 例老後の安楽，安楽いす，安楽死

## 〔イ・い〕

イ **以**⁴ ― 15
例以下，以外，以後，以上，以心伝心，以前，以内，以来

イ **衣**⁴ ころも 16
例衣冠，衣装，衣食住，衣服，衣料，衣類；脱衣場，白衣＜ハクイ＞
注＊浴衣＜ゆかた＞

イ **位**⁴ くらい 17
(1)場所・方向 例位置；方位
(2)地位・程度・順序 例位階，位地；栄位，各位，学位，首位，順位，上位，水位，単位，地位，品位
注「従三位」「三位一体」は「ジュサンミ」「サンミイッタイ」と読む。

イ **囲**⁵ かこむ・かこう 18
例囲碁；胸囲，四囲，周囲，範囲，包囲

イ **医**³ ― 19
例医院，医学，医師，医者，医薬；軍医，校医，獣医，女医，船医，名医，良医

イ **依** エ 20
(1)よる・よりどころ 例依願，依拠，依存，依頼
(2)元のまま 例依然

イ **委**³ ゆだねる 21
(1)任せる 例委員，委嘱，委託，委任
(2)詳細に 例委曲，委細

イ **威** ― 22
例威圧，威嚇，威儀，威厳，威光，威信，威勢，威風，威力，威令；脅威，権威，猛威

イ **為** ― 23
例為政者；行為，人為的 注＊為替＜かわせ＞

イ **畏**。おそれる 24
例畏敬，畏縮，畏怖

イ **胃**⁶ ― 25
例胃が重い；胃液，胃下垂，胃酸，胃弱，胃腸，胃病，胃袋

イ **尉** ― 26
例尉官；大尉

イ **異**⁶ こと 27
例異議，異境，異口同音，異国，異彩，異常，異色，異性，異存，異同，異動，異変，異名，異様，異例，異論；奇異，驚異，差異，大同小異，天変地異，特異，変異

イ **移**⁵ うつる・うつす 28
例移管，移行，移住，移植，移転，移動，移入，移民；推移

イ **萎** なえる 29
例萎縮

イ **偉** えらい 30
例偉観，偉業，偉才，偉人，偉大，偉容

イ **椅**。― 31
例椅子

イ **彙** ― 32
例彙報；語彙

イ **意**³ ― 33
(1)心 例意に介しない；意外，意気，意志，意思，意識；敬意，決意，誠意，熱意，用意
(2)考え 例意表；同意
(3)意味 例その意を得ない；意義，意味；大意，同意

---

○改定追加漢字 ●改定追加音訓 □改定削除漢字 ■改定削除音訓 〔 〕参考表記 〔△表外漢字 ▲表外音訓 ×誤用 当て字当て字〕

| | | |
|---|---|---|
| | 注 *意気地＜いくじ＞ | |
| イ | 違 ちがう・ちがえる | 34 |

(1)違う 例違算，違例；相違
(2)反する 例違憲，違背，違反，違法，違約

| イ | 維 — | 35 |
|---|---|---|

例維持；繊維；明治維新

| イ | 慰 なぐさめる・なぐさむ | 36 |
|---|---|---|

例慰安，慰謝，慰問，慰霊，慰労；弔慰金

| イ | 遺⁶ ユイ | 37 |
|---|---|---|

例遺族家，遺憾，遺棄，遺業，遺骨，遺恨，遺産，遺志，遺児，遺失物，遺書，遺族，遺体，遺伝，遺物；拾遺

| イ | 緯 — | 38 |
|---|---|---|

例緯線，緯度；経緯，南緯，北緯

| イ | 易⁵ エキ，やさしい | 78 |
|---|---|---|

例安易，簡易，難易，平易，容易
対難

| イ | 唯 ユイ | 1970 |
|---|---|---|

例唯々諾々；諾唯

| い | 井⁴ セイ・ショウ | 1104 |
|---|---|---|

例井戸，井戸水；井の中のかわず大海を知らず

| い | 居〜 | 例居間 |
|---|---|---|
| い | 〜居 | 例敷居，芝居，鳥居，長居 |
| い | 鋳〜 | 例鋳型，鋳物 |

**イアツテキ 威圧的** 例威圧的な態度
**いあわせる 居合わせる**（居合せる）
　例現場に居合わせる
**いいあい 言い合い**（言合い）　例あの二人はよく言い合いをする
**いいあう 言い合う**（言合う）　例納得のいくまで言い合う
**いいあやまり 言い誤り**（言誤り）
　例誰にも言い誤りは付き物だ
**いいあやまる 言い誤る**（言誤る）
　例誰でも言い誤ることがあるものだ
**いいあらわす 言い表す**（言い表わす）
　例この喜びは言い表すことができない
**いいおとし 言い落とし**（言落し）
**いいおとす 言い落とす**（言落す）
　例大事なことを言い落とす
**いいかえし 言い返し**（言返し）
**いいかえす 言い返す**（言返す）
　例問題をもう一度言い返す，負けていないで言い返す
**いいかえる 言い換える**（言換える）
　例別の言葉に言い換える
**いいカゲン いいかげん，いい加減**〔好い加減〕　例いいかげんに食べなさい，いいかげんなことは言わないほうがよい，いいかげん嫌になる
**いいかた 言い方**　例ぶっきらぼうな言い方
**いいきかせる 言い聞かせる**（言聞かせる）　例子どもによく言い聞かせる　注「言い聞かす」とも言う。
**いいきる 言い切る**（言切る）　例人が言い切らないうちにしゃべり出すのは失礼だ；責任を負うと言い切る
**いいぐさ 言いぐさ**〔言い種〕　例言いぐさが気に入らない
**いいしれぬ 言い知れぬ**（言知れぬ）
　例言い知れぬ寂しさ
**いいすぎる 言い過ぎる**（言過ぎる）
　例そこまで言うのは言い過ぎだ
**いいすてる 言い捨てる**（言捨てる）
　例かってにしろと言い捨てる
**いいそこない 言い損ない**（言損ない）
**いいそびれる 言いそびれる**　例言いたいことも言いそびれる
**いいだす 言いだす，言い出す**（言出す）　例言いだしたら後に引かない，赤ちゃんがものを言いだす，みんなでプレゼントをしようと言いだす
**いいちがい 言い違い**（言違い）
　例言い違いをする

---

明朝体の右肩の数字は配当学年　末尾の数字は常用漢字表番号　（　）許容　類類義同意語　対反対対照語
関関連語　㊥学術用語

**いいつかる** 言いつかる，言い付かる(言付かる)　例用事を言いつかる

**いいつくす** 言い尽くす(言尽す)　例言葉では言い尽くすことができない

**いいつける** 言いつける，言い付ける(言付ける)　例お使いを言いつける；先生に言いつける；言いつけないことは言わないこと

**いいつたえ** 言い伝え(言伝え)　例あの島には多くの言い伝えが残っている；先生からの言い伝え

**いいつたえる** 言い伝える(言伝える)　例今なお言い伝えられている物語

**いいとおす** 言い通す(言通す)　例うそを言い通す

**いいなおし** 言い直し(言直し)　例言い直しは利かない

**いいなおす** 言い直す(言直す)

**いいなずけ** いいなずけ〔許婚，許嫁　当て字〕　匎婚約者

**いいなれる** 言い慣れる(言慣れる)　例言い慣れた言葉はすぐ口に出る

**いいにくい** 言いにくい　例本人のいる前では言いにくい

**いいぬけ** 言い抜け(言抜け)　例あの人は言い抜けがうまい　匎言い逃れ

**いいのがれる** 言い逃れる(言逃れる)　例理由をつけて言い逃れる　匎言い抜ける

**いいのこす** 言い残す(言残す)　例言い残したことは明日話す，言い残して帰る

**いいはなつ** 言い放つ(言放つ)　例必ず勝つと言い放つ　匎言い切る，断言する

**いいはる** 言い張る(言張る)　例自分の意見ばかり言い張るのはよくない　匎主張する

**いいふくめる** 言い含める(言含める)　例じゅうぶん言い含めておいたからだいじょうぶだ

**いいふらす** 言いふらす，言い触らす(言触らす)　例悪口を言いふらす

**いいブン** 言い分〔云い分〕　例両者の言い分を聞く，聞き苦しい言い分　匎不満，文句

**いいまくる** 言いまくる〔言い捲る〕

**いいまわし** 言い回し(言回し)　例おもしろい言い回し

**いいもらし** 言い漏らし(言漏し)

**いいもらす** 言い漏らす(言漏す)　例言い漏らしたことに気がつく，誰かが言い漏らしたらしい

**いいわけ** 言い訳(言訳)　例聞き苦しい言い訳，言い訳のしようもない　匎弁解，申し開き

**いいわたし** 言い渡し(言渡し)　例執行猶予の言い渡し

**いいわたす** 言い渡す(言渡す)　例判決を言い渡す

**いう** 言う² ゲン・ゴン，こと〔云う〕　548　例ものを言う，言うまでもない

**いう** ……(と)いう　例……ということである，……という人

**いえ** 家² カ・ケ，や　147　例家に帰る，家主；家路，幸福な家，家出；家を継ぐ；家元

**いえがら** 家柄　例古い家柄,家柄の出

**いえじ** 家路　例家路に就く

**いえども** いえども〔雖も〕　注「とはいえ」「とはいっても」の意。

**いえる** 癒える　ユ，いやす〔いえる〕　1969　例傷が癒える

**いおう** ＊硫黄

**いおり** いおり〔庵〕　例いおりを結ぶ

**イカ** 以下　例20歳（才）以下，隊長

---

○改定追加漢字　●改定追加音訓　□改定削除漢字　■改定削除音訓　〔　〕参考表記〔△表外漢字　▲表外音訓　×誤用　当て字当て字〕

以下 対以上
いか いか〔烏賊〕
イガイ 以外 例役員以外の人, これ以外に方法はない
イガイ 意外 例意外な結果
イガイ 遺骸 類遺体
いかが いかが〔如何当て字〕 例御気分がいかがですか, いかがいたしましょう
いかがわしい いかがわしい〔如何わしい当て字〕 例本物かどうかいかがわしい, いかがわしいポスター
イカク 威嚇 例威嚇する, 威嚇的 類威迫, 威圧, 脅し
いかす 生かす¹ セイ・ショウ, いきる・いける・うまれる・うむ・おう・はえる・はやす・き・なま〔活かす〕 1107
例手当てをして生かす;お金を生かして使う 対殺す
いかだ いかだ〔筏〕 例材木をいかだに組む
いかなる いかなる〔如何なる当て字〕 例いかなる苦しみにも耐える
いかに いかに〔如何に当て字〕 例いかに考えるか, いかに金持ちでも死は避けられない
いかにも いかにも〔如何にも当て字〕 例いかにも楽しそう;いかにもそのとおり
いかほど いかほど〔如何程当て字〕 例お値段はいかほどですか, いかほど差し上げましょうか
いかめしい いかめしい〔厳めしい〕 例いかめしい儀式, いかめしいでたち
いからす 怒らす 例人を怒らす;肩を怒らす 類怒らす＜おこらす＞
いかり 怒り 例猛虎＜モウコ＞の怒り, 海神の怒り
いかり いかり〔錨,碇〕 例いかりを下ろす
いかりくるう 怒り狂う 例怒り狂う海
いかる 怒る ド, おこる 1497
例子どもに怒る;海が怒る;肩が怒る
イカン 遺憾 例あの人に負けたのは遺憾だ 類残念;実力を遺憾なく発揮する 申し分なく
いかん いかん〔如何当て字〕 例理由のいかんによって;いかんともしがたい
イガン 依願 例依願退職
イキ 域⁶ ― 39
例名人の域に達する;域外, 域内;区域, 地域, 流域
いき 粋 スイ〔いき〕 1086
例粋な姿
いき 息³ ソク 1266
例息をする, 息が絶える, 息を吐く, 息を吸う, 息をのむ, 一息, 鼻息;息が合う
いき 行き 例大阪行き;行きは早く帰りはゆっくり 類帰り 注「ゆき」とも言う。
いき 生き 例生き死に;生きがよい魚
イキ 意気 例人生意気に感ずる, 意気消沈, 意気揚々, 意気軒昂＜ケンコウ＞
イキ 遺棄〔委棄〕 例死体遺棄
イギ 威儀 例威儀を正す
イギ 異義 例同音異義 注違った意味。
イギ 異議 例異議を申し立てる 注反対の意見。
イギ 意義 例人生の意義
いきあう 行き合う, 行き会う(行合う, 行会う) 例先生と生徒が道で行き合う;駅で行き合う
いきあたり 行き当たり(行当り) 例行き当たりばったり

いきあ―いきな

いきあたる 行き当たる(行当る)
例塀に行き当たる;困難に行き当たる

いきいきと いきいきと,生き生きと〔活き活きと〕 例いきいきとした顔つき

いきうつし 生き写し(生写し)
例親に生き写し

いきうずめ 生き埋め(生埋め) 例崖崩れで生き埋めになる

いきおい 勢い⁵ セイ 1127
例勢いよく流れる,自分の勢いを示す,時の勢い,勢いで倒れる

いきおい〔副詞〕 いきおい,勢い 例仲が悪いのでいきおいけんかになる

いきがい 生きがい〔生き甲斐当て字〕
例生きがいのある仕事

いきかえり 行き帰り 例学校の行き帰り

いきかえる 生き返る(生返る)
例雨で草木が生き返る

いきがかり 行きがかり,行き掛かり(行掛り) 例今までの行きがかり上後へは引けない

いきがけ 行きがけ,行き掛け 例行きがけに客が来る

いきき 行き来 例行き来の激しい道 類往来

いきぎも 生き肝〔活き胆〕 例生き肝を抜く

いきぎれ 息切れ 例階段を上ると息切れがする

いきぐるしい 息苦しい 例鼻が詰まって息苦しい,息苦しい雰囲気

イキケンコウ 意気軒昂 類意気盛ん
注「軒高」は代用漢字。

イキこみ 意気込み 例計画に対する意気込み

いきさき 行き先(行先) 例旅行の行き先

いきさつ いきさつ〔経緯当て字〕
例今までのいきさつを説明する
類事情,経過,成り行き

いきしに 生き死に

いきじびき 生き字引〔活き字引〕
例彼は万葉集の生き字引だ

イキショウチン 意気消沈 例意気消沈した姿

いきすぎ 行き過ぎ(行過ぎ) 例行き過ぎの多い行動

いきすぎる 行き過ぎる(行過ぎる)
例家の前を行き過ぎる,品川まで行くと行き過ぎる;行き過ぎたふるまい

いきだおれ 行き倒れ(行倒れ)
例野たれ死に

いきち 生き血 例蛇の生き血,生き血を吸う

いきちがい 行き違い(行違い)
例行き違いになって会えなかった;二人の考えには行き違いがあるようだ

いきづまる 行き詰まる(行詰る)
例経営が行き詰まる

いきづまる 息詰まる(息詰る)
例息詰まる熱戦,息詰まるような雰囲気

イキトウゴウ 意気投合 例初対面で意気投合する

いきどおり 憤り 例憤りを感じる

いきどおる 憤る フン 1783
例息子のだらしなさを憤る

いきとどく 行き届く(行き届く)
例注意が行き届く

いきどまり 行き止まり(行止り)
例ここから先は行き止まりだ

いきながらえる 生き長らえる
例生き長らえて事業を完成させたい

いきなやむ 行き悩む(行悩む)
例会の運営に行き悩む

いきなり いきなり 例いきなり大

○改定追加漢字●改定追加音訓 □改定削除漢字 ■改定削除音訓 〔 〕参考表記 〔△表外漢字
▲表外音訓 ×誤用 当て字当て字〕

いきぬき　息抜き　例たまには息抜きが必要だ
いきのこり　生き残り(生残り)　例特攻隊の生き残り
いきのこる　生き残る(生残る)　例五人のうち二人が生き残る
いきのびる　生き延びる(生延びる)　例危ないところを生き延びる、90歳まで生き延びる
いきはじ　生き恥　例生き恥をさらす
いきぼとけ　生き仏[活き仏]　例生き仏のように気高い人
いきもの　生き物　例生き物をかわいがる；言葉は生き物だ
いきる　生きる¹　セイ・ショウ、いかす・いける・うまれる・うむ・おう・はえる・はやす・き・なま〔活きる〕1107
例90歳まで生きる、生きるために働く；部屋が生きる、努力が生きる
いきわかれ　生き別れ(生別れ)
いきわかれる　生き別れる(生別れる)　例我が子と生き別れる　対死に別れる
いきわたる　行き渡る(行渡る)　例全国に行き渡る
イク　育³　そだつ・そだてる・はぐくむ　40
例育英、育児、育成；教育、訓育、体育、発育、保育、養育
いく　幾　キ　326
例幾多、幾度、幾日；幾重、幾つ、幾ら
いく　行く²　コウ・ギョウ・アン、ゆく・おこなう　603
例外国へ行く、海岸を行く、お嫁に行く、稽古に行く、年が行く　注帰る　関「ゆく」とも言う。
いく　逝く　セイ、ゆく〔いく〕1122
例人に惜しまれて逝く

いく　……(て)いく　例生きていく、増えていく、実施していく　注「……(て)ゆく」とも言う。
いくえ　幾重　例幾重にも重なる；幾重にもおわびします
イクエイ　育英　例育英資金
いくさ　戦⁴　セン、たたかう〔軍〕1181
例戦に勝つ、戦で田畑が荒らされる　類戦い
いくさき　行く先(行先)　例行く先の短い体　類行く末
いくじ　*意気地　例意気地がない
いくタ　幾多　例幾多の苦労
いくたび　いくたび、幾度　例いくたびとなく
いくつ　幾つ　例お年は幾つ
イクドウオン　異口同音[異句同音]　例異口同音に叫ぶ
いくにち　幾日　例幾日も雨が降らない
いくばく　いくばく〔幾何〕　例余命いくばくもない
いくブン　いくぶん、幾分　例暑さもいくぶん和らいだようだ
いくら　幾ら、いくら　例幾らあるか；一つ幾らか；いくら探しても出てこない、いくら学者でも知らないこともある
いけ　池²　チ　1356
例池のこい、古池
イケイ　畏敬　類尊敬
いけがき　生け垣　例ひのきの生け垣
いけす　生けす〔生簀〕
いけどり　生け捕り(生捕り)　例敵将を生け捕りにする
いけない　いけない[不可ない]当て字　例遊んでばかりいてはいけない、いけない子
いけばな　生け花[活け花]　類花(華)道

いける―イシュ　24

| | |
|---|---|
| いける　生ける¹　セイ・ショウ、いきる・いかす・うまれる・うむ・おう・はえる・はやす・き・なま〔活ける〕　1107　例花を生ける | いさめる　いさめる〔諫める〕　働忠告する |
| | いざよい　いざよい〔十六夜 当て字〕 |
| | いさりび　いさり火〔漁り火〕　例沖のいさり火 |
| いける　いける，行ける　例この方法ならいけそうだ，この料理はいける | イサン　違算〔違算〕　例彼が負けるとは違算だった　働誤算 |
| いける　いける〔埋ける〕　例火鉢に火をいける，土管をいける | イサン　遺産　例遺産相続 |
| イケン　意見　例意見の相違；子どもに意見する | いし　石¹　セキ・シャク・コク　1140　例小石，庭石；石畳，石橋，石仏，敷石，踏み石；軽石，火打ち石，碁石：石の上にも三年 |
| イゲン　威厳　例威厳を傷つける | |
| イゴ　以後　働以降　△以前 | イシ　意志，意思　例意志薄弱；意思表示 |
| いこい　憩い〔憩〕　ケイ，いこう　495　例憩いの場所 | イシ　遺志　例遺志を受け継ぐ |
| いこう　憩う　ケイ，いこい　495　例公園で憩う | イシ　縊死　働首つり，首くくり |
| | イジ　意地　例意地が悪い，意地を張る，意地になる |
| イコウ　以降　例明治以降 | |
| イコウ　移行　例移行措置 | イジ　維持　例現状維持；世界平和を維持する |
| イコウ　意向〔意嚮〕　例相手の意向を確かめる | イジ　遺児　例交通遺児 |
| いごこち　居心地　例居心地がよい | イシキ　意識　例意識を失う；人の目を意識する |
| イコン　遺恨〔遺恨〕　例遺恨を残す | |
| イサイ　委細　例委細構わず　働詳細 | いしぐみ　石組み　例古びた石組み　働岩組み |
| イサイ　異彩　例異彩を放つ | |
| いさぎよい　潔い⁵　ケツ　512　例心の潔い人，潔い態度，潔く謝る | いしずえ　礎　ソ　1216　例礎を築く |
| | いしだたみ　石畳 |
| いざこざ　いざこざ　例いざこざが絶えない　働もめごと，いさかい | イシツ　異質　例異質な文化　△同質 |
| | いしづくり　石造り　例石造りの鳥居 |
| いささか　いささか〔聊か，些か〕　例いささか驚く，いささか心配だ　働少し，僅か | イジっぱり　意地っ張り　例意地っ張りの子 |
| | いじめる　いじめる〔虐める，苛める〕　例女の子をいじめる |
| いざなう　いざなう〔誘う〕　例浜辺にいざなう | |
| | イシャ　慰謝〔慰藉〕　例慰謝料 |
| いさましい　勇ましい　例見るからに勇ましい姿 | イシュウ　蝟集〔蝟集〕　例集まる，密集，群がる |
| いさむ　勇む⁴　ユウ　1973　例試合を前に勇む，喜び勇んで山に登る | イシュがえし　意趣返し〔遺趣返し〕 |
| | イシュク　萎縮〔委縮〕　例腎臓が萎縮する，心が萎縮する |

○改定追加漢字　●改定追加音訓　□改定削除漢字　■改定削除音訓　〔　〕参考表記　△表外漢字
▲表外音訓　×誤用　当て字 当て字

| | |
|---|---|
| イシュク　畏縮 | 例権威の前に畏縮する |
| イショウ　衣装〔衣裳〕 | 例舞台衣装　類衣裳 |
| イショウ　意匠 | 例意匠を凝らす,テレビの意匠,意匠登録　類デザイン,趣向 |
| イジョウ　以上 | 例20歳以上，以上で終わる；引き受けた以上　対以下 |
| イジョウ　委譲 | 例権限を委譲する |
| イジョウ　異状 | 例異状なし |
| イジョウ　異常 | 例異常乾燥　対正常 |
| イショク　委嘱,依嘱 | 例委員に委嘱する |
| イショク　移植 | 例臓器移植，並木を移植する |
| いじらしい　いじらしい | 例涙をこらえる姿がいじらしい |
| いじる　いじる〔弄る〕 | 例おできをいじる；機構をいじる |
| イジわる　意地悪 | 例意地悪な男；意地悪ね |
| イシン　維新 | 例明治維新 |
| イシンデンシン　以心伝心 | 例以心伝心の間柄 |
| イス　椅子,いす | 例回転椅子，重役の椅子 |
| いずみ　泉[6]　セン　1173 | 例泉のほとり；話の泉 |
| いずれ　いずれ〔何れ,孰れ〕 | 例いずれが勝つかわからない；いずれたいしたことはない；いずれ伺います |
| いずれにしても　いずれにしても | 例いずれにしても最後まで全力を尽くせ |
| いずれも　いずれも | 例いずれも名画ばかり |
| いすわり　居座り〔居坐り〕 | 例居座りを決め込む；社長の地位に居座る |
| イセイ　威勢 | 例威勢のよい青年 |
| イセキ　医籍 | 例医師名簿 |
| イセキ　遺跡〔遺蹟〕 | 例オリンピアの遺跡　類古跡 |
| イゼン　以前 | 例有史以前，哲学以前　対以後 |
| イゼン　依然 | 例旧態依然 |
| いそ　いそ〔磯〕 | 例いそ釣り，いそ伝い |
| いそいそと　いそいそと | 例いそいそと出かける |
| いそうろう　居候 | 類食客＜ショッカク＞ |
| いそがしい　忙しい　ボウ　1854 | 例勉強が忙しい，年の暮れは忙しい |
| いそがす　急がす | 例仕上げを急がす　注「急がせる」とも言う。 |
| いそぎ　急ぎ | 例急ぎの注文 |
| いそぎあし　急ぎ足 | 例急ぎ足で家へ帰る，急ぎ足で歩く |
| いそぐ　急ぐ[3]　キュウ　372 | 例駅へ急ぐ，完成を急ぐ |
| いそしむ　いそしむ〔勤む,励む〕 | |
| いそづたい　いそ伝い〔磯伝い〕 | 例七里が浜のいそ伝い |
| いそづり　いそ釣り〔磯釣り〕 | |
| イソン　依存 | 例他人に全てを依存する　注「イゾン」とも言う。 |
| イゾン　異存 | 例異存はない |
| いた　板[3]　ハン・バン　1665 | 例板囲い，板敷き，板張り，板塀；羽目板，床板；羽子板；板についた采配＜サイハイ＞ぶり |
| いたい　痛い[6]　ツウ，いたむ・いためる　1431 | 例胃が痛い，頭が痛い；3万円の支出とは痛い |
| イタク　委託,依託 | 例委託販売，教育を先生に委託する；依託学生，依託射撃 |
| いだく　抱く　ホウ，だく・かかえる〔懐く〕　1835 | |

明朝体の右肩の数字は配当学年　末尾の数字は常用漢字表番号　（ ）許容　類類義同意語　対反対対照語　関関連語　学学術用語

例希望を抱く〔抱く<だく>〕

いたけだか 居丈高〔威猛高〕 例居丈高になる

いたしかた 致し方 例だめなら致し方ない

いたじき 板敷き ㊿板の間

いたす 致す チ 1360
例思いを致す, 不徳の致すところ; お手伝いいたします 注「……いたします」は仮名書きが望ましい。

いだす いだす〔出す〕 ㊿出す

いたずら いたずら〔悪戯〕当て字
例いたずらっ子, いたずらする

いたずらに いたずらに〔徒に〕
例いたずらに苦労するだけだ

いただき 頂6 チョウ, いただく 1404
例山の頂 注「山頂」の意。

いただく 頂く6 チョウ, いただき〔戴く〕 1404
例雪を頂く, 総裁に頂く; お食事を頂く; 謹んでいただく, 手本を書いていただく 注「もらう」の意の謙譲語と「……ていただく」は仮名書きが望ましい。法令・公用文では「……ていただく」のように用いるときは仮名書き。

いたたまらない 居たたまらない
例恥ずかしくて居たたまらない気持 注「居たたまれない」とも言う。

いたって 至って, いたって 例至って元気だ 注法令・公用文では「至って」。

いたのま 板の間 例板の間稼ぎ(注銭湯などの脱衣場で金品を盗むこと)

いたばり 板張り

いたましい 痛ましい 例痛ましい光景

いたみ 痛み, 傷み 例傷の痛み, 心の痛み; 果物の傷み

いたむ 傷む6 ショウ, きず・いためる 997
例建物が傷む, 果物が傷む

いたむ 痛む6 ツウ, いたい・いためる 1431
例胃が痛む, 胸が痛む

いたむ 悼む トウ 1515
例故人を悼む

いためる 傷める6 ショウ, きず・いたむ 997
例品物を傷める

いためる 痛める6 ツウ, いたい・いたむ 1431
例胃を痛める

いためる いためる〔炒める, 煤める〕
例御飯を油でいためる

いたり 至り 例若気の至り, 感心の至り

いたる 至る6 シ〔到る〕 773
例大事に至らなくて終わる, 完成するに至る; 目的地に至る

いたるところ いたるところ, 至る所〔到る所〕 例いたるところに運がある

いたわしい いたわしい〔労しい〕
例おいたわしいかぎり ㊿気の毒

いたわる いたわる〔労る〕 例病人をいたわる, お年寄りをいたわる

イチ 一1 イツ, ひと・ひとつ 41
例一を聞いて十を知る, 一段落, 一女性; 一の矢, 学級一 注*一日<ついたち>, *一人<ひとり>

イチ 壱 一 42
例壱万円, 壱千円<イッセンエン>

いち 市2 シ 768
例市に人が集まる, 市が立つ, 市場, 魚市場, 馬市

イチイタイスイ 一衣帯水 例一衣帯水の地 注一衣/帯水ではなく一

---

○改定追加漢字 ●改定追加音訓 □改定削除漢字 ■改定削除音訓 〔 〕参考表記 〔△表外漢字 ▲表外音訓 ×誤用 当て字当て字

衣帯／水の意味。
イチオウ 一応,一往 例いちおうの結論,いちおう行ってみよう
イチガイに 一概に 例一概に悪いとは言えない
イチグウ 一隅 類片隅,一角
いちげんこじ 一言居士 例あの課は一言居士が多い 注「いちごんこじ」とも言う。
いちご いちご〔苺,莓〕
イチゴイチエ 一期一会
イチゴンハンク 一言半句 例一言半句も聞き漏らすな
イチジ 一時,1時 例一時の気まぐれ,一時はどうなることかと；午後1時
イチジク いちじく〔無花果〕
イチジに 副一時に 例一時に支払う 類いちどきに,同時に
イチジのがれ 一時逃れ 例一時逃れの言い訳
イチジばらい 一時払い(一時払) 対分割払い
いちじるしい 著しい6 チョ,あらわす 1390
例著しい進歩
イチズ いちず〔一途〕 例いちずに願う 類ひたむき
イチダイジ 一大事 例すわ一大事
イチダンと 一段と 例一段と明るくなる
イチドウ 一同 例一同そろって出かける
イチドウ 一堂 例一堂に会する
イチドに 一度に 例一度に人が集まる
イチニンまえ 一人前,一人まえ 例一人前800円；一人まえの人間
イチネンジュウ 一年中,一年じゅう
いちば 市場 例市場に買い物に行く,魚市場
イチバン 一番,いちばん 例一番電車,一番勝負；いちばん下,いちばん後ろから行く 注副詞のときは仮名書きが望ましい。
イチブ 一部,1部 例一部を省く；新聞1部120円
イチブシジュウ 一部始終 例一部始終を話す
イチベツ いちべつ〔一瞥〕 例いちべつを与える
イチボウ 一望〔一眸〕 例一望のもとに見下ろせる美しい眺め
イチマツ 一抹 例一抹の寂しさ,一抹の不安 類多少,一脈,僅か,少し,いくらか,淡い,一点
イチメン 一面 例一面優しいところがある；一面みかんの木ばかり
イチモクサンに いちもくさんに,一目散に 例いちもくさんに逃げていく
イチモンジ 一文字 例一文字に横になる
イチヤク 一躍 例一躍有名になる
イチヤづけ 一夜漬け
イチヨウ 一様 例一様だ,一様に賛成する 対多様
イチョウ 移牒 類移達
いちょう いちょう〔銀杏,公孫樹〕 当字 例大いちょう(注関取の髪形)
イチヨウライフク 一陽来復 例一陽来復を願う 対冬至
イチリツ 一律〔一率〕 例一律に値上げする,千編一律
イチリュウ 一流 例一流の画家；彼一流の考え
イチリョウ 一両〔一輛〕
イチレンタクショウ 一蓮托生

明朝体の右肩の数字は配当学年 末尾の数字は常用漢字表番号 ( )許容 類類義同意語 対反対対照語 関関連語 学学術用語

例一蓮托生の身
イチロ 一路 例衰退の一路；一路東京へ
イツ 一¹ イチ, ひと・ひとつ 41
例一家, 一挙一動, 一式, 一生, 一身, 一新, 一帯, 一定, 一筆, 一変；均一, 言文一致, 好一対, 紅一点, 純一, 専一, 単一, 統一, 同一, 唯一
イツ 逸 —43
例逸脱, 逸楽, 逸話, 逸品＜イッピン＞；安逸, 散逸, 秀逸, 放逸
いつ 五¹ ゴ, いつつ 576
例五日
いつ いつ〔何日,何時当て字〕 例いつお出かけですか
イッカ 一家 例一家だんらん, 一家を成す
いつか いつか〔何時か当て字〕 例いつか日が暮れていた, いつか外国に行くつもり, いつかお目にかかったはずですが
イッカイ 一介 例一介のサラリーマン
イッカクセンキン 一獲千金〔一攫千金〕 例一獲千金を夢見る
イッカツ 一喝 例監督に一喝される
働どなる, どなりつける
イッカン 一貫 例終始一貫, 一貫作業
イッカン 一環 例教育の一環
イッキイチユウ 一喜一憂 例当落の報に一喜一憂する
イッキうち 一騎打ち〔一騎打〕, 一騎討ち〔一騎討〕
イッキカセイ 一気呵成 働一息に, 一気に
イッキトウセン 一騎当千 例一騎当千のつわもの
イッキに 一気に 例一気に仕上げる
イッキョイチドウ 一挙一動 例相手の一挙一動に注意する

イッキョに 一挙に 例一挙に仕上げる
いつくしむ 慈しむ ジ 820
例慈しみ深い人, 孫を慈しむ
イッケンや 一軒家, 一軒屋
イッコウ 一行 例家族連れの一行
イッコウに いっこうに, 一向に
例風はいっこうに衰えない
イッサイ 一切 例一切を白状する；いっさい関係ない
注副詞のときは仮名書きが望ましい.
イッサイガッサイ いっさいがっさい, 一切合財, 一切合切 例いっさいがっさい集めてもこれだけだ
イッサクジツ 一昨日 働おととい
イッサンに 一散に, 一目散に, 逸散に 例いっさんに逃げ出す
働いちもくさんに
いつしか いつしか〔何時しか当て字〕
例いつしか年も変わり, いつしか日も暮れて
イッシドウジン 一視同仁〔一視同人〕
例一視同仁の心
イッシュ 一種 例魚の一種；一種独特
イッシュウ 一蹴 例要求を一蹴する, 強敵を一蹴する 働はねつける, 拒否する, 蹴飛ばす, 破る
イッシュン 一瞬 例一瞬の出来事
イッショ 一所 例一所不住の僧
イッショ いっしょ, 一緒〔一処〕
例ごいっしょしましょう, 盆と正月がいっしょに来たようだ；いっしょくたにする
イッショウケンメイ 一生懸命
例一生懸命に勉強する 注「一所懸命＜イッショケンメイ＞」の変化した語.
イッショクソクハツ 一触即発
例一触即発の危機
イッシン 一心 例一心不乱

| | |
|---|---|
| イッシン 一身 | 例一身に引き受ける,一身を投げ出す |
| イッシン 一新 | 例気分一新 |
| イッする 逸する | 例機会を逸する |
| イッセイ 一斉 | 例一斉授業,一斉射撃 |
| イッセイチダイ 一世一代〔一生一代〕 | 例一世一代の大事業 |
| イッセイに 副詞 一斉に | 例一斉に仕事を始める |
| いっそ いっそ | 例いっそ行くのはやめよう 類かえって,むしろ |
| イッソウ 副詞 いっそう,一層 | 例いっそう努力する 類ひときわ,一段と |
| イッソクとび 一足飛び | 例小川を一足飛びに越える,一足飛びの発展 |
| イッタイ 一体 | 例一体の仏像 |
| イッタイ 副詞 いったい,一体 | 例いったい何をしているのか |
| イッタイゼンタイ 一体全体 | 例一体全体どうしたことか |
| イッタン 一端 | 例責任の一端を担ぐ |
| イッタン 一旦,いったん | 例一旦言いだしたことは最後まで守る |
| イッチ 一致 | 例意見が一致する 類合致 |
| イッチハンカイ 一知半解 | 例一知半解の徒 |
| イッチョウ 一丁〔一挺〕 | 例かけ一丁 |
| イッチョウイッタン 一長一短 | 例誰にも一長一短はあるものだ,交通の発達にも一長一短がある |
| イッチョウラ 一張羅 | 例一張羅の背広 |
| いつつ 五つ¹ ゴ,いつ 576 | |
| いつづけ 居続け〔流連 当て字〕 | 注読み「流連<リュウレン>」の場合は,用いてもよい。 |
| イッテイ 一定 | 例一定の量 |
| イッテン 一転 | 例情勢が一転する,心機一転 |
| イッテンばり 一点張り〔一天張り〕 | 例頑張一点張り |
| いつのまにか いつの間にか〔何時の間にか 当て字〕 | 例いつの間にか眠っていた |
| イッパイ 一杯 | 例水一杯,一杯飲む |
| イッパイ いっぱい,一杯 | 例駅は登山客でいっぱいだ,腹いっぱいに食べる;4月いっぱいに返す |
| イッパン 一般 | 例一般の入場者,一般の考え,世間一般 |
| イップク 一服 | 例一服の薬,一服する,一服盛る |
| イッペンに 副詞 いっぺんに,一遍に | 例いっぺんに参ってしまう |
| イッポウ 一方 | 例一方の雄,一方はおとなしく他方はやんちゃ,食べる一方 |
| イッポンだち 一本立ち | 例ようやく一本立ちができる |
| いつも いつも〔何時も 当て字〕 | 例いつも元気だ |
| イツワ 逸話 | 例故人の逸話 類エピソード |
| いつわり 偽り | 例うそ偽り 対誠<まこと> |
| いつわる 偽る ギ,にせ 341 | 例年を偽る,人を偽る |
| いでたち いで立ち,いでたち〔出で立ち〕 | 例いで立ちを見送る 類出立;いでたちを整える 類身支度 |
| いでゆ いで湯〔出湯〕 | 類温泉 |
| いと 糸¹ シ 772 | 例糸繰り,糸巻き;生糸,絹糸,毛糸,横糸;糸口 |
| イト 意図 | 例達成しようとする意図 |
| いど 井戸 | 例井戸端会議,井戸掘り |
| いとう いとう〔厭う〕 | 例めんどうなことをいとう;お体をおいとくだ |

明朝体の右肩の数字は配当学年　末尾の数字は常用漢字表番号　( )許容　類類義同意語　対反対対照語
関関連語　学学術用語

さい
**イドウ　異同**　[例]両者の異同を調べる　[類]相違
**イドウ　異動**　[例]人事異動
**イドウ　移動**　[例]場所を移動する
**いとおしむ　いとおしむ**〔愛おしむ〕　[例]我が身をいとおしむ
**いとぐち　糸口**〔緒〕　[例]解決の糸口
**いとこ　いとこ**　〔従兄弟，従姉妹[当て字]〕
**いどころ　居どころ**，居所　[例]虫の居どころが悪い
**いとなみ　営み**　[例]日々の営み
**いとなむ　営む**5　エイ　73
[例]事業を営む；法事を営む；巣を営む
**いとま　いとま**〔暇〕　[例]一服するいとまもない，おいとまをいただく　[類]暇<ひま>
**いとまき　糸巻き**(糸巻)
**いとまごい　いとま乞い**，いとまごい〔暇乞い〕　[例]いとま乞いをする
**いどむ　挑む**　チョウ　1398
[例]チャンピオンに挑む，暴漢に必死になって挑む
**いな　稲**　トウ，いね　1528
[例]稲作，稲田
**いな　否**6　ヒ　1686
[例]賛成か否か
**イナイ　以内**　[例]10人以内，3分以内　[対]以上；半径100メートル以内　[対]以外
**いなおる　居直る**　[例]押し売りが居直る，居直り強盗
**いなか　＊田舎**　[例]田舎道，田舎に帰る
**いながら　居ながら**，いながら〔居乍ら〕　[例]居ながらにして天下の形勢を知る
**いなサク　稲作**　[類]米作
**いなす　いなす**　[例]質問を軽くいなす
**いなずま　稲妻**
**いななく　いななく**〔嘶く〕　[例]馬が一声いなないて走りだす
**いなびかり　稲光**　[類]稲妻
**いなむ　否む**〔辞む〕　[例]あくまでも否む　[類]拒む，断る
**いなや**　……(や)**いなや**，……(や)否や　[例]起きるやいなや
**いならぶ　居並ぶ**　[例]校長以下全職員がずらりと居並ぶ
**いなり　いなり**〔稲荷[当て字]〕　[例]いなりずし
**いにしえ　いにしえ**〔古〕　[例]いにしえの物語
**イニン　委任**　[例]委任状，白紙委任
**いぬ　犬**1　ケン　514
[例]小犬，山犬；犬かき
**いぬき　居抜き**　[例]居抜きで店を売る
**いね　稲**　トウ，いな　1528
**いねむり　居眠り**〔居睡り〕　[類]うたたね
**いのこり　居残り**　[例]居残りをして仕事を片づける
**いのしし　いのしし**〔猪〕
**いのち　命**3　メイ・ミョウ　1927
[例]人間の命；亀の命は人間より長い；命の綱
**いのちがけ　命がけ**，命懸け　[例]命がけの冒険
**いのちからがら　命からがら**　[例]命からがら逃げ出す
**いのちごい　命乞い**，命ごい　[例]敵に命乞いをする
**いのちとり　命取り**　[例]小さな傷が命取りになる，あの失敗が彼の命取り
**いのちびろい　命拾い**　[例]あの人のおかげで命拾いをする
**いのり　祈り**　[例]必勝の祈り，祈りをささげる
**いのる　祈る**　キ　311

例神に成功を祈る, 先生の多幸を祈る

**イハイ** 位牌 例位牌を守る

**イハイ** 違背 例違反 注法令では「違反」を用いる。

**イバシンエン** 意馬心猿 例意馬心猿に悩まされる

**イハツ** 衣鉢 例遺業, 伝統

いばら 茨4— 44
注主として都道府県名に用いる。※茨城＜いばらき＞県

いばらきケン ※茨城県

イばる いばる, 威張る 例人にいばる, いばった態度

**イハン** 違反, 違犯 例選挙違反

いびき いびき〔鼾〕 例いびきをかく

いびつ いびつ〔歪〕 例バケツがいびつになる, 社員の序列がいびつになる

**イヒン** 遺品 例先祖の遺品

いぶかしい いぶかしい〔訝しい〕
例真実かどうかいぶかしい

いぶき *息吹 例春の息吹が感じられる

いぶす いぶす〔燻す〕 例松の葉をいぶす, さんまの煙にいぶされる, 魚をいぶす, かやり火をいぶす

いぶる いぶる〔燻る〕 例まきがいぶって煙が目に染みる

いま 今2 コン・キン 670
例今何時, 今の人の考え；今終わったところ, 今行く；いま少し

いまいましい いまいましい, 忌まいましい 例せっかくの旅行に雨が降るとはいまいましい

いまごろ 今頃, 今ごろ 例去年の今頃；今頃見つかっても用はない

いまさら いまさら, 今更 例いまさら手の打ちようがない

いまさらのように いまさらのように, 今更のように 例いまさらの

ように思い出される

いましがた いましがた, 今し方
例兄はいましがた帰ってきました

いましめ 戒め〔警め, 誡め〕 例親の戒め, 戒めを守る

いましめる 戒める カイ〔警める, 誡める〕 177
例自分自身を戒める, 無駄遣いを戒める, いたずらをしないよう戒める

いまだ いまだ〔未だ〕 例いまだ完成しない 慣まだ

いまだに いまだに〔未だに〕 例いまだにろくに字も書けない 慣まだ

いまどき 今どき, 今時 例今どき珍しい純朴な青年

いまなお 今なお 例今なお謎とされている

いまに いまに, 今に 例いまにわかる時が来る

いまにも いまにも, 今にも 例いまにも泣き出しそうな顔

いままで 今まで〔今迄〕 例今まで見たこともない

いまや いまや, 今や 例いまや遅しと待つ

いまわしい 忌まわしい〔忌わしい〕
キ, いむ 308
例忌まわしい話だ

いまわのきわ いまわの際〔今際の際〕

**イミ** 意味 例言葉の意味, 意味がない

**イミあい** 意味合い 例そのような意味合いで言ったのではない

いみことば 忌み言葉〔忌詞〕 例忌み言葉に気をつけなさい

いみじくも いみじくも 例いみじくも言い当てている

**イミシンチョウ** 意味深長〔意味深重〕
例意味深長な発言

いむ 忌む, いまわしい 308

例不正を忌む、忌むべき風習

**いも 芋—** 45
例芋のつる、焼き芋；芋を洗うような混雑ぶり

**いもうと 妹² マイ** 1896
対姉、弟

**いもづる 芋づる**〔芋蔓〕 例犯人が芋づる式に検挙される

**いもほり 芋掘り**〔芋掘〕

**いや 嫌 ケン・ゲン、きらう**〔厭〕 532
例嫌なやつ、嫌な仕事、嫌がるのをむりやり連れていく

**いや いや**〔否〕 例いやだだめ、いやいや 対おう（応）

**いやいや いやいや、嫌々**〔厭々〕
例いやいや引き受ける

**いやがオウでも いやがおうでも**〔否が応でも〕 例いやがおうでも勉強だけはしなければならない

**イヤク 意訳** 対直訳

**いやケがさす 嫌気がさす**

**いやしい 卑しい ヒ、いやしむ・いやしめる** 1692
例卑しい食べ方、卑しい身なり、卑しい根性 対尊い

**いやしくも いやしくも**〔苟も〕
例いやしくも学生であるからには学生らしくすべきだ

**いやしむ 卑しむ ヒ、いやしい・いやしめる** 1692
例人を卑しむ 対尊ぶ

**いやしめる 卑しめる ヒ、いやしい・いやしむ** 1692
例人を卑しめるのはよくない

**いやす 癒やす ユ、いえる**〔いやす〕 1969
例傷を癒やす、心身を癒やす

**いやミ 嫌み、嫌味** 例嫌みを言う

**いやらしい 嫌らしい** 例嫌らしい人

**いよいよ いよいよ**〔愈々〕 例いよいよ元気になる、いよいよほんとうらしい、いよいよお別れだ

**イヨウ 威容** 例威容を示す、威容を誇る

**イヨウ 異様** 例異様な身なり

**イヨウ 偉容** 例偉容を仰ぐ

**イヨク 意欲**〔意慾〕 例意欲を燃やす

**イライ 以来** 例昨年の5月以来

**イライ 依頼** 例特に依頼する、依頼人

**いらいらする いらいらする**〔苛々する〕 例気持ちがいらいらする

**いり 入り** 例入りがよい、土用の入り、物入り

**いり 入り〜** 例入り海、入り口、入り口

**いりあいのかね 入りあいの鐘、入り相の鐘** 例入りあいの鐘が聞こえる

**いりうみ 入り海**

**いりえ 入り江**（入江） 例波の静かな入り江

**いりぐち 入り口**（入口） 対出口

**いりくむ 入り組む** 例入り組んだ海岸線、話が入り組む

**いりこむ 入り込む** 例入り込んだ事情

**いりひ 入り日** 類夕日、落日

**いりびたる 入り浸る**（入浸る）
例マージャン屋に入り浸る

**いりふね 入り船** 対出船

**いりまじる 入り交じる**（入交じる）
例いろいろな色が入り交じっている

**いりみだれる 入り乱れる**（入乱れる）
例男も女も入り乱れて踊る

**いりもやづくり 入りもや造り**〔入母屋造り〕

**イリュウ 慰留** 例辞任を慰留する

**いりヨウ 入り用** 例お金が入り用だ

**イリョウ 医療** 例医療施設、地域医療

**イリョク 威力、偉力** 例威力抜群だ

**いる 居る⁵ キョ** 384

---

○改定追加漢字　●改定追加音訓　□改定削除漢字　■改定削除音訓　〔 〕参考表記　〔△表外字〕
▲表外音訓　×誤用　当て字当て字〕

| | |
|---|---|
| 例待合室に居る, 田舎に居る（注法令・公用文では仮名書き）；居ても立ってもいられない（注「その場にじっとしていられない」の意） | |
| **いる　射る**6　シャ　　846<br>例矢を射る；人を射る眼光 | |
| **いる　煎る**　セン〔いる, 炒る, 熬る〕　1182<br>例鍋で煎る, 煎り豆 | |
| **いる　鋳る**　チュウ　　1388<br>例茶釜を鋳る | |
| **いる　入る**1　ニュウ, いれる・はいる　　1584<br>例ひびが入る；技が神＜シン＞に入る | |
| **いる　要る**4　ヨウ, かなめ　　1996<br>例どうしても金が要る, 要らぬ心配をするな | |
| **いる　……（て）いる**　例勉強している, 気が利いている | |
| **イレイ　威令**　例威令が行われる | |
| **イレイ　異例**　例異例の昇進, 異例の出来事 | |
| **いれかえ　入れ替え**（入替え）　例入れ替え作業 | |
| **いれかえる　入れ替える**（入替える）　例観客を入れ替える | |
| **いれかわり　入れ替わり**（入替り）　例委員の入れ替わり | |
| **いれかわりたちかわり　入れ替わり立ち替わり**（入れ替り立ち替り）　例入れ替わり立ち替わり見物客がやってくる | |
| **いれかわる　入れ替わる**（入替る）　例月の半ばで出し物が入れ替わる | |
| **いれずみ　入れ墨**〔文身, 刺青当て字〕 | |
| **いれヂエ　入れ知恵**　例弟に入れ知恵する | |
| **いれちがい　入れ違い**　例入れ違いになる | |
| **いれちがえる　入れ違える**　例本を入れ違える |
| **いれば　入れ歯** |
| **いれもの　入れ物**〔容れ物〕 |
| **いれる　入れる**1　ニュウ, いる・はいる〔容れる〕　　1584<br>例水を入れる, 風を入れる；お茶を入れる；利息を入れる, 勘定に入れる；忠告を入れる；心を入れる　(対)出す |
| **いろ　色**2　ショク・シキ　　1029<br>例赤色, 黄色, 桜色, 水色, 灰色, 桃色；色紙, 七色；顔色, 肌色；旗色, 喜びの色, 優勝の色 |
| **いろあい　色合い**　例調和のとれた色合い |
| **いろあげ　色揚げ**　例色揚げをする　(類)染め直し |
| **いろいろ　いろいろ, 色々**　例いろいろある, いろいろに言う, いろいろな物　(類)いろんな, さまざま |
| **イロウ　慰労**　例従業員を慰労する |
| **イロウ　遺漏**　例万事遺漏なく |
| **いろがわり　色変わり**（色変り） |
| **いろずり　色刷り**　例色刷りの絵はがき |
| **いろづく　色づく, 色付く**　例いちごが色づく |
| **いろづけ　色づけ, 色付け** |
| **いろどり　彩り, 色どり, 色取り**　例美しい彩りを添える |
| **いろとりどり　色とりどり**　例色とりどりの紅葉, 色とりどりの服装 |
| **いろどる　彩る**　サイ　　701<br>例夕日が美しく西の空を彩る |
| **いろめがね　色眼鏡**　例色眼鏡で人を見るな |
| **いろり　いろり**〔囲炉裏当て字〕　例いろりを囲んで話をする |
| **いろわけ　色分け**　例色分けする　(類)分類 |

明朝体の右肩の数字は配当学年　末尾の数字は常用漢字表番号　（　）許容　(類)類義同意語　(対)反対対照語　(関)関連語　(学)学術用語

イロン―インジ

| イロン 異論 | 例異論はない 類異議 |
| いろんな いろんな、色んな | 例いろんな種類 類いろいろな |
| いわ 岩² ガン | 295 |
| | 例岩屋, 岩山 |
| いわい 祝い | 例祝いの酒, 出産祝い, 内祝い |
| いわいざけ 祝い酒(祝酒) | 例祝いの酒をふるまう |
| いわいもの 祝い物(祝物) | 例祝い物を贈る |
| いわう 祝う⁴ シュク・シュウ | 919 |
| | 例入学を祝う, 前途を祝う |
| いわかど 岩角 | |
| いわく いわく〔曰く〕 | 例彼いわく, いわくありげだ |
| いわし いわし〔鰯, 鰮〕 | 例いわし雲 |
| いわば いわば〔謂ば〕 | 例病気はいわば人間の敵だ |
| いわゆる いわゆる〔所謂〕〔当て字〕 | 例あの子こそいわゆる神童だ |
| いわれ いわれ〔謂われ〕 | 例京都には古いいわれのある寺が多い, そのいわれを聞かせてほしい 類由来 |
| いわんや いわんや〔況や〕 | 例いわんや…をや 類なおさら, ましてや |
| イン 引² ひく・ひける | 46 |
| | 例引火, 引見, 引責, 引率, 引退, 引用, 引力;延引, 我田引水, 吸引, 牽引〈ケンイン〉, 強引, 索引 |
| イン 印⁴ しるし | 47 |
| | 例印影, 印鑑, 印刷, 印紙, 印章, 印象, 印肉;押印, 検印, 刻印, 実印, 調印, 封印, 認め印, 割り印 |
| イン 因⁵ よる | 48 |
| | 例因果, 因子, 因襲, 因数, 因縁〈インネン〉;遠因, 起因, 近因, 原因, 死因, 要因 対果 |
| イン 咽 ― | 49 |

| | 例咽喉〈インコウ〉, 咽頭 |
| イン 姻 ― | 50 |
| | 例姻戚〈インセキ〉, 姻族;婚姻 |
| イン 員³ ― | 51 |
| | 例員数;委員, 閣員, 議員, 教員, 欠員, 公務員, 社員, 署員, 職員, 随員, 人員, 定員, 店員 |
| イン 院³ ― | 52 |
| | 例院議, 院長;医院, 議院, 孤児院, 寺院, 書院, 退院, 入院, 病院, 両院 |
| イン 淫 みだら | 53 |
| | 例淫行, 淫欲, 淫乱;姦淫〈カンイン〉 |
| イン 陰 かげ・かげる | 54 |
| | 例陰に籠もる;陰影, 陰気, 陰極, 陰険, 陰性, 陰電気, 陰謀, 陰陽, 陰暦;光陰, 寸陰, 緑陰 対陽 |
| イン 飲³ のむ | 55 |
| | 例飲酒, 飲食, 飲用, 飲料水;暴飲暴食 |
| イン 隠 かくす・かくれる | 56 |
| | 例隠花植物, 隠居, 隠見, 隠者, 隠匿, 隠忍 対顕 |
| イン 韻 ― | 57 |
| | 例韻文, 韻律;音韻, 脚韻, 頭韻, 余韻 |
| イン 音¹ オン, おと・ね | 127 |
| | 例音信〈インシン・オンシン〉, 子音〈シイン・シオン〉, 福音, 母音〈ボイン・ボオン〉 |
| インウツ 陰鬱 類鬱陶しい, 陰気 |
| インエイ 陰影〔陰翳〕 例陰影に富む |
| インガ 因果 例因果関係 |
| インキ 陰気 例陰気な男 対陽気 |
| インキョ 隠居 例隠居する, 隠居部屋 |
| インギン 慇懃 例慇懃な物腰, 慇懃無礼 類丁寧 |
| インコウ 咽喉 例耳鼻咽喉科 類喉〈のど〉 |
| インシュウ 因習, 因襲 例古くからの因習を破る |
| インジュンコソク 因循姑息 例因 |

○改定追加漢字　●改定追加音訓　□改定削除漢字　■改定削除音訓　〔 〕参考表記〔△表外漢字
▲表外音訓　×誤用　当て字 当て字〕

| 循姑息なやり方
| インショウ 印象　例強い印象を残す，印象的だ
| インシン 殷賑　類繁華，繁盛，にぎやか
| インする 印する　例第一歩を印する
| インセキ 姻戚　類親族，親類，姻族
| インゼン 隠然〔隱然〕　例隠然たる勢力
| インソツ 引率〔引卒〕　例生徒を引率する
| インタイ 引退　例横綱が引退する
| インタイ 隠退　例第一線から隠退する
| インチ インチ〔吋当て字〕
| イントク 陰徳〔隱徳〕　例陰徳あれば必ず陽報あり
| イントク 隠匿〔隱匿〕　例隠匿物資
| インニン 隠忍〔隱忍〕　例隠忍自重する
| インネン 因縁　例この会社に入ったのもなにかの因縁でしょう，浅からぬ因縁；因縁をつける
| インペイ 隠蔽〔隱蔽〕　類隠す
| インボウ 陰謀〔陰謀〕
| インメツ 隠滅〔煙滅，湮滅〕　例証拠を隠滅する　注法令では「隠滅」。
| インヨク 淫欲　類情欲，色欲，肉欲
| インレキ 陰暦　類旧暦　対陽暦

〔ウ・う〕

| ウ 右¹ ユウ，みぎ　58
　例右往左往，右京，右傾，右折，右派，右翼；極右　対左
| ウ 宇⁶ ―　59
　例宇宙；気宇，堂宇
| ウ 羽² は・はね　60
　例羽化登仙，羽毛，羽翼
| ウ 雨¹ あめ・あま　61
　例雨季，雨期，雨後，雨天，雨量；小雨，降雨，豪雨，慈雨，梅雨，暴風雨，雷雨　注＊五月雨＜さみだれ＞，＊時雨＜しぐれ＞，＊梅雨＜つゆ＞
| ウ 有³ ユウ，ある　1972
　例有情，有頂天，有無
| うい 初⁴ ショ，はじめ・はじめて・はつ・そめる　944
　例初産，初陣，初孫
| うい 憂い ユウ，うれえる・うれい　1983
　例物憂い感じ，憂き目を見る　注「憂き」は文語の連体形。
| ういういしい 初々しい　例初々しい花嫁
| ウイテンペン 有為転変　例有為転変の世の中
| うえ 上¹ ジョウ・ショウ，うわ・かみ・あげる・あがる・のぼる・のぼせる・のぼす　1009
　例上の段，身の上；上下，上様；兄上，父上，年上，母上，真上＜まうえ＞，目上
| うえ 飢え〔餓え〕　例飢えをしのぐ
| うえき 植木　例植木をいじる
| うえきバチ 植木鉢　例植木鉢を手入れする
| うえこみ 植え込み(植込み)　例植え込みの草を刈る
| うえこむ 植え込む(植込む)　例木を植え込む
| うえじに 飢え死に(飢死に)〔餓え死に〕　例飢え死にする　類餓死＜ガシ＞
| うえつけ 植え付け(植付け)　例植え付け面積
| うえつける 植え付ける(植付ける)　例苗を植え付ける，誤った思想を植え付ける，働く心を植え付ける
| うえる 飢える キ〔餓える〕　318

うえる—うきな

**うえる 飢える** 例食べ物に飢える，知識に飢える，愛情に飢える，血に飢える

**うえる 植える**³ ショク，うわる 1032
例種を植える，活字を植える，げたの歯を植える

**ウエン 迂遠** 例迂遠な計画 類回りくどい，遠回り

**うお 魚**² ギョ，さかな 391
例魚市場，魚釣り，魚心あれば水心あり；魚の目

**うおがし 魚河岸**

**うおつりヨウグ 魚釣り用具**(魚釣用具)

**ウカイ 迂回** 例迂回する 類遠回り，回り道，回る

**うかい う飼い**〔鵜飼い〕

**うがい うがい**〔嗽；含嗽 当て字〕
例外から帰ったらすぐにうがいをする

**うかがい 伺い** 例伺いをたてる，御機嫌伺い

**うかがう 伺う** シ 774
例都合を伺う，夜分に伺いまして…

**うかがう うかがう**〔窺う〕 例様子をうかがう，隙をうかがう

**うかされる 浮かされる**(浮される)
例熱に浮かされる，舞台に浮かされる

**うかす 浮かす** 例船を浮かす 類沈める；旅費を浮かす

**ウカツ うかつ**〔迂闊〕 例そんなことを忘れるとはうかつだった，うかつにも失敗する 類うっかり

**うがつ うがつ**〔穿つ〕 例雨垂れ石をうがつ 類穴を開ける；うがった見方，うがった批評 類せんさく

**うかぬかお 浮かぬ顔**(浮かぬ顔)
例浮かぬ顔をする

**うかびあがる 浮かび上がる**(浮び上がる) 例水面に浮かび上がる；よい考えが浮かび上がる，事件の姿が浮かび上がる

**うかぶ 浮かぶ**(浮ぶ) フ，うく・うかれる・うかべる 1749
例水死体が浮かぶ 対沈む；雲が浮かぶ，名案が浮かぶ，涙が浮かぶ，一生浮かばれない，浮かぶ瀬もない

**うかべる 浮かべる**(浮べる) フ，うく・うかれる・うかぶ 1749
例船を浮かべる 対沈める；顔に当惑の色を浮かべる；思い浮かべる

**うかる 受かる**³ ジュ，うける 877
例試験に受かる 類合格する 対落ちる

**うかれる 浮かれる**(浮れる) フ，うく・うかぶ・うかべる 1749
例浮かれて踊り出す 対沈む，めいる

**ウキ 雨季，雨期** 対乾季(期)

**うき 浮き** 例浮きを付ける，浮き袋

**うきあがる 浮き上がる**(浮上がる)
例仲間から浮き上がった存在 類浮かび上がる

**うきあし 浮き足**(浮足) 例浮き足を払う，浮き足立つ

**うきうきと うきうきと，浮き浮きと**
例うきうきとする，心もうきうきと

**うきがし 浮き貸し**(浮貸し) 例浮き貸しが発覚する

**うきくさ 浮き草**(浮草) 例浮き草のような生活，浮き草稼業

**うきぐも 浮き雲**(浮雲)

**うきしずみ 浮き沈み** 例浮き沈みの激しい経済界

**うきだす 浮き出す**(浮出す) 例文字が浮き出す，油が浮き出す

**うきたつ 浮き立つ**(浮立つ) 例心が浮き立つ

**うきな 浮き名**(浮名) 例浮き名が立つ，浮き名を流す

○改定追加漢字 ●改定追加音訓 □改定削除漢字 ■改定削除音訓 〔 〕参考表記 〔△表外漢字 ▲表外音訓 ×誤用 当て字当て字〕

うきぶくろ 浮き袋(浮袋)
うきぼり 浮き彫り(浮彫り)
うきみ 浮き身 例浮き身で泳ぐ
うきみ 憂き身 例憂き身をやつす
うきめ 憂き目 例憂き目を見る
うきよ 浮き世(浮世),憂き世(憂世)
　例浮き世の習い,浮き世の荒波
うきよエ 浮世絵
うく 浮く フ,うかれる・うかぶ・
　うかべる　　　　　　　　1749
　例水面に浮く,浮いた心,気分が浮か
　ない　対沈む:歯が浮く;200円浮く
うぐいす うぐいす〔鶯〕
うけ 受け 例受けがよい;郵便受け
うけあい 受け合い(請合い),受け合
　い(受合い) 例安請け合い
うけあう 請け合う(請合う),受け合
　う(受合う) 例仕事を請け合う,
　人物を請け合う
うけいれ 受け入れ(受入れ) 例受
　け入れ準備
うけいれタイセイ 受け入れ態勢(受
　入れ態勢)(受入態勢) 例受け入
　れ態勢を整える
うけいれる 受け入れる(受入れる)
　〔受け容れる〕例新人を受け入れ
　る余裕がない,希望を受け入れる
うけうり 受け売り(受売り) 例知
　識の受け売り
うけおい 請負〔受負〕 例請負人,請
　負師,請負業
うけおう 請け負う(請負う) 例工
　事を請け負う
うけぐち 受け口 例あの人は受け口
　をしている　(注)「うけくち」とも
　言う);郵便の受け口
うけこたえ 受け答え(受答え)
　例受け答えが上手である　類応答
うけざら 受け皿(受皿)

うけショ 請け書(請書)
うけたまわる 承る⁶ ショウ 969
　例御意見を承る　類伺う
うけつぎ 受け継ぎ(受継ぎ) 例事
　務の受け継ぎ
うけつぐ 受け継ぐ(受継ぐ) 例バ
　トンを受け継ぐ,親の商売を受け継
　ぐ　類継歩
うけつけ 受付 例正面の受付,願書
　の受付
うけつけがかり 受付係
うけつける 受け付ける(受付ける)
　例申し込みを受け付ける,体が受け
　付けない
うけとめる 受け止める(受止める)
　例ボールを受け止める,敵の攻撃を
　受け止める
うけとり 受取 例受取をもらう,受取証
うけとりニン 受取人
うけとる 受け取る(受取る) 例はが
　きを受け取る,話をすなおに受け取る
うけニン 請け人(請人)
うけみ 受け身(受身) 例受け身の立場
うけもち 受け持ち(受持ち) 例受
　け持ちの先生
うけもつ 受け持つ(受持つ) 例仕
　事を受け持つ,生徒を受け持つ
うける 受ける³ ジュ,うかる〔承
　ける〕　　　　　　　　　 877
　例賞を受ける,害を受ける,性質を
　受ける,要求を受ける,南風を受け
　る,試験を受ける,青年層に受ける
うける 請ける セイ・シン,こう
　　　　　　　　　　　　　　1134
　例質を請け出す,仕事を請け負う;
　身請け,下請け
うけわたし 受け渡し(受渡し)
　例受け渡しの準備をする
**ウゲン 右舷**　対左舷<サゲン>

---

明朝体の右肩の数字は配当学年　末尾の数字は常用漢字表番号　( )許容　類類義同意語　対反対対照語
関関連語　学学術用語

ウゴウ—うずま

**ウゴウのシュウ　烏合の衆**　例彼がいない集団は烏合の衆だ

**うごかす　動かす**[3]　ドウ，うごく　1539
例手足を動かす，位置を動かす，車を動かす，心を動かす，相手の考えを動かす

**うごき　動き**　例動きが鈍い；世の中の動き；動きが取れない

**うごく　動く**[3]　ドウ，うごかす　1539
例絶えず動く波，動いていく，よく動く人，心が動く，動いている世

**ウコサベン　右顧左眄**

**うごめかす　うごめかす**〔蠢かす〕　例得意そうに鼻をうごめかす

**うごめく　うごめく**〔蠢く〕　例虫がうごめく

**うさぎ　うさぎ**〔兎〕　例うさぎ狩り

**うさばらし　憂さ晴らし**　例憂さ晴らしに映画を見る

**ウサン　うさん**〔胡散〕　例うさんくさい

**うし　牛**[2]　ギュウ　381
例牛小屋，牛の歩み，牛に引かれて善光寺参り

**うじ　氏**[4]　シ　763
例氏神，氏子，氏より育ち

**うしおい　牛追い**(牛追)

**うしかい　牛飼い**(牛飼)

**うしなう　失う**[4]　シツ　831
例金を失う，気を失う，術を失う，自分を失う，機会を失う　対得る；父を失う　類なくする

**うしろ　後ろ**[2]　ゴ・コウ，のち・あと・おくれる　580
例後ろ足，後ろ姿，後ろ髪を引かれる思い，後ろ手　対前

**うしろぐらい　後ろ暗い**　例後ろ暗い行い　類後ろめたい

**うしろだて　後ろ盾**〔後ろ楯〕　例人の後ろ盾になる　類後援者

**うしろむき　後ろ向き**　例後ろ向きの意見　対前向き

**うしろめたい　後ろめたい**　例後ろめたい気持ち　類後ろ暗い

**うしろゆび　後ろ指**　例後ろ指を指される

**うす　薄～**　例薄着，薄雲，薄化粧，薄手，薄紅，薄緑

**うす　～薄**　例気乗り薄，望み薄

**うす　臼**　キュウ〔うす〕　368
例ひき臼，石臼

**うず　渦**　カ　152
例渦を巻いて流れる，渦潮，渦巻き

**うすあかり　薄明かり**(薄明り)
例月の薄明かり，薄明かりが差す

**うすい　薄い**　ハク，うすめる・うすまる・うすらぐ・うすれる　1638
例薄い氷　対厚い；味が薄い，薄いクリーム色　対濃い；興味が薄い

**うすうす　うすうす，薄々**　例うすうす感じてはいるらしい

**うすぎ　薄着**　例薄着する　対厚着

**うすぎたない　薄汚い**　例薄汚いかっこう

**うずく　うずく**〔疼く〕　例傷跡がうずく，胸の中がうずく

**うずくまる　うずくまる**〔蹲る，踞る〕
例その場にうずくまる

**うすぐもり　薄曇り**(薄曇)　例薄曇りの春の空

**うすぐらい　薄暗い**　例薄暗い部屋

**うずしお　渦潮**

**うずたかい　うずたかい**〔堆い〕
例うずたかいごみの山

**うすっぺら　薄っぺら**　例薄っぺらな板，薄っぺらな人間

**うずまき　渦巻き**(渦巻)

---
○改定追加漢字　●改定追加音訓　□改定削除漢字　■改定削除音訓　〔　〕参考表記　〔△表外漢字
▲表外音訓　×誤用　当て字当て字〕

**うずまく　渦巻く**　[例]濁流が渦巻いて流れる
**うすまる**　薄まる　ハク，うすい・うすめる・うすらぐ・うすれる　1638
[例]適当な濃度に塩分が薄まる
**うずまる　うずまる〔埋まる〕**　[例]道が雪でうずまる，人でうずまる
[類]埋まる＜うまる＞
**うすめる**　薄める　ハク，うすい・うすまる・うすらぐ・うすれる　1638
[例]水で薄める
**うずめる　うずめる〔埋める〕**　[例]宝をうずめる，会場を花でうずめる
**うずもれる　うずもれる〔埋もれる〕**
[例]雪にうずもれる，うずもれた人材
**うすらぐ**　薄らぐ　ハク，うすい・うすめる・うすまる・うすれる　1638
[例]色が薄らぐ，悲しみが薄らぐ，痛みが薄らぐ
**うすらさむい　薄ら寒い**　[例]朝夕は薄ら寒い
**うすれび　薄れ日**　[例]薄れ日が漏れる
**うすれる**　薄れる　ハク，うすい・うすめる・うすまる・うすらぐ　1638
[例]日が薄れる，記憶が薄れる
**うすわらい　薄笑い**　[例]不気味な薄笑いを浮かべる
**うせる　うせる〔失せる〕**　[例]消えうせる
**うそ　うそ〔嘘〕**　[例]真っ赤なうそ，うそをつく
**うそつき　うそつき〔嘘吐き〕**
**うそぶく　うそぶく〔嘯く〕**　[例]絶対だいじょうぶとうそぶく
**うた**　唄　—　〔うた〕　62
[例]小唄＜こうた＞，長唄＜ながうた＞，端唄＜はうた＞
**うた**　歌$^2$　カ，うたう　159
[例]歌声；歌合わせ，歌ガルタ；歌姫；鼻歌，船歌
**うたい**　謡　ヨウ，うたう　2011
[例]謡本，謡物
**うたいて　歌い手**　[類]歌手＜カシュ＞
**うたう**　歌う$^2$　カ，うた　159
[例]大声で歌う，鳥が歌う
**うたう**　謡う　ヨウ，うたい　2011
[例]謡曲「道成寺」を謡う
**うたう　うたう〔謳う〕**　[例]その条件については規則にはっきりとうたってある，うたい文句
**うたがい　疑い**　[例]疑いをかける，疑いが晴れる，風邪の疑いがある
**うたがう**　疑う$^6$　ギ　344
[例]内容を疑う，自分の目を疑う；信じて疑わない
**うたがわしい　疑わしい**　[例]疑わしい言動
**うたた　うたた〔転た〕**　[例]うたた感慨に堪えない
**うたたね　うたた寝〔転た寝〕**　[例]うたた寝をする
**うだる　うだる〔茹だる〕**　[例]うだるような暑さ；そばがうだる
[注]「ゆだる」とも言う。
**うたわれる　うたわれる〔謳われる〕**
[例]世に小説の神様とうたわれる
**うち**　内$^2$　ナイ・ダイ　〔中〕　1570
[例]内海，内側，内玄関；身内；内祝い，内輪；内気；内金；内訳；内弁慶　[注]「うちの人」「うちの店員」などは仮名書きが望ましい。
**うち　うち**，内〔中〕　[例]そのうちに；手のうち
**うち　うち〔家〕**　[例]うちの者；うちへいらっしゃい

| | |
|---|---|
| うちあけばなし　打ち明け話(打明け話) | うちけし　打ち消し(打消し)　例打ち消しの助動詞　勉否定 |
| うちあげはなび　打ち上げ花火(打上げ花火)(打上花火) | うちけす　打ち消す(打消す)　例幻影を打ち消す，疑いを打ち消す |
| うちあける　打ち明ける(打明ける)　例秘密を打ち明ける | うちこむ　打ち込む(打込む)　例くいを打ち込む，弱い所に打ち込む；研究に打ち込む |
| うちあげる　打ち上げる(打上げる)　例人工衛星を打ち上げる，海岸に打ち上げる，興行を打ち上げる | うちころす　打ち殺す，撃ち殺す(打殺す，撃殺す)　例棒で打ち殺す；銃で撃ち殺す |
| うちあてる　打ち当てる(打当てる)　例的に打ち当てる | うちこわす　打ち壊す(打壊す)〔打毀す〕　例建物を打ち壊す |
| うちあわせ　打ち合わせ(打合わせ)(打合せ)　例仕事の打ち合わせ | うちじに　討ち死に(討死に)(討死)　例討ち死にする |
| うちあわせカイ　打ち合わせ会(打合せ会)(打合会) | うちたおす　打ち倒す(打倒す) |
| うちあわせる　打ち合わせる(打合せる)(打合せる)　例旅行の日程を打ち合わせる | うちだし　打ち出し(打出し)　例今日の大相撲の打ち出しは6時だった；打ち出し模様 |
| うちいり　討ち入り(討入り)　例義士の討ち入り | うちだす　打ち出す(打出す)　例打ち出の小づちで宝を打ち出す；花火が打ち出される；主義主張を打ち出す |
| うちうち　うちうち，内々　例うちうちの相談事　勉内々＜ナイナイ＞，内輪 | うちつける　打ちつける，打ち付ける(打付ける)　例額を打ちつける，びょうを打ちつける |
| うちおとす　打ち落とす，撃ち落とす(打落とす，撃落とす)　例枝を打ち落とす，鳥を撃ち落とす | うちつづく　打ち続く(打続く)　例打ち続く不況に活気を失う |
| うちおろす　打ち下ろす(打下ろす)　例ハンマーを打ち下ろす | うちとける　打ち解ける(打解ける)　例打ち解けて話せる人，打ち解けた服装 |
| うちかえし　打ち返し(打返し)　例綿の打ち返し | うちとる　打ち取る，討ち取る，撃ち取る(打取る，討取る，撃取る)　例枝を打ち取る；敵を討ち取る；獣を撃ち取る |
| うちかえす　打ち返す(打返す)　例波が打ち返す；布を打ち返す，綿を打ち返す | うちぬく　撃ち抜く　例鉄砲玉が体を撃ち抜く |
| うちきり　打ち切り(打切り)　例番組が打ち切りになる | うちぬく　打ち抜く(打抜く)〔打ち貫く〕　例鉄板を打ち抜いて穴を開ける，壁を打ち抜く，戸戸を打ち抜く |
| うちきる　打ち切る(打切る)　例生産を打ち切る | うちばらい　内払い(内払) |
| うちきん　内金　勉手金，手付け金 | |
| うちくだく　打ち砕く(打砕く)　例岩を打ち砕く | |

○改定追加漢字　●改定追加音訓　□改定削除漢字　■改定削除音訓　〔　〕参考表記　〔△表外字
▲表外音訓　×誤用　当て字当て字〕

| | |
|---|---|
| うちはらう 打ち払う,撃ち払う(打払う,撃払う) 例ほこりを打ち払う;敵を撃ち払う | 度 対醜い |
| | ウッケツ 鬱血 例鬱血する |
| | うつし 写し 例写しを取る,写し絵,写し物,生き写し |
| うちほろぼす 討ち滅ぼす(討滅ぼす) 例敵を討ち滅ぼす | |
| | うつしかえ 移し替え(移替え) 例席の移し替えをする |
| うちまく 内幕 例内幕を暴く | |
| うちみ 打ち身(打身) 類打撲傷 | うつしかた 写し方 |
| うちみず 打ち水(打水) 例打ち水をする | うつしとる 写し取る 例重要事項を写し取る |
| うちやぶる 打ち破る,撃ち破る(打破る,撃破る) 例賊が戸を打ち破って入る;強敵を撃ち破る | うつす 移す⁵ イ,うつる 〔遷す〕 28 |
| | 例机の位置を移す,都を移す,心を他に移す;病気をうつす |
| ウチョウテン 有頂天〔宇頂天,有頂点〕 例有頂天になる | |
| | うつす 映す⁶ エイ,うつる・はえる 71 |
| うちよせる 打ち寄せる(打寄せる) 例波が打ち寄せる | |
| | 例鏡に顔を映す,映画を映す |
| うちわ 内輪 例内輪だけの集まり,内輪の話,内輪もめ | うつす 写す³ シャ,うつる 841 |
| | 例ノートに写す,写真を写す |
| うちわ うちわ〔団扇 当て字〕 例うちわ太鼓 | ウッセキ 鬱積 例内に籠もる,積もる |
| うちわけ 内訳 例支出の内訳 | ウッソウ うっそう〔鬱蒼〕 例うっそうとする,うっそうと茂った森林 |
| ウツ 鬱— 63 例鬱血,鬱憤,鬱病,憂鬱 | |
| | うったえ 訴え 例訴えを起こす |
| うつ 撃つ ゲキ 503 例鳥を銃で撃つ,迎え撃つ | うったえる 訴える 1213 例裁判に訴える,苦痛を訴える,心に訴える絵,金の力に訴える |
| うつ 打つ³ ダ 1287 例風が窓を打つ,頭を打つ,太鼓を打つ,舌鼓を打つ,タイプを打つ,胸を打つ話,綿を打つ,そばを打つ,ヒットを打つ,くいを打つ,水を打つ,碁を打つ,非の打ちどころがない,手を打つ | |
| | うっちゃる うっちゃる〔打棄る,打遣る〕 例勉強をうっちゃって遊びに行く,うっちゃっておく,土俵際でうっちゃる |
| | うつつ うつつ〔現〕 例賭け事にうつつを抜かす,夢うつつ |
| うつ 討つ⁶ トウ 1512 例敵〈かたき〉を討つ,不意を討つ | ウットウしい 鬱陶しい,うっとうしい 例鬱陶しい天気,眼帯が鬱陶しい |
| うっかり うっかり 例うっかりして忘れる,うっかり者 | うっとり うっとり 例絵に見とれてうっとりする |
| うづき 卯月 例四月 | |
| うつくしい 美しい³ ビ 1705 例美しいバラ,美しい心,美しい態 | うつぶせ うつぶせ〔俯せ〕 例うつぶせに寝る |
| | うつぶせる うつぶせる〔俯せる〕 |
| | ウップン 鬱憤,うっぷん 例鬱憤を |

明朝体の右肩の数字は配当学年 末尾の数字は常用漢字表番号 ( )許容 類類義同意語 対反対対照語
関関連語 学学術用語

うつぼ―うなり

うつぼ　うつぼ〔靫;空穂[当て字]〕
うつむき　うつむき〔俯き〕　例うつむきかげんに歩く　対あおむき
うつむく　うつむく〔俯く〕　対あおむく
うつむける　うつむける〔俯ける〕　例顔をうつむける　対あおむける
うつし　移し　例移り香,移りばし;お移り　注（普通「お」を付けて贈り物の返礼の品の意で用いる）
うつり　映り　例着物の映りがよい
うつり　写り　例写真の写りがよい,写真写りのよい顔
うつりかわり　移り変わり（移り変り）〔遷り変わり〕　例移り変わりが激しい,経済界の移り変わり　類変遷
うつりかわる　移り変わる（移り変る）〔遷り変わる〕　例時代が移り変わる
うつりギ　移り気　例移り気な性格
うつる　移る⁵　イ,うつす〔遷る〕　28
　例ボートに乗り移る,都が移る,年月が移る,生ごみの臭いが手に移る　注「病気がうつる」は仮名書き。
うつる　映る⁶　エイ,うつ・はえる　71
　例海面に月影が映る,着物に映る帯,よく映る服
うつる　写る³　シャ,うつす　841
　例下の物が写る,実物よりよく写る,障子に姿が写る
うつろ　うつろ〔空ろ,虚ろ〕　例うつろな目
うつわ　器⁴　キ　334
　例水を入れる器;大臣の器
うで　腕　ワン　2136
　例腕をまくる;腕によりをかける,腕を上げる,腕を振るう,腕を磨く,腕に覚えがある,腕が鳴る;腕ずく

うできき　腕利き　例腕利きの刑事
うでぐみ　腕組み　例腕組みをして考える
うでくらべ　腕比べ〔腕競べ〕　例声比べ腕比べ
うでずく　腕ずく〔腕尽く〕
うでずもう　腕相撲
うでだめし　腕試し
うでっぷし　腕っぷし,腕っ節　例腕っぷしが強い
うでどけい　腕時計
うでまえ　腕まえ,腕前　例大した腕まえだ
うでまくり　腕まくり〔腕捲り〕　例腕まくりをして張り切る
うでる　うでる〔茹でる〕　例卵をうでる　注「ゆでる」とも言う。
うとい　疎い　ソ,うとむ　1212
　例世事に疎い,去る者は日々に疎し
うとうと　うとうと　例うとうとする年,うとうとと眠ってしまう
うとむ　疎む　ソ,うとい　1212
　例めんどうなことを疎む
うとんじる　疎んじる　例仲間に疎んじられる　注「疎んずる」とも言う。
うながす　促す　ソク　1264
　例参加を促す
うなぎ　うなぎ〔鰻〕　例うなぎの寝床,うなぎ登り
うなずく　うなずく〔頷く;肯く〕[当て字]　例なるほどとうなずく,うなずけない話
うなだれる　うなだれる〔項垂れる〕　例話が不首尾でうなだれて帰る
うなばら　＊海原　例果てしない大海原
うなり　うなり〔唸り〕　例うなり声をあげる

〇改定追加漢字　●改定追加音訓　□改定削除漢字　■改定削除音訓　〔　〕参考表記　〔△表外漢字　▲表外音訓　×誤用　[当て字]当て字〕

うなる　うなる〔唸る〕　例病人がうなる，ライオンがうなる，矢がうなって飛ぶ，見物人をうならせる

うぬぼれ　うぬぼれ〔自惚れ，己惚れ〕　例うぬぼれが強い

うぬぼれる　うぬぼれる〔自惚れる，己惚れる〕　例自分ほどりこうなものはないとうぬぼれる　類思い上がる　対へりくだる

うね　畝　セ　64
例畑に畝をつける

うねうねと　うねうねと，畝々と　例山がうねうねと続く

うねおり　畝織り(畝織)

うねり　うねり　例波のうねりが高い，大きなうねり

うねる　うねる　例うねった坂道，波が大きくうねる

うのみ　うのみ〔鵜呑み〕　例うのみにする

うば　＊乳母

うばう　奪う　ダツ　1330
例人の財産を奪う，権利を奪う，財布を奪い取る；ストで足を奪われる；人の注意を奪う

うばぐるま　乳母車

うぶ　産　サン，うむ・うまれる　750
例産屋，産湯；産土神＜うぶすながみ＞

うぶ　うぶ〔初；初心当て字〕　例うぶな娘

うぶぎ　産着〔産衣当て字〕　例産着を着せる

うぶげ　産毛〔生毛〕　例赤ん坊の産毛

うぶごえ　産声　例産声をあげる

うぶゆ　産湯　例産湯を使う

うま　馬² バ，ま　1609
例馬市，馬追い，馬方，馬乗り，馬

屋；小馬，種馬，竹馬，早馬；馬面，馬の骨，馬の耳に念仏；うまが合う

うまい　うまい〔旨い，甘い；美味い，上手い当て字〕　例うまい酒；うまい考え；うまいぐあい；うまい汁を吸う

うまのり　馬乗り　例馬乗りになる

うまる　埋まる(埋る)　マイ，うめる・うもれる　1899
例雪で道が埋まる，空席が埋まる，赤字が埋まる　類うずまる

うまれ　生まれ(生れ)　例平成生まれ，8月生まれ，生まれは東京

うまれおちる　生まれ落ちる(生れ落ちる)

うまれかわる　生まれ変わる(生れ変わる)(生れ変る)　例優しい人に生まれ変わる；麦がビールに生まれ変わる

うまれつき　生まれつき(生れつき)　例生まれつきの慌て者

うまれながら　生まれながら(生れながら)　例生まれながらの悪人

うまれる　産まれる⁴　サン，うむ・うぶ　750
例赤ん坊が産まれる　対死ぬ

うまれる　生まれる¹(生れる)　セイ・ショウ，いきる・いかす・いける・うむ・おう・はえる・はやす・き・なま　1107
例京都に生まれる；新しい市が生まれる

うみ　海² カイ　182
例海鳴り，火の海；海千山千；海坊主；におの海　＊海原＜うなばら＞

うみ　生み，産み　例産みの親，よい考えを生み出す；産みの苦しみ

うみおとす　産み落とす，生み落とす(産み落す，生み落す)　例卵を産

---

明朝体の右肩の数字は配当学年　末尾の数字は常用漢字表番号　(　)許容　類類義同意語　対反対対照語　関関連語　学学術用語

うみセーうらな　44

み落とす
うみセンやまセン　海千山千　例海千山千の商売人
うみつける　産みつける,産み付ける,生みつける,生み付ける
うみべ　海辺　�海岸
うむ　産む[4]　サン,うまれる・うぶ　750
　例卵を産む
うむ　生む[1]　セイ・ショウ,いきる・いかす・いける・うまれる・おう・はえる・はやす・き・なま　1107
　例子を生む;利息を生む,新記録を生む
うむ　うむ〔倦む〕　例うまずたゆまず
うむ　うむ〔膿む〕　例傷口がうむ
うめ　梅[4]　バイ　1624
　例梅酒,梅酢;梅にうぐいす
うめあわせ　埋め合わせ(埋め合せ)(埋合せ)　例埋め合わせをする
うめあわせる　埋め合わせる(埋め合せる)(埋合せる)　例損失を埋め合わせる
うめく　うめく〔呻く〕　例苦しさのあまりうめく;うめく声（注普通「うめき声」と言う）
うめくさ　埋めくさ,埋め草　例雑誌の埋めくさ
うめたて　埋め立て(埋立て)　例埋め立て工事
うめたてチ　埋め立て地(埋立て地)(埋立地)
うめたてる　埋め立てる(埋立てる)　例湾を埋め立てる
うめぼし　梅干し(梅干)
うめる　埋める　マイ,うまる・うもれる　1899
　例球根を埋める,川を埋める　㊄うずめる　㊨掘る;湯を埋める
うもれぎ　埋もれ木(埋れ木)

うもれる　埋もれる(埋れる)　マイ,うめる・うまる　1899
うやうやしい　恭しい　キョウ　407
　例恭しい態度,恭しくお茶を運ぶ,恭しげに
うやまい　敬い　例敬いの念
うやまう　敬う[6]　ケイ　485
　例先輩を敬う　㊄尊敬する　㊨侮る,蔑む
ウユウ　烏有　例烏有に帰す
うようよ　うようよ　例うようよする,うようよ人が集まる
ウヨキョクセツ　紆余曲折　㊄曲折,複雑な経過
うら　浦　ホ　65
　例浦いそ,浦風,浦里
うら　裏[6]　リ　2040
　例裏をかく,裏側,裏口,裏手,裏庭,裏町,裏門,裏山,天井裏;裏作,裏話;7回の裏;裏書き,裏方,裏切り;裏千家　㊨表
うらうち　裏打ち　例布に裏打ちをする
うらがえす　裏返す　例紙を裏返す,事実を裏返す
うらがき　裏書き(裏書)　例手形の裏書き　㊄表書き;事実を裏書きする
うらがなしい　うら悲しい[心悲しい]　例うら悲しい気持ち
うらぎり　裏切り(裏切)　例裏切り行為
うらぎりもの　裏切り者(裏切者)
うらぎる　裏切る　例味方を裏切る,予想を裏切る
うらさびしい　うら寂しい[心淋しい]　例秋のうら寂しい光景
うらづけ　裏づけ,裏付け　例裏づけ捜査;洋服の裏付け
うらない　占い　例占い師
うらなう　占う　セン,しめる　1169
　例運勢を占う,将来を占う

○改定追加漢字　●改定追加音訓　□改定削除漢字　■改定削除音訓　〔 〕参考表記〔△表外漢字　▲表外音訓　×誤用　当て字当て字〕

| | |
|---|---|
| うらはら　うらはら，裏腹　例うらはらな言動　類反対，あべこべ | うりかい　売り買い　例売り買いする　類売買 |
| ウラボン　うら盆〔盂蘭盆〕　類精霊会＜ショウリョウエ＞ | うりきる　売り切る(売切る)　例半日で売り切る |
| うらみ　恨み〔怨み〕　例恨みを買う，恨みをのむ，恨み言，恨みつらみ，恨み骨髄に徹する | うりきれ　売り切れ(売切れ)　例売り切れになる |
| うらみ　うらみ〔憾み〕　例未熟のうらみがある　類欠点 | うりきれる　売り切れる(売切れる)　例入場券が売り切れる |
| うらむ　恨む　コン，うらめしい〔怨む〕　673　例人を恨む，雨を恨む | うりぐい　売り食い(売食い)　例売り食いの生活 |
| うらむ　うらむ〔憾む〕　例彼の死をうらむ　類残念がる | うりこ　売り子(売子)　例劇場の売り子 |
| うらめしい　恨めしい　コン，うらむ　673　例金のない(無い)のが恨めしい，恨めしい雨 | うりごえ　売り声(売声)　例金魚売りの売り声 |
| うらやましい　羨ましい　セン，うらやむ　〔うらやましい〕　1183　例羨ましい限り，羨ましい話 | うりことば　売り言葉(売言葉)　例売り言葉に買い言葉 |
| うらやむ　羨む　セン，うらやましい　〔うらやむ〕　1183　例人も羨む仲のよさ | うりこみ　売り込み(売込み)　例売り込み戦術 |
| うららか　うららか〔麗か〕　例うららかな春の日 | うりこむ　売り込む(売込む)　例うまく売り込む，自分を売り込む，一曲で売り込む |
| うらわかい　うら若い　例まだうら若い女性だ | うりさばく　売りさばく〔売り捌く〕　例安く売りさばく |
| うり　売り　例売りに出る；売り家，売り掛け，売り方，小売り；売り言葉 | うりだし　売り出し(売出し)　例売り出し期間，大売り出し |
| うり　うり〔瓜〕　例まくわうり；うり二つ | うりだす　売り出す(売出す)　例新製品を売り出す，安く売り出す；めきめきと売り出したスター |
| うりあげ　売り上げ(売上げ)(売上)　例売り上げを伸ばす | うりたて　売り立て(売立て)　例在庫品の売り立て |
| うりあげキン　売上金 | うりつける　売りつける，売り付ける　例粗悪品を売りつけられる |
| うりあげだか　売上高 | |
| うりあげる　売り上げる(売上げる) | うりて　売り手(売手)　例売り手市場＜シジョウ＞　対買い手 |
| うりおしみ　売り惜しみ(売惜しみ)　例売り惜しみする | うりとばす　売り飛ばす(売飛ばす)　例安く売り飛ばす |
| | うりぬし　売り主(売主)　対買い主 |
| | うりね　売値　類買値 |
| | うりば　売り場(売場)　例今が売り場だ，売り場を広げる，売り場面積 |

明朝体の右肩の数字は配当学年　末尾の数字は常用漢字表番号　(　)許容　類類義同意語　対反対対照語
関関連語　学学術用語

うりはーうれる　46

うりはらい　売り払い(売払い)
うりはらう　売り払う(売払う)
　例不用品を売り払う
うりひろめる　売り広める
うりふたつ　うり二つ〔瓜二つ〕
　例あの兄弟はうり二つだ
うりまわる　売り回る〔売り廻る〕
うりもの　売り物(売物)　例たいせつな売り物；せりふが売り物の俳優
うりわたし　売り渡し(売渡し)
　例売り渡し協定
うりわたす　売り渡す(売渡す)
　例人手に売り渡す，敵に売り渡す
うる　得る⁵　トク，える　1550
　例得るところが多い；……(し)うる
うる　売る²　バイ，うる　1622
　例品物を売る，けんかを売る　対買う；国を売る；名を売る
うるおい　潤い　例潤いを与える，潤いのある生活
うるおう　潤う　ジュン，うるおす・うるむ　941
　例草木が潤う，心が潤う
うるおす　潤す　ジュン，うるおう・うるむ　941
　例喉を潤す；生活を潤す
うるおわす　潤わす　⇒潤す
うるさい　うるさい〔煩い；五月蠅い〕
　当て字　例工事の音がうるさい；うるさく質問する；うるさい人物
うるし　漆　シツ　837
　例漆にかぶれる，漆に負ける
うるむ　潤む　ジュン，うるおう・うるおす　941
　例目が潤む，声が潤む
うるわしい　麗しい　レイ　2098
　例麗しい女性，御機嫌麗しくいらっしゃいますか
うれ　売れ　例売れ口，売れ高，売れっ子，売れ残り

うれい　愁い　シュウ，うれえる　902
　例春の愁い，愁いに沈む
うれい　憂い　ユウ，うれえる・うい　1983
　例後顧の憂い，災害を招く憂いがある
うれえ　憂え，愁え　例……の憂え(愁え)がある
うれえがお　憂え顔，愁え顔
うれえる　愁える　シュウ，うれい　902
　例身の上を愁えて泣く，失恋を愁えて嘆く　⇒憂える
うれえる　憂える　ユウ，うれい・うい　1983
　例世を憂える，国の将来を憂える　対喜ぶ
うれくち　売れ口　例売れ口を見つける
うれしい　うれしい〔嬉しい〕　例うれしい知らせ，うれしげに話す，うれしゅう存じます　対悲しい
うれしなき　うれし泣き〔嬉し泣き〕
　例うれし泣きに泣く
うれしなみだ　うれし涙〔嬉し涙〕
　例うれし涙をこぼす
うれだか　売れ高　例今月の売れ高
うれっこ　売れっ子　例売れっ子のスター
うれのこり　売れ残り　例売れ残りの品
うれのこる　売れ残る　例商品が売れ残る
うれゆき　売れ行き(売行き)　例売れ行きがよい
うれる　熟れる⁶　ジュク　925
　例実が熟れる
うれる　売れる²　バイ，うる　1622
　例売れる店；売れた顔

○改定追加漢字　●改定追加音訓　□改定削除漢字　■改定削除音訓　〔 〕参考表記　〔△表外漢字　▲表外音訓　×誤用　当て字当て字〕

- **ウロ** 雨露 例雨露をしのぐ
- **ウロ** 迂路 類回り道
- **うろおぼえ** うろ覚え 例うろ覚えだからはっきりは言えない
- **うろこ** うろこ[鱗] 例魚のうろこ
- **うろたえる** うろたえる〔狼狽える〕当て字 例突然質問を受けてうろたえる, うろたえた様子 対落ち着く
- **うろつく** うろつく 例おかしな男が門の外をうろつく
- **うわ** 上¹ ジョウ・ショウ, うえ・かみ・あげる・あがる・のぼる・のぼせる・のぼす 1009
  例上側, 上履き, 上辺, 上目遣い, 上段;上っ面＜うわっつら＞
- **うわあご** 上顎, 上あご[上腭]
- **うわがき** 上書き 例封筒の上書き
- **うわき** *浮気 例浮気をする, 浮気心
- **うわぎ** 上着[上衣] 対下着
- **うわぐつ** 上靴
- **うわごと** うわごと〔譫言, 囈言, 囈語〕 例病人がうわごとを言う;そんなうわごとは言うな
- **うわさ** うわさ[噂] 例うわさをすれば影とやら, うわさが伝わる
- **うわさばなし** うわさ話[噂話] 類風説, 風聞, 風評
- **うわじき** 上敷き 例上敷きを敷く 注「うわしき」とも言う。
- **うわずみ** 上澄み 例上澄みをくむ 類よどみ
- **うわつく** *浮つく 例気持ちが浮つく
- **うわづつみ** 上包み 例上包みの紙
- **うわっぱり** 上っ張り 例上っ張りを着る
- **うわづみ** 上積み 対下積み
- **うわて** 上手 例敵が一枚上手だ
- **うわぬり** 上塗り 例仕上げの上塗り, 恥の上塗り 対下塗り
- **うわのそら** うわのそら, 上の空 例何を聞いてもうわのそらだ
- **うわのり** 上乗り 例トラックの上乗り
- **うわばき** 上履き 対下履き
- **うわべ** うわべ, 上辺 例彼のよいのはうわべだけだ
- **うわまわる** 上回る[上廻る] 例予想を上回る
- **うわむき** 上向き 例上向きに眠る, 上向き状態 対下向き
- **うわめ** 上目 例上目遣いに見る
- **うわる** 植わる³ ショク, うえる 1032
  例松が植わっている
- **ウン** 運³ 66
  (1)運 例運がない, 運が開ける, 運を天に任せる;運勢, 運命;悪運, 幸運, 悲運, 不運
  (2)運ぶ 例運営, 運河, 運休, 運行, 運航, 運算, 運送, 運賃, 運転, 運転手, 運動, 運搬, 運輸, 運用;海運, 水運, 通運
- **ウン** 雲² くも 67
  例雲海, 雲量, 積雲, 層雲, 乱雲;風雲;雲集;星雲, 雲水;雲母;青雲の志
- **ウンガ** 運河 例スエズ運河
- **うんざり** うんざり 例同じことばかりなんべんも聞かされてうんざりする
- **ウンチク** 蘊蓄 例蘊蓄を傾ける 類学識, 深い知識
- **ウンデイ** 雲泥 例雲泥の差
- **ウンヌン** うんぬん[云々] 例うんぬんする 類かくかく, しかじか
- **ウンパン** 運搬 例荷物を運搬する

---

明朝体の右肩の数字は配当学年　末尾の数字は常用漢字表番号　( )許容　類類義同意語　対反対対照語　関関連語　学学術用語

## 〔エ・え〕

エ 依 イ 20
  例帰依＜キエ＞
エ 回² カイ，まわる・まわす 173
  例回向＜エコウ＞
エ 会² カイ，あう 175
  例会釈＜エシャク＞，会得，会式＜エシキ＞，法会＜ホウエ＞
エ 絵² カイ〔画〕 186
  例絵師，絵図，絵画，絵筆，絵本，絵巻物；油絵，浮世絵，影絵，口絵，下絵，墨絵，踏み絵；絵空事
エ 恵 ケイ，めぐむ 479
  例恵方＜エホウ＞；知恵
え 江 コウ 601
  例入り江；江戸，江の島
え 重³ ジュウ・チョウ，おもい・かさねる・かさなる 912
  例七重八重＜ななえやえ＞，幾重＜いくえ＞，八重桜 ＊十重二十重＜とえはたえ＞
え 柄 ヘイ，がら 1793
  例柄をすげる，ひしゃくの柄
え 餌 ジ，えさ〔え〕 823
  例餌食＜エジキ＞ 働餌＜えさ＞
エイ 永⁵ ながい 68
  例永遠，永久，永住，永世，永続，永別，永眠；半永久
エイ 泳³ およぐ 69
  例泳法；遠泳，競泳，水泳，背泳
エイ 英⁴ 70
  (1)すぐれる例英気，英傑，英才，英姿，英断，英知，英雄；育英
  (2)その他例石英
  (3)イギリス例英語，英国，英国人，英字，英文，英訳，英和・和英辞典
エイ 映⁶ うつる・うつす・はえる 71
  例映画，映写，映像；上映，反映
エイ 栄⁴ さかえる・はえ・はえる 72
  例……の栄に浴する；栄位，栄華，栄冠，栄枯，栄光，栄職，栄進，栄達，栄転，栄誉，栄養；虚栄，共栄，光栄，清栄，繁栄
エイ 営⁵ いとなむ 73
  例営々と；営業，営繕，営造，営団，営利，営利事業，営林；運営，経営，国営，市営，造営，直営，陣営，野営，露営
エイ 詠 よむ 74
  例詠歌，詠進，詠嘆；吟詠，題詠，朗詠
エイ 影 かげ〔翳〕 75
  例影響，影像，陰影，幻影，撮影
エイ 鋭 するどい 76
  例鋭意，鋭角，鋭気，鋭敏，鋭利；気鋭，新鋭，精鋭 ㋑鈍
エイ 衛⁵ 77
  例衛生，衛星；後衛，護衛，自衛，守衛，前衛，防衛，門衛
エイエン 永遠 例永遠の眠り，永遠性 類永久，永劫＜エイゴウ＞
エイガ 映画 例映画鑑賞，記録映画
エイキ 永期 類長期
エイキ 英気 例英気を養う
エイキュウ 永久 例永久運動，永久歯，永久的，永久平和，永久不変 類永劫＜エイゴウ＞，永遠
エイキョウ 影響 例影響する，影響力
エイギョウ 営業 例営業する，営業所
エイコ 栄枯 例栄枯盛衰
エイコウ 曳航 ㋖引き船
エイゴウ 永劫 例未来永劫 類永久，永遠

---

○改定追加漢字 ●改定追加音訓 □改定削除漢字 ■改定削除音訓 〔 〕参考表記 〔△表外漢字 ▲表外音訓 ×誤用 当て字当て字〕

| | |
|---|---|
| エイサイ 英才〔穎才〕 | 例まれに見る英才だ、英才教育 |
| エイジ 嬰児 | 類赤子、乳児、乳飲み子、赤ん坊 |
| エイシャ 映写 | 例映写する、映写機 |
| エイセイ 衛生 | 例衛生的、衛生班 |
| エイセイチュウリツ 永世中立 | 例永世中立を守る、永世中立国 |
| エイセン 曳船 | 類ひき船 |
| エイゾウ 映像 | 例テレビの映像、はっきりした映像 |
| エイゾウ 影像 | 例神仏の影像 |
| エイゾウブツ 営造物 | |
| エイゾク 永続 | 例永続する、永続性 |
| エイチ 英知〔叡智〕 | 例英知あふれた瞳 |
| エイテン 栄転 | 例所長に栄転する |
| エイビン 鋭敏 | 例鋭敏に感ずる、鋭敏な感覚 |
| エイホウ 鋭鋒 | 例鋭鋒をくじく 関(鋭い)矛先 |
| エイマイ 英邁 | 例英邁な君主 類英明 |
| エイヨ 栄誉 | 例受賞の栄誉に輝く |
| エイヨウ 栄養 | 例栄養価、栄養士、栄養失調、栄養食、栄養素 |
| エイヨウ 栄耀 | 例栄耀栄華＜エイガ＞を極める 注「エヨウ」とも言う。 |
| エいり 絵入り | 例絵入りの解説書 |
| エイリ 営利 | 例営利会社、営利事業、営利的興業 対公益 |
| エイリ 鋭利 | 例鋭利な刃物 |
| えがお ＊笑顔 | 例笑顔を見せる |
| えかき 絵描き、絵かき | 類画家 |
| えがく 描く ビョウ，かく〔画く〕 1727 | 例頭に描く、弧を描く |
| エキ 易 イ，やさしい 78 | (1)変わる例改易、不易、変易 (2)交換する例交易、貿易 (3)うらない例易者、易占、易断 |
| エキ 疫 ヤク 79 | 例疫学的、疫病、疫痢；悪疫、検疫、防疫、免疫 |
| エキ 益⁵ ヤク 80 | (1)増加する例広益、増益 (2)役立つ例益虫、益鳥；公益、便益、無益、有益、利益 (3)もうけ例権益、収益、純益、損益 |
| エキ 液⁵ — 81 | 例液化、液剤、液状、液体；胃液、血液、唾液＜ダエキ＞、粘液、溶液 |
| エキ 駅³ — 82 | 例駅員、駅舎、駅長、駅伝競走、駅頭、駅弁；宿駅 |
| エキ 役³ 1957 | 例役畜、役務；現役、雑役、使役、戦役、懲役、服役、兵役、労役 |
| エキする 益する | 例体に益する 対害する |
| エキリ 疫痢 | 例疫痢にかかる |
| えくぼ えくぼ〔笑窪、靨〕 | 例あばたもえくぼ |
| えぐる えぐる〔抉る〕 | 例木をえぐる、えぐり取る；胸をえぐられる思いがする |
| エコジ えこじ〔依怙地〕 | 例えこじになる 注「いこじ」とも言う。 |
| エコヒイキ えこひいき〔依怙贔屓〕 | 例えこひいきをする |
| えさ 餌 ジ，え〔えさ〕 823 | 例餌をあさる 関餌＜え＞ |
| えジキ 餌食，えじき | 例悪漢の餌食になる |
| エシャク 会釈 | 例会釈する、遠慮会釈もなく |
| えだ 枝⁵ シ 781 | 例枝炭、枝葉、枝ぶり、枝豆、枝道 |
| えたい えたい〔得体、為体当て字〕 | 例えたいの知れない男 類正体 |

明朝体の右肩の数字は配当学年　末尾の数字は常用漢字表番号　（　）許容　類類義同意語　対反対対照語　関関連語　学学術用語

| | |
|---|---|
| えだぶり　**枝ぶり**，枝振り　例枝ぶりのよい松，みごとな枝ぶり | ましい。 |
| エツ　**悦**　―　　　　　　　83<br>例悦に入る；悦楽；喜悦，法悦 | えらびだす　**選び出す**　例良い品を選び出す |
| エツ　**越**　こす・こえる　　　　84<br>例越境，越権，越冬，越年；卓越，超越，優越 | えらぶ　**選ぶ**⁴　セン　〔択ぶ〕　1192<br>例曲を選ぶ，委員を選ぶ，選ぶところがない |
| エツ　**謁**　―　　　　　　　85<br>例謁見，拝謁 | えり　**襟**　キン　　　　　　442<br>例襟足，襟首，襟元；襟を正す |
| エツ　**閲**　―　　　　　　　86<br>例閲読，閲覧，閲歴；校閲，検閲 | えりかざり　**襟飾り** |
| エッケン　**謁見**　例謁見式 | えりがみ　**襟髪**　例襟髪をつかんで引き倒す |
| エツラン　**閲覧**　例閲覧する，閲覧室，閲覧カード | えりごのみ　**えり好み**〔選り好み〕<br>例えり好みする |
| エツレキ　**閲歴**　㉚履歴 | えりぬき　**えり抜き**〔選り抜き〕<br>例えり抜きの人物 |
| えて　**得手**　例得手に帆を揚げる，得手勝手　㊤不得手 | えりまき　**襟巻き**(襟巻) |
| えと　**えと**〔干支〕当て字 | えりわける　**えり分ける**〔選り分ける〕<br>例雌雄＜おすめす＞をえり分ける |
| エトク　**会得**　例高度な技を会得する | える　**獲る**　カク　　　　　223<br>例獲物を獲る |
| エはがき　**絵はがき**，絵葉書，絵端書<br>例観光地の絵はがき | える　**得る**⁵　トク，うる　　1550<br>例利益を得る，良縁を得る，病を得る，同意を得る，要領を得た話；せざるをえない，やむをえない；なしえる，なしえない |
| えび　**えび**〔蝦；海老〕当て字　例えびでたいを釣る | |
| えびす　**えびす**〔恵比寿，恵美寿〕当て字 | |
| えひめケン　※**愛媛県** | エン　**円**¹　まるい　　　　　87<br>例円形，円周，円卓，円柱，円筒，円盤，半円，遊動円木；円滑，円熟，円満，北陸一円の雪害；～円，一万円札 |
| エボシ　**えぼし**〔烏帽子〕 | |
| エまきもの　**絵巻物** | |
| えみ　**笑み**　例笑みを浮かべる | |
| えむ　**笑む**⁴　ショウ，わらう　980<br>例ほくそ笑む　㊟＊笑顔＜えがお＞ | |
| えもいわれぬ　**えもいわれぬ**，得も言われぬ　例えもいわれぬ花の香り | エン　**延**⁶　のびる・のべる・のばす　　　　　　　　　　88<br>(1)長くなる・広がる例延引，延焼，延長<br>(2)遅くなる例延期，延着；順延，遅延 |
| えもの　**獲物**　例獲物を狙う | |
| えら　**えら**〔鰓〕　例ふなのえら，えらで呼吸する | エン　**沿**⁶　そう　　　　　　89<br>例沿海，沿革，沿岸，沿線，沿道，沿岸 |
| えらい　**偉い**⁴　イ　〔豪い〕　30<br>例偉い人；えらいことになる，えらく込む　㊟「大変だ」「ひどい」などの意で用いるときは仮名書きが望 | エン　**炎**　ほのお　〔焰〕　　　90<br>(1)燃える・激しい例炎々，炎暑，炎焼，炎上，炎天，炎熱；気炎 |

○改定追加漢字　●改定追加音訓　□改定削除漢字　■改定削除音訓　〔　〕参考表記〔△表外漢字
▲表外音訓　×誤用　当て字当て字〕

(2)ほのお 例火炎，光炎，陽炎
(3)熱，痛みを伴う病気 例炎症；胃炎，脳炎，肺炎

**エン 怨 オン** 91
例怨恨，怨嗟＜エンサ＞；私怨

**エン 宴 —** 92
例宴たけなわ；宴会，宴席，宴遊；酒宴，祝宴

**エン 媛⁴ —** 93
例才媛 ※愛媛＜えひめ＞県

**エン 援 —** 94
例援軍，援護，援助，援用；応援，救援，後援，声援

**エン 園² その** 95
(1)園地 例園害，園遊会；公園，植物園，動物園，遊園地，楽園
(2)菜園 例園芸，園丁；菜園，田園，農園
(3)学園 例園児，園長；学園，幼稚園

**エン 煙 けむる・けむり・けむい** 96
(1)煙 例煙害，煙突，煙幕；炊煙，噴煙
(2)かすむ 例煙雨，煙霧；水煙
(3)煙草（たばこ；当て字）例喫煙，禁煙，節煙

**エン 猿 さる** 97
例野猿，類人猿；犬猿の仲

**エン 遠² オン，とおい** 98
例遠因，遠泳，遠隔，遠距離，遠近，遠景，遠国，遠視，遠足，遠大，遠方，遠望，遠洋航海，遠来，遠慮，遠路；永遠，敬遠，高遠，深遠，疎遠，望遠 対近

**エン 鉛 なまり** 99
例鉛管，鉛直，鉛版，鉛筆；亜鉛，黒鉛

**エン 塩⁴ しお** 100
例塩化，塩害，塩酸，塩素，塩田，塩分；岩塩，食塩，製塩

**エン 演⁵ —** 101
例演技，演奏，演劇，演習，演出，演説，演奏，演台，演題，演壇；開演，競演，公演，講演，実演，出演，上演，熱演

**エン 縁 ふち** 102
(1)前世からの縁 例縁起＜エンギ＞，縁日；因縁 注因縁は「インネン」と読む。
(2)関係・手づる 例縁がない；縁組み，縁故，縁語，縁談；奇縁＜キエン＞，機縁，離縁
(3)えんがわ 例縁の下の力持ち，縁側＜エンがわ＞，縁先，縁台

**エン 艶 つや** 103
例艶聞；凄艶＜セイエン＞，濃艶，優艶，妖艶＜ヨウエン＞

**エンエン 延々[蜿々]** 例延々と続く 関うねうね，長々

**エンカ 嚥下** 関飲み込む，飲む，飲み下す

**エンカイ 宴会** 例宴会に招待される
**エンカク 沿革** 例沿革を調べる
**エンカク 遠隔** 例遠隔地，遠隔操作
**エンカツ 円滑** 例事を円滑に運ぶ
**エンがわ 縁側** 例縁側に寝そべる
**エンギ 縁起[縁喜]** 例寺の縁起を調べる；縁起を担ぐ，縁起でもない，縁起が悪い，縁起物

**エンキョク 婉曲** 関遠回し，穏やかに，それとなく，やんわり
**エンきり 縁切り(縁切)** 例夫婦の縁切り，縁切り状
**エンぐみ 縁組み(縁組)** 例養子の縁組みをする，縁組みが滞りなく整う
**エンゲイ 園芸** 例趣味の園芸
**エンゲイ 演芸** 例演芸会
**エンコ 縁故** 例縁故を頼る，縁故関係
**エンゴ 援護[掩護]** 例援護の手を差し伸べる，援護会 関守る，助ける
**エンコン 怨恨** 例怨恨説 関遺恨，恨み

エンサ—おいか　52

| | |
|---|---|
| エンサ　怨嗟　例怨嗟の声　類非難, 恨み | |
| エンザイ　冤罪　類無実の罪, ぬれぎぬ | |
| エンジョ　援助　例資金の援助, 援助する　類救援 | |
| エンスイ　円錐　例円錐塔 | |
| エンずる　演ずる　例ハムレットの役を演ずる, 失敗を演ずる | |
| エンセイ　厭世　例厭世自殺　類世をはかなむ | |
| エンゼツ　演説　例立ち会い演説, 演説会, 演説口調 | |
| エンソウ　演奏　例演奏する, 演奏会, 演奏旅行 | |
| エンタイ　延滞　例延滞金 | |
| エンダン　演壇　例演壇に登る | |
| エンチ　園地〔苑地〕　注法令では「園地」。 | |
| エンチョウ　延長　例期間を延長する, 延長戦　類短縮 | |
| エンづく　縁づく, 縁付く　例娘が縁づく | |
| エンつづき　縁続き　例縁続きの家 | |
| エンテイ　堰堤, えん堤　類ダム, 堤防, 土手, せき　字ダム　注法令では「えん堤」。 | |
| エンテン　炎天　例炎天下の熱戦 | |
| エンニチ　縁日　例縁日商人 | |
| エンピツ　鉛筆　例鉛筆削り | |
| エンブン　艶聞　例浮き名, 浮いたうわさ | |
| エンマ　閻魔〔閻魔〕　例えんま大王, えんま帳, えんま顔 | |
| エンマン　円満　例円満な家庭, 円満解決 | |
| エンむすび　縁結び　例縁結びの神 | |
| エンリョ　遠慮　例遠慮する, 遠慮深い　類無遠慮 | |

〔オ・お〕

| | |
|---|---|
| オ　悪³　アク, わるい　6　例悪寒; 嫌悪, 好悪, 憎悪 | |
| オ　汚　けがす・けがれる・けがらわしい・よごす・よごれる・きたない　104　例汚職, 汚辱, 汚水, 汚染, 汚点, 汚物, 汚名 | |
| オ　和³　ワ, やわらぐ・やわらげる・なごむ・なごやか　2129　例和尚 | |
| お　緒　ショ・チョ　950　例鼻緒; 玉の緒 | |
| お　小¹　ショウ, ちいさい・こ　959　例小川 | |
| お　尾　ビ　1703　例犬の尾; 尾根, 尾を引く | |
| お　雄　ユウ, おす　1981　例雄牛, 雄花　類雌 | |
| おあずけ　お預け　例ハイキングはお預けとなる | |
| おあつらいむき　おあつらい向き〔お誂い向き〕 | |
| おい　老い　例老いの身, 老いの一徹 | |
| おい　おい〔甥〕　類めい | |
| おいあげる　追い上げる〔追上げる〕　例猿を木の上へ追い上げる | |
| おいうち　追い打ち〔追打ち〕　例追い打ちをかける | |
| おいえゲイ　お家芸　例マラソンは日本のお家芸だ | |
| おいおい　おいおい, 追々　副詞　例おいおい調子がよくなるだろう | |
| おいかえす　追い返す〔追返す〕　例押し売りを追い返す | |

○改定追加漢字　●改定追加音訓　□改定削除漢字　■改定削除音訓　〔　〕参考表記〔△表外漢字　▲表外音訓　×誤用　当て字当て字〕

| | |
|---|---|
| おいかける　追いかける, 追い掛ける　例泥棒を追いかける | おいつめる　追い詰める(追詰める)　例熊を崖の上に追い詰める, 借金の返済に追い詰められる |
| おいかぜ　追い風　対向かい風 | |
| おいくちる　老い朽ちる | おいて　追いて〔追い風〕　例追いてに帆を揚げる　類追い風, 順風 |
| おいこし　追い越し(追越し)　例追い越し禁止 | |
| おいこす　追い越す(追越す)　例後から来て追い越す | おいて　おいて〔於て〕　類…で, おける |
| | おいて　おいて〔措いて〕　例彼をおいて頼りになる人はいない |
| おいこみ　追い込み(追込み)　例選挙戦が追い込みに入る | |
| おいこむ　老い込む　例あの人もすっかり老い込む | おいで　おいで〔御出で〕　例おいでになる必要はございません |
| | おいてきぼり　おいてきぼり　例おいてきぼりを食う　注「おいてけぼり」とも言う。 |
| おいこむ　追い込む(追込む)　例牛を柵の中へ追い込む, 最低生活に追い込まれる, 行<ギョウ>を変えないで追い込む | |
| | おいぬく　追い抜く(追抜く)　例途中で先発隊を追い抜く |
| おいさき　生い先　例生い先が案じられる | |
| | おいはぎ　追い剝ぎ, 追いはぎ　例峠で追い剝ぎに襲われる |
| おいさき　老い先　例老い先の短い老人 | |
| おいしい　おいしい〔美味しい〕当字　例おいしいおかず, このさしみはとてもおいしい | おいばね　追い羽根 |
| | おいはらう　追い払う(追払う)　例やっかい者を追い払う |
| | おいぼれる　老いぼれる　例妻を亡くして急に老いぼれる |
| おいしげる　生い茂る　例木々がうっそうと生い茂っている | |
| おいすがる　追いすがる〔追い縋る〕　例二度三度追いすがって頼み込む, 陳情団に追いすがられる | おいまつ　老い松 |
| | おいまわす　追い回す(追回す)　例猫がねずみを追い回す, 家事に追い回される |
| おいセン　追い銭　例泥棒に追い銭 | |
| おいだす　追い出す(追出す)　例牛を小屋から追い出す | おいる　老いる⁴　ロウ, ふける2115　例年老いた父 |
| おいたち　生い立ち(生立ち)　例生い立ちを記す | おいわけ　追分　例追分節 |
| | オウ　王¹　—　105 |
| おいたてる　追い立てる(追立てる)　例猫を追い立てる | 例王冠, 王宮, 王国, 王座, 王様, 王子, 王室, 王者, 王女, 王政, 王族, 王朝;国王, 女王, 尊王, 大王, 帝王, 法王;王将　注「親王」「勤王」などは「シンノウ」「キンノウ」と読む。 |
| おいちらす　追い散らす(追散らす)　例群がる敵を追い散らす | |
| | |
| おいつく　追い付く, 追い着く(追付く)　例先に出発した人に追い付く, 勉強してみんなに追いつく | |
| | オウ　凹　—　106　例凹凸, 凹面鏡, 凹レンズ　注＊凸凹<でこぼこ> |

| | |
|---|---|
| **オウ 央**³ ― 107<br>例中央 | **おう 生う**¹ セイ・ショウ, いきる・いかす・いける・うまれる・うむ・はえる・はやす・き・なま 1107<br>例生い立ち, 生い茂る |
| **オウ 応**⁵ こたえる 108<br>(1)答える 例応答；呼応<br>(2)受けて働く 例応用, 応急, 応酬, 応接, 応戦, 応対, 応分, 応報；供応, 即応, 適応<br>(3)ふさわしい 例応用；相応, 対応<br>注「反応」「順応」などは「ハンノウ」「ジュンノウ」と読む。 | **おう 追う**³ ツイ 〔逐う〕 1427<br>例泥棒を追う, 犯人の足取りを追う, 地位を追われる；日を追って元気になる |
| **オウ 往**⁵ 109<br>(1)行く 例往還, 往航, 往生〈オウジョウ〉, 往診, 往復, 往来, 往路<br>(2)昔・以前 例往時, 往年；既往, 既往症 | **おう 負う**³ フ, まける・まかす 1747<br>例荷を負う, 責任を負う, 名に負う, 傷を負う, 先輩に負うところが多い |
| **オウ 押 おす・おさえる** 110<br>例押印, 押韻, 押収；花押 | **オウイツ 横溢** 例話気が横溢している<br>類あふれる, みなぎる, いっぱいだ |
| **オウ 旺** ― 111<br>例旺盛 | **オウイン 押印** 例押印する<br>**オウエン 応援** 例応援する, 応援団 |
| **オウ 欧** ― 112<br>例欧化, 欧州, 欧文, 欧米；西欧, 渡欧, 東欧諸国 | **オウカ 謳歌** 例青春を謳歌する<br>類称賛, 賛美, たたえる |
| **オウ 殴 なぐる** 113<br>例殴殺, 殴打 | **おうぎ 扇 セン** 1177<br>例扇の的；舞扇 |
| **オウ 桜**⁵ さくら 114<br>例桜花, 桜桃〈オウトウ〉；観桜会 | **オウキュウ 応急** 例応急処置, 応急手当 |
| **オウ 翁** ― 115<br>例老翁, ～翁 | **オウゴン 黄金** 例黄金時代<br>**オウザ 王座** 例王座に就く, 王座を争う |
| **オウ 奥 おく** 116<br>例奥義〈オウギ・おくギ〉；深奥, 秘奥；奥羽, 奥州 | **オウシュウ 応酬** 例応酬を繰り返す, 負けずに応酬する |
| **オウ 横 よこ** 117<br>(1)よこ 例横断面, 横転；縦横 対縦<br>(2)ほしいまま 例横行, 横暴；専横<br>(3)よこしま 例横死 | **オウシュウ 押収** 例押収する, 押収品<br>**オウジョウ 往生** 例往生際が悪い, 寒いのに往生する |
| **オウ 皇**⁶ コウ 617<br>例皇子；法皇 注「天皇」は「テンノウ」と読む。 | **オウシン 往診** 例往診に出かける, 往診料 |
| **オウ 黄**² コウ, き・こ 632<br>例黄金, 黄熟, 黄鉄鉱；卵黄 | **オウずる 応ずる** 例呼びかけに応ずる, 懸賞に応ずる, 学力に応じて学校を選ぶ 注「応じる」とも言う。 |
| | **オウセイ 旺盛** 例元気旺盛 類盛ん |
| | **オウセツ 応接** 例応接にいとまがない, 応接室 |
| | **オウタイ 応対**〔応待〕 例電話で応対 |

○改定追加漢字　●改定追加音訓　□改定削除漢字　■改定削除音訓　〔 〕参考表記　〔△表外漢字<br>
▲表外音訓　×誤用　当て字〔当て字〕

| | |
|---|---|
| する | おおいなる　大いなる　例大いなる野望 |
| オウダン　横断　例横断する,横断歩道　対縦断 | おおいに　大いに¹　ダイ・タイ,おお・おおきい　1312<br>例大いにがんばろう,大いに迷惑だ |
| オウチ　凹地　類くぼ地,低地 | おおいり　大入り　例大入り満員 |
| オウチャク　横着　例横着な人 | おおいりぶくろ　大入り袋(大入袋) |
| オウト　嘔吐　類吐く,吐き気 | おおう　覆う　フク,くつがえす・くつがえる〔被う,蓋う〕　1773 |
| オウトウ　応答　例質疑応答 | 例顔を覆う,ふきんで覆う,非を覆う |
| オウトツ　凹凸　※*凸凹<でこぼこ> | おおうつし　大写し　例大写しの顔 |
| オウナツ　押捺　類押印 | おおがかり　大がかり,大掛かり |
| オウノウ　懊悩　類苦悩 | 例大がかりな捜査 |
| オウフク　往復　例往復する,往復はがき | おおかた　大方,おおかた　例大方の読者　(注正しくは「タイホウ」と読む):工事は大方完了した,おかた明日も雨だろう |
| おうへい　横柄　例横柄な態度 | |
| オウボウ　横暴　例横暴なふるまい | |
| オウム　おうむ〔鸚鵡〕 | |
| オウヨウ　鷹揚〕　例おうようにふるまう　類ゆったり,おっとり | おおかみ　おおかみ〔狼〕 |
| | おおきい　大きい¹　ダイ・タイ,おお・おおいに　1312<br>例大きい庭,背が大きい,胴回りが大きい,被害が大きい,損害が大きい会社,大きい数,大きいことに目をつける,大きい兄さん,話すことが大きい,心が大きい　対小さい |
| オウリョウ　横領　例横領する,公金横領 | |
| オウレンズ　凹レンズ　対凸レンズ | |
| おえつ　おえつ〔嗚咽〕　例おえつをこらえる　類すすり泣き,むせび泣き | |
| おえない　負えない　例手に負えない暴れ者 | |
| おえる　終える³　シュウ,おわる 895<br>例仕事を終える　類……が終わる,……を終わる | おおきな　大きな　例大きな顔をする,大きなお世話だ |
| | おおく　多く　例多くの場合,数多くの事例 |
| | おおぐい　大食い |
| おお　大¹　ダイ・タイ,おおきい・おおいに　1312<br>例大雨,大男,大型,大川,大声,大問,大空,大手,大波,大橋,大判,大水,大麦,大本,大物,大家 | おおゲサ　おおげさ〔大袈裟〕　例あの人の話はおおげさだ,おおげさな身支度 |
| | おおさかフ　※大阪府 |
| | おおザッパ　大ざっぱ,大雑把<br>例大ざっぱに見積もる |
| おおあたり　大当たり(大当り) | |
| おおあれ　大荒れ　例大荒れに荒れる | おおさわぎ　大騒ぎ　例大騒ぎする,上を下への大騒ぎ |
| おおい　多い²　タ　　　　1285<br>例欠席者が多い,多くの友達　対少ない | |
| | おおしい　雄々しい〔男々しい〕 |
| おおい　覆い〔被い,蔽い〕　例覆いをかぶせる | |
| おおいたケン　※大分県 | |

明朝体の右肩の数字は配当学年　末尾の数字は常用漢字表番号　( )許容　類類義同意語　対反対対照語　慣関連語　学学術用語

お

[例]雄々しい態度で臨む
**おおしお　大潮**　[対]小潮
**おおじかけ　大仕掛け**（大仕掛）
[例]大仕掛けな花火
**おおせ**　仰せ　ギョウ・コウ，あおぐ　420
[例]仰せに従う，仰せのとおりにいたします
**おおぜい　おおぜい**，大勢〔多勢〕
[例]おおぜいの人が集まる
**おおせる　おおせる**〔果せる〕　[例]悪事は隠しおおせるものではない
**おおだすかり　大助かり**　[例]手伝ってもらって大助かりです
**おおたちまわり　大立ち回り**（大立回り）　[例]大立ち回りを演ずる
**おおだてもの　大立て者**（大立者）
[例]政界の大立て者
**おおづかみ　大づかみ**〔大摑み〕
[例]大づかみに言えば……
**おおつごもり　大つごもり**〔大晦〕
[類]大みそか
**おおっぴら　おおっぴら**　[例]おおっぴらに話す
**おおづめ　大詰め**（大詰）　[例]国会も大詰めにくる
**おおて　大手**　[例]大手企業
**おおで　大手**　[例]大手を振って歩く
**おおどおり　大通り**
**おおはば　大幅**　[例]大幅の値上げ
[対]小幅
**おおぶり　大降り**　[対]小降り
**おおぶろしき　大風呂敷**，大ぶろしき
[例]大風呂敷を広げる　[類]大ぼら
**おおまか　大まか**　[例]大まかな予想，大まかな態度
**おおまた　大股**，大また　[対]小股
**おおまわり　大回り**〔大廻り〕　[対]小回り
**おおみえ　大見え**，大見得〔大見栄〕
[例]大見えを切る　[注]歌舞伎<カブキ>では「大見得」。
**おおみそか　大みそか**〔大晦日[当て字]〕
[類]大つごもり
**おおむこう　大向こう**（大向う）
[例]大向こうをうならす
**おおむね　おおむね**〔概ね〕　[例]おおむね終わる，おおむねよくできている　[類]だいたい，あらまし
**おおめ　多め**，多目　[例]量を多めに準備する　[対]少なめ
**おおめ　大目**　[例]大目に見る
**おおもと　大本**　[例]けんかの大本は誰だ
**おおもり　大盛り**（大盛）　[例]うどんの大盛り
**おおやけ**　公²　コウ　589
[例]公の通知，公の建物，公にする
**おおよそ　おおよそ**〔大凡〕　[例]おおよその見当がつく
**おおよろこび　大喜び**　[例]賞品をもらって大喜びだった
**おおわらい　大笑い**　[例]全くの大笑いだ
**おおわらわ　おおわらわ**〔大童〕
[例]おおわらわになって活躍する
**おか**　岡⁴ ―　118
[注]主として都道府県名に用いる。※岡山<おかやま>県，※静岡<しずおか>県，※福岡<ふくおか>県
**おか**　丘　キュウ　363
[例]丘を越えて隣村へ行く
**おか　陸**　[例]陸へ上がったかっぱ
**おかあさん　お母さん**　[対]お父さん
**おかえし　お返し**　[例]お土産のお返し，頭をたたかれたお返し
**おがくず　おがくず**〔大鋸屑〕
**おかげ　おかげ**，お陰〔御陰，御蔭〕
[例]神様のおかげ，君のおかげで助かる，おかげさまで元気になる，あいつのおかげで損をする

○改定追加漢字　●改定追加音訓　□改定削除漢字　■改定削除音訓　〔　〕参考表記〔△表外漢字　▲表外音訓　×誤用　[当て字]当て字〕

| | |
|---|---|
| **おかしい** おかしい〔可笑しい[当て字]〕 囫おかしい映画;様子がおかしい,おかしい男がうろついている 顆こっけい,怪しい | 法師) 顆おきゃがりこぼし |
| **おかしらつき** 尾頭付き(尾頭付) 囫尾頭付きのたい | **おきあがる** 起き上がる(起上がる)(起上る) 囫布団の上に起き上がる 関立ち上がる |
| **おかす** 侵す シン 1048 囫国境を侵す,他人の領分を侵す | **おきかえる** 置き換える(置換える) 囫たんすと本棚を置き換える |
| **おかす** 犯す[5] ハン 1658 囫法律を犯す,罪を犯す,過ちを犯す | **おきがさ** 置き傘(置傘) |
| **おかす** 冒す ボウ 1862 囫危険を冒す,肺炎に冒される,源<みなもと>の姓を冒す | **おきごたつ** 置きごたつ〔置き炬燵〕 関掘りごたつ |
| **おかっぱ** おかっぱ〔御河童[当て字]〕 囫おかっぱの女の子 | **おきざり** 置き去り(置去り) 囫置き去りにして帰る |
| **おかね** お金〔御金〕 顆おあし | **おきて** おきて〔掟〕 囫おきてを破る,古いおきてを守る 顆決まり,規定 |
| **おかまいなく** お構いなく〔御構い無く〕 囫どうぞお構いなく | **おきてがみ** 置き手紙(置手紙) 囫置き手紙をして帰る |
| **おかみさん** おかみさん〔女将さん,内儀さん[当て字]〕 | **おきな** おきな〔翁〕 顆おうな |
| **おがむ** 拝む[6] ハイ 1612 囫仏様を拝む,お金を貸してほしいと拝む | **おぎない** 補い 囫補いをする,学資の補い |
| **おかやまケン** ※岡山県 | **おぎなう** 補う[6] ホ 1821 囫栄養を補う,説明を補う |
| **おかわり** お代わり(お代り) 囫御飯のお代わり | **おキにいり** お気に入り 囫おじいさんのお気に入り |
| **オカン** 悪寒 囫悪寒がする 顆寒け | **おきぬけ** 起き抜け(起抜け) 囫起き抜けに新聞を読む |
| **おき** 沖[4] チュウ 1379 囫沖釣り,沖取り | **おきば** 置き場(置場) 囫材木の置き場 |
| **おき** ~おき,~置き 囫原稿用紙に1行おきに書く,1週間おきに病院に通う | **おきびき** 置き引き(置引き)(置引) 囫駅で置き引きに遭う |
| **おぎ** おぎ〔荻〕 注「萩」は「はぎ」で別語。 | **おきふし** 起き伏し 囫起き伏しもままならない;起き伏しに思うこと |
| **おきあい** 沖合い(沖合) | **おきまり** お決まり(お決り) 囫お決まりの手,お決まりの文句 |
| **おきあいギョギョウ** 沖合い漁業(沖合漁業) | **おきみやげ** 置き土産 |
| **おきあがりコボシ** 起き上がりこぼし(起上りこぼし)〔起き上がり小 | **おきもの** 置物 囫床の間の置物 |
| | **おきる** 起きる[3] キ,おこる・おこす 317 囫転んでもすぐ起きる,朝早く起きる 対寝る,ふせる |
| | **おきわすれる** 置き忘れる(置忘れる) 囫本を机の上に置き忘れる |

明朝体の右肩の数字は配当学年　末尾の数字は常用漢字表番号　( )許容　顆類義同意語　対反対対照語
関関連語　学学術用語

オク―おこす

| | |
|---|---|
| オク 屋³ や 119 | 言う。 |
| 例屋外,屋上,屋内;家屋 | おくまる 奥まる 例奥まった家 |
| オク 億⁴ ― 120 | オクメン 臆面 例臆面もなく |
| 例億兆,億万;千億 | おくゆかしい 奥ゆかしい〔奥床しい |
| オク 憶 ― 121 | 当て字〕 例奥ゆかしい態度 |
| 例憶説,憶測;記憶,追憶 | おくゆき 奥行き(奥行) 対間口 |
| オク 臆 ― 122 | おくらす 遅らす チ,おくれる・ |
| 例臆説,臆測,臆病,臆面 囲「臆説」 | おそい 1361 |
| 「臆測」は「憶説」「憶測」とも書く。 | 例出発を遅らす,予定を遅らす |
| おく 奥 オウ 116 | 囲「遅らせる」とも言う。 |
| 例奥底,奥地,奥山,奥歯;家の奥, | おくり 送り 例送りに行く,見送り |
| 奥まる,奥行き;奥方,奥様;奥書, | おくりがな 送り仮名 |
| 奥付け;奥義＜おくギ・オウギ＞, | おくりジョウ 送り状 例送り状を発 |
| 奥の手 | 信する |
| おく 置く⁴ チ 1364 | おくりとどける 送り届ける 例荷 |
| 例花瓶を置く,支店を置く,品物を | 物を送り届ける |
| 質に置く,委員会を置く,露が置く | おくりな おくり名,贈り名〔諡〕 |
| おく ……(て)おく 例窓を開けてお | おくりぬし 送り主 例荷物の送り主 |
| く,調べておく | おくりむかえ 送り迎え 例駅が送 |
| おくがき 奥書 飼奥付け 対端書き | り迎えの人で混雑する |
| オクセツ 臆説,憶説 例単なる臆説に | おくりもの 贈り物(贈物) 例贈り |
| すぎない 飼仮説,当て推量の見解 | 物を送り届ける,中元の贈り物 |
| 囲法令では「臆説」。 | おくる 送る³ ソウ 1226 |
| オクソク 臆測,憶測 例臆測をたく | 例荷を送る,おばあさんを駅まで送 |
| ましくする 飼当て推量 囲法令で | る;膝を送る,日を送る,仮名を送る |
| は「臆測」。 | おくる 贈る ゾウ・ソウ 1259 |
| おくづけ 奥付け(奥付) 例書物の奥 | 例祝い物を贈る,官位が贈られる |
| 付け | おくれ 遅れ,後れ 例5分の遅れを |
| おくにジマン お国自慢 例彼のお | 取り戻す;後れを取る,気後れがする |
| 国自慢が始まる | おくれる 後れる² ゴ・コウ,の |
| おくのて 奥の手 例奥の手を使う | ち・うしろ・あと 580 |
| おくば 奥歯 例奥歯に物が挟まった | 例人に後れを取る,後れ毛,気後れする |
| 言い方 | おくれる 遅れる ち,おくらす・ |
| おくび おくび〔噯気 当て字〕 例おく | おそい 1361 |
| びにも出さない | 例出発に遅れる |
| オクビョウ 臆病 例臆病風に吹かれ | おける おける〔於ける〕 例国におけ |
| る 飼小胆,小心 | る教育問題 飼においての,での |
| おくふかい 奥深い 例奥深い部屋, | おこす 起こす³(起す) キ,おき |
| 奥深い言葉 囲「おくぶかい」とも | る・おこる 317 |

○改定追加漢字 ●改定追加音訓 □改定削除漢字 ■改定削除音訓 〔 〕参考表記 〔△表外字 ▲表外音訓 ×誤用 当て字〕当て字〕

例倒れた木を起こす；子どもを起こす；畑の土を起こす；筆を起こす；謀反を起こす

**おこす　興す**[5]　コウ・キョウ，おこる　645
例国を興す，新事業を興す

**おごそか　厳か**[6]　ゲン・<u>ゴン</u>，きびしい　556
例厳かな儀式，厳かに行われる

**おこたり　怠り**　例怠りなく注意する

**おこたる　怠る**　タイ，なまける　1298
例けいこを怠る，注意を怠る

**おこない　行い(行ない)**　例正しい行い，行いがよい

**おこなう　行う**[2]**(行なう)**　コウ・ギョウ・<u>アン</u>，いく・ゆく　603
例運動会を行う，卒業式を行う，田植えを行う

**おこなわれる　行われる(行なわれる)**
例その方法は広く行われる

**おこり　起こり(起り)**　例オリンピックの起こり

**おごり　おごり〔奢り〕**　例おごりを極める；友人のおごりで飲む

**おごり　おごり〔驕り，傲り〕**　例おごり高ぶった態度

**おこる　起こる**[3]**(起る)**　キ，おきる・おこす　317
例不注意から事故が起こる，反対運動が起こる，疑問が起こる，拍手が起こる

**おこる　興る**[5]　コウ・キョウ，おこす　645
例国が興る

**おこる　怒る**　ド，いかる　1497
例ひどく怒る，怒ったような声

**おこる　おこる〔熾る〕**　例炭火がおこる

**おごる　おごる〔奢る〕**　例おごった生活をする；友達にうなぎをおごる

**おごる　おごる〔驕る，傲る〕**　例おごり高ぶった態度，おごる平家は久しからず

**おさ　長**　例一族の長

**おさえ　押さえ(押え)，抑え**　例押さえをする，押さえ(抑え)を利かす

**おさえる　押さえる(押える)**　オウ，おす　110
例頭を押さえる，口を押さえる，紙の端を押さえる，給料を押さえる，証拠を押さえる；押さえ込む

**おさえる　抑える**　ヨク　2013
例興奮を抑える，物価の上昇を抑える

**おさがり　お下がり**　例お供えのお下がり；兄のお下がりをきる

**おさげ　お下げ**　例お下げ髪

**おさない　幼い**[6]　ヨウ　1991
例幼い妹；考えが幼い

**おさなご　幼子**

**おさななじみ　幼なじみ〔幼馴染み〕**
例幼なじみの関係

**おざなり　おざなり〔御座成り〕**
例おざなりの計画，おざなりな答弁

**おさまり　治まり**　例国の治まり様＜ヨウ＞

**おさまり　納まり**　例会費の納まりが悪い；おさまりがつく，おさまりをつける

**おさまる　治まる**[4]　ジ・チ，おさめる・なおる・なおす　816
例世の中が治まる；病状が治まる

**おさまる　収まる**[6]　シュウ，おさめる　883
例争いが収まる，うまく収まる

**おさまる　修まる**[5]　シュウ・<u>シュ</u>，おさめる　893
例素行が修まる

**おさまる　納まる**[6]　ノウ・<u>ナッ</u>・

おさめ―おしこ

ナ・ナン・トウ, おさめる 1599
例重役のいすに納まる

おさめ　納め　例御用納め

おさめ　～おさめ　例見おさめ, 歌いおさめ

おさめもの　納め物

おさめる　治める⁴　ジ・チ, おさまる・なおる・なおす　816
例国を治める, 乱を治める

おさめる　収める⁶　シュウ, おさまる　883
例倉庫に収める, 成果を収める, 利益を収める

おさめる　修める⁵　シュウ・シュ, おさまる　893
例身を修める, 学問を修める

おさめる　納める⁶　ノウ・ナッ・ナ・ナン・トウ, おさまる　1599
例税金を納める, 手数料を納める

おさらい　おさらい〔御浚らい〕
例琴のおさらい, おさらい帳
類復習, 温習, けいこ

おし　押し　例押しが強い, 押しの一手

おし　おし〔圧し〕　例おしをする, おしをのせる　類おもし；おしの利く顔

おじ　*叔父, *伯父　対 *叔母, *伯母

おしあい　押し合い(押合い)　例押し合いへし合い

おしあう　押し合う(押合う)　例押し合っては危険だ

おしあける　押し開ける　例戸を押し開けて入る

おしあげる　押し上げる　例荷物を棚に押し上げる, 彼を委員に押し上げる

おしい　惜しい　セキ, おしむ　1147
例人に譲るのは惜しい, 惜しいことをした, 時間が惜しい

おじいさん　おじいさん〔御爺さん；御祖父さん　当て字〕　対おばあさん

おしいただく　おしいただく, 押し頂く〔押し戴く〕　例卒業証書をおしいただく

おしいる　押し入る(押入る)　例泥棒が押し入る

おしいれ　押し入れ(押入れ)

おしうり　押し売り(押売り)(押売)

おしえ　教え　例先生の教えを請う, 教えの庭

おしエ　押し絵(押絵)

おしえご　教え子

おしえる　教える²　キョウ, おそわる　411
例英語を教える, 道を教える, 子どもを教える

おじおじ　おじおじ〔怖じ怖じ〕
例おじおじした態度　注「おずおず」とも言う。

おしかける　押しかける, 押し掛ける　例談判に押しかける, 先輩の家へ押しかける

おしがる　惜しがる　類惜しむ

おジギ　おじぎ, お辞儀〔御辞儀〕
例丁寧におじぎをする

おしきる　押し切る(押切る)　例反対を押し切る, 過半数で押し切る

おしげ　惜しげ　例惜しげもなく捨てる

おじケづく　おじけづく〔怖じ気づく〕
例偉い人の前に出ておじけづく

おじケる　おじける〔怖じ気る〕
例蛇を見ておじける

おしこみ　押し込み(押込み)　例押し込み強盗

おしこむ　押し込む(押込む)　例狭い部屋に人を押し込む；泥棒が屋敷に押し込む

おしこめる　押し込める(押込める)　例食物を口に押し込める；牢獄に押

---

○改定追加漢字　●改定追加音訓　□改定削除漢字　■改定削除音訓　〔 〕参考表記　〔△表外字
▲表外音訓　×誤用　当て字〕当て字〕

し込める
**おじさん　叔父さん, 伯父さん**　㊄叔母さん, 伯母さん
**おすすめる　押し進める**(押進める)　例ローラーを押し進める
**おすすめる　推し進める**　例計画を推し進める　㊄推進する
**おしたおす　押し倒す**(押倒す)
**おしだし　押し出し**(押出し)　例押し出しのりっぱな人　㊄風采＜フウサイ＞, かっぷく
**おしだす　押し出す**(押出す)
**おしつけ　押しつけ, 押し付け**
**おしつけがましい　押しつけがましい, 押し付けがましい**　例押しつけがましいようですがよろしく
**おしつける　押しつける, 押し付ける**　例めんどうなことを押しつけられる
**おしつまる　押し詰まる**(押詰る)　例年の瀬もだいぶ押し詰まってきたので慌ただしい
**おして　おして, 押して**　例おしてお願いします
**おしとおす　押し通す**(押通す)　例無理を押し通す, 知らぬ存ぜぬで押し通す
**おしながす　押し流す**(押流す)　例大地を押し流すような大雨
**おしのける　押しのける**〔押し退ける〕　例人を押しのけて前へ出る
**おしのび　お忍び**　例お忍びの旅行
**おしば　押し葉**
**おしはかる　推し量る**　例敵の計画を推し量る　㊄推量する
**おしばな　押し花**
**おしべ　雄しべ**〔雄蕊〕　㊄雌しべ
**おしまい　おしまい**〔御仕舞い 当て字〕　例これでおしまいです
**おしむ　惜しむ**　セキ, おしい　1147　例金を惜しむ, 暇を惜しむ, 別れを惜しむ
**おしむらくは　惜しむらくは**　例惜しむらくは時間がない
**おしめり　お湿り**　例よいお湿りですね
**おしもおされもしない　おしもおされもしない, 押しも押されもしない**〔圧しも圧されもしない〕　例おしもおされもしない大学者
**おしもどす　押し戻す**
**おしモンドウ　押し問答**(押問答)
**おシャレ　おしゃれ**〔御洒落〕
**オシュウ　汚臭**　例どぶ川の汚臭
**オショウ　和尚**　例寺の和尚
**おジョウさん　お嬢さん**〔御嬢さん〕
**おしよせる　押し寄せる**(押寄せる)　例大水が押し寄せる, 友達が押し寄せる
**おしろい　おしろい**〔白粉 当て字〕
**おしわける　押し分ける**(押分ける)　例人を押し分けて進む
**おシンコ　おしんこ**〔御新香〕　㊄漬物
**おす　押す**　オウ, おさえる　110　例車の後を押す, ベルを押す, 判を押す, 念を押す, 相手の勢いに押される；病気をおして出席する
**おす　推す**[6]　スイ　1088　例会長に推す；人の意見を推す；あの人の意見から推すと……, 推して知るべし
**おす　雄**　ユウ, お　〔牡〕　1981　例牛の雄, 雄犬　㊄雌
**おすみつき　お墨付き**　例お墨付きの名品
**おセジ　おせじ, お世辞**〔御世辞〕　例おせじがうまい
**おセッカイ　おせっかい, お節介**〔御節介〕　例おせっかいをやく, 要らぬおせっかいだ

明朝体の右肩の数字は配当学年　末尾の数字は常用漢字表番号　( )許容　㊄類義同意語　㊄反対対照語　㊄関連語　㊋学術用語

おゼンだて　お膳立て，おぜん立て〔御膳立〕
　例お膳立てをする，お膳立てはできたからあとは実行するだけだ
　類用意，支度，準備

おそい　遅い　チ，おくれる・おくらす　　　1361
　例食べるのが遅い，頭の回転が遅い，遅い春，終わった後ではもう遅い
　類遅れる　⇔速(早)い

おそう　襲う　シュウ　　　906
　例蜂の群れに襲われる，寒さが襲う；王位の跡を襲う

おそざき　遅咲き　例遅咲きの梅
　⇔早咲き

おそなえ　お供え　例お供え物

おそまき　お遅まき〔遅蒔き，晩蒔〕
　例遅まきの野菜；おそまきながら勉強を始める

おそらく　恐らく，おそらく　例恐らく間違いはあるまい　注法令・公用文では「恐らく」。

おそるおそる　おそるおそる，恐る恐る　例おそるおそる休暇届けを出す

おそれ　畏れ　例神に畏(恐)れを抱く

おそれ　虞　―〔慎れ〕　123
　注「戦争のおそれ」「洪水のおそれ」などは仮名書きが望ましい。法令・公用文では仮名書き。

おそれ　恐れ　例恐れをなす
　注法令文では仮名書き。

おそれいる　恐れ入る　例恐れ入りますがそこを通してください；あの演技には恐れ入った，恐れ入ったことを言うね

おそれる　畏れる　イ　　　24
　例神を畏(恐)れる

おそれる　恐れる　キョウ，おそろしい　　　406
　例鳥は人を恐れる，けんかを恐れる，辺りの迷惑を恐れる，間違うことを恐れる

おそろしい　恐ろしい　キョウ，おそれる　　　406
　例戦争は恐ろしい，将来が恐ろしい；恐ろしく暑い　注「ひどい」「甚だしい」の意で用いるときは仮名書きが望ましい。

おそわる　教わる²　キョウ，おしえる　　　411
　例先生に教わる

おそわれる　襲われる　例敵に襲われる，台風に襲われる

おそわれる　おそわれる〔魘われる〕
　例悪夢におそわれる

おだいもく　お題目　例お題目だけはりっぱだ

おたがいに　お互いに　例お互いにしっかりしましょう

オダク　汚濁　例水質汚濁

おだて　おだて〔煽て〕　例おだてに乗る

おだてる　おだてる〔煽てる〕　例おだてられるとすぐいい気になる

おタフク　おたふく，お多福〔阿多福〕
　例おたふく風邪　類おかめ

おだやか　穏やか　オン　　　130
　例穏やかな海，穏やかな季節，穏かな人，穏やかに話し合う，春の海は穏やかだ，あの人は穏やかだ

おち　落ち　例失敗するのが落ちだ；話の落ち

おちあう　落ち合う〔落合う〕　例駅で落ち合う

おちいる　陥る　カン，おとしいれる　　　258
　例苦しい立場に陥る，昏睡〈コンスイ〉状態に陥る；城が陥る

---

○改定追加漢字　●改定追加音訓　□改定削除漢字　■改定削除音訓　〔 〕参考表記　〔△表外漢字　▲表外音訓　×誤用　当て字当て字〕

| | |
|---|---|
| おちかかる　落ちかかる, 落ち掛かる<br>例崖から落ちかかる | 例泥棒を追っかける |
| おちぐち　落ち口 | オックウ　おっくう〔億劫〕　例年を取ると何をするのもおっくうになる　類めんどう |
| おちこむ　落ち込む(落込む)　例穴の中に落ち込む, 赤字経営に落ち込む；落ち込んだ道路 | おっしゃる　おっしゃる〔仰有る〕<br>例おっしゃることはわかりました |
| おちつき　落ち着き(落着き)　例落ち着きのない人, この花瓶は落ち着きが悪い | おっちょこちょい　おっちょこちょい<br>例あの子はおっちょこちょいだ　注俗語 |
| おちつきはらう　落ち着き払う(落着き払う)　例落ち着き払って意見を述べる | おって　追っ手　例追っ手をまく |
| | おって　おって, 追って〔追而〕　例おってお知らせします　注法令・公用文では仮名書き。 |
| おちつく　落ち着く(落着く)　例京都に落ち着いて10年になる；気持ちが落ち着く, 騒ぎが落ち着く；落ち着いた人, 落ち着いた色合い | おってがき　追って書き　類追啓, 二伸 |
| | おっと　夫⁴　フ・フウ　　1737<br>例夫の職業, 夫と妻, 夫に死に別れる　対妻 |
| おちつける　落ち着ける(落着ける)<br>例心を落ち着ける | おっとり　おっとり　例おっとりした人, おっとり構える |
| おちド　おちど〔越度；落ち度当て字〕<br>例それは私のおちどです　類過ち, 失敗 | おっとりがたな　押っ取り刀(押取り刀)　例押っ取り刀で駆けつける |
| おちのびる　落ち延びる　例都を落ち延びる | おっぱらう　追っ払う　例泥棒を追っ払う　注俗語 |
| おちば　落ち葉　例落ち葉を掃き集める | おつむ　おつむ　類頭 |
| おちぶれる　落ちぶれる〔落魄れる, 零れる当て字〕　例浪人にまで落ちぶれる | おつゆ　おつゆ〔御汁〕 |
| | おでき　おでき〔御出来〕　例足におできができる　類できもの, 腫れ物 |
| おちぼ　落ち穂　例落ち穂を拾う | おでこ　おでこ　類ひたい　注俗語 |
| おちムシャ　落ち武者(落武者) | オテン　汚点　例会社の輝かしい歴史に汚点を残す行為 |
| おちる　落ちる³　ラク, おとす　2026<br>例木の葉が落ちる, 星が落ちる, 視線が落ちる, 日が落ちる, 質が落ちる, 人気が落ちる, 試験に落ちる, 敵のわなに落ちる, 手に落ちる；ふに落ちない | おでん　おでん　関おでん屋 |
| | おテントウさま　おてんとうさま〔御天道様〕　注「おてんとさま」とも言う。 |
| | おてんば　おてんば〔御転婆当て字〕<br>例おてんばな女の子 |
| オツ　乙　—　　　　　　　　124<br>例甲乙；乙な味, 乙にすます<br>注＊乙女〈おとめ〉 | おと　音¹　オン・イン, ね　127<br>例車の衝突した音, 太鼓の音, 音が聞こえる, 足音, 波音, 物音；音に |
| おっかける　追っかける, 追っ掛ける | |

聞こえた人物

**おとうさん　お父さん**　(対)お母さん

**おとうと　弟**² 　テイ・ダイ・デ　1440
例弟が入学する，兄と弟，弟弟子
(対)兄，妹

**おどおどする　おどおどする**　例おどおどして泣いてばかりいる

**おどかし　脅かし**〔嚇かし〕　例脅かしに乗る

**おどかす　脅かす**　キョウ，おびやかす・おどす　〔嚇かす〕　409
例叱られるぞと脅かす

**おとぎばなし　おとぎ話**〔御伽噺〕

**おどけ　おどけ**〔戯け〕　(類)しゃれ，冗談

**おどける　おどける**〔戯ける〕　例あの子はおどけてばかりいる　(類)ふざける

**おとこ　男**¹　ダン・ナン　1348
例男はみんな彼女に夢中だ，大男，小男，山男；男心，男盛り；男をあげる，男泣きする　(対)女

**おとこざかり　男盛り**

**おとこっぷり　男っぷり**，男っ振り
(注)「男ぶり」とも言う。

**おとサタ　音沙汰**　例音沙汰もない
(類)便り，音信，消息

**おとし　落とし**〔落し〕　例落とし穴

**おどし　脅し**〔威し，嚇し〕　例脅しが利かない

**おとしあな　落とし穴**〔落し穴〕〔陥し穴〕

**おとしいれる　陥れる**　カン，おちいる　258
例人を陥れる，城を陥れる

**おとしだま　お年玉**〔御年玉〕

**おとしもの　落とし物**〔落し物〕
例落とし物を捜す　(類)遺失物

**おとす　落とす**³〔落す〕　ラク，おちる　2026
例星から岩を落とす，床に目を落と

す；質を落とす，人気を落とす，声を落とす；汚れを落とす，罪に落とす；書き落とす，命を落とす

**おどす　脅す**　キョウ，おびやかす・おどかす　〔威す，嚇す〕　409
例後ろから行って脅す，怪しい男に脅される

**おとずれ　訪れ**　例客の訪れ，春の訪れ

**おとずれる　訪れる**⁶　ホウ，たずねる　1845
例叔母さんの家を訪れる，春が訪れる

**おととい　おととい**〔一昨日(当て字)〕
(注)「おっとい」とも言う。

**おととし　おととし**〔一昨年(当て字)〕

**おとな　＊大人**　(対)子ども

**おとなしい　おとなしい**〔大人しい，温和しい(当て字)〕　例おとなしい人，おとなしく寝ていよう

**おとななみ　大人並み**〔大人並〕
例あの子は大人並みの力を持っている

**おとめ　＊乙女**〔少女(当て字)〕

**おどらす　躍らす**　例身を躍らせて車をよける；胸を躍らす

**おどらす　踊らす**　例踊りを踊らす；人に踊らされる

**おとり　劣り**　例見劣り

**おとり　おとり**〔囮〕　例おとりに使う

**おどり　踊り**(踊)　ヨウ，おどる　2007
例踊りを習う，あずま踊り，盆踊り

**おどりあがる　躍り上がる**，踊り上がる　例躍り上がって喜ぶ

**おどりこ　踊り子**(踊子)　(類)舞い子

**おどりば　踊り場**(踊場)

**おとる　劣る**　レツ　2102
例技術が劣る，力が劣る　(対)勝る

**おどる　躍る**　ヤク　1961
例胸が躍る；小躍りして喜ぶ，馬が躍り上がる

○改定追加漢字　●改定追加音訓　□改定削除漢字　■改定削除音訓　〔　〕参考表記　〔△表外漢字　▲表外音訓　×誤用　(当て字)当て字〕

- おどる 踊る ヨウ，おどり 2007
  例音楽に合わせて踊る；踊らされて動く
- おとろえ 衰え 例体力の衰え
- おとろえる 衰える スイ 1087
  例体が衰える，勢いが衰える，風が衰える 反栄える
- おどろかす 驚かす キョウ，おどろく 419
  例鬼面〈キメン〉人を驚かす
- おどろき 驚き 例彼の驚きは大きかった，驚きの目
- おどろく 驚く キョウ，おどろかす 419
  例突然の出来事に驚く
- おないどし 同い年 例同い年の夫婦
- おなか おなか〔御腹当て字〕 例おなかが痛い 関腹＜はら＞
- おなぐさみ お慰み 例うまくいったらお慰み
- おなじ 同じ² ドウ 1536
  例同じスーツ，同じ考え，出発の時間は皆同じ，あなたの考えと同じだ；同じ読むなら良い本を読みなさい
- おなじみ おなじみ〔御馴染み〕
  例おなじみの出し物
- おに 鬼 キ 319
  例鬼火；鬼瓦，鬼将軍，鬼ばば；鬼子，鬼歯；鬼退治，鬼に金棒，鬼の目に涙
- おの おの〔斧〕 例おのをふるう
- おのおの 各⁴ カク 210
  例各方（おのおのがた），各（おのおの）席に着く 関各自 「各々」とも仮名書きで「おのおの」とも書く。
- おのずから おのずから〔自ずから〕
  例努力すればおのずから解決の道が開ける
- おのずと おのずと〔自ずと〕 例おのずと頭に浮かんでくる
- おののく おののく〔戦く〕 例恐怖におののく
- おのれ 己⁶ コ・キ 557
  例己の過ちをわびる；おのれは何者だ，おのれこしゃくな
- おは 尾羽 例尾羽打ち枯らす
- おば ＊叔母，＊伯母 反＊叔父，＊伯父
- おばあさん おばあさん〔御婆さん；御祖母さん当て字〕
- おはぎ おはぎ〔御萩〕
- おばけ お化け 例お化け屋敷
- おはこ おはこ〔十八番当て字〕
  例おはこの踊り 類得意の芸，得意とするもの
- おばさん 叔母さん，伯母さん 反叔父さん，伯父さん
- おハチ お鉢〔御鉢〕 例お鉢にいっぱい；お鉢が回る
- おばな 雄花 反雌花
- おはよう おはよう，お早う〔御早う〕
- おはらいばこ お払い箱〔お払箱〕
  例お払い箱になる 類不用，解雇
- おび 帯⁴ タイ，おびる 1301
  例帯を締める，帯皮，帯グラフ，帯地，帯番組；帯に短したすきに長し
- おびあげ 帯揚げ〔帯揚〕
- おびえる おびえる〔脅える，怯える〕
  例おびえても何も言えない
- おびきだす おびき出す〔誘き出す〕
  例友達をおびき出して遊びに行く
- おびじめ 帯締め〔帯締〕 関帯留め
- おびただしい おびただしい〔夥しい〕
  例おびただしい車の列；頼りないことおびただしい
- おびどめ 帯留め〔帯留〕 関帯締め
- おひや お冷や〔御冷や〕 例お冷やを一杯ください

| | |
|---|---|
| おびやかす 脅かす キョウ,おどす・おどかす 409 例科学の進歩は人類を脅かす,人を脅かして金を借りる | おまえ おまえ〔御前〕 例おまえの考えを聞きたい,俺おまえの仲 |
| おびる 帯びる⁴ タイ,おび 1301 例剣を帯びる;重大な使命を帯びる;酒気を帯びる | おまけ おまけ〔御負け〕 例一つおまけします,10円おまけする,キャラメルのおまけ ㊥付録,景品 |
| おヒロメ お披露目 例開店のお披露目 | おまけに おまけに〔御負けに〕 例おまけに風がないので蒸し暑い |
| おふくろ おふくろ〔御袋〕〔当て字〕 例おふくろの味 | おまもり お守り〔御守り〕 例水難よけのお守り |
| おぶさる おぶさる 例背中におぶさる;親におぶさる | おまわりさん *お巡りさん ㊥巡査,警官 |
| おふれ お触れ〔御触れ〕 例お触れを出す ㊥お触れ書き | おみき *お神酒〔御神酒〕例神棚にお神酒を供える |
| おべっか おべっか 例彼はおべっかを使うのがうまい 注俗語 | おみくじ おみくじ〔御神籤〕 例おみくじを引く |
| おぼえ 覚え 例ものの覚えがよい;腕に覚えがある ㊥自信;上役の覚えがめでたい ㊥信任,信頼 | おみこし おみこし〔御神輿〕〔当て字〕 |
| | おみなえし おみなえし〔女郎花〕〔当て字〕 |
| おぼえがき 覚え書き(覚書き)(覚書) 例覚え書きを交換する | おみやげ お土産 |
| おぼえショ 覚え書 | オメイ 汚名 例汚名を返上する,汚名を着せられる ㊥名誉,美名 |
| おぼえる 覚える⁴ カク,さます・さめる 218 例約束を覚えている;ローマ字を覚える;寒さを覚える | おめがね お眼鏡 例社長のお眼鏡にかなう |
| | おめずおくせず おめずおくせず〔怖めず臆せず〕 例おめずおくせず演壇に立つ |
| おぼしめし おぼしめし〔思召し〕 例思いやりのあるおぼしめし 注「考え」「気持ち」の尊敬語。 | おめでとう おめでとう〔御目出度う,御芽出度う〕〔当て字〕 例明けましておめでとう,御入学おめでとう |
| おぼつかない おぼつかない〔覚束無い〕〔当て字〕 例おぼつかない返事,おぼつかない足取り,あれでは成功はおぼつかない | おめにかかる お目にかかる,お目に掛かる(お目に掛る)〔御目に掛かる〕 例先生にお目にかかる |
| おぼれる 溺れる デキ 〔おぼれる〕 1466 例海で溺れる,溺れ死に;酒に溺れる | おめみえ お目見え,お目見得〔御目見得〕 例初めてお目見えいたします,お目見えの舞台 |
| おぼろ おぼろ〔朧〕 例おぼろ月 | おも 主³ シュ・ス,ぬし 864 例主に,主な人々 |
| おぼろげ おぼろげ,おぼろ気〔朧気〕 例おぼろげにしか覚えていない | おも 面³ メン,おもて・つら 1936 例面もち,面長,面持ち;水の面;面影,面白い |

○改定追加漢字 ●改定追加音訓 □改定削除漢字 ■改定削除音訓 〔 〕参考表記 〔△表外漢字
▲表外音訓 ×誤用 〔当て字〕当て字〕

おもい 重い³ ジュウ・チョウ,え・かさねる・かさなる 912
　例重い荷物,重荷;重い任務,重い責任,重い位に就く,傷が重い,頭が重い 反軽い

おもい 思い 例思いを述べる,思いを達する,片思い,思い半ばに過ぎる

おもいあがる 思い上がる 例思い上がった態度 類うぬぼれる

おもいあたる 思い当たる(思い当る) 例なるほどと思い当たる

おもいいれ 思い入れ 例しばらく思い入れをした後に歩きだす;思い入れを抜きにして素直に見る

おもいうかべる 思い浮かべる(思い浮べる) 例入学した時のことを思い浮かべる

おもいおこす 思い起こす(思い起す) 例子どもの時を思い起こす

おもいおもい 思い思い 例めいめいが思い思いの身ぶりで話す

おもいかえす 思い返す 例思い返して出かける

おもいがけない 思いがけない,思い掛けない 例思いがけない事故にぶつかる

おもいがち 思いがち,思い勝ち 例鯨は魚だと思いがちだ

おもいきり 思い切り 例思い切りの悪い人だ;思い切りスピードを出す

おもいきる 思い切る 例実現しそうもないので思い切る;思い切って出かける,思い切った行動

おもいこむ 思い込む 例あなたのほうが年上だと思い込んでいた,思い込んだら命がけ

おもいすごし 思い過ごし(思い過し) 例思い過ごしは体のためにもよくない

おもいだす 思い出す 例子どもの頃を思い出す,相手の名前を思い出す

おもいたつ 思い立つ 例旅行をしようと思い立つ,思い立つ日が吉日

おもいちがい 思い違い 例思い違いをする,私の思い違いでした

おもいつき 思いつき,思い付き 例おもしろい思いつき 類着想,考え

おもいつく 思いつく,思い付く 例名案を思いつく,傘を置き忘れたことを思いつく

おもいつめる 思い詰める 例食事が喉を通らないほど思い詰める

おもいで 思い出〔想い出〕 例ふるさとの思い出,過ぎし日の思い出に浸る

おもいなおす 思い直す 例思い直して勉強する

おもいのこす 思い残す 例思い残すことは何もない

おもいのほか 思いの外,思いのほか 例思いの外よい成績を上げることができた

おもいふける 思いふける〔思い耽る〕 例ぼんやり思いふける

おもいめぐらす 思いめぐらす,思い巡らす〔思い回らす〕 例あれこれと昔のことを思いめぐらす

おもいやり 思いやり〔思い遣り〕 例思いやりの深い人,思いやりのある言葉

おもいやる 思いやる〔思い遣る〕 例東京にいる(居る)息子の生活を思いやる,子どもの病気を思いやる

おもう 思う² シ 785
　例私もそう思う,明日も晴れると思う,旅行をしたいと思う,日夜母のことを思う

おもうゾンブン 思う存分 例思う存分遊ぶ

おもおもしい 重々しい 例重々し

---

明朝体の右肩の数字は配当学年　末尾の数字は常用漢字表番号　( )許容　類類義同意語　反反対対照語
関関連語　学学術用語

い空気に包まれる，重々しい話しぶり ㊊軽々しい

おもかげ 面影〔俤〕 ㋫死んだ母の面影をしのぶ，昔の面影を残す

おもくるしい 重苦しい ㋫重苦しい雰囲気，頭が重苦しい

おもざし 面ざし，面差し ㋫面ざしが祖父に似ている

おもし おもし〔重石〕 ㋫おもしをのせる

おもしろい おもしろい〖面白い当て字〗 ㋫あの映画はほんとうにおもしろい，おもしろい男，どうもおもしろくない

おもたい 重たい ㊐重い ㊊軽い

おもだった おもだった，主立った，重立った ㋫おもだった人々

おもて 表³ ヒョウ，あらわす・あらわれる 1718
㋫紙の表；表で遊ぶ；表構え，表門；表通り，表日本；3回の表；表ざた ㊊裏

おもて 面³ メン，おも・つら 1936
㋫面を上げる，面作り，矢面に立つ

おもてがえ 表替え，表換え ㋫畳の表替え

おもてだった 表立った ㋫表立った動き

おもてどおり 表通り ㊊裏通り

おもてむき 表向き ㋫表向きにはしない

おもな 主な ㋫主な内容

おもに 主に ㋫図書館は主に学生に利用されている

おもに 重荷 ㋫この仕事は私には重荷だ

おもねる おもねる〔阿ねる〕 ㋫上役におもねる ㊐へつらう

おもはゆい 面映ゆい ㋫そんなことで褒められて面映ゆい気持ちだ

おもミ 重み，重味 ㋫重みがある，重みのある態度

おもむき 趣 シュ 875
㋫手紙の趣，趣のある庭園，異国的な趣

おもむく 赴く フ〔趣く〕 1748
㋫東京に赴く，病気が快方に赴く

おもむろに おもむろに〔徐ろに〕 ㋫おもむろに筆を執る

おももち 面持ち ㋫心配そうな面持ち

おもや 母屋，母家 ㊋離れ

おもゆ 重湯 ㋫重湯を飲む

おもり おもり，重り〔錘〕

おもわく 思惑 ㋫思惑どおりになる，思惑違い；思惑買い

おもわしい 思わしい ㋫思わしい成果が上がらない

おもわず 思わず ㋫思わず手をたたく

おもわせぶり 思わせぶり，思わせ振り ㋫思わせぶりな態度

おもんじる 重んじる ㋫実力を重んじる，親を重んじる ㊟「重んずる」とも言う

おもんぱかる おもんぱかる〔慮る〕 ㋫将来のことをあれこれおもんぱかる

おや 親² シン，したしい・したしむ 1069
㋫親を敬う，親思い，親子，親孝行，親心，親元，里親，父親，母親；ダリアの親株，親芋，親木；親方，親分；親会社，親船；親潮，親指 ㊋子

おやがかり 親がかり，親掛かり（親掛り） ㋫親がかりの身

おやがわり 親代わり（親代り） ㋫親代わりになってめんどうを見る

おやこづれ 親子連れ ㋫親子連れでにぎわう

おやじ おやじ〔親父，親仁，親爺当て字〕 ㊋おふくろ

| | |
|---|---|
| おやつ　おやつ〔御八つ〕　例3時のおやつ | おり　折⁴　セツ, おる・おれる　1155　例休みの折, 折にふれ思い出す；……したおり |
| おやま　おやま〔女形当て字〕　例歌舞伎のおやま　働女形＜おんながた＞ | おり　折り～　例折り紙, 折り詰め, 折り箱 |
| おやもと　親元, 親もと〔親許〕　例親元を離れて東京で働く | おり　織り　例織り目, 織り元, はた織り；(西陣)織 |
| おやゆずり　親譲り　例親譲りの財産, 親譲りのきかん坊 | おり　折り〔檻〕　例おりに入れる |
| およぎ　泳ぎ　例泳ぎが上手だ, 平泳ぎ | おりあい　折り合い(折合い)　例夫婦の折り合い, けんかの折り合いをつける |
| およぐ　泳ぐ³　エイ　69　例川で泳ぐ, こいが泳ぐ；体が前に泳ぐ, 人波を泳いで抜け出る, 業界を泳いで渡る | おりあう　折り合う(折合う)　例お互いに折り合って仲よくする |
| およそ　およそ〔凡そ〕　例出席者のおよそ, およそ1,000人ほど集まる, およそ学問に終わりはない, およそつまらない | おりあしく　折あしく〔折悪しく〕　例折あしく留守にしていたので会えなかった |
| およばずながら　及ばずながら〔及ばず乍ら〕　例及ばずながら力になります | おりいって　折り入って(折入って)　例折り入って頼みがある |
| および　及び　キュウ, およぶ・およぼす　361　例東京及び京都, 草及び木　注仮名書きで「および」とも。法令・公用文では「及び」。 | おりえり　折り襟(折襟)〔折り衿〕 |
| | おりおり　折々, おりおり　例四季折々の風景；おりおり寺を訪れる, おりおり見かける |
| およびたて　お呼び立て(お呼立て)　例急にお呼び立てして申し訳ありません | おりかえし　折り返し(折返し), おりかえし　例ズボンの裾の折り返し, 折り返し点；おりかえし御返事ください |
| およびもつかない　及びもつかない　例あの人の実力にはとても及びもつかない | おりかえしセン　折り返し線(折返し線)(折返線) |
| およぶ　及ぶ　キュウ, および・およぼす　361　例災害が身に及ぶ, 人気が四方に及ぶ, 戦争に及ぶ, 彼に及ぶ者はいない, 及ばぬことと諦める；及び腰 | おりかえす　折り返す(折返す)　例袖口を折り返す, 校門を出発して公園で折り返す |
| | おりかさなる　折り重なる(折重なる)　例折り重なって倒れる |
| およぼす　及ぼす　キュウ, およぶ・および　361　例影響を及ぼす | おりかた　織り方　例着物の織り方 |
| | おりかた　折り方　例紙の折り方 |
| | おりかばん　折りかばん〔折り鞄〕 |
| | おりがみ　折り紙(折紙)　例折り紙をして遊ぶ |
| | おりがみつき　折り紙付き(折紙付き) |

明朝体の右肩の数字は配当学年　末尾の数字は常用漢字表番号　( )許容　働類義同意語　対反対対照語　働関連語　学学術用語

おりか―おろし

例折り紙付きの腕まえ，折り紙付きの秋田犬

おりから　折から〔折柄〕　例折からの暑さで倒れる人も出る，お寒い折から……

おりこみ　折り込み(折込み)　例折り込み広告

おりこむ　織り込む(織込む)　例金糸の模様を織り込む，報告書に必要なことを全部織り込む

おりたたみシキ　折り畳み式(折畳み式)　例折り畳み式いす

おりたたむ　折り畳む(折畳む)　例テントを折り畳む

おりたつ　降り立つ(降立つ)，下り立つ(下立つ)　例飛行機から降り立つ，庭に降り立つ

おりづめ　折り詰め(折詰め)(折詰)　例折り詰め弁当

おりづる　折り鶴，折りづる

おりばこ　折り箱(折箱)

おりふし　折り節(折節)，おりふし　例折り節の挨拶＜アイサツ＞；おりふし昔のことが思い出される

おりまげる　折り曲げる(折曲げる)　例紙を折り曲げる

おりまぜる　織り交ぜる(織交ぜる)　例金糸銀糸を織り交ぜた西陣織

おりめ　折り目(折目)　例折り目正しい人；ズボンの折り目

おりもと　織り元(織元)

おりもの　織物　例織物工場，綿織物

おりる　下りる¹　カ・ゲ，した・しも・もと・さげる・さがる・くだる・くだす・くださる・おろす　131
例許可が下りる，幕が下りる，錠が下りる

おりる　降りる⁶　コウ，おろす・ふる　627
例山を降りる，電車から降りる；チャンピオンの座を降りる，霜が降りる

おる　織る⁵　ショク・シキ　1037
例布を織る，すだれを織る

おる　折る⁴　セツ，おり・おれる　1155
例紙を折る，木の枝を折る，足の骨を折る，腰を折って挨拶＜アイサツ＞する，我＜ガ＞を折る；ほねをおる

おる　おる〔居る〕　例おります，しております　働いる

おれ　俺　―〔おれ〕　125
働私，僕

おれあう　折れ合う　例お互いに折れ合って解決する

おレイ　お礼　例お礼を言う，お礼参り

おれセン　折れ線　例折れ線グラフ

おれまがる　折れ曲がる　例折れ曲がった道

おれめ　折れ目

おれる　折れる⁴　セツ，おる・おり　1155
例風で木が折れる，鉛筆の芯が折れる，四つ角を左へ折れる；私のほうが折れて謝る

おろおろ　おろおろ　例おろおろする，おろおろ声

おろか　愚か　グ　451
例なんて愚かなやつだろう，全く愚かだ　働ばか

おろか　おろか〔疎か〕　例……はおろか，人間はおろか犬一匹もいない，東京はおろか全国を捜しても見つかるまい

おろかしい　愚かしい　例愚かしい考え

おろかもの　愚か者

おろし　卸　おろす　126
例卸で売る　対小売り

○改定追加漢字　●改定追加音訓　□改定削除漢字　■改定削除音訓　〔　〕参考表記　〈△表外漢字
▲表外音訓　×誤用　当て字〕当て字〕

おろし おろし,下ろし〔颪〕 例赤城おろし,高根おろし

おろしうり 卸し売り(卸売り)(卸売)

おろしどいや 卸し問屋(卸問屋) 関小売商店 注「おろしどんや」とも言う。

おろしね 卸し値(卸値)

おろす 卸す おろし 126
例品物を小売り店に卸す

おろす 下ろす¹ カ・ゲ,した・しも・もと・さげる・さがる・くだる・くだす・くださる・おりる 131
例錠を下ろす,貯金を下ろす,枝を下ろす

おろす 降ろす⁶ コウ,おりる・ふる 627
例網棚から荷物を降ろす,カーテンを降ろす,船がいかりを降ろす,バスが人を降ろして走り出す

おろそか おろそか〔疎か〕 例一字一句もおろそかにしないで読み直す,おろそかな態度

おろち おろち〔大蛇当て字〕 例やまたのおろち

おわび おわび〔御詫び〕 例おわびに伺う,おわびの言葉

おわり 終わり(終り)(終)〔了〕
例映画の終わり 反始まり

おわる 終わる³(終る) シュウ,おえる 895
例試験が終わる,短い一生を終わる

オン 怨 エン 91
例怨念,怨霊

オン 遠² エン,とおい 98
例遠流<オンル>;久遠<クオン>

オン 音¹ イン,おと・ね
例音韻,音節,音階,音感,音響,音訓,音信,音声,音読,音波,音便,音符,音律,音量;異口同音,擬音,高音,五十音,雑音,字音,声音,騒音,促音,濁音,蓄音機,聴音機,低音,爆音,発音,鼻音,防音,録音
注「観音」は「カンノン」と読む。

オン 恩⁶ — 128
例恩に着る,恩をあだで返す,恩返し,恩知らず;恩愛,恩義,恩給,恩恵,恩師,恩赦,恩賞,恩情,恩人,恩典;師恩,謝恩,主恩,報恩,忘恩

オン 温³ あたたか・あたたかい・あたたまる・あたためる 129
例温室,温泉,温帯,温暖,温度;気温,検温,高温,常温,体温,低温,等温,平温,保温;温顔,温血,温厚,温順,温情,温容,温良,温和;温存

オン 穏 おだやか 130
例穏健,穏当,穏便,穏和;平穏
注「安穏」は「アンノン」と読む。

おん 御 ギョ・ゴ 392
例御礼,御中<おんチュウ>,御身<おんみ>

オンがえし 恩返し

オンギ 恩義〔恩誼〕 例先生に深い恩義がある

オンキョウ 音響 例音響効果

オンクン 音訓 例常用漢字の音訓

オンケイ 恩恵 例恩恵を受ける,恩恵に浴する

オンケン 穏健〔温健〕 例穏健な人,穏健な考え 反過激

オンコウ 温厚〔温好〕 例温厚な君子

オンコチシン 温故知新 例温故知新の心がけ

オンシ 恩師

オンシ 恩賜 例恩賜の時計

オンシツ 温室 例温室のいちご,温

室育ち
- **オンシャ 恩赦** 例恩赦に浴する
- **オンジョウ 温情** 例温情主義
- **オンしらず 恩知らず** 例恩知らずの人
- **オンシン 音信** 例音信が絶える 注「インシン」とも言う。
- **おんゾウシ 御曹司,御曹子** 類令息,二代目
- **オンゾン 温存** 例切り札を温存する
- **オンチョウ 恩寵** 類恵み,恩顧,恩恵
- **オンド 音頭** 例音頭を取る;東京音頭
- **オントウ 穏当** 例穏当な結論,穏当な処置 ×不穏当
- **オンドク 音読** 対訓読
- **おんな 女**¹ ジョ・ニョ・ニョウ,め  952
  例女心,女の子,女らしさ,女盛り,女手;女形,女坂 対男
- **おんなづれ 女連れ**
- **オンネン 怨念** 例怨念を晴らす
- **オンびき 音引(音引き)** 例漢字の音引きの辞典,音引きの索引 例画引き,訓引き 注長音符「ー」の俗称としても用いる。
- **オンミツ 隠密** 例隠密行動
- **オンリョウ 怨霊** 類死霊,悪霊,亡霊
- **オンワ 温和** 例温和な人柄,温和な気候
- **オンワ 穏和** 例穏和な人柄

## 〔カ・か〕

- **カ 下**¹ ゲ,した・しも・もと・さげる・さがる・くだる・くだす・くださる・おろす・おりる  131
  例下位,下級,下降,下等,下部,下方,下命,下流;階下,閣下,管下,貴下,却下,月下,言下,現下,降下,城下,地下室,直下,低下,天下,殿下,投下,南下,配下,皮下,部下,門下,落下,零下,廊下 対上 ＊下手＜へた＞
- **カ 化**³ ケ,ばける・ばかす  132
  例化学,化合,化成,化石;悪化,液化,塩化,感化,帰化,気化,機械化,強化,劇化,激化,硬化,合理化,酸化,弱化,純化,消化,浄化,進化,俗化,退化,電化,同化,軟化,風化,分化,文化,変化
- **カ 火**¹ ひ・ほ  133
  例火炎,火気,火急,火口,火災,火山,火事,火星,火勢,火成岩,火葬,火薬,火力;引火,怪火,活火山,休火山,近火,死火山,失火,出火,消火,戦火,大火,耐火,鎮火,点火,灯火,発火,噴火,放火,砲火,防火,猛火,烈火
- **カ 加**⁴ くわえる・くわわる  134
  例加害,加減,加護,加工,加算,加勢,加速度,加担,加入,加配,加筆,加法,加味,加盟,加療;参加,増加,追加,付加,累加
- **カ 可**⁵ ─  135
  例可とする;可逆性,可決,可視,可燃性,可能,可否;許可,裁可,認可,不可,不可解,不可欠
- **カ 仮**⁵ ケ,かり  136
  例仮死,仮称,仮説,仮装,仮想,仮託,仮定,仮泊,仮面 ＊仮名＜かな＞
- **カ 何**² なに・なん  137
  例幾何,幾何学
- **カ 花**¹ はな  138
  例花押,花器,花壇,花鳥,花道,花粉,花弁;桜花,開花,国花,生花,草花,造花,梅花,落花
- **カ 佳 ─**  139

○改定追加漢字 ●改定追加音訓 □改定削除漢字 ■改定削除音訓 〔 〕参考表記〔△表外漢字 ▲表外音訓 ×誤用 当て字当て字〕

| | | | |
|---|---|---|---|
| | 例佳境, 佳句, 佳作, 佳日, 佳人, 佳良；絶佳 | | 事業家, 資本家, 書家, 大家, 篤志家, 発明家 |
| カ | 価⁵ あたい 140 | カ | 荷³ に 148 |
| | 例価格, 価額, 価値；安価, 栄養価, 原価, 高価, 市価, 時価, 真価, 声価, 代価, 単価, 定価, 特価, 売価, 評価, 物価, 米価, 廉価 | | 例荷重, 荷担, 荷電；一荷, 集荷, 出荷, 入荷, 負荷 |
| | | カ | 華 ケ・はな 149 |
| | | | (1)はなやか例華族, 華美, 華麗；栄華, 豪華, 繁華 |
| カ | 果⁴ はたす・はてる・はて 141 | | (2)生け花例華道 |
| | 例果敢, 果実, 果樹, 果然, 果報；因果＜インガ＞, 結果, 効果, 青果, 成果, 戦果 注＊果物＜くだもの＞ | | (3)気化例昇華 |
| | | | (4)中国例華商 |
| | | カ | 菓 — 150 |
| カ | 河⁵ かわ 142 | | 例菓子；茶菓＜チャカ・サカ＞ |
| | 例河口, 河港, 河床, 河水, 河川, 河畔, 河流；運河, 銀河, 山河, 渡河, 氷河 注＊河岸＜かし＞, ＊河原＜かわら＞ | カ | 貨⁴ 151 |
| | | | (1)金銭・財産例貨財, 貨殖, 貨幣；外貨, 金貨, 銀貨, 硬貨, 財貨, 通貨, 銅貨 |
| | | | (2)貨物例貨客, 貨車, 貨物；滞貨 |
| カ | 奇³ 143 | | (3)雑貨例雑貨, 百貨店 |
| | 例奇酷, 奇烈, 奇敏誅求＜カレンチュウキュウ＞ | カ | 渦 うず 152 |
| カ | 科² — 144 | | 例渦中, 渦紋 |
| | (1)分けたもの例科学, 科目；医科, 学科, 眼科, 教科書, 外科, 内科, 百科事典, 文科, 法科, 理科 | カ | 過⁵ すぎる・すごす・あやまつ・あやまち 153 |
| | | | (1)時が過ぎる例過去, 過日, 過程, 過渡期；経過, 通過 |
| | (2)罪・とが例科料；罪科, 前科 | | (2)度を過ぎる例過激, 過重, 過少, 過剰, 過信, 過多, 過大, 過度, 過熱, 過半, 過敏, 過不足, 過分, 過労；超過 |
| カ | 架 かける・かかる 145 | | |
| | (1)台・さお例架蔵；銃架, 十字架, 書架, 担架 | | |
| | (2)空間に掛ける例架橋, 架空, 架設, 架線；高架線 | | (3)あやまち例過誤, 過失 |
| | | カ | 嫁 よめ・とつぐ 154 |
| カ | 夏² ゲ, なつ 146 | | 例嫁する；降嫁, 婚嫁, 転嫁 |
| | 例夏季, 夏期, 夏日；初夏, 盛夏, 晩夏 | カ | 暇 ひま 155 |
| カ | 家² ケ, いえ・や 147 | | 例閑暇, 休暇, 賜暇, 寸暇, 余暇 |
| | (1)建物・家の中例家屋, 家具, 家政婦, 家畜, 家庭, 家内；人家, 農家, 民家 | カ | 禍 — 156 |
| | | | 例禍害, 禍根, 禍福；奇禍, 交通禍, 惨禍, 輪禍 対福 |
| | (2)一族・一家例家運, 家業, 家訓, 家計, 家作, 家族, 家督；家伝, 家風, 家老；一家, 旧家, 国家, 自家, 実家, 商家, 生家, 名家 | カ | 靴 くつ 157 |
| | | | 例製靴 |
| | (3)人例画家, 金満家, 作家, 史家, | | |

カーカイ　74

| カ 寡 — 158
(1)少ない例寡言<カゲン・カゴン>,寡作,寡少,寡聞,寡黙,寡欲;多寡
(2)やもめ例寡婦

カ 歌² うた・うたう 159
(1)曲のついたもの例歌曲,歌劇,歌詞,歌手,歌集,歌謡;校歌,国歌,賛歌,唱歌
(2)韻文・ことば例歌会,歌語,歌稿,歌集,歌人,歌聖,歌壇,歌道,歌風,歌զ;狂歌,古歌,詩歌<シカ・シイカ>,秀歌,短歌,牧歌,名歌,連歌<レンガ>,和歌

カ 箇 — 160
例箇所,箇条;1箇年（注「1か年」とも書く）

カ 稼 かせぐ 161
例稼業,稼働,稼働日数

カ 課⁴ — 162
(1)部局の課例課長;会計課
(2)課する例課業,課税,課題;賦課
(3)課程例課外,課程;正課,日課,放課

か 蚊 — 163
例蚊柱,蚊取り線香　用*蚊帳<かや>

か 香⁴ コウ・キョウ,かおり・かおる 621
例梅の香;香ぐわしい

か 鹿⁴ しか〔か〕 825
例鹿の子,鹿毛<かげ>

か 日¹ ニチ・ジツ,ひ 1583
例十日,三日

ガ 牙 ゲ,きば 164
例牙城;歯牙,毒牙

ガ 瓦 かわら 165
例瓦解;瓦礫<ガレキ>,煉瓦<レンガ>

ガ 我⁶ われ・わ 166
例我を通す;我意,我見,我執,我欲,我流,我田引水;自我,無我

ガ 画² カク 167
例画家,画架,画境,画業,画工,画才,画賛,画室,画集,画像,画伯,画風,画面,画用紙;印画紙,映画,絵画,自由画,図画,線画,日本画,版画,文人画,漫画,名画,洋画

ガ 芽⁴ め 168
例発芽,麦芽

ガ 賀⁴ — 169
例賀詞,賀正,賀状;謹賀,慶賀,参賀,祝賀,年賀,拝賀

ガ 雅 — 170
(1)正式例雅歌,雅楽,雅言,雅語
(2)趣がある例雅号,雅趣,雅俗;温雅,典雅,風雅,優雅
(3)度量が広い例雅量

ガ 餓 — 171
例餓鬼,餓死;飢餓

ガ 蛾 注法令では,「蛾」と振り仮名を付ける。

かあさん ＊母さん 付＊父さん

カイ 介 — 172
例介在,介助,介入,介抱,紹介,仲介,媒介;魚介

カイ 回² エ,まわる・まわす 〔廻〕 173
(1)回る・回す例回帰線,回顧,回航,回収,回送,回想,回転,回答,回読,回避,回復,回遊,回覧,回廊,巡回,旋回,奪回,撤回,転回
(2)回数例回忌,回数;今回,次回,前回,毎回
(3)その他例回虫

カイ 灰⁶ はい 174
例灰じん;石灰

カイ 会² エ,あう 175
例会員,会館,会期,会計,会見,会合,会社,会議,会食,会戦,会則,会談,会長,会費,会報,

○改定追加漢字　●改定追加音訓　□改定削除漢字　■改定削除音訓　〔 〕参考表記　〔△表外漢字
▲表外音訓　×誤用　用当て字 当て字〕

会話;運動会, 宴会, 園遊会, 開会, 学芸会, 学会, 機会, 休会, 協会, 教会, 県会, 国会, 再会, 茶話会, 散会, 司会, 社会, 集会, 照会, 盛会, 総会, 大会, 都会, 入会, 閉会, 忘年会, 面会, 夜会, 流会, 例会

**カイ 快⁵ こころよい** 176
例快活, 快感, 快挙, 快勝, 快晴, 快走, 快速, 快諾, 快男児, 快闘, 快適, 快方, 快報, 快楽;軽快, 全快, 壮快, 痛快, 不快, 明快, 愉快

**カイ 戒 いましめる** 177
例戒厳令, 戒告, 戒名＜カイミョウ＞, 戒律;訓戒, 警戒, 斎戒, 懲戒, 破戒

**カイ 改⁴ あらためる・あらたまる** 178
例改悪, 改易, 改革, 改作, 改札, 改修, 改宗, 改称, 改心, 改新, 改正, 改善, 改組, 改造, 改題, 改築, 改定, 改訂, 改名, 改良;更改, 変改

**カイ 怪 あやしい・あやしむ** 179
例怪火, 怪漢, 怪奇, 怪死, 怪獣, 怪談, 怪物, 怪力, 怪腕;奇怪

**カイ 拐** 180
例拐帯;誘拐

**カイ 悔 くいる・くやむ・くやしい** 181
例悔悟, 悔恨;後悔

**カイ 海² うみ** 182
例海域, 海員, 海運, 海外, 海岸, 海峡, 海軍, 海産物, 海上, 海図, 海水, 海戦, 海草, 海底, 海難, 海抜, 海陸, 海流;雲海, 沿海, 外海, 近海, 航海, 公海, 深海, 制海権, 掃海, 内海, 領海 注＊海女＜あま＞

**カイ 界³ ―** 183
(1)境界・限り例界隈＜カイワイ＞;境界, 限界, 租界
(2)範囲例外界, 学界, 眼界, 業界, 銀世界, 下界, 財界, 視界, 世界, 政界, 他界

**カイ 皆 みな** 184
例皆既食, 皆勤, 皆済, 皆無

**カイ 械⁴ ―** 185
例器械, 機械

**カイ 絵² エ** 186
例絵画

**カイ 開³ ひらく・ひらける・あく・あける** 187
例開演, 開化, 開花, 開会, 開館, 開眼, 開業, 開口, 開校, 開講, 開始, 開場, 開設, 開戦, 開祖, 開拓, 開通, 開店, 開発, 開票, 開放;公開, 再開, 切開, 疎開, 打開, 展開, 満開, 未開 対閉

**カイ 階³ ―** 188
(1)段々・建築例階下, 階上, 階段;全階, 地階, 2階
(2)物事の順序例階段, 階層;音階, 段階

**カイ 塊 かたまり** 189
例塊状, 塊炭;血塊

**カイ 楷 ―** 190
例楷書

**カイ 解⁵ ゲ, とく・とかす・とける** 191
(1)解く・緩める例解禁, 解散, 解除, 解消, 解軍, 解体, 解任, 解放, 解剖, 解約;分解, 融解, 和解
(2)解く・答える例解決, 解釈, 解析, 解説, 解題, 解答, 解明;曲解, 見解, 誤解, 詳解, 精解, 正解, 図解, 難解, 氷解, 不可解, 弁解, 理解, 了解

**カイ 潰 つぶす・つぶれる** 192
例潰走, 潰滅, 潰瘍＜カイヨウ＞

**カイ 壊 こわす・こわれる** 193
例壊血病, 壊乱, 壊滅;決壊, 倒壊,

破壊, 崩壊

**カイ 懐 ふところ・なつかしい・なつかしむ・なつく・なつける** 194
(1)ふところ・中に入れて持つ 例懐剣, 懐紙, 懐胎, 懐中物, 懐妊, 懐炉; 抱懐
(2)心に思う 例懐疑, 懐旧, 懐郷, 懐古; 追懐, 本懐
(3)柔らかく扱う 例懐柔

**カイ 諧 —** 195
例諧謔<カイギャク>, 諧調; 俳諧

**カイ 街⁴ ガイ, まち** 202
例街道

**かい 貝¹** 196
例貝を吹く, 巻き貝, ほら貝, しじみ貝

**かい かい¹** [当て字] 例努力したかいがある, 生きがい

**カイ 下位** 例下位球団, 下位の職制

**カイ 下意** 例下意上達

**ガイ 外² ゲ, そと・ほか・はずす・はずれる** 197
例外因, 外貨, 外界, 外郭, 外観, 外気, 外勤, 外形, 外交, 外国, 外資, 外出, 外相, 外食, 外人, 外線, 外地, 外敵, 外電, 外泊, 外部, 外聞, 外米, 外野, 外遊, 外来; 案外, 以外, 意外, 屋外, 海外, 戸外, 口外, 郊外, 校外, 号外, 国外, 室外, 渉外, 場外, 除外, 心外, 選外, 疎外, 対外, 内外, 番外, 野外, 例外, 論外 対内

**ガイ 劾 —** 198
例弾劾<ダンガイ>

**ガイ 害⁴ —** 199
例害悪, 害虫, 害鳥, 害毒; 加害, 危害, 災害, 殺害, 惨害, 自害, 障害, 傷害, 侵害, 水害, 損害, 妨害, 有害, 利害, 冷害 対利

**ガイ 崖 がけ** 200
例断崖

**ガイ 涯 —** 201
例生涯, 生涯教育, 天涯, 天涯孤独

**ガイ 街⁴ カイ, まち** 202
例街灯, 街頭, 街路;官庁街, 市街, 名店街

**ガイ 慨 —** 203
例慨嘆;感慨, 憤慨

**ガイ 蓋 ふた** 204
例蓋然, 口蓋, 頭蓋骨, 天蓋

**ガイ 該 —** 205
例該当, 該博; 当該

**ガイ 概 —** 206
例概括, 概観, 概況, 概算, 概数, 概説, 概念, 概評, 概要, 概略, 概論

**ガイ 骸 —** 207
例骸骨, 遺骸, 形骸化, 残骸, 死骸

**かいあげ 買い上げ(買上げ)** 例私有地の買い上げ, お買い上げ品 対払い下げ

**かいあげヒン 買い上げ品(買上げ品)(買上品)** 例買客の買い上げ

**かいあげる 買い上げる(買上げる)** 例政府が買い上げる

**カイイ 魁偉** 例容貌<ヨウボウ>魁偉

**かいいぬ 飼い犬(飼犬)** 例飼い犬にかまれる 対捨て犬, のら犬

**かいいれ 買い入れ(買入れ)** 例土地の買い入れ 類買い込み

**かいいれる 買い入れる(買入れる)** 例土地を買い入れる 類買い込む

**かいうけ 買い受け(買受け)** 例不要品の買い受け

**かいうける 買い受ける(買受ける)**

**ガイエン 外縁** 例つぼの外縁
**ガイエン 外苑** 例神宮外苑

**かいおき 買い置き(買置き)** 例買い置きの洋酒

○改定追加漢字 ●改定追加音訓 □改定削除漢字 ■改定削除音訓 〔 〕参考表記 〈△表外漢字 ▲表外音訓 ×誤用 当て字当て字〕

| | |
|---|---|
| カイカ 開化 例文明開化 | カイコ 解雇 例解雇する，解雇通知 対雇用 |
| カイカ 開花 例秘めた能力が開花する | カイゴ 介護 例高齢者の介護 |
| ガイカ 凱歌 例凱歌をあげる 類勝ちどき | カイコウ 海溝 例フィリピン海溝 |
| かいがいしい かいがいしい〔甲斐甲斐しい当て字〕例かいがいしい活躍ぶり，かいがいしく働く 類まめやかだ，けなげだ | カイコウ 邂逅 類巡り合い |
| | カイコク 戒告〔誡告〕例戒告処分 |
| かいかえ 買い換え（買換え） | かいこむ 買い込む（買込む）例安い時期に買い込む 類買い入れる |
| カイカク 改革 例機構改革，行政改革 | カイサク 開削〔開鑿〕例道路を開削する |
| ガイカク 外郭〔外廓〕例外郭団体 | カイサン 解散 例4時解散の予定 対集合；国会を解散する 対召集；法人の解散 対設立 |
| カイカツ 快活〔快闊〕例快活な少年 類活発 | |
| ガイカツ 概括 例調査内容の概括を報告する | カイザン 改竄 例手形の額を改竄する 類変造 |
| かいかぶる 買いかぶる〔買い被る〕 | ガイサン 概算 例料金の概算払い 対精算 |
| かいがら 貝殻 | |
| ガイカン 外観 例建物の外観 | ガイして 概して 例概して良好である，概して言えば景気は上昇している |
| ガイカン 概観 例政局の概観，歴史の概観 | |
| カイギ 懐疑 例懐疑心，懐疑的 | かいしめ 買い占め（買占め）例株の買い占めを図る，物資の買い占め |
| カイキショク 皆既食〔皆既蝕〕対部分食 | |
| カイギャク 諧謔 類冗談，しゃれ，ユーモア | かいしめる 買い占める（買占める）例株を買い占める |
| ガイキョウ 概況 例概況を説明する，天気概況 | カイシャク 解釈 例解釈の相違，古典の解釈，言葉の解釈 |
| かいきり 買い切り（買切り）例買い切り制 対貸し切り | カイシュン 改悛 例改悛の情が著しい 類改心，悔悟 |
| かいきる 買い切る（買切る）例席を買い切る | カイショ 楷書 例履歴書は楷書で書く 類真書 対草書，行書 |
| カイキン 皆勤 例3年間皆勤，皆勤賞 | カイショウ 解消 例悩みを解消する，婚約を解消する |
| カイキン 解禁 例あゆ解禁，狩猟解禁 対禁止 | かいショウ 甲斐性 例甲斐性がない |
| かいぐい 買い食い（買食い）例子どもの買い食い | カイシン 会心 例会心の作，会心の笑みを浮かべる |
| かいこ 蚕⁶ サン 748 | カイジンにキする 灰じんに帰する〔灰燼に帰する〕例灰になる，全焼する |
| カイコ 回顧 例遠い昔を回顧する，チャーチルの大戦回顧録 類回想 | カイする 介する 例人を介する，意に介しない |

明朝体の右肩の数字は配当学年　末尾の数字は常用漢字表番号　（　）許容　類類義同意語　対反対対照語　関関連語　学学術用語

カイす—カイメ

カイする 会する 例代表が一堂に会する ㊥集まる, 会う ㊡散じる

カイする 解する 例古典を解する, しゃれを解する, 人の気持ちを解しない

ガイする 害する 例健康を害する, 生育を害する；人を害する

カイソウ 回送〔廻送,廻漕〕 例郵便を回送する, 回送業

カイソウ 回想 例幼少の頃を回想する ㊥回顧

カイソウ 海草 ⊞海産の種子植物の総称。

カイソウ 海藻 ⊞海中に生える藻類の総称。

カイソウ 壊走,潰走 ㊥敗走

カイタイ 拐帯 例拐帯犯人 ㊥持ち逃げ

かいだし 買い出し(買出し) 例食糧の買い出しに行く

かいだめ 買いだめ〔買い溜め〕 例物資の買いだめ ㊥買い置き

カイチュウ 回虫〔蛔虫〕

カイチョウ 諧調 ㊥調べ, 調子, メロディー

カイチン 開陳

かいづか 貝塚

かいつけ 買い付け(買付け) 例現地でバナナの買い付けの交渉に当たる, ふだん買い付けの八百屋

かいつまむ かいつまむ〔掻い摘む〕 例かいつまんで話す

かいて 買い手(買手) 例買い手を探す, 買い手と売り手, 買い手市場<シジョウ> ㊥買い主

カイテイ 改定 例運賃改定, 規則を改定する

カイテイ 改訂 例書物を改訂する, 改訂版 ㊥改正 ⊞法令では, 書物などの内容に手を加えて正すという意味についてのみ用いる。

カイテキ 快適〔快的〕 例快適な空の旅, 気分は快適だ ㊥爽快<ソウカイ>

カイテン 回転〔廻転〕 例回転運動, 回転軸, 車輪の回転数, 商品の回転が速い, 回転資金

カイトウ 回答 例回答を寄せる, 人生相談の回答者 ㊥返事

カイトウ 解答 例出題の解答 ㊥答え

カイドウ 街道 例甲州街道,日光街道

カイトウランマ 快刀乱麻 例快刀乱麻を断つ

かいドク 買い得,買い徳 ㊡買い損

かいとり 買い取り(買取り)

かいとる 買い取る(買取る) 例山林を買い取る, 債権を買い取る ㊥買収

かいならす 飼い慣らす(飼慣らす)〔飼い馴らす〕 例はとを飼い慣らす

かいぬし 飼い主(飼主) 例ブルドッグの飼い主

かいぬし 買い主(買主) ㊥買い手 ㊡売り主(売主)

かいね 買値 ㊡売値

カイヒ 回避 例責任を回避する

カイヒ 開扉 例ドアを開扉する ㊥開帳

カイフク 回復〔恢復〕 例病気の回復, 回復期；失地を回復する

カイホウ 介抱 例病人を介抱する

カイボウ 解剖 例人体を解剖する, 解剖学 ㊥ふ分け

ガイボウ 外貌 ㊥見かけ, 輪郭, 外見

かいまき かい巻き〔掻い巻き〕

かいまみる かいま見る〔垣間見る〕

カイム 皆無 例欠席者皆無, 本日交通事故による死亡者皆無 ㊥絶無

カイメツ 壊滅〔潰滅〕 例壊滅的な打

○改定追加漢字 ●改定追加音訓 □改定削除漢字 ■改定削除音訓 〔 〕参考表記 〔△表外漢字 ▲表外音訓 ×誤用 ⓗ当て字〕

撃を受ける 類全滅 注法令では「壊滅」。
かいもどし 買い戻し(買戻し)
かいもどす 買い戻す(買戻す) 例先祖伝来の土地を買い戻す
かいもとめる 買い求める(買求める) 例土地を買い求める
かいもの 買い物(買物) 例買い物に出る、買い物車、買い物籠、買い物客;これはなかなかの買い物だ 対売り物
カイユ 快癒 類全快、全治、回復
カイヨウ 潰瘍 例胃潰瘍
カイライ 傀儡 例傀儡政権 類手先、ロボット
カイラン 回覧〔廻覧〕 例雑誌を回覧する、回覧板
カイラン 壊乱〔潰乱〕 例風俗壊乱 注法令では「壊乱」。
カイリ 乖離 例人心と政治の乖離
ガイリャク 概略〔慨略〕 例研究内容の概略を説明する 類あらまし、概要、大要 対委細、詳細
カイロウ 回廊〔廻廊〕
カイワイ 界隈 例銀座界隈を散歩する 類付近
かう 交う² コウ、まじわる・まじえる・まじる・まざる・まぜる・かわす 596
 例ほたるが飛び交う
かう 飼う⁵ シ 800
 例犬を飼う、飼い葉<ば>、飼い猫、飼い方、飼い主、牛飼い、飼い殺し
かう 買う² バイ 1628
 例本を買う、才能を買う、役目を買ってでる、恨みを買う 対売る
かえ 代え 例代えがない
かえ ～換え 例書き換え、乗り換え
かえ ～替え(～) 例替え刃、替え玉;引き替え、模様替え、入れ替え、着替え、組み替え、詰め替え;両替
かえうた 替え歌(替歌)〔換え歌、代え歌〕 例本<もと>歌
かえし 返し 例贈り物のお返し;返し歌
かえす 帰す² キ、かえる 320
 例家に帰す;着いてすぐにとって帰す
かえす 返す³ ヘン、かえる〔還す〕 1809
 例元に返す、借金を返す、恩を返す、言葉を返す 対借りる
かえす かえす〔孵す〕 例ひなをかえす
かえすがえす かえすがえす、返す返す 例かえすがえすも残念だ
かえだま 替え玉(替玉) 例替え玉受験 類偽物
かえチ 替え地
かえって かえって〔却って〕 例自動車に乗るよりも歩くほうがかえって早い場合がある
かえば 替え刃(替刃)
かえり 帰り 例帰りがけ、帰り車、帰り支度 対行き
かえり 返り 例返り討ち、返り咲き、返り点;若返り
かえりうち 返り討ち(返討ち) 例返り討ちに遭う
かえりがけ 帰りがけ、帰り掛け 例学校の帰りがけに寄る 対行きがけ
かえりざき 返り咲き(返咲き) 例梅の返り咲き、政界に返り咲く
かえりテン 返り点(返点) 例白文<ハクブン>に返り点を付ける
かえりみち 帰り道 対行き道
かえりみる 顧みる コ 575
 例歴史を顧みる、過去を顧みる 類回顧する
かえりみる 省みる⁴ セイ・ショ

かえる—かがむ　80

ウ, はぶく　1120
例自分の行いを省みる　類反省する

かえる　換える　カン, かわる　266
例品物を取り換える, 書き換える, 乗り換える

かえる　帰る² キ, かえす　320
例家に帰る, 古巣に帰る　対行く

かえる　替える　タイ, かわる　1306
例模様を替える, 立て替える, 詰め替える, 着替える

かえる　代える³ ダイ・タイ, かわる・よ・しろ　1313
例書面で挨拶<アイサツ>に代える

かえる　返る³ ヘン, かえ　1809
例忘れ物が返る, 自然に返る

かえる　変える⁴ ヘン, かわる　1810
例調子を変える, 顔色を変える, 方向を変える, 位置を変える

かえる　かえる〔蛙〕
カエン　火炎〔火焔〕　例火炎瓶
かお　顔² ガン　299
例顔を洗う, 顔色, 美しい顔, 大きな顔をする, 知らん顔;顔合わせ, 顔出し, 顔ぶれ, 顔見知り, 顔がそろう, 顔負け, 顔向け, 顔役, 顔を立てる, 顔が利く, 顔が売れる, 顔を潰す　注＊笑顔<えがお>

かおあわせ　顔合わせ(顔合せ)
例新しい役員の顔合わせ, 相撲の初顔合わせ

かおいろ　顔色　例顔色が青い, 顔色を変える;顔色をうかがう

カオク　家屋　例家屋評価, 100戸の家屋

かおだし　顔出し　例ちょっと顔出しする

かおだち　顔だち, 顔立ち　例上品な顔だち　類顔つき

かおつき　顔つき, 顔付き〔顔附き〕例顔つきが悪い;顔つきをうかがう　類顔だち

かおぶれ　顔ぶれ, 顔触れ　例顔ぶれがそろう

かおまけ　顔負け　例プロも顔負けだ

かおみしり　顔見知り　例顔見知りだ　類知り合い

かおむけ　顔向け　例先生に顔向けできない

かおり　香り⁴ コウ・キョウ, か・かおる　621
例茶の香り

かおり　薫り　例文化の薫り

かおる　薫る　クン　465
例風薫る五月

かおる　香る⁴ コウ・キョウ, か・かおり　621
例台所から焼き魚のよい匂いが香ってくる

ガカイ　瓦解　例内閣が瓦解する　類崩壊, 崩れる

かかえこむ　抱え込む　例人を抱え込む, 仕事を抱え込む

かかえる　抱える　ホウ, だく・いだく　1835
例かばんを抱える, 頭を抱える, 5人の家族を抱える, 運転手を抱える

かかげる　掲げる　ケイ　481
例日章旗を掲げる, 目標を掲げる, 額を掲げる

かかし　かかし〔案山子〕当て字
かかす　欠かす　例仕事を一日も欠かさない, 暮らしに欠かせない

かかと　かかと〔踵〕　例足のかかと
かがみ　鏡⁴ キョウ　416
例手鏡, 鏡板, 鏡餅, 鏡開き, 鏡を抜く

かがみ　かがみ〔鑑, 鑒〕　例後世のかがみとなる　類手本, 模範

かがむ　かがむ〔屈む〕　例低い入り口

○改定追加漢字　●改定追加音訓　□改定削除漢字　■改定削除音訓　〔　〕参考表記　〔△表外漢字　▲表外音訓　×誤用　当て字当て字〕

をかがんで通り抜ける 類伸びる
**かがめる かがめる**〔屈める〕 例腰をかがめる
**かがやかしい 輝かしい**〔耀かしい〕 例輝かしい記録を樹立する
**かがやかす 輝かす**〔耀かす〕 例目を輝かす
**かがやき 輝き**〔耀き〕 例宝石の輝き
**かがやく 輝く キ**〔耀く〕 336
例太陽が輝く,栄光に輝く
**かかり 掛 かける・かかる** 231
例配車掛,出札掛 注多く鉄道関係の職名などに用いる。
**かかり 係**[3] **ケイ,かかる** 475
例係員;接待係,出納係,庶務係
**がかり 〜がかり 〜掛かり** 例通りがかりに立ち寄る;三日がかりの大仕事
**かかりあう 掛かり合う**(掛り合う) 例事件に掛かり合う 類関係,交渉
**かかりイン 係員** 例調査係員
**かかりむすび 係り結び**
**かかりゆ 掛かり湯**
**かかる 架かる カ,かける** 145
例ケーブルが架かる,橋が架かる
**かかる 掛かる かける,かかり** 231
例鍵が掛かった部屋,ボタンが掛からない,鳥が網に掛かる,泥が掛かる 注仮名書きにする場合が多い。
**かかる 係る**[3] **ケイ,かかり** 475
例生死に係る大問題 類関係する,関わる 注「……にかかることは」のような場合は,仮名書きが望ましい。
**かかる 懸かる ケン・ケ,かける** 544
例月が中天に懸かる,優勝が懸かる
**かかる かかる,掛かる,懸かる**
例死にかかる,海で溺れかかる,殺

されかかる
**かかる かかる**〔罹る〕 例病気にかかる
**かかる かかる**〔斯る〕 例かかる事態を引き起こし申し訳ございません 注多くは「たいへん・ひどい」の意味を伴って用いられる。
**かがる かがる**〔縢る〕 例ボタンの穴をかがる
**かかわらず かかわらず**〔拘らず〕 例……にもかかわらず 注法令では仮名書き。
**かかわり 関わり** 例関わりを持つ
**かかわる 関わる カン,せき**〔かわる,係わる,拘わる〕 279
例命に関わる重傷,体面に関わる
**カキ 夏季,夏期** 例夏季休業日;夏期講座
**かき 垣** ― 208
例垣根;竹垣
**かき 柿** ― 209
例渋柿,干し柿
**かき かき**〔牡蠣〕 例かき鍋
**かぎ 鍵 ケン**〔かぎ,鈎〕 540
例鍵を掛ける,解決の鍵を握る
**がき 〜書き**(〜書) 例裏書き,肩書き,筋書き
**かきあげる 書き上げる**(書上げる) 例原稿を書き上げる
**かきあつめる 書き集める**〔掻き集める〕 例落ち葉をかき集める,資金をかき集める 類寄せ集める 対かき散らす
**かきあやまり 書き誤り**(書誤り) 例字の書き誤り
**かきあらわす 書き著す** 例書物を書き著す 類著作する
**かきあらわす 書き表す**(書き表わす)(書表す) 例文章に書き表す
**かきいれ 書き入れ**(書入れ) 例ペン

明朝体の右肩の数字は配当学年 末尾の数字は常用漢字表番号 ( )許容 類類義同意語 対反対対照語
関関連語 学学術用語

かきい―かきま

の書き入れ　㊗書き込み
**かきいれどき**　**書き入れ時**(書入れ時)　例商店街の書き入れ時
**かきいれる**　**書き入れる**(書入れる)　例記録に書き入れる
**かきおき**　**書き置き**(書置き)　例書き置きをして帰る，親の書き置き　㊗置き手紙，遺言状
**かきおろし**　**書き下ろし**(書下ろし)　例書き下ろし小説
**かきかえ**　**書き換え，書き替え**(書換え，書替え)　例株券の名義書き換え
**かきかえる**　**書き換える，書き替える**(書換える，書替える)，**書き変える**(書変える)　例原稿を書き換える
**かきかた**　**書き方**　例手紙の書き方，漢字の書き方，書き方の本
**かきくだし**　**書き下し**(書下し)　例書き下し文
**かきくわえる**　**書き加える**(書加える)　例説明を書き加える　㊗補筆する，書き足す
**かきけす**　**かき消す**〔搔き消す〕　例姿をかき消す，証拠をかき消す
**かきこみ**　**書き込み**(書込み)　例書物の書き込み
**かきこむ**　**書き込む**(書込む)　例余白に書き込む
**かぎざき**　**かぎ裂き**〔鉤裂き〕　例洋服のかぎ裂き
**かきそえる**　**書き添える**(書添える)　例恋人のことを書き添える
**かきそこない**　**書き損ない**(書き損い)　例書き損ないの封筒
**かきそこなう**　**書き損なう**(書き損う)
**かきぞめ**　**書き初め**
**かきソンジる**　**書き損じる**(書損じる)　例手紙を書き損じる
**かきだし**　**書き出し**(書出し)　例文章

の書き出しを工夫する　㊗冒頭；料理屋の書き出し　㊗勘定書
**かきだす**　**書き出す**(書出す)　例構想をまとめてから書き出す　㊗書き始める；重要事項を書き出す　㊗抜き出す
**かきたてる**　**書き立てる**(書立てる)　例意見を順々に書き立てる，新聞に書き立てる
**かきつけ**　**書き付け**(書付け)(書付)〔書き附け〕　例役所の書き付け，借金の書き付け　㊗文書，書類
**かきつける**　**書きつける，書き付ける**(書付ける)　例黒板に書きつけておく，書きつけない字
**かぎつける**　**嗅ぎ付ける，かぎつける**　例臭いを嗅ぎ付ける，秘密を嗅ぎ付ける
**かきとめ**　**書留**　例書留郵便，現金書留
**かきとめる**　**書き留める**(書留める)　例メモを書き留める　㊗書き残す
**かきとり**　**書き取り**(書取り)(書取)　例書き取りの試験
**かきとる**　**書き取る**(書取る)　例用件を書き取る，黒板の字を書き取る　㊗書き写す，写し取る
**かきなおす**　**書き直す**(書直す)　例誤りを書き直す
**かきなれる**　**書き慣れる**〔書き馴れる〕　例英文に書き慣れる
**かきぬき**　**書き抜き**(書抜き)　例書き抜き帳
**かきぬく**　**書き抜く**(書抜く)　例要点を書き抜く
**かきね**　**垣根**
**かきのこす**　**書き残す**(書残す)　例遺言を書き残す，あと少し書き残す
**かきまぜる**　**かき混ぜる**〔搔き雑ぜる〕　例砂糖を入れてかき混ぜる，煮物を

○改定追加漢字　●改定追加音訓　□改定削除漢字　■改定削除音訓　〔　〕参考表記　〔△表外漢字
▲表外音訓　×誤用　当て字 当て字〕

かき混ぜる

**かきまわす　かき回す**〔掻き回す〕
例茶わんをかき回す，たんすの中をかき回す　類かき混ぜる；会議をかき乱す　類かき乱す

**かきみだす　かき乱す**〔掻き乱す〕
例チーム・ワークをかき乱す，風紀をかき乱す　類かき回す

**かきむしる　かきむしる**〔掻き毟る〕
例髪の毛をかきむしる

**かきもの　書き物**　例書き物を机にしまう，書き物をする　類文書

**かきもらす　書き漏らす**(書漏らす)(書漏す)　例要点を書き漏らす　類聞き漏らす

**カキュウ　火急**　例火急の用

**カキュウテキ　可及的**　例可及的速やかに

**カキョウ　華僑**　類在外中国人，在留中国人，華商

**カギョウ　稼業**　類仕事，商売
注「家業」は別。

**かきよせる　かき寄せる**〔掻き寄せる〕
例かき集める

**かぎり　限り**　例乱暴の限りを尽くす，力の限り，できる限りのことをする，その場限り，今週限り

**かぎり　……(しない)かぎり**　例謝らないかぎり許せない，終わらないかぎりは遊べない

**かぎりない　限りない**　限り無い
例限りない感謝の気持ち，限りなく遠い道

**かぎる　限る**[5]　ゲン　550
例申し込みは成人に限る，あの人に限ってうそはつかない，人数は10人に限る，知っているのは僕に限らない

**かきわける　書き分ける**(書分ける)
例脚本のせりふとト書きを書き分ける

**かきわり　書き割り**(書割り)　例書き割りに山を描く　注舞台の背景。

**カク　画**[2]　ガ〔劃〕　167
例画一，画期的，画策，画数，画然；企画，区画，計画，参画，字画

**カク　各**[4]　おのおの　210
例各位，各員，各月，各個，各自，各種，各所，各地，各派，各論

**カク　角**[2]　かど・つの　211
(1)つの　例角質，角膜；触角，頭角
(2)つの突き合う・争う　例角逐＜カクチク＞；角界
(3)かく・かど・すみ・方角　例角材，角度；一角，鋭角，外角，仰角，三角，四角，死角，多角，対角線，頂角，直角，鈍角，内角

**カク　拡**[6]　―　212
例拡散，拡充，拡声器，拡大，拡張

**カク　革**[6]　かわ　213
(1)かわ　例革質；皮革
(2)改める・改まる　例革新，革命；沿革，改革，変革

**カク　格**[5]　コウ　214
(1)定め・標準　例格言，格式；規格，合格，骨格，資格，失格，体格，適格，同格，破格，別格，本格
(2)四角　例格納庫
(3)程度　例格段，格別；格安；価格，厳格，昇格，人格，性格，品格，風格
(4)文法上の格　例主格，目的格
(5)書き換え　例かっこう・格好（恰→格），格闘（挌→格）

**カク　核**　―　215
(1)細胞の中心　例核酸，核質，結核
(2)原子核　例核実験，核分裂，原子核
(3)急所　例核心，中核

**カク　殻**　―　216
例甲殻，地殻，皮殻

**カク　郭**　―　〔廓〕　217

| | |
|---|---|
| 例郭大；外郭，胸郭，城郭，輪郭 | 学業，学芸，学資，学事，学者，学習，学徒，学童，学問；向学，修学，奨学，独学，博学，勉学 |
| **カク 覚**[4] **おぼえる・さます・さめる** 218<br>例覚悟；感覚，錯覚，視覚，自覚，触覚，知覚，聴覚，直覚，発覚，不覚，味覚 | (2)学問の内容に関して例学科，学識，学説；医学，科学，幾何学，工学，考古学，国学，国文学，儒学，数学，哲学，農学，物理学，文学，力学 |
| **カク 較 ―** 219<br>例較差，比較 | (3)学ぶ場所に関して例学園，学会，学界，学級，学制，学則，学長，学年，学部，学歴；私学，就学，進学，大学，通学，停学，入学，留学 |
| **カク 隔 へだてる・へだたる** 220<br>例隔意，隔月，隔日，隔世，隔絶，隔年，隔離；遠隔 | |
| **カク 閣**[6] **―** 221<br>(1)御殿例閣下，天守閣，仏閣<br>(2)内閣例閣員，閣外，閣議，閣僚，組閣，倒閣，内閣 | (4)その他例学位；学士；篤学 |
| | **ガク 岳 たけ** 227<br>例岳神，岳父；山岳 |
| **カク 確**[5] **たしか・たしかめる** 222<br>例確言，確固，確//,確証,確信,確定,確答,確認,確保,確報,確約,確立,確率；正確,的確,明確 | **ガク 楽**[2] **ラク，たのしい・たのしむ** 228<br>例楽器，楽曲，楽劇，楽士，楽章，楽隊，楽典，楽譜；音楽，器楽，交響楽，声楽，奏楽，田楽，能楽，邦楽，洋楽 注＊神楽〈かぐら〉 |
| **カク 獲 える** 223<br>例獲得；漁獲，捕獲 | |
| **カク 嚇 ―** 224<br>例威嚇 | **ガク 額**[5] **ひたい** 229<br>(1)ひたい例前額〈ゼンガク〉<br>(2)がくぶち例額縁<br>(3)分量例額面；減額，巨額，金額，高額，差額，産額，残額，小額，少額，全額，総額，増額，多額，定額，同額，年額，倍額，半額 |
| **カク 穫 ―** 225<br>例収穫，多穫 | |
| **カク 客**[3] **キャク** 355<br>例主客，客員；旅客，客死；客年；刺客 | |
| **かく 欠く**[4] **ケツ，かける** 506<br>例義理を欠く，礼を欠く，歯を欠く | |
| **かく 書く**[2] **ショ** 946<br>例字を書く，詩を書く，本を書く<br>⑭著す，記す | **ガク 顎 あご** 230<br>例顎関節 |
| **かく 描く ビョウ，えがく〔かく〕** 1727<br>例絵を描く，ポスターを描く，絵描き | **カクあげ 格上げ** 例係長から課長に格上げする ⑭昇格 ㉖格下げ |
| **かく かく〔搔く〕** 例手で水をかく | **カクがり 角刈り(角刈)** ⑭丸刈り |
| **かぐ 嗅ぐ キュウ〔かぐ〕** 379<br>例鼻で嗅ぐ，秘密を嗅ぎ付ける | **カクゴ 覚悟** 例これまでと覚悟する，覚悟を決める ⑭諦め，決心 |
| **ガク 学**[2] **まなぶ** 226<br>(1)学ぶことに関して例学期，学究， | **カクサ 格差** 注格付けの差。 |
| | **カクサ 較差** 注比較した差。 |
| | **かくしゲイ 隠し芸** 例隠し芸を披露 |
| | **かくしごと 隠し事** 例隠し事をする |

○改定追加漢字 ●改定追加音訓 □改定削除漢字 ■改定削除音訓 〔 〕参考表記 〔△表外漢字 ▲表外音訓 ×誤用 注て字 当て字〕

かくしだて 隠しだて, 隠し立て
　例隠しだてをする
カクシツ 確執 　例取締役間の確執
カクシャク かくしゃく〔矍鑠〕
　例かくしゃくとした高齢者
カクシュ 馘首 　関人員整理, 免職, 解雇
カクシュ 鶴首 　例鶴首してお待ちいたします
かくす 隠す イン, かくれる　56
　例棚の上に隠す, 姿を隠す, 名を隠す, 真実を隠す　対現す
カクする 画する〔劃する〕　例両派の間に一線を画する
カクセイザイ 覚醒剤　類興奮剤
　関催眠剤
カクゼン 画然〔劃然〕　例画然とする
カクダイ 拡大, 郭大〔廓大〕
カクづけ 格付け(格付)　例品物の格付け, 選手の格付け
カクトウ 格闘〔挌闘〕　例格闘する, 大格闘　関組み討ち, 取っ組み合い
カクトク 獲得　例勝利を獲得する, 資金を獲得する
カクハン 攪拌　例攪拌する, 攪拌機
　関かき混ぜる, かき回す
カクびき 画引き　例漢和辞典の画引き索引　対音引き
カクベツ 格別　例初がつおの味は格別だ, 格別なもてなし；天気ならかくべつ雨なら無理だ　注「ともかくも」の意
かくまう かくまう〔匿う〕　例犯人をかくまう
かぐら ＊神楽
カクラン 攪乱　例秩序を攪乱する
　関かき乱す
カクリ 隔離　例感染症患者を隔離す, 隔離病舎
かくれる 隠れる イン, かくす　56
　例月が雲に隠れる, 穴に隠れる, 世に隠れる人材　対現れる
かくれんぼ(う) かくれんぼ(う), 隠れん坊
かけ 掛け　例掛け取り, 掛け売り, 掛け買い, 掛け値, 掛け持ち, 掛け算, 掛け金；掛け茶屋, 掛け橋, 掛け軸, 掛け時計, 掛け布団；掛け言葉；かけそば
かけ 賭け　例賭けをする, 賭け碁, 賭け事, 一か八く〈バチ〉かの賭け
かげ 陰 イン, かげる　〔蔭〕　54
　例電灯の陰, 戸の陰, 陰口, 陰地, 陰干し；陰の声；陰で操る, 陰になりひなたになり, 陰ぜん, 陰ながら；陰弁慶；陰祭り　対ひなた
かげ 影 エイ　　　　　　　　75
　例鏡の影, 影も形もない, 星影, 人影, 影を隠す；影が薄い, 影法師；影絵　関形
がけ 崖 ガイ　〔がけ〕　　　200
　例崖から落ちる, 崖崩れ, 崖下＜がけした＞
がけ ……掛け　例5人掛け, 日掛け, 月掛け, 定価の7掛け；通りがけ, 浴衣がけ, たすきがけ
かけあい 掛け合い(掛合い)　例税金の掛け合いに行く　関交渉, 談判；掛け合い漫才
かけあう 掛け合う(掛合う)　例水を掛け合う, 支払い方法を掛け合う
かけあし 駆け足(駆足)〔駈け足〕
　例駆け足進め
かけうり 掛け売り(掛売り)　例みその掛け売り　関貸し売り　対現金売り, 掛け買い
かげエ 影絵〔影画〕
かけおち 駆け落ち(駆落ち)〔駈落ち〕　例駆け落ちする　関返電

| | |
|---|---|
| かけかえ 掛け替え(掛替え), 架け替え 例額の掛け替え；橋の架け替えをする | かげながら 陰ながら〔陰乍ら〕 例陰ながら御成功をお祈りします |
| かけがえ かけがえ, 掛け替え 例かけがえのない品物, かけがえのない一人っ子 | かけぬける 駆け抜ける(駆抜ける) 例狭い小路を駆け抜ける |
| かけがね 掛けがね, 掛け金 例掛けがねを外す 類鍵 | かけね 掛け値 例掛け値をする, 掛け値なしに話す 対正味<ショウミ> |
| カゲキ 過激 例過激な発言 対穏健 | かげのこえ 陰の声〔影の声〕 |
| かけキン 掛け金(掛金) 例保険の掛け金, 掛け金の支払い | かけはし 掛け橋, 懸け橋 例山の掛け橋；太平洋の掛け橋となる；夢の懸け橋 類架橋 類釣り橋 |
| かけくらべ 駆け比べ〔駈け競べ〕 例うさぎと亀の駆け比べ 類か(駆)けっくら, か(駆)けっこ | かけはなれる かけ離れる, 掛け離れる 例現実とかけ離れる |
| かけごえ 掛け声 例掛け声がかかる, 掛け声をかける | かけひき 駆け引き(駆引き) 例商売の駆け引き, 戦の駆け引き, 駆け引きがうまい |
| かけこむ 駆け込む(駆込む)〔駈け込む〕 例家の中へ駆け込む, 警察に駆け込む | かげひなた 陰ひなた〔陰日向当て字〕 例陰ひなたなく働く, 陰ひなたになって助ける |
| かけザン 掛け算(掛算) 対乗法 対割り算 | かけブトン 掛け布団(掛け蒲団) 対敷き布団 |
| かけジク 掛け軸(掛軸) 例床の間の掛け軸 類掛け物 | かげぼし 陰干し 対日干し |
| かけズ 掛け図(掛図) 例地理の掛け図 | かけまわる 駆け回る(駆回る)〔駈け回る〕 例金策に駆け回る, 就職のために駆け回る 類駆けずる |
| かけすて 掛け捨て(掛捨て) 例掛け捨ての古い暦, 保険金の掛け捨て 注「かけすて」とも言う。 | かげムシャ 影武者〔陰武者〕 例財界の影武者 類黒幕 |
| かけだし 駆け出し(駆出し)〔駈け出し〕 例駆け出しの俳優 対新参 対老練 | かけもち 掛け持ち(掛持ち) 例昼間部と夜間部とを掛け持ちで教える 類兼任, 兼務 |
| かけだす 駆け出す(駆出す)〔駈け出す〕 例家の外へ駆け出す | かけもどる 駆け戻る 例忘れ物をして家に駆け戻る |
| かけつける 駆けつける, 駆け付ける〔駈け付ける〕 例現場へ駆けつける, 大急ぎで駆けつける | かけもの 掛け物 類掛け軸 |
| かけて かけて, 掛けて 例今月の末から来月にかけて旅行する | かけよる 駆け寄る(駆寄る) 例母の姿を見つけて駆け寄る |
| かけとり 掛け取り(掛取り) 例月賦の掛け取り | かけら かけら〔欠片当て字〕 例ガラスのかけら |
| | かげり 陰り 例光の陰り |
| | かける 架ける カ, かかる 145 |

○改定追加漢字 ●改定追加音訓 □改定削除漢字 ■改定削除音訓 〔 〕参考表記 〔△表外漢字 ▲表外音訓 ×誤用 当て字当て字〕

かける―かさな

例橋を架ける，電線を架ける
かける　掛ける　かかる・かかり　231
例壁に絵を掛ける，数珠を掛ける，腰を掛ける，鍋を掛ける，鍵を掛ける，知識を鼻に掛ける，はかりに掛ける，ふるいに掛ける，検査に掛ける，わなに掛ける，手塩に掛けて育てる，神に願いを掛ける，布団を掛ける，水を掛ける，迷惑を掛ける，人手を掛ける，5に5を掛ける，眼鏡を掛ける，電話を掛ける，謎を掛ける，目を掛ける，かんなを掛ける，保険を掛ける；走りかける，建てかけた家，手紙を書きかける　注仮名書きにすることが多い．
かける　駆ける　ク，かる　〔駈ける〕　448
例馬が駆ける，グラウンドを駆ける　類走る　対歩く
かける　欠ける[4]　ケツ，かく　506
例茶わんが欠ける，歯が欠ける，月が欠ける，人数が欠ける，要点が欠ける；人情に欠ける
かける　懸ける　ケン・ケ，かかる　544
例賞金を懸ける，命を懸ける
かける　賭ける　ト〔かける〕　1492
例金を賭ける，人生を賭（懸）けた勝負　類張る
かける　かける，掛ける　例文章を書きかける，口をすべらしかける
かける　かける〔翔る〕　例天をかける
かげる　陰る　イン，かげ　54
例庭先が陰る，夕日が陰る　類暗くなる
かげろう　かげろう〔陽炎当て字〕
例かげろうが燃える
カゲン　加減，かげん　例加減乗除，

適当に加減する；ちょうど飲みかげんのお茶だ，うつむきかげんで歩く，ばかさかげんにあきれる
カゲン　寡言　例寡言実行　類無口
かご　籠　ロウ，こもる〔かご〕　2124
例鳥籠，買い物籠，籠の鳥
カゴ　過誤　例医療過誤
カご　かご〔駕籠〕　例かごに乗る，かごを担ぐ
かこい　囲い　例生け垣の囲い，囲い米＜マイ＞
かこう　囲う[5]　イ，かこむ　18
例板塀で家を囲う，野菜を囲う
カコウガン　花崗岩　例みかげ石
カコク　過酷，苛酷　例過酷なしうち　類厳しい，むごい
かごしまケン　※鹿児島県
かこつ　かこつ〔託つ〕　例不遇の身をかこつ　類不満に思う
かこつける　かこつける〔託ける〕　例病気にかこつけて休みを取る
かこみ　囲み　例囲みを破って逃げる，囲みの中，囲み広告
かこむ　囲む[5]　イ，かこう　18
例城を囲む，花壇を柵で囲む，取り囲む
カコン　禍根　例将来に禍根を残す
かさ　傘　サン　751
例雨傘，日傘
かさ　かさ〔笠〕　例電灯のかさ；権力をかさに着ていばる
かさ　かさ〔嵩〕　例水のかさが増す
かさ　かさ〔暈〕　例月のかさ
かぜ　風[2]　フウ・フ，かぜ　1764
例風上，風車，風向き
かざす　かざす〔翳す〕　例たき火に手をかざす，手をかざして眺める
かさなる　重なる[3]　ジュウ・チョウ，え・おもい・かさねる　912
例重なって倒れる，用事が重なる，

明朝体の右肩の数字は配当学年　末尾の数字は常用漢字表番号　（　）許容　類類義同意語　対反対対照語
関関連語　学学術用語

かさね―かしだ

重なる不幸
- **かさね** 重ね〔襲ね〕 例重ね着,下重ね;重ね重ねの御親切ありがとう,重ねてお願い申し上げます
- **かさねる** 重ねる³ ジュウ・チョウ,え・おもい・かさなる 912 例箱を重ねる,掛け布団を重ねる,失敗を重ねる
- **かさばる** かさばる〔嵩張る〕 例荷物がかさばる 関かさむ
- **かさむ** かさむ〔嵩む〕 例費用がかさむ,荷がかさむ 関かさばる
- **かざむき** 風向き 例風向きが変わる,風向きがおかしくなる,おやじの風向きが悪い 注「かぜむき」とも言う。
- **かざり** 飾り 例お飾り,飾り窓,しめ飾り,松飾り,店内の飾り,飾り気のない人;飾りを下ろす〔僧や尼になること〕;飾り物
- **かざりつけ** 飾りつけ,飾り付け〔飾付け〕 例店内の飾りつけ 関装飾
- **かざる** 飾る ショク 1034 例部屋を飾る,花を飾る,言葉を飾る,うわべを飾る
- **カシ** 下肢 関足 対上肢
- **かし** 貸し 例千円の貸しがある,貸し金,貸し室,貸し自転車,貸し賃,貸し元,貸本,貸間,貸家;貸し売り,貸し出し,貸し越し,貸し倒れ,貸し付け,貸し借り 対借り
- **かし** *河岸 例魚河岸
- **かし** 瑕疵,かし 関きず,欠陥 注法令では,「瑕疵」と振り仮名を付ける。
- **かじ** *鍛冶,かじ 例鍛冶屋,刀鍛冶
- **かしかた** 貸し方(貸方) 例貸し方に掛け合う;貸し手;帳簿の貸し方 対借り方
- **かじかむ** かじかむ 例手足がかじかむ 関凍える
- **かしかり** 貸し借り 例貸し借りをなしにする 関貸借<タイシャク>
- **かしきり** 貸し切り(貸切り) 例貸し切りバス 対借り切り
- **かしきる** 貸し切る(貸切る) 例劇場を貸し切る 対借り切る
- **かしキン** 貸し金(貸金) 例貸し金を請求する 対借り金
- **かしげる** かしげる〔傾げる〕 例不思議そうに首をかしげる
- **かしこい** 賢い ケン 538 例賢い子ども 関りこうだ 対愚かだ
- **かしこがる** 賢がる 例賢ぶる
- **かしこさ** 賢さ 例人間の賢さ
- **かしこし** 貸し越し(貸越し) 例当座貸し越し 対借り越し
- **かしこしキン** 貸し越し金(貸越金) 対借り越し金
- **かしこまる** かしこまる〔畏まる〕 例社長の前にかしこまる,かしこまって座る;かしこまりました
- **かしさげ** 貸し下げ(貸下げ) 例国有地の貸し下げ,貸し下げ地 対借り上げ
- **かしシツ** 貸し室(貸室) 例貸し室有り 関貸し間,貸し部屋
- **かしずく** かしずく〔傅く〕 例帝王にかしずく
- **かしセキ** 貸し席(貸席) 例海水浴場の貸し席
- **かしだおれ** 貸し倒れ(貸倒れ) 例売り掛け金が貸し倒れになる
- **かしだし** 貸し出し(貸出し) 例図書の貸し出し 対借り入れ
- **かしだしキン** 貸し出し金(貸出金) 対借り入れ金
- **かしだしヒョウ** 貸し出し票(貸出票) 例図書の貸し出し票

○改定追加漢字 ●改定追加音訓 □改定削除漢字 ■改定削除音訓 〔 〕参考表記 〔△表外漢字 ▲表外音訓 ×誤用 当て字 当て字〕

かしだす　貸し出す(貸出す)　例図書を貸し出す　対借り出す

かしチ　貸し地(貸地)　対借り地

かしチン　貸し賃(貸賃)　例婚礼衣装の貸し賃　類損料　対借り賃

かしつけ　貸し付け(貸付け)　例貸し付けを行う；貸付金，貸付係

かしつけキン　貸付金　例信託銀行の貸付金

かしつけシンタク　貸付信託

かしつける　貸し付ける(貸付ける)　例事業資金を貸し付ける

かして　貸し手(貸手)　例貸し手に掛け合う　類貸し方，貸し主　対借り手

かじとり　かじ取り〔舵取り〕　例船のかじ取り，会のかじ取り役　関リーダー

かしぬし　貸し主(貸主)　例家の貸し主　類貸し手，貸し方　対借り主

かしブトン　貸し布団(貸布団)〔貸し蒲団〕　例貸し布団屋

かしぶね　貸し船(貸船)

かしホン　貸し本(貸本)　例貸し本屋

かしま　貸し間(貸間)　類貸し室，貸し部屋

かしましい　かしましい〔囂しい，姦しい〕　例女三人寄ればかしましい

かしや　貸家　例貸家を探す　対借家

カシャク　呵責　例良心の呵責

カジュウ　果汁　例果汁入り飲料水，果汁100％

カショ　箇所〔個所〕　例誤りの箇所を調べる　注「３箇所」「５箇所」などは，「３か所」「５か所」と書くことが多い。

カジョウがき　箇条書き(箇条書)〔個条書〕　例要点を箇条書にする

かしら　頭[2]　トウ・ズ・ト，あたま　1531
例頭文字；旗頭

かじりつく　かじりつく，かじり付く〔齧り付く〕　例するめにかじりつく，机にかじりつく，本にかじりつく

かじる　かじる〔齧る〕　例りんごをかじる，ドイツ語をかじる，聞きかじる

ガシンショウタン　臥薪嘗胆　例臥薪嘗胆の思い

かす　貸す[5]　タイ　1307
例帳面を貸す；力を貸す，話に耳を貸す　対借りる

かず　数[2]　スウ・ス，かぞえる　1097
例数を数える；数ある中で，数をこなす；物の数でない，数ならぬ身；数の子

かすか　かすか〔幽か，微か〕　例かすかな月影，かすかに島が見える，人声がかすかに聞こえてくる

かずかぎりない　数限りない，数限り無い　例数限りない魚の大群

かすむ　かすむ〔霞む，翳む〕　例月がかすんで見える，煙でかすむ；目がかすんでくる

かすめる　かすめる〔掠める〕　例人の目をかすめる，品物をかすめる；矢が頭をかすめる

カする　化する　例田園が都市と化する，鬼と化する　注「化す」とも言う。

カする　科する　例重労働を科する，懲役３か月の刑を科する　注「科す」とも言う。

カする　課する　例税を課する，作業を課する　注「課す」とも言う。

かする　かする〔掠る，擦る〕　例石が肩をかする；筆がかする；集金の一部をかする

かすれる　かすれる〔掠れる，擦れる〕　例筆がかすれる，声がかすれる；矢

明朝体の右肩の数字は配当学年　末尾の数字は常用漢字表番号　（ ）許容　類類義同意語　対反対対照語　関関連語　学学術用語

かぜ―かたい

が的をかすれる
かぜ 風² フウ・フ，かざ 1764
 例秋風，朝風，雨風，川風，北風，波風，春風，南風，夜風；風が吹く，風を切って進む，風通し，風向き，風の便り；インテリ風を吹かす，風を食らって逃げる
かぜ ＊風邪 例風邪を引く，風邪がはやる
かぜあたり 風当たり（風当り） 例風当たりが強い，世間の風当たり 注「かざあたり」とも言う。
かせぎ 稼ぎ 例荒稼ぎ，稼ぎ高，稼ぎ頭
かせぐ 稼ぐ カ 161
 例稼いで家を建てる，時を稼ぐ，稼ぐに追いつく貧乏なし
かぜケ 風邪気 注「かざけ」とも言う。
かぜとおし 風通し 例風通しの悪い部屋 類通風＜ツウフウ＞ 注「かざとおし」とも言う。
かぜひき 風邪引き
ガゼン がぜん〔俄然〕 例がぜん態度が変わる 類突然，突如，急に，にわかに
カソ 過疎 例過疎地域 対過密
カソウ 仮装〔化装〕 例仮装する，仮装行列
カソウ 仮想 例仮想空間，仮想敵国
かぞえあげる 数え上げる 例数字を数え上げる，失策を数え上げる 類数えたてる
かぞえうた 数え歌
かぞえどし 数え年 例数え年20歳 対満
かぞえる 数える² スウ・ス，かぞ 1097
 例数を数える，人数を数える，欠点を数える
かた 潟⁴ ― 232

 例干潟，〜潟
かた 形² ケイ・ギョウ，かたち 471
 例形見；丸形，手形，花形；手の形をつける，形のごとく挨拶＜アイサツ＞する，借金の形に家を預ける
かた 型⁵ ケイ 476
 例大型，小型，中型，型紙，鋳型；自動車の型，剣道の型，型にはまった方法，型を破る，古い型の人間
かた 肩 ケン 518
 例肩口，肩先，肩幅；肩をたたく，肩が凝る；肩上げ，肩当て，肩掛け，肩車，肩つき；肩を怒らす，肩で風を切る，肩がよい；肩入れ，肩代わり，肩を持つ，肩を並べる，肩の荷が下りる；肩透かし，肩書き
かた 片⁶ ヘン 1807
 例片手，片方，片道，片思い，片側，片身，片一方，片腕，片糸，片肌；片言，片割れ，片手間；片や横綱片や大関
かた 方² ホウ 1829
 例教え方，見方；親方，上方，里方，母方，目方；夕方；馬方，味方 注「あのかた」「あなたがた」「出席のかたがた」などは仮名書きが望ましい。
かたあげ 肩上げ 例肩上げを取る
かたい 堅い ケン 530
 例堅い岩；堅い結び目，堅い城，意志が堅い，口が堅い，あの人は堅い，あの人の合格は堅い，堅苦しい，あまり堅くならないで 対柔らかい
かたい 固い⁴ コ，かためる・かたまる 561
 例団結が固い，頭が固い，固く信じる
かたい 硬い コウ 636
 例硬い石，硬い表現
かたい 難い⁶ ナン，むずかしい

○改定追加漢字 ●改定追加音訓 □改定削除漢字 ■改定削除音調 〔 〕参考表記 〔△表外漢字 ▲表外音訓 ×誤用 当て字当て字〕

カタイ―かたむ

例想像するに難くない；理解しがたい，得がたい，聞きがたい
注「〜しがたい」は仮名書きが普通。
対やすい

**カタイ 下腿** 類すね，はぎ

**かたイッポウ 片一方** 例網の片一方を持つ 対片方 対両方

**かたいなか 片田舎**

**がたおち がた落ち** 例人気ががた落ちになる；腕ががた落ちだ

**かたおもい 片思い** 類片恋 対相思相愛

**かたがき 肩書き(肩書)** 例名刺に書く肩書き，肩書きがものをいう

**かたがた かたがた，方々** 例御来席のかたがた

**かたがた かたがた[旁]** 例お礼かたがたお知らせします

**かたかな 片仮名** 四平仮名

**かたがわり 肩代わり(肩代り)** 例負債の肩代わりをする

**かたき 敵**[6] テキ　　　1465
例敵役，商売敵

**かたぎ かたぎ[気質][当て字]** 例学生かたぎ，職人かたぎ

**かたきうち 敵討ち** 例親の敵討ち 類あだ討ち；昨日の敵討ちをする 類仕返し，報復

**かたくな かたくな[頑な]** 例かたくなな態度

**かたくるしい 堅苦しい** 例あまり堅苦しくならないで気楽にしなさい

**かたことまじり 片言交じり** 例片言交じりの英語

**かたこり 肩凝り** 例肩凝りがする

**かたじけない かたじけない[忝ない，辱い]** 例このようなりっぱな品物をいただいてかたじけない，か

たじけなくも……

**かたず ＊固唾，かたず** 例一瞬固唾をのんで見守る

**かたすかし 肩透かし** 例肩透かしを食う

**かたすみ 片隅** 例大都会の片隅

**かたち 形**[2] ケイ・ギョウ，かた　　　471
例箱の形，姿形

**かたづく 片づく，片付く** 例部屋が片づく，問題が片づく

**がたつく がたつく** 例荷車ががたつく，会社ががたつく

**かたづける 片づける，片付ける** 例部屋を片づける，着物を片づける，宿題を片づける，じゃま者を片づけろ

**かたっぱしから 片っ端から** 例片っ端から始末する 注「かたはしから」とも言う。

**かたどる かたどる[象る]** 例天女をかたどった彫刻

**かたな 刀**[2] トウ　　　1498
例小刀，山刀，守り刀，刀を研ぐ，刀かじ 類太刀 類剣＜つるぎ＞

**かたまり 塊 カイ**　　　189
例バターの塊，肉の塊；欲の塊

**かたまる 固まる**[4] コ，かためる・かたい [凝まる]　　　561
例牛乳が固まる，土台が固まる，証拠が固まる，思想が固まる 対溶ける，崩れる

**かたみ 形見[形身]** 例亡父の形見の品，形見分け 類遺品

**かたみ 肩身** 例肩身が狭い 類面目

**かたみ 片身** 例たいの片身 類半身

**かたむき 傾き** 例30度の傾き，右の傾き 類傾斜，勾配＜コウバイ＞，傾向

**かたむく 傾く ケイ，かたむける**　　　488

---

明朝体の右肩の数字は配当学年　末尾の数字は常用漢字表番号　( )許容　類類義同意語　対反対対照語
関関連語　学学術用語

かたむ―カツ

例土台が傾く, 左に傾く, 賛成に傾く, 社運が傾く, 美女に心が傾く, 月が傾く

**かたむける 傾ける ケイ, かたむく** 488
例一献傾ける, 心を傾ける, 耳を傾ける, 全力を傾ける

**かためる 固める⁴ コ, かたまる・かたい** 561
例土を踏んで固める, 基礎を固める, 荷物を固めておく, 決心を固める, 周囲を壁で固める;うそで固める

**かたよせる 片寄せる** 例米びつの米を片寄せる, 布団を片寄せる

**かたよる 偏る ヘン** 1811
例トラックの荷が偏る, 食事が偏る, 人事が偏る 類傾く, 不公平(不均衡)になる, 偏する

**かたらい 語らい** 例楽しい語らい, 男女の語らい

**かたらう 語らう² ゴ, かたる** 584
例友と語らう, 人を語らって仲間に入れる

**かたりあう 語り合う** 例将来について語り合う

**かたりて 語り手** 例放送劇の語り手 類ナレーター 対聞き手

**かたりもの 語り物** 類謡い物

**かたる 語る² ゴ, かたらう** 584
例思い出を語る, 人生を語る;浪曲を語る 類話す, 述べる

**かたる かたる〔騙る〕** 例人の名をかたって詐欺を働く

**かたわら 傍ら ボウ** 1866
例机の傍らに本箱を置く;勤務の傍ら夜学に通う

**かたわれ 片割れ** 例皿の片割れ, すりの片割れを捕まえる

**かたわれづき 片割れ月** 対もち月

**カタン 加担, 荷担** 例悪事に加担する

**かち 勝ち** 例勝ちを得る, 勝ちに乗ずる, 勝ち負けを争う, 勝ち越す, 勝ち誇る, 勝ち抜き, 勝ち名乗り, 勝ちみ, 勝ち目, 勝ち気 類勝利 対負け

**がち ……(し)がち** 例勉強が遅れがちだ, 休みがちだ, 棄権をしがちである

**かちあう かち合う〔搗ち合う〕** 例頭がかち合う, 試験と試合がかち合う 類ぶつかる, いっしょになる

**かちいくさ 勝ち戦〔勝ち軍〕** 対負け戦

**かちかち かちかち** 例かちかちに凍る, 分からず屋のかちかち頭 類こちこち

**カチカン 価値観** 例君とは価値観が違う

**かちき 勝ち気** 例勝ち気な人 類負けん気, 聞(利)かん気

**かちぬく 勝ち抜く(勝抜く)** 例5人勝ち抜く

**かちほこる 勝ち誇る** 例勝ち誇って意気揚々と引き上げる

**かちぼし 勝ち星(勝星)** 例勝ち星をあげる 対白星 対黒星

**かちまけ 勝ち負け** 例勝ち負けを争う 類勝負<ショウブ>, 勝敗

**かちミ 勝ちみ, 勝ち味** 例勝ちみがない 類勝ち目

**カチュウ 渦中** 例事件の渦中に身を投じる

**カチョウフウゲツ 花鳥風月** 例花鳥風月を友とする

**カツ 括 ―** 233
例一括, 概括, 総括, 統括

**カツ 活² ―** 234
例活を入れる, 死中に活を求める;活火山, 活気, 活況, 活殺, 活字, 活

○改定追加漢字 ●改定追加音訓 □改定削除漢字 ■改定削除音訓 〔 〕参考表記 〔△表外漢字
▲表外音訓 ×誤用 ☞当て字〕

| | |
|---|---|
| カツ 喝 235<br>例喝破，一喝，恐喝 | カッカソウヨウ 隔靴掻痒 例隔靴掻痒の感 |
| カツ 渇 かわく 236<br>例渇仰＜カツゴウ＞，渇水，渇望；枯渇 | がっかり がっかり 例勝負に負けてがっかりする，試験に失敗してがっかりしている 園落胆 |
| カツ 割⁶ わる・わり・われる・さく 237<br>例割愛，割拠，割譲；分割 | カッキづく 活気づく，活気付く<br>例魚市場が活気づく |
| カツ 葛 くず<br>例葛藤＜カットウ＞ | カッキテキ 画期的〔劃期的〕 例画期的な大発明，こんどの機構改革は画期的だった |
| カツ 滑 コツ，すべる・なめらか 239<br>例滑空，滑降，滑車，滑走；円滑，円転滑脱，潤滑油 | かつぐ 担ぐ⁶ タン，になう 1335<br>例かごを担ぐ，縁起を担ぐ，委員長に担ぐ；片棒を担ぐ |
| カツ 褐 240<br>例褐色，茶褐色 | カッケ かっけ〔脚気〕 |
| カツ 轄 241<br>例管轄，所轄，統轄，分轄 | カッケツ 喀血 例喀血する 園血を吐く |
| カッ 合² ゴウ・ガッ，あう・あわす・あわせる 652<br>例合戦 | カッコ かっこ，括弧 例かっこで囲む |
| かつ 且つ 242<br>例よく学び且つよく遊ぶ 註仮名書きで「かつ」とも。法令・公用文では仮名書き。 | カッコ 確固 例確固たる地盤を築く |
| かつ 勝つ³ ショウ，まさる〔克つ〕 987<br>例戦いに勝つ，競争に勝つ；欲望にかつ 対負ける，破れる | カッコウ かっこう，格好〔恰好〕<br>例かっこうがよい，かっこうがつかない；かっこうな品 |
| ガツ 月¹ ゲツ，つき 513<br>例月日；4月，正月，生年月日 | カッサイ 喝采 例拍手喝采を浴びる 園拍手 |
| ガッ 合² ゴウ・カツ，あう・あわす・あわせる 652<br>例合作，合宿，合唱，合体，合点＜ガッテン・ガテン＞，雪合戦 | ガッシュク 合宿 例合宿する，合宿練習 |
| | ガッショウ 合唱 例合唱団 対独唱 |
| | ガッショウレンコウ 合従連衡<br>例合従連衡の策を練る |
| | カッショク 褐色 園焦げ茶色 |
| | ガッソウ 合奏 例合奏する，合奏隊 対独奏 |
| | カッタツ 闊達 例闊達な性格，明朗闊達 |
| かつえる かつえる〔餓える，飢える〕<br>例甘い物にかつえる 園飢(う)える | かつて かつて〔曾て，嘗て〕 例かつて行ったことがある，いまだかつて見たこともない 園以前に 註「かって」は誤り。 |
| かつお かつお〔鰹；堅魚，松魚〕当て字 | かって 勝手，かって 例お勝手，勝手道具 例台所；勝手を預かる，勝手 |

手元不如意；かっての悪い机，かってが違ってまごつく；何をやろうと俺のかってしだいだ，かってなやつば

**かってぐち　勝手口**　例家の勝手口
（対）玄関口

**かってに　かってに**，勝手に　例かってにふるまう，嫌ならかってにしなさい

**ガッテン　合点**　例合点だ　類承知
注「ガテン」とも言う。

**カットウ　葛藤**　例紛争，もつれ，争い，もめ事

**カツドウ　活動**　例胃腸の活動を活発にする　対休止；昔の人は映画を活動写真と言った

**かっとばす　かっ飛ばす**　例ホームランをかっ飛ばす　注俗語

**カッパ　喝破**　例心理を喝破する

**かっぱ　かっぱ**〔河童〕当て字

**かっぱ　かっぱ**，カッパ〔合羽〕当て字
例雨がっぱ

**カッパツ　活発**〔活潑〕　例活発に意見を述べる　対不活発

**かっぱらう　かっぱらう**〔攫っ払う〕
例財布をかっぱらう

**カップ　割賦**　例割賦販売

**カップク　かっぷく**〔恰幅〕　例かっぷくがよい，堂々たるかっぷく　類押し出し

**ガッペイ　合併**　例合併する，町村合併　類併合

**カッポウ　かっぽう**〔割烹〕　例かっぽう着，かっぽう店　類料理，調理

**カツモク　刮目**　例刮目して待つ
類注目，期待

**カツヤク　活躍**　例委員長として活躍している，めざましい活躍ぶり

**カツヨウ　活用**　例習った知識を活用する，活用語，活用形

**カツヨウジュ　闊葉樹**　⇒広葉樹
（対）針葉樹

**かて　糧**　リョウ・ロウ　　　2073
例糧を得る；心の糧　類食物

**カテイ　仮定**　例仮定する　類仮説，仮設；仮定形

**かど　角²**　カク，つの　　　211
例机の角，四つ角；角が立つ言い方，角が取れる

**かど　門²**　モン　　　1949
例笑う門には福きたる；門口，門出，門松，門火，門並み；僕に聞くのはお門違いだ

**かど　かど**〔廉，才〕　例公務執行妨害のかどで検挙される　類条理，理由；ひとかどの人物　類才能，働き

**カドウ　華道，花道**　類生け花

**カドウ　稼働，稼動**　例稼働時間；機械が稼動する

**カトキ　過渡期**　例過渡期の現象，過渡期にはいろいろ問題が生じる

**かどだつ　角立つ**　例そのような話は角立つからしないほうがよい

**かどづけ　門づけ，門付け**　例門づけ芸人

**かどなみ　門並み**〔門並〕　例門並みに翻る日章旗　類軒並み

**かとりセンコウ　蚊取り線香**〔蚊取線香〕　類蚊やり線香

**かな　金¹**　キン・コン　　　432
例金網，金具，金物，金棒；金切り声，金縛り

**かな　＊仮名**　例仮名遣い，片仮名

**かなう　かなう**〔協う，適う，叶う〕
例道理にかなう；願いがかなう；あの人の力にはとてもかなわない

**かなえ　かなえ**〔鼎〕　例かなえの軽重を問う

**かなえる　かなえる**〔適える，叶える〕

---

○改定追加漢字　●改定追加音訓　□改定削除漢字　■改定削除音訓　〔　〕参考表記　〔△表外漢字
▲表外音訓　×誤用　当て字当て字〕

かながーかねる

例希望をかなえる
**かながき　仮名書き**　例仮名書きの文章
**かながわケン**　※神奈川県
**かなきりごえ　金切り声**（金切声）
例金切り声を上げる
**かなしい　悲しい**³　ヒ，かなしむ
〔哀しい〕　1697
例叱られて悲しい，悲しい物語，悲しい気持ち　対うれしい
**かなしげ　悲しげ**〔哀しげ〕　例悲しげな顔つき　対うれしげ
**かなしさ　悲しさ**〔哀しさ〕　例心の悲しさ　対うれしさ
**かなしみ　悲しみ**〔哀しみ〕　例悲しみを乗り越える，死の悲しみ　対喜び
**かなしむ　悲しむ**³　ヒ，かなしい
〔哀しむ〕　1697
例親の死を悲しむ　対喜ぶ
**かなた　かなた**〔彼方当て字〕　例山のかなた，はるかかなた
**かなづかい　仮名遣い，かなづかい**
例現代仮名遣い，歴史的仮名遣い
**かなつき　仮名付き**　例仮名付きの文章　類ルビ付き
**かなづち　金づち**〔金槌〕　例金づちでくぎを打つ；彼は金づちだ
**かなでる　奏でる**⁶　ソウ　1222
例琴を奏でる　関奏する
**かなまじり　仮名交じり**　例仮名交じり文
**かなめ　要**　ヨウ，いる　〔かなめ〕
1996
例扇の要；肝腎要
**かならず　必ず**⁴　ヒツ　1712
例約束は必ず実行する，必ずや成功するだろう　類きっと，確かに
**かならずしも　必ずしも**　例必ずしも負けるとは限らない，必ずしもだめとは限らない

**かなり　かなり**〔可成，可也当て字〕
例かなり仕事がはかどる，かなりの財産を残す，かなりの程度まではできる，かなり先に延びる
**かなわない　かなわない**〔敵わない〕
例彼にだけはかなわない；こう雨が降り続いてはかなわない
**かに　かに**〔蟹〕
**かね　金**¹　キン・コン，かな　432
例金の棒；金をためる，金を残す，金を寝かす，金貸し，金遣い，金詰まり，金離れ，金回り，金め，金もうけ，金持ち
**かね　鐘**　ショウ　1008
例鐘をつく，鐘を聞く
**かねいれ　金入れ**　例財布
**かねかし　金貸し**　例金貸し業
**かねずく　金ずく**〔金尽く〕　例金ずくで話をつける，金ずくで解決できないことがある
**かねそなえる　兼ね備える**　例知力と体力とを兼ね備える
**かねづかい　金遣い**　例金遣いが荒い
**かねづつみ　金包み**　例金包みを渡す，1億円の金包み
**かねづまり　金詰まり**（金詰り）
例世の中が金詰まりになる
**かねて　かねて，兼ねて**〔予て〕　例かねてお知らせしたとおり……，かねてからの計画
**かねまわり　金回り**　例金回りが悪い
**かねめ　金め，金目**　例金めの品物
**かねもち　金持ち**（金持）　例金持ちけんかせず　類財産家　対貧乏人
**かねる　兼ねる**　ケン　523
例ソファーとベッドを兼ねる，重役と部長を兼ねる　関兼用，兼任，兼務
**かねる　かねる，兼ねる**　例申し上げかねる，母の帰りを待ちかねる

かの―ガマン

かの 彼 ヒ,かれ　1688
  例彼女　注「彼女」以外は仮名書き
かの かの[彼の]　例かの高名＜コウメイ＞な画家,かの有名な大井川
カノウ 化膿　例おできが化膿する
  ㊥うむ
かのジョ 彼女　例彼女は映画俳優だ,彼の彼女　㊔彼
かばう かばう[庇う]　例弱い者をかばう
かばね かばね[屍,尸]　例かばねを葬る,海行くかばね　㊥しかばね,死体,なきがら
かばやき かば焼き(かば焼)[蒲焼き]　例うなぎのかば焼き
かばん かばん[鞄]　例手提げかばん
かびる かびる[黴びる]　例餅がかびる
カビン 花瓶
かぶ 株[6]　—　243
  例切り株,株分け；お株を取る,お株を奪う；株が上がる,株価,株券,株式会社,株主
カブキ 歌舞伎,かぶき
かぶさる かぶさる[被さる]　例山の頂に白い雲がかぶさる；責任がかぶさる
かぶせる かぶせる[被せる]　例子どもに帽子をかぶせる,水をかぶせる,罪をかぶせる
かぶと かぶと[兜,冑]　例かぶとを脱ぐ,勝ってかぶとの緒を締める；かぶと虫
かぶり かぶり[頭]　例かぶりを振る
  ㊥頭
かぶりつく かぶりつく,かぶり付く[噛り付く,齧り付く]　例りんごにかぶりつく,舞台にかぶりつく
かぶる かぶる[被る]　例帽子をかぶる,水をかぶる,罪をかぶる

かぶれる かぶれる[気触れる 当て字]　例手がかぶれる；外国スタイルにかぶれる
かぶわけ 株分け　例菊の株分け
カブン 寡聞　例寡聞にして存じません
かべ 壁 ヘキ　1802
  例土蔵の壁,壁越し,壁一重,壁掛け,壁紙,壁新聞；計画が壁に突き当たる,壁に耳あり
ガベイ 画餅　例画餅に帰す　注「ガヘイ」とも言う。
かべかけ 壁掛け
かべぬり 壁塗り
カホウ 過褒　㊥過賞
かま 窯 ヨウ　2008
  例焼き物の窯,窯入れ
かま 釜　—　244
  例釜飯,後釜　㊥電気炊飯器
かま 鎌　—　245
  例草刈り鎌；鎌をかける；鎌倉時代
かまいつける 構い付ける　例何も構い付けない
かまう 構う[5]　コウ,かまえる　641
  例何もお構いできません,犬を構う,身なりを構わない,そんなことに構っていられない
かまえ 構え　例堂々たる構えの家,家構え；剣道の構え；門構え(注漢字の部首の一つ)
かまえる 構える[5]　コウ,かまう　641
  例屋敷を構える,一家を構える,事を構える,のんきに構える,上段に構える,相手を待ち構える
かまわない かまわない,構わない　例どうなってもかまわない
ガマン 我慢　例遊びたいのを我慢する,我慢に我慢を重ねる,我慢強い子　㊥辛抱

○改定追加漢字　●改定追加音訓　□改定削除漢字　■改定削除音訓　〔 〕参考表記　[△表外字▲表外音訓　×誤用 当て字]当て字]

かみ—かもす

**かみ　紙² シ** 790
例紙を折る, 紙切れ, 紙くず, 厚紙, 色紙, 壁紙, 金紙, 銀紙, 千代紙, 鼻紙, 巻紙；紙入れ, 紙芝居, 紙鉄砲, 紙包み；手紙

**かみ　上¹ ジョウ・ショウ, うえ・うわ・あげる・あがる・のぼる・のぼせる・のぼす** 1009
例舟で上に行く, 上座, 上の句, 上方, 上屋敷, 上半期, 上一段活用, お上の御用　対下＜しも＞

**かみ　神³ シン・ジン, かん・こう** 1051
例神様, 神頼み, 神参り, 神棚, 神仏, 神業, 神風, 神隠し, 神代
注※神奈川＜かながわ＞県

**かみ　髪 ハツ** 1650
例髪油, 髪洗い, 髪飾り, 髪結い

**かみあう　かみ合う**〔噛み合う, 咬み合う〕例犬がかみ合う, 歯車がかみ合う, 会議で両派がかみ合う

**かみあらい　髪洗い**

**かみいれ　紙入れ** 関財布

**かみかざり　髪飾り** 関かんざし, リボン

**かみきる　かみ切る**〔噛み切る〕例糸をかみ切る

**かみきれ　紙切れ** 例一片の紙切れ 関紙片

**かみくだく　かみ砕く**〔噛み砕く〕例あめ玉をかみ砕く, かみ砕いて説明する

**かみこなす　かみこなす**〔噛みこなす〕例するめをかみこなす, 文章をかみこなす

**かみころす　かみ殺す**〔噛み殺す, 咬み殺す〕例猫がねずみをかみ殺す；あくびをかみ殺す

**かみしめる　かみしめる**, かみ締める〔噛み締める〕例唇をかみしめる, 話の内容をよくかみしめて聞く

**かみしも　かみしも,** 上下〔裃〕例かみしもに別れる；かみしもを脱ぐ

**かみだのみ　神頼み** 例苦しいときの神頼み

**かみつく　かみつく,** かみ付く〔噛み付く, 咬み付く〕例反対者にかみつく, 相手にかみつく；犬が人にかみつく

**かみづつみ　紙包み** 例紙包みの菓子

**かみつぶす　かみつぶす,** かみ潰す〔噛み潰す〕例煎餅＜センベイ＞をかみつぶす, 苦虫をかみつぶしたような顔

**かみて　上手** 例舞台の上手　対下手＜しもて＞

**かみなり　雷 ライ** 2023
例雷が鳴る, 雷が落ちる；雷おやじ

**かみゆい　髪結い** 例髪結い床
関理髪店, 美容院

**かみわける　かみ分ける**〔噛み分ける〕例酸いも甘いもかみ分ける, 事のよしあしをかみ分ける

**かむ　かむ**〔擤む, 挹む〕例鼻をかむ

**かむ　かむ**〔噛む, 咬む〕例ガムをかむ, 唇をかむ, 舌をかむ；かんで含める

**かめ　亀 キ**〔かめ〕 324
例鶴は千年亀は万年

**カメイ　仮名** 例仮名を使う　対実名

**かも　かも**〔鴨〕例かも鍋

**かもしだす　醸し出す** 例和やかな雰囲気を醸し出す

**かもしれない　……かもしれない,** ……かも知れない　例明日は雨かもしれない, 旅行は中止になるかもしれない　注法令・公用文では仮名書き.

**かもす　醸す ジョウ** 1028

---

明朝体の右肩の数字は配当学年　末尾の数字は常用漢字表番号　（ ）許容　関類義同意語　対反対対照語　関関連語　学学術用語

| | |
|---|---|
| | 例優しいムードを醸す |
| かや ＊蚊帳 | 例蚊帳をつる |
| かゆい かゆい〔痒い〕 | 例背中がかゆい、かゆい所に手が届く |
| かよい 通い | 例通いの店員、通い勤め　㊟住み込み；通い路 |
| かよいチョウ 通い帳 | 例米屋の通い帳 |
| かよう 通う² ツウ・ツ、とおる・とおす | 1430 |
| | 例工場に通う；心が通う、血が通う、電流が通う |
| から 殻 カク | 216 |
| | 例貝の殻、蛇の殻、たばこの吸い殻；もぬけの殻 |
| から 空¹ クウ、そら・あく・あける | 452 |
| | 例空手、空手形、空箱、空身で旅をする、空返事、空いばり、空っ風 |
| から 唐 トウ | 1509 |
| | 例唐織、唐草模様 |
| がら 柄 ヘイ、え | 1793 |
| | 例柄の大きい子ども、柄の良くない人、着物の柄、こんな事は柄でもない、人柄、身分柄、職業柄 |
| | 注仮名書きにすることが多い。 |
| からあげ 空揚げ | 例野菜の空揚げ |
| からい 辛い シン | 1047 |
| | 例さんしょは辛い、辛口；点が辛い　㊟甘い |
| からいばり 空いばり、空威張り | |
| からかう からかう〔揶揄う〕当て字 | |
| | 例人をからかう、犬をからかう |
| からから からから | 例道がからからに乾く、喉がからからになる；米びつがからからだ、からからと高笑いする |
| からがら 副詞 | からがら、辛々 |
| | 例命からがら逃げ出す |
| からげる からげる〔絡げる、紮げる〕 | |
| | 例裾をからげる、稲をからげて束にする |
| からす 枯らす コ、かれる | 567 |
| | 例植木を枯らす |
| からす からす〔烏、鴉〕 | 例からすの行水＜ギョウズイ＞；からす貝、からす口、からす猫、からす麦 |
| からす からす〔涸らす〕 | 例井戸をからす |
| からす からす〔嗄らす〕 | 例声をからす |
| ガラス ガラス〔硝子〕当て字 | |
| からだ 体² タイ・テイ　〔躰；身体当て字〕 | 1295 |
| | 例体をこわす、体が丈夫だ、体を粉にする、体を張る |
| からだつき 体つき、体付き | 例弱そうな体つき |
| からっぽ 空っぽ | 例空っぽの財布、あいつの頭は空っぽだ |
| からて 空手、唐手 | |
| からぶき からぶき〔乾拭き〕 | 例家具をからぶきする |
| からぶり 空振り | 例ホームラン王の空振り、計画は空振りに終わる |
| からまる 絡まる ラク、からむ・からめる | 2025 |
| | 例糸が絡まる、裾が絡まる、選挙に絡まる違反容疑 |
| からまわり 空回り | 例車輪が空回りする、議論が空回りする |
| からミ 辛み、辛味 | 例辛みの強いみそ　㊟甘み |
| からみあう 絡み合う | 例小犬が絡み合う、多くの原因が絡み合う |
| からみつく 絡みつく、絡み付く | |
| | 例袖に絡みつく、酔っ払いが絡みつく |
| からむ 絡む ラク、からまる・からめる | 2025 |
| | 例枝につるが絡む、問題が絡む、酔 |

○改定追加漢字　●改定追加音訓　□改定削除漢字　■改定削除音訓　〔　〕参考表記　〔△表外漢字　▲表外音訓　×誤用　当て字当て字

って人に絡む
**からめる**　絡める　ラク、からまる・からむ　2025
　例指を絡める、卵黄を絡める、オリンピックを政治問題に絡める
**ガラン**　伽藍　関寺院,仏閣,お寺,殿堂
**かり**　仮⁵　カ・ケ　136
　例仮駐車場、仮住まい、仮処分、仮の名、仮親;仮の世、仮縫い;仮に、仮にも;かりそめ
**かり**　狩り(狩)　シュ、かる　868
　例山へ狩りに行く、狩りぎぬ、狩り場、蛍狩り、松たけ狩り、潮干狩り
**かり**　刈り　例稲刈り、刈り株、刈り上げ
**かり**　借り　例借りがある、借り方、借り着、借り賃、借り手、借り主、借り貸し　対貸し
**かりあつめる**　駆り集める　例員数だけ駆り集める
**かりいぬ**　狩り犬(狩犬)
**かりいれ**　刈り入れ(刈入れ)〔刈り入れ〕例稲の刈り入れ
**かりいれ**　借り入れ(借入れ)　例資金の借り入れ　対貸し出し
**かりいれキン**　借入金　例借入金を割賦で返済する
**かりいれる**　刈り入れる(刈入れる)　例稲を刈り入れる
**かりいれる**　借り入れる(借入れる)　例資金を借り入れる
**かりうけ**　借受け(借受)
**かりうける**　借り受ける(借受ける)　例土地を借り受ける
**かりかえ**　借り換え(借換え)　例資金の借り換え、契約を更新して借り換えをする
**かりかえる**　借り換える(借換える)
**かりかし**　借り貸し　例借り貸しはゼロだ

**かりかた**　借り方(借方)　例借り方に返済を請求する　関借り手;帳簿の借り方　対貸し方
**がりがり**　がりがり〔我利我利当て字〕
　例がりがり亡者
**かりぎ**　借り着(借着)　例礼服を借り着で済ませる
**かりきる**　借り切る(借切る)　例劇場を借り切る
**かりこし**　借り越し(借越し)　例帳簿上の借り越し　対貸し越し
**かりこしキン**　借り越し金(借越金)
　対貸し越し金
**かりこみ**　刈り込み(刈込み)　例植木の刈り込み、髪の刈り込み
**かりこむ**　刈り込む(刈込む)　例髪の毛を短く刈り込む
**かりずまい**　仮住まい(仮住い)　例不自由な仮住まい
**かりそめにも**　かりそめにも、仮初にも　例かりそめにも人を偽るものではない、かりそめにも年長者の意見は聞くべきだ
**かりたてる**　駆り立てる　例勤労奉仕に駆り立てる、国民を戦争に駆り立てる、不安を駆り立てる
**かりて**　借り手　例家の借り手がつく　類借り主　対貸し手
**かりとり**　刈り取り(刈取り)
**かりとる**　刈り取る(刈取る)　例麦を刈り取る
**かりに**　仮に　例仮に雨が降っても……、仮に君の考えるとおりだとしても……
**かりぬい**　仮縫い(仮縫)　例洋服の仮縫い　対本縫い
**かりぬし**　借り主(借主)　類借り手　対貸し主
**かりば**　狩り場(狩場)

| | |
|---|---|
| かりもの　借り物(借物)　例借り物の婚礼衣裳 | 例草が枯れる，枯れた芸 |
| ガリョウテンセイ　画竜点睛　例画竜点睛を欠く | かれる　かれる〔涸れる〕　例池の水がかれる，かれた筆跡 |
| かりる　借りる⁴　シャク　856　例本を借りる，知恵を借りる　対貸す | かれる　かれる〔嗄れる〕　例声がかれる　㊥かすれる |
| かる　刈る　―　246　例麦を刈る，頭を刈る | カレン　かれん〔可憐〕　例かれんな娘，純情かれん　㊥いじらしい |
| かる　駆る　ク，かける　448　例犬を駆って狩りをする；不安に駆られる | カレンチュウキュウ　苛斂誅求 |
| かる　狩る　シュ，かり　868　例うさぎを狩る | カロウじて　辛うじて，かろうじて　例辛うじて期日に間に合わせる，辛うじて支える　注法令・公用文では「辛うじて」。 |
| かるい　軽い³　ケイ，かろやか　487　例綿は軽い，軽石；口が軽い，腰が軽い，軽口，軽業，心が軽い，責任が軽くなる；人を軽く見る，軽い病気　対重い | カロトウセン　夏炉冬扇　例夏炉冬扇のきらいがある　㊥昼行灯<ひるアンドン> |
| かるがるしい　軽々しい　例軽々しいふるまい　㊥軽率だ | かろやか　軽やか³　ケイ，かるい　487　例軽やかな足取り |
| かるはずみ　かるはずみ〔軽率，軽挙〕当て字　例かるはずみな行動を慎む | かろんじる　軽んじる　例人を軽んじる，規律を軽んじる　㊥侮る　対重んじる　注「かるんじる」とも言う。 |
| かるわざ　軽業　例軽業師　㊥曲芸 | かわ　河⁵　カ　142　㊥川 |
| かれ　彼　ヒ，かの　1688　例彼は正直，彼の態度はりっぱだ，彼女の彼，彼氏　対彼女 | かわ　革⁶　カク　213　例革靴，なめし革 |
| かれい　かれい〔鰈〕 | かわ　川¹　セン　1167　例川の流れ；川音，川上，川岸，川下，川瀬，川竹，川千鳥，川床，川中，川遊び，川狩り，川越し，川止め，川開き；*川原<かわら> |
| かれえだ　枯れ枝(枯枝) | かわ　皮³　ヒ　1684　例りんごの皮，布団の皮，皮帯，化けの皮が剥がれる，皮切り，皮算用 |
| かれき　枯れ木(枯木)　例枯れ木に花，枯れ木も山のにぎわい |
| かれくさ　枯れ草(枯草) |
| カレツ　苛烈　例激しい，激烈 |
| かれの　枯れ野(枯野)　例旅に病んで夢は枯れ野をかけめぐる―芭蕉<バショウ> | がわ　側⁴　ソク　1269　例こちらの側；上側，内側，裏側，縁側，表側，片側，北側，経営者側，賛成者側，外側，敵側，左側，右側　注「かわ」とも読む。改定常用漢字表では，訓が「かわ」から「がわ」 |
| かれは(ば)　枯れ葉(枯葉) |
| かれら　彼ら〔彼等〕　例彼らは学生だ |
| かれる　枯れる　コ，からす　567 |

○改定追加漢字　●改定追加音訓　□改定削除漢字　■改定削除音訓　〔　〕参考表記　〔△表外漢字
▲表外音訓　×誤用　当て字当て字〕

かわあそび　川遊び
かわいい　かわいい[可愛い当て字]
　例かわいい小犬, かわいい顔
　対憎い
かわいがる　かわいがる[可愛がる
　当て字]　例子どもをかわいがる,
　植物をかわいがる　対憎む
かわいそう　かわいそう[可哀想当て字]
　例かわいそうな姿, かわいそうな境遇
かわいらしい　かわいらしい[可愛ら
　しい当て字]　例かわいらしい子ども,
　かわいらしいトランプ　対憎らしい
かわかす　乾かす　カン, かわく
　　　　　　　　　　　　　　　259
　例洗濯物を乾かす　類干す　対ぬらす
かわきり　皮切り　例運動会が全員体
　操を皮切りに始まる　類最初
かわく　渇く　カツ　　　　　　236
　例喉が渇く
かわく　乾く　カン, かわかす　259
　例干し物が乾く　対ぬれる
かわごし　川越し
かわす　交わす² コウ, まじわる・
　まじえる・まじる・まざる・ま
　ぜる・かう　　　　　　　　596
　例挨拶<アイサツ>を交わす, 手紙
　を交わす, 枝を交わす；酒を酌み交
　わす, 互いに見交わす顔と顔
かわす　躱す[躱す]　例身をかわす
かわせ　*為替　例為替で送金する
かわぞい　川沿い　例川沿いの村々
　類川筋
かわづたい　川伝い　例川伝いに歩く
かわびらき　川開き　例両国の川開き
かわむかい　川向かい(川向い)　例川
　向かいの家　対対岸
かわら　*河原, *川原[礫]　例河原
　(川原)で石投げをする

かわら　瓦　ガ [かわら]　　　165
　例瓦煎餅<かわらセンベイ>, 瓦屋
　根, 鬼瓦
かわり　換わり(換り)　類交換
かわり　替わり(替り)　例二の替わ
　り, お替わり
かわり　代わり(代り)　例代わりの人
　類代理；代わり映えがしない
かわり　変わり(変り)　例時代の移り
　変わり, 変わり種, 変わり目, 変わ
　り者　類変化
かわり　……(する)かわり, ……(す
　る)代わり　例仕事をするかわりに
　よく遊ぶ, 用事をするかわりにこづ
　かいをもらう, そのかわり……
かわりがわり　かわりがわり, 代わり
　代わり　例かわりがわりに挨拶<ア
　イサツ>をする　類かわるがわる
かわりだね　変わり種(変り種)　例演
　劇界の変わり種　類変人
かわりはてる　変わり果てる(変り果
　てる)　例変わり果てた姿
かわりめ　変わり目　例季節の変わり目
かわりもの　変わり者(変り者)　例政
　界の変わり者　類変人
かわる　換わる(換る)　カン, かえる
　　　　　　　　　　　　　　　266
　例席の配置が換わる
かわる　替わる(替る)　タイ, かえる
　　　　　　　　　　　　　　1306
　例年度が替わる
かわる　代わる³(代る)　ダイ・タ
　イ, かえる・よ・しろ　　　1313
　例一同に代わって挨拶<アイサツ>
　する, 代表が代わる
かわる　変わる⁴(変る)　ヘン, か
　える　　　　　　　　　　　1810
　例住所が変わる, 姿が変わる, 色が
　変わる, 変わり果てる, あの人は変

明朝体の右肩の数字は配当学年　末尾の数字は常用漢字表番号　( )許容　類類義同意語　対反対対照語
関関連語　学学術用語

わっている
**かわるがわる　かわるがわる**,代わる代わる　例かわるがわる立って挨拶＜アイサツ＞する

カン　干⁶　ほす・ひる〔阜〕　247
　例干害, 干支, 干渉, 干拓, 干天, 干犯, 干満, 十干十二支；若干, 欄干

カン　刊⁵　—　248
　例刊行；季刊, 既刊, 休刊, 近刊, 月刊, 週刊, 旬刊, 新刊, 創刊, 増刊, 朝刊, 日刊, 廃刊, 発刊, 夕刊

カン　甘　あまい・あまえる・あまやかす　249
　(1)甘い味例甘美, 甘味, 甘露
　(2)快い例甘言, 甘受, 甘心

カン　汗　あせ　250
　例汗顔の至り；発汗

カン　缶　—　251
　例缶入り, 缶詰；空き缶, 製缶

カン　完⁴　—　252
　(1)欠けていない例完全, 完納, 完備, 完膚＜カンプ＞；対欠
　(2)終わる例完結, 完遂＜カンスイ＞, 完成, 完了；未完

カン　肝　きも　253
　例肝腎（肝心）, 肝臓, 肝油, 肝要

カン　官⁴　—　254
　(1)公・政府例官位, 官界, 官憲, 官軍, 官舎, 官職, 官制, 官選, 官庁, 官費, 官報, 官房, 官吏, 官僚；退官, 任官, 免官
　(2)役職例官；教官, 行政官, 警官, 高官, 士官, 次官, 司令官, 上官, 代官, 長官, 武官
　(3)その他例官能的；器官, 左官

カン　冠　かんむり　255
　例冠婚葬祭, 冠詞, 冠水, 冠者＜カンジャ＞, 冠省；栄冠, 三冠王, 弱冠＜ジャッカン＞

カン　巻⁶　まく・まき　256
　例巻中, 巻頭, 巻尾；圧巻, 全巻, 前巻, 第1巻

カン　看⁶　—　257
　例看過, 看護, 看守, 看破, 看板, 看病

カン　陥　おちいる・おとしいれる　258
　例陥没, 陥落

カン　乾　かわく・かわかす　259
　例乾季, 乾湿, 乾燥, 乾電池, 乾杯, 乾板, 乾物, 乾酪＜カンラク＞, 乾留

カン　勘　—　260
　例勘案, 勘気, 勘定＜カンジョウ＞, 勘当, 勘忍, 勘弁

カン　患　わずらう　261
　例患者, 患部；疾患

カン　貫　つらぬく　262
　(1)つらぬく例貫通, 貫徹, 貫流；首尾一貫, 突貫
　(2)重々しい様子例貫禄＜カンロク＞
　注元来は重さの単位。
　(3)貨幣単位例一貫五百　注一貫は銭千文。

カン　寒³　さむい　263
　(1)寒い例寒, 寒気；寒菊＜カンギク＞, 寒行＜カンギョウ＞, 寒暑, 寒帯, 寒中, 寒波, 寒風, 寒流, 寒冷；厳寒, 酷寒, 大寒, 耐寒, 防寒, 余寒；寒心
　(2)貧しい例寒村

カン　喚　—　264
　例喚起, 喚声, 喚問；召喚

カン　堪　たえる　265
　例堪忍, 堪能＜カンノウ・タンノウ＞

カン　換　かえる・かわる　266
　例換気, 換金, 換言, 換算；交換, 転換, 変換

カン　敢　—　267
　例敢行, 敢然, 敢闘；果敢, 勇敢

○改定追加漢字　●改定追加音訓　□改定削除漢字　■改定削除音訓　〔　〕参考表記　〈△表外漢字
▲表外音訓　×誤用　当て字当て字〕

| カン 棺 — 268
  例棺;棺おけ;納棺
| カン 款 — 269
  例款;款項(目),款待;交款,借款,落款
| カン 間² ケン,あいだ・ま 270
  例間隔,間欠,間作,間者,間食,間接,間断,間道;期間,区間,空間,山間,時間,週間,瞬間,中間,昼間＜チュウカン・チュウゲン＞,年間,民間,夜間,林間
| カン 閑 — 271
  例閑;閑暇,閑雅,閑却,閑居,閑散,閑静,閑談;安閑,繁閑
| カン 勧 すすめる 272
  例勧業,勧告,勧奨,勧誘
| カン 寛 — 273
  例寛大,寛容
| カン 幹⁵ みき 274
  例幹事,幹線,幹部;根幹,主幹
| カン 感³ — 275
  例感;感応,感化,感覚,感興,感激,感光,感謝,感受性,感情,感触,感心,感想,感電,感度,感動,感服,感冒,感涙;音感,快感,共感,語感,好感,実感,所感,直感,痛感,同感,鈍感,反感,万感,敏感,予感,流感,霊感
| カン 漢 — 276
  (1)漢・中国例漢;漢音,漢学,漢語,漢詩,漢字,漢文,漢和辞典;和漢
  (2)おとこ例悪漢＜アッカン＞,怪漢,好漢,暴漢
| カン 慣⁵ なれる・ならす 277
  例慣行,慣習,慣性,慣用,慣例;習慣
| カン 管⁴ くだ 278
  (1)くだ・つつ例管弦楽;気管,気管支,血管,試験管,真空管,鉄管,土管,毛細管

(2)管理例管下,管轄,管内,管理;移管,所管,保管
| カン 関⁴ せき・かかわる 279
  (1)せき・出入り口例関西,関税,関東,関門;玄関,税関,難関
  (2)節・しかけ例関節;機関
  ●(3)関わる例関係,関心,関知,関与,関連;相関,連関
| カン 歓 — 280
  例歓喜,歓迎,歓声,歓待,歓楽;交歓
| カン 監 — 281
  例監禁,監護,監獄,監査,監視,監修,監督;舎監,総監
| カン 緩 ゆるい・ゆるやか・ゆるむ・ゆるめる 282
  例緩急,緩球,緩衝地帯,緩慢,緩和
| カン 憾 — 283
  例遺憾
| カン 還 — 284
  例還元,還送,還付,還流,還暦;帰還,召還,償還,送還,奪還,返還
| カン 館³ やかた 285
  例館員,館長;映画館,会館,公民館,水族館,大使館,図書館,博物館,美術館,別館,本館,洋館,旅館
| カン 環 — 286
  例環海,環境,環視,環状;一環,金環食,循環
| カン 簡⁶ — 287
  例簡にして要を得る;簡易,簡潔,簡素,簡単,簡便,簡明,簡略;書簡
| カン 観⁴ — 288
  (1)見る・見える例観客,観劇,観光,観察,観衆,観賞,観戦,観測,観点,観艦式,観兵式;外観,概観,参観,主観,静観,拝観,傍観
  (2)悟る例観照
  (3)思う・考える例観想,観念;客観,人生観,先入観,直観,悲観,楽観

(4)ありさま 例景観, 盛観, 壮観, 美観

カン 韓 — 289
例韓国, 在韓, 日韓

カン 艦 — 290
例艦橋, 艦載, 艦隊；軍艦, 潜水艦

カン 鑑 かんがみる 291
例鑑札, 鑑識, 鑑賞, 鑑定, 鑑別；年鑑, 門鑑

カン 甲 コウ 595
例甲板＜カンパン・コウハン＞

かん 神³ シン・ジン, かみ・こう 1051
例神主

ガン 丸² まる・まるい・まるめる 292
例丸薬；弾丸, 砲丸

ガン 含 ふくむ・ふくめる 293
例含水炭素, 含蓄, 含有, 含量；包含

ガン 岸³ きし 294
例岸壁；沿岸, 海岸, 護岸, 対岸, 彼岸, 両岸 注＊河岸＜かし＞

ガン 岩² いわ 295
例岩盤, 岩壁；火山岩, 火成岩, 溶岩

ガン 玩 — 296
例玩具；愛玩

ガン 眼⁵ ゲン, まなこ 297
(1)目 例眼下, 眼科, 眼球, 眼光, 眼前, 眼帯, 眼病；義眼, 近眼, 検眼, 心眼, 洗眼, 双眼鏡, 単眼, 肉眼, 白眼視, 複眼, 両眼, 老眼
(2)見る能力に関して 例眼力＜ガンリキ＞, 具眼
(3)見るところに関して 例眼界, 眼中；着眼
(4)要点に関して 例眼目；主眼
(5)その他 例象眼, 方眼紙
注＊眼鏡＜めがね＞

ガン 頑 — 298
例頑強, 頑健, 頑固, 頑丈

ガン 顔² かお 299
例顔色, 顔面, 顔料；温顔, 汗顔, 厚顔, 紅顔, 童顔, 拝顔

ガン 願⁴ ねがう 300
例願書, 願望, 願力；哀願, 懇願, 志願, 宿願, 出願, 所願, 請願, 訴願, 大願, 嘆願, 念願, 悲願

ガン 元² ゲン, もと 545
例元金, 元日, 元祖, 元朝, 元本, 元来, 元利

がん がん〔癌〕 例胃がん；受験戦争は教育のがんだ (注「障害」「欠点」の意)

カンアン 勘案 例諸情勢を勘案して

カンガイ 干害〔旱害〕 例干害に悩まされる

カンガイ 感慨 例感慨にふける, 感慨無量

カンガイ 灌漑 例用水, 引き水

かんがえ 考え 例自分の考えを述べる, 考え事

かんがえかた 考え方 例進歩的な考え方

かんがえこむ 考え込む 例頭を抱えて考え込む

かんがえつく 考えつく, 考え付く 例名案を考えつく

かんがえなおす 考え直す 例自分の行動を考え直す, 方針を考え直す

かんがえもの 考え物 例それを引き受けるのは考え物だ

かんがえる 考える² コウ 602
例将来について考える, 新しい方法を考える, 僕らには考えられないことだ, 考えあぐむ

カンカク 感覚 例寒さで感覚がなくなる, 感覚器官, 感覚が鋭い, 感覚が古い

かんがみる 鑑みる カン〔かんが

○改定追加漢字　●改定追加音訓　□改定削除漢字　■改定削除音訓　〔 〕参考表記　〔△表外字
▲表外音訓　×誤用　当て当て字〕

みる〕291
　例大局に鑑みて事態の処理に当たる、時局に鑑みて節倹を図る
カンキョ　管渠　注法令では、「管渠」と振り仮名を付ける。
ガンキョウ　頑強　例頑強に抵抗する
カンきり　缶切り〔缶切〕
ガング　玩具　類おもちゃ
カンゲイ　歓迎〔観迎〕　例歓迎の辞、歓迎会　類歓送
カンゲキ　間隙　例間隙を縫う　類隙間、不和
カンゲキ　感激　例感激の涙、偉人伝を読んで感激する
カンケツ　間欠〔間歇〕　例間欠泉、間欠熱
ガンケン　頑健　類元気、壮健、丈夫、達者
カンゲンガク　管弦楽〔管絃楽〕
ガンコ　頑固　例頑固な人、頑固な水虫
カンコツダッタイ　換骨奪胎　例民話を換骨奪胎した現代小説
カンコンソウサイ　冠婚葬祭　例冠婚葬祭の挨拶＜アイサツ＞
カンシャク　かんしゃく〔癇癪〕
　例かんしゃくを起こす、かんしゃく玉
ガンシュウ　含羞　例含羞を浮かべる
カンショウ　観賞　例熱帯魚を観賞する
カンショウ　鑑賞　例古典文学を鑑賞する、美術鑑賞
カンジョウ　勘定　例売り上げの勘定をする、勘定を払う；勘定に入れる、勘定ずく、勘定高い
ガンジョウ　頑丈〔岩乗当て字〕　例頑丈な門、頑丈な体　類丈夫、堅固
カンジン　肝腎、肝心　例用心が肝腎、肝腎要　注法令では、「肝腎」。
カンスウ　関数〔函数〕　例二次関数
カンする　関する　例教育に関する資料

カンずる　感ずる　例暑気を感ずる、疲労を感ずる、憎しみを感ずる、人生意気に感ずる　注「感じる」とも言う。
カンセイ　喚声〔喊声〕　例喚声を上げる　類叫び声、ときの声
カンセイ　歓声〔観声〕　例歓声がどっと上がる　類喜びの声
ガンゼない　頑是無い　例頑是ない子ども　類聞き分けない、あどけない
カンセン　感染　例感染症を予防する、急進思想に感染する
カンソ　簡素　例簡素な住まい、暮らしの簡素化　対繁雑
ガンゾウ　贋造　例贋造の千円札
カンタイ　歓待、款待〔観待〕　例厚く歓待する、家族の歓待を受ける
カンタン　感嘆〔感歎〕　例すばらしさに感嘆の声を上げる
カンタン　簡単　例簡単な問題、食事を簡単に済ます　対複雑
ガンタン　元旦　類元日、元朝
カンづく　感づく、感付く　例秘密を感づく
カンづめ　缶詰　例みかんの缶詰　注「缶詰め状態にされる」などは送り仮名を送る。
カンテイ　鑑定　例筆跡を鑑定する、書画の鑑定、鑑定料
カンテツ　貫徹〔完徹〕　例初志を貫徹する、要求の貫徹
カンテン　干天〔旱天〕　例干天の慈雨
カントク　監督　例監督する、映画監督、現場監督
かんなづき　神無月　類十月
カンナン　艱難　例艱難辛苦　類困難
カンニン　堪忍、勘忍　例堪忍する、堪忍袋の緒が切れる

| | |
|---|---|
| カンネン　観念 | 例宇宙に関しての観念，誤った観念を持つ，これまでと観念する，責任観念，時間の観念，観念的だ，観念論 |
| カンノン　観音 | 例観音経，観音開き |
| カンパイ　乾杯〔乾盃〕 | 例優勝を祝って乾杯する |
| かんばしい　芳しい　ホウ　1831 | 例芳しい花の香；成績がかんばしくない |
| カンバツ　干魃，旱魃 | 他日照り，水枯れ，干天 |
| カンパツ　煥発 | 例才気煥発 |
| ガンばる　がんばる，頑張る | 例がんばって勉強する；自分の意見をがんばる |
| カンビ　完備 | 例ガス水道完備，冷暖房完備 |
| カンペキ　完璧〔完璧〕 | 例完璧の備え（構え）　他完全，万全 |
| カンマン　緩慢〔緩漫〕 | 例緩慢な動作 |
| かんむり　冠　カン　255 | 例草冠，竹冠，花冠；冠をまげる，お冠 |
| カンメイ　感銘，肝銘 | 例偉人の伝記を読んで感銘を受ける |
| ガンメイ　頑迷 | 他分からず屋，かたくな |
| カンユウ　勧誘 | 例保険の勧誘，勧誘する，勧誘員 |
| カンヨ　関与〔干与〕 | 例その点については関与しない　他関係　注法令では「関与」。 |
| カンヨウ　肝要 | 例肝要な点を忘れるな　他たいせつ |
| カンヨウ　寛容 | 例寛容な態度　他寛大 |
| カンヨウ　慣用 | 例慣用音，慣用語 |
| カンヨウ　涵養 | 例徳を涵養する　他養成，育成　注法令では，「涵養」と振り仮名を付ける。 |

| | |
|---|---|
| カンリ　管理 | 例図書を管理する，アパートの管理人 |
| カンレイ　寒冷 | 例寒冷前線，寒冷地 |
| カンロク　貫禄(貫録) | 例貫禄がある，貫禄がついてくる |
| カンワ　緩和 | 例金融の引き締めを緩和する，規制緩和　他緊縮 |
| カンワキュウダイ　閑話休題 | 例閑話休題さあ始めよう　他それはさておき |

## 〔キ・き〕

| | | |
|---|---|---|
| キ　企　くわだてる | | 301 |
| 例企画，企業，企図 | | |
| キ　伎— | | 302 |
| 例歌舞伎 | | |
| キ　危⁶　あぶない・あやうい・あやぶむ | | 303 |
| 例危害，危機，危急，危険，危地，危篤，危難；安危 | | |
| キ　机⁶　つくえ | | 304 |
| 例机下，机上の空論，机辺 | | |
| キ　気¹　ケ | | 305 |
| 例気を静める，気が散る，気が利く，気がつく，気が長い，気が荒い，気がよい，気が抜ける，気を吐く，気が知れない，気が進まない，気がある，気をもむ，気を配る，気に病む，気にかける，気が置けない，気をよくする，気が詰まる；空気，気体，気圧，気流，気温，水蒸気，気象，気候，天気，湿気，電気，気動車；元気，生気，気概，気鋭，気力，気風，気分，気質，気性，人気，意気，勇気，病気　注＊意気地<いくじ>，＊浮気<うわき> | | |
| キ　岐⁴— | | 306 |

○改定追加漢字　●改定追加音訓　□改定削除漢字　■改定削除音訓　〔　〕参考表記　〔△表外漢字　▲表外音訓　×誤用　当て字当て字〕

| | | | | | |
|---|---|---|---|---|---|
| | 例岐点，岐路；多岐，分岐点 | | | | 記，銘記，列記，連記 |
| | 注※岐阜＜ぎふ＞県 | | キ | 起³ | おきる・おこる・おこす 317 |
| キ | 希⁴ ―〔稀〕 307 | | | 例起案，起因，起居，起業，起源，起工，起稿，起重機，起床，起訴，起草，起点，起伏，起用；縁起＜エンギ＞，喚起，決起，再起，想起，突起，発起＜ホッキ＞，発起人，奮起，躍起，隆起 |
| | (1)少ない・薄い 例希少，希世，希代，希薄；古希 | | | | |
| | (2)望む 例希求，希望 | | | | |
| キ | 忌 いむ・いまわしい 308 | | | | |
| | 例忌日＜キジツ・キニチ＞，忌中，忌避，忌引き；1周忌，禁忌，3年忌 | | | | |
| キ | 汽² ― 309 | | キ | 飢 うえる | 318 |
| | 例汽車，汽船，汽笛 | | | 例飢餓，飢渇 | |
| キ | 奇 ―〔﨑〕 310 | | キ | 鬼 おに | 319 |
| | 例奇異，奇縁，奇禍，奇怪，奇遇，奇形，奇計，奇行，奇習，奇襲，奇術，奇勝，奇数，奇跡，奇特＜キトク＞，奇병，奇妙；怪奇，好奇心，新奇，珍奇 注※数寄屋＜すきや＞ | | | 例鬼気，鬼才，鬼神，鬼畜，鬼面；悪鬼，債鬼 | |
| | | | キ | 帰² かえる・かえす | 320 |
| | | | | 例帰依，帰化，帰趨，帰京，帰結，帰航，帰国，帰心，帰省，帰属，帰宅，帰着，帰納，帰路；回帰線，復帰 | |
| キ | 祈 いのる 311 | | キ | 基⁵ もと・もとい | 321 |
| | 例祈願，祈禱＜キトウ＞，祈念 | | | 例基幹，基金，基準，基数，基礎，基地，基調，基底，基本；開基，培養基 | |
| キ | 季⁴ ― 312 | | | | |
| | 例季；季刊，季語，季候，季節，季題；雨季，夏季，四季，秋季，春季，冬季，年季 | | キ | 寄⁵ よる・よせる | 322 |
| | | | | (1)身を寄せる 例寄宿，寄生，寄留 | |
| キ | 紀⁵ ― 313 | | | (2)そこに寄る 例寄航，寄港 | |
| | 例紀元，紀行，紀年，紀要；記紀万葉，風紀 | | | (3)贈る 例寄進，寄贈，寄託，寄附，寄与 | |
| キ | 軌 ― 314 | | | 注＊数寄屋＜すきや＞ | |
| | 例軌跡，軌道，軌範；狭軌，常軌を逸する | | キ | 規⁵ ― | 323 |
| | | | | 例規格，規準，規則，規定，規模，規約，規律；校規，定規＜ジョウギ＞，新規，正規，内規，法規 | |
| キ | 既 すでに 315 | | | | |
| | 例既往，既刊，既決，既婚，既成，既製品，既設，既存，既知，既知数，既定，既得，既報；皆既食 対未 | | キ | 亀 かめ | 324 |
| | | | | 例亀甲，亀裂 | |
| キ | 記² しるす 316 | | キ | 喜⁵ よろこぶ | 325 |
| | 例記；記憶，記号，記載，記算，記事，記者，記述，記章，記入，記念，記名，記録；暗記，雑記，手記，書戦記，前記，速記，伝記，登記，日記，筆記，表記，標記，付記，簿 | | | 例喜劇，喜捨，喜寿，喜怒；歓喜，悲喜，一喜一憂 | |
| | | | キ | 幾 いく | 326 |
| | | | | 例幾何 | |
| | | | キ | 揮⁶ ― | 327 |
| | | | | 例揮発油；指揮，発揮 | |

明朝体の右肩の数字は配当学年　末尾の数字は常用漢字表番号　( )許容　類類義同意語　対反対対照語
関関連語　学学術用語

| | | | | | | |
|---|---|---|---|---|---|---|
| キ | 期³ | ゴ | 328 | | | |

キ 期³ ゴ　328
例期間, 周期, 期日, 期待；延期, 夏期, 会期, 学期, 刑期, 婚期, 時期, 思春期, 周期, 初期, 所期, 早期, 定期, 同期, 任期, 年期, 満期, 無期, 予期

キ 棋 ―　329
例棋院, 棋界, 棋士, 棋風；将棋

キ 貴⁶ たっとい・とうとい・たっとぶ・とうとぶ　330
(1)身分・地位が高い例貴公子, 貴人, 貴族, 貴婦人；高貴
(2)価値がある例貴金属, 貴重；騰貴, 富貴
(3)敬意を表す例貴意, 貴下, 貴君, 貴兄, 貴殿, 貴様, 貴社；兄貴

キ 棄 ―　331
例棄却, 棄権, 棄損；遺棄, 自棄, 破棄, 廃棄, 放棄

キ 毀 ―　332
例毀損, 毀誉

キ 旗⁴ はた　333
例旗幟, 艦․；軍旗, 校旗, 国旗, 星条旗, 反旗, 半旗, 万国旗

キ 器⁴ うつわ　334
(1)入れもの・道具例器械, 器楽, 器具, 器材；拡声器, 楽器, 凶器, 計器, 検温器, 磁器, 漆器, 食器, 茶器, 聴診器, 電熱器, 土器, 陶器, 武器, 分度器, 兵器, 容器
(2)働き・才能, それがある人または物例器官, 器用, 器量；大器, 無器用

キ 畿 ―　335
例畿内；近畿

キ 輝 かがやく　336
例輝石, 輝線；光輝

キ 機⁴ はた　337
(1)道具例機械, 機関, 機構, 機体；起重機, 航空機, 削岩機, 写真機, 織機, 扇風機, 蓄音機, 飛行機

(2)働き例機知, 機動, 機能, 機略；新機軸
(3)要例機密；枢機
(4)きっかけ・兆し例機運, 機縁, 機会, 機先；危機, 契機, 時機, 戦機, 待機, 投機, 動機, 臨機

キ 騎 ―　338
例騎士, 騎手, 騎乗, 騎馬, 騎兵；～騎, 単騎

キ 己⁶ コ, おのれ　557
例克己, 知己

き 黄² コウ・オウ, こ　632
例黄色い, 黄ばむ

き 生¹ セイ・ショウ, いきる・いかす・いける・うまれる・うむ・おう・はえる・はやす・なま　1107
例生糸, 生一本, 生そば, 生地

き 木¹ ボク・モク, こ　1876
例木戸, 木賃宿；青木, 植木, 草木, 定木, 雑木林, 苗木, 生木, 庭木, 松並木, 丸木, 丸木舟, 若木

き 着～　例着付け, 着物

～着　例合い着, 厚着, 薄着, 上着, 下着, 古着, 水着, 夜着

ギ 技⁵ わざ　339
例技官, 技芸, 技巧, 技師, 技術, 技能, 技法, 技量；演技, 球技, 競技, 国技, 特技, 妙技, 余技

ギ 宜 ―　340
例時宜, 適宜, 便宜

ギ 偽 いつわる・にせ　341
例偽悪, 偽作, 偽証, 偽善, 偽装, 偽造, 偽名；虚偽, 真偽

ギ 欺 あざむく　342
例欺瞞＜ギマン＞；詐欺

ギ 義⁵ ―　343
(1)条理例義務, 義理；主義, 信義, 仁義, 正義, 大義, 忠義, 道義, 不

○改定追加漢字　●改定追加音訓　□改定削除漢字　■改定削除音訓　〔　〕参考表記〔△表外漢字　▲表外音訓　×誤用　当て字］当て字〕

義, 本義
(2)条理に従う・公共に尽くす 例義援, 義士, 義心, 義憤, 義勇
(3)意味・わけ 例意義, 疑義, 狭義, 広義, 講義, 定義
(4)偽りの・仮の・関係のある 例義眼, 義兄弟, 義兄, 義姉, 義歯, 義手, 義足, 義弟, 義父, 義母, 義妹

ギ 疑⁶ うたがう 344
例疑義, 疑試, 疑似, 疑心, 疑念, 疑問, 疑惑;懐疑, 質疑, 半信半疑, 容疑

ギ 儀 — 345
例儀式, 儀礼;威儀, 婚儀, 葬儀, 地球儀, 難儀, 礼儀

ギ 戯 たわむれる 346
例戯画, 戯曲, 戯号;遊戯

ギ 擬 — 347
例擬音, 擬人法, 擬勢, 擬製, 擬声語, 擬態;模擬

ギ 犠 — 348
例犠牲, 犠打

ギ 議⁴ — 349
例議案, 議員, 議院, 議会, 議決, 議事, 議場, 議席, 議題, 議長, 議論;異議, 院議, 会議, 閣議, 協議, 決議, 建議, 抗議, 合議, 参議院, 衆議院, 審議, 争議, 代議士, 討議, 動議, 評議, 密議, 付議, 不思議, 論議, 和議

キあい 気合い(気合) 例気合いを入れる

きあわせる 来合わせる(来合せる) 例会場に来合わせる

きいろい 黄色い 例黄色いリボン, 黄色い声

キうけ 気受け 例気受けがよい

キエ 帰依 例仏道に帰依する

きえいる 消え入る 例身も心も消え入るような悲しみ

きえうせる 消えうせる〔消え失せる〕

例望みが消えうせてしまった

きえのこる 消え残る 例雪が消え残る

きえる 消える³ ショウ, けす 976
例姿が消える, 足音が消える, 火が消える, 電灯が消える, ガスが消える, 火が消えたような寂しさ 対現れる;燃える, つく

キエン 気炎〔気焔〕 例気炎をあげる, 怪気炎

ギエン 義援〔義捐〕 例災害地に義援金を送る 類救援, 援助

キおう 気負う 例気負いすぎて失敗する

キオク 記憶 例記憶を失う, 記憶をたどる, 記憶がない, 記憶術 類物覚え

キおくれ 気後れ 例壇上に立って気後れする

キガ 飢餓〔饑餓〕 例飢餓にひんする

キカイ 機会 例機会を捕らえる, 機会均等

キガイ 気概〔気慨〕 例気概のある人

キカイあみ 機械編み 対手編み

キカイテキ 機械的 例機械的な作業, 機械的な考え方

きがえ 着替え(着替) 例着替えを用意する, 着替えの下着

きがえる 着替える 例合い着に着替える

キがかり 気がかり, 気懸かり, 気掛かり 例家庭のことが気がかりだ

キカク 企画〔企劃〕 例企画を担当する, 出版の企画

キカク 規格 例製品の規格, 規格に合わせて作る, 標準規格, 規格外れ, 規格品, 規格判

きかざる 着飾る 例着飾って出かける

キがね 気がね, 気兼ね 例気がねをする, 他人に気がねする, 気がねな

く話す　[類]遠慮
**キがまえ　気構え**　[例]断固とした気構えを見せる，仕事に対する気構えがない　[類]心構え，覚悟
**キがる　気軽**　[例]気軽にする，気軽に人と話す，気軽に外出する
**キがわり　気変わり**(気変り)　[類]心変わり
**キカン　器官**〔器管〕
**キカン　機関**　[例]報道機関，組合の機関紙；機関士，機関車，機関銃
**キキ　危機**　[例]危機にひんする，危機一髪
**ききあやまる　聞き誤る**(聞誤る)　[例]趣旨を聞き誤る　[類]聞き違える
**ききあわす　聞き合わす**(聞き合す)
**ききあわせる　聞き合わせる**(聞き合せる)　[例]警察に聞き合わせる　[類]照会する
**ききいる　聞き入る**(聞入る)　[例]話に聞き入る，熱心に聞き入る
**ききいれる　聞き入れる**(聞入れる)　[例]願いを聞き入れる
**ききおさめ　聞き納め**(聞納め)　[例]あの人の声もあの時で聞き納めになった，この古いラジオも聞き納めだ
**ききおとし　聞き落とし**(聞落し)　[例]聞き落としのないようによく聞く　[関]書き落とし
**ききおとす　聞き落とす**(聞落す)　[例]たいせつなことを聞き落とす　[類]聞き漏らす
**ききおぼえ　聞き覚え**(聞覚え)　[例]聞き覚えのある声，僕の英語は正式に習ったのではなく聞き覚えだ
**ききおぼえる　聞き覚える**(聞覚える)　[例]英語を聞き覚える，飼い主の声を聞き覚える
**ききかえす　聞き返す**(聞返す)　[例]趣旨を聞き返す，納得できないので聞き返す
**ききがき　聞き書き**(聞書き)　[例]聞き書き帳　[類]覚え書き，メモ
**ききかじる　聞きかじる**〔聞き齧る〕　[例]人の話を聞きかじる，聞きかじりの学問
**ききかた　聞き方**，聴き方　[例]ものを聞くにも聞き方がある，話し方と聞き方についての勉強，聞き方に回る　[対]話し方
**ききぐるしい　聞き苦しい**(聞苦しい)　[例]聞き苦しい話をする，古いレコードなので聞き苦しい
**ききこみ　聞き込み**(聞込み)　[例]刑事が聞き込みに回る，聞き込み捜査
**ききざけ　きき酒**，聞き酒，利き酒　[例]きき酒をする
**ききすごす　聞き過ごす**(聞過す)　[例]要点を聞き過ごす，過ちを聞き過ごす
**ききずて　聞き捨て**(聞捨て)　[例]忠言を聞き捨てにする，聞き捨てならない話　[類]聞き流し
**ききだす　聞き出す**(聞出す)　[例]真相を聞き出す
**ききただす　聞きただす**〔聞き糺す〕　[例]真意を聞きただす
**ききちがい　聞き違い**(聞違い)　[例]私の聞き違いではない
**ききちがえ　聞き違え**(聞違え)　[例]あなたの聞き違えです
**ききちがえる　聞き違える**(聞違える)　[例]約束の期日を聞き違える
**ききつける　聞きつける**，聞き付ける(聞付ける)　[例]話を聞きつけて飛んでくる，聞きつけた文句
**ききつたえ　聞き伝え**(聞伝え)　[例]聞き伝えの話

○改定追加漢字　●改定追加音訓　□改定削除漢字　■改定削除音訓　〔　〕参考表記〔△表外漢字　▲表外音訓　×誤用　[当て字]当て字〕

ききつたえる　聞き伝える(聞伝える)　例話を聞き伝える
ききて　聞き手　例聞き手に回る　対話し手，語り手
ききとがめる　聞きとがめる〔聞き咎める〕　例相手の話を聞きとがめて容赦しない
キキとして　喜々として〔嬉々として〕　例喜々として旅行に出かける
ききとどける　聞き届ける(聞届ける)　例頼みを聞き届ける
ききとり　聞き取り(聞取り)　例容疑者の聞き取り書　類聴取
ききとる　聞き取る(聞取る)　例事情を聞き取る
ききなおす　聞き直す(聞直す)　例意味を聞き直す　類聞き返す
ききながす　聞き流す(聞流す)　例忠告を聞き流す，今度だけは聞き流す
ききみみ　聞き耳　例聞き耳を立てる
ききめ　効き目，利き目　例効き目が薄い
ききもの　聞き物　例聞き物の番組
ききもらす　聞き漏らす(聞漏らす)〔聞き洩らす〕　例肝腎なことを聞き漏らす，期待の講演を聞き漏らす
ききヤク　聞き役　例悩み事の聞き役に回る　例聞き手
キキュウ　危急　例危急存亡のとき
キキョ　起居　例起居を共にする
キキョウ　奇矯　例奇矯なふるまい　類型破り
ギキョウシン　義侠心　類男気
きぎれ　木切れ
ききわけ　聞き分け(聞分け)　例聞き分けのない子ども
ききわける　聞き分ける(聞分ける)　例よく聞き分ける，飼い主の声を聞き分ける

ききわすれる　聞き忘れる(聞忘れる)　例急いでいたので聞き忘れる，古い話なので聞き忘れた
キキン　飢饉　例飢饉で苦しむ，水飢饉　類凶作，不足
キキンゾク　貴金属　例貴金属商
キク　菊　350　例菊；菊花，菊人形，菊判；黄菊，残菊，野菊
きく　効く⁵　コウ　609　例薬が効く，宣伝が効く，効き目がある
きく　聴く　チョウ　1416　例音楽を聴く，国民の声を聴く
きく　聞く²　ブン，モン，きこえる〔訊く〕　1787　例道を聞く，願いを聞く，命令を聞く，香を聞く
きく　利く⁴　リ　2036　例左手が利く，目が利く，機転が利く
キグ　危惧　類不安，おそれ，危ぶむ，心配
キグ　器具　例電気器具
キグウ　寄寓　類仮住まい
きくずれ　着くずれ，着崩れ　例仕立てのよい背広は着くずれしない
キくばり　気配り　例慎重な気配り
キぐみ　気組み　類気構え，心組み
きぐみ　木組み　例木組みを流す
キケイ　奇形〔畸形〕
キゲキ　喜劇　例喜劇俳優，喜劇陣　対悲劇
キケン　危険　例危険を冒す，危険にさらされる，危険信号，危険性，危険地帯　対安全
キゲン　起源，起原　例人類の起源
キゲン　期限　例期限を切る，提出期限
キゲン　機嫌〔気嫌〕　例機嫌が悪い，

機嫌を取る, 御機嫌伺い, 御機嫌だ, 機嫌買い

**キゲンソ　希元素**〔稀元素〕

**キゲンつき　期限付き**(期限付)

**キコ　騎虎**　[例]騎虎の勢い

**キコウ　紀行**〔記行〕　[例]紀行文, 紀行日記

**キコウ　寄港**, 寄航　[例]ハワイに寄港する, 寄港地

**キゴウ　揮毫**　[類]染筆, 書く

**きこえ　聞こえ**(聞え)　[例]このスピーカーは聞こえがよい；世間の聞こえが悪い

**きこえよがし　聞こえよがし**(聞えよがし)　[例]聞こえよがしに人の悪口を言う

**きこえる　聞こえる**[2]　(聞える)　ブン・モン, きく　1787
[例]音楽が聞こえる, 耳が聞こえる；世に聞こえた学者

**きごこち　着心地**　[例]着心地のよい服

**きこり　きこり**〔樵〕

**きさき　きさき**〔后〕　[類]皇后

**きざし　兆し**[4]　チョウ, きざす〔萌し〕　1395
[例]春の兆し, 動乱の兆しがうかがわれる

**きざす　兆す**[4]　チョウ, きざし〔萌す〕　1395
[例]木の芽が兆した；機運が兆した

**きざみ　刻み**　[例]刻み目, 時間の一刻み, 刻み足

**きざみつける　刻みつける**, 刻み付ける　[例]心に刻みつける, 幹に印を刻みつける

**きざむ　刻む**[6]　コク　660
[例]仏像を刻む, 大根を刻む, 時を刻む

**きさらぎ　如月**　[当て字]　[類]二月

**キざわり　気障り**　[例]工事の音が気障りになって眠れない, 気障りな態度

**きし　岸**[3]　ガン　294
[例]岸に船をつなぐ, 岸を離れる, 岸に寄せる波, 岸辺　[対]沖

**キシ　旗幟**　[例]旗幟を鮮明にする

**きジ　生地**〔素地〕　[例]生地が現れる, 生地の陶器；生地を選ぶ

**ギジ　疑似**, 擬似　[例]疑似体験　[対]真性

**キシカイセイ　起死回生**　[例]起死回生の策, 起死回生のホームラン

**キジク　基軸**　[例]基軸通貨

**キジク　機軸**　[例]新機軸を打ち出す

**キシツ　気質**　[例]気質が悪い, 職人気質　[類]気性, かたぎ　[注]気質<かたぎ>は当て字。

**きしづたい　岸伝い**　[例]岸伝いに歩く

**きしべ　岸辺**　[例]岸辺を歩く

**きしむ　きしむ**〔軋む〕　[例]車がきしむ

**キシャ　喜捨**〔寄捨〕　[例]神社に喜捨する

**キシャク　希釈**〔稀釈〕

**キジュン　基準**　[例]基準を定める, 合格基準, 調査基準, 基準価格　[類]標準　[注]基本となる標準。

**キジュン　規準**　[例]行動規準を定める　[注]守るべき規律・法則。

**キショウ　気性**　[例]気性の荒い土地柄　[類]気質, 気だて

**キショウ　希少**〔稀少〕　[例]希少価値

**キショウ　記章**〔徽章〕　[例]学校の記章　[類]校章

**キショク　気色**　[例]気色が悪い　[類]気持ち

**キショク　喜色**　[例]喜色満面

**きしる　きしる**〔軋る〕　[例]床<ゆか>がきしる, 車がきしる

**きず　傷**[6]　ショウ, いたむ・いためる　〔疵, 瑕, 創〕　997
[例]手の傷, レンズの傷, 傷口, 傷痕,

○改定追加漢字　●改定追加音訓　□改定削除漢字　■改定削除音訓　〔　〕参考表記〔△表外漢字　▲表外音訓　×誤用　[当て字]当て字〕

キスウ　帰趨　國民心の帰趨　類成り行き，動向，帰結
きずく　築く⁵　チク　1370　例城を築く，確固たる地位を築く，店の前に人山を築いている
きずつける　傷つける，傷付ける〔疵付ける〕　例指を傷つける，置物を傷つける，名誉を傷つける
きずな　きずな〔絆，紲〕　例牛のきずな；夫婦のきずな，師弟のきずな，きずなを断つ　類網，ひも，結び付き
キする　帰する　例失敗に帰する，帰するところ努力以外にない　類けっきょく，つまり
キする　期する　例再会を期する，完成を期する，心に深く期するところがある，朝の5時を期して決行する
キセイ　既成　例既成の事実
キセイ　既製　例既製の洋服，既製品　類出来合い，注文
キセイ　帰省　例休暇をもらって帰省する，帰省列車　類帰郷
キセイ　規正　例生徒の服装を規正する　注法令では，ある事柄を規律して公正な姿に当てはめることという意味についてのみ用いる。
キセイ　規制　例交通規制，自主規制　注ある事柄を規律し統制すること。
キセイ　規整　注法令では，ある事柄を規律して一定の枠に納め整えることという意味についてのみ用いる。
ギセイ　犠牲　例事故の犠牲になる，犠牲を払う，犠牲者，犠牲フライ，犠牲的精神
キセキ　奇跡〔奇蹟〕　例奇跡でも起こらないかぎり達成不可能だ，奇跡的に命を保つ

きせる　着せる³　チャク・ジャク，きる・つく・つける　1374　例服を着せる；恩を着せる，罪を着せる
きせる　きせる，キセル〔煙管当て字〕　例きせるで吸う，きせる乗車
キぜわしい　気ぜわしい〔気忙しい〕　例年の暮れは何かと気ぜわしい，気ぜわしい人だ
キゼン　毅然　例毅然たる態度
きそう　競う⁴　キョウ・ケイ，せる　417　例演技を競う，腕を競う，百花けんを競う
キソウ　帰巣　例帰巣本能
きそって　きそって，競って　例先をきそって席に着く　注仮名書きか「争って」としたほうがよい。
キソン　毀損　例物品を毀損する，名誉を毀損する　類損傷，破損
きた　北²　ホク　1875　例北回帰線，北風，北側，北向き，北国，北半球　対南
キタイ　危殆　例危殆にひんする　類危険，危機
キタイ　期待〔機待〕　例期待する，期待を担う，期待が大きい，期待外れだ
キダイ　希代〔稀代〕　例希代の悪党
きたえあげる　鍛え上げる　例体を鍛え上げる，人間を鍛え上げる
きたえる　鍛える　タン　1346　例刀を鍛える，心身を鍛える
きたす　来す²　ライ，くる・きたる　2022　例支障を来す，破局を来す
キだて　気だて，気立て　例気だてがよい，気だての優しい子
きたない　汚い　オ，けがす・けがれる・けがらわしい・よごす・

きたな―きって

**よごれる** 104
例壁が汚い 対きれいだ

**きたならしい 汚らしい** 例汚らしい服装；やり方が汚らしい

**きたむき 北向き** 例北向きの窓 対南向き

**きたる 来る²** ライ、くる・きたす 2022
例来る10月18日の午後1時…… 対去る 注仮名書きで「きたる」とも。法令・公用文では「来る」。

**キダン 奇談**〔綺談〕 例異国奇談

**きたんのない きたんのない**〔忌憚のない〕 例きたんのない意見、どうぞきたんなく批評してください 類遠慮のない、腹蔵ない、率直な

**キチ 吉** キツ 351
例吉事、吉日＜キチジツ・キツジツ＞、大吉 対凶

**キチ 機知**〔機智〕 例機知に富む、機知がひらめく 類ウイット

**キチャク 帰着** 例同じ結論に帰着する

**キチョウ 貴重** 例時間は貴重だ、貴重な品、貴重な体験を生かす

**キチョウメン きちょうめん**〔几帳面〕 例きちょうめんな性質 対ずぼら

**きちんと きちんと** 例机の上をきちんとする、きちんとした身なり、きちんとした生活、借金をきちんと払う

**キツ 吉** キチ 351
例吉凶、吉相、吉報；不吉

**キツ 喫** ― 352
例喫煙、喫水、喫茶；満喫

**キツ 詰** つめる・つまる・つむ 353
例詰問；難詰、面詰

**きつい きつい** 例きつい言葉、きつく叱る、目がきつい、寒さがきつい、体がきつい、きつい仕事、きつく縛る、襟がきつい 対緩い

**キヅかい 気遣い** 例あの人のことなら気遣いは要らない、天候なら気遣いない 類心配

**キヅかう 気遣う** 例安否を気遣う 類心配する

**きっかけ きっかけ、切っ掛け** 例知り合ったきっかけ、事件のきっかけ、きっかけを作る

**きっかり きっかり** 例きっかり100枚、9時きっかりに始まる 類ちょうど；雲間にきっかりと浮かぶ山々 類くっきり

**キヅかれ 気疲れ** 例気疲れする、気疲れが激しい

**キヅかわしい 気遣わしい** 例天候が気遣わしい 類心配である

**キヅく 気づく、気付く** 例失敗に気づく、間違いに気づく

**きつけ 気つけ、気付け** 例気つけ薬

**きつけ 着付け** 例着物の着付けがうまい

**キヅけ 気付** 例ぎょうせい気付甲野乙平様

**キッコウ 拮抗** 例実力が拮抗している

**キッサテン 喫茶店**

**キッスイ 喫水**〔吃水〕 例喫水の深い船、喫水線 ⑦喫水 注法令では「喫水」。

**きっスイ 生っ粋**（生粋） 例生っ粋の江戸っ子 類純粋

**きっちり きっちり** 例きっちりとはまる、答えがきっちりだ、きっちり1時に、500円きっちりある 類きちっと、ちょうど、きっかり

**きって 切手** 例郵便切手、記念切手、切手の収集；商品切手；小切手

**きっての きっての、切っての** 例社内きっての人格者、観光地きっての名所

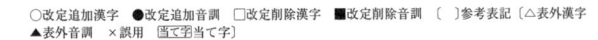

○改定追加漢字 ●改定追加音訓 □改定削除漢字 ■改定削除音訓 〔 〕参考表記〔△表外漢字 ▲表外音訓 ×誤用 当て字当て字〕

| | |
|---|---|
| きっと　きっと〔屹度,急度当て字〕 | まぶす |
| 例きっと参加する；きっとにらむ | キにいる　気に入る　例人の気に入る |
| きつね　きつね〔狐〕　例きつねつき | きぬ　衣　例菌に衣着せぬ言い方 |
| きっぱり　きっぱり　例きっぱりと断る | きぬ　絹⁶　ケン　534 |
| キップ　切符　例切符を切る　類入場券,乗車券 | 例絹を着る；絹糸,絹織物,絹地,絹針,絹張り,絹物 |
| キップ　きっぷ,気っ風　例きっぷがよい | キぬけ　気抜け　例試験が済んで気抜けがする |
| キづまり　気詰まり(気詰り)　例アパート住まいは気詰まりなことが多い,あの家ならちっとも気詰まりでない | きぬばり　絹張り　例絹張りの傘　関木綿張り |
| キづよい　気強い　例二人のほうが気強い　関安心だ,心強い | きね　きね〔杵〕　例昔とったきねづか |
| キテイ　既定　例既定の事実,既定の方針　対未定 | キネン　記念　例記念の品,記念写真,創立記念,卒業記念,結婚記念；記念祭,記念碑 |
| キテイ　規定,規程　例図書貸し出し規定,規定料金,使用規定,拾得物取り扱い規定　注「内部規程」「事務取扱規程」などは「規程」を用いる。法令の名称としては,原則として「規程」を用いず,「規則」を用いる。 | きのう　*昨日　例昨日は休みだった,昨日のことのように思われる　関*今日<きょう>,*明日<あす> |
| | キのドク　気の毒　例気の毒な人だ,気の毒なことをする,話を聞いて気の毒がる　関かわいそうだ,申し訳ない |
| キテン　起点　対終点 | きのぼり　木登り　例猿の木登り |
| キテン　基点　注距離を測る基になる点。 | キのり　気乗り　例気乗りがしない,気乗り薄だ |
| キテン　機転,気転　例機転が利く | きば　牙　ガ・ゲ〔きば〕　164　例牙をむく,牙を研ぐ,紙の牙 |
| キドアイラク　喜怒哀楽　例喜怒哀楽が激しい性格 | キハク　気迫〔気魄〕　例気迫にあふれる　関気力,根性,気概 |
| キト　帰途　例帰途に就く | キハク　希薄〔稀薄〕　例高地は空気が希薄だ,勝利の公算は希薄だ　関薄い　対濃厚 |
| キトウ　祈禱　関祈り,祈願,祈念 | |
| キトク　危篤　例危篤に陥る　関重体 | キバツ　奇抜　例奇抜な着想,奇抜なことを考える |
| キどり　気どり,気取り　例親分気どり,女房気どり | きばむ　黄ばむ　例紅葉が黄ばむ,黄ばんだシャツ |
| キどる　気どる,気取る　例文化人を気どる,気どって歩く | キばや　気早　例することなすことが気早だ,気早なところは親とそっくりだ |
| キなが　気長　例気長に待つ　対気短 | |
| きながし　着流し　例着流しで散歩する | |
| きなこ　きな粉,黄な粉　例きな粉を | キばやい　気早い　例気早い人 |

明朝体の右肩の数字は配当学年　末尾の数字は常用漢字表番号　( )許容　類類義同意語　対反対対照語　関関連語　学学術用語

キばらし　気晴らし(気晴し)　例気晴らしに散歩する　㊀気散じ
キばる　気張る　例あまり気張らないでゆっくりやる；気張ってすき焼きといく：あまり服装などに気張らないでもよい会合
キハン　覊絆　例覊絆を脱する，夫婦の覊絆　㊀束縛，きずな，拘束
キビ　機微　例人情の機微に触れる
キビ　驥尾　例驥尾に付す
きびしい　厳しい[6]　ゲン・ゴン，おごそか　556
　例厳しい訓練，寒さが厳しい
きびす　きびす〔踵〕　例きびすを返す
　㊟「くびす」とも言う。
キビン　機敏　例機敏な動作　㊀さとい，敏捷＜ビンショウ＞
キフ　寄附，寄付　例寄附を募る，寄附行為，寄附金　㊟法令・公用文では「寄附」。
キフク　起伏　例起伏の多い土地，起伏の多い人生
ぎフケン　※岐阜県
キブン　気分　例気分がよい，明るい気分，正月気分が抜けない　㊀気持ち，心持ち，雰囲気
キベン　詭弁　例詭弁をろうする
キボ　規模〔規摸〕　例規模を縮小する，建物の規模，組合の規模，大規模　㊀構え，しくみ
キホウ　気泡
キぼね　気ぼね，気骨　例気ぼねがおれる
キまかせ　気任せ　例旅は気任せ足任せ　㊀気まま
キまぐれ　気まぐれ〔気紛れ〕　例気まぐれな思いつき，気まぐれな人
キまじめ　生真面目，きまじめ
　例生真面目な態度，生真面目な男，生真面目で融通が利かない　㊁不真面目
キまずい　気まずい〔気不味い〕当て字
　例気まずい思いをする
キまま　気まま〔気儘〕　例気ままな一人旅，気ままに暮らす，かって気まま　㊀わがまま，かって
きまり　決まり(決り)，きまり〔極まり〕　例決まりに従う，決まり文句，決まりきり；きまりがつく，仕事のきまりをつける，きまりが悪い
きまる　決まる[3]　ケツ，きめる〔極まる〕　509
　例規則が決まる，計画が決まる，勝負が決まる，だめに決まっている；夕方になるときまって水が出ない
ギマン　欺瞞　例欺瞞する　㊀だます，欺く
きみ　君[3]　クン　462
　例姉君，父君，姫君，君のために尽くす，大君，君が代；君と僕，君は誰だ　㊀僕
キミ　気味　例気味の悪い場所だ，いい気味だ　㊀気味＜キビ＞はなまり；風邪ぎみだ，疲れぎみ，遅れぎみ，焦りぎみ
キみじか　気短　例彼は気短だ　㊀短気　㊁気長
キミツ　機密　例機密を漏らす，機密事項，機密書類，機密費，機密保持
ギム　義務　例義務がある，義務感，義務教育，義務年限　㊁権利
キむずかしい　気難しい　例気難しい老人
きめ　決め，きめ〔極め〕　例会社の決め，商売の取り決め；月ぎめで契約する
きめ　きめ，木目〔肌理〕当て字　例きめが細かい
きめて　決め手〔極め手〕　例捜査の決

○改定追加漢字　●改定追加音訓　□改定削除漢字　■改定削除音訓　〔　〕参考表記　〔△表外字
▲表外音訓　×誤用　当て字当て字〕

きめ手となる証拠,将棋の決め手
**きめる 決める**³ ケツ,きまる 509
例規則を決める,日取りを決める,話を決める;夏休みには山へ行くと決めている
**きも 肝 カン**〔胆〕 253
例肝の吸い物;肝に銘ずる,肝を冷やす,肝を煎る,肝が太い,肝っ玉
**きもいり 肝煎り,きもいり** 例先生の肝煎りで就職した
**きもち 気持ち(気持)** 例気持ちがわからない,気持ちを引き締める,気持ちのよい朝,ああいい気持ちだ,気持ちが悪い,気持ちが大きい,気持ちだけの贈り物 ⑱心持ち
**キャ 脚 キャク,あし** 356
例脚立;行脚
**キャク 却 ―** 354
例却下;閑却,棄却,消却,償却,退却,脱却,忘却,冷却
**キャク 客**³ カク 355
(1)訪ねる例客をする,お客様;客室,客人,客間;主客,先客,弔客,珍客,賓客,来客
(2)客分例客扱い;客員,客演,客分
(3)旅例客土
(4)利用者例客足,客受け,客車,客商売,客席,客船,客種,客止め,客引き;観客,顧客,乗客
(5)主に対する他例客観,客語,客体
**キャク 脚 キャ,あし** 356
例脚韻,脚光<キャッコウ>,脚色,脚注,脚本;健脚,三脚,失脚,立脚
**ギャク 逆**⁵ さか・さからう 357
例順序が逆だ;逆境,逆行,逆効果,逆光線,逆算,逆三角形,逆襲,逆上,逆臣,逆風,逆転,逆徒,逆流,逆浪;順逆,反逆 ㊉順

**ギャク 虐 しいたげる** 358
例虐殺,虐政,虐待;悪虐,残虐,暴虐
**ギャクコウカ 逆効果** 例逆効果になる
**ギャクタイ 虐待** 例動物を虐待する ㊉愛護
**キャクチュウ 脚注〔脚註〕** ㊉頭注
**キャクどめ 客止め** 例大入り客止め
**キャクひき 客引き** 例客引き行為
**キャシャ きゃしゃ**〔花車,華奢〕
例きゃしゃな体つき ㊉頑丈
**きやすめ 気休め** 例気休めを言う
**キャッカン 客観** 例客観視する,客観性,客観的な意見 ㊉主観
注「カッカン」とも言う。
**ギャッキョウ 逆境** 例逆境にめげない ㊉順境
**キャッコウ 脚光** 例世の脚光を浴びる,脚光を浴びて登場する ⑱フットライト
**ギャッコウ 逆行** 例時代に逆行した思想 ㊉順行
**キャハン 脚絆** ⑱ゲートル
**キユウ 杞憂** ⑱取り越し苦労,無用の心配
**キュウ 九**¹ ク,ここの・ここのつ 359
例九十,九星,九天九地;三拝九拝;九死に一生;九州
**キュウ 久**⁵ ク,ひさしい 360
例永久,恒久,持久,耐久,半永久
**キュウ 及 およぶ・および・およぼす** 361
例及第,及落;言及,追及,波及,普及 ㊉落
**キュウ 弓**² ゆみ 362
例弓形,弓術,弓状,弓道,弓馬;強弓<ゴウキュウ>,半弓
**キュウ 丘 おか** 363
例丘陵;火口丘,砂丘,段丘

明朝体の右肩の数字は配当学年　末尾の数字は常用漢字表番号　( )許容　⑲類義同意語　㊉反対対照語
⑱関連語　㉘学術用語

| | |
|---|---|
| キュウ 旧⁵ ― 364 | 階級, 学級, 原級, 高級, 降級, 初級, 昇級, 上級, 進級, 中級, 低級, 等級, 同級 |
| 例旧に復する；旧悪, 旧恩, 旧家, 旧居, 旧教, 旧師, 旧式, 旧習, 旧臣, 旧人, 旧制, 旧姓, 旧跡, 旧知, 旧著, 旧都, 旧道, 旧年, 旧風, 旧聞, 旧弊, 旧盆, 旧約聖書, 旧友, 旧暦；懐旧, 新旧, 復旧 ㊥新 | キュウ 糾 ―〔糺〕 374 |
| | 例糾合, 糾察, 糾弾, 糾問；紛糾 |
| | キュウ 宮³ グウ・ク, みや 375 |
| | 例宮城, 宮中参賀, 宮廷, 宮殿；王宮, 迷宮, 離宮 |
| キュウ 休¹ やすむ・やすまる・やすめる 365 | キュウ 救⁵ すくう 376 |
| | 例救援, 救急, 救護, 救国, 救済, 救出, 救助, 救世, 救難, 救民, 救命 |
| 例休暇, 休会, 休学, 休火山, 休館, 休業, 休校, 休講, 休止, 休日, 休職, 休場, 休戦, 休息, 休養；運休, 公休日, 定休日, 臨休 | キュウ 球³ たま 377 |
| | (1)玉・玉のような例球形, 球根, 球状, 球体, 球面；眼球, 気球, 血球, 地球, 電球 |
| キュウ 吸⁶ すう 366 | (2)ボール・野球・球技例球界, 球技, 球場, 球団, 球歴；硬球, 水球, 打球, 卓球, 直球, 庭球, 投球, 軟球, 排球 |
| 例吸引, 吸血, 吸収, 吸着, 吸入, 吸盤；呼吸, 呼吸器, 深呼吸 ㊥呼<コ> | |
| キュウ 朽 くちる 367 | キュウ 給⁴ ― 378 |
| 例朽廃；枯朽, 不朽の名作, 腐朽, 老朽 | 例給金, 給仕, 給食, 給水, 給足, 給電, 給付, 給米, 給油, 給与, 給料；恩給, 供給, 月給, 高給, 支給, 自給, 需給, 昇給, 日給, 配給, 薄給, 補給, 無給, 有給 |
| キュウ 臼 うす 368 | |
| 例臼歯, 脱臼 | |
| キュウ 求⁴ もとめる 369 | |
| 例求愛, 求刑, 求婚, 求職, 求心, 求人, 求知心, 求道；請求, 探求, 追求, 要求, 欲求 | |
| | キュウ 嗅 かぐ 379 |
| | 例嗅覚 |
| キュウ 究³ きわめる 370 | キュウ 窮 きわめる・きわまる 380 |
| 例究極, 究明, 究理；学究, 研究, 考究, 追究, 論究 | 例生活に窮する；窮境, 窮極, 窮屈, 窮策, 窮状, 窮地, 窮迫, 窮乏, 窮民, 窮余；困窮, 貧窮, 無窮 |
| キュウ 泣⁴ なく 371 | |
| 例泣訴；感泣, 号泣 | |
| キュウ 急³ いそぐ 372 | ギュウ 牛² うし 381 |
| 例急な流れ, 急行, 急進, 急造, 急速, 急流；急に倒れる, 急停車, 急転, 急病, 急変；急な坂, 急カーブ, 急傾斜；事態は急である, 戦雲急を告げる, 急使, 急迫, 急務, 急用；応急, 火急, 救急, 緊急 ㊥緩 | 例牛脂, 牛車, 牛舎, 牛肉, 牛乳, 牛馬, 牛皮；水牛, 闘牛, 乳牛, 牧牛, 野牛；牛飲馬食, 議会を牛耳<ギュウジ>る, 鶏口となるも牛後となるなかれ |
| | キュウエン 救援 例救援を求める, 救援隊, 救援物資 ㊥救助 |
| キュウ 級³ 373 | キュウカ 休暇 例休暇を取る, 休暇 |
| 例級を分ける；級数, 級友；下級, | |

○改定追加漢字　●改定追加音訓　□改定削除漢字　■改定削除音訓　〔　〕参考表記〔△表外漢字
▲表外音訓　×誤用　当て字当て字〕

届け，夏期休暇
キュウカク　嗅覚　例嗅覚の鋭い警察犬
キュウカツ　久闊　例久闊を叙する
キュウかなづかい　旧仮名遣い，旧かなづかい　類歴史的(的)仮名遣い　対現代仮名遣い，新仮名遣い
キュウキュウ　きゅうきゅう〔汲々〕　例金もうけにきゅうきゅうとしている
キュウキョ　急遽　類急ぎ，にわかに
キュウキョク　究極　例究極の目的
キュウキンゾク　希有金属〔稀有金属〕
キュウクツ　窮屈　例襟が窮屈だ，改まった場所へ出るのは窮屈だ，窮屈に考えるな
キュウケイ　休憩　例休憩する，休憩時間，休憩所　類休息，一休み，一服する
キュウごしらえ　急ごしらえ〔急拵え〕　例急ごしらえの身支度で出発する
キュウシ　臼歯　類奥歯，白歯＜うすば＞
キュウシャ　廐舎　類馬小屋，うまや
キュウシュ　鳩首　例鳩首会談
キュウシュウ　吸収　例栄養分を吸収する，インキを吸収する，知識を吸収する，子会社を吸収合併する
キュウジュツ　救恤，救じゅつ　類救済，救援　注法令では「救じゅつ」。
キュウジョウ　窮状　例窮状を見かねて救う，現地の窮状を訴える
ギュウジる　牛耳る　例業界を牛耳る，投手が打者を牛耳る
キュウス　急須，きゅうす　例急須でお茶をつぐ
キュウスイセン　給水栓
キュウする　給する　例衣服を給する　類給与する，支給する
キュウする　窮する　例生活に窮する，返答に窮する　対通ずる

キュウセイ　急逝　類急死
キュウセキ　旧跡〔旧蹟〕　例旧跡を訪ねる，旧跡巡り，名所旧跡
キュウソ　窮鼠　例窮鼠猫をかむ
キュウソク　休息　例峠＜とうげ＞で休息を取る，休息所　類休憩
キュウダイ　及第　例試験に及第する，及第点　対落第
キュウダン　糾弾〔糺弾〕　例汚職事件を糾弾する
キュウチ　窮地　例窮地に陥る，窮地に立つ　類窮境
キュウテキ　仇敵　例30年来の仇敵　類敵，敵＜かたき＞
キュウトウ　旧套　例旧套を脱する　類旧態，旧習
キュウバン　吸盤　例たこの吸盤
キュウメイ　究明　例真理を究明する
キュウメイ　糾明〔糺明〕　例罪を糾明する，責任の所在を糾明する
キュウヨ　給与　例給与をもらう；制服を給与する　類与える，支給，給料
キュウロウ　旧臘　例一般的には「昨年末」を用いる。その場合は，なるべく「昨年12月○日」というようにはっきり書く。

キョ　去³　コ，さる　　　　　　382
(1)経過する・去る例去秋，去就，去年；死去，辞去，退去　対来
(2)除く例除去，撤去
(3)漢字音例去声

キョ　巨　―　　　　　　　　　383
(1)大きい例巨漢，巨艦，巨岩，巨匠，巨鐘，巨人，巨像，巨体，巨大，巨頭，巨砲，巨木
(2)多い・たくさん例巨億，巨額，巨万，巨費，巨富，巨万，巨利

キョ　居⁵　いる　　　　　　　384
例居を構える；居室，居所，居宅，

| | |
|---|---|
| キョ―キョウ | |

| キョ 拒 こばむ 385 |
| 例拒止，拒絶，拒否，拒否権 ㊀諾 |

| キョ 拠 例コ 386 |
| 例拠点，割拠，根拠，準拠，占拠，典拠，本拠，論拠 |

| キョ 挙⁴ あげる・あがる 387 |
| (1)持ちあげる 例一挙手一投足，挙手 |
| (2)行う・ふるまう 例総辞職の挙に出る；挙行，挙止，挙式，挙動，挙兵；快挙，義挙，軽挙，壮挙，美挙，暴挙 |
| (3)取り上げる・並べ立てる 例挙証，挙用；検挙，推挙，枚挙，列挙 |
| (4)全て・残らず 例挙国一致，挙世 |

| キョ 虚 コ 388 |
| 例虚をつく，虚に乗ずる；虚栄，虚偽，虚言，虚構，虚実，虚飾，虚心，虚勢，虚説，虚報，虚無，虚名；空虚，謙虚 ㊀実 |

| キョ 許⁵ ゆるす 389 |
| 例許可，許諾，許否，許容；裁許，勅許，特許，認許，免許 |

| キョ 距 ― 390 |
| 例距離，遠距離 |

| ギョ 魚² うお・さかな 391 |
| 例魚介，魚群，魚族，魚拓，魚肉，魚類；金魚，深海魚，鮮魚，淡水魚，熱帯魚，養魚；魚雷；木魚 囲＊雑魚<ざこ> |

| ギョ 御 ゴ，おん 392 |
| 例御意，御慶，御作，御者，御製，御題，御物<ギョブツ・ギョモツ>；御名御璽；制御，統御；崩御 |
| 囲「御」は，漢語に続くときは，普通には「御家族」「御両親」「御成功」「御前」「御飯」などのように「ゴ」と読む。 |

| ギョ 漁⁴ リョウ 393 |
| 例漁歌，漁獲，漁期，漁区，漁場，漁船，漁村，漁夫 |

| きよい 清い⁴ セイ・ショウ，きよまる・きよめる 1123 |
| 例清い泉，清い鏡，清い心，清く交際する ㊀汚い |

| キョウ 器用 例手先が器用だ，器用貧乏 ㊀無器用，ぶきっちょ |

| キョウ 凶 ― 394 |
| (1)よこしま・悪者 例凶悪，凶漢，凶器，凶行，凶状，凶刃，凶賊，凶徒，凶暴；元凶 |
| (2)運が悪い 例凶事，凶変，凶報；吉凶，大凶 ㊀吉 |
| (3)不作・飢饉<キキン>例凶荒，凶作，凶年 |
| ㊀豊 |

| キョウ 共⁴ とも 395 |
| (1)共に・いっしょに 例共存共栄，共益，共演，共学，共感，共済，共催，共産主義，共著，共通，共鳴，共同，共犯，共謀，共有，共立，共和；公共 |
| (2)共産主義・共産党の略 例中共，反共，容共 |

| キョウ 叫 さけぶ 396 |
| 例叫喚；絶叫 |

| キョウ 狂 くるう・くるおしい 397 |
| (1)気が違う 例狂気，狂態；発狂 |
| (2)狂ったように激しい，感情の好き嫌いが激しい・またその人 例狂喜，狂騒，狂暴，狂奔，狂乱；熱狂，野球狂 |
| (3)こっけい 例狂歌，狂句，狂言；酔狂 |

| キョウ 京² ケイ 398 |
| 例京に上る。京の都，京の着倒れ，京の夢は大阪の夢，京都；平城京，平安京，東京，上京，在京，帰京，離京；京染，京菜，京劇 |

| キョウ 享 ― 399 |

○改定追加漢字 ●改定追加音訓 □改定削除漢字 ■改定削除音訓 〔 〕参考表記 〔△表外漢字 ▲表外音訓 ×誤用 当て字⓵当て字〕

例享受, 享年, 享有, 享楽

キョウ 供⁶ ク, そなえる・とも 400
　例閲覧に供する;供応, 供給, 供血, 供述, 供出来, 供進, 供託, 供与, 供用;自供, 提供

キョウ 協⁴ — 401
　例協会, 協議, 協賛, 協調, 協定, 協同, 協約, 協力, 協和;妥協

キョウ 況 — 402
　例概況, 近況, 好況, 実況, 状況, 情況, 盛況, 戦況, 不況

キョウ 峡 — 403
　例峡間, 峡谷, 峡湾;海峡, 山峡, 地峡

キョウ 挟 はさむ・はさまる 404
　例挟撃

キョウ 狭 せまい・せばめる・せばまる 405
　例狭隘＜キョウアイ＞, 狭義, 狭小, 狭量;広狭, 偏狭　対広

キョウ 恐 おそれる・おそろしい 406
　例恐悦, 恐慌, 恐縮, 恐怖

キョウ 恭 うやうやしい 407
　例恭賀新年, 恭敬, 恭倹, 恭順

キョウ 胸⁶ むね・むな 408
　例胸囲, 胸奥, 胸懐, 胸郭, 胸像, 胸中, 胸部, 胸裏;気胸, 度胸

キョウ 脅 おびやかす・おどす・おどかす 409
　例脅威, 脅迫

キョウ 強² ゴウ, つよい・つよまる・つよめる・しいる 410
　(1)強い例強化, 強健, 強硬, 強剛, 強国, 強弱, 強心剤, 強壮, 強打者, 強大, 強敵, 強兵, 強暴, 強力, 強烈;屈強, 増強, 補強, 列強　対弱
　(2)強いる例強行, 強制, 強迫

キョウ 教² おしえる・おそわる 411
　(1)教える・導く・教育例教育, 教化, 教科, 教戒, 教官, 教具, 教訓, 教材, 教師, 教室, 教授, 教書, 教場, 教職, 教壇, 教頭, 教務, 教養;政教, 文教
　(2)教え・宗教例教会, 教義, 教区, 教団, 教派, 教理;異教, 旧教, キリスト教, 国教, 司教, 邪教, 宗教, 新教, 説教, 布教, 仏教

キョウ 郷⁶ ゴウ 412
　(1)田舎・土地・ところ例温泉郷, 歓楽郷, 桃源郷, 理想郷
　(2)ふるさと例郷関, 郷国, 郷愁, 郷土, 郷党, 郷友, 郷里;懐郷, 帰郷, 故郷, 同郷, 望郷

キョウ 境⁵ ケイ, さかい 413
　(1)さかい例境界;越境, 国境
　(2)地域・範囲・地位例境遇, 境地;異境, 環境, 辺境, 魔境
　(3)ありさま・状態例無我の境;佳境, 逆境, 順境, 心境

キョウ 橋³ はし 414
　例橋脚, 橋台, 橋頭;架橋, 可動橋, 鉄橋, 陸橋

キョウ 矯 ためる 415
　例矯正;奇矯

キョウ 鏡⁴ かがみ 416
　(1)かがみ例鏡台, 鏡面;三面鏡, 破鏡, 白銅鏡;反射鏡
　(2)レンズ例眼鏡, 顕微鏡, 双眼鏡, 望遠鏡
　注＊眼鏡＜めがね＞

キョウ 競⁴ ケイ, きそう・せる 417
　例競泳, 競演, 競技, 競争, 競走, 競売, 競買

キョウ 響 ひびく 418
　例影響, 音響, 交響楽, 反響;N響, 東響 (注「交響楽団」の略)

| キョウ 驚 おどろく・おどろかす 419 | |
|---|---|
| 例驚異, 驚喜, 驚嘆, 驚天動地, 驚奔 | |

- **キョウ** 兄² ケイ, あに 469
  - 例兄弟〈キョウダイ・ケイテイ〉, 義兄弟, 乳兄弟　注多くは「ケイ」と読み,「キョウ」は「兄弟」のみ。
- **キョウ** 経⁵ ケイ, へる 483
  - 例経巻, 経師屋〈キョウジヤ〉, 経蔵, 経文〈キョウモン〉；写経, 心経〈シンギョウ〉
  - 注＊読経〈どきょう〉
- **キョウ** 香⁴ コウ, か・かおり・かおる 621
  - 例香車
- **キョウ** 興⁵ コウ, おこる・おこす 645
  - 例興に乗ずる, 興ざめ, 興味；感興, 座興, 趣興, 即興, 不興, 遊興, 余興
- **きょう** ＊今日 例今日は雨だ
  - 対＊昨日〈きのう〉, ＊明日〈あす〉
- **ギョウ** 仰 コウ, あおぐ・おおせ 420
  - 例仰角, 仰視, 仰望
- **ギョウ** 暁 あかつき 421
  - 例暁光, 暁鐘, 暁星, 暁達, 暁天；今暁, 通暁, 払暁
- **ギョウ** 業³ ゴウ, わざ 422
  - 例業としている；業界, 業者, 業績, 業務；偉業, 営業, 家業, 開業, 学業, 企業, 休業, 漁業, 工業, 興業, 作業, 産業, 残業, 始業, 失業, 修業, 就業, 従業, 授業, 巡業, 商業, 職業, 正業, 創業, 操業, 卒業, 農業, 廃業, 副業, 夜業, 林業
- **ギョウ** 凝 こる・こらす 423
  - 例凝血, 凝結, 凝固, 凝思, 凝視, 凝集, 凝結, 凝念
- **ギョウ** 形² ケイ, かた・かたち 471
  - 例形相〈ギョウソウ〉；人形, 裸形〈ラギョウ〉
- **ギョウ** 行² コウ・アン, いく・ゆく・おこなう 603
  - 例行儀, 行幸, 行司, 行事, 行者, 行書, 行商, 行状, 行水, 行政, 行列；悪行, 苦行, 興行, 修行〈シュギョウ〉, 諸行無常〈ショギョウムジョウ〉, 難行
- **キョウアイ** 狭隘 戀狭い
- **キョウアク** 凶悪〔兇悪〕 例凶悪犯人
- **キョウイ** 脅威 例脅威にさらされる
- **キョウイ** 驚異 例驚異の目をみはる, 驚異的な記録
- **キョウエン** 供宴〔饗宴〕 戀宴会, 招宴
- **キョウオウ** 供応〔饗応〕 例供応する, 金品の供応 戀接待 注法令では「供応」。
- **ギョウガ** 仰臥 例草むらに仰臥する
- **キョウカイ** 協会 例日本新聞協会
- **キョウカイ** 教戒〔教誨〕 例教戒師
- **キョウカイ** 境界 例境界線
- **キョウカク** 侠客 戀男だて
- **キョウガク** 驚愕 戀驚く
- **キョウカツ** 恐喝 例客を恐喝して金品を奪う, 恐喝罪 戀ゆすり, 脅し, たかり
- **キョウカン** 凶漢〔兇漢〕 例凶漢に襲われる
- **キョウカン** 共感 例主義に共感する 戀同感
- **キョウキ** 凶器〔兇器〕 例犯人が使った凶器
- **キョウキ** 侠気 例六分の侠気四分の熱
- **キョウギ** 協議 例協議する, 協議会を開く
- **キョウギ** 競技 例競技大会, 競技種目, 国立競技場, 陸上競技

---

○改定追加漢字　●改定追加音訓　□改定削除漢字　■改定削除音訓　〔 〕参考表記　〔△表外漢字　▲表外音訓　×誤用　当て字当て字〕

| | |
|---|---|
| **ギョウギ　行儀**　例行儀のよい子ども，行儀作法，行儀見習い | **キョウシュ　拱手**例拱手傍観　類傍観，懐手＜ふところで＞ |
| **キョウキュウ　供給**　例物資を供給する，需要と供給との均衡 | **キョウジュ　享受**　例楽しみを享受する，基本的人権を享受する |
| **ぎょうぎょうしい　ぎょうぎょうしい**〔仰々しい当字〕　例ぎょうぎょうしい話しぶり | **きょうジュウ　今日中**，今日じゅう　例今日中に届けます |
| **キョウキン　胸襟**　例胸襟を開く　類胸懐 | **キョウシュク　恐縮**　例けっこうな品物を頂いて恐縮です，恐縮ですが電話をお貸しください |
| **キョウグウ　境遇**　例恵まれた境遇，不幸な境遇に甘んじる | **ギョウショ　行書**　例行書体　類楷書＜カイショ＞，草書 |
| **キョウゲキ　挟撃**　類挟み打ち | **ギョウジョウ　行状**　例行状を暴く，行状記　類行い，品行 |
| **キョウコ　強固**〔鞏固〕　例意志が強固だ，強固な城壁 | **キョウジン　凶刃**〔兇刃〕　例凶刃に倒れる |
| **キョウコウ　凶行**〔兇行〕　例賊が凶行に及ぶ | **キョウジン　強靱**　例強靱な腰，強靱な意志　類粘り強さ |
| **キョウコウ　強行**　例計画を強行する，強行に推進する，強行軍 | **キョウする　供する**　例客に茶菓を供する，閲覧に供する |
| **キョウコウ　強硬**　例相手には強硬である，強硬に反対する，強硬な意見　対軟弱 | **キョウずる　興ずる**　例スポーツに興ずる　注「興じる」とも言う。 |
| **ギョウコウ　僥倖**　類まぐれ当たり，幸運 | **キョウセイ　強制**　例立ち退きを強制する，強制労働，強制執行，強制処分，密入国者を強制送還する |
| **キョウサク　凶作**　例凶作の年　類飢饉＜キキン＞　対豊作 | **キョウセイ　矯正**〔匡正〕　例歯を矯正する　類是正 |
| **キョウざめ　興ざめ**〔興醒め〕　例手品の種がわかっては興ざめだ，疲れて興ざめ顔をする | **キョウセイテキ　強制的**　例強制的なやり方 |
| **キョウざめる　興ざめる**〔興醒める〕例期待の試合も点が開いてしまっては興ざめる | **ギョウセキ　業績**〔業積〕　例りっぱな業績を残す |
| **ぎょうさん　ぎょうさん**〔仰山当字〕　例果物がぎょうさんある　注方言 | **ギョウセキ　行跡**　例常日頃の行跡，不行跡　類品行，身持ち，行状 |
| **キョウジ　矜持，矜恃**　例学者の矜持　類誇り，自負　注「キンジ」とも読む。 | **キョウソウ　強壮**　例強壮な体，強壮剤　対虚弱 |
| **ギョウジ　行司**　例行司の軍配が上がる，立行司；行司役を買って出る | **キョウソウ　競争**　例生産競争，過当競争 |
| **ギョウジ　行事**　例学校の行事に参加する，年中行事，行事予定表 | **キョウソウ　競走**　例徒競走，障害物競走 |
| | **キョウぞめ　京染**　例京染の訪問着 |

| | | | |
|---|---|---|---|
| キョウタイ | 嬌態 | 例嬌態を演じる | |
| キョウダイ | 兄弟 | 例実の兄弟,兄弟分,義兄弟の間柄 注「ケイテイ」とも言う。 | |
| キョウタク | 供託 | 例保証金を供託する,供託金 | |
| キョウダン | 教壇 | 例教壇に立つ,教壇を去る | |
| キョウチ | 境地 | 例無我の境地 ㊥心境 | |
| キョウチョウ | 協調 | 例協調の精神,労使が協調して再建に当たる | |
| キョウチョウ | 強調 | 例世界平和を強調する | |
| キョウツウ | 共通 | 例共通の悩みを話し合う,共通語 ㊥独自,独得 | |
| キョウテイ | 協定 | 例労使が協定を結ぶ,賃金協定,協定価格 | |
| ギョウテン | ぎょうてん,仰天 | 例びっくりぎょうてんする | |
| キョウド | 郷土 | 例郷土愛,郷土色が濃い,郷土芸能,郷土史 | |
| キョウドウ | 共同 | 例水道を共同で使う,共同井戸,共同便所,共同墓地,共同募金,共同一致,共同生活,共同社会,共同戦線,共同謀議 ㊥単独 | |
| キョウドウ | 協同 | 例協同組合,協同体 | |
| キョウトウホ | 橋頭保〔橋頭堡〕 | 例橋頭保を死守する ㊥足がかり | |
| キョウにのる | 興に乗る | 例興に乗って隠し芸を披露する | |
| キョウネン | 享年 | 例享年88歳 ㊥行年 | |
| キョウバイ | 競売 | 例家財を競売に付する 注「ケイバイ」とも言う。 | |
| キョウハク | 脅迫 | 例脅迫して金品を奪う,脅迫状 | |
| キョウハクカンネン | 強迫観念 | 例強迫観念におそわれる | |
| キョウハン | 共犯 | 例共犯者 ㊥片割 | |

れ ㊥単独犯,主犯

| | | |
|---|---|---|
| キョウフ | 恐怖 | 例恐怖を抱く,恐怖心,恐怖政治 |
| キョウヘン | 凶変〔兇変〕 | 例凶変が起こる |
| キョウベン | 教鞭 | 例教鞭を執る |
| キョウボウ | 凶暴〔兇暴〕 | 例凶暴な犯人 |
| キョウボウ | 共謀 | 例悪事を共謀する,共謀者 ㊥共同謀議 |
| キョウボク | 喬木 | 例高木＜コウボク＞ ㊥灌木＜カンボク＞ |
| キョウミ | 興味 | 例音楽に興味がある,興味を持つ,興味津々 |
| キョウメイ | 共鳴 | 例音の共鳴,趣旨に共鳴する,共鳴者 |
| キョウメイ | 嬌名 | 例嬌名をはせる ㊥浮き名 |
| キョウラク | 享楽 | 例人生を享楽する,享楽的だ,享楽主義 |
| キョウリ | 郷里 | 例郷里をしのぶ,郷里を出奔する ㊥故郷 |
| キョウリョウ | 橋梁,橋りょう | ㊥橋＜はし＞ 注法令では「橋りょう」 |
| キョウリョク | 協力〔共力〕 | 例協力を申し出る,一致協力 |
| キョウレツ | 強烈 | 例強烈な南国の太陽,強烈な印象 |
| キョエイ | 虚栄 | 例虚栄に満ちた心,虚栄心 |
| キョカイ | 巨魁 | ㊥首領,頭目 |
| キョギ | 虚偽 | 例虚偽の申し立て ㊥真実,事実 |
| キョキョジツジツ | 虚々実々 | 例虚々実々の駆け引き |
| キョキン | 醵金 | 例醵金を申し出る,救済醵金 ㊥持ち寄り,寄附金,義金 |
| キョク | 曲³ まがる・まげる | 424 例曲;曲解,曲学,曲芸,曲折,曲線,曲直,曲馬,曲目;委曲,歌曲,楽曲, |

○改定追加漢字　●改定追加音訓　□改定削除漢字　■改定削除音訓　〔　〕参考表記　〔△表外漢字
▲表外音訓　×誤用　[㊜]当て字]

| | | |
|---|---|---|
| | 戯曲, 屈曲, 組曲, 交響曲, 作曲, 序曲, 俗曲, 名曲, 謡曲, 浪曲 | 対直 |
| キョク | 局³ ― | 425 |

例局;局限, 局所, 局地, 局長, 局部, 局面;一局, 結局, 支局, 時局, 事務局, 終局, 政局, 戦局, 当局, 難局, 破局, 薬局, 郵便局

| キョク | 極⁴ ゴク, きわめる・きわまる・きわみ | 426 |
|---|---|---|

例極言, 極限, 極光, 極小, 極大, 極端, 極地, 極致, 極度, 極力, 極論;陰極, 究極, 窮極, 消極, 積極, 電極, 南極, 陽極

| キョク | 巨軀 | 類巨体 |
|---|---|---|
| ギョク | 玉¹ たま | 427 |

例玉案, 玉座, 玉砕, 玉石混交, 玉体;珠玉, 宝玉

| キョクガクアセイ | 曲学阿世 | 例曲学阿世のやから |
|---|---|---|
| キョクゲン | 局限 | 例問題を局限する |
| キョクゲン | 極言 | 例極言すれば |
| キョクゲン | 極限 | 例極限に達する |
| キョクタン | 極端 | 例北の極端;極端な意見 |
| キョクチュウ | 中正 | |
| キョクチ | 極地 | 例極地観測, 極地探検 |
| キョクチ | 極致 | 例芸の極致, 美の極致 類奥義 |
| キョクのり | 曲乗り | 例サーカスの曲乗り |
| キョクリョク | 極力 | 例極力援助する |
| キョコウ | 挙行 | 例入学式を挙行する |
| キョサツ | 巨刹 | 例大寺院 |
| ギョシャ | 御者〔馭者〕 | 例馬車の御者 類馬丁 |
| キョシュウ | 去就 | 例去就を決する 類進退 |
| キョシュツ | 拠出〔醵出〕 | 類出し合い, 持ち寄り |
| キョショ | 居所 | 例居所を捜す 類居場所, 住所 注「いどころ」とも読む。 |
| キョシンタンカイ | 虚心坦懐 | 例虚心坦懐に意見を述べる 対こだわりなく |
| ギョする | 御する〔馭する〕 | 例馬を御する;御しがたい人物, 御しやすい相手 |
| キョゼツ | 拒絶 | 例要求を拒絶する 類拒否 対受諾, 承諾 |
| キョドウ | 挙動 | 例挙動不審 |
| キョヒ | 拒否 | 例申し出を拒否する, 拒否権を発動する 類拒絶 対受諾, 承諾 |
| キョホウヘン | 毀誉褒貶 | 類評判, 世評 |
| きよまる | 清まる⁴ セイ・ショウ, きよい・きよめる | 1123 |

例心身が清まる

| きよめ | 清め | 例お清めの水 |
|---|---|---|
| きよめる | 清める⁴ セイ・ショウ, きよい・きよまる 〔浄める〕 | 1123 |

例心を清める, 汚名を清める 対汚す＜けがす＞

| きよらか | 清らか | 例清らかな流れ, 心が清らかだ |
|---|---|---|
| キョリ | 距離 | 例距離を測る, 長距離レース |
| ギョロウ | 漁労〔漁撈〕 | 類水産動植物の採捕 |
| きらい | 嫌い | 例嫌いな男性に言い寄られる;よけいなことに口を入れるきらいがある 対好き |
| きらう | 嫌う ケン・ゲン, いや | 532 |

例不正直を嫌う, 蛇のように嫌われる;所きらわず紙を捨てる

| きらす | 切らす | 例息を切らす, しびれを切らす, たばこを切らす |
|---|---|---|
| きらびやか | きらびやか | 例きらびやかな衣装 |
| きらめかす | きらめかす〔煌かす〕 | 例短刀をきらめかす |

明朝体の右肩の数字は配当学年　末尾の数字は常用漢字表番号　（　）許容　類類義同意語　対反対対照語　関関連語　学学術用語

きらめ―きりこ

**きらめき** きらめき〔煌き〕 囲星のきらめき
**きらめく** きらめく〔煌く〕 囲夜空に星がきらめく
**きり** 霧 ム　　1924
　囲霧を吹く，霧吹き，夜霧，霧雨，霧隠れ
**きり** 切り〔限り〕 囲仕事の切りをつける，切りのよいところで休む
**きり** 〜切り（〜切） 囲金切り声，缶切り，仕切り，締め切り，爪切り，封切り，踏切，見切り，見切り品；裏切り
**きり** きり 囲二人きり，一度見たきり，全部でこれきり 働だけ
**きり** 〔錐〕 囲きりもみ
**ギリ** 義理 囲義理を欠く，義理を知らない，義理を立てる，義理を果たす，義理の親，義理堅い
**きりあい** 斬り合い（斬合い），切り合い（切合い） 囲侍の斬り合い 働ちゃんばら
**きりあう** 斬り合う（斬合う），切り合う（切合う） 囲刀で斬り合う
**きりあげ** 切り上げ（切上げ） 囲仕事の切り上げ時間；小数点以下切り上げ 恕切り捨て
**きりあげる** 切り上げる（切上げる） 囲仕事を早めに切り上げる；小数点以下を切り上げる 働切り捨てる
**きりうり** 切り売り（切売り） 囲切り売りする，生地の切り売り
**きりおとす** 切り落とす（切落とす） 囲小枝を切り落とす，堤防を切り落とす
**きりかえ** 切り替え（切替え） 囲ダイヤの切り替え，ポイントの切り替え，頭の切り替え
**きりかえる** 切り替える（切替える）

囲スイッチを切り替える，頭を切り替える
**きりかかる** 斬りかかる，斬り掛かる（斬掛る），切りかかる，切り掛かる（切掛る） 囲相手に斬りかかる
**きりかける** 斬りかける，斬り掛ける，切りかける，切り掛ける 囲背中から斬りかける
**きりかぶ** 切り株(切株) 囲切り株を掘り起こす
**きりがみ** 切り紙(切紙) 囲切り紙細工
**きりがみ** 切り髪(切髪)
**きりきざむ** 切り刻む(切刻む) 囲大根を切り刻む
**きりきず** 切り傷(切傷) 囲切り傷を負う
**きりきり** きりきり 囲きりきりする，頭がきりきり痛む，忙しくてきりきり舞いだ
**ぎりぎり** ぎりぎり〔限々〕 囲ぎりぎり間に合った，これがぎりぎりの値段だ
**ぎりぎり**副 ぎりぎり 囲ぎりぎりして残念がる
**きりくず** 切りくず〔切屑〕 囲切りくずを燃やす
**きりくずす** 切り崩す(切崩す) 囲崖を切り崩す，敵陣を切り崩す
**きりくち** 切り口(切口) 囲竹の切り口
**きりこ** 切り子(切子) 囲切り子細工，切り子灯籠，切り子ガラス（注「カットグラス」）
**きりコウジョウ** 切り口上 囲切り口上で挨拶＜アイサツ＞する
**きりこみ** 切り込み(切込み)，斬り込み（斬込み） 囲切り込みをする，いかの切り込み，切り込み炭；敵陣への切り込み
**きりこむ** 切り込む(切込む)，斬り込

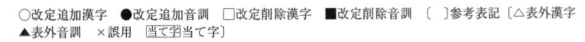

む(斬込む)　⑨切り込んだ質問；敵陣へ斬り込む

**きりころす**　斬り殺す(斬殺す),切り殺す(切殺す)　⑨刀で斬り殺す

**きりさく**　切り裂く(切裂く)　⑨紙を切り裂く,仲を切り裂く

**きりさげ**　切り下げ(切下げ)　⑨下げ髪

**きりさげる**　切り下げる(切下げる)　⑨髪を切り下げる；単価を切り下げる

**きりさめ**　霧雨　⑳ぬか雨　⑲小雨

**きりすて**　切り捨て(切捨て),斬り捨て(斬捨て)　⑨小数点以下は切り捨て；斬り捨て御免　㊥切り上げ

**きりすてる**　切り捨てる(切捨てる),斬り捨てる(斬捨てる)　⑨小数点以下は切り捨てる；敵兵を斬り捨てる　㊥切り上げる

**きりずみ**　切り炭

**きりそこなう**　切り損なう(切損う)

**きりたおす**　切り倒す(切倒す)

**きりだし**　切り出し(切出し)　⑨切り出しナイフ

**きりだす**　切り出す(切出す)　⑨材木を切り出す；用件を切り出す

**きりたつ**　切り立つ(切立つ)　⑨切り立った崖

**ギリだて**　義理立て　⑨義理立てをする

**キリツ**　規律,紀律　⑨規律正しい生活,規律を守る　㊟法令では，特別な理由がある場合を除いて,「規律」を用いる。

**きりつける**　斬りつける,斬り付ける,切りつける,切り付ける　⑨肩口に斬りつける

**きりつち**　切り土(切土)

**きりづまづくり**　切り妻造り(切妻造り)　⑨切り妻造りの屋根

**きりつめる**　切り詰める(切詰める)　⑨費用を切り詰める，暮らしを切り詰める

**きりどおし**　切り通し(切通し)　⑨切り通しの山道

**きりとり**　切り取り(切取り)　⑨切り取り線

**きりとる**　切り取る(切取る)　⑨枝を切り取る

**きりぬき**　切り抜き(切抜き)　⑨新聞の切り抜き

**きりぬきチョウ**　切り抜き帳(切抜き帳)(切抜帳)

**きりぬく**　切り抜く(切抜く)　⑨新聞広告を切り抜く

**きりぬける**　切り抜ける(切抜ける)　⑨苦難を切り抜ける；敵の囲みを切り抜ける

**きりは**　切り羽,切り端　㊟「きりば」とも言う。

**きりばな**　切り花(切花)　⑨花瓶に切り花を挿す

**きりはなし**　切り放し,切り離し(切放し,切離し)

**きりはなす**　切り放す,切り離す(切放す,切離す)　⑨電車の連結器を切り放す；その問題と切り離して考える

**きりはらう**　切り払う(切払う),斬り払う(斬払う)〔伐り払う〕　⑨小枝を切り払う；群がる敵を斬り払う

**きりばり**　切り張り(切張り),切り貼り(切貼り)　⑨障子を切り張りする

**きりひらく**　切り開く(切開く)　⑨荒れ地を切り開く，新しい分野を切り開く，苦難の道を切り開く

**きりふき**　霧吹き(霧吹)

**きりふだ**　切り札(切札)　⑨最後の切り札を出す

**きりぼし**　切り干し(切干し)　⑨切り

---

明朝体の右肩の数字は配当学年　末尾の数字は常用漢字表番号　(  )許容　⑳類義同意語　㊥反対対照語　⑲関連語　㋖学術用語

干し大根

**きりまわす** 切り回す(切回す)〔切り廻す〕 例店を一人で切り回す,家計を切り回す

**きりみ** 切り身(切身) 例ぶりの切り身

**きりもり** 切り盛り(切盛り) 例会計を切り盛りする

**キリュウ** 寄留 例外地に寄留する,寄留地

**キリュウサン** 希硫酸〔稀硫酸〕

**ギリョウ** 技量〔技倆,伎倆〕 例優れた技量の持ち主 働手腕

**きる** 切る² セツ・サイ,きれる〔伐る,截る〕 1154
例紙を切る,札を切る,爪を切る,腕を切る;電話を切る,水を切る,時間を切って貸す,言葉を切る,せきを切る,空を切って飛ぶ;縁を切る,手を切る,先頭を切る,口を切る;見えを切る,しらを切る,たんかを切る,ハンドルを切る,カーブを切る,小説を読み切る;困りきる

**きる** 斬る ザン 757
例刀で斬(切)る,敵を斬(切)り殺す,世相を斬(切)る

**きる** 着る³ チャク・ジャク,きせる・つく・つける 1374
例服を着る;罪を着る,恩に着る 対脱ぐ

**きれ** 切れ 例水の切れがいい,役員の任期切れ;布切れ,切れ地

**きれあじ** 切れ味 例小刀の切れ味を試す,頭の切れ味が鋭い

**キレイ** きれい,奇麗〔綺麗〕 例きれいな人,きれいな花,きれいな家,きれいな家,きれいに忘れる,きれいに食べる;きれいにする;きれいごと,きれいどころをそろえる 対汚い

**ギレイ** 儀礼 例儀礼を重んじる,儀礼的な挨拶＜アイサツ＞

**きれぎれ** 切れ切れ 例紙を切れ切れにする;切れ切れに思い出す

**きれこみ** 切れ込み 例刃の切れ込み

**きれジ** 切れ地〔布地〕 例反物の切れ地

**キレツ** 亀裂 例地盤に亀裂を生じる 働地割れ,ひび,割れ目,裂け目

**きれつづき** 切れ続き 例文章の切れ続きに注意する

**きれはし** 切れ端 例反物の切れ端

**きれめ** 切れ目 例金の切れ目が縁の切れ目

**きれる** 切れる² セツ・サイ,きる 1154
例話が切れる,電話が切れる;息が切れる,縁が切れる,在庫が切れる,便りが切れる,しびれが切れる,左に切れる;よく切れる刀,切れる男

**キロ** 岐路 例人生の岐路に立つ

**キロク** 記録 例記録に残す,記録を破る,世界記録,記録的な寒さ

**きわ** 際⁵ サイ 715
例道路の際,いまわの際,やんごとなき際 働傍ら,そば,隅;身分,階層,地位

**ぎわ** ～際 例土俵際,水際,引け際

**ギワク** 疑惑 例疑惑を抱く,疑惑の目を向ける

**きわだつ** 際立つ 例数学にかけては際立った存在だ,際立った業績を残す

**きわどい** きわどい〔際疾い〕 例きわどいところで間に合う

**きわまり** 窮まり 例窮まりない宇宙

**きわまり** 極まり 例失礼極まりない,危険極まりない

**きわまる** 窮まる キュウ,きわめる 380
例進退窮まる

**きわまる** 極まる⁴ キョク・ゴク,

○改定追加漢字 ●改定追加音訓 □改定削除漢字 ■改定削除音訓 〔 〕参考表記 〔△表外漢字
▲表外音訓 ×誤用 当て字当て字〕

| | | |
|---|---|---|
| きわめる・きわみ | | 426 |

例不都合極まる, 感極まって泣く

**きわみ** 極み⁴ キョク・ゴク, きわめる・きわまる　426

例痛心の極み, ぜいたくの極みを尽くす

**きわめ** 極め　例極め付け；極め書き

**きわめて**[副詞] 極めて, きわめて

例極めて順調だ　[注]法令・公用文では「極めて」。

**きわめる** 究める³ キュウ　370

例学問を究める, 真相を究める, 真理を究める

**きわめる** 窮める キュウ, きわまる　380

例貧困を窮める；窮め尽くされた道

**きわめる** 極める⁴ キョク・ゴク, きわまる・きわみ　426

例山頂を極める, 栄華を極める, 位人臣を極める, 見極める

| キン | 巾 | ― | 428 |
|---|---|---|---|

例巾着；頭巾, 雑巾, 布巾

| キン | 斤 | ― | 429 |
|---|---|---|---|

例斤目, 斤量；1斤

| キン | 均⁵ | ― | 430 |
|---|---|---|---|

例均一, 均衡, 均整, 均等, 均分；平均

| キン | 近² | ちかい | 431 |
|---|---|---|---|

例近影, 近火, 近海, 近刊, 近眼, 近況, 近古, 近郊, 近親, 近似, 近所, 近視, 近世, 近代, 近年, 近辺；遠近, 最近, 至近, 親近, 接近, 側近, 卑近, 付近　(対)遠

| キン | 金¹ | コン, かね・かな | 432 |
|---|---|---|---|

例金貨, 金額, 金魚, 金銀, 金言, 金庫, 金鉱, 金紙, 金星, 金銭, 金属, 金髪, 金品, 金利；内金, 元金, 基金, 献金, 公金, 合金, 借金, 残金, 資金, 敷金, 資本金, 集金, 純金, 賞金, 奨学金, 税金, 前金, 送金, 即金, 貯金, 賃金, 年金, 白金, 罰金, 募金, 預金, 料金

| キン | 菌 | ― | 433 |
|---|---|---|---|

例菌糸, 菌種, 菌類；細菌, 殺菌＜サッキン＞, 赤痢菌, 病菌

| キン | 勤⁶ | ゴン, つとめる・つとまる | 434 |
|---|---|---|---|

例勤倹, 勤続, 勤惰, 勤勉, 勤務, 勤労；皆勤, 外勤, 欠勤, 在勤, 出勤, 精勤, 忠勤, 通勤, 転勤, 夜勤

| キン | 琴 | こと | 435 |
|---|---|---|---|

例琴曲, 琴線；月琴, 弾琴, 風琴, 木琴＜モッキン＞

| キン | 筋⁶ | すじ | 436 |
|---|---|---|---|

例筋炎, 筋骨, 筋肉；鉄筋, 木筋

| キン | 僅 | わずか | 437 |
|---|---|---|---|

例僅差, 僅少

| キン | 禁⁵ | ― | 438 |
|---|---|---|---|

例喫煙を禁ずる；禁煙, 禁忌, 禁句, 禁固, 禁止, 禁酒, 禁制, 禁断, 禁物＜キンモツ＞, 禁欲, 禁漁＜キンリョウ＞；禁令；解禁, 厳禁, 拘禁, 国禁, 軟禁, 発禁

| キン | 緊 | ― | 439 |
|---|---|---|---|

例緊急, 緊縮, 緊張, 緊迫, 緊密, 緊要

| キン | 錦 | にしき | 440 |
|---|---|---|---|

例錦糸, 錦秋

| キン | 謹 | つつしむ | 441 |
|---|---|---|---|

例謹賀新年, 謹啓, 謹厳, 謹告, 謹慎, 謹聴, 謹呈

| キン | 襟 | えり | 442 |
|---|---|---|---|

例襟度；開襟, 胸襟

| キン | 今² | コン, いま | 670 |
|---|---|---|---|

例今上陛下；古今集

| ギン | 吟 | ― | 443 |
|---|---|---|---|

例吟詠, 吟唱, 吟声, 吟味；愛吟, 詩吟, 名吟, 朗吟

| ギン | 銀³ | ― | 444 |
|---|---|---|---|

例銀貨, 銀河, 銀行, 銀山, 銀盤,

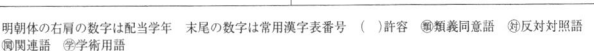

銀幕；貫銀, 白銀
キンカイ　欣快　例喜び
キンカギョクジョウ　金科玉条　例師の教えを金科玉条とする
キンキジャクヤク　欣喜雀躍　例朗報に欣喜雀躍する
キンキュウ　緊急　例緊急の用, 緊急連絡, 緊急命令
キンゲン　金言　⑲格言, 金句
キンゲンジッチョク　謹厳実直　例謹厳実直な働きぶり
キンコ　禁錮, 禁固　例禁錮刑　注法令では「禁錮」。
キンコウ　均衡　例均衡を保つ, 均衡を破る
キンコンイチバン　緊褌一番　例緊褌一番試合に臨む
キンシ　禁止　例上映を禁止する, 立ち入り禁止, 禁止法, 禁止事項　対許可, 解禁
キンジュウ　禽獣　⑲鳥獣
キンシュク　緊縮　例財政を緊縮する, 緊縮政策
キンジョ　近所　例近所合壁, 近所騒がせ, 近所泣かせ
キンショウ　僅少　例僅少の差　⑲僅か, 少し
ギンショウ　吟唱〔吟誦〕　例詩を吟唱する
キンジョウトウチ　金城湯池　例保守の金城湯池
キンじる　禁じる　例狩猟を禁じる, 立ち入りを禁じる, 喫煙を禁じる　対許す　注「禁ずる」とも言う。
キンシン　謹慎　例謹慎を命ずる, 自宅謹慎
キンセイ　均整, 均斉　例均整のとれた体格
キンセイヒン　禁製品〔禁製品〕

キンセン　琴線　例心の琴線に触れる
キンチョウ　緊張　例緊張する, 緊張の一瞬
キンド　襟度　例大会社の襟度を示す　⑲度量, 雅量
キントウ　均等　例均等配分
キンパク　緊迫　例緊迫する, 緊迫した空気
キンベン　勤勉　例彼は勤勉な人　対怠惰
ギンミ　吟味　例品質を吟味する
キンミツ　緊密　例横の連絡が緊密だ, 緊密な関係
キンム　勤務　例勤務先, 勤務評定
キンムク　金むく〔金無垢〕　例金むくの杯　⑲純金
キンモツ　禁物　例油断は禁物
キンユウ　金融　例金融引き締め, 金融機関, 金融公庫, 金融業, 金融資本
ギンリン　銀鱗　注釣りの対象としての魚類の美称。

〔ク・く〕

ク　九¹　キュウ, ここの・ここのつ　359
例九九を唱える, 九分九厘；九曜
ク　久⁵　キュウ, ひさしい　360
例久遠＜クオン＞
ク　宮³　キュウ・グウ, みや　375
例宮内庁
ク　供⁶　キョウ, そなえる・とも　400
例供御＜クゴ＞, 供米＜クマイ＞, 供物＜クモツ＞, 供養
ク　区³　—　445
(1)さかい・区切り　例区域, 区画, 区

○改定追加漢字　●改定追加音訓　□改定削除漢字　■改定削除音訓　〔　〕参考表記　〔△表外漢字　▲表外音訓　×誤用　当て字]当て字〕

| | | |
|---|---|---|
| | 間，区分，区別；学区，漁区，禁猟区，選挙区，地区<br>(2)大都市の区⑩区会，区議，区政，区長，区民；行政区，特別区<br>(3)こまごま⑩区々 | |
| ク | 句⁵ ― | 446 |

⑩句をひねる；句意，句点，句法；警句，俳句，字句，節句，対句，俳句，文句

| ク | 苦³ くるしい・くるしむ・くるしめる・にがい・にがる | 447 |
|---|---|---|

⑩苦学，苦言，苦情，苦心，苦戦，苦闘，苦難，苦楽，苦慮，苦労；困苦，四苦八苦，辛苦，忍苦，病苦，貧苦，労苦 ㊉楽

| ク | 駆 かける・かる | 448 |
|---|---|---|

⑩駆使，駆除，駆虫剤；疾駆，先駆者

| ク | 庫³ コ | 569 |
|---|---|---|

⑩庫裏＜クリ＞

| ク | 口¹ コウ，くち | 587 |
|---|---|---|

⑩口授＜クジュ・コウジュ＞，口調；異口同音

| ク | 工² コウ | 588 |
|---|---|---|

⑩工面；細工，大工

| ク | 功⁴ コウ | 592 |
|---|---|---|

⑩功徳＜クドク＞，功力＜クリキ＞

| ク | 紅⁶ コウ，べに，くれない | 618 |
|---|---|---|

⑩真紅＜シンク＞

| ク | 貢 コウ，みつぐ | 626 |
|---|---|---|

⑩年貢＜ネング＞

| グ | 具³ ― | 449 |
|---|---|---|

(1)備える⑩具眼，具現，具申，具足，具備<br>(2)用具，道具⑩具足；雨具，家具，金具，器具，救命具，教具，工具，寝具，装身具，建具，道具，農具，夜具，用具

| グ | 惧 | 450 |
|---|---|---|

⑩危惧

| グ | 愚 おろか | 451 |
|---|---|---|

(1)愚か⑩愚作，愚者，愚人，愚痴，愚直，愚鈍，愚劣，愚論；暗愚 ㊉賢<br>(2)謙称⑩愚案，愚見，愚考，愚妻，愚息，愚弟

**ぐあい ぐあい，具合〔工合〕** ⑩機械のぐあい，体のぐあいが悪い，よいぐあいに晴れてきた，こんなぐあいに書きなさい ㊉調子，かげん

**くい 悔い** ⑩悔いのない人生，悔いを残す ㊉後悔

**くい くい〔杭，杙〕** ⑩くいを打ち込む

**くいあう 食い合う(食合う)〔喰い合う〕** ⑩歯車がうまく食い合う，お互いの領分を食い合う ㊉かみ合う ㊉食い違う

**くいあげ 食い上げ(食上げ)〔喰い上げ〕** ⑩飯の食い上げ

**くいあらす 食い荒らす(食荒す)** ⑩ごちそうを食い荒らす，猫が魚を食い荒らす

**くいあらためる 悔い改める(悔改める)** ⑩前非を悔い改める

**くいあわせ 食い合わせ(食合せ)** ⑩食い合わせから中毒を起こす

**くいイジ 食い意地** ⑩食い意地が張る

**くいいる 食い入る(食入る)** ⑩荒縄が腕に食い入る，食い入るように見つめる

**くいかけ 食いかけ，食い掛け** ⑩食いかけのりんご ㊉食べかけ

**くいかける 食いかける，食い掛ける** ⑩飯を食いかけると電話がかかってきた

**くいこみ 食い込み(食込み)** ⑩対立候補の地盤に激しい食い込みをかける

**くいこむ 食い込む(食込む)** ⑩背中にひもが食い込む，相手の地盤に食い込む，資本に食い込む

---

明朝体の右肩の数字は配当学年　末尾の数字は常用漢字表番号　( )許容　㊉類義同意語　㊉反対対照語<br>⑩関連語　㊉学術用語

くいしばる 食いしばる,食い縛る(食縛る)〔食い締る〕 例歯を食いしばる

くいすぎ 食い過ぎ(食過ぎ) 例食い過ぎで胃をこわす

くいたおす 食い倒す(食倒す) 例飲食店で食い倒して警察に突き出される,財産を食い倒す 働飲み倒す

くいだおれ 食い倒れ(食倒れ) 例京の着倒れ大阪の食い倒れ

くいちがい 食い違い(食違い) 例意見の食い違い

くいちがう 食い違う(食違う) 例意見が食い違う,理想と現実が食い違う

くいちらす 食い散らす(食散らす) 例料理を食い散らす,いろんな学問の分野を食い散らす

くいつく 食いつく,食い付く(食付く) 例猫が魚に食いつく,魚が餌に食いつく,食いついて離れない,もうけ話に食いつく

くいつぶす 食い潰す,食いつぶす 例財産を食い潰す 働食い倒す

くいドウラク 食い道楽

くいとめる 食い止める(食止める) 例浸水を食い止める,敵の侵入を食い止める

くいにげ 食い逃げ(食逃げ) 例食い逃げを捕まえる,食い逃げする

くいのばす 食い延ばす(食延ばす) 例3日分の食糧を1週間に食い延ばす

くいホウダイ 食い放題,食いほうだい 働飲み放題

くいもの 食い物 例高利貸しの食い物にされる,人を食い物にする

くいる 悔いる カイ,くやむ・くやしい 181
例前非を悔いる

クウ 空¹ そら・あく・あける・から 452
(1)そら 例空間,空気,空中;高空,上空,制空権,滞空,低空,天空
(2)航空機に関して 例空軍,空港,空母,空輪,空路;航空,航空機,航空便,防空
(3)むなしい・何もない・無駄 例空虚,空densemble,空前,空白,空費;真空
(4)仮の相 例架空,色即是空<シキソクゼクウ>

くう 食う² ショク・ジキ,くらう・たべる 1031
例パンを食う,食うに困る,食うや食わず,蚊が食う,いっぱい食う,何食わぬ顔,人を食った態度,時間を食う,強敵を食う,年を食った男

グウ 宮³ キュウ・ク,みや 375
例宮司;参宮,神宮,東宮

グウ 偶 — 453
(1)二つ・対・相手 例偶語;好偶,配偶,良偶
(2)2で割り切れる整数 例偶数
(3)人がた 例偶像;木偶,土偶
(4)たまたま 例偶然,偶発

グウ 遇 — 454
(1)出くわす 例奇遇,遭遇,千載一遇
(2)あしらい 例厚遇,待遇,知遇,不遇,優遇,冷遇

グウ 隅 すみ 455
例一隅

クウキョ 空虚 例空虚な心,空虚な内容 対充実

グウキョ 寓居 例軽井沢の寓居 働仮寓<カグウ>,仮住まい

クウゲキ 空隙 例空隙をうずめる 働隙間,透き間

グウスウ 偶数 対奇数

グウする 遇する 例賓客として遇する

クウゼン 空前 例空前の人気を呼

ぶ，空前の盛況

**グウゼン 偶然** 例駅で偶然旧友に会う，偶然耳にした話 対必然

**クウゼンゼツゴ 空前絶後** 例空前絶後の大会戦

**クウソウ 空想** 例空想にふける 対現実

**グウゾウ 偶像** 例偶像崇拝，偶像視する

**クウソクゼシキ 空即是色** 関色即是空

**クウドウ 空洞** 類うつろ，洞穴＜ほらあな＞

**グウワ 寓話** 類たとえ話

**クカク 区画〔区劃〕** 例区画整理

**くき 茎 ケイ** 474
例植物の茎；歯茎＜はぐき＞

**くぎづけ くぎづけ，くぎ付け〔釘付け〕** 例戸をくぎづけにする，足をくぎづけにされる

**くぎぬき くぎ抜き〔釘抜き〕**

**くぎり くぎり，区切り，句切り** 例文章のくぎり，時間のくぎり，仕事にくぎりをつける

**くぎる くぎる，区切る，句切る** 例土地をくぎる，文章をくぎる，範囲をくぎる

**くくり くくり〔括り〕** 例網のくくり目，くくり枕

**くくりつける くくりつける，くくり付ける〔括り付ける〕** 例荷台にくくりつける

**くくる くくる〔括る〕** 例稲をくくって束にする，縄でくくる；首をくくる；たかをくくる

**くぐる くぐる〔潜る〕** 例水中をくぐる，門をくぐる，法の網をくぐる

**クケイ く形〔矩形〕** 学長方形

**くける くける〔絎ける〕** 例裾をくける

**くさ 草¹ ソウ** 1225
例草を刈る，牛に草をやる，草色，草市，草花，草取り，草笛，草ぶきの家，草屋，草屋根，草いきれ；草競馬，草野球，草双紙，草深い，草分け

**ぐさ ～ぐさ，～草〔種〕** 例お笑いぐさ

**くさい 臭い シュウ，におう** 892
例臭い飯を食う，臭いものには蓋をする，焦げ臭い，ガス臭い

**くさい ……くさい，……臭い** 例陰気くさい，素人くさい作品，バタくさい

**くさかり 草刈り（草刈）** 例草刈り鎌

**くさす くさす，腐す** 例人をくさす 類けなす

**くさたけ 草丈**

**くさとり 草取り（草取）** 例田の草取り 類除草

**くさび くさび〔楔〕** 例くさびを打ち込む

**くさぶかい 草深い** 例草深い田舎

**くさぶき 草ぶき〔草葺き〕** 例草ぶきの屋根 関ぶき，板ぶき，瓦ぶき

**くさミ 臭み，臭味** 例魚の臭み，臭みを抜く，臭みのない人

**くさむら 草むら〔叢〕** 例草むらにボールが飛び込む

**くさめ くさめ〔嚔〕** 類くしゃみ

**くさらす 腐らす フ，くさる・くされる** 1754
例魚を腐らす；失敗して気をくさらす

**くさり 鎖 サ** 690
例鎖を切る，鎖をつなぐ，鎖鎌，鎖かたびら

**くさり 腐り** 例夏は食べ物の腐りが早い

**くさる 腐る フ，くされる・くさらす** 1754
例食べ物が腐る，材木が腐る；腐っ

た精神；腐ってもたい；失敗してくさる
- **くされ** 腐れ 例腐れ縁を断つ
- **くされる** 腐れる フ，くさる・くさらす 1754
  例ふて腐れる ㊙なげやり 注仮名書きにすることが多い。
- **くさわけ** 草分け 例水泳界の草分け㊙創始者
- **くし** 串 — 456
  例串に刺す，串だんご，串刺し，串焼き；竹串，玉串
- **くし** くし〔櫛〕 例くしで髪をとかす，くし目，くしの歯を引く
- **くじ** くじ〔籤〕 例貧乏くじを引く，当たりくじ
- **くじく** くじく〔挫く〕 例足首をくじく，気持ちをくじく
- **くしくも** くしくも〔奇しくも〕 例くしくも助かった
- **くじける** くじける〔挫ける〕 例意志がくじける
- **くしざし** 串刺し，くし刺し 例串刺しの鳥肉
- **くじびき** くじ引き(くじ引)〔籤引き〕 例くじ引きに当たる，くじ引き券 ㊙抽選
- **くじびきケン** くじ引き券(くじ引券)〔籤引券〕 ㊙抽選券
- **クジュウ** 苦汁 例苦汁をなめる
- **くじら** 鯨 ゲイ 500
  例鯨肉，鯨尺 注仮名書きでもよい。
- **くず** 葛 カツ 238
  例葛の花が咲く，葛切り，葛湯
- **くず** くず〔屑〕 例くず箱，紙くず，野菜くず，人間のくず
- **ぐず** ぐず〔愚図当て字〕 例彼はぐずだ
- **くずかご** くずかご〔屑籠〕
- **ぐずぐず** ぐずぐず〔愚図愚図当て字〕

例ぐずぐずする，ぐずぐず文句を言う ㊥てきぱき
- **くすぐったい** くすぐったい〔擽ったい〕 例足の裏がくすぐったい，人前で褒められてくすぐったい気持ちになる ㊙こそばゆい，てれくさい
- **くすぐる** くすぐる〔擽る〕 例足の裏をくすぐる，人をくすぐる
- **くずしがき** くずし書き，崩し書き
- **くずす** 崩す ホウ，くずれる 1844
  例山を崩す，敵陣を崩す；足をくずす，基本をくずす，列をくずす，字画をくずして書く，千円札をくずす
- **くすだま** くす玉〔薬玉〕 例開店祝いにくす玉を飾る
- **ぐずつく** ぐずつく〔愚図つく当て字〕 例子どもがぐずつく，天気がぐずつく
- **くすぶる** くすぶる〔燻ぶる〕 例かまどがくすぶる，壁がくすぶる，田舎でくすぶる，問題が未解決のままくすぶる，家でくすぶっている
- **くすむ** くすむ 例くすんだ色，彼は若いのにくすんで見える
- **くずゆ** 葛湯，くず湯 例病人の葛湯を作る
- **くすり** 薬$^3$ ヤク 1960
  例薬屋，薬湯；薬指，毒にも薬にもならぬ，薬九層倍
- **くずれ** 崩れ，くずれ 例山崩れ，敵は総崩れだ；記者くずれ
- **くずれる** 崩れる ホウ，くずす 1844
  例岩が崩れる；姿勢がくずれる，順序がくずれる，一万円札はくずれにくい
- **くせ** 癖 ヘキ 1804
  例癖がある，髪の癖，癖がつく，手癖，難癖，なくて七癖
- **くせに** くせに〔癖に当て字〕 例知らな

○改定追加漢字 ●改定追加音訓 □改定削除漢字 ■改定削除音訓 〔 〕参考表記 〔△表外漢字 ▲表外音訓 ×誤用 当て字〕当て字〕

くせもー くち

いくせに知ったようなことを言う

**くせもの　くせ者**〔曲者〕　例くせ者が忍び込む，なかなかのくせ者だ

**くだ　管**[4]　カン　278
例管を通す，ゴムの管，管の穴から天をのぞく，管を巻く；くだくだしい説明

**くだく　砕く**　サイ，くだける　698
例岩石を砕く；心を砕く，砕いて説明する

**くだける　砕ける**　サイ，くだく　698
例岩が砕ける；玉と砕ける，意気込みが砕ける，砕けた態度

**ください　下さい，ください**　例そのお菓子を下さい，遠慮なさらないでください，食べてください，話してください，貸してください　注「下さい」は「下さる」の命令形。「…てください」（補助動詞）は仮名書きが望ましい。法令・公用文では「……てください」のように用いるときは仮名書き。

**くださる　下さる**[1]　カ・ゲ，した・しも・もと・さげる・さがる・くだる・くだす・おろす・おりる　131
例お客様がお菓子を下さった，御返事を下さる；おいでください，話してくださる，お貸しくださる　注「下さる」は「与える」の尊敬語。「お～」「御～」を伴って補助動詞として用いる場合は，仮名書きが望ましい。

**くだし　下し**　例下しをかける，吐き下し

**くだしぐすり　下し薬**　例下し薬をかける　関下剤

**くだす　下す**[1]　カ・ゲ，した・しも・もと・さげる・さがる・くだる・くださる・おろす・おりる〔降す〕　131
例位階を下す，判決を下す，命令を下す，いかだを下す，敵を下す，腹を下す，虫を下す，手を下して殺す

**くたびれる　くたびれる**〔草臥れる　当て字〕　例走りすぎてくたびれる，歩きくたびれる，待ちくたびれた；くたびれたズボン；ほねおり損のくたびれもうけ

**くだもの　*果物**　類水菓子

**くだらない　くだらない，下らない**　例くだらないことをする，くだらない映画

**くだり　下り**　例下り坂，下り腹，下り列車，下りホーム　対上り

**くだり　くだり**〔行，件〕　例三くだり半（離縁状）を突き付ける　（注文書の行〈ギョウ〉）；このくだりを説明してください　（注文章中の一節）

**くだりざか　下り坂**　例下り坂を駆け降りる，人生の下り坂

**くだりレッシャ　下り列車**　例青森行きの下り列車　対上り列車

**くだる　下る**[1]　カ・ゲ，した・しも・もと・さげる・さがる・くだす・くださる・おろす・おりる　131
例坂を下る，川を下る；東北へ下る，野に下る，判決が下る，敵の軍門に下る，時代が下る，1,000人を下らない，腹が下る　対上る

**くち　口**[1]　コウ・ク　587
例開いた口が塞がらない，口をぬらす，口が干上がる，口を利く，口を出す，口がうまい，口が堅い，口が軽い，口を割る，口がおごっている；別口，勤め口，一口乗る；口裏，口絵，口数，口金，口切り，口車，口癖，口答え，口止め，口慣らし，口

---

明朝体の右肩の数字は配当学年　末尾の数字は常用漢字表番号　（　）許容　類類義同意語　対反対対照語　関関連語　学学術用語

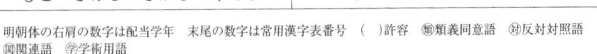

走る, 口火, 口約束；悪口, 陰口, 早口, 無口；甘口, 裏口, 傷口, 窓口, 戸口, 非常口, 出口, 表口, 門口

**グチ　愚痴**　例愚痴をこぼす

**くちあけ　口開け**　例酒だるの口開け, 旅行シーズンの口開け　類皮切り, 口切り

**くちあたり　口当たり**　例口当たりのよい酒　類口ざわり, 舌ざわり

**くちいれ　口入れ**　例他人のことに口入れをする　類口出し；口入れ屋　類周旋屋

**くちエ　口絵**　例雑誌の口絵

**くちおしい　口惜しい**　例口惜しげな顔つき　類残念だ, 悔しい

**くちかず　口数**　例口数が多い

**くちがね　口金**　例財布の口金, 瓶の口金

**くちき　朽ち木(朽木)**　例焼け跡の朽ち木；朽ち木となって果てる

**くちぎたない　口汚ない〔口穢い〕**　例口汚なく罵る

**くちきり　口切り**　例新茶の口切り；海水浴シーズンの口切り　類皮切り, 口開け

**クチク　駆逐**　例悪貨は良貨を駆逐する

**くちぐせ　口癖**　例「力を落とすな」と言うのが彼の口癖だ

**くちぐち　口々**　例口々に言う；口々を固める

**くちごたえ　口答え**　例親に口答えする

**くちごもる　口籠もる(口籠る)**, 口ごもる　例言いにくそうに口籠もる

**くちさき　口先**　例口先だけの約束

**くちずさむ　口ずさむ〔口遊む〕**　例口詩を口ずさむ

**くちぞえ　口添え**　例就職の口添えを頼む

**くちだし　口出し**　例横から口出しをする, よけいな口出しだ　差し出口

**くちだのみ　口頼み**　例口頼みだけでは頼りない

**くちつき　口つき, 口付き**　例残念そうな口つきだった

**くちづけ　口づけ, 口付け**　例甘い口づけ　類キス, せっぷん

**くちづたえ　口伝え**　例用件を口伝えしておく

**くちづてに　口づてに〔口伝に〕**　例民謡は親から子へ子から孫へと口づてに伝えられてきた

**くちどめ　口止め**　例口止め料

**くちなおし　口直し**　例口直しに果物を食べる

**くちば　朽ち葉**　例朽ち葉色

**くちばし　くちばし〔嘴, 喙〕**　例鶏のくちばし；くちばしを入れる, くちばしが黄色い

**くちばしる　口走る**　例変なことを口走る

**くちハッチョウ　口八丁**　例口八丁手八丁

**くちはてる　朽ち果てる**　例身も心も朽ち果てる

**くちびる　唇**　シン　1052
例唇をかむ, 唇が薄い, 唇滅びて歯寒し, 唇をかえす

**くちぶり　口ぶり, 口振り**　例妙な口ぶり

**くちまね　口まね〔口真似[当て字]〕**　例親の口まねをする

**くちもと　口元, 口もと〔口許〕**　例かわいい口元

**くちやかましい　口やかましい〔口喧しい〕**　例口やかましい人

**クチュウ　苦衷**　例苦衷の表情

**クチョウ　口調**　例演説口調で話す

**くちる　朽ちる**　キュウ　367

○改定追加漢字　●改定追加音訓　□改定削除漢字　■改定削除音訓　〔　〕参考表記　〔△表外漢字　▲表外音訓　×誤用　当て字〕当て字〕

| | |
|---|---|
| 例大木が朽ちる；都の空を仰ぎながらむなしく朽ちていく | くつろぐ　くつろぐ〔寛ぐ〕　例着物でくつろぐ，くつろいで語る |
| クツ　屈　— 　　　　　　　　　　457<br>例屈強，屈曲，屈指，屈従，屈辱，屈伸，屈折，屈託，屈服；窮屈，退屈，卑屈，偏屈，不屈，理屈　対伸 | くつろげる　くつろげる〔寛げる〕　例襟元をくつろげる |
| | くつわ　くつわ〔轡〕　例くつわを取る，くつわを並べて討ち死にする |
| クツ　掘　ほる　　　　　　　　　458<br>例掘削＜クッサク＞，掘進；発掘＜ハックツ＞ | くどい　くどい〔諄い〕　例やり方がくどい，味がくどい |
| | クドウ　駆動　例四輪駆動車 |
| クツ　窟　— 　　　　　　　　　　459<br>例巣窟，洞窟，魔窟 | グドウ　求道　例求道者 |
| | クトウテン　句読点　例句読点を誤る，句読点を付ける |
| くつ　靴　カ〔沓, 履〕　　　　　　157<br>例靴下，靴墨，靴擦れ；皮靴，ゴム靴 | クドク　功徳　例功徳を施す |
| くつがえす　覆す　フク, おおう・くつがえる　　　　　　　　　1773<br>例政権を覆す，自供を覆す | くに　国²　コク　　　　　　　　661<br>例国破れて山河あり，国境〈くにざかい〉；島国，山国，雪国 |
| くつがえる　覆る　フク, おおう・くつがえす　　　　　　　　1773<br>例政権が覆る，判決が覆る | くにがら　国柄　例お国柄を現す |
| | くにもと　国元, 国もと〔国許〕 |
| クッキョウ　屈強　例屈強の若者 | くねくね　くねくね〔曲々〕　例くねくねする，体をくねくねさせる，くねくねと曲がった山道 |
| クッキョウ　くっきょう〔究竟〕　例保養にはくっきょうの場所だ | |
| クッサク　掘削〔掘鑿〕　類掘る　学掘削 | くばり　配り　例心配りをする，気配りをする |
| くつした　靴下〔沓下〕　例ナイロン製の靴下 | くばる　配る³　ハイ　　　　　　1617<br>例郵便を配る，お歳暮を配る，人員を適所に配る，周囲に気を配る |
| くつしただめ　靴下留め〔靴下留〕 | |
| クツジョク　屈辱　例屈辱を受ける，被征服民族の屈辱の歴史 | くび　首²　シュ〔頸〕　　　　　869<br>例首が太い，首飾り，首狩り，首実験，首筋，首っ玉，首巻き，首振りっこ，首輪；足首，手首；首が飛ぶ，首を切る，首になる，首をひねる，首を長くして待つ，首を突っ込む，首が回らない |
| くつずみ　靴墨　例靴墨を塗る | |
| くっする　屈する　例敵に屈する，指を屈する | |
| くつずれ　靴擦れ　例新しい靴を履いて靴擦れができる | |
| クッセツ　屈折　例光の屈折；屈折語（注英語，フランス語など） | くびかざり　首飾り〔頸飾り〕　例真珠の首飾り |
| くっつける　くっつける　例のりでくっつける；二人をくっつける | くびきり　首切り〔首切〕　例首切り反対スト　類人員整理，解雇 |
| クップク　屈服, 屈伏　例相手に屈服する | くびまき　首巻き〔首巻〕　類襟巻き |
| | くびれる　くびれる〔括れる〕　例胴が |

明朝体の右肩の数字は配当学年　末尾の数字は常用漢字表番号　（　）許容　類類義同意語　対反対対照語
関関連語　学学術用語

くびれる

**くびわ** 首輪〔首環,頸輪〕

**クフウ** 工夫　例工夫を凝らす，工夫を重ねる

**クブどおり** 九分どおり，九分通り　例九分どおり完成する

**くべる** くべる〔焼べる〕　例たき物をくべる，石炭をくべる

**くぼみ** くぼみ〔凹み,窪み〕　例くぼみに水がたまる

**くぼむ** くぼむ〔凹む,窪む〕　例掘り返した跡がくぼむ

**くぼめる** くぼめる〔凹める,窪める〕　例手の平をくぼめる

**くま** 熊[4]―〔くま〕　460　例熊の木彫り；熊手

**グマイ** 愚昧　⑩愚鈍　㌽賢明

**くまで** 熊手,くま手　例熊手で落ち葉をかき集める

**くまなく** くまなく〔隈無く〕　例くまなく捜す

**くみ** 組[2]　ソ，くむ　1211　例組の主任，組長；赤組，1年3組

**くみ** 組み(組)　例活字の組み；組み歌，組み曲，組み版；縁組み

**くみあい** 組合　例組合に加入する，労働組合，保険組合，生活協同組合

**くみあい** 組み合い(組合い)　例取っ組み合い

**くみあう** 組み合う(組合う)　例強敵と組み合う

**くみあわす** 組み合わす(組合わす)(組合す)

**くみあわせ** 組み合わせ(組合せ)　例試合の組み合わせ

**くみあわせる** 組み合わせる(組合せる)　例強豪どうしを組み合わせる

**くみいれ** 組み入れ(組入れ)

**くみいれる** 組み入れる(組入れる)

例プログラムに仮装行列を組み入れる

**くみうち** 組み討ち(組討ち)　例熊と組み討ちする

**くみかえ** 組み替え(組替え)　例メンバーの組み替えをする，予算の組み替え

**くみかえる** 組み替える(組替える)　例日程を組み替える

**くみかた** 組み方　例番付の組み方，新聞の組み方を工夫する

**くみかわす** 酌み交わす　例旧友と酒を酌み交わす

**くみキョク** 組み曲(組曲)　例組み曲を選定する

**くみこむ** 組み込む(組込む)　例番組に組み込む

**くみこむ** くみ込む〔汲み込む〕　例井戸水をくみ込む

**くみしく** 組み敷く(組敷く)　例敵を組み敷いて押さえる

**くみシャシン** 組み写真(組写真)　例祭りの組み写真

**くみする** くみする〔与する〕　例悪事にくみする，くみしやすい相手

**くみたて** 組み立て(組立て)　例機械の組み立て

**くみたて** くみたて〔汲み立て〕　例くみたての水

**くみたてコウ** 組み立て工(組立て工)(組立工)

**くみたてシキ** 組み立て式(組立て式)(組立式)　例組み立て式いす，組み立て式の本箱

**くみたてる** 組み立てる(組立てる)　例機械を組み立てる

**くみチョウ** 組長　例町内会の組長

**くみつく** 組みつく,組み付く　例相手に組みつく

**くみとり** くみ取り〔汲み取り〕　例く

○改定追加漢字　●改定追加音訓　□改定削除漢字　■改定削除音訓　〔　〕参考表記　〔△表外漢字
▲表外音訓　×誤用　当て字当て字〕

| | |
|---|---|
| み取り口 | |
| **くみとりベンジョ　くみ取り便所**(くみ取便所) | |
| **くみとる　酌み取る**　例人の心を酌み取る | |
| **くみとる　くみ取る**〔汲み取る〕　例水をくみ取る | |
| **くみハン　組み版**(組版)　例雑誌の組み版 | |
| **くみふせる　組み伏せる**(組伏せる)　例敵を組み伏せる | |
| **くみもの　組み物** | |
| **くむ　酌む　シャク　857**　例酒を酌む，仲間と酒を酌み交わす；他人の厚意を酌む | |
| **くむ　組む**²　ソ，くみ　1211　例腕を組む，四つに組む，活字を組む，手を組んで仕事をする，為替を組む | |
| **くむ　くむ**〔汲む〕　例水をくむ，茶をくむ | |
| **ぐむ　～ぐむ**　例涙ぐむ，芽ぐむ | |
| **クメン　工面**　例費用を工面する，工面がよい　⑲算段 | |
| **くも　雲**²　ウン　67　例雲間；黒雲，夏雲，入道雲，夕雲，雪雲；雲隠れ | |
| **くも　くも**〔蜘蛛　当て字〕　例くもの巣，くもの子を散らしたように逃げる | |
| **くもゆき　雲行き**　例雲行きが怪しい；会議の雲行き | |
| **くもらす　曇らす**　例顔を曇らす | |
| **くもり　曇り**(曇)　例曇り後晴れ，薄曇り，曇りガラス，曇り声 | |
| **くもりぞら　曇り空**(曇空)　⑲晴れ空 | |
| **くもる　曇る　ドン　1566**　例空が曇る，鏡が曇る，顔が曇る | |
| **クモン　苦悶**　⑲苦悩 | |
| **くやしい　悔しい　カイ，くいる・くやむ**　〔口惜しい　当て字〕　181 | |

**くみと―くらう**

**くやしい**　例負けて悔しい，悔しがる，悔しそうな顔

**くやしなき　悔し泣き**〔口惜し泣き　当て字〕　⑲うれし泣き

**くやしなみだ　悔し涙**〔口惜し涙　当て字〕　例悔し涙にくれる

**くやみ　悔やみ**(悔み)　例後で悔やみ言を言っても始まらない　⑲後悔；お悔やみを言う

**くやみジョウ　悔やみ状**(悔み状)　例霊前で悔やみ状を読む

**くやむ　悔やむ**(悔む)　カイ，くいる・くやしい　181　例不注意を悔やむ，友人の死を悔やむ

**グユウ　具有**　⑲有する

**くら　倉**⁴　ソウ〔庫〕　1227　例倉敷料，倉荷；胸倉＜むなぐら＞

**くら　蔵**⁶　ゾウ　1258　例蔵屋敷，蔵米，穴蔵，米蔵；お蔵にする

**くら　くら**〔鞍〕　例馬のくら，くらを置く

**くらい　暗い**³　アン　14　例空が暗くなる，暗い感じだ，暗い性格，暗い政治，法律に暗い　㊥明るい

**くらい　位**⁴　イ　17　例位が高い，大臣の位；位する；百の位，位取り；位負け

**くらい　……くらい……　位**　例これくらいの大きさ，恥をさらすくらいなら死んだほうがましだ　注「……ぐらい」となることもある。法令・公用文では仮名書き。

**くらいする　位する**　例北京に位する

**くらいどり　位取り**　例数の位取り

**くらいれ　蔵入れ**，倉入れ〔庫入れ〕　例米の蔵入れ

**くらう　食らう**²　ショク・ジキ，くう・たべる　〔喰らう〕　1031

くらが―くりの

例まんじゅうを食らう,酒を食らう;一撃を食らう

**くらがえ** くら替え〔較替え〕 例安い店にくら替えする

**くらがり** 暗がり 例暗がりを透かして見る,暗がりにうごめく

**くらし** 暮らし(暮し) 例暮らしが楽になる,暮らしが立たない,暮らし向き

**くらしきリョウ** 倉敷料 例倉敷料を払う 注「倉敷」とも言う。

**くらしむき** 暮らし向き(暮し向き) 例暮らし向きが楽になる

**くらす** 暮らす[6]（暮す） ボ,くれる 1827
例平穏無事に暮らす

**くらだし** 蔵出し,倉出し〔庫出し〕 例酒の蔵出し

**くらばらい** 蔵払い 例師走の大蔵払い

**くらびらき** 蔵開き 例新年の蔵開き

**くらべ** 比べ〔較べ,競べ〕 例背比べ,駆け比べ

**くらべる** 比べる[5] ヒ 〔較べる,競べる〕 1683
例原本と写本を比べる,デザインを比べる,実力を比べる

**くらむ** くらむ〔眩む〕 例目がくらむような高さ,金に目がくらむ

**くらやみ** 暗闇,暗やみ 例事件を暗闇に葬る,世は暗闇だ

**くらわたし** 倉渡し 例倉渡し価格

**クリ** 庫裏〔庫裡〕

**くり** くり〔栗〕

**くりあげ** 繰り上げ(繰上げ) 例日程の繰り上げ 対繰り下げ

**くりあげる** 繰り上げる(繰上げる) 例予定を1日繰り上げる 対繰り下げる

**くりあわす** 繰り合わす(繰合わす) (繰合す) 例なんとか繰り合わせて伺います

**くりあわせ** 繰り合わせ(繰合せ) 例万障お繰り合わせのうえ御出席ください

**くりいれ** 繰り入れ(繰入れ) 例資金の繰り入れ

**くりいれキン** 繰り入れ金(繰入れ金) (繰入金) 例帳簿の繰り入れ金

**くりいれる** 繰り入れる(繰入れる) 例予定に繰り入れる

**くりかえ** 繰り替え(繰替え)

**くりかえし** 繰り返し(繰返し) 例同じ事の繰り返し

**くりかえす** 繰り返す(繰返す) 例失策を繰り返す

**くりかえる** 繰り替える(繰替える) 例日程を繰り替える

**くりこし** 繰り越し(繰越し) 例資金の繰り越し,次期への繰り越し額

**くりこしキン** 繰越金

**くりこす** 繰り越す(繰越す) 例残額は次期へ繰り越す

**くりごと** 繰り言 例老人の繰り言 類愚痴

**くりこむ** 繰り込む(繰込む) 例会場へ繰り込む

**くりさげ** 繰り下げ(繰下げ) 例予定の繰り下げ 対繰り上げ

**くりさげる** 繰り下げる(繰下げる) 例予定を1日繰り下げる 対繰り上げる

**くりだす** 繰り出す(繰出す) 例糸を繰り出す,精鋭を繰り出す,現金を繰り出す,全員そろって会場へ繰り出す

**くりぬく** くりぬく〔刳り貫く〕 例りんごの芯をくりぬく

**くりのべ** 繰り延べ(繰延べ) 例日程の繰り延べ 類延期

---

○改定追加漢字 ●改定追加音訓 □改定削除漢字 ■改定削除音訓 〔 〕参考表記 〔△表外漢字 ▲表外音訓 ×誤用 当て字当て字〕

| | |
|---|---|
| **くりのべる　繰り延べる**(繰延べる) 例提出期限を繰り延べる 類延期する | **くるしむ　苦しむ**³　ク,くるしい・くるしめる・にがい・にがる　447 例理解に苦しむ言動,生活に苦しむ,税金に苦しむ |
| **くりひろげる　繰り広げる**(繰広げる) 例多彩な行事を繰り広げる | **くるしめる　苦しめる**³　ク,くるしい・くるしむ・にがい・にがる　447 例動物を苦しめる,人民を苦しめる |
| **くりもどし　繰り戻し**(繰戻し) | |
| **くる　繰る**　―　461 例糸を繰る,暦を繰る,日数を繰る | **くるま　車**¹　シャ　843 例車を飛ばす,車の輪,車代,車止め,車寄せ,車屋;牛車,荷車,手押し車,歯車,車えび,車座になる |
| **くる　来る**²　ライ,きたる・きたす　2022 例人が来る,春が来る,嵐が来る,郵便が来る,電報が来るわ来るわ | **くるまどめ　車止め**　例車止め地帯 |
| | **くるまよせ　車寄せ**　例ホテルの車寄せ |
| **くる　……(て)くる**　例電車が込んでくる,寒くなってくる,夜が明けてくる,ちょっと見てくる | **くるまる　くるまる**〔包まる〕例布団にくるまる |
| | **くるみ　くるみ**〔胡桃当て字〕 |
| **くるい　狂い**　例日程に狂いが生じる,板の合わせ目に狂いがくる;狂い咲き;死に物狂い | **くるむ　くるむ**〔包む〕例紙でくるむ |
| | **くるめる　くるめる**〔包める〕例毛布にくるめる,一式全部くるめて1,000円,言いくるめる |
| **くるいざき　狂い咲き**　例桜の花の狂い咲き | |
| **くるう　狂う**　キョウ,くるおしい　397 例時計が狂う,順序が狂う,予定が狂う | **くるわしい　狂わしい**　例狂わしい気持ち　類狂おしい |
| | **くるわす　狂わす**　例板の継ぎ目を狂わす,予定を狂わす |
| **くるおしい　狂おしい**　キョウ,くるう　397 例狂おしいほどの思い | **くれ　暮れ**　例年の暮れ,暮れの大売り出し,暮れ方　対明け |
| | **くれかかる　暮れかかる,暮れ掛かる**(暮れ掛る)　例日が暮れかかる |
| **くるしい　苦しい**³　ク,くるしむ・くるしめる・にがい・にがる　447 例苦しいときの神頼み,苦しい弁解,家計が苦しい,苦しい生活;心苦しい,聞き苦しい,寝苦しい　対楽しい | **くれがた　暮れ方**　例明け方 |
| | **くれぐれも　くれぐれも**〔呉々も〕例くれぐれもよろしく,くれぐれもお大事に |
| **くるしがる　苦しがる**　例苦しがっている | **くれない　紅**⁶　コウ・ク,べに　618 例花紅,薄紅 |
| **くるしさ　苦しさ**　例苦しさに耐えかねる | **くれる　暮れる**⁶　ボ,くらす　1827 例日が暮れる,年が暮れる　対明ける;思案に暮れる,途方に暮れる |
| **くるしまぎれ　苦し紛れ**　例苦し紛れの弁解 | |
| **くるしみ　苦しみ**　例生活の苦しみ,良心の苦しみ | **くれる　くれる**〔呉れる〕例金をくれ |

明朝体の右肩の数字は配当学年　末尾の数字は常用漢字表番号　(　)許容　類類義同意語　対反対対照語　関関連語　学学術用語

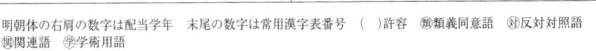

くろ―グン　　　142

| | |
|---|---|
| | 肘鉄を食わす |
| **くろ　黒**[2]　コク，くろい　662 | **くわせもの　食わせ物,食わせ者** |
| 例容疑者は黒だ；黒髪，黒雲，黒装束，黒ダイヤ，黒地，黒っぽい；黒潮，黒ビール，黒船，黒星，黒幕，黒目，黒ゆり，黒枠　対白 | 例とんだ食わせ物をつかまされた；食わせ者の詐欺師 |
| | **くわだて　企て**　例企てに参加する |
| | 類計画，もくろみ |
| **くろい　黒い**[2]　コク，くろ　662 | **くわだてる　企てる**[2]　　301 |
| 例色が黒い，髪が黒い，腹が黒い | 例犯罪を企てる，自殺を企てる |
| | **くわれる　食われる**　例子役に食われる |
| **グロウ　愚弄**　例他人を愚弄する | **くわわる　加わる**[4]　カ，くわえる |
| 類からかう，なぶる，侮る | 　　　　　　　　　　　　　134 |
| **くろうと　＊玄人**　例玄人芸，玄人はだし　対＊素人 | 例会に加わる，速度が加わる |
| | **クン　君**[3]　きみ　　462 |
| **くろしお　黒潮**　類日本海流　対親潮 | 例君侯，君主，君臨；暗君，主君，神君，先君，暴君，名君，明君，幼君；君子；細君，夫君，父君 |
| **くろずむ　黒ずむ**　例黒ずんだ肌 | |
| **くろぬり　黒塗り**　例黒塗りの漆器 | |
| **くろびかり　黒光り**　例肌が黒光りする | **クン　訓**[4]　―　　463 |
| **くろぼし　黒星**　例黒星続き　対白星 | (1)読み・読む，音に対する訓　例訓解，訓義，訓釈，訓点，訓読，訓読み；音訓，和訓　対音 |
| **くろマク　黒幕**　例政界の黒幕，事件の黒幕 | |
| **くろミ　黒み,黒味**　例黒みを帯びる | (2)教える・諭す　例訓育，訓化，訓戒，訓告，訓示，訓辞，訓令，訓練；家訓，教訓，聖訓 |
| **くろめがち　黒目がち**　例黒目勝ち | |
| **くろやき　黒焼き**(黒焼)　例いもりの黒焼き | **クン　勲**　―　　464 |
| | 例勲位，勲章，勲等；元勲，殊勲，武勲 |
| **くわ　桑**　ソウ　　1230 | |
| 例桑の実，桑子，桑畑，桑原；くわばらくわばら | **クン　薫**　かおる　　465 |
| | 例薫草，薫風，薫芳；薫育，薫化，薫製，薫陶 |
| **くわ　くわ**〔鍬〕　例くわ入れ式，くわ形 | |
| **くわえる　加える**[4]　カ，くわわる | **グン　軍**[4]　―　　466 |
| 　　　　　　　　　　　　　134 | 例軍医，軍歌，軍艦，軍紀，軍旗，軍港，軍事，軍資金，軍需，軍縮，軍人，軍勢，軍属，軍隊，軍刀，軍配，軍閥，軍備，軍部，軍服，軍法，軍門，軍用，軍略，軍令；援軍，行軍，従軍，将軍，進軍，賊軍，大軍，敵軍，友軍，陸海空軍，連合軍 |
| 例2に3を加える，仲間に加える，害を加える，勢力を加える　対引く | |
| **くわえる　くわえる**〔咥える,銜える〕 | |
| 例たばこをくわえる，指をくわえる | |
| **くわしい　詳しい**　ショウ〔委しい，精しい〕　　　　　　　1000 | |
| 例地理に詳しい，詳しく説明する | |
| **くわす　食わす**〔喰わす〕　例猫に魚を食わす，家族を食わす；一杯食わす， | **グン　郡**[4]　―　　467 |
| | 例郡司，郡代，郡部；～郡　注地名 |
| | **グン　群**[4]　むれる・むれ・むら　468 |

○改定追加漢字　●改定追加音訓　□改定削除漢字　■改定削除音訓　〔　〕参考表記　〔△表外漢字
▲表外音訓　×誤用　当て字 当て字〕

クンイク 訓育　例子弟を訓育する
クンカイ 訓戒〔訓誡〕　例訓戒を垂れる
クンジ 訓示　例新任大臣の訓示
クンジ 訓辞　例訓辞を垂れる　類訓示
グンシュウ 群衆　例群衆をかき分ける
グンシュウ 群集　例群集心理
クンショウ 勲章　例勲章を授ける，ガーター勲章，文化勲章
くんずほぐれつ 組んずほぐれつ〔組んず解れつ〕　例組んずほぐれつの大げんか
クンセイ 薫製〔燻製〕　例さけの薫製
クントウ 薫陶〔薫陶〕　例師の薫陶を受ける　類教化，感化
クンレン 訓練　例警察犬を訓練する　類練習
クンワ 訓話　例精神訓話

〔ケ・け〕

ケ 化³　カ，ばける・ばかす　132
　例化粧，化身＜ケシン＞；教化＜キョウゲ・キョウカ＞，権化＜ゴンゲ＞，道化，変化＜ヘンゲ＞
ケ 仮⁵　カ，かり　136
　例仮病，虚仮おどし
ケ 家²　カ，いえ・や　147
　例家人＜ケニン・カジン＞，家来；出家，分家，本家
ケ 華　カ，はな　149
　例香華，散華
ケ 気¹　キ　305
　例気高い，気配＜ケハイ，ケワイ＞；塩気，湿気＜シッケ＞，湯気＜ユゲ＞，若気＜ワカゲ＞
ケ 懸　ケン，かける・かかる　544
　例懸想，懸念＜ケネン＞
け 毛²　モウ　1941
　例毛糸，毛色，毛織物，毛皮，毛筋，毛ずね；鼻毛
ゲ 下¹　カ，した・しも・もと・さげる・さがる・くだる・くだす・くださる・おろす・おりる　131
　例下界，下剤，下山，下車，下宿，下手人，下旬，下水，下馬，下品，下落，下痢；上下，卑下，無下　対上
ゲ 夏²　カ，なつ　146
　例夏至，半夏生
ゲ 牙　ガ，きば　164
　例象牙＜ゾウゲ＞
ゲ 解⁵　カイ，とく・とかす・とける　191
　例解脱，解毒，解熱
ゲ 外²　ガイ，そと・ほか・はずす・はずれる　197
　例外科，外題
げ－げ　例悩ましげ，惜しげもなく
けあげる 蹴上げる，け上げる　例ボールを蹴上げる
けあな 毛穴〔毛孔〕
ケイ 京²　キョウ　398
　例京師，京阪，京浜，京葉
ケイ 境⁵　キョウ，さかい　413
　例境界＜ケイカイ・キョウカイ＞，境内＜ケイダイ＞
ケイ 競⁴　キョウ，きそう・せる　417
　例競馬，競輪；競売＜ケイバイ・キョウバイ＞
ケイ 兄²　キョウ，あに　469
　例兄事，兄弟＜ケイテイ・キョウダイ＞；貴兄，義兄，実兄，諸兄，長兄，父兄　注＊兄さん＜にいさん＞

ケイ―ケイ　　　144

| ケイ 刑 ― | 470 |
|---|---|
例刑期, 刑事, 刑場, 刑罰, 刑法, 刑務所;絞首刑, 死刑

| ケイ 形² | ギョウ, かた・かたち | 471 |

例形式, 形状, 形成, 形勢, 形態, 形容;円形, 外形, 奇形, 原形, 固形, 三角形, 図形, 整形, 正方形, 相似形, 造形, 多角形, 地形, 長方形, 同形, 変形, 無形, 有形

| ケイ 系⁶ ― | 472 |

例系図, 系統, 系譜, 系列;家系, 山系, 体系, 大系, 直系, 母系, 傍系

| ケイ 径⁴ ― | 473 |

(1)細い道 例径路;小径, 石径
(2)まっすぐな様子 例直情径行
(3)さしわたし 例口径, 直径, 半径
(4)へだたり 例径庭

| ケイ 茎 くき | 474 |

例球茎, 地下茎

| ケイ 係³ かかる・かかり | 475 |

例係員, 係争, 係累;関係, 連係

| ケイ 型⁵ ― | 476 |

例紙型, 定型, 典型, 模型, 類型

| ケイ 契 ちぎる | 477 |

例契印, 契機, 契約;黙契

| ケイ 計² はかる・はからう | 478 |

(1)数える 例計算, 計上, 計数, 計量;家計, 会計, 統計
(2)合計 例合計, 集計, 小計, 総計
(3)はかる・はかりごと 例計画, 計略;一計, 奇計, 推計, 生計, 設計, 早計
(4)装置 例計器, 温度計
注*時計<とけい>

| ケイ 恵 エ, めぐむ | 479 |

例恵贈, 恵存, 恵与;恩恵

| ケイ 啓 ― | 480 |

(1)聞く・導く 例啓示, 啓発
(2)「言う」の尊敬 例啓上;謹啓, 拝啓

(3)みゆき 例行啓<ギョウケイ>

| ケイ 掲 かかげる | 481 |

例掲載, 掲示, 掲揚;所掲, 前掲

| ケイ 渓 ― | 482 |

例渓谷, 渓流;雪渓

| ケイ 経⁵ キョウ, へる | 483 |

(1)南北の方向 例経度;東経 △緯
(2)過ぎる 例経過, 経験, 経由, 経歴, 経路
(3)管理する 例経営, 経済, 経費, 経理
(4)その他 例月経, 神経, 神経質

| ケイ 蛍 ほたる | 484 |

例蛍光灯, 蛍光塗料, 蛍雪の功

| ケイ 敬⁶ うやまう | 485 |

例敬愛, 敬意, 敬遠, 敬具, 敬語, 敬称, 敬神, 敬服, 敬礼, 敬老;失敬, 崇敬, 尊敬

| ケイ 景⁴ ― | 486 |

例景観, 景気, 景勝, 景品, 景物;遠景, 近景, 光景, 実景, 情景, 絶景, 全景, 点景, 背景, 風景, 夜景
注*景色<けしき>

| ケイ 軽³ かるい・かろやか | 487 |

(1)軽い 例軽快, 軽金属, 軽減, 軽工業, 軽少, 軽度, 軽便 対重
(2)軽々しい 例軽挙, 軽率, 軽薄
(3)軽んずる 例軽視, 軽度<ケイベツ>

| ケイ 傾 かたむく・かたむける | 488 |

例傾向, 傾斜, 傾注, 傾聴, 傾倒;左傾

| ケイ 携 たずさえる・たずさわる | 489 |

例携行, 携帯;提携, 必携

| ケイ 継 つぐ | 490 |

(1)継ぐ 例継泳, 継承, 継続;後継, 中継
(2)義理の関係 例継父, 継母, 継子 △実

| ケイ 詣 もうでる | 491 |

例参詣, 造詣

| ケイ 慶 ― | 492 |

○改定追加漢字　●改定追加音訓　□改定削除漢字　■改定削除音訓　〔 〕参考表記　〔△表外漢字　▲表外音訓　×誤用　当て字 当て字〕

例慶賀, 慶祝, 慶弔

**ケイ 憬 —** 493
例憧憬＜ショウケイ・ドウケイ＞

**ケイ 稽 —** 494
例稽古；滑稽＜コッケイ＞

**ケイ 憩 いこい・いこう** 495
例休憩, 小憩

**ケイ 警⁶ —** 496
(1)注意する 例警告, 警鐘, 警報
(2)まもる 例警戒, 警護, 警備, 警防；夜警
(3)言い当てる・鋭くうがつ 例警句, 警策, 警抜
(4)警察 例警官, 警部, 警務

**ケイ 鶏 にわとり** 497
例鶏舎, 鶏頭, 鶏卵；養鶏, 闘鶏, 群鶏

**ゲイ 芸⁴ —** 498
例芸域, 芸界, 芸者, 芸術, 芸人, 芸能, 芸名；一芸, 園芸, 演芸, 学芸, 技芸, 曲芸, 工芸, 手芸, 農芸, 腹芸, 武芸, 文芸, 民芸；芸が細かい, 芸がない

**ゲイ 迎 むかえる** 499
例迎撃, 迎合, 迎賓；歓迎

**ゲイ 鯨 くじら** 500
例鯨飲, 鯨肉, 鯨油；捕鯨

**ケイイ 経緯** 例これまでの経緯

**ケイエイ 経営** 例牧場を経営する, 経営者

**ケイカ 経過** 例経過は良好である, 研究の経過, 時間が経過する

**ケイガイ 形骸** 例形骸化, 建物の形骸

**ケイガイ 謦咳** 例謦咳に接する

**ケイカン 景観** 例富士の景観をうたう 類景色, 趣

**ケイキ 景気** 例景気の見通し, 景気変動, 相撲の景気, 景気のよい店, 景気をつける, 景気よく歌う 対不景気

**ゲイギ 芸妓** 例芸者

**ケイケン 経験** 例経験がない, 経験を生かす, 経験談, 経験者 類体験 対学識

**ケイケン 敬虔** 例敬虔な祈り, 敬虔な信者 類つつましい

**ケイコ けいこ〔稽古〕** 例踊りのけいこ, 熱心にけいこする 類練習

**ケイコウトウ 蛍光灯**

**ケイコク 渓谷**

**ケイシ 罫紙**

**ケイセン 係船〔繋船〕** 注法令では「係船」。

**ケイソウ 係争〔繋争〕** 例係争する

**ケイゾク 係属〔繋属〕** 例係属中の事件 注法令では「係属」。

**ケイソツ 軽率, 軽卒** 例軽率なふるまい 対慎重

**ケイダイ 境内** 例寺の境内

**ケイチョウ 軽重** 例かなえの軽重を問う

**ケイチョウ 軽佻** 例軽佻浮薄

**ケイテキ 警笛** 例警笛を鳴らす

**ケイドウミャク 頸動脈**

**ケイバ 競馬** 例競馬場, 草競馬

**ケイハク 軽薄** 例軽薄な人間, 軽薄な考え 対重厚

**ケイバツ 閨閥** 例閨閥政治

**ケイベツ 軽蔑** 例軽蔑した目つき, 教養がなくて人に軽蔑される 類軽侮, 侮り

**ケイモウ 啓蒙** 例青少年を啓蒙する, 啓蒙主義 類啓発

**ケイヤク 契約** 例売買の契約をする, 契約書

**ケイリ 経理, 計理** 例経理を担当する 注「計理」は通常, 計算整理の意味を表すのに用いる。法令では「経理」。

**ケイリュウ 係留〔繋留〕** 例船を係留

ケイリュウ 渓流　例渓流に沿って下る　類谷川の流れ, 谷川

ケイルイ 係累〔繋累〕　例係累が多い　類足手まとい, 扶養家族

ケイレキ 経歴　例……の経歴の持ち主, 経歴書　類履歴

ケイレン けいれん〔痙攣〕　例けいれんを起こす, 胃けいれん

ケイロ 経路　例情報の入手経路, 逃走の経路をたどる　類筋道, 手順, いきさつ

けいろ 毛色　例毛色が変わっている, 毛色の変わった趣向

ケウ 希有　例希有な出来事

けおとす 蹴落とす(蹴落す), け落とす(け落す)　例人を蹴落とす

けおりもの 毛織物

ケガ けが〔怪我〕　例けが人；けがの功名＜コウミョウ＞

けがす 汚す　オ, けがれる・けがらわしい・よごす・よごれる・きたない　〔穢す〕　104
例公園を汚す；家名を汚す, 友人の体面を汚す, 末席を汚す

けがらわしい 汚らわしい　オ, けがす・けがれる・よごす・よごれる・きたない　〔穢らわしい〕　104
例汚らわしい行い, 汚らわしい本

けがれ 汚れ〔穢れ〕　例汚れを知らない幼児, 汚れをはらう

けがれる 汚れる　オ, けがす・けがらわしい・よごす・よごれる・きたない　〔穢れる〕　104
例神域が汚れる, 心が汚れる, 汚れた体

ゲキ 隙　すき　501
例間隙, 空隙

ゲキ 劇⁶　—　502
(1)はげしい　例劇痛, 劇務, 劇薬；惨劇
(2)芝居　例劇化, 劇場, 劇団, 劇的；演劇

ゲキ 撃　うつ　503
例撃退, 撃沈, 撃墜, 撃破；攻撃, 射撃, 襲撃, 衝撃, 追撃, 突撃, 排撃, 爆撃, 砲撃

ゲキ 激⁶　はげしい　504
例激化, 激賞, 激情, 激戦, 激増, 激怒, 激動, 激突, 激流, 激励, 激烈, 激論；感激, 憤激；刺激〔注「刺激」の「激」は「戟」の代用字〕

ゲキ げき〔檄〕　例げきを飛ばす, げき文

ゲキコウ 激昂　注「ゲッコウ」とも言う。

ゲキショ 激暑, 劇暑　連日の激暑で体が参る　類酷暑

ゲキショク 激職, 劇職　例激職に耐えて精励する　対閑職

ゲキシン 激震, 劇震　例激震により大被害がある

ゲキジン 激甚, 劇甚　例激甚な打撃を受ける　類激烈, 激しい

ゲキセン 激戦, 劇戦　例激戦の末勝利を収める

ゲキツウ 激痛, 劇痛　例激痛に耐えかねる

ゲキヘン 激変, 劇変　例環境が激変する

ゲキム 激務, 劇務　例激務に携わる

ゲキヤク 劇薬　例劇薬の取り扱いに注意する

けぎらい 毛嫌い　例毛嫌いする

ゲキリュウ 激流　例激流に飲まれる

ゲキリン 逆鱗　例社長の逆鱗に触れる

ゲキロン 激論　例激論を戦わす

ケゲン けげん〔怪訝〕　例けげんそうな顔をして聞き返す

| | |
|---|---|
| ゲコクジョウ 下克上〔下剋上〕<br>例下克上は組織の秩序を乱す | ケだかい 気高い 例気高い姿，天使のように気高い子 |
| ケサ けさ〔袈裟〕 例僧のけさ；けさ切り，おおげさ | けだし けだし〔蓋し〕 例けだし当然と言えよう 類たぶん，おおかた |
| けさ ＊今朝 例今朝の気温 | けたたましい けたたましい 例けたたましいサイレンの音，電話がけたたましく鳴る |
| けし ～消し 例火消し，打ち消し | |
| ゲシ 夏至 反冬至＜トウジ＞ | けたちがい 桁違い，けた違い 例そろばんの桁違い，桁違いの資産家 |
| けシイン 消印 例消印を押す | |
| けしかける けしかける〔嗾ける〕<br>例犬をけしかける，けしかけて悪事を働かせる | けだもの けだもの〔獣〕 |
| | けち けち〔吝嗇 当て字〕 例あの人はけちだ，けちん坊，けちな家；けちな考え，けちなやり方；けちをつける，けちがつく |
| けしからぬ(ん) けしからぬ(ん)〔怪しからぬ(ん)〕 例けしからぬ行為，実にけしからん | |
| ケシキ 気色 例思いつめた気色，気色ばむ | けちくさい けちくさい〔吝嗇臭い 当て字〕 例けちくさいやつ，けちくさい品物 |
| けしき ＊景色 例すばらしい景色，美しい景色 類風景 | |
| けしずみ 消し炭 | けちらす 蹴散らす，け散らす 例砂を蹴散らす，敵を蹴散らす |
| けしとめる 消し止める 例火を消し止める，うわさを消し止める | けちんボウ けちん坊〔吝嗇坊 当て字〕 類しわん坊 |
| ケショウ 化粧 例化粧を直す，化粧品，化粧箱，化粧くずれ；雪化粧をした山々，化粧まわし | ケツ 欠⁴ かける・かく 506<br>例欠員，欠課，欠陥，欠勤，欠航，欠食，欠席，欠損，欠点，欠乏，欠礼；間欠，出欠，不可欠，補欠 |
| けす 消す³ ショウ，きえる 976<br>例姿を消す，火を消す，艶を消す；テレビを消す，テープを消す；臭いを消す，毒を消す，デマを消す | |
| | ケツ 穴⁶ あな 507<br>例穴居；洞穴＜ドウケツ・ほらあな＞，墓穴を掘る |
| ゲスイコウ 下水溝 例下水溝が詰まる | |
| けずりくず 削りくず〔削り屑〕<br>例鉛筆の削りくず | ケツ 血³ ち 508<br>(1)血液例血圧，血液，血管，血球，血行，血色，血清；混血，止血，充血，出血，赤血球，鮮血，吐血，貧血，輸血<br>(2)血のつながり例血縁，血族，血統<br>(3)生命力例血気，血相；心血，熱血<br>(4)戦い・困難に関して例血路，血戦；無血占領 |
| けずる 削る サク 724<br>例鉛筆を削る；人員を削る；無駄な言葉を削る | |
| けずる けずる〔梳る〕 例髪をけずる | |
| けた 桁 — 505<br>例桁違い，一桁＜ひとけた＞；橋桁 | |
| ゲタ げた〔下駄〕 例げたを履く，げた履き | ケツ 決³ きめる・きまる 509<br>(1)切れる・破れる例決壊，決裂<br>(2)勢いがよい例決起，決然 |

明朝体の右肩の数字は配当学年　末尾の数字は常用漢字表番号　（ ）許容　類類義同意語　反反対対照語
関関連語　学学術用語

(3)決める・覚悟する 例決意, 決行, 決済, 決算, 決死, 決勝, 決心, 決戦, 決断, 決着, 決定, 決別;可決, 解決, 既決, 裁決, 自決, 即決, 対決, 判決, 否決, 未決
(4)まとめる・議事の結論を出す 例決を採る;議決, 決選;議決, 採決, 表決

**ケツ 結** ⁴ むすぶ・ゆう・ゆわえる 510
(1)結わえる 例結束, 結髪＜ケッパツ＞;増結, 直結, 連結
(2)固まる 例結核, 結合, 結集, 結晶, 結氷, 凝結, 凍結
(3)契る 例結縁, 結婚, 結社, 結党;団結
(4)組み立てる 例結成, 結成
(5)出来上がる 例結果, 結実
(6)締めくくる 例結局, 結末, 結論;完結, 帰結, 終結, 起承転結

**ケツ 傑 —** 511
例傑作, 傑出, 傑人, 傑物;英傑, 豪傑, 怪傑, 女傑

**ケツ 潔** ⁵ いさぎよい 512
例潔斎, 潔白, 潔癖;簡潔, 高潔, 純潔, 清潔, 不潔

**ゲツ 月** ¹ ガツ, つき 513
(1)天体の月 例月影, 月下, 月光, 月食;残月, 新月, 満月, 名月, 明月＜メイゲツ＞
(2)歳月の月 例月刊, 月給, 月経, 月謝, 月収, 月報, 月末;歳月, 先月, 年月, 毎月, 明月＜ミョウゲツ＞, 翌月, 来月
(3)七曜の一つ 例月曜日
注＊五月＜さつき＞, ＊五月雨＜さみだれ＞

**ケッカ 結果** 例苦心の結果, 結果をまとめる, 結果的, 結果論 対原因

**ケッカイ 決壊**〔決潰〕 例大雨で川が決壊する 注法令では「決壊」。

**ケッカク 結核** 例結核患者, 肺結核

**ゲッカヒョウジン 月下氷人** 例月下氷人の役目を引き受ける 類仲人

**ケッカン 欠陥**〔缺陥〕 例欠陥商品, 欠陥車, 欠陥となる

**ケッキ 血気** 例血気盛り, 血気の勇

**ケッキ 決起**〔蹶起〕 例決起する, 決起大会

**ケッキョク 結局** 例午後10時に結局となる 注囲碁・将棋の用語。

**ケッキョク けっきょく,結局** 例けっきょく中止することに決まる

**ケッキン 欠勤**〔缺勤〕 例欠勤する, 欠勤届け 対出勤

**ケッコウ 結構** 例建物の結構 類構造

**ケッコウ(だ) けっこう(だ),結構(だ)** 例けっこうな品, けっこうなお住まい, いつもお元気でけっこうです;もうけっこうです;けっこう時間がかかる, けっこう能率を上げている

**ケッコウずくめ けっこうずくめ,結構ずくめ**〔結構尽くめ〕

**ケッコン 結婚** 例結婚する, 結婚式 対離婚

**ケッサク 傑作** 例傑作を一堂に集める 対駄作;傑作なことを言う

**ケッして 決して** 例決してうそは言わない

**ゲッシャ 月謝** 例月謝を納める, 月謝袋

**ケツジョ 欠如**〔闕如,欠除〕 例主体性が欠如する

**ケッショウ 結晶** 例石英の結晶;努力の結晶, 汗の結晶

**ゲッショク 月食**〔月蝕〕 対日食

**ケッする 決する** 例決意を決する

**ケッセキとどけ 欠席届け(欠席届)**

**ケツゼン 決然**〔蹶然〕 例決然として立ち上がる, 決然たる態度

○改定追加漢字 ●改定追加音訓 □改定削除漢字 ■改定削除音訓 〔 〕参考表記 〔△表外漢字 ▲表外音訓 ×誤用 当て字当て字〕

| | |
|---|---|
| ケッセントウヒョウ　決選投票〔決戦投票〕 | ゲバヒョウ　下馬評　囫下馬評が高い　働当て推量 |
| ケッチャク　決着,結着　囫仕事の決着をつける　働落着 | ケビョウ　仮病　囫仮病を使う　囮真症＜シンショウ＞ |
| ケッテイ　決定　囫日取りを決定する,決定的,決定版 | ゲヒン　下品　囫下品な趣味,下品な人　囮上品 |
| ケットウ　血統　囫血統を引く,血統書 | けぶかい　毛深い　囫毛深い腕 |
| ケッパク　潔白　囫身の潔白を証明する,心の潔白な人 | ケぶり　けぶり,気振り　囫けぶりにも出さない,そんなけぶりはない　働そぶり,様子 |
| ゲップばらい　月賦払い(月賦払)　働割賦払い | けぶる　けぶる〔煙る,烟る〕　囫雨にけぶる |
| ケッペキ　潔癖　囫非常に潔癖だ,潔癖な性質 | けむ　けむ〔煙,烟〕　囫けむに巻く |
| ケツベツ　決別〔訣別〕　囫決別を告げる,決別の言葉 | けむい　煙い　エン,けむる・けむり　96 |
| ケツボウ　欠乏〔缺乏〕　囫食糧が欠乏する | 囫たき火の煙が目に染みて煙い |
| けつまずく　けつまずく〔蹶躓く〕　囫石にけつまずく,事業にけつまずく | けむたい　煙たい〔烟たい〕　囫部屋中＜ヘヤジュウ＞が煙たい;煙たい人物 |
| けづめ　蹴爪,けづめ | けむり　煙　エン,けむる・けむい〔烟〕　96 |
| ケツロン　結論〔決論〕　囫結論に達する,結論から言えば……　囮序論 | 囫煙突の煙,煙が立たない,野辺の煙;砂煙,水煙 |
| ゲドク　解毒〔下毒〕　囫解毒する,解毒剤 | けむる　煙る　エン,けむり,けむい　96 |
| けとばす　蹴飛ばす,け飛ばす　囫物を蹴飛ばす,忠告を蹴飛ばす | 囫まきを燃して煙る,雨に煙る境内 |
| けなゲ　けなげ〔健気〕　囫けなげに働く;けなげな心がけ　働殊勝 | けもの　獣　ジュウ　916 |
| けなす　けなす〔貶す〕　囫人の作品をけなす　囮褒める | 囫獣を生け捕る |
| けなみ　毛並み(毛並)　囫毛並みがよい | けり　けり〔蹴当字〕　囫けりがつく,けりをつける　働決着,結果 |
| けぬき　毛抜き　囫毛抜き合わせ | ゲリ　下痢　囫下痢をする,下痢症状　囮秘結,便秘 |
| ゲネツザイ　解熱剤〔下熱剤〕 | ける　蹴る　シュウ〔ける,蹴る〕　905 |
| ケネン　懸念　囫落第の懸念がある,懸念する | 囫ボールを蹴る,申し出を蹴る,頼みを蹴る,蹴散らす |
| ケハイ　気配　囫人のいる気配がする,雪の降りそうな気配　囮伝統的な言い方では「けわい」 | ケレン　けれん〔外連当字〕　囫けれんみのない人　働俗受け |
| けはえぐすり　毛生え薬 | けわしい　険しい[5]　ケン　528 |
| | 囫険しい崖,険しい道;険しい顔; |

ケン―ケン　　　　　150

情勢が険しい　㉓なだらか(だ)

ケン　間² カン、あいだ・ま　270
例間尺、間数；一間；世間；人間

ケン　犬¹ いぬ　514
例犬歯、犬馬の労、犬猿の仲；番犬、猛犬、野犬

ケン　件⁵ ―　515
例件数；一件、事件、条件、物件、無条件、用件、要件

ケン　見¹ みる・みえる・みせる　516
(1)見る・見える 例見学、見物、見聞；外見、散見、拝見、発見
(2)考える・考え 例見解、見識、見地、見当；意見、私見、識見、所見、卓見、定見、偏見
(3)現れる 例露見
(4)人に会う 例会見

ケン　券⁶ ―　517
例券売機、券面；回数券、株券、債券、証券、乗車券、食券、定期券、入場券、旅券

ケン　肩 かた　518
例肩章；双肩、比肩

ケン　建⁴ コン、たてる・たつ　519
例建議、建国、建設、建造、建造物、建築；再建、創建、土建、封建

ケン　研³ とぐ　520
例研究、研修

ケン　県³ ―　521
例県営、県会、県道、県立；府県

ケン　倹 ―　522
例倹素、倹約；勤倹

ケン　兼 かねる　523
例兼行、兼修、兼摂、兼任、兼備、兼務、兼用

ケン　剣 つるぎ　524
例剣劇、剣豪、剣道、剣舞；刀剣

ケン　拳 こぶし　525

例拳銃、拳闘、拳法；鉄拳

ケン　軒 のき　526
例軒数；1軒；意気軒昂＜ケンコウ＞

ケン　健⁴ すこやか　527
(1)丈夫である 例健脚、健康、健在、健児、健勝、健全；強健、剛健、壮健、保健
(2)偏らない 例健全；穏健
(3)よくしがちである 例健忘

ケン　険⁵ けわしい　528
(1)険しい・険所 例険路；天下の険、天険
(2)危ない・危険 例険悪；危険、探険、保険、冒険
(3)悪い・悪だくみ 例陰険、邪険

ケン　圏 ―　529
例圏外、圏内；首都圏、北極圏

ケン　堅 かたい　530
例堅固、堅持、堅実；中堅

ケン　検⁵ ―　531
例検印、検閲、検温、検眼、検挙、検査、検察、検視、検事、検定、検討、検分、検便；送検、探検、点検

ケン　嫌 ゲン、きらう・いや　532
例嫌悪、嫌忌、嫌疑

ケン　献 コン　533
例献金、献策、献上、献身、献納；貢献、文献

ケン　絹⁶ きぬ　534
例絹糸、絹布；人絹

ケン　遣 つかう・つかわす　535
例遣外、遣唐使、派遣

ケン　権⁶ ゴン　536
例権威、権益、権限、権勢、権利、権力；越権、棄権、拒否権、国権、債権、参政権、司法権、自治権、実権、主権、集権、職権、所有権、人権、政権、制海権、全権、特権、分権、民権

ケン　憲⁶ ―　537

○改定追加漢字　●改定追加音訓　□改定削除漢字　■改定削除音訓　〔　〕参考表記　〔△表外漢字
▲表外音訓　×誤用　当て字当て字〕

| | | |
|---|---|---|
| ケン | 憲 — | |
| 例憲章, 憲政, 憲法；家憲, 官憲, 立憲 | | |
| ケン | 賢 かしこい | 538 |
| 例賢愚, 賢察, 賢明；遺賢 翳愚 | | |
| ケン | 謙 — | 539 |
| 例謙虚, 謙譲, 謙遜＜ケンソン＞ | | |
| ケン | 鍵 かぎ | 540 |
| 例鍵盤 | | |
| ケン | 繭 まゆ | 541 |
| 例繭価, 繭糸 | | |
| ケン | 顕 — | 542 |
| 例顕現, 顕彰, 顕著, 顕微鏡；貴顕 対隠 | | |
| ケン | 験⁴ ゲン | 543 |
| 例験算；経験, 試験, 実験, 受験, 体験, 霊験＜レイケン・レイゲン＞ | | |
| ケン | 懸 かける・かかる | 544 |
| 例懸案, 懸賞, 懸垂, 懸命 | | |
| ゲン | 眼⁵ ガン, まなこ | 297 |
| 例開眼＜カイゲン・カイガン＞ | | |
| ゲン | 嫌 ケン, きらう・いや | 532 |
| 例機嫌が悪い | | |
| ゲン | 験⁴ ケン | 543 |
| 例験がある；霊験, 修験者 | | |
| ゲン | 元² ガン, もと | 545 |
| 例元気, 元首, 元素, 元服, 元老；還元, 紀元, 単元, 中元 | | |
| ゲン | 幻 まぼろし | 546 |
| 例幻影, 幻想, 幻灯, 幻滅；夢幻 | | |
| ゲン | 玄 — | 547 |
| 例玄関, 玄米；深玄, 幽玄 注＊玄人＜くろうと＞ | | |
| ゲン | 言² ゴン, いう・こと | 548 |
| 例言語, 言行, 言質, 言動, 言明, 言論；格言, 甘言, 換言, 狂言, 金言, 苦言, 広言, 失言, 証言, 進言, 宣言, 断言, 直言, 発言, 方言, 暴言, 明言, 名言, 序言, 流言；言を左右する, 言をまたない | | |
| ゲン | 弦 つる〔絃〕 | 549 |

| | | |
|---|---|---|
| | 例弦楽器, 弦月；下弦, 管弦, 正弦 | |
| ゲン | 限⁵ かぎる | 550 |
| 例限界, 限定, 限度；期限, 極限, 権限, 刻限, 際限, 制限, 日限, 年限, 無限, 門限, 有限 | | |
| ゲン | 原² はら | 551 |
| (1)みなもと・もと 例原案, 原因, 原価, 原形, 原稿, 原告, 原作, 原産, 原子, 原紙, 原書, 原色, 原則, 原動力, 原板, 原文, 原簿, 原油, 原理, 原料 | | |
| (2)はら 例原野；高原, 草原, 平原 | | |
| (3)原子力 例原水爆 | | |
| ゲン | 現⁵ あらわれる・あらわす | 552 |
| (1)現れる 例現出, 現象, 現像；具現, 再現, 実現, 出現, 表現 | | |
| (2)現にある 例現役, 現下, 現況, 現金, 現行, 現今, 現在, 現実, 現住地, 現状, 現職, 現世, 現勢, 現存, 現代, 現地, 現場, 現品, 現物 | | |
| ゲン | 舷 — | 553 |
| 例舷側；右舷, 左舷 | | |
| ゲン | 減⁵ へる・へらす | 554 |
| 例減圧, 減員, 減額, 減産, 減少, 減水, 減税, 減退, 減点, 減法；加減, 軽減, 削減, 節減, 漸減, 増減, 半減 対増 | | |
| ゲン | 源⁶ みなもと | 555 |
| 例源泉, 源流；起源, 根源, 財源, 資源, 電源；源平 | | |
| ゲン | 厳⁶ ゴン, おごそか・きびしい | 556 |
| (1)きびしい 例厳戒, 厳格, 厳寒, 厳禁, 厳守, 厳重, 厳選, 厳罰, 厳密, 厳命 | | |
| (2)おごそかである 例厳粛, 厳正, 厳然；威厳, 謹厳 | | |
| (3)尊称 例厳君, 厳父 | | |
| ゲンアン | 原案 例原案を修正する, 原案どおり可決する 対修正案 | |

明朝体の右肩の数字は配当学年　末尾の数字は常用漢字表番号　（ ）許容　題類義同意語　対反対対照語
関関連語　⑦学術用語

|  |  |  |
|---|---|---|
| ケンイ | 権威 | 例権威におびえる,植物学の権威,その分野の権威者 |
| ケンイン | 牽引 | 例牽引車 |
| ゲンイン | 原因 | 例原因を調べる ㊥結果 |
| ケンオ | 嫌悪 | 例嫌悪を感ずる,嫌悪する ㊥憎しみ,嫌う |
| ケンカ | けんか〔喧嘩〕 | 例けんかを売る,けんか腰,けんか両成敗 ㊥争い |
| ケンガ | 懸河 | 例懸河の勢い |
| ゲンカ | 弦歌〔絃歌〕 | |
| ケンカイ | 見解 | 例見解を述べる,見解の相違 |
| ゲンカイ | 限界 | 例限界に達する,限界点 |
| ゲンカク | 厳格 | 例厳格な家庭,厳格な指導 |
| ゲンカショウキャク | 減価償却〔原価消却〕 | |
| ケンギ | 嫌疑 | 例嫌疑がかかる,嫌疑を受ける ㊥容疑 |
| ケンキュウ | 研究 | 例研究の成果,研究室,研究所 |
| ケンキョ | 検挙 | 例違反者を検挙する ㊥釈放 |
| ケンキョ | 謙虚 | 例謙虚に反省する |
| ケンキョウ | 狷狭 | 例狷狭な性格 |
| ゲンキョウ | 元凶〔元兇〕 | 例密売の元凶 |
| ケンゲン | 建言 | 例政府に意見を建言する ㊥建白 |
| ケンゲン | 献言 | 例上司に献言する |
| ケンゲン | 権限 | 例市長の権限,職務権限 |
| ケンゴ | 堅固 | 例防備を堅固にする,意志堅固 |
| ゲンコ | 拳固,げんこ | ㊥平手 |
| ゲンゴ | 言語 | 例言語に絶する,音声(文字)言語 |
| ケンコウ | 軒昂 | 例意気軒昂 |
| ケンコウ | 健康 | 例健康診断,健康体,健康保険 |
| ゲンコウ | 原稿 | 例原稿用紙,原稿料 |
| ゲンコツ | 拳骨,げんこつ | 例拳骨を食う ㊥拳固 |
| ケンコンイッテキ | 乾坤一擲 | 例乾坤一擲の大勝負 |
| ケンサ | 検査 | 例水を検査する,身体検査 |
| ゲンサイ | 減殺 | 例効果を減殺する |
| ケンサク | 検索 | 例目次検索,人名検索 |
| ケンサン | 研鑽 | 例研鑽を積む ㊥研究 |
| ケンザン | 検算,験算 | 例検算する |
| ケンジ | 顕示 | 例顕示欲,自己顕示 |
| ゲンジ | 言辞 | 例言辞をろうする |
| ケンシキ | 見識 | 例見識がある,見識が高い,見識ばる |
| ケンジツ | 堅実〔健実〕 | 例堅実な方法,堅実に努力する |
| ゲンジツ | 現実 | 例日本の現実,現実に戻る,現実の姿 ㊥理想 |
| ゲンシテキ | 原始的 | 例そのやり方はあまりにも原始的だ,原始的な大森林,原始的な動物 |
| ゲンシュ | 元首 | 例国民 |
| ゲンシュ | 厳守 | 例約束を厳守する,時間厳守 |
| ケンジュウ | 拳銃 | 例ピストル,短銃 |
| ゲンジュウ | 厳重 | 例戸締まりを厳重にする ㊥放漫 |
| ゲンシュク | 厳粛 | 例厳粛に行う,厳粛な気持ち,厳粛な事実 |
| ケンショウ | 懸賞 | 例懸賞問題,懸賞論文 |
| ケンジョウ | 謙譲 | 例謙譲の美徳 |
| ゲンショウ | 現象 | 例不思議な現象,自然現象,社会現象 |
| ゲンジョウ | 現状 | 例……という現状 |

○改定追加漢字　●改定追加音訓　□改定削除漢字　■改定削除音訓　〔　〕参考表記　〔△表外字
▲表外音訓　×誤用　当て字当て字〕

| | |
|---|---|
| です，現状維持 | いの方角，見当違いの解答 |
| **ゲンずる 減ずる** 例売れ行きが減ずる，食事量を減ずる，5から2を減ずる (対)増す，加える (注)「減じる」とも言う。 | **ゲンドウリョク 原動力** 例産業の原動力，世界平和を築き上げる原動力 |
| **ケンセイ 牽制** 例相手を牽制する (類)抑制 | **ケンドジュウライ 捲土重来** 例捲土重来を期する (関)巻き返し (注)「ケンドチョウライ」とも言う。 |
| **ケンセイ 厳正** 例厳正中立 | **ゲンに 現に** 例現にこの目で見た |
| **ケンセキ 譴責** 例譴責処分を受ける | **ゲンに 厳に** 例厳に戒める |
| **ケンセツ 建設** 例学校を建設する，建設的 (対)破壊 | **ケンビキョウ 顕微鏡** (関)拡大鏡，望遠鏡 |
| **ケンゼン 健全** 例健全な娯楽，健全な考え方 (対)不健全 | **ケンブン 見聞** 例見聞を広める，東方見聞録 |
| **ゲンセン 源泉，原泉** 例知識の源泉；源泉徴収 | **ケンポウ 憲法** 例憲法発布，憲法記念日；日本国憲法 |
| **ゲンゼン 厳然〔儼然〕** 例厳然と構える | **ケンマ 研磨，研摩** 例学問の研磨，研磨する |
| **ケンソ 険阻〔嶮岨〕** 例険阻な山道 | **ケンマク けんまく〔剣幕，見幕，権幕〕** (当て字) 例たいへんなけんまくでどなり込む |
| **ゲンソ 元素，原素** 例元素記号 | |
| **ケンソウ 喧騒，喧噪** (類)騒がしい，やかましい | **ゲンミツ 厳密** 例厳密な検査，厳密に言えば…… |
| **ゲンゾウ 現像** 例写真を現像する，現像液 | **ケンメイ 賢明** 例賢明な人，賢明な策，賢明なやり方 (対)愚昧＜グマイ＞ |
| **ゲンソク 原則** 例原則に従う，原則として (対)例外 | **ケンメイ 懸命** 例懸命の努力，懸命に走る |
| **ケンソン 謙遜** 例謙遜する，謙遜した言い方，ご謙遜でしょう (類)謙虚，へりくだり (対)不遜，傲慢＜ゴウマン＞ | **ゲンメツ 幻滅** 例幻滅の悲哀，幻滅する |
| | **ゲンモウ 減耗** 例価値が減耗する (注)「ゲンコウ」の慣用読み。 |
| **ケンタイ 倦怠** 例倦怠を覚える (類)疲労，退屈 | |
| **ケンタン 健啖** 例健啖ぶりを発揮する (類)大食 | **ケンヤク 倹約** 例こづかいを倹約する，倹約家 (類)節約 (対)浪費 |
| **ケンテイずみ 検定済み**(検定済) | **ケンラン 絢爛** 例絢爛豪華，絢爛たる舞踏会，絢爛たる文章 (類)きらびやか，華やか |
| **ケントウ 見当** 例見当をつける，学校はあちらの見当だ；40歳見当の人 | |
| **ケントウ 検討** 例問題を検討する，検討を加える，再検討 | **ケンリ 権利** 例幸福を求める権利，人の考えを曲げさせる権利はない (対)義務；土地の権利を譲る |
| **ケントウ 拳闘** (類)ボクシング | |
| **ゲントウ 幻灯** 例幻灯写真 | |
| **ケントウちがい 見当違い** 例見当違 | **ケンロウ 堅牢** 例堅牢な要塞＜ヨウ |

明朝体の右肩の数字は配当学年　末尾の数字は常用漢字表番号　( )許容　(類)類義同意語　(対)反対対照語
(関)関連語　(学)学術用語

ゲンロ―コ

サイ>，堅牢な体 ㊣堅固，丈夫

**ゲンロン 言論** 例言論の自由，言論機関

**ゲンワク 幻惑〔眩惑〕** 例あまりの美しさに幻惑される，大金で相手を幻惑する

〔コ・こ〕

- コ **去**³ キョ，さる　　382
  例過去
- コ **拠** キョ　　386
  例証拠
- <u>コ</u> **虚** キョ　　388
  例虚空，虚無僧
- コ **己**⁶ キ，おのれ　　557
  例自己，利己
- コ **戸**² と　　558
  例戸外，門戸；戸主，戸数，戸別；下戸<ゲコ>
- コ **古**² ふるい・ふるす　　559
  例古今，古語，古人，古跡，古代，古典，古来；往古，懐古，考古学，上古，千古，太古，中古，復古
- コ **呼**⁶ よぶ　　560
  (1)息例呼気，呼吸
  (2)呼ぶ例呼応，呼号；歓呼，点呼
  (3)称する例呼称；称呼
- コ **固**⁴ かためる・かたまる・かたい　　561
  例固形，固辞，固守，固執<コシツ・コシュウ>，固体，固定，固有；確固，強固，禁固，堅固，断固　㊟*固唾<かたず>
- コ **股**　　562
  例股間，股関節；四股
- コ **虎** とら　　563

例虎穴，虎口，虎視眈々<コシタンタン>；騎虎，猛虎，竜虎

- コ **孤**　　564
  例孤高，孤児，孤島，孤独，孤立
- コ **弧**　　565
  例弧状，弧線；括弧，円弧
- コ **故**⁵ ゆえ　　566
  例故旧，故郷，故国，故事，故実，故老；縁故；故人，故障，世故<セコ>；事故，故意，故買
- コ **枯** かれる・からす　　567
  例枯渇，枯死，枯淡，枯木；栄枯盛衰　㊅栄
- コ **個**⁵ ―　　568
  例個室，個人，個性，個体；1個，各個，別個
- コ **庫**³ ク　　569
  例格納庫，金庫，車庫，書庫，倉庫，文庫，宝庫，冷蔵庫
- コ **湖**³ みずうみ　　570
  例湖沼，湖水，湖畔；びわ湖
- コ **雇** やとう　　571
  例雇用；解雇
- コ **誇** ほこる　　572
  例誇示，誇大，誇張
- コ **鼓** つづみ　　573
  例鼓笛，鼓動，鼓膜；鼓吹，鼓舞；太鼓
- コ **錮** ―　　574
  例禁錮
- コ **顧** かえりみる　　575
  例顧客，顧問，顧慮；愛顧，回顧
- こ **黄**² コウ・オウ，き　　632
  例黄金色
- こ **子**¹ シ・ス〔児〕　　760
  例子を養う；子牛，子ども，子役；赤子，親子，子分；鳴る子，振り子，呼び子　㊟*迷子<まいご>，*息子<むすこ>
- こ **小**¹ ショウ，ちいさい・お　　959

○改定追加漢字　●改定追加音訓　□改定削除漢字　■改定削除音訓　〔 〕参考表記　〔△表外漢字　▲表外音訓　×誤用 当て字 当て字〕

[例]小石，小犬，小馬，小声，小包，小鳥，小間物，小雨，小作，小銭，山小屋；小利口　[対]大

**こ**　粉⁵　フン，こな　1778
[例]洗い粉，小麦粉，染め粉；身を粉にする

**こ**　木¹　ボク・モク，き　1876
[例]木立，木陰，木の葉

**ゴ**　期³　キ　328
[例]この期に及んで；最期，末期

**ゴ**　御　ギョ，おん　392
[例]御親切に，御報告いたします；御詠歌，御所，御殿，御飯；親御　[注]「ごちそう」「ごもっとも」のように，後に付く語が常用漢字表にない漢字を含む場合は「ご」と仮名で書く。

**ゴ**　五¹　いつ・いつつ　576
[例]五官，五感，五穀，五指，五色，五臓，五七調，五十音，五体，五分五分，五目；七五三，七五調，十五夜　[注]＊五月＜さつき＞，＊五月雨＜さみだれ＞

**ゴ**　互　たがい　577
[例]互角，互助，互選；交互，相互

**ゴ**　午²　―　578
[例]午後，午前，午睡；正午；子午線；端午

**ゴ**　呉　―　579
[例]呉越同舟，呉音，呉服

**ゴ**　後²　コウ，のち・うしろ・あと・おくれる　580
[例]後光，後生，後手；以後，雨後，午後，最後，死後，事後，人後，絶後，戦後，背後，没後，老後　[対]前，先

**ゴ**　娯　―　581
[例]娯楽

**ゴ**　悟　さとる　582
[例]悟性，悟道，悟得；悔悟，覚悟

**ゴ**　碁　―〔棊〕　583
[例]碁石，碁盤；囲碁；碁を打つ，碁を囲む

**ゴ**　語²　かたる・かたらう　584
[例]語意，語幹，語感，語気，語義，語句，語勢，語調，語法；英語，外国語，漢語，敬語，言語，古語，口語，豪語，私語，主語，熟語，述語，接頭語，俗語，単語，勅語，評語，標語，文語，用語，落語

**ゴ**　誤⁶　あやまる　585
[例]誤解，誤差，誤算，誤字，誤植，誤診，誤報；過誤，錯誤，正誤

**ゴ**　護⁵　―　586
[例]護衛，護岸，護国，護身，護送；愛護，援護，加護，看護，救護，警護，守護，弁護，保護，養護，擁護

**こあきない**　**小商い**　[例]菓子の小商いをする，小商いで細々と暮らす

**こい**　濃い　ノウ　1603
[例]味が濃い，濃い茶；色が濃い；ひげが濃い；可能性が濃い　[対]薄い，淡い

**こい**　恋　レン，こう・こいしい　2105
[例]恋心，恋仲，恋人；初恋；恋する

**コイ**　**故意**　[例]故意にする，故意のいたずら　[対]過失

**こい**　**乞い**　[例]いとま乞い，命乞い，雨乞い

**こい**　**請い**　[例]請(乞)いを入れる

**こい**　**こい**〔鯉〕　[例]こいの滝登り

**ゴイ**　**語彙**　[例]語彙が豊富だ，基本語彙　[類]語種，用語，語類，言葉，ボキャブラリー　[注]単語・語類・語集の意味がある。

**こいしい**　恋しい　レン，こう・こい　2105
[例]恋しい人，ふるさとが恋しい

**こいしがる**　**恋しがる**　[例]田舎の母を恋しがる，ふるさとを恋しがる

明朝体の右肩の数字は配当学年　末尾の数字は常用漢字表番号　(　)許容　[類]類義同意語　[対]反対対照語　[関]関連語　[学]学術用語

こいつ—コウ

こいつ こいつ〔此奴〕 ㈲あいつ
こいねがう こいねがう〔希う,冀う;庶幾う当て字〕 例友の成功をこいねがう,健康の回復をこいねがう
こいねがわくは こいねがわくは〔冀くは;庶幾くは当て字〕 例こいねがわくは一日も早く……されんことを ㉟どうか,なにとぞ
こいのぼり こいのぼり〔鯉幟〕
こいびと 恋人 ㈲愛人

コウ 格⁵ カク 214
例格子

コウ 仰 ギョウ,あおぐ・おおせ 420
例信仰

コウ 後² ゴ,のち・うしろ・あと・おくれる 580
例後衛,後援,後悔,後期,後継,後見,後事,後者,後述,後進,後世,後退,後天的,後任,後年,後輩,後半,後編,後方,後列 ㈫前,先

コウ 口⁴ ク,くち 587
例口外,口供,口語,口実,口述,口上,口頭,口約,口論;悪口,開口;口径,口座,河口,火口;人口

コウ 工² ク 588
(1)たくみ 例工具,工芸,工作,工事,工場,工賃,工程,工費;加工,起工,人工
(2)職人・人 例工員,工夫<コウフ>;職工,刀工,陶工,木工
(3)工業 例工学,工業;手工業,重工業

コウ 公² おおやけ 589
(1)偏らない・正しい 例公正,公平,公明
(2)役所・おおやけ・正式 例公金,公告,公債,公算,公私,公示,公社,公職,公団,公定,公認,公布,公文書,公報,公務,公約,公立;奉公 ㈫私

(3)社会一般 例公安,公益,公園,公演,公海,公開,公共,公衆,公選,公徳,公表,公布,公民
(4)あまねく用いられる 例公倍数,公約数,公理
(5)呼称 例公爵;貴公子,主人公

コウ 勾 — 590
例勾引,勾配,勾留

コウ 孔 — 591
(1)穴 例孔版:眼孔,気孔,排水孔,鼻孔
(2)孔子の略 例孔孟<コウモウ>,孔門

コウ 功⁴ ク 592
例功成り名遂げる,功を奏する,労多くして功少なし;功罪,功臣,功績,功名,功用,功利,功労;勲功,成功,年功,不成功

コウ 巧 たくみ 593
例巧者,巧手,巧拙,巧妙;技巧,精巧 ㈫拙

コウ 広² ひろい・ひろまる・ひろめる・ひろがる・ひろげる〔広〕 594
例広域,広義,広言,広告,広社,広大,広範囲 ㈫狭

コウ 甲 カン 595
例甲乙,甲殻,甲州,甲状腺<コウジョウセン>,甲虫,亀甲<キッコウ>,装甲

コウ 交² まじわる・まじえる・まじる・まざる・まぜる・かう・かわす 596
(1)交じり合う 例交歓,交響楽,交互,交差,交錯,交戦,交通,交点,交配,交流
(2)交わる・交わり 例交易,交際,交情;外交,社交,親交,団交,断交
(3)換わる・換える 例交換,交代,交替,交番

コウ 光² ひかる・ひかり 597

○改定追加漢字 ●改定追加音訓 □改定削除漢字 ■改定削除音訓 〔 〕参考表記 〔△表外漢字 ▲表外音訓 ×誤用 当て字当て字〕

(1)光 例光学, 光輝, 光景, 光彩, 光線, 光度, 光明；感光, 眼光, 脚光, 蛍光, 月光, 採光, 電光, 日光, 風光, 陽光
(2)日月 例光陰
(3)誉れ 例光栄；威光, 栄光

**コウ 向³ むく・むける・むかう・むこう** 598
例向学, 向寒, 向上；意向, 回向＜エコウ＞, 傾向, 趣向, 転向, 偏向, 方向

**コウ 后⁶ —** 599
例后妃；皇后＜コウゴウ＞, 皇太后

**コウ 好⁴ このむ・すく** 600
(1)好ましい 例好一対, 好感, 好漢, 好況, 好景気, 好人物, 好調, 好適, 好敵手, 好評, 好物；良好
(2)好む 例好意, 好学, 好奇心, 好色；愛好
(3)よしみ 例親好, 友好
(4)上手である 例好技

**コウ 江 え** 601
例江湖；長江

**コウ 考² かんがえる** 602
例考案, 考究, 考古学, 考査, 考察, 考証, 考慮；一考, 再考, 参考, 思考, 熟考, 選考, 備考

**コウ 行² ギョウ, アン, いく・ゆく・おこなう** 603
(1)行く 例行進, 行程, 行楽, 行路；運行, 横行, 逆行, 進行, 随行, 直行, 通行, 尾行, 旅行, 連行
(2)行う 例行為, 行使, 行動；刊行, 敢行, 挙行, 決行, 施行, 実行, 遂行, 善行, 素行, 断行, 犯行, 非行, 品行, 暴行, 履行, 流行, 励行

**コウ 坑 —** 604
例坑口, 坑底, 坑道, 坑夫；炭坑

**コウ 孝⁶ —** 605
例孝行, 孝心, 孝養；忠孝；孝は百行のもと

**コウ 抗 —** 606
例抗議, 抗告, 抗戦, 抗争, 抗弁；抵抗, 反抗

**コウ 攻 せめる** 607
(1)攻める 例攻撃, 攻守, 攻勢, 攻防, 攻略；速攻 対守
(2)修める 例攻学, 攻究；専攻

**コウ 更 さら・ふける・ふかす** 608
例更衣, 更新, 更生, 更迭；変更

**コウ 効⁵ —** 609
例効果, 効罪, 効能, 効用, 効力；時効, 失効, 奏効, 即効, 速効, 特効, 発効, 無効, 有効

**コウ 幸³ さいわい・さち・しあわせ〔倖〕** 610
(1)幸い 例幸運, 幸甚, 幸福；不幸
(2)みゆき 例行幸, 巡幸

**コウ 拘 —** 611
例拘引, 拘禁, 拘束, 拘置, 拘泥, 拘留

**コウ 肯 —** 612
例肯定；首肯

**コウ 侯 —** 613
例侯爵；王侯

**コウ 厚⁵ あつい** 614
例厚意, 厚顔, 厚遇, 厚志, 厚情, 厚生；温厚, 濃厚 対薄

**コウ 恒 —** 615
例恒久, 恒産, 恒常, 恒星, 恒例

**コウ 洪 —** 616
例洪水, 洪積層

**コウ 皇⁶ オウ** 617
例皇位, 皇居, 皇后, 皇室, 皇族, 皇太后, 皇太子, 皇帝；上皇

**コウ 紅⁶ ク, べに・くれない** 618
例紅一点, 紅顔, 紅熟, 紅茶, 紅潮, 紅梅, 紅白 注*紅葉＜もみじ＞

**コウ 荒 あらい・あれる・あらす** 619

明朝体の右肩の数字は配当学年　末尾の数字は常用漢字表番号　（ ）許容
類類義同意語　対反対対照語　関関連語　学学術用語

コウ 郊 — 620
例郊外；近郊

コウ 香[4] キョウ，か・かおり・かおる 621
例香をたく；香気，香水，香典，香料；焼香，芳香

コウ 候[4] そうろう 622
例斥候，測候所；候補；気候，時候，天候；症候，兆候

コウ 校[1] — 623
(1)調べる・比べる例校閲，校正，校訂，校了；初校
(2)学校例校医，校歌，校旗，校舎，校則，校長，校庭，校風，校門；開校，学校，休校，全校，退校，転校，登校，分校，母校，本校
(3)その他例将校

コウ 耕[5] たがやす 624
例耕具，耕作，耕地；農耕，筆耕

コウ 航[5] — 625
例航海，航空，航行，航程，航路；運航，回航，寄航，欠航，就航，巡航，渡航，離航，密航

コウ 貢 ク，みつぐ 626
例貢献，貢物；朝貢

コウ 降[6] おりる・おろす・ふる 627
(1)くだる・おりる・さがる例降下，降壇；下降，滑降，昇降，沈降 ㋱昇
(2)降る例降雨，降雪
(3)負ける例降参，降伏；投降
(4)以来例以降
(5)尊敬語例降下，降誕，降臨

コウ 高[2] たかい・たか・たかまる・たかめる 628
例高圧，高位，高音，高温，高価，高架，高額，高貴，高級，高空，高潔，

高原，高射砲，高説，高速，高弟，高度，高等；最高，崇高，等高線 ㋱低

コウ 康[4] — 629
例健康，小康

コウ 控 ひかえる 630
例控除，控訴

コウ 梗 — 631
例梗概；心筋梗塞<シンキンコウソク>，脳梗塞<ノウコウソク>

コウ 黄[2] オウ，き・こ 632
例黄熱，黄色，黄土 ▲*硫黄<いおう>

コウ 喉 のど 633
例喉頭；咽喉<インコウ>

コウ 慌 あわてる・あわただしい 634
例恐慌

コウ 港[3] みなと 635
例港口，港内，港湾；寄港，漁港，空港，軍港，出港，築港，入港，良港

コウ 硬 かたい 636
例硬化，硬貨，硬球，硬骨，硬質，硬直，硬筆；強硬 ㋱軟

コウ 絞 しぼる・しめる・しまる 637
例絞罪，絞殺，絞首刑

コウ 項 — 638
例項目；款項，事項，条項

コウ 溝 みぞ 639
例下水溝，城溝，排水溝

コウ 鉱[5] — 〔礦〕 640
例鉱業，鉱区，鉱山，鉱石，鉱毒，鉱物，鉱脈；金鉱，採鉱，炭鉱，鉄鉱，溶鉱炉

コウ 構[5] かまえる・かまう 641
例構図，構成，構想，構造，構築，構内；機構，虚構，結構

コウ 綱 つな 642
例綱紀，綱目，綱要，綱領；要綱

---

○改定追加漢字 ●改定追加音訓 □改定削除漢字 ■改定削除音訓 〔 〕参考表記 〈△表外漢字
▲表外音訓 ×誤用 当て字当て字〕

| コウ 酵 — 643
| 例酵素, 酵母;発酵
| コウ 稿 — 644
| 例稿本, 稿料;原稿, 草稿, 脱稿, 投稿;稿を起こす, 稿を改める
| コウ 興⁵ キョウ, おこる・おこす 645
| 例興行, 興業, 興国, 興奮, 興亡, 興隆;再興, 新興, 振興, 中興
| コウ 衡 — 646
| 例均衡, 権衡, 平衡;度量衡
| コウ 鋼⁶ はがね 647
| 例鋼索, 鋼製, 鋼鉄;製鋼, 鉄鋼
| コウ 講⁵ —〔購〕 648
| 例講演, 講義, 講座, 講師, 講習, 講談, 講堂, 講読, 講話;開講, 休講, 聴講;講和
| コウ 購 — 649
| 例購読, 購入, 購買
| コウ 耗 モウ 1944
| 例心神耗弱
| こう 乞う — 650
| 例乞う御期待, 慈悲を乞う
| こう 神³ シン・ジン, かみ・かん 1051
| 例神々しい
| こう 請う セイ・シン, うける 1134
| 例教えを請(こ)う, 案内を請(こ)う
| こう 恋う レン, こい・こいしい 2105
| 例恋い慕う, 恋い焦がれる
| ゴウ 強² キョウ, つよい・つよまる・つよめる・しいる 410
| 例強引, 強情, 強奪, 強盗, 強欲, 強力
| ゴウ 郷² キョウ 412
| 例郷士, 郷友;郷に入っては郷に従え
| ゴウ 業³ ギョウ, わざ 422
| 例業苦;自業自得;業を煮やす, 非

業の最期
| ゴウ 号³ — 651
| 例号泣, 怒号;号令, 暗号, 記号, 信号, 番号, 符号, 雅号, 称号, 年号;号外, 創刊号
| ゴウ 合² ガッ・カッ, あう・あわす・あわせる 652
| 例合意, 合格, 合議, 合金, 合計, 合同, 合法, 合理, 合流;化合, 会合, 迎合, 混合, 集合, 総合, 談合, 調合, 適合, 統合, 配合, 符合, 併合, 融合, 離合, 連合, 和合 対離
| ゴウ 拷 — 653
| 例拷問
| ゴウ 剛 — 654
| 例剛球, 剛健, 剛胆, 剛直, 強剛, 大剛;金剛石;柔よく剛を制す 対柔
| ゴウ 傲 — 655
| 例傲然, 傲慢
| ゴウ 豪 — 656
| (1)すぐれている 例豪快, 豪傑, 豪壮, 豪族, 豪農, 豪放, 豪勇
| (2)人 例酒豪, 文豪
| (3)激しい 例豪雨, 豪華, 豪語, 豪勢, 豪遊
| コウイ 好意 例好意を寄せる, 好意的 対悪意
| コウイ 行為 例……の行為に出る, 不正行為 関思考
| コウイ 厚意 例御厚意に感謝します
| コウイショウ 後遺症 例病気の後遺症
| コウイン 光陰 例光陰矢のごとし
| コウイン 拘引, 勾引 例容疑者を拘引する;勾引状
| ゴウイン 強引 例強引なやり方, 強引に自説を通す
| コウウン 幸運, 好運 例幸運を射止める, 幸運児 対不運, 悪運, 非運

| | |
|---|---|
| **コウウンキ　耕耘機**　例自動耕耘機 | **コウギョウ　鉱業**〔礦業〕 |
| **コウエイ　後裔**　例源氏の後裔　類子孫，末裔＜マツエイ＞ | **コウキョウガク　交響楽**　例田園交響楽 |
| **コウエン　後援**　例市が後援する，後援会，後援者　対主催 | **コウケイ　光景**　例美しい光景が展開する |
| **コウカ　効果**　例効果が現れる，効果的，擬音効果 | **コウゲキ　攻撃**　例敵艦を攻撃する，3回の表の攻撃；新聞で攻撃される，個人攻撃 |
| **ゴウカ　豪華**　例豪華な生活，豪華版 | **コウゲンレイショク　巧言令色**　例巧言令色鮮＜すくな＞し仁 |
| **ゴウカ　劫火** | **コウコ　後顧**　例後顧の憂い |
| **コウカイ　後悔**　例後悔する，後悔先に立たず | **コウゴ　口語**　例口語体，口語文　対文語 |
| **コウガイ　慷慨**　例悲憤慷慨する　類憤慨，悲憤 | **コウコウ　口腔**　例口腔の検査　注「コウクウ」とも言う。 |
| **コウガイ　梗概**　例小説の梗概を述べる　類概要，大意，あらまし，粗筋 | **こうこう　こうこう**〔斯う斯う〕　例こうこう申しておりました，こうこうしかじか |
| **コウカクルイ　甲殻類** | |
| **コウカツ　広闊**　例広闊な野原　類広い | **ゴウゴウ　ごうごう**〔轟々〕　例水がごうごうと流れる |
| **コウカツ　狡猾**　例狡猾な手段をろうする　類ずるい，悪賢い | **こうごうしい　神々しい**　例神々しい姿，神々しいまでの瞳の輝き |
| **コウカン　交換**　例名刺を交換する，交換手，交換台 | **コウコク　公告**　例公告する，手形無効の公告　類告示 |
| **コウカン　交歓**〔交驩〕　例交歓音楽会 | **コウコク　広告**　例新製品を広告する，広告主　類宣伝 |
| **コウカン　巷間**　例巷間に伝わるところによれば……　類世間，世上 | **コウコツ　硬骨**〔鯁骨〕　例硬骨漢，硬骨魚，硬骨の士　対軟骨 |
| **ゴウカン　強姦**，ごうかん　例強姦する　類暴行，手ごめ　注法令では，「強姦」と振り仮名を付ける。 | **コウコツ　こうこつ**〔恍惚〕　例こうこつとして聞きほれる　類うっとり |
| **コウキ　高貴**　例高貴な生まれ | **コウサ　交差**〔交叉〕　例照明が交差する，交差点 |
| **コウギ　抗議**　例判定に抗議する，抗議文 | **コウサ　考査**　例人物を考査する，国語の考査 |
| **コウギ　講義**　例日本史の講義，講義録 | **コウサイ　交際**　例交際する，交際費，交際家 |
| **コウキシン　好奇心**　例好奇心に駆られる | **コウサツ　考察**　例……についての一考察，考察する |
| **コウキュウ　考究**　例考究する | |
| **コウキュウ　恒久**　例恒久の平和　類永久，永遠 | **コウサン　降参**　例敵に降参する，こう甘い物ばかりでは降参だ |
| **ゴウキュウ　剛球**，強球，豪球　例剛球投手 | |

○改定追加漢字　●改定追加音訓　□改定削除漢字　■改定削除音訓　〔　〕参考表記　〈△表外漢字
▲表外音訓　×誤用　当て字当て字〕

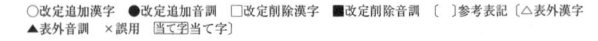

| | |
|---|---|
| コウシ 格子 | 例格子戸，格子じま |
| コウシ 嚆矢 | 鬩最初，はじまり，発端 |
| こうし 子牛〔仔牛，犢〕 | |
| コウジ 好餌 | 例悪人の好餌になる 鬩餌＜エサ＞，おとり，犠牲 |
| こうじ こうじ〔麹〕 | 例米でこうじを作る，こうじかび |
| こうした こうした〔斯うした〕 | 例こうしたことはよくある |
| こうして こうして〔斯うして〕 | 例こうして作り上げる |
| ゴウシャ 豪奢 | 例豪奢な生活 鬩豪華，豪勢 |
| コウシュ 攻守 | 例攻守所を変える |
| コウシュウ 公衆 | 例公衆衛生，公衆道徳，公衆電話 |
| コウジュツ 口述 | 例口述する，口述試験 対筆述，記述 |
| コウジョ 控除〔扣除〕 | 例控除する，扶養控除 |
| コウショウ 交渉 | 例日本と中国とは昔から深い交渉がある，交渉する，団体交渉 |
| コウショウ 高尚 | 例高尚な趣味，高尚な読み物 鬩上品 対通俗，俗悪 |
| コウショウ 哄笑 | 例高笑い，大笑い |
| ゴウジョウ 強情 | 例強情なやつ，強情にも最後まで走り通す，強情っぱり 対柔順 |
| コウジョウセン 甲状腺 | |
| こうじる 高じる〔昂じる〕 | 例病が高じる 注「高ずる」とも言う。 |
| コウじる 講じる | 例対策を講じる，近代文学を講じる 注「講ずる」とも言う。 |
| コウシン 更新 | 例記録を更新する |
| コウシン 幸甚 | 例御返事を頂ければ幸甚に存じます 鬩幸い |
| コウジン 黄塵 | 鬩土煙，砂煙 |
| コウジン 後塵 | 例後塵を拝する |
| コウズイ 洪水 | 鬩大水 |
| コウズカ 好事家 | 鬩物好き |
| コウセイ 後世 | 例後世に名を残す 対前世＜ゼンセ＞ |
| コウセイ 更正 | 例所得税の更正の請求 |
| コウセイ 更生〔甦生〕 | 例悪の道から更生する，更生品，会社更生法 |
| コウセイ 厚生 | 例福利厚生 |
| コウセイ 恒星 | 例惑星，遊星 |
| コウセイ 構成 | 例文章の構成，社会を構成する，構成要素 |
| コウセイずり 校正刷り〔校正刷〕 | 鬩ゲラ刷り |
| コウセキ 功績 | 例功績を上げる |
| コウセキ 鉱石〔礦石〕 | 例鉱石ラジオ |
| コウセキセイ 洪積世 | |
| コウセキソウ 洪積層 | |
| コウセツ 巧拙 | 例文章の巧拙 |
| コウセツ 巷説 | 鬩風説，浮説，うわさ |
| コウゼン 公然 | 例公然の秘密 |
| コウゼン 昂然 | 例昂然と胸を張る |
| コウソ 控訴 | 例控訴の手続き，控訴の却下，控訴する |
| コウソウ 広壮〔宏壮〕 | 例広壮な邸宅 |
| コウソウ 構想 | 例構想をまとめる，構想を練る |
| ゴウソウ 豪壮〔豪荘〕 | 例豪壮な邸宅 |
| コウソク 拘束 | 例拘束を受ける，拘束する，拘束時間 対解放 |
| こうた 小唄 | 例江戸小唄 |
| コウタイ 交替，交代 | 例交替で看護する，一日二交替：交代する 注法令では「交代」。 |
| コウダイ 広大〔宏大〕 | 例広大な土地，広大無辺 対狭小 |
| コウタク 光沢 | 例光沢のある布 |
| ゴウタン 豪胆，剛胆 | 例豪胆な男 鬩大胆 対臆病＜オクビョウ＞ |

コウチ 巧緻 類精巧
ゴうち 碁打ち
コウチャク 膠着 例膠着語, 膠着状態に陥る 類行き詰まり, 固着
コウチョウ 好調 例仕事は好調です, 好調な滑り出し 対不調
コウツウ 交通 例交通が激しい, 交通機関, 交通費
コウツゴウ 好都合 例午後のほうが好都合です, それは好都合だ 対不都合
コウテイ 工程 例製作工程
コウテイ 行程 例一日20キロの行程で歩く, 一行程 類道のり
コウテイ 肯定 例うわさを肯定する 対否定
コウテイ 校訂 例校訂者, 校訂本
コウデイ 拘泥 例慣例に拘泥しない 類執着
コウテツ 更迭 例役員の更迭 類人事異動
コウデン 香典〔香奠〕 例香典返し
コウド 硬度 例鉱物の硬度を計る
コウトウ 口頭 例口頭で答える, 口頭試問 対文書
コウトウ 高騰〔昂騰〕 例物価の高騰 対低落, 下落
ゴウトウ 強盗 例強盗が押し入る, 白昼の強盗 類窃盗
コウトウシモン 口頭試問〔口答試問〕
コウナイ 構内 例駅の構内 対構外
コウニュウ 購入 例テレビを購入する 対販売
コウニン 公認 例公認する, 公認会計士, 公認記録, 公認候補 対未公認
コウノウ 効能 例効能が現れる, 効能を並べる, 効能書き
コウハイ 後輩 例先輩, 同輩
コウバイ 購買 例購買力, 購買組合 対販売

コウバイ 勾配 例勾配の急な坂道 類傾斜
コウばしい こうばしい〔香ばしい, 芳ばしい, 馨しい〕 例ほうじ茶のこうばしい香り 注「かんばしい」とも言う。
コウハン 広範〔広汎〕 例広範な土地, 広範な範囲から問題を拾う 類広い 注法令では「広範」。
コウヒツ 硬筆 例硬筆習字, 硬筆書き 対毛筆
コウフク 幸福 例幸福が訪れる, 幸福な気持ち 対不幸
コウフク 降伏, 降服 例敵に降伏する
コウフン 口吻 例不満げな口吻 類口ぶり
コウフン 興奮〔昂奮, 亢奮〕 例興奮する, 興奮剤 対鎮静, 冷静
こうべ 頭 例頭を垂れる
コウホ 候補 例立候補する, 候補者
コウホウ 公報 例選挙公報
コウホウ 広報〔弘報〕 例広報室, 広報活動 注法令では「広報」。
コウボウ 光芒 類光, 光線
コウボク 公僕 例国民の公僕 類公務員
コウマイ 高邁 例高邁な理想 類秀でた, 高い, 気高い
コウマン 高慢 例高慢な態度, 高慢ちき 対謙虚
ゴウマン 傲慢 類高慢 対謙虚
コウミョウ 功名 例功名をたてる, けがの功名, 功名心
コウミョウ 光明 例光明を見出す, 光明を与える 対暗黒
こうむる 被る〔蒙る〕 1696 例害を被る, 傷を被る, 御免を被る
こうもりがさ こうもり傘〔蝙蝠傘

○改定追加漢字 ●改定追加音訓 □改定削除漢字 ■改定削除音訓 〔 〕参考表記 〔△表外漢字 ▲表外音訓 ×誤用 当て字 当て字〕

| | |
|---|---|
| コウヤ 広野〔曠野〕〔当て字〕㈹唐傘 | こえがわり 声変わり(声変り) |
| コウヤク 膏薬 例膏薬張り | ゴエツドウシュウ 呉越同舟 例呉越同舟の集まり |
| コウヨウ 効用 例注射の効用, 効用を考える, 限界効用 | こえる 越える エツ, こす 84 例山を越える, 危機を越える, 病気の峠を越える |
| コウヨウ 高揚〔昂揚〕 例勤労意欲の高揚 | こえる 超える チョウ, こす 1408 例現代を超(越)える, 人間の能力を超(越)える, 百万円を超(越)える額 |
| ゴウヨク 強欲〔強慾〕 例実に強欲だ, 強欲な人 | |
| コウラ 甲羅 例甲羅を干す, 甲羅を経る | こえる 肥える⁵ ヒ, こえ・こやす・こやし 1690 例よく肥えた地味, 人を見る目が肥える ㈹痩せる |
| コウラク 行楽 例行楽の季節 | |
| コウリ 行李 例柳行李 | こおどり 小躍り 例小躍りして喜ぶ |
| こうり 小売り(小売) 例雑貨の小売りをする；小売店, 小売業者, 小売値段 ㈹卸し売り | こおり 氷³ ヒョウ, ひ 1717 例氷水, 氷屋, 氷枕, 氷菓子, 氷砂糖 |
| | こおりすべり 氷滑り |
| コウリがし 高利貸し(高利貸) | こおりつく 凍りつく, 凍り付く 例池が凍りつく, ポンプが凍りつく |
| ゴウリキ 強力, 剛力 例強力無双；強力犯 ㊟知能犯：強力を雇う | |
| | こおりづめ 氷詰め(氷詰) |
| こうりショウ 小売商 | こおる 凍る トウ, こごえる〔氷る〕 1508 例水が凍る, 水道が凍る, 道が凍る |
| コウリュウ 勾留 例容疑者を勾留する ㈹拘置 | |
| コウリョウ 荒涼〔荒寥〕 例荒涼たる原野 | こおろぎ こおろぎ〔蟋蟀〕〔当て字〕 |
| | こがい 子飼い 例子飼いの鶏；子飼いの番頭 |
| コウリョク 効力 例効力を発する, 薬の効力 | |
| コウワ 講和〔媾和〕 例講和を結ぶ, 講和条約 | ゴカイ 誤解 例誤解を招く, 誤解を解く, 誤解する ㈹思い違い |
| | ゴカク 互角〔互格〕 例互角の勝負, 双方の力は互角だ |
| こえ 声² セイ・ショウ, こわ 1110 例声がはずむ, 声をのむ, 市民の声；大声, 金切り声, 小声, 地声, 鼻声 ㊟「声色」は「こわいろ」と読む。 | こがくれ 木隠れ 例木隠れになる |
| | こかげ 木陰〔木蔭〕 例木陰で休む |
| | こがす 焦がす ショウ, こげる・こがれる・あせる 991 例畳を焦がす, 御飯を焦がす；胸を焦がす, 思いを焦がす |
| こえ 肥⁵ ヒ, こえる・こやす・こやし 1690 例下肥, 花肥 | |
| | コカツ 枯渇〔涸渇〕 例井戸の水が枯渇する, 財源が枯渇する |
| ゴエイ 護衛 例護衛する, 護衛を付ける, 護衛兵 | |
| | こがね 黄金 例黄金の山, 黄金の波 |

明朝体の右肩の数字は配当学年　末尾の数字は常用漢字表番号　( )許容　㈹類義同意語　㊉反対対照語
㈸関連語　㋕学術用語

こがら―こげく　　　164

こがら　小柄　例小柄な人，小柄な花模様　対大柄

こがらし　木枯らし〔木枯し〕〔凩〕
　例木枯らしが吹きすさぶ

こがれる　焦がれる〔焦れる〕　ショウ，こげる・こがす・あせる　991
　例パリに焦がれる，思い焦がれる

コキ　古希〔古稀〕　例古希の祝い
　趣70歳

こきざみ　小刻み　例小刻みに震える，借金を小刻みに返済する

こきつかう　こき使う〔扱き使う〕
　例使用人をこき使う

こぎつける　こぎ着ける〔漕ぎ着ける〕
　例ようやく岸までこぎ着ける，卒業できるまでにこぎ着ける

こぎって　小切手　対現金

コキュウ　呼吸　例呼吸する，呼吸運動，二人の呼吸が合う

コキョウ　故郷　例故郷に錦を飾る

コク　克―　657
　例克己，克服，克明

コク　告5　つげる　658
　例告示，告知，告白，告発，告別；戒告，勧告，警告，原告，公告，広告，上告，申告，宣告，忠告，通告，被告，布告，報告，密告，論告

コク　谷2　たに　659
　例峡谷，渓谷

コク　刻6　きざむ　660
　例彫刻，刻印；刻苦，深刻，刻限，時刻，寸刻，即刻，遅刻

コク　国2　くに　661
　例国営，国家，国会，国境，国語，国交，国産，国字，国勢，国籍，国鉄，国定，国民，国有，国立，国連；建国，故国，鎮国，祖国，帝国，天国，母国，憂国，隣国

コク　黒2　くろ・くろい　662
　例黒色，黒人，黒点，黒板，黒白＜コクビャク＞；暗黒，漆黒，大黒柱

コク　穀6　―　663
　例穀倉，穀物，穀類；五穀，脱穀，米穀

コク　酷　―　664
　例酷使，酷似，酷暑，酷評，酷寒；残酷

コク　石1　セキ・シャク，いし　1140
　例石高；1石

こぐ　こぐ〔漕ぐ〕　例ボートをこぐ，ペダルをこぐ，ブランコをこぐ；こたつで舟をこぐ

ゴク　極4　キョク，きわめる・きわまる・きわみ　426
　例極悪，極意，極印，極上，極秘，極楽；至極

ゴク　獄　―　665
　例獄衣，獄死，獄舎，獄門；監獄，出獄，脱獄，地獄

ゴク副詞　ごく，極　例ごく簡単だ，ごく僅かだ，ごく上等の品

ゴクゴク副詞　ごくごく，極々　例ごく珍しい品物

コクサイ　国際　例国際会議
コクサク　国策　例国策にかなう
コクセイ　国勢　例国勢調査
コクセキ　国籍　例国籍不明；無国籍
コクソ　告訴　例告訴する，告訴状
コクソウ　穀倉　例穀倉地帯

ゴクつぶし　ごくつぶし，ごく潰し〔穀潰し〕　注俗語

コクメイ　克明〔刻明〕　例克明に調査する，克明にメモを取る

ゴクラク　極楽　例極楽浄土，極楽往生　対地獄

ゴクロウ　御苦労　例御苦労さま；御苦労だが郵便局まで行ってほしい

こげくさい　焦げくさい，焦げ臭い
　例台所のほうが焦げくさい，焦げく

○改定追加漢字　●改定追加音訓　□改定削除漢字　■改定削除音訓　〔 〕参考表記〔△表外漢字
▲表外音訓　×誤用　当て字当て字〕

さい臭い
こげチャいろ　焦げ茶色
コケツ　虎穴　例虎穴に入らずんば虎児<コジ>を得ず
こげつき　焦げ付き(焦付き)　例焦げ付き債権
こげつく　焦げ付く(焦付く)　例御飯が焦げ付く；焦げ付いた金がかがむ
こけらおとし　こけら落とし(こけら落し)[杮落とし]　例劇場のこけら落としに出演する
こげる　焦げる　ショウ，こがす・こがれる・あせる　991
例鍋の底が焦げる，魚が焦げる
コケン　こけん[沽券]　例こけんに関わる　類体面
ゴゲン　語源，語原　例語源をたどる
ココ　個々[箇々]　例個々の問題
ここ　ここ[此処,此所,茲]　例ここから学校まで15分かかる，ここからバスに乗る，ここはひとつ私に任せてください，ここ一両日が山だ；事ここに至っては……　対かしこ
ココウ　股肱　例股肱と頼む部下，股肱の臣　類腹心，片腕，補佐，手足
ココウ　虎口　例虎口を脱する　類危機，危地
ココウ　糊口　例糊口をしのぐ　類生計
こごえじに　凍え死に　例凍え死にする
こごえしぬ　凍え死ぬ　例路上で凍え死ぬ
こごえつく　凍えつく　例凍えつくような寒さ
こごえる　凍える　トウ，こおる　1508
例手足が凍える
ここち　＊心地　例生きた心地もしない，心地よい風；乗り心地がよい，着心地，居心地　注「～心地」は「～ごこち」と読む。
ここの　九¹　キュウ・ク，ここのつ　359
例九日，九重
ここのつ　九つ¹　キュウ・ク，ここの　359
こごむ　ここむ[屈む]　例こごんで拾う
ここら　ここら[此処ら,此所ら,此辺]　対そこら
こころ　心²　シン　1041
例心に描く，心にもないこと，心から感謝する，心が動く，心が変わる，心の正しい人，心ない人，和歌の心，心得，心持ち　注＊心地<ここち>
ごころ　～心　例親心，里心，旅心，物心；歌心
こころあたり　心当たり(心当り)　例心当たりがない，心当たりを捜す
こころあて　心当て　例借金できる心当てがない；心当てに言う
こころある　心有る　例心有る人々
こころえ　心得　例茶道の心得，入学試験の心得，心得顔，課長心得
こころえちがい　心得違い　例心得違いをする，心得違いをたしなめる
こころえる　心得る　例相手の気持ちを心得る；心得たと胸をたたく
こころおきなく　心おきなく，心置きなく　例心おきなく語る；心おきなく行ける
こころおどる　心躍る　例心躍る知らせ
こころおぼえ　心覚え　例心覚えに書き取っておく
こころがけ　心がけ，心掛け，心懸け　例心がけがよい，心がけ次第
こころがける　心がける　例風邪を引かないよう心がける
こころがまえ　心構え　例心構えが違

こころがわり　心変わり(心変り)
　例途中で心変わりをする
こころぐみ　心組み　例受験に対する心組み　類心構え
こころざし　志⁵　シ，こころざす　775
　例志を遂げる，志を継ぐ；ほんの志ばかりの品です
こころざす　志す⁵　シ，こころざし　775
　例医者を志す，旅行を志す
こころだのみ　心頼み　例心頼みにする
こころづかい　心遣い　例優しい心遣いを受ける
こころづき　心づき，心付き　例お心づきの点がございましたらお申し出ください
こころづくし　心尽くし(心尽し)
　例心尽くしの料理，心尽くしの贈り物
こころづけ　心づけ，心付け　例心づけを与える，お心づけ　類注意，チップ，祝儀
こころづもり　心積もり(心積り)
　例最初からその心積もりだった　類予定
こころづよい　心強い　例夜道も愛犬といっしょなら心強い　対心細い
こころのこり　心残り　例完成しなかったのが心残りだ，家族のことが心残りに思われる，心残りのする別れ
こころぼそい　心細い　例心細い返事，心細い空模様，夕暮れのなんとなく心細い感じ，財布が心細い　対心強い
こころまかせ　心任せ　例一夏を心任せに遊ぶ　類気まま
こころまち　心待ち　例父の帰りを心待ちに待つ

こころみ　試み　例試みが失敗する，新しい試み
こころみに　試みに　例試みに書く，試みに食べてみる　類試しに
こころみる　試みる⁴　シ，ためす　797
　例何度か試みる，山の征服を試みる　類試す
こころもち　心持ち(心持)　例今朝はとても心持ちがよい　類気持ち
こころもち副詞　こころもち，心持ち
　例こころもち小さい，丈をこころもち短くする　類いくらか，ほんの少し
こころもとない　心もとない〔心許ない〕　例子どもの使いでは心もとない
こころやすい　心安い　例心安い間柄，心安く引き受ける
こころゆくまで　心行くまで　例心行くまで行く春を惜しむ
こころよい　快い⁵　カイ　176
　例快い寝覚め，快い朝の空気，快く引き受ける
ございます　ございます〔御座います〕
　当て字　例ありがとうございます
こざかしい　こざかしい〔小賢しい〕
　例こざかしい口を利く
コサツ　古刹　例古刹を巡る　類古寺
　注「コセツ」とも言う。
こさめ　小雨　例小雨模様　対大雨
　＜おおあめ＞
ゴサン　午餐　例昼食
ゴサン　誤算　例大きな誤算
こし　腰　ヨウ　2004
　例腰が曲がる，腰を据える，腰揚げ，腰帯，腰巻き，腰掛け；筆のこし，こしの強い餅，話のこしを折る，けんかごし
こし　こし〔輿〕　例玉のこしに乗る
こじ　＊居士　例一言居士

○改定追加漢字　●改定追加音訓　□改定削除漢字　■改定削除音訓　〔 〕参考表記　〔△表外漢字
▲表外音訓　×誤用　当て字当て字〕

- コジ　固辞　例大役を固辞する　㈱快諾
- こじあける　こじ開ける〔抉じ開ける〕例戸をこじ開ける
- こしいれ　こし入れ〔輿入れ〕例こし入れする　㈱嫁入り
- こしおれ　腰折れ　例腰折れ歌, 腰折れ文
- こしかけ　腰掛け〔腰掛〕例腰掛けを寄せる　例机；腰掛けの勤め　㈱一時, 仮
- こしかける　腰掛ける　例いすに腰掛ける
- こしくだけ　腰砕け　例腰砕けに終わる
- コシタンタン　虎視眈々　例虎視眈々と機会を狙う
- コシツ　固執　例自分の意見に固執する　注「コシュウ」とも言う。
- こしつき　腰つき, 腰付き　例頼りない腰つき
- こじつける　こじつける　例理由をこじつける
- ゴジッポヒャッポ　五十歩百歩　例どちらの意見も五十歩百歩だ
- こしぬけ　腰抜け　例腰抜けになる
- こしまき　腰巻き〔腰巻〕
- コショウ　故障　例エンジンが故障する, 外部から故障が入る, 故障を申し立てる
- コショウ　こしょう〔胡椒〕
- コショクソウゼン　古色蒼然　例古色蒼然たる建物
- コジライレキ　故事来歴　例故事来歴を調べる
- こしらえる　こしらえる〔拵える〕例服をこしらえる, ケーキをこしらえる, 顔をこしらえる, 金をこしらえる, 暇をこしらえる；話をこしらえる
- こじらせる　こじらせる〔拗らせる〕例風邪をこじらせる, 話をこじらせる　注「こじらす」とも言う。
- こじる　こじる〔抉る〕例蓋をこじり開ける
- こじれる　こじれる〔拗れる〕例病気がこじれる, 気持ちがこじれる, 話がこじれる
- こす　越す　エツ, こえる　84　例川を越す, 暑さも峠を越す, 冬を越す, 難関を越す；田舎へ越す；それにしたことはない
- こす　超す　チョウ, こえる　1408　例能力の限界を超す, 1億を超す人口
- こす　こす〔漉す, 濾す〕例水をこす, 汁をこす, あんをこす
- コスイ　鼓吹　例士気を鼓吹する　㈱鼓舞；新思想を鼓吹する
- こすい　こすい〔狡い〕例こすいやつ, こすく立ち回る
- こずえ　こずえ〔梢, 杪〕
- こする　こする〔擦る〕例指で目をこする
- ゴする　ごする〔伍する〕例みんなにごして努力する　㈱肩を並べる, 加わる
- コセイ　個性　例個性が強い, 個性的な顔だち　㈱通性, 類型
- コセキ　戸籍　例戸籍上, 戸籍謄本, 戸籍抄本
- コセキ　古跡〔古蹟〕㈱旧跡
- こせこせ　こせこせする　例小さな事でこせこせしない, こせこせした人　㈱大まか
- こぜりあい　小競り合い〔小競合い〕例小競り合いを演じる
- コソク　こそく〔姑息〕例こそくな手段　㈱一時の間に合わせ, その場逃れ
- こぞって　こぞって〔挙って〕例全員こぞって参加する
- コダイモウソウ　誇大妄想

こたえ―こと　　168

こたえ　答え²(答)　トウ, こたえる　　1524
　例問題の答え, 答えを出す　対問い
こたえ　応え, こたえ　例歯応え, 読み応え
こたえる　答える²　トウ, こたえる　　1524
　例質問に答える, 明白に答える, 正確に答える　類解答する　対問う
こたえる　応える　オウ〔こたえる〕　　108
　例期待に応える, 寒さが骨身に応える
こたえる　こたえる〔堪える〕　例持ちこたえる
こだかい　小高い　例小高い丘
こだし　小出し　例小出しの入れ物, 小出しに使う
こだち　小太刀
こだち　木立　例杉の木立
コタツ　こたつ〔火燵, 炬燵〕
ごたつく　ごたつく　例改札口がごたつく, 役員の選出をめぐって内部がごたつく
こだま　こだま, 木霊〔谺〕　例こだまする
こだわる　こだわる〔拘る〕　例成績にこだわる, 過去にこだわる
ゴチソウ　ごちそう〔御馳走〕　例ごちそうになる, ごちそうする, ごちそうさま
こちら　こちら〔此方〕〔当て字〕　例あちら
こぢんまり　こぢんまり　例こぢんまりする, こぢんまりした部屋
コツ　骨⁶　ほね　　666
　例骨格, 骨折, 骨肉, 骨盤, 骨膜; 筋骨, 鎖骨, 座骨, 軟骨; 納骨, 骨子, 骨髄; 老骨, 硬骨; 露骨; こつを覚える
コツ　滑　カツ, すべる, なめらか　　239
　例滑稽<コッケイ>
こづかいセン　こづかい銭, 小遣い銭
コッカク　骨格〔骨骼〕　例たくましい骨格
こづく　小突く　例指で小突く, 小突き回す
コッケイ　滑稽, こっけい　例あの人の身ぶりはいかにも滑稽だ, 滑稽な話
コッコク　刻々　例その時が刻々と迫る, 刻々と水かさが増す
コツコツ　こつこつ〔矻々〕　例こつこつと勉強する, 金をこつこつためる
コツゼン　忽然　例忽然として消える　類突然
ごったがえす　ごった返す　例連休の行楽地は人でごった返す
こづつみ　小包　例小包を発送する, 小包郵便
コットウ　骨董　例骨董品　類古美術品
こっぱミジン　木っ端みじん〔木っ端微塵〕　例木っ端みじんに砕ける
コテイ　固定　例固定する, 固定した収入, 固定資産, 固定給　対流動, 浮動
こてさき　小手先　例小手先が器用だ
こてしらべ　小手調べ　例小手調べに一曲弾く
コテン　古典　例古典に親しむ, 古典文学, 古典派, 古典的な芸能
こと　異⁶　イ　　27
　例異にする, 異なる
こと　琴　キン　　435
　例琴を弾く, 琴歌, 琴づめ, 琴の緒
こと　言²　ゲン・ゴン, いう　　548
　例言だま, 言の葉; 小言, 寝言
こと　事³　ジ・ズ　　814
　例事を始める, 事を構える, 事柄;「勉強すること」「行くことにする」「えらいことになる」「洋行したことがある」「試験のことは」「用心し

○改定追加漢字　●改定追加音訓　□改定削除漢字　■改定削除音訓　〔　〕参考表記　〈△表外漢字
▲表外音訓　×誤用　当て字当て字

ないことには」などは仮名書き。

**こと 殊 シュ** 870
　例この問題は殊に重要だ

**ごと ごと〔毎〕** 例会う人ごとに挨拶＜アイサツ＞を交わす,日ごと夜ごと

**ことかく 事欠く** 例三度の食事にも事欠く暮らし

**ことがら 事柄** 例読んだ事柄を話す

**こときれる こと切れる,事切れる〔絆切れる〕** 例ついにこと切れる　類死ぬ

**コドク 孤独** 例孤独な人,孤独感

**ごとく ごとく〔如く〕** 例鏡のごとくないだ海　類ように

**ことごとく ことごとく〔悉く,尽く〕** 例計画はことごとく失敗した　類全て

**ことごとに 事ごとに〔事毎に〕** 例あの二人は事ごとに張り合う

**ことさら ことさら,殊更** 例ことさら行く必要もあるまい,ことさら心配する　例わざわざ,わざと,とりわけ,特別

**ことし ＊今年** 対去年,来年

**コトする 糊塗する** 例失敗を糊塗する

**ことづかる ことづかる,言付かる〔託かる〕** 例買い物をことづかる

**ことづけ ことづけ,言付け〔託け〕** 例ことづけを頼む　類伝言

**ことづける ことづける,言付ける〔託ける〕** 例用件をことづける

**ことづて ことづて〔言伝〕** 例ことづてを頼む　類伝言

**ことなる 異なる** 例性質が異なる,異なる条件

**ことに 殊に** 例殊にたいせつにしている品物,殊に自動車に注意する　学法令・公用文では「殊に」。

**ごとに ごとに〔毎に〕** 例ひと雨ごとに春めく,年ごとに人口が増す,家ごとに,軒ごとに,会う人ごとに

**ことのほか 殊の外,ことのほか〔殊の他〕**

**ことば 言葉〔辞,詞〕** 例その国の言葉,言葉を返す,言葉をかける,言葉を濁す,お祝いの言葉,推薦の言葉,言葉のあや

**ことはじめ 事始め** 例らん学事始め

**ことばづかい 言葉遣い** 例言葉遣いに注意する

**ことぶき 寿 ジュ** 876
　例寿狂言,寿草＜ことぶきソウ＞

**こども 子ども,子供〔小供〕** 例子ども心,子どもだまし,子ども扱い　対大人

**こともなげ 事もなげ,事も無気** 例重い石を事もなげに持ち上げる,事もなげに言う

**ことわざ ことわざ〔諺〕** 例古事ことわざ

**ことわり 断り〔断わり〕** 例断りを言う,断りもなしに休む

**ことわり ことわり〔理〕** 例ことわりにかなう,ことわりを述べる　類理由,道理

**ことわりジョウ 断り状〔断わり状〕**

**ことわる 断る**[5]**〔断わる〕 ダン,たつ** 1350
　例申し出を断る,援助を断る,本人に断って借りる

**こな 粉**[5] **フン,こ** 1778
　例粉薬,粉雪

**こなごな こなごな,粉々** 例こなごなになる,こなごなに砕ける

**こなす こなす〔熟す〕** 例散歩して腹をこなす,フランス語を自由にこなす,馬を乗りこなす,人を使いこなす;仕事を一日でこなす

こなミジン　粉みじん〔粉微塵〕
例粉みじんに割れる

こなれる　こなれる〔熟れる〕　例胃の中の食べ物がこなれる，こなれた文章，こなれた人

こねる　こねる〔捏ねる〕　例粘土をこねる，そば粉をこねる；だだをこねる，理屈をこねる

この　この〔此の, 之の〕　例この人，この本　対あの，その　注法令・公用文では仮名書き。

このあいだ　このあいだ，この間〔此の間〕　類先日，先頃

このかた　このかた，この方〔此の方〕　例生まれてこのかた，明治このかた　類以後，以来；このかたのお名前を聞かせてください

このごろ　この頃，このごろ〔此の頃〕

このたび　このたび，この度〔此の度〕　例このたびはどうも……

このほど　このほど，この程〔此の程〕　例このほど行われた大会で優勝する

このましい　好ましい　例好ましい少年，好ましい状態　対いとわしい

このみ　好み　例若い人の好み，好みに合った品，最近の好み

このむ　好む[4]　コウ，すく　600
例茶を好む，ジャズを好む

このもしい　好もしい　例好もしい青年，好もしい傾向　注「好ましい」とも言う。

このよ　この世〔此の世〕　例この世の名残，この世の限り，この世の別れ　対あの世

このんで　好んで　例好んで出場する，何を好んで人の嫌がることを言うか

コハク　こはく〔琥珀〕　例こはく色

ゴハサン　御破算　例これまでのことは御破算にする

こばしり　小走り　例小走りについて来る，小走りに行く男

こばむ　拒む　キョ　385
例申し出を拒む，要求を拒む　対受け入れる

ゴハンむし　御飯蒸し

ゴビュウ　誤謬　例誤謬を犯す　類誤り

こびりつく　こびりつく　例ガムが洋服の袖にこびりつく，心の底にこびりつく

こびる　こびる〔媚びる〕　例上役にこびる，客にこびる

ゴブサタ　御無沙汰，ごぶさた　例御無沙汰して申し訳ありません

こぶし　拳　ケン〔こぶし〕　525
例握り拳

こぶり　小降り　例小降りになる　対大降り，本降り

こぶり　小ぶり，小振り　例小ぶりのたんす，小ぶりの器　対大ぶり

コフン　古墳

ゴヘイ　語弊　例……と言うと語弊があるが……

ゴヘイかつぎ　御幣担ぎ

こぼす　こぼす〔零す，溢す〕　例水をこぼす，御飯粒をこぼす，涙をこぼす，愚痴をこぼす

こぼれる　こぼれる〔零れる，溢れる〕　例風呂の水がこぼれる，御飯粒がこぼれる，涙がこぼれる，乗客がこぼれそうに詰まっている電車

こぼれる　こぼれる〔毀れる〕　例壁の土がこぼれる，刀の刃がこぼれる

こま　駒　　　　　　　　　667
例駒を進める，将棋の駒，手駒，持ち駒

こまか　細か[2]　サイ，ほそい・ほそる・こまかい　706
例神経が細かだ，金勘定にかけては

○改定追加漢字　●改定追加音訓　□改定削除漢字　■改定削除音訓　〔　〕参考表記　〔△表外漢字
▲表外音訓　×誤用　当て字〕当て字〕

人より細かだ；細かな説明は省く，きめ細かな肌

**こまかい　細かい**² サイ，ほそい・ほそる・こまか　706
例千円札を細かくする，細かい砂，細かい格子模様；神経が細かい，芸が細かい　対粗い

**ごまかす　ごまかす**〔誤魔化す当て字〕
例うそをついてごまかす

**こまぎれ　こま切れ**，細切れ〔小間切れ当て字〕　例牛肉のこま切れ

**こまごまと　こまごまと**，細々と
例こまごまとした買い物，こまごまと話す，こまごまと注意する

**こまぬく　こまぬく**〔拱く〕　例腕をこまぬく 注「こまねく」とも言う。

**こまもの　小間物**　例小間物を買う；小間物を広げる　対荒物

**こまやか　こまやか**，細やか〔濃やか〕
例バラの紅こまやかに，愛情こまやかだ

**こまりぬく　困り抜く**　例子どものいたずらに困り抜く

**こまりもの　困り者**　例村中<むらジュウ>の困り者

**こまる　困る**⁶ コン　671
例返事に困る，生活に困る

**こみ　込み**　例込みにする，税込み，バス代込みの料金；四目半の込み（注囲碁用語）

**ごみ　ごみ**〔塵，芥〕　例ごみ箱
類ちり，あくた

**こみあう　混み合う**（混合う），込み合う（込合う）　例電車が混み合う

**こみあげる　こみあげる**，込み上げる
例喜びがこみあげる，涙がこみあげる

**こみいる　込み入る**（込入る）　例家の込み入っている下町，操作の込み入った機械，込み入った事情

**こみち　小道**〔小路〕

**ごみとり　ごみ取り**〔塵取り，芥取り〕

**こむ　込む　こめる**　668
例手が込んだ料理；持ち込む，吹き込む，考え込む

**こむ　混む　コン**・まじる・まざる・まぜる〔こむ〕　676
例電車が混（込）む，混（込）み合う店内，人混（込）みを避ける

**こめ　米**² ベイ・マイ　1801
例米蔵，米粒，米屋，米びつ；闇米

**こめびつ　米びつ**　例米びつが底をつく

**こめる　込める　こむ**〔籠める，罩める〕　668
例銃に弾を込める；心をこめる，力をこめる

**ゴメン　御免**　例切り捨て御免，お役御免，天下御免；ごめんください，ごめんなさい，そんなことはごめんだ

**ゴモクならべ　五目並べ**　類連珠<レンジュ>

**こもごも　こもごも**〔交々〕　例こもごも立って挨拶<アイサツ>する，悲喜こもごも

**こもち　子持ち**　例二人の子持ち，子持ちのにしん

**こもづつみ　こも包み**〔薦包み〕
例こも包みのたる

**こもり　子守**　例子守歌

**こもる　籠もる　ロウ**，かご〔こもる〕　2124
例部屋中<へやジュウ>に煙が籠もる，田舎に籠もる，穴蔵に籠もる，寺に籠もる；心のこもった贈り物

**こやし　肥やし**⁵ ヒ，こえる・こえ・こやす　1690

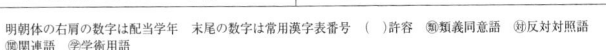

**こやす　肥やす**⁵ ヒ，こえる・こえ・こやし　1690
例豚を肥やす，土地を肥やす，見る

こやみ　小やみ〔小止み〕　例雨が小やみになる，小やみなく降る
こゆき　粉雪　注「こなゆき」とも言う。
こよい　こよい〔今宵〕　例こよいの月　他今夜
コヨウ　雇用〔雇傭〕　例雇用契約，完全雇用
ゴヨウきき　御用聞き
こよみ　暦　レキ　2099
例暦の上では春　他カレンダー
こらえる　こらえる〔堪える，佁える〕
例暑さをこらえる，痛みをこらえる，悲しみをじっとこらえる，怒りをこらえる
ゴラク　娯楽　例娯楽機関，娯楽室，娯楽施設
こらしめ　懲らしめ　例懲らしめとして罰金を科する
こらしめる　懲らしめる　チョウ，こりる・こらす　1417
例二度としないように懲らしめる
こらす　凝らす　ギョウ，こる　423
例肩を凝らす，瞳を凝らす，工夫を凝らす
こらす　懲らす　チョウ，こりる・こらしめる　1417
例きつく懲らす，悪人を懲らす
ゴラン　御覧　例御覧ください，御覧になる，御覧のように；言ってごらん，見てごらん，見せてごらんなさい　注「……てごらん」の場合は仮名書きが望ましい。
こり　凝り　例肩の凝り
こりかたまる　凝り固まる　例賭け事に凝り固まる
こりごり　こりごり，懲り懲り　例こりごりする，二度とあんなことをするのはこりごりだ

こりショウ　凝り性　他凝り屋
ゴリムチュウ　五里霧中〔五里夢中〕
こりる　懲りる　チョウ，こらす・こらしめる　1417
例一度で懲りる，失敗に懲りる
こる　凝る　ギョウ，こらす　423
例肩が凝る，囲碁に凝る；凝った造りの住まい　×飽きる，ほぐれる
これ　これ〔此，之，是〕
例これは僕の物だ，こればかりはだめだ，これほど頼んだのに，これまで，これこれ，これはこれは　他それ，あれ　注法令では仮名書き。
これしき　これしき〔是式，此式〕当て字
例なんのこれしきのことで驚くか
これほど　これほど〔是程，此程〕
例これほど詳しく教えたのに……，これほど貴重なものはない
ころ　頃　—　669
例子どもの頃，夕日の沈む頃，この頃，日頃
ゴロ　語呂，ごろ　例語呂が悪い，語呂が合う，語呂合わせ　他語調
ころあい　頃合い，ころあい，ころ合い　例頃合いを見て意見する，今がちょうど頃合いだ
コロウ　固陋　例頑迷固陋
ころがす　転がす³　テン，ころがる・ころげる・ころぶ　1478
例たるを転がす，足をかけて転がす
ころがる　転がる³　テン，ころげる・ころがす・ころぶ　1478
例ボールが転がる，つまずいて転がる，ころころ転がる，畳にごろっと転がる，寝転がる
ころげこむ　転げ込む　例交番に転げ込む，やっかい者が転げ込む
ころげる　転げる³　テン，ころがる・ころがす・ころぶ　1478

- 例石につまずいて転げる

**ころす 殺す**[5] サツ・サイ・セツ 738
- 例締め殺す;惜しい人材を殺す,才能を殺す;声を殺す,息を殺す
- 対生かす

**ごろつき ごろつき**〔破落戸 当て字〕
- 例町のごろつき 類ならず者

**ごろね ごろ寝**〔転寝〕 例ごろ寝する

**ころぶ 転ぶ**[3] テン,ころがる・ころげる・ころがす 1478
- 例つまずいて転ぶ,転ぶように走る,寝転ぶ;転ばぬ先のつえ

**ころも 衣**[4] イ 16
- 例羽衣

**ころもがえ 衣がえ**,衣替え〔衣更え〕

**こわ 声**[2] セイ・ショウ,こえ 1110
- 例声色

**こわい 怖い** フ〔恐い〕 1743
- 例怖い顔,怖い話,後が怖い

**こわい こわい**〔強い〕 例髪がこわい,こわい御飯 対柔らかい

**こわごわ こわごわ**〔恐々〕 例こわごわ近寄る

**こわす 壊す** カイ,こわれる〔毀す〕 193
- 例古い建物を壊す,時計を壊す,コップを落として壊す;体をこわす,まとまりかけた話をこわす

**こわばる こわばる**〔強張る,硬張る〕
- 例顔がこわばる,表情がこわばる

**こわれる 壊れる** カイ,こわす〔毀れる〕 193
- 例塀が壊れる,テレビが壊れる;話がこわれる

**コン 金**[1] キン,かね・かな 432
- 例金剛,金色,金堂;黄金<オウゴン>

**コン 建**[4] ケン,たてる・たつ 519

- 例建立

**コン 献** ケン 533
- 例献立;一献

**コン 今**[2] キン,いま 670
- 例今回,今後,今次,今昔,今週,今春,今度,今日,今年,今般,今夜,*今夕;現今,古今,昨今,当今
- 注*今日<きょう>,*今朝<けさ>,*今年<ことし> 例古,昔

**コン 困**[6] こまる 671
- 例困却,困窮,困苦,困難,困惑;貧困

**コン 昆** ― 672
- 例昆虫,昆布<コンブ・コブ>

**コン 恨** うらむ・うらめしい 673
- 例遺恨,悔恨,多情多恨

**コン 根**[3] ね 674
- 例根幹,根拠,根源,根底,根本,禍根,球根,大根;根気,根性,精根,根比べ,根負け;平方根

**コン 婚** ― 675
- 例婚姻,婚期,婚儀,婚約,婚礼;既婚,結婚,成婚,晩婚,未婚,離婚

**コン 混**[5] まじる・まざる・まぜる・こむ 676
- 例混血,混合,混雑,混声,混成,混線,混同,混乱;雑混

**コン 痕** あと 677
- 例痕跡;血痕,弾痕,墨痕

**コン 紺** ― 678
- 例紺地,紺青<コンジョウ>,紺屋<コンや・コウや>;紫紺

**コン 魂** たましい 679
- 例魂胆;闘魂,霊魂

**コン 墾** ― 680
- 例開墾

**コン 懇** ねんごろ 681
- 例懇意,懇願,懇親,懇請,懇切,懇談,懇望<コンボウ・コンモウ>

**ゴン 勤**[6] キン,つとめる・つと

|  |  |  |
|---|---|---|
| | まる | 434 |
| | | 例勤行 |
| ゴン | 権⁶ | ケン 536 |
| | | 例権化, 権現 |
| ゴン | 言² | ゲン, いう・こと 548 |
| | | 例言句, 言語道断, 言上；一言, 他言, 伝言, 無言, 遺言 |
| ゴン | 厳⁶ | ゲン, おごそか・きびしい 556 |
| | | 例荘厳 |
| コンイ | 懇意 | 例懇意な仲, 懇意にする |
| コンイン | 婚姻 | 例婚姻届け ㊌結婚 |
| コンキ | 根気 | 例根気がよい, 根気負けする |
| コンキョ | 根拠 | 例何を根拠に言うのだ, 根拠地 |
| コンくらべ | 根比べ〔根競べ〕 | |
| コンゲン | 根源, 根元 | ㊌根本, 根底 |
| コンコウ | 混交〔混淆〕 | 例玉石混交, 和漢混交 ㊌混合 |
| ゴンゴドウダン | 言語道断 | 例言語道断のふるまい |
| コンコンと | 懇々と | 例懇々と諭す |
| コンコンと | こんこんと〔昏々と〕 | |
| | | 例こんこんと眠る |
| コンコンと | こんこんと〔滾々と〕 | |
| | | 例泉がこんこんと湧き出る |
| コンザツ | 混雑 | 例駅が混雑する ㊌雑踏 |
| コンジョウ | 根性 | 例根性がない, 根性を入れ換える, ひがみ根性, 商人根性 |
| コンシン | 懇親 | 例懇親会 |
| コンシン | 渾身 | 例渾身の力を振り絞る ㊌満身, 全身 |
| コンスイ | 昏睡, こんすい | 例昏睡する, 昏睡状態に陥る ㊌人事不省, 失神 |
| コンセキ | 痕跡 | 例痕跡をとどめる |
| | ㊌形跡 | |
| コンセツ | 懇切 | 例懇切に指導する, 懇切丁寧 |
| コンゼン | 渾然 | 例渾然一体となる |
| コンだて | 献立 | 例夕食の献立を考える, 献立表 ㊌メニュー |
| コンダン | 懇談 | 例懇談する, 懇談会 |
| コンチュウ | 昆虫 | 例昆虫採集 |
| コンテイ | 根底〔根柢〕 | 例問題の根底を突き詰める |
| コントウ | 昏倒 | 例手術に立ち会って昏倒する ㊌卒倒 |
| コントン | 混沌, 渾沌 | 例形勢は混沌としてつかめない |
| コンナン | 困難 | 例困難を切り抜ける, 経営が困難だ, 困難な仕事 ㊉容易 |
| コンニチは | こんにちは, 今日は | |
| コンパイ | 困憊 | 例疲労困憊する ㊌困窮, 過労 |
| コンバンは | こんばんは, 今晩は | |
| コンブ | 昆布 | 例とろろ昆布 注「コブ」とも言う。 |
| コンボウ | 混紡 | 例混紡のシャツ |
| コンボウ | 棍棒 | |
| コンポウ | 梱包 | 例ダンボールの箱を梱包する ㊌荷造り |
| コンまけ | 根負け | 例相手の熱意に根負けする |
| コンメイ | 混迷 | 例政局が混迷する |
| コンラン | 混乱 | 例会場が混乱する, 頭が混乱する, 混乱した社会 ㊉整頓＜セイトン＞, 秩序 |
| コンリュウ | 建立 | 例寺院を建立する |
| コンリンザイ | 金輪際 | 例金輪際会いたくない |
| コンロ | こんろ, こん炉〔焜炉〕 | 例ガスこんろ |

〔サ・さ〕

- サ 左¹ ひだり 682
  例左官, 左記, 左遷, 左派, 左右, 左翼;右往左往 対右
- サ 佐⁴ ― 683
  例佐幕;補佐, 大佐
- サ 沙 ― 684
  例なんの沙汰<サタ>もない, 音沙汰<おとサタ>もない, 御無沙汰<ゴブサタ>
- サ 査⁵ ― 685
  例査察, 査収, 査定;監査, 検査, 考査, 巡査, 審査, 捜査, 調査
- サ 砂⁶ シャ, すな 686
  例砂丘, 砂金, 砂鉄, 砂糖, 砂防
  注＊砂利<じゃり>
- サ 唆 そそのかす 687
  例教唆, 示唆<シサ>
- サ 差⁴ さす 688
  (1)違い・隔たり 例差がない;差異, 差等, 差別;個人差, 交差, 千差万別
  (2)二つの間の開き・数値 例差額;誤差, 公差, 落差
  (3)遣わす 例差配
  注＊差し支える<さしつかえる>
- サ 詐 ― 689
  例詐欺<サギ>, 詐取, 詐術
- サ 鎖 くさり 690
  (1)鎖 例鎖骨;連鎖
  (2)開いたものを閉じる 例鎖国;封鎖, 閉鎖
- サ 再⁵ サイ, ふたたび 694
  例再来年, 再来週
- サ 作² サク, つくる 723
  例作業, 作法, 作用;造作<ゾウサ・

ゾウサク>, 動作, 発作
- サ 茶² チャ 1373
  例茶菓, 茶話会;喫茶
- ザ 座⁶ すわる 〔坐〕 691
  例座右, 座興, 座高, 座骨, 座敷, 座席, 座禅, 座談, 座談会, 座長, 座標;口座, 講座, 星座, 即座;座礁, 座州<ザス>;座を外す, 座が白ける, 座を取り持つ
- ザ 挫 ― 692
  例挫傷, 挫折;頓挫<トンザ>, 捻挫<ネンザ>
- サイ 才² ― 693
  例才に溺れる;才幹, 才気, 才子, 才色, 才人, 才知, 才能, 才略;偉才, 学才, 秀才, 俊才, 商才, 多才, 天才, 文才 注「歳」の代用字としても用いる。
- サイ 再⁵ サ, ふたたび 694
  例再演, 再開, 再会, 再起, 再挙, 再建, 再現, 再考, 再興, 再婚, 再三, 再生, 再選, 再読, 再任, 再燃, 再発, 再版, 再来
- サイ 災⁵ わざわい 695
  例災禍, 災害, 災難;火災, 震災, 戦災, 息災, 天災
- サイ 妻⁵ つま 696
  例妻子, 妻女, 妻帯;愛妻, 後妻, 夫妻, 良妻賢母 対夫
- サイ 采 ― 697
  例采配;喝采, 風采
- サイ 砕 くだく・くだける 698
  例砕石<サイセキ>, 砕氷;玉砕, 粉骨砕身, 粉砕
- サイ 宰 ― 699
  例宰相, 宰領;主宰
- サイ 栽 ― 700
  例栽培;前栽, 盆栽
- サイ 彩 いろどる 701

サイ—ザイ

例彩管, 彩色；異彩, 光彩, 水彩, 多彩, 淡彩, 油彩

サイ 採[5] とる 702
例採決, 採掘, 採鉱, 採光, 採算, 採取, 採集, 採択, 採炭, 採点, 採否, 採用；伐採

サイ 済[6] すむ・すます 703
(1)済む・済ませる 例既済, 決済, 弁済, 未済
(2)助ける・救う 例済世, 済度；共済, 経済

サイ 祭[3] まつる・まつり 704
(1)神を祭る 例祭日, 祭政, 祭典, 祭礼；祝祭日, 葬祭, 大祭, 例祭
(2)催し 例芸術祭, 前夜祭, 文化祭

サイ 斎 — 705
例斎戒, 斎主, 斎場；潔斎, 書斎
注「斉」は別字。

サイ 細[2] ほそい・ほそる・こまか・こまかい 706
(1)細い 例細管, 細小, 細長；毛細管
(2)細かい・少ない・僅かである 例細菌, 細字, 細心, 細則, 細大, 細部, 細分, 細目；繊細, 微細, 零細
(3)詳しい 例細密；委細, 詳細, 明細
(4)謙称 例細君

サイ 菜[4] な 707
例菜園, 菜食；前菜, 白菜, 野菜, 一汁一菜

サイ 最[4] もっとも 708
例最愛, 最悪, 最近, 最後, 最期＜サイゴ＞, 最高, 最初, 最少, 最上, 最終, 最新, 最前, 最善, 最大, 最短, 最中, 最低, 最良 注 ＊最寄り＜もより＞

サイ 裁[6] たつ・さばく 709
(1)裁つ・切る 例裁断, 裁縫, 洋裁
(2)形・姿 例体裁
(3)是非や善悪を決めて処理する 例裁可, 裁決, 裁定, 裁判；決裁, 最高裁, 制裁, 総裁, 仲裁, 独裁

サイ 債 — 710
例債鬼, 債券, 債権, 債務；起債, 公債, 国債, 社債, 負債

サイ 催 もよおす 711
(1)促す 例催告, 催促
(2)自然にそうなる 例催眠, 催涙
(3)会を催す・集まり 例開催, 主催

サイ 塞 ソク, ふさぐ, ふさがる 712
例防塞, 要塞

サイ 歳 セイ 713
例歳計, 歳月, 歳出, 歳入, 歳費, 歳末；1歳, 万歳＜バンザイ・マンザイ＞ 注△二十歳＜はたち＞

サイ 載 のせる・のる 714
例載録；記載, 掲載, 積載, 千載一遇, 転載, 登載, 満載, 連載

サイ 際[5] きわ 715
例際会, 際限；交際, 国際, 実際

サイ 財[5] ザイ 720
例財布

サイ 殺[5] サツ・セツ, ころす 738
例相殺＜ソウサイ＞

サイ 西[2] セイ, にし 1109
例西下, 西海；関西, 東西

サイ 切[2] セツ, きる・きれる 1154
例一切

サイ 差異, 差違 例力にはそれほどの差異はない

サイ さい〔采, 賽；骰子 当て字〕 例 さいを振る, さいは投げられた

さい 埼[4] — 716
注主として都道府県名に用いる。 ※埼玉＜さいたま＞県

ザイ 在[5] ある 717
例在位, 在外, 在京, 在勤, 在庫, 在住, 在職, 在世, 在宅, 在中, 在野, 在留；健在, 現在, 散在, 実在,

○改定追加漢字 ●改定追加音訓 □改定削除漢字 ■改定削除音訓 〔 〕参考表記〔△表外漢字 ▲表外音訓 ×誤用 当て字〕当て字〕

## ザイ—ザイセ

| | | |
|---|---|---|
|  | 所在, 潜在, 存在, 滞在, 駐在, 点在 | |
| **ザイ** | **材**[4] | 718 |

例材質, 材木, 材料；器材, 教材, 資材, 取材, 人材, 製材, 石材, 素材, 題材, 適材, 木材, 用材

| **ザイ** | **剤** — | 719 |
|---|---|---|

例駆虫剤, 錠剤, 調剤, 鎮痛剤, 乳剤, 薬剤

| **ザイ** | **財**[5] **サイ** | 720 |
|---|---|---|

例財貨, 財界, 財源, 財産, 財政, 財団, 財閥, 財宝, 財務, 財力；家財, 私財, 資財, 浄財, 文化財

| **ザイ** | **罪**[5] **つみ** | 721 |
|---|---|---|

例罪悪, 罪科, 罪状, 罪人, 罪名；功罪, 謝罪, 重罪, 犯罪, 微罪, 無罪, 有罪, 余罪, 流罪

**ザイアク　罪悪**　例許すことのできない罪悪

**サイエン　才媛**　例英文科出身の才媛　顆才女

**ザイカ　在荷,在貨**　例在荷を調べる

**ザイカ　罪科**　例どんな罪科にも服する　顆刑罰, しおき

**ザイカ　罪過**　例罪過を犯す, 罪過を償う　顆罪, 過ち

**サイカイ　再会**　例２年ぶりに再会する, 再会を約する

**サイカイ　再開**　例会議を再開する

**サイカイ　際会**　例国難に際会する, 倒産の危機に際会する

**サイガイ　災害**　例災害によって大きな害を被る, 災害救助

**ザイカイ　財界**　例財界の大立て者

**サイキ　才気**　例才気縦横, 才気煥発 ＜カンパツ＞

**サイギシン　猜疑心**　例猜疑心が強い　顆疑心, 疑念, 邪推, 妬み

**サイキン　細菌**　例細菌を発見する

**サイク　細工**　例細工を凝らす, 小細工, 竹細工

**サイケツ　採決**　例採決する

**サイケツ　裁決**　例訴願に対する裁決

**サイケン　再建**　例校舎を再建する, 国を再建する

**サイゲン　再現**　例古代のオリンピック競技会を再現する

**ザイゲン　財源**　例財源が不足する

**サイゴ　最期**　例悲運の最期を遂げる

**サイゴ　最後**　例最後から行く　対最初

**サイコウチョウ　最高潮**〔最高調〕　例最高潮に達する

**サイゴツウチョウ　最後通牒**　例最後通牒を突き付ける　顆最後通告

**さいころ　さいころ**〔賽子, 骨＋｜当て字〕　例さいころを振る

**サイコン　再建**　例五重塔を再建する　注神社・仏閣以外は「サイケン」。

**さいさき　幸先**　例幸先がよい

**サイサン　再三**　例再三にわたりお願いする, 再三再四

**サイサン　採算**　例採算がとれる, 採算割れ

**ザイサン　財産**　例親から譲られた財産, 財産家

**サイシ　妻子**　例妻子を養う

**サイシ　祭祀**　例恒例の夏の祭祀　顆祭り, 祭事

**サイして　際して**　例出発するに際してひと言注意しておきたいことは……　顆……に当たって, ……の場合に

**サイシュウ　採集**　例昆虫採集, 植物を採集する

**サイショウゲン　最小限**〔最少限〕　例最小限の被害　対最大限

**サイシン　細心**　例細心の注意

**サイセイ　再生**　例音を再生する, 再生ゴム

**ザイセイ　在世**〔在生〕　例在世中の功

ザイセ―さえる

績 注「ザイセ」とも言う。
ザイセイ **財政** 例財政は税金で賄われる，我が家の財政は苦しい
サイセン **賽銭** 例賽銭箱
サイゼン **最前〜** 例最前列，最前線
サイゼン **さいぜん，最前** 例さいぜん会ったばかりだ 類先刻
サイゼン **最善** 例最善を尽くす，最善の方法 対最悪
サイソク **催促** 例催促する，借金の催促，催促状 類督促
さいたまケン ※**埼玉県**
サイダン **裁断** 例裁断を下す；布を裁断する
サイチ **才知**〔才智〕 例才知にたける
サイチ **細緻** 例細緻な計画 類細密，綿密
サイチュウ **最中** 例仕事の最中，真っ最中
サイテイ **最低**〔最底〕 例最低の生活，最低の賃金，最低限度 対最高
サイテン **採点** 例答案を採点する
サイテン **祭典** 例民族の祭典，盛大な祭典
さいなむ **さいなむ**〔苛む，責む〕 例良心にさいなまれる
サイナン **災難** 例思わぬ災難が降りかかる
サイノウ **才能** 例才能を伸ばす
サイハイ **再拝** 例再拝して頼み込む，頓首<トンシュ>再拝
サイハイ **采配** 例采配を振る 類指揮，指図
サイバイ **栽培** 例花を栽培する
サイばしる **才走る** 例才走った顔つき
ザイバツ **財閥** 例財閥解体 類学閥，門閥
サイバン **裁判** 例裁判する，裁判官，裁判所

サイヒョウ **砕氷** 例砕氷船
サイフ **財布** 例皮の財布，財布のひもを緩める
サイブ **細部** 例細部にわたる調査
サイフク **祭服，斎服**
サイホウ **裁縫** 例裁縫する，裁縫師
サイボウ **細胞** 例動物の細胞，細胞組織；政党の細胞
サイマツ **歳末** 例歳末大売り出し
サイヤク **災厄** 類災い，災難
サイヨウ **採用** 例新しい技術を採用する，従業員を採用する
サイリョウ **最良** 例最良の機械，最良の方法 対最悪
サイリョウ **裁量**〔採量〕 例裁量に任せる，自由裁量
ザイリョウ **材料** 例建築の材料，料理の材料，悪材料
サイロク **採録** 例主な意見を採録する
さいわい **幸い**³ コウ，さち・しあわせ 610
 例不幸中の幸い，天気がよくて幸いだ
さいわいに **幸いに** 例ちょうど幸いに天気がよくなる，幸いにして入学できた
さえ **さえ**〔冴え〕 例月の光のさえ，腕のさえを見せる
さえ **……さえ** 例雨が降っている上に風さえ出てくる，友達にさえ教えない，これさえあればよい
さえぎる **遮る** シャ 851
 例道を遮る，話を遮る
さえずり **さえずり**〔囀り〕 例小鳥のさえずり
さえずる **さえずる**〔囀る〕 例鳥がさえずる；よくさえずるやつだ
さえる **さえる**〔冴える〕 例月の光がさえる，さえた冬の夜空；頭がさえる，腕がさえる，顔色がさえない

○改定追加漢字 ●改定追加音訓 □改定削除漢字 ■改定削除音訓 〔 〕参考表記 〔△表外漢字 ▲表外音訓 ×誤用 当て字当て字〕

さお さお〔竿,棹〕 例物干しざお,釣りざお;流れにさおさす
さおとめ ＊早乙女
さか 逆⁵ ギャク,さからう 357
　例恐怖のあまり髪が逆立つ,逆,逆さま
さか 酒³ シュ,さけ 872
　例酒屋,酒場,酒盛り
さか 坂³ ハン 1663
　例坂道,下り坂;50の坂
サカ 茶菓 例茶菓のもてなし
　注「チャカ」とも言う。
さかい 境⁵ キョウ・ケイ〔界〕 413
　例隣国との境,国境,県境;見境;生死の境い
さかいめ 境目 例空と地面との境目,生きるか死ぬかの境目
さかうらみ 逆恨み 例逆恨みを受ける
さかえ 栄え 例都としての栄え
さかえる 栄える⁴ エイ,はえ・はえる 72
　例都として栄える,港として栄えた町 対衰える
さかおとし 逆落とし(逆落し)
　例崖の上から逆落としにする,切り立った岩場を逆落としに降りる
さかさ 逆さ 例逆さになる,逆さ言葉 類逆さま
さかさま 逆さま,逆様 例本が逆さまになっている
さがしあてる 捜し当てる,探し当てる 例やっと友達を捜し当てる;宝を探し当てる
さがしだす 捜し出す,探し出す
　例おおぜいの中から捜し出す;図書館で読みたい本を探し出す
さがしもの 捜し物,探し物
さがす 捜す ソウ 1228
　例落とし物を捜す,犯人を捜す
さがす 探す⁶ タン,さぐる 1339
　例空き家を探す,粗を探す
さかずき 杯 ハイ〔盃〕 1613
　例杯に酒をつぐ,杯を交わす
さかだち 逆立ち 例逆立ちがうまい;逆立ちしてもかなわない
さかだつ 逆立つ 例髪の毛が逆立つ
さかだてる 逆立てる 例猫が毛を逆立てて怒る
さかな 魚² ギョ,うお 391
　例魚を焼く
さかな さかな〔肴〕 例酒のさかな
さかねじ 逆ねじ〔逆捩じ〕 例逆ねじを食わせる
さかのぼる 遡る ソ〔さかのぼる,溯る〕 1215
　例川を遡る,古い時代に遡る
さかまく 逆巻く 例逆巻く波を乗り切って泳ぐ
さかもり 酒盛り 例勝利の酒盛り
さかや 酒屋
さかゆめ 逆夢 対正夢
さからう 逆らう⁵ ギャク,さか 357
　例親に逆らう,忠告に逆らう;風に逆らう 対従う
さかり 盛り 例花の盛り,夏の盛り,人生の盛り,育ち盛り,盛り場;さかりがつく
さがり 下がり 例下がりぎみだ,下がり藤;昼下がり,上がり下がり,下がり目;下がりをさばく(注相撲用語)
さかりば 盛り場 例盛り場をうろつく
さかる 盛る⁶ セイ・ジョウ,もる・さかん 1124
　例火が燃え盛る 類盛んだ
さがる 下がる¹ カ・ゲ,した・しも・もと・さげる・くだる・

くだす・くださる・おろす・おりる 131
例幕が下がる，熱が下がる，頭が下がる，値段が下がる，成績が下がる，旅券が下がる，後ろへ下がる，時代が下がる 対上がる

さかん 盛ん⁶ セイ・ジョウ，もる・さかる 1124
例老いてますます盛んだ，火が盛んに燃える，盛んに勉強する，盛んに勧める

さき 崎⁴ ― 722
例観音崎，〜崎

さき 先¹ セン 1170
例舌先，手先，鼻先，指先，縁先，庭先，軒先，店先；話の先は忘れる，これから先の生活，後にも先にも；何よりも勉強が先 対後＜あと＞

さき 咲き 例三分咲き

サギ 詐欺 例詐欺にかかる，詐欺罪，詐欺師

さきおととい さきおととい〔一昨昨日当て字〕

さきおととし さきおととし〔一昨昨年当て字〕

さきがけ 先駆け〔先駈け，魁〕 例新聞事業の先駆け

さきがける 先駆ける〔先駈ける〕 例春に先駆けて咲く花

さきがり 先借り 例給料を先借りする 範前借り

さきごろ 先頃，先ごろ 例先頃お会いいたしました

さきざき さきざき，先々 例さきざきのことが心配だ；行くさきざきで歓迎される

さきそろう 咲きそろう〔咲き揃う〕 例桜の花が一度に咲きそろう

さきだす 咲き出す(咲出す) 例梅の花が咲き出す

さきだつ 先立つ 例みんなに先立って出発する；親に先立つ；先立つものは金だ

さきどり 先取り 例時代を先取りする

さきに 副詞 さきに，先に〔嚮に，曩に〕 例さきにお目にかかったことがあります 範以前に，かつて

さきのこる 咲き残る（咲残る） 例梅の花が一輪だけ咲き残る

さきばしり 先走り 例先走った考え，お先走りはしないほうがよい

さきばらい 先払い(先払) 例運賃の先払い

さきぶれ 先ぶれ，先触れ 例春の先ぶれ 範予報

さきほど さきほど，先程 例さきほどお目にかかりました，さきほど申し上げたとおりです

さきまわり 先回り〔先廻り〕 例先回りして人を待つ

さきみだれる 咲き乱れる(咲乱れる) 例菜の花が辺り一帯に咲き乱れる

さきゆき 先行き 例先行きが案じられる

サギョウ 作業 例作業する，作業服

さきわたし 先渡し 例費用の先渡し 範前渡し

さきんずる 先んずる 例先んずれば人を制す 対遅れる 注「先んじる」とも言う。

サク 作² サ，つくる 723
例作家，作曲，作詞，作者，作図，作製，作成，作戦，作付け，作品，作文，作物；稲作，裏作，家作，合作，凶作，傑作，原作，小作，工作，耕作，試作，自作，習作，新作，製作，創作，造作，著作，二毛作，畑作，不作，米作，豊作，名作，連作，労作

| | |
|---|---|
| サク　削　けずる　724 | サクジツ　昨日 |
| 例削岩機，削減，削除；添削 | サクシュ　搾取　例労働者から搾取する |
| サク　昨⁴　―　725 | サクセイ　作成　例問題を作成する |
| 例昨今，昨日，昨年，昨夜；一昨日 | サクセイ　作製　例テレビを作製する |
| 注＊昨日＜きのう＞ | 類製作　注法令では，製作（物品を |
| サク　柵　―　726 | 作ること）という意味についてのみ |
| 例柵で囲う；鉄柵を乗り越える | 用いる。 |
| サク　索　―　727 | サクセン　作戦，策戦　例作戦を立て |
| (1)網例索条 | る，作戦会議 |
| (2)散る例索然，索漠 | サクソウ　錯綜　例事情が錯綜する |
| (3)捜す例索引；思索，捜索，探索，模索 | 類交錯，込み入る，もつれる |
| サク　策⁶　―　728 | サクづけ　作付け(作付)　例米の作付け |
| 例策を巡らす；策士，策動，策略； | サクつけメンセキ　作付面積 |
| 画策，国策，散策，施策，失策，術 | サクネン　昨年　例去年 |
| 策，対策，得策，秘策，方策，万策 | サクモツ　作物　例作物の収穫 |
| サク　酢　す　729 | さくら　桜⁵　オウ　114 |
| 例酢酸 | 例桜色，桜草；八重桜 |
| サク　搾　しぼる　730 | さくらがり　桜狩り　例桜狩りに出か |
| 例搾取，搾乳，搾油；圧搾 | ける　類花見 |
| サク　錯　―　731 | さぐり　探り　例探りを入れる，手探り |
| 例錯覚，錯角，錯誤，錯雑，錯綜＜サ | さぐりあし　探り足 |
| クソウ＞，錯乱；交錯 | さぐる　探る⁶　タン，さがす　1339 |
| サク　冊⁶　サツ　733 | 例ポケットの中を探る，名所を探る； |
| 例短冊＜タンザク＞をつるす | 敵の様子を探る |
| さく　割く⁶　カツ，わる・わり・ | サクレツ　炸裂　例砲弾が炸裂する |
| われる　237 | 類破裂，爆発 |
| 例時間を割く，紙面を割く，人手を割く | さけ　酒³　シュ，さか　872 |
| さく　咲く　―　732 | 例酒飲み，甘酒 |
| 例花が咲く，桜が咲く；話に花が咲く | さけ　さけ〔鮭，鮏〕　注「しゃけ」と |
| さく　裂く　レツ，さける　2104 | も言う。 |
| 例包帯を裂く，友達の仲を裂く | さげ　下げ　例下げ緒，下げかじ，下 |
| サクイ　作為　例作為の跡　対不作為 | げ髪，上げ下げ；相場の下げ；下げ |
| サクイ　作意　類たくらみ，作品の意図 | をつける（注落語の用語） |
| サクイン　索引　例索引で引く | さけずき　酒好き |
| サクがら　作柄　例作柄がよい | さげすむ　蔑む　ベツ　〔さげすむ，貶む〕　1806 |
| サクガンキ　削岩機〔鑿岩機〕 | 例人を蔑むのはよくない　類軽蔑＜ケ |
| サクサク　さくさく〔嘖々〕　例好評さくさく | イベツ＞する，ばかにする　対敬う |
| サクサン　酢酸〔醋酸〕 | さけのみ　酒飲み　例大酒飲み |

さけび 叫び 例悲痛な叫び,猛獣の叫び
さけびごえ 叫び声 例叫び声をあげる
さけぶ 叫ぶ キョウ 396
  例大声で叫ぶ,泣き叫ぶ
さけめ 裂け目 例地面の裂け目,裂け目が出来る
さける 避ける ヒ 1702
  例自動車を避ける,人目を避ける,確答を避ける
さける 裂ける レツ,さく 2104
  例布が裂ける,服が裂ける,地面が裂ける
さげる 下げる¹ カ・ゲ,した・しも・もと・さがる・くだる・くだす・くださる・おろす・おりる 131
  例頭を下げる,カーテンを下げる;いすを後ろへ下げる,おぜんを下げる,書類を下げる,位を下げる,値段を下げる 対上げる
さげる 提げる⁵ テイ 1454
  例手に提げる,手提げかばん
さげわたし 下げ渡し 例下げ渡しの品
さげわたす 下げ渡す 例民間に下げ渡す
サゲン 左舷 ⟨右舷⟩＜ウゲン＞
ざこ ＊雑魚 例雑魚を煮て食べる;雑魚寝
ザコウ 座高〔坐高〕 例座高を測る
サコク 鎖国 例開国
ササイな ささいな〔些細な,瑣細な〕
  例ささいなことに神経を使う 類僅かな
ささえ 支え 例塀の支え,心の支え
ささえる 支える⁵ シ 761
  例生活を支える,塀を支える,敵の攻撃を支える
ささげる ささげる〔捧げる〕 例優勝杯をささげる,神様に供物をささ

げる,一生を教育にささげる
さざなみ さざなみ,さざ波〔漣;小波,細波当て字〕 例僅かにさざなみの立つ穏やかな海
  注「ささなみ」とも言う。
さざめく さざめく 例笑いさざめく
ささやか ささやか〔細やか〕 例ほんのささやかながら……
ささやき ささやき〔囁き〕 例ささやきの声が聞こえる
ささやく ささやく〔囁く〕 例耳に口を当ててささやく
ささやぶ ささやぶ〔笹藪〕
ささる 刺さる シ,さす 778
  例とげが刺さる,矢が刺さる
さざんか さざんか〔山茶花当て字〕
さじ さじ〔匙〕 例さじを投げる
サジ 瑣事,些事 例瑣事に取り紛れる
ザシ 座視〔坐視〕 例座視するに忍ない
さしあげる 差し上げる(差上げる)
  例手を高く差し上げて振り回す;お好きな物を差し上げます;京都を案内してさしあげる 注「……してやる」の意の謙譲語は仮名書きが望ましい。
さしあし 差し足 例抜き足差し足忍び足
さしあたり 副詞 さしあたり,差し当たり 例さしあたり必要はない
さしあみ 刺し網(刺網)
さしいれ 差し入れ(差入れ) 例差し入れをする,差し入れ弁当
さしいれヒン 差し入れ品(差入れ品)(差入品)
さしいれる 差し入れる(差入れる) 例弁当を差し入れる
さしエ 挿絵〔挿画〕 例本の挿絵 類口絵

○改定追加漢字 ●改定追加音訓 □改定削除漢字 ■改定削除音訓 〔 〕参考表記 〔△表外漢字 ▲表外音訓 ×誤用 当て字当て字〕

| | |
|---|---|
| **さしおく　差し置く**(差置く)　囫読むかどうかは差し置いて原稿だけはいただいておきましょう；人のことを差し置いて自分のことだけを考える | 囫急に差し障ることが起こる，仕事に差し障る |
| **さしおさえ　差し押さえ**(差押え)　囫差し押さえをされる | **さししお　差し潮**　⑪引き潮 |
| **さしおさえる　差し押さえる**(差押える)　囫工場の機械を差し押さえる | **さししめす　指し示す**　囫指で指し示す |
| **さしかえる　差し替える**(差替える)　囫記事を差し替える | **さしず　指図**　囫指図に従う，先生の指図 |
| **さしかかる　さしかかる，差し掛かる**　囫峠へさしかかったとき雨が降りだす，会議は重要な問題にさしかかる | **さしずめ**副詞　**さしずめ，差し詰め**　囫さしずめ彼に任せておけば安心だ，さしずめ心配することはない　類さしあたり，つまり |
| **さしかけ　指しかけ，指し掛け**(指掛け)　囫指しかけの将棋 | **さしせまる　差し迫る**(差迫る)　囫入学試験が差し迫る |
| **さしかける　指しかける，差し掛ける**(差掛ける)　囫傘を差しかける | **さしだしぐち　差し出し口**(差出口) |
| **さしがね　差し金，さしがね**　囫差し金で測る；よけいなさしがねをする | **さしだしニン　差し出し人**(差出人)(差出人)　囫はがきの差し出し人　⑪受取人 |
| **さしき　挿し木**(挿木)　囫挿し木をする，梅の挿し木 | **さしだす　差し出す**(差出す)　囫書類を差し出す，はがきを差し出す　⑪受け取る |
| **さじき　*桟敷**　囫天井桟敷，劇場の桟敷 | |
| **ザしき　座敷**　囫座敷へ客を通す；お座敷がかかる；座敷ろう | **さしつかえ　差し支え**(差支え)　囫差し支えがなければお目にかかりたい　類差し障り |
| **さしくる　差し繰る**(差繰る)　囫予定を差し繰る | **さしつかえる　\*差し支える**(差支える)　囫勉強に差し支える |
| **さしこみ　差し込み**(差込み)　囫差し込みがひどい；差し込みにコードを差し込む | **さして　指し手**　囫将棋の指し手を研究する |
| **さしこむ　差し込む**(差込む)　囫急に差し込んでくる；日光が部屋いっぱいに差し込む | **さしでがましい　差し出がましい**(差出がましい)　囫差し出がましい態度，差し出がましいようですが…… |
| **さしころす　刺し殺す**(刺殺す)　囫短刀で刺し殺す | **さしでぐち　差し出口**　囫差し出口はしないほうがよい |
| **さしさわり　差し障り**(差障り)　囫差し障りができて行けなくなる，差し障りがあるから言わない　類じゃま，差し支え | **さしとめ　差し止め**(差止め)　囫出入りの差し止め |
| **さしさわる　差し障る**(差障る) | **さしとめる　差し止める**(差止める)　囫危険な場所への出入りを差し止める |
| | **さしのべる　差し伸べる**(差伸べる)，**差し延べる**(差延べる)　囫救いの手を差し伸べる |
| | **さしはさむ　さしはさむ**〔挟む，挿む〕　囫ノートにしおりをさしはさむ，人 |

明朝体の右肩の数字は配当学年　末尾の数字は常用漢字表番号　( )許容　⑭類義同意語　⑪反対対照語　㊐関連語　㋯学術用語

さしひ―さそう

の話に口をさしはさむ；疑いをさしはさむ

**さしひかえる　差し控える**（差控える）
例意見を言うのを差し控える，食事を差し控える

**さしひき　差し引き**（差引き）　例波の差し引き；差し引きゼロになる

**さしひきカンジョウ　差し引き勘定**（差引勘定）

**さしひく　差し引く**（差引く）　例給料から差し引く，貸した分を差し引いて払う

**さしまねく　差し招く**（差招く）〔麾く〕
例舟の中から差し招く

**さしみ　さしみ，刺し身**（刺身）　例まぐろのさしみ，さしみのつま

**さしむかい　差し向かい**（差向い）
例差し向かいで話をする

**さしむき**副詞　**さしむき，差し向き**　例さしむきお願いすることはない　類さしあたり

**さしむける　差し向ける**（差向ける）
例使いの者を差し向ける；手を差し向ける

**さしもどし　差し戻し**（差戻し）
例差し戻し判決

**さしもどす　差し戻す**（差戻す）
例書類を差し戻す，事件を第一審に差し戻す

**サショウ　些少**　例僅か，ほんの少し

**ザショウ　座礁**〔坐礁〕　例座礁する

**さしわたし　さしわたし，差し渡し**
例この円はさしわたし10センチメートルある　類直径

**サス　砂州**〔砂洲〕

**さす　差す**[4]　サ　　　　　　　688
例潮が差す　反引く；日が差す，顔に赤みが差す；魔がさす，気がさす

**さす　刺す**　シ，ささる　　　　 778

例人を刺す，蚊が刺す，ぞうきんを刺す，鳥を刺す；ランナーを刺す

**さす　指す**[3]　シ，ゆび　　　　786
例目的地を指して進む，名指しをする，指し示す，将棋を指す，時計の針が5時を指す

**さす　挿す**　ソウ　　　　　　 1229
例花を花瓶に挿す，かんざしを挿す

**さす　さす**〔注す〕　例コップに水をさす；油をさす；目薬をさす，酒をさす

**ザす　座州**〔坐州，坐洲〕　例船が座州する　類座礁

**さすが　さすが**〔流石当て字〕　例都会の暑さに比べてさすがに山は涼しい，さすがに心配になってきた，さすがの彼も弱音を吐く；さすがだ

**さずかる　授かる**[5]　ジュ，さずける　　　　　　　　　　　　879
例天から音楽の才能を授かる

**さずける　授ける**[5]　ジュ，さずかる　　　　　　　　　　　　879
例卒業証書を授ける，秘法を授ける

**さすらい　さすらい**〔流離，流浪当て字〕
例さすらいの旅

**さする　さする**〔摩る，擦る〕　例病人の腰をさする，両手で顔をさする

**ザセキ　座席**　例座席に座る，座席券

**ザセツ　挫折**　例計画が途中で挫折する　類腰砕け，行き悩み，中絶　対貫徹

**させる　　　　させる**　例勉強させる，白状させる，机を持って来させる

**さぞ　さぞ**〔嘸〕　例さぞ疲れただろう，秋の山はさぞよかっただろう

**さそい　誘い**　例誘いを受ける，誘いに乗る，舞踏への誘い

**さそいだす　誘い出す**　例友達を映画に誘い出す

**さそう　誘う**　ユウ　　　　　 1982
例音楽会に誘う，ハイキングに誘う；

○改定追加漢字　●改定追加音訓　□改定削除漢字　■改定削除音訓　〔　〕参考表記　〔△表外漢字
▲表外音訓　×誤用　当て字当て字〕

悪の道に誘う；涙を誘う物語
- **さぞかし　さぞかし**〔嘸かし〕　例海はさぞかし広いだろう，さぞかし華やかな結婚式だっただろう
- **サタ　沙汰**，さた　例沙汰の限り，御無沙汰，なんの沙汰もない，おって沙汰する　類便り，知らせ
- **さだか　定か**³　テイ・ジョウ，さだめる・さだまる　1441
  例記憶が定かでない
- **さだまり　定まり**　例定まりをつける，お定まりのコースをたどる
- **さだまる　定まる**³　テイ・ジョウ，さだめる・さだか　1441
  例規則が定まる，気持ちが定まる，態度が定まる，天気が定まる
- **さだめ　定め**　例会の定めを決める；天の定めと諦める
- **さだめし**副詞　さだめし，定めし
  例さだめし盛大な式であったろう　類きっと，必ず　対恐らく
- **さだめて**副詞　さだめて，定めて
  例さだめて苦労したことだろう　類さだめし
- **さだめる　定める**³　テイ・ジョウ，さだまる・さだか　1441
  例新しい制度を定める；心を定めて勉強する；決行の態度を定める
- **ザダン　座談**　例座談する，座談会
- **さち　幸**³　コウ，さいわい・しあわせ　610
  例幸多かれと祈る　類幸せ；海の幸　類産物
- **サツ　冊**⁶　サク　733
  例冊子，冊数；1冊
- **サツ　札**　ふだ　734
  例札束；改札，鑑札，出札，入札，表札，落札
- **サツ　刷**⁴　する　735

- 例刷新；印刷，縮刷
- **サツ　刹　セツ**　736
  例古刹，名刹
- **サツ　撮**　—　737
  例挨拶＜アイサツ＞
- **サツ　殺**⁵　サイ・セツ，ころす　738
  例殺意，殺害，殺気，殺人，殺風景；暗殺，活殺，虐殺，絞殺，自殺，射殺，銃殺，他殺，毒殺，忙殺，黙殺　対生
- **サツ　察**⁴　—　739
  例察知；観察，警察，警察署，検察，考察，視察，診察，推察
- **サツ　撮**　とる　740
  例撮影，撮要
- **サツ　擦**　する・すれる　741
  例擦過傷；摩擦
- <u>**サツ**</u>　**早**¹　ソウ，はやい・はやまる・はやめる　1219
  例早速，早急＜サッキュウ・ソウキュウ＞
- **ザツ　雑**⁵　ゾウ　742
  例雑役，雑音，雑貨，雑感，雑記，雑居，雑穀，雑誌，雑種，雑然，雑草，雑多，雑談，雑念，雑費，雑物，雑務，雑用；混雑，粗雑，繁雑，複雑，乱雑　注＊雑魚＜ざこ＞
- **サツエイ　撮影**　例撮影する，撮影会，撮影所
- **ザツオン　雑音**　例雑音が入る，雑音に悩まされる
- **ザッカ　雑貨**　例雑貨商
- **サッカク　錯覚**　例錯覚を起こす
- **サッカショウ　擦過傷**　類かすり傷
- **ザッカン　雑感**　注さまざまな感想。
- **ザッカン　雑観**　例雑観記事
- **さつき　＊五月，皐月**当て字　類五月＜ゴガツ＞
- **さっき　さっき**　例ついさっき会ったばかり，さっきは失礼

明朝体の右肩の数字は配当学年　末尾の数字は常用漢字表番号　（　）許容　類類義同意語　対反対対照語
関関連語　学学術用語

| | |
|---|---|
| ザつき 座付き 例座付き作者 | さて さて〔扨,偖〕 例さて次の例を見てください |
| さつきばれ 五月晴れ(五月晴) | サテツ さてつ〔蹉跌〕 例計画が途中でさてつする 類失敗,つまずき |
| サッキュウ 早急 例早急に片づける 注「ソウキュウ」とも言う。 | さては さては 例山へ行くかさては海へ行くか;さてはあなただったのか |
| サッキン 殺菌 例殺菌する,低温殺菌 | さと 里² リ 〔郷〕 2037 |
| サッし 察し 例察しがよい,察しが悪い,お察しのとおり | 例里親,里方,里子,里心;村里,人里,古里,山里 |
| ザッシ 雑誌 例雑誌を編集する,雑誌社 | さとい さとい〔聡い,敏い〕 例頭のさとい人;利にさとい 類賢い,敏感 |
| ザッシュ 雑種 ▲混血 | サドウ 茶道 注「チャドウ」とも言う。 |
| サッシン 刷新 例人事の刷新,政界を刷新する | サトウいり 砂糖入り |
| サツジン 殺人 例殺人犯,殺人的な混雑 | サトウづけ 砂糖漬け(砂糖漬) |
| サッする 察する 例相手の気持ちを察する,情況から察すると…… | さとがえり 里帰り 例実家へ里帰りする |
| サッソウ さっそう〔颯爽〕 例新しい背広でさっそうと出かける | さとす 諭す ユ 1967 例親が子どもを諭す |
| サッソク 早速 例早速みんなに知らせる,早速返事を書く | さとり 悟り〔覚り〕 例悟りを開く;君はさとりがよいね |
| ザツダン 雑談 例雑談を交わす | さとる 悟る ゴ 〔覚る〕 582 |
| サッチュウザイ 殺虫剤 | 例50歳にして悟る ㊁迷う |
| サッと 副 さっと〔颯と〕 例風がさっと吹く,仕事をさっと片づける | さなえ ＊早苗 |
| ザッと 副副 ざっと,雑と 例ざっと見渡して100人ぐらいいる,本をざっと読む,ざっとふき掃除をする | さなか さなか〔最中〕 例読書のさなかに停電になる |
| サットウ 殺到〔殺倒〕 例申し込みが殺到する | さながら さながら〔宛ら〕 例さながら滝のような汗を流す,地獄さながらの様相を呈する |
| ザットウ 雑踏〔雑沓〕 類混雑 | さば さば〔鯖〕 例さばの塩焼き;さばを読む |
| ザッパク 雑駁 例雑駁な議論 | さばき 裁き 例裁きをつける,裁きに服する;大岡裁き |
| サツバツ 殺伐 例殺伐とした光景 | さばき さばき〔捌き〕 例足さばき,手綱さばき |
| さっぱり さっぱり 例風呂に入るとさっぱりする,さっぱりしている;さっぱり姿を見せない | サバク 砂漠〔沙漠〕 |
| サップウケイ 殺風景 例殺風景な部屋 | さばく 裁く⁶ サイ,たつ 709 例裁判官が裁く,アンパイアが裁く |
| ザム 雑務 例雑務に追われる | |
| ザツヨウ 雑用 例雑用に追い回される | さばく さばく〔捌く〕 例品物をさばく,手持ちの商品を売りさばく,駅前 |
| サツリク 殺りく 殺戮する 類殺害,殺す | |

○改定追加漢字 ●改定追加音訓 □改定削除漢字 ■改定削除音訓 〔 〕参考表記 〔△表外漢字 ▲表外音訓 ×誤用 当て字当て字〕

の人通りをさばく，馬の手綱をさばく

**さばける** さばける〔捌ける〕 例品物がよくさばける；とてもさばけたおじいさん

**サハンジ** 茶飯事 例日常茶飯事

**さび** 寂 ジャク・セキ，さびしい・さびれる　862
例俳句の寂を味わう；寂のある声
注仮名書きにすることが多い。

**さび** さび〔錆，銹〕 例包丁にさびが付く；身から出たさび

**さびしい** 寂しい ジャク・セキ，さび・さびれる〔淋しい〕　862
例田舎の寂しい夜道，寂しい場所，寂しい晩年を送る　注「さみしい」とも言う。

**さびつく** さびつく，さび付く〔錆び付く〕 例包丁がさびつく，バケツがさびつく

**さびどめ** さび止め〔錆止め〕 例フォークのさび止め

**さびる** さびる〔錆びる〕 例のこぎりがさびる

**さびれる** 寂れる ジャク・セキ，さび・さびしい　862
例しばらく帰らない間に町はすっかり寂れてしまった，寂れた古寺

**ザブトン** 座布団〔座蒲団〕 例座布団に座る

**サベツ** 差別 例差別をつける，差別待遇

**サホウ** 作法 例行儀作法，作法どおりに行う

**さほど** さほど〔然程〕 例さほど心配していない，さほど重くない

**さま** 様 ヨウ　2005
例海の広々とした様；王様，奥様，殿様，若様，母上様；山野一郎様
注「さまざま」「ありさま」等は，仮名書きが望ましい。

**さまざま** さまざま，様々 例世の中はさまざまだ，さまざまな魚の生態

**さます** 覚ます[4] カク，おぼえる・さめる〔醒ます〕　218
例目を覚ます，迷いを覚まして心を入れ替える，酒の酔いを覚ます

**さます** 冷ます[4] レイ，つめたい・ひえる・ひや・ひやす・ひやかす・さめる　2089
例お湯を冷ます　対暖める；興を冷ます

**さまたげ** 妨げ 例勉強の妨げ

**さまたげる** 妨げる ボウ　1856
例道を妨げる，仕事を妨げる；重任を妨げない

**サマツ** 瑣末 例瑣末な事柄

**さまよう** さまよう，さ迷う〔彷徨う当て字〕 例山道をさまよい歩く

**さみだれ** ＊五月雨

**さむい** 寒い[3] カン　263
例家の外は寒い　対暑い；恐ろしい話を聞いて寒くなる；お寒い光景だ

**さむけ** 寒気，寒気 例寒気がする

**さむさ** 寒さ 例寒さが厳しい，寒さがやって来る，暑さ寒さも彼岸＜ヒガン＞まで

**さむざむと** 寒々と 例寒々とした光景，寒々とした部屋

**さむらい** 侍 ジ　815
例古今無双の侍，侍大将

**さめざめと** さめざめと 例さめざめと泣く

**さめる** 覚める[4] カク，おぼえる・さます〔醒める〕　218
例目が覚める，迷いから覚める，酔いが覚める

**さめる** 冷める[4] レイ，つめたい・ひえる・ひや・ひやす・ひやかす・さます　2089
例お茶が冷める；仕事に対する熱が

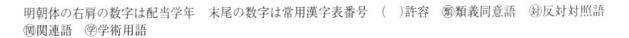

---

明朝体の右肩の数字は配当学年　末尾の数字は常用漢字表番号　（　）許容　類類義同意語　対反対対照語
関関連語　学学術用語

さめる—ざわざ

冷める
さめる　さめる〔褪める〕　例色がさめる
さも　さも〔然も〕　例さもあろう, さも怖くてたまらないという目つき
さや　さや〔莢〕　例さやいんげん
さや　さや〔鞘〕　例さやに入れる, 刀のさや;さやを稼ぐ;元のさやに収まる
さゆ　さ湯〔白湯〕当て字　例さ湯を飲む
サユウ　左右　例道の左右;事業を左右する;言を左右する
ザユウ　座右　例座右の書, 座右の銘
サヨウ　作用　例作用する, 消化作用
サヨウ　さよう〔然様；左様〕当て字　例さようでございます
サヨウなら　さようなら〔然様なら；左様奈良〕当て字　例さようならまたあした会いましょう　注「さよなら」とも言う。
さら　更　コウ, ふける・ふかす　608　例後で更に説明する
さら　皿³　—　743　例皿鉢料理;受け皿, 大皿, 灰皿
サライゲツ　再来月　㊟先々月
サライネン　再来年
さらう　さらう〔復習う〕当て字　例算数をさらう
さらう　さらう〔攫う〕　例わしがうさぎをさらう, 優勝をさらう
さらう　さらう〔浚う, 渫う〕　例どぶをさらう, 井戸をさらう
さらえる　さらえる〔復習える〕当て字　例理科をさらえる
さらけだす　さらけ出す〔曝け出す〕　例内情をさらけ出して話す
さらさら　さらさら, 更々　例さらさら夢にも考えたことない　㊟少しも, 決して
さらし　さらし〔晒し〕　例さらしを巻く, さらし木綿;さらしあめ;さらし首, さらし者
さらす　さらす〔晒す, 曝す〕　例日光にさらす, 雨にさらす;恥をさらす
さらに　更に, さらに　例更に検討することとする, 雨が更に激しく降る　注法令・公用文では「更に」。
ざらに　ざらに　例それぐらいのものはざらにある　㊟珍しくなく
さらば　さらば〔然らば〕　例さらばやめてしまおう;おさらば
ざらめ　ざらめ〔粗目〕　例ざらめ糖
さる　猿　エン　97　例猿まね, 猿も木から落ちる
さる　去る³　キョ　382　例日本を去る, この世を去る, 冬が去り春が来る, 今を去ること10年前, 難を去る, 熱が去る;私心を去る, 誘惑を去る
さる　去る……　例去る5月10日　㊐来る
ざる　ざる〔笊〕　例ざるですくう, ざるそば;ざる碁
さるすべり　さるすべり〔百日紅〕当て字
さるまた　猿股, さるまた
さるまわし　猿回し〔猿廻し〕
サレキ　砂礫　㊟砂利, 小石
さわ　沢　タク　1320　例沢を行く
さわがしい　騒がしい　例騒がしい工事の音, 騒がしいから静かにしなさい
さわがす　騒がす　例世間を騒がす
さわぎ　騒ぎ　例騒ぎを鎮める, 大騒ぎ
さわぎたてる　騒ぎ立てる　例不正事件で騒ぎ立てる
さわぐ　騒ぐ　ソウ　1252　例生徒が運動場で騒ぐ;暴徒が騒ぐ;胸が騒ぐ;マスコミに騒がれる
ざわざわ　ざわざわ〔騒々〕　例木の

○改定追加漢字　●改定追加音訓　□改定削除漢字　■改定削除音訓　〔　〕参考表記　〔△表外漢字
▲表外音訓　×誤用　当て字当て字〕

ざわつく ざわつく〔騒つく〕 例町中<まちジュウ>がざわつく

ざわめく ざわめく〔騒めく〕 例木の葉がざわめく, 波のざわめく音, 会場がざわめく

さわやか 爽やか ソウ〔さわやか〕 例爽やかな秋の空, 爽やかな気持ち, 窓の外は爽やかだ；弁舌爽やか

さわり 障り 例仕事の障り；月の障り, 障りで苦しむ

さわり さわり, 触り 例さわりの部分だけをうたう, 話のさわり

さわる 障る⁶ ショウ 1002
例事業の進行に障る, 道路の交通に障る, 体に障る

さわる 触る ショク,ふれる 1035
例そっと手を触る；人の気にさわる, さわらぬ神にたたりなし

サン 三¹ み・みつ・みっつ 744
例三角, 三角形, 三脚, 三人称, 三方, 三文, 三輪車；再三, 七五三, 第三国, 第三者 注＊三味線<しゃみせん>

サン 山¹ やま 745
例山河, 山岳, 山間, 山菜, 山上, 山水, 山積, 山村, 山脈, 山門, 山林；火山, 外輪山, 活火山, 金山, 銀山, 深山, 登山, 銅山, 氷山, 連山 注山車<だし>

サン 参⁴ まいる 746
例参加, 参賀, 参画, 参観, 参議院, 参宮, 参考, 参集, 参照, 参上, 参政権, 参戦, 参道, 参内, 参拝, 参列；古参, 降参, 持参, 新参, 遅参, 日参, 墓参

サン 桟 — 747
例障子の桟, 桟道, 桟橋 注＊桟敷

<さじき>

サン 蚕⁶ かいこ 748
例蚕業, 蚕糸, 蚕室, 蚕食；養蚕

サン 惨 ザン, みじめ
例惨禍, 惨害, 惨劇, 惨事, 惨状, 惨憺, 惨敗<サンパイ・ザンパイ>

サン 産⁴ うむ・うまれる・うぶ 750
(1)産出例産額, 産業, 産出, 産地, 産物；海産物, 国産, 水産, 生産, 増産, 畜産, 農産物, 名産
(2)お産例産院, 産科, 産después, 産児, 産婦；安産, 出産, 助産師
(3)出生例九州の産
(4)財産・身代・産をなす例遺産, 共産主義, 財産, 資産, 倒産, 破産, 不動産
(5)生業例授産
注＊土産<みやげ>

サン 傘 かさ 751
例傘下；落下傘

サン 散⁴ ちる・ちらす・ちらかす・ちらかる 752
例散会, 散見, 散財, 散在, 散策, 散水, 散票, 散布, 散文, 散歩；解散, 閑散, 集散地, 発散, 分散, 離散

サン 算² — 753
例算式, 算出, 算術, 算数, 算定, 算用数字；暗算, 加算, 概算, 計算, 決算, 誤算, 公算, 採算, 珠算, 勝算, 精算, 清算, 成算, 打算, 通算, 筆算, 予算

サン 酸⁵ すい 754
例酸化, 酸性, 酸素, 酸味, 酸類；亜硫酸, 胃酸, 塩酸, 酢酸, 硝酸, 辛酸, 炭酸, 硫酸

サン 賛⁵ — 755
(1)褒める例賛辞, 賛嘆, 賛美；賞賛, 絶賛
(2)同意する・助ける例賛意, 賛助, 賛成, 賛同, 賛否；協賛

ザン 惨 サン・みじめ 749

例惨殺, 惨敗

**ザン 残**4 **のこる・のこす** 756
(1)残る・残り・余り 例残額, 残業, 残金, 残月, 残暑, 残雪, 残存, 残高, 残念, 残飯, 残部, 残留
(2)損なう・むごい 例残虐, 残酷；敗残
注 *名残＜なごり＞

**ザン 斬 きる** 757
例斬殺, 斬新

**ザン 暫 —** 758
例暫時, 暫定

**サンイツ 散逸**〔散佚〕 例書類が散逸する

**サンカ 参加** 例参加する

**サンカ 傘下** 例傘下の組合 類所属, 加盟, 系, 翼下

**ザンガイ 残骸** 例飛行機の残骸, 残骸をさらす

**サンカク 参画** 例参画する

**サンガク 山岳** 例山岳地帯

**サンカン 参観** 例授業を参観する

**ザンキ ざんき**〔慙愧〕 例ざんきに堪えない, ざんきの至り 類赤面, 汗顔

**サンギイン 参議院**

**ザンギャク 残虐**〔残虐〕 例残虐行為

**ザンギョウ 残業** 例残業する, 残業手当

**ザンゲ ざんげ**〔懺悔〕 例ざんげする, ざんげ録

**サンケイ 参詣** 例参詣する 類参拝, お参り

**サンゲン 三弦**〔三絃〕 類三味線

**ザンゲン 讒言** 例中傷, 告げ口

**サンコ 三顧** 例三顧の礼を尽くす

**サンコウ 参考** 例参考にする, 参考書

**サンゴウ 賛仰** 例師の学徳を賛仰する 注「サンギョウ」とも言う。

**ザンコク 残酷, 惨酷, 残刻** 例酷だ, 残酷物語

**サンゴショウ さんご礁**〔珊瑚礁〕

**サンザイ 散在** 例農家が散在している 類点在

**サンザイ 散財** 例とんだ散財をかけてすまない

**サンザン さんざん, 散々** 例みんなからさんざん反対される, 雨にさんざん降られる, 完全に負けてさんざんだった

**サンジ 惨事** 例惨事を目撃する

**サンジ 賛辞**〔讃辞〕 例賛辞を呈する, 惜しみない賛辞

**ザンシ 残滓** 例化成品の残滓 注「ザンサイ」は慣用読み。

**サンシスイメイ 山紫水明** 例山紫水明の地

**サンシャク 参酌** 例参照, 参考, 考慮

**サンショクずり 三色刷り**

**サンジョクネツ 産褥熱**

**ザンシン 斬新** 例斬新な企画 類最新

**サンスイ 散水**〔撒水〕 例道路に散水する, 散水車, 散水管

**サンセイ 賛成** 例賛成する, 賛成多数 対反対

**サンセイケン 参政権**

**サンゼン 燦然** 例燦然と輝く 類きらびやか, きらきら, 輝かしい

**サンソ 酸素** 例酸素吸入

**サンダイ 参内** 例皇居に参内する

**サンタン 惨憺**〔惨澹〕 例火災の跡は惨憺たるありさまであった；苦心惨憺して完成する 類悲惨, 惨め

**サンタン 賛嘆**〔讃歎〕 例賛嘆する

**サンテイ 算定** 例予算算定, 算定基準

**ザンテイ 暫定** 例暫定措置, 暫定予算, 暫定的に設置する

**ザンニン 残忍**〔惨忍〕 例残忍を極める, 残忍行為

**ザンネン 残念** 例完成できなくて残念だ, 残念無念

○改定追加漢字  ●改定追加音訓  □改定削除漢字  ■改定削除音訓  〔 〕参考表記〔△表外漢字 ▲表外音訓  ×誤用  当て字当て字〕

| | |
|---|---|
| サンバ　産婆 | 働助産師 |
| サンパイ　参拝 | 例神社に参拝する，参拝者 |
| ザンパイ　惨敗 | 例惨敗を喫する　注「サンパイ」とも言う。 |
| サンばし　桟橋 | |
| サンビ　酸鼻〔惨鼻〕 | 例酸鼻の極み　働むごたらしい |
| サンビ　賛美〔讃美〕 | 例賛美を惜しまない，賛美歌 |
| サンピ　賛否 | 例賛否を問う |
| サンピカ　賛美歌〔讃美歌〕 | |
| サンビョウシ　三拍子 | 例三拍子そろう |
| サンプ　散布〔撒布〕 | 働まく |
| サンプク　山腹 | 例山腹を縫って走る道路 |
| サンポ　散歩 | 例散歩する，散歩道 |
| さんま　さんま〔秋刀魚当て字〕 | |
| サンマイ　三昧，さんまい | 例三昧境，念仏三昧；自由三昧，ぜいたく三昧 |
| サンマン　散漫〔散慢〕 | 例散漫な考え，注意力が散漫だ |
| サンミャク　山脈 | |
| サンメンロッピ　三面六臂 | 例三面六臂の大活躍　働縦横無尽 |
| サンロク　山麓 | 例富士山麓　働麓<ふもと>，山裾，裾野 |

〔シ・し〕

| | | |
|---|---|---|
| シ | 士⁵　― | 759 |

(1)侍・武士・武官例士官，士卒，士族，士農工商，士分；騎士，義士，兵士，武士
(2)男子・その方面に優れた人例好学の士；隠士，策士，紳士，壮士，闘士，文士，名士，勇士，力士
(3)ある資格を得ている者例栄養士，学士，機関士，修士，税理士，代議士，博士，弁護士
　囲＊居士＜こじ＞，＊博士＜はかせ＞

| シ | 子¹　ス，こ | 760 |
|---|---|---|

(1)子ども・人間例子女，子息，子孫，子弟；君子，才子，実子，嫡子，母子
(2)元になる物・要素例因子，原子，種子，胞子
(3)言葉のあとに付ける例菓子，調子，拍子，帽子
(4)元から生まれたもの例利子

| シ | 支⁵　ささえる | 761 |
|---|---|---|

(1)支える例支援，支持，支柱，支点
(2)枝・分かれた例支局，支社，支所，支線，支店，支部，支流，気管支；十二支
(3)金銭収支・割り当て例支給，支出，支配，支弁；収支
(4)障る例支障
　囲＊差し支える＜さしつかえる＞

| シ | 止²　とまる・とめる | 762 |
|---|---|---|

例止血，止痛，止揚；休止，禁止，終止，笑止，静止，制止，阻止，中止，停止，廃止，防止　注＊波止場＜はとば＞

| シ | 氏⁴　うじ | 763 |
|---|---|---|

例氏族，氏名；〜氏

| シ | 仕³　ジ，つかえる | 764 |
|---|---|---|

(1)仕える・用を足す例仕官，仕途；給仕＜キュウジ＞，勤仕，出仕，到仕，奉仕
(2)サ変動詞「する」の連用形「し」の当て字例仕入れ，仕掛け，仕切り，仕組み，仕事，仕訳

| シ | 史⁵　― | 765 |
|---|---|---|

例史家，史学，史官，史実，史伝，史料；音楽史，興亡史，国史，世界史，戦史，歴史；女史

| シ | 司⁴ | 766 |

| | |
|---|---|
| シ 司会, 司教, 司祭, 司書, 司政, 司después, 司法, 司令;行司＜ギョウジ＞, 郡司, 国司, 上司, 保護司 | (1)使う・用いる・命じる 例使役, 使途, 使命, 使用; 駆使, 酷使 (2)使い・使いの人 例使者, 使節, 使徒; 急使, 公使, 大使, 勅使, 特使, 密使 (3)使用者の略 例労使 |
| シ 四¹ よ・よつ・よっつ・よん 767 例四海, 四角, 四季, 四国, 四散, 四捨五入, 四書, 四声, 四大国, 四分五裂, 四辺, 四方, 四面;再三再四, 四角四面, 真四角 | シ 刺 さす・ささる 778 例刺客＜シカク,「セキカク」の慣用音＞, 刺激, 刺殺;風刺, 名刺 |
| シ 市² いち 768 (1)いち 例市価, 市況, 市場 (2)都市 例市営, 市会, 市街, 市制, 市政, 市長, 市町村, 市電, 市民, 市役所, 市立;都市 | シ 始 はじめる・はじまる 779 例始業, 始祖, 始発, 始末;開始, 元始, 原始, 終始, 創始, 年始 対終, 末 |
| シ 矢² や 769 例一矢を報いる | シ 姉² あね 780 例姉弟, 姉妹;義姉, 大姉 注＊姉さん＜ねえさん＞ |
| シ 旨 むね 770 例主旨, 趣旨, 宗旨, 要旨, 論旨 | シ 枝⁵ えだ 781 例枝葉, 枝流;連枝＜レンシ＞ |
| シ 死³ しぬ 771 例死因, 死活, 死去, 死語, 死罪, 死守, 死傷, 死別, 死亡, 死力;仮死, 餓死, 獄死, 殉死, 生死, 戦死, 即死, 致死, 凍死 誤活, 生 | シ 祉 — 782 例福祉 |
| | シ 肢 — 783 例肢体;下肢, 義肢, 四肢, 選択肢, 分肢 |
| シ 糸⁶ いと 772 例絹糸, 製糸, 紡績糸, 綿糸 | シ 姿 すがた 784 例姿勢, 姿態;英姿, 勇姿, 容姿 |
| シ 至⁶ いたる 773 例至急, 至近, 至極, 至上, 至誠, 至当, 至難, 至宝;冬至＜トウジ＞, 必至 | シ 思² おもう 785 例思案, 思考, 思索, 思春期, 思想, 思慕, 思慮;意思, 詩思, 秋思, 熟思, 沈思, 不思議 |
| シ 伺 うかがう 774 例伺候;奉伺 | シ 指³ ゆび・さす 786 (1)ゆび 例屈指, 五指, 食指 (2)ゆびさす・指図する 例指揮, 指示, 指数, 指定, 指摘, 指導, 指南, 指標, 指名 |
| シ 志⁵ こころざす・こころざし 775 例志願, 志士, 志望;意志, 遺志, 寸志, 大志, 闘志, 同志, 篤志家, 薄志, 有志, 立志;三国志（誌） | |
| | シ 施 セ・ほどこす 787 例施工, 施行, 施策, 施政, 施設;実施 |
| シ 私⁶ わたくし・わたし 776 例私意, 私語, 私淑, 私情, 私設, 私邸, 私鉄, 私党, 私服, 私物, 私有, 私用, 私費, 私利私欲, 私立;公私 対公 | シ 師⁵ — 788 (1)教える人・先生 例師恩, 師事, 師匠, 師弟, 師傳, 旧師, 教師, 講師 (2)宗教の指導者 例禅師, 導師, 法師, 牧師 |
| シ 使³ つかう 777 | |

○改定追加漢字　●改定追加音訓　□改定削除漢字　■改定削除音訓　〔 〕参考表記　〔△表外字
▲表外音訓　×誤用　[充て字]当て字]

| | | |
|---|---|---|
| | (3)技術者・専門家囲医師, 絵師, 技師, 庭師, 猟師 | |
| | (4)軍隊の組織囲師団 | |
| | (5)都囲京師＜ケイシ＞ | |
| | 注＊囲師走＜しわす＞ | |
| シ | 恣 ― | 789 |
| | 囲恣意的 | |
| シ | 紙² かみ | 790 |
| | 囲紙型, 紙幣, 紙面;印紙, 印画紙, 機関紙, 色紙, 製紙, 白紙, 半紙, 和紙 | |
| シ | 脂 あぶら | 791 |
| | 囲脂質, 脂粉, 脂肪;樹脂, 油脂 | |
| シ | 視⁶ ― | 792 |
| | 囲視界, 視覚, 視察, 視聴, 視野, 視力;監視, 近視, 検視, 斜視, 重視, 正視, 注視, 敵視, 無視, 乱視 | |
| シ | 紫 むらさき | 793 |
| | 囲紫雲, 紫煙, 紫外線;紅紫, 深紫 | |
| シ | 詞⁶ ― | 794 |
| | 囲歌詞, 形容詞, 固有名詞, 助詞, 助動詞, 数詞, 誓詞, 代名詞, 動詞, 品詞, 副詞, 名詞 注＊祝詞＜のりと＞ | |
| シ | 歯³ は | 795 |
| | 囲歯科, 歯石;永久歯, 義歯, 犬歯, 乳歯, 門歯 | |
| シ | 嗣 ― | 796 |
| | 囲嗣子;後嗣 | |
| シ | 試⁴ こころみる・ためす | 797 |
| | 囲試合, 試案, 試運転, 試金石, 試験, 試食, 試問, 試薬, 試練, 試論;考試, 追試, 入試 | |
| シ | 詩³ ― | 798 |
| | 囲詩歌＜シカ・シイカ＞, 詩境, 詩吟, 詩集, 詩情, 詩人;漢詩, 自由詩, 新体詩 | |
| シ | 資⁵ ― | 799 |
| | (1)元手・財産・材料囲資金, 資源, 資材, 資産, 資本, 資本家, 資本金, 資料, 資力;外資, 学資, 合資, 出資, 増資, 投資, 物資, 融資 | |
| | (2)生まれつき, 身分囲資格, 資質, 資性 | |
| シ | 飼⁵ かう | 800 |
| | 囲飼育, 飼養, 飼料 | |
| シ | 誌⁶ ― | 801 |
| | 囲誌代;雑誌, 三国誌, 地誌, 日誌 | |
| シ | 雌 め・めす | 802 |
| | 囲雌伏, 雌雄 ㋺雄 | |
| シ | 摯 ― | 803 |
| | 囲真摯 | |
| シ | 賜 たまわる | 804 |
| | 囲賜暇, 賜金;恩賜, 下賜, 特賜 | |
| シ | 諮 はかる | 805 |
| | 囲諮議, 諮問 | |
| シ | 示⁵ ジ, しめす | 806 |
| | 囲示唆 | |
| シ | 次³ ジ, つぐ・つぎ | 809 |
| | 囲次第 | |
| シ | 自² ジ, みずから | 811 |
| | 囲自然 | |
| シ | 仕³ シ, つかえる | 764 |
| | 囲給仕 | |
| ジ | 示⁵ シ, しめす | 806 |
| | 囲示威, 示現, 示談;暗示, 訓示, 掲示, 誇示, 公示, 告示, 指示, 提示, 展示, 表示, 明示 | |
| ジ | 字¹ あざ | 807 |
| | 囲字音, 字画, 字句, 字訓, 字体, 字典, 字引;赤字, 活字, 漢字, 国字, 細字, 習字, 数字, 点字, 常用漢字, 横文字, 略字 | |
| ジ | 寺² てら | 808 |
| | 囲寺院;社寺 | |
| ジ | 次³ シ, つぐ・つぎ | 809 |
| | (1)次の位・二番目囲次回, 次官, 次女, 次男 | |
| | (2)順序・等級囲次元;一次, 順次, 席次, 漸次, 年次, 目次 | |
| ジ | 耳¹ みみ | 810 |

例耳鼻、耳目；内耳

ジ 自² シ、みずから　811
例自衛、自覚、自給、自供、自首、自称、自信、自身、自足、自他、自治、自重、自転、自動、自認、自白、自費、自筆、自負、自弁、自由、自律；自家製／各自　他、公

ジ 似⁴ にる　812
例疑似、酷似、相似、類似

ジ 児⁴ ニ　813
例児童；愛児、遺児、育児、健児、孤児、産児、双生児、胎児、託児所、男児、乳児、幼児　注＊稚児＜ちご＞、※鹿児島＜かごしま＞県

ジ 事³ ズ、こと　814
(1)事柄 例事業、事件、事故、事実、事情、事態、事典、事務；記事、議事、行事、故事、師事、時事、従事、人事、法事、民事
(2)人 例幹事、刑事、検事、知事、判事、理事、領事

ジ 侍 さむらい　815
例侍医、侍講、侍従、侍女

ジ 治⁴ チ、おさめる・おさまる・なおる・なおす　816
例主治医、政治、退治、湯治＜トウジ＞

ジ 持³ もつ　817
例持久、持参、持説、持続、持病、持論；維持、堅持、支持、住持、所持、保持

ジ 時² とき　818
例時価、時間、時機、時局、時効、時候、時刻、時事、時世、時代、時流；随時、定時、当時、臨時
注＊時雨＜しぐれ＞、＊時計＜とけい＞

ジ 滋 ―　819
例滋雨、滋味、滋養　注※滋賀＜しが＞県

ジ 慈 いつくしむ　820

例慈愛、慈雨、慈善、慈悲、慈父、慈母；仁慈

ジ 辞⁴ やめる　821
(1)言葉・文章例辞書、辞典、辞令；国辞、賛辞、式辞、修辞、祝辞、弔辞、答辞
(2)あいさつする・やめる・いとまごい例辞意、辞去、辞世、辞退、辞任、辞表、固辞

ジ 磁⁶ ―　822
(1)磁石・磁力例磁気、磁石、磁針、磁場、磁力
(2)焼き物例磁器；陶磁器

ジ 餌 えさ・え　823
例好餌、食餌

ジ 璽 ―　824
例玉璽、御名御璽

ジ 除⁶ ジョ、のぞく　958
例除目；掃除

ジ 地² チ　1355
例地顔、地声、地所、地震、地蔵、地主、地熱、地面、地元；意地、生地、下地、白地、素地、路地、露地　注＊意気地＜いくじ＞

じ 路³ ロ　2113
例家路、小路、潮路、旅路、波路、山路、夢路

しあい　試合、仕合　例野球の試合
注しあうこと、いっしょにすること。「試」「仕」は本来当て字。

ジアイ　自愛　例御自愛を祈る

ジアイ　慈愛　例慈愛に満ちたまなざし

しあがり　仕上がり　例仕上がりのよい机　観出来栄え

しあがる　仕上がる　例絵が仕上がる

しあげ　仕上げ　例着物の仕上げをする

しあげコウ　仕上工（仕上工）
例精密機械の仕上工

しあげる　仕上げる　例洋服を仕上げる

○改定追加漢字　●改定追加音訓　□改定削除漢字　■改定削除音訓　〔　〕参考表記〔△表外漢字　▲表外音訓　×誤用　当て字当て字〕

| | |
|---|---|
| しあさって　しあさって〔明明後日〕 当て字 | (市営, 都営, 国営) |
| しあわせ　幸せ³　コウ, さいわい・さち　610　例幸せを祈る, 幸せな人　類幸運, 幸福　註「仕合わせ」とも書く。 | シエキ　使役　例人馬を使役する；使役の助動詞（圏「せる」「させる」など） |
| | シエン　支援　例大会を支援する, 支援者　類後援, 援助 |
| シアン　思案　例思案する, 思案投げ首, 思案に余る, 思案に暮れる | しお　塩⁴　エン　100　例塩をする, 塩をなめる, 塩を含む；塩焼き, 塩漬け, 塩気, 塩こしょう, 塩出し, 塩断ち, 塩引きのさけ |
| シアン　試案　例試案を立てる　対成案 | |
| シイ　思惟　類思考, 考え | |
| シイ　恣意　例恣意的, 恣意に過ぎる | しお　潮⁶　チョウ　〔汐〕　1413　例潮の満ち干, 潮が引く；潮風, 潮路, 潮時, 潮さい, 潮焼け, 潮干狩り |
| ジイ　辞意　例辞意を表明する | |
| シイカ　詩歌　例新しい詩歌の時が来る, 詩歌管弦　註「シカ」とも言う。 | |
| シイク　飼育　例飼育する, 飼育法 | しおせる　しおせる〔為果せる〕例大事業をしおせる |
| じいさん　じいさん[爺さん:祖父さん] 当て字　類祖父, 老人 | しおから　塩辛　例いかの塩辛:塩辛声 |
| | しおからい　塩辛い　例塩辛い味 |
| しいたげる　虐げる　ギャク　358　例虐げられた被征服民族, 身を虐げる　類いじめる, 虐待する | しおくり　仕送り　例親に仕送りをする |
| | しおケ　塩気　例塩気が足りない |
| | しおけむり　潮煙[潮煙] |
| しいて　強いて, しいて　例強いて反対はしない, 強いて言えばちょっと小さい　類無理に | しおざけ　塩ざけ[塩鮭]　例お歳暮に塩ざけを贈る　対生ざけ　註「塩じゃけ」とも言う。 |
| | |
| しいる　強いる²　キョウ・ゴウ, つよい・つよまる・つよめる　410　例参加を強いる, 規則を強いる　類強制する, 押しつける | しおさめ　仕納め　例仕事の仕納め　類見納め |
| | しおだし　塩出し　例塩出しをしてから料理する |
| | しおだち　塩断ち　例塩断ちをする |
| しいれ　仕入れ　例原料の仕入れに行く, 仕入れ値段 | しおづけ　塩漬け |
| | しおどき　潮時　例潮時を見て事を運ぶ |
| しいれさき　仕入れ先(仕入先) | しおひがり　潮干狩り(潮干狩) |
| しいれヒン　仕入れ品(仕入品) | しおびき　塩引き　例さけの塩引き |
| しいれる　仕入れる　例産地で原料を仕入れる；人から仕入れてきた知識　類仕込む | しおむし　塩蒸し　例たいの塩蒸し |
| | しおやき　塩焼き(塩焼) |
| | しおらしい　しおらしい　例しおらしい返事をする |
| しうち　しうち, 仕打ち　例冷たいしうち　類やり方, ふるまい | |
| | しおり　枝折〔栞〕　例しおりを挟む, 旅のしおり；枝折戸 |
| シウンテン　試運転　例新型車両の試運転 | |
| シエイ　私営　例私営バス　対公営 | しおれる　しおれる〔萎れる〕　例枝がしおれる, 失敗してしおれる |

明朝体の右肩の数字は配当学年　末尾の数字は常用漢字表番号　( )許容　類類義同意語　対反対対照語　関関連語　学学術用語

| | |
|---|---|
| ジオン　字音 | 例字音仮名遣い　対字訓 |
| しか　鹿⁴か　〔しか〕　825 | 例鹿の角 |
| シガ　歯牙 | 例歯牙にもかけない |
| ジカ　時価 | 例貴金属を時価で買い取る，時価1億円の邸宅 |
| じか　じか〔直〕 | 例じかに会って話をする，じかにシャツを着る　類直接に |
| ジガ　自我 | 例自我に目覚める，自我意識　対非我 |
| シカイ　司会 | 例座談会の司会をする，司会者 |
| シカイ　視界 | 例視界が狭い，視界がゼロだ　類視野 |
| シカイ　斯界 | 例斯界の権威 |
| シガイ　市街 | 例市街電車，市街地，市街戦 |
| シガイ　死骸 | 例死骸 |
| しかえし　仕返し | 例仕返しをする，仕返しが怖いから泣き寝入りする |
| シカク　四角 | 例四角い顔，四角な庭，四角形，四角四面，四角張る |
| シカク　死角 | 例死角に入る |
| シカク　視覚 | 例視覚教育，視聴覚 |
| シカク　資格 | 例資格を取る，個人の資格で参加する，資格審査，受験資格 |
| ジカク　字画 | 例漢字の字画 |
| ジカク　自覚 | 例学生としての自覚を持つ，立場を自覚する，自覚症状 |
| しかけ　仕掛け | 例種も仕掛けもない，仕掛け花火；しかけの仕事 |
| しかけはなび　仕掛け花火 | (仕掛花火) |
| しかける　仕掛ける | 例爆薬を仕掛ける；けんかをしかけてくる，しかけている仕事を済ませる |
| しがケン　※滋賀県 | |
| しかし　しかし〔併し，然し〕 | 例しかし……，しかしながら |
| ジガジサン　自画自賛 | 例自画自賛の弁　類てまえみそ |
| ジカセンエン　耳下腺炎 | |
| しかた　仕方，しかた | 例仕方書，仕方話；挨拶＜アイサツ＞のしかた，しかたがない |
| しかたない　しかたない，仕方無い | 例嫌なものを無理に勧めてもしかたない，しかたないから諦める |
| ジカたび　地下足袋〔直足袋〕 | |
| ジがため　地固め | 例ローラーで地固めをする；会社の地固めをする　類足固め |
| じかダンパン　じか談判〔直談判〕 | |
| しがち　……しがち，仕勝ち | 例欠席しがちだ，梅雨時は腹をこわしがちだ |
| シカツ　死活 | 例死活に関わる問題 |
| ジカツ　自活 | 例親元を離れて自活する |
| しかつめらしい　しかつめらしい〔鹿爪らしい当て字〕 | 例しかつめらしい態度 |
| しかと　副詞　しかと〔確と〕 | 例しかと見届ける |
| じかに　副詞　じかに〔直に〕 | 例畳の上にじかに置く，じかに会って話す |
| しかばね　しかばね〔屍，尸〕 | 例累々たる戦場のしかばね，しかばねをさらす，しかばねにむち打つ　類死体，かばね |
| しがみつく　しがみつく | 例袖にしがみつく |
| しかめる　しかめる〔顰める〕 | 例顔をしかめる |
| しかも　しかも〔而も，然も〕 | 例秀才でしかも毛並みがよい |
| しかりつける　叱り付ける，しかりつける | 例頭ごなしに叱り付ける |
| しかる　叱る　シツ　〔叱る〕830 | 例犬を叱る，いたずらをして叱られる |
| しかるに　しかるに〔然るに〕 | 例そ |

○改定追加漢字　●改定追加音訓　□改定削除漢字　■改定削除音訓　〔　〕参考表記　〔△表外漢字　▲表外音訓　×誤用　当て字〕当て字〕

れなのに, ところが
シカン **弛緩** 例精神が弛緩する　対緊張　注「チカン」は慣用読み。
シガン **志願** 例志願する, 志願者, 志願制度, 志願兵
ジカン **時間** 例時間がない, 時間の観念がない, 時間割り, もう時間だ, 寝る時間だ
ジカンわり **時間割り(時間割)** 例試験の時間割り
シキ **式**³ — 826
(1)やり方・型例格式, 株式, 旧式, 形式, 書式, 新式, 正式, 単式, 図式, 軟式, 非公式, 複式, 方式, 本式, 様式, 略式
(2)行事・式典例式辞, 式場, 式典, 式服 ; 儀式, 葬式
(3)数学上の式例公式, 方程式
シキ **識**⁵ — 827
例識見, 識者, 識別 ; 意識, 学識, 鑑識, 見識, 常識, 知識, 認識, 博識, 標識, 面識, 有識, 良識
シキ **色** ショク, いろ 1029
例色彩, 色紙, 色素, 色調 ; 五色, 金色<コンジキ>, 彩色
シキ **織**⁵ ショク, おる 1037
例組織
シキ **士気**, 志気　例士気を鼓吹する
シキ **四季**　例四季の移り変わり, 四季尽き, 人生の四季
シキ **指揮**　例楽団の指揮を執る, 指揮者, 指揮棒, 指揮官, 指揮権
ジキ **食**² ショク, くう・くらう・たべる 1031
例断食, 悪食, 餌食<えジキ>
ジキ **直**² チョク, ただちに・なおす・なおる 1418
例直参, 直談, 直筆, 直…; 正直
ジキ **時期**　例時期尚早だ, 旅行の時期だ　類時節, 時, 折

ジキ **時機**　例時機到来だ　類頃合い, 潮時
ジキ **磁気**　例磁気を帯びる, 磁気嵐, 磁気機雷
ジキ(に) 副詞 **じき(に), 直(に)** 例もうじき3時だ, じきに帰って参ります
しきい **敷き居(敷居)** 例敷き居が高い, 敷き居越し　類かも居
しきいし **敷石**
しきがわ **敷き皮, 敷き革(敷皮, 敷革)** 例熊の敷き皮を敷く ; 靴の敷き革
しきキン **敷き金(敷金)** 例部屋代の3か月分の敷き金を払う
シキケン **識見** 例識見が高い　類見識　注「シッケン」とも言う。
シキサイ **色彩** 例鮮やかな色彩, 色彩感覚 ; 独裁的な色彩が濃い
シキシ **色紙** 例色紙の句を読む, 色紙形
シキジ **式辞** 例式辞を述べる
ジキジキ **じきじき, 直々** 例社長がじきじきに出向く　類直接に
シキシャ **指揮者** 例楽団の指揮者　類指揮官
しきたり **しきたり, 仕来たり** 例しきたりを守る　類習わし, 習慣
しきチ **敷地** 例建物の敷地, 敷地面積
シキチョウ **色調** 例鮮やかな色調のタイル貼(張)り
しきつめる **敷き詰める(敷詰める)** 例砂利を敷き詰める
しきフ **敷き布(敷布)** 例敷き布をまくる　類シーツ
しきブトン **敷き布団(敷布団)〔敷き蒲団〕**　対掛け布団
シキベツ **識別** 例色を識別する, 善悪を識別する　類見分け, 弁別
しきもの **敷物** 例毛皮の敷物, 敷物

---

明朝体の右肩の数字は配当学年　末尾の数字は常用漢字表番号　( )許容　類類義同意語　対反対対照語　関関連語　学学術用語

を敷く

ジギャク　自虐　例そんなに自虐的になるなよ

シキュウ　支給　例旅費を支給する，現物支給

ジキュウ　持久　例持久力，持久戦

シキョ　死去　例卒去，逝去，薨去＜コウキョ＞

シギョウ　始業　例始業時間，始業式　対終業

ジギョウ　事業　例事業を始める，事業に失敗する，営利事業，開発事業，事業家，慈善事業

シキヨク　色欲［色慾］

ジキョク　時局　例時局の推移

しきり　仕切り　例境を板で仕切りする，仕切り帳，仕切り書；仕切り直し　注相撲用語

しきりに　しきりに［頻りに］　例しきりに催促する，しきりに電話が鳴っている，しきりに雨が降る

しきる　仕切る　例カーテンで仕切る，15日で仕切る

しきわら　敷きわら［敷き藁］

シキン　資金　例店舗改装資金，育英資金

しく　敷く　フ　　　　　　　　1755
例小石を敷く，布団を敷く，鉄道を敷く，陣を敷く；尻に敷く　注＊桟敷＜さじき＞

ジク　軸　―　　　　　　　　828
例軸を掛ける，花の軸，軸木，軸物；主軸，新機軸，枢軸，中軸，横軸

ジク　字句　例字句を修正する

ジクうけ　軸受け［軸受］［軸承］
㊙ベアリング

しぐさ　しぐさ，仕草［仕種］　例ひどいしぐさ，㊙やり方，しうち；仕草を習う，俳優の仕草　㊙身ぶり，所作

ジクジ　忸怩　例内心忸怩たる思いだ

しくじる　しくじる　例投球をしくじる，会社をしくじる　㊙失敗する

じくばり　字配り　例字配りに注意する

しくみ　しくみ，仕組み［仕組］　例機械のしくみ，委員会のしくみ，うまいしくみを考える，芝居のしくみ　㊙組み立て，機構，計画，構想，筋

しぐれ　時雨　例時雨が降る；時雨時，時雨煮，せみ時雨

しぐれる　しぐれる［時雨れる］当て字　例朝からしぐれている，夕方からしぐれる

ジクン　字訓　例「川」の字訓は「かわ」字音は「セン」　対字音

しけ　しけ［時化］当て字　例しけで難破する，しけ模様，㊙なぎ；商売がしけ続きで参ってしまう

シケイ　死刑　例死刑の判決，死刑宣告，死刑囚　㊙死罪，懲役刑，無期刑

シゲキ　刺激［刺戟］　例刺激が強い，刺激的だ，刺激剤

しげしげ　しげしげと［繁々と］　例しげしげと出入りする，しげしげと見つめる

しげみ　茂み［繁み］　例草の茂み

しげり　茂り［繁り］　例木の茂り

しける　しける［時化る］当て字　例海がしける，㊙なぎ；しけた顔をしている

しける　しける［湿気る］　例布団がしける　㊙湿る

しげる　茂る　モ　〔繁る〕　　　1939
例草木が茂る

シケン　試験　例試験を受ける，実力を試験する，性能を試験する，採用試験，入学試験，資格試験；試験管，農事試験場

シゲン　資源　例資源を開発する，地下資源，人的資源

ジケン　事件　例放火事件が続発す

| | | | |
|---|---|---|---|
| | る，突発事件 | | 込みを終わる；仕込みづえ |
| シコ | 四股〔しこ〕 例四股を踏む | しこむ | 仕込む 例芸を仕込む；漬物を仕込む；問屋から品物を仕込む |
| シゴ | 死後 例死後を託す，死後20時間経過，死後硬直 対生前 | シサ | 示唆 例示唆する，示唆に富む 注「ジサ」とも言う。 |
| シゴ | 私語 例私語を慎む | シサイ | 子細〔仔細〕 例事の子細を語る，子細はあとで；子細ありげだ；子細なければ 類詳細，訳＜わけ＞ |
| ジコ | 自己 例自己の責任，自己流の解釈，自己暗示，自己批判，自己紹介 自己自身，自分 | | |
| ジコ | 事故 例交通事故，突発事故 | シザイ | 私財 例私財を投じて慈善事業に尽くす |
| シコウ | 思考 例思考をめぐらす，思考能力 | | |
| シコウ | 施行 例市制を施行する，施行規則，施行細則 類実施 注「セコウ」とも言う。 | シザイ | 資材 例建築資材を輸送する |
| | | ジザイ | 自在 例自由自在だ，自在かぎ，自在画 |
| | | シサク | 思索 例思索にふける |
| シコウ | 嗜好 例嗜好品，嗜好物 類好み，愛好 | シサク | 施策 例行政施策 注「セサク」とも言う。 |
| ジコウ | 時候 例時候がよい，時候の挨拶＜アイサツ＞，時候外れ 関気候 | シサク | 試作 例新型車を試作する，試作品 |
| シコウサクゴ | 試行錯誤 例試行錯誤を重ねる | ジサク | 自作 例自作の詩を朗読する，自作自演，自作農 |
| ジゴウジトク | 自業自得 | シサツ | 視察 例現地を視察する，視察団を派遣する |
| シコウヒン | 嗜好品 例嗜好品はコーヒーです 類好物，愛好品 | ジサツ | 自殺 例遺書を残して自殺する，自殺的行為；自殺説 類自害 対他殺 |
| シゴク | ……至極 例迷惑至極だ | | |
| シゴク | しごく，至極 例しごく満足だ | | |
| しごく | しごく〔扱く〕 例稲の穂をしごく，やりをしごく | シサン | 資産 例資産家，資産勘定，固定資産 関財産，身代，資財 |
| | | ジサン | 持参 例昼食を持参する，持参金 |
| ジコク | 時刻 例発車の時刻，時刻改正，列車時刻 | シシ | 四肢 例手足 |
| | | シシ | しし〔獅子〕 |
| ジゴク | 地獄 例地獄に落ちる，天国と地獄，地獄で仏に会う，地獄の沙汰も金しだい；地獄絵；試験地獄 対極楽 | シジ | 支持 例国民の支持を得る，中立派を支持する |
| | | シジ | 私事 例私事にわたりますが…… |
| しごと | 仕事〔為事〕 例仕事に精出す，仕事を探す，貿易関係の仕事をしている，仕事がきれいだ，仕事のできる人，針仕事，仕事場，仕事着， | シジ | 指示 例指示する，指示を仰ぐ，指示をする，指示薬 |
| | | ジジ | 時事 例時事解説，時事問題 |
| | | ジジツ | 事実 例事実を報道する，それは事実だ，事実無根だ 類真実 対想像 |
| しこみ | 仕込み 例親の仕込みがよい 類しつけ；商品の仕込み，みその仕 | | |

**シシフンジン　獅子奮迅**　[例]獅子奮迅の活躍
**シシャ　試写**　[例]新着映画の試写会
**シシャゴニュウ　四捨五入**　[例]小数点以下は四捨五入する
**ジシュ　自主**　[例]自主的に決める，自主規制，自主性
**ジシュ　自首**　[例]犯人が自首する，警察に自首する
し
**シシュウ　ししゅう〔刺繡〕**　[類]縫い取り
**シジュウ　始終，しじゅう**　[例]一部始終を語る，末始終添い遂げる；しじゅう小言<こごと>を言っている
**ジシュウ　自修**　[例]フランス語を自修する
**ジシュウ　自習**　[例]理科を自習する，自習時間，自習書
**ジシュク　自粛**　[例]過度の飲食を自粛する
**シシュツ　支出**　[対]収入
**シショ　死所，死処**　[例]死所を得る
**ジショ　自署**　[例]自署押印
**ジショ　辞書，字書**　[例]辞（字）書を引く，英語の辞書　[類]辞典，字典
**ジショ　地所**　[例]地所を買う，100坪の地所　[類]地面，土地
**シショウ　支障**　[例]格別の支障もない，計画に支障を来す
**シショウ　死傷**　[例]死傷者が出る
**シショウ　師匠**　[例]踊りの師匠，お師匠さん
**シジョウ　市場**　[例]市場に出回る，青果市場，株式市場　[注]「魚市場」などは「(うお) いちば」と言う。
**シジョウ　私情**　[例]私情を交える
**ジショウ　自称**　[例]天才を自称する，自称会社重役；自称代名詞 ([注]「僕」「私」「我」など)
**ジジョウ　自乗〔二乗〕**　[例]2の自乗，自乗根
**ジジョウ　事情**　[例]家庭の事情で欠席する
**ジジョウジバク　自縄自縛**
**シショク　試食**　[例]料理を試食する，試食会　[類]試飲
**ジショク　辞職**　[例]辞職する，辞職願い，辞職勧告　[類]辞任　[対]就職
**シシン　私心**　[例]私心を去って公正に処理する　[類]私意
**シシン　指針**　[例]計量器の指針を読む，教育の指針
**ジシン　自身**　[例]自分自身，君自身，僕自身
**ジシン　自信**　[例]自信がある，自信を失う，自信過剰
**しず　静**4　セイ・ジョウ，しずか・しずまる・しずめる　1133
[例]静々と歩く，朝の静けさ
**しずおかケン　※静岡県**
**しずか　静か**4　セイ・ジョウ，しず・しずまる・しずめる　1133
[例]静かな場所，波静かな海，静かな夜，静かに語る，静かに眠る，静かな人だ，辺りが静かだ　[対]騒がしい
**しずく　滴**　テキ，したたる　〔雫〕　1463
[例]滴が垂れる
**しずしず　静々**　[例]静々と行進する，静々と姿を現す
**ジすべり　地滑り〔地辷り〕**　[例]地滑りの危険にさらされる　[関]山崩れ
**しずまる　静まる**4　セイ・ジョウ，しず・しずか・しずめる　1133
[例]心が静まる，風が静まる
**しずまる　鎮まる**　チン，しずめる　1426
[例]内乱が鎮まる，歯の痛みが鎮まる
**しずむ　沈む**　チン，しずめる　1421

○改定追加漢字　●改定追加音訓　□改定削除漢字　■改定削除音訓　〔　〕参考表記〔△表外漢字
▲表外音訓　×誤用　[当て字]当て字〕

| | |
|---|---|
| 例水中に沈む，夕日が沈む；不運に沈む；気が沈む，物思いに沈む 対浮かぶ，浮く | シセツ 施設 例施設を拡充する，公共施設，施設の子どもたちを招く |
| しずめる 静める⁴ セイ・ジョウ，しず・しずか・しずまる 1133 例気を静める，鳴りを静める | ジセツ 時節 例時節到来；時節柄お体をたいせつに |
| | シセン 視線 例視線が合う，視線をそらす |
| しずめる 沈める チン，しずむ 1421 例海中に沈める 対浮かべる | ジゼン 自然 例自然の営み，自然の姿，自然と人工，自然と文化，自然にふるまう，自然に考えが変わる；自然界，自然美，自然淘汰<トウタ>，自然数，自然人，自然科学，自然主義 |
| しずめる 鎮める チン，しずまる 1426 例反乱を鎮める，痛みを鎮める | |
| シする ～視する 例英雄視する，重要視する | |
| ジする 資する 例参考に資する，発展に資する | ジゼン 慈善 例慈善事業，慈善家，慈善市<いち>，慈善興業 |
| ジする 侍する 例そば近く侍する | シゼントウタ 自然淘汰 |
| ジする 持する 例堅く持して動かず，満を持する | シソウ 思想 例思想形成，思想界，思想劇，思想家，自由主義思想，社会主義思想，封建思想，国民思想 |
| ジする 辞する 例……のもとを辞する | |
| しずんだかお 沈んだ顔 例憂いに沈んだ顔 | シソウ 詞藻，詩藻 例詞（詩）藻に富んだ詩人 |
| シセイ 市制 例町村合併により市制をしく | ジゾウ 地蔵 例地蔵が三体<サンタイ>，村外れの石地蔵，地蔵堂，地蔵顔 |
| シセイ 至誠 例至誠が天に通ずる，至誠心 | |
| シセイ 姿勢 例姿勢が悪い，姿勢を正す；高姿勢，低姿勢 | シソク 子息 例御子息の御入学おめでとう 対息女 |
| シセイ 施政 例安楽な施政方針演説 | ジソク 時速 例時速100キロで飛ばす |
| ジセイ 時世 例安楽な時世ではない，時世後れ 類時代 | ジゾク 持続 例緊張を持続する，持続距離，持続時間，持続力 |
| ジセイ 時勢 例時勢におもねる | しそこない しそこない〔為損ない〕 類仕損じ，失敗 |
| ジセイ 辞世 例辞世の句を詠む | |
| シセキ 史跡〔史蹟〕 例史跡巡り | しそこなう しそこなう〔為損なう〕 例返事をしそこなう |
| ジセキ 事跡〔事蹟，事迹〕 | |
| シセツ 私設 例私設図書館，私設秘書 対公設 | シソン 子孫 例子孫に累を及ぼす 対先祖，祖先 |
| | ジソン 自尊 例自尊心が高い，独立自尊の精神 |
| シセツ 使節 例外国に使節を派遣する，経済使節団 | しソンじ 仕損じ〔為損じ〕 |
| | しソンじる 仕損じる〔為損じる〕 例挨拶<アイサツ>を仕損じる |

明朝体の右肩の数字は配当学年　末尾の数字は常用漢字表番号　（　）許容　類類義同意語　対反対対照語　関関連語　学学術用語

注「仕損ずる」とも言う。
した 下¹ カ・ゲ, しも・もと・さげる・さがる・くだる・くだす・くださる・おろす・おりる 131
例下へ落ちる, 木の下, 下にセーターを着る, 下にもおかぬもてなし, 下心がある, 程度が下だ, 実力は下だ, 一つ年下だ, 下敷き, 下請け, 下調べ, 下読み, 下書き, 下塗り, 下張り, 下積み, 下働き 対上
した 舌⁶ ゼツ 1164
例舌先, 舌打ち, 舌鼓；猫舌；舌を出す, 舌が長い, 舌を巻く, 舌の根の乾かないうちに, 二枚舌を使う, 舌先で丸め込む
ジタ 自他 例自他ともに許す剣道の達人
シタイ 死体[屍体] 例死体を葬る 類死骸<シガイ>
シタイ 肢体 例肢体不自由 類体, 身体
シダイ 次第 例事の次第を説明する, 式次第, 次第書き；わかりしだい知らせる, お望みしだいだ
ジタイ 事態 例事態は急だ, 緊急事態
ジタイ 辞退 例参加を辞退する, 立候補を辞退する
ジダイ 時代 例時代の先端を行く, 時代の脚光を浴びて登場する, 時代遅れだ, 時代を経た建物, 時代の流れ；時代錯誤, 時代色, 時代劇, 時代物, 時代感覚, 時代思潮；明治時代
シダイに 副詞 しだいに, 次第に 例しだいに空が曇ってくる
したう 慕う ボ 1826
例故郷を慕う, 母を慕う, 徳を慕う
したうけ 下請け[下請] 例下請けをしている, 洋服の下請け, 下請け工場
したうけコウジ 下請け工事[下請工事] 例下水道の下請け工事
したうち 舌打ち 例失敗に舌打ちする, 舌打ちしながら賞味する
したエ 下絵 例ししゅうの下絵
したがう 従う⁶ ジュウ・ショウ・ジュ, したがえる 913
例意志に従って行動する, 仰せに従います, 法に従う, 習慣に従う；日がたつにしたがって……, 慣れるにしたがって……
したがえる 従える⁶ ジュウ・ショウ・ジュ, したがう 913
例敵を従える, 子分を従える
したがき 下書き 例作文の下書きをする 類草稿, 草案
したがって 従って[随って] 例したがって今後の課題は…… 注法令・公用文では仮名書き。
したがまわる 舌が回る[舌が廻る] 例よく舌が回る 注おしゃべりな様子。
したぎ 下着 対上着
シタク 支度, 仕度 例食事の支度, 出発の支度をする, 支度を整える, 旅支度, 身支度 類用意, 準備
ジタク 自宅 例自宅通勤 類私宅
したごころ 下心 例下心を見抜く, 下心があってのことではない 類本心
したごしらえ 下ごしらえ[下拵え] 例仮装の下ごしらえをする
したさき 舌先 例舌先で丸め込む 類口先
したジ 下地 例壁の下地を塗る；下地は出来ている 類素地；音楽の下地がある 類素養；お下地 類しょうゆ
しだし 仕出し 例仕出しを注文する, 仕出し屋, 仕出し料理 類出前；芝居の仕出し, 仕出し役者 類端役

したい 親しい² シン, おや・したしむ 1069
　例親しい間柄, 親しげだ
したじき 下敷き(下敷)　例ノートの下敷き, 積み荷の下敷きになる
したしく 親しく　例親しく御覧になる, 親しく語る
したしみ 親しみ　例親しみを感じる
したしむ 親しむ² シン, おや・したしい 1069
　例灯火親しむ頃, 読書に親しむ
しだしや 仕出し屋(仕出屋)
したしらべ 下調べ　例旅のコースの下調べ　類予備調査；数学の下調べをする　類予習
したソウダン 下相談　例旅行コースを選ぶ下相談をする
したたか したたか〔強か, 健か〕
　例したたか飲む；したたか者
したためる したためる〔認める〕
　例手紙をしたためる；夕食をしたためる
したたらす 滴らす　例血を滴らす
したたり 滴り　例露の滴り
したたる 滴る テキ, しずく 1463
　例しずくが滴る, 血が滴る
したつづみ 舌鼓　例初がつおに舌鼓を打つ　注「したづつみ」とも言う。
したづみ 下積み　例下積みの荷が潰れる；下積みで満足する, 下積み役人
したて 下手　例下手に出る；下手投げ　注野球・相撲用語
したて 仕立て(仕立)　例洋服の仕立て, 仕立て下ろしの洋服, 仕立物, 仕立屋
したてあがり 仕立て上がり(仕立上り)　例着物の仕立て上がり
したてケン 仕立て券(仕立券)
　例ワイシャツの仕立て券, お仕立て券付き

したてなげ 下手投げ(下手投)
　例下手投げで敗れる, 下手投げ投手　対上手投げ
したてもの 仕立て物(仕立物)
　例お仕立て物いたします　類裁縫
したてや 仕立屋
したてる 仕立てる　例訪問着を仕立てる　類裁縫する；車を2台仕立てる　類準備する
したぬい 下縫い　例着物の下縫い
　関仕付け, 仮縫い
したぬり 下塗り　例壁の下塗り
　関荒塗り
したばき 下履き　例下履きの草履
　対上履き
したばき 下ばき〔下穿き〕　例ズボンの下に下ばきをはく
したばたらき 下働き　例下働きで一生を終える
したはら 下腹　例下腹に力を入れる
　類丹田　注「したばら」とも言う。
したび 下火　例火事が下火になる, ブームが下火になる
したまわる 下回る〔下廻る〕　例予想を下回る成績, 平年を下回る収穫量　対上回る
したむき 下向き　例流行が下向きになる, 相場が下向きだ　対上向き
したヤク 下役　例上役下役御同役
したよみ 下読み　例原稿の下読み, 教科書の下読み　類予習
ジダラク 自堕落
しだれ しだれ, 枝垂れ　例しだれ柳, しだれ桜
したわしい 慕わしい　例慕わしい人
したをまく 舌を巻く　例みごとな腕まえに舌を巻く
じだんだ じだんだ〔地団太, 地団駄〕　当て字　例じだんだを踏んで悔しがる

| | |
|---|---|
| シチ 七¹ なな・ななつ・なの 829 | (2)速い 例疾駆, 疾走, 疾風 |
| 例髪を七三に分ける, 七五三, 七転八倒, 七夜, 七五調, 五七調, 七福神, 七曜表, 七面鳥 注＊七夕＜たなばた＞ | シツ 執 シュウ, とる 834 例執行, 執筆, 執務；固執 |
| シチ 質⁵ シツ・チ 838 例質草, 質権, 質屋；入質, 人質 | シツ 湿 しめる・しめす 835 例湿気, 湿潤, 湿地, 湿度, 湿布；乾湿 対乾 |
| ジチ 自治 例自治を守る, 自治会, 自治制, 自治精神, 自治体, 自治団体, 自治領 | シツ 嫉 — 836 例嫉視, 嫉妬＜シット＞ |
| シチいれ 質入れ 例着物を質入れする | シツ 漆 うるし 837 例漆器, 漆黒 |
| シチぐさ 質ぐさ, 質草〔質種〕 | シツ 質⁵ シチ・チ 838 |
| シチゴサン 七五三 例七五三の祝い | (1)もと・もちまえ・まこと 例実質, 質素, 質量；異質, 気質, 資質, 実質, 神経質, 性質, 素質, 体質, 地質, 品質, 物質 |
| シチテンバットウ 七転八倒〔七顛八倒〕 注「シッテンバットウ」とも言う。 | (2)問いただす 例質疑, 質問 |
| シチながれ 質流れ 例質流れ品 | ジツ 実³ み・みのる 839 |
| シチュウ 支柱 例小屋に支柱を当てる；一家の支柱となって働く 類つっかい棒, 支え | (1)実る・果実 例果実, 結実 (2)確か・備わる・心 例実直, 確実, 堅実, 質実, 充実, 情実 |
| ジチョウ 自重 例自重を望む, 行いを自重する, 自愛自重 | (3)事実・実際・正当・正式 例実印, 実演, 実感, 実権, 実験, 実現, 実在, 実子, 実施, 実証, 実情, 実績, 実測, 実力；現実, 史実, 真実 対虚 |
| ジチョウ 自嘲 例自嘲気味に話す | |
| シツ 叱 しかる 830 例叱正, 叱責, 叱咤＜シッタ＞ | |
| シツ 失⁴ うしなう 831 (1)失う 例失意, 失格, 失業, 失効, 失職, 失神, 失地, 失望, 失明, 失礼；自失, 焼失, 喪失, 損失, 紛失, 流失 対得 | ジツ 日¹ ニチ, ひ・か 1583 例日月；過日, 隔日, 元日, 期日, 吉日, 休日, 祭日, 終日, 祝日, 旬日, 即日, 当日, 白日, 平日, 落日, 連日 |
| (2)失敗・あやまち 例失策, 失態, 失敗；過失 | ジッ 十¹ ジュウ, とお・と 907 例十回, 十指, 十進法, 十種競技 注「ジュッ」とも読む。 |
| シツ 室² むろ 832 (1)部屋・むろ・家 例室温；暗室, 温室, 教室, 寝室, 茶室, 病室, 別室, 浴室 (2)妻・夫人 例後室, 正室, 側室 (3)皇室・一族 例王室, 皇室 | シツイ 失意 例失意のどん底, 失意の日々を送る 類失望 対得意 |
| | シッカク 失格 例予選で失格する 対合格 |
| シツ 疾 — 833 (1)病気 例疾患, 疾病；悪疾, 廃疾 | しっかり しっかり〔確り〕 例しっかりとした机, しっかりした足つき, しっかりと持つ；しっかりしろよ, |

○改定追加漢字　●改定追加音訓　□改定削除漢字　■改定削除音訓　〔 〕参考表記　〔△表外漢字
▲表外音訓　×誤用　[]当て字]

シッキ　湿気　例湿気を帯びる　関湿り気　注「シッケ」とも言う。
しっかり者だ；相場が小じっかりしている　対あやふや
シッキ　漆器　関陶器
シツギ　質疑　例質疑応答
シッキャク　失脚　例実力者の失脚，権勢の座から失脚する
シツギョウ　失業　例不況のあおりで失業する，失業者，失業対策，失業保険
ジッキョウ　実況　例実況放送
ジツギョウ　実業　例実業界，実業家
しっくい　しっくい〔漆喰当て字〕　例しっくいを塗る
しっくり　しっくり　例お互いの気持ちがしっくりいく，上着とズボンがしっくりしない
しつけ　仕付け　例着物の仕付け
しつけ　しつけ〔躾〕　例しつけのよい家庭
シッケイ　失敬　例失敬しました，失敬なやつだ，これで失敬する；財布を失敬する
シツゲン　失言　例失言をわびる，失言取り消し
ジッケン　実権　例会社の実権を握る
ジッケン　実験　例化学の実験，実験科学，実験小説，実験室
ジツゲン　実現　例理想を実現する
しつこい　しつこい　例味がしつこい，しつこい尋ね方，しつこい……だ
シッコウ　執行　例刑を執行する，選挙を執行する，組合の執行機関，執行委員，執行猶予
ジッコウ　実行　例約束を実行する，実行力，不言実行
ジッサイ　実際　例理論と実際，実際問題，実際にあった話
ジツザイ　実在　例実在の人物　対架空；実在論　対観念論
シッサク　失策，失錯　例手痛い失策，失策する　関エラー
シッシ　嫉視　例互いに嫉視する　関そねみ，ねたみ
ジッシ　実施　例計画を実施に移す，情報公開制度の実施
ジッシ　十指　例十指に余る，その勤勉は十指の指すところだ
シツジツ　質実　例質実剛健の気風　関質素
ジッシツ　実質　例実質と名目，実質的だ，実質的な問題，実質賃金　対名目，形式
ジッシュキョウギ　十種競技
ジッショウ　実証　例理論を実証する，実証的な研究，実証主義
ジツジョウ　実情，実状　例政界の実情　関実態
シッショク　失職　例不況で失職する　関失業　対離職
シッシン　失神，失心　例恐怖のあまり失神する　関人事不省
シッシン　湿疹　例湿疹が出来る
シッセキ　叱責　例叱責を受ける
ジッセキ　実績　例実績を上げる，業務実績
ジッセン　実践　例信念を実践する，実践記録
シッソ　質素　例質素な暮らし，質素な身なり　対ぜいたく
シッソウ　失踪　例有力な容疑者が失踪する　関失跡，行方不明
シッタ　叱咤　例全軍を叱咤する，叱咤激励
ジッタイ　実体　例実体を認識する，神の実体を知る　関本体
ジッタイ　実態　例実態調査
しったかぶり　知ったかぶり，知った

か振り　例知ったかぶりをして恥をかく

ジツダン　実弾　例実弾射撃；選挙運動で実弾を放つ（注「買収に使う現金」の意）

ジッチョク　実直　例実直だ,実直な青年

シット　嫉妬　例嫉妬する,嫉妬心　類妬み,やきもち,ねたみ

シツド　湿度　例湿度が高い,湿度計

ジツドウ　実働,実動　例実働時間

しっとり　しっとり　例若葉が露にぬれてしっとりとしている

ジツに　実に　例実に残念だ,実にりっぱな態度だ

シツネン　失念　例うっかり用件を失念する　類忘れる

ジツは　実は　例実は病気になって寝込んだのだ,実はよく知らないのだ

シッパイ　失敗　例失敗する,失敗は成功の母,失敗談　対成功

シッピツ　執筆　例連載小説を執筆する,執筆を依頼する,執筆者

シップ　湿布　例患部を氷で湿布する,湿布薬

シップウ　疾風　例疾風が吹く,疾風迅雷の勢い　類突風

ジツブツ　実物　例実物見本,実物とそっくりだ,実物大

シッペイ　疾病

しっぽ　＊尻尾,しっぽ　例猫の尻尾；尻尾を巻く,尻尾を出す,尻尾をつかむ,尻尾を振る；とかげの尻尾切り

シツボウ　失望　例人生に失望する

シツム　執務　例執務する,執務中につき面会謝絶

ジづめ　字詰め(字詰)　例400字詰め原稿用紙

シツメイ　失明　例失明する,失明者

シツモン　質問　例質問する　類質疑

対解答,応答

シツヨウ　執拗　例執拗に抗議する　類しつこい,粘り強い

シツヨウ　実用　例新案を実用化する,実用性,実用的な書物,実用主義

ジづら　字面　例字面が汚い

ジツリ　実利　例実利にさとい,実利主義

ジツリョク　実力　例実力がある,実力を発揮する,実力行使

シツレイ　失礼　例失礼な言い方,失礼な態度,失礼をいたします　類不作法,失敬

ジツレイ　実例　例実例を挙げて具体的に解説する

シテイ　指定　例場所を指定する,指定席

シテイ　師弟　例師弟の間柄

しでかす　しでかす,仕出かす〔出かす〕　例とんでもない事をしでかす

シテキ　指摘〔指適〕　例調査の欠陥を指摘する

してみる　……してみる　例話をしてみる,書いてみる,読んでみる

ジテン　字典　例漢和字典

ジテン　事典　例百科事典

ジテン　辞典　例英和辞典,国語辞典　類辞書,字典,事典

シドウ　指導　例学生を指導する,指導書,指導要録,組合の指導者,指導場

ジドウ　自動　例自動販売機,自動シャッター,自動織機,自動車,自動制御装置；自動的に上下する　対他動,手動；自動詞　対他動詞

ジドウ　児童　例小学校の児童,児童文学,児童憲章　類生徒,学生

しとしと　しとしと　例春雨＜はるさめ＞がしとしとと降る

しとめる　しとめる,仕留める〔留める〕　例猟銃で熊をしとめる；金星をしとめる

───
○改定追加漢字　●改定追加音訓　□改定削除音訓　■改定削除音訓　〔　〕参考表記　〔△表外漢字　▲表外音訓　×誤用　当て字当て字〕

| しとや―しのぐ |

| しとやか　しとやか〔淑やか〕　例しとやかな女性，おしとやかに歩く
| しどろもどろ　しどろもどろ　例しどろもどろになる，返事がしどろもどろだ
| しな　品³　ヒン　1729　例品を選ぶ，悪い品，品が違う，上等の品，手を換え品を換えて攻める，所変われば品変わる；品薄，品書き，品数が多い，品切れだ，品々，品定め，品物；粗品，手品
| しない　＊竹刀
| しなう　しなう〔撓う〕　例枝がしなう
| しなおす　し直す〔為直す〕　例挨拶＜アイサツ＞し直す，返事をし直す
| しなぎれ　品切れ　例品切れになる，品切れなので発注する　類売り切れ
| しなさだめ　品定め　例生地の品定めをする，相手を品定めする　類品評，批評
| しなびる　しなびる〔萎びる〕　例野菜がしなびる，しなびた皮膚
| しなやか　しなやか〔撓やか，嫋やか〕　例しなやかな枝，しなやかな皮，しなやかな手つき
| じならし　地ならし〔地均〕　例運動場の地ならし
| じなり　地鳴り　例地鳴りがする
| シナン　至難　例至難の業
| シナン　指南　例剣術を指南する，指南車，指南番
| しにがお　死に顔　例死に顔をデスマスクに取る，安らかな死に顔
| しにがね　死に金　類捨て金
| しにぎわ　死に際　類臨終
| しにくい　しにくい〔為悪い〕　例借金はしにくい
| しにせ　＊老舗，しにせ　例老舗を誇る，老舗の焼きのり　対新店

| しにそこなう　死に損なう〔死に損う〕　例線路に飛び込んで死に損なう
| しにたえる　死に絶える〔死絶える〕　例マンモスは死に絶えた，子孫が死に絶える
| しにどき　死に時〔死時〕　例武人の死に時，死に時を失う
| しにば　死に場　例武人の死に場，死に場を探す　類死所
| しにはじ　死に恥　例死に恥をさらす　対生き恥
| しにばな　死に花　例死に花を咲かせる
| しにみず　死に水　例死に水を取る　類末期の水
| しにめ　死に目　例親の死に目に目に会えない
| しにものぐるい　死に物狂い〔死に者狂い〕　例死に物狂いに働く
| シニョウ　屎尿，し尿　例屎尿処理場　類大小便，汚物　注法令では「し尿」。
| しにわかれ　死に別れ〔死別れ〕　対生き別れ
| しにわかれる　死に別れる〔死別れる〕　例親に死に別れる
| ジニン　自任　例天才をもって自任する　類自負
| ジニン　自認　例過失を自認する
| ジニン　辞任　例会長を辞任する　類就任
| しぬ　死ぬ³　シ　771　例病気で死ぬ，死んで花実が咲くものか，海に飛び込んで死ぬ；死んだ子の年を数える，筆が死んでいる，死んだ金，ランナーが死ぬ(アウト)，石が死ぬ，死んだように眠る　対生きる，生きる
| しのぎ　しのぎ〔鎬〕　例しのぎを削る
| しのぐ　しのぐ〔凌ぐ〕　例寒さをしのぐ，飢えをしのぐ，雨露をしのぐ，

明朝体の右肩の数字は配当学年　末尾の数字は常用漢字表番号　（　）許容　類類義同意語　対反対対照語　関関連語　学学術用語

壮者をしのぐ

**しのこす　し残す**〔為残す〕　例宿題をし残す

**しのばせる　忍ばせる**　ニン, しのぶ　1589
例足音を忍ばせる, 懐にナイフを忍ばせる

**しのばれる　しのばれる**〔偲ばれる〕
例遠い昔のことがしのばれる

**しのび　忍び**　例忍びの者, お忍びの旅行, 忍び音, 忍び声, 忍び足, 忍び姿, 忍び返し

**しのびあし　忍び足**　例抜き足差し足忍び足

**しのびあるき　忍び歩き(忍歩き)**
例忍び歩きをする

**しのびこむ　忍び込む(忍込む)**
例蔵の中に忍び込む

**しのびなき　忍び泣き(忍泣き)**
例忍び泣きの声が聞こえる

**しのびよる　忍び寄る(忍寄る)**
例忍び寄る秋の気配

**しのぶ　忍ぶ**　ニン, しのばせる　1589
例人目を忍ぶ, 木陰に忍ぶ, 世を忍ぶ仮の姿, 忍ぶ草;苦痛を忍ぶ

**しのぶ　しのぶ**〔偲ぶ〕　例故人の生前をしのぶ, 故郷をしのぶ

**しば　芝　―**〔柴〕　840
例芝を植える;芝草, 芝山, 芝居, しばえび(芝えび)　注＊芝生〈しばふ〉

**シハイ　支配**　例経営面を支配する, 天下を支配する, 支配人

**しばい　芝居**　例芝居見物, 芝居小屋;あいつは芝居がうまい, 芝居気たっぷりだ, 芝居がかっている

**シハイニン　支配人**　例ホテルの支配人

**しばかり　しば刈り, 芝刈り**〔柴刈り〕
例山へしば刈りに行く;芝刈り機

**ジハク　自白**　例犯行を自白する　類自供

**しばし　しばし**〔暫し〕　例しばしの間休む　類しばらく

**しばしば　しばしば**〔屢〕　例しばしば会う　類たびたび, 幾度も

**ジはだ　地肌**〔地膚〕　例山の地肌が現れる

**しばたたく　しばたたく**〔屢叩く, 瞬く〕　例目をしばたたく

**シハツ　始発**　例始発駅, 始発電車　対終発, 終着

**しばふ　＊芝生**

**しはらい　支払い(支払)**　例支払いを済ます, 月末の支払い, 支払勘定

**しはらいニン　支払い人(支払人)**
例月賦の支払い人　類払い込み人

**しはらう　支払う**〔支払う〕　例料金を支払う, 現金で支払う

**しばらく　しばらく**〔暫く〕　例しばらくお待ちなさい;しばらくでした

**しばりあげる　縛り上げる**　例両腕を縛り上げる

**しばりつける　縛りつける, 縛り付ける**　例柱に縛りつける, 腰に縛りつける

**しばる　縛る**　バク　1641
例両手を縛る, 柱に縛る, 罪人を縛る;自由を縛る, 時間に縛られる

**ジバン　地盤**　例地盤沈下, 選挙の地盤を固める

**ジヒ　自費**　例詩集を自費出版する, 自費で留学する　対公費, 官費

**ジヒ　慈悲**　例慈悲深い心, お慈悲にすがる, 慈悲心鳥

**ジびき, 字引**　例国語の字引　類字典, 字書;辞典, 辞書

**ジびきあみ　地引き網(地引網)**〔地曳き網〕　例地引き網を引く

---

○改定追加漢字　●改定追加音訓　□改定削除漢字　◇改定削除音訓　〔 〕参考表記〔△表外漢字
▲表外音訓　×誤用　当て字当て字〕

| | | | |
|---|---|---|---|
| ジヒツ | 自筆 | 例自筆の履歴書 | |
| ジひびき | 地響き | 例地響きがする,地響きを立てる 類地鳴り | |
| ジヒョウ | 辞表 | 例辞表を提出する,辞表をたたきつける | |
| しびれ | しびれ〔痺れ〕 | 例しびれが切れる,しびれを切らす,しびれ薬 | |
| しびれる | しびれる〔痺れる〕 | 例足がしびれる | |
| しぶ | 渋 ジュウ,しぶい・しぶる 914 例柿の渋,くりの渋皮,渋色,渋塗り,渋紙,渋茶,渋み;渋っ面;しぶちん | |
| しぶい | 渋い ジュウ,しぶ・しぶる 914 例渋い柿,渋い色,渋い好み,渋い顔,渋い声,払いが渋い | |
| しぶき | しぶき〔飛沫当て字〕 例しぶきを上げる,波しぶき,血しぶき | |
| しぶく | しぶく〔繁吹く〕 例風雨がしぶく | |
| しぶしぶ | しぶしぶ,渋々 例しぶしぶ承知する | |
| しぶとい | しぶとい 例根性がしぶとい,しぶといやつ | |
| しぶぬき | 渋抜き 例柿の渋抜きをする | |
| しぶぬり | 渋塗り 例渋塗りの盆 | |
| しぶミ | 渋み,渋味 例渋みのある文章 | |
| しぶりばら | 渋り腹 | |
| しぶる | 渋る ジュウ,しぶ・しぶい 914 例返答を渋る,金を出し渋る | |
| ジブン | 時分 例その時分にはテレビもラジオもなかった,去年の今時分,幼い時分;時分時<ジブンどき> | |
| ジブンかって | 自分勝手 例自分勝手なやつ,何をやろうと自分勝手だ | |
| ジブンジシン | 自分自身 例自分自身の問題 | |
| シヘイ | 紙幣 | 例千円紙幣 対硬貨 |
| ジべた | 地べた | 例地べたに両手を突く 類地面 注俗語 |
| シベツ | 死別 | 例親に死別する 対生別 |
| シベン | 至便 | 例交通至便 |
| ジヘン | 事変 | 例事変が勃発<ボッパツ>する |
| シボ | 思慕 | 例母の面影を思慕する |
| シホウ | 司法 | 例司法試験,司法権,司法官 対立法,行政 |
| シボウ | 死亡 | 例病気で死亡する,死亡者,死亡届け,死亡率 |
| シボウ | 志望 | 例志望校,志望者,就職志望 |
| シボウ | 脂肪 | 例脂肪太り,脂肪分 |
| ジホウ | 時報 | 例時報に合わせる,正午の時報 |
| しホウダイ | し放題,しほうだい,仕放題 | 例わがままのし放題 |
| シボツ | 死没〔死歿〕 | 類死亡 |
| しぼむ | しぼむ〔凋む,萎む〕 | 例花がしぼむ,夢がしぼむ |
| しぼり | 絞り | 例絞りの浴衣,絞り染め;カメラの絞りを開く |
| しぼりぞめ | 絞り染め | 例絞り染めの風呂敷 |
| しぼる | 絞る コウ,しめる・しまる 637 例手拭いを絞る,幕を絞る;涙を絞る,汗を絞る,声を振り絞る,知恵を絞る;レンズを絞る | |
| しぼる | 搾る サク 730 例乳を搾る,油を搾る,税金を搾り取る | |
| シホン | 資本 | 例資本家,資本金,資本主義 |
| しま | 島³ トウ 1510 例島影,島国,島流し,島破り;佐渡が島;島田(高島田) | |
| シマイ | 姉妹 | 例兄弟姉妹;姉妹品, |

明朝体の右肩の数字は配当学年　末尾の数字は常用漢字表番号　( )許容　類類義同意語　対反対対照語
関関連語　学学術用語

姉妹編, 姉妹会社, 姉妹船, 姉妹都市

しまい　仕舞　例仕舞を見物する　注能楽用語

しまい　しまい〔終い;仕舞当て字〕　例おしまいにする, あと少しでしまいです, お店じまい

しまう　しまう〔終う,了う;仕舞う当て字〕　例仕事をしまう, 夏物を しまう, 5時でしまいです, 不景気で店をしまう;食べてしまう, 見てしまった（注法令・公用文では仮名書き）

シマオクソク　揣摩臆測　⬛当て推量, 想像

しまぐに　島国　例日本は島国だ, 島国根性

シマツ　始末〔仕末〕　例事の始末を話す;不始末をしでかす;事件の始末をつける, 不用物を始末する, あいつは始末に負えない;始末書

しまながし　島流し　例罪人を島流しにする　⬛遠島, 流罪＜ルザイ＞

しまり　締まり(締り)　例生活に締まりがない, 締まりのない顔, 戸締まり, 締まり屋

しまる　絞まる(絞る)　コウ, しぼる・しめる　637
例ネクタイで首が絞まる

しまる　締まる(締る)　テイ, しめる　1457
例帯が締まる, 締まった筋肉, 締まった顔;相場が締まる

しまる　閉まる⁶(閉る)　ヘイ, とじる・とざす・しめる　1795
例校門が閉まる, 戸が閉まる　対開く

ジまわり　地回り〔地廻り〕　例地回りの商人, 地回りの野菜;盛り場の地回り

ジマン　自慢〔自慢〕　例自慢する, 腕自慢, 自慢たらしい

しみ　染み⁶　セン, そめる・そまる・しみる　1176
例染みが付く, インキの染み, 染み抜き

ジミ　じみ, 地味　例じみな服装, じみな柄の着物, じみな人柄　対はで

しみこむ　染み込む　例味が染み込む, 心に染み込む

しみじみ　しみじみ, 染々〔沁々〕　例しみじみと思い出す〔しみじみと語る　⬛しんみり

しみず　＊清水　例清水が湧く

しみだす　染み出す　例汗が染み出す

しみつく　染み付く, 染み付く　例シャツに汗が染み付く

しみったれ　しみったれ　例あいつはしみったれだ　⬛けち　注俗語

しみとおる　染み通る〔染み透る〕　例寒さが骨の髄まで染みとおる

しみる　染みる⁶　セン, そめる・そまる・しみる　〔滲みる〕　1176
例インキが染みる;目薬が染みる, 煙が目に染みる, 人の情けが身に染みる

しみる　しみる〔凍みる〕　例道路がしみる　⬛凍る

じみる　～じみる, ～染みる　例あかじみたシャツ, 年寄りじみる

ジム　事務　例事務を執る, 事務員, 事務所, 事務室, 事務的に処理する;事務官

しむける　しむける, 仕向ける　例勉強するようにしむける, 親切にしむける;商品を注文主に仕向ける

ジムとりあつかい　事務取扱　例局長事務取扱を命ずる, 事務取扱規程

ジムひきつぎ　事務引き継ぎ(事務引継ぎ)(事務引継)

シメイ　死命　例死命を制する

○改定追加漢字　◎改定追加音訓　□改定削除漢字　◉改定削除音訓　〔　〕参考表記〔△表外漢字　▲表外音訓　×誤用　当て字当て字〕

シメイ　使命　例使命を果たす，国民の使命

シメイ　指名　例議長を指名する，指名を受ける，指名手配

ジメイ　自明　例自明の理

しめかざり　しめ飾り〔標飾り；注連飾り当て字〕　例しめ飾りを張る

しめきり　締め切り（締切り）〔〆切〕　例願書の締め切り，原稿の締め切りに間に合わせる，締め切り日

しめきりび　締め切り日（締切り日）（締切日）　例申し込みの締め切り日

しめきる　締め切る（締切る）　例定員になりしだい募集を締め切ります

しめくくり　締めくくり〔締め括り〕　例仕事の締めくくりをつける

しめくくる　締めくくる〔締め括る〕　例仕事を締めくくる，話を締めくくる

しめころす　締め殺す（締殺す）　例鶏を締め殺す

しめし　示し　例示しがつかない，神仏のお示し

しめしあわす　示し合わす（示し合す）

しめしあわせる　示し合わせる（示し合せる）　例場所を示し合わせる，暗号を示し合わせる

しめす　示す[5]　ジ・シ　806　例磁石が北を示す，方角を示す，時計の針が12時を示す，模範を示す，反応を示す，上昇を示す

しめす　湿す　シツ・しめる　835　例タオルを水で湿す

しめた　しめた　例しめたうまくいった　対しまった

しめだし　締め出し，閉め出し（締出し，閉出し）　例締め出しを食わす

しめだす　締め出す，閉め出す（締出す，閉出す）　例反対派を締め出す，家から締め出す

シメツ　死滅　例死滅寸前の鳥類を保護する

ジメツ　自滅　例自滅する

しめつける　締めつける，締め付ける（締付ける）　例首を締めつける，胸を締めつけられるような悲しみ

しめなわ　しめ縄〔標縄；注連縄当て字〕　例しめ縄を張る

しめやか　しめやか　例しめやかに雨が降る，しめやかに故人をしのぶ，しめやかな葬儀

しめらす　湿らす　例タオルを湿らす

しめり　湿り　例よいお湿りです，湿りをくれる；湿り声

しめりケ　湿り気　例適度な湿り気

しめる　絞める　コウ，しぼる・しまる　637　例首を絞める，鶏を絞める

しめる　湿る　シツ，しめす　835　例道路が湿る，気持ちが湿る　対乾く

しめる　占める　セン，うらなう　1169　例首位を占める，上座を占める；味をしめる

しめる　締める　テイ，しまる　1457　例帯を締める，ネジを締める，恋人を抱き締める；帳簿を締める

しめる　閉める[6]　ヘイ，とじる・とざす・しまる　1795　例戸を閉める，店を閉める，蓋を閉める

シメン　紙面，誌面　例紙面をにぎわす，誌面を飾る　注新聞は「紙面」，雑誌などは「誌面」。

ジメン　地面

シメンソカ　四面楚歌　例四面楚歌の窮地に立つ

しも　下[1]　カ・ゲ，した・もと・さげる・さがる・くだる・くだす・

しも―シャ

くだざる・おろす・おりる 131
例川下，風下，舞台の下手，下座，
下の句，下半身，下ぶくれ，下腹くし
もごえ＞，下半期，下屋敷，下一段
活用 対上くかみ＞

しも 霜 ソウ 1251
例霜降りる，霜柱，霜囲い，霜枯
れ，霜解け，霜焼け，霜夜；頭に霜
を頂く，霜降りのオーバー

しもがれ 霜枯れ 例霜枯れの野，商
売の霜枯れ時

ジモク 耳目 例耳目となって働く，
耳目を驚かす

しもごえ 下肥 例畑に下肥をまく
類人糞＜ジンプン＞

しもつき 霜月 例十一月

しもて 下手 例舞台の下手から登場
対上手＜かみて＞

ジもと 地元 例地元の要望，地元選
出の代議士

しもどけ 霜解け〔霜融け〕 例霜解け
の時節

しもばしら 霜柱 例霜柱が立つ

しもふり 霜降り 例霜降りの夏服；
霜降りを買ってすき焼きをする
注上等の牛肉；霜降りをこしらえる
注魚肉のさしみの一種で「霜降り模
様」の意。

しもやけ 霜焼け 例耳が霜焼けにな
る 類凍傷

しもよけ 霜よけ〔霜除け〕 例野菜の
霜よけを作る 類霜囲い

シモン 指紋 例指紋を検出する

シモン 諮問 例諮問する，諮問機関
対答申

ジモンジトウ 自問自答 例自問自答
する

シヤ 視野 例視野を遮る，視野の広
い人物

シャ 砂⁶ サ, すな 686
例土砂

シャ 写³ うつす・うつる 841
例写実，写真，写生，写本；映写，
実写，転写，謄写，筆写，描写，複
写，模写

シャ 社² やしろ 842
(1)神社・やしろ 例社殿，神社，大社
(2)世間・世の中 例社会，社交，社交
性；実社会
(3)組合・団体・会社・新聞社の略
例社員，社債，社説，社長，社用；
会社，結社，公社，支社，商社，退
社，入社，本社

シャ 車¹ くるま 843
例車庫，車両，車輪；貨車，滑車，
汽車，救急車，乗車，風飛車，駐車，
停車，電車，拍車，風車，列車
注＊山車＜だし＞

シャ 舎⁵ ― 844
(1)建物・住宅・寄宿舎 例舎監；官舎，
寄宿舎，校舎，獄舎，宿舎，兵舎，牧舎
(2)謙称 例舎兄，舎弟
注＊田舎＜いなか＞

シャ 者³ もの 845
例医者，隠者，易者，学者，患者，
記者，教育者，業者，芸者，作者，
人格者，責任者，選者，壮者，第三
者，著者，当事者，読者，筆者，保
護者，労働者 注＊猛者＜もさ＞

シャ 射⁶ いる 846
例射撃，射幸，射殺，射的；高射砲，発射

シャ 捨⁶ すてる 847
例捨身；喜捨，取捨 対取

シャ 赦 ― 848
例赦状，赦免；恩赦，大赦，特赦，容赦

シャ 斜 ななめ 849
例斜影，斜視，斜線，斜辺，斜面，
斜陽；傾斜

○改定追加漢字 ◎改定追加音訓 □改定削除漢字 ■改定削除音訓 〔 〕参考表記 △表外漢字
▲表外音訓 ×誤用 当て字当て字

| シャ 煮 にる・にえる・にやす 850
| 例煮沸
| シャ 遮 さえぎる 851
| 例遮断, 遮蔽＜シャヘイ＞
| シャ 謝⁵ あやまる 852
| 例謝する；謝意, 謝恩, 謝罪, 謝辞,
| 謝絶, 謝礼；慰謝, 感謝, 月謝, 深
| 謝, 陳謝, 薄謝
| ジャ 邪 — 853
| 例邪悪, 邪気, 邪教, 邪険, 邪心,
| 邪推, 邪道, 邪念, 邪欲；正邪
| 注＊風邪＜かぜ＞ 対正
| ジャ 蛇 ダ, へび 854
| 例蛇の目, 蛇腹, 蛇口；大蛇
| シャウン 社運 例社運をかける
| シャオン 謝恩 例謝恩大売り出し,
| 謝恩会
| シャカイ 社会 例社会に出る, 社会
| の実態, 社会の動向, 社会人, 社会
| 生活, 市民社会, 貴族社会, 社会科
| 学, 社会教育, 社会運動, 社会事業,
| 社会奉仕, 社会主義, 社会保険, 社
| 会福祉, 社会保障 対個人
| シャク 勺 —
| 例1勺
| シャク 尺⁶ — 855
| 例尺寸, 尺度, 尺八；1尺, 金尺,
| 縮尺；尺取り虫
| シャク 借⁴ かりる 856
| 例借金, 借財, 借地, 借家, 借用；
| 前借, 租借, 賃借, 拝借 対貸
| シャク 酌 くむ 857
| 例酌量；晩酌, 媒酌
| シャク 釈 — 858
| (1)解き明かす, 言い開きをする・あ
| いさつする 例釈明；会釈, 解釈, 注
| 釈, 評釈
| (2)さっぱりする 例釈然
| (3)放す・許す 例釈放；保釈

(4)しゃか 例釈尊
シャク 爵 — 859
例爵位；五等爵, 授爵, 男爵, 子爵, 伯爵
<u>シャク</u> 石¹ セキ・コク, いし 1140
例磁石, 盤石＜バンジャク＞
<u>シャク</u> 赤¹ セキ, あか・あかい・
あからむ・あからめる 1141
例赤銅, 赤光＜シャッコウ＞
<u>シャク</u> 昔³ セキ, むかし 1142
例今昔＜コンジャク＞
ジャク 若⁶ <u>ニャク</u>, わかい・も
しくは 860
例若干, 若年, 若輩；老若＜ロウジャ
ク・ロウニャク＞
ジャク 弱² よわい・よわる・よ
わまる・よわめる 861
例弱視, 弱小, 弱体, 弱点, 弱肉強
食, 弱年；虚弱, 強弱, 衰弱, 惰弱,
軟弱, 柔弱, 薄弱, 病弱, 貧弱；弱
冠20歳, 1万人弱 対強
ジャク 寂 セキ, さび・さびしい・
さびれる 862
例寂として声なし；寂然＜ジャクネ
ン・セキゼン＞, 閑寂, 静寂, 寂滅；入寂
<u>ジャク</u> 着³ チャク, きる・きせる・
つく・つける 1374
例愛着＜アイジャク・アイチャク＞,
執着＜シュウジャク・シュウチャク＞
シャクシジョウギ しゃくし定規〔杓
子定規〕 例しゃくし定規に考える
ジャぐち 蛇口 例蛇口をひねる, 水
道の蛇口
ジャクテン 弱点 例弱点を握る, 弱
点をさらけ出す 類弱み, 欠点
シャクネツ 灼熱 例灼熱の炎
ジャクネン 若年, 弱年
シャクホウ 釈放 例仮釈放 対拘
禁, 拘束
シャクヤ 借家 例借家の家賃を払

シャク－シュ

う,借家住まい ㊷貸家
シャクヨウ 借用 ㋫はしごを借用する,借用証書
シャクリョウ 酌量 ㋫情状酌量する
ジャケン 邪険〔邪慳〕 ㋫邪険にする,邪険に扱う ㊣無慈悲
シャコウ 社交 ㋫社交界の花形,社交ダンス,社交服,社交家,社交性に欠ける
シャコウ 射幸〔射倖〕 ㋫射幸心
シャコウ 藉口 ㊣口実,かこつけ
シャザイ 謝罪 ㋫過失を謝罪する,謝罪広告
シャシ 奢侈 ㋫奢侈に流れる,奢侈を極める ㊣ぜいたく,おごり
シャジツ 写実 ㋫写実的な文章,写実派の絵;写実主義
シャシン 写真 ㋫写真のフィルム,写真を撮る,写真部員,写真機(カメラ)
シャセイ 写生 ㋫自然を写生する,写生文
シャセツ 社説 ㋫社説を掲げる,中正な社説 ㊣論説
シャゼツ 謝絶 ㋫面会謝絶
シャダツ 洒脱 ㋫軽妙洒脱,洒脱な人柄 ㊣俗気のない
シャダン 遮断 ㋫交通を遮断する ㊣断ち切る,遮る
シャダンキ 遮断機 ㊣開閉機,閉止機
シャッカン 借款 ㋫円借款
ジャッカン 若干 ㋫若干問題がある,若干名
ジャッカン 弱冠〔若冠〕 ㋫弱冠20歳
ジャッキ 惹起 ㋫事件を惹起する ㊣引き起こす
シャッキン 借金 ㋫借金する,借金を質に置く,借金取り ㊷貸し金
しゃっくり しゃっくり〔吃逆〕当て字 ㋫しゃっくりが出る

シャニムニ しゃにむに,遮二無二 ㋫しゃにむに突進する ㊣むりやり,強引に
ジャノめ 蛇の目 ㋫蛇の目傘
ジャばら 蛇腹 ㋫
シャヘイ 遮蔽 ㋫塀で遮蔽する ㊣覆う
しゃべる しゃべる〔喋る〕 ㋫秘密をしゃべる,片言<かたこと>をしゃべる;おしゃべり ㊷黙る
ジャマ じゃま,邪魔 ㋫仕事のじゃまをする,ネクタイがじゃまになる,木がじゃまになって見えない,じゃま者
しゃみせん ＊三味線
シャモジ しゃもじ〔杓文字〕 ㊣しゃくし
じゃらす じゃらす ㋫犬をじゃらす ㊣じゃれさせる ㊥俗語
じゃり ＊砂利 ㋫砂利を敷く
シャリョウ 車両〔車輛〕
シャリン 車輪 ㋫大車輪
シャレ しゃれ〔洒落〕 ㋫しゃれを言う,しゃれ者,おしゃれをする
シャレイ 謝礼 ㋫謝礼する;謝礼の品,謝礼金
シャレる しゃれる〔洒落る〕 ㋫しゃれた服装,しゃれた飾り,しゃれたことをする,しゃれたことを言う
じゃれる じゃれる〔戯れる〕 ㋫小犬がじゃれる
じゃんケン じゃん拳,じゃんけん ㋫じゃん拳で順番を決める
シュ 手¹ て・た  863
(1)手・手でする・手だて ㋫手記,手芸,手工業,手術,手段,手法,手練,握手,義手,挙手,触手,着手,徒手,入手,拍手
(2)専門家・人 ㋫運転手,歌手,旗手,騎手,助手,選手,敵手,投手,捕手,名手

○改定追加漢字 ●改定追加音訓 □改定削除漢字 ■改定削除音訓 〔 〕参考表記 〔△表外漢字
▲表外音訓 ×誤用 当て字当て字〕

注＊上手＜じょうず＞, ＊下手＜へた＞

シュ　主³　ス, ぬし・おも　864
(1)あるじ・ぬし・主君 例主を仰ぐ；
主君, 主権, 主従, 主人, 主席；君
主, 戸主, 自主, 城主, 店主, 藩主,
領主　対従, 客
(2)中心・要・主な・つかさどる 例英
語を主に勉強する；主演, 主観, 主
眼, 主義, 主客, 主語, 主催, 主唱,
主食, 主体, 主題, 主張, 主任, 主
犯, 主筆, 主婦, 主役, 主要, 主流
対従, 支

シュ　守³　ス, まもる・もり　865
例守衛, 守護, 守勢, 守戦, 守備；
看守, 厳守, 固守, 好守, 攻守, 死
守, 順守, 鎮守, 保守, 墨守

シュ　朱　―　866
例朱に交われば赤くなる, 朱を入れ
る；朱肉

シュ　取³　とる　867
例取材, 取捨選択, 取得；詐取, 採取,
搾取, 進取, 摂取, 先取, 奪取, 聴取

シュ　狩　かる・かり　868
例狩猟

シュ　首²　くび　869
例首位, 首唱, 首相, 首席, 首都,
首脳, 首尾, 首府, 首領；機首, 元
首, 絞首刑, 自首, 船首, 党首, 部首

シュ　殊　こと　870
例殊勲, 殊勝；特殊

シュ　珠　―　871
例珠玉, 珠算；真珠, 連珠
注＊数珠＜じゅず＞

シュ　酒³　さけ・さか　872
例酒宴, 酒肴＜シュコウ＞, 酒豪,
酒食, 酒造；飲酒, 禁酒, 清酒, 洋
酒　注＊お神酒＜おみき＞

シュ　腫　はれる・はらす　873
例腫瘍＜シュヨウ＞；筋腫, 浮腫

シュ　種⁴　たね　874
(1)たね 例種子；接種
(2)種類 例この種の事件；種々, 種族,
種別, 種目, 種類；異種, 各種, 雑
種, 人種, 特種, 品種

シュ　趣　おもむき　875
例趣向, 趣旨, 趣致, 趣味；佳趣,
雅趣, 興趣, 詩趣, 情趣, 別趣, 野趣

シュ　修⁵　シュウ, おさめる・お
さまる　893
例修行, 修業, 修羅場

シュ　衆⁶　シュウ　900
例衆生＜シュジョウ＞, 大衆＜ダイ
シュ＞　注仏教語

ジュ　寿　ことぶき　876
例寿像, 寿命；長寿, 米寿

ジュ　受³　うける・うかる　877
例受験, 受講, 受賞, 受信, 受精,
受諾, 受動, 受難, 受納, 受容, 受
理, 受領；感受, 甘受, 感受性, 享
受, 収受, 拝受

ジュ　呪　のろう　878
例呪術, 呪詛＜ジュソ＞, 呪縛, 呪文

ジュ　授⁵　さずける・さずかる　879
例授業, 授権, 授産, 授受, 授乳,
授与；教授, 伝授

ジュ　需　―　880
例需給, 需要；軍需, 特需, 必需

ジュ　儒　―　881
例儒学, 儒教, 儒者；大儒

ジュ　樹⁶　―　882
(1)生えている木・木材 例樹影, 樹下,
樹脂, 樹上, 樹皮, 樹氷, 樹木, 樹
齢；果樹, 植樹, 針葉樹
(2)打ち立てる・設立する 例樹徳, 樹立

ジュ　就⁶　シュウ, つく・つける　899
例成就＜ジョウジュ＞

ジュ　従⁶　ジュウ・ショウ, した
がう・したがえる　913

明朝体の右肩の数字は配当学年　末尾の数字は常用漢字表番号　（　）許容　類類義同意語　対反対対照語
関関連語　学学術用語

| | |
|---|---|
| | 例従〜位 旺「従三位」は「ジュサンミ」と読む。 |
| シュイ 趣意 例趣意を理解する<br>働趣旨 | |
| シュウ 雌雄 例雌雄を決する，雌雄異株＜イシュ＞ | |
| シュウ 執 シツ，とる 834<br>例執心，執着，執念；固執＜コシュウ・コシツ＞ | |
| シュウ 収⁶ おさめる・おさまる 883<br>(1)収める・取り入れる例収益，収穫，収支，収拾，収集，収入，収納，収容，収録；回収，吸収，月収，減収，実収，増収，徴収，買収，没収，領収　対支<br>(2)取り払う例撤収<br>(3)ちぢまる例収縮<br>(4)捕らえる例収監 | |
| シュウ 囚 ― 884<br>例囚役，囚獄，囚人，囚徒；女囚，死刑囚；幽囚 | |
| シュウ 州³ す〔洲〕 885<br>例奥州，欧州，九州，本州，満州 | |
| シュウ 舟 ふね・ふな 886<br>例舟運，舟航，舟艇 | |
| シュウ 秀 ひいでる 887<br>例秀逸，秀歌，秀句，秀才，秀作，秀抜，秀麗；俊秀，優秀 | |
| シュウ 周⁴ まわり 888<br>例周囲，周旋，周知，周到，周年，周波，周辺；1周，円周，半周 | |
| シュウ 宗⁶ ソウ 889<br>例宗教，宗旨，宗祖，宗徒，宗派；改宗，真宗，禅宗 | |
| シュウ 拾³ ジュウ，ひろう 890<br>例拾遺，拾得 | |
| シュウ 秋² あき 891<br>例秋雨，秋季，秋分，秋涼，秋冷；今秋，春秋＜シュンジュウ＞，初秋， | 麦秋，晩秋，立秋 |
| シュウ 臭 くさい・におう 892<br>例臭覚，臭気，臭素；悪臭，異臭，俗臭，体臭 | |
| シュウ 修⁵ シュ，おさめる・おさまる 893<br>(1)修める例修学，修業，修身，修道，修得，修養，修了，修練；自修，専修，必修<br>(2)直し・直す例修正，修繕，修訂，修復，修補，修理；改修<br>(3)編集する・編纂＜ヘンサン＞する例修史；監修，編修<br>(4)飾る例修辞，修飾 | |
| シュウ 袖 そで 894<br>例領袖 | |
| シュウ 終³ おわる・おえる 895<br>例終業，終極，終局，終結，始終，終止，終身，終生，終盤；始終，有終，臨終　対始 | |
| シュウ 羞 ― 896<br>例羞恥心，含羞 | |
| シュウ 習³ ならう 897<br>(1)習う・学ぶ・身につける例習作，習字，習得，習練；演習，学習，講習，自習，実習，独習，復習，補習，予習，練習<br>(2)しきたり・ならわし・習慣例習慣，習性；悪習，因習，慣習，旧習，常習，風習 | |
| シュウ 週² ― 898<br>例週刊，週間，週期，週休，週末；今週，毎週 | |
| シュウ 就⁶ ジュ，つく・つける 899<br>例就学，就業，就航，就職，就寝，就任；去就＜キョシュウ＞ | |
| シュウ 衆⁶ シュ 900<br>例博愛衆に及ぼす；衆寡，衆議，衆 | |

知, 衆望, 衆目;会衆, 観衆, 公衆, 大衆, 聴衆, 民衆

シュウ 集³ あつまる・あつめる・つどう 〔輯〕 901
例集荷, 集金, 集権, 集成, 集中, 集配, 集落, 集録;歌集, 群集, 結集, 採集, 召集, 特集, 文集, 編集, 募集, 密集 対散

シュウ 愁 うれえる・うれい 902
例愁思, 愁傷, 愁色, 愁嘆;哀愁, 郷愁, 悲愁, 憂愁, 旅愁

シュウ 酬 — 903
例酬恩, 酬答;応酬, 献酬, 報酬

シュウ 醜 みにくい 904
例醜悪, 醜怪, 醜行, 醜状, 醜態, 醜聞;美醜 対美

シュウ 蹴 ける 905
例蹴球;一蹴

シュウ 襲 おそう 906
(1)攻める・襲う 例襲撃, 襲来;奇襲, 強襲, 空襲, 来襲
(2)継ぐ・あとを襲う 例襲爵, 襲名;世襲, 踏襲

シュウ 祝⁴ シュク, いわう 919
例祝言, 祝儀

ジュウ 自由 例自由と平和, 人間の自由を求める, 言論の自由, 手が自由に利かない, 自由にふるまう;自由意志, 自由行動, 自由形, 自由業, 自由競争, 自由経済, 自由主義

ジュウ 拾³ シュウ, ひろう 890
例拾円, 拾億円

ジュウ 十¹ ジッ, とお・と 907
例十悪, 十五夜, 十字架, 十二支, 十二指腸, 十能, 十八番, 十文字;五十音, 四十八手, 赤十字
注＊十重二十重＜とえはたえ＞, ＊二十・二十歳＜はたち＞, ＊二十日＜はつか＞

ジュウ 汁 しる 908
例果汁, 墨汁, 一汁一菜

ジュウ 充 あてる 909
例充血, 充実, 充足, 充電, 充当, 充満;拡充, 補充

ジュウ 住³ すむ・すまう 910
例住居, 住持, 住所, 住職, 住宅, 住人, 住民;安住, 移住, 衣食住, 永住, 居住, 常住, 定住

ジュウ 柔 ニュウ, やわらか・やわらかい 911
例柔順, 柔道, 柔軟;懐柔, 軟柔, 優柔

ジュウ 重³ チョウ, え・おもい・かさねる・かさなる 912
(1)重い・重さ 例重金属, 重工業, 重砲, 重量, 重力;体重, 比重
(2)たいせつである・重要である・重んずる 例重視, 重商主義, 重職, 重臣, 重責, 重鎮, 重点, 重任, 重役, 重用
(3)程度がひどい 例重患, 重罪, 重症, 重傷, 重税, 重態, 重病;厳重
(4)軽々しくない 例重厚
(5)重ねる 例重箱, 重出, 重箱, 重版, 重犯;三重, 三重丸, 二重

ジュウ 従⁶ ショウ・ジュ, したがう・したがえる 913
(1)従う・そのとおりにする・おとなしい 例従者, 従順, 従属;屈従, 侍従, 主従, 追従, 服従;従兄
(2)物事をするときの立場 例従業, 従軍, 従事;専従
(3)それまでどおり 例従前, 従来

ジュウ 渋 しぶ・しぶい・しぶる 914
例渋滞, 渋面;難渋

ジュウ 銃 — 915
例銃を構える;銃火, 銃眼, 銃刑, 銃撃, 銃剣, 銃口, 銃殺, 銃身, 銃弾;機関銃

ジュウ 獣 けもの 916

明朝体の右肩の数字は配当学年　末尾の数字は常用漢字表番号　( )許容　㊞類義同意語　㊵反対対照語
㊻関連語　㊐学術用語

- **ジュウ** 例獣医, 獣疫, 獣肉, 獣類；鳥獣, 猛獣, 野獣 ㊙きん
- **ジュウ 縦**[6] **たて** 917
  例縦横, 縦貫, 縦走, 縦隊, 縦断, 縦覧；放縦 ㊤横
- **ジュウ 中 チュウ, なか**〔……じゅう〕 1376
  ㊟改定常用漢字表では「ジュウ」は1字下げ.
  例世界中, 年が年中 ㊐全部の意.
- **シュウイ 周囲** 例周囲の事情, 周囲に木を植える, 家の周囲は林だ
- **シュウウ 驟雨** 例驟雨に出会う ㊙にわか雨, 夕立
- **シュウエキ 収益** 例収益を上げる, 副業の収益 ㊙利益
- **ジュウオウ 縦横** 例縦横に活躍する, 縦横無尽の働き
- **シュウカ 集荷**〔蒐荷〕
- **シュウカク 収穫**〔収獲〕 例秋の収穫, 米の収穫量, 収穫物；旅行の収穫
- **ジュウがた 自由形, 自由型** 例400メートル自由形；レスリングの自由型
- **シュウカン 習慣** 例習慣は第二の天性, 習慣をつける, 土地の習慣 ㊙習わし, 風習, 癖
- **シュウカン 週刊** 例週刊誌, 週刊新聞（紙）㊙日刊, 月刊, 年刊
- **シュウカン 週間** 例1週間, 交通安全週間, 新聞週間, 週間論調 ㊙旬間
- **シュウキ 周忌** 例祖父の七周忌
- **シュウキ 周期** 例振り子の周期, 周期運動, 周期律
- **シュウキ 秋季, 秋期** 例秋季運動会；秋期株主総会
- **シュウキ 臭気** 例臭気抜き, 臭気止め ㊙悪臭
- **シュウギ 祝儀**〔祝義〕 例祝いの儀式；心づけ, チップ ㊟シュク（祝）がシュウ（祝〜）になったもの.
- **ジュウキ 什器** ㊙器物
- **シュウキどめ 臭気止め** 例臭気止めの薬
- **シュウキュウ 蹴球** ㊙サッカー
- **シュウキョウ 宗教** 例宗教心, 宗教家, 宗教改革, 宗教団体；新興宗教
- **シュウギョウ 修業** 例修業に励む, 修業証書 ㊟「シュギョウ」とも言う.
- **シュウギョウ 終業** 例終業する, 終業式 ㊤始業
- **シュウギョウ 就業** 例午前9時に就業する, 就業規則
- **ジュウギョウ 従業** 例従業員
- **シュウキョク 終局** 例終局を迎える；終局後の検討〔囲碁の打ち終わり〕
- **シュウキョク 終極** 例終極の目的 ㊙果て, 終わり
- **シュウギョトウ 集魚灯**〔集漁灯〕
- **シュウケツ 終結, 終決** 例事態が終結する
- **シュウケツ 集結** 例部隊が集結する
- **シュウコウ 修好, 修交** 例修好条約
- **シュウシ 終始** 例終始ігоになって尽力する, 彼の態度は終始一貫している
- **ジュウシ 重視** 例原因を重視する, 成績よりも人柄を重視して採用する ㊤軽視
- **ジュウジ 従事** 例漁業に従事する, 家事従事
- **シュウジツ 終日** 例終日読書をして過ごす ㊙ひねもす
- **ジュウジツ 充実** 例充実した夏休みを過ごす, 内容が充実する
- **ジュウシマツ じゅうしまつ**〔十姉妹〕 例じゅうしまつを飼う
- **シュウシュウ 収拾** 例収拾がつかない, 事態の収拾に当たる, 収拾策
- **シュウシュウ 収集**〔蒐集〕 例切手

---

○改定追加漢字　●改定追加音訓　□改定削除漢字　■改定削除音訓　〔 〕参考表記　〔△表外漢字〕　▲表外音訓　×誤用　〔当て字〕当て字〕

| | |
|---|---|
| を収集する, 収集家 | ジュウダイ **重大** 例重大な任務, 事は重大だ, 重大発表 |
| シュウシュク **収縮** 例事業の規模を収縮する, ゴムの収縮, 筋肉の収縮 | シュウタイセイ **集大成** 例これまでの著作を集大成する |
| シュウジュク **習熟** 例操作に習熟する | ジュウタク **住宅** 例住宅街, 住宅公団, 住宅難;公団住宅, 市営住宅 |
| ジュウジュン **柔順** 例飼い主に柔順な犬 類温順 | シュウダン **集団** 例集団就職,集団生活 |
| ジュウジュン **従順** 例命令に従順だ, 飼い主に従順な犬 類素直 | ジュウタン **じゅうたん**〔絨毯,絨緞〕例じゅうたんを敷く 関カーペット |
| ジュウショウ **重症** 例重症患者 対軽症 | シュウチ **周知** 例周知の事実, 周知させる |
| ジュウショウ **重傷** 例全治3か月の重傷を負う 対軽傷 | シュウチ **衆知**〔衆智〕例衆知を集める |
| シュウショク **修飾** 例文を修飾する, 修飾語, 修飾文節 団文法用語 | シュウチ **羞恥** 例羞恥心 類はにかみ, 恥じらい, 恥ずかしさ |
| シュウショク **就職** 例銀行に就職する, 就職口, 就職先, 就職難だ, 就職状況 | シュウチャク **執着**〔執著〕例執着心 注「シュウジャク」とも言う。 |
| ジュウジロ **十字路** 例町の十字路 | シュウチャク **終着** 例終着駅, 終着地 対始発 |
| シュウシン **就寝** 例就寝時間 類就床, 就眠 対起床 | シュウチャク **祝着** 例祝着至極 |
| シュウセイ **修正** 例修正案 | シュウチュウ **集中** 例神経を集中する, 集中攻撃 |
| シュウセイ **修整** 例原板を修整する, 修整液 | シュウチョウ **酋長** 類族長 |
| シュウセイ **終生**〔終世〕例終生忠誠を誓う 類一生, 終身 | シュウテン **終点** 例終点に到着する, バスの終点 対起点 |
| シュウセイ **習性** 例動物の習性 | ジュウテン **充填** 例赤字を充填する 類穴埋め, 詰める, 詰め込む |
| シュウセン **終戦** 例終戦直後の混乱, 終戦時 対開戦, 休戦 | ジュウテン **重点** 例調査の重点, 重点的に調査する |
| シュウゼン **修繕** 例タイヤを修繕する | シュウトウ **周到** 例用意が周到だ, 周到な計画 |
| ジュウソウ **重曹** | ジュウドウ **柔道** 例柔道家, 柔道着, 柔道場, 柔道初段 類柔術 |
| シュウソウレツジツ **秋霜烈日** | シュウトク **拾得** 例拾得物を届け出る |
| シュウソク **終息**〔終熄〕例終息する, 終息の地 | シュウトク **修得** 例技術を修得する |
| ジュウゾク **従属** 例従属的な関係 | シュウトク **習得** 例語学を習得する |
| シュウタイ **醜態**〔醜体〕例醜態を演ずる | シュウニュウ **収入** 例収入が増える, 収入役, 収入印紙 対支出 |
| ジュウタイ **重体**,重態 例患者が重体に陥る | シュウニン **就任** 例会長に就任する 対辞任 |
| ジュウタイ **渋滞** 例交通渋滞 | |

明朝体の右肩の数字は配当学年　末尾の数字は常用漢字表番号　( )許容　類類義同意語　対反対対照語　関関連語　学学術用語

| | |
|---|---|
| **ジュウニンなみ　十人並み**(十人並)<br>例十人並みの器量 | **シュウラン　収攬**　例人心を収攬する |
| **シュウネン　執念**　例執念深い | **シュウリ　修理**　例機械を修理する, 修理工 ㊥修繕 |
| **シュウノウ　収納**　例品物を収納する, 税金の収納 | **シュウリョウ　修了**　例教養課程を修了する, 修了証書 |
| **ジュウばこ　重箱**　例料理を重箱に詰める；重箱読み | **シュウリョウ　終了**　例試合が終了する, 終了時間　㊥開始 |
| **シュウビ　愁眉**　例愁眉を開く（㊟「ほっとする」の意） | **ジュウリョウあげ　重量挙げ**(重量挙)　㊥ウエートリフティング |
| **ジュウフク　重複**[重復]　例名簿の氏名が重複する　㊟「チョウフク」とも言う。 | **ジュウリョク　重力**　例地球の重力　㊥引力 |
| **シュウブン　秋分**　例秋分の日　㊥春分 | **ジュウリン　蹂躙**　例人権蹂躙　㊥踏みにじる,（人権）侵害 |
| **ジュウブン　じゅうぶん,十分,充分**　例これでじゅうぶんだ, 時間はじゅうぶんある, じゅうぶん休養した, じゅうぶん尽くした　㊥ふじゅうぶん, 不足 | **シュウレン　修練,習練,修錬**　例心身を修練する, 練達を積む；水泳の特訓 |
| | **シュウロク　収録,集録**　例文学全集に収録する；資料を集録する |
| **シュウヘン　周辺**　例森の周辺, 家の周辺にしだいに家が建つ | **シュウワイ　収賄**　例収賄罪　㊥贈賄 |
| **ジュウホウ　什宝**　例寺の什宝　㊥宝物 | **シュエイ　守衛**　例工場の守衛 |
| **シュウマツ　終末**　例事件の終末 | **シュエン　主演**　例映画に主演する, 主演女優　㊥助演 |
| **シュウマツ　週末**　例週末旅行　㊥年末, 月末 | **シュカイ　首魁**　例密輸団の首魁　㊥首謀者, 首領　㊟法令では「主謀者」を用いる。 |
| **ジュウミン　住民**　例町の住民, 住民登録, 住民票 | **シュカン　主観**　例主観と客観, 主観的な物の考え方, 主観性　㊥客観 |
| **ジュウヤク　重役**　例会社重役, 重役会, 重役室　㊥重職；藩の重役㊥家老 | **シュガン　主眼**　例研究の主眼　㊥眼目 |
| **シュウヨウ　収容**　例収容する, 収容人員, 収容所 | **シュギ　主義**　例主義を異にする, 主義主張；民主主義, 自由主義, 社会主義, 共産主義, 封建主義, 利己主義 |
| **シュウヨウ　修養**　例修養する, 修養を積む；精神修養 | **シュギョウ　修業,修行**　例医学を修業する；武者修行 |
| **ジュウヨウ　重要**　例重要な問題, 重要参考人 | **ジュギョウ　授業**　例授業をする, 授業料, 授業時間 |
| **ジュウライ　従来**　例従来の方法, 従来の慣習 | **シュク　叔—**　918<br>例叔母, 叔父　㊟＊叔父＜おじ＞, ＊叔母＜おば＞ |
| **シュウラク　集落**[聚落]　例集落の分布 | **シュク　祝⁴　シュウ**, いわう　919<br>例祝賀, 祝祭, 祝祭日, 祝辞, 祝日, |

○改定追加漢字　●改定追加音訓　□改定削除漢字　■改定削除音訓　〔 〕参考表記　〔△表外字〕
▲表外音訓　×誤用　当て字あて字

祝典, 祝電, 祝福；慶祝
注＊対詞＜のりと＞

シュク 宿³ やど・やどる・やどす 920
(1)宿る・やど 例宿営, 宿駅, 宿直, 宿泊；合宿, 寄宿, 下宿, 止宿, 星宿, 投宿, 露宿＜ロジュク＞
(2)前もっての・以前からの・長い間 例宿縁, 宿願, 宿業＜シュクゴウ＞, 宿題, 宿敵, 宿望, 宿命
(3)古い・年功の 例宿将, 宿老

シュク 淑 — 921
例淑女；私淑, 貞淑

シュク 粛 — 922
例粛正, 粛清, 粛然；厳粛, 静粛

シュク 縮⁶ ちぢむ・ちぢまる・ちぢめる・ちぢれる・ちぢらす 923
例縮減, 縮刷, 縮写, 縮尺, 縮小, 縮図；恐縮, 緊縮, 伸縮, 濃縮

ジュク 塾 — 924
例英語の塾に通う, 家塾, 私塾, 珠算塾

ジュク 熟⁶ うれる 925
例熟れる, 熟考, 熟視, 熟睡, 熟達, 熟知, 熟読, 熟年, 熟慮, 熟練；円熟, 成熟

シュクア 宿痾 類宿患, 持病
シュクガ 祝賀 例鉄道貫通祝賀式 類慶賀
ジュクゴ 熟語 例英語の熟語
シュクジ 祝辞 例祝辞を述べる, 来賓の祝辞 類祝詞
シュクシャ 宿舎 例国民宿舎
シュクジョ 淑女 例紳士淑女
シュクショウ 縮小〔縮少〕 例軍備を縮小する, 規模を縮小する 対拡大
シュクする 祝する 例二人の前途を祝する
ジュクする 熟する 例木の実が熟する, 実行の時が熟す；珠算に熟している

シュクセイ 粛正 例綱紀を粛正する
シュクセイ 粛清 例反対派を粛清する, 血の粛清
シュクダイ 宿題 例国語の宿題, この問題は来年の宿題にしよう
ジュクタツ 熟達 例機械操作に熟達する, 英会話に熟達する
ジュクチ 熟知 例町の地理を熟知している
シュクハイ 祝杯〔祝盃〕 例祝杯を上げる
シュクハク 宿泊 例ホテルに宿泊する, 宿泊地, 宿泊料
シュクフク 祝福 例新しい門出を祝福する, 前途を祝福する
シュクボウ 宿望 例宿望を達成する
注「シュクモウ」とも言う。
シュクメイ 宿命 例悲しい宿命に泣く, 悲しい宿命を背負う, 宿命論
ジュクリョ 熟慮 例熟慮のうえ返答する, 熟慮断行 類熟考
ジュクレン 熟練 例仕事に熟練する, 熟練工
シュゲイ 手芸 例手芸品, 手芸教室
ジュケン 受検 例受検証 注検査を受けるの意。
ジュケン 受験 例高校を受験する, 受験勉強, 受験資格, 受験料, 受験番号, 受験票 注試験を受けるの意。
シュゴ 守護 例城を守護する, 神の守護を祈る, 守護神
シュコウ 趣向〔趣好〕 例趣向を凝らす
シュコウギョウ 手工業 類家内工業 対機械工業
シュコウリョウ 酒肴料 類慰労金, 金一封
シュサイ 主宰 例研究会を主宰する
シュサイ 主催 例新聞社主催の展覧会, 主催者 対共催, 後援

---
明朝体の右肩の数字は配当学年　末尾の数字は常用漢字表番号　（　）許容　類類義同意語　対反対対照語
関関連語　学学術用語

| | |
|---|---|
| シュザイ　取材 | 例事件の取材に当たる，取材記者，取材活動，民謡に取材した物語 |
| シュザン　珠算 | 例珠算の検定試験，珠算塾 |
| シュシ　主旨 | 例主旨を納得する，主旨を徹底させる　類意味，趣意 |
| シュシ　趣旨 | 例会結成の趣旨を明らかにする　類趣意 |
| シュジュ　種々 | 例種類は種々あります，種々雑多 |
| シュジュツ　手術 | 例手術を受ける，手術室，手術台 |
| シュショウ　主将，首将 | 例野球部の主将；合戦で相手の首将を討つ |
| シュショウ　主唱，首唱 | 例感覚派の主唱者；今回の計画は彼の首唱によるものだ |
| シュショウ　首相 | 類内閣総理大臣 |
| ジュショウ　受章，授章 | 例文化勲章を受章する，受章者；授章式 |
| ジュショウ　受賞，授賞 | 例ノーベル賞を受賞する，受賞者；授賞式 |
| じゅず　＊数珠 | 例数珠を掛ける，数珠玉；数珠つなぎ |
| ジュスイ　入水 | 注「ニュウスイ」とも言う． |
| シュセキ　手跡〔手蹟〕 | 例手跡を鑑定する　類筆跡 |
| シュセキ　主席 | 例中華人民共和国主席 |
| シュセキ　首席 | 例首席で通す；首席代表，首席全権，首席家老，首席家臣　類筆頭　対次席，末席 |
| シュセン　酒仙 | 例酒仙李白＜リハク＞ |
| ジュソ　呪詛〔呪咀〕 | 例呪詛の言葉　類呪い |
| ジュゾウ　受像 | 例鮮明な受像，受像機　対送像 |
| シュタイ　主体 | 例会の主体となって活動する，主体と客体，主体性 |
| シュダイ　主題 | 例小説の主題，映画の主題曲 |
| シュダイ　首題 | 例経典の首題 |
| シュダン　手段 | 例手段を選ぶ，手段を選ばず　類方法，手だて |
| ジュチュウ　受注〔受註〕 | 例出血受注，受注量　対発注 |
| シュチョウ　主張 | 例主張を撤回する，強硬に主張する，主義主張 |
| シュチョウ　首長〔主長〕 | 例地方自治体の首長 |
| シュツ　出¹　スイ，でる・だす　926 | 例出演，出荷，出願，出勤，出家，出欠，出血，出資，出所，出場，出色，出身，出張，出典，出頭，出版，出費；演出，供出，傑出，検出，歳出，支出，提出，搬出，放出，輸出入，露出　対入，欠 |
| ジュツ　述⁵　のべる　927 | 例述懐，述語；記述，供述，口述，後述，詳述，著述，陳述，論述 |
| ジュツ　術⁵　—　928 | 例術をめぐる，術にかかる；術語，術策；医術，学術，奇術，技術，芸術，手術，忍術，馬術，秘術，美術，魔術，話術 |
| シュツエン　出捐，出えん | 例地方公共団体の出資・出捐　注法令では「出えん」． |
| シュツエン　出演 | 例映画に出演する，出演者，出演料 |
| シュッカ　出荷 | 例野菜を出荷する |
| シュッキン　出勤 | 例会社へ出勤する，出勤状況 |
| シュッケ　出家 | 例髪を下ろして出家する　対在家 |
| シュッケツ　出欠 | 例出欠をとる |
| シュッケツ　出血 | 例出血がひどい； |

○改定追加漢字　●改定追加音訓　□改定削除漢字　■改定削除音訓　〔　〕参考表記　△表外漢字
▲表外音訓　×誤用　当て字＜当て字＞

出血大サービス, 出血受注

**ジュッコウ** 熟考 例熟考のうえ決定する 類熟慮

**シュッショ** 出所,出処 例刑期を終えて出所する, 仮出所；出処進退

**シュッショウ** 出生 例出生地, 出生年月日 注「シュッセイ」とも言う。

**シュツジョウ** 出場 例大会に出場する, 出場種目 対欠場, 退場

**シュッシン** 出身 例出身地,出身校, 北海道出身

**シュッセ** 出世 例出世する, 出世頭, 出世作

**シュッチョウ** 出張 例大阪に出張する, 出張員, 出張所

**シュットウ** 出頭 例裁判所に出頭する, 出頭命令

**シュツドウ** 出動 例消防隊が出動する

**シュツバ** 出馬 例大物が出馬する, 選挙に出馬する

**シュッパツ** 出発 例出発する, 出発時刻, 出発点

**シュッパン** 出帆 例出港, 船出

**シュッパン** 出版 例書物を出版する, 出版物, 出版権, 出版社

**シュツラン** 出藍 例出藍の誉れ

**シュト** 首都 例イギリスの首都ロンドン 類首府

**ジュドウ** 受動 例受動的だ 対能動

**ジュナン** 受難 例キリストの受難史, 受難者

**シュノウ** 首脳 例財界の首脳, 首脳会議, 首脳部 類幹部

**シュハン** 主犯〔首犯〕 例主犯を逮捕する 対従犯, 共犯

**シュハン** 首班〔主班〕 例内閣の首班を指names さす 例内閣総理大臣

**ジュバン** ジュバン〔襦袢当て字〕 類肌着 注ポルトガル語「ジバン」

のなまり。

**シュビ** 守備 例守備が堅い 対攻撃

**シュビ** 首尾 例文章の首尾を整える, 首尾一貫している；首尾を案じる, 首尾は上々だ, 首尾よく合格できた

**シュヒン** 主賓 例パーティーの主賓

**シュフ** 主婦 例専業主婦

**シュフ** 首府 例アメリカの首府ワシントン 類首都

**シュベツ** 種別 例運転免許の種別

**シュホウ** 手法 例小説の手法 類方法, 技巧 注特に芸術作品。

**シュボウ** 首謀,主謀 例事件の首謀者

**シュミ** 趣味 例釣りに趣味がある, 趣味がよい, 趣味のよい庭

**ジュミョウ** 寿命 例寿命が縮まる思い, 寿命の短い手袋

**シュヤク** 主役 例主役を演じる 対脇役

**ジュヨ** 授与 例文化勲章を授与する, 卒業証書授与式

**シュヨウ** 主要 例主要な点について, 主要道路 類重要

**シュヨウ** 腫瘍 例悪性の腫瘍 類腫れ物, おでき

**ジュヨウ** 需要,需用 例需要が増大する, 需要と供給の法則 対供給；需用費, 需用電力

**ジュリ** 受理 例願書を受理する

**シュリュウダン** 手榴弾 類手投げ弾

**シュリョウ** 狩猟 例狩猟シーズン

**シュルイ** 種類 例植物の種類, 種類別

**シュワン** 手腕 例手腕を発揮する, 手腕家

**シュン** 俊 —  929
例俊英, 俊傑, 俊才, 俊秀, 俊足, 俊敏, 俊英

**シュン** 春² はる  930
例春夏秋冬, 春季, 春菊, 春秋, 春

| | |
|---|---|
| | 分, 春眠;思春期, 初春, 新春, 青春, 早春, 晩春, 陽春, 立春 |
| シュン 瞬 またたく 931 | 例瞬間, 瞬時;一瞬 |
| シュン 旬 ジュン〔しゅん〕 932 | 例旬の野菜, まつたけは今が旬だ 注改定常用漢字表では「シュン」は1字下げ. |
| ジュン 旬 シュン 932 | 例旬刊, 旬日, 旬報;上旬 注改定常用漢字表では「シュン」は1字下げ. |
| ジュン 巡 めぐる 933 | 例巡演, 巡回, 巡業, 巡航, 巡幸, 巡査, 巡察, 巡視, 巡礼;一巡 |
| ジュン 盾 たて 934 | 例矛盾 |
| ジュン 准 — 935 | 例准教授;批准 注「準」の別字. |
| ジュン 殉 — 936 | 例殉愛, 殉教, 殉国, 殉死, 殉職, 殉難 |
| ジュン 純[6] — 937 | 例純益, 純化, 純金, 純銀, 純潔, 純情, 純真, 純粋, 純然, 純白, 純文学, 純綿, 純毛, 純良;清純, 単純, 不純 |
| ジュン 循 — 938 | 例循環;因循 |
| ジュン 順[4] — 939 | 例順に並ぶ;順位, 順延, 順序, 順逆, 順境, 順次, 順序, 順守, 順応, 順番, 順風, 順法, 順路;温順, 恭順, 従順, 柔順, 打順, 手順, 不順, 筆順, 道順 対逆 |
| ジュン 準[5] — 940 | 例準急, 準拠, 準禁治産者, 準決勝, 準備, 準用;基準, 水準, 標準 |
| ジュン 潤 うるおう・うるおす・うるむ 941 | 例潤滑油, 潤色, 潤沢;浸潤, 利潤 |
| ジュン 遵 — 942 | 例遵守, 遵法, 遵奉 |
| ジュンイ 順位 例順位を決定する |
| ジュンエン 順延 例雨天順延 |
| ジュンオウ 順応 例環境に順応する, 順応性 注普通は「ジュンノウ」と読む. |
| ジュンおくり 順送り 例順送りの当番 |
| ジュンカ 順化〔馴化〕 例熱帯植物の順化 |
| ジュンカイ 巡回 例各地を巡回する, 巡回相談, 巡回図書館, 巡回映画 |
| シュンカン 瞬間 例瞬間に消える 類一瞬, 瞬時 |
| ジュンカン 循環〔循還〕 例血液の循環, 循環器 |
| シュンキ 春季, 春期 例春季運動会;春期株式総会 対秋季(期) |
| シュンキョ 峻拒 例要求を峻拒する 類拒絶, 拒否 |
| ジュンギョウ 巡業〔巡×行〕 例各地を巡業する, 巡業地, 地方巡業 |
| ジュンぐり 順繰り 例順繰りに回る |
| ジュンケツ 純潔 例純潔を守る, 純潔教育 |
| ジュンケッショウ 準決勝 |
| シュンゲン 峻厳 例峻厳な処置 類厳格, 厳しい, 冷厳 |
| シュンコウ 竣工 例新社屋が竣工する 類完工, 落成, 完成 対起工 |
| シュンサイ 俊才〔×駿才〕 例～博士門下の俊才 類英才, 秀才 |
| ジュンシ 巡視 例会場を巡視する, 巡視船 類巡察, 巡検 |
| ジュンシ 殉死 例殉死する |
| ジュンジ 順次 例判明しだい順次連絡します |
| ジュンシュ 順守, 遵守 例命令を順守する |

○改定追加漢字 ●改定追加音訓 □改定削除漢字 ■改定削除音訓 〔 〕参考表記〔△表外漢字 ▲表外音訓 ×誤用 当て字当て字〕

| | |
|---|---|
| シュンジュウ 春秋 例春秋に富む；春秋の筆法 | ジュンビ 準備 例仕事の準備をする，開会式の準備 類用意，支度 |
| シュンジュン 逡巡 例土壇場になって逡巡する 類尻込み，ためらい | ジュンプウビゾク 醇風美俗 例醇風美俗の土地柄 類良風美俗 |
| ジュンジュン じゅんじゅん〔諄々〕例じゅんじゅんと諭す | ジュンプウマンパン 順風満帆 例順風満帆の人生 |
| ジュンジュンに 順々に 例順々に並べる | シュンベツ 峻別 例人材を峻別する |
| ジュンジョ 順序 例順序が狂う，順序を踏む，順序不同 | ジュンポウ 順法，遵法 例順法闘争 |
| ジュンじる 殉じる 例使命に殉じる 注「殉ずる」とも言う。 | ジュンボク 純朴〔醇朴〕例純朴な風土，純朴な青年 |
| ジュンじる 準じる 例前例に準じて処理する 注「準ずる」とも言う。 | シュンメ 駿馬 類良馬，名馬 |
| ジュンショク 殉職 例事故で殉職する，殉職者 | ジュンメン 純綿 例純綿のシャツ |
| ジュンシン 純真〔純心〕例純真な少年 対不純 | ジュンモウ 純毛 例純毛の生地 類混毛，混紡，純綿，化繊 |
| ジュンスイ 純粋 例純粋な気持ち，純粋な心；純粋数学，純粋理性 | ジュンラ 巡邏 例盛り場の巡邏 類巡回，見回り，パトロール |
| ジュンずる 殉ずる 注「殉じる」とも言う。 | ジュンレイ 巡礼，順礼 例巡礼歌 |
| ジュンずる 準ずる 注「準じる」とも言う。 | ショ 処⁶ ― 943 (1)場所 例処々，各処，居処 (2)処する・扱う・さばく・もてなす 例処刑，処決，処遇，処世，処断，処置，処罰，処分，処方，処務，処理 (3)家に居る・居処 例処女 |
| シュンセイ 竣成 例竣成記念 類落成，完成 | |
| シュンセツ 浚渫 例浚渫船 | |
| シュンソク 俊足 例〜門下の俊足 類秀才，逸材 | |
| シュンソク 駿足 例駿足を飛ばす，駿足のランナー | ショ 初⁴ はじめ・はじめて・はつ・うい・そめる 944 例初演，初夏，初期，初段，初秋，初春，初心，初代，初対面，初冬，初等，初版，初歩；最初，当初 |
| ジュンチョウ 順調 例経過は順調だ，順調に進展している 対不調 | |
| シュンドウ 蠢動 例不穏分子の蠢動を制する 類うごめく | ショ 所³ ところ 945 (1)ところ・ところ 例居所，近所，住所，地所，場所，名所 (2)機関・役所 例刑務所，支所，事務所，出張所，関所，託児所，奉行所，変電所，保健所，役所 (3)するところのもの・されるもの・結果 例所感，所管，所見，所存，所思，所得，所要，所用，所領，所労 |
| ジュンノウ 順応 例環境に順応する 類適応 注「ジュンオウ」とも言う。 | |
| ジュンパイ 巡拝 例霊場を巡拝する | |
| ジュンパク 純白 例純白の毛皮 | |
| | ショ 書² かく 946 (1)書物・書籍 例書を読む；書院，書 |

ショ 庫, 書庫, 書店;聖書, 著書, 図書, 読書, 洋書
(2)書類・書き物・手紙・書体 例書を習う;書簡, 書式, 書状, 書体, 書道;遺書, 願書, 行書, 証書, 浄書, 草書, 調書, 白書, 文書
(3)人 例書家, 書記, 書生;司書, 秘書

ショ 庶 — 947
例庶民, 庶務

ショ 暑³ あつい 948
例暑中;炎暑, 寒暑, 酷暑, 残暑, 避暑 対寒

ショ 署⁶ — 949
例署員, 署長, 署名;警察署

ショ 緒 チョ, お 950
例緒につく;緒戦, 緒論;情緒, 端緒

ショ 諸⁶ — 951
例諸君, 諸兄, 諸芸, 諸国, 諸種, 諸般

ジョ 女¹ ニョ・ニョウ, おんな・め 952
例女医, 女王, 女子, 女史, 女流;王女, 彼女, 子女, 侍女, 淑女, 処女, 息女, 養女 注*海女<あま> 対男

ジョ 如 ニョ 953
例如才, 如露;突如, 躍如

ジョ 助³ たすける・たすかる・すけ 954
例助演, 助言, 助産師, 助詞, 助手, 助成, 助走, 助教, 助動詞, 助命, 助役, 助力;援助, 救助, 互助, 賛助, 内助, 扶助, 補助

ジョ 序⁵ — 955
例序曲, 序章, 序説, 序盤, 序文, 序列, 序論;順序, 秩序

ジョ 叙 — 956
例叙位, 叙勲, 叙景, 叙事

ジョ 徐 — 957
例徐行, 徐々;緩徐

ジョ 除⁶ ジ, のぞく 958

例除外, 除去, 除籍, 除雪, 除草, 除法, 除夜;解除, 駆除, 控除, 削除, 乗除, 排除, 免除

ショウ 仕様, しよう 例仕様書き;どうにもしようがない

ショウ 使用 例無断使用を禁ずる, 使用人, 使用者

ショウ 試用 例薬を試用する, 試用期間, 試用品

ショウ 従⁶ ジュウ・ジュ, したがう・したがえる 913
例従容, 追従<ツイショウ・ツイジュウ>

ショウ 小¹ ちいさい・こ・お 959
例大は小を兼ねる;小額, 小計, 小康, 小数, 小藩, 小児, 小品, 小量;過小, 極小, 縮小, 大同小異, 微小 注*小豆<あずき> 対大

ショウ 升 ます 960
例1升

ショウ 少² すくない・すこし 961
例少女, 少数, 少壮, 少年;過少, 軽少, 減少, 最少, 青少年, 多少, 年少, 幼少 対多

ショウ 召 めす 962
例召喚, 召還, 召集;応召

ショウ 匠 — 963
例巨匠, 師匠

ショウ 床 とこ・ゆか 964
例温床, 起床, 鉱床, 銃床, 病床, 臨床

ショウ 抄 — 965
例抄本, 抄訳, 抄録;湖月抄, 詩抄

ショウ 肖 — 966
例肖像;不肖

ショウ 尚 — 967
例尚早, 尚古;高尚, 和尚

ショウ 招⁵ まねく 968
例招集, 招請, 招待, 招来

ショウ 承⁶ うけたまわる 969

○改定追加漢字 ●改定追加音訓 □改定削除漢字 ■改定削除音訓 〔 〕参考表記 〔△表外漢字 ▲表外音訓 ×誤用 当て字当て字〕

- ショウ 承知, 承認, 承服；継承, 伝承, 不承不承＜フショウブショウ＞
- ショウ 昇 のぼる 〔陞〕 970
  例昇格, 昇給, 昇降, 昇叙, 昇天, 昇殿；上昇 対降
- ショウ 松⁴ まつ 971
  例松韻, 松竹梅；古松, 青松, 落葉松, 老松
- ショウ 沼 ぬま 972
  例沼気, 沼沢, 沼池；湖沼, 池沼
- ショウ 昭³ — 973
  例昭代, 昭和
- ショウ 宵 よい 974
  例春宵, 徹宵, 終宵
- ショウ 将⁶ — 975
  例将に将たる器＜うつわ＞；将棋, 将軍, 将校, 将卒, 将兵, 将来；主将
- ショウ 消³ きえる・けす 〔銷〕 976
  例消化, 消火, 消去, 消極, 消失, 消息, 消長, 消灯, 消毒, 消費, 消防, 消耗；解消, 費消, 抹消
- ショウ 症 — 977
  例症状；炎症, 既往症, 狭心症, 軽症, 神経症, 不眠症
- ショウ 祥 — 978
  例吉祥, 清祥, 兆祥, 発祥地, 不祥事
- ショウ 称 — 979
  例称号, 称賛, 称揚；愛称, 一人称, 仮称, 偽称, 敬称, 公称, 三人称, 自称, 総称, 俗称, 対称, 通称, 名称, 略称
- ショウ 笑⁴ わらう・えむ 980
  例笑劇, 笑殺, 笑止, 笑声, 笑納, 笑覧, 笑話；一笑, 苦笑, 失笑, 談笑, 爆笑, 微笑
- ショウ 唱⁴ となえる 981
  例唱歌, 唱道, 唱和；愛唱, 暗唱, 合唱, 首唱, 主唱, 提唱, 独唱, 復唱, 輪唱
- ショウ 商³ あきなう 982
  例商家, 商業, 商社, 商談, 商店, 商売, 商標, 商品, 商法；行商＜ギョウショウ＞, 小売商, 隊商, 通商
- ショウ 渉 — 983
  例渉外, 渉猟；干渉, 交渉, 徒渉
- ショウ 章³ — 984
  例会員の章；章句；印章, 楽章, 記章, 勲章, 憲章, 文章, 帽章, 紋章, 腕章
- ショウ 紹 — 985
  例紹介
- ショウ 訟 — 986
  例訴訟, 争訟
- ショウ 勝³ かつ・まさる 987
  (1)勝つ・勝ち 例勝機, 勝算, 勝敗, 勝負, 勝利；優勝, 連勝 対負, 敗
  (2)景色・眺め 例奇勝, 景勝, 名勝
  (3)すぐれている 例殊勝
- ショウ 掌 — 988
  例掌握, 掌中, 掌侍＜ショウジ＞；合掌, 車掌, 職掌, 分掌
- ショウ 晶 — 989
  例結晶, 水晶
- ショウ 焼⁴ やく・やける 990
  例焼却, 焼死, 焼失, 焼酎＜ショウチュウ＞；延焼, 全焼, 燃焼, 半焼, 類焼
- ショウ 焦 こげる・こがす・こがれる・あせる 991
  例焦心, 焦燥, 焦点, 焦土, 焦慮
- ショウ 硝 — 992
  例硝煙, 硝酸, 硝石, 硝薬 注硝子＜ガラス＞は当て字。
- ショウ 粧 — 993
  例化粧
- ショウ 詔 みことのり 994
  例詔書, 詔勅；恩詔, 詳詔, 大詔
- ショウ 証⁵ — 995
  例認可の証；証券, 証言, 証拠, 証

| | |
|---|---|
| ショウ 書, 証人, 証文＜ショウモン＞, 証明；確証, 偽証, 考証, 実証, 借用書, 反証, 保証；立証, 例証, 論証 | |
| ショウ 象⁵ ゾウ 996 | |
| 例象形文字, 象徴；印象, 気象, 現象, 事象, 対象, 抽象, 万象 | |
| ショウ 傷⁶ きず・いたむ・いためる 997 | |
| 例傷害, 傷心, 傷病；愁傷, 致命傷, 凍傷, 負傷 | |
| ショウ 奨 — 998 | |
| 例奨学, 奨励；推奨 | |
| ショウ 照⁴ てる・てらす・てれる 999 | |
| 例照会, 照合, 照準, 照明；参照, 対照 | |
| ショウ 詳 くわしい 1000 | |
| 例詳解, 詳記, 詳細, 詳察, 詳説, 詳報, 詳論；不詳, 未詳 | |
| ショウ 彰 — 1001 | |
| 例彰徳；顕彰, 表彰 | |
| ショウ 障⁶ さわる 1002 | |
| 障害, 障子, 障壁；故障, 保障 | |
| ショウ 憧 あこがれる 1003 | |
| 例憧憬＜ショウケイ・ドウケイ＞ | |
| ショウ 衝 — 1004 | |
| 例衝に当たる；衝撃, 衝動, 衝突, 緩衝, 折衝, 要衝 | |
| ショウ 賞⁵ — 1005 | |
| 例賞を受ける；賞金, 賞賛, 賞状, 賞罰, 賞美, 賞味, 賞与；恩賞, 観賞, 鑑賞, 懸賞, 受賞, 推賞 | |
| ショウ 償 つぐなう 1006 | |
| 例償還, 償却, 償金；賠償, 報償 | |
| ショウ 礁 — 1007 | |
| 例暗礁, 岩礁, 座礁, さんご礁 | |
| ショウ 鐘 かね 1008 | |
| 例鐘声, 鐘銘, 鐘楼；警鐘, 時鐘, 半鐘, 晩鐘 | |
| ショウ 上¹ ジョウ, うえ・うわ・かみ・あげる・あがる・のぼる・のぼせる・のぼす 1009 | |
| 例上人；身上 田「身上」は「シンショウ」と「シンジョウ」とで意味が違う。 | |
| ショウ 井⁴ セイ, い 1104 | |
| 例天井＜テンジョウ＞ | |
| ショウ 正¹ セイ, ただしい・ただす・まさ 1106 | |
| 例正月, 正気, 正午, 正三位, 正直, 正真, 正体, 正味, 正面；賀正 | |
| ショウ 生¹ セイ, いきる・いかす・いける・うまれる・うむ・おう・はえる・はやす・き・なま 1107 | |
| 例生涯；一生；往生, 後生, 今生, 衆生, 出生, 誕生, 畜生, 養生 | |
| ショウ 声² セイ, こえ・こわ 1110 | |
| 例大音声＜ダイオンジョウ＞ | |
| ショウ 姓 セイ 1112 | |
| 例百姓 | |
| ショウ 性⁵ セイ 1114 | |
| 例性に合う；性根, 性分；気性 | |
| ショウ 青¹ セイ, あお・あおい 1115 | |
| 例紺青＜コンジョウ＞, 緑青＜ロクショウ＞ | |
| ショウ 政⁵ セイ, まつりごと 1117 | |
| 例摂政＜セッショウ＞ | |
| ショウ 星² セイ, ほし 1118 | |
| 例明星＜ミョウジョウ＞ | |
| ショウ 省⁴ セイ, かえりみる・はぶく 1120 | |
| 例省議, 省略, 省令；総務省, 法務省 | |
| ショウ 清⁴ セイ, きよい・きよまる・きよめる 1123 | |
| 例六根清浄 | |
| ショウ 精 セイ 1130 | |
| 例精進；不精＜ブショウ＞ | |
| ショウ 相³ ソウ, あい 1223 | |

| | |
|---|---|
| 例相伴；外相,宰相,首相,蔵相,文相 | |
| ショウ 装⁶ ソウ, よそおう〔裳〕 1241 | |
| 例装束, 衣装 | |
| ジョウ 滋養 例滋養分, 滋養に富む | |
| ジョウ 上¹ ショウ, うえ・うわ・かみ・あげる・あがる・のぼる・のぼせる・のぼす 1009 | |
| 例上演, 上級, 上皇, 上告, 上司, 上昇, 上申, 上水, 上達, 上等, 上品, 上流；以上, 机上, 逆上, 献上, 口上, 向上, 参上, 誌上, 至上, 進上, 身上, 奏上, 卓上, 頂上, 天上, 無上 注※上手＜じょうず＞ 対下 | |
| ジョウ 丈 たけ 1010 | |
| 例1丈3尺, 丈夫, 丈余；気丈；団十郎丈 | |
| ジョウ 冗 — 1011 | |
| 例冗談, 冗長, 冗費, 冗漫 | |
| ジョウ 条⁵ — 1012 | |
| 例条件, 条文, 条約, 条理, 条令, 条例；箇条, 信条, 星条旗, 線条 | |
| ジョウ 状⁵ — 1013 | |
| (1)形・様子 例状況, 状勢, 状態；環状, 窮状, 行状, 近状, 現状, 惨状, 症状, 波状, 白状, 病状, 別状, 名状 | |
| (2)書き物 例案内状, 賀状, 書状, 賞状, 免状, 礼状 | |
| ジョウ 乗³ のる・のせる 1014 | |
| 例乗員, 乗客, 乗車, 乗除, 乗数, 乗馬, 乗法, 乗務員；騎乗, 自乗, 同乗, 便乗 | |
| ジョウ 城⁴ しろ 1015 | |
| 例城下町, 城外, 城郭, 城主, 城壁, 城門, 城塁, 城楼；江戸城, 宮城, 築城, 落城 注※茨城＜いばらき＞県, ※宮城＜みやぎ＞県 | |
| ジョウ 浄 — 1016 | |
| 例浄化, 浄財, 浄書, 浄土；清浄, 洗浄 | |
| ジョウ 剰 — 1017 | |
| 例剰余；過剰, 余剰 | |
| ジョウ 常⁵ つね・とこ 1018 | |
| 例常温, 常軌, 常勤, 常識, 常習, 常食, 常数, 常設, 常置, 常道, 常任, 常備, 常連；異常, 尋常, 正常, 通常, 日常, 非常, 平常 | |
| ジョウ 情⁵ セイ, なさけ 1019 | |
| (1)心・情け 例肉親の情, 情にもろい；情愛, 情熱；愛情, 感情, 苦情, 激情, 厚情, 交情, 強情, 純情, 同情, 人情, 薄情, 無情；情実 | |
| (2)男女の情け 例情を通ずる；情欲 | |
| (3)ありさま・様子・趣 例情況, 情景, 情趣, 情勢, 情報；事情, 実情 | |
| ジョウ 場² ば 1020 | |
| 例場外, 場内；運動場, 開場, 会場, 議場, 休場, 漁場, 教場, 刑場, 劇場, 工場, 市場, 式場, 出場, 戦場, 退場, 停車場, 登場, 道場, 入場, 農場, 牧場, 満場, 浴場, 来場 | |
| ジョウ 畳 たたむ・たたみ 1021 | |
| 例畳語, 畳字；重畳, 6畳 | |
| ジョウ 蒸⁶ むす・むれる・むらす 1022 | |
| 例蒸気, 蒸発, 蒸留；水蒸気 | |
| ジョウ 縄⁴ なわ 1023 | |
| 例縄文, 縄縛, 縄文式土器；結縄, 自縄自縛 | |
| ジョウ 壌 — 1024 | |
| 例土壌 | |
| ジョウ 嬢 — 1025 | |
| 例愛嬢, 令嬢, 老嬢, ～嬢 | |
| ジョウ 錠 — 1026 | |
| 例錠剤；1錠, 手錠 | |
| ジョウ 譲 ゆずる 1027 | |
| 例譲位, 譲渡, 譲歩；移譲, 分譲 | |
| ジョウ 醸 かもす 1028 | |
| 例醸成, 醸造 | |

明朝体の右肩の数字は配当学年　末尾の数字は常用漢字表番号　( )許容　類類義同意語　対反対対照語
関関連語　学学術用語

| | |
|---|---|
| ジョウ 成⁴ セイ, なる・なす 1108<br>例成就＜ジョウジュ＞, 成仏 | ジョウカク 城郭〔城廓〕 |
| ジョウ 盛⁶ セイ, もる・さかる・さかん 1124<br>例繁盛 | ジョウカセン 消火栓 |
| | ショウキ 正気 例正気の沙汰ではない, 正気に戻る |
| ジョウ 静⁴ セイ, しず・しずか・しずまる・しずめる 1133<br>例静脈 | ショウギ 将棋 例将棋盤, 将棋を指す;将棋倒しになる |
| | ジョウキ 蒸気〔蒸汽〕 例蒸気機関, 蒸気ポンプ;水蒸気 |
| ジョウ 定³ テイ, さだめる・さだまる・さだか 1441<br>例定規, 定石, 定紋;勘定 | ジョウギ 情義, 情宜〔情誼〕 例情義を欠く;情宜に厚い |
| ジョウアイ 情愛 例夫婦の情愛, 親子の情愛 | ジョウギ 定規, 定木 例三角定規, しゃくし定規 |
| ショウイ 傷痍 例傷痍軍人 ㊔傷病 | ジョウキゲン 上機嫌 例一杯飲んで上機嫌だ ㊍不機嫌 |
| ジョウイン 冗員, 剰員 例合理化による冗員の配置転換 | ショウキャク 消却〔銷却〕 例負債を消却する ㊟法令では「消却」。 |
| ショウカ 消化 例知識を消化する, 消化のよい食べ物, 消化器, 消化力 | ショウキャク 償却 例償却資産;減価償却 |
| ショウカ 消夏〔銷夏〕 例消夏法 ㊔消暑 | ショウキュウ 昇給 例定期昇給, 臨時昇給, 昇給額 ㊍減給 |
| ショウカ 頌歌 例聖人頌歌 ㊔賛歌 | ショウギョウ 商業 例商業を営む |
| ジョウカ 浄化 例環境を浄化する, 浄化槽 | ジョウキョウ 状況, 情況 例状況判断 ㊟法令では, 特別な理由がある場合を除いて, 「状況」を用いる。 |
| ショウカイ 紹介 例知人に紹介する, 紹介状 | |
| ショウカイ 照会 例本籍地に照会する | ショウキョクテキ 消極的 例消極的だ, 消極的な態度 ㊔積極的 |
| ショウカイ 哨戒 例哨戒艇 ㊔見張り, 警戒 | ショウケイ 小憩, 少憩 例5分間小憩をする |
| ショウガイ 傷害 例傷害事件, 傷害罪, 傷害保険 | ショウケイ 承継 例事業承継 |
| ショウガイ 障害, 障がい〔障碍〕 例障害を克服する, 障害物競走 | ショウケイ 情景, 状景 例ほほえましい情景, 情景描写 |
| | ショウケン 証券 例証券会社, 証券業者;有価証券 ㊔株券, 公債, 社債 |
| ショウガイ 生涯 例生涯の思い出, 生涯教育 ㊔一生 | ショウゲン 証言 例目撃者の証言 ㊔供述, 陳述 |
| ショウガク 小額 例小額紙幣, 小額契約, 小額所得者 ㊍高額 | ジョウケン 条件 例条件を付ける, 条件反射 |
| ショウガク 少額 例少額の持ち合わせしかない, 少額需要, 少額貯蓄 ㊍多額 | ジョウケンつき 条件付き〔条件付〕 |
| | ショウコ 証拠〔証固〕 例証拠を握 |

○改定追加漢字 ●改定追加音訓 □改定削除漢字 ■改定削除音訓 〔 〕参考表記 〔△表外漢字
▲表外音訓 ＊誤用 当て字 当て字〕

る，証拠立てる，証拠品，証拠隠滅
じょうご じょうご〔漏斗・当て字〕
ショウコウ 小康〔少康〕 例小康を保つ，小康状態
ショウコウ 焼香 例焼香をする，御焼香をどうぞ
ショウゴウ 称号 例博士の称号
ショウゴウ 照合 例原本と照合する
ショウこり 性懲り 例性懲りもなくいたずらをする
ショウサ 小差〔少差〕 例小差で敗れる
ショウサイ 詳細 例詳細な報告
ジョウさし 状差し
ショウサン 称賛,賞賛〔称讃,賞讃〕 例称賛を博する
ショウジ 障子 例障子紙
ジョウシ 上肢 観腕，手 対下肢
ショウシ 城址 例城址公園 観城跡 〈ジョウセキ・しろあと〉
ショウジキ 正直 例正直な人，正直のこうべに神宿る
ジョウシキ 常識 例常識外れ，常識的に解釈する 対非常識
ジョウジツ 情実 例情実を排する
ショウシャ しょうしゃ〔瀟洒〕 例しょうしゃなホテル 観すっきりした，しゃれた
ジョウシュ 情趣 例情趣が深い
ジョウジュ 成就 例念願が成就する，大願成就
ショウシュウ 召集 例国会を召集する，召集令
ショウシュウ 招集 例株主総会招集
ショウショ 証書 例卒業証書，借用証書
ショウジョ 昇叙〔陞叙〕 例勲二等に昇叙する
ジョウジョ 情緒 例情緒があふれる，明治の情緒 注「ジョウチョ」とも言う。

ショウジョウ 賞状 例賞状授与
ジョウジョウ 上々,上乗 例首尾は上々だ
ショウショク 小食,少食 対大食,多食
ジョウショク 常食 例米を常食する
ショウじる 生じる 例事件が生じる，変化を生じる，誤解を生じる 注「生ずる」とも言う。
ショウじる 請じる 例客を請じる 注「請ずる」とも言う。
ジョウじる 乗じる 例5に5を乗じる；敵の失策に乗じて攻勢に出る 注「乗ずる」とも言う。
ショウジン 精進 例精進する，精進潔斎，精進料理
ショウジンあげ 精進揚げ
ショウシンショウメイ 正真正銘 例正真正銘のピカソの絵だ
じょうず *上手 例駆け引きが上手だ，口が上手だ，お上手ですこと 対*下手〈へた〉
ショウスイ 憔悴 例憔悴した顔，意気憔悴 観やつれ，衰え
ジョウスイ 浄水 例浄水装置,浄水場
ショウスウ 小数 例小数と分数,小数点
ショウスウ 少数 例少数派,少数と多数,少数意見 対多数
ショウする 称する 例会社社長と称する男；故人の徳を称する
ショウする 証する 例安全を証する
ショウする 賞する 例功を賞する，紅葉を賞する
ジョウセイ 情勢,状勢 例情勢が悪化する 観形勢，状況
ジョウセキ 定石 例定石どおりのやり方 観囲碁用語
ジョウセキ 定跡 観定石 注将棋用語
ジョウゼツ 饒舌 例饒舌な女性 観多弁

| | |
|---|---|
| ショウゼン **悄然** 例悄然として去る ㊥しょんぼり | ジョウチョウ **情調** 例異国情調, 明治情調 ㊥情緒 |
| ショウソウ **少壮** 例少壮気鋭の実業家 | ショウチン **消沈**〔銷沈〕 例意気消沈する |
| ショウソウ **尚早** 例計画を実行するには時期尚早だ | ジョウテイ **上程**〔上提〕 例議案を上程する |
| ショウソウ **焦燥**〔焦躁〕 例焦燥に駆られる, 焦燥感 | ジョウでき **上出来** 例今日の料理は上出来だ, 彼の仕事にしては上出来だ |
| ショウゾウ **肖像** 例肖像画 | ショウド **焦土, 焼土** 例焦土と化する |
| ジョウソウ **情操** 例情操教育 | ジョウト **譲渡** 例家屋を譲渡する |
| ジョウゾウ **醸造** 例酒を醸造する, 醸造元 | ショウトウ **消灯** 例消灯する, 消灯時間 ㊥点灯 |
| ショウソク **消息** 例消息を絶つ, 消息不明, 財界の消息通;消息筋の伝えるところによれば…… | ショウドウ **唱道** 例唱道者 |
| | ショウドウ **唱導** 例唱導文芸 |
| ショウゾク **装束**〔裳束〕 例白装束, 旅装束 | ショウドウ **衝動** 例衝動に駆られる, 衝動的な行動 |
| ショウタイ **招待**〔請待〕 例客を招待する, 招待券, 招待席, 招待状 ㊟「ショウダイ」とも言う。 | ジョウトウ **上棟** 例上棟式 ㊥棟上げ |
| | ジョウトウシュダン **常套手段** 例詐欺師の常套手段 ㊥常用手段 |
| ショウタイ **正体** 例正体を現す, 正体不明の怪物;正体もなく酔う | ショウドク **消毒** 例消毒する, 消毒薬, 煮沸消毒 |
| ジョウタイ **状態, 情態** 例健康状態, 危篤状態が続く | ショウトツ **衝突** 例車が衝突する, 意見の衝突, 衝突事故 |
| ショウダク **承諾** 例頼みを承諾する | ショウニ **小児** 例小児病, 小児科, 小児まひ |
| ジョウタツ **上達** 例下意上達;運転が上達する | ショウニマヒ **小児まひ**〔小児麻痺〕 |
| ジョウダン **冗談** 例冗談ではない, 冗談口をたたく | ショウニン **承認** 例議会の承認を得る ㊥拒否 |
| ショウチ **召致** 例部下を召致する | ショウニン **証人** 例証人の喚問 |
| ショウチ **招致** 例工場を招致する | ショウね **性根** 例性根の据わった人 ㊥根性＜コンジョウ＞ |
| ショウチ **承知** 例承知しました, じゅうぶん承知している | |
| ジョウチ **常置** 例委員会を常置する | ジョウネツ **情熱** 例情熱を注ぐ, 情熱的なリズム, 情熱家 |
| ショウチュウ **焼酎** | |
| ジョウチョ **情緒** 例下町情緒, 情緒を味わう ㊟「ジョウショ」とも言う。 | ショウネンバ **正念場** 例明日の試合こそ正念場だ |
| | ショウノウ **しょうのう**〔樟脳〕 |
| ショウチョウ **象徴** 例はとは平和の象徴である, 象徴詩, 象徴主義 | ショウハイ **勝敗** 例勝敗を決する |
| | ショウハイ **賞杯**〔賞盃〕 ㊥カップ |
| ジョウチョウ **冗長** 例冗長な文章 | ショウハイ **賞牌** ㊥メダル |

○改定追加漢字　●改定追加音訓　□改定削除漢字　■改定削除音訓　〔 〕参考表記　〔△表外漢字
▲表外音訓　×誤用　㊝当て字〕

| | |
|---|---|
| ショウバイ　商売 | 例商売がうまい，商売かたぎ，商売がたき（敵） |
| ショウバツ　賞罰 | 例賞罰なし |
| ショウヒ　消費 | 例消費する，消費者価格，消費組合，消費財，消費都市　対生産 |
| ショウビ　焦眉 | 例焦眉の急　類危急，切迫，緊急 |
| ショウビ　賞美 | 例土地の珍味を賞美する |
| ジョウヒ　冗費[剰費] | 例冗費の節約 |
| ジョウビ　常備 | 例薬品を常備する，常備軍　関予備 |
| ショウヒョウ　商標 | 例登録商標　類トレードマーク |
| ショウヒョウ　証憑 | 例証憑書類　類証拠　注法令では「証拠」を用いる。 |
| ショウヒン　商品 | 例商品切手，商品券 |
| ショウヒン　上品 | 例上品な物腰　対下品 |
| ショウブ　勝負 | 例勝負する，勝負の世界，勝負事 |
| ジョウブ　丈夫 | 例丈夫な体，丈夫な机 |
| ショウフク　承服，承伏 | 例承服の意を表す，承服する |
| ショウふだつき　正札付き | 例正札付きの人物；正札付きの商品 |
| ショウブン　性分[生分] | 例のんびりしているのは生来の性分だ，気の短い性分 |
| ジョウブン　条文 | 例憲法の条文 |
| ショウヘイ　招聘 | 例技術顧問を招聘する　類招請，招待，招く |
| ショウヘキ　障壁[牆壁] | 例障壁を乗り越える，障壁画　類仕切り |
| ジョウホ　譲歩 | 例主役を譲歩する |
| ジョウホウ　情報 | 例情報を交換する，海外情報 |
| ショウマッセツ　枝葉末節 | 例枝葉末節にこだわる |
| ジョウマン　冗漫[冗慢] | 例冗漫な文章 |
| ショウミ　正味 | 例正味500グラム；正味の価格，正目＜ショウメ＞　対風袋＜フウタイ＞ |
| ジョウミャク　静脈 | 例静脈血，静脈注射　関動脈 |
| ショウメイ　証明 | 例理論を証明する，証明書，身分証明，居住証明 |
| ショウメツ　消滅 | 例契約の効力が消滅する，自然消滅　対発生 |
| ショウメン　正面 | 例正面の建物，正面から見る，正面衝突；正面切って尋ねる　類側面，背面，裏面 |
| ショウモウ　消耗 | 例体力を消耗する，消耗品　注「ショウモウ」は「ショウコウ」の慣用読み。 |
| ジョウモンシキドキ　縄文式土器 | |
| ジョウヤク　条約 | 例条約の締結，日米安全保障条約 |
| ジョウやど　定宿，常宿 | 例在京中の定宿 |
| ショウユ　しょうゆ | 例[醤油；正油当て字]　類むらさき（紫） |
| ショウヨ　賞与 | 例年末賞与　類ボーナス |
| ショウヨウ　称揚，賞揚 | 例業績を称揚する |
| ショウヨウ　慫慂 | 例加入を慫慂する　類勧誘，勧奨 |
| ショウヨウ　逍遥 | 例林道を逍遥する　類散歩；逍遥自適の生活を送る |
| ショウライ　将来 | 例将来有望だ，将来性がある　対過去；唐から将来した仏典 |
| ショウリ　勝利[捷利] | 例勝利を得る，勝利投手　対敗北，敗戦 |
| ショウリャク　省略 | 例前置きを省略 |

- ジョウ—ショク

- する
- ジョウリュウ　上流　例上流階級　対下流
- ジョウリュウ　蒸留〔蒸溜〕　例蒸留する, 蒸留水　対乾留
- ジョウリョク　常緑　例常緑樹　対落葉
- ジョウルリ　浄瑠璃, 浄るり　例人形浄瑠璃
- ショウレイ　奨励　例植樹を奨励する, 芸術祭奨励賞, 奨励品
- ジョウレイ　条例〔条令〕　例禁止条例, 都道府県条例
- ジョウレン　常連, 定連　例飲み屋の常連
- じょうろ　じょうろ〔如雨露〕〔当て字〕　注「じょろ」とも言う。
- ジョガイ　除外　例未資格者は除外, 除外例
- ショカツ　所轄　例所轄税務署
- ショカン　書簡〔書翰〕　例書簡文, 書簡箋<セン>
- ショキ　初期　例縄文時代の初期
- ショキ　所期　例所期の目的を達する
- ショキあたり　暑気あたり〔暑気中り〕
- ショギョウ　所業, 所行　働しわざ
- ショク　私欲〔私慾〕　例私利私欲
- ショク　色² シキ, いろ　1029　例異色, 顔色, 気色, 脚色, 血色, 原色, 出色, 染色, 地方色, 着色, 天然色, 特色, 難色, 配色, 白色, 変色, 物色, 保護色, 無色　注＊景色<けしき>
- ショク　拭　ふく・ぬぐう　1030　例払拭
- ショク　食² ジキ, くう・くらう・たべる　1031　例食塩, 食指, 食道, 食欲; 衣食住, 飲食, 会食, 間食, 給食, 菜食, 常食, 粗食, 昼食, 朝食, 定食, 副食物, 偏食, 暴食, 夜食, 夕食, 洋食, 流動食, 和食; 皆既食, 月食, 日食, 腐食　注「蝕」の代用字。

- ショク　植³ うえる・うわる　1032　例植字, 植樹祭, 植物, 植民, 植民地, 植林; 移植, 誤植, 動植物
- ショク　殖　ふえる・ふやす　1033　例殖民; 学殖, 繁殖
- ショク　飾　かざる　1034　例飾言; 修飾, 装飾
- ショク　触　ふれる・さわる　1035　例触覚, 触手, 触媒, 触発; 感触
- ショク　嘱　—　1036　例嘱託, 嘱望; 委嘱
- ショク　織⁵ シキ, おる　1037　例織女, 織機; 染織
- ショク　職⁵ —　1038　例職を失う, 職探し; 職員, 職業, 職権, 職責, 職人, 職場, 職歴; 汚職, 解職, 求職, 教職, 現職, 公職, 就職, 住職, 殉職, 退職, 天職, 奉職, 免職, 役職
- ジョク　辱　はずかしめる　1039　例辱知; 恥辱, 侮辱
- ショクあたり　食あたり〔食中り〕　働食中毒
- ショクイン　職員　例自治体職員, 職員録
- ショクギョウ　職業　例家の職業, 職業安定所, 職業意識
- ショクザイ　贖罪　例罪滅ぼし
- ショクジ　食餌　例食餌療法　働食物, 食べ物
- ショクジン　食尽〔蝕甚〕
- ショクゼン　食膳　例食膳をにぎわす
- ショクタク　食卓　例食卓を囲む, 食卓風景
- ショクニン　職人　例職人かたぎ
- ショクば　職場　例職場結婚
- ショクミンチ　植民地　例植民地化する
- ショクム　職務　例職務を遂行する,

○改定追加漢字　●改定追加音訓　□改定削除漢字　■改定削除音訓　〔　〕参考表記　〔△表外漢字
▲表外音訓　×誤用　〔当て字〕当て字

職務質問
- **ショクヨク　食欲**〔食慾〕　例食欲が旺盛＜オウセイ＞だ，食欲の秋
- **ショクリョウ　食料**　例食料品
- **ショクリョウ　食糧**　例食糧事情が好転する
- **ショクン　諸君**　例満場の諸君
- **しょげる　しょげる**〔悄気る[当て字]〕　例失敗してしょげる
- **ジョゲン　助言**　例助言する，師の助言
- **ジョコウ　徐行**〔除行〕　例徐行する，徐行道路
- **ジョサイ　書斎**　例書斎に通す
- **ジョサイない　如才ない**,如才無い　例如才ない人
- **ショジ　所持**　例現金を所持する，所持品
- **ジョシュ　助手**　例研究の助手をする，大学の助手，トラックの助手席
- **ショジョ　処女**　例処女地，処女航海，処女作，処女峰
- **ジョジョウ　叙情**〔抒情〕　例叙情詩　対叙事
- **ジョジョに　徐々に**〔除々に〕　例徐々に回復する
- **ショシン　所信**　例所信表明
- **ショする　処する**　例難局に処する，身を処する，死刑に処する
- **ジョする　叙する**　例功三級に叙する
- **ショセキ　書籍**　例書籍紹介　類本,書物,図書
- **ジョセツ　除雪**　例除雪作業
- **ショセン　緒戦**　例緒戦を飾る　注「チョセン」は慣用読み。
- **ショセン　所詮**,しょせん　例所詮結ばれぬ仲　類けっきょく,つまり
- **ジョソウ　助走**　例助走路,助走板
- **ショゾク　所属**　例新聞部に所属している
- **ショタイ　所帯**〔世帯〕　例所帯じみる，所帯道具，所帯持ち
- **ショタイ　書体**　例書体を選ぶ
- **ショだな　書棚**　例本棚，本箱
- **ショチ　処置**　例処置する，適切な処置，やけどの処置
- **ショチュウうかがい　暑中伺い**(暑中伺)　類暑中見舞い
- **ショッケン　職権**　例職権を濫用する
- **ショッコウ　燭光**　例100燭光の電球
- **ショテイ　所定**　例所定の様式，所定の位置，所定の料金
- **ショトウ　初等**　例初等科，初等教育　対中等，高等
- **ショトウ　諸島**　例伊豆諸島　類群島，列島
- **ショトク　所得**　例所得税，国民所得
- **ショニチ　初日**　例初日の入り；初日を出す　注相撲用語
- **ショバツ　処罰**〔所罰〕　例処罰される
- **ショブン　処分**　例食物の残りを処分する，主謀者を処分する
- **ショホ　初歩**　例算数の初歩　類初学，初心，第一歩
- **ショホウ　処方**　例処方箋＜セン＞
- **ジョマクシキ　除幕式**　例記念碑の除幕式
- **ショミン　庶民**　例庶民の声，庶民の生活　類民衆，大衆
- **ショメイ　署名**　例嘆願書に署名する，署名捺印＜ナツイン＞　類サイン
- **ジョメイ　助命**　例助命嘆願書
- **ジョメイ　除名**　例違反者を除名する，除名処分
- **ショメン　書面**　例書面で通知する
- **ショモツ　書物**　例書籍，本，図書
- **ジョヤ　除夜**　例除夜の鐘
- **ジョヤク　助役**　例駅の助役
- **ショユウ　所有**　例土地を所有する，所有権，所有者

| | |
|---|---|
| ショヨ　所与　例所与の条件 | しらやき　白焼き　例魚の白焼き |
| ショヨウ　所要　例家から駅までの所要時間 | しり　尻 ― 1040 例尻をつく，尻込みする，目尻を下げる　注*尻尾＜しっぽ＞ |
| ショリ　処理　例事務を処理する，敏速に処理する　類処置 | しりあい　知り合い(知合い)　例昔からの知り合い　類知人，近づき |
| ジョリュウ　女流　例女流作家，女流ピアニスト　類閨秀＜ケイシュウ＞ | しりあう　知り合う(知合う)　例学校で知り合った友人 |
| ジョリョク　助力　例助力を惜しまない | しりあがり　尻上がり，しり上がり　例尻上がりに調子が出る，尻上がりの発音　対尻下がり |
| しら　白¹　ハク・ビャク，しろ・しろい　1630 例白髪，白壁，白羽の矢，白刃，白魚 | しりおし　尻押し，しり押し　例候補者の尻押しをする　類後援 |
| ジライ　爾来　類その後，以来 | ジリキ　自力　例自力で立ち上がる　対他力 |
| しらが　*白髪〔白毛〕　例白髪染め | ジリキ　地力　例地力がつく，地力を発揮する |
| しらける　白ける　例写真が白ける；座がしらける | しりきれ　尻切れ，しり切れ　例計画が尻切れになる，尻切れとんぼ |
| じらす　じらす〔焦らす〕　例相手をじらす | しりごみ　尻込み，しりごみ〔後込み〕　例発言を尻込みする　類逡巡＜シュンジュン＞，ちゅうちょ |
| しらずしらず　知らず知らず〔不知不識当て字〕　例知らず知らず眠っていた | しりさがり　尻下がり，しり下がり　対尻上がり |
| しらせ　知らせ〔報せ〕　例知らせがあった，虫の知らせ，前兆，前ぶれ　類報告，通告 | しりぞく　退く⁶　タイ，しりぞく　1300 例仕事の第一線から退く，一歩退いて考えるに…… |
| しらせる　知らせる　例火災を知らせるサイレン，電話で知らせる | しりぞける　退ける⁶　タイ，しりぞく〔斥ける〕　1300 例人を退けて相談する，敵を退ける，要求を退ける |
| しらは　白羽　例白羽の矢が立つ | |
| しらばくれる　しらばくれる　例幾度尋ねられてもしらばくれている　注「しらっぱくれる」「しらばっくれる」とも言う。 | ジリツ　自立　例自立して店を持つ　類独立 |
| しらふ　しらふ〔素面当て字〕　例しらふでよくもあんなことが言える | ジリツ　自律　例自律神経　対他律 |
| しらべ　調べ　例調べが済む；笛の調べ；調べ帯，調べ車 | しりつくす　知りつくす，知り尽くす(知り尽す) |
| しらべる　調べる³　チョウ，ととのう・ととのえる　1415 例機械を調べる，宿題を調べる，容疑者を調べる | しりとり　尻取り，しりとり　例尻取り遊び |
| しらむ　白む　例東の空が白んでくる | |

○改定追加漢字　●改定追加音訓　□改定削除漢字　■改定削除音訓　〔　〕参考表記　△表外漢字
▲表外音訓　×誤用　当て字当て字

しりぬぐい 尻拭い,しりぬぐい 例不始末の尻拭いをさせられる

しりめ 尻目,しり目〔後目〕 例尻目にかける

シリメツレツ 支離滅裂 例彼の言うことは支離滅裂だ

しりもち 尻餅,しりもち 例尻餅をつく

シリョ 思慮 例思慮深い,思慮分別をわきまえる

シリョウ 資料 例資料を収集する,調査資料

シリョウ 飼料〔餌料〕 彲餌<えさ>

シリョク 視力 例視力が衰える

しる 汁 ジュウ　908
例みそ汁,汁粉；うまい汁を吸う

しる 知る² チ　1357
例苦労を知る,英語を知っている,知っている人,俺の知ったことか

しるし 印⁴ イン 〔標,徴〕 47
例印をつける,会の印,記念の印；旗印,目印,矢印；お礼のしるし,雪は豊年のしるし

しるす 記す² キ 〔誌す〕 316
例姓名を記す,日記を記す,心に深く記す

しるす しるす〔印す,標す〕 例木の幹にしるす,足跡<ソクセキ>をしるす　彲印<イン>する

しるべ 知る辺 例知る辺を頼る 彲寄る辺

しるべ しるべ〔導,標〕 例山登りのしるべ,道しるべ

ジレイ 辞令 例任用辞令,外交辞令,新聞辞令

シレツ 熾烈 例熾烈な白昼戦 彲激烈,猛烈

じれったい じれったい〔焦れったい〕
例いつまで待たせるのかほんとうにじれったい 彲もどかしい,はがゆい

しれる 知れる 例秘密が知れる,名の知れた人

じれる じれる〔焦れる〕 例じれて待っている 彲いらだつ

しれわたる 知れ渡る 例善行が世に知れ渡る,名が知れ渡っている

シレン 試練〔試煉〕 例試練に耐える

しろ 代³ ダイ・タイ,かわる・かえる・よ　1313
例代物；苗代

しろ 城⁴ ジョウ　1015
例城を築く,城跡,根城 彲※茨城<いばらき>県,宮城<みやぎ>県

しろ 白¹ ハク・ビャク,しら・しろい　1630
例彼は白だ 彲無罪；白っぽい,白光り,白組,白馬,白黒,白身,白酒,白星,白目,白地；白を握る(注囲碁用語) 対黒,赤

しろい 白い¹ ハク・ビャク,しろ・しら　1630
例色が白い,髪が白い；白い目で見る 彲白い

しろうと *素人 例商売は素人だ,素人芸,素人くさい,素人目 対*玄人<くろうと>

しろくろ 白黒 例目を白黒させる；白黒を決める 彲黒白<コクビャク>

しろびかり 白光り 例黒光り,青光り

しろみ 白身〔白身当て字〕 例卵の白身　黄身；白身の魚 対赤身

しろムク 白むく〔白無垢〕 例白むく姿　彲金むく

しろめ 白目〔白眼〕 例他人を白目で見る

しろもの 代物 例とんでもない代物

ジロン 持論 例持論を撤回する　彲持説

しわ　しわ〔皺〕　例顔のしわ，ズボンのしわ；しわ寄せ

しわがれる　しわがれる〔嗄れる〕　例声がしわがれる

しわけ　仕分け(仕分)　例郵便物の仕分けをする

しわけ　仕訳　例仕訳勘定，仕訳帳

しわざ　仕業　例誰の仕業だ

しわす　＊師走　働十二月　田「しはす」とも言う。

しわよせ　しわ寄せ〔皺寄せ〕　例消費者にしわ寄せがくる

ジわれ　地割れ　例道路に地割れが出来る

シン　心² こころ　1041
例心が疲れる，心は強い；心境，心血，心身，心痛，心配，心理；以心伝心，改心，核心，感心，関心，帰心，疑心，好奇心，細心，私心，執心，重心，傷心，誠心，赤心，専心，衷心，童心，得心，腹心，放心，慢心，乱心

シン　申³ もうす　1042
例申告，申請；具申，上申，答申，内申

シン　伸　のびる・のばす・のべる　1043
例伸縮，伸張；屈伸

シン　臣⁴ ジン　1044
例臣下，臣民；君臣，群臣，功臣，重臣，忠臣

シン　芯　—　〔しん〕　1045
例鉛筆の芯，りんごの芯，帯芯

シン　身³ み　1046
例身上，身体，身代，身長，身命；化身，献身，護身，自身，修身，前身，装身具，単身，投身，独身，病身，満身，立身

シン　辛　からい　1047
例辛苦，辛酸，辛勝，辛抱，辛労　㊗甘

シン　侵　おかす　1048
例侵害，侵攻，侵食，侵入，侵略

シン　信⁴ —　1049
(1)信ずる・まこと 例信愛，信義，信教，信仰，信者，信条，信任，信念，信望，信頼；威信，確信，自信，背信，迷信
(2)通信・郵便 例信号；音信，私信，通信，電信，発信，返信

シン　津　つ　1050
例興味津々

シン　神³ ジン，かみ・かん・こう　1051
例神意，神経，神聖，神前，神代，神殿，神道，神父，神仏，神妙，神話；鬼神，敬神，七福神，失神，精神　田＊お神酒＜おみき＞，＊神楽＜かぐら＞，※神奈川＜かながわ＞県

シン　唇　くちびる　1052
例唇辺，唇歯；口唇，朱唇

シン　娠　—　1053
例妊娠

シン　振　ふる・ふるう・ふれる　1054
例振興，振動，振幅；不振

シン　浸　ひたす・ひたる　〔滲〕　1055
例浸出，浸潤，浸水，浸透

シン　真³ ま　1056
例真意，真価，真偽，真空，真実，真宗，真情，真性，真善美，真相，真筆，真理；写真，純真，正真　㊗偽，がん

シン　針⁶ はり　1057
例針小棒大，針葉樹，針路；磁針，長針，避雷針

シン　深³ ふかい・ふかまる・ふかめる　1058
例深遠，深化，深海，深刻，深山，深浅，深謝，深々，深長，深夜；水深

シン　紳　—　1059
例紳士；貴紳

○改定追加漢字　●改定追加音訓　□改定削除漢字　■改定削除音訓　〔　〕参考表記　〔△表外漢字　▲表外音訓　×誤用　当て字当て字〕

| | | | |
|---|---|---|---|
| シン | 進³ | すすむ・すすめる | 1060 |

例進化, 進境, 進取, 進上, 進退, 進歩, 進物＜シンモツ＞, 進路;寄進, 十進法, 精進, 推進, 先進, 促進, 注進, 日進月歩, 躍進, 累進 反退

| シン | 森¹ | もり | 1061 |
|---|---|---|---|

例森閑, 森厳, 森林

| シン | 診 | みる | 1062 |
|---|---|---|---|

例診察, 診断, 診療;往診, 回診, 聴診器

| シン | 寝 | ねる・ねかす | 1063 |
|---|---|---|---|

例寝具, 寝室, 寝食, 寝台;就寝

| シン | 慎 | つつしむ | 1064 |
|---|---|---|---|

例慎重;謹慎

| シン | 新² | あたらしい・あらた・にい | 1065 |
|---|---|---|---|

例新案, 新鋭, 新開地, 新顔, 新規, 新月, 新興, 新参, 新生, 新制, 新設, 新調, 新派, 新聞, 新米, 新暦;一新, 改新, 革新, 更新, 刷新, 清新 反旧, 古

| シン | 審 | ― | 1066 |
|---|---|---|---|

例審議, 審査, 審判;陪審, 不審

| シン | 震 | ふるう・ふるえる | 1067 |
|---|---|---|---|

例震源, 震災, 震動;耐震, 地震, 微震

| シン | 薪 | たきぎ | 1068 |
|---|---|---|---|

例薪炭

| シン | 親² | おや・したしい・したしむ | 1069 |
|---|---|---|---|

例親愛, 親近, 親交, 親切, 親善, 親族, 親睦, 親等, 親身, 親任, 親王, 親身, 親密, 親友, 親類;近親, 懇親, 肉親, 両親 反疎

| シン | 請 | セイ, こう・うける | 1134 |
|---|---|---|---|

例普請＜フシン＞

| ジン | 臣⁴ | シン | 1044 |
|---|---|---|---|

例外務大臣, 総理大臣

| ジン | 神³ | シン, かみ・かん・こう | 1051 |
|---|---|---|---|

例神器, 神宮, 神社;鬼神, 天神, 明神

| ジン | 人¹ | ニン, ひと | 1070 |
|---|---|---|---|

例人員, 人格, 人絹, 人権, 人後, 人口, 人事, 人種, 人選, 人造, 人道, 人徳, 人品, 人望, 人民, 人類;偉人, 歌人, 擬人法, 求人, 故人, 囚人, 聖人, 達人, 法人, 邦人, 門人 注)玄人＜くろうと＞, *素人＜しろうと＞, *仲人＜なこうど＞, *若人＜わこうど＞, *大人＜おとな＞, *一人＜ひとり＞, *二人＜ふたり＞

| ジン | 刃 | は | 1071 |
|---|---|---|---|

例白刃, 自刃

| ジン | 仁⁶ | ニ | 1072 |
|---|---|---|---|

例仁愛, 仁義, 仁慈, 仁術, 仁徳;大仁

| ジン | 尽 | つくす・つきる・つかす | 1073 |
|---|---|---|---|

例尽力

| ジン | 迅 | ― | 1074 |
|---|---|---|---|

例迅速, 迅雷;奮迅

| ジン | 甚 | はなはだ・はなはだしい | 1075 |
|---|---|---|---|

例甚大;激甚, 幸甚, 深甚

| ジン | 陣 | ― | 1076 |
|---|---|---|---|

例陣営, 陣地, 陣痛, 陣容;敵陣

| ジン | 尋 | たずねる | 1077 |
|---|---|---|---|

例尋常, 尋問;千尋

| ジン | 賢 | | 1078 |
|---|---|---|---|

例腎臓, 肝腎

| シンアイ | 親愛 | 例親愛なる諸君, 親愛の情 |
|---|---|---|
| ジンアイ | 塵埃 | 類ほこり |
| シンアン | 新案 | 例新案特許 |
| シンイ | 真意 | 例真意を悟る, 真意をただす |
| ジンイテキ | 人為的 | 例人為的に組み合わせる |
| シンカ | 進化 | 例進化論 反退化 |

| | |
|---|---|
| シンガイ 心外 | 例彼が失敗したとは心外だ，疑われて心外だ (類)意外，残念 |
| シンガイ 侵害,浸害 | 例領土を侵害する，人権の侵害 |
| ジンカイ 塵芥 | 例ちり，ごみ |
| ジンカク 人格 | 例人格を認める，彼は人格者だ，人格無視，動物を人格化して描く，二重人格 |
| ジンがさ 陣がさ〔陣笠〕 | 例陣がさ議員 |
| シンがた 新型,新形 | 例新型の自動車，最新型 |
| シンかなづかい 新仮名遣い,新かなづかい | (対)旧仮名遣い,旧かなづかい |
| シンカン 森閑,深閑 | 例森閑とした森の中 |
| シンカン 震撼 | 例世間を震撼させた大事件 (類)震わす，震動 |
| シンガン 真贋 | 例真贋を見極める |
| シンキ 新奇 | 例新奇を追う (対)陳腐 |
| シンキ 新規 | 例新規加入,新規まき直し |
| シンギ 真偽〔真疑〕 | 例真偽をただす，真偽のほどは知らない |
| シンギ 審議 | 例教育問題を審議する，審議会 |
| シンキイッテン 心機一転〔心気一転〕 | |
| シンキュウ 新旧 | 例新旧勢力の交替 |
| シンキョウ 心境 | 例心境の変化 |
| シンキロウ しんきろう〔蜃気楼〕 | |
| シンキンコウソク 心筋梗塞,心筋こうそく | |
| シンク 辛苦 | 例辛苦をなめる |
| シンク 深紅,真紅 | 例深紅の垂れ幕 |
| シンクウ 真空 | 例真空状態，真空管 |
| シンケイ 神経 | 例神経をすり減らす，神経が鈍い，神経質だ，神経衰弱，神経痛 |
| シンケイシツ 神経質 | 例神経質な人 |
| シンケツ 心血 | 例心血を注ぐ |
| シンケン 真剣 | 例真剣勝負 |
| シンゲン 森厳〔神厳〕 | 例森厳な霊地 |
| ジンケン 人絹 | 例人絹のシャツ (対)本絹，純絹 |
| ジンケン 人権 | 例人権を侵害する，人権蹂躙<ジュウリン>，人権擁護 |
| シンコウ 信仰 | 例仏教を信仰する，信仰の道に入る |
| シンコウ 振興 | 例産業を振興する |
| シンコウ 進行 | 例工事が着々と進行している，進行方向，進行係 |
| シンコウ 新興 | 例新興宗教，新興財閥，新興国 |
| ジンコウ 人口 | 例昼間人口と夜間人口，人口密度；人口に膾炙<カイシャ>する |
| ジンコウ 人工 | 例人工の美，人工衛星，人工栄養，人工気胸，人工呼吸法，人工授精 |
| シンコウがかり 進行係 | |
| シンコク 申告 | 例所得を申告する，申告書 |
| シンコク 深刻 | 例深刻な表情，水飢饉<キキン>が深刻化する |
| シンサ 審査 | 例資格を審査する，審査員 |
| シンサイ 震災 | 例阪神大震災 |
| ジンザイ 人材 | 例人材を登用する |
| シンザン 深山 | 例深山幽谷の趣がある |
| シンシ 真摯 | (類)真剣，熱心，真面目<まじめ> |
| シンシ 紳士 | 例紳士用，紳士的な態度，紳士協定，紳士録 (対)淑女 |
| ジンジ 人事 | 例人事を尽くして天命を待つ，人事異動，人事不省 |
| シンジツ 真実 | 例真実と虚偽 |
| シンシャク 斟酌 | 例事情を斟酌する (類)手心，参酌 |
| シンシュ 進取 | 例進取の気性 (対)退嬰<タイエイ> |
| ジンシュ 人種 | 例人種差別 |

○改定追加漢字 ●改定追加音訓 □改定削除漢字 ■改定削除音訓 〔 〕参考表記 〔△表外漢字 ▲表外音訓 ×誤用 当て字〕当て字〕

|  |  |  |
|---|---|---|
| シンジュツ | 針術〔鍼術〕 | 類はり |
| シンシュツキボツ | 神出鬼没 | 例スーパーマンは神出鬼没だ |
| シンショウ | 心証 | 例心証を害する |
| シンショウ | 身上 | 例身上を潰す 注「シンジョウ」(身上)は別語。 |
| シンジョウ | 身上 | 例身上書,身上調査,正直が彼の身上だ |
| シンジョウ | 信条 | 例生活信条 |
| シンジョウ | 真情 | 例真情を吐露する |
| シンショウヒツバツ | 信賞必罰 | 例信賞必罰の人事 |
| シンショウボウダイ | 針小棒大 | 例針小棒大に言う |
| シンショク | 侵食〔侵蝕〕 | 例領土を侵食する 注法令では「侵食」。 |
| シンショク | 浸食〔浸蝕〕 | 例岩石を浸食する,浸食作用 |
| シンじる | 信じる | 例人を信じる 注「信ずる」とも言う。 |
| シンシン | 心身 | 例心身の健康 |
| シンシン | 心神 | 例心神喪失 |
| シンシン | 津々 | 例興味津々たるものがある |
| シンシン | 深々 | 例深々と夜が更ける |
| シンジン | 信心 | 例信心深い |
| シンジン | 深甚 | 例深甚なる謝意 |
| シンスイ | 心酔 | 例創業者に心酔する |
| シンスイ | 浸水〔侵水〕 | 例浸水家屋 |
| シンズイ | 神髄,真髄,心髄 | 例神髄に触れる,武士道の神髄 |
| シンセイ | 申請 | 例免許証を申請する |
| シンセイ | 新制 | 例新制中学 対旧制 |
| ジンセイ | 人世 | 例人世の苦悩 |
| ジンセイ | 人生 | 例人生の門出,人生観,人生航路 |
| シンセキ | 真跡〔真蹟〕 | 例小野道風の真跡 類真筆 |
| シンセキ | 親戚 | 例親戚づきあい 類親族,親類 |
| シンセツ | 親切,心切 | 例親切な人,御親切にありがとう,親切気を出す |
| シンぜる | 進ぜる | 例見せて進ぜる |
| シンセン | 新鮮 | 例新鮮な空気,新鮮味がない |
| シンゼン | 親善 | 例両国の親善に尽くす |
| シンソウ | 真相 | 例真相を明かす |
| シンゾウ | 心臓 | 例心臓病,心臓まひ;心臓が強い,あいつも心臓だな |
| ジンゾウ | 人造 | 例人造バター,人造繊維 対天然 |
| ジンゾウ | 腎臓 | 例腎臓炎 |
| ジンソク | 迅速 | 例迅速に処理する 類速やかに,急速に |
| シンタイ | 身体 | 例身体検査 |
| シンタイ | 進退 | 例進退伺い,進退窮まる |
| ジンダイ | 甚大 | 例被害甚大 類多大 |
| シンタイうかがい | 進退伺い(進退伺) | 例進退伺いを提出する |
| シンタク | 信託 | 例信託統治,信託銀行 |
| ジンだて | 陣立て | 例陣立てを練る 類陣備え |
| シンチュウ | しんちゅう〔真鍮〕 | 例しんちゅうの鍋 類黄銅 |
| シンチョウ | 伸長〔伸暢〕 | 例体力の伸長,伸長率 |
| シンチョウ | 伸張 | 例勢力を伸張する |
| シンチョウ | 慎重 | 例慎重な計画 |
| シンチョウ | 新調 | 例洋服を新調する,新調の靴 |
| シンチョク | 進捗 | 例順調に進捗している 類進展,進行 |
| シンテイ | 進呈 | 例進呈する,粗品進呈 |
| シンテン | 親展 | 類真披,直披 |
| シンデンづくり | 寝殿造り(寝殿造) | |
| シントウ | 浸透〔滲透〕 | 例自由思想が浸透する |
| シンドウ | 振動 | 例振り子の振動 |

| 見出し | 表記 | 例・注・参考 |
|---|---|---|
| シンドウ | 震動 | 例地盤が震動する |
| ジントウ | 陣頭 | 例陣頭指揮, 陣頭に立つ |
| ジンドウ | 人道 | 例必ず人道を歩くようにする ⓢ歩道 ⓓ車道；人道にもとる, 人道主義 |
| シンニュウ | 侵入 | 例他国の領土に侵入する, 侵入軍 |
| シンニュウ | 浸入 | 例水が浸入する |
| シンニン | 信任〔信認〕 | 例信任が厚い, 信任状 |
| シンニン | 新任 | 例新任の先生 |
| ジンパイ | 塵肺, じん肺 | 注法令では「じん肺」。 |
| シンピョウセイ | 信憑性 | 例信憑性が高い ⓢ信頼性, 信用度 |
| ジンピン | 人品 | 例人品卑しからぬ人物 |
| シンプク | 心服 | 例彼の所信に心服する ⓢ敬服 |
| シンプク | 振幅 | 例振り子の振幅 |
| シンプク | 震幅 | 注「地震の揺れ幅」の意。 |
| ジンブツ | 人物 | 例人物を描く, ひとかどの人物 |
| シンブン | 新聞 | 例新聞記事, 新聞記者, 新聞社, 新聞紙；日刊新聞, 商業新聞, 業界新聞, 壁新聞 |
| シンブンシ | 新聞紙 | |
| シンペン | 身辺 | 例身辺を警戒する |
| シンポ | 進歩 | 例著しく進歩する, 進歩的な政党 ⓓ退歩, 保守 |
| シンボウ | 心棒 | 例車の心棒 |
| シンボウ | 辛抱 | 例辛抱強い |
| シンボウ | 信望 | 例信望が厚い |
| ジンボウ | 人望 | 例あの人は人望がある |
| シンボウエンリョ | 深謀遠慮 | |
| シンボク | 親睦 | 例親睦を図る, 親睦会 ⓢ懇親, 親交 |
| シンマイ | 新米 | 例新米を供出する ⓓ古米<コマイ> |
| シンまえ | 新まえ, 新前 | 例新まえの記者 ⓢ駆け出し, 新参, 新入り 注「新米<シンマイ>」とも使う。 |
| シンミツ | 親密 | 例親密な関係 ⓓ疎遠 |
| シンミョウ | 神妙 | 例神妙な心がけ, 神妙にしろ |
| シンメイ | 身命〔心命〕 | 例身命を賭して |
| ジンメイ | 人命 | 例人命救助 |
| シンモツ | 進物 | 例御進物⇔贈り物 |
| ジンモン | 尋問〔訊問〕 | 例不審な点を尋問する |
| シンヤ | 深夜 | 例深夜作業, 深夜放送 |
| シンヤク | 新約 | 例新約聖書 |
| シンヤク | 新訳 | 例新訳本 |
| シンヨウ | 信用 | 例信用がない, 信用組合, 信用金庫, 信用状, 信用取引, 信用調査 |
| シンヨウがし | 信用貸し(信用貸) | |
| シンライ | 信頼 | 例信頼する, 信頼感 |
| シンラツ | 辛辣 | 例辛辣な批評 ⓢ痛烈, 手厳しい |
| シンラバンショウ | 森羅万象 | 例森羅万象をつかさどる神 |
| シンリ | 心理 | 例異常な心理, 心理学, 心理小説 |
| シンリ | 真理 | 例真理を探究する |
| シンリャク | 侵略〔侵掠〕 | 例侵略する, 侵略戦争 |
| シンリョク | 新緑 | 例新緑の候 ⓢ深緑 |
| シンルイ | 親類 | 例親類関係, 親類づきあい ⓢ親戚<シンセキ>, 親族 |

〔ス・す〕

ス 子¹ シ, こ　760
　例金子<キンス>, 扇子<センス>,

| | |
|---|---|
| 様子<ヨウス> | 水銀, 水彩, 水車, 水準, 水晶, 水蒸気, 水深, 水星, 水洗, 水素, 水底, 水滴, 水田, 水筒, 水夫, 水分, 水平, 水面, 水曜, 水浴, 水利, 水流, 水量, 水路;給水, 行水, 下水, 減水, 湖水, 散水, 進水, 潜水, 治水, 貯水, 断水, 配水, 放水 |
| ス 主³ シュ, ぬし・おも 864 例坊主<ボウズ>, 法主<ホッス・ホウシュ・ホッシュ> | |
| ス 守³ シュ, まもる・もり 865 例留守<ルス> | |
| ス 須 ― 1079 例急須, 必須 | スイ 吹 ふく 1082 例吹奏, 吹鳴;鼓吹 ⊓*息吹<いぶき>, *吹雪<ふぶき> |
| ス 数² スウ, かず・かぞえる 1097 例人数<ニンズ・ニンズウ> 例*数寄屋・数奇屋<すきや> | スイ 垂⁶ たれる・たらす 1083 例垂線, 垂直, 垂範;下垂 |
| ス 素⁵ ソ 1208 例素足, 素顔, 素肌 | スイ 炊 たく 1084 例炊事;自炊 |
| す 酢 サク 〔醋〕 729 例酢の物, 酢漬け, 酢煮, 酢だこ | スイ 帥 ― 1085 例元帥, 総帥, 統帥 |
| す 州³ シュウ 885 例州浜;三角州, 中州 | スイ 粋 いき 1086 例粋狂, 粋人;純粋 ⊓やぼ, 不粋 |
| す 巣⁴ ソウ 1231 例蜂の巣, くもの巣, 巣箱;愛の巣;不良の巣 | スイ 衰 おとろえる 1087 例衰弱, 衰退, 衰微, 衰亡;老衰 |
| ズ 事 ジ, こと 814 例好事家 | スイ 推⁶ おす 1088 (1)おす・おしてすすめる例推移, 推挙, 推参, 推奨, 推賞, 推進, 推薦 (2)おしはかる例推計, 推考, 推察, 推測, 推定, 推理, 推量, 推論;邪推, 類推 |
| ズ 図² ト, はかる 1080 例図画, 図解, 図鑑, 図形, 図式, 図表, 図面;合図, 絵図, 海図, 掛図, 系図, 構図, 作図, 縮図, 製図, 天気図, 地図, 平面図 | |
| ズ 豆³ トウ, まめ 1503 例大豆 | スイ 酔 よう 1089 例酔眼, 酔狂, 酔態;宿酔, 心酔, 麻酔 |
| ズ 頭² トウ・ト, あたま・かしら 1531 例頭が高い;頭痛, 頭脳 | スイ 遂 とげる 1090 例遂行;完遂, 未遂 |
| すあし 素足 例浜辺を素足で歩く, 素足に靴を履く | スイ 睡 ― 1091 例睡魔, 睡眠;熟睡 |
| ズアン 図案 例図案を考える, 図案家 | スイ 穂 ほ 1092 例穂状<スイジョウ>, 出穂期 |
| ス イ 出¹ シュツ, でる・だす 926 例出納<スイトウ> | スイ 錘 つむ 例紡錘<ボウスイ> |
| スイ 水¹ みず 1081 例水圧, 水泳, 水温, 水害, 水牛, | すい 酸い⁵ サン 754 例酸いも甘いもかみ分ける |
| | ズイ 随 ― 1093 |

明朝体の右肩の数字は配当学年　末尾の数字は常用漢字表番号　（ ）許容　類類義同意語　対反対対照語
関関連語　学学術用語

ズイースイタ

(1)あとからついていく 例随員, 随行; 付随
(2)思うように 例随意, 随所, 随想, 随筆
(3)一等 例随一

ズイ 髄 — 1094
(1)骨の部分・神経 例骨の髄, 骨髄, 脊髄＜セキズイ＞
(2)中心・要所 例神髄, 精髄

すいあげ 吸い上げ(吸上げ) 例吸い上げポンプ

すいあげる 吸い上げる(吸上げる) 例根から養分を吸い上げる

スイアツ 水圧 例水圧が低い, 水圧機 匂気圧

スイイ 推移 例時代の推移 匂変遷

ズイイ 随意 例随意に取って召し上がれ, どうぞ御随意に; 随意筋

スイエイ 水泳 例水泳大会

スイカ すいか [西瓜,水瓜]

すいがら 吸い殻(吸殻) 例たばこの吸い殻

スイギョ 水魚 例水魚の交わり

スイギョウ 酔狂, 粋狂 例酔狂な人, 酔狂にも程がある

すいくち 吸い口 例パイプの吸い口, たばこの吸い口

スイゲンチ 水源地 例水源地の雨量が問題だ 特に池を指す場合は「水源池」。

スイコウ 推敲 例文章を推敲する 匂文を練る

スイコウ 遂行 例任務を遂行する

ズイコウ 随行 例大臣に随行する, 随行員

すいこみ 吸い込み(吸込み) 例吸い込み口

すいこむ 吸い込む(吸込む) 例息を吸い込む, 足を吸い込まれる 対吐き出す

スイサイ 水彩 例水彩絵の具, 水彩画 対油彩

スイサツ 推察 例あちらの様子を推察する 匂推量, 推考

スイジ 炊事 例炊事場, 炊事当番

ズイジ 随時 例随時に行う, 随時営業, 入学随時 匂定時

スイジュン 水準 例水準に達する, 水準器, 水準儀

ズイショ 随所, 随処 例随所にくずかごを置く, 町の随所に見られる

スイショウ 水晶 例水晶のネックレス, 水晶体

スイショウ 推称, 推賞 例善行を推称する

スイショウ 推奨 例先生の推奨された本, 推奨映画

スイジョウキ 水蒸気

スイシン 推進 例計画を推進する, 推進器, 推進力

スイセイ 彗星 例彗星のように現れる 匂ほうき星

スイセイガン 水成岩 対火成岩

スイセイムシ 酔生夢死 例酔生夢死の生涯を送る

スイセン 水仙, すいせん

スイセン 垂線 例垂線を下ろす 対斜線

スイセン 推薦, 推選 例推薦の言葉, 推薦入学 匂挙薦, 推輓＜スイバン＞

スイゼン 垂涎 例垂涎の的 注「スイエン」「スイセン」とも読む。

スイソ 水素 例水素爆弾

スイソウ 水槽 匂タンク, 水おけ

スイゾウ 膵臓

スイソク 推測 例人の気持ちを推測する 匂推量, 推知

スイタイ 衰退[衰頽] 例衰退期

スイタイ 推戴 例推戴式 匂推挙

---

〇改定追加漢字 ●改定追加音訓 □改定削除漢字 ■改定削除音訓 〔 〕参考表記 〔△表外字〕
▲表外音訓 ×誤用 [当て字当て字]

すいだし 吸い出し(吸出し) 例たこの吸い出し

すいだす 吸い出す(吸出す) 例薬でうみを吸い出す, 毒を吸い出す

ズイチョウ 瑞兆 例国家隆盛の瑞兆 類吉兆

スイチョク 垂直 例垂直に立ち並ぶ, 垂直線 対水平

すいつく 吸い付く(吸付く) 例ひるが足に吸い付く

すいつける 吸い付ける(吸付ける) 例磁力で吸い付ける, 大きな力で吸い付ける

スイテイ 推定 例死後5時間と推定される

スイトウ 出納 例出納係, 出納簿

スイトウ 水筒

スイドウ 水道 例水道の水, 水道管

ズイドウ 隧道 類トンネル 正音は「スイ」。

すいとり 吸い取り(吸取り)

すいとりがみ 吸い取り紙(吸取り紙)(吸取紙)

すいとる 吸い取る(吸取る) 例インクを吸い取る, ごみを吸い取る; 金を吸い取られる

スイバン 推薦 例会長に推薦する 類推薦, 引き立て, 推挙, 推戴<スイタイ>

ずいぶん ずいぶん, 随分 例ずいぶん大きい, 家まではずいぶんある; ずいぶんなことを言う

スイヘイ 水平 例水平線, 水平面 対垂直

スイホウ 水泡 例水泡に帰す

スイボウ 水防 例水防工事, 水防団

スイミン 睡眠 例睡眠をとる, 睡眠時間, 睡眠不足

すいもの 吸い物 例まつたけのお吸い物

スイリ 水利 例水利が発達している, 水利権, 水利事業

スイリ 推理 例事件の真相を推理する, 推理小説, 推理作家

スイリョウ 推量 例推量する, 当て推量<ズイリョウ>, 推量の助動詞

スイレン すいれん〔睡蓮〕 類ひつじ草

スイロン 推論 例推論する, 推論の域を出ない

スウ 枢 — 1095
例枢機, 枢軸, 枢要; 中枢

スウ 崇 — 1096
例崇敬, 崇高, 崇拝

スウ 数² ス, かず・かぞえる 1097
例数学, 数奇, 数詞, 数字, 数値, 数理, 数量; 因数, 回数, 概数, 奇数, 級数, 偶数, 計数, 係数, 件数, 戸数, 公倍数, 公約数, 算数, 指数, 小数, 少数, 乗数, 正数, 整数, 素数, 総数, 多数, 代数, 単数, 手数, 定数, 点数, 度数, 人数, 倍数, 負数, 部数, 複数, 分数, 無数 注*数珠<じゅず>

すう 吸う⁶ キュウ 366
例息を吸う, たばこを吸う 対吐く; 新聞紙が水を吸う

スウキ 数奇〔数寄〕 例数奇な運命 類不運, 不遇 注数奇<すき>とは意味が違う。

スウコウ 崇高 例崇高な精神, 崇高な行い

スウジ 数字 例数字に強い; アラビア数字, 算用数字

ズウズウしい ずうずうしい〔図々しい〕 例ずうずうしいやつ, ずうずうしくする

スウセイ 趨勢 例時代の趨勢に応じた政策 類大勢, 動向, 成り行き

ズウタイ ずうたい〔図体〕 例ずう

たいが大きい

**スウハイ 崇拝** 例神を崇拝する，崇拝者，英雄崇拝

**スウリョウ 数量**

**すえ 末⁴ マツ・バツ** 1904
例一月の末；子の末を案ずる，末恐ろしい；末っ子，末は女；世も末だ，末広形

**すえおき 据え置き(据置き)** 例据え置き貯金

**すえおく 据え置く(据置く)** 例預金を据え置く

**すえおそろしい 末恐ろしい** 例末恐ろしい子ども

**すえたのもしい 末頼もしい** 例末頼もしい子ども

**すえつけ 据え付け(据付け)** 例据え付けの本棚，据え付け工事

**すえつける 据え付ける(据付ける)** 例機械を据え付ける

**すえっこ 末っ子** 注初子<はつご>

**すえる 据える すわる** 1098
例機械を据える，腰を据える；社長に据える

**ズガ 図画** 例図画工作

**ズカイ 図解** 例わかりやすく図解する

**ズガイコツ 頭蓋骨** 和頭骨

**スがお 素顔** 例素顔が美しい，日本の素顔；素顔では言いにくい

**すかさず すかさず，透かさず** 例すかさずやり込める，すかさず後を続ける

**すかし 透かし** 例透かし戸，透かし編み；透かしの入った紙

**すかしぼり 透かし彫り**

**すかす 透かす トウ，すく・すける** 1513
例間を透かす，光に透かして見る，節穴から透かして見る

**すかす すかす〔空かす〕** 例腹をすかす

**すかす すかす〔賺す〕** 例なだめすかす

**すかす すかす〔賺す〕して歩く** 例気どる 注俗語

**すがすがしい すがすがしい〔清々しい〕** 例すがすがしい朝，すがすがしい気分 和鬱陶しい

**すがた 姿⁶ シ** 784
例姿をくらます，みすぼらしい姿；姿つき，姿見，後ろ姿，世の姿

**すがら ～すがら** 例夜もすがら，道すがら

**ズがら 図柄**

**すがる すがる〔縋る〕** 例たもとにすがる，つえにすがって歩く；神にすがる，情けにすがる

**すがれる すがれる〔末枯れる，蘭れる，尽れる〕** 例すがれた花 和枯れ始める，衰える

**ズカン 図鑑** 例植物図鑑

**すき 好き** 例好きになる，好きにする，好きな本，好きこそ物の上手なれ 和嫌い

**すき すき〔犂〕** 例牛にすきを引かせる

**すき すき〔鋤〕** 例すきで畑を掘り返す

**すき すき，数奇(寄)** 例すきを凝らす 注「好<すき>」の当て字。

**すき 隙 ゲキ〔すき，透き，空き〕** 501
例座る隙もない；隙を狙う，隙につけ込む；隙を見せる；隙間

**すぎ 杉 ─〔椙〕** 1099
例杉の板，杉並木

**すぎ ～過ぎ** 例8時過ぎ，30過ぎの男，飲み過ぎ，食べ過ぎ，考え過ぎ

**すきうつし 透き写し** 例図案を透き写しする

**すききらい 好き嫌い** 例好き嫌いが激しい，好き嫌いが多い

**すぎさる 過ぎ去る** 例月日が過ぎ去

すきず―すくみ

る，痛みが過ぎ去る
- **すきずき　好き好き** 例好き好きがある，歩くも乗るも好き好きだ；たで食う虫も好き好き
- **すきとおる　透き通る**〔透き徹る〕 例透き通った川の流れ，透き通った声
- **すぎない　(に)すぎない，……(に)過ぎない** 例単なる推測にすぎない 注法令・公用文では仮名書き。
- **すぎなみき　杉並木**
- **すきは(ば)ら　すき腹**〔空き腹〕 例すき腹を抱える 類満腹 注「すきっぱら」とも言う。
- **すきま　隙間，透き間，すきま**〔空き間〕 例戸の隙間，隙間風
- **すきみ　透き見** 例垣根から透き見をする
- **すきや　*数寄屋，*数奇屋**
- **すきやき　すき焼き**(すき焼)〔鋤焼き，寿喜焼き当て字〕
- **すきやづくり　数寄(奇)屋造り**
- **すぎゆく　過ぎ行く** 例眼前を過ぎ行く景色，過ぎ行く年月
- **すぎる　過ぎる**⁵ カ，すごす・あやまつ・あやまち 153 例汽車が町を過ぎる，過ぎた昔，人生の半ばを過ぎる，正月が過ぎる，盛りを過ぎる；子に過ぎた宝はない：わがままが過ぎる，一社員にすぎない
- **すぎる　……すぎる，……過ぎる** 例考えすぎる，食べすぎる，飲みすぎる，気にしすぎる
- **ズキン　頭巾** 例頭巾をかぶる，おこそ頭巾
- **すく　好く**⁴ コウ，このむ 600 例静かな生活を好く，女性に好かれるタイプ 反嫌う
- **すく　透く** トウ，すかす・すける

例ガラス戸越しに中が透いて見える；戸と柱の間がすく
- **すく　すく**〔空く〕 例電車がすく，腹がすく，胸がすく
- **すく　すく**〔漉く，抄く〕 例紙をすく，のりをすく
- **すく　すく**〔梳く〕 例髪をすく
- **すく　すく**〔鋤く〕 例畑をすく
- **すぐ　すぐ**〔直〕 例すぐ来ます，もうすぐだ，すぐそこ
- **ずく　……ずく**〔尽く〕 例腕ずく，力ずく，金ずく
- **すくい　救い** 例救いを求める，救いの手
- **すくい　すくい**〔掬い〕 例すくい網，すくい投げ，金魚すくい
- **すくいだす　救い出す** 例被災者を救い出す
- **すくいぬし　救い主** 類救世主
- **すくう　救う**⁵ キュウ 376 例人命を救う，世を救う
- **すくう　巣くう** 例つばめが軒に巣くう，不良が巣くう場所
- **すくう　すくう**〔掬う，抄う〕 例両手で水をすくう；足をすくう
- **すぐさま　すぐさま**〔直様〕 例すぐさま知らせる
- **すくない　少ない**² ショウ，すこし 961 例雨量が少ない，少ない人数ですごす；年が少ない 反多い
- **すくなからず　少なからず** 例少なからず援助する，少なからず満足する
- **すくなくとも　少なくとも** 例少なくとも3位までには入るだろう，少なくとも2週間はかかる 反多くとも
- **すぐに　すぐに**〔直に〕 例すぐにおいでください，すぐには変わらない
- **すくみあがる　すくみ上がる**〔竦み上

明朝体の右肩の数字は配当学年　末尾の数字は常用漢字表番号　( )許容　類類義同意語　反反対対照語　関関連語　学学術用語

すくむ―スジョ␣

- **すくむ** すくむ〔竦む〕 例足がすくむ,立ちすくむ
- **ずくめ** ……ずくめ〔尽くめ〕 例黄金ずくめ,純白ずくめの服装
- **すくめる** すくめる〔竦める〕 例肩をすくめる
- **すぐれる** 優れる⁶ ユウ,やさしい〔勝れる,傑れる,秀れる〕 1985 例優れた技を見せる,優れた感覚 対劣る
- **すけ** 助³ ジョ,たすける・たすかる 954 例飲み助
- **すげかえる** すげ替える〔挿げ替える〕 例げたの鼻緒をすげ替える
- **すけだち** 助太刀 例助太刀に行く,助太刀を頼む 類加勢,助力
- **すける** 透ける トウ,すく・すかす 1513 例透けて見える
- **すげる** すげる〔挿げる〕 例げたの鼻緒をすげる,人形の首をすげる
- **すごい** すごい〔凄い〕 例すごい目つき,すごい風,すごい人気
- **すこし** 少し² ショウ,すくない 961 例少し高い,少しずつ,少しの狂いもない 類たくさん
- **すこしも** 少しも 例少しも食べたくない
- **すごす** 過ごす⁵〔過す〕 カ,すぎる・あやまつ・あやまる 153 例海辺で夏を過ごす,いかがお過ごしですか;見過ごす;寝すごす
- **すこぶる** すこぶる〔頗る〕 例すこぶる元気,すこぶるうまい出来

- **すこやか** 健やか⁴ ケン 527 例健やかに育つ,健やかな成長
- **スゴロク** すごろく〔双六〕
- **すさぶ** すさぶ〔荒ぶ〕 例風が吹きすさぶ
- **すさまじい** すさまじい〔凄まじい〕 例すさまじい顔つき,すさまじい勢いで走る,すさまじい物音
- **すさむ** すさむ〔荒む〕 例戦後のすさんだ人の心,すさんだ生活
- **ズサン** ずさん〔杜撰〕 例ずさんな計画 類粗雑,でたらめ
- **すし** すし〔鮨,鮓;寿司当て字〕 例いなりずし,握りずし,まぐろずし
- **すじ** 筋⁶ キン 436 例筋を違える,手の筋;牛肉の筋,えんどう豆の筋;筋の通った話,筋道を踏む,筋違い;筋書き;確かな筋からの情報;親類筋;筋向かいの家,街道筋
- **すじあい** 筋合い 例話の筋合いがたたない,口出しする筋合いではない
- **すじがき** 筋書き〔筋書〕 例筋書きを読む,筋書きどおりに運ぶ
- **すじがね** 筋金 例筋金の入ったガラス戸;筋金入りの闘士
- **すじちがい** 筋違い 例筋違いを起こす;筋違いなことを言う,筋違いな所へ文句を持っていく
- **すしづめ** すし詰め〔鮨詰め〕 例すし詰め電車
- **すじみち** 筋道 例筋道を通す,筋道を経る
- **すじむかい** 筋向かい〔筋向い〕 例筋向かいの店
- **すじむこう** 筋向こう〔筋向う〕 例筋向こうの家
- **スジョウ** 素性,素姓〔種姓〕 例素性(姓)を明かす

○改定追加漢字 ●改定追加音訓 □改定削除漢字 ■改定削除音訓 〔 〕参考表記 〔△表外漢字 ▲表外音訓 ×誤用 当て字当て字〕

| | |
|---|---|
| すす　すす〔煤〕　囫すすを払う, 煙突のすす | 囫木陰で涼む |
| すず　鈴　レイ・リン　2093<br>　囫鈴を鳴らす, 鈴を振る, 鈴なり；すずむし(鈴虫), すずらん(鈴らん) | すずむし　すずむし, 鈴虫 |
| | すすめ　勧め〔奨め〕　囫学問の勧め, 読書の勧め |
| すずかぜ　涼風〔涼風〕　囫涼風が立つ | すすめ　進め　囫前へ進め |
| すすき　すすき〔薄, 芒〕 | すすめ　すすめ〔雀〕　囫群すすめ |
| すすぎ　すすぎ〔濯ぎ〕　囫すすぎ洗い, すすぎ湯 | すすめる　勧める　カン　〔奨める〕　272<br>　囫勧められて飛行機に乗る, 学問を勧める, 座禅を勧める |
| すすぐ　すすぐ〔漱ぐ〕　囫口をすすぐ | |
| すすぐ　すすぐ〔濯ぐ, 雪ぐ〕　囫洗い物をすすぐ；恥をすすぐ | すすめる　進める³　シン, すすむ　1060<br>　囫膝を進める, 話を進める, 仕事を進める, 位を進める |
| すすける　すすける〔煤ける〕　囫すすけた柱, 顔がすすける | |
| すずしい　涼しい　リョウ, すずむ　2064<br>　囫涼しい朝, 涼しい土地へ避暑に行く　対暑い；目元が涼しい, 涼しい顔をする | すすめる　薦める　セン　1193<br>　囫総選挙の候補者にA氏を薦める |
| | すずラン　すずらん, 鈴らん〔鈴蘭〕 |
| | すずり　すずり〔硯〕　囫すずり箱 |
| | すすりあげる　すすり上げる〔啜り上げる〕　囫鼻水をすすり上げる；すすり上げて泣く |
| すずなり　鈴なり〔鈴生り〕　囫柿が鈴なりになっている, 鈴なりの客 | |
| すすはき　すす掃き〔煤掃き〕　囫神棚のすす掃きをする | すすりなく　すすり泣く〔啜り泣く〕　囫女性のすすり泣く声を耳にする |
| すすはらい　すす払い〔煤払い〕　囫暮れのすす払い | すする　すする〔啜る〕　囫かゆをすする, みそ汁をすする, 鼻水をすする |
| すすみ　進み　囫進み方, 進みぐあい | すそ　裾　—〔裾〕　1100<br>　囫裾をからげる, 裾模様, 裾回し；裾野；裾刈り |
| すずみ　涼み　囫涼みに出る, 夕涼み | |
| すずみダイ　涼み台 | すそ　裾野〔裾野〕, すそ野　囫富士の裾野 |
| すすみでる　進み出る　囫自分から進み出る | すそわけ　裾分け, すそ分け　囫お土産をお裾分けする |
| すすむ　進む³　シン, すすめる　1060<br>　囫1歩前へ進む　対退く；この時計は5分進んでいる　対遅れる；理科方面に進む；工事が順調に進む　対遅れる；学問が進む, 文化が進む, 位が進む, 4年から5年に進む, 病気が進む, 食が進む, 気が進まない | すだち　巣立ち　囫巣立ちする, ひなの巣立ち；青年の社会への巣立ち |
| | すだつ　巣立つ　囫ひなが巣立っていく；学窓を巣立つ |
| | すたり　廃り　囫はやり廃り |
| | すたる　廃る　ハイ, すたれる　1620<br>　囫男が廃る, 道義が廃る |
| すずむ　涼む　リョウ, すずしい　2064 | すだれ　すだれ〔簾〕 |

明朝体の右肩の数字は配当学年　末尾の数字は常用漢字表番号　(　)許容　⑲類義同意語　対反対対照語<br>
関関連語　学学術用語

すたれ―スばや

**すたれる　廃れる**　ハイ，すたる　1620
　例人力車が廃れる，祭りが年々廃れる，廃れた店　対はやる

**ずつ　～ずつ**〔宛，づつ〕　例三つずつ配る，少しずつ，一人ずつ

**ズツウ　頭痛**　例頭痛がする；頭痛の種

**すっかり**〔悉皆当て字〕
　例すっかり売り切れる，すっかり忘れる，すっかり中学生らしくなる

**すづけ　酢漬け**

**すっぱい　酸っぱい**　例酸っぱい夏みかん　働酸い

**すっぱぬく　すっぱ抜く**〔素っ破抜く〕
　例真相をすっぱ抜く

**スで　素手**　例素手で戻ってくる

**すていし　捨て石**(捨石)　例捨て石となる

**すてうり　捨て売り**(捨売り)　例傷物を捨て売りにする　働投げ売り

**すてがね　捨て金**(捨金)　例捨て金を使う，捨て金と思って貸す

**すてき　すてき**〔素敵，素適当て字〕
　例君はすてきだ，すてきな服，すてきな音楽

**すてご　捨て子**(捨子)〔棄子，棄児，捨児〕

**すてぜりふ　捨てぜりふ**〔捨て台詞当て字〕　例捨てぜりふを残して去る

**すでに　既に**　キ　〔已に〕　315
　例その事は既に聞いている，既に遅い，既に手遅れだ　注仮名書きで「すでに」とも。法令・公用文では「既に」。

**すてね　捨て値**(捨値)　例捨て値で売る

**すてば　捨て場**(捨場)

**すてバチ　すてばち**〔捨て鉢〕　例すてばちになる，すてばちの気持ちを起こす

**すてみ　捨て身**(捨身)　例捨て身の攻撃

**すてる　捨てる**[6]　シャ　〔棄てる〕

847
　例紙くずを捨てる　対拾う；命を捨てる，家業を捨てて遊び歩く，妻子を捨てる，世を捨てる；悪心を捨てる

**スどおし　素通し**　例素通しのガラス，素通しの眼鏡

**スどおり　素通り**　例友達の家の前を素通りする

**すな　砂**[6]　サ・シャ　〔沙〕　686
　例砂の上を歩く，砂をかむよう；砂煙，砂地，砂場，砂浜，砂原，砂山

**すなあそび　砂遊び**

**スなお　すなお**，素直　例すなおな性質，物事をすなおに受け取る，すなおに従う：すなおな字

**すなけむり　砂煙**　例砂煙をあげる

**すなどけい　砂時計**

**すなぼこり　砂ぼこり**〔砂埃〕

**すなわち　すなわち**〔即ち，則ち，乃ち〕
　例それがすなわち間違いのもとなのだ

**ズぬける　ぬける**，図抜ける，頭抜ける　例ずぬけた成績で卒業する　働ずばぬける

**すね　すね**〔臑，脛〕　例親のすねかじり，すねに傷持つ身

**すねる　すねる**〔拗ねる〕　例いつまでもすねる，すねた子

**すのもの　酢の物**

**すばこ　巣箱**　例巣箱を掛ける

**すばしこい　すばしこい**〔素早しこい，素速しこい〕　例すばしこい子
　注「すばしっこい」とも言う。

**スはだ　素肌**〔素膚〕　例素肌に浴衣を着る

**ズばぬける　ずばぬける**，ずば抜ける
　例ずばぬけて頭がよい，走るのがずばぬけて速い　働ずぬける

**スばやい　素早い**　例素早い動作

○改定追加漢字　●改定追加音訓　□改定削除漢字　■改定削除音訓　〔 〕参考表記〔△表外漢字
▲表外音訓　×誤用 当て字 当て字〕

**すばらしい　すばらしい**〔素晴らしい〕当て字　例すばらしい建物，すばらしい思い出

**ズぶとい　ずぶとい**，図太い　例ずぶとい考えを起こす，ずぶとい神経の持ち主

**ずぶぬれ　ずぶぬれ**〔ずぶ濡れ〕　例ずぶぬれになる

**すべ　すべ**〔術〕　例なすすべもない

**すべて　全て　ゼン，まったく**〔すべて，凡て，総て〕　1196　例全てうまくいく

**すべらす　滑らす**〔辷らす〕　例足を滑らす，口を滑らす

**すべり　滑り**〔辷り〕　例滑り台；戸の滑りがよい，地滑り

**すべりおちる　滑り落ちる**〔辷り落ちる〕　例屋根から滑り落ちる

**すべりこみ　滑り込み**〔辷り込み〕

**すべりこむ　滑り込む**〔辷り込む〕　例本塁に滑り込む，始業2分前に滑り込む

**すべりダイ　滑り台**〔辷り台〕

**すべりだし　滑り出し**〔辷り出し〕　例滑り出しは好調だ

**すべる　滑る　カツ・コツ，なめらか**〔辷る〕　239　例氷の上を滑る，足が滑って転ぶ，手が滑ってコップを割る，戸がよく滑る；試験に滑る，口が滑る

**すべる　統べる**⁵ **トウ**　〔総べる〕　1527　例国を統べ治める

**ズぼし　図星**　例図星を指す

**すぼまる　すぼまる**〔窄まる〕　例裾のすぼまったズボン

**すぼむ　すぼむ**〔窄む〕　例夕方になるとすぼむ花

**すぼめる　すぼめる**〔窄める〕　例肩をすぼめる，口をすぼめる，傘をすぼめる

**ずぼら　ずぼら**　例ずぼらをする，ずぼらな性質　対きちょうめん

**すまい　住まい**(住い)　例一人住まい，りっぱな住まい

**すまう　住まう**³ **ジュウ，すむ**　910　例郊外に住まう

**すまし　澄まし**〔清まし〕　例澄まし汁

**すます　済ます**⁶ **サイ，すむ**　703　例支払いを済ます，宿題を済ます；100円のところを50円で済ます，なしで済ます　注「済ませる」とも言う。

**すます　澄ます　チョウ，すむ**〔清ます〕　1414　例水を澄ます，心を澄ます，耳を澄ます；カメラの前ですます，本人になりすます

**すまない　すまない，済まない**　例すまないと思っている

**すみ　隅　グウ**　〔角〕　455　例教室の隅，片隅；なかなかすみにおけない男だ

**すみ　炭**³ **タン**　1337　例炭窯，炭俵，炭手前，炭取り，炭火，炭焼き；堅炭

**すみ　墨　ボク**　1881　例墨と雪，墨の衣；墨をする；墨色，墨糸，墨打ち，墨書き，墨金，墨付き，墨継ぎ，墨塗り，墨縄，墨袋

**すみ　〜済み**　例代金済み，決裁済み，売約済み

**すみエ　墨絵**　例雪舟＜セッシュウ＞の墨絵

**すみか　すみか**，住みか〔住処〕

**すみきる　澄みきる**，澄み切る(澄切る)　例澄みきった秋の空

**すみごこち　住み心地**(住心地)　例住み心地のよい土地

---
明朝体の右肩の数字は配当学年　末尾の数字は常用漢字表番号　（　）許容　類類義同意語　対反対対照語　関関連語　学学術用語

| | |
|---|---|
| すみこみ　住み込み(住込み)　例住み込み店員　対通い<かよい> | すり　刷り　例刷りが美しい絵本，ゲラ刷り |
| すみこむ　住み込む(住込む)　例住み込んで働く | すり　すり〔掏摸,掏児当て字〕　例すりに財布を取られる |
| すみずみ　隅々　例隅々までよく行き渡らせる | すりあがり　刷り上がり(刷上がり)(刷上り)　例刷り上がりのきれいなグラビア |
| すみぞめ　墨染め(墨染)　例墨染めの衣 | |
| すみつき　墨付き(墨付)　例墨付きの悪い紙；将軍のお墨付きを頂く | すりあがる　刷り上がる(刷上がる)(刷上る)　例本が刷り上がる |
| すみとり　炭取り　働炭籠 | すりあげる　刷り上げる(刷上げる)　例新聞を刷り上げる |
| すみなれる　住み慣れる(住慣れる)〔住み馴れる〕　例長年住み慣れた土地 | すりえ　すりえ〔摺餌,擂餌〕　例魚やぬかですりえを作る |
| すみにくい　住みにくい　例物価が高くて住みにくい | すりきず　擦り傷〔擦り疵〕　例擦り傷を負う　働擦過傷<サッカショウ> |
| すみやか　速やか6　ソク，はやい・はやめる・はやまる　1268　例速やかに処理する | すりきれる　擦り切れる〔摩り切れる〕　例袖口が擦り切れる |
| すみやき　炭焼き(炭焼)　例炭焼き小屋 | すりこぎ　すり粉木〔擂粉木〕 |
| すみわたる　澄み渡る(澄渡る)〔澄み亙る〕　例澄み渡った秋の空 | すりこむ　擦り込む〔摩り込む〕　例薬を皮膚に擦り込む |
| す　む　済む6　サイ，　703　例工事が済む，食事が済む；金では済まされない問題，気が済む | すりつぶす　すりつぶす，すり潰す〔磨り潰す，擂り潰す〕　例豆をすりつぶす；財産をすりつぶす |
| す　む　住む3　ジュウ，すまう　〔棲む〕　910　例この町に住んで10年になる，陸に住む動物 | すりぬける　擦り抜ける〔摺り抜ける〕　例人込みを擦り抜けて前に出る；難題から擦り抜ける |
| す　む　澄む　チョウ，すます　〔清む〕　1414　例澄んだ水，澄んだ音色，心が澄む　対濁る；澄んだ空　曇る | すりバチ　すり鉢〔擂り鉢〕 |
| | すりへらす　すり減らす〔磨り減らす〕　例靴の底をすり減らす；神経をすり減らす |
| すもう　＊相撲〔角力当て字〕　例相撲を取る；相撲にならない | すりへる　すり減る〔磨り減る〕　例すずりの真ん中がすり減る，ライターの石がすり減る |
| すもうとり　相撲取り〔角力取り当て字〕　働力士 | すりむく　擦りむく〔擦り剝く〕　例膝を擦りむく |
| スやき　素焼き(素焼)　例素焼きの器 | すりむける　擦りむける〔擦り剝ける〕　例膝が擦りむける |
| ずらす　ずらす　例位置をずらす，予定を1日ずらす　囲「ずる」の他動詞。 | すりもの　刷り物(刷物)〔摺物〕　例刷り物を配る　働プリント |

○改定追加漢字　●改定追加音訓　□改定削除漢字　■改定削除音訓　〔　〕参考表記　〔△表外漢字　▲表外音訓　×誤用　当て字当て字〕

すりよせる 擦り寄せる 例頬を擦り寄せる

すりよる 擦り寄る 例擦り寄って耳打ちをする

する 刷る⁴ サツ〔摺る〕 735
例ポスターを刷る

する 擦る サツ, すれる〔摩る〕 741
例手を擦る, 擦り傷

する〔摩る, 摺る, 磨る, 擂る〕
例墨をする, 山芋をすり鉢でする, やすりでする, パチンコで5,000円する, ごまをする, ごまがすれる

する する〔為る〕 例することなこと失敗続きだ, きれいにする, 司会をする, 会計をする, 配達をする, 仲人をする, 娘をピアニストにする; 物音がする, 寒けがする, 話し声がする, この古本は8,000円はする

する する〔剃る〕 例ひげをする, 頭をする 注「そる」のなまった形。

する する〔掏る〕 例財布をすられる

ずる ずる〔摩る〕 例靴下がずる
注「引きずる」の俗語的表現。

ずるい ずるい〔狡い〕 例いんちきをするなんてずるい, ずるい事を考える

ずるける ずるける 例練習をずるける, 掃除をずるける 関怠ける

するどい 鋭い エイ 76
例鋭いやりの先, 鋭い歯;鋭い視線, 鋭い目つき;鋭い感覚 対鈍い

するめ するめ〔鯣〕

ずれ ずれ 例ずれを生じる, 時代のずれ 関食い違い

すれあう 擦れ合う 例木と木が激しく擦れ合う

すれすれ すれすれ, 擦れ擦れ
例崖にすれすれのところをバスが走る, 及第点すれすれ

すれちがい 擦れ違い 例擦れ違いに帰って来る, 擦れ違いの夫婦

すれちがう 擦れ違う 例電車が擦れ違う, 擦れ違った人

すれる 刷れる〔摺れる〕 例名刺が刷れる, プログラムが刷れてくる

すれる 擦れる サツ, する〔摩れる〕 741
例木の葉の擦れる音, 袖口が擦れる;すれた女, 砥石<トイシ>がすれて減る

ずれる ずれる 例帯がずれる, 季節がずれる, 考え方がずれている

すわ すわ〔鷟破〕〔当て字〕 例すわ一大事

すわり 座り〔坐り〕 例座り心地, 座りどおしで疲れた

すわり 据わり 例据わりのよい花瓶

すわりこみ 座り込み(座込み)〔坐り込み〕 例座り込み戦術

すわりこむ 座り込む(座込む)〔坐り込む〕 例玄関前に座り込む

すわる 座る⁶ ザ 691
例座布団に座る

すわる 据わる すえる 1098
例肝が据わる, 心が据わる, 腹が据わる

スン 寸⁶ 1101
例5尺6寸, 寸足らず;寸暇, 寸劇, 寸志, 寸時, 寸前, 寸評;方寸, 一寸先 注「ちょっと」は仮名書き。

スンゴウ 寸毫 例寸毫も相違はない 関寸分, 少しも

スンゼン 寸前 例出かける寸前に来客がある, 倒産寸前

スンづまり 寸詰まり 例寸詰まりの着物

スンポウ 寸法 例寸法を計る, まあまあといった寸法です, ざっとこんな寸法だ, 次は店を拡張する寸法だ

スンポウがき 寸法書き

## 〔セ・せ〕

セ 施 シ，ほどこす　787
　例施工，施肥，施療

セ 世³ セイ，よ　1105
　例世界，世間，世襲，世情，世人，世相，世俗，世帯，世代，世評，世論，世話；現世，出世

せ 畝 うね　64
　例町段畝歩

せ 瀬 ―　1102
　例瀬を渡る，立つ瀬がない，浮かぶ瀬がない，瀬戸，瀬戸物

せ 背⁶ ハイ，せい・そむく・むける　1614
　例壁を背にして立つ，背を向ける，背に腹はかえられぬ，山の背，背筋，背戸，背中，背広，背骨

ゼ 是 ―　1103
　例是正，是認，是非；頑是，国是　付非

セイ 歳 サイ　713
　例歳暮<セイボ>

セイ 情⁵ ジョウ，なさけ　1019
　例風情<フゼイ>

セイ 井⁴ ショウ，い　1104
　例井田；市井<シセイ>

セイ 世³ セイ，よ　1105
　例世紀，世子，世嗣；一世，永世，隔世，救世，近世，後世，在世，時世，辞世，処世，人世，絶世，前世，中世，当世，20世紀，万世，乱世

セイ 正¹ ショウ，ただしい・ただす・まさ　1106
　例正をふむ，正の数と負の数；正解，正確，正義，正業，正誤，正視，正式，正常，正数，正当，正負，正副，正門，正論；改正，矯正，厳正，公正，校正，修正，粛正，是正，端正，中正，訂正，適正，不正，補正　付負

セイ 生¹ ショウ，いきる・いかす・いける・うまれる・うむ・おう・はえる・はやす・き・なま　1107
　例生をうける；生育，生家，生活，生気，生業，生計，生産，生死，生殖，生息，生存，生態，生徒，生年，生物，生命，生来，生理；衛生，学生，寄生，厚生，更生，再生，写生，終生，書生，新生，人生，先生，派生，発生，密生，民生，野生，余生
　国＊芝生<しばふ>，＊弥生<やよい>

セイ 成⁴ ジョウ，なる・なす　1108
　例成案，成育，成果，成功，成業，成人，成績，成長，成年，成否，成分，成立；育成，完成，既成，形成，結成，構成，合成，混成，作成，賛成，集成，助成，醸成，大成，達成，編成，養成，落成

セイ 西² サイ，にし　1109
　例西欧，西紀，西経，西南，西北，西洋，西暦；泰西，北西

セイ 声² ショウ，こえ・こわ　1110
　例声援，声価，声楽，声帯，声望，声明，声量；喚声，歓声，奇声，混声，銃声，笑声，嘆声，発声，蛮声，美声，砲声，無声，名声

セイ 制⁵ ―　1111
　(1)定める・決まり 例制定，制度，制服，制帽，制約；学制，官制，旧制，市制，自治制，新制，税制，専制，体制，天皇制，統制，法制
　(2)抑える 例制圧，制御，制限，制裁，制止，制動；強制，禁制，自制，節制，抑制
　(3)支配する 例制海権，制空権，制覇

セイ 姓 ショウ　1112

---

○改定追加漢字　●改定追加音訓　□改定削除漢字　■改定削除音訓　〔 〕参考表記　〔△表外漢字　▲表外音訓　×誤用　当て字当て字〕

| | |
|---|---|
| セイ 姓を冒す；姓氏，姓名；改姓，旧姓，氏姓，同姓同名 | 注*清水＜しみず＞ 対濁 |
| セイ 征 — 1113<br>例征討，征伐，征服；遠征，出征 | セイ 盛⁶ ジョウ，もる・さかる・さかん 1124<br>例盛雲，盛夏，盛会，盛観，盛況，盛衰，盛装，盛大，全盛，隆盛 対衰 |
| セイ 性⁵ ショウ 1114<br>例性に目覚める；性格，性急，性行，性質，性情，性能，性別；悪性，異性，陰性，慣性，急性，個性，酸性，習性，女性，真性，男性，弾性，知性，中性，適性，天性，特性，品性，母性，慢性，野性，陽性，理性 | セイ 婿 むこ〔壻，聟〕 1125<br>例女婿 |
| | セイ 晴² はれる・はらす 1126<br>例晴雨，晴天；快晴 |
| | セイ 勢⁵ いきおい 1127<br>例勢力；威勢，運勢，加勢，火勢，気勢，軍勢，形勢，現勢，攻勢，国勢，姿勢，守勢，情勢，水勢，総勢，多勢，大勢，態勢，地勢，筆勢，病勢，無勢，優勢，劣勢 |
| セイ 青¹ ショウ，あお・あおい 1115<br>例青雲，青果，青春，青天，青銅，青年 | |
| セイ 斉 — 1116<br>例斉唱，一斉教授，均斉 | |
| セイ 政⁵ ショウ，まつりごと 1117<br>例政界，政局，政見，政権，政策，政治，政体，政党，政府，政変，政務，政略，政令；王政，家政，行政，憲政，国政，財政，施政，市政，善政，内政，民政 | セイ 聖⁶ 1128<br>例聖火，聖者，聖書，聖人，聖地，聖典，聖母；歌聖，学聖，神聖 |
| | セイ 誠⁶ まこと 1129<br>例誠意，誠実，誠心；至誠，赤誠，丹誠，忠誠 |
| | セイ 精⁵ ショウ 1130<br>(1)詳しい・細かい・念入り例精巧，精細，精算，精製，精選，精粗，精読，精密，精錬 対粗<br>(2)純粋・えり抜き例精鋭，精神，精髄，精兵<br>(3)魂例森の精；精魂，精霊＜セイレイ・ショウリョウ＞<br>(4)努力例精いっぱい，精を出す；精気，精細，精根，精力，精励 |
| セイ 星² ショウ，ほし 1118<br>例星雲，青星，星座，星雲；衛星，火星，金星，恒星，水星，土星，木星，流星，惑星 | |
| セイ 牲 — 1119<br>例犠牲 類いけにえ | |
| セイ 省⁴ ショウ，かえりみる・はぶく 1120<br>例省察；帰省，人事不省，内省，反省 | |
| セイ 凄 — 1121<br>例凄艶＜セイエン＞，凄惨，凄絶 | |
| セイ 逝 ゆく・いく 1122<br>例逝去；急逝，長逝 | セイ 製⁵ — 1131<br>例製塩，製靴，製缶，製材，製作，製糸，製紙，製図，製造，製茶，製鉄，製氷，製品，製粉，製法，製本，製薬；官製，謹製，作製，精製，粗製，創製，手製，鉄製，複製，木製，和製 |
| セイ 清⁴ ショウ，きよい・きよまる・きよめる 1123<br>例清栄，清音，清潔，清算，清酒，清純，清書，清浄，清新，清流，清濁，清貧，清流；血清，粛清 | |
| | セイ 誓 ちかう 1132 |

例誓願,誓詞,誓文,誓約；宣誓

**セイ 静⁴** ジョウ,しず・しずか・しずめる 1133
例静中動あり；静観,静止,静寂,静粛,静物,静養；安静,閑静,鎮静,動静,平静 ㊧動

**セイ 請** シン,こう・うける 1134
例請暇,請願,請求；懇請,申請

**セイ 整³** ととのえる・ととのう 1135
例整形,整数,整然,整地,整備,整理,整列；規整,調整

**セイ 醒** ― 1136
例覚醒

**セイ せい〔所為〕** 例人のせいにする,耳の遠いのは年のせいだ

**せい 背⁶** ハイ,せ・そむく・そむける 1614
例背が高い；上背<うわぜい>

**ゼイ 税⁵** ― 1137
例税を徴収する；税額,税関,税金,税制,税法,税率；課税,関税,減税,国税,重税,租税,増税,脱税,徴税,納税,免税

**ゼイ 説⁴** セツ,とく 1163
例遊説

**セイイ 誠意** 例誠意を示す,誠意が通じる ㊧真心

**セイイク 生育,成育** 例稲の生育について調べる；りっぱに成育する

**セイイッパイ 精いっぱい,精一杯** 例精いっぱい努力する

**セイウ 晴雨** 例晴雨にかかわらず,晴雨兼用の傘,晴雨計

**セイウン 青雲** 例青雲の志を抱く

**セイエイ 精鋭〔精英〕** 例精鋭を繰り出す,えり抜きの精鋭

**セイエン 凄艶** 例凄艶な美女 ㊧妖艶<ヨウエン>

**セイカ 成果** 例成果を上げる,大成を収める

**セイカ 盛夏** 例盛夏の候 ㊃初夏,晩夏

**セイカ 製靴** 例製靴業を営む

**セイカイ 政界** 例政界の実力者

**セイカク 正確** 例正確を期す,正確な答え,正確な時間

**セイカク 性格** 例性格の相違,気の短い性格,性格異常；性格描写,性格俳優；問題の性格が違う

**セイカク 精確** 例精確な機械,精確な情報 ㊧正確

**セイカツ 生活** 例生活が苦しい,生活を営む,生活難にあえぐ；生活改善,生活環境,生活協同組合,生活能力,生活費；家族生活,経済生活,独身生活,夫婦生活,文化生活 ㊧暮らし

**セイカン 精悍** 例精悍な面魂<つらだましい> ㊧精力的,たくましい

**セイキ 世紀** 例世紀の祭典,21世紀,世紀末

**セイキ 正規** 例正規の手続き,正規軍

**セイキ 生気** 例生気があふれている,生気を取り戻す,生気はつらつ

**セイギ 正義** 例正義を重んじる

**セイキュウ 性急** 例性急な人だ ㊧せっかち

**セイキュウ 請求** 例交通費を請求する,請求書

**セイキョ 逝去** ㊧死去,永眠

**セイギョ 制御〔制馭,制禦〕** 例はやる感情を制御する,制御弁,自動制御装置

**セイキョウ 盛況** 例連日満員の盛況,盛況のうちに幕を閉じる

**ゼイキン 税金** 例税金を徴収する

**セイケイ 生計** 例生計を営む,生活費 ㊧生活

| | |
|---|---|
| **セイケイ　整形** 例整形手術 | 性向上　対消費 |
| **セイケツ　清潔** 例清潔な感じがする、清潔な廊下　対不潔 | **セイサン　成算** 例成算がない |
| **セイケン　政権** 例政権を握る | **セイサン　清算** 例債務を清算する、清算取引　対実物取引；過去を清算する |
| **セイゲン　制限** 例持ち込みを制限する、時間を制限する、人員の制限 | **セイサン　精算** 例運賃を精算する、乗り越し料金の精算　関概算 |
| **ゼイゲン　贅言** 例贅言を要しない　類無駄口 | **セイサン　凄惨** 例凄惨な光景　類むごたらしい、悲惨 |
| **セイコウ　成功** 例事業に成功する、成功を収める、失敗は成功のもと | **セイシ　正視** 例正視するに耐えない |
| **セイコウ　性向** 例消費性向 | **セイシ　生死** 例生死が不明である、生死を顧みない |
| **セイコウ　精巧** 例精巧な玩具＜ガング＞、精巧な仕掛け　例粗雑 | **セイシ　制止** 例私語を制止する |
| **セイコウウドク　晴耕雨読** 例晴耕雨読の老後を送る | **セイシ　静止** 例振り子が静止する、静止状態　対運動 |
| **セイゴウセイ　整合性** 例整合性を欠く | **セイジ　政治** 例政治的手腕、政治家、政治学、政治革命、政治活動、政治結社、政治資金 |
| **セイコク　正鵠** 例正鵠を射る、正鵠を得る　類要点、急所　注「セイコウ」は慣用読み。 | **セイシキ　正式** 例正式の手続き　対略式 |
| **ゼイこみ　税込み** 例税込み30万円の給料 | **セイシツ　性質** 例おとなしい性質、問題の性質　類性格 |
| **セイコン　精根、精魂** 例精根が尽きる；精魂を傾ける | **セイジツ　誠実** 例誠実な人柄、誠実そのもの |
| **セイサイ　生彩** 例生彩を欠く　注いきいきしている様子。 | **ゼイジャク　脆弱** 例脆弱な体　類もろい、弱い |
| **セイサイ　制裁** 例制裁を加える、私的制裁 | **セイシュク　静粛** 例静粛にして聞く |
| **セイサイ　精彩** 例精彩を放つ、精彩を欠く　注目立って優れている様子。 | **セイジュク　成熟〔生熟〕** 例木の実が成熟する |
| **セイザイ　製材** 例製材業、製材所 | **セイシュン　青春** 例青春を謳歌＜オウカ＞する、青春期 |
| **セイサク　制作** 例制作する、出品作品の制作、彫刻の制作 | **セイジュン　清純** 例清純な娘 |
| **セイサク　政策** 例外交政策 | **セイショ　清書** 例原稿を清書する　類浄書　対下書き |
| **セイサク　製作** 例家具を製作する、木工製作、製作所 | **セイショ　聖書** 類バイブル |
| **セイサツ　生殺** 例生殺与奪の権を握る | **セイショウ　斉唱** 例国歌を斉唱する　対独唱、合唱 |
| **セイサン　生産** 例生産する、食糧の生産、生産管理、生産財、生産者価格、生産 | **セイジョウ　正常** 例正常な感覚　対異常 |
| | **セイジョウ　政情** 例政情不安 |

明朝体の右肩の数字は配当学年　末尾の数字は常用漢字表番号　（　）許容　類類義同意語　対反対対照語
関関連語　学学術用語

|  |  |  |
|---|---|---|
| セイジョウ | 清浄 | 例山頂の清浄な空気, 清浄野菜 |
| セイショク | 生殖 | 例生殖器, 生殖機能；有性生殖 |
| セイシン | 生新 | 例生新の気 |
| セイシン | 清新 | 例清新の気風 |
| セイシン | 誠心 | 例誠心誠意 |
| セイシン | 精神 | 例精神を打ち込む, 憲法の精神；精神衛生, 精神科学, 精神生活, 精神年齢, 精神分析, 精神療法, 精神力；精神一到何事か成らざらん |
| セイジン | 成人 | 例成人の日, 成人教育 |
| セイする | 制する | 例機先を制する, 死命を制する |
| セイする | 製する | 例家具を製する ㊟製造する |
| セイセイ | せいせい, 清々 | 例問題が片づいてせいせいする, 汗を流してせいせいする |
| セイゼイ | 〔副詞〕せいぜい, 精々 | 例せいぜいがんばろう, せいぜい300円の品物だ |
| セイセキ | 成績〔成積〕 | 例りっぱな成績を残す, 成績が向上する, 成績表 |
| セイゼツ | 凄絶 | 例凄絶な闘争 ㊟すさまじい |
| セイゼン | 整然, 井然 | 例整然と並ぶ, 整然とした町並み, 理路整然 ㊟雑然 |
| セイソ | 清楚 | 例清楚な身なり ㊟清らか, すっきり |
| セイソウ | 清掃 | 例清掃する, 清掃週間 |
| セイソウ | 懐愴 | 例懐愴な争い ㊟ものすごい |
| セイゾウ | 製造 | 例食料品の製造, 製造業者, 製造元 |
| セイソク | 生息〔棲息, 栖息〕 | 例奥地に生息する動物 ㊟生息 |
| セイぞろい | 勢ぞろい〔勢揃い〕 | 例関係者の勢ぞろい, 勢ぞろいして写真を撮る |
| セイゾン | 生存 | 例生存競争, 生存時間, 生存者 ㊟「セイソン」とも言う。 |
| セイタイ | 生態 | 例鳥の生態, 猿の生態 |
| セイタイ | 声帯 | 例声帯模写 |
| セイダイ | 盛大 | 例盛大な歓迎会 |
| ゼイタク | ぜいたく〔贅沢〕 | 例ぜいたくな暮らし, ぜいたくな調度, 口がぜいたくだ ㊟倹約, 節約 |
| セイチ | 精緻 | 精緻な構造 ㊟精巧, 精密 |
| セイチュウ | 掣肘 | 例掣肘を排除する ㊟制約, 拘束, 干渉 |
| セイチョウ | 生長 | 例稲の生長 ㊟主に「植物」について言う。 |
| セイチョウ | 成長 | 例鳥の成長, 成長期 ㊟主に「動物」について言う。 |
| セイテイ | 制定 | 例法律を制定する |
| セイテン | 青天 | 例青天のへきれき, 青天白日の身 |
| セイド | 制度 | 例制度の改正, 選挙制度, 奴隷制度, 封建制度 |
| セイトウ | 正統 | 例正統な後継者, 正統派 |
| セイドク | 精読 | 例精読主義 ㊟熟読と乱読, 多読 |
| セイトン | 整頓 | 例部屋を整頓する, 整理整頓 ㊟整備, 整理 |
| ゼイニク | 贅肉 | 例贅肉を取る |
| セイネン | 成年 | 例成年式 ㊟未成年 |
| セイネン | 青年 | 例青年学級, 青年心理 ㊟幼年, 少年, 壮年, 老年 |
| セイネンガッピ | 生年月日 | 例生年月日を記載する |
| セイノウ | 性能 | 例性能の優れたカメラ |
| セイハ | 制覇 | 例世界制覇の野望に燃える, 球界を制覇する ㊟優勝, 制勝, 制圧 |
| セイビ | 整備 | 例飛行機を整備する, 整備士 |

○改定追加漢字 ●改定追加音訓 □改定削除漢字 ■改定削除音訓 〔 〕参考表記 〔△表外字 ▲表外音訓 × 誤用 当て字〕当て字

| | |
|---|---|
| セイヒン　製品 | 例新製品を宣伝する |
| セイフ　政府 | 例政府の声明 |
| セイフク　制服〔正服〕 | 例制服制帽 |
| セイフク　征服〔征伏〕 | 例敵を征服する，山頂を征服する |
| セイブツ　生物 | 例生物の時間，生物学　対無生物 |
| セイブツ　静物 | 例静物画 |
| セイフン　製粉 | 例製粉業 |
| セイブン　成分 | 例水の成分 |
| セイブン　成文 | 例規約を成文化する，成文法 |
| セイベツ　生別 | 例親に生別する　対死別 |
| セイホウ　製法 | 例薬品の製法 |
| セイボウ　制帽 | 例制服制帽 |
| セイマイ　精米 | 例精米業　類白米　関精白　対玄米 |
| セイミツ　精密 | 例精密な機械，精密検査　対粗雑 |
| セイメイ　生命 | 例生命を絶つ，生命力，生命保険，生命線 |
| セイメイ　姓名 | 例姓名を偽る，姓名判断　類氏名 |
| セイヤク　制約 | 例時間の制約を受ける |
| セイヤク　製薬 | 例製薬会社 |
| セイヤク　誓約 | 例誓約する，誓約書 |
| セイヨウ　静養 | 例別荘で静養する，病後の静養 |
| セイヨク　性欲〔性慾〕 | |
| セイライ　生来〔性来〕 | 例生来の怠け者，生来虚弱な人　注「ショウライ」とも言う。 |
| セイリ　生理 | 例生理学，生理休暇 |
| セイリ　整理 | 例道具を整理する，場内整理，人員整理，整理係 |
| セイリツ　成立 | 例交渉が成立する，会が成立する |
| セイリョウ　清涼 | 例清涼な山頂の空気，清涼飲料水，清涼剤 |
| セイリョク　勢力 | 例勢力を握る，勢力範囲，勢力家 |
| セイリョク　精力 | 例精力的に活動する，精力絶倫，精力家 |
| セイレイ　精励 | 例職務に精励する，刻苦精励 |
| セイレキ　西暦 | 例西暦はキリスト誕生の年を基準にして作られている，西暦紀元前〜年　類西紀 |
| セイレツ　清冽 | 例谷川の清冽な流れ　関清らか |
| セイレツ　整列 | 例校庭に整列する |
| セイレン　清廉 | 例清廉潔白 |
| セイレン　精練 | 例精練した部隊，糸を精練する |
| セイレン　精錬〔精煉〕 | 例金属を精錬する |
| セイレン　製錬 | 例製錬所 |
| セイレンケッパク　清廉潔白 | 例清廉潔白の人 |
| セイロウ　せいろう〔蒸籠〕 | 例せいろう蒸し　注「セイロ」とも言う。 |
| せおいなげ　背負い投げ〔背負投げ〕 | 注「しょいなげ」とも言う。 |
| せおう　背負う | 例子どもを背負う，一家を背負う，借金を背負う |
| せおよぎ　背泳ぎ | 類背泳，バック・ストローク |
| セカイ　世界 | 例世界を1周する，世界記録，世界銀行，第2次世界大戦，世界的な恐慌；芸術家の世界，学問の世界；世界観，世界像；別世界 |
| セカイジュウ　世界中 | 世界じゅう　例世界中の人々 |
| セカイテキ　世界的 | 例世界的な不景気，世界的な学者 |
| せかせる　せかせる〔急かせる〕 | 例失敗するからあまりせかせるな |

[類]急がせる
**ぜがヒでも　是が非でも**　[例]是が非でも勝たねばならない
**せがむ　せがむ**　[例]子どもにピアノをせがまれる
**せがれ　せがれ**〔倅，悴〕　[例]家のせがれ，家業をせがれに譲る　[類]息子
**せがわ　背革**　[例]辞典の背革
**セキ　寂**　ジャク，さび・さびしい・さびれる　862
[例]寂として；寂然<セキゼン・ジャクネン>，寂寥<セキリョウ>
**セキ　夕**¹　ゆう　1138
[例]夕陽；今夕，朝夕，一朝一夕
[注]＊七夕<たなばた>
**セキ　斥**　―　1139
[例]斥候；排斥
**セキ　石**¹　シャク・コク，いし　1140
[例]石英，石灰，石器，石材，石像，石炭，石油；化石，岩石，玉石，鉱石，定石，礎石，柱石，投石，木石，宝石
**セキ　赤**¹　シャク，あか・あかい・あからむ・あからめる　1141
(1)赤[例]赤外線，赤十字，赤色，赤飯，赤面，赤血
(2)真心[例]赤心，赤誠
(3)むきだし・激しい[例]赤手，赤貧，赤裸々
**セキ　昔**³　シャク，むかし　1142
[例]昔時，昔日　[対]今
**セキ　析**　―　1143
[例]析出；解析，分析
**セキ　席**⁴　―　1144
[例]席の暖まる暇もない，宴会の席；席次，席順，席上；議席，空席，欠席，座席，主席，首席，出席，上席，即席，退席，着席，同席，末席，臨席，隣席，列席　[注]＊寄席<よせ>
**セキ　脊**　―　1145
[例]脊髄，脊柱，脊椎<セキツイ>
**セキ　隻**　―　1146
[例]隻手；数隻
**セキ　惜**　おしい・おしむ　1147
[例]惜春，惜敗，惜別；哀惜
**セキ　戚**　―　1148
[例]姻戚，親戚
**セキ　責**⁵　せめる　1149
[例]責任，責務；引責，自責，叱責<シッセキ>，重責，職責
**セキ　跡**　あと　〔蹟〕　1150
[例]遺跡，軌跡，奇跡，旧跡，形跡，古跡，史跡，事跡，手跡，定跡，戦跡，追跡，筆跡
**セキ　積**⁴　つむ・つもる　1151
[例]積雲，積載，積算，積雪，積極的；山積，集積，体積，蓄積，面積，容積，累積
**セキ　績**⁵　―　1152
[例]業績，功績，実績，成績，紡績
**セキ　籍**　―　1153
(1)戸籍・資格[例]籍を入れる，籍を抜く，医学部に籍を置く；戸籍，除籍，入籍，復籍，本籍，名籍，離籍
(2)書物[例]漢籍，経籍，史籍，書籍，典籍
**せき　関**⁴　カン，かかわる　279
[例]箱根の関，関所；関取，大関
**せき　せき**〔咳〕　[例]せきをする
**せき　せき**〔堰〕　[例]せきを切る
**セキガイセン　赤外線**　[例]赤外線写真　[関]紫外線
**セキガク　碩学**　[類]大学者，権威，大家
**セキがし　席貸し**　[類]貸席
**せきこむ　せき込む**〔急き込む〕
[例]せき込んで話す
**せきこむ　せき込む**〔咳込む〕　[例]苦しそうにせき込む，急にせき込む
**セキジ　席次**　[例]席次を決める　[類]席順
**セキジュウジ　赤十字**　[例]赤十字病

せきショ　関所　例箱根の関所, 関所破り, 関所跡　関関
セキズイ　脊髄　例脊髄神経
セキセツ　積雪　例積雪量
せきたてる　せきたてる〔急き立てる〕　例早く早くとせきたてる, 貸し金の返済をせきたてる
セキタン　石炭　例石炭を掘る, 石炭酸, 石炭ガス
セキチュウ　脊柱
セキツイ　脊椎　例脊椎カリエス, 脊椎動物
セキドウ　赤道　例赤道を越える, 赤道海流, 赤道祭, 赤道直下
せきどめ　咳止め〔咳止め〕　例せき止めの薬
せきとめる　せき止める〔塞き止める, 堰き止める〕　例流れをせき止める
せきとり　関取　関力士
セキニン　責任　例責任の所在を確かめる, 責任を果たす, 責任を取る, 責任を回避する, 責任感が強い, 責任者
セキバク　寂寞　例寂寞とした光景　注「ジャクマク」とも言う。
せきばらい　せきばらい〔咳払い〕　例せきばらいをする
セキム　責務　例責務を果たす
セキメン　赤面　例赤面の至り
せきもり　関守り〔関守〕　関関の番人
セキユ　石油　例石油やぐら, 石油ストーブ, 石油乳剤
セキリ　赤痢　例赤痢患者, 赤痢菌
セキリョウ　寂寥　例寂寥とした荒れ野, 寂寥感
せく　せく〔急く〕　例気ばかりがせく, せいては事を仕損じる
せく　せく〔咳く〕　例激しくせく

せく　せく〔塞く, 堰く〕　例流れをせく, 仲をせく
セケン　世間　例世間へ出る, 世間が承知しない, 世間がうるさい, 世間をはばかる, 世間体がある, 世間並みの暮らし, 世間話, 世間ずれしている
セコ　世故　例世故にたける
セジ　せじ, 世辞　例おせじを言う
セシュウ　世襲　例世襲制度
せすじ　背筋　例背筋が寒くなる
せせこましい　せせこましい　例せせこましい場所　関狭苦しい　注俗語
セタイ　世帯　例世帯数, 世帯調査
せたけ　背丈　例背丈を測る
セチ⁴　節　セツ, ふし　1162
　例お節料理, 節会＜セチエ＞
セチがらい　せちがらい, 世知辛い〔世智辛い〕　例せちがらい世の中　注「世才」「俗才」の場合は「世知」を用いる。
セツ　刹那　サツ　736
　例刹那＜セツナ＞
セツ⁵　殺　サツ・サイ, ころす　738
　例殺生
セツ　切²　サイ, きる・きれる　1154
(1)切る　例切開, 切除, 切断, 切腹
(2)急　例切迫
(3)ひたすら・懇ろ　例切に祈る；切実；懇切, 親切, 痛切
(4)妥当　例適切
セツ　折⁴　おる・おり・おれる　1155
　例折衝, 折衷, 折半；右折, 曲折, 屈折, 骨折, 左折
セツ　拙　つたない　1156
(1)拙い　例拙劣, 拙速；巧拙　対巧
(2)謙称　例拙稿, 拙作, 拙者, 拙僧, 拙宅, 拙論
セツ　窃　　1157
　例窃取, 窃盗

**セツ 接**⁵ **つぐ** 1158
(1)近寄る 例接近, 接戦；間接, 近接, 直接, 隣接
(2)合う・合わせる・継ぐ 例接合, 接骨, 接種, 接触, 接続
(3)会う・もてなす 例接客, 接遇, 接見, 接待, 接伴；面接

**セツ 設**⁵ **もうける** 1159
例設営, 設計, 設置, 設定, 設備, 設問, 設立；架設, 開設, 既設, 建設, 施設, 常設, 新設, 創設, 増設, 特設, 敷設

**セツ 雪**² **ゆき** 1160
例雪害, 雪辱；残雪, 除雪, 積雪, 風雪, 白雪；雪辱 囲＊雪崩＜なだれ＞, ＊吹雪＜ふぶき＞

**セツ 摂 ―** 1161
例摂取, 摂政, 摂制, 摂理；兼摂

**セツ 節**⁴ **セチ, ふし** 1162
(1)ふし・区切り 例音節, 関節, 章節
(2)志・正しい行い 例節義, 節操；忠節, 貞節, 礼節
(3)適度にする・控えめ 例節倹, 節減, 節食, 節水, 節制, 節電, 節度
(4)気候の変わり目 例季節
(5)祝日 例節句
(6)使い 例使節

**セツ 説**² **ゼイ, とく** 1163
例説を立てる；説教, 説得, 説法, 説明, 説話；異説, 臆説（憶説）, 解説, 学説, 逆説, 高説, 自説, 社説, 所説, 小説, 詳説, 総説, 俗説, 通説, 定説, 伝説, 風説, 論説

**ゼツ 舌**⁶ **した** 1164
例舌禍, 舌戦, 舌代, 舌頭；毒舌, 筆舌, 弁舌

**ゼツ 絶**⁵ **たえる・たやす・たつ** 1165
(1)断ち切る 例断絶, 中絶
(2)無くなる 例絶息, 絶体絶命, 絶望, 絶滅；空前絶後, 廃絶
(3)やめる・拒む 例絶交, 絶食, 絶版, 絶筆；義絶, 拒絶, 謝絶
(4)離れている 例絶海, 絶境
(5)優れる 例絶佳, 絶景, 絶勝, 絶品, 絶倫
(6)非常に 例絶好, 絶後, 絶大, 絶頂, 絶妙

**ゼツエン 絶縁** 例ゴムで絶縁する, 絶縁関係にある, 絶縁体

**セッカイ 切開** 例患部を切開する

**ゼッカイ 絶海** 例絶海の孤島

**セッカイシュジュツ 切開手術** 〔切解手術〕

**セッカク せっかく, 折角** 例せっかく行ったのに……, せっかくの頼みなので……

**せっかち せっかち** 例せっかちな性質, せっかちな人 閲短気, 性急

**セッカン せっかん** 〔折檻〕 例子どもをせっかんする

**セッキ 石器** 例石器のおの, 石器時代

**セッキョウ 説教** 例説教する, 宗門の説教；いつものお説教が始まる

**セッキョウ 説経** 例説経する, 説経祭文, 説経節

**セッキョク 積極** 例積極性, 積極策 閲消極

**セッキョクテキ 積極的** 例積極的に参加する 閲消極的

**セッキン 接近** 例台風が本土に接近する, 人に接近する, 力が接近する

**セック 節句, 節供** 例怠け者の節句働き

**セッケイ 設計** 例機械を設計する, 設計事務所, 設計図

**セッケイ 雪渓**

**セッケン 席巻, 席捲** 例席巻する 閲勝ち進む, 押しまくる

**セッケン せっけん** 〔石鹼〕 例化粧

○改定追加漢字　●改定追加音訓　□改定削除漢字　■改定削除音訓　〔　〕参考表記　〔△表外漢字　▲表外音訓　×誤用　当て字当て字〕

せっけん, 粉せっけん, 洗濯せっけん ㊂シャボン

**ゼッコウ　絶交**　㋕友人と絶交する

**ゼッコウ　絶好**　㋕絶好のチャンス, 絶好の場所

**セッサタクマ　切磋琢磨**　㊂鍛練, 修練

**ゼッサン　絶賛**〔絶讃〕　㋕絶賛を博する

**セツジツ　切実**　㋕切実に感じる, 切実な問題

**セッシヤクワン　切歯扼腕**　㋕試合に出られず切歯扼腕する

**セッシュ　接種**　㋕予防接種をする

**セッショウ　殺生**　㋕殺生な話, 殺生禁断　㊉放生＜ホウジョウ＞

**セッショウ　折衝**〔接衝, 切衝〕　㋕外部との折衝に当たる

**セッショク　接触**　㋕外国人と接触する, バスとトラックが接触する

**ゼッショク　絶食**　㋕絶食療法

**セッする　接する**　㋕人に接する, 吉報に接する, 庭に接した道路

**セッする　節する**　㋕食を節する　㊂制限する, 減らす

**ゼッする　絶する**　㋕言語に絶する苦難, 古今に絶する名作, 想像を絶する

**セッセイ　摂生**　㋕病後の摂生　㊂養生

**セッセイ　節制**　㋕飲食を節制する

**セッセン　接戦**　㋕接戦の末敗れる

**セッソウ　節操**　㋕節操を曲げない, 節操を守る

**セツゾク　接続**　㋕文を接続する, バスの接続, 接続詞

**セッタイ　接待**〔接対〕　㋕客を接待する, 接待係

**ゼッタイ　絶対**　㋕絶対に反対だ, 絶対許せない, 絶対安静, 絶対多数　㊉比較多数；絶対者；絶対主義　㊉相対主義；絶対値；絶対的㊉相対的

**ゼッダイ　絶大**　㋕絶大な援助

**ゼッタイゼツメイ　絶体絶命**〔絶対絶命〕　㋕絶体絶命の窮地

**セツダン　切断**〔截断〕　㋕針金を切断する

**セッチ　設置**　㋕支店開設準備委員会を設置する, 図書室を設置する

**セッチャク　接着**　㋕接着剤

**セッチュウ　折衷, 折中**　㋕折衷案, 和洋折衷

**ゼッチョウ　絶頂**　㋕山の絶頂, 人気の絶頂

**セットウ　窃盗**　㊂盗み, 泥棒

**セツナ　刹那, せつな**　㋕油断した刹那財布をすられる, 刹那主義　㊂瞬間

**セツない　せつない, 切ない**　㋕せつない胸中を察する

**セツなる　せつなる, 切なる**　㋕せつなる願い

**セツに　切に**　㋕切に希望する, 切に切にお願いします

**セッパク　切迫**〔接迫〕　㋕期限が切迫する, 呼吸が切迫する, 切迫した空気

**せばつまる　せば詰まる, 切羽詰まる**　㋕せっぱ詰まっているのにうまい打開策が浮かばない

**セッパン　折半**〔切半〕　㋕費用を折半する　㊂2等分

**セツビ　設備**　㋕設備の整った学校, 設備資金, 設備投資

**ゼッピツ　絶筆**　㋕その作品が絶筆となった

**セップク　切腹**　㋕切腹する　㊂割腹

**セップク　説伏**〔説服〕　㊂説得

**セップン　せっぷん**〔接吻〕　㋕せっぷんする　㊂口づけ, キス

**ゼッペキ　絶壁**　㋕絶壁から身を投げる

**ゼツボウ　絶望**　㋕人生に絶望する, 遭難者の救助は絶望的だ

**ゼッポウ　舌鋒**　㋕鋭い舌鋒　㊂弁

舌, 舌端
セツメイ 説明 例内容を説明する, 趣旨を説明する, 説明会
セツヤク 節約 例経費を節約する ㊆倹約
セツリツ 設立 例支店を設立する ㊆設置 ㊉解散
セツワ 説話 例説話集, 説話文学, 説話物語
せど 背戸 例背戸口
せとぎわ 瀬戸際 例生死の瀬戸際
せとびき 瀬戸引き 例瀬戸引きの洗面器
せともの 瀬戸物 例瀬戸物の置物, 瀬戸物屋
せなか 背中 例敵に背中を見せる
せなかあわせ 背中合わせ〔背中合せ〕 例背中合わせの家, 背中合わせの仲
ぜに 銭⁶ セン 1188 例銭になる仕事, 銭金ずく, 銭箱, 銭金, 銭入れ, 銭もうけ, 小銭, 銭離れがよい
ゼニン 是認 例その対策を是認する, 事実を是認する ㊉否認
せのび 背伸び 例自分の実力以上に背伸びする
せばまる 狭まる キョウ, せまい・せばめる 405 例川幅が狭まる, 捜査範囲が狭まる ㊉広がる
せばめる 狭める キョウ, せまい・せばまる 405 例道路を狭める, 販路を狭める ㊉広める
ゼヒ 是非 例是非を論じている場合ではない, 事の是非
ゼヒ 副詞 ぜひ, 是非 例ぜひお願いします
ゼヒとも 副詞 ぜひとも, 是非とも

例ぜひとも参加したい
ゼヒもない ぜひもない, 是非もない 例子どもだからぜひもない ㊟「ゼヒない」とも言う。
セヒョウ 世評 例世評に上る, 世評に高い書物, 世評が高い ㊆風評
せびる せびる 例こづかい銭をせびる ㊆ねだる, せがむ
せびろ 背広
せぶみ 瀬踏み 例瀬踏みする ㊆試み, 試し
せぼね 背骨 例背骨を伸ばす
せまい 狭い キョウ, せばめる・せばまる 405 例道幅が狭い, 狭い家, 視界が狭い, 度量が狭い, 心が狭い ㊉広い
せまくるしい 狭苦しい 例狭苦しい家
せまる 迫る ハク 〔逼る〕 1634 例期限が迫る, 暮れが迫る, 貧に迫る, 返答を迫る
せみ せみ〔蟬〕 例油ぜみ
せめ 責め 例責めを負って会社を辞める, 責め道具
せめいる 攻め入る 例敵の領土に攻め入る
せめおとす 攻め落とす〔攻め落す〕 例城を攻め落とす
せめク 責め苦 例地獄の責め苦を味わう
せめたてる 攻め立てる 例城を攻め立てる
せめたてる 責め立てる 例むちで責め立てる, 早く返済せよと責め立てる
せめて 副詞 せめて〔切て〕 例せめて1日休みたい, せめてもの償い
せめドウグ 責め道具 例責め道具で責める, 責め道具を使って白状させる
せめほろぼす 攻め滅ぼす 例敵国を攻め滅ぼす

| | | | |
|---|---|---|---|
| せめよせる | 攻め寄せる | 例軍勢が攻め寄せる | |
| せめる | 攻める | コウ | 607 |
| | 例敵を攻める | | |
| せめる | 責める⁵ | セキ | 1149 |
| | 例過失を責める，失敗を責める，むちで責める | | |
| せりあい | 競り合い(競合い) | 例競り合いを続ける 類競争 | |
| せりうり | 競り売り(競売り)〔糶り売り〕 | 例競り売りする 類競売 対競り買い | |
| せりだし | せり出し〔迫り出し〕 | 例舞台のせり出し | |
| せりふ | せりふ〔台詞，台白，科白〕 当字 例せりふを覚える，そのせりふが気に入らない，しゃれたせりふ，せりふ回し，捨てぜりふ | | |
| せる | 競る⁴ | キョウ・ケイ，きそう〔糶る〕 | 417 |
| | 例順位を競る，品物の価格を競る | | |
| ゼロ | ゼロ〔零〕 | 例ゼロゲーム | |
| セロン | 世論 | 例世論調査 注「よロン」とも言う。 | |
| セワ | 世話 | 例嫁を世話する，世話になる，世話がやける，世話をやく，要らぬお世話だ，世話人，世話女房，世話好き；世話物 | |
| せわしい | せわしい〔忙しい〕 | 例せわしい毎日だ，年の暮れはせわしい 類せわしない | |
| セワずき | 世話好き | 例世話好きな人 | |
| セワやき | 世話やき，世話焼き | 例あいつは世話やきだ 類おせっかい | |
| セン | 千¹ | ち | 1166 |
| | 例千軍万馬，千古，千載一遇，千変万化，千慮；海千山千 | | |
| セン | 川 | かわ | 1167 |
| | 例川柳；河川 | | |
| セン | 仙 | ― | 1168 |
| | 例仙骨，仙人；酒仙 | | |
| セン | 占 | しめる・うらなう | 1169 |
| | 例占拠，占有，占用，占領；独占 | | |
| セン | 先¹ | さき | 1170 |
| | 例先覚，先客，先駆，先決，先見，先行，先進，先生，先祖，先着，先手，先天的，先頭，先導，先入観，先任，先輩，先発，先方，先約，先例；機先，祖先，率先，優先 | | |
| セン | 宣⁶ | ― | 1171 |
| | 例宣教，宣言，宣告，宣誓，宣戦，宣伝；託宣 | | |
| セン | 専⁶ | もっぱら | 1172 |
| | 例専横，専業，専決，専従，専心，専制，専属，専念，専売，専門，専用 | | |
| セン | 泉 | いずみ | 1173 |
| | 例泉水；温泉，鉱泉 | | |
| セン | 浅⁴ | あさい | 1174 |
| | 例浅学，浅薄，浅慮；深浅 対深<シン> | | |
| セン | 洗⁶ | あらう | 1175 |
| | 例洗顔，洗剤，洗浄，洗脳，洗面，洗礼，洗練；筆洗 | | |
| セン | 染⁶ | そめる・そまる・しみる・しみ | 1176 |
| | 例染色，染織，染髪，染料；感染，色染，伝染 | | |
| セン | 扇 | おうぎ | 1177 |
| | 例扇情，扇状地，扇子<センス>，扇風機；軍扇 | | |
| セン | 栓 | ― | 1178 |
| | 例給水栓，消火栓；水道の栓を開く | | |
| セン | 旋 | ― | 1179 |
| | 例旋回，旋盤，旋風，旋律；周旋 | | |
| セン | 船² | ふね・ふな | 1180 |
| | 例船医，船員，船台，船室，船体，船長，船舶，船腹；汽船，漁船，商船，造船，停船，難船，帆船， | | |

明朝体の右肩の数字は配当学年　末尾の数字は常用漢字表番号　（ ）許容　類類義同意語　対反対対照語
関関連語　学学術用語

セン—ゼン

| | |
|---|---|
| セン 戦⁴ いくさ・たたかう 1181 | セン 遷 — 1191 |
| 例戦意, 戦火, 戦果, 戦機, 戦記, 戦況, 戦局, 戦後, 戦災, 戦死, 戦史, 戦時, 戦車, 戦術, 戦場, 戦線, 戦前, 戦争, 戦地, 戦備, 戦費, 戦法, 戦友, 戦略;応戦, 開戦, 海戦, 合戦, 休戦, 苦戦, 決戦, 交戦, 作戦, 参戦, 実戦, 終戦, 宣戦, 対戦, 停戦, 敗戦, 反戦, 奮戦, 防戦, 野戦, 乱戦, 歴戦, 連戦, 論戦 | 例遷宮, 遷航, 遷都;左遷, 変遷 |
| | セン 選⁴ えらぶ 1192 |
| | 例選に漏れる;選挙, 選考, 選者, 選手, 選出, 選定, 選任, 選抜, 選評;改選, 官選, 厳選, 互選, 公選, 再選, 人選, 精選, 抽選, 当選, 特選, 入選, 予選, 落選 |
| セン 煎 いる 1182 | セン 薦 すすめる 1193 |
| 例煎茶, 煎餅<センベイ>, 干した根を煎じる | 例推薦, 他薦 |
| | セン 繊 — 1194 |
| セン 羨 うらやむ・うらやましい 1183 | 例繊維, 繊巧, 繊細, 繊弱 |
| | セン 鮮 あざやか 1195 |
| 例羨望 | 例鮮魚, 鮮血, 鮮度, 鮮明;新鮮 |
| セン 腺 — 1184 | ゼン 全³ まったく・すべて 1196 |
| 例腺病質;甲状腺, 前立腺, リンパ腺, 涙腺 | 例全員, 全快, 全壊, 全額, 全景, 全権, 全紙, 全集, 全焼, 全身, 全盛, 全線, 全然, 全体, 全治, 全土, 全能, 全廃, 全般, 全部, 全編, 全滅, 全面, 全訳, 全容, 全力;安全, 完全, 健全, 保全, 万全 |
| セン 詮 — 1185 | |
| 例詮議, 詮索;所詮 | |
| セン 践 — 1186 | |
| 例実践 | |
| セン 箋 — 1187 | |
| 例処方箋, 便箋, 付箋 | ゼン 前² まえ 1197 |
| セン 銭⁶ ぜに 1188 | 例前衛, 前科, 前回, 前金, 前後, 前言, 前座, 前業, 前日, 前者, 前借, 前述, 前身, 前進, 前世, 前線, 前代, 前兆, 前提, 前納, 前非, 前文, 前編, 前面, 前夜, 前略, 前例, 前列;以前, 眼前, 空前, 午前, 御前, 最前, 事前, 従前, 食前, 神前, 寸前, 生前, 腹前, 直前, 墓前, 面前, 門前, 霊前 ㉟後 |
| 例銭湯;1銭, 金銭, 借銭, 銅銭 | |
| セン 銑 — | |
| 例銑鉄;白銑 | |
| セン 潜 ひそむ・もぐる 1189 | |
| 例潜行, 潜航, 潜在, 潜水, 潜入, 潜伏 | |
| セン 線² — 1190 | |
| 例線香, 線路;沿線, 架線, 回帰線, 幹線, 曲線, 光線, 混線, 視線, 紫外線, 斜線, 垂線, 水平線, 赤外線, 戦線, 全線, 前線, 脱線, 直線, 鉄線, 点線, 電線, 銅線, 配線, 白線, 平行線, 複線, 伏線, 無線, 有線 | ゼン 善⁶ よい 1198 |
| | 例善は急げ;善悪, 善意, 善後策, 善行, 善処, 善政, 善戦, 善導, 善人, 善用, 善良;改善, 偽善, 最善, 慈善, 親善, 真善美, 独善 ㉟悪 |
| | ゼン 然⁴ ネン 1199 |
| | 例依然, 隠然, 果然, 偶然, 公然, 自然, 全然, 泰然, 断然, 超然, 当 |

○改定追加漢字 ●改定追加漢字 □改定削除漢字 ■改定削除音訓 〔 〕参考表記 〔△表外漢字 ▲表外音訓 ×誤用 当て字当て字〕

ゼン 禅 — 1200
例禅師, 禅宗, 禅僧, 禅尼, 禅門, 禅問答, 座禅, 参禅

ゼン 漸 — 1201
例漸減, 漸次, 漸進, 漸増；東漸

ゼン 膳 — 1202
例食膳, 薬膳, 配膳, お膳；御飯1膳, 箸1膳

ゼン 繕 つくろう 1203
例営繕, 修繕

ゼンアク 善悪 例善悪をわきまえる

センイ 繊維 例繊維素, 繊維工業, 繊維製品

センエイ 先鋭〔尖鋭〕 例先鋭分子, 思想が先鋭化する

ゼンエイ 前衛 例前衛を固める 対中衛, 後衛；前衛書道, 前衛美術

センエキ 戦役 例西南戦役

センエツ せんえつ〔僭越〕 例せんえつながらひと言申し上げます

センオウ 専横 例専横な君主, 専横なふるまい 類わがまま

センカ 戦果 例戦果をあげる

センカ 戦禍 例戦禍にまみれる

ゼンカ 前科 例前科がない, 前科者

センカイ 旋回〔旋廻〕 例上空を旋回する

ゼンカイ 全快 例病気が全快する, 全快祝い

ゼンカイ 全壊〔全潰〕 例全壊家屋 注法令では「全壊」

ゼンガク 全額 例交通費全額負担 類半額

センガン 洗眼 例目薬で洗眼する

センギ 詮議 例配慮, 選考, 審議

センキョ 船渠 ⑰ドック 注法令では「ドック」を用いる。

センキョ 選挙 例選挙する, 選挙法, 選挙人名簿, 選挙権, 選挙運動, 選挙事務所, 選挙演説, 選挙区, 選挙違反

センキョウ 仙境 例仙境に身を置く 別別天地

センキョウ 戦況 例戦況はますます緊迫している, 戦況が拡大する 類戦状

センぎり 千切り(千切), 繊切り(繊切) 例大根の千切り

センキン 千鈞 例千鈞の重み

センゲン 宣言 例開会を宣言する, 宣言書, 爆弾宣言

ゼンケン 全権 例全権を握る, 全権を委任する, 全権委任状, 全権大使, 全権委員

センゴ 戦後 例戦後の混乱, 戦後派 対戦中, 戦前

ゼンゴ 前後 例話が前後する, 相前後する, 前後を見る, 大会の前後；前後不覚に眠っている

センコウ 先攻 例先攻を決める 対後攻, 先守

センコウ 専攻 例医学を専攻する, 専攻は英文学です

センコウ 線香 例線香をたく, 線香臭い, 線香花火

センコウ 選考〔詮衡〕 例選考する, 選考試験

センコウ 閃光 例閃光電球 類きらめき

ゼンコウ 善行 例隠れた善行が世に現れる, 善行章

センコウキ 穿孔機 ⑰セン孔機 類穴あけ機

センコウはなび 線香花火 例線香花火のようなやつ

センコク 先刻 例先刻から待っている, 先刻承知だ 対後刻

センコク 宣告 例死刑を宣告する

**ゼンゴサク　善後策**〔前後策〕 [例]善後策を講じる
**センサイ　戦災** [例]戦災孤児
**センサイ　繊細** [例]繊細な感覚
**センザイ　洗剤** [例]中性洗剤
**センザイ　潜在** [例]潜在する，潜在意識，潜在失業者 [対]顕在
**ゼンザイ　ぜんざい**〔善哉〕 [例]くりぜんざい
**センザイイチグウ　千載一遇** [例]千載一遇の好機
**センサク　詮索**，せんさく〔詮鑿，穿索，穿鑿〕 [例]詮索好き [類]調べる，ほじくる
**センシ　戦死** [例]戦死の公報，戦死者
**ゼンジ　漸次**〔漸時〕 [例]景気は漸次好転している [類]だんだん，しだいに
**せんじつめる　煎じ詰める**，せんじ詰める [例]煎じ詰めてみれば…… [類]要約すれば
**センシュ　船首** [類]へさき，みよし [対]船尾，とも
**センシュ　選手** [例]レスリングの選手，選手権
**センシュウ　選集**〔撰集〕 [例]名作選集
**ゼンシュウ　全集** [例]文学全集，菊池寛全集
**センシュツ　選出** [例]代議員を選出する
**センジョ　剪除** [例]悪弊を剪除する [類]切除
**ゼンショ　全書** [例]六法全書，法令全書
**ゼンショ　善処** [例]御意向を尊重して善処いたします
**センショウ　戦勝**〔戦捷〕 [対]戦敗
**センショウ　僭称** [例]会社重役を僭称する [類]自称，誇称
**センジョウ　洗浄**〔洗滌〕 [例]傷口を洗浄する，洗浄器 [注]「洗滌」は正しくは「センデキ」と読む。法令では「洗浄」。
**センジョウ　扇情**〔煽情〕 [例]扇情的な宣伝文句
**センジョウ　戦場** [例]戦場の露と消える [類]戦地
**ゼンショウ　全焼** [対]半焼
**ゼンショウセン　前哨戦** [例]全国大会の前哨戦 [類]前衛戦
**センショク　染色** [例]染色体 [対]脱色
**センじる　煎じる**，せんじる [例]薬草を煎じる
**センシン　専心** [例]専心する [類]専念
**センジン　千尋**〔千仞〕 [例]千尋の谷
**ゼンシン　全身** [例]全身打撲傷，全身全霊，全身不随
**ゼンシン　前進** [例]一歩一歩前進する [対]後退
**ゼンジンミトウ　前人未到**，**前人未踏** [例]前人未到の記録
**センス　扇子** [類]扇
**センする　宣する** [例]開会を宣する [類]宣告する，宣言する
**センずるところ　詮ずる所**，せんずるところ [類]けっきょく，つまり
**センセイ　宣誓** [例]選手代表が宣誓する，宣誓式
**センセイ　専制**〔専政〕 [例]専制君主
**ゼンセイ　全盛** [例]全盛を極める，全盛期
**センセン　宣戦** [例]宣戦布告
**センセン　戦線** [例]戦線が拡大する，統一戦線
**ゼンゼン　全然** [例]全然知らないことだ，全然だめだ，全然持っていない
**センセンキョウキョウ　戦々恐々**〔戦々兢々〕 [例]収賄の摘発に戦々恐々とする [類]恐れおののく
**センゾ　先祖** [例]先祖の墓，先祖代々の田畑 [類]祖先
**センソウ　船倉**〔船艙〕

○改定追加漢字　●改定追加音訓　□改定削除漢字　■改定削除音訓　〔　〕参考表記〔△表外漢字　▲表外音訓　×誤用　[当て字]当て字〕

センソウ　戦争　例戦争の悲劇，戦争と平和，戦争犯罪人
センゾク　専属　例専属歌手，社長専属の秘書
ゼンソク　ぜんそく〔喘息〕
ゼンタイ　全体　例体全体がずぶぬれだ，全体で300人；一体全体なんのことだ
センタク　洗濯　例洗濯をする，電気洗濯機，洗濯物，洗濯板
センタク　選択　例品物を選択する，選択科目
センダツ　先達　例先達の教え
センだって　副同　せんだって〔先達て当て字〕例せんだって参りました⑯先頭，以前
センタン　先端〔尖端〕　例半島の先端，時代の先端を行くトップモード
センダン　専断〔擅断〕　例専断の責を問う　㈲独断
センチャ　煎茶　㈲玉露，番茶
センチャク　先着　例先着30名様に記念品贈呈
ゼンチョウ　前兆　例大雪は豊作の前兆である
センテ　先手　例先手を打つ，先手を取る　㈹後手
センテイ　選定　例教科書を選定する
センテイ　剪定　例庭木の剪定をする　㈲整枝
センデン　宣伝　例大々的に宣伝する，宣伝広告，宣伝ビラ
センド　先途　例ここを先途と攻め立てる
ゼント　前途　例前途を祝う，前途有望な青年
セントウ　先頭，先登　例先頭に立つ，先頭を切る
セントウ　戦闘〔戦斗〕　例戦闘準備，戦闘態勢，戦闘開始，戦闘帽
セントウ　銭湯〔洗湯〕　㈲公衆浴場
センドウ　扇動〔煽動〕　例民衆を扇動する
センドウ　船頭　例船頭多くして舟山に登る
センニュウカン　先入観〔先入感〕例先入観にとらわれる
センニン　仙人
ゼンニン　善人　例根っからの善人　㈹悪人
センぬき　栓抜き〔栓抜〕
センネン　専念　例家業に専念する，研究に専念する　㈲専心
センバイ　専売　例専売特許
センパイ　先輩　例学校の先輩　㈹同輩，後輩
センパク　船舶　㈲船
センバツ　選抜　例留学生を選抜する，選抜試験，選抜者
センパツ　先発　先発隊，先発投手　㈹後発
センパン　先般　例先般お申し込みの件
ゼンパン　全般　例全般に学力は向上している，全般的に
センビョウシツ　腺病質
センプウキ　扇風機〔煽風機，旋風機〕
センプク　潜伏　例容疑者が潜伏する，病原菌が潜伏する，潜伏期
ゼンプク　全幅　例全幅の信頼を寄せる
センベイ　煎餅，せんべい　例塩煎餅；煎餅布団にくるまる
センペイ　先兵〔尖兵〕
センベツ　選別　例雌雄を選別する
センベツ　せんべつ〔餞別〕　例せんべつの品　㈲はなむけ
センベン　先鞭　例先鞭をつける　㈲先手，トップ
センペンイチリツ　千編一律〔千篇一

| センボウ | 羨望 | 例羨望の的 類羨む |
|---|---|---|
| センポウ | 先鋒 | 例先頭, 先陣, 先駆け |
| ゼンボウ | 全貌 | 類全容, 全体 |
| センボツ | 戦没〔戦歿〕 | 例戦没者 |
| センマイどおし | 千枚通し | 例千枚通しで穴を開ける |
| センメイ | 鮮明 | 例記憶に鮮明に残る 類明らか |
| センメツ | 殲滅 | 例ゲリラを殲滅する 類掃滅, 全滅 |
| ゼンメツ | 全滅 | 例軍隊が全滅する |
| センモン | 専門〔専問〕 | 例専門は医学です, 専門書, 専門店, 専門家 |
| センユウ | 占有 | 例占有権 |
| センユウ | 専有 | 例専有物 |
| センヨウ | 占用 | 例米軍占用地 |
| センヨウ | 専用 | 例専用の机, 専用車, 専用道路 |
| センリツ | 戦慄 | 例戦慄の一瞬 類身震い |
| ゼンリャク | 前略 | 類冠略, 冠省 対中略, 後略 |
| センリョウ | 占領 | 例敵の領土を占領する, 占領軍 |
| ゼンリョウ | 善良 | 例善良な市民 対不良 |
| ゼンリョク | 全力 | 例全力を挙げる, 全力を尽くす 類総力 |
| センレイ | 先例 | 謙称例先例を作る, 先例を破る |
| ゼンレキ | 前歴 | 例前歴を洗う |
| センレツ | 戦列 | 例戦列に加わる, 戦列を離れる |
| センレツ | 鮮烈 | 例鮮烈な印象 |
| センレン | 洗練〔洗煉〕 | 例洗練された感覚, 洗練された趣味 |

〔ソ・そ〕

| ソ | 狙 | ねらう | 1204 |
|---|---|---|---|
| | 例狙撃 | | |
| ソ | 阻 | はばむ | 1205 |
| | 例阻害, 阻止, 阻喪; 険阻 | | |
| ソ | 祖⁵ | ― | 1206 |
| | 例医学の祖; 祖国, 祖先, 祖父, 祖母; 開祖, 元祖, 教祖, 先祖 | | |
| ソ | 租 | ― | 1207 |
| | 例租界, 租借, 租税; 地租 | | |
| ソ | 素⁵ | ス | 1208 |
| | (1)元のまま・生地・常日頃例素行, 素材, 素質, 素地, 素養; 質素, 平素 | | |
| | (2)あっさり・簡単例素読, 素描; 簡素 | | |
| | (3)元＜もと＞・元素例要素; 酵素, 色素, 毒素, 葉緑素; 一酸化炭素, 塩素, 酸素, 水素, 炭素, 窒素 | | |
| | 注＊素人＜しろうと＞ | | |
| ソ | 措 | ― | 1209 |
| | 例措辞, 措置; 挙措＜キョソ＞ | | |
| ソ | 粗 | あらい | 1210 |
| | (1)粗い・まずい・雑だ・大ざっぱだ例粗悪, 粗雑, 粗食, 粗製, 粗大, 粗暴, 粗末, 粗野 対精, 密 | | |
| | (2)謙称例粗餐＜ソサン＞, 粗品, 粗茶 | | |
| ソ | 組² | くむ・くみ | 1211 |
| | 例組閣, 組織, 組成; 解組 | | |
| ソ | 疎 | うとい・うとむ | 1212 |
| | (1)まばらである・密でない例人口密度が疎である; 疎開, 疎密; 空疎 対密 | | |
| | (2)ぬかりがある例疎漏 | | |
| | (3)離れている・気持ちなどが近くない例親・疎を問う; 疎意, 疎遠, 疎外, 疎隔, 疎略; 親疎 対親 | | |
| ソ | 訴 | うったえる | 1213 |

| | |
|---|---|
| 例訴願,訴訟,訴状;控訴,提訴 | 係争,抗争,政争,戦争,闘争,紛争,論争 |

ソ 塑 —　　　　　　　　　　1214
　例塑像;彫塑

ソ 遡　さかのぼる　　　　　1215
　例遡及,遡航,遡上

ソ 礎　いしずえ　　　　　　1216
　例礎石;基礎

ソ 想³　　　　　　　　　　1243
　例愛想〈アイソ・アイソウ〉がよい

ゾ 曽　ソウ　　　　　　　　1234
　例未曽有〈ミゾウ〉

ソアク　粗悪　例粗悪な品物

そいつ　そいつ　例そいつに聞け
　類あいつ　注俗語

そいね　添い寝(添寝)　例赤ん坊に添
　い寝する　関添いぶし

ソウ 宗⁶　シュウ　　　　　　889
　例〜を宗とする一派;宗家,宗主,宗匠;大宗

ソウ 双　ふた　　　　　　　1217
　(1)二つひとそろい　例双眼鏡,双肩,双手,双壁,双璧〈ソウヘキ〉,双方,双翼;一双
　(2)二つ並ぶ　例無双

ソウ 壮 —　　　　　　　　1218
　(1)力強い・盛んである　例壮快,壮観,壮挙,壮絶,壮大,壮図,壮麗,壮烈;剛壮,豪壮,悲壮,勇壮,雄壮
　(2)元気である　例壮健;強壮
　(3)年が盛りである　例壮にして一家を成す;壮者,壮年;少壮

ソウ 早¹　サッ,はやい・はやまる・はやめる　　　　　1219
　例早期,早急〈ソウキュウ・サッキュウ〉,早晩,早計,早熟,早春,早退,早朝,早晩;＊早乙女〈さおとめ〉,早苗〈さなえ〉

ソウ 争⁴　あらそう　　　　　1220
　例争議,争奪,争乱,争論;競争,

ソウ 走²　はしる　　　　　　1221
　例走行,走査,走者,走破,走路;快走,滑走,競走,継走,疾走,縦走,脱走,逃走,敗走,奔走,力走

ソウ 奏⁶　かなでる　　　　　1222
　(1)申し上げる・勧める　例奏議,奏上,奏者;上奏,伝奏
　(2)音楽を奏する　例奏楽,奏鳴曲;演奏,合奏,吹奏,弾奏,独奏,伴奏

ソウ 相³　ショウ,あい　　　1223
　(1)外に現れた形・ありさま・姿　例剣難の相,地獄の相;形相〈ギョウソウ〉,血相,死相,実相,真相,世相,手相,人相,皮相,貧相,様相
　(2)互いに・似合う・見合う　例相愛,相違,相応,相関,相互,相殺〈ソウサイ・ソウサツ〉,相似,相似形,相続,相対,相談,相当;不相応,相場　注＊相撲〈すもう〉

ソウ 荘 —　　　　　　　　1224
　(1)重々しい　例荘厳,荘重
　(2)家　例山荘,別荘,旅荘
　(3)人名　例荘子;老荘　注「老子」「荘子」

ソウ 草¹　くさ　　　　　　　1225
　(1)草　例草原,草食,草木;海草,雑草,除草,牧草,薬草;月見草
　(2)そまつ・簡単・くずす・下書き　例草案,草稿,草紙,草書;起草　注＊草履〈ぞうり〉

ソウ 送³　おくる　　　　　　1226
　例送還,送気,送球,送金,送迎,送検,送受,送信,送電,送付,送別,送料;運送,回送,護送,後送,託送,転送,電送,発送,返送,放送,輸送,郵送

ソウ 倉⁴　くら　　　　　　　1227

明朝体の右肩の数字は配当学年　末尾の数字は常用漢字表番号　(　)許容　類類義同意語　対反対対照語
関関連語　学学術用語

| | | |
|---|---|---|
| ソウ 捜 さがす | | 1228 |

例捜査, 捜索

**ソウ 挿 さす** 1229

例挿入, 挿話, 挿画

**ソウ 桑 くわ** 1230

例桑園, 桑田

**ソウ 巣[4] す** 1231

例巣窟<ソウクツ>；営巣, 卵巣

**ソウ 掃 はく** 1232

例掃海, 掃除, 掃射, 清掃

**ソウ 曹 —** 1233

例法曹, 法曹界；陸曹

**ソウ 曽 ゾ** 1234

例曽祖父, 曽祖母, 曽孫

**ソウ 爽 さわやか** 1235

例爽快, 爽涼

**ソウ 窓[6] まど** 1236

(1)窓例窓外；車窓

(2)部屋・室・学園例学窓, 深窓, 同窓

**ソウ 創[6] つくる** 1237

(1)始める・初めてつくる例創案, 創意, 創刊, 創業, 創建, 創作, 創始, 創製, 創設, 創造, 創立；独創

(2)きず例創傷；銃創

**ソウ 喪 も** 1238

例喪失, 喪心；阻喪

**ソウ 痩 やせる** 1239

例痩軀<ソウク>, 痩身

**ソウ 葬 ほうむる** 1240

例葬儀, 葬具, 葬式, 葬列；国葬, 土葬, 埋葬

**ソウ 装[6] ショウ, よそおう** 1241

例装いを新たにする；装甲, 装飾, 装身具, 装置, 装丁, 装備；偽装, 軽装, 新装, 盛装, 男装, 武装, 変装, 舗装, 包装, 洋装, 旅装, 礼装

**ソウ 僧 —** 1242

例僧院, 僧正, 僧職, 僧侶<ソウリョ>；小僧<コゾウ>, 尼僧, 名僧

**ソウ 想[3] ソ** 1243

例想を練る；想起, 想像, 想定；回想, 感想, 奇想, 空想, 幻想, 構想, 思想, 着想, 発想, 夢想, 予想, 理想

**ソウ 層[6] —** 1244

例石灰の層, 層を異にする人々；層雲, 層状；上層, 断層

**ソウ 総[5] —** 1245

例総意, 総員, 総会, 総額, 総括, 総計, 総決算, 総合, 総裁, 総称, 総数, 総勢, 総説, 総選挙, 総体, 総代, 総長, 総出, 総統, 総動員, 総務, 総理, 総領, 総力, 総論, 総和, 総ぐるみ

**ソウ 遭 あう** 1246

例遭遇, 遭難

**ソウ 槽 —** 1247

例水槽, 浴槽

**ソウ 踪 —** 1248

例失踪

**ソウ 操[6] みさお・あやつる** 1249

(1)操る・動かす・行う例操業, 操作, 操車, 操縦

(2)よい行い・みさお例操行；節操, 貞操

**ソウ 燥 —** 1250

例乾燥, 焦燥

**ソウ 霜 しも** 1251

例霜害, 霜雪；星霜

**ソウ 騒 さわぐ** 1252

例騒音, 騒擾<ソウジョウ>, 騒然, 騒動, 騒乱

**ソウ 藻 も** 1253

例藻類；海藻, 詞藻, 文藻

**ソウ 贈 ゾウ, おくる** 1259

例寄贈<キソウ・キゾウ>

**そう 沿う[6] エン** 89

例川に沿って下る, 道に沿って家々が並ぶ 注「沿うて」とも言う。

○改定追加漢字 ●改定追加音訓 □改定削除漢字 ■改定削除音訓 〔 〕参考表記 〔△表外漢字 ▲表外音訓 ×誤用 当て字当て字〕

| | | | |
|---|---|---|---|
| そう | 添う | テン, そえる 〔副う〕 | 1477 |

例情趣が添う, 目的に添う, 長年連れ添う

| ゾウ | 雑⁵ | ザツ | 742 |
|---|---|---|---|

例雑歌, 雑木, 雑言, 雑炊<ゾウスイ>, 雑煮

| ゾウ | 象⁵ | ショウ | 996 |
|---|---|---|---|

例象眼, 巨象, 有象無象<ウゾウムゾウ>

| ゾウ | 造⁵ | つくる | 1254 |
|---|---|---|---|

例造営, 造化, 造花, 造作, 造成, 造幣, 造林;営造, 改造, 偽造, 建造, 構造, 酒造, 醸造, 人造, 製造, 創造, 鋳造, 密造, 模造

| ゾウ | 像⁵ | — | 1255 |
|---|---|---|---|

例映写幕に像が映る, 聖徳太子の像;映像, 胸像, 偶像, 群像, 現像, 座像, 肖像, 石像, 塑像, 想像, 彫像, 銅像, 仏像, 木像

| ゾウ | 増⁵ | ます・ふえる・ふやす | 1256 |
|---|---|---|---|

例増員, 増援, 増加, 増額, 増刊, 増強, 増結, 増減, 増産, 増資, 増収, 増進, 増水, 増税, 増設, 増大, 増築, 増長, 増配, 増発, 増補;加増, 激増, 漸増 対減

| ゾウ | 憎 | にくむ・にくい・にくらしい・にくしみ | 1257 |
|---|---|---|---|

例憎悪;愛憎

| ゾウ | 蔵⁶ | くら | 1258 |
|---|---|---|---|

例東大寺蔵;蔵書, 蔵相, 蔵版;死蔵, 酒蔵, 所蔵, 地蔵, 貯蔵, 土蔵, 秘蔵, 腹蔵, 埋蔵, 冷蔵庫

| ゾウ | 贈 | ソウ, おくる | 1259 |
|---|---|---|---|

(1)物を贈る 例贈呈, 贈答, 贈与, 贈賄; 遺贈, 寄贈
(2)死後に官位を贈る 例贈位;追贈

| ゾウ | 臓⁶ | — | 1260 |
|---|---|---|---|

例臓器, 臓物;肝臓, 心臓, 内臓

| ソウあたり | 総当たり(総当り) | | |
|---|---|---|---|
| ソウアン | 草案 | 例新規約の草案を作る 類成案 | |
| ソウイ | 相違〔相異〕 | 例案に相違する, 相違点, 相違ない | |
| ソウイ | 創意 | 例創意に富んだ研究, 創意工夫 | |
| ソウイ | 創痍 | 例満身創痍 類痛手, 切り傷 | |
| ソウイン | 総員 | 例総員起床, 総員300名 類全員 | |
| ゾウエイ | 造営 | 例東大寺の造営 | |
| ゾウオ | 憎悪 | 例戦争に対する深い憎悪の念 類憎しみ | |
| ソウオウ | 相応 | 例身分相応の暮らし | |
| ソウオン | 騒音〔噪音〕 | 例都会の騒音, 騒音防止 | |
| ゾウカ | 造化 | 例造化の神, 造化の妙 | |
| ゾウカ | 増加 | 例増加する, 人口の増加 対減少 | |
| ソウカイ | 壮快 | 例壮快な行進曲, 壮快なジャンプ | |
| ソウカイ | 爽快 | 例気分が爽快だ, 爽快な朝風 類爽やか, 快い | |
| ソウがかり | 総がかり, 総掛かり, 総懸かり 例総がかりで用意する | | |
| ソウガク | 総額 | 例収入の総額, 予算総額 類全額 | |
| ソウカツ | 総括 | 例総括責任者, 総括質問 | |
| ソウカツ | 総轄 | 例事務を総轄する 注法令では「総括」を用いる。 | |
| ソウカン | 壮観 | 例富士の裾野の壮観 類偉観 | |
| ソウカン | 送還 | 例密入国者を送還する, 強制送還 | |
| ソウカン | 創刊 | 例雑誌を創刊する, 創刊号 対廃刊 | |
| ゾウガン | 象眼〔象嵌〕 | 例仏像の額 | |

明朝体の右肩の数字は配当学年　末尾の数字は常用漢字表番号　( )許容　類類義同意語　対反対対照語
関関連語　学学術用語

＜ひたい＞のダイヤの象眼
**ソウガンキョウ　双眼鏡**　㊫望遠鏡
**ソウギ　争議**　例労働争議
**ソウギ　葬儀**　例しめやかな葬儀，葬儀社　㊫葬式
**ゾウきばやし　雑木林**　例から松の雑木林
**ソウギョウ　創業**　例創業明治元年，創業記念　㊟廃業
そ
**ソウギョウ　操業**　例操業する，操業短縮
**ゾウキョウ　増強**　例増強する，軍備の増強
**ゾウキン　雑巾**，ぞうきん　例雑巾がけ
**ソウク　走狗**　例資本家の走狗　㊫手先
**ソウク　痩軀**　注痩せた体。
**ソウくずれ　総崩れ**
**ソウクツ　巣窟**　例悪の巣窟　㊫根城，巣
**ゾウゲ　象牙**　例象牙のパイプ；象牙の塔
**ソウケイ　早計**　例早計を慎む
**ゾウケイ　造形**，造型　例造形美術
**ゾウケイ　造詣**　例文学に造詣が深い　㊫学識，知識，たしなみ
**ソウけだつ　総毛立つ**〔寒気立つ〕　例恐怖のあまり総毛立つ
**ソウケン　壮健**　例いつも壮健だ，壮健な高齢者
**ソウケン　送検**　例書類送検
**ソウコ　倉庫**　例倉庫に保管する
**ソウゴ　相互**〔双互〕　例相互に助け合う，相互扶助，相互作用，相互銀行，相互会社
**ソウコウ　奏功**　例事前工作が奏功する
**ソウコウ　奏効**　例新薬が奏効する
**ソウコウ　草稿**　例草稿を練る　㊫下書き，草案
**ソウコウ　倉皇**〔蒼惶〕　例倉皇として……　㊫慌てて，慌ただしい
**ソウゴウ　相好**　例相好をくずす　㊫顔つき
**ソウゴウ　総合**〔綜合〕　例分担調査の結果を総合する　㊟分析する；総合的に観察する　㊟分析的；総合雑誌；総合大学　㊟単科大学；総合グラウンド
**ソウコク　相克**〔相剋〕　例激しい相克を繰り広げる　㊫争い
**ソウゴン　荘厳**〔壮厳〕　例荘厳な儀式
**ソウサ　捜査**　例事件を捜査する，捜査当局，捜査本部
**ソウサイ　相殺**　例貸し借りを相殺する　㊫帳消し　注「ソウサツ」は誤読。
**ソウサイ　総裁**　例日銀総裁，人事院総裁
**ソウザイ　総菜**〔惣菜〕　㊫副食物，おかず
**ソウサク　捜索**　例遭難者を捜索する，捜索隊，家宅捜索
**ソウサク　創作**　例詩を創作する，創作活動
**ゾウサク　造作**　例家を造作する，顔の造作
**ゾウサない　ぞうさない**，造作ない　例そんなことはぞうさない
**ゾウサン　増産**　例食糧増産　㊟減産
**ソウシ　相思**〔想思〕　例相思相愛の仲
**ソウシ　草紙**，草子，双紙　例絵草紙，手習い草紙
**ソウジ　掃除**　例部屋を掃除する，ふき掃除，大掃除　㊫清掃
**ソウシキ　葬式**　㊫弔い，葬儀
**そうして　そうして**〔然して〕　例そうしてどうしたの；友達はそうして出来るものさ
**ソウじて　総じて**　例総じて寒い国の人は粘り強い
**ソウじまい　総じまい**〔総仕舞い 当て字〕　例春物の総じまい
**ソウジュク　早熟**　例早熟な子ども　㊟晩熟，晩成
**ソウショ　双書**〔叢書〕　㊫シリーズ
**ソウショ　草書**　例草書体　関楷書，行書

○改定追加漢字　●改定追加音訓　□改定削除漢字　■改定削除音訓　〔　〕参考表記〔△表外漢字　▲表外音訓　×誤用　当て字 当て字〕

| | | | |
|---|---|---|---|
| ゾウショ | 蔵書 | 例蔵書家, 蔵書票, 蔵書印 |
| ソウジョウ | 相乗 | 例相乗効果, 相乗作用 |
| ソウジョウ | 騒擾 | 例騒ぎ, 騒乱 |
| ソウショク | 装飾 | 例店内の装飾, 装飾品 |
| ソウシン | 喪心, 喪神 | 例喪心状態に陥る |
| ゾウシン | 増進 | 例学力増進, 体力増進 (対)減退 |
| ソウスイ | 総帥 | 例財閥の総帥 |
| ソウする | 奏する | 例音楽を奏する, 功を奏する |
| ソウゼイ | 総勢 | 例総勢300人 |
| ソウセツ | 創設 | 例学園を創設する, 創設者 |
| ソウゼン | 騒然 | 例場内が騒然となる |
| ソウゼン | 蒼然 | 例顔色蒼然, 古色蒼然 |
| ソウソウ | 早々 | 例早々に立ち去れ, 入学早々で何もわからない, 新年早々 |
| ソウゾウ | 創造 | 例新しい文化を創造する |
| ソウゾウ | 想像 | 例未来を想像する, 想像上の動物, 想像をたくましくする |
| ソウゾウしい | 騒々しい | 例事件が相次いで世の中が騒々しい, 教室が騒々しい |
| ソウソウたる | そうそうたる〔錚々たる〕 | 例学界のそうそうたるメンバー, そうそうたる学者 (類)りっぱだ, 一流の |
| ソウゾク | 相続 | 例遺産を相続する, 相続税 |
| ソウソフ | 曽祖父 | (類)ひいおじいさん |
| ソウソボ | 曽祖母 | (類)ひいおばあさん |
| ソウソン | 曽孫 | (類)ひ孫<ひまご> |
| ソウタイ | 早退 | 例会社を早退する, 早退届け (類)早引け, 早引け;遅刻 |
| ソウタイ | 相対〔双対〕 | 例相対の関係, 相対性理論 (対)絶対 |
| ソウダイ | 壮大〔荘大〕 | 例壮大な庭園 |
| ソウダイ | 総代 | 例卒業生総代 |
| ゾウダイ | 増大 | 例危険が増大する (対)減少 |
| ソウだち | 総立ち | 例観衆が総立ちになる |
| ソウダツ | 争奪 | 例天皇杯争奪戦 |
| ソウダン | 相談 | 例身上相談, 医療相談, 相談ずく |
| ソウチ | 送致 | 例書類を送致する (類)送る, 送付 |
| ソウチ | 装置 | 例自動ドアの装置, 自動装置, 舞台装置 |
| ソウチョウ | 荘重〔壮重〕 | 例荘重な儀式 |
| ソウテイ | 装丁〔装幀, 装釘〕 | 例書物の装丁 (類)装本 |
| ソウテイ | 漕艇 | 例ボート |
| ゾウテイ | 贈呈 | 例記念品を贈呈する |
| ソウト | 壮図 | 例壮図を抱く |
| ソウト | 壮途 | 例壮途に就く, 壮途を祝う |
| ソウトウ | 相当 | 例金額に相当する品物, 身分に相当した生活, 彼に相当した嫁;相当な損害, 相当な資産家, 相当に疲れている |
| ソウトウ | 掃討〔掃蕩〕 | 例ゲリラを掃討する (類)掃滅 |
| ソウドウ | 騒動 | 例騒動が持ち上がる, お家騒動, 米騒動 |
| ゾウトク | 蔵匿 | 例物資を蔵匿する (類)かくまう |
| ソウナン | 遭難 | 例遭難救助, 遭難者 |
| ゾウに | 雑煮 | 例正月に雑煮を食べる |
| ソウニュウ | 挿入 | 例注記を挿入する (類)差し入れ, 挟む, 差し込む |
| ソウば | 相場 | 例米の相場, 相場が下がる, 手を出す;昔は人生50年と相場が決まっていた |
| ソウハク | 蒼白 | 例顔面蒼白 |
| ソウハセン | 争覇戦 | 例優勝戦, 優勝争い |

| | |
|---|---|
| ゾウハン　造反 | 例造反分子 |
| ソウビ　装備 | 例近代的な装備を施す，完全装備 |
| ソウフ　送付 | 例照会状を送付する |
| ソウヘキ　双璧 | 例日本画壇の双璧，学界の双璧とうたわれる　類好一対，両雄 |
| ソウベツ　送別 | 例送別の辞，送別会 |
| ソウホウ　双方 | 例当事者双方から事情を聞く |
| ソウボウ　相貌 | 例表情，顔かたち |
| ソウメイ　聡明 | 類賢明，英明 |
| ソウメツ　掃滅〔剿滅〕 | 例掃滅戦を展開する |
| ソウメン　そうめん〔素麺〕 | 例冷やしそうめん |
| ぞうり　＊草履 | 例わら草履，草履取り；ぞうりむし（草履虫） |
| ソウリツ　創立 | 例創立30年，創立記念　類創建，創設，創業 |
| ソウリョ　僧侶 | 類僧，坊さん，僧職 |
| ソウリョウ　送料 | 例送料無料　類送り賃 |
| ソウリョウ　爽涼 | 例爽涼の秋　類清涼 |
| ソウルイ　藻類 | |
| ソウレイ　壮麗〔荘麗〕 | 例富士の壮麗な姿，壮麗さ |
| そうろう　候⁴　コウ　622 | 例候文；居候 |
| ソウワ　挿話 | 例若き日の挿話　類小話，エピソード |
| そえ　添え〔副え〕 | 例添え書き，添え状，添え木，添え物 |
| そえがき　添え書き（添書き） | 例添え書きをする |
| そえぢ　添え乳 | |
| そえもの　添え物 | 例添え物を付ける，お添え物 |
| そえる　添える　テン，そう〔副える〕 1477 | 例手紙を添える，力を添える，口を添える，景品を添える，彩りを添える |
| ソエン　疎遠〔粗遠〕 | 例疎遠にしている，疎遠な間柄　対親密 |
| ソーダ　ソーダ〔曹達〕当て字 | 例ソーダ水 |
| ソカイ　疎開 | 例疎開する，集団疎開，学童疎開，疎開地 |
| ソカク　疎隔，阻隔 | 例感情に疎隔が生じる |
| ソキュウ　遡及 | 例創設当時に遡及する　類遡る　注「サッキュウ」は慣用読み。 |
| ソク　塞　サイ，ふさぐ・ふさがる 712 | 例心筋梗塞＜シンキンコウソク＞，脳梗塞＜ノウコウソク＞，閉塞 |
| ソク　即　― 1261 | 例即位，即応，即興，即決，即座，即死，即時，即実，即製，即席，即断，即答，即売；色即是空 |
| ソク　束⁴　たば 1262 | 例薪1束；束帯，束縛，束髪；拘束，約束 |
| ソク　足¹　あし・たりる・たる・たす 1263 | 例足跡，足労；靴1足，遠足，義足，具足，自足，長足，手不足，土足，不足，補足，発足＜ホッソク・ハッソク＞，満足，両足　注＊足袋＜たび＞ |
| ソク　促　うながす 1264 | 例促音，促進，促成；催促，督促 |
| ソク　則⁵　― 1265 | 例会則，学則，規則，原則，校則，細則，鉄則，罰則，犯則，反則，付則，変則，法則 |
| ソク　息³　いき 1266 | 例息災，息女；安息，休息，愚息， |

○改定追加漢字　●改定追加音訓　□改定削除漢字　■改定削除音訓　〔　〕参考表記　〔△表外漢字
▲表外音訓　×誤用　当て字当て字

子息, 消息, 生息, 絶息, 嘆息, 窒息, 利息, 令息　注＊息吹＜いぶき＞, ＊息子＜むすこ＞

ソク　捉　とらえる　1267
例捕捉

ソク　速³　はやい・はやめる・はやまる・すみやか　1268
例速記, 速効, 速成, 速達, 速発, 速度, 速報, 速力；快速, 高速, 時速, 遅速, 敏速, 風速　対遅

ソク　側⁴　がわ　1269
例側近, 側室, 側聞, 側面；左側
注改定常用漢字表では, 訓が「かわ」から「がわ」へ変更された。

ソク　測　はかる　1270
例測候, 測深, 測地, 測定, 測量；臆測（憶測）, 観測, 実測, 推測, 目測, 予測

そぐ　そぐ〔殺ぐ, 削ぐ〕　例竹をそぐ, 耳をそぐ, 勢いをそぐ, 感興をそぐ

ゾク　俗　—　1271
例俗に言う：俗悪, 俗化, 俗曲, 俗語, 俗字, 俗称, 俗人, 俗説, 俗物, 俗名；通俗, 低俗, 風俗, 民俗, 世俗

ゾク　族³　—　1272
例族生；遺族, 一族, 王族, 家族, 貴族, 血族, 皇族, 豪族, 氏族, 種族, 親族, 水族館, 民族

ゾク　属　—　1273
例属国, 属性, 属領, 属僚；帰属, 金属, 軍属, 従属, 所属, 専属, 尊属, 直属, 配属, 付属

ゾク　賊　—　1274
例賊軍, 賊将, 賊臣；山賊, 馬賊

ゾク　続⁴　つづく・つづける　1275
例続映, 続出, 続投, 続発, 続発, 続編；永続, 勤続, 継続, 持続, 接続, 相続, 存続, 断続, 連続

ソクイ　即位　例天子の即位, 即位式

ゾクうけ　俗受け　例俗受けのする読み物

ソクオウ　即応　例時勢に即応した企画

ゾクゴ　俗語　例雅語, 標準語

ソクザ　即座〔即座〕　例即座に返答する

ソクジ　即時〔速時〕　例即時手配する, 即時通話

ソクジツ　即日　例即日開票, 即日配達

ソクジばらい　即時払い（即時払）
例料金の即時払い

ソクシン　促進〔速進〕　例計画を促進する, 市制施行促進委員会

ゾクジン　俗塵　例俗塵に紛れる

ソクする　即する　例現状に即する

ゾクする　属する　例国に属する, 協会に属する

ソクセイ　促成　例促成栽培

ソクセイ　速成　例速成教育, 速成簿記

ゾクセイ　族生　例矢竹が族生する
類群生　注「ソウセイ」の慣用読み。

ソクセキ　即席　例即席の手品, 即席料理

ソクセキ　足跡　例足跡を印する, 輝かしい足跡を残す

ソクセンソッケツ　速戦即決〔即戦速決〕

ゾクゾク　続々　例続々と現れる, 続々と入場する

ソクタツ　速達　対普通郵便　注「速達郵便」の略。

ソクダン　即断　例即断を下す, 即断を迫る

ソクダン　速断　例速断を戒める, 速断を避ける

ソクテイ　測定　例体重測定, 測定器

ソクド　速度　例飛行機の速度, 1時間の速度

ソクトウ　即答〔速答〕　例即答を避ける

ソクブン　側聞〔仄聞〕　例側聞するところによると……

---

明朝体の右肩の数字は配当学年　末尾の数字は常用漢字表番号　（ ）許容　類類義同意語　対反対対照語　関関連語　学学術用語

| | |
|---|---|
| ソクメン **側面** 例山の側面, 敵の側面に回る, 側面から援助する, 側面攻撃 対正面, 背面 | 例機嫌を損ねる |
| ソクリョウ **測量** 例測量する, 測量班 | そこびえ **底冷え** 例底冷えのする夜 |
| ソゲキ **狙撃** 例狙撃する, 狙撃兵 類狙い撃ち | そこびかり **底光り** 例底光りのする大理石 |
| そこ **底**⁴ テイ 1442 例川の底, 鍋底, 二重底, 上げ底; 底をつく;心の底, 底を割って話す; 底知れない怪力 | そこびきあみ **底引き網**(底引網) |
| | そこら **そこら**〔其処ら〕 例1,000円かそこらの品ではない, あと1時間かそこらで着く |
| そこ **そこ**〔其処〕 例そこにあったのか, そこへ行くまで待ってくれ, そこを読みなさい, そこを右に曲がる; そこが問題だ | ソサイ **蔬菜** 類野菜 |
| | ソザイ **素材** 例民話を素材にした戯曲 |
| | ソザツ **粗雑** 例粗雑な調査内容 対精密 |
| ソゴ **そご**〔齟齬〕 例計画にそごを生じる 類手違い, 食い違い | ソシ **阻止**〔沮止〕 例暴力を阻止する 類防止 |
| そこいら **そこいら**〔其処いら〕 例そこいらにあるだろう; 100円やそこいらでは買えない 類そこら 田俗語 | ソシキ **組織** 例議会の組織, 細胞組織, 組織労働者, 組織的な活動 |
| | ソシツ **素質** 例作曲家としての素質がある |
| ソコウ **素行** 例素行に注意する, 素行が悪い, 素行不良 | ソシャク **そしゃく**〔咀嚼〕 例食物をそしゃくする, 文をそしゃくして趣を味わう 類消化, かみこなす |
| ソコウ **遡航** 例急流を遡航する 類遡る | ソショウ **訴訟** 例訴訟を起こす, 刑事訴訟 |
| そこぢから **底力** 例計り知れない底力, 底力を発揮する | ソジョウ **俎上** 例俎上に載せる, 俎上の魚 例話題に, 問題に |
| ソコツ **そこつ**〔粗忽〕 例そこつ者 類軽率, 過ち, そそう, そそっかしい | そしらぬかお **そしらぬ顔** 素知らぬ顔 |
| そこづみ **底積み** 例底積みの荷, 底積みの生活 類下積み | そしり **そしり**〔誹り, 誚り, 譏り〕 例軽率のそしりを免れない |
| そこなう **損なう**⁵〔損う〕 ソン, そこねる 〔害なう, 傷う〕 1282 例器物を損なう, 健康を損なう, 体面を損なう, 機嫌を損なう;あいつを見損なった, 映画を見損なう | そしる **そしる**〔謗る, 誹る, 譏る〕 例恩知らずとそしる |
| | ソスイ **疎水**〔疏水〕 例びわ湖の疎水 |
| | ソセイ **粗製** 例粗製濫(乱)造 対精製 |
| | ソセイ **蘇生** 例仮死状態から蘇生する 類生き返る, 更生 |
| そこぬけ **底抜け** 例底抜けのどんちゃん騒ぎ, 底抜けのお人よし | ソゼイ **租税** 例租税を徴収する 類税金 |
| そこねる **損ねる**⁵ ソン, そこなう 1282 | ソセン **祖先** 例祖先の霊を祭る 類先祖 |
| | ソソ **楚々** 例楚々とした乙女 |

○改定追加漢字 ●改定追加音訓 □改定削除漢字 ■改定削除音訓 〔 〕参考表記 〔△表外漢字 ▲表外音訓 ×誤用 当て字当て字〕

| | |
|---|---|
| ソソウ **阻喪**〔沮喪〕 例士気が阻喪する | 中, 卒倒<br>(3)業を終える 例卒業；高校卒 |
| ソソウ そそう, 粗相 例とんだそそうをしました | ソツ 率⁵ リツ, ひきいる 1277<br>例率先, 率直；引率, 軽率, 統率 |
| ソゾウ **塑像** 例粘土造りの塑像 | ソツウ **疎通**〔疏通〕 例意志の疎通を欠く |
| そそぐ 注ぐ³ チュウ 1383<br>例太平洋に注ぐ川, 植木に水を注ぐ, 涙を注ぐ, 視線を注ぐ | ゾッカイ **続開**〔続会〕 例会議を続開する |
| そそぐ そそぐ〔雪ぐ, 灌ぐ〕 例恥をそそぐ, 洗い物をそそぐ<br>注「すすぐ」とも言う。 | ソッキ **速記** 例議会の速記録, 速記者 |
| | ソッキョウ **即興** 例即興の歌, 即興詩, 即興曲, 即興詩人 |
| そそっかしい そそっかしい 例なんとそそっかしい人か 類そこつだ | ソツギョウ **卒業** 例学校を卒業する, 卒業式, 卒業証書, 卒業生, 卒業論文 |
| そそのかす **唆す** サ〔嗾す〕 687<br>例子どもを唆す, 唆して悪事に加担させる | ソッケツ **即決** 例即決裁判；即断即決, 速戦即決 |
| そそりたつ そそり立つ〔聳り立つ〕<br>例そそり立つ絶壁 類そびえ立つ | ソッケツ **速決** 例速決を避ける |
| | ソッケない そっけない, 素っ気ない<br>例そっけない態度 |
| そぞろ そぞろ〔漫ろ〕 例気もそぞろだ, そぞろに散歩する, そぞろ歩き, そぞろ言＜ごと＞ | ソッコウ **即効** 例即効薬 |
| | ソッコウ **速効** 例速効性肥料 |
| そだち **育ち** 例育ちが早い, 育ちがよい, 温室育ち | ソッコウ **側溝** |
| | ゾッコウ **続行** 例試合を続行する |
| そだつ **育つ³** イク, そだてる・はぐくむ 40<br>例すくすくと育つ | ソッコク **即刻**〔速刻〕 例即刻伺います |
| | ソッセン **率先**〔卒先〕 例率先して実践する, 率先垂範 |
| そだてあげる **育て上げる** 例一人まえに育て上げる, 会を育て上げる | ソツゼンと **卒然と**, 率然と 例卒然と姿をくらます 類突然, 突如 |
| そだてのおや **育ての親** 例生みの親より育ての親 | そっちのけ そっちのけ〔そっち退け〕<br>例勉強をそっちのけにして遊ぶ |
| そだてる **育てる³** イク, そだつ・はぐくむ 40<br>例母乳で育てる, 行儀よく育てる, 花を育てる, 公徳心を育てる | ソッチョク **率直** 例率直に話す |
| | ソットウ **卒倒**〔率倒〕 例人込みの中で卒倒する |
| ソチ **措置** 類処置 | そで **袖** シュウ 〔そで〕 894<br>例着物の袖, 机の袖, 舞台の袖, 半袖, 振袖；袖にする |
| そちら そちら〔其方ら〕 当て字 例そちらはいかがですか 対こちら | |
| ソツ **卒⁴** ― 1276<br>(1)下役・兵士 例獄卒, 従卒, 兵卒<br>(2)突然・急に・はっきり 例卒然, 卒 | そでぐち **袖口**, そでぐち |
| | そと **外²** ガイ・ゲ, ほか・はずす 197<br>例外で遊ぶ, 外から帰る, 外へ出る, 外 |

明朝体の右肩の数字は配当学年　末尾の数字は常用漢字表番号　( )許容　類類義同意語　対反対対照語<br>関関連語　学学術用語

そとが―ソボク

側，外海，外見，外構え，外回り ㋰内
そとがまえ 外構え 例外構えはりっぱだ
そとがわ 外側 例垣根の外側 ㋰内側
そとぼり 外堀〔外濠〕 例江戸城の外堀 ㋰内堀
そとまわり 外回り〔外廻り〕 例家の外回りを掃除する，車で外回りの仕事をする
そなえ 供え 例お供え物
そなえ 備え 例万一の備えをする，備えを厳重にする
そなえおき 備え置き(備置き)
そなえつけ 備え付け(備付け) 例備え付けのテレビ
そなえつけヒン 備え付け品(備付け品)(備付品)
そなえつける 備え付ける(備付ける) 例電話を備え付ける
そなえもの 供え物 例仏前の供え物
そなえる 供える⁶ キョウ・ク，とも 400
例花を供える
そなえる 備える⁵ ビ，そなわる 1706
例電話を備える，入学試験に備えて勉強する，りっぱな才能を備えている
そなわる 備わる⁵ ビ，そなえる〔具わる〕 1706
例調度が備わっている，品性が備わる
そねみ そねみ〔嫉み〕 例人のそねみを買う ㋰妬＜ねた＞み，嫉妬＜シット＞
そねむ そねむ〔嫉む〕 例成功者をそねむ ㋰妬＜ねた＞む
その 園² エン〔苑〕 95
例学びの園，花園
その その〔其の〕 例その本を見せなさい，その事情を説明しよう ㋰あの，

この ㋤法令・公用文では仮名書き．
そのうえ そのうえ〔其の上〕 例頭がよいしそのうえ体も丈夫だ
そのうち そのうち〔其の内〕 例そのうちにまた参ります，そのうち帰ってくるでしょう
そのおり その折〔其の折〕 例その折にはよろしく ㋰その節
そのくせ そのくせ〔其の癖〕 例一人まえの口をきくがそのくせろくな仕事もできない
そのセツ その節〔其の節〕 例その節はよろしく
そのため そのため〔其の為〕 例そのために迷惑している，そのために勉強するのだ ㋰このため，あのため
そのばのがれ その場逃れ〔其の場逃れ〕 例その場逃れの言い訳
そのほか そのほか〔其の外，其の他〕
そば そば〔側，傍〕 例そばに座る，家のすぐそばにある
そば そば〔蕎麦〕当て字 例そば屋
そばだてる そばだてる〔欹てる〕 例耳をそばだてる
そばづえ そばづえ〔側杖，傍杖〕 例そばづえを食う
そびえる そびえる〔聳える〕 例山がそびえる ㋰そば立つ
そびやかす そびやかす〔聳やかす〕 例肩をそびやかす
ソフ 祖父 ㋰おじいさん
そぶり そぶり，素振り 例悲しみをそぶりにも見せない
ソボ 祖母 ㋰おばあさん
ソホウ 粗放，疎放 例粗放な計画；粗放農業
ソボウ 粗暴 例粗暴な性質，粗暴なふるまい
ソボク 素朴 例素朴な人柄 ㋰実直，

○改定追加漢字 ●改定追加音訓 □改定削除漢字 ■改定削除音訓 〔 〕参考表記〔△表外漢字 ▲表外音訓 ×誤用 当て字当て字〕

すなお

ソマツ そまつ，粗末 例そまつな調度，紙をそまつにする，体をそまつにする，そまつに扱う 対りっぱ，たいせつ

そまる 染まる⁶ セン，そめる・しみる・しみ　1176
例黒く染まる，悪に染まる

そむく 背く⁶ ハイ，せ・せい・そむける　1614
例親に背く，意志に背く，世を背いて出家する

そむける 背ける⁶ ハイ，せ・せい・そむく　1614
例顔を背ける

そめ 染め 例染め糸，染め色，染め型，染め粉，染め物，染め返し；染物屋

そめあがり 染め上がり(染上がり)(染上り) 例染め上がりがよい

そめあげる 染め上げる(染上げる) 例生地を染め上げる

ソメイ 疎明〔疏明〕 類弁解，言い訳 注法令では「疎明」。

そめいろ 染め色

そめかえ 染め替え(染替え)〔染め更え〕 例染め替えがきく

そめかえし 染め返し(染返し) 例あせた色の染め返しをする

そめかえす 染め返す(染返す) 例薄くなった色を染め返す

そめかえる 染め替える(染替える)〔染め更える〕 例白を赤に染め替える

そめこ 染め粉(染粉)

そめつけ 染め付け(染付け) 例模様の染め付け，染め付け焼き

そめなおし 染め直し(染直し) 類染め返し

そめなおす 染め直す(染直す)

例着物を染め直す 類染め返す

そめぬく 染め抜く(染抜く) 例白地に日の丸を染め抜く

そめもの 染め物(染物) 例染め物をする；染物屋

そめる 初める⁴ ショ，はじめ・はじめて・はつ・うい　944
例夜が明け初める，思い初める

そめる 染める⁶ セン，そまる・しみる・しみ　1176
例布を染める，髪を染める，頬を赤く染める

そめわける 染め分ける(染分ける) 例青と赤を染め分けた格子じま

そもそも そもそも〔抑〕 例そもそも宗教というのは……，それがそもそも間違いのもとだ，そもそもの始まりから

ソヨウ 素養 例漢学の素養がある 類下地

そよかぜ そよ風〔微風〕 例そよ風が頬をなでる 類微風＜ビフウ＞

そよぐ そよぐ〔戦ぐ〕 例風にそよぐ木の葉

そよふく そよ吹く 例そよ吹く風

そら 空¹ クウ，あく・あける・から　452
例晴れた空，定めない秋の空，故郷の空，空をかける；空合い，空色，星空，雪空，寒空，空模様

そら そら，空 例そらで覚える，うわのそら，そら涙，そら寝，そら言，そら耳，そら夢；そら恐ろしい，そらぞらしいうそを言う

そらあい 空合い 例空合いが怪しい，空合いを見守る

そらす 反らす³ ハン・ホン・タン，そる　1655
例胸を反らす

そらす　そらす〔逸らす〕　例話をそらす，人の気をそらさない

そらだのみ　そら頼み，空頼み　例はかないそら頼み

そらなき　そら泣き，空泣き　例そら泣きがうまい

そらに　そら似，空似　例他人のそら似

そらよろこび　そら喜び，空喜び　例むなしいそら喜びだった　類ぬか喜び

そらんじる　そらんじる〔諳んじる〕　例詩をそらんじる

そり　反り　例板に反りがある，反り橋，反り身；そりが合わない

そり　〔橇〕　例そりを引く

そりかえる　反り返る　例後ろへ反り返る，いすに反り返る，反り返っていばる　類そっくり返る

そりみ　反り身　例反り身になる

ソリャク　粗略，疎略　例粗(疎)略に扱う，粗(疎)略ながら……　対丁重

そる　反る[3]　ハン・ホン・タン，そらす　1655　例机の板が反る，背中を反って歩く

そる　そる〔剃る〕　例ひげをそる

それ　それ〔其，夫〕　例それはほんとうか，それぞれ　対これ，あれ

それきり　それきり〔其限〕　例それきり姿を見せない　注「それっきり」とも言う。

それでは　それでは〔其では〕　例それでは開始します；それではさようなら

それゆえ　それゆえ，それ故〔其故〕　類それだから，そうだから

それる　それる〔逸れる〕　例矢がそれる，話がそれる，目的にそれる

そろい　そろい〔揃い〕　例そろいの浴衣，道具一そろい；三役そろい踏み；三つぞろい

ソロウ　疎漏，粗漏　例疎漏の多い論文

そろう　そろう〔揃う〕　例道具がそろった，人数がそろう，足並みがそろう，声がそろわない

そろえる　そろえる〔揃える〕　例学用品をそろえる，靴をそろえる，足並みをそろえる

ソロバン　そろばん〔算盤；十露盤〕　当て字　例そろばんをはじく，そろばんずく

ソン　存[6]　ゾン　1278　例存在，存続，存置，存廃，存否，存亡，存立；既存

ソン　村[1]　むら　1279　例村営，村政，村長，村民；寒村，漁村，町村

ソン　孫[4]　まご　1280　例皇孫，子孫，天孫

ソン　尊[6]　たっとい・とうとい・たっとぶ・とうとぶ　1281　例尊敬，尊厳，尊号，尊称，尊属，尊大，尊重　対卑

ソン　損[5]　そこなう・そこねる　1282　例損益，損害，損失，損傷，損得；欠損　対得，益

ソン　遜　—　1283　例遜色；謙遜，不遜

ゾン　存[6]　ソン　1278　例存外，存分，存命；依存，異存，一存，温存，現存，残存，所存，生存，保存

ソンエキ　損益　例損益を計算する

ソンガイ　損害　例損害を防ぐ，損害を取り戻す，損害賠償　対利益

ソンケイ　尊敬　例尊敬を受ける，尊敬の的になる　対軽蔑＜ケイベツ＞，侮蔑＜ブベツ＞

ソンゲン　尊厳　例神の尊厳

ソンザイ　存在　例神の存在，存在論

|  |  |  |
|---|---|---|
| ぞんざい | ぞんざい | 例仕事がぞんざいだ，ぞんざいに扱う 対念入り，丁寧 |
| ゾンじ | 存じ | 例ご存じでしょう |
| ソンシツ | 損失 | 例損失を免れる 対利得 |
| ソンショク | 遜色 | 例遜色がない 類見劣り，引け目 |
| ソンじる | 損じる | 例機嫌を損じる 注「損ずる」とも言う。 |
| ソンする | 存する | 例地上に存する生物，今なお存する |
| ゾンずる | 存ずる | 例よろしいと存じます |
| ソンゾク | 尊属〔尊族〕 | 例尊属殺人 対卑属 |
| ソンタク | 忖度 | 例御壮健のこと と忖度申し上げます 類推量，推測，推察 |
| ソンチョウ | 尊重 | 例人権を尊重する 対無視 |
| ソントク | 損得 | 例損得の問題ではない，損得を計る |
| ゾンブン[副詞] | 存分 | 例存分に活躍する，思う存分 |
| ソンモウ | 損耗 | 例機械の損耗 注「ソンコウ」の慣用読み。 |

〔タ・た〕

|  |  |  |  |
|---|---|---|---|
| タ | 他³ ほか | | 1284 |
| | | 例他に例を求める；他意，他界，他見，他言，他国，他殺，他事，他日，他人，他年，他聞，他方，他面，他用，他力；自他，排他，利他 | |
| タ | 多² おおい | | 1285 |
| | | 例労を多とする；多角，多額，多感，多岐，多芸，幾多，過多，雑多 対少 | |
| タ | 汰 — | | 1286 |
| | | 例なんの沙汰<サタ>もない，音沙汰<おとサタ>もない，御無沙汰<ゴブサタ> | |
| タ | 太² | タイ，ふとい・ふとる | 1293 |
| | | 例太郎；丸太 | |
| た | 手¹ | シュ，て | 863 |
| | | 例手綱，手折る，手繰る | |
| た | 田¹ | デン | 1480 |
| | | 例田に稲を植える；田植え，田畑；稲田，山田，島田 | |
| ダ | 蛇 | ジャ，へび | 854 |
| | | 例蛇行，蛇足；長蛇 | |
| ダ | 打 | うつ | 1287 |
| | | 例打開，打楽器，打球，打撃，打算，打者，打診，打電，打破；安打，強打，乱打 | |
| ダ | 妥 — | | 1288 |
| | | 例妥協，妥結，妥当 | |
| ダ | 唾 | つば | 1289 |
| | | 例唾液，唾棄 注＊固唾<かたず> | |
| ダ | 堕 — | | 1290 |
| | | 例堕胎，堕落 | |
| ダ | 惰 — | | 1291 |
| | | 例惰気，惰弱，惰性，惰眠，惰力；怠惰 | |
| ダ | 駄 — | | 1292 |
| | | 例駄菓子，駄作；荷駄，無駄 | |
| タイ | 太² | タ，ふとい・ふとる | 1293 |
| | | 例太陰，太古，太鼓，太子，太平，太平洋，太陽；皇太后，皇太子 注＊太刀<たち> | |
| タイ | 対³ | ツイ | 1294 |
| | | 例対応，対外，対角線，対岸，対極，対決，対抗，対校，対策，対処，対称，対象，対照，対戦，対談，対等，対比，対面，対立，対話；応対，絶対，相対，敵対，反対 | |
| タイ | 体² | テイ，からだ | 1295 |
| | | (1)からだ・身体・身をもって 例体育， | |

タイ―たい

体温, 体格, 体験, 体質, 体重, 体得, 体内, 体力;遺体, 死体, 上体, 身体, 人体, 肉体, 病体, 裸体
(2)形・ある状態・面目 例体系, 体制, 体積, 体面;一体, 液体, 解体, 合体, 気体, 機体, 具体, 個体, 字体, 車体, 弱体, 書体, 政体, 全体, 総体, 団体, 天体, 物体, 立体
(3)特におおもと・実体 例実体, 主体, 正体, 本体

**タイ 耐 たえる** 1296
例耐火, 耐寒, 耐久, 耐震, 耐乏;忍耐

**タイ 待³ まつ** 1297
(1)待つ・待ち受ける 例待機, 待避, 待望, 待命;期待
(2)待ちうけてもてなす・扱う 例待遇;歓待, 虐待, 招待, 接待, 優待

**タイ 怠 おこたる・なまける** 1298
例怠業, 怠惰, 怠慢

**タイ 胎 ―** 1299
例胎教, 胎児, 胎動, 胎盤;受胎, 堕胎

**タイ 退⁶ しりぞく・しりぞける** 1300
例退位, 退院, 退化, 退学, 退官, 退却, 退去, 退校, 退散, 退治, 退社, 退出, 退場, 退職, 退席, 退避, 退歩, 退路;引退, 撃退, 減退, 後退, 辞退, 進退, 早退, 脱退, 撤退, 敗退, 勇退 注*立ち退く<たちのく> 対進

**タイ 帯⁴ おびる・おび** 1301
(1)帯びる・身につける・いっしょになる 例帯剣, 帯刀, 帯同;眼帯, 携帯, 所帯, 世帯, 声帯, 付帯, 連帯
(2)帯状・地域 例亜熱帯, 一帯, 温帯, 寒帯, 地帯, 熱帯

**タイ 泰 ―** 1302
例泰山, 泰西, 泰然, 泰斗;安泰

**タイ 堆 ―** 1303
例堆積, 堆肥

**タイ 袋 ふくろ** 1304
例風袋<フウタイ>, 郵袋 注*足袋<たび>

**タイ 逮 ―** 1305
例逮捕, 逮夜

**タイ 替 かえる・かわる** 1306
例交替, 代替 注*為替<かわせ>

**タイ 貸⁵ かす** 1307
例貸借, 貸与;賃貸 対借

**タイ 隊⁴ ―** 1308
例隊員, 隊商, 隊長, 隊列;楽隊, 艦隊, 軍隊, 船隊, 部隊, 兵隊, 連隊

**タイ 滞 とどこおる** 1309
例滞貨, 滞空, 滞在, 滞日, 滞納;延滞, 渋滞, 遅滞, 沈滞, 停滞

**タイ 態⁵ ―** 1310
例態勢, 態度;擬態, 旧態, 形態, 姿態, 事態, 失態, 実態, 醜態, 重態, 状態, 常態, 生態, 変態, 容態

**タイ 戴 ―** 1311
例戴冠;推戴, 丁戴

**タイ 大¹ ダイ, おお・おおきい・おおいに** 1312
例大意, 大火, 大家, 大会, 大願, 大気, 大器, 大挙, 大業, 大局, 大金, 大軍, 大国, 大差, 大志, 大衆, 大勝, 大食, 大成, 大勢, 大西洋, 大切, 大破, 大敵, 大破, 大要, 大半, 大病, 大別, 大望<タイモウ・タイボウ>, 大木, 大洋, 大力, 大陸, 大量, 大漁

**タイ 代³ ダイ, かわる・かえる・よ・しろ** 1313
例代謝;交代

**タイ 台² ダイ 〔擡, 颱〕** 1314
例台頭, 台風, 台湾;屋台

**たい たい**〔鯛〕 例尾頭付きのたい

**たい ……たい**〔度い〕 例願いたい,

○改定追加漢字 ●改定追加音訓 □改定削除漢字 ■改定削除音訓 〔 〕参考表記 〔△表外漢字 ▲表外音訓 ×誤用 当字当て字〕

水が飲みたい

**ダイ 大**¹ タイ, おお・おおきい・おおいに　1312

例 大学, 大寒, 大工, 大黒, 大根, 大事, 大小, 大勝利, 大臣, 大多数, 大胆, 大団円, 大地, 大腸, 大道, 大同小異, 大統領, 大部, 大福, 大仏, 大部分, 大便, 大名, 大理石;偉大, 遠大, 過大, 拡大, 寛大, 巨大, 強大, 極大, 誇大, 広大, 最大, 重大, 盛大, 絶大, 壮大, 増大, 尊大, 多大, 肥大, 膨大, 雄大　注 ＊大人＜おとな＞, ＊大和＜やまと＞＝大和絵＜やまとえ＞, 大和魂＜やまとだましい＞等　小

**ダイ 代**³ タイ, かわる・かえる・よ・しろ　1313

(1)代わる・代わって行う 例 代官, 代議士, 代行, 代書, 代数, 代読, 代筆, 代表, 代弁, 代名詞, 代用, 代理;総代, 名代

(2)代わった時代・時代 例 代々;近代, 現代, 古代, 後代, 時代, 初代, 上代, 世代, 天平時代, 当代, 末代, 平安時代, 末代, 室町時代, 歴代

(3)代わりの物・代金・価 例 代価, 代金, 代償;足代, 茶代

**ダイ 台**² タイ　1314

例 台形, 台紙, 台地, 台帳, 台所, 台本;演台, 縁台, 気象台, 鏡台, 寝台, 台, 天文台, 土台, 灯台, 飯台, 踏み台, 平均台, 砲台, 露台

**ダイ 第**³ ―　1315

例 第一, 第一印象, 第一線, 第一人者, 第三国, 第三者;及第, 次第, 落第

**ダイ 題**³ ―　1316

例 題意, 題材, 題名, 題目;演題, 課題, 改題, 解題, 季題, 議題, 主題, 宿題, 出題, 難題, 表題, 文題,

問題, 例題, 話題

**ダイ 弟**² テイ・デ, おとうと　1440

例 義兄弟, 兄弟, 乳兄弟

**ダイ 内**² ナイ, うち　1570

例 内裏＜ダイリ＞;境内, 参内

**タイあたり 体当たり**(体当り)

例 体当たりでぶつかる, 体当たり攻撃

**タイイ 大意**　例 文章の大意を述べよ, 大意をつかむ

**タイイク 体育**　例 体育の実技, 体育館, 体育祭

**ダイイチ 第一, だいいち**　例 健康が第一だ, 第一の条件, 世界第一の文化国家, 第一に努力;第一印象, 第一流, 第一人者, 第一人称, 第一次世界大戦;僕はだいいち何も知らない

**タイインレキ 太陰暦**〔大陰暦〕対 太陽暦

**タイエイテキ 退嬰的**　例 退嬰的風潮　類 消極的　対 進取的

**タイオウ 対応**　例 左右がうまく対応する, 攻勢に対応して反撃に転じる

**タイオウ 滞欧**　例 滞欧3年

**タイオン 体温**　例 体温を計る, 体温計

**タイカ 耐火**　例 耐火建築, 耐火れんが

**タイカ 退化**　例 文明の退化, 鯨の後足は退化して小さい　対 進化

**タイカ 滞貨**〔滞荷〕例 滞貨を一掃する

**タイカ 大過**　例 大過なく過ごす

**タイカイ 大海**　例 井の中のかわず大海を知らず

**タイガイ 大概, たいがい**　例 事件の大概を述べる;たいがい知っている, たいがい晴れるだろう

**タイカク 体格**　例 りっぱな体格だ, 体格検査

**タイガク 退学**　例 大学を退学する, 退学処分　類 退校　対 入学

ダイガク　大学　例大学に入る，大学教授，大学生；国立大学，私立大学，大学院，短期大学

ダイがわり　代替わり(代替り)　例経営者が代替わりする

ダイがわり　台替わり(台替り)　注経済用語で，数字の台替わりの意味。

ダイカン　大寒　例大寒の入り　対小寒，大暑

タイガンジョウジュ　大願成就　例努力のかいあって大願成就した

タイキ　待機〔待期〕　例援軍が後方で待機する，消防車が待機する

タイキ　大気　例朝の大気を吸う

タイギ　大義　例大義親<シン>を滅す，大義名分

タイキバンセイ　大器晩成　例大器晩成を期する

タイキャク　退却　例退却する　対進撃

タイキュウ　耐久　例耐久試験，耐久力

ダイキンひきかえ　代金引換　例品物を代金引換で渡す

タイク　体軀　例堂々たる体軀　ᅠ俗体格

タイグウ　対偶　ᅠ俗夫婦，仲間　注数学・論理学用語でもある。

タイグウ　待遇　例厚く待遇する，待遇が悪い，待遇改善，部長待遇；待遇表現

タイクツ　退屈　例雨が降ると退屈だ，退屈する，退屈な日曜日

タイグン　大群〔大郡〕　例にしんの大群

タイケイ　体形　例体形を整える，戦闘体形

タイケイ　体系　例学問の体系，体系的な調査　ᅠ俗システム

タイケイ　大系　例国文学大系，歴史学大系　ᅠ俗シリーズ

タイケイ　大慶　例大慶に存じます

タイケン　体験　例体験を語る，体験談，体験者

タイコ　太古〔大古〕

タイコ　太鼓〔大鼓〕　例太鼓をたたく；太鼓医者，太鼓橋，太鼓結び，太鼓持ち；太鼓判を押す

タイコウ　対抗　例敵に対抗する，対抗馬，対抗試合，対抗意識；東西対抗

タイコウボウ　太公望〔大公望〕

ダイコク　大黒　例一家の大黒柱，大黒天

ダイゴミ　だいご味〔醍醐味〕　例だいご味を満喫する，旅のだいご味

ダイコンおろし　大根卸し

タイザイ　滞在　例大阪に滞在する　ᅠ俗逗留<トウリュウ>

タイサク　対策　例対策を立てる，対策を練る，水害対策，予防対策

タイサク　大作　例100号の大作

タイザンメイドウ　大山鳴動〔泰山鳴動〕　例大山鳴動してねずみ一匹

タイシ　大使　例大使を派遣する，大使館　ᅠ俗公使，領事

タイジ　対峙　例両軍の兵が対峙する　対対立，対抗

タイジ　退治　例鬼を退治する，ねずみ退治

ダイジ　大事　例大事の前の小事，大事を取って休養する，高齢者を大事にする，大事な用だ，大事に扱う；大事ない

タイした　大した　例大した家，大した出世，大した腕まえ，大したことはない

タイシツ　体質　例虚弱な体質，組織の体質を改善する

タイして　大して　例大して大きくはない

ダイジャ　大蛇

| | |
|---|---|
| **タイシャク** 貸借 | 例貸借関係，貸借対照表 |
| **タイシュウ** 大衆 | 例大衆を扇動する，大衆的な娯楽，大衆向きの映画，大衆化したゴルフ，大衆小説，大衆物，大衆性　類民衆 |
| **タイジュウ** 体重 | 例体重測定 |
| **タイショ** 対処 | 例不景気に対処する方策 |
| **タイショ** 対蹠 | 例対蹠的な性質　類対照　注正しくは「タイセキ」と読む。「タイショ」は慣用読み。 |
| **タイショウ** 対称 | 例左右対称，対称軸 |
| **タイショウ** 対象 | 例女性を対象とした番組，調査の対象を絞る |
| **タイショウ** 対照 | 例本文と対照する，比較対照する，対照的な性格 |
| **タイショウ** 大将 | 例海軍大将，総大将，侍大将；やあ大将元気かね，大将景気はどうだい，がき大将 |
| **タイショウ** 大勝〔大捷〕 | 例大勝する　対大敗 |
| **タイジョウ** 退場 | 例退場を命ずる，選手退場　対入場，登場 |
| **ダイショウ** 大小〔大少〕 | 例事の大小を問わない；腰に大小を帯びる |
| **ダイジョウブ** だいじょうぶ，大丈夫 | 例あの人ならだいじょうぶだ，だいじょうぶ勝てる　注「ダイジョウフ」と読めば俗語。 |
| **タイショク** 退色〔褪色〕 | 類色あせ |
| **タイショク** 退職 | 例円満に退職する，定年退職，退職金，退職者　対就職 |
| **タイショク** 大食 | 例大食漢；無芸大食　対小食 |
| **ダイジン** 大臣 | 例大臣の諮問機関，内閣総理大臣，各省大臣，国務大臣；右大臣 |
| **ダイジングウ** 大神宮〔太神宮〕 | |
| **ダイすき** 大好き | 例読書が大好きだ，大好きな人 |
| **タイする** 対する | 例敵に対する，子どもに対する理解，客に対する態度，学問に対する心構え，白に対する黒，需要に対する供給，非難に対して抗弁する |
| **タイする** 体する | 例趣旨を体する |
| **タイする** 帯する | 例拳銃＜ケンジュウ＞を帯する　類帯びる，身に着ける |
| **ダイする** 題する | 例「戦争と平和」と題する小説 |
| **タイセイ** 体制 | 例政治の体制，資本主義体制 |
| **タイセイ** 体勢 | 例体勢をくずす　類姿勢，構え |
| **タイセイ** 退勢〔頽勢〕 | 例退勢を挽回＜バンカイ＞する |
| **タイセイ** 態勢 | 例態勢を整える，受け入れ態勢 |
| **タイセイ** 大成 | 例学派を大成する，将来大成する人物；万葉集大成 |
| **タイセイ** 大勢 | 例大勢を見通す，大勢に影響はない |
| **タイセイヨウ** 大西洋〔太西洋〕 | |
| **タイセキ** 体積 | 例箱の体積を求める |
| **タイセキ** 堆積 | 例火山灰が堆積する　類積もる |
| **タイセツ** たいせつ，大切 | 例たいせつな用件，たいせつな品物，命をたいせつにする，たいせつに扱う，たいせつだ　対そまつ（粗末） |
| **タイセン** 対戦 | 例宿敵と対戦する，対戦成績 |
| **タイゼン** 泰然 | 例泰然自若としている |
| **タイソウ** 体操 | 例ラジオ体操，美容体操，機械体操，徒手体操 |
| **タイソウ** たいそう，大層 | 例たいそ |

明朝体の右肩の数字は配当学年　末尾の数字は常用漢字表番号　（ ）許容　類類義同意語　対反対対照語
関関連語　学学術用語

**ダイそ—タイボ**

う重い，たいそうなことを言う

**ダイそれた** 大それた 例大それたことをたくらむ 注「おおそれた」とは言わない。

**ダイタイ** 大体，だいたい 例話の大体はそんなところだ 類大概；だいたいの方法は知っている；だいたいお前が口を出すからだめになるのだ

**ダイタイ** 代替 例代替用地

**ダイダイ** 代々 例先祖代々の田地田畑，代々の首相

**ダイタイブ** 大腿部 例大腿部骨折 類太もも

**ダイタン** 大胆 例大胆な男，大胆不敵

**ダイチョウ** 大腸 例大腸カタル，大腸菌 対小腸

**ダイチョウ** 台帳 例土地台帳

**タイテイ** 大抵，たいてい 例大抵の人；たいてい片づいた

**タイテキ** 大敵 例油断大敵

**タイド** 態度〔体度〕 例態度を改める，高慢な態度，強То硬な態度，堂々たる態度

**タイトウ** 対等 例対等の立場にある

**タイトウ** 台頭〔擡頭〕 類出現，進出，登場

**タイトウ** 駘蕩 例春風駘蕩 類のどか，うららか

**タイドウ** 帯同 例妻子を帯同して赴任する 類同行，同伴

**タイトク** 体得 例芸の奥義を体得する

**ダイなし** だいなし，台無し 例新調の背広がだいなしになる

**タイニン** 大任 例大任を果たす

**ダイの** 大の 例大の男；大のファン，大の好物

**タイノウ** 滞納〔怠納〕 例税金を滞納する，滞納者

**タイハイ** 退廃〔頽廃〕 例退廃的風潮

**タイハン** 大半 例田畑の大半が流失する，大半の人が賛成する，一年の大半を船で暮らす 類大部分

**タイヒ** 待避 例列車が急行を待避する，待避所，待避線

**タイヒ** 退避 例退避命令 類避難

**タイヒ** 堆肥 類積み肥

**ダイヒョウ** 代表 例意見を代表する，国民の代表，代表者，代表社員，代表作

**ダイヒョウテキ** 代表的 例代表的な著作，代表的な建物

**タイブ** 大部 例町の大部が焼失する，大部の論文 注「ダイブ」とも言う。

**ダイブ** だいぶ，大分 例だいぶ痛んでいる，だいぶ大きい，だいぶ進んでいる，気分がだいぶよい，だいぶ待っていた 注「ダイブン」とも言う。

**タイフウ** 台風〔颱風〕 例台風が接近する，台風の目

**ダイフク** 大福 例大福帳，大福餅

**ダイブツ** 大仏 例奈良の大仏

**ダイブブン** 大部分 例大部分の人が参加する，夏休みも大部分終わる

**タイヘイ** 太平，泰平〔大平〕 例天下太平；太平楽

**タイヘイヨウ** 太平洋〔大平洋〕

**タイヘン** 大変，たいへん 例それは大変だ，大変な人出だ；たいへんな目に遭う，たいへん困る，たいへん疲れる，たいへんうれしい

**タイホ** 退歩 例能力が退歩する 対進歩

**タイホ** 逮捕 例容疑者を逮捕する，逮捕状

**タイボウ** 耐乏 例耐乏生活

**タイボウ** 待望 例待望の修学旅行

**タイボク** 大木 例うどの大木

---

○改定追加漢字　●改定追加音訓　□改定削除漢字　■改定削除音訓　〔 〕参考表記　〔△表外漢字
▲表外音訓　×誤用　当て字〕当て字

| | |
|---|---|
| たいまつ　たいまつ〔松明当て字〕 | タイリツ　対立　例意見が対立する，対立候補 |
| タイマン　怠慢　例事故は怠慢で起きやすい，職務怠慢 | タイリャク　大略　例大略を説明する |
| ダイミョウ　大名　例大名行列，大名屋敷；大名暮らし，大名旅行 | タイリョウ　大漁　例まぐろの大漁，大漁旗，大漁節　囲鳥獣の場合は「大猟」。 |
| ダイムシャ　代務者　例代行者 | タイリョウ　大量　例大量の物資，大量の人，大量生産　対少量 |
| タイメン　対面　例親子対面，対面交通 | タイリョク　体力　例体力が衰える |
| タイメン　体面　例体面を保つ，体面を傷つける | タイレツ　隊列　例隊列を乱す |
| ダイモク　題目　例論文の題目；お題目を唱える | タイワ　対話　例英語の対話　類対談，会談 |
| タイヤク　大役　例大役を果たす　類大任 | たうえ　田植え(田植)　例田植えが始まる，田植え時は忙しい，田植え歌 |
| タイヨ　貸与　例育英資金を貸与する | たえかねる　堪えかねる，耐えかねる，堪(耐)え兼ねる　例屈辱に堪えかねる；貧乏に耐えかねる |
| タイヨウ　太陽　例太陽が昇る，真夏の太陽，太陽系，太陽神，太陽信仰，太陽崇拝，太陽灯，太陽暦；太陽族　対太陰，月 | ダエキ　唾液　⑦ダ液　類唾＜つば＞ |
| タイヨウ　大洋〔太洋〕　類大海 | たえしのぶ　耐え忍ぶ，堪え忍ぶ　例孤独を耐え忍ぶ |
| タイヨウ　大要　例大要をつかむ | たえず　絶えず　例絶えず人が訪ねてくる，彼の活動には絶えず注目している |
| ダイヨウ　代用　例代用食，代用品 | |
| ダイヨク　大欲〔大慾〕　例大欲非道 | たえだえ　絶え絶え　例息も絶え絶えになる |
| たいら　平ら³　ヘイ・ビョウ　1789　例平らな土地，机を平らにする，土地が平らだ；どうぞお平らに | たえて　絶えて　例絶えて消息がない，絶えて久しい |
| たいらか　平らか　例心中平らかでない | たえはてる　絶え果てる　例一族絶え果てる，希望も絶え果てる |
| たいらぐ　平らぐ　例気持ちが平らぐ | |
| たいらげる　平らげる　例賊を平らげる；丼を二つ平らげる | たえまなく　絶え間なく，絶え間無く　例雨が絶え間なく降る，絶え間なく聞こえてくる海鳴りの音 |
| ダイリ　代理　例本人の代理，代理人，代理部，広告代理店 | たえる　堪える　カン　265　例困難に堪える，圧力に堪える，誘惑に堪える，使用に堪える；聞くに堪えない |
| ダイリ　内裏　例内裏びな　類皇居，禁裏 | |
| ダイリキ　大力　例大力無双 | |
| タイリク　大陸　例南極大陸，大陸棚，大陸性気候，大陸間導弾，大陸的な風格 | たえる　絶える⁵　ゼツ，たやす・たつ　1165　例血筋が絶える，息が絶える，物資 |
| ダイリセキ　大理石　例大理石の彫刻 | |

明朝体の右肩の数字は配当学年　末尾の数字は常用漢字表番号　（　）許容　類類義同意語　対反対対照語
関関連語　学学術用語

たえる―たかめ

が絶える，消息が絶える
**たえる 耐える** タイ　1296
例寒さに耐える，地震に耐える，火に耐える
**ダエン 楕円** ⚙長円
**たおす 倒す** トウ，たおれる
〔仆す，斃す〕　1507
例木を倒す，いすを倒す，強敵を倒す，幕府を倒す，借金を倒す
**たおれる 倒れる** トウ，たおす
〔仆れる，斃れる〕　1507
例台風で木が倒れる，過労で倒れる，凶刃に倒れる；政府が倒れる，不景気で店が倒れる；たおれて後やむ
**たか 高**[2] コウ，たかい・たかまる・たかめる　628
例高潮，高調子，高飛車；1円高，売上高，残高，請求高，出来高；実力はたかが知れている，たかをくくってとんだ失敗をする
**タカ 多寡** 例金額の多寡は問題ではない
**たが たが**〔箍〕 例おけのたが，たがが緩む
**たかい 高い**[2] コウ，たか・たかまる・たかめる　628
例背が高い，気位が高い，鼻が高い，目が高い，値段が高い，程度が高い，うわさに高い
対低い，安い
**タカイ 他界** 例90歳で他界する
**たがい 互い**　577
例互いの長所を知る，お互いの気持ち，互いに誓う，お互いに力を合わせる，お互いさまだ
**ダカイ 打開** 例困難を打開する，打開策
**たがいちがい 互い違い** 例互い違いに並べる，白と赤が互い違いになった幕

**たがいに 互いに** 例互いに譲り合う，お互いに努力する
**たかいびき 高いびき**〔高鼾〕 例白河夜船の高いびき
**たがえる たがえる**〔違える〕 例約束をたがえる
**たかがり たか狩り**〔鷹狩り〕
**タカク 多角** 例経営を多角化する，多角形＜タカッケイ＞，多角経営，多角農業，多角貿易
**タガク 多額** 例多額の寄附，多額納税者
対少額
**たかさ 高さ** 例背の高さを測る，山の高さ，音の高さ
**ダガシ 駄菓子** 例駄菓子屋
**たかダイ 高台** 例高台から見下ろす，高台の家
**たかだか たかだか，高々** 例たかだか800円の品
**たかだかと 高々と** 例国旗を高々と掲げる
**たかとび 高跳び** 例棒高跳び，走り高跳び
**たかとび 高飛び** 例犯人が外国に高飛びする
**たかなる 高鳴る** 例潮が高鳴る，半鐘が高鳴る；若い血が高鳴る
**たかね 高根**〔高嶺〕 例富士の高根；高根の花
**たかぶる 高ぶる**〔昂る〕 例神経が高ぶる；おごり高ぶる
**たかまる 高まる**[2] コウ，たかい・たか・たかめる　628
例非難の声が高まる，気運が高まる
**たかみ 高み**〔高処〕 例高みから見下ろす，高みの見物
**たかめ 高め，高目** 例高めのボール
対低め；高めの野菜 対安め
**たかめる 高める**[2] コウ，たかい・

○改定追加漢字　●改定追加音訓　□改定削除漢字　■改定削除音訓　〔 〕参考表記　〔△表外漢字
▲表外音訓　×誤用　当て字当て字〕

たがや・たかまる　　　　　628
　例名声を高める, 公徳心を高める
たがやす　耕す⁵　コウ　　　624
　例田畑を耕す
たから　宝⁶　ホウ　　　　1834
　例宝の持ち腐れ, 家の宝物, 子は宝,
　宝くじ, 宝船
たからか　高らか　例意気高らかだ,
　声高らかに歌う
たかる　たかる〔集る〕　例食物にはえ
　がたかる; 通行人にたかる
たがる　……たがる　例見たがる, 行
　きたがる, 食べたがっている
たかわらい　高笑い　例高笑いする
たき　滝　　　　　　　　1317
　例こいの滝登り, 滝川, 滝口, 滝つ
　ぼ, 滝飲み; 養老の滝
ダキ　唾棄　例唾棄すべき行為　鬩排
　斥, 軽蔑＜ケイベツ＞
だきあう　抱き合う(抱合う)　例抱き
　合って泣く
だきあげる　抱き上げる(抱上げる)
　例小猫を抱き上げる
だきあわせ　抱き合わせ(抱き合せ)
　(抱合せ)　例抱き合わせにして売
　る, 抱き合わせ販売
だきあわせる　抱き合わせる(抱き合
　せる)(抱合せる)　例抱き合わせて
　売る
だきおこす　抱き起こす(抱き起す)
　(抱起す)　例転んだ子を抱き起こす
だきかかえる　抱きかかえる, 抱き抱
　える　例かばんを小脇に抱きかか
　える
たきぎ　薪　シン　　　　1068
　例薪を拾う; 薪能　注「たき木」と
　は書かない。
だきこみ　抱き込み(抱込み)　例反対
　派の抱き込みを策する

だきこむ　抱き込む(抱込む)　例荷物
　を抱き込む, 敵を抱き込む
だきしめる　抱き締める(抱締める)
　〔抱き緊める〕　例子を抱き締める
たきだし　炊き出し(炊出し)　例炊き
　出しをする
だきつく　抱きつく, 抱き付く(抱付
　く)〔抱き附く〕　例父親に抱きつ
　く, 電柱に抱きつく
たきつけ　たきつけ〔焚き付け〕
　例落ち葉をたきつけにする
たきつける　たきつける〔焚き付ける〕
　例風呂をたきつける　鬩燃やす; 未
　成年をたきつけて悪事を働かせる
　鬩そそのかす
たきつぼ　滝つぼ〔滝壺〕　例滝つぼに
　飛び込む
たきび　たき火〔焚き火〕　例落ち葉を
　集めてたき火をする
タク　宅⁶　―　　　　　1318
　例宅の庭, 宅の子ども, 宅は銀行に
　勤めています; お宅の御主人; 宅診,
　宅地; 住宅, 邸宅
タク　択　―　　　　　　1319
　例択一; 採択, 選択
タク　沢　さわ　　　　　1320
　例恩沢, 光沢, 色沢, 潤沢, 仁沢
タク　卓　―　　　　　　1321
　(1)机・テーブル例卓球, 卓上; 円卓,
　食卓
　(2)優れている例卓越, 卓見, 卓識,
　卓説, 卓絶, 卓抜
タク　拓　―　　　　　　1322
　例拓殖, 拓本; 開拓
タク　託　―　　　　　　1323
　例託児, 託宣; 委託, 信託
タク　濯　―　　　　　　1324
　例洗濯
タク　度³　ド・ト, たび　1496

明朝体の右肩の数字は配当学年　末尾の数字は常用漢字表番号　( )許容　鬩類義同意語　対反対対照語
鬩関連語　㊣学術用語

たく—たけの

例支度

たく 炊く スイ　1084
　例飯を炊く

たく たく〔焚く,炷く〕　例落ち葉をたく；香をたく

ダク 諾 —　1325
　例諾否；受諾，承諾　対否

ダク 濁　1326
　例濁音，濁水，濁点，濁流；清濁　対清

だく 抱く ホウ，いだく・かかえる　1835
　例子どもを抱く

タクアン たくあん〔沢庵〕　例たくあん漬け　注「タクワン」とも言う。

たぐい 類い ルイ　〔たぐい〕　2086
　例この植物は針葉樹の類いだ，類いない国民の宝たるもの，類いまれな人物

タクサン たくさん,沢山　例物資がたくさんある；もうたくさんだ

タクショク 拓殖〔拓植〕　例拓殖事業　注開拓，殖産の意味。

タクす 託す〔托す〕　例友人に手紙を託す，多忙に託して欠席する

タクハツ 托鉢

たくましい たくましい〔逞しい〕
　例筋骨たくましい青年，たくましい開拓者魂；想像をたくましくする

たくみ 巧み コウ　593
　例巧みを凝らした意匠；誘導尋問に巧みだ，巧みな技，巧みな作戦，人込みを巧みにかき分けて進む

たくらみ たくらみ〔企み〕　例たくらみを暴く

たくらむ たくらむ〔企む〕　例陰謀をたくらむ

ダクリュウ 濁流　例濁流にのまれる

対清流

たぐりよせる 手繰り寄せる　例網を手繰り寄せる

たぐる 手繰る　例糸を手繰る，追憶の糸を手繰る

たくわえ 蓄え〔貯え〕　例不時の出費で蓄えを全部使う，蓄えが底をつく

たくわえる 蓄える チク　〔貯える〕　1369
　例食糧を蓄える，金を蓄える；ひげをたくわえる，英気をたくわえる

たけ 岳 ガク　227
　例雲仙岳，石狩岳

たけ 丈 ジョウ　〔長〕　1010
　例着物の丈；思いのたけ

たけ 竹¹ チク　1366
　例竹で編んだ籠，竹を割ったような性格，竹やぶ，青竹，竹細工，竹馬，竹とんぼ，竹やり，竹ようじ，竹の皮，竹みつ；竹冠＜たけかんむり＞

だけ だけ〔丈〕　例できるだけがんばる，一見するだけの価値がある，いばるだけの話，１日だけ延ばしてくれ，高校だけは卒業したい，すなおな人だけに好かれる，読めば読むだけおもしろくなる　注法令・公用文では仮名書き。

たけがり たけ狩り〔茸狩り〕　例山へたけ狩りに行く；蛍狩り，紅葉狩り

ダゲキ 打撃　例手痛い打撃を被る

たけくらべ 丈比べ　対背比べ

たけざお 竹ざお〔竹竿〕

たけだけしい たけだけしい〔猛々しい〕　例たけだけしいうなり声；盗人たけだけしい

ダケツ 妥結　例交渉が妥結する

たけづつ 竹筒

たけのこ たけのこ,竹の子〔筍〕
　例たけのこ医者，たけのこ生活

○改定追加漢字　●改定追加音訓　□改定削除漢字　■改定削除音訓　〔　〕参考表記　〔△表外漢字　▲表外音訓　×誤用　当て字当て字〕

| | |
|---|---|
| たけみつ 竹みつ〔竹光〕 | たしかさ 確かさ 例確かさの薄い情報 |
| たけやぶ 竹やぶ〔竹藪〕 | たしかに 確かに 例確かに受け取りました，確かに知っている |
| たけやり 竹やり〔竹槍〕 例竹やりで突く | たしかめる 確かめる⁵（確める）カク，たしか 222 |
| たける たける〔長ける〕 例才たけて見目麗しい，世才にたける | 例意向を確かめる，うわさを確かめる |
| たこ たこ〔蛸；章魚当て字〕 | タシサイサイ 多士済済 注「タシセイセイ」とも読む。 |
| たこ たこ〔胼胝当て字〕 例耳にたこができる，ペンだこ | だししぶる 出し渋る 例寄附を出し渋る |
| たこあげ たこ揚げ〔凧揚げ；紙鳶揚げ当て字〕 例たこ揚げする | たじたじ(と) たじたじ(と) 例鋭い質問にたじたじとなる |
| タサイ 多彩 例多彩な顔ぶれ | たしなみ たしなみ〔嗜み〕 例武人のたしなみ，たしなみのないふるまい |
| ダサク 駄作 例凡作，愚作 | たしなむ たしなむ〔嗜む〕 例俳句をたしなむ，茶の湯をたしなむ，酒をたしなむ；少しはたしなみなさい |
| タサツ 他殺 例他殺死体 対自殺 | |
| タザン 他山 例他山の石 | |
| ダサン 打算 例打算的な人間 | たしなめる たしなめる〔窘める〕例乱暴者をたしなめる，むちゃな行動をたしなめる |
| たし 足し 例生活費の足しにする | |
| たし たし〔度し〕 例参加されたし 類たい 注文語 | だしぬく 出し抜く 例先輩を出し抜く |
| タジ 他事 例他事ながら御安心ください | だしぬけ だしぬけ，出し抜け 例だしぬけに道路へ飛び出す |
| タジ 多事 例多事多難，多事多端 | たしまえ 足しまえ，足し前 例旅費の足しまえ 類補い |
| だし ＊山車 | |
| だし だし〔出汁当て字〕 例かつおぶしのだしを取る；人をだしにする，友人をだしにして遊ぶ | だしもの 出し物〔演し物〕 例今月の出し物は勧進帳です |
| | ダジャク 惰弱〔懦弱〕 類意気地なし，柔弱 |
| だしあう 出し合う 例500円ずつ出し合って図書を購入する | タショウ 多少 例フランス語は多少話せる，多少は違うだろう 類少し |
| だしいれ 出し入れ 例現金の出し入れ | |
| だしおくれる 出し遅れる 例申込書を期日までに出し遅れる，返事を出し遅れる | タジョウタコン 多情多恨 例多情多恨の性格 |
| | ダシン 打診 例意向を打診する，打診器 |
| たしか 確か⁵ カク，たしかめる 222 | たす 足す¹ ソク，あし・たりる・たる 1263 |
| 例確かだ，確かに，確かな，腕まえは確かだ，人間は確かだ | 例5に3を足す，不足の分を足す 対引く；用事を足す |
| たしか 副たしか，確か 例たしかあると思う，たしか500円だ，たしか昨年の春のことでした | |

明朝体の右肩の数字は配当学年　末尾の数字は常用漢字表番号　（ ）許容　類類義同意語　対反対対照語
関関連語　学学術用語

| | |
|---|---|
| だす 出す¹ シュツ・<u>スイ</u>, でる　926　囫手を出す, 足を出す, 舌を出す, 猫を外へ出す, 郵便を出す, 力を出す, 子どもを使いに出す, スピードを出す, 願書を出す, 広告を出す, 資金を出す, 賞金を出す, 海外に支店を出す, 臨時列車を出す, ビールを出す, 火事を出す | 囫選挙運動に携わる, 教育に携わる |
| | たずねびと 尋ね人　囫尋ね人が見つかる |
| | たずねる 尋ねる ジン 〔訊ねる〕　1077　囫住所を尋ねる, 理由を尋ねる, ちょっとお尋ねしますが…… |
| | たずねる 訪ねる⁶ ホウ, おとずれる　1845　囫恩師の家を訪ねる, 名所旧跡を訪ねる |
| だす ……だす, ……出す 囫雪が降りだす, 勉強をやりだす, 笑いだす | |
| タスウ 多数 囫多数が参加する, 多数で押し切る, 多数決 対少数 | タゼイ 多勢 囫多勢に無勢 |
| | ダセイ 惰性〔惰勢〕 囫惰性で仕事を続ける |
| たすかる 助かる³ ジョ, たすける・すけ　954　囫一命が助かる, 協力してもらって助かる | たそがれ たそがれ〔黄昏<u>当て字</u>〕　囫たそがれ時 対かわたれ時; 人生のたそがれ |
| たすき たすき〔襷〕 囫たすきを掛ける, 帯に短したすきに長し | ダソク 蛇足 ▲無駄, よけい |
| | タタ 多々 囫望みは多々ある, 多々ますます弁ずる |
| たすきがけ たすき掛け〔襷掛け〕　囫たすき掛けで働く | ただ ただ〔徒〕 囫ただ行って来ただけ |
| たすけ 助け 囫助けを求める, 助けを借りる | ただ ただ〔唯〕 囫ただ笑っている, ただの3人しかいない, ただこれだけしかない |
| たすけあい 助け合い 囫助け合い運動 | |
| たすけあう 助け合う 囫夫婦が助け合う, 弱い者どうしが助け合う | ただ ただ〔只〕 囫ただで映画を見る, ただでもらう, ただ働き |
| たすけぶね 助け船 囫答弁に窮して助け船を求める, 助け船を出す | だだ だだ〔駄々<u>当て字</u>〕 囫だだをこねる |
| たすける 助ける³ ジョ, たすかる・すけ　954　囫海で溺れた人を助ける, 暮らしを助ける, 消化を助ける, 植物の生長を助ける | ただいま ただいま, ただ今〔只今, 唯今〕 囫ただいま帰りました, ただいま参上いたします, ただいま御紹介いただいた者です |
| | たたえる たたえる〔称える〕 囫健闘をたたえる, 功績をたたえる |
| たずさえる 携える ケイ, たずさわる　489　囫お土産を携える, スーツケースを携える, 手に手を携えて出かける | たたえる たたえる〔湛える〕 囫満々と水をたたえた湖, 目に涙をたたえる |
| たずさわる 携わる(携る) ケイ, たずさえる　489 | たたかい 戦い 囫覇権をかけての戦い, 倒すか倒されるかの戦い, 戦い |

○改定追加漢字　●改定追加音調　□改定削除漢字　■改定削除音調　〔　〕参考表記　〔△表外漢字　▲表外音調　×誤用　<u>当て字</u>当て字〕

たたかい　闘い　例自然との闘い, 労使の闘い, 病魔との闘い

たたかう　戦う⁴　セン, いくさ　1181
　例反乱軍と戦う, 自由のために武器を取って戦う, 心の誘惑と戦う

たたかう　闘う　トウ　1534
　例病気と闘う

たたき　たたき〔叩き, 敲き〕　例魚のたたき, たたき大工

たたきあげる　たたき上げる〔叩き上げる〕　例下積みからたたき上げた人物

たたきうり　たたき売り〔叩き売り〕　例バナナのたたき売り

たたきおこす　たたき起こす〔たたき起す〕〔叩き起こす〕　例真夜中にたたき起こす

たたきおとす　たたき落とす〔たたき落す〕〔叩き落とす〕　例はえをたたき落とす

たたきこむ　たたき込む〔叩き込む〕　例頭に単語をたたき込む

たたきつける　たたきつける, たたき付ける〔叩き付ける〕　例土間にたたきつける, 雨が激しく雨戸にたたきつける, わいろをたたきつける, 辞表をたたきつける

たたきなおす　たたき直す〔叩き直す〕　例根性をたたき直す

たたきふせる　たたき伏せる〔叩き伏せる〕　例強敵をたたき伏せる

たたく　たたく〔叩く, 敲く〕　例手をたたく, 太鼓をたたく, 肩をたたく; 意見をたたく; 新聞でたたく

ただごと　ただごと, ただ事〔徒事, 唯事, 只事〕　例あの様子はただごとでない

ただし　但し　—　1327
　注仮名書きで「ただし」とも。法令・公用文では仮名書き。

ただしい　正しい¹　セイ・ショウ, ただす・まさ　1106
　例順序が正しい, 発音が正しい, 正しい行い, 正しい答え, 正しい姿勢, 礼儀正しい

ただしがき　ただし書き, 但し書き（ただし書, 但し書）　注法令・公用文では「ただし書」。

ただしさ　正しさ　例心の正しさ, 姿勢の正しさ

ただす　正す¹　セイ・ショウ, ただしい・まさ　1106
　例姿勢を正す, 誤りを正す, 襟を正す

ただす　ただす〔質す〕　例不審の点をただす

ただす　ただす〔糺す〕　例罪状をただす

たたずまい　たたずまい〔佇まい〕　例庭の木立のたたずまい, 雲のたたずまい

たたずむ　たたずむ〔佇む〕　例戸口にたたずむ, 岸辺にたたずむ

ただちに　直ちに²　チョク・ジキ, なおす・なおる　1418
　例直ちに出発する

だだっこ　だだっ子〔駄々っ児当て字〕

だだっぴろい　だだっ広い〔徒っ広い〕　例だだっ広い寺の本堂

ただならぬ　ただならぬ〔徒ならぬ, 啻ならぬ〕　例ただならぬ気配, ただならぬ物音; ただならぬあなたの頼みですから

ただのり　ただ乗り〔只乗り〕　例ただ乗りが露見する　関無賃乗車

ただばたらき　ただ働き〔只働き〕　例ただ働きをさせられる

たたみ　畳　ジョウ, たたむ　1021

たたみ―たちオ

例畳の上で死ぬ，畳の上の水練，畳表，畳替え，畳屋
- **たたみがえ　畳替え**　例座敷の畳替えをする
- **たたみかける　畳みかける**，畳み掛ける　例畳みかけて質問する
- **たたみこむ　畳み込む**　例布団を畳み込む，胸に畳み込んで忘れない
- **たたむ　畳む　ジョウ**，たたみ　1021　例着物を畳む，布団を畳む；店をたたんで郷里へ引っ込む，胸にたたむ；あいつをたたんでしまえ
- **ただよう　漂う　ヒョウ**　1722　例波に漂う，異郷を漂う，線香の煙が漂う
- **ただよわす　漂わす**　例香水の匂いを漂わす　注「漂わせる」とも言う。
- **たたり　たたり**〔祟り〕　例後のたたりが恐ろしい，さわらぬ神にたたりなし
- **たたる　たたる**〔祟る〕　例死霊がたたる，不摂生がたたって病気になる
- **ただれ　ただれ**〔爛れ〕　例ただれ目
- **ただれる　ただれる**〔爛れる〕　例傷口がただれる；酒にただれた生活
- **たち　\*太刀**　例太刀を携える
- **たち　たち**,立ち　例たち別れ，たちまさる　注表現を強めるための接頭語。
- **たち　たち**〔質〕　例たちの悪い病気，内気なたちの人
- **たち　たち**〔達〕　例子どもたち，生徒たち
- **たちあい　立ち会い**(立会い)　例立ち会いの医師；午後の立ち会い，立ち会い停止
- **たちあい　立ち合い**(立合い)　例相撲の立ち合い
- **たちあいエンゼツ　立ち会い演説**(立会い演説)(立会演説)
- **たちあいニン　立ち会い人**(立会い人)(立会人)　例投票場の立ち会い人
- **たちあう　立ち会う**(立会う)　例手術に立ち会う
- **たちあう　立ち合う**(立合う)　例両力士同時に立ち合う
- **たちあがり　裁ち上がり**(裁ち上り)　例きれいな裁ち上がり
- **たちあがり　立ち上がり**(立上がり)(立上り)　例みごとな立ち上がりを見せる，立ち上がりをひしぐ
- **たちあがる　立ち上がる**(立上る)〔起ち上がる〕　例いすから立ち上がる，時間いっぱいに立ち上がる，逆境から立ち上がる，自由のために武器をとって立ち上がる
- **たちい　立ち居**〔起ち居〕　例立ち居が不自由な老人，立ち居振る舞いのしとやかな人
- **たちいた　裁ち板**　例着物の裁ち板
- **たちいふるまい　立ち居振る舞い**(立ち居振舞い)(立ち居振舞)(立居振舞)
- **たちいり　立ち入り**(立入り)　例立入りを禁止する
- **たちいりキンシ　立ち入り禁止**(立入り禁止)(立入禁止)
- **たちいる　立ち入る**(立入る)　例関係者以外の立ち入ることを禁ずる，事件に立ち入る，少々立ち入ったことを伺いますが……
- **たちうち　太刀打ち**(太刀打)　例とても太刀打ちができない
- **たちうり　立ち売り**(立売り)　例アイスクリームの立ち売り
- **たちうりニン　立ち売り人**(立売り人)(立売人)
- **たちオウジョウ　立ち往生**(立往生)　例弁慶の立ち往生，大雪で列車が立ち往生する

○改定追加漢字　●改定追加音訓　□改定削除漢字　■改定削除音訓　〔　〕参考表記　△表外漢字
▲表外音訓　×誤用　当て字当て字

たちおくれ　立ち後れ(立後れ), 立ち遅れ(立遅れ)　例競争相手に立ち後れを取る, 立ち後れを挽回＜バンカイ＞する
たちおくれる　立ち後れる(立後れる), 立ち遅れる(立遅れる)　例仕切りに立ち後れて「待った」をする, 病気をして試験勉強に立ち後れる
たちおよぎ　立ち泳ぎ(立泳ぎ)　⑱横泳ぎ, 寝泳ぎ
たちかえる　立ち返る(立返る)　例故郷へ立ち返る
たちがれ　立ち枯れ(立枯れ)　例立ち枯れの梅
たちき　立ち木(立木)　例庭の立ち木を切る
たちぎえ　立ち消え(立消え)　例校舎新築の計画が立ち消えになる
たちぎき　立ち聞き(立聞き)　例ないしょ話を立ち聞きする
たちきる　断ち切る(断切る)〔裁ち切る〕　例布を断ち切る, 網を断ち切る; 未練を断ち切る
たちぐい　立ち食い(立食い)〔立ち喰い〕　例すしの立ち食い
たちぐされ　立ち腐れ(立腐れ)　例立ち腐れになっている炭焼き小屋
たちこめる　立ち込める(立込める)〔立ち籠める〕　例夕もやが立ち込める
たちさる　立ち去る(立去る)　例そっと立ち去る
たちさわぐ　立ち騒ぐ(立騒ぐ)　例波が立ち騒ぐ
たちすくむ　立ちすくむ〔立ち竦む〕　例呆然＜ボウゼン＞と立ちすくむ
たちつづけ　立ち続け(立続け)　例終点まで立ち続けで疲れる　⑱立ちづめ
たちどおし　立ち通し　例朝も立ち通しで仕事をする
たちどころに　副詞　たちどころに, 立ち所に　例たちどころにうそがばれる　⑱すぐに, その場で
たちどまる　立ち止まる(立止る)　例名前を呼ばれて立ち止まる
たちなおり　立ち直り(立直り)　例会社の立ち直りを策する
たちなおる　立ち直る(立直る)　例店が立ち直る, 景気が立ち直る
たちならぶ　立ち並ぶ(立並ぶ)　例両側に家が立ち並ぶ, 立ち並ぶ者がない
たちぬい　裁ち縫い　例スーツの裁ち縫い　⑱裁縫
たちのき　立ち退き(立退き)　例家の立ち退きを迫る, 立ち退き料, 立ち退き先
たちのく　＊立ち退く(立退く)　例焼け出されて知人の家へ立ち退く
たちのぼる　立ち上る(立上る)　例煙が立ち上る
たちば　立場　例お互いの立場が違う, 苦しい立場にある
たちはだかる　立ちはだかる　例目の前に立ちはだかる, 苦難が立ちはだかる
たちはたらく　立ち働く(立働く)　例勝手で立ち働く, 忙しそうに立ち働く
たちばなし　立ち話(立話)　例立ち話もなんですからどうぞお上がりください
たちバン　立ち番　例立ち番をしている警官
たちふさがる　立ち塞がる, 立ちふさがる　例前途に大きな壁が立ち塞

明朝体の右肩の数字は配当学年　末尾の数字は常用漢字表番号　( )許容　⑱類義同意語　㊉反対対照語
⑩関連語　㋺学術用語

たちま―ダッコ

- たちまち　たちまち〔忽ち〕　例空がかき曇るとたちまち夕立が降りだした
- たちまわり　立ち回り(立回り)〔立ち廻り〕　例舞台の大立ち回り
- たちまわりさき　立ち回り先(立回り先)〔立ち廻り先〕　例容疑者の立ち回り先に張り込む
- たちまわる　立ち回る(立回る)〔立ち廻る〕　例知人宅に立ち回ったところを捕らえる，就職の世話に立ち回る，抜け目なく立ち回る
- たちみ　立ち見　例一幕を立ち見する
- たちみせき　立ち見席(立見席)　例劇場の立ち見席
- たちむかう　立ち向かう(立向かう)　例山に立ち向かって叫ぶ，権力に立ち向かう
- たちもの　裁ち物　例裁ち物をする
- たちゆく　立ち行く(立行く)　例暮らしが立ち行かない
- たちよる　立ち寄る(立寄る)　例帰りに本屋へ立ち寄る，友人の家に立ち寄る
- ダチン　駄賃　例駄賃をもらう，行きがけの駄賃
- タツ　達[4]　―　1328
  例達観，達者，達人，達成，達筆；栄達，熟達，上達，先達，速達，調達，通達，伝達，到達，配達，発達，練達　注＊友達＜ともだち＞
- たつ　建つ[4]　ケン・コン，たてる　519
  例校舎が建つ
- たつ　裁つ[6]　サイ，さばく　709
  例布を裁つ
- たつ　絶つ[5]　ゼツ，たえる・たやす　1165
  例消息を絶つ，生命を絶つ，塩を絶つ，交際を絶つ
- たつ　断つ[5]　ダン，ことわる　1350
  例関係を断つ，たばこを断つ
- たつ　立つ[1]　リツ・リュウ，たてる　〔起つ〕　2045
  例波が立つ，人の上に立つ，旅に立つ，風呂が立つ，うわさが立つ，市＜いち＞が立つ，face立つ，立つ瀬がない，立つ鳥跡を濁さず，役に立つ，腕が立つ，腹が立つ
  注＊立ち退く＜たちのく＞
- たつ　竜　リュウ　2052
  例竜巻
- たつ　たつ〔発つ〕　例3時に上野駅をたつ
- たつ　たつ〔経つ〕　例歳月がたつ
- ダツ　脱　ぬぐ・ぬげる　1329
  (1)脱する・逃れる　例脱却，脱稿，脱獄，脱出，脱税，脱走，脱退，脱党；虚脱，離脱
  (2)抜く・抜ける・取り除く　例脱穀，脱脂，脱水，脱皮，脱毛，脱落
  (3)はずれる　例脱臼
  (4)脱ぐ　例脱衣，脱帽
- ダツ　奪　うばう　1330
  例奪回，奪還，奪取；強奪，争奪，略奪
- だつ　～だつ，～立つ　例殺気だつ，かしらだつ，紫だつ
- ダツイ　脱衣　例脱衣場　飲更衣
- ダッキュウ　脱臼
- たづくり　田作り　例田作りに精をだす；田作りを食べる　注「ごまめ」の異称)
- タッケン　卓見　例あながち卓見とばかりは言えない
- タッケン　達見　例将来を見通した達見
- だっこ　だっこ，抱っこ　例だっこして，おんぶにだっこ　幼児語
- ダッコク　脱穀　例稲の脱穀，脱穀機

○改定追加漢字　●改定追加音訓　□改定削除漢字　■改定削除音訓　〔　〕参考表記　〔△表外字〕
▲表外音訓　×誤用　当て字当て字〕

| | |
|---|---|
| タッし 達し〔達示当て字〕 例その筋の達しにより……，お達し | タットブ・とうとぶ 1281 例尊い教え，尊い神 |
| ダッシ 脱脂 例脱脂乳，脱脂綿 | たっとぶ 貴ぶ⁶ キ，たっとい・とうとい・とうとぶ 330 例時間を貴ぶ |
| タッシャ 達者 例達者な老人，達者な腕，口が達者だ，芸達者 | |
| タツジン 達人 例水練の達人，剣術の達人 | たっとぶ 尊ぶ⁶ ソン，たっとい・とうとい・とうとぶ 1281 例神仏を尊ぶ，祖先を尊ぶ |
| タッする 達する 例頂上に達する，目標額に達する，ろっ骨に達する傷；目的を達する，趣旨を達する | |
| | たづな 手綱 例手綱を引き締める |
| ダッする 脱する 例窮地を脱する | ダッピ 脱皮 例蛇が脱皮する，旧態を脱皮する |
| たつせ 立つ瀬 例立つ瀬がない 類立場 | タッピツ 達筆 例達筆で書かれた封書，彼は達筆だ 対悪筆 |
| タッセイ 達成 例目標を達成する | ダツボウ 脱帽 例脱帽して挨拶＜アイサツ＞する；彼の勇敢な行為に対して脱帽する 対着帽 |
| ダッセン 脱線 例電車が脱線する，脱線した話 | |
| ダッソウ 脱走 例脱走する，脱走兵 | たつまき 竜巻 類つむじ風 |
| たった 副詞 たった〔唯〕 例たった5人，たったのこれだけ，たったの10円しかない 類ただ，僅か | ダツリャク 奪略〔奪掠〕 類略奪 |
| | ダツロウ 脱漏 例原稿に脱漏がないかを調べる |
| ダッタイ 脱退 例組合を脱退する 対加入，加盟 | たて 縦⁶ ジュウ 〔竪〕 917 例縦の長さ，縦に並ぶ，縦から見ても横から見ても…… |
| たったいま たった今 例たった今帰られました | |
| たって たって〔達て当て字〕 例たっての願い，たってとは申しません 類強いて，無理に | たて 盾 ジュン 〔楯〕 934 例盾を突く，盾の半面，盾に取る |
| | たて 立て～ 例立て看板，立て行司，立ておやま，立て役者 |
| たって ……たって 例話したって無駄だ，見なくたってわかる 類……ても；遠くたって1時間で着く 類……と言ったとて | |
| | たて ～たて，～立て 例塗りたての壁，取りたての果物，産みたての卵，搾りたての牛乳 |
| だって だって 例いくらなんだって無理だ，誰だって欲しい，だって10円しか持っていない 類でも，しかし | |
| | だて たて〔伊達当て字〕 例だての薄着 |
| ダット 脱兎 例脱兎のごとく逃げ出す | だて ～建て（～建） 例平屋建て，2戸建て |
| たっとい 貴い⁶ キ，とうとい・たっとぶ・とうとぶ 330 例貴い体験，貴い資料 | だて ～立て，～だて 例2本立ての映画，2頭立ての馬車，義理立てする；とがめだてする |
| | たてあみ 建て網，立て網 |
| たっとい 尊い⁶ ソン，とうとい・ | たていた 立て板 例立て板に水を流すようだ |

明朝体の右肩の数字は配当学年　末尾の数字は常用漢字表番号　（　）許容　類類義同意語　対反対対照語
関関連語　学学術用語

| | |
|---|---|
| たてうり 建て売り(建売り) | 例建て売り住宅 |
| たてかえ 立て替え(立替え) | 例現金の立て替え |
| たてかえキン 立て替え金(立替え金)(立替金) | |
| たてかえる 立て替える(立替える) | 例電車賃を立て替える |
| たてがき 縦書き(縦書) | 例縦書きの原稿用紙 (対)横書き |
| たてかける 立て掛ける(立掛ける) | 例はしごを立て掛ける, 電柱に看板を立て掛ける |
| たてカンバン 立て看板(立看板) | 例映画の立て看板 |
| たてグ 建て具(建具) | 例建て具屋 |
| たてごと たて琴〔竪琴〕 ㊗ハープ | |
| たてこむ 立て込む,建て込む(建込む) | 例仕事が立て込む, 家が立て込む |
| たてこもる 立て籠もる(立て籠る),立てこもる | 例城に立て籠もる, 部屋に立て籠もって勉強する |
| たてつく 盾突く | 例親に盾突く |
| たてつけ 立て付け | 例立て付けの悪い戸 |
| たてつづけ 立て続け | 例立て続けに水を飲む |
| たてつぼ 建坪 | 例家の建坪 (対)地坪, 延べ坪 |
| たてなおし 建て直し(建直し) | 例家の建て直し |
| たてなおし 立て直し | 例計画の立て直しを策する |
| たてなおす 建て直す(建直す) | 例校舎を建て直す |
| たてなおす 立て直す | 例形勢を立て直す, 計画を立て直す |
| たてね 建て値(建値)〔立値〕 | 例建て値を引き下げる |
| たてば 立て場,建て場 | 例街道筋の立て場; 立て場茶屋; 立て場はくずの山だ |
| たてひき 立て引き〔達引き〕 | 例恋の立て引き, 立て引きずく |
| たてひざ 立て膝,立てひざ | |
| たてふだ 立て札(立札) | 例立ち入り禁止の立て札を立てる ㊗高札<コウサツ> |
| たてまえ 建て前(建前) | 例家の建て前 ㊗棟上げ |
| たてまえ たてまえ,建て前 | 例薄利多売のたてまえを取る ㊗主義, 方針, 原則 |
| たてまし 建て増し(建増し) | 例子ども部屋を建て増しする ㊗増築 |
| たてまつる 奉る ホウ・ブ 1833 | 例黄金10枚を奉る, 会長として奉る, お着せ奉る, お頼み奉る |
| たてもの 建物 | ㊗建築物, 建造物 |
| たてヤクシャ 立て役者(立役者) | 例一座の立て役者, ローマ字運動の立て役者 |
| たてる 建てる⁴ ケン・コン, たつ 519 | 例家を建てる |
| たてる 立てる¹ リツ・リュウ, たつ 2045 | 例旗を立てる, 砂を立てる, 戸を立てる, 湯気<ゆげ>を立てる, 石碑を立てる, 声を立てる, 風呂を立てる, 先輩として立てる, 顔を立てる, 義理を立てる, 茶を立てる; 新聞に書き立てる, 埋め立てる, 腹を立てる, 役に立てる |
| だてる ～立てる | 例証拠立てる, 役立てる |
| たとい たとい〔仮令, 縦令〕 | [当て字] |

○改定追加漢字 ●改定追加音訓 □改定削除漢字 ■改定削除音訓 〔 〕参考表記 〔△表外漢字 ▲表外音訓 ✕誤用 当て字〕当て字]

[類]仮に，よし（や），よしんば
[注]「たとえ」とも言う。
**ダトウ　打倒**　[例]打倒の意気に燃える
**ダトウ　妥当**　[例]妥当な意見，妥当性
**たとえ　たとえ**，例え〔譬え，喩え〕
[例]猿も木から落ちるのたとえ
**たとえ　たとえ**〔仮令，縦令[当て字]〕
[例]たとえ雨が降っても行く
[注]「たとい」とも言う。
**たとえば　例えば**　[例]最近交通事故が多いが例えば東京では……
**たとえばなし　たとえ話**〔譬え話〕
[類]寓話＜グウワ＞
**たとえる**　例える[4]　レイ　2092
[例]例えば……が挙げられる　[類]例示する
**たとえる　たとえる**〔譬える，喩える〕
[例]雪を花にたとえる，親の恩を海山にたとえる
**たどたどしい　たどたどしい**〔辿々しい〕　[例]たどたどしい筆跡，たどたどしげな足取り
**たどる　たどる**〔辿る〕　[例]山路をたどる，筋をたどる，記憶の糸をたどる
**たな**　棚　—　1331
[例]棚をつる，本棚，戸棚，藤棚，大陸棚；棚からぼた餅，自分のことは棚上げにして人をそしる
**たなあげ　棚上げ**　[例]資金の都合で計画は棚上げになった
**たなおろし　棚卸し**〔店卸し〕　[例]本日は棚卸しのため休業；他人の顔の棚卸し
**たなこ　店子**　[対]大家
**たなざらし　たなざらし**〔店晒し〕
[例]たなざらしの商品
**たなばた　＊七夕**　[例]七夕祭り，七夕月
**たなびく　棚引く**　[例]かすみが棚引く
**たに**　谷[2]　コク　659
[例]谷からせせらぎの音が聞こえる，谷間，谷川，谷風，谷底　[対]山
**たにあい　谷あい**〔谷間〕　[類]谷間＜たにま＞
**タニン　他人**　[例]他人の空似＜そらに＞，他人の飯を食う，他人の出る幕でない，他人行儀，他人扱い，赤の他人
**たぬき　たぬき**〔狸〕
**たね**　種[4]　シュ　874
[例]種をまく，こうじの種，心配の種，種も仕掛けもない，話の種が尽きる，一粒種，柿の種，種明かし，種油，種板，種芋，種牛，種馬，種付け，種取り，種本，種まき，種物，種もみ；火種，菜種
**たねあかし　種明かし**（種明し）
[例]手品の種明かし
**たねぎれ　種切れ**　[例]材料が種切れだ
**たねとり　種取り**　[例]記事の種取りに歩く
**たねまき　種まき**〔種蒔き〕　[例]苗代に種まきをする
**たのしい**　楽しい[2]　ガク・ラク，たの**しむ**　228
[例]楽しい音楽，毎日が楽しい，楽しげだ　[対]苦しい，悲しい
**たのしがる　楽しがる**　[例]音楽を聞いて楽しがっている　[対]苦しがる，悲しがる
**たのしみ　楽しみ**　[例]将来の成長ぶりが楽しみだ，散歩の楽しみ　[対]苦しみ
**たのしむ**　楽しむ[2]　ガク・ラク，たの**しい**　228
[例]釣りを楽しむ　[対]苦しむ
**たのみ　頼み**　[例]頼みを聞く
**たのむ**　頼む　ライ，たの**もしい**・た**よる**　〔恃む〕　2024
[例]協力を頼む，医者を頼む，腕力を

た

明朝体の右肩の数字は配当学年　末尾の数字は常用漢字表番号　（　）許容　[類]類義同意語　[対]反対対照語
[関]関連語　[学]学術用語

たのも―たまげ

頼む；神仏をたのむ
**たのもしい　頼もしい**　ライ，たのむ・たよる　2024
例頼もしい青年
**たば　束⁴**　ソク　1262
例束になってかかって行く；花束，1束300円
**たばこ　たばこ**, タバコ〔煙草当て字〕
例たばこを吸う，たばこ屋　田法令では仮名書き。
**たばさむ　手挟む**　例刀を手挟む
**たはた　田畑**〔田畠〕例田畑を耕す
**たばねる　束ねる**　例まきを束ねる
**たび　度³**　ド・ト・タク　1496
例度重なる不幸，見る度に，この度
**たび　旅³**　リョ　2057
例旅は道連れ世は情け，旅の恥はかき捨て，かわいい子には旅をさせよ，旅の空，旅歩き，旅がらす，旅心，旅先，旅路，旅支度，旅装束，旅姿，旅日記，旅人，旅枕，旅回り，旅役者，旅やつれ
**たび　*足袋**　例足袋をはく，地下足袋
**ダビ　だび**〔荼毘〕例だびに付す
(熟)火葬
**たびかさなる　度重なる**　例度重なる不幸
**たびさき　旅先**　例旅先からの便り
**たびじ　旅路**　例旅路を急ぐ
**たびジタク　旅支度**　例旅支度を整える
**たびだち　旅立ち**　例旅立ちをする
**たびたび　たびたび**, 度々　例たびたび世話になる
**たびづかれ　旅疲れ**　(熟)旅やつれ
**タブン　多分**, たぶん　例多分の寄附；たぶんだいじょうぶだろう，たぶんいるだろう
**たべかけ　食べかけ**, 食べ掛け
**たべざかり　食べ盛り**　例食べ盛りの

子どもを3人抱えている
**たべすぎ　食べ過ぎ**　例食べ過ぎて胃をこわす
**たべもの　食べ物**　田「食物」は「ショクモツ」。
**たべる　食べる²**　ショク・ジキ，くう・くらう　1031
例うどんを食べる，夜食を食べる，親子3人食べていくのがやっとだ
**ダベン　駄弁**　例駄弁をろうする
(熟)無駄口
**ダホ　拿捕**　例密輸船を拿捕する
(熟)捕獲
**タボウ　多忙**　例暮れは多忙だ，多忙な毎日を送る
**ダボク　打撲**　例打撲傷，顔面打撲
**たま　球³**　キュウ　377
例球を投げる，電気の球
**たま　玉¹**　ギョク〔珠〕　427
例玉を転がしたよう，玉にきず，抜けば玉散る氷のやいば，玉のこし，玉のうてな，玉の汗，眼鏡の玉，玉を突く，そろばんの玉，目の玉から火が出る，うどんの玉；玉糸，玉垣，玉串，玉算，玉造り，玉手箱，玉乗り；親玉，手玉，水玉，目玉
**たま　弾**　ダン，ひく・はずむ　1351
例弾を撃つ，鉄砲弾　(熟)弾丸
**たま　霊**　レイ・リョウ　2095
例霊屋，霊祭り，霊送り
**たま　たま**〔偶, 稀〕例たまには遊びに来なさい，たまにはある
**たまう　たまう**〔賜う, 給う〕
田「たもう」とも言う。
**だまかす　だまかす**〔騙かす〕例きつねが人をだまかす，だます　(熟)俗語
**たまげる　たまげる**〔魂消る〕例おったまげる　(熟)びっくりする

○改定追加漢字　●改定追加音訓　□改定削除漢字　■改定削除音訓　〔　〕参考表記　〔△表外漢字　▲表外音訓　×誤用　当て字当て字〕

⦅俗⦆俗語

**たまご　卵**[6]　ラン　　2030
例鳥の卵, 卵焼き；医者の卵, 卵に目鼻, 卵色, 卵形, 卵酒　⦅注⦆鶏卵を「玉子」と書くこともある。

**たまごやき　卵焼き**(卵焼)

**たまザン　玉算**〔珠算〕　(類)珠算＜シュザン＞

**だまし　だまし**〔騙〕　例子どもだまし

**たましい　魂**　コン　〔霊〕　679
例魂の抜け殻, 一寸の虫にも五分の魂, 仏作って魂入れず

**だましうち　だまし討ち**〔騙し討ち〕
例だまし討ちにする

**だます　だます**〔騙す〕　例泣く子をだます　(類)なだめる：うまくだまされる　(類)欺く

**たまたま　たまたま**〔偶々〕　例たまたま駅で会う

**たまつき　玉突き**(玉突)　例玉突きに凝る　(類)ビリヤード；玉突き衝突

**たまに　たまに**〔偶に〕　例たまに映画を見る

**たまのり　玉乗り**　例曲芸団の玉乗り

**たままつり　霊祭り**〔魂祭り〕　(関)霊送り

**たまもの　たまもの**〔賜, 賜物〕　例天のたまもの, 努力のたまもの

**たまらない　たまらない**〔堪らない〕
例うれしくてたまらない, 寒くてたまらない, そんなひどいことをさせられてはたまらない

**たまり　たまり**〔溜り〕　例水たまり；役者のたまり　(類)控え室

**たまりかねる　たまりかねる**〔堪り兼ねる〕　例ひどいしうちにたまりかねる

**たまる　たまる**〔溜る〕　例水がたまる, 金がたまる, 仕事がたまる

**だまる　黙る**　モク　　1948
例黙って本を読む, 黙れ青二才

**たまわる　賜る**(賜わる)　シ　　804
例お褒めの言葉を賜る

**たみ　民**[4]　ミン　　1918
例民の声, 民草

**たむけ　手向け**　例仏に手向けをする, 手向けの言葉, 手向け草

**ため　ため**〔為〕　例ためになる話, みんなのためを思う, 病気のために欠席する, 遅くなったために……　⦅注⦆法令では仮名書き。

**だめ　だめ, 駄目**　例だめを押す；なんとかしないとだめだ, 入ってはだめだ, もうだめだ

**ためいき　ため息**〔溜め息〕　例ため息をつく

**ためいけ　ため池**〔溜め池〕　例防火用のため池　⦅注⦆法令では「ため池」。

**ダメおし　だめ押し, 駄目押し**
例だめ押しの1点をあげる

**ためこむ　ため込む**〔溜め込む, 貯め込む〕　例小金をため込む

**ためし　試し**　例物は試しだ, 試しに受けてみよう, 試し切り, 試し算

**ためし　ためし**〔例し〕　例そんな物は見たためしがない, 外国人と話したためしがない　(類)先例, 実例

**ためす　試す**[4]　シ, こころみる　〔験す〕　　797
例実力を試す

**ためなおす　矯め直す**(矯直す)
例精神を矯め直す

**ためらう　ためらう**〔躊躇う 当て字〕
例実施をためらう

**ためる　矯める**　キョウ　　415
例木の枝を矯める；矯めつすがめつ

**ためる　ためる**〔溜める, 貯める〕
例水をためる, 宿題をためる, 目に

た

たもつ―たわむ

涙をためる；金をためる
たもつ 保つ[5] ホ 1818
 例秩序を保つ，中立を保つ，面目を保つ
たもと たもと[袂] 例たもとを分かつ，橋のたもと
たやす 絶やす[5] ゼツ，たえる・たつ 1165
 例火種を絶やす，血筋を絶やす
たやすい たやすい[容易い][当て字]
 例たやすい御用です 類簡単だ
たゆむ たゆむ[弛む] 例うまずたゆまず努力する 類油断する，緩む
たより 便り[4] ベン・ビン 1815
 例長い間便りがない，お便りありがとう
たより 頼り 例親を頼りにする，つえを頼りに歩く
たよりない 頼りない 例頼りない返事，頼りない人だ，頼りない身の上
たよる 頼る ライ，たのむ・たのもしい 2024
 例子に頼る，地図に頼って探す
たらいまわし たらい回し[盥回し]
 例政権をたらい回しにする
ダラク 堕落[惰落] 例堕落した生活
だらけ ～だらけ 例血だらけ，傷だらけ，泥だらけ
だらける だらける 例気持ちがだらける 対締まる
たらす 垂らす[6] スイ，たれる 1083
 例髪の毛を垂らす，釣り糸を垂らす，鼻水を垂らす
たらず 足らず 例100人足らず，1時間足らず
たらふく たらふく[鱈腹][当て字]
 例ごちそうをたらふく食べる
タリョウ 多量 例出血多量で死ぬ
 例少量

ダリョク 惰力 例惰力で仕事をする
たりる 足りる[1] ソク，あし・たる・たす 1263
 例金が足りる，用が足りる
たる 足る[1] ソク，あし・たりる・たす 1263
 例一読するに足る小説，尊敬するに足る人物；舌足らず
だるい だるい[怠い，懈い] 例体がだるい 類かったるい
たるづめ たる詰め(たる詰)[樽詰め]
 例たる詰めの酒
ダルマ だるま[達磨] 例だるま船
たるむ たるむ[弛む] 例縄がたるむ，気分がたるむ
だれ 誰 ― [だれ] 1332
 例誰か知らない，誰だろう 注「たれ」は文語．
だれかれ 誰彼，だれかれ 例誰彼の区別なく
だれギミ だれ気味[弛気味] 例相場がだれ気味だ
たれさがる 垂れ下がる 例枝が垂れ下がっている，ひもが垂れ下がる
たれる 垂れる[6] スイ，たらす 1083
 例水が垂れる，範を垂れる，恩恵を垂れる
だれる だれる[弛れる] 例気持ちがだれる；相場がだれる
たわいない たわいない[他愛無い]
 [当て字] 例たわいない話，たわいなく寝込む 注「たあいない」とも言う．
たわごと たわごと[戯言，嚊言]
 例たわごとを言う
たわシ たわし[束子] 例枝がたわむ
たわむ たわむ[撓む] 例枝がたわむ
たわむれ 戯れ 例戯れに愛する，戯れ書き，戯れ言

○改定追加漢字　●改定追加音訓　□改定削除漢字　■改定削除音訓　〔 〕参考表記　〔△表外字〕
▲表外音訓　×誤用　[当て字]当て字

| | | | |
|---|---|---|---|
| たわむれる | 戯れる | ギ | 346 |

例花に戯れるちょう

| | | | |
|---|---|---|---|
| たわら | 俵⁶ | ヒョウ | 1719 |

例米俵, 炭俵

| | | | |
|---|---|---|---|
| タン | 丹 | — | 1333 |

例丹精, 丹念

| | | | |
|---|---|---|---|
| タン | 旦 | ダン | 1334 |

例旦夕；一旦, 元旦

| | | | |
|---|---|---|---|
| タン | 担⁶ | かつぐ・になう | 1335 |

例担架, 担当, 担任, 担保；負担, 分担

| | | | |
|---|---|---|---|
| タン | 単⁴ | — | 1336 |

(1)一つ, それだけ・単位例単位, 単一, 単価, 単眼, 単元, 単語, 単行本, 単式, 単身, 単数, 単独, 単複, 単文　対複
(2)変化がない・簡単である例単純, 単調；簡単

| | | | |
|---|---|---|---|
| タン | 炭³ | すみ | 1337 |

例炭坑, 炭鉱, 炭酸, 炭素, 炭田；一酸化炭素, 採炭, 薪炭, 石炭, 貯炭, 塗炭, 豆炭, 木炭, 練炭

| | | | |
|---|---|---|---|
| タン | 胆 | — | 1338 |

例胆汁, 胆石, 胆力；剛胆, 大胆, 落胆

| | | | |
|---|---|---|---|
| タン | 探⁶ | さぐる・さがす | 1339 |

例探求, 探究, 探検, 探険, 探索, 探勝, 探知, 探訪

| | | | |
|---|---|---|---|
| タン | 淡 | あわい | 1340 |

例淡彩, 淡水, 淡泊；濃淡, 冷淡

| | | | |
|---|---|---|---|
| タン | 短³ | みじかい | 1341 |

(1)短い例短歌, 短気, 短期, 短剣, 短時間, 短行日, 短縮, 短刀, 短波, 短文, 短命；最短, 長短　対長
(2)劣っている・不足している例短所, 短慮

| | | | |
|---|---|---|---|
| タン | 嘆 | なげく・なげかわしい | 1342 |

〔歎〕
(1)嘆く例嘆願, 嘆息, 慨嘆, 愁嘆, 悲嘆
(2)褒める例嘆賞, 嘆声；詠嘆, 感嘆, 驚嘆, 賛嘆

| | | | |
|---|---|---|---|
| タン | 端 | はし・は・はた | 1343 |

(1)はし例極端, 突端, 両端
(2)きっかけ・瞬間例端緒；戦端, 発端
(3)事柄例万端
(4)きちんとしている・はっきりしている例端厳, 端座, 端正, 端整, 端然, 端的, 端麗

| | | | |
|---|---|---|---|
| タン | 綻 | ほころびる | 1344 |

例破綻

| | | | |
|---|---|---|---|
| タン | 誕⁶ | — | 1345 |

例誕生；降誕

| | | | |
|---|---|---|---|
| タン | 鍛 | きたえる | 1346 |

例鍛鉄, 鍛練　注＊鍛冶〈かじ〉

| | | | |
|---|---|---|---|
| タン | 壇 | ダン | 1354 |

例土壇場

| | | | |
|---|---|---|---|
| タン | 反³ | ハン・ホン, そる・そらす | 1655 |

例反収, 反物；1反

| | | | |
|---|---|---|---|
| ダン | 旦 | タン | 1334 |

例旦那〈ダンナ〉

| | | | |
|---|---|---|---|
| ダン | 団⁵ | トン | 1347 |

例団員, 団結, 団交, 団体, 団地, 団長；営団, 劇団, 公団, 財団, 集団, 青年団, 大団円, 分団

| | | | |
|---|---|---|---|
| ダン | 男¹ | ナン, おとこ | 1348 |

例男子, 男児, 男女, 男性, 男装；快男子, 美男子

| | | | |
|---|---|---|---|
| ダン | 段⁶ | — | 1349 |

(1)登る所・階段例石段, 階段
(2)階級・段階・資格例段階, 段落；格段, 上段, 中段, 値段
(3)てだて例手段

| | | | |
|---|---|---|---|
| ダン | 断⁵ | たつ・ことわる | 1350 |

(1)断つ・断ち切る例断交, 断食, 断水, 断絶, 断続, 断腸, 断念, 断髪, 断片, 断面；横断, 間断, 縦断, 切断, 中断, 不断
(2)決める・きっぱり・ことわる・許可例断言, 断固, 断行, 断然, 断定；

英断, 果断, 決断, 裁断, 診断, 専断, 速断, 独断, 判断, 無断

**ダン 弾** ひく・はずむ・たま 1351
(1)丸・弾丸 例弾丸, 弾頭, 弾道, 弾薬；実弾, 銃弾, 敵弾, 爆弾, 砲弾
(2)はずむ 例弾性, 弾力
(3)打つ・攻撃する・おさえる 例弾圧, 弾劾；糾弾
(4)たたく・ひく・演奏する 例弾琴, 弾奏

**ダン 暖**[6] あたたか・あたたかい・あたたまる・あたためる 1352
例暖地, 暖冬, 暖房, 暖流, 暖炉；温暖, 寒暖

**ダン 談**[3] ― 1353
例談合, 談笑, 談判, 談論, 談話；縁談, 会談, 怪談, 歓談, 講談, 懇談, 座談, 雑談, 示談, 商談, 冗談, 相談, 対談, 内談, 破談, 美談, 筆談, 放談, 漫談, 密談, 面談, 余談, 用談, 要談

**ダン 壇** 1354
例壇上；演壇, 花壇, 教壇, 降壇, 登壇, 俳壇, 文壇

**タンあたり 反当たり**(反当り) 例反当たりの収穫高

**ダンアツ 弾圧**〔断圧〕 例言論の自由を弾圧する

**タンカ 担架**〔担荷〕 例担架に乗せる

**ダンカ 檀家** 類信徒

**ダンカイ 団塊** 例団塊の世代

**ダンカイ 段階** 例賞与に段階をつける 類等級, 順序

**ダンガイ 断崖** 例断崖絶壁 類崖<がけ>, 絶壁

**ダンガイ 弾劾** 例弾劾する, 弾劾演説, 弾劾裁判所 類問責, 糾弾

**タンガン 嘆願**〔歎願〕 例減刑を嘆願する, 嘆願書

**ダンギ 談義** 例下手の長談義, お談義

**タンキュウ 探求** 例美の探求

**タンキュウ 探究** 例真理を探究する

**タングツ 短靴** 類短靴<タンカ>
対長靴<ながぐつ・チョウカ>

**タンケン 探検, 探険** 例奥地探検；探険隊 注「検」のほうは調べるの意味。「険」のほうは危険を冒しての意味。

**ダンコ 断固**〔断乎〕 例断固として反対する, 断固たる態度

**ダンゴ だんご**, 団子 例花よりだんご

**タンコウ 炭坑** 例炭坑の入り口

**タンコウ 炭鉱**〔炭礦〕 例良質の炭鉱

**ダンコウ 断交** 例両国間の断交

**ダンコウ 断行** 例値下げを断行する

**タンザ 端座**〔端坐〕 例端座して説教を聞く 類正座

**タンザク 短冊**〔短尺〕 例短冊に切る, 短冊形

**ダンジキ 断食** 類絶食

**ダンジて 断じて** 例断じて許せない；断じて行えば鬼神もこれを避く
注「断ずる」に「て」の付いたもの）

**タンシュク 短縮** 例短縮授業 対延長

**タンジュン 単純** 例単純な考え方, 単純化する, 単純泉, 単純平均 対複雑

**タンショ 短所** 例己の短所を知る 対長所

**タンショ 端緒**〔端初〕 例事件解決の端緒を開く, 端緒をつかむ 注「タンチョ」は慣用読み。

**タンショウ 嘆賞, 嘆称**〔歎賞, 歎称〕

**だんじり だんじり**〔楽車, 山車〕 当て字 類山車<だし>

**タンス たんす**〔箪笥〕

**タンセイ 丹誠** 例真心

**タンセイ 丹精** 例丹精して育てる

○改定追加漢字 ●改定追加音訓 □改定削除漢字 ■改定削除音訓 〔 〕参考表記 〔△表外漢字 ▲表外音訓 ×誤用 当て字 当て字〕

| | | | | |
|---|---|---|---|---|
| | | | 翹入念,苦心 | |
| タンセイ | 端正,端整 | 例端正な芸風;端整な顔だち | | |
| タンセキ | 旦夕 | 例命<メイ>旦夕に迫る 翹朝夕,間近,目前 | | |
| ダンゼン | 断然 | 例断然実行する,断然実力は上だ | | |
| ダンソウ | 断層 | 例山の断層,断層地震;考え方に断層がある | | |
| タンソク | 嘆息〔歎息〕 | 例嘆息を漏らす | | |
| ダンだら | だんだら,段だら | 例だんだらじま,だんだら染め | | |
| タンタン | 淡々 | 例淡々とした話し方,淡々とした態度 | | |
| タンタン | たんたん〔坦々〕 | 例たんたんとした道路 翹平らな;たんたんとした試合内容 翹単調 | | |
| タンタン | 眈々 | 例虎視眈々<コシタンタン>として機会をうかがう | | |
| ダンダン | 段々 | 例段々を上る,段々畑 | | |
| ダンダン | (副詞)だんだん,段々 | 例だんだん寒くなる,だんだん遠くなる | | |
| ダンちがい | 段違い | 例段違いに優れている | | |
| タンチョウ | 単調 | 例単調な仕事 対複雑 | | |
| タンつぼ | たんつぼ〔痰壺〕 | | | |
| タンテイ | 探偵 | 例探偵小説,探偵団 | | |
| ダンテイ | 断定 | 例断定を下す | | |
| タンテキ | 端的〔単的,短的〕 | 例端的に言えば…… | | |
| タンデキ | 耽溺 | 例酒と女に耽溺する 翹溺れる,ふける,熱中する | | |
| タントウ | 担当 | 例経理を担当する,担当の弁護士 翹担任 | | |
| タントウチョクニュウ | 単刀直入〔短刀直入〕 | 例単刀直入に話す | | |
| タンドク | 単独 | 例単独行動 | | |
| タンドク | 耽読 | 例伝記物語を耽読する 翹読みふける | | |

| | | |
|---|---|---|
| ダンどり | 段取り | 例仕事の段取りを決める 翹手順,手段 |
| ダンナ | 旦那,だんな〔檀那〕 | 例旦那芸,旦那寺 |
| タンなる | 単なる | 例単なる推測にすぎない |
| タンに | 単に | 例単に一人だけの問題ではない |
| タンニン | 担任 | 例担任の教師,その学級の担任をする,担任者 |
| タンネン | 丹念 | 例丹念に手入れをする,丹念な調査 翹入念 |
| ダンネン | 断念 | 例計画を断念する |
| カンノウ | 堪能 | 例書に堪能した人;じゅうぶん堪能する 翹上手<じょうず>,よくできる,練達,満足 |
| タンパク | 淡泊〔淡白〕 | 例淡泊な味,淡泊な性格 |
| タンパクシツ | 蛋白質 | |
| タンビ | 耽美 | 例耽美派,耽美主義 |
| タンペイキュウ | 短兵急〔単兵急〕 | 例短兵急を告げる,短兵急な申し入れ |
| タンペン | 短編〔短篇〕 | 例短編小説 翹掌編 対長編,中編 |
| ダンペン | 断片 | 例思い出の断片をつづる,断片的な話 |
| たんボ | たんぼ〔田圃〕 | 例たんぼ道 |
| ダンボウ | 暖房〔煖房〕 | 例暖房完備,暖房装置 対冷房 |
| たんぽぽ | たんぽぽ〔蒲公英〕 | |
| ダンマツマ | 断末魔 | 例断末魔の叫び |
| たんまり(と) | たんまり(と) | 例たんまりともうける 注俗語 |
| タンもの | 反物 | 例反物を広げる |
| ダンラン | だんらん〔団欒〕 | 例一家だんらん 翹まどい |
| タンレン | 鍛錬,鍛練 | 例心身を鍛錬する |

明朝体の右肩の数字は配当学年　末尾の数字は常用漢字表番号　( )許容　翹類義同意語　対反対対照語　翹関連語　㋕学術用語

| | | |
|---|---|---|
| ダンロ | **暖炉**〔煖炉〕 | 例暖炉にあたる |
| | 類ストーブ | |
| ダンワ | **談話** | 例首相の談話を発表する |

## 〔チ・ち〕

チ 治⁴ ジ、おさめる・おさまる・なおる・なおす　816
例治に居て乱を忘れず；治安, 治山治水, 治世, 治療；自治, 自治権, 自治制, 自治体, 全治, 法治国

チ 質⁵ シツ・シチ　838
例言質〈ゲンチ・ゲンシツ〉

チ 地² ジ　1355
(1)天に対する地・地面〈ジメン〉
例地下, 地価, 地殻, 地球, 地形, 地質, 地上, 地図, 地勢, 地底, 地熱, 地表, 地理；大地, 天地, 土地, 陸地
(2)ある場所・所例地の利；地域, 地区, 地帯, 地点, 地方, 地名；奥地, 外地, 各地, 局地, 極地, 現地, 原産地, 現住地, 耕地, 山地, 産地, 敷地〈しきチ〉, 実地, 借地〈シャクチ〉, 陣地, 戦地, 宅地, 転地, 内地, 任地, 農地, 番地, 辺地, 墓地, 盆地, 目的地, 緑地
(3)置かれているところ・位置・身分・状態例地位, 地歩；窮地, 境地, 見地　注＊心地〈ここち〉

チ 池² いけ　1356
例池畔；乾電池, 浄水池, 蓄電池, 貯水池

チ 知¹ しる〔智〕　1357
例知にたけた人物；知恵, 知覚, 知己〈チキ〉, 知遇, 知事, 知識, 知者, 知人, 知性, 知能, 知力；感知, 関知, 機知, 旧知, 告知, 才知, 察知, 周知, 衆知, 熟知, 承知, 探知, 通知, 報知, 未知, 無知, 予知, 理知

チ 値⁶ ね・あたい　1358
例価値, 数値

チ 恥 はじる・はじ・はじらう・はずかしい　1359
例恥辱；無恥, 廉恥

チ 致 いたす　1360
例致死, 致死量, 致命傷, 致命的；引致, 言文一致, 誘致

チ 遅 おくれる・おくらす・おそい　1361
例遅延, 遅刻, 遅参, 遅速, 遅滞, 遅配

チ 痴　1362
例痴漢, 痴情, 痴人, 痴態, 痴話；音痴, 愚痴

チ 稚　1363
例稚気, 稚魚, 稚児, 稚拙；幼稚
注＊稚児〈ちご〉

チ 置⁴ おく　1364
例安置, 位置, 拘置, 処置, 常置, 設置, 措置, 装置, 存置, 配置, 放置, 留置

チ 緻　1365
例緻密；巧緻, 細緻, 精緻

ち 血³ ケツ　508
例血が沸く, 血に飢える, 血の雨を降らせる, 血の海, 血の出るような労苦, 血のにじむような努力, 血の道, 血の巡りが悪い, 血を吐く思い, 学者の血を引く, 血を見る, 血を分けた兄弟, 血の気が多い, 血続き, 血筋, 血止め, 血走る, 血豆, 血眼〈ちまなこ〉, 血みどろ；鼻血

チ 千¹ セン　1166
例千草, 千鳥, 千代, 千代紙

ち 乳⁶ ニュウ, ちち　1585
例乳兄弟, 乳首

チアン **治安** 例治安を保つ, 治安維

○改定追加漢字　●改定追加音訓　□改定削除漢字　■改定削除音訓　〔　〕参考表記　〈△表外漢字　▲表外音訓　×誤用　[て字]当て字〕

持法
**チイキ 地域** 例地域代表, 地域団体
**ちいさい 小さい**¹ ショウ, こ・お　959
例小さい山, 音が小さい, 肝っ玉の小さい人間　対大きい
**ちいさくなる 小さくなる** 例叱られて小さくなる　対大きくなる
**ちいさな 小さな** 例小さな手　対大きな
**ちいさめ 小さめ**, 小さ目 例小さめの靴を買う　対大きめ
**チエ 知恵**〔智慧〕 例大男総身に知恵が回りかね, 知恵者, 知恵の輪, 知恵歯, 知恵袋
**チエくらべ 知恵比べ** 例知恵比べをする
**チエン 地縁** 例地縁団体 対血縁
**チエン 遅延** 例列車の遅延
**チカ 地下** 例地下の母, 地下運動;地下資源, 地下室, 地下水, 地下鉄, 地下道　対地上
**ちかい 近い²** キン　431
例学校に近い, 夏休みが近い, 目が近い, 近い親類, 近いうちに参ります　対遠い
**ちかい 誓い** 例誓いを立てる, 誓いの言葉, 誓い文 類誓約, 約束
**ちがい 違い** 例計算の違い, 違い棚, 思い違い, 考え違い
**ちかいごと 誓い言** 例誓い言を述べる
**ちがいない ちがいない**, 違いない 例生きているにちがいない, 知っているにちがいない
**ちかう 誓う** セイ　1132
例神に誓う, 将来を誓う
**ちがう 違う** イ, ちがえる　34
例実力が違う, 性質が違う, 約束が違う, 字体が違う, 心がけが違う

**ちがえる 違える** イ, ちがう　34
例やり方を違える, 筋を違える
**ちかく 近く** 例家の近くにある川　対遠く;近く上京します
**ちかごろ 近頃**, 近ごろ 例近頃は毎日忙しい, 近頃の若い者は……
**ちかしい 近しい**〔親しい〕 例近しい友人 類親しい
**ちかぢか 近々**, 近々 例ちかぢか開業いたします, ちかぢか結婚する
**ちかづき 近づき**, 近付き 例近づきになる, 長い間の近づきだ, お近づきのしるし
**ちかづく 近づく**, 近付く 例船が陸に近づく, 期限が近づく, あの人は近づきやすい　対遠ざかる
**ちかづける 近づける**, 近付ける 例本に目を近づけて読む, 耳を近づける, 取り巻きを近づけない 対遠ざける
**ちかまわり 近回り**〔近廻り〕 例近回りして行く, 近回りの本屋 類近道, 近所 対遠回り
**ちかみち 近道** 例近道をする, 上達の近道
**ちかめ 近め**, 近目 例近めのボール 対遠め
**ちかよせる 近寄せる** 例いすを近寄せる, 顔を近寄せる
**ちかよる 近寄る** 例有力者に近寄る
**ちから 力**¹ リョク・リキ　2074
例力が強い, 力が湧く, 力を振り絞る, 力がこもる, 力が尽きる, 力を落とす, 力を合わせる, 他人の力になる, 力仕事
**ちからおとし 力落とし**〔力落し〕 例さぞお力落としのことでしょう 類落胆
**ちからくらべ 力比べ**〔力競べ〕

---
明朝体の右肩の数字は配当学年　末尾の数字は常用漢字表番号　（　）許容　類類義同意語　対反対対照語
関関連語　学学術用語

ちから―ちち

例力比べをする　例腕比べ

ちからこぶ　力こぶ〔力瘤〕　例力こぶを入れる

ちからずく　力ずく〔力尽く〕　例力ずくで奪う

ちからぞえ　力添え　例お力添えを感謝いたします　例援助

ちからだめし　力試し　例理科の力試し

ちからづく　力づく,力付く　例励まされて力づく　例元気づく

ちからづける　力づける,力付ける　例友人を力づける　例元気づける

ちからづよい　力強い　例力強い励ましの言葉

ちからまかせ　力任せ　例力任せに引っ張る

ちからまけ　力負け　例力負けする

ちからもち　力持ち　例縁の下の力持ち

チキ　知己　例年来の知己　例知人

ちぎり　契り　例契りを結ぶ,二世＜ニセ＞の契り

ちぎる　契る　ケイ　477
例来世＜ライセ＞を契る

ちぎる　ちぎる,千切る　例紙をちぎる；部下を褒めちぎる

ちぎれる　ちぎれる,千切れる
例電線がずたずたにちぎれる,冷たくて指がちぎれそうだ

チク　竹1　たけ　1366
例竹馬,竹林,爆竹　注＊竹刀＜しない＞

チク　畜　―　1367
例畜産,畜舎,畜類；家畜

チク　逐　―　1368
(1)追い払う・行方をくらます例逐電；駆逐,放逐
(2)順を追う・順々に例逐一,逐語,逐字,逐次
(3)互いに争う例角逐

チク　蓄　たくわえる　1369
例蓄音機,蓄財,蓄積,蓄電；貯蓄

チク　築5　きずく　1370
例築港,築城,築庭,築堤；建築,新築　注＊築山＜つきやま＞

チク　馳駆　例奔走,駆け回る

チクイチ　逐一　例逐一報告する
例順を追って,詳細に

チグウ　知遇〔知偶〕　例知遇を得る＜える＞

チクジ　逐次〔遂次〕　例逐次紹介します,逐次説明する　例順繰りに,順次

チクセキ　蓄積　例資本を蓄積する

チクノウショウ　蓄膿症

ちくび　乳首　例「ちちくび」とも言う。

チクワ　ちくわ,竹輪

ちけむり　血煙　例血煙をあげる

ちご　＊稚児

ちしお　血潮〔血汐〕　例若い血潮

チシキ　知識〔智識〕　例知識が深い,知識を広める,知識層,知識階級,知識欲

チシツ　知悉　例精通,熟知

チシャ　知者〔智者〕　例知者のみよくそれを知る

チズ　地図　例日本地図,白地図

ちすじ　血筋　例平家の血筋を引く,血筋がよい,血筋は争われない
例血統

チセイ　知性　例知性的な顔,知性美

チソウ　ちそう〔馳走〕　例ごちそうになる,ごちそうする,ごちそうさま

チタイ　遅滞　例事務処理が遅滞する,遅滞なく

ちち　乳6　ニュウ,ち　1585
例乳をまさぐる,牛の乳,乳臭い,乳首,乳離れ

ちち　父2　フ　1738
例父上,父親；近代医学の父　例母

○改定追加漢字　●改定追加音訓　□改定削除漢字　■改定削除音訓　〔　〕参考表記　〈△表外漢字
▲表外音訓　×誤用　当て字当て字〕

注 ＊父＜とう＞さん

ちちかむ　ちぢかむ，縮かむ　例寒さに手足の指先がちぢかむ

ちちくさい　乳臭い，乳くさい
例乳臭い着物；乳くさい意見

ちちこまる　ちぢこまる，縮こまる
例猫がこたつの上にちぢこまっている

ちちに　ちぢに，千々に　例心がちぢに乱れる

ちちまる　縮まる⁶　シュク，ちぢむ・ちぢめる・ちぢれる・ちぢらす　923
例寿命が縮まる思い

ちぢみ　縮み（縮）　例縮みの着物；小千谷縮

ちぢみあがる　縮み上がる　例どなられて縮み上がる

ちぢむ　縮む⁶　シュク，ちぢまる・ちぢめる・ちぢれる・ちぢらす　923
例袖が縮む，寿命が縮む思い　対伸びる，延びる

ちぢめる　縮める⁶　シュク，ちぢむ・ちぢまる・ちぢれる・ちぢらす　923
例距離を縮める，寿命を縮める，首を縮める

ちぢらす　縮らす⁶　シュク，ちぢむ・ちぢまる・ちぢめる・ちぢれる　923
例髪の毛を縮らす

ちぢれげ　縮れ毛

ちぢれる　縮れる⁶　シュク，ちぢむ・ちぢまる・ちぢめる・ちぢらす　923
例髪が縮れる

チツ　秩　―　1371
例秩序

チツ　窒　―　1372

例窒素，窒息

チッキョ　蟄居　例蟄居する　類閉居

チツジョ　秩序　例秩序立てて話す，秩序を保つ，安寧秩序

チッソ　窒素　例窒素肥料

チッソク　窒息　例窒息状態，窒息死

ちつづき　血続き　例血続きの間柄
類血縁，親類

ちっと　ちっと［些と］　例ちっとは懲りるだろう，ちっとしか残っていない；ちっとやそっとでは効き目がない　類少し，ちょっと，ちと，僅かばかり　注俗語

ちっとも　ちっとも［些とも］　例ちっとも知らなかった，ちっともじっとしていない　類少しも　注俗語

ちどめ　血止め　例血止めの薬，血止め草

ちなまぐさい　血なまぐさい〔血腥い〕
例血なまぐさい事件

ちなみに　ちなみに［因みに］　例ちなみに今までの例を挙げると……
類ついでに

ちなむ　ちなむ［因む］　例創業70年にちなんだ行事　類たよる，つながる

チノウ　知能［智能］　例知能検査，知能指数，知能程度，知能犯

ちのケ　血の気　例顔から血の気が引く，血の気の多い若者

ちのみご　乳飲み子〔乳呑児〕　例乳飲み子を抱えて働きに出る

ちのめぐり　血の巡り　例血の巡りが悪い

ちばしる　血走る　例血走った目

ちばなれ　乳離れ　例乳離れの遅い子
注「ちちばなれ」とも言う。

チばらい　遅払い　例給料の遅払い

ちびる　ちびる［禿びる］　例ちびた筆，ちびた草履　類すり切れる

明朝体の右肩の数字は配当学年　末尾の数字は常用漢字表番号　（ ）許容　類類義同意語　対反対対照語
関関連語　学学術用語

| | |
|---|---|
| ちぶさ | 乳房 |
| チホウ | 地方 例地方の人，地方色豊かな芸能；地方自治，地方公務員，地方公共団体，地方事務所，地方裁判所，地方税，地方分権；新聞の地方版；関東地方 |
| チボウ | 知謀〔智謀〕例知謀をめぐらす |
| ちまた | ちまた〔巷〕例戦乱のちまた，ちまたの声，ちまたに降る雨 |
| ちまつり | 血祭り 例血祭りにあげる |
| ちまなこ | 血眼 例犯人を血眼になって捜す |
| ちまみれ | 血まみれ〔血塗れ〕例血まみれになってはいのぼる |
| ちまよう | 血迷う 例何を血迷ったか刀を振り回して走りだした |
| チミツ | 緻密 例緻密な計画，緻密な神経 類精密，綿密，細密 |
| チャ | 茶² サ 1373 例茶を入れる，茶にする，お茶を濁す，お茶をひく；茶屋，茶店，茶代，茶道〈チャドウ・サドウ〉，茶の湯，茶室，茶色；麦茶，粗茶，新茶，番茶，焦茶；茶話〈チャワ・サワ〉，茶番 |
| チャいれ | 茶入れ |
| チャうけ | 茶請け 例茶請けにようかんを出す |
| ちゃかす | ちゃかす〔茶化す当て字〕例真面目＜まじめ＞な話をちゃかす |
| チャカッショク | 茶褐色 |
| ちゃきちゃき | ちゃきちゃき 例ちゃきちゃきの江戸っ子；ちゃきちゃき者 類嫡々，正統 注俗語 |
| チャク | 着³ ジャク きる・きせる・つく・つける 1374 (1)着る・身につける 例着衣，着服，着用 (2)つく・つける・気がつく・心をつける 例着意，着眼，着工，着手，着色，着席，着想，着目；愛着＜アイチャク・アイジャク＞，決着，執着＜シュウチャク・シュウジャク＞，定着，土着，粘着，密着 (3)着く・到着する 例着任，着陸；安着，延着，帰着，先着，到着 (4)落ち着いている・ずうずうしい 例着実；横着，沈着 (5)洋服を数える言葉 例一着 |
| チャク | 嫡 — 1375 例嫡子，嫡出，嫡男，嫡流，廃嫡 対庶 |
| チャクガン | 着眼 例優れた着眼，着眼点 |
| チャクシュ | 着手 例建設に着手する |
| チャクする | 着する 対発する，脱する |
| チャクセキ | 着席 例着席する 類起立 |
| チャクソウ | 着想 例おもしろい着想 類アイディア |
| チャクチャク | 着々 例着々計画を進める，話は着々と進行している |
| チャクばらい | 着払い 例送料は着払い 対元払い |
| チャクフク | 着服〔着腹〕例会社の金を着服する |
| チャダンス | 茶だんす〔茶簞笥〕 |
| ちゃっかり | ちゃっかり 例ちゃっかりしている，ちゃっかりしたやつ，ちゃっかり屋 注俗語 |
| チャづけ | 茶漬け 例お茶漬けにして食べる，ほんの茶漬けです |
| チャッコウ | 着工 例工事に着工する，着工式 類起工 |
| チャつみ | 茶摘み 例茶摘み歌 |
| チャドウ | 茶道 類茶の湯 注「サドウ」とも言う。 |
| チャのみ | 茶飲み 例茶飲み友達，茶飲み話 |
| ちゃばなし | 茶話 類茶飲み話 |

○改定追加漢字　●改定追加音訓　□改定削除漢字　■改定削除音訓　〔 〕参考表記　〔△表外漢字
▲表外音訓　×誤用　当て字当て字〕

|  |  |  |  |
|---|---|---|---|
| ちゃめ | ちゃめ | 〔茶目 当て字〕 | |

例おちゃめな子，ちゃめっ気が多い

**チャや　茶屋**　例麓の茶屋，お茶屋，茶屋遊び，茶屋酒

**チャワン　茶碗**　例茶碗蒸し

**チユ　治癒**　例病気が治癒する　⑳回復，全治

**チュウ　中¹　ジュウ，なか**　1376
(1)真ん中・中ほど・内側・途中・偏らない　例中央，中学，中型，中間，中継，中堅，中元，中古，中興，中止，中軸，中心，中正，中世，中性，中絶，中断，中天，中等，中日，中年，中庸，中立，中略，中流，中和；意中，家中，海中，懐中，眼中，忌中，胸中，空中，心中，在中，車中，集中，暑中，掌中，途中，道中，喪中
(2)あたる　例中毒；的中，命中
(3)中華　例中国
注改定常用漢字表では「ジュウ」は1字下げ．

**チュウ　仲⁴　なか**　1377
例仲介，仲裁；伯仲

**チュウ　虫¹　むし**　1378
例虫害，虫垂；益虫，回虫，害虫，寄生虫，駆虫剤，甲虫，成虫，夜光虫，幼虫

**チュウ　沖⁴　おき**　1379
例沖積層，沖天，沖する

**チュウ　宙⁶　—**　1380
例宙に浮く，宙に迷う；宇宙

**チュウ　忠⁶　—**　1381
例忠義，忠勤，忠孝，忠告，忠実，忠臣，忠誠；不忠

**チュウ　抽　—**　1382
例抽出，抽象，抽選

**チュウ　注³　そそぐ**　〔註〕　1383
(1)さす・つぐ・一点に集める　例注意，注視，注射，注入，注目

(2)事を書き記す　例注進，注文；受注，発注
(3)意味を付ける・解き明かす　例注解，注記，注釈；脚注，頭注

**チュウ　昼²　ひる**　1384
例昼間，昼光，昼食，昼夜；白昼

**チュウ　柱³　はしら**　1385
例柱石；円柱，支柱，電柱，門柱

**チュウ　衷　—**　1386
例衷情，衷心；苦衷，折衷

**チュウ　酎　—**　1387
例焼酎

**チュウ　鋳　いる**　1388
例鋳金，鋳造，鋳鉄；改鋳，新鋳

**チュウ　駐**　1389
例駐在，駐車，駐日，駐留；進駐

**チュウイ　注意**　例注意を払う，注意を引く，注意深い，注意人物，注意力；要注意

**チュウオウ　中央**　例町の中央；中央アジア，中央アメリカ，中央官庁，中央集権

**チュウカ　中華**　例中華思想，中華そば，中華鍋，中華飯店，中華料理

**チュウカイ　注解**〔註解〕　例注解する，注解日本国憲法

**チュウがえり　宙返り**　例飛行機の宙返り　⑳とんぼ返り

**チュウカン　中間**　例中間搾取，中間子，中間小説，中間発表

**チュウカン　昼間**　例昼間部と夜間部の学生

**チュウキ　注記**〔註記〕　例注記する

**チュウギ　忠義**　例忠義を尽くす，忠義立てする，忠義顔　⑳忠節，忠誠

**チュウケイ　中継**〔仲継〕　例実況を中継する，中継放送

**チュウコク　忠告**〔注告〕　例忠告する，忠告を入れる

| | |
|---|---|
| チュウサイ　仲裁 | 例けんかの仲裁, 仲裁役 |
| チュウザイ　駐在 | 例海外に駐在する特派員, 村の駐在所, 駐在巡査 |
| チュウサン　昼餐 | 類昼食 |
| チュウシ　中止 | 例工事を中止する |
| チュウシ　注視 | 例注視の的<まと> 類注目 |
| チュウジツ　忠実 | 例任務に忠実である, 忠実な飼い犬 |
| チュウシャ　注射 | 例注射液, 注射器, 皮下注射, 予防注射 |
| チュウシャ　駐車 | 例駐車違反, 駐車禁止区域, 駐車場　類停車 |
| チュウシャク　注釈〔註釈〕 | 例源氏物語の注釈　類注解 |
| チュウシュウのメイゲツ　中秋の名月, 仲秋の名月, 中秋の明月 | |
| チュウショウ　中傷 | 例他人を中傷する |
| チュウショウ　抽象 | 例抽象的な観念, 抽象的な説明でよくわからない, 抽象画, 抽象芸術　対具象, 具体 |
| チュウショク　昼食 | 注「チュウジキ」とも言う。 |
| チュウシン　中心 | 例円の中心, 議題の中心, 中心人物, 中心地, 中心点 |
| チュウスウ　中枢 | 例会の中枢, 中枢神経 |
| チュウゼツ　中絶 | 例中絶する, 妊娠中絶 |
| チュウセン　抽選〔抽籤〕 | 例抽選する, 抽選券　類くじ引き |
| チュウタイ　紐帯 | 類連帯 |
| チュウダン　中断 | 例話が中断する, 仕事を中断して一服する |
| チュウチョ　ちゅうちょ〔躊躇〕 | 例決心をちゅうちょする　類ためらい |
| チュウト　中途 | 例勉強の中途, 中途半端な態度　類途中 |
| チュウトン　駐屯 | 例駐屯する, 駐屯部隊　類駐留, 駐在 |
| チュウフク　中腹 | 例山の中腹　類山腹 |
| チュウぶらりん　宙ぶらりん | 例考え方が宙ぶらりんだ　類どっちつかず |
| チュウボウ　厨房 | 類台所, 調理室 |
| チュウミツ　稠密 | 例人口が稠密である　類密集, 周密 |
| チュウモク　注目 | 例注目の的になる, 注目を引く, 注目を浴びる　類注視 |
| チュウモン　注文〔註文〕 | 例そばを注文する, 注文をつける, 注文流れ, 注文書 |
| チュウヤ　昼夜 | 例昼夜兼行, 昼夜を分かたず, 昼夜をおかず, 昼夜帯<おび>　類日夜 |
| チュウヨウ　中庸 | 例中庸の道, 中庸を得る |
| チュウリツ　中立 | 例中立の立場, 中立国, 中立地帯, 中立派 |
| チュウリュウ　中流 | 例川の中流, 中流階級, 中流家庭　対上流, 下流 |
| チョ　緒　ショ, お | 950 例情緒<ジョウチョ・ジョウショ> |
| チョ　著⁶　あらわす・いちじるしい | 1390 (1)著す　例著作, 著者, 著述, 著書；共著 (2)著しい　例著大, 著名；顕著 |
| チョ　貯⁵　— | 1391 例貯金, 貯水, 貯蔵, 貯炭, 貯蓄 |
| チョウ　重³　ジュウ, え・おもい・かさねる・かさなる | 912 例重複；貴重, 自重, 慎重, 荘重, 尊重, 珍重, 丁重, 偏重　対軽 |
| チョウ　丁²　テイ | 1392 例丁か半か；符丁, 落丁；一丁目 |
| チョウ　弔　とむらう | 1393 |

○改定追加漢字　●改定追加音訓　□改定削除漢字　■改定削除音訓　〔　〕参考表記　〔△表外漢字
▲表外音訓　×誤り　当て字　当て字〕

|例|弔意,弔辞,弔電,弔文,弔問;慶弔

**チョウ 庁**[6] — 1394
|例|庁舎;官庁,県庁,退庁

**チョウ 兆**[4] きざす・きざし 1395
|例|兆候;吉兆,前兆;1兆円

**チョウ 町**[1] まち 1396
|例|町会,町政,町勢,町税,町村,町長,町内,町人,町民;市町村,〜町

**チョウ 長**[2] ながい 1397
(1)かしら・おさ・長|例|長官;院長,駅長,園長,課長,会長,学長,艦長,議長,局長,校長,市長,社長,所長,署長,船長,総長,村長,隊長,団長,部長
(2)目上・年上・年長|例|長兄,長子,長者,長女,長上,長男,長老;年長
(3)長い・長い距離・長い期間・長さ|例|長音,長期,長駆,長時間,長寿,長身,長足,長編;身長,波長
⇔短
(4)延ばす・延びる|例|延長
(5)まさっている・優れている|例|長所,長ण
(6)育つ・育てる・盛んになる|例|助長,消長,生長,成長

**チョウ 挑** いどむ 1398
|例|挑戦,挑発

**チョウ 帳**[3] — 1399
(1)幕|例|帳幕;開帳
(2)書くもの・勘定を書くもの・ノート|例|帳場,帳簿,帳面;台帳,通帳,手帳,日記帳,宿帳
|注|*蚊帳<かや>

**チョウ 張**[5] はる 1400
|例|張本人,張力;拡張,緊張,誇張,主張,出張,伸張

**チョウ 彫** ほる 1401
|例|彫金,彫刻,彫塑,彫像;木彫

**チョウ 眺** ながめる 1402
|例|眺望,眺覧

**チョウ 釣** つる 1403
|例|釣果,釣魚,釣艇

**チョウ 頂**[6] いただく・いただき 1404
|例|頂上,頂点;絶頂,登頂

**チョウ 鳥**[2] とり 1405
|例|鳥銃,鳥獣,鳥類;愛鳥,益鳥,花鳥,害鳥,白鳥,野鳥,雷鳥

**チョウ 朝**[2] あさ 1406
(1)朝|例|朝会,朝刊,朝食,朝夕<チョウセキ>,朝礼;一朝,早朝,明朝,翌朝 ⇔夕,晩
(2)朝廷・政府|例|朝廷,朝敵,朝野;王朝,南北朝
|注|*今朝<けさ>

**チョウ 脹** —
|例|膨脹

**チョウ 貼** はる 1407
|例|貼付<チョウフ・テンプ>

**チョウ 超** こえる・こす 1408
|例|超越,超過,超人,超絶,超然;入超

**チョウ 腸**[6] — 1409
|例|腸炎,腸壁;胃腸,十二指腸,小腸,大腸,直腸;断腸の思い

**チョウ 跳** はねる・とぶ 1410
|例|跳躍

**チョウ 徴** — 1411
(1)徴する・求める・呼び出す|例|徴収,徴集,徴税,徴発,徴兵,徴用;追徴
(2)兆し・しるし|例|徴候;象徴,特徴

**チョウ 嘲** あざける 1412
|例|嘲笑,嘲弄<チョウロウ>;自嘲

**チョウ 潮**[6] しお 1413
(1)潮・潮の満ち干|例|潮流;干潮,満潮
(2)移り変わり・傾向|例|思潮,風潮
(3)帯びる|例|紅潮

**チョウ 澄** すむ・すます 1414
|例|澄明;清澄

明朝体の右肩の数字は配当学年　末尾の数字は常用漢字表番号　( )許容　㊥類義同意語　⇔反対対照語
㊙関連語　㊪学術用語

| | |
|---|---|
| **チョウ　調**³　しらべる・ととのう・ととのえる　1415<br>(1)調べる 例調査, 調書<br>(2)整う・整える・調和がとれる 例調印, 調合, 調剤, 調製, 調整, 調節, 調達, 調停, 調度, 調味料, 調理, 調練, 調和；快調, 基調, 協調, 強調, 口調, 好調, 順調, 情調, 新調, 低調, 同調, 不調, 歩調<br>(3)調べ・調子・リズム 例調子；哀調, 音調, 語調, 五七調, 色調, 七五調, 単調, 変調 | **チョウコク　彫刻**　例彫刻する, 彫刻家 |
| | **チョウサ　調査**　例出火の原因を調査する, 国勢調査, 世論調査 |
| | **チョウシ　調子**　例調子は上々だ, エンジンの調子, 体の調子が悪い, 調子に乗る, 調子を合わせる, 調子のいいやつだ, 調子づく, 調子外れの歌, お調子者<もの> |
| | **チョウシ　ちょうし**〔銚子〕　例ちょうしでかんをする |
| | **チョウジ　弔辞**　例弔辞を述べる<br>類弔詞　対祝辞 |
| **チョウ　聴**　きく　1416<br>例聴音機, 聴覚, 聴講, 聴視, 聴取, 聴衆, 聴診, 聴力；謹聴, 傾聴, 視聴, 傍聴 | **チョウジ　寵児**　例時代の寵児　類人気者, 花形, はやりっ子 |
| | **チョウシュ　聴取**　例ラジオの聴取, 聴取者, 聴取料 |
| **チョウ　懲**　こりる・こらす・こらしめる　1417<br>例懲悪, 懲役, 懲戒, 懲罰 | **チョウシュウ　徴収**　例住民税を徴収する |
| **チョウ　ちょう**〔蝶〕 | **チョウシュウ　聴衆**〔聴集〕　例音楽会の聴衆 |
| **チョウアイ　寵愛**　例寵愛を受ける, 寵愛する　類熱愛 | **チョウショウ　嘲笑**　例嘲笑の的となる, 嘲笑する　類冷笑, あざ笑い |
| **チョウイン　調印**　例条約に調印する, 調印式 | **チョウじり　帳尻**, 帳じり　例帳尻を合わせる |
| **チョウエツ　超越**　例世俗を超越する | **ちょうず　ちょうず**〔手水〕　例ちょうずに行く, ちょうず場, ちょうず鉢　類手洗い |
| **チョウカ　釣果**　例釣果を自慢し合う | |
| **チョウカ　超過**　例予算を超過する, 超過供出, 超過勤務 | **チョウずる　長ずる**　例長じて学者となる, 武芸に長ずる　注「長じる」とも言う。 |
| **チョウカン　鳥瞰**　例鳥瞰する, 鳥瞰図　見下ろす | |
| **チョウカン　朝刊**　例朝刊を配達する　対夕刊 | **チョウセイ　長逝**　例長逝する　類永眠 |
| **チョウけし　帳消し**　例貸し借りを帳消しにする | **チョウセイ　調製**　例調製する　類作成 |
| **チョウコウ　兆候, 徴候**　例嵐の兆候, なんの兆候も見られない　類兆し | **チョウセイ　調整**　例意見を調整する, 機械を調整する |
| **チョウゴウ　調合**　例薬品を調合する | **チョウゼイ　徴税**　例徴税令書　対納税 |
| **チョウコウゼツ　長広舌**〔長講舌, 長口説〕　例長広舌をふるう | **チョウセツ　調節**　例テレビを調節する |

○改定追加漢字　●改定追加音訓　□改定削除漢字　■改定削除音訓　〔　〕参考表記　〔△表外漢字　▲表外音訓　×誤用　用て字当て字〕

- **チョウセン　挑戦**　例選手権保持者に挑戦する，挑戦的な態度
- **チョウゼン　超然**　例超然とした態度
- **チョウダイ　頂戴**，ちょうだい
  例頂戴物；お菓子をちょうだい，貸してちょうだい
- **チョウダのレツ　長蛇の列**
- **チョウチョウ　ちょうちょう**〔蝶々〕
- **チョウチン　ちょうちん**〔提灯〕
  例ちょうちんを持つ，ちょうちん持ち，ちょうちんに釣り鐘
- **チョウつがい　ちょうつがい**〔蝶番〕
  例戸のちょうつがい
- **チョウづけ　帳付け**（帳付）　例商品の帳付け　注「チョウつけ」とも言う。
- **チョウづめ　腸詰め**（腸詰）　例ぶたの腸詰め；ソーセージ
- **チョウテイ　調停**　例紛争の調停，調停にかける，調停委員
- **チョウテン　頂点**　例三角形の頂点，人気の頂点にいる歌手
- **チョウド**副　**ちょうど**，丁度
  例ちょうどよかった，ちょうど8時だ，ちょうど800円になる
- **チョウば　帳場**　例旅館の帳場，貴重品を帳場に預ける
- **チョウハツ　挑発**　例挑発する，挑発的な態度
- **チョウバツ　懲罰**　例懲罰委員会
- **チョウフク　重複**〔重復〕　例意味が重複する　注「ジュウフク」とも言う。
- **チョウヘイ　徴兵**　例徴兵忌避
- **チョウヘン　長編**〔長篇〕　例長編小説　対短編
- **チョウボ　帳簿**　例帳簿に記入する
- **チョウホウ　諜報**　例諜報活動，諜報機関　類情報，秘密情報
- **チョウホウ　重宝**，重法　例重宝な人，器用なので重宝がられる，重宝している　注「家代々の重宝〈ジュウホウ〉」は別。
- **チョウボウ　眺望**　例眺望が開ける　類見晴らし，展望，眺め
- **チョウむすび　ちょう結び**〔蝶結び〕
  例ちょう結びのネクタイ
- **チョウモンカイ　聴聞会**〔聴問会〕
- **チョウヤク　跳躍**　例跳躍競技
- **チョウラク　凋落**　例凋落する，凋落の憂き目を見る　類衰微，没落
- **チョウリ　調理**　例肉を調理する，調理師，調理場，調理人
- **チョウリョウ　跳梁**　例盗賊が跳梁する　類横行，のさばりはびこる
- **チョウレイボカイ　朝令暮改**　類朝改暮変
- **チョウロウ　長老**　例財界の長老
- **チョウロウ　嘲弄**　例嘲弄する，嘲弄の的となる
- **チョウワ　調和**　例色の調和，壁と家具がほどよく調和している
- **ちよがみ　千代紙**　例千代紙を折る
- **チョキン　貯金**　例貯金通帳，郵便貯金　類預金
- **チョク　直**² ジキ，ただちに・なおす・なおる　1418
  (1)まっすぐである・曲がっていない
  例直角，直球，直径，直線，直立；曲直，垂直　対曲
  (2)正ís・一本気例直情；愚直，強直，実直，率直
  (3)直ちに・直接・そのとおり例直営，直後，直結，直射，直叙，直接，直送，直答；単刀直入
  (4)値段・価格例安直
  (5)番をする例宿直，当直，日直
- **チョク　勅**　—　1419
  例勅語，勅使，勅答，勅命；詔勅
- **チョク　捗**　—　1420

例進捗

チョクセツ **直接** 例直接話す，直接渡す，直接の原因，直接交渉，直接行動，直接税，直接選挙，直接話法 対間接

チョクセン **直線** 例直線距離 対曲線

チョクメン **直面** 例危機に直面する

チョクヤク **直訳** 例英文を直訳する 対意訳

ちょこなんと **ちょこなんと** 例いすにちょこなんと座る 類ちょこんと 注俗語

チョサク **著作** 例著作家，著作権，著作者，著作物

チョシャ **著者** 例小説の著者 類著作者，著述者

チョジュツ **著述** 例著述する，著述業 類著作

チョショ **著書**

チョスイチ **貯水池**〔貯水地〕

チョゾウ **貯蔵** 例野菜を貯蔵する，貯蔵庫

チョッカ **直下** 例急転直下，赤道直下

チョッカツ **直轄** 例直轄事業，幕府の直轄地

チョッカン **直観** 例直観する，直観的

チョッケイ **直径**〔直経〕 例直径20センチメートルの円 類半径

ちょっと **ちょっと**〔一寸，鳥渡〕当て字 例ちょっと疲れた，ちょっと足りない，ちょっとはできる，ちょっと寄らないか，ちょっと難しい；ちょっと見はきれいだ

ちょっぴり **ちょっぴり** 例ちょっぴり短い 類少し，ちょっと 注俗語

チョトツ **猪突** 例猪突猛進，猪突の勢 類無鉄砲，向こう見ず

ちょろい **ちょろい** 例それぐらいのことはちょろい，ちょろいやつ 注俗語

ちょんぎる **ちょん切る** 例首をちょん切る 注俗語

ちょんまげ **ちょんまげ**〔丁髷〕 例ちょんまげを結う

ちらかす **散らかす**4 サン，ちる・ちらす・ちらかる 752 例部屋を散らかす

ちらかる **散らかる**4 サン，ちる・ちらす・ちらかす 752 例紙が散らかる

ちらし **散らし** 例散らし模様 注散らし書き，散らしずし；ちらし広告

ちらしがき **散らし書き** 例色紙に散らし書きをする

ちらしがみ **散らし髪** 例湯上がりの散らし髪

ちらす **散らす**4 サン，ちる・ちらかす・ちらかる 752 例火花を散らす，痛みを散らす，け散らす

ちらつく **ちらつく** 例雪がちらつく，面影がちらつく

ちらばる **散らばる** 例集まった人々が散らばる，紙が散らばる

ちらほら **ちらほら** 例桜がちらほら咲き始める，うわさにちらほら上る

チリ **地理** 例町の地理に明るい，自然地理学，人文地理学

ちりがみ **ちり紙**〔塵紙〕 注「ちりシ」とも言う。

ちりぢり **ちりぢり，散り散り** 例一家がちりぢりになる，ちりぢりばらばら

ちりとり **ちり取り**（ちり取）〔塵取〕 類ごみ取り

ちりばめる **ちりばめる**〔鏤める〕 例宝石をちりばめる

---

○改定追加漢字　●改定追加音訓　□改定削除漢字　■改定削除音訓　〔 〕参考表記　〔△表外漢字　▲表外音訓　×誤用　当て字]当て字〕

**ちりメン　ちりめん**〔縮緬〕[例]ちりめんの風呂敷，ちりめんじわ，ちりめんじゃこ
**ちる　散る**[4]　サン，ち**らす**・ち**らかす**・ち**らかる**　752
[例]花が散る，人が散る，気が散る，太平洋に散った英霊
**チン　沈**　しず**む**・しず**める**　1421
(1)沈む・沈める・滞る[例]沈降，沈滞，沈没；撃沈，浮沈
(2)悲しみに沈む・思いに沈む・すっかり[例]沈痛，沈黙；消沈
(3)落ち着いている[例]沈思，沈静，沈着，沈勇
**チン　珍**　めずら**しい**　1422
[例]珍奇，珍技，珍客，珍事，珍談，珍重，珍品，珍味，珍妙
**チン　朕**　―　1423
**チン　陳**　―　1424
(1)並べて見せる[例]陳列；出陳
(2)述べる[例]陳謝，陳述，陳情；開陳
(3)古い・古くさい[例]陳腐；新陳代謝
**チン　賃**[6]　―　1425
[例]賃金，賃貸；運賃，木賃宿，工賃，手間賃，船賃，無賃，家賃，宿賃
**チン　鎮**　しず**める**・しず**まる**　1426
[例]鎮圧，鎮火，鎮座，鎮守，鎮静，鎮痛，鎮痛剤；重鎮
**チンアツ　鎮圧**　[例]暴動を鎮圧する
**チンカ　沈下**　[例]地盤が沈下する
**チンがし　賃貸し**　[例]賃貸しの自転車 [対]賃借り
**チンがり　賃借り**　[対]賃貸し
**チンギン　賃金**，賃銀　[例]賃金を支払う
**チンシ　沈思**　[例]沈思黙考
**チンジ　珍事**〔椿事〕[例]真夏の珍事，珍事が起きる
**チンシャ　陳謝**　[例]失態を陳謝する [類]謝る，わびる
**チンジュツ　陳述**　[例]証人の陳述，陳述書
**チンセイ　鎮静**　[例]鎮静剤
**チンチャク　沈着**〔鎮着〕[例]沈着な行動
**チンツウ　沈痛**　[例]沈痛な面持ち
**チンデン　沈殿**，ちんでん〔沈澱〕[例]沈殿物 [学]沈殿
**チンデンチ　沈殿池**，ちんでん池〔沈澱池〕[注]法令では「ちんでん池」。
**チンニュウ　闖入**　[類]侵入，乱入
**チンブ　鎮撫**　[例]反乱軍を鎮撫する [類]鎮圧
**チンモク　沈黙**　[例]沈黙を守る，沈黙を破る
**チンレツ　陳列**　[例]商品を陳列する，陳列棚，陳列窓

## 〔ツ・つ〕

ツ　**通**[2]　ツウ，とお**る**・とお**す**・かよ**う**　1430
[例]通夜<ツヤ>
**ツ　都**[3]　ト，みやこ　1489
[例]都合；好都合，不都合
**つ　津**　シン　1050
[例]津波
**ツイ　対**[3]　タイ　1294
[例]対のびょうぶ；対句；一対，好一対
**ツイ　追**[3]　お**う**　1427
[例]追憶，追加，追及，追求，追究，追撃，追試験，追従，追随，追跡，追想，追徴，追悼，追突，追放；訴追
**ツイ　椎**　―　1428
[例]椎間板；脊椎<セキツイ>
**ツイ　墜**　―　1429
[例]墜死，墜落；撃墜，失墜
**つい　つい**　[例]つい忘れてしまった，つ

明朝体の右肩の数字は配当学年　末尾の数字は常用漢字表番号　(　)許容　[類]類義同意語　[対]反対対照語　[関]関連語　[学]学術用語

つ

い遅くなった，ついさっき出かけた
**ついえ** 費え 類費用，出費
**ついえる** 費える⁵ ヒ，ついやす
1699
例人員が費える，月日が費える
**ついえる** ついえる〔潰える〕 例敵陣がついえる；夢がついえる
**ツイオク** 追憶 例追憶にふける 類追想
**ツイカ** 追加 例二人前追加する，追加予算
**ツイキュウ** 追及 例責任を追及する
**ツイキュウ** 追求 例利潤の追求
**ツイキュウ** 追究 例真理の追究
**ツイショウ** 追従 例追従を言う，お追従笑い 類つらい，おべっか 注「ツイジュウ」（追従）は別語。
**ツイセキ** 追跡 例犯人を追跡する
**ツイゼン** 追善 例追善供養
**ついぞ** ついぞ〔終ぞ〕 例ついぞ見かけない人
**ついたち** ＊一日〔朔日，朔 当て字〕 対みそか
**ついたて** ついたて〔衝立て〕 例ついたてで仕切りをする
**ついて** ……(に)ついて，……(に)就いて 例宗教について話す，1個について10円の手数料 注法令・公用文では仮名書き。
**ついで** 次いで 例式に次いで宴会に移る
**ついで** ついで〔序で〕 例ついでがあったら行ってくる
**ついでに** ついでに〔序でに〕 例ついでに友人の家に寄る
**ついては** ついては，就いては 例ついては明日の午後伺う；そのことについてはよく知らない 注法令・公用文では仮名書き。

**ついに** ついに〔遂に，終に〕 例ついに完成する；そのようなことはついに知らされなかった
**ついばむ** ついばむ〔啄む〕 例鳥が餌をついばむ
**ツイホウ** 追放 例公職から追放する，海外追放
**ついやす** 費やす⁵ ヒ，ついえる
1699
例大金を費やす，時間を費やす，精力を費やす
**ツウ** 通² ッ，とおる・とおす・かよう
1430
例通を失う，その道の通だ；通運，通貨，通過，通学，通気，通動，通行，通告，通算，通称，通商，通常，通信，通説，通俗，通達，通知，通帳，通読，通念，通報，通訳，通用，通路，通話；開通，貫通，共通，交通，精通，疎通，直通，内通，不通，普通，文通，融通
**ツウ** 痛⁶ いたい・いたむ・いためる
1431
(1)体の痛み 例痛覚；苦痛，激痛，神経痛，頭痛，鎮痛剤，鈍痛，腹痛
(2)心の痛み 例痛嘆；心痛，悲痛
(3)程度の激しいこと・大いに・非常に 例痛飲，痛快，痛烈，痛論
**ツウカ** 通貨 例通貨膨張（脹）
**ツウカ** 通過 例台風が通過する，予算案が通過する，通過列車
**ツウカイ** 痛快 例痛快な冒険小説
**ツウガク** 通学 例通学証明，通学生
**ツウキン** 通勤 例通勤者，通勤証明，通勤手当 対住み込み
**ツウショウ** 通交 例通交条約
**ツウコウどめ** 通行止(通行止) 例工事中につき通行止にする
**ツウコク** 通告 例立ち退きを通告する

**ツウコン　痛恨**　[例]痛恨のエラー
**ツウじ　通じ**　[例]下水管の通じをよくする；通じがない　[類]便通
**ツウショウ　通商**　[例]通商条約
**ツウじる　通じる**　[例]北へ通じる道，バスが通じる，言葉が通じる，敵と通じる　[注]「通ずる」とも言う。
**ツウシン　通信**　[例]通信員，通信機関，通信教育，通信社，通信簿，通信網
**ツウセツ　痛切**　[例]実力のなさを痛切に感じる
**ツウゾク　通俗**　[例]通俗的な映画，通俗文学　[対]高尚
**ツウタツ　通達**　[例]通達を発する
**ツウチ　通知**　[例]通知する，通知簿
**ツウチョウ　通帳**　[例]預金通帳
**ツウチョウ　通牒**　[類]通告，通達
**ツウヨウ　痛痒**　[例]痛痒を感じない
**つえ　つえ**〔杖〕　[例]つえを突く，心のつえ，つえとも柱とも頼む
**つか**　塚　―　1432
[例]一里塚，貝塚
**つかい　使い**，遣い　[例]使いでのあるせっけん，使い手，使い水，使いみち，使い物；使いに行く，使いの者，使い番
**つがい　つがい**〔番〕　[例]雌雄つがいのめじろ，ドアのつがい目
**つかいかた　使い方**　[例]計算尺の使い方
**つかいこなす　使いこなす**　[例]部下を使いこなす，辞書を使いこなす
**つかいこみ　使い込み**(使込み)，遣い込み(遣込み)　[例]公金の使い込みがばれる
**つかいこむ　使い込む**(使込む)，遣い込む(遣込む)　[例]公金を使い込む
**つかいて　使い手**，遣い手　[例]やりの使い手，なかなかの使い手
**つかいならす　使い慣らす**　[例]使い慣らした電卓
**つかいなれる　使い慣れる**　[例]使い慣れたミシン
**つかいはたす　使い果たす**(使い果す)　[例]旅費を使い果たす
**つかいみち　使いみち**〔使い途〕　[例]使いみちがない人，忙しくて金の使いみちがない
**つかう**　遣う　ケン，**つかわす**　535
[例]気を遣う，心遣い，仮名遣い
**つかう**　使う[3]　シ　777
[例]ペンを使う，人を使う，弁当を使う，湯を使う
**つかえる**　仕える[3]　シ・ジ　764
[例]主人に仕える，宮中に仕える
**つかえる　つかえる**〔閊える，痞える〕　[例]戸がつかえて開かない，先がつかえる，胸がつかえる　[注]「さしつかえる」は「差し支える」と書く。
**つがえる　つがえる**〔番える〕　[例]大小をつがえる，矢をつがえる
**つかさどる　つかさどる**〔司る，掌る〕　[例]営業部門をつかさどる
**づかし　尽かし**　[例]愛想尽かし
**つかす**　尽かす　ジン，**つくす・つきる**　1073
[例]愛想を尽かす
**つかずはなれず　つかず離れず**〔即かず離れず〕　[例]つかず離れずの態度
**つかのま　つかの間**〔束の間〕　[例]つかの間の命，つかの間の喜び
**つかまえる**　捕まえる　ホ，**とらえる・とらわれる・とる・つかまる**　〔捉える，摑える〕　1820
[例]うさぎを捕まえる，犯人を捕まえる
**つかまる**　捕まる　ホ，**とらえる・とらわれる・とる・つかまえる**〔捉まる，摑まる〕　1820
[例]犯人が捕まる，追っ手に捕まる；

枝につかまる，柱につかまる
**づかみ　づかみ**〔摑み〕例わしづかみにする，大づかみ，手づかみ
**つかみあい　つかみ合い**〔摑み合い〕例つかみ合いのけんか 親取っ組み合い
**つかみあう　つかみ合う**〔摑み合う〕例つかみ合ってけんかをする 親取っ組み合う，組み討ちする
**つかむ　つかむ**〔摑む〕例襟をつかむ，証拠をつかむ，幸運をつかむ，雲をつかむような話
<u>つからす</u>　疲らす　ヒ，つかれる　1694
例神経を疲らす 親疲れさせる
**つかる　漬かる　つける**〔浸る〕1433
例水に漬かる，大根がよく漬かる
**つかれ　疲れ**　例急に疲れが出る，仕事の疲れ
**つかれる　疲れる**　ヒ，<u>つからす</u>　1694
例頭が疲れる；疲れた洋服
**つかれる　つかれる**〔憑かれる〕例物の気につかれる
**つかわす　遣わす　ケン，つかう**　535
例褒美を遣わす，使者を遣わす；見せてつかわそう（注文語的）
**つき　月¹　ゲツ・ガツ**　513
例月見，月夜，三日月，夕月；月とすっぽん，月にむら雲花に風；月に300円の会費，新聞を月ぎめで取る，月日，毎月
**つき　突き**　例鋭い突き
**つき　付き**〔附き〕例お付きの人，付きの悪いマッチ；つきがない，つきが回ってくる
**つき　〜付き（〜付）**　例社長付きの秘書，保証付き，景品付き；顔つき，手つき，目つき
**つき　……つき，……付き，就き**　例昨日の件につき，雨天につき中止，1個につき100円
**つき　つき**〔搗き〕例七分づきの米
**つぎ　次³　ジ・シ，つぐ**　809
例次の人，次の時間，次の番，次の日；東海道五十三次
**つぎ　継ぎ**　例継ぎの当たったズボン，継ぎめ，継ぎざお；跡継ぎ
**つきあい　つきあい，付き合い**〔交際〕[当て字]例長年のつきあい，近所づきあい，親類づきあい，つきあいづらい　親交際
**つきあう　つきあう，付き合う**　例人とつきあう，映画をつきあう
**つきあげる　突き上げる**（突上げる）例拳を突き上げる
**つきあたり　突き当たり**（突当り）例路地の突き当たりの家
**つきあたる　突き当たる**（突当る）例壁に突き当たる，路地に突き当たって左に曲がる
**つきあわす　突き合わす**（突合す）例顔を突き合わすのも嫌だ，原本と写本を突き合わす
**つぎあわす　継ぎ合わす**（継ぎ合す）
**つきあわせる　突き合わせる**（突合せる）例膝を突き合わせて語る，書類を突き合わせる
**つぎあわせる　継ぎ合わせる**（継ぎ合せる）例切れを継ぎ合わせる
**つきおくれ　月遅れ，月後れ**　例月遅れの雑誌
**つきおとす　突き落とす**（突落す）例奈落＜ナラク＞の底へ突き落とす
**つきがけ　月掛け（月掛）**　例月掛けをしている，家の月掛け 親日掛け

○改定追加漢字　●改定追加音調　□改定削除漢字　■改定削除音調　〔　〕参考表記　〔△表外字　▲表外音調　×誤用　当て字当て字〕

| | |
|---|---|
| つきがけチョキン　月掛け貯金(月掛貯金)　⑩日掛け貯金 | つぎて　継手(継手),接ぎ手(接手) |
| つぎき　接ぎ木　例接ぎ木をする | つきとおす　突き通す(突通す)　例ピンを突き通す |
| つきぎめ　月ぎめ〔月極め〕　例月ぎめの読者,月ぎめの駐車場 | つきとおる　突き通る(突通る)　例弾丸が突き通る |
| つききり　付ききり,付き切り　例付ききりで看病する　注「つきっきり」とも言う。 | つきとばす　突き飛ばす(突飛ばす)　例力まかせに突き飛ばす |
| つきごと　月ごと〔月毎〕　例月ごとに1,000円の赤字である | つきとめる　突き止める(突止める)　例原因を突き止める,犯人の本拠を突き止める |
| つぎこむ　つぎ込む〔注ぎ込む〕　例多額の資本をつぎ込む | つきなみ　月並み(月並)〔月次〕　例月並みの会;月並みなデザイン |
| つきころす　突き殺す(突殺す)　例角で突き殺す | つぎに　副次に　例次に御紹介するかたは…… |
| つきさす　突き刺す(突刺す)　例針を突き刺す | つきぬける　突き抜ける(突抜ける)　例畳を突き抜ける,路地を突き抜けて大通りに出る |
| つきそい　付き添い(付添い)　例付き添いの看護師 | つきのける　突きのける〔突き除ける〕　例人を突きのけて進む |
| つきそいニン　付き添い人(付添い人)(付添人) | つきはじめ　月初め　例5月の月初め |
| つきそう　付き添う(付添う)　例病人に付き添う,子どもに付き添う | つきはてる　尽き果てる(尽果てる)　例精根が尽き果てる |
| つぎたし　継ぎ足し(継足し) | つきはなす　突き放す(突放す)　例要求を突き放す,親にも突き放される |
| つきだす　突き出す(突出す)　例布団から足を突き出す,土俵の外へ突き出す,すりを警察へ突き出す | つきばらい　月払い(月払)　例月払いの自動車 |
| つぎたす　継ぎ足す(継足す)　例机の足を継ぎ足す | つきひ　月日　例月日がたつ |
| つきたらず　月足らず　例月足らずで生まれる,月足らずの子 | つきまとう　つきまとう〔付き纏う,附き纏う〕　例子が母親につきまとう,不幸が一生つきまとう |
| つきづき　月々　⑩毎月,各月,月ごと | つきみ　月見　例月見の会;月見草;月見うどん |
| つぎつぎに　次々に　例次々に問題が生じる,次々に並ぶ | つぎめ　継ぎ目(継目)　例レールの継ぎ目,板の継ぎ目;家業の継ぎ目　⑩跡継ぎ |
| つきつける　突き付ける(突付ける)　例動かぬ証拠を突き付ける,絶縁状を突き付ける | つきもの　付き物〔附き物〕　例梅にうぐいすは付き物だ |
| つきつめる　突き詰める(突詰める)　例原因を突き詰める,突き詰めて考える | つきやぶる　突き破る(突破る) |

明朝体の右肩の数字は配当学年　末尾の数字は常用漢字表番号　( )許容　⑩類義同意語　㊥反対対照語　⑩関連語　㋻学術用語

つきや―つくり

つきやま ＊築山　例庭園の築山

つきる　尽きる　ジン，つくす・つかす　1073
例食糧が尽きる，舗装道路が尽きると砂利道になる，力が尽きる，愛想が尽きる

つきわり　月割り(月割)　例月割りにして500円の支払いである　熟月賦

つく　就く6　シュウ・ジュ，つける　899
例新しい職に就く，床に就く；師匠について習う，趣味についての話

つく　着く3　チャク・ジャク，きる・きせる・つける　1374
例青森駅に着く，小包が着く，席に着く

つく　突く　トツ〔衝く，撞く〕　1559
例やりで突く，つえを突く，手を突く，弱点を突く，不意を突く；鐘を突く；口をつく怒声

つく　付く4　フ，つける　〔附く〕　1739
例景品が付く，条件が付く，利子が付く，火が付く，味方に付く；気がつく，けりがつく，決心がつく，思いつく；まごつく

つく　つく〔吐く〕　例へどをつく，ため息をつく，うそをつく

つく　つく〔憑く〕　例きつねがつく

つく　つく〔搗く〕　例餅をつく；尻餅<しりもち>をつく

つく　～つく　例足がふらつく，荷物ががさつく，車ががたつく

つぐ　継ぐ　ケイ〔嗣ぐ〕　490
例家業を継ぐ，志を継ぐ，ズボンの破れを継ぐ，炭を継ぐ，語り継ぐ

つぐ　次ぐ3　ジ・シ，つぎ〔亜ぐ，続ぐ〕　809
例会長に次ぐ実力者，昨年に次いで本年も開催する

つぐ　接ぐ5　セツ　1158
例木の枝を接ぐ，骨を接ぐ

つぐ　つぐ〔注ぐ〕　例酒をつぐ

づく　～づく，～付く　例縁づく，片づく，活気づく，調子づく

つくえ　机6　キ　304
例勉強机，事務机

づくし　～づくし，～尽くし　例国づくし，花づくし，心づくし

つくす　尽くす(尽す)　ジン，つきる・つかす　1073
例全力を尽くす，誠意を尽くす，言葉では尽くせない；知り尽くす，食糧を食べ尽くす，燃え尽くす

つくだに　つくだ煮〔佃煮〕　例のりのつくだ煮

つくづく(と)　つくづく(と)〔熟(と)〕
例つくづく嫌になる，つくづくと思う

つぐない　償い　例借金の償いに労力を提供する，罪の償い

つぐなう　償う　ショウ　1006
例損失を償う，罪を償う

つぐむ　つぐむ〔噤む〕　例口をつぐむ

つくり　作り　例作りの悪いいす，作りがしっかりしている；お作りに手間がかかる(圧化粧)；こいの生け作り(圧さしみ)；作り笑い，作り事，作り話

つくり　造り　例しゃれた造りの家；造り酒屋

づくり　～作り，～造り　例小作りの男性,若作りの女性；レンガ造りの建物

つくりかえる　作り替える　例物語の筋を作り替える

つくりかえる　造り替える　例家の造作を造り替える

---

○改定追加漢字　●改定追加音訓　□改定削除漢字　■改定削除音訓　〔　〕参考表記〔△表外漢字
▲表外音訓　×誤用　当て字当て字

| | |
|---|---|
| つくりかた **作り方** 例季節の料理の作り方,作り方を習う | つけあがる **つけあがる,付け上がる** 例甘やかすとすぐつけあがる 類増長する |
| つくりごと **作り事** 例この小説は作り事ではなく事実を取材している | つけあわす **付け合わす**(付け合す) 例肉に野菜を付け合わす |
| つくりざかや **造り酒屋** 例小売酒屋 | つけいる **つけ入る,付け入る** 例人の弱みにつけ入る |
| つくりだす **作り出す,創り出す** 例需要を作り出す;画期的な商品を創(作)り出す | つけかえる **付け替える** 例電球を付け替える |
| つくりつけ **作りつけ,作り付け** 例作りつけの本箱 | つげぐち **告げ口** 例告げ口する |
| つくりなおし **作り直し** 例筋書きの作り直し | つけくわえる **付け加える** 例索引を付け加える |
| つくりなおす **作り直す** 例論文を作り直す | つけこむ **つけ込む,付け込む** 例人の弱みにつけ込んで無理難題をふっかける |
| つくりばなし **作り話** 例それはきっと作り話だろう | つけたす **付け足す**(付足す) 例話を付け足す |
| つくりもの **作り物** 例作り物の宝石 | つけとどけ **付け届け** 例付け届けをする |
| つくる **作る**² サク・サ 723 例料理を作る,小説を作る,列を作って並ぶ,野菜を作る,畑を作る,委員会を作る,正しい習慣を作る,顔を作る,話を作る,たいをさしみに作る | つけな **漬け菜**(漬菜) |
| | つけね **つけ根,付け根** 例もものつけ根 |
| | つけねらう **付け狙う,つけねらう** 例敵<かたき>と付け狙う |
| つくる **創る** ソウ〔つくる〕 1237 例新しい文化を創(作)る | つけび **つけ火,付け火**(付火) 類放火 |
| つくる **造る**⁵ ゾウ 1254 例機械を造る,家を造る | つけまわす **つけ回す**〔つけ廻す〕 例尻をつけ回す |
| つくろい **繕い** 例衣服の繕い,身繕い | つけめ **つけめ,付け目** 例人の失策をつけめにゆする,そこがかれらのつけめだ |
| つくろいもの **繕い物** 例繕い物をする | |
| つくろう **繕う** ゼン 1203 例靴下の穴を繕う,髪を繕う,人前を繕う,その場を繕う;繕い飾る | つけもの **漬物** 例漬物だる,漬物石 類香の物 |
| つけ **付** 例付け人<びと>;つけ景気,つけ元気 | つけやき **つけ焼き,付け焼き** 例しょうゆのつけ焼き |
| つけ **つけ,付け**〔附〕 例料理屋のつけが来る | つけやきば **付け焼き刃**(付け焼刃) 例付け焼き刃はすぐはげる,付け焼き刃の勉強 |
| づけ,〜づけ,〜付け(〜付) 例のりづけ,裏づけ捜査;10月1日付けの新聞,作付け,奥付け;番付,日付 | つける **就ける**⁶ シュウ・ジュ, |

明朝体の右肩の数字は配当学年 末尾の数字は常用漢字表番号 ( )許容 類類義同意語 対反対対照語 関関連語 学学術用語

つける—つづき

つく 899
例所長の地位に就ける

つける 着ける³ チャク・ジャク, きる・きせる・つく 〔着ける〕 1374
例服を身に着ける, 戦闘配置に着ける, 船を岸に着ける

つける 漬ける つかる 〔浸ける〕 1433
例足を水に漬ける, 大根を漬ける

つける 付ける⁴ フ, つく 〔附ける〕 1739
例条件を付ける, 受け付ける, 買い付ける, 貸し付ける, 色を付ける；けをつける, 駆けつける, 踏みつける

つける つける〔点ける〕 例電灯をつける, テレビをつける

つげる 告げる⁵ コク 658
例全校生徒に告げる, 昼を告げるサイレン, 春を告げる若芽

ツゴウ 都合, つごう 例家の都合で欠席する, 都合が悪い, 都合がつかない, なんとか都合する, 1,000円都合できないか；つごう30人です （注合計, 総計）

ツジゴウトウ つじ強盗〔辻強盗〕

つじつま つじつま〔辻褄〕 例つじつまを合わせる

つたう 伝う⁴ デン, つたわる・つたえる 1481
例屋根を伝って登る, といを伝って雨水が流れる 注＊手伝うくてつだう＞

つたえ 伝え 例そのような伝えが残っている, 古い言い伝えによれば

つたえきく 伝え聞く 例伝え聞くところによれば……

つたえる 伝える⁴ デン, つたわる・つたう 1481
例古い習慣を今もお伝えている, 仏教を伝える, 子孫に家宝を伝える, 意向を伝える, よろしくお伝えください

つたない 拙い セツ 〔つたない〕 1156
例拙い文章, 細工が拙い；心の拙い者；運の拙い人

つたわる 伝わる⁴ デン, つたえる・つたう 1481
例雨水がといを伝わって流れる, 熱が伝わる, 感染症が伝わる, ニュースが伝わる, 先祖から伝わる名刀, 風習が伝わる

つち 土¹ ド・ト 1493
例粗い土, 異国の土を踏む, 土がつく, 土一升に金一升；土色, 土煙, 黒土, 赤土

つちかう 培う バイ 1625
例公徳心を培う

つちくれ 土くれ〔土塊〕 例土くれとなる

つちけむり 土煙 例土煙が上がる

つちはこび 土運び 例土運びの作業

つつ 筒 トウ 1526
例竹の筒, 筒先, 筒咲き；筒音；茶筒

つっかい つっかい〔突っ支い〕
例つっかい棒 注「つっかえ」とも言う。

つっかえす 突っ返す 例要求を突っ返す, わいろを突っ返す

つっかける 突っかける, 突っ掛ける
例草履を突っかける；オートバイに突っかけられる

つつがなく つつがなく〔恙無く〕
例つつがなく到着した

つづき 続き 例昨日の続き；続き柄, 続き物；縁続き, 地続き

つづきもの 続き物 例新聞の続き物

○改定追加漢字 ●改定追加音訓 □改定削除漢字 ■改定削除音訓 〔 〕参考表記 〔△表外漢字 ▲表外音訓 ×誤用 当て字当て字〕

- ㊥連載物
- つっきる 突っ切る ㋑踏切を突っ切る
- つつく つつく〔突く〕 ㋑口ばしでつつく, 棒でつっく, 後ろからつつく ㊟「つっつく」とも言う。
- つづく 続く⁴ ゾク, つづける 1275
  ㋑隣町へ続く道路, 野原が続く, 体が続かない, 雨が降り続く
- つづけざまに 続けざまに, 続け様に ㋑続けざまに水を飲む, 事件が続けざまに起こる
- つづける 続ける⁴ ゾク, つづく 1275
  ㋑夕方まで練習を続ける, 子どものときから日記を書き続けている
- つっこみ 突っ込み ㋑この調査は突っ込みが足りない;突っ込みで買う
- つっこむ 突っ込む ㋑敵陣に突っ込む;穴に手を突っ込む, ポケットに手を突っ込む, かばんに洋服を突っ込む;突っ込んで質問する
- つつさき 筒先 ㋑筒先を向ける
- つつしみ 慎み, 謹み ㋑慎みが足りない, 慎みのない人
- つつしみぶかい 慎み深い ㋑慎み深い女性
- つつしむ 謹む キン 441
  ㋑謹んで聞く, 謹んで祝意を表する
- つつしむ 慎む シン 1064
  ㋑行いを慎む, 少しは口を慎め
- つつしんで 謹んで ㋑謹んでお受けします, 謹んで御礼申し上げます
- つつぬけ 筒抜け ㋑ないしょ話が筒抜けだ
- つっぱる 突っ張る ㋑両手で突っ張る, 足の筋が突っ張る, 腹が突っ張る
- つつましい つつましい〔慎しい〕 ㋑つつましい人柄の女性, つつまし
- く挨拶<アイサツ>する
- つづまやか つづまやか〔約やか〕 ㋑つづまやかな暮らし ㊥質素
- つづまる つづまる〔約まる〕 ㋑文章が3分の2につづまる ㊥縮まる
- つつみ 堤 テイ 1453
  ㋑堤を散歩する, 千丈の堤もありの穴から
- つつみ 包み ㋑菓子の包み, 包み金, 包み紙, 包みぼたん, 包み焼き;紙包み, 風呂敷包み;小包
- つづみ 鼓 コ 573
  ㋑鼓を打つ, 小鼓, 腹鼓
- つつみかくす 包み隠す ㋑素性を包み隠す, 娘の不行跡<フギョウセキ>を包み隠す
- つつみがみ 包み紙 ㋑包み紙に店の名を入れる, デパートの包み紙 ㊥包装紙
- つつむ 包む⁴ ホウ 1830
  ㋑風呂敷に本を包む, 祝儀を包む, 煙に包まれる, 胸に包んで打ち明けない
- つづめる つづめる〔約める〕 ㋑文章をつづめる, 製作工程をつづめる ㊥縮める
- つづら つづら〔葛籠〕〔当て字〕 ㋑つづらに着物を入れる
- つづらおり つづら折り〔葛折り〕;九十九折り〔当て字〕
- つづりかた つづり方〔綴り方〕 ㋑つづり方教室 ㊥作文
- つづる つづる〔綴る〕 ㋑作文をつづる, アルファベットで単語をつづる;裁ち切れをつづって使う
- つて つて〔伝, 伝手〕 ㋑つてを求める
- ツド つど, 都度 ㋑大会のつど参加する, そのつどお知らせします
- つどい 集い ㋑同窓生の集い, 留学生交歓の集い

つどう―つばさ

つどう 集う³ シュウ,あつまる・あつめる 901
例広場に集う

つとまる 勤まる⁶ キン・ゴン,つとめる 434
例激しい仕事が勤まるかしら,あの性格でよく勤まるね,誰にでも勤まる

つとまる 務まる ム,つとめる 1921
例彼には主役は務まらないだろう,会長が務まるかどうか不安だ

つとめ 勤め 例役所勤めをしている,朝のお勤め,勤めぶり,勤め向きはどうですか

つとめ 務め 例務めを果たす,人間としての務め,当然の務め

つとめぐち 勤め口 例勤め口を探す

つとめさき 勤め先 例勤め先の電話番号

つとめて 努めて〔勉めて〕 例努めて休まないようにする

つとめニン 勤め人 例勤め人ふうの男〉月給取り,サラリーマン

つとめむき 勤め向き

つとめる 勤める⁶ キン・ゴン,つとまる 434
例銀行に勤める,礼拝に勤める

つとめる 努める⁴ ド〔勉める〕 1495
例安全運転に努める,姿勢をくずすまいと努める

つとめる 務める⁵ ム,つとまる 1921
例議長を務める,主役を務める

つな 綱 コウ 642
例命の綱,綱渡り,綱引き,手綱くたづな〉,横綱

つながり つながり〔繋がり〕 例血のつながりがある,師弟のつながり

つながる つながる〔繋がる〕 例国道につながる県道,血がつながる,電話がつながる

つなぎ つなぎ〔繋ぎ〕 例家を建てるまでのつなぎの借家,つなぎに余興をやる,そばのつなぎに小麦粉を使う

つなぐ つなぐ〔繋ぐ〕 例牛をつなぐ,電話をこちらへつないでくれ,露命をつなぐ,しらけた座をつなぐ,望みをつなぐ

つなひき 綱引き(綱引) 例運動会の綱引き

つなみ 津波〔津浪;海嘯当て字〕

つなわたり 綱渡り 例サーカスの綱渡り;綱渡りのような生活をする

つね 常⁵ ジョウ,とこ〔恆〕 1018
例常と変わらない表情,欲の多いのは人間の常である

つねづね 常々 例常々注意しています

つねに 常に 例常に何かに熱中している,常に和服を着ている

つねる つねる〔抓る〕 例指先で顔をつねる

つの 角² カク,かど 211
例牛の角;角を生やす,角を折る,角突き合わせる,角を矯めて牛を殺す,角隠し;角細工,角笛

つのつきあい 角突き合い(角突合い) 例親子の角突き合い

つのる 募る ボ 1824
例会員を募る,わがままが募る,慕情が募る

つば 唾 ダ 1289
例唾を吐く,天を仰いで唾する;眉唾<まゆつば> 「唾」は「つばき」とも言う。

つばき つばき〔椿;山茶当て字〕

つばさ 翼 ヨク 2018
例翼を広げる,飛行機の翼

○改定追加漢字 ●改定追加音訓 □改定削除漢字 ■改定削除音訓 〔 〕参考表記 〔△表外漢字 ▲表外音訓 ×誤用 当て字当て字〕

つぶ 粒 リュウ　2053
　例粒がそろっている，粒ぞろい，粒より，粒が細かい，飯粒，小粒，米粒，豆粒，雨粒，一粒の麦

つぶさに つぶさに〔具に〕　例つぶさに検討する

つぶし 潰し，つぶし　例潰しが利く，目潰し

つぶす 潰す　カイ，つぶれる〔つぶす〕　192
　例箱を潰す，身代を潰す，時間を潰す，面目を潰す，声を潰す，鶏を潰す

つぶぞろい 粒ぞろい〔粒揃い〕
　例粒ぞろいの精鋭たち，粒ぞろいの小豆

つぶやく 粒やく〔呟く〕　例不満をつぶやく

つぶより 粒より〔粒選り〕　例粒よりの選手たち　注「粒えり」とも言う。

つぶら つぶら〔円〕　例つぶらな瞳

つぶる つぶる〔瞑る〕　例静かに目をつぶる，こんどだけは目をつぶろう　注「つむる」とも言う。

つぶれ 潰れ，つぶれ　例面目が丸潰れだ

つぶれる 潰れる　カイ，つぶす〔つぶれる〕　192
　例箱が潰れる，地震で家が潰れる，目が潰れる，店が潰れる，仕事で半日潰れる，顔が潰れる，声が潰れる

つぼ 坪　 1434
　例家の建て坪，坪5万円の土地，30坪の土地

つぼ つぼ〔壺〕　例たこつぼ，火消しつぼ，滝つぼ，思うつぼにはまる

つぼあたり 坪当たり〔坪当り〕
　例坪当たりの価格

つぼみ つぼみ〔蕾，莟〕　例花のつぼみ

つぼむ つぼむ〔窄む〕　例ゆうがお（夕顔）の花がつぼむ　注「すぼむ」とも言う。

つぼめる つぼめる〔窄める〕　例口をつぼめる，傘をつぼめる　注「すぼめる」とも言う。

つぼやき つぼ焼き（つぼ焼）〔壺焼〕
　例さざえのつぼ焼き

つま 妻5　サイ　 696
　例妻をめとる，妻琴，妻子，妻戸

つま 爪　つめ〔つま〕　 1435
　例爪先，爪立てる，爪弾く＜つまびく＞

つま つま〔具〕　例さしみのつま，話のつま

つまさき 爪先，つま先　例爪先立つ，爪先上がり

つましい つましい〔倹しい〕　例つましい暮らし

つまずく つまずく〔躓く〕　例石につまずく，人生につまずく，計画がつまずく

つまだてる 爪立てる，つま立てる
　類爪立つ

つまはじき つまはじき〔爪弾き〕
　例仲間からつまはじきにされる

つまびらか つまびらか〔詳らか，審らか〕　例事情をつまびらかに説明する　類詳細に

つまみ つまみ〔摘み，撮み〕　例引き出しのつまみ，ビールのつまみ；つまみ洗い，つまみ菜，つまみ物

つまみぐい つまみ食い〔摘み食い，撮み食い〕　例菓子のつまみ食いをする；つまみ食いが発覚する

つまみだす つまみ出す〔摘み出す，撮み出す〕　例野良犬をつまみ出す，文句を言うとつまみ出すぞ

つまみもの つまみ物〔摘み物〕
　例ビールのつまみ物

つまむ　つまむ〔摘む,撮む〕　例菓子をつまむ,鼻をつまむ,要点をつまんで話す；きつねにつままれる

つまヨウジ　つまようじ〔爪楊枝〕　例つまようじを使う

つまらない　つまらない,詰まら無い　例つまらない映画,つまらない人間,つまらないことを気にする

つまり　つまり,詰まり　例とどのつまりは……,つまりこういう趣旨だ

つまる　詰まる(詰ー)　キツ,つめる・つむ　353
例穴が詰まる,暮らしが詰まる,日程が詰まる,資金が詰まる,シャツが詰まる,返事に詰まる；気が詰まりそうだ

つみ　罪⁵　ザイ　721
例子どもには罪がない,罪を憎んで人を憎まず,罪をかぶせる,罪な人,罪作り,罪とが,罪人,罪滅ぼし

つみおろし　積み卸し(積卸し)
例船荷の積み卸し

つみかえ　積み替え(積替え)　例積み替え作業

つみかえる　積み替える(積替える)
例トラックの荷を船に積み替える

つみかさなる　積み重なる(積重なる)
例人が積み重なって傷を負う

つみかさねる　積み重ねる(積重ねる)
例米俵を積み重ねる,努力を積み重ねる

つみき　積み木(積木)　例積み木を重ねて汽車を作る,積み木遊び

つみキン　積み金(積金)　㊿貯金,積立金

つみくさ　摘み草　例野原へ摘み草に行く

つみごえ　積み肥〔堆肥〕　㊿堆肥＜タイヒ＞

つみこみ　積み込み(積込み)　例積み込み作業

つみこむ　積み込む(積込む)　例船荷を積み込む

つみだし　積み出し(積出し)　例供出米の積み出し

つみたて　積み立て(積立て)　例旅行の費用の積み立て

つみたてキン　積立金　㊿積み金

つみたてる　積み立てる(積立てる)
例学資を積み立てる

つみつくり　罪作り　例罪作りなことをする

つみつけ　積み付け(積付け)

つみとが　罪とが〔罪科〕　例罪とがもない子どもをいじめるな

つみに　積み荷(積荷)　例積み荷保険,積み荷目録

つみのこし　積み残し(積残し)

つみほろぼし　罪滅ぼし　例罪滅ぼしに頭をそる

つむ　詰む　キツ,つめる・つまる　353
例ぎっちりと詰んだ編み目；あと一手で王将が詰む

つむ　錘　スイ
例紡績機械の錘,まゆ錘

つむ　積む⁴　セキ,つもる　1151
例米俵を積む,車に荷物を積む,現金を積む

つむ　摘む　テキ　1462
例茶を摘む,芽を摘む

つむぐ　紡ぐ　ボウ　1864
例糸を紡ぐ

つむじ　つむじ〔旋毛〕　例つむじを曲げる,つむじ曲がり

つむじ　つむじ〔飄,旋風〕　例つむじ風

つむじまがり　つむじ曲がり(つむじ曲り)　例あいつはつむじ曲がりだ

○改定追加漢字　●改定追加音訓　□改定削除漢字　■改定削除音訓　〔　〕参考表記　〔△表外漢字
▲表外音訓　×誤用　当て字当て字〕

㊥意地っ張り, ひねくれ者
つむる つむる[瞑る] 例目をつむる
つめ 爪 つま〔つめ〕 1435
　例爪を切る, 爪を研ぐ, 爪に火をともす, 爪のあかを煎じて飲む, 臓爪<けづめ>, 生爪, 深爪
づめ 〜詰め(〜詰), 〜づめ 例箱詰め, 支局詰め；立ちづめ, 働きづめ
つめあわせ 詰め合わせ(詰合せ)
　例缶詰の詰め合わせ
つめあわせる 詰め合わせる(詰め合せる) 例料理を詰め合わせる
つめえり 詰め襟(詰襟) 例詰め襟の学生服 ㊥折り襟
つめかえ 詰め替え(詰替え) 例詰め替え作業
つめかえる 詰め替える(詰替える)
　例たんすの中身を詰め替える
つめかける 詰めかける, 詰め掛ける(詰掛ける) 例報道陣が詰めかける, 朝から会場へ詰めかける
つめこみ 詰め込み(詰込み) 例詰め込み主義
つめこむ 詰め込む(詰込む) 例かばんに本を詰め込む, 御飯を詰め込む, 狭い場所におおぜい詰め込む
つめショ 詰所(詰所)
つめショウギ 詰め将棋(詰将棋)
　例詰め将棋をする
つめたい 冷たい⁴ レイ, ひえる・ひや・ひやす・ひやかす・さめる・さます 2089
　例手が冷たい, 水が冷たい；冷たい人；駆けつけたときには冷たくなっていた；冷たい戦争
つめばら 詰め腹(詰腹) 例上役から詰め腹を切らされる
つめよる 詰め寄る(詰寄る) 例一歩一歩敵陣へ詰め寄る,「返答せい」と詰め寄る
つめる 詰める キツ, つまる・つむ 353
　例かばんに本を詰める, 席を詰めてください, ズボンの丈を詰める, 暮らしを詰める, 王将を詰める, 息を詰めて待つ, 交番に詰める；詰めに入る
つもり つもり, 積もり[心算当て字]
　例参加するつもりでいる, そんなつもりではなかった ㊥心組み, 考え
つもる 積もる⁴(積る) セキ, つむ 1151
　例雪が積もる, 恨みが積もる
ツヤ 通夜 例しめやかな通夜, お通夜
つや 艶 エン 〔つや〕 103
　例艶のよい肌, 艶のある皮, 艶っぽい, 色艶
つゆ 露 ロ・ロウ 2114
　例露にぬれる, 朝露, 夜露, 露払い；露の命；そんなこととはつゆ知らず
つゆ *梅雨 例梅雨の入り, 梅雨の間, 梅雨明け, 梅雨晴れ ㊥梅雨<バイウ>
つゆはらい 露払い 例講演会の露払いを務める, 横綱が露払いを先頭に土俵入りする ㊥太刀持ち
つゆばれ 梅雨晴れ(梅雨晴) 例すがすがしい梅雨晴れの空
つよい 強い² キョウ・ゴウ, つよまる・つよめる・しいる 410
　例力が強い, 風が強い, 意志が強い
　㊦弱い
つよがり 強がり 例強がりを言う
つよまる 強まる² キョウ・ゴウ, つよい・つよめる・しいる 410
　例火勢が強まる, 世間の風当たりが強まる
つよみ 強み, 強味 例ぐっと強みを増す, 丈夫なのが強みだ ㊦弱み

つよめる 強める² キョウ・ゴウ, つよい・つよまる・しいる 410
例語気を強める, 意味を強める
(対)弱める

つら 面³ メン, おも・おもて 1936
例面の皮が厚い, いい面の皮だ, 面当て, 面構え, 面魂, 面汚し, かえるの面に水

つらい つらい〔辛い〕 例仕事がつらい, つらい仕打ち;つきあいづらい

つらがまえ 面構え 例不敵な面構え

つらなる 連なる⁴ レン, つらねる・つれる 〔列なる〕 2106
例かなたに連なる峰々, 末席に連なる

つらぬく 貫く カン 262
例弾丸が壁を貫く, 町を貫いて流れる川, 主義主張を貫く

つらねる 連ねる⁴ レン, つらなる・つれる 〔列ねる〕 2106
例役員の一人として名前を連ねる

つらら つらら〔氷柱〕当て字

つりあい つり合い(釣合い) 例釣り合いが取れている, 釣り合いを考慮する (類)平均, バランス

つりあがる つり上がる〔吊り上がる〕
例目じりがつり上がる

つりあげる 釣り上げる(釣上げる)
例たいを釣り上げる

つりあげる つり上げる〔吊り上げる〕
例相場をつり上げる, 値段をつり上げる

つりがね 釣り鐘(釣鐘)

つりセン 釣り銭(釣銭)

つりばり 釣り針(釣針)

つりわ つり輪〔吊り環〕

つる 弦 ゲン 549
例弓の弦, 弦音

つる 釣る チョウ 1403
例魚を釣る, 人を甘言で釣る

つる 鶴 ―〔鶴〕 1436
例鶴は千年亀は万年, 鶴の一声;折り鶴, 千羽鶴

つる つる〔吊る, 攣る〕 例蚊帳をつる, 棚をつる, ちょうちんをつる;足の筋がつる, 目がつる

つるぎ 剣 ケン 524

つるし つるし〔吊し〕 例つるしの洋服を買う, つるし柿

つるしあげ つるし上げ〔吊し上げ〕
例責任者のつるし上げ

つるす つるす〔吊す〕 例カーテンをつるす

つれ 連れ 例連れが3人いる, 連れにはぐれる, お連れのかたもどうぞ, 子ども連れ, 親子連れ

つれあい 連れ合い 例連れ合いに先立たれる (類)配偶者

つれこ 連れ子 例再婚した妻の連れ子

つれそう 連れ添う 例夫に連れ添う, 連れ添って20年になる

つれだす 連れ出す 例勉強中の友達を連れ出す

つれだつ 連れ立つ 例連れ立って学校へ行く

つれづれ つれづれ〔徒然〕当て字
例つれづれを慰める

つれびき 連れ弾き 例琴の連れ弾き (類)連弾

つれる 連れる⁴ レン, つらなる・つらねる 2106
例家族を連れて赴任する, 犬を連れる

つれる 釣れる 例この川はあゆが釣れる

つわもの つわもの〔兵〕 例古つわもの, 夏草やつわものどもが夢のあと

つわり つわり〔悪阻〕当て字

つんざく つんざく〔劈く〕 例耳をつんざく銃声

○改定追加漢字 ●改定追加音訓 □改定削除漢字 ■改定削除音訓 〔 〕参考表記 〔△表外字〕
▲表外音訓 ＊誤用 〔当て字〕当て字

〔テ・て〕

**て 手**¹ シュ, た　863
例袖に手を通す, 手が器用だ, 手足, 手首, 手品, 手錠, 手製, 手相, 手帳, 手袋, 手料理；片手, 両手；千代, 手の者；相手, 書き手, 聞き手, 読み手；手を尽くす, 手がかかる, 手に負えない, 手薄, 手柄, 手心, 手数, 手玉, 手配, 手引き, 手ぬるい, 手のこんだ品, 奥の手, 四十八手, 素手；手に入れる；薄手, 厚手；切手, 手錠, 手袋；裏手, 山の手；手当, 手形
注＊手伝う＜てつだう＞

**デ 弟**² テイ・ダイ, おとうと　1440
例弟子

**で 出**　例水の出が悪い；出は九州；大学出；出足, 出来高, 出口, 出船, 出前, 出窓, 出水；家出, 門出, 総出, 遠出, 人出, 船出, 申し出；使いでがある, 読みでのある本

**てあい 手合い**　あんな手合いに関わるな

**であいがしら 出会いがしら**, 出会い頭, 出合い頭　例出会いがしらにぶつかる

**であう 出会う**　例本屋で友達に出会う

**てあか 手あか**〔手垢〕例手あかが付いた本

**てあし 手足**　例手足の自由が利かない；手足となって働く

**であし 出足**　例客の出足がよい, 出足が速い, 出足鋭く攻める

**てあたりシダイ 手当たりしだい(手当りしだい), 手当たり次第(手当り次第)**　例手当たりしだいに本を読む

**てあつい 手厚い**　例手厚い看護, 手厚いもてなし, 手厚く弔う

**てあて 手当**　例手当を支給する, 退職手当, 期末手当

**てあて 手当て(手当)**　例やけどの手当てをする, 手当ての施しようもない

**てあみ 手編み**　例手編みのセーター　対機械編み

**てあら 手荒**　例手荒なまね

**てあらい 手荒い**　例手荒い扱い方, 手荒い治療

**てあらい 手洗い**　例医者に手洗いを出す；男子用手洗い　類ちょうず鉢, 便所

**てあらいジョ 手洗い所(手洗所)**

**てあわせ 手合わせ(手合せ)**　例ひとつ手合わせを願います　類勝負, 試合

**テイ 体**² タイ, からだ　1295
例知らぬ体, 体のよい言葉；体裁；世間体, 人体＜ニンテイ＞

**テイ 丁**³ チョウ　1392
例丁字形, 丁字路, 丁重, 丁寧；壮丁, 装丁, 甲乙丙丁

**テイ 低**⁴ ひくい・ひくめる・ひくまる　1437
例低音, 低温, 低下, 低気圧, 低級, 低空, 低俗, 低調, 低迷, 低落, 低利, 低廉；高低, 最低　対高

**テイ 呈**　1438
例呈示, 呈上；謹呈, 献呈, 進呈, 贈呈

**テイ 廷**　1439
例廷内；宮廷, 出廷, 退廷, 朝廷, 閉廷, 法廷

**テイ 弟**² ダイ・デ, おとうと　1440
例弟妹；義弟, 兄弟＜ケイテイ＞, 高弟, 子弟, 師弟, 徒弟, 門弟

**テイ 定**³ ジョウ, さだめる・さ

テイ―テイキ

だまる・さだか　1441
例定員, 定価, 定額, 定期, 定義, 定見, 定刻, 定時, 定住, 定食, 定数, 定説, 定着, 定年, 定評, 定理, 定例；安定, 一定, 仮定, 改定, 確定, 鑑定, 既定, 規定, 協定, 決定, 検定, 限定, 固定, 公定, 肯定, 国定, 査定, 裁定, 算定, 暫定, 推定, 所定, 推定, 制定, 設定, 選定, 想定, 測定, 断定, 特定, 内定, 認定, 判定, 否定, 評定, 不定, 平定, 法定, 未定, 予定

テイ　底⁴　そこ　1442
例底地, 底辺, 底本, 底面；海底, 基底, 根底, 水底, 地底, 徹底, 払底, 不徹底

テイ　抵　―　1443
例抵抗, 抵触, 抵当

テイ　邸　―　1444
例邸宅, 邸内；官邸, 公邸, 私邸, 別邸

テイ　亭　―　1445
例亭主；席亭, 料亭, ～亭

テイ　貞　―　1446
例貞淑, 貞節, 貞操；童貞, 不貞

テイ　帝　―　1447
例帝位, 帝王, 帝国, 帝都；皇帝

テイ　訂　―　1448
例訂正；改訂, 校訂, 増訂, 補訂

テイ　庭³　にわ　1449
例庭園, 庭球, 庭前；家庭, 家庭科, 校庭

テイ　逓　―　1450
例逓減, 逓送, 逓増

テイ　停⁵　―　1451
例停学, 停止, 停車, 停船, 停戦, 停滞, 停電, 停泊, 停留所；調停

テイ　偵　―　1452
例偵察；探偵, 内偵

テイ　堤　つつみ　1453
例堤防；長堤, 突堤, 防波堤

テイ　提⁵　さげる　1454
(1)持ち出す例提案, 提起, 提議, 提供, 提示, 提出, 提唱, 提訴；前提
(2)手を取り合う・協力する例提携
(3)引き連れる・まとめる例提督

テイ　程⁵　ほど　1455
(1)決まり例方程式；規程
(2)ある範囲の決まり例課程, 日程
(3)ほどあい例程度
(4)経路・道のり例過程, 行程, 道程, 里程, 旅程

テイ　艇　―　1456
例艇庫, 艇身, 艇長；艦艇, 競艇, 舟艇, 短艇

テイ　締　しまる・しめる　1457
例締結, 締盟, 締約

テイ　諦　あきらめる　1458
例諦観, 諦念；要諦

デイ　泥　どろ　1459
例泥岩, 泥水, 泥土；雲泥の差, 拘泥

テイアン　提案　例会議の延長を提案する, 提案者

テイエン　庭園　例純日本風の庭園, 庭園師

テイカ　低下　例温度が低下する, 学力低下　対上昇, 向上

テイカ　定価　例現金定価　対原価

テイカイ　低回〔低徊〕　例湖のほとりを低回する, 低回趣味

テイカン　諦観　例諦観する, 諦観の境地　類達観, 悟り, 諦め

テイギ　定義　例定義を下す

テイキアツ　低気圧　例大陸にある低気圧の影響　対高気圧；低気圧の時は近寄らないことだ　類不機嫌

テイキュウ　低級　例低級な本, 低級な趣味　対高級

テイキュウ　庭球　類テニス

テイキョウ　提供　例安く提供する, 問題を提供する　類提出

---

○改定追加漢字　●改定追加音訓　□改定削除漢字　■改定削除音訓　〔　〕参考表記〔△表外漢字　▲表外音訓　×誤用　[当て字]当て字〕

|  |  |  |
|---|---|---|
| テイケイ | 提携 | 例提携する，技術提携 |
| テイケイ | 梯形 | ㋖台形＜ダイケイ＞ |
| テイゲン | 低減 | 例原価を低減する |
| テイゲン | 逓減 | 例収益逓減の法則 ㋛逓増 ㋞漸減 |
| テイコウ | 抵抗 | 例弾圧に抵抗する，抵抗を受ける，抵抗を感ずる，抵抗力 ㋛服従 |
| テイコク | 定刻 | 例定刻に電車が着く |
| テイサイ | 体裁 | 例体裁がよい，体裁を飾る，体裁ぶる |
| テイサツ | 偵察 | 例敵状を偵察する |
| テイシ | 底止 | 例底止するところを知らない 注「底」は至るの意。行き着くところまで行ってとどまること。 |
| テイシ | 停止 | 例一時停止を怠る；営業停止，支払い停止 |
| テイジ | 提示,呈示 | 例証明書を提示する；手形を呈示する 注法令では「提示」。 |
| テイシャ | 停車 | 例停車場，停車駅，急停車 ㋛発車 |
| テイシュ | 亭主 | 例亭主関白，亭主の好きな赤えぼし |
| テイシュツ | 提出,呈出 | 例論文を提出する；信任状の呈出 |
| テイショウ | 提唱 | 例暴力追放を提唱する |
| テイショク | 抵触〔牴触,觝触〕 | 例法に抵触する ㋞触れる |
| テイシン | 挺身 | 例国土開発に挺身する ㋞率先，捨て身 |
| デイスイ | 泥酔 | 例泥酔する ㋞深酔い |
| テイする | 呈する | 例賛辞を呈する；市場が活況を呈する |
| テイする | ていする〔挺する〕 | 例身をていして…… |
| テイセイ | 帝政〔帝制〕 | 例帝政の崩壊 |
| テイセイ | 訂正 | 例誤りを訂正する，訂正印 |
| テイセツ | 定説 | 例定説となっている，定説を覆す |
| テイソウ | 貞操 | 例貞操を汚す，貞操観念 |
| テイタイ | 停滞 | 例事務が停滞する，停滞前線 |
| ていたい | 手痛い | 例手痛いしうち ㋞ひどい，厳しい |
| ていたらく | ていたらく〔為体当て字〕 | 例なんというていたらくだ ㋞ざま，状態 |
| テイダン | 鼎談 | 例三党首の鼎談 ㋛対談 ㋖三者会談 |
| テイチョウ | 低調 | 例全体に記録は低調だ，人気は低調だ；低調な歌 |
| テイチョウ | 丁重〔鄭重〕 | 例丁重に扱う，丁重に葬る |
| テイテツ | 蹄鉄 | 例蹄鉄磁石 |
| テイデン | 停電 | 例停電する，落雷による停電 |
| テイド | 程度 | 例程度の高い本，小学校4年程度の知識，物事には程度が |
| デイド | 泥土 | 例泥土と化す |
| テイトウ | 抵当 | 例家を抵当に入れる，抵当流れ，抵当権 |
| テイトン | 停頓 | 例停頓する，停頓状態 ㋞停滞 |
| テイネイ | 丁寧〔叮嚀〕 | 例丁寧に扱う，丁寧に縫う，丁寧な言葉 ㋛ぞんざい |
| デイネイ | 泥濘 | 例泥道，ぬかるみ |
| テイネン | 定年,停年 | 例定年退職，定年制 注法令では「定年」。 |
| テイハク | 停泊〔碇泊〕 | 例船が停泊する |
| テイバン | 定番 | 例定番商品 |
| テイヒョウ | 定評 | 例彼の大風呂敷には定評がある，定評のある辞書 |

明朝体の右肩の数字は配当学年　末尾の数字は常用漢字表番号　（ ）許容　㋞類義同意語　㋛反対対照語　㋖関連語　㋑学術用語

テイボウ　堤防　例堤防を築く
テイメイ　低迷　例暗雲が低迷する，下位に低迷する
テイよく　体よく〔應良く〕　例体よく断る
テイリ　定理　例ピタゴラスの定理
でいり　出入り　例人の出入りが激しい，出入りの呉服商，金の出入り，出入り筋，やくざの出入りを行う
でいりぐち　出入り口〔出入口〕
テイリツ　てい立〔鼎立〕　例三派鼎立　㊥三者対立
テイリュウジョ　停留所
ていれ　手入れ　例植木の手入れをする，服の手入れ，文章の手入れ；スピード違反の手入れを行う
テイレイ　定例　例定例になる，定例閣議　㊥臨時
てうす　手薄　例手薄の警備，手薄に乗じる
てうち　手打ち　例手打ち式；手打ちそば
てうち　手討ち　例無礼者をお手討ちにする
てうちそば　手打ちそば〔手打そば〕〔手打ち蕎麦当て字〕
ておい　手負い　例手負いのいのしし
ておくれ　手遅れ，手後れ　例今からでは手遅れだ，手遅れになる
ておけ　手おけ〔手桶〕
ておしぐるま　手押し車〔手押車〕
ておどり　手踊り　例手踊りを披露する
ておの　手おの〔手斧〕　㊥ちょうな
ており　手織り　例手織りの佐賀錦　㊥機械織り
てがかり　手がかり，手懸かり，手掛かり　例一本の綱を手がかりに登る，有力な手がかりをつかむ　㊥糸口，手づる，きっかけ

てかぎ　手かぎ〔手鉤〕　例手かぎ無用
でがけ　出がけ，出掛け　例出がけに雨が降りだす
てがける　手がける，手懸ける，手掛ける　例手がけて育てた犬，手がけた仕事
でかける　出かける，出掛ける　例買い物に出かける，門まで出かけたが忘れ物をして引き返す
てカゲン　手かげん，手加減　例手かげんする，手かげんを加える　㊥手心＜てごころ＞
てかご　手籠，手かご
でかす　でかす〔出来す〕　例でかした，間違いをしでかす
でかせぎ　出稼ぎ　例農閑期を利用して出稼ぎに行く
てがたい　手堅い　例手堅いやり方，手堅く守備する
でがたり　出語り　例出語りの場
てがみ　手紙
てがら　手柄　例手柄をたてる，手柄顔
てがる　手軽　例手軽な料理，手軽に考える
テキ　的⁴　まと　1460
　例的確＜テキカク・テッカク＞，的中；画期的，金的，具体的，後天的，合理的，私的，射的，消極的，積極的，先天的，端的，動的，美的，標的，ã端的，本格的，目的
テキ　笛³　ふえ　1461
　例汽笛，銀笛，警笛，鼓笛
テキ　摘　つむ　1462
　(1)取り出す　例摘記，摘出，摘要；指摘
　(2)特に暴く　例摘発
テキ　滴　しずく・したたる　1463
　例一滴，水滴，数滴，点滴
テキ　適⁵　　1464
　例適応，適格，適確，適宜，適合，

○改定追加漢字　●改定追加音訓　□改定削除漢字　■改定削除音訓　〔　〕参考表記　〔△表外字〕
▲表外音訓　×誤用　〔当て字当て字〕

適材, 適者, 適所, 適正, 適性, 適切, 適中, 適度, 適当, 適任, 適否, 適用, 適量, 適齢；快適, 好適

テキ　敵⁶　かたき　1465
　例敵意, 敵軍, 敵視, 敵手, 敵襲, 敵将, 敵陣, 敵対, 敵弾, 敵地, 敵兵；外敵, 強敵, 好敵手, 大敵, 対敵, 匹敵, 不敵, 無敵

デキ　溺　おぼれる　1466
　例溺愛, 溺死

でき　出来　例出来がよい, 稲の出来

できあい　出来合い(出来合)　例出来合いのオーバー　類あつらえ

デキアイ　溺愛　例ひとり娘を溺愛する

できあがり　出来上がり(出来上り)　例5日〈いつか〉出来上がりの予定, みごとな出来上がり

できあがる　出来上がる(出来上る)　例ようやく出来上がる, りっぱに出来上がる

テキオウ　適応　例環境に適応する, 適応症, 適応性, 不適応

テキガイシン　敵愾心　例敵愾心を燃やす　類敵対心

テキカク　的確, 適確　注表現が的確だ, 的確な答え　例「テッカク」とも言う。

テキカク　適格　例適格者　対欠格　注「テッカク」とも言う。

テキギ　適宜　例適宜な処置, 適宜に自分の皿に取って召し上がれ

できぐあい　出来ぐあい, 出来具合〔出来工合〕　例家の出来ぐあいを見に行く

できごころ　出来心　例出来心から品物を盗んでしまう

できごと　出来事　例一年前の出来事, 世の中の出来事

テキザイ　適材　例適材適所

デキシ　溺死　例溺死する, 溺死体　類水死

テキシュツ　摘出〔剔出〕　例弾丸の破片を摘出する

テキジン　敵陣　例敵陣に乗り込む

テキする　適する　例飲料に適する水, いちごの栽培に適した土地, 司会者に適した人物

テキする　敵する　例猛攻に敵しかねて退く, 我がチームに敵するチームはない　対味方する

テキセイ　適正　例適正な報告書

テキセイ　適性　例適性検査, 君はこの仕事に適性がある

テキセツ　適切　例適切な処置をとる, 適切な表現

できそこない　出来損ない　例出来損ないの料理

できだか　出来高　例本日の出来高

できだかばらい　出来高払い(出来高払)

テキチ　適地　例適地栽培

テキチュウ　的中, 適中　例矢が的中する, 予想が的中する

テキド　適度　例適度の運動　対過度

テキトウ　適当　例ハイキングに適当な場所, 適当な人物, 適当に処理する, 飲み食いを適当にする　対不適当

テキニン　適任　例議長には彼が適任だ, 適任者　対不適任

できね　出来値

できばえ　出来栄え, 出来映え　例みごとな出来栄え

てきびしい　手厳しい　例手厳しい批評　対手ぬるい

テキミかた　敵味方　例兄弟が敵味方に分かれる

テキメン　てきめん〔覿面〕　例効果てきめん, 天罰てきめん

| | |
|---|---|
| できもの できもの,出来物 例顔にできものが出来る | てさげ 手提げ 例手提げかばん,手提げ金庫 |
| できる 出来る,できる 例急用が出来る,赤ん坊が出来る,服が出来る,家が出来る；算数がよくできる,できた人物,泳ぎができる,ピアノができる 注法令・公用文では仮名書き。 | てざわり 手触り 例手触りのよい布地 |
| | デシ 弟子 例弟子入り 類門人,門弟 |
| | てしお 手塩 例手塩にかけて育てる |
| | てしごと 手仕事 例手仕事がうまい |
| | てじな 手品 例手品師,手品使い |
| | てじまい 手じまい,手仕舞 例取り引きの手じまい |
| てぎわ 手際 例みごとな手際,手際よくする 対不手際 | でしゃばり でしゃばり 例でしゃばりは好感を与えない 対引っ込み思案 |
| てくせ 手癖 例手癖が悪い | |
| てぐち 手口 例すりの手口 | |
| てくばり 手配り 例手配りして準備を進める 類手配,手分け | でしゃばる でしゃばる 例すぐでしゃばる,でしゃばって話す 注俗語 |
| てくらがり 手暗がり 例手暗がりになる,手暗がりで本を読む | テジュン 手順 例手順をつける,手順を踏む,手順よくする |
| てぐりあみ 手繰り網(手繰網) | テスウ 手数 例手数をかける,手数料 |
| でくわす 出くわす〔出会す,出喰わす〕例事故現場に出くわす | てずから 手ずから 例社長が手ずから渡す,手ずからお与えになる 類みずから |
| てこ てこ〔梃子,梃〕例てこでも動かない；てこ入れ ▲テコ | |
| てこずる てこずる〔手古摺る〕当て字 例わがままにてこずる,解決するのにてこずる | てすき 手隙,手すき〔手透き,手空き〕例お手隙のときにしてください,今お手隙ですか |
| | ですぎ 出過ぎ 例お茶の出過ぎ |
| てごたえ 手ごたえ,手答え,手応え 例手ごたえのある打球；何を言っても手ごたえがない | ですぎる 出過ぎる 例出過ぎた色；出過ぎたまねをする 類でしゃばる |
| でこぼこ *凸凹 例凸凹道 | でずっぱり でずっぱり,出突っ張り |
| てごろ 手頃,手ごろ 例手頃な本,手頃な値段,手頃な大きさ | てすり 手すり〔手摺〕例手すりにつかまる |
| てごわい 手ごわい〔手強い〕例手ごわい相手 | てずり 手刷り 例手刷りの印刷機,手刷りの新聞 対機械刷り |
| でさかり 出盛り 例出盛りを過ぎる | テセイ 手製 例手製の小物入れ,手製のケーキ |
| てさき 手先 例手先が器用,手先のものから片づける,手先に使われる | てぜま 手狭 例人員が増えて部屋が手狭になる |
| でさき 出先 例出先からの連絡,出先機関 | テソウ 手相 例手相見 |
| | てぞめ 手染め 例手染めの帯 |
| てさぐり 手探り 例手探りで電気をつける,手探りの状態 | でぞめ 出初め(出初) 例4日が出初めだ,出初め式 |

○改定追加漢字 ●改定追加音訓 □改定削除漢字 ■改定削除音訓 〔 〕参考表記〔△表外漢字
▲表外音訓 ×誤用 当て字当て字〕

でそろう　出そろう〔出揃う〕　例作品が出そろう，顔が出そろう

てだし　手出し　例すぐ手出しをするからけんかになる，よけいな手出しをする，親の手出し

でだし　出だし　例物事は出だしがたいせつだ

てだすけ　手助け　例手助けをする，手助けになる

てだて　手だて，手立て　例解決の手だてを考える　⑩手段，方法

てだま　手玉　例お手玉遊び；手玉にとる

でたらめ　でたらめ〔出鱈目{当て字}〕　例その話はでたらめだ，でたらめを言う

てちがい　手違い　例手違いをわびる

てぢか　手近　例手近な所，手近な問題から取り組む，手近にある新聞

てチョウ　手帳〔手帖〕　例警察手帳，趣味の手帳

テツ　迭　　　　　　　　　　1467
例更迭＜コウテツ＞

テツ　哲　　　　　　　　　　1468
例哲学，哲人，哲理；先哲，明哲

テツ　鉄³　—　　　　　　　　1469
(1)金属元素・鉄類例鉄管，鉄器，鉄筋，鉄鉱，鉄骨，鉄材，鉄製，鉄扇，鉄板，鉄筆，鉄砲，鉄路；鋼鉄，磁鉄，精鉄，製鉄，銑鉄
(2)鉄のように堅い例鉄則，鉄面皮
(3)鉄道例私鉄，地下鉄

テツ　徹　　　　　　　　　　1470
例徹底，徹頭徹尾，徹夜；一徹，貫徹，透徹

テツ　撤　　　　　　　　　　1471
例撤回，撤去，撤収，撤退，撤廃，撤兵

テッカイ　撤回〔撤回〕　例発言を撤回する　⑩撤去

テッカク　的確，適確　例的確な判断　注「テキカク」とも言う。

テツガク　哲学　例哲学的な考え，哲学者

テツかぶと　鉄かぶと〔鉄兜〕

てづかみ　手づかみ〔手摑み〕　例手づかみで食べる

てつき　手つき，手付き　例手つきがよい；お手つき2回

てづくり　手作り，手造り　例手作りの草花，手作りの菓子

てつけ　手付け　例手付けを渡す，手付けを打つ

てつけキン　手付け金(手付金)

テッケン　鉄拳　例鉄拳を見舞う，鉄拳制裁

テッシュウ　撤収〔撤収〕　例基地を撤収する　⑩撤退

テッショウ　徹宵　例徹宵友と語る　⑩徹夜，夜明かし

テッセイ　鉄製　例鉄製の窯

テッタイ　撤退〔撤退〕　例駐留軍の撤退

てつだい　手伝い　例家事の手伝い

てつだう　＊手伝う　例仕事を手伝う，若さが手伝って行き過ぎをする

デッチ　でっち〔丁稚〕　例でっち奉公

テッツイ　鉄槌　例鉄槌を下す

てつづき　手続き(手続)　例入学の手続き，手続きを取る，手続きを済ませる

テッテイ　徹底〔徹底〕　例考え方が徹底している，組中＜くみジュウ＞に徹底させる

テッテイテキ　徹底的　例徹底的に調べる，徹底的にやり直す

てっとりばやい　てっとりばやい，手っ取り早い　例てっとりばやい方

法を考える，計画原案をてっとりばやく作る

テッパイ **撤廃**〔徹廃〕 例統制を撤廃する

でっぱる **出っ張る** 例くぎが出っ張る 対引っ込む

テツビン **鉄瓶** 対土瓶

テッペキ **鉄壁** 例鉄壁の守り，金城鉄壁

テッペン **てっぺん**〔天辺〕 例山のてっぺん，頭のてっぺん 類頂上

テッポウ **鉄砲** 例鉄砲玉，鉄砲風呂

テツヤ **徹夜** 例徹夜で仕事をする

てづる **手づる**〔手蔓〕 例手づるを求める 類縁故

てどり **手取り**(手取) 例手取り8万円 類税込み

てどり **手捕り** 例魚を手捕りにする 類手づかみ

てどりキン **手取り金**(手取金)

てなおし **手直し** 例文章を手直しする，計画の手直し 類修正

でなおす **出直す** 例出直して来る，最初から出直す，新規に出直す

てなずける **手なずける**〔手懐ける〕 例子どもを手なずける

てなべ **手鍋**，手なべ 例手鍋提げても

てなみ **手並み**(手並) 例手並みを披露する，お手並み拝見

てならい **手習い** 例手習いの時間，手習い草紙；六十の手習い 類習字

てなれる **手慣れる**〔手馴れる〕 例手慣れた道具，手慣れた仕事

てにモツ **手荷物** 例手荷物を送る

てぬい **手縫い** 例和服はふつう手縫いである，手縫いのワンピース

てぬかり **手抜かり** 例もう一度確かめなかったのが手抜かりだった，手抜かりのないように万全を尽くす

てぬぐい **手拭い**，手ぬぐい

てぬるい **手ぬるい**〔手緩い〕 例手ぬるいやり方，手ぬるい批評 対手厳しい

てのひら **手のひら**〔掌〕 例手のひらを返すように…… 対手の甲

てハイ **手配** 例宿舎の手配をする，指名手配

ではいり **出入り**〔出這入り〕 例人の出入りが激しい，出入り口

てはじめ **手始め**，手初め 例手始めにひらがなを練習する

ではじめ **出始め**，出初め 例出始めのりんご

てはず **手はず**〔手筈〕 例手はずを整える，旅行の手はず 類手順，準備

てばた **手旗** 例手旗を振って歓迎する；手旗信号

ではな **出はな**〔出端〕 例出はなをくじく 注「でばな」とも言う。

てばなし **手放し** 例手放し運転；手放しで褒める，手放しでのろける

てばなす **手放す**〔手離す〕 例屋敷を手放す，娘を手放す

てばやい **手早い**，手速い 例手早く仕上げる 対手のろい

てばやだ **手早だ**，手速だ 例手早に準備する

でばる **出張る** 例軒が出張る，外に出張る 類出張する 注「でっぱる」とも言う。

てびかえ **手控え** 例手控えに書き取る

てびき **手引き**(手引) 例先輩の手引き，叔父の手引きで入社する；旅行の手引き；泥棒の手引きをする

てびきショ **手引き書**(手引書)

てひどい **手ひどい**〔手酷い〕 例手ひどい打撃を受ける

テビョウシ **手拍子** 例歌に合わせて

○改定追加漢字　●改定追加音訓　□改定削除漢字　■改定削除音訓　〔 〕参考表記〔△表外漢字　▲表外音訓　×誤用　当て字当て字〕

てびょうしを とる　手拍子を取る　⑲足拍子
てぶくろ　手袋　⑲足袋<たび>
てブソク　手不足　例田植え時はどこも手不足である
でふね　出船　対入り船
てぶら　手ぶら　例手ぶらで歩く，手ぶらでお越しください
てぶり　手ぶり，手振り　例身ぶり手ぶり
でホウダイ　出放題，出ほうだい　例水が一晩中<ひとバンジュウ>出放題だった，口から出放題のことを言う
てほどき　手ほどき〔手解き〕　例手ほどきを受ける，数学の手ほどき
てホン　手本　⑲習字の手本；子どもの手本となる
てま　手間　例手間をかける；手間仕事，手間賃
てまえ　手前　例駅の手前で車を降りる，一歩手前，世間の手前
てまえ　てまえ，手前　例てまえどもの店では……，てまえがって，てまえみそ
でまかせ　出任せ　例出任せを言う，出任せな話　⑲出放題，でたらめ
てまどる　手間取る　例準備に手間取る
てまね　手まね〔手真似当て字〕　例外国人と手まねで話す，手足をまね
てまねき　手招き　例しきりに手招きをしている，「いらっしゃい」と手招きする
てまり　手まり〔手鞠，手毬〕　例手まりをつく，手まり歌
てまわし　手回し〔手廻し〕　例手回し機械；手回しがよい
てまわし　手回し〔手廻し〕　例手回しの品物
てまわりヒン　手回り品(手回品)

例手回り品をまとめる
でまわる　出回る〔出廻る〕　例白菜が出回る，どの店にも出回る
てみじか　手短　例要点を手短に話す
てむかい　手向かい(手向い)　例手向かいする
でむかえ　出迎え　例出迎えに行く
てもち　手持ち　例1,000円しか手持ちがない，手持ちの商品；手持ちぶさた
てもちヒン　手持ち品(手持品)
例手持ち品の大廉売
てもと　手元，手もと〔手許〕　例手元に置く，手元金；手元が狂う
でもどり　出戻り　例出戻り娘
てもり　手盛り　例手盛りで食う，手盛り3杯；お手盛り予算
てら　寺²　ジ　　　　　　　808
例寺子屋，寺侍，寺銭，寺参り；尼寺，山寺
てらう　てらう〔衒う〕　例学才をてらう；奇をてらう
てらこや　寺子屋〔寺小屋〕
てらしあわす　照らし合わす(照らし合す)　例原本と写本を照らし合わす
てらしあわせ　照らし合わせ(照らし合せ)
てらしあわせる　照らし合わせる(照らし合せる)　例成績と照らし合わせて採用を決定する
てらす　照らす⁴(照す)　ショウ，てる・てれる　　　999
例月が夜道を照らす；ふだんの行いに照らして；肝胆相照らす仲
てらまいり　寺参り　⑲寺詣
てり　照り　例照りがよい　対降り
てりかえし　照り返し(照返し)
例強い照り返しを受ける
てりかえす　照り返す(照返す)
例光線が鏡に当たって照り返す

明朝体の右肩の数字は配当学年　末尾の数字は常用漢字表番号　（　）許容　⑲類義同意語　対反対対照語　⑲関連語　⑳学術用語

**てりかがやく　照り輝く**（照輝く）
例夕日に照り輝く海

**てりつける　照りつける**,照り付ける（照付ける）　例真夏の太陽が砂浜に照りつける

**てりはえる　照り映える**　例紅葉に照り映えて赤く染まる

**てりやき　照り焼き**（照焼き）　例まぐろの照り焼き

**てる　照る**[4]　ショウ,てらす・てれる　999
例日が照る　対曇る,陰る

**でる　出る**[1]　シュツ・スイ,だす　926
例大通りに出る,競技会に出る,委員会に出る,勤めに出る,選挙に出る,高校を出て勤める,日が出る,芽が出る,石油が出る,大水が出る,賞与が出る,新年号が出る,この本はよく出る,バスは8時に出る,この車は120キロまで出る

**てるてるボウズ　てるてる坊主**,照る照る坊主

**てれかくし　てれかくし**,照れ隠し　例てれかくしに笑う

**てれくさい　てれくさい**,照れくさい　例表彰までされるとはてれくさい

**てれる　照れる**[4]　ショウ,てる・てらす　999
例初めての背広姿に照れる,失敗して照れる

**てレンてくだ　手練手管**　例手練手管をろうする

**てわけ　手分け**　例仕事を手分けする,手分けして捜す

**てわたし　手渡し**　例手渡しでバケツを送る,金を本人に手渡しする

**てわたす　手渡す**　例じかに手渡す,金を手渡す

**テン　天**[1]　あめ・あま　1472
(1)空・自然・自然力例天下,天気,天空,天災,天上,天心,天体,天地,天然,天変,天理,雨天,九天,上天,青天,晴天,曇天;奇想天外
(2)神例天国,天子,天使,天帝,天人,天罰,天命;四天王,昇天,弁天
(3)天皇・皇帝例天恩,天顔,天覧
(4)生まれつき例天才,天資,天職,天真,天性,天賦;後天的,先天的,楽天

**テン　典**[4]　—　1473
(1)よるべき書物例典籍;楽典,教典,経典,古典,国典,辞典,聖典,仏典,文典,宝典
(2)よりどころ例典拠,典故,典雅;出典
(3)決まり例典型,典範,典例
(4)式例華燭＜カショク＞の典,典礼;祭典,式典,大典
(5)特別な扱い・処置例恩典,特典
(6)役職例典薬

**テン　店**[2]　みせ　1474
例店員,店主,店頭,店舗;開店,支店,書店,商店,売店,百貨店,閉店,本店,来店,露店

**テン　点**[2]　—　1475
(1)小さな印例点字,点線,点滴,点々;汚点,黒点
(2)補助記号例返り点,句読点,訓点,濁点
(3)評価の印例点をつける;採点,次点,同点,得点,80点,評点,平均点,満点
(4)数の単位例布地数点
(5)所・立場・事柄例観点,欠点,終点,地点,中心点,難点,盲点,問題点,要点
(6)調べる例点検,点評
(7)さす例点眼,点茶

---

○改定追加漢字　◎改定追加音訓　□改定削除漢字　■改定削除音訓　〔　〕参考表記〔△表外漢字　▲表外音訓　×誤用　当て字当て字〕

| テン 展⁶ ― 1476
(1)広がる・広げる・広く 例展開, 展望；進展, 発展
(2)並べて見る・見せる 例展観, 展示, 展覧
(3)開いて読む 例親展

テン 添 そえる・そう 1477
例添加, 添削, 添付

テン 転³ ころがる・ころげる・ころがす・ころぶ 1478
(1)回る 例転々；運転, 回転, 公転, 自転, 反転
(2)逆になる 例転倒, 転落；逆転, 動転
(3)移り動く・移り変わる 例転嫁, 転換, 転義, 転居, 転業, 転向, 転校, 転出, 転地, 転入, 転任, 転売, 有為転変；移転, 栄転, 変転
(4)漢詩の句 例転句

テン 塡 ― 1479
例充塡, 装塡, 補塡

テン 殿 デン, との・どの 1482
例御殿＜ゴテン＞

デン 田¹ た 1480
例田園, 田楽, 田地；塩田, 我田引水, 水田, 炭田, 美田, 油田
注＊田舎＜いなか＞

デン 伝⁴ つたわる・つたえる・つたう 1481
(1)伝える・広く伝える 例伝言, 伝授, 伝習, 伝染, 伝達, 伝統, 伝道, 伝票, 伝聞, 伝来, 伝令；遺伝, 家伝, 宣伝, 秘伝, 免許皆伝
(2)言い伝える・物語 例伝奇, 伝記, 伝説
(3)道中で受け継ぐ 例駅伝
注＊伝馬船＜てんません＞

デン 殿 テン, との・どの 1482
(1)壮大な建物 例殿堂；宮殿, 神殿, 拝殿, 仏殿, 便殿, 本殿

(2)敬称 例殿下；貴殿

デン 電² ― 1483
例電圧, 電化, 電気, 電球, 電極, 電撃, 電源, 電光, 電子, 電車, 電信, 電線, 電送, 電池, 電柱, 電鉄, 電灯, 電動機, 電熱, 電波, 電文, 電報, 電流, 電力, 電鈴, 電話；陰電気, 外電, 感電, 市電, 充電, 祝電, 送電, 打電, 蓄電池, 弔電, 停電, 盗電, 特電, 入電, 配電, 発電, 発電機, 返電, 変電所, 放電, 無電, 陽電気, 漏電

テンイムホウ 天衣無縫 例天衣無縫な子ども

デンエン 田園 例田園に住む, 田園詩人 対都市

テンカ 天下 例天下に聞こえる, 天下を取る, 天下晴れて夫婦になる, 天下一品, 天下取り, かかあ天下 対天上

テンカ 添加 例食品添加物

テンカ 転嫁 例責任を転嫁する

テンカイ 展開 例眼下に展開するパノラマ, 熱戦が展開される, 展開図

テンカイ 転回 例空中転回

テンガイ 天涯 例天涯孤独

デンガクざし 田楽刺し

テンカン 転換 例方向を転換する, 気分転換

テンキ 天気 例嫌な天気, 天気になる, 天気予報；お天気屋

デンキ 電気 例電気が通じる, 電気をつける, 電気器具

テンギョウ 転業 例サラリーマンから作家に転業する, 転業者

テンキン 転勤 例地方へ転勤する

テング てんぐ〔天狗〕 例てんぐになる, 釣りてんぐ

テンケイ 典型 例典型的な九州人

|  |  |  |
|---|---|---|
| テンケイ | 点景,添景 | 例点景に風車小屋を入れる |
| テンケン | 天険[天嶮] | 例東海道の天険 |
| テンケン | 点検 | 例機械を点検する,点検を済ませる |
| デンゲン | 電源 | 例電源を切る,電源開発 |
| テンコ | 点呼 | 例点呼をとる |
| テンコウ | 天候 | 例天気 |
| テンコウ | 転向 | 例選手から評論家に転向する,思想転向,転向者 |
| デンコウセッカ | 電光石火 | 例電光石火の早技 |
| デンゴン | 伝言 | 例伝言を頼む,伝言板 |
| テンサイ | 天才 | 例天才的な人間,天才児,天才教育 対凡才,凡人 |
| テンサイ | 天災 | 例天災は忘れた頃にやって来る 類地変 対人災 |
| テンザイ | 点在 | 例富士の北に点在する湖,裾野に点在する村落 |
| テンサク | 添削 | 例答案を添削する |
| テンシュツ | 転出 | 例青森へ転出する,支店に転出する,転出証明 対転入 |
| テンジョウ | 天井 | 例天井知らずの値上がり,天井板,天井裏 |
| テンショク | 天職 | 例教師は私の天職だ |
| デンショばと | 伝書ばと[伝書鳩] | |
| テンじる | 転じる | 例場面が転じる,方向を転じる 注「転ずる」とも言う。 |
| デンシン | 電信 | 例電信機,電信柱 |
| テンシンランマン | 天真爛漫 | 例疑うことを知らない天真爛漫な性格 |
| テンスウ | 点数 | 例点数が豊富である;出品点数 |
| テンセイ | 天成 | 例天成の要害;天成の詩人 注人力によらず自然に出来上がること。 |
| テンセイ | 天性 | 例天性の利発さ,習慣は第二の天性である 注生まれつ |

きの性質のこと。

|  |  |  |
|---|---|---|
| デンセツ | 伝説 | 例伝説の人物 |
| テンゼン | 恬然 | 例恬然と構える 類平然,超然 |
| デンセン | 伝染 | 例風邪が伝染する,悪い遊びが伝染する,家畜伝染病 |
| デンタツ | 伝達 | 例命令を伝達する,伝達事項 |
| テンタン | 恬淡 | 例無欲恬淡 類淡泊,あっさり |
| てんてこまい | てんてこまい,てんてこ舞い[手手古舞,転手古舞当て字] | 例不意の来客にてんてこまいをする 類きりきりまい |
| てんでに | てんでに | 例てんでにかってなことをしゃべる 類めいめいに,各自に,思い思いに |
| テンテン | 点々 | 例血が点々と落ちている,家が点々としている |
| テンテン | 転々 | 例転々と転がる,下宿を転々とする |
| テントウ | 転倒[顚倒] | 例気が転倒する,本末転倒 |
| デントウ | 伝統 | 例伝統を受け継ぐ,伝統的 |
| デントウ | 電灯 | |
| デンドウ | 伝道 | 例宗教の伝道 |
| デンドウ | 伝導 | 例熱の伝導 |
| テンとり | 点取り | 例点取り虫になる |
| テンニュウ | 転入 | 例品川区に転入する,転入証明,転入生 対転出 |
| テンニン | 転任 | 例他校へ転任する,本社に転任する |
| デンネツ | 電熱 | 例電熱器 |
| テンネン | 天然 | 例天然の湯,天然ガス,天然記念物 対人工,模造 |
| テンノウ | 天皇 | 例天皇制,天皇陛下 対皇后 |
| テンノウザン | 天王山 | 例首位攻防の |

天王山

デンパ　伝播　例文明の伝播　類広がる, 伝わる, 波及

デンパ　電波　例電波に乗る, 電波放送

テンバツ　天罰　例天罰を受ける, 天罰てきめん

デンピョウ　伝票　例伝票整理, 売上伝票

テンビン　てんびん, 天びん〔天秤〕　例てんびんにかける, てんびん棒, 両てんびん

テンピン　天稟　例天稟の楽才　類天分, 生まれつき

テンプ　貼付　例シールを貼付する　類貼る　注「テンプ」は「チョウフ」の慣用読み。

テンプク　転覆〔顛覆〕　例船が転覆する, 政府を転覆する計画

テンプラ　てんぷら〔天麩羅〕　例てんぷらを揚げる；この金時計はてんぷらだ（注「金めっき」の意）, てんぷら学生（注「見せかけだけの学生」の意）

テンブン　天分　例天分に恵まれる, 天分を生かす, 天分を発揮する　関努力

デンプン　でんぷん, でん粉〔澱粉〕　注法令では「でん粉」。

テンペンチイ　天変地異　例天変地異が起こるうとも

テンボウ　展望　例城外を展望する, 展望がよく利く, 展望台, 展望車；社会の展望

デンポウ　電報　例電報を申し込む

テンマク　天幕　例天幕を張る

てんません　＊伝馬船

テンマツ　てんまつ, てん末〔顛末〕　例事のてんまつを語る　類始末　注法令では「てん末」。

テンメイ　天命　例人事を尽くして天命を待つ

テンメン　てんめん〔纏綿〕　例情緒てんめん　類こまやか

テンモン　天文　例天文学, 天文台

デンライ　伝来　例中国から伝来する, 先祖伝来の品

テンラク　転落〔顛落〕　例崖から転落する, 転落の人生

テンラン　展覧　例絵を展覧する, 展覧会

デンレイ　伝令　例伝令が飛ぶ


〔ト・と〕


ト　図² ズ, はかる　　　　　　1080
　例図書；意図, 企図, 版図

ト　斗　—　　　　　　　　　1484
　例斗酒；1斗, 北斗

ト　吐　はく　　　　　　　　1485
　例吐息, 吐血, 吐露；嘔吐＜オウト＞

ト　妬　ねたむ　　　　　　　1486
　例嫉妬＜シット＞

ト　徒⁴　—　　　　　　　　1487
　例無頼の徒；徒食, 徒歩, 徒労；学徒, 生徒

ト　途　—　　　　　　　　　1488
　例上京の途に立ち寄る, 出立の途に就く；途上, 途絶, 途端, 途中, 途方；帰途, 使途, 壮途, 中途, 長途, 別途, 方途, 用途

ト　都³　ツ, みやこ　　　　　1489
　(1)都・まち　例都会, 都市, 都城, 都心；旧都, 古都, 皇都
　(2)東京都　例都下, 都議, 都庁, 都電, 都内, 都民

ト　渡　わたる・わたす　　　1490

| | | |
|---|---|---|
| | (1)渡る・経る・行く 例渡河, 渡海, 渡航, 渡世, 渡船, 渡米, 渡来<br>(2)人手に渡す 例譲渡 | |
| ト | 塗 ぬる　　　　　　　　1491<br>例塗装, 塗布, 塗料 | |
| ト | 賭 かける　　　　　　　1492<br>例賭場, 賭博；生命を賭して戦う | |
| ト | 土¹　ド, つち　　　　　 1493<br>例土地 | |
| ト | 度³　ド・タク, たび　　 1496<br>例法度〈ハット〉 | |
| ト | 登³　トウ, のぼる　　　 1523<br>例登山, 登城 | |
| ト | 頭²　トウ・ズ, あたま・かしら　　　　　　　　 1531<br>例音頭〈オンド〉 | |
| と | 戸²　コ　　　　　　　　 558<br>例戸を閉める, 人の口に戸は立てられぬ；戸板, 戸口, 戸袋；網戸, 井戸水, 江戸, 木戸, 背戸, 瀬戸物 | |
| と | 十¹　ジュウ・ジッ, とお　907<br>例*十重二十重〈とえはたえ〉, 十人十色〈ジュウニンといろ〉 | |
| ド | 土¹　ド, つち　　　　　 1493<br>(1)土 例土質, 土石, 土蔵, 土足, 土俵, 土木；粘土<br>(2)土地・場所 例土俗, 土着；郷土, 国土, 黒土, 浄土, 風土, 辺土, 本土, 楽土, 領土<br>(3)曜日の名 例土曜日<br>注*土産〈みやげ〉 | |
| ド | 奴　―　　　　　　　　　1494<br>例奴隷；守銭奴, 農奴, 売国奴 | |
| ド | 努⁴　つとめる　　　　　 1495<br>例努力 | |
| ド | 度³　ト・タク, たび　　　1496<br>例度が過ぎる, 度を過ごす, 眼鏡の度が進む；度胸, 度量, 緯度, 温度, 角度, 感度, 緊張度, 経度, 限度, | 光度, 高度, 硬度, 湿度, 尺度, 鮮度, 程度, 濃度 |
| ド | 怒　いかる・おこる　　　1497<br>例怒気, 怒号, 怒声；喜怒哀楽, 激怒 | |
| ドあい | 度合い　例進歩の度合い<br>愈程度, 程合い | |
| とあみ | *投網 | |
| とい | 問い³(問)　モン, とう・とん　　　　　　　　　　1951<br>例問いに答える　愈質問, 設問<br>対答え | |
| といあわす | 問い合わす(問合す)<br>例本籍地に身元を問い合わす　愈照会する　注「問い合わせる」とも言う。 | |
| といあわせ | 問い合わせ(問合せ)<br>例問い合わせの手紙 | |
| といあわせジョウ | 問い合わせ状(問合せ状)　愈照会状 | |
| といあわせる | 問い合わせる(問合せる) | |
| といし | 砥石 | |
| といただす | 問いただす〔問い質す, 問い糺す〕　例真相を問いただす | |
| どいつ | どいつ〔何奴 当て字〕　例どこのどいつだ | |
| といつめる | 問い詰める(問詰める)<br>例問い詰められて返答に窮する | |
| といや | 問屋　注「とんや」とも言う。 | |
| といわず | ……といわず, ……と言わず　例あしたといわず今すぐに, 顔といわず手足といわず | |
| トウ | 刀²　かたな　　　　　　1498<br>例刀剣, 刀工, 刀身；軍刀, 執刀, 短刀, 日本刀, 木刀, 名刀, 両刀<br>注*太刀〈たち〉, *竹刀〈しない〉 | |
| トウ | 冬²　ふゆ　　　　　　　1499<br>例冬季, 冬期, 冬眠, 冬至, 冬眠；越冬, 初冬, 暖冬, 晩冬, 立冬 | |
| トウ | 灯⁴　ひ　　　　　　　　1500 | |

○改定追加漢字　●改定追加音訓　□改定削除漢字　■改定削除音訓　〔　〕参考表記　〔△表外漢字　▲表外音訓　×誤用　当て字 当て字〕

| | |
|---|---|
| 例灯を掲げる；灯火，灯心，灯台，灯明，灯油；街灯，幻灯，消灯，走馬灯，電灯 | |
| **トウ 当**² **あたる・あてる** 1501<br>例当を得ていない，当の本人；当該，当局，当今，当座，当時，当事者，当日，当初，当世，当選，当然，当地，当面，当人，当年，当番，当否，当分，当方，当面，当惑；穏当，該当，勘当，芸当，見当，充当，順当，正当，相当，妥当，担当，抵当，適当，配当，不当，弁当 | |
| **トウ 投**³ **なげる** 1502<br>(1)投げる・投ずる例投影，投下，投獄，投資，投射，投手，投身，投石，投入，投薬；暴投<br>(2)投げ出す・降参する例投降<br>(3)ぴったりと寄る例意気投合<br>注＊投網＜とあみ＞ | |
| **トウ 豆**³ **ズ，まめ** 1503<br>例豆腐，湯豆腐；納豆，甘納豆<br>注＊小豆＜あずき＞ | |
| **トウ 東**² **ひがし** 1504<br>例東亜，東海道，東宮，東国，東経，東西，東南，東北，東洋；関東，極東，近東，北東 | |
| **トウ 到** — 1505<br>(1)着く例到達，到着，到来；殺到<br>(2)いたる・けっきょく例到底，到頭<br>(3)行き届く・じゅうぶん例周到，精到 | |
| **トウ 逃 にげる・にがす・のがす・のがれる** 1506<br>例逃走，逃避，逃亡 | |
| **トウ 倒 たおれる・たおす** 1507<br>例倒壊，倒閣，倒錯，倒産；圧倒，傾倒，卒倒，打倒，転倒 | |
| **トウ 凍 こおる・こごえる** 1508<br>例凍害，凍結，凍死，凍傷；不凍港，冷凍 | |

| | |
|---|---|
| **トウ 唐 から** 1509<br>例唐詩，唐突，唐風 | |
| **トウ 島**³ **しま** 1510<br>例島民；群島，孤島，半島，無人島，列島 | |
| **トウ 桃 もも** 1511<br>例桃源郷；桜桃，白桃 | |
| **トウ 討**⁶ **うつ** 1512<br>(1)討つ例討賊，討幕，討伐；追討<br>(2)尋ねる・闘わせる・ただす例討議，討究，討論；検討 | |
| **トウ 透 すく・すかす・すける** 1513<br>例透視，透明；浸透 | |
| **トウ 党**⁶ 1514<br>例党員，党首，党派；悪党，甘党，辛党，政党，脱党，徒党，入党，野党，与党 | |
| **トウ 悼 いたむ** 1515<br>例悼辞；哀悼，追悼 | |
| **トウ 盗 ぬすむ** 1516<br>例盗作，盗賊，盗電，盗難，盗品，盗癖，盗塁；怪盗，強盗，窃盗 | |
| **トウ 陶** — 1517<br>例陶器，陶芸，陶工，陶磁器，陶酔，陶然，陶土；薫陶 | |
| **トウ 塔** — 1518<br>例石塔，忠霊塔，鉄塔；テレビ塔 | |
| **トウ 搭** — 1519<br>例搭載，搭乗，搭乗券 | |
| **トウ 棟 むね・むな** 1520<br>例上棟式，病棟 | |
| **トウ 湯**³ **ゆ** 1521<br>例湯治；銭湯，入湯，熱湯 | |
| **トウ 痘** — 1522<br>例種痘，天然痘 | |
| **トウ 登**³ **ト，のぼる** 1523<br>(1)登る例登高，登場，登壇，登頂<br>(2)行く例登院，登校，登場 | |

明朝体の右肩の数字は配当学年　末尾の数字は常用漢字表番号　（　）許容　⑱類義同意語　㋩反対対照語　⑲関連語　㋕学術用語

## トウ－ドウ

(3)引き上げる・役目に就かせる 例登用
(4)載せる・記録する 例登記, 登載, 登録

**トウ 答**² こたえる・こたえ 1524
例答案, 答辞, 答申, 答弁, 答礼；応答, 回答, 解答, 確答, 贈答, 即答, 筆答, 返答, 明答, 問答 ㊉問

**トウ 等** ひとしい
例一等の成績；等温線；等外, 等閑, 等級, 等高線, 等身, 等分；下等, 均等, 高等, 差等, 初等, 上等, 親等, 対等, 中等, 同等, 平等, 品等, 不平等, 優等, 劣等

**トウ 筒** つつ 1526
例円筒, 水筒, 封筒

**トウ 統**⁵ すべる 1527
(1)筋・血筋・血統 例系統, 血統, 皇統, 正統, 伝統
(2)統べる・まとめる・統べ治める
例統一, 統括, 統轄, 統御, 統計, 統合, 統制, 統治, 統率, 統領；総統

**トウ 稲** いね・いな 1528
例稲苗；水稲, 陸稲

**トウ 踏** ふむ・ふまえる 〔蹈〕 1529
例踏査, 踏襲, 踏破；高踏, 雑踏, 舞踏

**トウ 糖**⁶ － 1530
例糖尿, 糖分；砂糖, 角砂糖, 黒砂糖, 白砂糖

**トウ 頭**² ズ・ト, あたま・かしら 1531
(1)生き物の頭 例頭骨, 頭髪, 頭部；長頭
(2)上部 例頭書, 頭注
(3)最初 例陣頭, 先頭, 年頭, 冒頭
(4)取り締まる者・指揮者・代表者 例頭取, 項目, 頭目；船頭, 地頭, 番頭
(5)ほとり・辺り・付近・そば 例駅頭, 街頭, 店頭, 路頭

(6)数の単位 例1頭, 100頭

**トウ 謄** － 1532
例謄写, 謄写版, 謄本

**トウ 藤** ふじ 1533
例葛藤＜カットウ＞

**トウ 闘** たたかう 1534
例闘牛, 闘鶏, 闘魂, 闘士, 闘志, 闘争, 闘病；敢闘, 苦闘, 決闘, 健闘, 死闘, 戦闘, 奮闘, 乱闘, 力闘

**トウ 騰** － 1535
例騰貴, 騰勢, 騰落；高騰, 沸騰, 沸騰点

**トウ 道**² ドウ, みち 1542
例神道

**トウ 読**² ドク・トク, よむ 1556
例読点, 句読点

**トウ 納**⁶ ノウ・ナッ・ナ・ナン, おさめる・おさまる 1599
例出納＜スイトウ＞, 出納簿

**とう 問う**³ モン, とい・とん 1951
例消息を問う, 責任を問う, 殺人罪に問われる, 男女の別を問わない

**ドウ 同**² おなじ 1536
例同意, 同一, 同格, 同額, 同感, 同期, 同級, 同居, 同郷, 同業, 同形, 同権, 同行, 同好, 同志, 同時, 同室, 同宿, 同乗, 同情, 同人, 同数, 同姓, 同性, 同席, 同然, 同窓, 同調, 同点, 同等, 同道, 同盟, 同輩, 同伴, 同胞, 同居, 同様, 同類；異口同音＜イクドウオン＞, 異同, 一同, 共同, 合同, 混同, 賛同, 大同小異, 不同, 雷同

**ドウ 洞** ほら 1537
例洞穴, 空洞；洞察

**ドウ 胴** － 1538
例胴裏, 胴着, 胴体

**ドウ 動**³ うごく・うごかす 1539
(1)動く・行動 例動機, 動向, 動作,

---

○改定追加漢字　●改定追加音訓　□改定削除漢字　■改定削除音調　〔　〕参考表記　〔△表外字〕
▲表外音訓　×誤用　当て字当て字〕

動産, 動静, 動物, 動脈, 動揺;移動, 運動, 活動, 挙動, 激動, 言動, 行動, 自動, 震動, 発動, 反動, 微動, 不動, 浮動, 変動, 鳴動 ㊥静
(2)動かせる・働かせる 例動員,動議,動力;他動
(3)驚く・騒ぐ・変事 例動転,動乱;騒動,暴動

**ドウ 堂**[5] 1540
(1)神仏を祭る建物・広壮な建物 例堂宇, 堂塔;議事堂, 公会堂, 講堂, 食堂, 聖堂, 草堂, 礼拝堂
(2)特に達するたとえのとき 例堂に入る
(3)正しくりっぱな様子 例正々堂々

**ドウ 童**[5] わらべ 1541
例童顔, 童心, 童貞, 童話, 童話;学童, 児童

**ドウ 道**[2] トウ, みち 1542
(1)通るところ 例道中, 道程, 道標, 道路;間道, 軌道, 旧道, 国道, 私道, 食道, 水道, 赤道, 鉄道, 東海道, 歩道
(2)正しい道・教え 例道義, 道心, 道徳, 道理;王道, 邪道, 常道, 正道, 仏道
(3)方法・芸 例芸道, 茶道, 柔道, 武道
(4)知らせる・言う 例道破;言語道断, 唱道, 報道
(5)北海道 例道立

**ドウ 働**[4] はたらく 1543
例実働, 労働

**ドウ 銅**[5] 1544
例銅貨, 銅器, 銅鉱, 銅山, 銅線, 銅像, 銅版;赤銅, 青銅, 分銅

**ドウ 導**[5] みちびく 1545
(1)導く 例導引, 導師, 導入;訓導, 指導, 先導, 補導, 誘導
(2)伝える・伝わる 例導火線, 導体;伝導

**ドウ 瞳 ひとみ** 1546
例瞳孔

**ドウあげ 胴上げ** 例殊勲者を胴上げして喜ぶ

**トウアン 答案** 例答案を提出する, 答案用紙 ㊥解答

**ドウイ 同意** 例趣旨に同意する, 同意を得る, 同意者;同意語 ㊥賛成, 承諾, 承知 ㊥反対

**トウイソクミョウ 当意即妙** 例当意即妙に答える

**トウイツ 統一** 例国家を統一する, 方針を統一する

**ドウイツ 同一** 例同一視する, 同一意見, 同一人物

**トウエイ 投影** 例文芸思潮の投影, 投影図

**トウカ 灯火** 例灯火親しむべき候, 灯火管制

**トウカ 投下** 例爆弾を投下する, 資本を投下する

**ドウカ 同化** 例環境に同化する, 同化作用 ㊥異化

**トウカイ 倒壊**〔倒潰〕 例家屋が倒壊する ㊟法令では「倒壊」。

**トウガイ 当該** 例当該漢字, 当該事件 ㊥その, 相当する, ……に当たる

**トウカク 頭角** 例頭角を現す

**トウカツ 統括** 例意見を統括する, 諸説を統括する

**トウカツ 統轄** 例事務を統轄する, 各部を統轄する

**ドウカツ 恫喝** 例恫喝する ㊥脅かす

**とうから** 副 **とうから**〔疾うから〕 例その話はとうから知っている ㊥前から, 早くから

**トウがらし とうがらし, 唐辛子**

**トウカン 投函** 例手紙を投函する

**トウカン 等閑** ㊥なおざり, ゆるがせ

トウキ―トウジ　350

| | |
|---|---|
| **トウキ**　冬季,冬期　例冬季体育大会;冬期休暇,冬期合宿 | **トウゲンキョウ**　桃源郷〔桃原境〕　類理想郷 |
| **トウキ**　投機　例投機に手を出す,投機心 | **トウコウ**　投稿　例雑誌に投稿する,読者の投稿欄　類投書 |
| **トウキ**　陶器　類陶磁器,焼き物 | **トウゴウ**　統合　例組織を統合する,統合参謀本部 |
| **トウキ**　登記　例不動産を登記する,登記所,登記簿 | **ドウコウ**　瞳孔　例瞳孔距離　類瞳<ひとみ> |
| **トウキ**　騰貴〔謄貴〕　例物価が騰貴する | **ドウコウイキョク**　同工異曲〔同巧委曲〕　例結果的には同工異曲だ |
| **トウギ**　討議　例編集方針について討議する,討議を重ねる　類討論 | **ドウコク**　慟哭　類声をあげて泣く,号泣 |
| **ドウキ**　動機　例犯行の動機,動機論 | **トウザ**　当座　例当座の間に合わせ,当座の生活費,当座しのぎ,当座買い,当座貸し,当座逃れ,当座預け,当座預金 |
| **ドウキ**　どうき〔動悸〕　例心臓のどうきが激しい　類鼓動 | |
| **ドウギ**　胴着〔胴衣〕　例胴着を着ける | |
| **ドウギ**　動議　例緊急動議を提出する | **ドウサ**　動作　例きびきびした動作 |
| **ドウギ**　道義　例道義上の責任　類道徳 | **トウサイ**　搭載　例爆弾を搭載する,搭載量　類積載 |
| **ドウキュウ**　撞球　類玉突き,ビリヤード | **ドウサツ**　洞察　類見通し,見抜く |
| **ドウキョ**　同居　例娘夫婦と同居している,同居人　類別居 | **とうさん**　*父さん　対*母さん |
| | **トウシ**　投資　例株に投資する,投資家,投資信託,設備投資 |
| **ドウギョウ**　同業　例同業者,同業組合 | **トウジ**　冬至　対夏至 |
| **ドウグ**　道具　例道具方,道具箱;家財道具,商売道具,大工道具,古道具屋;出世の道具に使う | **トウジ**　当時　例当時僕は中学生だった,終戦当時 |
| | **トウジ**　答辞　例卒業生総代の答辞　対送辞 |
| **ドウグだて**　道具立て　例道具立てがそろう | **トウジ**　杜氏　類酒<サカ>杜氏 |
| **ドウクツ**　洞窟　類洞穴 | **ドウシ**　同志,同士　例同志を募る;敵<かたき>同士;男どうし |
| **とうげ**　峠　―　1547 | |
| 例峠の茶屋,峠にさしかかる,流行も峠を越した,ここ一両日が峠だ | **ドウジ**　同時　例同時立法,同時録音;ベルが鳴り終わると同時に発車する,帰宅すると同時に停電した,健康的であると同時に興味深いスポーツ |
| **ドウケ**　道化　例道化師,道化かす,道化役 | |
| **トウケイ**　東経〔東径〕　例東経145度　対西経 | |
| **ドウケイ**　憧憬　例ゲーテを憧憬する,憧憬の的　類憧れ　注「ドウケイ」は慣用読み。正しくは「ショウケイ」。 | **ドウシうち**　同士討ち　例同士討ちしている場合がある |
| | **トウジシャ**　当事者〔当時者〕　例事件の当事者,当事者を喚問する |
| **トウケツ**　凍結　例湖が凍結する　類氷結;資産を凍結する | |
| **ドウケツ**　洞穴　類洞穴<ほらあな> | |

○改定追加漢字　●改定追加音調　□改定削除漢字　■改定削除音調　〔　〕参考表記〔△表外漢字　▲表外音調　×誤用　当て字当て字〕

㊣関係者

**どうして　どうして**〔如何して《当字》〕　㋑どうしているだろう、どうして遅れたのか、どうしてなかなか気が強い

**ドウじめ　胴締め**　㋑胴締めで攻める

**トウシャ　謄写**〔謄写〕　㋑謄写印刷、謄写版

**トウシュウ　踏襲**〔蹈襲〕　㋑旧習を踏襲する　㊣受け継ぐ

**トウショ　投書**　㋑新聞に投書する、匿名で投書する、投書が舞い込む、投書欄　㊣投稿

**トウショ　島嶼**　㊣島々、諸島

**トウジョウ　搭乗**　㋑搭乗員　㊣乗り込み、乗り組み

**トウジョウ　登場**　㋑登場人物

**ドウジョウ　同情**　㋑不幸な人々に同情する、同情を禁じ得ない

**ドウショウイム　同床異夢**

**トウじる　投じる**　㋑身を投じる、資本を投じる　㊟「投ずる」とも言う。

**ドウじる　動じる**　㋑気持ちが動じる　㊣動揺する　㊟「動ずる」とも言う。

**トウシン　答申**　㋑局長の答申、答申案　㊤諮問

**トウジン　蕩尽**　㋑家産を蕩尽する　㊣使い果たす

**トウセイ　統制**　㋑言論を統制する、統制経済、統制撤廃

**ドウセイ　同棲**　㋑愛人と同棲する

**ドウセイ　動静**〔動勢〕　㋑動静を探る

**トウセイむき　当世向き**　㋑当世向きの話題、当世向きのスタイル　㊣現代向き

**トウセン　当選**　㋑議員選挙に当選する、当選者、当選御礼〈おんレイ〉　㊤落選

**トウセン　当籤**　㋑宝くじの当籤番号　㊟「当選」が代用される。

**トウゼン　当然**　㋑当然の成り行き、当然の義務、注意されるのは当然だ　㊣あたりまえ

**どうぞ　どうぞ**〔何卒《当字》〕　㋑どうぞよろしく、どうぞお使いください

**トウソウ　凍そう**〔凍瘡〕　㊣凍傷

**トウソウ　痘そう**〔痘瘡〕　㊣天然痘、ほうそう

**トウソウ　闘争**　㋑大自然との闘争、組合闘争

**ドウソウ　同窓**　㋑彼とは高校時代の同窓だ、同窓会、同窓生

**トウゾク　盗賊**　㋑盗賊が出没する　㊣泥棒、盗人〈ぬすびと・ぬすっと〉

**トウソツ　統率**〔統卒〕　㋑部下を統率する、統率力、統率者

**トウタ　淘汰**　㋑自然淘汰　㊣取捨、適者生存

**トウダイ　灯台**　㋑灯台もと暗し、灯台守

**ドウタイ　動態**　㋑動態的見方、人口動態　㊤静態

**トウタツ　到達**　㋑名人の域に到達する、書類の到達が遅れる

**トウチ　統治**　㋑植民地を統治する、統治領

**トウチャク　到着**〔到著〕　㋑大阪駅に到着する、到着時刻　㊤出発

**ドウチャク　撞着**　㋑矛盾撞着、自家撞着、食い違い、矛盾

**トウチュウ　頭注**〔頭註〕　㊤脚注

**ドウチュウ　道中**　㋑道中気をつけて行きなさい、道中記、道中差し、道中ごろく

**ドウチョウ　同調**　㋑意見に同調する、同調者

**トウツウ　疼痛**　㋑心の疼痛

**トウテイ　副詞　とうてい**,到底　㋑とうてい勝ちみはない、とうてい

だめだ

**ドウテイ** 道程 例苦難に満ちた道程
**トウテキ** 投てき〔投擲〕例投てき競技
**とうとい** 貴い⁶ キ,たっとい・たっとぶ・とうとぶ 330
例貴い資料,貴い体験 類貴い＜たっとい＞
**とうとい** 尊い⁶ ソン,たっとい・たっとぶ・とうとぶ 1281
例尊い人命を失う 類尊い＜たっとい＞
**トウトウ** とうとう,到頭 例とうとう亡くなられましたか 類ついに,けっきょく
**トウトウ** とうとう〔滔々〕例とうとうと流れる,とうとうと述べ立てる
**ドウドウ** 堂々 例堂々と発言する,堂々たる格格,正々堂々と戦う
**ドウトク** 道徳 例道徳を守る,道徳教育,道徳観念
**トウトツ** 唐突 例唐突ながら……,唐突な質問 類突然,だしぬけ,いきなり
**とうとぶ** 貴ぶ⁶ キ,たっとい・とうとい・たっとぶ 330
例宝石を貴ぶ,体験を貴ぶ 類貴ぶ＜たっとぶ＞
**とうとぶ** 尊ぶ⁶ ソン,たっとい・とうとい・たっとぶ 1281
例高齢者を尊ぶ,自由を尊ぶ 類尊ぶ＜たっとぶ＞
**トウどり** 頭取 例銀行の頭取 類代表者
**トウナン** 盗難 例盗難届け
**とうに** とうに〔疾うに〕例とうに出発しました,とうに終わったよ
**ドウニュウ** 導入 例外資を導入する 対導出
**トウハン** 登攀 例マッターホーン登攀

記 類よじ登る,登山
**ドウハン** 同伴 例夫人を同伴して出席する,同伴者
**トウヒ** 当否 例当否を討論する 類正否
**トウヒ** 逃避 例現実から逃避する
**トウビ** 掉尾 例本年の掉尾を飾る大熱戦 類最後,最終 注「チョウビ」の慣用読み。
**トウヒョウ** 投票 例投票箱,投票用紙
**トウヒョウばこ** 投票箱〔投票函〕
**トウフ** 豆腐 例豆腐殻;豆腐にかすがい
**ドウフウ** 同封 例履歴書を同封する
**ドウぶるい** 胴震い 例あまりの寒さに思わず胴震いする
**トウブン** 当分 例当分の間安静を要する,忙しくて当分休みも取れない
**トウボウ** 逃亡 例犯人は車で逃亡した,逃亡者
**ドウホウ** 同胞 例海外の同胞
**トウホン** 謄本〔謄本〕例戸籍謄本 対抄本
**トウホンセイソウ** 東奔西走 例東奔西走する
**ドウまき** 胴巻き(胴巻) 例胴巻きを奪われる 類財布,紙入れ
**ドウまわり** 胴回り 例胴回りを測る
**ドウミャク** 動脈 例鉄道は国の動脈である;動脈硬化症 対静脈
**トウミョウ** 灯明 例お灯明を上げる
**トウメイ** 透明 例透明な液体,無色透明
**ドウメイ** 同盟 例同盟を結ぶ,同盟条約,同盟罷業
**トウメン** 当面 例当面の目標,我々が現在当面している問題
**どうも** 副詞 どうも〔何うも〕例どうもおかしい,どうもうまくない,ど

○改定追加漢字 ●改定追加音訓 □改定削除漢字 ■改定削除音訓 〔 〕参考表記〔△表外漢字
▲表外音訓 ×誤用 当て字 当て字〕

| | |
|---|---|
| うもすみません | 遠い, 遠くて近きは男女の仲 |
| ドウモウ 獰猛 例獰猛な人種 | 対近い |
| 注「ネイモウ」は誤り。 | とおく 遠く 例遠くに連なる峰々 |
| とうもろこし とうもろこし〔玉蜀黍〕 | とおざかる 遠ざかる 例足音が遠ざ |
| 当て字 | かる, 学問から遠ざかる |
| トウヤ 陶冶 類鍛錬, 練成, 育成 | とおざける 遠ざける 例人を遠ざけ |
| トウヨウ 登用, 登庸 例人材を登用 | る, 悪友を遠ざける, 酒を遠ざけて |
| する | 節制する |
| ドウヨウ 動揺 例民心が動揺する | とおし 通し 例通し切符, 通し狂言, |
| 対安定 | 通し番号, 通し馬;お通し |
| ドウラク 道楽 例道楽をして身を持 | とおしキップ 通し切符 例静岡まで |
| ちくずす, 道楽者＜もの＞, 食い道楽 | の通し切符 |
| ドウラン 胴乱 例植物採集用の胴乱 | とおしキョウゲン 通し狂言 |
| ドウラン 動乱 例動乱のちまた | とおす 通す² ツウ・ツ, とおる・ |
| ドウリ 道理 例物事には全て道理 | かよう 〔徹す, 透す〕 1430 |
| がある, 道理至極;欠席したのか道理 | 例ひもを通す, 来客を座敷へ通す, |
| で顔が見えなかった | 鉄道を通す, 仲人を通して申し込む, |
| トウリュウ 逗留 例静養のため箱根 | 主義を通す, わがままを通す;書類 |
| に逗留する 類滞在 | に目を通す;夜を通して警備する, |
| トウリュウモン 登竜門 例文壇の登 | ガラス窓を通して見る |
| 竜門 | とおで 遠出 例自動車で遠出する |
| トウリョウ 棟梁 例大工の棟梁 | とおのく 遠のく〔遠退く〕 例足が遠 |
| 類親方, 頭 | のく, つきあいが遠のく, このとこ |
| ドウリョウ 同僚 例職場の同僚 | ろ練習から遠のいている 類遠ざか |
| 類同役, 同輩 | る 対近づく |
| トウロウ 灯籠, とうろう 例石灯籠, | とおのり 遠乗り 例遠乗りをする |
| 灯籠流し | とおぼえ 遠ぼえ〔遠吠え〕 例おおか |
| トウロク 登録 例商標を登録する, 登 | みの遠ぼえ |
| 録商標, 住民登録 | とおまき 遠巻き 例遠巻きにする |
| トウロン 討論 例放送討論会, 紙上討 | とおまわし 遠回し〔遠廻し〕 例遠回 |
| 論会 | しに言う, 遠回しにたしなめる, 言 |
| トウワク 当惑 例世話役に推されて | っていることが遠回しでわからない |
| 当惑している, 当惑顔 | とおまわり 遠回り〔遠廻り〕 例 遠 |
| とえはたえ ＊十重二十重 | 回りして帰る |
| とお 十¹ ジュウ・ジッ, と 907 | とおめ 遠目〔遠眼〕 例遠目が利く |
| 例十重, 二четыр十日 | とおめ 遠め, 遠目 例遠めのストラ |
| とお 遠～ 例遠浅, 遠縁, 遠出 | イク 対近め |
| とおい 遠い² エン・オン 98 | とおめがね 遠眼鏡 類望遠鏡, 双眼鏡 |
| 例遠い道, 遠い昔, 遠い親類, 耳が | とおり 通り 例にぎやかな通り, 通 |

とおり …… (の)とおり，……(の)通り 例そのとおり，従来のとおり，話したとおり，見たとおり，3とおりの方法 注法令・公用文では仮名書き。

とおりあめ 通り雨 例夕方の通り雨

とおりイッペン 通り一遍 例通り一遍の挨拶＜アイサツ＞

とおりがかり 通りがかり，通り掛かり 例通りがかりに立ち寄る，通りがかりの人

とおりかかる 通りかかる，通り掛かる 例通りかかった人に道を尋ねる

とおりがけ 通りがけ，通り掛け 例通りがけに立ち寄る

とおりこす 通り越す 例考えごとをして家の前を通り越す，危険を通り越す

とおりすがり 通りすがり 例通りすがりに立ち寄る

とおりすぎる 通り過ぎる 例台風が通り過ぎる

とおりソウバ 通り相場 例米1キロの通り相場，㊥通り値；1本800円は通り相場ですよ

とおりぬけ 通り抜け 例私道につき通り抜け禁止

とおりぬける 通り抜ける 例苦難の道を通り抜ける

とおりみち 通り道 例通り道のじゃまになる

とおる 通る² ツウ・ツ，とおす・かよう〔透る，徹る〕 1430 例村を通るバス，座敷へ通る，電車が通る，試験に通る，議案が通る，筋の通らない話，意味が通る，よく通る声，人格者で通る

とが とが〔科，咎〕 例罪とがもない子ども ㊥過ち，罪

トカイ 都会 例都会の生活，都会的な感覚，都会人 ㊔田舎

ドガイシ 度外視 例私の存在は全く度外視された

トがき ト書き 例俳優の動作はト書きによって指定される，ト書きとせりふ ㊥歌舞伎脚本で「ト思い入れあって」のように「ト」を用いたところから言う。

とかく とかく〔兎角 当て字〕 例とかくこの世は住みにくい，とかく誤解されやすい人 ㊥とにかく，あれこれ

とかす 解かす⁵ カイ・ゲ，とく・とける 191 例氷を解かす

とかす 溶かす ヨウ，とける・とく〔熔かす，鎔かす〕 2003 例薬を水に溶かす，絵の具を溶かす，鉄を溶かす

とかす とかす〔梳かす〕 例髪をとかす

とがめ とがめ〔咎め〕 例おとがめを受ける，世間のとがめ

とがめる とがめる〔咎める〕 例良心がとがめる，警官にとがめられる

とがらす とがらす〔尖らす〕 例鉛筆をとがらす，口をとがらす，神経をとがらす 注〔とがらせる〕とも言う。

とがる とがる〔尖る〕 例とがった鉛筆，神経がとがっていらいらする

とき 時² ジ 818 例時の流れ，時は秋だ，時を待つ，時の将軍，時の人，時の氏神，時の運，時の鐘，時は金なり，時を移さず，時を稼ぐ，時に応じて，鶏が時を作る；ときには失敗もする

とき ……(の)とき，……(の)時 例困ったときには，雨のときは

注法令・公用文では仮名書き。
**ときおり　ときおり,時折**　例ときおり手紙をくれる　類ときどき
**ときかた　解き方**　例分数の解き方　類解法
**とぎすます　研ぎ澄ます**〔磨ぎ澄ます〕　例研ぎ澄ました刃物
**ときたま**副詞　**ときたま,時たま**〔時偶〕　例ときたま映画を見る
**どぎつい　どぎつい**　例どぎつい色彩
**ときどき　時々,ときどき**　例時々の草花をめでる；ときどき夢を見る
**ときに**副詞　接続詞　**ときに,時に**　例ときに失敗もする,ときにはそんなこともあるさ；ときに彼は元気かね
**ときのこえ　ときの声**〔鬨の声〕　例ときの声をあげる
**ときふせる　説き伏せる**　例熱意を持って説き伏せる
**ときめかす　ときめかす**　例胸をときめかす
**ときめく　時めく**　例今を時めく政界の実力者
**どぎも　どぎも,度肝**〔度胆〕　例どぎもを抜く
**ときもの　解き物**　例母は朝から解き物をしている
**ドキョウ　度胸**　例よい度胸だ,度胸だめし
**どきょう　＊読経**
**とぎれ　とぎれ**〔跡切れ〕　例とぎれとぎれに聞こえる
**とぎれる　とぎれる**〔跡切れる〕　例道がとぎれる,電話がとぎれる
**ときわず　常磐津**
**トク　匿**―　1548
　例匿名；隠匿
**トク　特**⁴―　1549
　例特異,特技,特産,特使,特質,特殊,特種,特集,特色,特性,特製,特設,特選,特長,特徴,特定,特典,特電,特派,特配,特売,特筆,特別,特報,特命,特約,特有,特例；特価,特急,特許,特権,特効；奇特,独特
**トク　得**⁵　**える・うる**　1550
　(1)得る・わかる　例得意,得失,得心,得点,得度,得票；会得,獲得,自得,取得,拾得,所得,体得,納得　対失
　(2)特に利益　例得策,得失；一挙両得,損得,利得　対損
**トク　督**―　1551
　例督促,督励；監督,総督,提督
**トク　徳**⁴―　1552
　例徳を施す；徳義,徳行,徳性,徳望,徳用；悪徳,功徳＜クドク＞,公徳,人徳,仁徳,知徳,道徳,背徳,美徳,不徳,報徳,有徳
**トク　篤**―　1553
　(1)あつい・深い　例篤学,篤行,篤厚,篤志,篤農
　(2)病があつい・重い　例危篤
**トク　読**²　**ドク・トウ,よむ**　1556
　例文章読本
**とく　解く**⁵　**カイ・ゲ,とかす・とける**　191
　例帯を解く,古着を解く；兼任を解く,契約を解く,問題を解く,誤解を解く
**とく　説く**⁴　**セツ・ゼイ**　1163
　例真理を説く,説いて聞かせる
**とく　溶く　ヨウ,とける・とかす**　2003
　例絵の具を溶く,水で溶く
**とぐ　研ぐ**³　**ケン**〔磨ぐ〕　520
　例刃物を研ぐ,爪を研ぐ；米をとぐ
**ドク　毒**―　1554
　例毒をもって毒を制する；毒殺,毒

明朝体の右肩の数字は配当学年　末尾の数字は常用漢字表番号　（　）許容　類類義同意語　対反対対照語
関関連語　学学術用語

死, 毒舌, 毒素, 毒草, 毒筆, 毒物, 毒味, 毒虫, 毒薬;害毒, 鉱毒, 消毒, 胆毒, 中毒, 梅毒, 服毒, 防毒, 猛毒, 有毒

**ドク**　**独**⁵　**ひとり**　　　　1555
例 独演, 独学, 独裁, 独自, 独習, 独唱, 独身, 独占, 独善, 独奏, 独創, 独断, 独特, 独立, 独力;孤独, 単独

**ドク**　**読**²　**ドク・トウ**, **よむ**　1556
例 読者, 読書, 読破;愛読, 一読, 音読, 訓読, 購読, 再読, 熟読, 精読, 素読, 代読, 通読, 拝読, 判読, 必読, 黙読, 乱読, 朗読　注＊読経＜どきょう＞

**どく**　**どく**〔**退く**〕　例 早くそこをどけ
類 退く＜しりぞく＞, よける

**トクイ**　**特異**　例 特異な存在, 特異体質

**トクイ**　**得意**　例 英語が得意だ, 得意の絶頂, 得意満面, 得意顔, お得意の演歌;得意先, お得意様, 得意回り

**ドクガ**　**毒牙**　例 毒牙にかかる　類 毒手, 魔手

**ドクけし**　**毒消し**　例 毒消し売り
類 解毒＜ゲドク＞

**ドクサイ**　**独裁**　例 独裁者, 独裁政治

**ドクジ**　**独自**　例 独自の立場, 独自性

**トクシカ**　**篤志家**〔**特志家**〕

**トクシツ**　**特質**　例 ビニール製品の特質
類 特性

**トクシツ**　**得失**　例 利害得失

**ドクシャ**　**読者**　例 雑誌の読者, 読者層, 読者欄

**トクシュ**　**特殊**　例 機械に特殊な装置を施す, 特殊な例として, 特殊学校, 特殊教育, 特殊鋼

**トクシュウ**　**特集**〔**特輯**〕　例 特集号, 日曜特集

**ドクシュウ**　**独修**　例 英語の独修

**ドクシュウ**　**独習**　例 ペン字の独習

**ドクショ**　**読書**　例 読書三昧

**トクショク**　**特色**　例 特色を発揮する, 会の特色

**トクショク**　**涜職**　類 汚職

**ドクシン**　**独身**　例 独身の青年, 独身生活, 独身者

**ドクシンジュツ**　**読唇術**　類 読話術, 口話術

**トクする**　**得する**　例 500円得する, 手仕事を習っておいてずいぶん得している　対 損する

**トクセイ**　**特性**　例 特性を生かす
類 特質

**ドクセン**　**独占**　例 場所を独占する, 独占禁止法

**ドクゼン**　**独善**　例 独善的な考え方, 独善家, 独善主義

**ドクセンジョウ**　**独擅場**　類 独壇場＜ドクダンジョウ＞, 独り舞台

**ドクソウ**　**独奏**　例 ピアノの独奏
対 合奏

**ドクソウ**　**独創**　例 独創に富んだ製品, 独創的な研究, 独創性　対 模倣

**トクソク**　**督促**　例 税の納付を督促する, 督促状

**トクダン**　**特段**　例 特段の配慮をお願いします

**ドクダン**　**独断**　例 独断で事を決する, 独断専行

**ドクダンジョウ**　**独壇場**　例 財政問題は彼の独壇場である　注 「ドクセンジョウ」を誤って「ドクダンジョウ」と読み, その発音からこの語が用いられるようになった。

**トクチョウ**　**特長**　例 商品の特長, 3大特長　注 特に優れた点。

**トクチョウ**　**特徴**　例 話し方に特徴がある, 顔の特徴　注 目立つ点。

**ドクづく**　**毒づく, 毒突く**　例 毒づく

○改定追加漢字　●改定追加音訓　□改定削除漢字　■改定削除音訓　〔　〕参考表記　〔△表外漢字　▲表外音訓　×誤用　当て字当て字〕

のはみっともない

トクテイ　特定　例特定の人,特定料金,特定資本,特定郵便局　対不特定

トクテン　特典[特点]　例特典を与える,加入者への特典

トクと 圖副　とくと,篤と　例とくと拝見,とくと考えてみる　類念を入れて

トクトウ　禿頭　例禿頭病　類はげ頭

ドクトク　独特,独得　例独特の味,独特の方法

ドクドクしい　毒々しい　例毒々しい色の花,毒々しい言葉を投げつける

トクに　特に　例特に許可する,音楽が特によい,特に好きな本　類とりわけ

トクハイン　特派員　例特派員便り,通信社の海外特派員

トクベツ　特別　例特別な待遇,特別会計,特別国会,特別職,特別代理人,特別手当,特別配当,特別弁護人

トクホン　読本　例文章読本

ドクミ　毒味,毒見　例毒味をする

トクメイ　匿名　例匿名で投書する,匿名批評

トクユウ　特有　例法律特有の表現

トクヨウヒン　徳用品,得用品

とくり　とくり[徳利 当字]　注一般には「とっくり」と言う。

ドクリツ　独立　例独立を宣言する,独立して一家を構える,独立国,独立独行,独立独歩,独立自尊,独立家屋,独立採算制

ドクリョク　独力　例あの人は独力で今日の財を築いた　類自力

トクレイ　特例　例特例を設ける

ドクロ　どくろ[髑髏]　類されこうべ

とぐろをまく　とぐろを巻く　例とぐろを巻いていばる

とげ　とげ[刺,棘]　例ばらのとげ,とげが刺さる,とげのある言葉

とけあう　解け合う　例二人の気持ちが解け合う

とけい　＊時計　腕時計,目覚まし時計,置き時計,時計台,時計屋

とけこむ　溶け込む(溶込む)　例チームに溶け込む

とげとげしい　とげとげしい[刺々しい]　例とげとげしい顔つき

とげぬき　とげ抜き[刺抜き]

とける　解ける⁵　カイ・ゲ,とく・とかす　191
例帯が解ける,疑いが解ける,謎が解ける,禁足が解ける,氷が解ける

とける　溶ける　ヨウ,とかす・く〔熔ける,鎔ける,融ける〕　2003
例砂糖が水に溶ける,鉄が溶ける

とげる　遂げる　スイ　1090
例思いを遂げる,壮烈な戦死を遂げる

どける　どける[退ける]　例路上の石をどける　類除く

とこ　床　ショウ,ゆか　964
例長い間床に就いている,床を取る;床屋;川床,苗床,寝床

とこ　常⁵　ジョウ,つね　1018
例常夏

どこ　どこ[何処 当字]　例ここはどこだ,どこへ行くのか

とこあげ　床上げ　例床上げを祝う　類床払い

とこかざり　床飾り

とこなつ　常夏　例常夏の島

とこのま　床の間　例床の間の置物,床の間付きの部屋

ところ　所³　ショ〔処〕　945
例所変われば品変わる,所を得る;所番地,所柄,所所,所自慢;居所,台所

ところ　……(した)ところ,……(した)所[処]　例外出しようとしてい

明朝体の右肩の数字は配当学年　末尾の数字は常用漢字表番号　( )許容　類類義同意語　対反対対照語
関関連語　学学術用語

ところ―ドショ    358

るところへ……，電話をしたところ
だ，ちょうどよいところだ，眠った
ところをたたき起こす　注法令・公
用文では仮名書き。

ところが　ところが，所が　例ところが
誰も知らないのだ（注法令・公用文
では仮名書き）；走ったところがだ
めだった

ところがき　所書き〔処書き〕　例所書
きの場所に訪ねて行く　関住所

ところで　ところで，所で　例ところ
でおかげんはいかがですか（注法令・
公用文では仮名書き。）；仕事が終わ
ったところで軽く一杯いかがですか

ところてん　ところてん〔心太当て字〕
例ところてん式，ところてん草

ところどころ　ところどころ，所々
〔処々〕　例田のところどころに雪
が残っている，ところどころ抜けて
いる

とさか　とさか〔鶏冠当て字〕　例とさ
かの美しいおんどり

どさくさ　どさくさ　例引っ越しのど
さくさ，どさくさ紛れ　注俗語

とざす　閉ざす⁶　ヘイ，とじる・
　しめる・しまる　　　　　　1795
例門を閉ざす，道を閉ざす，口を閉
ざす，雪に閉ざされる，悲しみに閉
ざされる

とし　年¹　ネン　〔歳〕　　　　1593
例年が明ける，年が改まる，年が変
わる，年が暮れる，年を越す，年の
瀬，年の始め，年月，毎年，翌年，
年を取る，年を食う，年に不足はな
い，年には勝てない，年の頃，年上，
年子，年下，亀の甲より年の功
注＜今年＜ことし＞

トシ　都市　例都市計画，都市国家，
田園都市，文化都市

としかさ　年かさ〔年嵩〕　例二人のう
ち年かさのほうが私の父です
関年上

としカッコウ　年かっこう，年格好
〔年恰好〕　例年かっこうも弟と同じ
くらいの少年

としこし　年越し　例年越しそば

としごとに　年ごとに〔年毎に〕
例年ごとに物価が上がる

とじこむ　とじ込む〔綴じ込む〕
例新聞をとじ込む

とじこめる　閉じ込める　例押し入れ
に閉じ込める，大雪で小屋に閉じ込
められる

とじこもる　閉じ籠もる（閉じ籠る），
閉じこもる
例家に閉じ籠もって勉強に精出す

としごろ　年頃，年ごろ　例年頃の娘，
訳のわからない年頃

トして　賭して，として　例生命を賭し
て戦う　関賭けて

としのいち　年の市〔歳の市〕

としは　年端　例年端もいかない子ども
関年齢

とじまり　戸締まり（戸締り）　例戸締
まりを確かめる

としまわり　年回り〔歳廻り〕　例年回
りが悪い

とじめ　とじ目〔綴じ目〕　例本のとじ
目，とじ目がばらばらになる

トシャ　吐瀉　例吐瀉する　関吐き下し

ドシャぶり　どしゃ降り，土砂降り
例どしゃ降りのなかを駆けずり回る

トショ　図書　例図書を選定する，図
書館，図書室，国会図書館

トショウ　徒渉，渡渉　例徒渉する

ドジョウ　土壌　例農作物に適した土
壌　関土，土質

ドショウぼね　土性骨　例土性骨のあ

○改定追加漢字　●改定追加音訓　□改定削除漢字　■改定削除音訓　〔　〕参考表記　〔△表外字
▲表外音訓　×誤用　当て字当て字〕

るところを見せる 注「どしょっぽね」とも言う。

**としより 年寄り**(年寄) 例年寄りの冷や水 類老人；力士が引退して年寄りになる，年寄り役

**とじる 閉じる**[6] ヘイ，とざす・しめる・しまる 1795
例門を閉じる，静かに目を閉じる，大会の幕が閉じる；対開く

**とじる とじる**[綴じる] 例ばらばらになった本をひもでとじる

**としわすれ 年忘れ** 例年忘れの会 類忘年会

**どすぐろい どす黒い** 例どす黒い血

**トゼツ 途絶**[杜絶] 例交通が途絶する

**トソ とそ**[屠蘇] 例とそを祝う，とそ機嫌，とそ散<サン>

**ドゾウ 土蔵** 例土蔵破り

**ドダイ 土台** 例土台が傾く，土台を築く，土台石；だだい無理なことだ 類もともと，全く

**とだえる とだえる**[途絶える[跡絶える，杜絶える] 例交通がとだえる，連絡がとだえる，客足がとだえる

**とだな 戸棚**

**トタン とたん，途端** 例乗ったとたんに動きだす

**ドタンば 土壇場** 例土壇場に勝負が逆転する，土壇場になって慌てる

**とち 栃**[4]― 1557
注主として都道府県名に用いる。
※栃木<とちぎ>県

**トチ 土地** 例土地が肥えている，豊かな土地，土地の人，土地改良，土地言葉，土地台帳

**とちぎケン ※栃木県**

**トチク 屠畜**，と畜 注法令では「と畜」。

**トチュウ 途中** 例途中で雨が降りだ

す，途中で切り上げる，話の途中

**どちら どちら**[何方[当て字] 例どちらが正しいか，どちらへ行かれますか，どちら様でしょうか

**トツ 凸**― 1558
例凸版，凸レンズ；凹凸<オウトツ>
注＊凸凹<でこぼこ>

**トツ 突 つく** 1559
(1)突き出る例突貫，突起，突撃，突出，突進，突堤，突入，突破；煙突
(2)ぶつかる例突激，衝突
(3)急に例突如，突然，突発，突風；唐突

**トッキ 突起** 例突起物，虫製突起

**トッキョ 特許** 例特許を取る，特許権，専売特許

**とつぐ 嫁ぐ** カ，よめ 154
例娘が嫁ぐ，娘を嫁がせる

**とっくに とっくに**[疾っくに]
例会議はとっくに終わった

**とっくり とっくり**[徳利[当て字]
例とっくりを並べる，大とっくり
注「とくり」とも言う。

**とっくり(と) 副詞 とっくり(と)**
例とっくり考える，とっくりと考える

**トツゲキ 突撃** 例まっしぐらに突撃する，突撃隊，突撃ラッパ

**トッケン 特権** 例特権意識，特権階級

**トッサ とっさ**[咄嗟] 例とっさに身を翻す，とっさに答える，とっさの間

**トツゼン 突然** 例突然の出来事，突然変異

**トッタン 突端** 例岬の突端

**どっち どっち**[何方[当て字] 例どっちへ行った，どっちもどっちだ，どっちつかずな人；どっちみちただでは済まない 類どちら

**とっちめる とっちめる**[取っ締める]
例いたずら坊主をとっちめる 類強く責める 注俗語

とっつ―とどめ

とっつき　とっつき,取っ付き
　例とっつきの家；とっつきの悪い人
とって　取っ手[把手]　例ドアの取っ手
とっておき　取って置き　例取って置きの品　注「とっとき」とも言う。
トツトツ　とつとつ[訥々,吶々]
　例とつとつと語る
とっとりケン　※鳥取県
トッパ　突破　例難関を突破する
トッパツ　突発　例突発事故
トッパン　凸版　対凹版
とっぴ　とっぴ[突飛当て字]　例とっぴな衣装, とっぴな思いつき
トッピョウシ　とっぴょうし,突拍子
　例とっぴょうしもない大声を張り上げる　類途方もない
とっぷり　とっぷり　例日がとっぷりと暮れる
トツベン　訥弁　対口べた　対能弁
トツレンズ　凸レンズ　対凹レンズ
トテツもない　とてつもない[途轍もない]　例とてつもない大きな煙突, とてつもない事件　類途方もない
とても　副詞　とても[迚も]　例とてもできない, とてもだめだ, とても美しい, とても似合う
どてら　どてら[縕袍当て字]　類たんぜん(丹前)
ドトウ　怒濤　例逆巻く怒濤, 大軍が国境を越えて怒濤のように押し寄せる　類荒波, 激浪
とどく　届く⁶　とどける　1560
　例荷物が届く, 手が届かない
とどけ　届け(届)　例届けを出す, 届けを忘れる
とどけ　～届け(～届)　例欠勤届け, 死亡届け

とどけさき　届け先(届先)　例届け先の所番地, お中元の届け先
とどけずみ　届け済み　例届け済みの銃砲刀剣
とどけで　届け出(届出)　例遺失物の届け出
とどけでる　届け出る(届出る)　例住所変更を届け出る
とどける　届ける⁶　とどく　1560
　例遺失物を届ける, お歳暮を届ける
とどこおり　滞り　例式が滞りなく済む, 税金の滞り額
とどこおる　滞る　タイ　1309
　例事務が滞る, 家賃が滞る, 税金を滞らせる
ととのう　整う³　セイ, ととのえる　1135
　例準備が整う, 縁談が整う, 整った顔だち
ととのう　調う³　チョウ, しらべる・ととのえる　1415
　例嫁入り道具が調う, 晴れ着が調う
ととのえる　整える³　セイ, ととのう　1135
　例隊列を整える, 服装を整える, 髪を整える, 準備を整える, 体調を整える
ととのえる　調える³　チョウ, しらべる・ととのう　1415
　例道具一式を調える, 味を調える, 費用を調える
とどまる　とどまる[止まる,留まる,停まる]　例数日前から東京にとどまっている, 現職にとどまる, 惜しくも3位にとどまる
とどめ　とどめ[止め,留め]　例とどめを刺す
とどめる　とどめる[止める,留める,停める]　例家族を郷里にとどめて単身上京する, 今なおその名をとど

○改定追加漢字　●改定追加音訓　□改定削除漢字　■改定削除音訓　〔　〕参考表記〔△表外漢字
▲表外音訓　×誤用　当て字当て字〕

とどろかす　とどろかす〔轟かす〕
　囲爆音をとどろかせて飛び立つ，勇名をとどろかす，期待に胸をとどろかす
とどろく　とどろく〔轟く〕　囲爆音がとどろく，勇名がとどろく，胸がとどろく
となえる　唱える⁴　ショウ　981
　囲万歳を唱える，念仏を唱える，新説を唱える，世界平和を唱える
どなた　どなた〔何方当て字〕　囲どなたでしょうか
となり　隣　リン，となる　2080
　囲隣の家，隣の席，隣組，隣座敷，隣村
となりあう　隣り合う〔隣合う〕
　囲隣り合った席
となりあわせ　隣り合わせ〔隣合せ〕
　囲隣り合わせの家に住んでいる
となりむら　隣村　類隣村＜リンソン＞　関隣町
となる　隣る　リン，となり　2080
　囲隣り合う
ドなる　どなる，怒鳴る〔呶鳴る〕
　囲大声でどなる
とにかく　副詞　とにかく〔兎に角当て字〕
　囲とにかく行ってみる
との　殿　デン・テン，どの　1482
　囲殿のお出まし，殿方，殿御＜とのご＞，殿様
どの　殿　デン・テン，との　1482
　囲湯殿，～殿
ドノウ　土のう〔土嚢〕　囲土のうを積み重ねる　関砂袋
とのさま　殿様　囲殿様のお供，殿様芸，殿様払い；とのさまがえる
とば　賭場　関ばくち場
トバク　賭博，とばく　囲賭博師　関ばくち

とばす　飛ばす⁴　ヒ，とぶ　1693
　囲車を飛ばす，模型飛行機を飛ばす，飛ばして読む，地方へ飛ばされる
とばっちり　とばっちり〔迸り〕
　囲とばっちりを受ける
とばり　とばり〔帳，帷〕　囲夜のとばり
とびあがる　飛び上がる〔飛上る〕
　囲飛び上がって喜ぶ
とびいし　飛び石〔飛石〕　囲飛び石伝い，飛び石連休
とびいり　飛び入り〔飛入り〕　囲飛び入り歓迎
とびおり　飛び降り〔飛降り〕　囲飛び降り自殺
とびおりる　飛び降りる〔飛降りる〕
　囲台の上から飛び降りる　反飛び上がる
とびかかる　飛びかかる，飛び掛かる〔飛掛る〕　囲獲物に飛びかかる
とびきり　飛び切り〔飛切り〕　囲飛び切り上等の品；飛び切りの術
とびぐち　とび口〔鳶口〕
とびこえる　飛び越える〔飛越える〕
　囲川を飛び越える
とびこみ　飛び込み〔飛込み〕　囲飛び込み競技
とびこみダイ　飛び込み台〔飛込み台〕〔飛込台〕
とびこむ　飛び込む〔飛込む〕　囲水中へ飛び込む，事件の渦中に飛び込む
とびさる　飛び去る〔飛去る〕　囲南へ向かって飛び去る
とびだしナイフ　飛び出しナイフ〔飛出しナイフ〕
とびだす　飛び出す〔飛出す〕　囲脇から飛び出す，家を飛び出す，目玉が飛び出す
とびたつ　飛び立つ〔飛立つ〕　囲茂みから鳥が飛び立つ，飛び立つ思いで

帰国の途に就く
**とびチ　飛び地**　[例]飛び地を交換する
**とびちる　飛び散る**(飛散る)　[例]火花が飛び散る
**とびつく　飛び付く**(飛付く)　[例]犬が飛び付く，もうけ話に飛び付く
**とびでる　飛び出る**(飛出る)　[例]目玉が飛び出る
**とびドウグ　飛び道具**　[例]飛び道具はご法度だ　[類]鉄砲
**とびとび　とびとび**，飛び飛び
[例]とびとびに物を並べる，文章をとびとびに読む

と

**とびのく　飛びのく**〔飛び▲退く〕
[例]驚いて飛びのく
**とびのり　飛び乗り**(飛乗り)
[例]飛び乗りは危険だ
**とびのる　飛び乗る**(飛乗る)
[例]馬に飛び乗る　[対]飛び降りる
**とびはなれる　飛び離れる**(飛離れる)
[例]実力が飛び離れる
**とびひ　飛び火**(飛火)　[例]火元から飛び火して火災が広がる，事件が飛び火する
**とびまわる　飛び回る**(飛回る)〔飛び△廻る〕　[例]金策に飛び回る，事件を追って飛び回る
**ドヒョウいり　土俵入り**　[例]横綱の土俵入り
**とびら　扉**　ヒ　1698
[例]本の扉，扉を開く
**ドビン　土瓶**
**とぶ　跳ぶ**　チョウ，**はねる**　1410
[例]溝を跳ぶ，三段跳び，跳びはねる
**とぶ　飛ぶ**[4]　ヒ，**とばす**　1693
[例]鳥が空を飛ぶ，首が飛ぶ，うわさが飛ぶ，飛ぶように売れる，飛ぶ鳥を落とす勢い
**どぶ　どぶ**〔▲溝〕　[例]どぶをさらう，どぶ掃除，どぶねずみ　[類]下水
**どぶろく　どぶろく**〔▲濁▲酒[当て字]〕
**ドベイ　土塀**　[例]土塀をめぐらした屋敷
**トホ　徒歩**　[例]駅より徒歩7分，徒歩旅行
**トホウにくれる　途方に暮れる**
[例]旅先で金をなくして途方に暮れる
**トホウもない　途方もない**　[例]途方もない計画
**とぼける　とぼける**〔△恍ける，△惚ける〕
[例]知っているくせにとぼける，とぼけたことを言う
**とぼしい**　乏しい　ボウ　1853
[例]乏しい家計，乏しい財布，知識に乏しい　[対]豊かな，豊かだ
**とます　富ます**　[例]国を富ます　[注]「富ませる」とも言う。
**とまどい　戸惑い**，途惑い　[例]戸惑いぎみ
**とまどう　戸惑う**，途惑う　[例]かってがわからなくて戸惑った
**とまり　止まり**(止り)　[例]止まり木
**とまり　泊まり**(泊り)　[例]今夜は福岡泊まりだ，泊まりの番，泊まり客，泊まり船
**とまり　留まり**(留り)　[例]高値の留まり
**とまりがけ　泊まりがけ**，泊まり掛け(泊り掛け)　[例]泊まりがけで旅行する　[対]日帰り
**とまりぎ　止まり木**(止り木)　[類]横木
**とまりキャク　泊まり客**(泊り客)
[類]宿泊人
**とまる**　止まる[2](止る)　シ，**とめる**　〔▲停まる〕　762
[例]鳥が木の枝に止まる；時計が止まる，歩みが止まる，水道が止まる，笑いが止まらない；電車が止まる
**とまる**　泊まる(泊る)　ハク，**とめる**　1633

○改定追加漢字　●改定追加音訓　□改定削除漢字　■改定削除音訓　〔　〕参考表記〔△表外漢字　▲表外音訓　×誤用　[当て字]当て字〕

例宿屋に泊まる,船が港に泊まっている
とまる 留まる⁵〔留る〕 リュウ・ル, とめる 2051
例目に留まる,あなたの笑顔が心に留まる
とみ 富⁴ フ・フウ, とむ 1752
例国の富,富札 注※富山<とやま>県
とみくじ 富くじ〔富籤〕
とむ 富む⁴ フ・フウ, とみ 1752
例資源に富む,独創力に富む
とむらい 弔い〔葬い〕 例弔いの言葉を述べる,弔い合戦 注「とぶらい」とも言う。
とむらう 弔う チョウ 〔葬う〕 1393
例死者を弔う 注「とぶらう」とも言う。
とめ 止め 例止め相場,出入り差し止め
とめ 留め 例留め金,留め針,留め男
とめおき 留め置き(留置き) 例郵便の留め置き
とめおく 留め置く(留置く) 例容疑者を留め置く,郵便を留め置く
とめがね 留め金,止め金 例ハンドバッグの留め金
とめだて とめだて,留め立て 例よけいなとめだてをするな
とめどなく とめどなく〔止め処無く,留め処無く〕 例とめどなくあふれる涙
とめばり 留め針(留針) 類ピン
とめる 止める² シ, とまる 〔停める〕 762
例足を止める,血を止める,ラジオを止める
とめる 泊める ハク, とまる 1633

例船を沖合いに泊める,客を泊める
とめる 留める⁵ リュウ・ル, とまる 2051
例ボタンを留める,針で留める;目に留める,気に留める
とも 共⁴ キョウ 〔伴〕 395
例共裏,共切れ,共働き,共食い,共倒れ
とも 供⁶ キョウ・ク, そなえる 400
例供に加わる,供頭,供ぞろえ,供人,供回り
とも 友² ユウ 1971
例昨日の敵は今日の友,竹馬の友,友釣り,友引き 注*友達<ともだち>
とも とも〔艫〕 例船のともに乗る 対へさき
ども ～ども 例私ども
ともかく副詞 ともかく〔兎も角当て字〕 例ともかく行ってみる,来月ならともかく今月はだめだ
ともかせぎ 共稼ぎ 例共稼ぎをする 類共働き
ともぎれ 共切れ〔共布〕 例共切れで座布団を作る
ともぐい 共食い 例かまきりの共食い
ともしび ともしび, ともし火〔灯火〕 例ともしびをともす
ともす ともす〔点す,灯す〕 例ろうそくをともす
ともすると ともすると 類ともすれば, どうかすると
ともすれば ともすれば 例ともすれば怠けたくなる 類ともすると
ともだおれ 共倒れ 例過当競争による共倒れ
ともだち *友達 例友達づきあい
ともづな ともづな〔艫綱,纜〕 例ともづなを解く

明朝体の右肩の数字は配当学年　末尾の数字は常用漢字表番号　( )許容　類類義同意語　対反対対照語
関関連語　学学術用語

| | |
|---|---|
| ともどもに 副詞　ともどもに，共々に　例ともどもに助け合う | 例兵法虎の巻 |
| ともなう　伴う〔ハン・バン〕 1661　例夫人を伴って出席する，大きな犠牲が伴う | とらわれ　捕らわれ(捕われ)〔囚われ〕　例捕らわれの身 |
| ともに　ともに，共に〔倶に〕　例ともに天をいただかず，父とともに釣りに行く　注法令・公用文では仮名書き。 | とらわれる　捕らわれる(捕われる)　ホ，とらえる・とる・つかまえる・つかまる　〔囚われる，拘われる〕 1820　例官憲に捕らわれる；因習にとらわれる，外見にとらわれる |
| ともまわり　供回り〔供廻り〕　例供回りをそろえる | |
| ドもり　度盛り　例寒暖計の度盛り　類目盛り | とり　鳥²〔チョウ〕 1405　例鳥なき里のこうもり，鳥小屋，鳥打ち帽，鳥目，鳥の跡，鳥居；おん鳥，千鳥，水鳥，山鳥　注※鳥取<とっとり>県 |
| ともる　ともる〔点る，灯る〕　例ろうそくがともる　注「とほる」とも言う。 | |
| とやかく 副詞　とやかく〔兎や角〕当て字　例他人のことをとやかく言う | とり　とり〔酉〕　例とりの市 |
| とやまケン　※富山県 | とりあう　取り合う(取合う)　例手を取り合う；笑って取り合わない |
| ドヨウぼし　土用干し　例冬物の土用干し　類虫干し | とりあえず　とりあえず〔取り敢えず〕　例とりあえず用件だけ言う |
| ドヨウやすみ　土用休み　類夏休み，暑中休業 | とりあげ　取り上げ(取上げ)　例領地お取り上げの上切腹を申しつかる |
| どよめき　どよめき　例観衆のどよめきが起こる | とりあげる　採り上げる(採上げる)　例願いの筋を採り上げる |
| どよめく　どよめく　例聴衆がどよめく | とりあげる　取り上げる(取上げる)　例刃物を取り上げる |
| とら　虎 コ　〔とら〕 563　例張り子の虎 | とりあつかい　取り扱い(取扱い)(取扱)　例取り扱いがうまい，電報の取り扱い，丁寧な取り扱いを受ける |
| ドラ　どら〔銅鑼〕　例出港のどらが鳴る，どら声，どら焼き | |
| とらえる　捉える　ソク 1267　例文章の要点を捉える，問題の捉え方が難しい | とりあつかいジョ　取扱所　例小荷物取扱所 |
| とらえる　捕らえる(捕える)　ホ，とらわれる・とる・つかまえる・つかまる 1820　例腕を捕らえて離さない，犯人を捕らえる　類捕まえる | とりあつかいだか　取扱高　例輸出入の取扱高 |
| | とりあつかいニン　取扱人　例の印を押す |
| ドラごえ　どら声〔銅鑼声〕　例どら声を張り上げる | とりあつかいヒン　取扱品 |
| とらのまき　虎の巻，とらの巻 | とりあつかいホウ　取扱法　例危険物取扱法 |
| | とりあつかう　取り扱う(取扱う)　例計算器を取り扱う，電報を取り扱 |

○改定追加漢字　●改定追加音訓　□改定削除漢字　■改定削除音訓　〔 〕参考表記〔△表外漢字　▲表外音訓　×誤用　当て字〕当て字〕

う，来賓として取り扱う
**とりあわせ　取り合わせ**(取合せ)
　例色の取り合わせ　類配色
**とりあわせる　取り合わせる**(取合せる)　例色を取り合わせる
**とりいる　取り入る**(取入る)　例上司に取り入る
**とりいれ　取り入れ**(取入れ)〔穫り入れ〕例秋の取り入れ　類収穫
**とりいれぐち　取り入れ口**(取入れ口)(取入口)　例上水道の取り入れ口
**とりいれる　採り入れる**(採り入れる)
　例意見を採り入れる
**とりいれる　取り入れる**(取入れる)
　例麦を取り入れる，干し物を取り入れる
**とりうち　鳥撃ち**　例鳥撃ちの名手
**とりうちボウ　鳥打ち帽**(鳥打帽)
　類ハンチング
**とりえ　とりえ**，取り柄(取柄)
　例なんのとりえもない男
**とりおこなう　執り行う**　例式を執り行う
**とりおさえる　取り押さえる**(取押さえる)，取り抑える(取抑える)
　例犯人を取り押さえる
**とりおとす　取り落とす**(取落す)
　例湯飲みを取り落とす，たいせつなことを取り落とす
**とりおろし　取り卸し**(取卸し)
**とりかえ　取り替え**(取替え)　例ブラウン管の取り替えをする
**とりかえし　取り返し**(取返し)
　例取り返しのつかないことをする
**とりかえす　取り返す**(取返す)
　例不法占拠された土地を取り返す，信用を取り返す
**とりかえヒン　取り替え品**(取替え品)(取替品)

**とりかえる　取り替える**(取替える)
　例壊れた部品を取り替える，下着を取り替える，友達と本を取り替える
**とりかかる　取り掛かる，取り掛かる**(取掛る)　例実験に取りかかる
**とりかご　鳥籠**，鳥かご
**とりかこむ　取り囲む**(取囲む)
　例立ち木に取り囲まれた家，いろりを取り囲んで語る
**とりかたづける　取り片づける，取り片付ける**(取片付ける)　例部屋を取り片づける，大工道具を取り片づける
**とりかわす　取り交わす**(取交わす)
　例意見を取り交わす　類交換する
**とりきめ　取り決め**(取決め)〔取極め〕
　例支払い期日の取り決め，取り決めに従う
**とりきめる　取り決める**(取決める)
〔取り極める〕　例式の日取りを取り決める，条件を取り決める
**とりくずし　取り崩し**(取崩し)
**とりくち　取り口**(取口)　例取り口のはでな相撲
**とりくみ　取組**　例相撲の取組
**とりくむ　取り組む**(取組む)　例真っ向から取り組む，強敵と取り組む，難問に取り組む
**とりけし　取り消し**(取消し)　例契約の取り消し，記事の取り消しを要求する
**とりけしキジ　取り消し記事**(取消し記事)
**とりけす　取り消す**(取消す)　例約束を取り消す，発表を取り消す
**とりこ　とりこ**〔虜，擒〕　例敵のとりこになる，恋のとりこ
**とりこしクロウ　取り越し苦労**(取越し苦労)(取越苦労)　類杞憂＜キ

---
明朝体の右肩の数字は配当学年　末尾の数字は常用漢字表番号　( )許容　類類義同意語　対反対対照語
関関連語　学学術用語

ユウ>
**とりこみ 取り込み**(取込み) 例取り込み中につき面会謝絶, 取り込みがあってごたごたする, 取り込み詐欺

**とりこむ 取り込む**(取込む) 例洗濯物を取り込む, 利益を取り込む; 不幸が家の中が取り込んでいる

**とりこわし 取り壊し**(取壊し)[取り毀し] 例家の取り壊し作業

**とりこわす 取り壊す**(取壊す)[取り毀す] 例木造建築を取り壊して鉄筋のビルを建てる

**とりさげ 取り下げ**(取下げ) 例訴訟の取り下げを申請して示談する

**とりさげる 取り下げる**(取下げる) 例訴訟を取り下げる

**とりさし 鳥刺し**

**とりザタ 取り沙汰**, 取りざた 例世間の取り沙汰を気にする

**とりさる 取り去る**(取去る) 例混ざり物を取り去る, 痛みを取り去る

**とりしまり 取り締まり**(取締まり) 例交通違反の取り締まり

**とりしまりヤク 取締役** 例専務取締役, 常務取締役, 技術担当取締役, 取締役会

**とりしまる 取り締まる**(取締る) 例部下を取り締まる, 交通違反を取り締まる

**とりしらべ 取り調べ**(取調べ) 例違反者の取り調べ, 取り調べ室

**とりしらべる 取り調べる**(取調べる) 例容疑者を取り調べる, 出火の原因を取り調べる

**とりすがる 取りすがる**[取り縋る] 例袖に取りすがって泣く, 情けに取りすがる

**とりそろえる 取りそろえる**[取り揃える] 例調度を取りそろえる, 品物を豊富に取りそろえて御来店をお待ちしております

**とりだか 取り高** 例月給の取り高; 取り高5万石の大名

**とりだす 取り出す**(取出す) 例かばんから本を取り出す

**とりたて 取り立て**(取立て) 例税金の取り立て, 取り立てに回る; 知人の取り立てで要職に就く; 取りたてのトマト

**とりたてキン 取り立て金**(取立て金)(取立金)

**とりたてる 取り立てる**(取立てる) 例税金を取り立てる; 所長に取り立てる

**とりちがえる 取り違える**(取違える) 例日取りを取り違える, 意味を取り違える

**とりちらかす 取り散らかす**(取散らかす) 例取り散らかしておりますがどうぞお上がりください

**とりつぎ 取り次ぎ**(取次ぎ) 例電話の取り次ぎ, お取り次ぎを願います

**とりつぎテン 取次店** 例教科書取次店

**とりつく 取り付く** 例子どもが母親に取り付いて離れない, きつねが取り付く; 取り付くしま (島) もない

**とりつぐ 取り次ぐ**(取次ぐ) 例来客を取り次ぐ, 本を取り次ぐ

**とりつくろう 取り繕う**(取繕う) 例人前を取り繕う

**とりつけ 取り付け**(取付け) 例電話の取り付けを終わる; 不正貸し付けが発覚した銀行へ取り付けの預金者が殺到する; 取りつけの店

**とりつけコウジ 取り付け工事**(取付け工事)(取付工事)

**とりつける 取り付ける**(取付ける)

○改定追加漢字 ●改定追加音訓 □改定削除漢字 ■改定削除音訓 〔 〕参考表記 〔△表外漢字 ▲表外音訓 ×誤用 当て字当て字〕

例アンテナを取り付ける，預金を取り付ける
**とりつける** 取りつける 例取りつけている仕出し屋
**とりとめ** 取り留め(取留め) 例取り留めのない話
**とりとめる** 取り留める(取留める) 例一命を取り留める
**とりどり** とりどり，取り取り 例色とりどりの衣装
**とりなおす** 取り直す(取直す) 例気を取り直す，相撲を取り直す
**とりなし** とりなし，取り成し，執り成し 例とりなしがうまい
**とりなす** とりなす，取り成す，執り成す 例二人の間をとりなして仲直りさせる
**とりにがす** 取り逃がす(取逃がす) 例現行犯を取り逃がす，好機を取り逃がす
**とりのいち** とりの市〔酉の市〕
**とりのける** 取りのける〔取り除ける〕 例通路の箱を取りのける，田の草を取りのける
**とりのこし** 取り残し(取残し) 例取り残しの雑草；バスが込んで取り残しにされる
**とりのこす** 取り残す(取残す) 例取り残したごみ；病気をしたのでみんなから取り残されそうだ
**とりのぞく** 取り除く(取除く) 例雑草を取り除く，不良品を取り除く
**とりはからい** 取り計らい(取計い) 例よろしくお取り計らいのほどを……
**とりはからう** 取り計らう(取計う) 例うまく取り計らってください，よろしくお取り計らいください，損をしないように取り計らう

**とりはこび** 取り運び(取運び) 例議事の取り運びがうまい
**とりはこぶ** 取り運ぶ(取運ぶ) 例縁談をうまく取り運ぶ
**とりはずし** 取り外し(取外し) 例取り外しの自在な釣り棚
**とりはずす** 取り外す(取外す) 例ふすまを取り外して広くする，店の看板を取り外す
**とりはらい** 取り払い(取払い) 例駅前バラックの取り払い
**とりはらう** 取り払う(取払う) 例庭の立ち木を取り払う
**とりひき** 取り引き(取引き)(取引) 例取り引きのうまい商人，大きな取り引きをする
**とりひきジョ** 取引所 例証券取引所
**とりブン** 取りぶん，取り分 例取りぶんをもらう 類割りまえ，取りまえ
**とりホウダイ** 取り放題，取りほうだい 例取り放題食べ放題
**とりまき** 取り巻き(取巻き) 例社長の取り巻き，取り巻き連＜レン＞に嗾される
**とりまぎれる** 取り紛れる(取紛れる) 例忙しさに取り紛れてすっかり忘れる
**とりまく** 取り巻く(取巻く) 例選挙の速報板を取り巻く，悪友に取り巻かれているから良くならない
**とりまぜる** 取り混ぜる(取混ぜる) 例適当に取り混ぜて詰めてください
**とりまとめ** 取りまとめ〔取り纏め〕
**とりまとめる** 取りまとめる〔取り纏める〕 例荷物を取りまとめて家を出る，注文を取りまとめる，話を取りまとめる
**とりみだす** 取り乱す(取乱す) 例友達の突然の死に取り乱す

とりむすぶ 取り結ぶ(取結ぶ)
　囲仲を取り結ぶ
とりもち 取り持ち(取持ち) 囲こじれた交渉の取り持ちを頼む、恋の取り持ちをする
とりもつ 取り持つ(取持つ) 囲両者の仲を取り持つ
とりもどし 取り戻し(取戻し)
とりもどす 取り戻す(取戻す)
　囲財布を取り戻す、勢力を取り戻す、元気を取り戻す
とりもなおさず副詞 とりもなおさず、取りも直さず 類すなわち、そのまま
とりもの 捕り物(捕物) 囲捕り物帳
とりやめ 取りやめ[取り止め]
　囲計画が取りやめになる
とりやめる 取りやめる[取り止める]
　囲旅行を取りやめる 類中止する
ドリョウ 度量 囲度量が広い；度量衡
とりよせる 取り寄せる(取寄せる)
　囲産地から直接取り寄せる、仕出し屋から料理を取り寄せる、見本を取り寄せる
とりわけ副詞 とりわけ、取り分け(取分け) 囲とりわけて変わったこともない、とりわけ暑い日だ 類格別、特別、極めて
とる 採る⁵ サイ 702
　囲わかめを採る、新卒を採る
とる 撮る サツ 740
　囲写真を撮る
とる 執る シツ・シュウ 834
　囲事務を執る、筆を執る
とる 取る³ シュ 867
　囲手に取る、魚を取る、栄養を取る、仕出しを取る、会費を取る、雑誌を取っている、席を取る、悪意に取る、脈を取る、雑草を取る、金を取られる、命を取る；取るものも取りあえず
とる 捕る ホ、とらえる・とらわれる・つかまえる・つかまる 1820
　囲魚を捕る 注「取る」とも書く。
とれだか 取れ高 囲麦の取れ高
　類収穫量、水揚げ高
どれほど副詞 どれほど[何れ程]
　囲どれほど悲しいだろう
どろ 泥 デイ 1459
　囲顔に泥を塗る、泥を吐かせる、泥足、泥臭い、泥試合、泥縄、泥沼、泥棒、泥水、泥よけ、泥んこ
とろける とろける[蕩ける] 囲舌がとろけそうだ、女の色香に心がとろける
どろじあい 泥仕合 囲泥仕合を演じる
どろなわ 泥縄 囲泥縄式の勉強
どろぬま 泥沼 囲泥沼に落ちる、泥沼のような暮らし
どろボウ 泥棒、泥坊 囲泥棒を見て縄をなう
どろまみれ 泥まみれ[泥塗れ]
　囲泥まみれになって働く
どろみず 泥水 囲泥水渡世〈トセイ〉
どろよけ 泥よけ[泥除け] 囲車の泥よけ
どろんこ 泥んこ 類泥だらけ 注俗語
ドわすれ 度忘れ 囲名前を度忘れする
トン 団⁵ ダン 1347
　囲布団
トン 屯 — 1561
　囲屯所、屯田兵、駐屯、駐屯地
トン 豚 ぶた 1562
　囲豚カツ、豚脂〈トンシ〉、豚舎、豚肉；養豚
トン 頓 — 1563
　囲頓狂、頓挫〈トンザ〉、頓死、頓首再拝、頓知、頓着；整頓、停頓、金のことにはとんと無頓着だ

○改定追加漢字　●改定追加音訓　□改定削除漢字　■改定削除音訓　〔 〕参考表記　〔△表外字〕
▲表外音訓　×誤用　当て字当て字〕

| とん 問³ モン，とう・とい 1951
  例問屋＜とんや・といや＞
| ドン 貪 むさぼる 1564
  例貪欲
| ドン 鈍 にぶい・にぶる 1565
  例貧すれば鈍する；鈍化，鈍角，鈍感，鈍才，鈍重，鈍痛；愚鈍 対鋭
| ドン 曇 くもる 1566
  例曇天
| どん 丼 どんぶり 〔どん〕 1567
  例牛丼，天丼
| ドンカン 鈍感 例頭が鈍感だ 対敏感
| トンキョウ 頓狂，とんきょう 例頓狂な声を張り上げる
| どんぐり どんぐり〔団栗〕 例どんぐりの背比べ，どんぐり眼＜まなこ＞
| トンザ 頓挫，とんざ 例計画が頓挫する 関行き悩み，中絶
| トンシ 頓死 例頓死する 関急死
| トンジ 遁辞 関逃げ口上
| トンショ 屯所 例屯所に引き立てる 関詰め所
| ドンする 鈍する 例貧すれば鈍する
| トンセイ 遁世 例出家遁世の身 関隠世
| トンソウ 遁走 例敗残兵が遁走する 関逃走
| どんぞこ どん底 例失意のどん底，どん底生活
| トンチ 頓知，とんち〔頓智〕 例頓知を働かせる 関気転，機知
| トンチャク 頓着，とんちゃく 例物に頓着しない 関関心，心配 注「トンジャク」とも言う。
| とんちんかん とんちんかん〔頓珍漢 当て字〕 例とんちんかんな返事
| ドンテン 曇天 例曇天の日が続く
| どんでんがえし どんでん返し 例どんでん返しの結末

| トンと とんと〔頓と〕 例とんと見当がつかない
| どんぶり 丼 どん 〔どんぶり〕 1567
  例丼飯，丼鉢，丼勘定
| とんぼがえり とんぼ返り〔蜻蛉返り 当て字〕例宙返り，空中転回
| とんや 問屋 例問屋で商品の仕入れをする，そうは問屋が卸さない 注「といや」とも言う。
| ドンヨク 貪欲 例貪欲な性格 関強欲，欲張り

〔ナ・な〕

| ナ 那 ― 1568
  例刹那＜セツナ＞，旦那＜ダンナ＞
| ナ 奈⁴ ― 1569
  例奈落
| ナ 南² ナン，みなみ 1574
  例南無
| ナ 納⁶ ノウ・ナッ・ナン・トウ，おさめる・おさまる 1599
  例納屋
| な 菜⁴ サイ 707
  例菜の花，菜種；青菜
| な 名¹ メイ・ミョウ 1926
  例名を捨て実を取る，名を売る，名折れ，名主，名前 注＊仮名＜かな＞，＊名残＜なごり＞
| なあて 名宛て，名あて 関宛名
| ナイ 内² ダイ，うち 1570
  例内意，内科，内海，内外，内閣，内在，内柔，内助，内職，内申，内政，内省，内臓，内地，内定，内服薬，内紛，内密，内野，内容，内乱；案内，家内，管内，圏内，構

ない—なか 370

- **ない** 亡い⁶ ボウ・モウ 1852
  例亡き父をしのぶ,亡き人 注多く文語の「亡き」で使う。
- **ない** 無い⁴ ム・ブ 1922
  例無い袖は振れない,金が無い 対ある(有る) 注仮名書きで「ない」とも。法令・公用文では「……がない」のように用いるときは仮名書き。
- **ない** ……ない,……無い 例知らない,行かない,おもしろくない,りっぱでない 注法令・公用文では仮名書き。
- **ナイイ** 内意 例御内意を伺う 類内心
- **ナイカク** 内閣 例内閣の諮問機関,内閣総理大臣,内閣官房長官
- **ないがしろ** ないがしろ〔蔑ろ〕 例親をないがしろにする
- **ナイコウ** 内向 例内向型,内向性 対外向
- **ナイコウ** 内攻 例病状が内攻する
- **ナイコウ** 内訌 例内訌が表面化する 類内紛
- **ナイシ** ないし〔乃至〕 例5人ないし10人,父ないし母 類から……まで
- **ないしょ** ないしょ〔内緒,内証当て字〕 例ないしょ事,ないしょ話
- **ナイジョウ** 内情〔内状〕 例財界の内情,外観はとにかく内情は苦しい
- **ナイショク** 内職 例内職に予備校の講師をする,内職の封筒はり,手内職
- **ないしょばなし** ないしょ話〔内所話,内緒話,内証話当て字〕
- **ナイゾウ** 内蔵 例難しい問題を内蔵している,パソコンに内蔵されている機能
- **ナイゾウ** 内臓 例内臓器官
- **ナイダク** 内諾 例既に内諾は得ている
- **ナイテイ** 内定 例就職が内定する,内内定
- **ナイテイ** 内偵 例事情を内偵する,内偵を進める
- **ナイミツ** 内密 例内密に事を運ぶ
- **ナイユウガイカン** 内憂外患 例内憂外患が絶えぬ重責
- **ナイヨウ** 内容 例書物の内容 対形式
- **なう** なう〔綯う〕 例縄をなう
- **なえ** 苗 ビョウ,なわ 1724
  例苗を植える,苗木,苗床 注＊早苗＜さなえ＞
- **なえる** 萎える イ〔なえる〕 29
  例気持ちが萎える
- **なお** なお〔猶,尚〕 例今もなお残る旧跡,なおそのうえに
- **なおさら** なおさら〔尚更,猶更〕 例試験があるならなおさら勉強しなくてはいけない
- **なおざり** なおざり〔等閑当て字〕 例仕事をなおざりにする
- **なおし** 直し 例直し専門の靴屋 類修理,修繕
- **なおす** 治す⁴ ジ・チ,おさめる・おさまる・なおる 〔癒〕 816
  例風邪を治す,けがを治す
- **なおす** 直す² チョク・ジキ,ただちに・なおる 1418
  例靴を直す,テレビのアンテナを直す,文章の誤りを直す,姿勢を直す
- **なおる** 治る⁴ ジ・チ,おさめる・おさまる・なおす 〔癒〕 816
  例病気が治る,けがが治る
- **なおる** 直る² チョク・ジキ,ただちに・なおす 1418
  例故障が直る,機嫌が直る
- **なおれ** 名折れ 例一家の名折れ 類不名誉
- **なか** 中¹ チュウ・ジュウ 1376
  例家の中,中を取る,この中から一つ

○改定追加漢字 ●改定追加音訓 □改定削除漢字 ■改定削除音訓 〔 〕参考表記 〔△表外漢字
▲表外音訓 ×誤用 当て字当て字〕

なか—なかほ

選ぶ；中庭，中指；背中，真夜中，夜中　匝改定常用漢字表では「ジュウ」は1字下げ．

**なか　仲**⁴　チュウ　1377
例仲を取り持つ，仲が悪い，仲間，仲買い，仲仕，仲直り；恋仲
注＊仲人＜なこうど＞

**ながい　永い**⁵　エイ　68
例永い眠りに就く，永の別れ，末永く契る

**ながい　長い**²　チョウ　1397
例長いひも，時間が長い，日が長くなる，気が長い，長い物には巻かれろ，長い目で見る　反短い

**ながいき　長生き**　例長生きする
類長命，長寿　対早死に，若死に，早世

**ながイス　長椅子**,長いす
類ソファー

**なかいり　中入り**(中入)　例中入り後は幕内力士が登場する

**ながうた　長唄**　例長唄の師匠

**なかうり　中売り**　例劇場の中売り，アイスクリームの中売り

**なかおれ　中折れ**

**なかおれボウ　中折れ帽**(中折帽)

**なかがい　仲買**[中買]　例海産物の仲買

**なかがいニン　仲買人**　例野菜の仲買人
類ブローカー

**ながぐつ　長靴**　対短靴

**なかごろ　中頃**,中ごろ　例先月の中頃

**なかし　仲仕**　例沖仲仕

**ながし　流し**　例流しの刑，島流し；流しの車を拾う；流し網，流し板，流し目,流し元,流しで洗い物をする

**ながしこむ　流し込む**　例たまり水を下水へ流し込む

**なかす　泣かす**　例子どもを泣かすな，おせん泣かすな馬肥やせ　注「泣かせる」とも言う．

**なかす　鳴かす**[啼かす]　例うぐいすを鳴かす　注「鳴かせる」とも言う．

**ながす　流す**³　リュウ・ル，ながれる　2050
例汗を流す，油を流す，血を流す，背中を流す，質草を流す，遠島に流す，デマを流す，株主総会を流す，車を流す

**なかたがい　仲たがい**[仲違い]
例仲たがいする，親子の仲たがい

**なかだち　仲立ち**[媒]　例結婚の仲立ちをする　類仲介，媒介

**なかだちニン　仲立ち人**(仲立人)

**ながたらしい　長たらしい**　例長たらしい文章

**なかつぎ　中継ぎ**　例放送の中継ぎ，中継ぎ貿易

**ながつき　長月**　例九月

**ながつづき　長続き**,永続き　例何をやらせても長続きしない

**なかづみ　中積み**　例中積みの荷
対上積み，下積み

**なかなおり　仲直り**　例仲直りする，仲直りの握手　類和解

**なかなか**　副詞　なかなか,中々[却々]
例なかなか思いどおりにならない，なかなか難しい

**ながなが(と)　長々(と)**　例長々と寝そべる，長々とお世話になりました

**ながネン　長年**,永年　例長年の功に報いる

**なかば　半ば**²　ハン　[央]　1656
例秋の半ば，5月の半ば，話の半ば，事業の完成半ばにして世を去る

**なかばたらき　仲働き**　例料理屋の仲働きをしている

**ながびく　長引く**　例回復が長引く，話が長引く

**なかほど　中ほど**,中程　例道の中ほど

なかま 仲間 例学校の仲間,仲間の受けがよい,仲間入りする,仲間外れ,仲間割れ,仲間どうし,運転手仲間

なかみ 中身,中味 例中身は空っぽだ

ながめる 眺める チョウ 1402 例海を眺める

ながもち 長持ち〔長保ち〕 例長持ちのする靴〔家具の場合は「長持」でもよい。

ながや 長屋,長家 例長屋住まい,五軒長屋,裏長屋

なかよし 仲よし,仲良し〔仲好し〕 例仲よし小よし

ながら ……ながら〔乍ら〕 例涙をこぼしながら話す;生まれながらの詩人,我ながらあきれる

ながらえる 長らえる,永らえる〔存える〕 例命を長らえる

ながらく 長らく 例長らく御無沙汰しました

ながれ 流れ 例静かな流れ,時代の流れには抗しがたい,平氏の流れ,お流れをちょうだいする,忘年会の流れ,計画がお流れになる,流れ者,流れ木,質流れ,流れ作業

ながれあるく 流れ歩く 例町から村へと流れ歩く放浪者

ながれこむ 流れ込む 例有毒な水が流れ込んで河川が汚染される

ながれづくり 流れ造り 例流れ造りの神社

ながれぼし 流れ星 観流星<リュウセイ>

ながれる 流れる³ リュウ・ル,ながす 2050 例材木が流れる,橋が流される,涙が流れる,弾丸が流れる,うわさが流れる,雨で試合が流れる,質が流れる,遠国から流れてくる

ながわずらい 長患い,長煩い 例長患いの床に就いている

なかんずく なかんずく〔就中当て字〕 例秀才ぞろいのクラスでもなかんずく彼は優秀だ 観とりわけ,なかでも

なき 泣き 例泣きを入れる,泣きの涙,泣き所,泣き笑い,泣き虫

なき 亡き 例今は亡き両親の霊を弔う

なき 鳴き〔啼き〕

なぎ なぎ〔凪,和〕 例夕なぎ,朝なぎ

なきあかす 泣き明かす(泣明かす) 例遺体に取りすがって泣き明かす

なきがお 泣き顔(泣顔) 例泣き顔を見せる

なきがら なきがら〔亡骸〕 例なきがらを葬る 観しかばね

なきくずれる 泣き崩れる(泣崩れる) 例遺体を前に泣き崩れる

なきくらす 泣き暮らす(泣暮らす)(泣暮す) 例死んだ子どものことを思い出しては泣き暮らす

なきごえ 泣き声(泣声) 例赤ん坊の泣き声

なきごえ 鳴き声(鳴声) 例せみの鳴き声

なきごと 泣き言(泣言) 例泣き言を並べる

なぎさ なぎさ〔渚,汀〕 例なぎさに遊ぶ 観波打ち際,みぎわ

なきさけぶ 泣き叫ぶ(泣叫ぶ) 例注射針を見て泣き叫ぶ子ども

なきジョウゴ 泣き上戸 観笑い上戸

なぎたおす なぎ倒す〔薙ぎ倒す〕 例あしの葉をなぎ倒して進む

なきつく 泣きつく,泣き付く(泣付く) 例泣きついて金を借りる

なきつら 泣き面 例泣き面に蜂 注「なきっつら」とも言う。

なぎなた なぎなた〔長刀,薙刀当て字〕

○改定追加漢字 ●改定追加音訓 □改定削除漢字 ■改定削除音訓 〔 〕参考表記〔△表外漢字 ▲表外音訓 ×誤用 当て字当て字〕

なきね—なげと

- **なきねいり　泣き寝入り(泣寝入り)**　囫脅かされて泣き寝入りする
- **なきまね　鳴きまね〔鳴き真似〕**当て字　囫うぐいすの鳴きまねをする
- **なきむし　泣き虫(泣虫)**　囫泣き虫小僧
- **なきやむ　泣きやむ〔泣き止む〕**　囫赤ん坊が泣きやむ
- **なきやむ　鳴きやむ〔鳴き止む〕**　囫せみが鳴きやむ
- **なきわかれ　泣き別れ(泣別れ)**　囫親子泣き別れの場
- **なきわらい　泣き笑い**　囫泣き笑いの人生
- **なく　泣く⁴　キュウ　371**　囫手を取り合って泣く，泣く子と地頭＜ジトウ＞には勝てぬ
- **なく　鳴く²　メイ，なる・ならす〔啼く〕　1933**　囫小鳥が鳴く
- **なぐ　なぐ〔凪ぐ,和ぐ〕**　囫海がなぐ　⑪しける；気持ちがなぐ
- **なぐさみ　慰み**　囫慰みに芝居を見る，慰み物；手慰み
- **なぐさむ　慰む　イ，なぐさめる　36**　囫心を慰む
- **なぐさめ　慰め**　囫慰めの言葉,慰め顔
- **なぐさめる　慰める　イ，なぐさむ　36**　囫遺族を慰める，労を慰める
- **なくす　亡くす**　囫子どもを事故で亡くす　注「亡くする」とも言う。
- **なくす　なくす,無くす**　囫財布をなくす　注「なくする」とも言う。
- **なくなる　亡くなる**　囫昨年祖父が亡くなった
- **なくなる　なくなる,無くなる**　囫かばんがなくなる
- **なぐりつける　殴りつける，殴り付ける**　囫顔を殴りつける
- **なぐる　殴る　オウ　〔撲る,擲る〕　113**　⑱打つ，たたく，ぶつ
- **なげあし　投げ足**　囫人の前で投げ足は失礼だ
- **なげいれ　投げ入れ(投入れ)**　囫投げ入れ花
- **なげいれる　投げ入れる(投入れる)**　囫菊を花瓶に投げ入れる
- **なげうつ　なげうつ〔擲つ,抛つ〕**　囫一身をなげうって尽くす
- **なげうり　投げ売り(投売り)**　囫バナナの投げ売り　⑱捨て売り
- **なげうりヒン　投げ売り品(投売り品)(投売品)**
- **なげかける　投げかける，投げ掛ける(投掛ける)**　囫ガウンを投げかける，身を投げかける；視線を投げかける
- **なげかわしい　嘆かわしい　タン，なげく　〔歎かわしい〕　1342**　囫嘆かわしい世の中
- **なげき　嘆き〔歎き〕**　囫親の嘆き，嘆き死に
- **なげく　嘆く　タン，なげかわしい　〔歎く〕　1342**　囫政治の貧困を嘆く，親の死を嘆く
- **なげこむ　投げ込む(投込む)**　囫井戸へ石を投げ込む
- **なげすて　投げ捨て(投捨て)**　囫投げ捨てにする
- **なげすてる　投げ捨てる(投捨てる)**　囫仕事を投げ捨てて遊び回る
- **なげだす　投げ出す(投出す)**　囫一身を投げ出す，生命を投げ出す，財産を投げ出す，商売を投げ出す
- **なげつける　投げつける，投げ付ける(投付ける)**　囫犬に石を投げつける
- **なげとばす　投げ飛ばす(投飛ばす)**

---

明朝体の右肩の数字は配当学年　末尾の数字は常用漢字表番号　( )許容　⑱類義同意語　⑰反対対照語　⑲関連語　㋭学術用語

例土俵の外へ投げ飛ばす
**なげやり　投げやり**〔投槍〕　例投げやりを投げる
**なげやり　なげやり**〔投げ遣り〕　例勉強をなげやりにする
**なげる　投げる**³　トウ　1502
例ボールを投げる，崖から身を投げる，視線を投げる，試験を投げる，試合を投げる，さじを投げる
**なこうど　＊仲人**　例仲人をする，仲人口　⑳月下氷人，媒酌人，仲人＜チュウニン＞
**なごむ　和む**³　ワ・オ，やわらぐ・やわらげる・なごやか　2129
例気持ちが和む
**なごやか　和やか**³　ワ・オ，やわらぐ・やわらげる・なごむ　2129
例和やかな雰囲気
**なごり　＊名残**　例名残が尽きない，名残を惜しむ，秋の名残の七草，お名残惜しい，名残狂言
**なごりおしい　名残惜しい**　例お別れするのがお名残惜しい
**なさけ　情け**⁵　ジョウ・セイ　1019
例情けを知る，情けない成績だ，情け深い人，情け知らず，情け容赦がない，情けは人のためならず，情けがあだになる
**なさる　なさる**〔為さる〕　例どうなさる，おいでなさる，校長先生がおいでなさる，どれになさいますか
㊟「なす」「する」の尊敬語。
**なし　梨**⁴　—　〔なし〕　1571
例梨の実，二十世紀梨
**なし　なし，無し**　例違反者なし
**なしくずし　なしくずし**〔済し崩し〕　例なしくずしに借金を返す
**なしとげる　成し遂げる**〔為し遂げる〕　例研究を成し遂げる

**なじみ　なじみ**〔馴染み当て字〕　例なじみの客，なじみが薄い，おなじみの出し物，幼なじみ
**なじむ　なじむ**〔馴染む当て字〕　例雰囲気になじむ，洋服が体になじむ
**なす　成す**⁴　セイ・ジョウ，なる　1108
例事を成す，産を成す
**なす　なす**〔生す〕　例子をなした仲
**なす　なす**〔為す〕　例悪事をなす
**なする　なする**〔擦る〕　例罪を人になする　⑳転嫁する
**なぜ　なぜ**〔何故当て字〕　例なぜ答えないのか，なぜだろう
**なぞ　謎**—　〔なぞ〕　1572
例謎を掛ける，謎を解く；なぞなぞ
**なた　なた**〔鉈〕　例なたをふるう
**なダイ　名代**　例名代の桜餅　⑳有名
**なダイ　名題**　例名題の役者，名題看板
**なだかい　名高い**　⑳有名である，有名だ
**なだたる　名だたる**　例世界に名だたる霊峰
**なだめる　なだめる**〔宥める〕　例けんかの相手をなだめる，怒りをなだめる
**なだらか　なだらか**　例なだらかな坂；なだらかな気性
**なだれ　＊雪崩**　例雪崩で家屋が押し流される，雪崩を打って押し寄せる
**なだれる　なだれる**，雪崩れる〔頽れる〕　例斜面に積もった雪がなだれる
**ナツ　納**⁶　ノウ・ナ・ナン・トウ，おさめる・おさまる　1599
例納豆，納得
**なつ　夏**²　カ・ゲ　146
例夏枯れ，夏着，夏場，夏場所，夏負け，夏物，夏休み，夏山，夏痩せ　㊉冬
**ナツイン　捺印**　㊟法令では「押印」を用いる。

| | |
|---|---|
| **なつかしい** 懐かしい カイ,ふところ・なつかしむ・なつく・なつける　　194<br>例故郷が懐かしい,大学時代が懐かしい | **なつやせ** 夏痩せ,夏やせ 対夏負け |
| | **なでつける** なでつける,なで付ける〔撫で付ける〕例髪をなでつける |
| **なつかしむ** 懐かしむ カイ,ふところ・なつかしい・なつく・なつける　　194<br>例昔の恋人を懐かしむ,過ぎし日々を懐かしむ | **なでる** なでる〔撫でる〕例子どもの頭をなでる,鼻の頭をなでる |
| | **など** など〔等〕例筆記用具など忘れないように,ばかになどしない,おまえなどの知ったことか |
| **なつがれ** 夏枯れ 例景気は夏枯れだ 対冬枯れ | **なとり** 名取り(名取) 例花柳流の名取り |
| **なつく** 懐く カイ,ふところ・なつかしい・なつかしむ・なつける　　194<br>例よく懐いている飼い犬 類なじむ | **なな** 七¹ シチ,ななつ・<u>なの</u>　829<br>例七月目,七不思議 |
| | **ななくさ** 七草〔七種〕例七草がゆ |
| **なづけおや** 名付け親 例名付け親になる | **ななころび** 七転び 例七転び八起き |
| | **ななつ** 七つ¹ シチ,なな・<u>なの</u>　829<br>例年は七つ,七つの海,七つ道具,七つ下がり |
| **なづける** 懐ける カイ,ふところ・なつかしい・なつかしむ・なつく　　194<br>例犬を懐ける | **ななひかり** 七光り 例親の七光り |
| | **ななまがり** 七曲がり(七曲り) |
| **なづける** 名付ける〔名附ける〕類命名する | **ななめ** 斜め シャ　　849<br>例御機嫌斜めだ,斜め後ろ |
| **ナッセン** 捺染 例捺染のカーテン 類プリント | **ななめに** 斜めに 例斜めに線を引く |
| | **なに** 何² カ,なん　　137<br>(1)名詞例何事,何様,何人,何者,何物,何も持っていない;なにかしら,なにかと言えば,なにからなにまで,なに食わぬ顔,なにはともあれ,なにやかやと<br>(2)感動詞例なにそれはほんとうか |
| **ナットウ** 納豆 例納豆屋,甘納豆 注「ナット」とも言う。 | |
| **ナットク** 納得 例事情を知って納得する,納得ができない 類得心,合点 | **なにかと** なにかと,何かと〔何彼と〕例なにかと忙しい |
| **なっぱ** 菜っ葉 例菜っ葉の漬物;菜っ葉服 | **なにくれと** なにくれと,何くれと〔何呉と〕〔当て字〕例なにくれとめんどうを見る,なにくれとなく世話をする |
| **なつまけ** 夏負け 例夏負けして食欲がない 類夏ばて | |
| **なつむき** 夏向き 例夏向きのカーテン | **なにしろ** なにしろ,何しろ 例なにしろ道が悪いので,なにしろ偉い 類ともかく,いずれにしても |
| **なつもの** 夏物 例夏物一掃大売り出し 対冬物 | |
| **なつやすみ** 夏休み 例夏休みの計画を立てる 対冬休み,春休み | **なにせ** なにせ,何せ 例なにせ金の都合がつかない,なにせ体が第一だ |

明朝体の右肩の数字は配当学年　末尾の数字は常用漢字表番号　( )許容　類類義同意語　対反対対照語　関関連語　学学術用語

**なにとぞ なにとぞ**〔何卒〕 例なにとぞ合格するように, なにとぞよろしく

**なにぶん なにぶん,何分** 例なにぶん知らない土地なので, なにぶんよろしく

**なにほど なにほど,何程** 例強くともなにほどのことがあろう 類どれほど, どんなに

**なにも なにも,何も** 例なにも覚えていない

**なにもかも なにもかも,何もかも** 例なにもかも出直しだ

**なにやかや なにやかや,何やかや** 例なにやかやとうるさい

**なにより なにより** 例なによりの贈り物, 健康でなによりだ

**なの 七¹ シチ・なな・ななつ** 829 例七日〈なのか・なぬか〉

**なのり 名のり,名乗り**〔名告り〕 例名のりを上げる, 勝ち名のり

**なのる 名のる,名乗る**〔名告る〕 例姓名を名のる, 源氏の子孫と名のる男

**なびかす なびかす**〔靡かす〕 例旗をなびかす, 敵をなびかす 注「なびかせる」とも言う。

**なびく なびく**〔靡く〕 例風になびくあし, 相手の気持ちになびく

**なぶる なぶる**〔嬲る〕 例田舎者だからといってなぶるな

**なべ 鍋 —**〔なべ〕 1573 例鍋物, 鍋焼きうどん, 鍋料理;手鍋, 寄せ鍋

**なま 生¹ セイ・ショウ, いきる・いかす・いける・うまれる・うむ・おう・はえる・はやす・き** 1107 例生で食べる, 生の野菜, 生揚げ, 生水, 生傷, 生臭い, 生煮え, 生焼け;生菓子, 生クリーム, 生ゴム, 生ビール;生あく, 生返事, 生酔い;生意気, 生を言う

**なまあげ 生揚げ** 例生揚げの煮込み

**なまあたたかい なま暖かい,生暖かい** 例なま暖かい風

**なまイキ 生意気** 例生意気な口を利く, 生意気な年頃

**なまえ 名前** 例名前を付ける, 名前を呼ぶ, 名前負けする

**なまかじり なまかじり**〔生齧り〕 例なまかじりの知識

**なまき 生木** 例生木を裂く, 生木にくぎ

**なまきず 生傷** 例生傷が絶えない

**なまぐさい 生臭い**〔腥い〕 例生臭い風が吹く

**なまけもの 怠け者** 例怠け者の節句働き

**なまける 怠ける タイ, おこたる** 1298 例勉強を怠ける, けいこを怠ける

**なまじ なまじ**〔憖じ〕 例なまじできないことはするな, なまじ行かないほうがよい 類なまじっか

**なます なます**〔膾,鱠〕 例あつものに懲りてなますを吹く

**なまづめ 生爪,生づめ** 例生爪を剝がす

**なまなましい 生々しい** 例記憶が生々しくよみがえる, 生々しい戦禍の跡

**なまにえ 生煮え** 例生煮えな態度

**なまぬるい なまぬるい**〔生温い〕 例湯がなまぬるい, なまぬるい風, なまぬるい態度

**なまハンカ なまはんか,生半可** 例なまはんかな知識

**なまめかしい なまめかしい**〔艶めかしい〕 類色気がある, 色っぽい

**なまもの なま物,生物** 例なま物が

腐る
なまやけ 生焼け 例生焼けの魚
なまやさしい なまやさしい,生易しい 例なまやさしい仕事ではない
なまゆで 生ゆで〔生茹〕 例生ゆでの卵
なまよい 生酔い 例生酔い本性たがわず 類ほろよい
なまり 鉛 エン 99
例鉛ガラス
なまり なまり〔訛り〕 例言葉になまりがある, お国なまり
なまる なまる〔鈍る〕 例腕がなまる 類鈍る＜にぶる＞
なみ 波³ ハ 〔浪〕 1605
例波が起こる, 家庭に波が立つ, 時代の波に乗る, 波の花, 思想の波, 波音, 波涛, 波風, 波路, 波間, 波枕, 波乗り, 波よけ；荒波, 大波, 津波, 土用波
なみ 並⁶ ヘイ, ならべる・ならぶ・ならびに 1792
例並の肉
なみ ～並(～並) 例人並み, 世間並み, 軒並み
なみあし 並足 例並足で行く, 馬の並足 対駆け足, 早足
なみうちぎわ 波打ち際〔波打際〕 類なぎさ, みぎわ
なみがしら 波頭 例波頭が砕けて散る
なみき 並木 例ポプラ並木,並木道
なみだ 涙 ルイ 2083
例涙に暮れる, 涙にむせぶ, 涙に沈む, 血も涙もない, 涙雨, 涙金, 涙ぐましい, 涙ぐむ, 涙声, 涙もろい
なみタイテイ 並たいてい, 並大抵 例並たいていのことではない
なみだぐましい 涙ぐましい 例涙ぐましい努力
なみだぐむ 涙ぐむ 例同情して涙ぐむ

なみだもろい 涙もろい〔涙脆い〕 例涙もろい人情家
なみだをのむ 涙をのむ〔涙を呑む〕 例涙をのんで意に従う
なみなみ なみなみ, 並々 例なみなみならぬ努力
なみなみ(と) なみなみ(と) 例杯になみなみと酒をつぐ
なみはずれる 並外れる 例並外れた大男
なめらか 滑らか カツ・コツ, すべる 239
例滑らかな肌触り；車が滑らかに走る, 滑らかな発音
なめる なめる〔嘗める, 舐める〕 例あめをなめる, 杯＜さかずき＞をなめる, 辛酸をなめる, 相手をなめてかかる, 猛火が一瞬にして数十戸をなめ尽くす
ナヤ 納屋〔納家〕 類物置
なやましい 悩ましい 例悩ましい夏姿, 悩ましいムード
なやます 悩ます ノウ, なやむ 1598
例頭を悩ます
なやみ 悩み 例悩みが尽きない, 悩みの種
なやむ 悩む ノウ, なやます 1598
例住宅問題で悩む
ならい 習い 例世の習い, 習い性となる
ならう 習う³ シュウ 897
例英語を習う, 音楽を習いに行く, 習うよりは慣れよ
ならう 倣う ホウ 1841
例前例に倣う
ナラク 奈落 例奈落の底に沈む 類どん底
ならケン ※奈良県
ならし ならし〔均し〕 例一人ならし

明朝体の右肩の数字は配当学年 末尾の数字は常用漢字表番号 (　)許容 類類義同意語 対反対対照語 例用例 ⑳学術用語

ならす―なりど

500円の費用，地ならし

**ならす　慣らす**[5]　カン，なれる　277
例 目を慣らす

**ならす　鳴らす**[2]　メイ，なく・なる　1933
例 笛を鳴らす，不平を鳴らす，短距離の選手として鳴らした男

**ならす　ならす**〔均す〕　例 ならして一人500円の費用；地面をならす

**ならす　ならす**〔馴す〕　例 小鳥をならす，馬を飼いならす

**ならずもの　ならず者**〔破落戸 当て字〕
類 ごろつき

**ならない　ならない**　例 行ってはならない，出発しなければならない

**ならび　並び**　例 歯並び，大通りの並びにある店

**ならびダイミョウ　並び大名**　例 並び大名の役がつく；あの幹事は並び大名だ

**ならびたつ　並び立つ**　例 並び立つビル街

**ならびない　並びない，並び無い**
例 天下に並びない豪傑，並びない名声；並びもない美人

**ならびに　並びに**[6]　ヘイ，なみ・ならべる・ならぶ　1792
例 本名並びに生年月日，来賓並びに参列者，父及び母並びに長男　注 仮名書きでは「ならびに」とも。法令・公用文では「並びに」。法令・公用文では「（a及びb）並びに（c及びd）」のように並列が二重になる場合には，小さい接続の方に「及び」を用い，大きな接続の方に「並びに」を用いる。

**ならぶ　並ぶ**[6]　ヘイ，なみ・ならべる・ならびに　〔列ぶ〕　1792
例 二列に並ぶ，並ぶ者がない

**ならべたてる　並べたてる，並べ立てる**　例 不満を並べたてる

**ならべる　並べる**[6]　ヘイ，なみ・ならぶ・ならびに　1792
例 机を並べる，品物を並べる，肩を並べる者がない，不平を並べる

**ならわし　習わし**〔慣わし〕　例 世の習わし，土地の習わし　類 習慣，風習

**ならわす　習わす**〔慣わす〕　例 子どもにピアノを習わす，世間に言い習わしていることわざ

**なり　鳴り**　例 鳴りを静める；海鳴り，山鳴り；鳴り物

**なり　なり**〔形〕　例 なりだけ大きくても子どもだ，なりを気にするな

**なり　〜なり**　例 弓なりになる，子どもなりの考え，他人の言いなりになる

**なりあがり　成り上がり**〔成上り〕
例 成り上がり者　類 成金

**なりあがる　成り上がる**〔成上る〕
例 一朝にして財閥に成り上がる
対 成り下がる

**なりかわる　成り代わる**〔成代る〕
例 親に成り代わって挨拶＜アイサツ＞に伺う

**なりキン　成り金**〔成金〕　例 成り金趣味

**なりさがる　成り下がる**〔成下がる〕
例 浪人に成り下がる　対 成り上がる

**なりすます　成りすます，成り済ます**〔成済す〕　例 刑事に成りすまして家出少年をだます

**なりたち　成り立ち**〔成立ち〕　例 町の成り立ちを調べる

**なりたつ　成り立つ**〔成立つ〕　例 家庭が成り立つ

**なりて　なり手**〔為り手〕　例 忙しい役員になり手がない

**なりどし　なり年**〔生り年〕　例 柿のなり年

---

〇改定追加漢字　●改定追加音訓　□改定削除漢字　■改定削除音訓　〔　〕参考表記　〔△表外漢字　▲表外音訓　×誤用　当て字 当て字〕

なりはてる 成り果てる〔成果てる〕
　例浪人に成り果てる
なりひびく 鳴り響く〔鳴響く〕
　例鐘の音が鳴り響く, 名声が天下に鳴り響く
なりふり なりふり〔形振り〕 例なりふり構わず働く
なりもの 鳴り物〔鳴物〕 例芝居の鳴り物
なりものいり 鳴り物入り〔鳴物入り〕
　例鳴り物入りの宣伝
なりゆき 成り行き〔成行き〕 例自然の成り行きに任せる；成り行きで500株買う, 成り行き買い
なる 成る⁴ セイ・ジョウ, なす 1108
　例功成り名遂げる, 新装成ったホテル；飛車が成る 注将棋用語
なる 鳴る² メイ, なく・ならす 1933
　例鐘が鳴る, 腕が鳴る, 天下に鳴り響く豪傑
なる なる〔生る〕 例木の実がなる, トマトがなる
なる なる〔為る〕 例大人になる, 秋になる, 8時になります 注法令・公用文では仮名書き。
なるこ 鳴子〔鳴子〕 例鳴る子を鳴らしてすずめを追い払う
なるたけ 副詞 なるたけ〔成丈当て字〕
　例なるたけ早く行く 注「なるだけ」とも言う。
なるべく 副詞 なるべく〔成る可く, 可成当て字〕 例なるべく静かに歩く
なるほど なるほど〔成程当て字〕
　例なるほど事情がよくわかりました
なれ 慣れ〔馴れ〕 例習うよりは慣れよ 類熟練, 習慣
なれあい なれあい〔馴れ合い〕

例なれあいで事を決める
なれそめ なれそめ〔馴れ初め〕
　例二人のなれそめはそもそも……
なれっこ 慣れっこ〔馴れっこ〕
　例叱られるのは慣れっこになっている 注俗語
なれなれしい なれなれしい〔馴々しい〕 例なれなれしく話しかける, なれなれしい態度
なれる 慣れる⁵ カン, ならす 277
　例仕事に慣れる, 異国の風習に慣れる, 使い慣れた機械
なれる なれる〔馴れる, 狎れる〕
　例よくなれた小猫
なれる なれる〔熟れる〕 例みそがなれる
なわ 縄⁴ ジョウ 1023
　例縄をなう, 縄を打つ, お縄にかかる, 縄のれん, 縄ばしご, 縄目
なわ 苗 ビョウ, なえ 1724
　例苗代
なわしろ 苗代 例苗代田, 苗代水
なわつき 縄付き 例縄付きの身となる
なわとび 縄跳び
なわばり 縄張り〔縄張〕 例縄張り争い
なわめ 縄目 例縄目の恥辱
ナン 男¹ ダン, おとこ 1348
　例男女, 男体山；次男, 長男, 美男 対女〈ニョ〉
ナン 南² ナ, みなみ 1574
　例南緯, 南欧, 南下, 南海, 南極, 南国, 南西, 南蛮, 南氷洋, 南部, 南米, 南方, 南北, 南洋；指南, 西南, 東南 対北
ナン 軟 やわらか・やわらかい 1575
　例軟球, 軟禁, 軟骨, 軟式, 軟弱, 軟投, 軟派；柔軟 対硬
ナン 難⁶ かたい・むずかしい 1576

明朝体の右肩の数字は配当学年　末尾の数字は常用漢字表番号　（　）許容　類類義同意語　対反対対照語
関関連語　学学術用語

ナン―に

例難を避ける；難易，難解，難関，難儀，難局，難産，難事，難渋，難所，難船，難題，難点，難物，難民，難問，難路；海難，危難，苦難，後難，困難，災難，至難，受難，水難，生活難，遭難，盗難，万難，非難，無難　㊅易

<u>ナン</u>　納⁶　ノウ・ナッ・ナ・トウ・おさめる・おさまる　1599
例納戸

なん　何²　カ，なに　137
例何十，何点，何本

ナンカ　軟化　例態度が軟化する　㊅硬化

ナンカイ　難解　例難解の語意
ナンカン　難関　例難関を突破する
ナンギ　難儀〔難義〕　例難儀をかけてすみません，坂道を上るのは難儀だ，難儀な仕事
ナンギョウ　難行〔難業〕　例難行苦行
ナンキョク　難局　例難局に対処する
ナンコウ　軟膏　例ペニシリン軟膏
ナンコウ　難航　例交渉が難航する
ナンコウフラク　難攻不落　例難攻不落の城
ナンザン　難産　例難産の末成立する
なんじ　なんじ〔汝，爾〕
ナンショク　難色　例難色を示す
ナンダイ　難題　例難題を吹っかける
なんだか　なんだか，何だか　例なんだかよくわからない，なんだかおかしい
なんでも　なんでも，何でも　例なんでも知っている，なんでも売っている，別になんでもない；なんでも大阪の人だそうだ，なんでも屋
なんと　なんと，何と　例なんとなれば，なんと美しい光景だろう
ナンド　納戸　例お納戸方〈がた〉，納戸色　㊟お納戸

なんどき　なんどき，何時　例いつなんどき事故が起こらないとも限らない
なんとも　なんとも，何共　例体はなんともない，なんとも申し訳ない
なんなんとする　なんなんとする〔垂んとする〕　例3時間になんなんとする大熱戦
なんにも　なんにも，何にも　例なんにもならない，なんにも知らない，なんにもない
なんべん　なんべん，何遍　例なんべんも見た
なんら　なんら〔何等〕　例なんら関係していない，なんらの疑いもない

〔ニ・に〕

<u>ニ</u>　児⁴　ジ　813
例小児科
<u>ニ</u>　仁⁶　ジン　1072
例仁王
<u>ニ</u>　二¹　ふた・ふたつ　1577
例二の次，二の矢，二の舞；二階，二言，二重，二十世紀，二世＜ニセ＞，二等辺三角形，二百十日，二毛作；青二才，十二支，十二指腸，無二＜ムニ＞　㊟＊十重二十重＜とえはたえ＞，＊二十・二十歳＜はたち＞，＊二十日＜はつか＞，＊二人＜ふたり＞，＊二日＜ふつか＞
<u>ニ</u>　尼　あま　1578
例尼僧；修道尼
<u>ニ</u>　弐　―　1579
例弐万円
に　荷³　カ　148
例荷が重い，荷が勝った，肩の荷が下りる，荷車，荷造り，荷主，荷馬車，

○改定追加漢字　●改定追加音訓　□改定削除漢字　■改定削除音訓　〔　〕参考表記　〔△表外字〕
▲表外音訓　×誤用　当て字当て字〕

荷札, 荷物, 荷役；重荷, 初荷
にあい **似合い** 例似合いの夫婦 対不似合い
にあう **似合う** 例和服が似合う
にあげ **荷揚げ** 例バナナの荷揚げをする
にい **新**² シン, あたらしい・あらた 1065
例新妻, 新盆
にいさん ＊兄さん 対＊姉さん
にいづま **新妻**
にうけ **荷受け** 例荷受け会社 対荷送り
にうけニン **荷受け人**(荷受人)
にえ **煮え** 例煮えが早い豆, 煮え湯
にえかえる **煮え返る** 例湯が煮え返る, 煮え返るような怒り 類煮えくり返る
にえきらない **煮え切らない** 例煮え切らない態度, 煮え切らない性格
にえくりかえる **煮えくり返る**, 煮え繰り返る 例釜の湯が煮えくり返る, 腹の中が煮えくり返るようだ 注「煮え返る」の強調形。
にえたつ **煮え立つ** 例やかんの湯が煮え立つ
にえゆ **煮え湯**(煮湯) 例煮え湯をかぶる, 煮え湯を飲まされる 対ぬるま湯
にえる **煮える** シャ, にる・にやす 850
例じゃがいもが煮える
におい **匂い**〔におい〕 例バラの匂いを嗅ぐ, かぐわしい匂い 類香気, 香り
におい **臭い**〔におい〕 例物の焦げる臭い 類臭気 ；生活の臭い
ニオウ **仁王, 二王** 例仁王立ちになる, 仁王門
におう **匂う** — 〔におう〕 1580
例ゆりの花が匂う；朝日ににおう山桜

におう **臭う** シュウ, くさい 〔におう〕 892
例生ごみが臭う
におわす **匂わす**, におわす 例香水をにおわす；承諾の意向をにおわす 注「におわせる」とも言う。
におわす **臭わす**, におわす 例悪臭＜アクシュウ＞を臭わす 注「におわせる」とも言う。
にがい **苦い**³ ク, くるしい・くるしむ・くるしめる・にがる 447
例苦い薬, 苦い顔, 苦い経験 対甘い
ニカイだて **二階建て**(二階建)
ニカイづくり **二階造り**(二階造)
にがお **似顔** 例似顔絵
にがす **逃がす** トウ, にげる・のがす・のがれる 1506
例亀を海に逃がす, 機会を逃がす
にがて **苦手** 例英語は苦手だ, 甘い物は苦手だ 対得意, 得手
にがにがしい **苦々しい** 例苦々しい態度, 苦々しいやり方
にがみ **苦み**〔苦味当て字〕 例ビールの苦み
にがみばしる **苦みばしる**, 苦み走る 例苦みばしったいい男
にがむし **苦虫** 例苦虫をかみつぶしたような顔
にかよう **似通う** 例性格が似通っている
にがり **にがり**〔苦汁, 苦塩当て字〕
にがりきる **苦り切る** 例苦り切った顔つき
にがる **苦る**³ ク, くるしい・くるしむ・くるしめる・にがい 447
例苦り切った顔
にかわ **にかわ**〔膠〕
にがわらい **苦笑い** 例苦笑いする 類苦笑＜クショウ＞

にきび　にきび〔面皰当て字〕　例にきび面

にぎやか　にぎやか〔賑やか〕　例にぎやかな表通り, 隣の部屋がにぎやかだ, テーブルの上がにぎやかだ

にぎり　握り　例一握りの塩, お握り, 握り飯, 握り拳, 握り屋

にぎりこぶし　握り拳, 握りこぶし　例握り拳を振り上げる

にぎりしめる　握りしめる, 握り締める(握締める)〔握り緊める〕　例友の手を握りしめる

にぎりずし　握りずし〔握り鮨；握り寿司当て字〕　対押しずし

にぎりつぶす　握り潰す, 握りつぶす　例勧告を握り潰す

にぎりめし　握り飯

にぎる　握る　アク　7
例手を握る, バットを握る, すしを握る, 政権を握る, 秘密を握る

にぎわう　にぎわう〔賑わう〕　例年末の町がにぎわう

にぎわす　にぎわす〔賑わす〕　例食膳＜ショクゼン＞をにぎわす, 店頭をにぎわす

ニク　肉²　—　1581
(1)体の部分・身体的感覚　例肉感, 肉眼, 肉声, 肉体, 肉筆, 肉欲；筋肉, 血肉
(2)食物　例肉牛, 肉食, 肉類；果肉, 牛肉, 魚肉, 鶏肉
(3)血縁　例肉親；骨肉
(4)非常に近い　例肉薄

にくい　憎い　ゾウ, にくむ・にくらしい・にくしみ　1257

にくい　……にくい〔難い, 悪い〕　例やりにくい, 歩きにくい, 食べにくい　対やすい

ニクいり　肉入り　例肉入りまんじゅう

ニクいれ　肉入れ　類肉池

ニクガン　肉眼　例肉眼で見える星　対心眼

ニクきり　肉切り　例肉切り包丁

にくゲ　憎げ, 憎気　例憎げなことを言う, 憎げな顔　対かわいげ

にくさ　憎さ　例かわいさ余って憎さ百倍

にくしみ　憎しみ　ゾウ, にくむ・にくい・にくらしい　1257
例憎しみが募る, 他人の憎しみを買う　対慈しみ

ニクシン　肉親　例肉親の情　対他人

ニクタイ　肉体　例肉体的に参る, 肉体労働　対精神, 霊魂

ニクづき　肉付き　例肉付きのよい体

にくにくしい　憎々しい　例憎々しい態度, 憎々しい話し方

ニクハク　肉薄, 肉迫　例敵陣へ肉薄する

ニクヒツ　肉筆　例肉筆の書

にくまれぐち　憎まれ口　例憎まれ口を利く, 憎まれ口をたたく

にくむ　憎む　ゾウ, にくい・にくらしい・にくしみ　1257
例悪を憎む　対愛する

ニクヨク　肉欲〔肉慾〕

にくらしい　憎らしい　ゾウ, にくむ・にくい・にくしみ　1257
例憎らしいことを言う　対かわいらしい, 愛らしい

にげ　逃げ　例逃げを打つ, 逃げの一手

にげあし　逃げ足　例逃げ足になる, 逃げ足が速い

にげうせる　逃げうせる〔逃げ失せる〕
例どこかへ逃げうせてしまう

にげおくれる　逃げ遅れる(逃遅れる)
例逃げ遅れて焼け死ぬ

にげコウジョウ　逃げ口上　例逃げ口上を使う

○改定追加漢字　●改定追加音訓　□改定削除漢字　■改定削除音訓　〔　〕参考表記　〔△表外漢字　▲表外音訓　×誤用　当て字当て字〕

| | |
|---|---|
| にげごし　逃げ腰　囫逃げ腰になる | ごとな荷さばき |
| にげこむ　逃げ込む(逃込む)　囫家の中へ逃げ込む，鹿が森の奥に逃げ込む | にし　西² セイ・サイ　1109<br>囫西風，西半球，西日　㊉東 |
| にげジタク　逃げ支度　囫逃げ支度をする | にじ　虹　―　〔にじ〕　1582<br>囫虹の橋，虹色に輝く |
| にげだす　逃げ出す(逃出す)　囫留置場を逃げ出す，籠から小鳥が逃げ出す | にしき　錦　キン　〔にしき〕　440<br>囫錦を飾る；錦絵 |
| にげのびる　逃げ延びる　囫外国へ逃げ延びる | にしジンおり　西陣織 |
| にげまどう　逃げ惑う　囫出口を塞がれて逃げ惑う | にじむ　にじむ〔滲む〕　囫墨がにじむ，汗がにじむ，涙がうっすらとにじむ，血のにじむような苦労 |
| にげまわる　逃げ回る(逃回る)　囫ほうほう逃げ回ってとうとう捕らえられる | にしむき　西向き　囫西向きの台所　㊉東向き |
| にげみち　逃げ道〔逃げ路〕　囫逃げ道を失って捕まる，逃げ道を作っておく | にしめ　煮しめ〔煮染め〕　囫野菜の煮しめ，煮しめ料理 |
| にげる　逃げる　トウ，にがす・のがす・のがれる　〔遁げる〕　1506<br>囫すごい勢いで逃げる，この世を逃げる，責任を逃げる，体＜テイ＞よく逃げられる　㊉追う | にじりよる　にじり寄る〔躙り寄る〕<br>囫母親の膝元ににじり寄る |
| | ニセ　二世　囫二世の縁，二世の契り |
| | にせ　偽　ギ，いつわる　341<br>囫偽物，偽の紙幣 |
| にごしらえ　荷ごしらえ〔荷拵え〕<br>囫家財道具を荷ごしらえする | ニセイ　二世　囫ナポレオン二世；二世のアメリカ人；二世が誕生する |
| にごす　濁す　ダク，にごる　1326<br>囫水を濁す，言葉を濁す，お茶を濁す　㊉澄ます | にせもの　偽物〔贋物〕　囫偽物のダイヤ　㊃偽造品，がん造品　㊉本物 |
| にこやか　にこやか　囫にこやかに話す | にせる　似せる　囫本物に似せて作る，役者に似せた声 |
| にごらす　濁らす　囫川の水を濁らす | ニソクサンモン　二束三文　囫家財を二束三文で売り払う |
| にごり　濁り　囫目に濁りがある；濁り水，濁り酒，濁り声；心の濁り；濁り点を打つ　㊉澄み | にたき　煮炊き〔煮焚き〕　囫煮炊きをする　㊃炊事 |
| にごりざけ　濁り酒　㊃どぶろく，もろみ | にだしじる　煮出し汁 |
| にごりみず　濁り水 | にたつ　煮立つ　囫湯が煮立つ |
| にごる　濁る　ダク，にごす　1326<br>囫水が濁る；濁った色，濁った声；頭が濁る；濁って読む　㊉澄む | にたてる　煮立てる　囫せんじ薬を煮立てる |
| | にたりよったり　似たり寄ったり<br>囫似たり寄ったりの週刊誌 |
| にざかな　煮魚　囫焼き魚 | ニチ　日¹　ジツ，ひ・か　1583<br>(1)太陽囫日没，日輪，日光，日食<br>(2)月日囫日限，日時，日常，日曜， |
| にさばき　荷さばき〔荷捌き〕　囫み | |

明朝体の右肩の数字は配当学年　末尾の数字は常用漢字表番号　(　)許容　㊃類義同意語　㊉反対対照語<br>㊄関連語　㋐学術用語

日課, 日刊, 日記, 日参, 日進月歩, 日程, 日当；縁日, 忌日, 吉日, 命日 (3)日本例日舞；対日, 滞日, 排日, 訪日 注＊明日＜あす＞, ＊昨日＜きのう＞, ＊今日＜きょう＞, ＊一日＜ついたち＞, ＊二十日＜はつか＞, ＊日和＜ひより＞, ＊二日＜ふつか＞

ニチジョウ 日常 例日常生活, 日常会話, 日常茶飯事

ニチボツ 日没 例日没の時刻 飙日の入り 対日の出

ニチヤ 日夜 例日夜努力を重ねる

につかわしい 似つかわしい 例田舎育ちに似つかわしいのんびり者, あの人には和服が似つかわしい

ニッキュウ 日給 飙週給, 月給, 年給

にづくり 荷造り, 荷作り 例引っ越しの荷造りをする

にづくりヒ 荷造り費(荷造費), 荷作り費(荷作費)

につけ 煮つけ, 煮付け 例煮つけ物

ニッサン 日参 例陳情のため役所へ日参する

ニッシ 日誌 例航海日誌, 当番日誌

ニッシャビョウ 日射病 例日射病にかかる

ニッショウ 日照 例日照権, 日照時間

ニッショク 日食[日蝕] 飙月食

ニッシンゲッポ 日進月歩[日新月歩] 例科学の世界は日進月歩だ

ニッテイ 日程 例日程をこなす, 日程が詰まっている

につまる 煮詰まる 例汁が煮詰まる

にづみ 荷積み 例船に荷積みをする

につめる 煮詰める 例せんじ薬を煮詰める

にてもにつかぬ 似ても似つかぬ 例本物とは似ても似つかぬ粗悪品

ニトウだて 二頭立て 例二頭立ての馬車

になう 担う⁶ タン, かつぐ 1335 例荷物を肩に担う, 未来を担う子ら, 期待を担う

ニニンサンキャク 二人三脚

にのあし 二の足 例二の足を踏む

にのかわり 二の替わり(二の替り) 例二の替わりは荒事

にのク 二の句 例二の句が継げない

にのつぎ 二の次 例体裁は二の次だ, 二の次にする

にのまい 二の舞 例二の舞を演じる

にぶい 鈍い ドン, にぶる 1565 例勘が鈍い, 運動神経が鈍い, 動作が鈍い 飙鋭い；鈍い灰色の空

にぶらす 鈍らす 例情に引かされて決意を鈍らす 注「鈍らせる」とも言う。

にぶる 鈍る ドン, にぶい 1565 例腕が鈍る, 頭が鈍る, 決心が鈍る

にぼし 煮干し(煮干)

ニホンだて 二本立て 例二本立ての映画館

ニマイじた 二枚舌 例二枚舌を使う

にもの 煮物 例煮物をする

ニャク 若⁶ ジャク, わかい・もしくは 860 例老若＜ロウニャク・ロウジャク＞

にやす 煮やす シャ, にる・にえる 850 例業を煮やす

ニュウ 柔 ジュウ, やわらか・やわらかい 911 例柔弱, 柔和

ニュウ 入¹ いる・いれる・はいる 1584 例入院, 入荷, 入会, 入閣, 入学, 入金, 入港, 入国, 入獄, 入札, 入

試, 入手, 入場, 入籍, 入選, 入電, 入党, 入念, 入費, 入門, 入用；移入, 加入, 介入, 記入, 購入, 歳入, 収入, 出入, 侵入, 進入, 潜入, 注入, 転入, 投入, 導入, 納入, 搬入, 封入, 編入, 没入, 輸入, 乱入 対出

**ニュウ 乳**⁶ ちち・ち　1585
例乳化, 乳菓, 乳剤, 乳歯, 乳児, 乳糖, 乳幼児；牛乳, 授乳, 粉乳, 母乳, 離乳　注＊乳母＜うば＞

**ニュウギュウ 乳牛**　対肉牛, 役牛

**ニュウサツ 入札**　例工事の入札を行う

**ニュウシ 乳歯**　対永久歯

**ニュウガクウ 入学**　例中学校に入って英和辞典が入用になる, 旅行に入用な金額　類入り用　対不用

**ニュウワ 柔和**　例柔和な仏の顔

**ニョ 女**¹ ジョ・ニョウ, おんな・め　952
例女官, 女人禁制, 天女, 男女＜ナンニョ＞　関男＜ナン＞

**ニョ 如** ジョ　953
例如意, 如実, 如来；不如意

**ニョウ 女**¹ ジョ・ニョ, おんな・め　952
例女房

**ニョウ 尿** —　1586
例尿；尿意, 尿素, 尿道, 泌尿器；排尿, 夜尿症

**により 似寄り**　例似寄りの品

**にらみ にらみ**〔睨み〕　例にらみを利かせる

**にらみあう にらみ合う**〔睨み合う〕　類対立する, 対峙＜タイジ＞する

**にらみつける にらみつける**〔睨み付ける〕　例きっとにらみつける

**にらむ にらむ**〔睨む〕　例天井をにらむ, 先生ににらまれる, このいたず

らは弟の仕業とにらむ

**ニリツハイハン 二律背反**

**にる 似る**⁵ ジ　812
例子は親に似る, あやめとしょうぶはよく似ている

**にる 煮る** シャ, にえる・にやす　850
例豆を煮る, 魚を煮る, 煮ても焼いても食えない

**にわ 庭**³ テイ　1449
例庭作り, 庭石, 庭木, 庭先, 庭師；裏庭, 中庭, 箱庭；教えの庭

**にわか にわか**〔俄〕　例にわかに出立する, にわかに雨が降りだす, にわか雨；にわか仕込み；にわか狂言　類だしぬけ, 急, 突然

**にわかじこみ にわか仕込み**〔俄仕込み〕　例にわか仕込みの作法

**にわつくり 庭作り, 庭造り**　類作庭, 造園

**にわづたい 庭伝い**　例隣の家とは庭伝いだ

**にわとり 鶏** ケイ　497

**ニン 人**¹ ジン, ひと　1070
例人を見て法を説く；人気, 人魚, 人形, 人間, 人称, 人情, 人数, 人相, 人体＜ニンテイ＞；悪人, 芸人, 罪人, 死人, 支配人, 住人, 商人, 証人, 職人, 世話人, 善人, 他人, 町人, 張本人, 当人, 犯人, 万人, 番人, 病人, 保証人, 発起人, 本人, 役人, 浪人

**ニン 任**⁵ まかせる・まかす　1587
(1)役目・務め・役に就ける例任官, 任期, 任国, 任地, 任務, 任命, 任免；解任, 兼任, 辞任, 重任, 常任, 新任, 責任, 専任, 選任, 大任, 赴任, 留任
(2)任せる・自由にさせる例任意；一

明朝体の右肩の数字は配当学年　末尾の数字は常用漢字表番号　( )許容　類類義同意語　対反対対照語　関関連語　学学術用語

ニン　妊 — 1588
例妊産婦，妊娠，妊婦；懐妊

ニン　忍　しのぶ・しのばせる 1589
例忍の一字；忍苦，忍者，忍従，忍術，忍耐；隠忍，堪忍

ニン　認⁶　みとめる 1590
例認可，認識，認証，認知，認定，認容；確認，公認，自認，承認，是認，否認，黙認，容認

ニンイ　任意　例任意に選ぶ，任意出頭　対強制

ニンカ　認可　例大学院の設置を認可する，認可が下りる，認可状

ニンキ　人気　例子どもに人気のある番組，人気者，人気商売；人気の悪い土地

ニンキ　任期　例任期が切れる，任期満了

ニンキとり　人気取り　例人気取り稼業

ニンキョウ　仁侠　働男気，男だて

ニンギョウ　人形　例人形遣い，着せ替え人形

ニンゲン　人間　例人間ができている，人間的な人，人間並みの扱い，人間味にあふれている，人間業ではない，人間性，人間離れ；透明人間

ニンゲンなみ　人間並み　例人間並みの暮らし

ニンゲンミ　人間味　例人間味に欠けている

ニンシキ　認識　例立場を認識する，認識不足

ニンショウ　認証〔任証〕　例認証する，認証式，認証官

ニンジョウ　人情　例人情は紙より薄い，人情話，人情味

ニンじる　任じる　例課長に任じる，自ら詩人をもって任じている

注「任ずる」とも言う。

ニンシン　妊娠　例妊娠する，妊娠中絶

ニンソウ　人相　例人相を見る，人相が悪い，人相書き，人相見

ニンタイ　忍耐　例忍耐強い，忍耐力

ニンテイ　認定　例認定する，資格の認定，認定書

ニンム　任務　例任務を果たす

ニンメイ　任命　例任命する，大臣に任命される　働任用

ニンヨウ　認容〔認用〕　例認容する　働認許，容認


〔ヌ・ぬ〕

ぬい　縫い　例縫い針，仮縫い

ぬいあげ　縫い上げ（縫上げ）　例縫い上げを取る

ぬいあげる　縫い上げる（縫上げる）　例洋服を縫い上げる

ぬいいと　縫い糸（縫糸）

ぬいかえし　縫い返し（縫返し）

ぬいかえす　縫い返す（縫返す）

ぬいかた　縫い方　例袖の縫い方を習う

ぬいこみ　縫い込み（縫込み）

ぬいこむ　縫い込む（縫込む）

ぬいしろ　縫い代

ぬいつける　縫い付ける（縫付ける）　例名前を縫い付ける

ぬいとり　縫い取り（縫取り）　働ししゅう

ぬいはり　縫い針（縫針）　例縫い針がうまい　注「ぬいばり」と濁るときは，縫い物をする針のこと。

ぬいめ　縫い目　例粗い縫い目

ぬいもの　縫い物（縫物）　例縫い物が仕上がる，縫い物をする

**ぬいモン　縫い紋**　[対]書き紋
**ぬう　縫う　ホウ**　1851
[例]着物を縫う，綻びを縫う，人波を縫って進む
**ぬか　ぬか**〔糠〕　[例]米ぬか；ぬか喜び，ぬか雨；ぬか油，ぬか袋，ぬかみそ；ぬかにくぎ
**ぬかす　抜かす　バツ，ぬく・ぬける・ぬかる**　1652
[例]1行抜かして読む，順序を抜かす
**ぬかずく　ぬかずく**〔額突く〕　[例]霊前にぬかずく
**ぬかよろこび　ぬか喜び**〔糠喜び〕
**ぬかり　抜かり**　[例]抜かりはない，抜かりなくやる　[類]失敗
**ぬかる　抜かる　バツ，ぬく・ぬける・ぬかす**　1652
[例]最後まで抜かるな；抜からぬ顔
**ぬかる　ぬかる**〔泥濘る[当て字]〕　[例]道がぬかる
**ぬかるみ　ぬかるみ**〔泥濘[当て字]〕　[例]ぬかるみにはまる
**ぬき　抜き**　[例]……を抜きにすると；朝食抜き，わさび抜きのすし
**ぬきあし　抜き足**(抜足)　[例]抜き足差し足忍び足
**ぬきうち　抜き撃ち，抜き討ち**(抜撃ち，抜討ち)　[例]抜き撃ちの名手（[注]鉄砲，銃）；抜き討ちに切りつける（[注]刀）
**ぬきうち　抜き打ち**(抜打ち)　[例]抜き打ち検査
**ぬきがき　抜き書き**(抜書き)　[例]要点を抜き書きする
**ぬきさし　抜き差し**(抜差し)　[例]抜き差しならない事態に陥る
**ぬぎすてる　脱ぎ捨てる**(脱捨てる)
[例]靴を脱ぎ捨てる
**ぬきだす　抜き出す**(抜出す)　[例]見本を抜き出す，要点を抜き出してメモする
**ぬきて　抜き手**(抜手)　[例]抜き手を切って泳ぐ　[注]「ぬきで」とも言う。
**ぬきとり　抜き取り**(抜取り)　[例]抜き取りが発覚する
**ぬきとる　抜き取る**(抜取る)　[例]トラックの荷を抜き取る
**ぬきみ　抜き身**(抜身)　[例]抜き身を振りかざして敵陣に躍り込む，抜き身をひっ下げる　[類]白刃
**ぬきよみ　抜き読み**(抜読み)　[例]抜き読みして聞かせる
**ぬきんでる　ぬきんでる，抜きんでる**〔抽んでる，擢んでる〕　[例]才能がぬきんでる，ぬきんでた体格
**ぬく　抜く　バツ，ぬける・ぬかす・ぬかる**　1652
[例]刀を抜く，歯を抜く，染みを抜く，勝ち抜きで5人抜く，仕立ての手を抜く；城を守り抜く，困り抜く
**ぬぐ　脱ぐ　ダツ，ぬげる**　1329
[例]靴を脱ぐ，服を脱ぐ
**ぬくい　ぬくい**〔温い〕　[例]ぬくい湯；ちょっと頭がぬくい
**ぬぐう　拭う　ショク，ふく**　〔ぬぐう〕　1030
[例]汗を拭う，汚名を拭う
**ぬくめる　ぬくめる**〔温める〕　[例]手足をぬくめる
**ぬくもる　ぬくもる**〔温もる〕　[例]熱い湯に入ってぬくもる
**ぬけあな　抜け穴**(抜穴)　[例]抜け穴をくぐる，法の抜け穴
**ぬけがけ　抜け駆け**(抜駆け)〔抜け駈け〕　[例]抜け駆けの功名
**ぬけがら　抜け殻**(抜殻)〔脱け殻〕
[例]せみの抜け殻，抜け殻のようにぼんやりたたずむ

ぬ

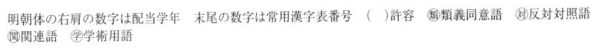

明朝体の右肩の数字は配当学年　末尾の数字は常用漢字表番号　(　)許容　[類]類義同意語　[対]反対対照語
[関]関連語　[学]学術用語

| | |
|---|---|
| **ぬけかわる 抜け替わる**(抜け替る) 例毛が抜け替わる | 例布を織る, 布子, 布ざらし, 布目紙 |
| | **ぬのジ 布地** |
| **ぬけげ 抜け毛**(抜毛)〔脱け毛〕 例養毛剤で抜け毛を予防する | **ぬま 沼** ショウ　972 例沼地, 泥沼 |
| **ぬけだす 抜け出す** 例会議の中途で抜け出す；髪の毛が抜けだしてくる | **ぬらす ぬらす**〔濡らす〕 例着物をぬらす, タオルをぬらす |
| **ぬけでる 抜け出る** 例宴会を抜け出る；実力が抜け出ている | **ぬり 塗り** 例塗りがはげる, 塗り物, 漆塗り, 朱塗り |
| **ぬけみち 抜け道**(抜道)〔抜け路〕 例抜け道を捜す | **ぬり ～塗** 例春慶塗, 輪島塗　注工芸品の名称。 |
| **ぬけめ 抜け目** 例抜け目がない | **ぬりあげる 塗り上げる**(塗上げる) 例壁を塗り上げる |
| **ぬける 抜ける** バツ, ぬく・ぬかす・ぬかる 1652 例腰が抜ける, 気が抜ける；名前が抜けている；裏通りに抜ける道, あの男はどこか抜けている | **ぬりエ 塗り絵**(塗絵) 例クレヨンで塗り絵をする |
| | **ぬりかえ 塗り替え**(塗替え) 例壁の塗り替えをする |
| | **ぬりかえる 塗り替える**(塗替える) 例壁を塗り替える |
| **ぬげる 脱げる** ダツ, ぬぐ　1329 例靴が脱げる | **ぬりかた 塗り方** 例色の塗り方 |
| | **ぬりぐすり 塗り薬**(塗薬) |
| **ぬし 主³** シュ・ス, おも　864 例この池の主は大きなこいだ, 家の主, 株主, 神主, 地主, 名主, 荷主, 船主, 家主<いえぬし・やぬし> | **ぬりたて 塗りたて, 塗り立て**(塗立て) 例ペンキの塗りたて |
| | **ぬりたてる 塗りたてる, 塗り立てる**(塗立てる) 例顔を塗りたてる |
| **ぬすびと 盗人** 例盗人たけだけしい, 盗人に追い銭, 盗人を捕らえて縄をなう　注「ぬすっと」とも言う。 | **ぬりつける 塗り付ける**(塗付ける) 例顔におしろいを塗り付ける；他人に責任をぬりつける |
| **ぬすみ 盗み** 例盗みを働く, 盗み聞き, 盗み食い, 盗み読み | **ぬりつぶす 塗り潰す, 塗りつぶす** 例白ペンキで塗り潰す |
| **ぬすみあし 盗み足** 例盗み足で歩く | **ぬりボン 塗り盆**(塗盆) |
| **ぬすみぎき 盗み聞き** 例ないしょ話を盗み聞きする | **ぬりもの 塗り物**(塗物) |
| **ぬすみぐい 盗み食い** 例盗み食いする | **ぬる 塗る** ト　1491 例板にペンキを塗る, 壁を塗る, 漆を塗る, 口紅を塗る, おしろいを塗る；顔に泥を塗る |
| **ぬすみとる 盗み取る** 例ないしょ話をテープに盗み取る | |
| **ぬすみよみ 盗み読み** 例親書を盗み読みする | **ぬるい ぬるい**〔温い〕 例お茶がぬるい |
| | **ぬるまゆ ぬるま湯**〔微温湯 当て字〕 例ぬるま湯につかったようだ |
| **ぬすむ 盗む** トウ　1516 例ポケットから財布を盗む, 意匠を盗む, 暇を盗んで用を足す, 人目を盗む | |
| **ぬの 布⁵** フ　1740 | **ぬるむ ぬるむ**〔温む〕 例水ぬるむ春 |

○改定追加漢字　●改定追加音訓　□改定削除漢字　■改定削除音訓　〔 〕参考表記　〈△表外漢字　▲表外音訓　×誤用　当て字〉当て字

ぬれぎぬ　ぬれぎぬ〔濡れ衣〕　例ぬれぎぬを着せる
ぬれねずみ　ぬれねずみ〔濡れ鼠〕　例ぬれねずみになる
ぬれる　ぬれる〔濡れる〕　例畳がぬれる，髪がぬれる

## 〔ネ・ね〕

ね　音¹　オン・イン，おと　127
　例虫の音，笛の音，音色；初音，本音，弱音；音を上げる

ね　根³　コン　674
　例根を張る，根を掘る；根は善人だ，根も葉もないうわさ，根に持っている，根を下ろす，災いの根を絶つ；根城；性根，高根，屋根，羽根

ね　値⁶　チ，あたい　1358
　例値が張る，値が高い；値打ち，値段；高値，安値

ね　寝〜　例寝汗，寝息，寝顔，寝言，寝小便，寝相，寝床，寝坊，寝間，寝巻き

ね　〜寝　例朝寝，早寝，昼寝

ねあがり　値上がり（値上り）　例天候不順で野菜類が値上がりする　対値下がり

ねあげ　値上げ　例定期代が値上げになる，値上げ案　対値下げ

ねあせ　寝汗〔盗汗当て字〕　例寝汗をかく

ネイ　寧　—　1591
　例寧日；安寧，丁寧

ねいりばな　寝入りばな〔寝入り端〕　例寝入りばなを起こされる

ねうち　値打ち（値打）　例品物の値打ち，値打ちのある本，値打ちが下がる　類価値，品格

ねえさん　＊姉さん　例お姉さん　対＊兄さん

ねおし　寝押し　例寝押しする，ズボンの寝押し　類寝敷き

ねおき　寝起き　例寝起きがよい

ねがい　願い　例願いを聞き届ける，親の願い，一生の願い

ねがい　〜願い（〜願）　例退職願い

ねがいあげる　願い上げる（願上げる）　例願い上げましては35円なり

ねがいごと　願い事　例願い事がかなう

ねがいさげ　願い下げ（願下げ）　例こちらから願い下げだ

ねがいさげる　願い下げる（願下げる）　例斡旋〈アッセン〉を願い下げる

ねがいで　願い出　例願い出を受理する，書面による願い出　注「ねがいいで」とも言う。

ねがいでる　願い出る（願出る）　例再審査を願い出る

ねがう　願う⁴　ガン　300
　例神仏に願う，許可を願います，願ってもないことだ，願ったりかなったり

ねがえり　寝返り　例寝返りを打つ，あの男の寝返りで敗れた　類裏切り

ねかす　寝かす　シン，ねる　1063
　例子どもを寝かす，電柱を寝かして運ぶ，倉庫に商品を寝かしておく，資金を寝かす，こうじを寝かす　注「寝かせる」とも言う。

ねがわくは　願わくは　例願わくは皆が無事であらんことを　注「願わくば」とも言う。

ねがわしい　願わしい　例健康であることが願わしい　類望ましい

ねぎらう　ねぎらう〔労う，犒う〕　例労をねぎらう

ねぎる　値切る　例野菜を値切る，値

ねくび **寝首** 例寝首をかく

ねぐら **ねぐら**〔塒〕 例ねぐらに帰る

ねぐるしい **寝苦しい** 例寝苦しい夏の夜

ねこ **猫** ビョウ 1728
例猫に小判，猫にかつお節，猫の手も借りたい忙しさ，猫の額<ひたい>ほどの土地を耕す，猫の目のよう，猫もしゃくしも流行を追う，猫をかぶる，猫舌，猫なで声

ねごこち **寝心地** 例寝心地のよい寝台

ねこぜ **猫背** 例猫背の男

ねこそぎ **根こそぎ**〔根刮ぎ〕 例苗を根こそぎ流される，衣類を根こそぎ盗まれる

ねこみ **寝込み** 例寝込みを襲う

ねこむ **寝込む** 例ぐっすりと寝込む，病気でしばらく寝込む

ねころぶ **寝転ぶ** 例寝転んで本を読む

ねこをかぶる **猫をかぶる**〔猫を被る〕 例人前で猫をかぶる

ねさがり **値下がり** 例株価が値下がりする 対値上がり

ねさげ **値下げ** 例値下げを断行する 対値上げ

ねざす **根ざす，根差す** 例人間の性格は家庭の環境に根ざしている

ねざめ **寝覚め** 例寝覚めが悪い

ねじ **ねじ**〔螺子，捻子，捩子 当て字〕 例ねじを巻く

ねじきる **ねじ切る**〔捩じ切る〕 例あめん棒をねじ切る

ねじける **ねじける**〔拗ける〕 例根性がねじける

ねじこむ **ねじ込む**〔捩じ込む〕 例懐に札束をねじ込む；飼い主へねじ込んで行く

ねじハチまき **ねじ鉢巻き**(ねじ鉢巻)〔捩じ鉢巻き〕 例ねじ鉢巻きで難問と取り組む 注「ねじり鉢巻き」とも言う。

ねじふせる **ねじ伏せる**〔捩じ伏せる〕 例泥棒をねじ伏せる

ねじまげる **ねじ曲げる**〔捩じ曲げる〕 例腕をねじ曲げる，真意をねじ曲げる

ねじまわし **螺子回し**〔当て字〕 類ドライバー

ねじる **ねじる**〔捩る〕 例腕をねじる，ガスの栓をねじる

ねじれる **ねじれる**〔捩れる，拗れる，捻れる〕 例ネクタイがねじれる，ねじれた根性

ねじろ **根城** 例海賊の根城，いかがわしい酒場を根城にして悪事を働く 類根拠地

ねすごす **寝過ごす**(寝過す) 例寝過ごして学校に遅れる

ねずみとり **ねずみ取り**〔鼠取り〕 例ねずみ取りを仕掛ける

ねゾウ **寝相** 例寝相が悪い

ねそべる **寝そべる** 例寝そべって物を食べる

ねたましい **妬ましい，ねたましい** 例他人の栄達が妬ましい

ねたみ **妬み，ねたみ** 例人の妬みを買う

ねたむ **妬む** ト 〔ねたむ〕 1486
例人の幸せを妬む

ねだやし **根絶やし** 例悪習を根絶やしにする

ねだる **ねだる**〔強請る 当て字〕 例親にこづかいをねだる

ねダン **値段** 類価格，相場

ネツ **熱**[4] あつい 1592
例熱が下がる，熱が冷める，熱がらない，野球に熱を上げる；熱愛，熱意，熱演，熱狂，熱血，熱情，熱

心, 熱戦, 熱帯, 熱中, 熱湯, 熱病, 熱風, 熱弁, 熱量, 熱烈；炎熱, 過熱, 情熱, 地熱, 電熱, 白熱, 発熱, 微熱, 平熱, 余熱
- ネツイ　熱意　例熱意を示す
- ねつき　寝つき, 寝付き　例寝つきの悪い子　対寝覚め
- ネッキョウ　熱狂　例野球に熱狂する, 熱狂的なファン
- ねつく　寝つく, 寝付く　例子どもが寝つく, 病気で先月から寝ついたままだ
- ネツさまし　熱冷まし〔熱醒まし〕　例熱冷ましを飲む　類解熱剤
- ネッシン　熱心　例あの先生は教育に熱心だ, 熱心な信者　対不熱心
- ねっする　熱する　例鉄を熱して溶かす, 熱しやすく冷めやすい人
- ネツゾウ　捏造　例事件を捏造する　類作り事, でっち上げ
- ネッチュウ　熱中　例水泳に熱中する
- ねづもり　値積もり(値積り)　例家屋を値積もりする　類評価
- ねづよい　根強い　例根強い因習の力
- ネツレツ　熱烈　例熱烈な恋, 熱烈な崇拝者
- ねとまり　寝泊まり(寝泊り)　例会社の寮に寝泊まりする
- ねばつく　粘つく, 粘着く　例汗で背中が粘つく
- ねはば　値幅〔値巾〕　例値幅が大きい
- ねばり　粘り　例粘りがない, 粘り強い性質
- ねばりケ　粘りけ, 粘り気　例粘りけが足りない
- ねばる　粘る　ネン　1596　例よく粘る餅, 最後まで粘って承知させる, 粘り抜く, 指が粘りつく
- ネハン　涅槃　例涅槃会＜ネハンエ＞
- ねびえ　寝冷え　例寝冷えをする, 寝冷え知らず
- ねびき　値引き(値引)　例1割値引きする
- ねぶかい　根深い　例根深い因襲
- ねぶみ　値踏み　例家屋を値踏みする　類評価
- ねボウ　寝坊　例朝寝坊をする
- ねぼけまなこ　寝ぼけ眼〔寝惚け眼〕
- ねぼける　寝ぼける〔寝惚ける〕　例寝ぼけて柱で頭を打つ；寝ぼけた色の模様
- ねほりはほり　根掘り葉掘り　例事の真相を根掘り葉掘り尋ねる
- ねまき　寝巻き(寝巻)　例ナイトガウン　注「寝間着」とも書く。
- ねむい　眠い　ミン, ねむる　1919　例眠くてあくびをする, 眠い朝
- ねむケ　眠け, 眠気　例眠けを催す
- ねむケざまし　眠け覚まし, 眠気覚まし　例眠け覚ましに水で顔を洗う
- ねむたい　眠たい　例夜更かししたので眠たい
- ねむたがる　眠たがる　例子どもが眠たがる
- ねむらす　眠らす
- ねむらせる　眠らせる　例静かに眠らせておく；じゃま者は眠らせろ
- ねむり　眠り　例永遠の眠りに就く, 眠りこける
- ねむりぐすり　眠り薬　類催眠剤, 睡眠薬, 麻酔薬
- ねむる　眠る　ミン, ねむい　1919　例一日8時間眠る；海の見える丘で静かに眠っている
- ねめつける　ねめつける〔睨め付ける〕　例きっとねめつける　類にらみつける
- ねもと　根元, 根本, 根もと〔根許〕　例立ち木の根元, 耳の根元
- ねらい　狙い, ねらい　例狙いを定め

ねらい—ネンシ

- **ねらい** 狙い 例目標, 的＜まと＞
- **ねらいうち** 狙い撃ち, ねらい撃ち 例かもを狙い撃ちする
- **ねらう** 狙う ソ〔ねらう〕1204 例的を狙う, 獲物を狙う, 機会を狙う
- **ねり** 練り〔錬り, 煉り〕 例練りのよい絹, 練りあん, 練りえ, 練りおしろい, 練り薬, 練り香, 練り製品, 練りぬき, 練り塀, 練りようかん,
- **ねりあるく** 練り歩く 例仮装行列が町を練り歩く
- **ねりあわせる** 練り合わせる（練合せる） 例材料を練り合わせて丸薬を作る
- **ねりいと** 練り糸
- **ねりかためる** 練り固める（練固める） 例粘土を練り固める
- **ねりぎぬ** 練り絹 仭生絹
- **ねりなおし** 練り直し（練直し） 例計画の練り直しをする
- **ねりなおす** 練り直す（練直す） 例対策を練り直す
- **ねりはみがき** 練り歯磨き（練歯磨き）（練歯磨）
- **ねりヨウカン** 練りようかん〔煉り羊羹〕仭水ようかん
- **ねる** 寝る シン, ねかす 1063 例毎日10時に寝る, 病気で寝る；資金が寝る；寝ても覚めても試験のことが頭から離れない 類休む 対起きる
- **ねる** 練る³ レン〔錬る, 煉る〕2108 例粉を練る, 生糸を練る, 文を練る, 計画を練る, 腕を練る；大名行列が大道を練る
- **ねれる** 練れる 例人物が練れている
- **ねわけ** 根分け 例菊の株の根分けをする

- **ネン** 然⁴ ゼン 1199 例天然, 天然痘
- **ネン** 年¹ とし 1593 例年賀, 年額, 年刊, 年鑑, 年季, 年期, 年金, 年月, 年限, 年功, 年号, 年始, 年収, 年少, 年代, 年長, 年度, 年頭, 年内, 年配, 年俸, 年来, 年利, 年輪, 年齢；越年, 往年, 隔年, 学年, 旧年, 去年, 享年, 後年, 今年, 昨年, 弱年, 少年, 新年, 成年, 青年, 積年, 壮年, 多年, 中年, 停年, 晩年, 平年, 豊年, 毎年, 明年, 幼年, 翌年, 来年, 例年, 老年
- **ネン** 念⁴ — 1594 例念を入れる, 念を押す；念願, 念書, 念頭, 念仏, 念力；一念, 概念, 観念, 記念, 疑念, 懸念, 雑念, 残念, 失念, 邪念, 執念, 信念, 専念, 断念, 通念, 入念, 無念, 余念, 理念
- **ネン** 捻 — 1595 例捻挫＜ネンザ＞, 捻出, 捻転
- **ネン** 粘 ねばる 1596 例粘液, 粘着, 粘土, 粘膜
- **ネン** 燃⁵ もえる・もやす・もす 1597 例燃焼, 燃料；可燃性, 再燃, 内燃機関
- **ネンいり** 念入り 例念入りに調べる, 仕事が念入りだ
- **ネンガン** 念願 例長年の念願を果たす
- **ネンキ** 年季 例年季奉公
- **ネンキ** 年期 例年期を入れる
- **ねんごろ** 懇ろ コン 681 例懇ろに葬る, 男女が懇ろになる
- **ネンザ** 捻挫, ねんざ 例足首を捻挫する 類くじく
- **ネンシュツ** 捻出 例旅費を捻出する 類工面, 算段, やりくり
- **ネンショウ** 燃焼 例ガスが燃焼する, 不完全燃焼

---

○改定追加漢字 ●改定追加音訓 □改定削除漢字 ■改定削除音訓 〔 〕参考表記 〔△表外漢字 ▲表外音訓 ×誤用 当て字当て字〕

| | |
|---|---|
| ネンじる 念じる 例成功を念じる、お経を念じる 匡「念ずる」とも言う。 | ノウ 脳⁶ — 1601<br>(1)頭の部分例脳出血、脳神経、脳病、脳貧血、脳膜；小脳、大脳<br>(2)頭の働き例脳が弱い；頭脳、洗脳<br>(3)中心例首脳 |
| ネンテン 捻転 例腸捻転 | |
| ネンド 粘土 例粘土細工 | |
| ネントウ 念頭 例念頭に置く | |
| ネンのため 念のため〔念の為〕<br>例念のため調べてみる、右念のため | ノウ 農³ — 1602<br>例農園、農家、農学、農閑期、農業、農具、農芸、農家、農作物、農産、農事、農場、農相、農村、農地、農繁期、農夫、農民、農林；豪農、篤農、貧農、酪農 |
| ネンパイ 年配,年輩 例年配の紳士、40年配の男 | |
| ネンブツ 念仏 例念仏を唱える、念仏三昧 | |
| ネンライ 年来 例年来の望みがかなう | ノウ 濃 こい 1603<br>例濃厚、濃紺、濃縮、濃淡、濃度、濃霧 対淡 |
| ネンレイ 年齢,年令 | |

〔ノ・の〕

| | |
|---|---|
| の 野² ヤ 1954<br>例野を駆ける、野いちご、野うさぎ、野宿、野原、野道、野山 匡＊野良＜のら＞ | ノウイッケツ 脳溢血 例脳溢血で倒れる 類脳出血 |
| | ノウエン 濃艶 例濃艶な舞台姿 類こってり、あでやか |
| のあそび 野遊び 例野遊びに行く | ノウがき 能書き 例能書きを並べる、薬の能書き 類効能書き |
| のあらし 野荒らし(野荒し) 例野荒らしのいのししを捕らえる | |
| ノウ 悩 なやむ・なやます 1598<br>例悩殺；苦悩、煩悩 | ノウガク 能楽 例能楽師 |
| | ノウカンキ 農閑期 例農閑期の出稼ぎ 対農繁期 |
| ノウ 納⁶ ナッ・ナ・ナン・トウ,おさめる・おさまる 1599<br>例納期、納金、納税、納入、納品、納付、納涼；格納庫、完納、帰納、献納、受納、収納、前納、滞納、返納、奉納、未納、結納＜ゆいノウ＞ | ノウギョウ 農業 例農業を営む、集約農業、農業協同組合、多角農業 |
| | ノウコウ 濃厚 例濃厚な味、……の可能性が濃厚である、濃厚なシーン 対淡泊、希薄 |
| | ノウコウソク 脳梗塞、脳こうそく |
| ノウ 能⁵ — 1600<br>例能あるたかは爪を隠す；能楽、能動、能筆、能吏、能史、能率、能力；可能、機能、技能、芸能、効能、才能、職能、性能、全能、知能、万能、不能、放射能、本能、無能、有能 | ノウサツ 悩殺 例男を悩殺する |
| | ノウサン 農産 例農産物、農産加工 |
| | ノウショウ 脳しょう〔脳漿〕 類脳みそ |
| | ノウシントウ 脳震とう〔脳震盪〕 例軽い脳震とう |
| | ノウゼイ 納税 例納税額、納税者 |
| | ノウセキズイ 脳脊髄 |
| | ノウチュウ 嚢中 例嚢中のきり；嚢中僅か 類懐中 |

明朝体の右肩の数字は配当学年　末尾の数字は常用漢字表番号　（ ）許容　類類義同意語　対反対対照語
関関連語　学学術用語

ノウテ―のそだ

ノウテン 脳天 例脳天に響く
ノウなし 能なし,能無し 例あの男はまったく能なしだ 類無能
ノウニュウ 納入 例製品を納入する,会費を納入する 対徴収
ノウハンキ 農繁期 対農閑期
ノウミソ 脳味そ〔脳味噌〕 例脳みそが足りない 類脳髄 旧俗語
ノウリ 脳裏〔脳裡〕 例不安が脳裏をよぎる 類脳中
ノウリツ 能率● 例仕事の能率を上げる,作業を能率化する,能率的に処理する,能率給
ノウリョウ 納涼 例納涼花火大会
ノウリョク 能力● 例能力を試す,能力給,無能力者
のがす 逃す トウ,にげる・にがす・のがれる 〔遁す〕 1506
例機会を逃す
のがれる 逃れる トウ,にげる・にがす・のがす 1506
例追っ手を逃れる,雑踏を逃れて山へ行く,難を逃れる,責任を逃れる
のき 軒 ケン 526
例軒を連ねる,軒を争う,軒先,軒下
のきしのぶ のきしのぶ,軒忍
のきなみ 軒並み 例軒並みに患者を出す,不況のあおりで軒並みに倒産する
のきならび 軒並び 類軒並み,家ごと
のきば 軒端 例軒端に干し柿をつるす,軒端のなんてんの木
のけもの のけ者〔除け者〕 例のけ者にされる 類仲間外れ
のける のける〔退ける,除ける〕 例道端の石をのける,不良品をのける
のこぎり のこぎり〔鋸〕 例のこぎりの目立て
のこし 残し 例食べ残し
のこす 残す⁴ ザン,のこる 〔遺

す〕 756
例莫大<バクダイ>な遺産を残す,子どもを残して死ぬ,後世に名を残す
のこらず 残らず 例仕事が残らず終わる,残らずたいらげる
のこり 残り 例残りが少ない,旅費の残り,残り物,残り香,残り火,残りの日
のこりおしい 残り惜しい 例別れが残り惜しい 類名残惜しい
のこりび 残り火 例残り火を消す
のこりもの 残り物 例残り物には福がある
のこる 残る⁴ ザン,のこす 756
例現地に残る,弁当が3人分残っている,後の世に名が残る
のさばる のさばる 例雑草がのさばる
のし のし〔熨斗〕当て字 例のしを付ける,のしあわび,のし昆布;のし目
のしあがる のし上がる〔伸し上がる〕 例有力者にのし上がる,一介の商人から財閥にのし上がる
のしかかる のしかかる〔伸し掛かる〕 例上からのしかかる,のしかかるようにきめつける
のしもち のし餅,のしもち〔伸し餅〕 例のし餅を切る
のせる 載せる サイ,のる 714
例記事を載せる
のせる 乗せる³ ジョウ,のる 1014
例バスに乗せる,口車に乗せられる
のぞく 除く⁶ ジョ・ジ 958
例ガラスのかけらを除く,雑草を除く,18歳未満は除く,じゃま者は除け
のぞく のぞく〔覗く,覘く〕 例望遠鏡のぞく,節穴からのぞく,通りがかりに本屋をのぞく,ポケットから財布がのぞいている
のそだち 野育ち 例野育ちで礼儀も

○改定追加漢字 ●改定追加音訓 □改定削除漢字 ■改定削除音訓 〔 〕参考表記 〔△表外漢字 ▲表外音訓 ×誤用 当て字]当て字〕

| | |
|---|---|
| 知らない，野育ちの少女 類田舎育ち 対都会育ち | のどか のどか〔長閑 当て字〕 例のどかな春の空，のどかな眺め |
| のぞましい 望ましい 例参加することが望ましい | のどくび のどくび〔喉頸〕 例のどくびに食いつく |
| のぞみ 望み 例長年の望みを果たす，望みが高い，生存の望みが薄れる | のどもと 喉元，のどもと 例喉元過ぎれば熱さを忘れる |
| のぞむ 望む⁴ ボウ・モウ 1865 例進学を望む，望むらくは……，学生諸君に望む；遠くに山の頂を望む | ののしる 罵る バ 〔ののしる〕 1611 例相手を大声で罵る |
| のぞむ 臨む リン 2081 例式場に臨む，果たし合いに臨む；谷あいに臨んだ部屋 | のばす 延ばす⁶ エン，のびる・のべる 88 例時間を延ばす，期間を延ばす，返事を延ばす 類延長する |
| のたうつ のたうつ 例全身やけどをしてのたうち回る | のばす 伸ばす シン，のびる・のべる 1043 例背中を伸ばす，手足を伸ばす，才能を伸ばす，勢力を伸ばす 対縮める |
| のたれじに 野垂れ死に，野垂れ死に 例晩年は落ちぶれて野たれ死に同然の死に方をする 類行き倒れ | |
| のち 後² ゴ・コウ，うしろ・あと・おくれる 580 例曇り後小雨，後々の事，後の世 | のばなし 野放し 例犬を野放しにする，子どもを野放しにして育てる 類放任 |
| のちぞい 後添い 例後添いをもらう 類後妻 | のび 延び 例延びのよいのり |
| のちのち 後々 例後々それでは困る，後々の事を託す 類将来，今後 | のび 伸び 例雑草は伸びが早い，大きく伸びをする，有望力士にいっそうの伸びを期待する |
| のちのよ 後の世 類来世，後世 | のびあがる 伸び上がる(伸上がる) 例伸び上がって高窓からのぞく |
| のちほど 後ほど，後程 例後ほど御連絡申し上げます，後ほど伺います | のびちぢみ 伸び縮み 例伸び縮みの悪いゴム，伸び縮みする |
| のっける 乗っける 例自動車に乗っけてくれ 注俗語 | のびなやむ 伸び悩む(伸悩む) 例成績が伸び悩む，株価が伸び悩む |
| のっとる 乗っ取る(乗取る) 例敵城を乗っ取る，暴力で店を乗っ取る | のびのび 延び延び 例返事が延び延びになる |
| のっとる のっとる〔則る，法る〕 例古式にのっとる，判例にのっとって定める 類基づく，従う，よる，即する | のびのび(と) 伸び伸び(と) 例伸び伸びとした気分，子どもを伸び伸びと育てる 対こせこせ |
| のど 喉 コウ 〔のど，咽〕 633 例喉が痛い，喉が鳴る，喉から手が出る，よい喉をしている，喉笛，喉仏，喉元，喉っ節 | のびる 延びる⁶ エン，のべる・のばす 88 例会期が延びる，出発が延びる |
| | のびる 伸びる シン，のばす・の |

のべる 1043
例背が伸びる，雑草が伸びる，売り上げが伸びる，勢力が伸びる ㊙伸長；頭をたたかれて簡単に伸びる，疲れて伸びそうだ

のべ 延べ 例参加者は延べ3万人，延べ人員，延べ日数，金の延べ棒，延べ紙，延べ紙

のべ 野辺 例野辺送り ㊙弔い，葬送

のべいた 延べ板 例亜鉛の延べ板

のべがね 延べ金 例純金の延べ金

のべジンイン 延べ人員 例5人の労働者が1週間働くと延べ人員は35人となる

のべつ のべつ 例のべつ幕なしにしゃべる ㊙絶えず，ひっきりなしに

のべつぼ 延べ坪 ㊙建坪

のベニッスウ 延べ日数 例3人が1週間働いた場合の延べ日数は21日

のべばらい 延べ払い ㊙現金払い

のべる 延べる⁶ エン，のびる・のばす 88
例巻き物を延べる，納期を延べる，布団を延べる

のべる 述べる⁵ ジュツ 〔宣べる，陳べる〕 927
例意見を述べる，謝辞を述べる

のべる 伸べる シン，のびる・のばす 〔のべる〕 1043
例救いの手を伸べる

のホウズ のほうず，野放図〔野放途〕
例のほうずに暮らす

のぼす 上す¹ ジョウ・ショウ，うえ・うわ・かみ・あげる・あがる・のぼる・のぼせる 1009
例議案を委員会に上す

のぼせ 上せる¹ ジョウ・ショウ，うえ・うわ・かみ・あげる・あがる・のぼる・のぼす 1009

例木の上に上せる；京都に上せる；話題に上せる

のぼせる のぼせる〔逆上せる〕当て字
例熱い湯に入ってのぼせる；彼は優勝してのぼせている

のぼらす 上らす 例地位を上らす

のぼり 上り 例上り列車，上り坂，上りホーム ㊙下り

のぼり 登り 例山登り

のぼり のぼり〔幟〕 例のぼりを立てる，こいのぼり

のぼりくだり 上り下り 例上り下りの船が行き交う

のぼりぐち 登り口 ㊙登山口

のぼりざか 上り坂 例成績が上り坂である，商売が上り坂になる ㊙下り坂

のぼりレッシャ 上り列車 ㊙下り列車

のぼる 昇る ショウ 970
例日が昇(上)る，天に昇(上)る

のぼる 上る¹ ジョウ・ショウ，うえ・うわ・かみ・あげる・あがる・のぼせる・のぼす 1009
例都へ上る，損害が3億円に上る，地位が上る，議題に上る ㊙下る

のぼる 登る³ トウ・ト 1523
例山へ登る ㊙降りる

のみ のみ〔蚤〕 例のみの夫婦，のみ取り眼；のみの市

のみかけ 飲みかけ，飲み掛け 例飲みかけのビール ㊙飲みさし

のみくい 飲み食い 例飲み食いに金をかける

のみぐすり 飲み薬 ㊙とんぷく薬

のみこみ のみ込み〔呑み込み〕
例のみ込みの早い子，のみ込み顔

のみこむ 飲み込む(飲込む)〔呑み込む〕
例唾を飲み込む，万事飲み込んでいる

○改定追加漢字 ●改定追加音訓 □改定削除漢字 ■改定削除音訓 〔 〕参考表記 〔△表外漢字 ▲表外音訓 ×誤用 当て字当て字〕

のみたおす 飲み倒す(飲倒す) 例酒代を飲み倒す
のみて 飲み手 例名うての飲み手
のみで 飲みで〔呑み出〕 例飲みでのある1斗だるの酒
のみにげ 飲み逃げ(飲逃げ) 例飲み逃げするようだがこれで失礼する
のみほす 飲み干す(飲干す) 例杯を飲み干す
のみみず 飲み水 類飲料水
のみもの 飲み物(飲物) 類食べ物
のみや 飲み屋〔呑み屋〕 類小料理屋, 居酒屋
のむ 飲む³ イン 55
例水を飲む, 一杯飲む
のむ のむ〔呑む〕 例要求をのむ, 短刀をのむ, 相手をのんでかかる
のめる のめる 例後ろから突かれて前へのめる 反のけぞる
のら ＊野良 例野良仕事
のらいぬ 野良犬 関飼い犬
のり 乗り 例乗りのよい絵の具
のり のり〔海苔当て字〕 例のり巻き, 浅草のり, 青のり
のり のり〔糊〕 例のりで貼る, 紙のり；血のり
のりあい 乗り合い(乗合い) 例乗り合いバス
のりあいぶね 乗り合い船(乗合い船)(乗合船)
のりあげる 乗り上げる(乗上げる) 例会談が暗礁に乗り上げる
のりあわせる 乗り合わせる(乗合せる) 例知人と同じ車に乗り合わせる 注「乗り合わす」とも言う。
のりいれ 乗り入れ(乗入れ) 例私鉄の乗り入れが本決まりになる
のりいれる 乗り入れる(乗入れる) 例車を玄関先に乗り入れる

のりうつる 乗り移る(乗移る) 例バスに乗り移る；死霊が乗り移る
のりおくれる 乗り遅れる(乗遅れる), 乗り後れる(乗後れる) 例電車に乗り遅れる, 時勢に乗り遅れる
のりおり 乗り降り 例乗り降りの多い駅
のりかえ 乗り換え(乗換え)(乗換) 例下り方面行きは当駅で乗り換えです
のりかえエキ 乗換駅
のりかえケン 乗換券
のりかえる 乗り換える(乗換える) 例バスに乗り換える
のりかかる 乗り掛かる, 乗り掛かる(乗掛かる) 例乗りかかった船
のりキ 乗り気 例乗り気になる
のりきる 乗り切る(乗切る) 例怒濤＜ドトウ＞を乗り切る, 難局を乗り切る
のりくみ 乗り組み(乗組み) 例乗り組みを拒否する
のりくみイン 乗組員 類乗務員
のりくむ 乗り組む(乗組む) 例船に乗り組む
のりこえる 乗り越える(乗越える) 例柵を乗り越える, 馬で峠を乗り越える, 不況を乗り越える
のりごこち 乗り心地 例乗り心地のよい車
のりこし 乗り越し(乗越し) 例乗り越し料金を精算する
のりこす 乗り越す(乗越す) 例2駅乗り越す, うたた寝をしていて乗り越す
のりこなす 乗りこなす〔乗り熟す〕 例暴れ馬を乗りこなす
のりこむ 乗り込む(乗込む) 例車に乗り込む, 敵の本拠に乗り込む,

---

明朝体の右肩の数字は配当学年  末尾の数字は常用漢字表番号  ( )許容  類類義同意語  反反対対照語  関関連語  学学術用語

のりだ―は

グラウンドに乗り込む
- **のりだす　乗り出す**〔乗出す〕　例真相の究明に乗り出す，膝を乗り出す，半身乗り出して手を振る
- **のりづけ　のりづけ**〔糊付け〕　例写真をのりづけにする　注「のりつけ」とも言う。
- **のりつける　乗り付ける**　例タクシーで乗り付ける；乗りつけた車で行く
- **のりづめ　乗りづめ，乗り詰め**　例一昼夜車に乗りづめで疲れる
- **のりて　乗り手**　例名うての乗り手，乗り手が多い
- **のりと　＊祝詞**　例神主が祝詞を上げる
- **のりまき　のり巻き**(のり巻)〔海苔巻き 当て字〕
- **のりまわす　乗り回す**(乗回す)　例オートバイを乗り回す
- **のりもの　乗り物**(乗物)
- **のる　載る　サイ, のせる**　714　例机に載っている辞典，新聞に載る
- **のる　乗る**³　**ジョウ, のせる**　1014　例馬に乗る，踏み台に乗る，飛行機に乗る，勢いに乗って攻撃する，脂の乗ったさんま，相談に乗る，伴奏によく乗る，おしろいが乗る
- **ノレン　のれん**〔暖簾〕　例のれんに腕押し，のれんを分ける
- **のろい　のろい**〔鈍い〕　例動作がのろい
- **のろう　呪う　ジュ**〔のろう〕　878　例人を呪わば穴二つ
- **のろけ　のろけ**〔惚気 当て字〕　例のろけを聞かせる，おのろけ話
- **のろし　のろし**〔烽火，狼煙 当て字〕　例のろしを上げる
- **のろま　のろま**〔鈍間；野呂松 当て字〕　例動作がのろまだ，のろま人形
- **のわき　のわき**〔野分〕　例のわきが吹く，のわきの風　注「のわけ」とも

言う。
- **ノンキ　のんき**〔暢気，呑気〕　例のんきな話，のんき者

〔ハ・は〕

- **ハ　把　—**　1604
例把握，把持　注「一把」「三把」「十把」の「把＜ハ＞」は前に来る音によって「ワ」「バ」「パ」となる。
- **ハ　波**³　**なみ**　1605
(1)水面に起こる波　例波及，波状，波頭，波動，波浪；大波，風波，余波
(2)電気や音の波　例波長；音波，光波，短波，中波，電波
(3)目の動き　例秋波＜シュウハ＞
注＊波止場＜はとば＞
- **ハ　派**⁶　**—**　1606
例派遣，派出，派生，派閥，派兵；一派，右派，各派，学派，左派，宗派，新派，党派，特派，軟派，流派
- **ハ　破**⁵　**やぶる・やぶれる**　1607
例破壊，破格，破棄，破局，破産，破算，破傷風，破損，破談，破竹，破片，破滅，破門，破約，破裂；看破，撃破，走破，打破，大破，読破，突破，難破，爆破；破廉恥
- **ハ　覇　—**　1608
例覇権，覇者；制覇
- **は　羽**²　**ウ, はね**　60
例羽音，羽織，羽子板，羽衣，羽根，羽虫，羽目　注「一羽」「三羽」「六羽」の「羽＜は＞」は前に来る音によって「わ」「ば」「ぱ」となる。
- **は　歯**³　**シ**　795
例歯が悪い，白い歯を見せる，入れ歯，歯医者，歯痛，歯車，奥歯，虫歯

○改定追加漢字　●改定追加音訓　□改定削除漢字　■改定削除音訓　〔　〕参考表記　〔△表外漢字　▲表外音訓　×誤用　当て字 当て字〕

| | | | |
|---|---|---|---|
| は | 刃 | ジン | 1071 |

例刃物

| は | 端 | タン、はし・はた | 1343 |
|---|---|---|---|

例端数, 端役；山の端, 半端＜ハンパ＞, 軒端＜ノキバ＞

| は | 葉³ | ヨウ | 2001 |
|---|---|---|---|

例葉が落ちる；葉桜, 葉巻；青葉, 枝葉, 飼い葉, 草葉, 菜っ葉, 二葉, 松葉, 若葉

| バ | 馬² | うま・ま | 1609 |
|---|---|---|---|

例馬脚, 馬券, 馬耳東風＜バジトウフウ＞, 馬車, 馬術, 馬場, 馬賊, 馬肉, 馬力；牛馬, 曲馬, 下馬, 競馬, 車馬, 出馬, 乗馬, 人馬, 竹馬, 兵馬, 名馬, 木馬, 落馬 注＊伝馬船＜てんません＞

| バ | 婆 | — | 1610 |
|---|---|---|---|

例産婆, 老婆；塔婆

| バ | 罵 | ののしる | 1611 |
|---|---|---|---|

例罵言, 罵声, 罵倒, 罵詈雑言＜バリゾウゴン＞；悪罵, 面罵

| ば | 場 | ジョウ | 1020 |
|---|---|---|---|

例その場に居合わせる, 場の数を踏む, 2幕5場；場合, 場数, 場所, 場面；足場, 市場, 急場, 現場, 工事場, 工場, 砂場, 宿場, 職場, 相場, 立場, 帳場, 停車場, 墓場, 馬場, 早場米, 広場, 本場, 牧場, 役場

| ばあい | 場合 | 例時と場合による, 雨の場合は中止する |
|---|---|---|

| ハアク | 把握 | 例大衆を把握する, 大意を把握する 類握る, 捉える, つかむ, 理解, 掌握 |
|---|---|---|

| ばあたり | 場あたり | 場当たり（場当り）　例場あたりを狙う, 場あたりな考え |
|---|---|---|

| ハイ | 拝⁶ | おがむ | 1612 |
|---|---|---|---|

(1)おがむ・受ける・自分の行為の謙称 例拝謁, 拝賀, 拝観, 拝顔, 拝見, 拝察, 拝辞, 拝聴, 拝呈, 拝礼；参拝, 三拝九拝, 四方拝, 崇拝, 礼拝
(2)特に手紙に用いる 例拝啓, 拝復
(3)特に官職に用いる 例拝官, 拝命

| ハイ | 杯 | さかずき 〔盃〕 | 1613 |
|---|---|---|---|

例杯を重ねる, 杯を傾ける；杯洗, 杯盤ろうぜき；乾杯, 祝杯, 賞杯

| ハイ | 背⁶ | せ・せい・そむく・そむける | 1614 |
|---|---|---|---|

(1)背中・後ろのほう 例背泳, 背景, 背後, 背水の陣, 背面；光背, 腹背
(2)後ろを向く・離反する 例背信, 背徳, 背任, 背反, 背理；向背

| ハイ | 肺⁶ | — | 1615 |
|---|---|---|---|

例肺炎, 肺活量, 肺結核, 肺臓, 肺病, 肺門

| ハイ | 俳⁶ | — | 1616 |
|---|---|---|---|

例俳句, 俳号, 俳人, 俳壇, 俳味, 俳優；連俳

| ハイ | 配³ | くばる | 1617 |
|---|---|---|---|

(1)配る・取り付ける・する 例配下, 配給, 配線, 配達, 配置, 配電, 配当, 配付, 配分, 配慮；差配, 心配, 手配, 分配
(2)特に組み合わせる 例配偶, 配剤, 配色；交配
(3)流す 例配所, 配流

| ハイ | 排 | — | 1618 |
|---|---|---|---|

例排外, 排気, 排球, 排撃, 排出, 排除, 排他, 排斥, 排日

| ハイ | 敗⁴ | やぶれる | 1619 |
|---|---|---|---|

例敗因, 敗軍, 敗残, 敗戦, 敗訴, 敗走, 敗退, 敗北；完敗, 惨敗, 失敗, 勝敗, 成敗, 惜敗, 全敗, 不敗, 腐敗, 連敗 対勝

| ハイ | 廃 | すたれる・すたる | 1620 |
|---|---|---|---|

例廃案, 廃液, 廃刊, 廃棄, 廃虚, 廃業, 廃止, 廃品, 廃物；荒廃, 全廃, 存廃, 退廃, 撤廃

| ハイ 輩 ― 1621
(1)並ぶ 例輩出
(2)特に年頃 例年輩
(3)仲間・人々 例軽輩, 後輩, 弱輩, 先輩, 同輩

はい 灰⁶ カイ 174
例一夜にして灰になる, 灰色, 灰吹き, 石灰<いしばい>

バイ 売² うる・うれる 1622
例売価, 売却, 売店, 売買, 売品, 売名, 売約, 売薬;競売, 商売, 専売, 即売, 特売, 発売, 販売, 非売品, 密売, 廉売 対買

バイ 倍³ ― 1623
例倍加, 倍額, 倍数, 倍増, 倍大;倍率;公倍数, 人一倍, 2倍

バイ 梅⁴ うめ 1624
例梅雨, 梅園, 梅花, 梅毒, 梅林;紅梅, 入梅 注＊梅雨<つゆ>

バイ 培 つちかう 1625
例培養;栽培

バイ 陪 ― 1626
例陪観, 陪食, 陪審, 陪席

バイ 媒 ― 1627
例媒介, 媒酌人, 媒体;触媒

バイ 買² かう 1628
例買収;競買, 購買, 売買 対売

バイ 賠 ― 1629
例賠償

バイウ 梅雨 例梅雨期, 梅雨前線 注＊梅雨<つゆ>

バイエン 煤煙, ばい煙 熟すす 注法令では「ばい煙」。

はいおとし 灰落とし(灰落し) 熟灰皿

ハイカ 配下 例おおぜいの配下を従える, 例部下, 手下, 組下

ハイガ 胚芽 例胚芽米

ハイカイ 俳諧, 誹諧 例俳諧の道, 俳諧師 熟俳句

ハイカイ 徘徊 例盛り場を徘徊して悪事を働く, 湖のほとりを徘徊する 熟うろつく, ぶらつく

バイカイ 媒介 例土地の媒介をする, 病菌を媒介するはえ 熟仲介, 仲立ち

ハイカン 拝観 例宝物を拝観する, 拝観料

ハイキ 排気 例排気ガス, 排気口, 排気管

ハイキ 廃棄 例契約を廃棄する, 汚染された魚介(魚貝)を廃棄する, 廃棄処分, 廃棄水

バイキャク 売却 例土地を売却する, 売却済み

ハイキュウ 配給 例配給制度を撤廃する, 配給通帳, 配給所

ハイキュウ 排球 熟バレーボール

ハイキョ 廃墟(廃虚) 例廃墟と化する

バイキン ばい菌〔黴菌〕 熟細菌

ハイク 俳句 熟短歌, 川柳

ハイグウ 配偶〔配遇〕 例配偶者 熟連れ合い

ハイケイ 背景 例背景の松, 背景に湖水を描く, 強力な背景のもとに勢力を伸長する

ハイケッカク 肺結核 熟肺病

ハイコウ 廃坑

はいざら 灰皿 熟灰落とし

ハイザン 敗残, 廃残 例人生の敗残者, 敗残兵

ハイシ 廃止 例制度を廃止する

ハイシャク 拝借 例お電話を拝借します

バイシャク 媒酌〔媒妁〕 例媒酌する, 媒酌人

バイシュウ 買収 例工場用地を買収する, 反対派を買収する, 買収行為

○改定追加漢字 ●改定追加音訓 □改定削除漢字 ■改定削除音訓 〔 〕参考表記 〔△表外漢字
▲表外音訓 ×誤用 当て字当て字〕

|  |  |  |
|---|---|---|
| ハイシュツ | 排出 | 例排出物 関排泄 <ハイセツ> |
| ハイシュツ | 輩出 | 例多くの人材が輩出する |
| バイショウ | 賠償 | 例損害を賠償する，賠償金 |
| ハイスイコウ | 排水溝 | |
| ハイする | 拝する | 例尊顔を拝する |
| ハイする | 配する | 例要所に案内係を配する，背景に海を配する |
| ハイする | 排する | 例策動を排する |
| ハイする | 廃する | 例学業を廃して実務に就く，旧制度を廃して新制度を敷く |
| バイする | 倍する | 例旧に倍するお引き立て |
| ハイセキ | 排斥 | 例反対派を排斥する |
| ハイセツ | 排泄，排せつ | 例排泄する，排泄物 ⑦排出 注法令では「排せつ」。 |
| ハイタイ | 胚胎 | 例禍根はそこに胚胎する 関はらむ，根ざす，兆す |
| ハイタツ | 配達 | 例郵便を配達する，配達員 |
| ハイチ | 背馳 | 例主旨に背馳する行為 関背反，反する，背く |
| ハイチ | 配置 | 例要所に係員を配置する |
| ハイデン | 配電 | 例配電盤，配電所 |
| ハイトウつき | 配当付き | ⑦配当落ち |
| ハイトク | 背徳〔悖徳〕 | 例背徳者 |
| バイドク | 梅毒〔黴毒〕 | |
| はいならし | 灰ならし〔灰均し〕 | |
| ハイノウ | 背のう〔背嚢〕 | 例背のうを担ぐ |
| ハイヒン | 廃品 | 例廃品回収業 |
| ハイフ | 肺腑 | 例肺腑をつく言葉 関肺臓 |
| ハイフ | 配布，配付 | 例公報を配布する；書類を配付する 注法令では，「配付」は「交付税及び譲与税配付金特別会計」のような特別な場合についてのみ用いる。 |
| はいふき | 灰吹き | 例たばこ盆の灰吹き |
| ハイフク | 拝復 | 例拝啓 |
| ハイブツ | 廃物 | 例廃物利用 関廃品 |
| バイまし | 倍増し | 例料金が倍増しになる |
| バイましリョウキン | 倍増し料金 | |
| ハイヨウ | 佩用 | 例勲章を佩用する 関着ける，着用 |
| バイヨウ | 培養 | 例細菌を培養する，培養土，培養基 |
| はいる | 入る¹ | ニュウ，いる・いれる 1584 例家の中に入る，高校に入る，ストーブが入る，賞与が入る，梅雨に入る，風呂に入る ㊤出る |
| ハイレツ | 配列，排列 | 例展示品を配列する；五十音排列（注図書館用語） |
| はう | はう〔這う〕 | 例地をはって進む，赤ん坊が畳の上をはう，のみがはう，つたが壁をはう |
| はうた | はうた，端唄 | |
| はえ | 栄え⁴ | エイ，さかえる・はえる 72 例栄えある優勝 |
| はえ | 映え | 例夕映え |
| はえ | はえ〔蠅〕 | 例はえ取り 注「はい」とも言う。 |
| はえぬき | 生え抜き | 例生え抜きの社員，生え抜きの江戸っ子 |
| はえる | 映える⁶ | エイ，うつる・うつす 71 例湖に夕日が映える，映えない配色 |
| はえる | 栄える⁴ | エイ，さかえる・はえ 72 例栄えある叙勲，栄えない人物，栄えない話だ |
| はえる | 生える¹ | セイ・ショウ， |

はおり—はかる　402

いきる・いかす・いける・うまれる・うむ・おう・はやす・き・なま　1107
囲芽が生える
はおり　羽織　囲羽織はかま，紋付き羽織
はおる　はおる，羽織る　囲法被＜ハッピ＞をはおる
はか　墓⁵　ボ　1825
囲墓石，墓場，墓参り，墓守
バカ　ばか，馬鹿　囲ばかにする，ばか騒ぎ
ハカイ　破壊　囲破壊的な考え方，破壊と建設　対建設
はがいじめ　羽交い締め〔羽交締め〕
はがき　はがき，葉書，端書　囲郵便はがき，往復はがき，絵はがき
はがくれ　葉隠れ　囲葉隠れ武士
はがす　剝がす　ハク，はぐ・はがれる・はげる　〔はがす〕　1635
囲爪を剝がす，皮を剝がす
ばかす　化かす³　カ・ケ，ばける　132
囲きつねが人を化かす　類たぶらかす，だます
はかせ　＊博士　囲文章＜モンジョウ＞博士，物知り博士；博士論文　注学位博士＜ハクシ＞の俗称。
はかどる　はかどる〔捗る〕　囲工事がはかどる
はかない　はかない〔儚い；果敢無い〕当て字　囲はかない望み，はかない命
はかなむ　はかなむ〔儚む；果敢無む〕当て字　囲世をはかなんで自殺する
はがね　鋼⁶　コウ　647
囲鋼のようにたくましい体
はかま　はかま〔袴〕　囲羽織はかま；つくしのはかま；とくりをはかまに載せる
はかまいり　墓参り　囲父母の墓参り

類墓参＜ボサン＞
はがゆい　歯がゆい〔歯痒い〕　類じれったい，もどかしい
はからい　計らい　囲適切な計らい　類処置，計画
はからう　計らう²　ケイ，はかる　478
囲うまく計らう，適当に計らう，内密に計らう
はからずも　副詞　はからずも，図らずも〔不図も〕当て字　囲はからずも当選の栄に浴し……　類思いがけなく，ふいに
はかり　計り　囲計り売り，計り切り
はかり　測り
はかり　量り　囲量りがよい
はかり　はかり〔秤，権，衡〕　囲はかりにかける，台ばかり，さおばかり，はかり目
ばかり　ばかり〔許り〕　囲1週間ばかり，1,000円ばかり，卒倒せんばかりに驚く，できたばかりだ，雨ばかり降る，新学期が始まったばかり
はかりうり　量り売り　囲香水の量り売り
はかりごと　はかりごと〔謀〕　囲はかりごとをめぐらす　類計略，もくろみ
はかる　計る²　ケイ，はからう　478
囲時間を計る，身長を計る
はかる　諮る　シ　805
囲委員会に諮る，会議に諮る，会員に諮ったうえで決める
はかる　図る²　ズ・ト　1080
囲再起を図る，解決を図る
はかる　測る⁵　ソク　1270
囲水深を測る，相手の真意を測る
はかる　謀る　ボウ・ム　1873
囲暗殺を謀る，悪事を謀る
はかる　量る⁴　リョウ　2067

○改定追加漢字　●改定追加音訓　□改定削除漢字　■改定削除音訓　〔　〕参考表記〔△表外漢字　▲表外音訓　×誤用　当て字当て字〕

例体重を量る，目方を量る

**はがれる** 剥がれる ハク，はがす・はぐ・はげる 〔はがれる〕1635
例白壁が剥がれる

**ハキ** 破棄〔破毀〕 例一審を破棄する
注法令では「破棄」。

**ハキ** 覇気 例覇気がない 類闘志，勇気，勝ち気

**はぎ** はぎ〔萩〕

**はききよめる** 掃き清める 例神社の境内<ケイダイ>を掃き清める

**はきくだし** 吐き下し〔吐下し〕
例激しい吐き下し 類吐瀉<トシャ>

**はきケ** 吐き気〔嘔き気〕 例吐き気を催す

**はぎしり** 歯ぎしり〔歯軋り〕 例真夜中に歯ぎしりをする，歯ぎしりをして悔しがる

**はきだす** 掃き出す〔掃出す〕 例紙くずを掃き出す

**はきだす** 吐き出す〔吐出す〕 例食べ物を吐き出す，煙を吐き出す

**はきたて** 掃き立て〔掃立て〕 例蚕の掃き立て；掃きたての部屋

**はきだめ** 掃きだめ〔掃き溜め〕
例掃きだめに鶴

**はきちがえる** 履き違える〔穿き違える〕 例げたを履き違える；自由をはき違える

**はぎとる** 剥ぎ取る，はぎ取る 例子どもが人形の着物を剥ぎ取る，アルバムの写真を剥ぎ取る

**はきもの** 履物 例履物をそろえる

**ハギョウ** 覇業 例覇業を遂げる
類偉業

**はぎれ** 歯切れ 例歯切れのよい言葉

**ハク** 白¹ ビャク，しろ・しら・しろい  1630

(1)白い 例白衣，白雲，白骨，白紙，白色，白人，白刃，白雪，白髪；紅白，純白
(2)明るい 例白日，白昼，白熱
(3)はっきりとしている 例明白
(4)白くする 例精白
(5)ない，そのまま 例白紙，白票，白文
(6)申す・知らせる 例白状；敬白，白，告白，自白，追白，独白
注*白髪<しらが>

**ハク** 伯 —  1631
例伯爵，伯仲，伯父<ハクフ>；画伯
注*伯父<おじ>，*伯母<おば>

**ハク** 拍 ヒョウ  1632
例拍車，拍手

**ハク** 泊 とまる・とめる  1633
例泊地；外泊，宿泊，停泊

**ハク** 迫 せまる  1634
(1)迫る 例迫撃，迫真，迫力；急迫，強迫，緊迫，切迫
(2)苦しめる 例迫害；圧迫，窮迫，脅迫

**ハク** 剝 はがす・はぐ・はがれる・はげる  1635
例剝製，剝奪，剝落，剝離

**ハク** 舶 —  1636
例舶来；船舶<センパク>

**ハク** 博⁴ バク  1637
(1)広く大きい 例博愛，博学，博識，博ımı，博覧会；該博
(2)博士号 例医博，文博，法博，理博
注*博士<はかせ>

**ハク** 薄 うすい・うすめる・うすまる・うすらぐ・うすれる  1638
(1)薄い 例薄雲，薄氷，薄片
(2)少ない 例薄志，薄謝，薄利
(3)運がよくない 例薄命
(4)情がない 例薄情；軽薄
(5)迫る・近くなる 例薄暮，薄明；肉薄 対厚

| 見出し | 漢字 | 読み・備考 | 番号 |
|---|---|---|---|
| はく | 掃く | ソウ〔刷く〕 | 1232 |

例庭を掃く，すすを掃く

| はく | 吐く | ト | 1485 |

例唾を吐く，泥を吐く

| はく | 履く | リ | 2041 |

例げたを履く

はく　はく〔佩く〕　例太刀をはく
はく　はく〔穿く〕　例はかまをはく，足袋をはく

| はぐ | 剝ぐ | ハク，はがす・はがれる・はげる〔はぐ〕 | 1635 |

例皮を剝ぐ，紙を剝ぐ，爵位を剝ぐ

| バク | 博4 | ハク | 1637 |

例博徒，博労

| バク | 麦2 | むぎ | 1639 |

例麦芽，麦秋；精麦，米麦

| バク | 漠 | — | 1640 |

例漠然，広漠，砂漠

| バク | 縛 | しばる | 1641 |

例縛につく；自縛，束縛；捕縛；自縄自縛

| バク | 爆 | — | 1642 |

例爆音，爆撃，爆笑，爆弾，爆破，爆発，爆風，爆薬；原爆，水爆

| バク | 暴5 | ボウ，あばく・あばれる | 1871 |

例暴露

| バク | 幕6 | マク | 1900 |

例幕政，幕府，幕末，幕僚；討幕

ハクア　白亜〔白堊〕　例白亜の殿堂
ハクアイ　博愛　例博愛の精神に富む，博愛主義
ハクガイ　迫害　例迫害を受ける
ハクガク　博学　例博学の士，博学多識

| はぐくむ | 育む | イク，そだつ・そだてる〔はぐくむ〕 | 40 |

例ひなを育む，自由の精神を育む

ハクシ　白紙　例答案を白紙で出す，委員会に白紙で臨む，白紙に返す，白紙委任状
ハクシ　博士　例博士号，医学博士，法学博士　留「はかせ」とも言う。
ハクシャ　薄謝　例薄謝送呈
ハクジャク　薄弱　例理由が薄弱だ，意志薄弱
ハクシュ　拍手　例拍手かっさい
バクショ　曝書　例曝書する　処（本の）虫干し
ハクジョウ　白状　例罪科を白状する
ハクジョウ　薄情　例薄情な人
バクシン　驀進　例目的に向かって驀進する　処突進，直進
ハクする　博する　例好評を博する，名声を博する　留「博す」とも言う。
ハクセイ　剝製　例剝製の虎，剝製の標本
バクゼン　漠然　例論旨が漠然としている　処ぼんやり
バクダイ　莫大　例莫大な資本，莫大な利益　処多大
ハクダツ　剝奪　例官位を剝奪する　処剝ぎ取る，取り上げる，奪う
ばくち　ばくち〔博打；博奕当て字〕　例ばくちを打つ　処とばく
ハクチュウ　伯仲　例実力が伯仲する
バクにつく　縛につく，縛に付く　例犯人が縛につく
ハクネツ　白熱　例白熱した試合を繰り広げる，白熱戦
ハクハツ　白髪　例白髪の紳士，白髪三千丈
ハクビ　白眉　例本大会の白眉　処出色，ピカ一，随一
バクフ　瀑布　例ナイアガラ瀑布　処滝
ハクボク　白墨　例白墨の粉，赤い白墨　処チョーク
ハクライ　舶来　例舶来の時計，舶来品
はぐらかす　はぐらかす　例質問をは

ぐらかす
**ハクラク　剥落**　例壁画が剥落する
　働剥げる，剥げ落ちる
**ハクリ　剥離**　例網膜剥離
**ハクリョク　迫力**〔魄力〕　例迫力に欠ける
**はぐれる　はぐれる**〔逸れる〕　例友達とはぐれる，行きはぐれる
**バクロ　暴露**〔曝露〕　例真相を暴露する
**バクロン　駁論**　働論駁＜ロンバク＞，反論，反対論
**はけ　はけ**〔刷毛当て字〕
**はげ　はげ**〔禿〕　例傷跡がはげになる，はげ頭，はげ山，はげわし
**はげ　剥げ**，はげ　例塗り物の剥げ
**はげあたま　はげ頭**〔禿頭〕
**はげしい　激しい**⁶　ゲキ　〔烈しい，劇しい〕　504
　例風が激しい，激しい寒さ；気性が激しい
**ばけつ　バケツ**，ばけつ〔馬穴当て字〕
**ばけのかわ　化けの皮**　例化けの皮がはげる
**はげまし　励まし**　例励ましを受ける，友の励ましで再起する
**はげます　励ます　レイ，はげむ**　2090
　例選手を励ます，声を励まして叱る
**はげみ　励み**　例勉強に励みが出る
**はげむ　励む　レイ，はげます**　2090
　例練習に励む
**ばけもの　化け物**　例化け物が出る，化け物屋敷
**はげやま　はげ山**〔禿山〕
**はける　はける**〔捌ける〕　例下水の水がよくはける，商品がはける
**はげる　はげる**〔禿げる〕　例頭髪がはげる
**はげる　剥げる　ハク，はがす・は**

**ぐ・はがれる**　〔はげる〕　1635
　例色が剥げる，メッキが剥げる
**ばける　化ける³　カ・ケ，ばかす**　132
　例たぬきが人間に化ける
**ハケン　派遣**　例調査団を派遣する
**ハケン　覇権**　例覇権を握る　働王座，優勝，制覇，首位
**バゲン　罵言**　例罵言を浴びせる
　働悪口，悪態
**はこ　箱³**　―〔筥，匣，函〕　1643
　例箱詰め，箱庭；郵便箱，巣箱，重箱，玉手箱，道具箱；箱入り娘；箱師，箱乗り；箱屋
**はこいり　箱入り**
**はこいりむすめ　箱入り娘**〔箱入娘〕
**はこがき　箱書き**〔箱書〕　例箱書きのある掛け軸
**はごたえ　歯応え，歯ごたえ**　例歯応えのある新鮮なりんご，歯応えのある読み物
**はこづめ　箱詰め**〔箱詰〕　例果物を箱詰めにする，箱詰めのみかん
**はこび　運び**　例足の運びがうまい，筆の運び，交渉が妥結の運びに至る，奥様とごいっしょにお運びください
**はこびだす　運び出す**　例トラックで運び出す，急患を救急車で運び出す
**はこぶ　運ぶ³　ウン**　66
　例荷物を運ぶ，計画は順調に運んでいる
**ハサイ　破砕**〔破摧〕　例石炭を破砕機にかける
**はざかいキ　端境期**
**はさまる　挟まる　キョウ，はさむ**　404
　例戸に指が挟まる；中に挟まって苦しい立場になる
**はさみ　はさみ**〔鋏〕　例はさみで切る

はさみ―はじめ

はさみうち 挟み打ち 例敵を挟み打ちにする

はさむ 挟む キョウ, はさまる〔挿む〕 404
例箸で挟む, 小脇に挟む, 書物の間にしおりを挟む, うわさを小耳に挟む, 疑いを挟む, 口を挟む

はし 橋³ キョウ 414
例橋を渡す, 橋脚, 橋詰め, 橋渡し; 掛け橋, 釣り橋, 石橋, 土橋, 丸木橋

はし 端 タン, は・はた 1343
例ひもの端, 袖の端, 切れの端, 言葉の端, 端の人から順に答える, 端書き, 両端, 片端

はし 箸 ―〔はし〕 1644
例箸を取る, 箸にも棒にもかからない, 箸の上げ下ろし, 箸箱, 火箸, 割り箸

はじ 恥 チ, はじる・はじらう・はずかしい 1359
例恥を知る, 恥をさらす, 恥をかく, 恥をすすぐ, 恥の上塗り, 恥さらし, 恥知らず; 赤恥

ハジ 把持 例ボールを把持する

はじいる 恥じ入る(恥入る) 例深く恥じ入る

はしか はしか〔麻疹当て字〕 例はしかにかかる

はしがかり 橋懸かり(橋懸り) 例般若<ハンニャ>が橋懸かりに現れる 注能楽用語

はしがき 端書き 例手紙の端書き 親追って書き, 追伸; 書物の端書き 親序, 序文 対奥書

はじきだす はじき出す〔弾き出す〕 例仲間からはじき出す, 費用をはじき出す

はじく はじく〔弾く〕 例爪ではじく, 水をはじく, そろばんをはじく

はしくれ 端くれ 例木の端くれ, 新聞記者の端くれ

はしけ はしけ〔艀〕 例はしけで積み荷を運ぶ

はじける はじける〔弾ける〕 例くりがはじける

はしご はしご〔梯子〕 例はしごを掛ける, はしご段, はしご酒, 縄ばしご

はじさらし 恥さらし〔恥曝し, 恥晒し〕 例とんだ恥さらしだ

はじしらず 恥知らず 例あの恥知らず

はした はした〔端〕 例はしたは切り捨てる, はした金<がね>; はしたない言い方

はしぢか 端近 例端近に梅の木を植える 親上がりはな

はしづめ 橋詰め(橋詰)

バジトウフウ 馬耳東風 例いくら注意しても馬耳東風だ 親馬の耳に念仏

はじまり 始まり(始り) 例始まりの時間は10時だ, 恋の始まり 対終わり

はじまる 始まる³ シ, はじめる 779
例新学期が始まる, 近代オリンピックは1896年に始まった, そらまた始まった

はじめ 初め⁴ ショ, はじめて・はつ・うい・そめる 944
例初めは誰でも失敗する

はじめ 始め 例事の始め, 年の始め, 御用始め

はじめ はじめ, 始め 例……をはじめとして, 甲をはじめ乙丙……, 御両親はじめ皆様によろしく

はじめて 初めて⁴ ショ・はじめ・はつ・うい・そめる 944
例初めて参加した, 初めて見た

はじめる 始める³ シ, はじまる〔創める〕 779

○改定追加漢字 ●改定追加音訓 □改定削除漢字 ■改定削除音訓 〔 〕参考表記〔△表外漢字
▲表外音訓 ×誤用 当て字当て字〕

| | |
|---|---|
| 例仕事を始める,商売を始める,同人雑誌を始める,貧乏ゆすりを始める | はじる　恥じる　チ,はじ・はじらう・はずかしい　〔羞じる〕　1359<br>例不行跡を恥じる,名に恥じない行い |
| ハシャ　覇者　例昨年度の覇者　類優勝者,王者 | はす　はす〔斜〕　例はすになる,はす向かい　類斜め,はすかい |
| はしゃぐ　はしゃぐ〔燥ぐ,躁ぐ〕　例子どもがお土産をもらってはしゃぐ | はす　はす〔蓮〕　例はすの実,はすのうてな |
| ハシュ　播種　例播種期　類種まき | はず　はず〔筈〕　例夕方には帰ってくるはずだ,そんなはずがない |
| ハシュツ　派出　例駅前の派出所,派出婦 | ばすえ　場末　例場末の酒場　類町外れ |
| バショ　場所　例場所柄をわきまえる,場所を踏む,場所慣れない;名古屋場所,初場所 | はすかい　はすかい〔斜交い〕　例はすかいに板を打つ |
| はしょる　はしょる〔端折る〕　例着物の裾をはしょる | はずかしい　恥ずかしい　チ,はじる・はじ・はじらう　1359<br>例いい年をして恥ずかしい,話すのが恥ずかしい |
| はしら　柱³　チュウ　1385<br>例一家の柱;柱時計,柱暦,大黒柱,鼻柱,貝柱,霜柱,帆柱;二柱の神 | はずかしめ　辱め　例辱めを受ける |
| はじらい　恥じらい〔羞らい〕　例恥じらいの色を見せる | はずかしめる　辱める　ジョク　1039<br>例よくも俺を辱めてくれたな,家名を辱める |
| はじらう　恥じらう　チ,はじる・はじ・はずかしい　〔羞らう〕　1359<br>例花も恥じらうあでやかさ　類はにかむ | はずす　外す²　ガイ・ゲ,そと・ほか・はずれる　197<br>例ボタンを外す,はめを外す,席を外す,プレートを外す |
| はしらす　走らす　例子どもを病院に走らす,湖上にヨットを走らす,筆を走らす　注「走らせる」とも言う。 | はずみ　弾み　例弾み車,弾みがつく,弾みを食らう;倒れたはずみに足をひねる,もののはずみ |
| はしり　走り　例走り高跳び,走り幅跳び;さんまのはしり | はずむ　弾む　ダン,ひく・たま　1351<br>例ボールが弾む;息が弾む,話が弾む,チップをはずむ |
| はしりがき　走り書き(走り書き)　例紙切れに住所を走り書きする | はずれ　外れ　例村の外れ,的外れの答え |
| はしりたかとび　走り高跳び(走高跳) | はずれる　外れる²　ガイ・ゲ,そと・ほか・はずす　197<br>例戸が外れる,弾丸が外れる,予想が外れる,道理に外れる |
| はしりづかい　走り使い(走使い)<br>例店の走り使いをする | |
| はしりはばとび　走り幅跳び(走幅跳) | バセイ　罵声　例罵声を浴びせる |
| はしる　走る²　ソウ　1221<br>例特急列車が走る,ヨットが水の上を走る,males 気持ちよく走る;恋人のもとへ走る,感情に走る　注＊師走＜しわす＞ | はせつける　はせつける〔馳せ着ける〕　例駅へはせつける　類駆けつける |

明朝体の右肩の数字は配当学年　末尾の数字は常用漢字表番号　(　)許容　類類義同意語　対反対対照語　関関連語　学学術用語

はせる　はせる〔馳せる〕　例勇名をはせる

はぜる　はぜる〔爆ぜる〕　例くりがはぜる　類はじける

はた　旗⁴　キ　333
　例旗を振る、旗を巻く；旗色、旗印、旗揚げ、旗頭、旗行列、旗雲、旗日；手旗

はた　機⁴　キ　337
　例機を織る；機織り、機屋

はた　端　タン、はし・は　〔偂〕　1343
　例池の端、川端、道端；はた迷惑

はた　畑³　はたけ　〔畠〕　1645
　例畑作、畑地；田畑

はだ　肌　—　〔膚〕　1646
　例肌が白い、肌寒い、政治家肌、肌合、肌身；地肌、山肌

はだあい　肌合い〔膚合い〕　例肌合いが違う

はたあげ　旗揚げ、旗上げ、旗挙げ
　例兵を率いて旗揚げをする、独立を思い立って友人と事業の旗揚げをする

はだあれ　肌荒れ〔膚荒れ〕　例肌荒れがひどい

はたいろ　旗色　例旗色が悪い

はだいろ　肌色〔膚色〕　例肌色のストッキング

はだえ　はだえ〔肌,膚〕

はたおり　機織り(機織)　例機織りに従事する；機織り虫

はだか　裸　ラ　2020
　例裸になる、裸の電球、裸一貫、裸馬、裸麦、裸参り

はたがしら　旗頭　例一方の旗頭

はたき　はたき〔叩き〕　例障子にはたきをかける

はだぎ　肌着〔膚着〕

はたく　はたく〔叩く〕　例ちりをはたく、頬をはたく、財布の底をはたく

はたけ　畑³　はた　〔畠〕　1645
　例大根畑；畑水練、畑違い

はたけちがい　畑違い　例専門は哲学で工学は畑違いだ

はださむい　肌寒い〔膚寒い〕　例肌寒い初秋の大気

はださわり　肌触り〔膚触り〕　例肌触りの柔らかい人

はだし　はだし〔跣,裸足当て字〕
　例足袋はだし；玄人はだしの隠し芸

はたしあい　果たし合い(果し合い)　類決闘

はたしジョウ　果たし状(果し状)
　例果たし状を突き付ける

はたして　果たして,はたして　例果たしてどうなるか、果たして失敗した　注法令・公用文では「果たして」。

はたす　果たす⁴　（果す）　カ、はてる・はて　141
　例約束を果たす、使命を果たす、宿題を果たす

はたち　＊二十,二十歳　例二十歳の娘

はだぬぎ　肌脱ぎ〔膚脱ぎ〕　例肌脱ぎになる

はだみ　肌身〔膚身〕　例肌身離さず

はため　はた目〔傍目〕　例はた目にも痛々しいほどのやつれようだ

はためく　はためく　例のぼりが風にはためく

はたもと　旗本　例直参旗本

はたらかす　働かす　例頭を働かす
　注「働かせる」とも言う。

はたらき　働き　例抜群の働き、働きがない男、頭の働きが鈍い、胃の働き、働き者

はたらきざかり　働き盛り　例40代といえば働き盛りだ

はたらきて　働き手　例一家の働き手

はたらきばち　働き蜂,働きばち

はたらく　働く⁴　ドウ　1543

○改定追加漢字　●改定追加音訓　□改定削除漢字　■改定削除音訓　〔　〕参考表記〔△表外漢字　▲表外音訓　×誤用　当て字当て字〕

ハタン　破綻　例破綻を招く 類破れ，つまずき，失敗，破局

ハチ　八¹　や・やつ・やっつ・よう　1647
例額に八の字を寄せる，八字ひげ，八十八夜，八十八箇所，八分目，八面，四苦八苦，四十八手，十八番，尺八，八分音符

ハチ　鉢　ハツ　1648
例鉢物，鉢巻き，鉢植え；植木鉢，金魚鉢

はち　蜂　ホウ〔はち〕　1847
例泣きっ面に蜂，働き蜂，蜜蜂＜ミツばち＞

バチ　罰　バツ　1653
例罰当たり

バチあたり　罰当たり(罰当り)

ハチあわせ　鉢合わせ(鉢合せ)
例町角で鉢合わせする

ハチうえ　鉢植え　例鉢植えの松　関盆栽

ばちがい　場違い　例場違いの質問をする，場違いの果物

はちきれる　はちきれる，はち切れる
例バンドがはちきれそうだ，はちきれんばかりの元気

ハチまき　鉢巻き(鉢巻)　例後ろ鉢巻きでがんばる，威勢のよい向こう鉢巻き，頭痛鉢巻き

はちミツ　蜂蜜，はちみつ　例蜂蜜入りのジュース

ハチメンロッピ　八面六臂　例八面六臂の活躍

ハツ　鉢　ハチ　1648
例衣鉢，托鉢＜タクハツ＞

ハツ　発³　ホツ　1649
(1)弾丸などを撃つ 例発射，発砲；散発，不発，暴発，連発
(2)起こる・起こす 例発火，発議，発狂，発光，発散，発祥，発生，発電，発動，発熱，発憤；再発，蒸発，続発，突発
(3)表に出る・表に出す・導く 例発覚，発揮，発掘，発見，発表，発明，発露；開発，啓発，告発，摘発
(4)大きくなる 例発育，発達，発展
(5)始める・出す 例発刊，発禁，発行，発売，発布，発令
(6)出かける・送る 例発駅，発車，発信，発送，発着；上野発，始発，初発，先発

ハツ　髪　かみ　1650
例間＜カン＞髪を入れず；金髪，散髪，整髪，断髪，調髪，頭髪，白髪，毛髪，洋髪，理髪　注＊白髪＜しらが＞

ハツ　法⁴　ホウ・ホッ　1837
例法度

はつ　初⁴　ショ，はじめ・はじめて・うい・そめる　944
例初恋，初荷，初音，初春，初日，初冬，初穂，初耳，初物，初雪

バツ　伐　—　1651
(1)攻める・殺す 例征伐，討伐
(2)切る 例伐採，伐木；盗伐，濫伐
(3)すさんでいる 例殺伐

バツ　抜　ぬく・ぬける・ぬかす・ぬかる　1652
(1)引き抜く 例抜剣，抜糸，抜歯，抜刀
(2)選ぶ 例抜粋，抜擢＜バッテキ＞；選抜
(3)高さ 例海抜
(4)ぬきんでる・優れている 例抜群；奇抜，卓抜

バツ　罰　バチ　1653
例罰金，罰則，罰点；刑罰，厳罰，処罰，賞罰，体罰，懲罰，天罰

バツ　閥　—　1654

例学閥, 軍閥, 財閥, 派閥, 門閥

バツ 末⁴ マツ・すえ 1904
例末子<バッシ・マッシ>, 末弟<バッテイ・マッテイ>

ハツイク 発育 例発育のよい子ども, 発育不良 類成育

はつうま 初うま〔初午〕 例初うま祭り

はつか ＊二十日 例三月二十日, 二十日出張する, 二十日正月, 二十日大根

はつかねずみ はつかねずみ, 二十日ねずみ

ハッカン 発刊 例哲学双書を発刊する 類刊行 対廃刊

ハッキ 発揮 例実力を発揮する

はづき 葉月 例八月

バツグン 抜群 例抜群の成績を収める

ハッケ はっけ〔八卦〕 例当たるもはっけ当たらぬもはっけ, はっけ見 類易, 占い

バッコ ばっこ〔跋扈〕 例暴力がばっこする 類横行, はびこる, のさばる

はつこい 初恋

ハッコウ 薄幸〔薄倖〕 例薄幸の佳人 類不幸せ

ハッコウ 発行 例雑誌を発行する, 証明書を発行する, 発行所

ハッコウ 発酵〔醱酵〕 例発酵飲料

はつごおり 初氷 例初氷が張る

ハッサン 発散 例臭気を発散させる

バッショウ 跋渉 例山野を跋渉する 類踏破

ハッシン 発信 例発信局, 発信人 対着信, 受信

ハッシン はっしん〔発疹〕 例はっしんチフス 注「ホッシン」とも言う。

バッスイ 抜粋〔抜萃〕 例抜粋する, 長編小説からの抜粋

はつずり 初刷り 類初版

ハッする 発する 例奇声を発する, 声明を発する, ……に源を発する

バッする 罰する 例違反者を罰する 類処罰する

ハッソウ 発想 例発想の転換, ユニークな発想

ハッチャク 発着 例発着時刻

バッテキ 抜擢 例重役に抜擢する 類登用, 起用

ハッテン 発展 例郊外もしだいに発展して家が建つ；あの人は発展家だ

ハット 法度 例武家諸法度, ご法度 類禁令, 禁制, 禁止

ハツドウ 発動 例指揮権を発動する, 発動機, 発動機船

はっぱ は〜葉っぱ 例木の葉っぱ 田俗語

ハツバイ 発売 例記念切手を発売する, 発売日, 発売所

ハッピ 法被〔半被当て字〕 例法被姿 類印<しるし>ばんてん

ハップ 発布 例発布する, 憲法発布

ハップン 発奮〔発憤〕 例大いに発奮する

ハッポウ 八方 例四方八方, 八方破れ, 八方にらみ, 八方美人, 八方塞がり

ハッポウ 発泡 例発泡錠, 発泡スチロール

バッポンテキ 抜本的 例抜本的改革

はつまいり 初参り 類初詣

はつみみ 初耳 例そのような話は初耳だ

ハツメイ 発明 例飛行機を発明する, 発明家；発明な子ども

はつもうで 初詣で〔初詣〕初もうで

はつもの 初物 例まつたけの初物, 初物食い

ハツラツ はつらつ〔溌剌, 溌溂〕 例はつらつとした若者, 生気はつら

つ　[類]活発
**ハツレイ　発令**　[例]異動を発令する
**ハツロ　発露**　[例]真情の発露
**はて　果て**4　カ，は**たす・はてる**　141
[例]北の果てから南の果てまで，あげくの果て，なれの果て
**はで　はで**〔派手[当て字]〕[例]はでな服装，はでな顔だち，好みがはでだ，暮らしがはでだ　[対]じみ
**バテイ　馬蹄**
**バテイケイ　馬蹄形**　[例]馬蹄形磁石　[類]U字形
**はてしない　果てしない**　[例]果てしない広野
**はでやか　はでやか**〔派手やか[当て字]〕[例]はでやかな装い
**はてる　果てる**4　カ，は**たす・はて**　141
[例]宴が果てる，我が命果てるとも，弱り果てる，疲れ果てる
**ハテンコウ　破天荒**〔破天候〕[例]破天荒な試み　[類]空前
**はと　はと**〔鳩〕[例]はと笛
**ハトウ　波濤**　[例]万里の波濤　[類]波浪
**バトウ　罵倒**　[例]大衆の面前で罵倒する　[類]罵る
**はとば　＊波止場**
**はな　花**1　カ　138
[例]花の都，花は桜木人は武士，花も実もある，話に花が咲く，花を持たせる；花形，花園，花束，花電車，花畑，花火，花祭り，花見，花道，花婿，花嫁，花輪；生け花，雄花，草花，雌花
**はな　華**　カ・ケ　149
[例]華やかだ，華やぐ，華々しい
**はな　鼻**3　ビ　1708
[例]鼻が高い，鼻にかける，鼻につく，鼻を折る，鼻を明かす；鼻息，鼻歌，鼻緒，鼻紙，鼻毛，鼻声，鼻先，鼻血，鼻柱，鼻水，鼻輪；目鼻
**はな　はな**〔端〕[例]山のはな，はなから無理な計画だった
**はな　はな**〔洟〕[例]はなをすする，水っぱな
**はなあわせ　花合わせ**(花合せ)　[類]花比べ，花いくさ
**はないき　鼻息**　[例]鼻息をうかがう，鼻息が荒い
**はないけ　花生け**〔花活け〕[類]花器，花瓶
**はなお　鼻緒**〔花緒〕[例]げたの鼻緒
**はながた　花形**　[例]桜の花形；球界の花形，花形役者
**はなぐもり　花曇り**(花曇)　[例]空は花曇り
**はなざかり　花盛り**　[例]花盛りの季節
**はなし　話**2　ワ，**はなす**〔咄，噺〕　2130
[例]話のわかる人，話に花が咲く，話に実が入る，話にならない；昔話
[注]名詞として用いるときは，「話」とする。「お話しする」「お話しになる」のように動詞的に用いるときは，送り仮名を付ける。
**はなしあい　話し合い**(話合い)　[例]話し合いで決める
**はなしあいて　話し相手**(話相手)　[例]病人の話し相手になる
**はなしあう　話し合う**(話合う)　[例]環境衛生について話し合う
**はなしがい　放し飼い**　[例]牛を放し飼いにする　[類]放牧
**はなしかける　話しかける**，話し掛ける(話掛ける)　[例]英語で話しかける
**はなしかた　話し方**　[例]話し方教室
**はなしことば　話し言葉**　[類]音声言語

はなし―はなれ

㊋書き言葉,文字言語
**はなしこむ 話し込む**(話込む)
　㋹話題がはずんで遅くまで話し込む
**はなしずき 話し好き**(話好き)
　㋹話し好きな人
**はなして 話し手**　㊋聞き手
**はなす 放す**³　ホウ,はなつ・は
　なれる・ほうる　　　　　　1836
　㋹小鳥を放す,池にこいを放す
**はなす 離す**　リ,はなれる　2043
　㋹机を離す,2位との差をどんどん
　離す
**はなす 話す**²　ワ,はなし　2130
　㋹訳を話す
**はなすじ 鼻筋**　㋹鼻筋が通る
**はなせる**　㋹フランス語が話
　せる；あの人はなかなか話せる
**はなたて 花立て**　㊋花生け
**はなたば 花束**　㋹花束を贈る
**はなだより 花便り**　㋹季節の花便り
**はなぢ 鼻血**　㋹鼻血を出す
**はなつ 放つ**³　ホウ,はなす・は
　なれる・ほうる　　　　　　1836
　㋹矢を放つ,スパイを放つ,光彩を放つ
**はなづくし 花尽くし**(花尽し)
　㋹世界花尽くし
**はなづくり 花作り**　㋹花作りに精を
　出す
**はなっぱしら 鼻っ柱**　㋹鼻っ柱をへ
　し折る,鼻っ柱が強い　㊋鼻っぱし
**はなつみ 花摘み**　㋹野原へ花摘みに
　行く
**はなはだ 甚だ**　ジン,はなはだし
　い　　　　　　　　　　　　1075
　㋹甚だ愉快だ,甚だ迷惑な話だ
　㊂仮名書きで「はなはだ」とも。法
　令・公用文では「甚だ」。
**はなはだしい 甚だしい**　ジン,は
　なはだ　　　　　　　　　　1075

　㋹誤解も甚だしい
**はなばなしい 華々しい,花々しい**
　㋹華々しい活躍,華々しい最期を遂
　げる
**はなび 花火**〔煙火〕　㋹打ち上げ花
　火,花火大会
**はなびら 花びら**〔花弁〕　㋹花びらが
　散る　㊋花弁<カベン>
**はなまがり 鼻曲がり**(鼻曲り)
　㋹曲がりな性質　㊋つむじ曲が
　り,へそ曲がり　㊂俗語
**はなまつり 花祭り**(花祭)
**はなみ 歯並み**　㋹歯並みがきれいだ
　㊋歯並び
**はなむけ はなむけ**〔餞,贐〕　㋹はな
　むけの言葉　㊋せんべつ
**はなむこ 花婿**〔花壻,花聟〕　㊋新郎
　㊋花嫁
**はなむすび 花結び**　㋹花結びにする
**はなもちならない 鼻持ちならない**
　㋹鼻持ちならないきざな男
**はなやか 華やか,花やか**　㋹華やか
　な装い,華やかな雰囲気
**はならび 歯並び**　㊋歯並み
**はなれ 離れ**　㋹離れを建てる；離れ
　島；離れ離れになる
**はなれざしき 離れ座敷**
**はなれじま 離れ島**　㊋離島<リトウ>
**はなればなれ 離れ離れ**　㋹親子が離
　れ離れに暮らす
**はなれや 離れ家**
**はなれる 放れる**³　ホウ,はなす・
　はなつ・ほうる　　　　　　1836
　㋹馬が放れる,矢が弦を放れる
**はなれる 離れる**　リ,はなす　2043
　㋹足がベースから離れる,席を離れ
　る,職を離れる
**はなれわざ 離れ業**〔放れ業〕　㋹離れ
　業を演じる

○改定追加漢字　●改定追加音訓　□改定削除漢字　■改定削除音訓　〔 〕参考表記〔△表外漢字
▲表外音訓　×誤用　㊅当て字〕

| | |
|---|---|
| はなわ　花輪〔花環〕 | 例霊前に花輪をささげる |
| はにかむ　はにかむ〔含羞む〕[当て字] | 例褒められてはにかむ |
| はにわ　はにわ〔埴輪〕 | 例馬をかたどったはにわ |
| はぬけ　歯抜け | |
| はね　羽² ウ、は　60 | 例羽が生えたようだ、羽を伸ばす、羽布団、羽ぼうき |
| はね　羽根 | 例羽根突き、赤い羽根募金 |
| ばね　ばね〔発条、撥条[当て字]〕 | 例ばねが伸びる　類スプリング、ぜんまい |
| はねあがる　跳ね上がる | 例物価が跳ね上がる；跳ね上がり者 |
| はねあげる　跳ね上げる | 例泥を跳ね上げる |
| はねおきる　跳ね起きる | 例慌てて跳ね起きる |
| はねかえす　跳ね返す | 例要求を跳ね返す |
| はねかえり　跳ね返り | 例跳ね返り娘 |
| はねかえる　跳ね返る | 例泥が跳ね返る、相場が跳ね返る |
| はねつき　羽根突き〔羽子突き〕 | 例羽根突きをする |
| はねつける　はねつける〔撥ね付ける〕 | 例要求をはねつける |
| はねまわる　跳ね回る〔跳ね廻る〕 | 例うさぎが跳ね回る |
| はねる　跳ねる　チョウ、とぶ　1410 | 例馬が跳ねる；泥が跳ねる、炭が跳ねる；寄席が10時にはねる |
| はねる　はねる〔撥ねる〕 | 例点をはねて書く；不良品をはねる、資格審査ではねられる；うわまえをはねる |
| はは　母² ボ　1823 | 例母上、母親、母方；父母；必要は発明の母　対父　注＊母＜かあ＞さん |
| はば　幅 フク〔巾〕　1768 | 例幅を利かせる、幅物、幅跳び；肩幅、値幅、歩幅 |
| はばかり　はばかり〔憚り〕 | 例はばかりさま；はばかりへ入る　(注便所) |
| はばかる　はばかる〔憚る〕 | 例他言をはばかる、他人の目をはばかる；憎まれっ子世にはばかる |
| はばたく　羽ばたく〔羽撃く、羽搏く〕 | 例鳥が羽ばたく |
| はばとび　幅跳び〔巾跳び〕 | 例走り幅跳び |
| はばむ　阻む　ソ　1205 | 例道を阻む、計画を阻む　類妨げる、じゃまする |
| はびこる　はびこる〔蔓延る〕[当て字] | 例雑草がはびこる、粗悪品がはびこる |
| はぶく　省く⁴　セイ・ショウ、かえりみる　1120 | 例無駄を省く、手間を省く、言葉を省く |
| はぶける　省ける | 例無駄が省ける、手数が省ける |
| はぶたえ　羽二重 | 例羽二重の布団、羽二重餅、羽二重肌 |
| はぶり　はぶり、羽振り | 例はぶりがよい、はぶりを利かせる |
| バフン　馬糞 | 例馬糞紙 |
| ハヘン　破片 | 例爆弾の破片 |
| はま　浜　ヒン　1730 | 例浜路、浜ちどり、浜辺、浜焼き；砂浜 |
| はまき　葉巻 | 例葉巻を吹かす　対紙巻、刻み |
| はまづたい　浜伝い | 例浜伝いに歩く |
| はまべ　浜辺 | 類海辺 |
| はまやき　浜焼き〔浜焼〕 | 例たいの浜焼き |
| はまる　はまる〔填まる、嵌まる〕 | 例戸がはまらない、池にはまる；計 |

明朝体の右肩の数字は配当学年　末尾の数字は常用漢字表番号　（ ）許容　類類義同意語　対反対対照語
例関連語　学術用語

はみが―はやめ

**はみがき 歯磨き**〔歯磨〕 例歯磨き粉, 歯磨きようじ

**はみだす はみ出す**〔食み出す〕 例仲間からはみ出す, 中身がはみ出す

**はみでる はみ出る**〔食み出る〕 例布団から足がはみ出る

**はむかう はむかう**, 刃向かう, 歯向かう 例ねずみが猫にはむかう, 親にはむかう

**はめ 羽目**, 破目 例羽目板；はめを外す, 苦しいはめに陥る

**はめこむ はめ込む**〔填め込む, 嵌め込む〕 例ガラスをはめ込む；わなにはめ込む

**ハメツ 破滅** 例身の破滅

**はめる はめる**〔填める, 嵌める〕 例戸をはめる, 手袋をはめる；わなにはめる

**はや 早** 例早足, 早馬, 早鐘, 早口, 早死に, 早寝, 早場米, 早道, 早耳；気早, 手早

**はやい 早い**¹ ソウ・サッ, はやまる・はやめる 1219 例8時に集合だからまだ早い, 耳が早い, 早い者勝ち

**はやい 速い**³ ソク, はやめる・はやまる・すみやか 〔疾い〕 1268 例足が速い, 水の流れが速い

**はやおき 早起き** 例早起きは三文の徳

**はやがえり 早帰り** 例急用で早帰りする

**はやカゴ 早かご**〔早駕籠〕 例江戸表から早かごを飛ばす

**はやガテン 早合点** 例早合点する 注「はやガッテン」とも言う。

**はやがね 早鐘** 例胸が早鐘を打つ

**はやがわり 早変わり**〔早変り〕 例役者の早変わり

**はやくも 早くも** 例あれから早くも3年になる, 早くもあと3日はかかる

**はやさ 速さ** 例車の速さ, 速さを計る, 目にも止まらぬ速さ

**はやざき 早咲き**〔早咲〕 例早咲きの梅 対遅咲き

**はやし 林**¹ リン 2076 例学問の林；雑木林, 松林

**はやし はやし**〔囃子〕 例はやしことば, はやし方；五人ばやし

**はやじに 早死に** 例早死にする 類早世＜ソウセイ＞, 若死に

**はやじまい 早じまい**〔早仕舞当て字〕 例店を早じまいする

**はやす 生やす**¹ セイ・ショウ, いきる・いかす・いける・うまれる・うむ・おう・はえる・き・なま 1107 例ひげを生やす

**はやす はやす**〔囃す〕 例はやしたてる

**はやて はやて**〔疾風当て字〕 類疾風＜シップウ＞

**はやね 早寝** 例早寝早起き

**はやばやと 早々と** 例早々とやって来る

**はやびけ 早引け**〔早退け〕 例急用で早引けする 注「早引き」とも言う。

**はやまる 早まる**¹ ソウ・サッ, はやい・はやめる 1219 例予定が早まる；早まったことをする

**はやまる 速まる** ソク, はやい・はやめる・すみやか 1268 例回転のスピードが速まる, 脈拍が速まる

**はやめ 早め**, 早目 例仕事を早めに切り上げる

**はやめる 早める**¹ ソウ・サッ, はやい・はやまる 1219 例たばこの吸いすぎは死期を早める

---

○改定追加漢字 ●改定追加音訓 □改定削除漢字 ■改定削除音訓 〔 〕参考表記 〔△表外漢字 ▲表外音訓 ×誤用 当て字当て字〕

はやめる　速める³　ソク，はやい・はやまる・すみやか　1268
　例歩みを速める
はやり　はやり〔流行当て字〕　例最近はやりの型，はやり廃り，はやり歌，はやり風邪，はやり目
はやる　はやる〔逸〕　例血気にはやる
はやる　はやる〔流行当て字〕　例ショートスカートがはやる，よくはやる店，風邪がはやる
はやわかり　早わかり，早分かり
　例税率早わかり
はやわざ　早業　例手練の早業
はら　原²　ゲン　551
　例草原，砂原，野原，松原　注＊海原＜うなばら＞，＊河原・川原＜かわら＞
はら　腹⁶　フク　〔肚〕　1771
　例腹が下る，腹が立つ，腹が太い，腹に一物，腹の虫が治まらない，腹も身の内，腹を割る；腹痛，腹帯，腹掛け，腹芸，腹鼓，腹巻き；裏腹，下腹，横腹
ばら　ばら〔薔薇〕
はらあて　腹当て　例腹当てをする
はらい　払い　例クリーニング屋の払い，月末払い；お払い物，お払い箱；足払い
はらい　はらい〔祓い〕　例神前でおはらいをする
はらいこみ　払い込み(払込み)　例額面100円に対して97円の払い込み，払い込み額，払い込み資本
はらいこみキン　払い込み金(払込み金)(払込金)
はらいこむ　払い込む(払込む)　例税金を払い込む
はらいさげ　払い下げ(払下げ)　例国有地の払い下げ

はらいさげヒン　払い下げ品(払下げ品)(払下品)　例政府の払い下げ品
はらいさげる　払い下げる(払下げる)　例国有林を払い下げる
はらいだし　払い出し(払出し)　例配当金の払い出し，払い出し期間
はらいだしキン　払い出し金(払出し金)(払出金)
はらいだす　払い出す(払出す)　例預金を払い出す；悪霊を払い出す
はらイッパイ　腹いっぱい，腹一杯
　例腹いっぱい食べる
はらいのける　払いのける〔払い除ける〕　例雪を払いのける，足を払いのける
はらいもどし　払い戻し(払戻し)
　例預金の払い戻し
はらいもどす　払い戻す(払戻す)
　例料金を払い戻す，預金を払い戻す
はらいもの　払い物　例お払い物
　類不用品
はらいわたし　払い渡し(払渡し)
　例払い渡し期日
はらいわたしずみ　払い渡し済み(払渡済み)
はらいわたす　払い渡す(払渡す)
　例配当金を払い渡す
はらう　払う　フツ　1774
　例給料を払う，税金を払う；ごみを払う，足を払って倒す
はらう　はらう〔祓う〕　例汚れをはらう
はらおび　腹帯　例腹帯を締める
はらがけ　腹掛け　例腹掛けをする
はらから　はらから〔同胞当て字〕
はらきり　腹切り(腹切)
はらくだし　腹下し
はらす　腫らす　シュ，はれる　873
　例足を腫らす，泣き腫らす
はらす　晴らす²　セイ，はれる

〔霽す〕　1126
例積年の恨みを晴らす

はらだち　腹立ち　例腹立ちまぎれに人に当たり散らす

はらちがい　腹違い　例腹違いの妹

はらばう　腹ばう〔腹這う〕　例畳に腹ばう

はらまき　腹巻き(腹巻)　⦅慣⦆腹掛け

ばらまく　ばらまく〔散撒く〕　例豆をばらまく、現金をばらまく

はらむ　はらむ〔孕む〕　例子をはらんだ犬，不穏な情勢をはらむ

はらわた　はらわた〔腸〕　例はらわたの腐ったような男，はらわたが煮え返る；はらわたを断つ

ハラン　波乱〔波瀾〕　例波乱に富んだ一生，波乱万丈の冒険物語

はり　針⁶　シン　1057
例針金，針仕事，針箱；針のある言葉，針の穴から天をのぞく，針のむしろ

はり　張り　例張りの強い弓，張りのある声に張りが出る，張り板，張り手，張り番，張り物，絹張りのこうもり傘

バリ　罵詈　例罵詈雑言<ゾウゴン>　⦅慣⦆悪口，罵る

はりあい　張り合い(張合い)　例張り合いのある仕事，張り合いがない，張り合い抜けする

はりあう　張り合う(張合う)　例成績を張り合う　⦅慣⦆競い合う

はりあげる　張り上げる(張上げる)　例声を張り上げて歌う

はりかえ　張り替え(張替え)　例障子の張り替え

はりかえる　張り替える(張替える)　例ふすまを張り替える

はりがみ　張り紙(張紙)，貼り紙(貼紙)　例店員募集の張り紙

はりきる　張り切る(張切る)　例張り切って出発する

はりこ　張り子(張子)　例張り子の虎

はりこみ　張り込み(張込み)　例刑事の張り込み　⦅慣⦆見張り

はりこむ　張り込む(張込む)　例刑事が張り込んでいる；豪華な贈り物を張り込む

はりさける　張り裂ける(張裂ける)　例胸が張り裂けんばかりの悲しみ

はりさし　針刺し　⦅慣⦆針山，針立て

はりしごと　針仕事　⦅慣⦆裁縫，お針

はりたおす　張り倒す(張倒す)　例相手を張り倒す

はりだし　張り出し(張出し)(張出)　例張り出し窓；張出大関

はりだす　張り出す(張出す)，貼り出す(貼出す)　例高気圧が北から張り出す；掲示を貼り出す

はりつけ　はりつけ〔磔〕　例はりつけにする

はりつけ　貼り付け(貼付け)，張り付け

はりつける　貼り付ける(貼付け)，張り付ける(張付ける)　例壁に地図を貼り付ける

はりつめる　張りつめる，張り詰める(張詰める)　例氷が張りつめる，気が張りつめる

はりて　張り手〔撲り手〕　例強烈な張り手をかませる

はりとばす　張り飛ばす(張飛ばす)〔撲り飛ばす〕　例頬を張り飛ばす

はりバン　張り番　例張り番をする　⦅慣⦆見張り番

はりふだ　張り札(張札)，貼り札(貼札)　例張り札をする　⦅慣⦆掲示

はりもの　張り物　例張り物をする

はる　春²　シュン　930
例春の夜の夢，春の七草；春に目覚

| | |
|---|---|
| める:春秋,春風,春先,春雨,春休み;小春,初春 ㊗秋 | 心も晴れやかだ |
| はる 張る⁵ チョウ 1400 ㋑氷が張る,腹が張る,値が張る,金額が張る,気が張る;肘を張る,強情を張る,意地を張る,宴を張る,刑事が張っている | はれる 晴れる² セイ・はらす 1126 ㋑空が晴れる ㊥曇る;気が晴れる,疑いが晴れる |
| はる 貼る チョウ 〔はる〕 1407 ㋑付箋＜フセン＞を貼る,切手を貼る,タイル貼(張)りの壁 | はれる 腫れる シュ,はらす 〔はれる〕 873 ㋑指が腫れる |
| | はれわたる 晴れ渡る(晴渡る) ㋑晴れ渡った秋空 |
| ばる 〜ばる,〜張る ㋑四角ばって座る,格式ばる,荷物がかさばる | ハレンチ 破廉恥 ㋑破廉恥罪 |
| はるか はるか〔遥か〕 ㋑はるか洋上,はるか昔の物語,はるかに差がある | はわたり 刃渡り ㋑刃渡り20センチ |
| はるがすみ 春がすみ〔春霞〕 ㋑春がすみが立つ | ハン 反³ ホン・タン,そる・そらす 1655 ㋑規則に反する行為;反感,反ensitivity, 反逆,反響,反語,反作用,反射,反証,反省,反戦,反対,反転,反動,反応,反発,反比例,反復,反面,反目,反問,反乱,反論;違反,背反 |
| はるさめ 春雨 ㋑春雨が降る | |
| はるばる はるばる〔遥々〕 ㋑北の果てからはるばるやって来る,遠い南の国まではるばると訪ねて行く | |
| はるめく 春めく ㋑一雨ごとに春めいてくる | ハン 半² なかば 1656 ㋑半永久,半円,半音,半解,半額,半旗,半球,半減,半紙,半周,半熟,半裸,半焼,半年,半信半疑,半数,半濁音,半島,半分,半面;後半,四半期,折半,大半,夜半 |
| はれ 晴れ(晴) ㋑晴れの表彰式,秋晴れ,日本晴れ,晴れ姿,晴れ間 ㊗曇り | |
| はれ 腫れ,はれ ㋑腫れが引く,腫れ物 | |
| バレイ 馬齢 ㋑馬齢を重ねる | ハン 氾 ― 1657 ㋑氾濫 |
| バレイショ ばれいしょ〔馬鈴薯〕 ㊤じゃが芋 | ハン 犯⁵ おかす 1658 ㋑犯意,犯行,犯罪,犯則,犯人;共犯,主犯,侵犯,防犯 |
| はれぎ 晴れ着(晴着) ㋑正月の晴れ着,晴れ着姿 | |
| ハレツ 破裂 ㋑水道管が破裂する,破裂音 | ハン 帆 ほ 1659 ㋑帆船,帆走;出帆 |
| はればれ 晴れ晴れ ㋑気持ちが晴れ晴れする,晴れ晴れしい顔 | ハン 汎 ― 1660 ㋑汎用 |
| はれま 晴れ間(晴間) ㋑梅雨の晴れ間 | ハン 伴 バン,ともなう 1661 ㋑伴侶＜ハンリョ＞;同伴 |
| はれもの 腫れ物,はれもの ㋑腫れ物に触るように扱う | ハン 判⁵ 1662 (1)分ける・是非 ㋑判断,判定,判読,判別;審判,批判 |
| はれやか 晴れやか(晴やか) ㋑身も | |

明朝体の右肩の数字は配当学年　末尾の数字は常用漢字表番号　（ ）許容　㊤類義同意語　㊗反対対照語　㊥関連語　㋲学術用語

ハン―バン　　　　　　　　　　418

(2)特に裁判例判決, 判例；公判
(3)しるし例判を押す, 三文判
(4)明らかである例判然, 判明

ハン　坂³　さか　　　　　　　1663
例急坂

ハン　阪⁴　　　　　　　　　　1664
例阪神, 京阪　注※大阪＜おおさか＞府

ハン　板³　バン, いた　　　　1665
例乾板, 鉄板

ハン　版⁵　―　　　　　　　　1666
例版を重ねる；版画, 版木, 版権, 版下, 版図, 版元；活版, 再版, 出版, 絶版, 縮刷版, 初版, 謄写版, 銅板, 凸版, 木版

ハン　班⁶　―　　　　　　　　1667
例班を組む；班員, 班長, ～班, 首班

ハン　畔　―　　　　　　　　　1668
例河畔, 湖畔

ハン　般　―　　　　　　　　　1669
例一般, 過般, 今般, 十八般, 諸般, 先般, 全般, 百般

ハン　販　―　　　　　　　　　1670
例販権, 販売, 販路；市販

ハン　斑　―　　　　　　　　　1671
例斑点, 母斑

ハン　飯⁴　めし　　　　　　　1672
例飯台, 飯ごう, 飯場；御飯, 炊飯, 赤飯, 夕飯

ハン　搬　―　　　　　　　　　1673
例搬出, 搬送, 搬入；運搬

ハン　煩　ボン, わずらう・わずらわす　　　　　　　　　　　　1674
例煩瑣＜ハンサ＞, 煩雑, 煩悶＜ハンモン＞

ハン　頒　―　　　　　　　　　1675
例頒価, 頒布

ハン　範　―　　　　　　　　　1676
例範囲, 範疇＜ハンチュウ＞, 範例；師範, 垂範, 模範

ハン　繁　―　　　　　　　　　1677
(1)込み入っている例繁閑, 繁簡, 繁雑, 繁多, 繁忙；頻繁　対簡
(2)盛んである例繁栄, 繁華, 繁盛, 繁殖；農繁期
(3)草木が茂る例繁茂

ハン　藩　―　　　　　　　　　1678
例藩学, 藩校, 藩侯, 藩士, 藩主, 藩邸, 藩閥；小藩, 親藩, 廃藩

ハン　凡　ボン　　　　　　　　1889
例凡例

バン　伴　ハン, ともなう　　　1661
例伴食, 伴走, 伴奏；相伴＜ショウバン＞

バン　判⁵　ハン　　　　　　　1662
例大判, Ｂ６判

バン　板³　ハン, いた　　　　1665
例板金, 板状, 板面；掲示板, 原板, 黒板, 平板

バン　晩⁶　―　　　　　　　　1679
例晩夏, 晩学, 晩景, 晩秋, 晩春, 晩鐘, 晩食, 晩成, 晩年, 晩飯；朝晩, 今晩, 昨晩, 早晩, 毎晩, 明晩, 翌晩　対朝, 早

バン　番²　―　　　　　　　　1680
(1)順序にすること・受け持ち・役目例番をする；番犬, 番士, 番台, 番頭, 番人, 番兵；勤番, 交番, 週番, 順番, 当番, 日番, 非番, 門番, 夜番, 山番, 輪番
(2)順序の示し方例番外, 番組, 番号, 番地, 番付；１手目, ５番目；十八番
(3)その他例番傘, 番茶

バン　蛮　―　　　　　　　　　1681
例蛮語, 蛮人, 蛮声, 蛮族, 蛮勇；南蛮, 野蛮

バン　盤　―　　　　　　　　　1682
例盤石, 盤台, 盤面；円盤, 基盤,

○改定追加漢字　●改定追加音訓　□改定削除漢字　■改定削除音訓　〔　〕参考表記　〔△表外漢字　▲表外音訓　×誤用　当て字当て字〕

| | |
|---|---|
| | 吸盤, 銀盤, 碁盤, 骨盤, 施盤, 地盤, レコード盤, 落盤 |
| バン 万² マン 1906 | 例万感, 万国, 万国旗, 万歳, 万策, 万事, 万障, 万象, 万人, 万世, 万全, 万端, 万難, 万能, 万物, 万民; 千差万別, 千変万化 |
| ハンイ 範囲 | 例範囲を広げる |
| ハンエイ 反映 | 例朝日が波頭に反映する, 親の人格が子どもに反映する |
| ハンエイ 繁栄 | 例民族の繁栄, 繁栄をもたらす 対衰微 |
| ハンえり 半襟〔半衿〕 | 例半襟を掛ける |
| ハンカ 繁華 | 例繁華な町並み, 繁華街 |
| ハンガ 版画, 板画 | 例版画を彫る, 版画家 |
| バンカイ 挽回 | 例劣勢を挽回する 類盛り返し, 回復, 立て直し |
| ハンキ 反旗〔叛旗〕 | 例反旗を翻す |
| ハンギ 版木, 板木 | |
| ハンギャク 反逆〔叛逆〕 | 例反逆の徒, 反逆児 |
| ハンキョウ 反響 | 例社会の反響が大きくなる, 反響を呼ぶ |
| バンぐみ 番組 | 例番組を編成する, テレビの番組, スポーツ番組 類プログラム |
| バンくるわせ 番狂わせ | 例番狂わせを演じる |
| ハンケイ 半径〔半経〕 | 対直径 |
| ハンゲキ 反撃 | 例反撃に転じる |
| ハンケツ 判決 | 例判決を下す, 判決主文 |
| ハンゲン 半減 | 例興味が半減する |
| ハンコウ 反抗 | 例親に反抗する, 反抗期 |
| ハンコウ 犯行 | 例犯行を重ねる |
| バンコウ 蛮行 | 例蛮行の限りを尽くす |
| ハンコツ 反骨 | 例反骨精神 |

| | |
|---|---|
| ハンサ 煩瑣 | 類煩雑 |
| ハンザイ 犯罪 | 例犯罪科学, 犯罪者 |
| バンザイ 万歳, 万才 | 例万歳を三唱する |
| ハンザツ 煩雑 | 例煩雑な人間関係 |
| ハンザツ 繁雑 | 例繁雑な事務 対簡略 |
| バンサン 晩餐 | 例首相主催の晩餐会 類夕食 |
| バンジキュウ 万事休す〔万事窮す〕 | |
| バンシャク 晩酌 | |
| ハンジュク 半熟 | 例半熟の卵 |
| ハンショウ 半鐘 | 例半鐘を鳴らす; 半鐘泥棒 |
| ハンジョウ 半畳 | 例半畳を入れる |
| ハンジョウ 繁盛〔繁昌〕 | 例商売が繁盛する |
| ハンショク 繁殖〔蕃殖〕 | 例細菌が繁殖する 注法令では「繁殖」. |
| ハンスウ 反芻 | 例反芻動物 |
| ハンする 反する | 例意志に反する, 道徳に反する行為 |
| ハンセイ 反省 | 例過去を反省する |
| バンセイ 万世 | 例万世一系, 万世不易 |
| ハンセツ 半切〔半截〕 | |
| バンゼン 万全〔万善〕 | 例万全を期する |
| ハンソク 反則 | 例反則する, 反則行為 |
| はんだ はんだ〔半田, 盤陀 当て字〕 | 例はんだ付け |
| ハンタイ 反対 | 例反対する, 反対語, 反対者 対同意, 賛成 |
| ハンダン 判断 | 例正しく判断する, 好判断, 姓名判断 |
| ハンチュウ 範疇 | 例美的範疇 類範囲, カテゴリー |
| ハンつきマイ 半つき米〔半搗き米〕 | 類五分つき米 対白米, 玄米 |
| バンづけ 番付 | 例番付が2枚上がる; 長者番付 |
| ハンテイ 判定 | 例判定勝ち |

明朝体の右肩の数字は配当学年 末尾の数字は常用漢字表番号 ( )許容 類類義同意語 対反対対照語 関関連語 学学術用語

| | |
|---|---|
| ハンテン　**斑点**, はんてん〔斑点〕 | ハンレイ　**凡例**　㊗例言 |
| 　例皮膚に赤い斑点が出来る | |
| ハンテン　**はんてん**, 半天〔半纏〕 | |
| 　例印<しるし>ばんてん | 〔ヒ・ひ〕 |
| ハンドウ　**反動**　例車の反動；進歩主義に対する反動 | ヒ　**比**⁵　くらべる　1683 |
| ハンドウタイ　**半導体**　例半導体産業, 半導体レーザー | 　例100と10の比, 他にその比を見ない；比較, 比肩, 比重, 比率, 比類, 比例；正比例, 対比, 反比例, 百分比, 無比 |
| ハンとりチョウ　**取り帳**(判取り帳)　例判取り帳を回す | ヒ　**皮**³　かわ　1684 |
| バンニン　**万人**　例万人の協力　㊟「バンジン」とも言う。 | (1)動物の皮例皮下, 皮革, 皮肉, 皮膚；牛皮, 脱皮, 鉄面皮, 表皮, 毛皮 |
| バンネン　**晩年**　例幸福な晩年を送る | (2)物を覆っているもの・表面例皮相；果皮, 外皮, 樹皮 |
| ハンノウ　**反応**　例アルカリ性反応 | ヒ　**妃**　—　1685 |
| バンノウ　**万能**　例万能選手, 万能薬 | 例妃殿下；王妃, 皇妃, 皇太子妃　㊅王 |
| ハンぱ　**半端**　例数が半端だ, 中途半端な考え | ヒ　**否**⁶　いな　1686 |
| ハンバイ　**販売**　例一手販売する, 通信販売, 販売店 | 例否とするもの半数；否決；否定, 否認；安否, 可否, 拒否, 採否, 賛否, 実否, 成否, 存否, 諾否, 適否, 当否, 良否 |
| ハンバク　**反駁**　例反駁する　㊗反論　㊟「ハンパク」とも言う。 | ヒ　**批**⁶　—　1687 |
| ハンパツ　**反発**〔反撥〕　例反発を感じる | 例批正, 批准, 批判, 批評 |
| ハンハン　**半々**　例実力は半々だ | ヒ　**彼**　かれ・かの　1688 |
| ハンピレイ　**反比例**　例反比例する　㊗逆比例　㊅正比例 | 例彼我, 彼岸 |
| ハンプ　**頒布**　例実費で頒布する　㊗配布 | ヒ　**披**　—　1689 |
| バンブツ　**万物**　例万物の霊長 | 例披見, 披露<ヒロウ>；直披 |
| ハンメイ　**判明**　例結果が判明する | ヒ　**肥**⁵　こえる・こえ・こやす・こやし　1690 |
| ハンモン　**煩悶**　例……問題で煩悶する　㊗悩み, 苦悩 | (1)肥えている例肥育, 肥大, 肥満 |
| ハンヨウ　**汎用**　例汎用コンピュータ, 汎用性 | (2)地味が豊かである例肥土 |
| ハンラン　**反乱**〔叛乱〕　例反乱軍 | (3)こやし例肥料；金肥, 施肥, 追肥 |
| ハンラン　**氾濫**　例不良出版物が氾濫する　㊗あふれる | ヒ　**非**⁵　—　1691 |
| ハンリョ　**伴侶**　例好伴侶　㊗友, 道連れ, 夫婦 | (1)正しくない・正しいと認めない例非を認める, 非とする；非運, 非行, 非道, 非難, 非法, 非望, 非礼； |

○改定追加漢字　●改定追加音訓　□改定削除漢字　■改定削除音訓　〔　〕参考表記　〔△表外漢字
▲表外音訓　×誤用　当て字]当て字〕

| | | |
|---|---|---|
| | 是々非々, 是非, 前非<br>(2)……ではない・反対である 例非科学的, 非公開, 非常, 非情, 非常識, 非戦, 非素数, 非鉄金属, 非人情, 非凡 | |
| ヒ | 卑 いやしい・いやしむ・いやしめる 1692<br>例卑近, 卑屈, 卑下, 卑劣；尊卑, 野卑 | |
| ヒ | 飛⁴ とぶ・とばす 1693<br>例飛脚, 飛行, 飛車, 飛鳥, 飛魚, 飛報, 飛躍, 飛揚, 飛来；雄飛 | |
| ヒ | 疲 つかれる・つからす 1694<br>例疲弊, 疲労 | |
| ヒ | 秘⁶ ひめる 1695<br>例秘中の秘；秘境, 秘決, 秘策, 秘術, 秘書, 秘蔵, 秘伝, 秘法, 秘密；厳秘, 極秘, 神秘, 便秘, 黙秘 | |
| ヒ | 被 こうむる 1696<br>(1)着る・かぶる 例被服, 被覆；外被, 加被<br>(2)被る・受け身である 例被害, 被疑者, 被告, 被災, 被選挙権, 被治者, 被爆 | |
| ヒ | 悲³ かなしい・かなしむ 1697<br>例悲哀, 悲運, 悲観, 悲願, 悲喜, 悲鳴, 悲劇, 悲惨, 悲壮, 悲嘆, 悲憤, 悲鳴；慈悲 | |
| ヒ | 扉 とびら 1698<br>例開扉, 門扉 | |
| ヒ | 費⁵ ついやす・ついえる 1699<br>例費消, 費用；会費, 学費, 官費, 給費, 巨費, 経費, 工費, 国費, 歳費, 雑費, 私費, 自費, 実費, 出費, 消費, 食費, 人件費, 滞在費, 予備費, 乱費, 浪費 | |
| ヒ | 碑 — 1700<br>例碑石, 碑文；歌碑, 記念碑, 句碑, 詩碑, 石碑, 墓碑 | |
| ヒ | 罷 — 1701<br>例罷業, 罷免 | |
| ヒ | 避 さける 1702<br>例避暑, 避難, 避妊, 避雷；回避, | |

| | | |
|---|---|---|
| | 忌避, 待避, 逃避 | |
| ヒ | 泌 ヒツ 1713<br>例泌尿器 | |
| ひ | 火¹ カ, ほ 133<br>例火を見るよりも明らかである, 火のないところに煙は立たない, 火が消えたよう, 火の手, 火の粉, 火のついたよう；火打ち石, 火かげん, 火消し, 火種, 火元；口火, 下火, 炭火, 天火, 花火 対水 | |
| ひ | 灯⁴ トウ 1500<br>例灯がともる, 遠くに町の灯が見える | |
| ひ | 日¹ ニチ・ジツ, か 1583<br>例日に増し, 若き日の思い出, 日暮れて道遠し, 日の目を見る；日陰, 日影, 日傘, 日付, 日取り, 日歩；朝日, 入り日, 記念日, 公休日, 生年月日, 月日, 定休日, 天日, 西日, 年月日, 初日, 夕日 | |
| ひ | 氷³ ヒョウ, こおり 1717<br>例氷雨＜ひさめ＞ | |
| ビ | 尾 お 1703<br>(1)尾の部分 例尾骨；交尾 対頭<br>(2)終わりの部分 例尾灯；語尾, 首尾, 接尾語, 船尾, 徹頭徹尾, 不首尾, 末尾 対首<br>(3)後ろを行く・つける 例尾行<br>注*尻尾＜しっぽ＞ | |
| ビ | 眉 ミ, まゆ 1704<br>例愁眉, 焦眉, 白眉；眉目 | |
| ビ | 美³ うつくしい 1705<br>(1)外形が美しい 例美観, 美形, 美麗, 美術, 美女, 美人, 美田, 美貌＜ビボウ＞, 美容, 美麗 対醜<br>(2)中味が美しい・優れている・うまい・上手である 例美技, 美挙, 美酒, 美食, 美声, 美談, 美点, 美徳, 美風, 美味, 美名；華美, 甘美, 善美<br>(3)美しいとする・褒める・たたえる | |

明朝体の右肩の数字は配当学年　末尾の数字は常用漢字表番号　( )許容　類類義同意語　対反対対照語<br>関関連語　学学術用語

| | |
|---|---|
| | 例賛美, 賞美, 嘆美<br>(4)美例美意識, 美学；真善美 |
| ビ 備⁵ そなえる・そなわる 1706<br>例備考, 備品, 備忘録；完備, 具備, 軍備, 警備, 兼備, 守備, 準備, 常備, 設備, 装備, 不備, 防備, 予備 | |
| ビ 微— 1707<br>例微に入り細に入り, 微に入り細をうがつ；微温, 微音, 微細, 微罪, 微小, 微笑, 微震, 微生物, 微熱, 微風, 微妙, 微粒子, 微力；顕微鏡, 衰微 | |
| ビ 鼻³ はな 1708<br>(1)器官例鼻炎, 鼻音, 鼻下, 鼻カタル；耳鼻科, 隆鼻術<br>(2)初め例鼻祖 | |
| ヒアイ 悲哀 例人生の悲哀 | |
| ひあがる 干上がる(干上る)〔乾上がる〕例田んぼが干上がる；顎が干上がる | |
| ひあし 日足, 日脚 例日足が延びる | |
| ひあそび 火遊び 例子どもの火遊び；火遊びにふける | |
| ひあたり 日当たり(日当り)〔陽当たり〕例日当たりのよい庭 | |
| ヒイキ ひいき〔贔屓〕例ひいきにする, ひいきの関取, ひいきの引き倒し, ひいきめ(目)に見る, ひいき筋 | |
| ひいては ひいては〔延いては〕例ひいては社会のためにもなる | |
| ひいでる 秀でる シュウ 887<br>例才能が秀でる | |
| ひいれ 火入れ 例溶鉱炉に火入れをする, 火入れ式 | |
| ひいれシキ 火入れ式 例原子炉の火入れ式 | |
| ひうちいし 火打ち石(火打石)〔燧石〕 | |
| ヒウン 非運, 否運 例身の非運を嘆く<br>対幸運 | |
| ヒウン 悲運 例悲運に泣く | |

| | |
|---|---|
| ひえ 冷え 例冷えのきつい晩, 寝冷え, 底冷え, 冷え性 | |
| ヒエキ 裨益 例学問の発展に裨益する | |
| ひえこむ 冷え込む(冷込む) 例今夜はひどく冷え込む | |
| ひえショウ 冷え性 例冷え性の女性 | |
| ひえる 冷える⁴ レイ, つめたい・ひや・ひやす・ひやかす・さめる・さます 2089<br>例体が冷える, 腹が冷える, 今日は冷える晩だ；暖まる, ぬくまる | |
| ビオンテキ 微温的〔微穏的〕例処置が微温的だ, 微温的な態度 | |
| ひかえ 控え 例控えの力士；控えを取る, 控え書き | |
| ひかえシツ 控え室(控室) | |
| ひかえめ 控えめ, 控え目 例控えめに食べる, 控えめな女性 | |
| ひがえり 日帰り 例日帰り旅行 | |
| ひかえる 控える コウ 630<br>例次の部屋に控える, 主人の後ろに控える, 食事を控える, 少しは言葉を控えろ, 施行を控える, ノートに控える, 試験を来月に控えている, 後ろに山を控えている | |
| ヒカク 比較 例能力を比較する, 交通の便が比較的よい, 比較言語学 | |
| ひかげ 日陰〔日蔭〕例日陰で涼<リョウ>を取る, 日陰の暮らし, 日陰者；日陰のかずら 注「日の当たらない場所」の意。 | |
| ひかげ 日影 例日影を受ける<br>注「日の光」の意。 | |
| ひがけ 日掛け(日掛) 例日掛け預金, 日掛け無尽 参月掛け | |
| ヒカゲン 火かげん, 火加減 例火かげんを見る 参湯かげん | |
| ひがさ 日傘 対雨傘 | |
| ひかされる 引かされる 例情に引か |

○改定追加漢字 ●改定追加音訓 □改定削除漢字 ■改定削除音訓 〔 〕参考表記〔△表外漢字
▲表外音訓 ×誤用 用て字 当て字〕

される　㊀ほだされる

ひがし　東² トウ　1504
　㋫東の空が明るくなる，東の風，東の方，東半球　㋸西

ひかせる　引かせる　㋫牛に車を引かせる，子に手を引かせる；花柳界から身を引かせる　㊟「引かす」とも言う。

ひがた　干潟

ひがみ　ひがみ〔僻み〕　㋫ひがみ根性

ひがむ　ひがむ〔僻む〕　㋫世の中をひがむ

ひからす　光らす　㋫目を光らす　㊟「光らせる」とも言う。

ひからびる　干からびる〔乾涸びる〕　㋫青物が干からびる，干からびた思想

ひかり　光² コウ，ひかる　597
　㋫光がまぶしい，日の光，月の光，前途に光を失う；親の七光り

ひかる　光る² コウ，ひかり　597
　㋫星が光る，鏡が光る；目が光っている，実力では光よりも光っている

ヒカン　悲観　㋫将来を悲観する，結果は悲観的だ，悲観論　㋸楽観

ヒガン　彼岸　㋫暑さ寒さも彼岸まで，彼岸の入り，彼岸の中日，彼岸会＜ヒガンエ＞，彼岸桜，彼岸花

ビカン　美観　㋫秋の美観

ひき　匹　ヒツ〔疋〕　1711
　㋫匹で買う（布地二反続きのもの）；猫が３匹

ひき　引き　㋫引きが強い；上役の引きで出世する，知人の引きで就職する

びき　〜引き（〜引）　㋫定価の３割引き，値引き；割引

ひきあい　引き合い（引合い）　㋫引き合いに出す，引き合いに出される

ひきあう　引き合う（引合う）　㋫両方から綱を引き合う；100万円なら引き合う，罰金を取られては引き合わない

ひきあげ　引き上げ（引上げ）　㋫運賃引き上げ　㋸引き下げ

ひきあげ　引き揚げ（引揚げ）　㋫外地からの引き揚げ船

ひきあげる　引き上げる（引上げる）　㋫出先機関から本社へ引き上げる，後輩を引き上げる，価格を引き上げる

ひきあげる　引き揚げる（引揚げる）　㋫外地から引き揚げる

ひきあて　引き当て（引当て）　㋫休暇の引き当てをする

ひきあてキン　引き当て金（引当て金）（引当金）　㊐抵当，担保

ひきあわす　引き合わす（引合わす）　㋫友人を親に引き合わす

ひきあわせ　引き合わせ（引合せ）　㋫校正の引き合わせ，引き合わせを依頼する，神の引き合わせ

ひきあわせる　引き合わせる（引合わせる）（引合せる）　㋫襟元を引き合わせる，原典と引き合わせる，友人を親に引き合わせる

ひきいる　率いる⁵ ソツ・リツ〔帥いる〕　1277
　㋫部隊を率いて遠征する

ひきいれる　引き入れる（引入れる）　㋫仲間に引き入れる

ひきうけ　引き受け（引受け）　㋫身元の引き受けを頼む

ひきうけニン　引受人　㋫身元引受人

ひきうける　引き受ける（引受ける）　㋫接待を引き受ける，後のことは引き受けた

ひきおこし　引き起こし（引起し）

ひきおこす　引き起こす（引起こす）〔惹き起こす〕　㋫体を引き起こす；事件を引き起こす

ひきかえ　引き換え（引換え）（引換），

引き替え(引替え)(引替)
　例現金と引き替え
ひきかえケン　引換券
ひきかえす　引き返す(引返す)
　例途中から引き返す
ひきかえる　引き換える,引き替える(引換える,引替える)　例小切手を現金と引き換える;昨日と引き替えてよい天気だ
ひきがね　引き金(引金)　例銃の引き金を引く
ひきこみ　引き込み(引込み)　例ガス管の引き込み工事
ひきこみセン　引き込み線(引込み線)(引込線)　注「ひっこみセン」とも言う。
ひきこむ　引き込む(引込む)　例庭に川の水を引き込む,仲間に引き込む,風邪を引き込む
ひきこもる　引き籠もる(引き籠る),引きこもる　例家に引き籠もって読書にふける
ひきころす　ひき殺す〔轢き殺す〕
ひきさがる　引き下がる(引下がる)　例すごすごと引き下がる
ひきさく　引き裂く(引裂く)　例布を引き裂く,仲を引き裂く
ひきさげる　引き下げる(引下げる)　例運賃を引き下げる,位置を引き下げる,要求を引き下げる　対引き上げる
ひきザン　引き算(引算)　類減法　対足し算
ひきしお　引き潮(引潮)　類干潮,下げ潮　対満ち潮,満潮,上げ潮
ひきしぼる　引き絞る(引絞る)　例弓を引き絞る,声を引き絞る
ひきしまる　引き締まる(引締まる)　例身が引き締まるような思い,株価が引き締まる
ひきしめ　引き締め(引締め)　例財政の引き締め,金融引き締め
ひきしめる　引き締める(引締める)　例身を引き締める,家計を引き締める
ひきずりこむ　引きずり込む〔引き摺り込む〕　例獲物をやぶの中に引きずり込む,悪事の仲間に引きずり込む
ひきずる　引きずる〔引き摺る〕　例犬を引きずって連れて行く,裾を引きずる
ひきだし　引き出し(引出し)〔抽出し;抽斗当て字〕　例机の引き出し
ひきだす　引き出す(引出す)　例才能を引き出す,預金を引き出す
ひきたつ　引き立つ(引立つ)　例気分が引き立つ,床の間の置物で部屋全体が引き立つ,相場が引き立つ
ひきたて　引き立て(引立て)　例毎度お引き立てをいただいてありがとうございます,引き立て役
ひきたてる　引き立てる(引立てる)　例気を引き立てる;後輩を引き立てる;毎度お引き立ていただきありがとうございます;罪人を刑場へ引き立てる(注「ひったてる」とも言う)
ひきつぎ　引き継ぎ(引継ぎ)　例事務の引き継ぎ
ひきつぐ　引き継ぐ(引継ぐ)　例家業を引き継ぐ,経理を引き継ぐ
ひきつけ　ひきつけ,引き付け(引付け)　例子どもがひきつけを起こす
ひきつける　引きつける,引き付ける〔惹き付ける〕　例ボールを引きつけて打つ;男をひきつけるような目,美声でひきつける;子どもが急にひきつける
ひきつづき　引き続き(引続き)

○改定追加漢字　●改定追加音訓　□改定削除漢字　■改定削除音訓　〔　〕参考表記〔△表外漢字　▲表外音訓　×誤用　当て字当て字〕

例引き続き披露宴に移ります
ひきつづく　引き続く(引続く)
　例午後からは引き続いて面接を行います
ひきづな　引き綱(引綱)　例船の引き綱を引く
ひきつる　引きつる〔引き攣る〕
　例顔が引きつる，やけどで皮膚が引きつる
ひきつれる　引き連れる(引連れる)
　例お供を引き連れる
ひきて　引き手　例障子の引き手；引き手あまたの就職口，引き手茶屋
ひきて　弾き手　例琴の弾き手　類演奏者
ひきでもの　引き出物(引出物)
　例引き出物を贈る，たいの引き出物
ひきど　引き戸　対開き戸
ひきとめサク　引き止め策(引止め策)
　例委員長の引き止め策
ひきとめる　引き止める(引止める)
　例客を引き止める
ひきとり　引き取り(引取り)　例引き取り価格
ひきとりゼイ　引き取り税(引取り税)(引取税)
ひきとりニン　引き取り人(引取り人)(引取人)　例孤児の引き取り人
ひきとる　引き取る(引取る)　例子どもを引き取って育てる，不良品を引き取る；静かに息を引き取った；お引き取りください
ひきニク　ひき肉〔挽き肉〕
ひきぬき　引き抜き(引抜き)　例技術者の引き抜きが行われる
ひきぬく　引き抜く(引抜く)　例大根を引き抜く，技術者を引き抜く
ひきのばし　引き伸ばし(引伸し)
　例引き伸ばし写真，引き伸ばし機

ひきのばす　引き延ばす(引延ばす)
　例回答を引き延ばす
ひきのばす　引き伸ばす(引伸ばす)(引伸す)　例写真を引き伸ばす
ひきはがす　引き剝がす，引きはがす
　例壁の写真を引き剝がす
ひきはなす　引き離す(引離す)
　例仲を引き離す，2位を3メートル引き離して優勝する
ひきはらう　引き払う(引払う)
　例店を引き払って田舎に帰る
ひきふね　引き船〔曳き船〕
ひきマク　引き幕　例舞台の引き幕
　対揚げ幕，垂れ幕
ひきまゆ　引き眉，引きまゆ　類作り眉
ひきまわし　引き回し(引回し)〔引き廻し〕　例よろしくお引き回しのほどを；市中引き回しのうえ獄門
ひきまわす　引き回す(引回す)〔引き廻す〕　例これ以上引き回さないでくれ；よろしくお引き回しください；市中を引き回して刑場へ向かう
ひきみず　引き水　例川から引き水をする
ひきもどす　引き戻す(引戻す)
　例家出した娘を引き戻す
ひきもの　引き物　例たいの引き物
　類引き出物；引き物を張る　注「とばり」など〕
ヒキャク　飛脚　例長崎へ飛脚を立てる，飛脚便
ヒキョウ　悲況　例悲況を報道する
　注「悲況」は悲しむべき状況の意。
ヒキョウ　悲境　例悲境を嘆く
　注「悲境」は哀れな境遇の意。
ヒキョウ　ひきょう〔卑怯〕　例ひきょうなふるまい
　類卑劣
ヒギョウ　罷業　例同盟罷業　類ストライキ

- **ひきよせる　引き寄せる**(引寄せる)
  例いすを引き寄せる
- **ひきわけ　引き分け**(引分け)　例引き分けになる，引き分け試合
- **ひきわたし　引き渡し**(引渡し)
  例現物の引き渡し，引き渡し式
- **ひきわたす　引き渡す**(引渡す)
  例迷子を婦警に引き渡す；縄を引き渡す
- **ひく　引く²　イン，ひける**〔退く，曳く，牽く，惹く〕46
  例綱を引く，弓を引く，孫の手を引く，同情を引く，人の気を引く；大根を引く，辞書を引く，くじを引く，5から3を引く；幕を引く，線を引く，油を引く，水道を引く，電気を引く，親の血筋を引く，尾を引く；身を引く，手を引く，官を引く；水が引く，熱が引く，客足が引く　対押す，足す
- **ひく　弾く　ダン，はずむ・たま** 1351
  例ピアノを弾く
- **ひく　ひく**〔挽く〕例のこぎりをひく，ろくろをひく
- **ひく　ひく**〔碾く〕例臼で粉をひく
- **ひく　ひく**〔轢く〕例車で人をひく
- **びく　びく**〔魚籠，魚籃当て字〕例釣った魚をびくに入れる
- **ひくい　低い⁴　テイ，ひくめる・ひくまる** 1437
  例背が低い，腰が低い，地位が低い，緯度が低い，音が低い　対高い
- **ヒクツ　卑屈**　例卑屈な根性
- **ひくまる　低まる⁴　テイ，ひくい・ひくめる** 1437
  魳低くなる　対高まる
- **ひくめる　低める⁴　テイ，ひくい・ひくまる** 1437

- 例品位を低める行為　対高める
- **ひぐらし　日暮らし**(日暮し)　魳その日暮らし；日暮らし仕事をする
- **ひぐれ　日暮れ**(日暮)　例日暮れの山道
- **ビクン　微醺**　例微醺を帯びる　魳ほろ酔い
- **ひけ　引け**〔退け〕例引けを取る，引け相場，引け時，引け値，引け目
- **ヒゲ　卑下**　例身を卑下する；卑下も自慢のうち　対自尊
- **ひげ　ひげ**〔髭，鬚，髯〕例ひげをそる，ひげを生やす，ひげをたくわえる，ひげのちりを払う，顎ひげ
- **ひけぎわ　引け際**〔退け際〕例勤務の引け際に電話がかかる，人間引け際が大事だ　囲「引き際」とも言う。
- **ひけし　火消し**　例火消し役，火消しつぼ
- **ヒケツ　否決**　例議案を否決する　対可決
- **ヒケツ　秘訣**　例合格の秘訣　魳こつ，極意
- **ひげづら　ひげ面**〔髭面〕
- **ひけどき　引け時**〔退け時〕例引け時の混雑
- **ひけね　引け値**　例株の引け値　魳引け相場　対寄り値
- **ひけめ　引け目**　例引け目を感じる
- **ひける　引ける²　イン，ひく**〔退ける〕46
  例線が引ける；学校がひける；気がひける
- **ヒケン　披見**　例手紙を披見する
- **ヒゴ　飛語**〔蜚語〕例流言飛語
- **ヒゴ　庇護**　例庇護を受ける　魳擁護，かばう，保護
- **ビコウ　尾行**　例刑事が尾行する
- **ビコウ　備考**　例備考欄
- **ヒコウニン　非公認**〔否公認〕　例非公

○改定追加漢字　●改定追加音訓　□改定削除漢字　■改定削除音訓　〔 〕参考表記　〔△表外字
▲表外音訓　×誤用　当て字当て字〕

認記録
**ヒコク 被告** 例被告人 対原告
**ひごとに 日ごとに**〔日毎に〕 例日ごとに寒くなる
**ひごろ 日頃**,日ごろ 例日頃の行い,日頃の望み
**ひざ 膝** — 1709
　例膝を擦りむく,膝を突き合わせて語る,膝頭,両膝
**ヒサイ 非才**〔非才〕 例浅学非才の身
　類浅才
**ビサイ 微細** 例微細な差
**ひざがしら 膝頭**,ひざがしら 例膝頭をすりむく 類膝小僧
**ひざかり 日盛り** 例真夏の日盛り
　類日中
**ひさし ひさし**〔庇,廂〕 例ひさしを貸して母屋(家)を取られる；ひさし髪
**ひざし 日ざし**〔日射し,陽射し〕
　例春の日ざし
**ひさしい 久しい**[5] キュウ・ク 360
　例久しい間,待望久しい
**ひさしぶり 久しぶり**,久し振り
　例久しぶりですね,久しぶりに会う
**ひざまずく ひざまずく**〔跪く〕
　例神殿にひざまずく
**ひさめ 氷雨** 類みぞれ,ひょう
**ひざもと 膝元**,ひざもと〔膝下,膝許〕
　例親の膝元を離れる,将軍のお膝元
**ヒサン 悲惨** 類悲惨な末路
**ひじ 肘** —〔ひじ,肱〕 1710
　例肘を張る,肘鉄砲を食う,肘掛け,両肘
**ひしめく ひしめく**〔犇めく〕 例車がひしめく,群衆がひしめき合う
**ひしもち ひし餅**,ひしもち〔菱餅〕
**ヒシャク ひしゃく**〔柄杓,杓〕 例ひしゃくで水をくむ
**ひしゃげる ひしゃげる** 例箱がひ

しゃげる 注「ひしげる」とも言う。
**ヒショ 秘書** 例社長の秘書,秘書官
**ヒショ 避暑** 例避暑地 対避寒
**ヒショウ 飛翔** 例飛翔距離 類飛行
**ヒジョウ 非常** 例非常手段に訴える,非常口,非常時,非常線；非常に疲れる,非常に楽しい
**ヒジョウ 非情** 例非情な男
**ビショウ 微小** 例微小生物
**ビショウ 微少** 例微少量
**ビショウ 微笑** 例微笑を浮かべる
　類ほお(ほ)えみ
**ヒジョウシキ 非常識** 例非常識な言動
**ひずみ ひずみ**〔歪み〕 類ゆがみ
**ヒする 比する** 例昨年同期の実績に比して…… 類比べる,比較する
**ひぜめ 火攻め** 例火城を火攻めにする
　類焼き打ち
**ひぜめ 火責め** 例火責めの拷問
　対水責め
**ヒソ 砒素**,ひ素 例砒素中毒 注法令では,「砒素」と振り仮名を付ける。
**ヒソウ 皮相**〔皮想〕 例物事の皮相；皮相な見方
**ヒソウ 悲壮** 例悲壮な決意,悲壮美
**ヒゾウ 秘蔵** 例秘蔵の弟子,秘蔵の写本
**ひそか ひそか**〔密か,窃か,秘か,私か〕 例ひそかに決意を固める,ひそかに抜け出す
**ヒゾク 卑属** 例直系卑属 対尊属
**ひそまる 潜まる** 例辺りが潜まる
**ひそむ 潜む** セン,もぐる 1189
　例物陰に潜む
**ひそめる 潜める** 例身を潜める,声を潜める
**ひそめる ひそめる**〔顰める〕 例眉をひそめる 類しかめる
**ひそやか ひそやか**〔密やか〕 例ひそ

ひだ ひだ〔襞〕 例山のひだ；ひだのあるスカート

ひたい 額⁵ ガク 229
例額を寄せる，猫の額，額ぎわ

ビタイ 媚態 例媚態を示す 訓こび

ひたおし ひた押し〔直押し〕 例ひた押しに押す

ひたかくし ひた隠し〔直隠し〕
例真相をひた隠しにする

ひたす 浸す シン，ひたる 1055
例タオルを水に浸す

ひたすら ひたすら〔只管〕当て字〕
例ひたすらおわび申し上げる，ひたすらな思い

ひだち 肥立ち〔日立ち〕 例産後の肥立ち

ひだね 火種 例火種をもらう

ひたばしり ひた走り〔直走り〕
例街道をひた走りに走る 注「ひたはしり」とも言う。

ひだまり 日だまり〔陽溜り〕 例日だまりで遊ぶ

ひたむき ひたむき〔直向き〕 例ひたむきに努力する

ひだり 左¹ サ 682
例左のほう，左手，左うちわ，左側，左利き，左づま，左党，左前，左向き，左四つ⇔右

ひだりきき 左利き 例左利きの投手

ひだりまえ 左前 例左前に着る；商売が左前になる

ひたる 浸る シン，ひたす 〔漬る〕 1055
例稲が水に浸る，酒に浸る，悲しみに浸る

ヒタン 悲嘆〔悲歎〕 例悲嘆の涙に暮れる

ヒぢりメン ひぢりめん〔緋縮緬〕

ヒツ 匹 ひき 1711
例匹敵，匹夫

ヒツ 必⁴ かならず 1712
例必携，必見，必至，必死，必修，必勝，必定，必然，必読，必要

ヒツ 泌 ヒ 1713
例泌尿；分泌＜ブンピツ・ブンピ＞

ヒツ 筆³ ふで 1714
例筆記，筆耕，筆算，筆写，筆者，筆順，筆勢，筆跡，筆談，筆頭，筆法：悪筆，一筆，鉛筆，偽筆，硬筆，自筆，直筆，執筆，主筆，随筆，絶筆，代筆，達筆，鉄筆，特筆，肉筆，文筆，万年筆，毛筆，乱筆

ヒツウ 悲痛 例悲痛な面持ち

ひっかえ 引っ替え 例取っ替え引っ替え

ひっかかり ひっかかり，引っ掛かり
例あの事件にはひっかかりがある

ひっかかる ひっかかる，引っ掛かる
例詐欺にひっかかる

ひっかく ひっかく〔引っ掻く〕
例猫が爪でひっかいた

ひっかける ひっかける，引っ掛ける
例くぎにタオルをひっかける，浴衣をひっかける，うまくひっかけられた

ひっかぶる ひっかぶる〔引っ被る〕
例水をひっかぶる，罪をひっかぶる

ひつき 火付き 例火付きの悪いマッチ

ヒッキ 筆記 例講義を筆記する，筆記帳，筆記用具，筆記試験

ひつぎ 棺 例遺体を棺に納める

ヒッキョウ ひっきょう〔畢竟〕
訓けっきょく，つまり，つまるところ

ひっきりなしに ひっきりなしに，引っ切り無しに 例車がひっきりなしに通る，ひっきりなしに電話がかかる

ひっくくる ひっくくる〔引っ括る〕
例縄でひっくくる；犯人をひっくくる

---

○改定追加漢字 ●改定追加音訓 □改定削除漢字 ■改定削除音訓 〔 〕参考表記 〔△表外漢字
▲表外音訓 ×誤用 当て字〕当て字

| | |
|---|---|
| びっくり　びっくり〔吃驚, 喫驚〕[当て字]<br>例びっくりする, びっくりぎょうてん | 注「ふでジュン」とも言う。 |
| ひっくりかえす　ひっくり返す, 引っ繰り返す　例花瓶をひっくり返す, 形勢をひっくり返す | ヒッス　必須　類必要, 不可欠<br>注「ヒッシュ」とも言う。 |
| | ヒッスカモク　必須科目　類必修科目 |
| ひっくりかえる　ひっくり返る, 引っ繰り返る　例いすがひっくり返る, 予定がひっくり返る, 世の中がひっくり返ったような騒ぎ | ヒッセイ　畢生　例畢生の名作　類一生, 終生 |
| | ヒッセキ　筆跡〔筆蹟〕　例筆跡を鑑定する |
| ひづけ　日付　例日付を入れる, 10月3日の日付の新聞, 日付変更線 | ヒツゼン　必然　例必然の結果, 必然性　対偶然 |
| | ヒッソク　逼塞　例逼塞状態　類窮迫, ちぢこまる |
| ひっこし　引っ越し(引越し)　例引っ越しの手伝い, 引っ越し先, 引っ越しそば | ひったくる　ひったくる, 引っ手操る　例通り魔がかばんをひったくる |
| ひっこす　引っ越す(引越す)　例店を引き払って田舎に引っ越す | ひったてる　引っ立てる　例警察に引っ立てる |
| ひっこぬく　引っこ抜く　例木の根っこを引っこ抜く, 技術者を引っこ抜く | ひっつく　ひっつく, 引っ付く　例子どもが母親の袖にひっついて離れない, のりが紙にひっつく |
| ひっこみジアン　引っ込み思案(引込み思案) | ヒッテキ　匹敵　例2級に匹敵する実力　類比肩 |
| ひっこむ　引っ込む(引込む)　例田舎へ引っ込む, 部屋に引っ込んで勉強する, うるさい引っ込め | ひっとらえる　引っ捕らえる　例すりを引っ捕らえる |
| ひっこめる　引っ込める(引込める)　例首を引っ込める, 手土産を引っ込める | ヒッパク　逼迫　例財政が逼迫する　類窮迫, 行き詰まり |
| | ひっぱたく　ひっぱたく　例顔をひっぱたく |
| ひっさげる　ひっさげる, 引っ提げる　例大刀をひっさげる, 要求をひっさげる | ひっぱりだこ　引っ張りだこ(引張りだこ)〔引っ張り凧〕　例技術者は引っ張りだこだ, 引っ張りだこの人気歌手 |
| ヒッシ　必死　例必死の覚悟, 必死になって釈明する | |
| ヒッシ　必至　例値上がりが必至だ | ひっぱる　引っ張る　例ひもを引っ張る, 手を引っ張る, 足を引っ張る |
| ひつじ　羊³　ヨウ　　　　　1993<br>例羊飼い | |
| ひつじ　ひつじ〔未〕　例ひつじの年 | ひづめ　ひづめ〔蹄〕 |
| ひつじかい　羊飼い(羊飼)　例羊飼いの笛 | ヒテイ　否定　例事実を否定する　対肯定 |
| ヒツジュ　必需　例必需品 | ひでり　日照り〔旱〕　例日照り続き, 日照り雨 |
| ヒツジュン　筆順　例筆順の練習 | ひと　一¹　イチ・イツ, ひとつ　41 |

明朝体の右肩の数字は配当学年　末尾の数字は常用漢字表番号　( )許容　類類義同意語　対反対対照語<br>関関連語　学学術用語

[例]一息つく，一筋，一雨，一安心，一仕事，一筆，一目

**ひと**　**人**[1]　ジン・ニン　1070
[例]人のうわさも七十五日，人の風上に置けない，人の口に戸は立てられない，高利貸しも人の子だ，人のふんどしで相撲を取る，人は一代名は末代，人を食った態度，人を○呪わば穴二つ，人を人とも思わない；人垣，人影，人柄，人声，人里，人さし指，人質，人助け，人違い，人妻，人手，人出，人波，人肌，人払い，人任せ，人目；恋人，小人，旅人，村人

**ひとあたり**　**人当たり**(人当り)
[例]人当たりがよい

**ひとあれ**　**一荒れ**　[例]夕方から一荒れ来そうだ

**ひとあわふかせる**　**一泡吹かせる**

**ひどい**　**ひどい**〔▲酷い〕　[例]ひどい人出だ，雨がひどくなる

**ひといき**　**一息**　[例]あと一息だ，一息入れる

**ひといきれ**　**人いきれ**〔人△熅〕　[例]人いきれで気分が悪くなる

**ビドウ**　**微動**　[例]微動だにしない

**ひとうけ**　**人受け**　[例]人受けのする小説

**ひとうち**　**一打ち**

**ひとえ**　**一重**　[例]一重まぶた，一重咲き

**ひとえ**　**ひとえ**〔▲単；▲単▲衣[当て字]〕
[例]ひとえを着る　[対]あわせ

**ひとえに**　**ひとえに**〔▲偏に〕　[例]ひとえにお願い申し上げます

**ひとえもの**　**ひとえ物**〔▲単物〕　[対]あわせ物

**ひとおじ**　**人おじ**〔人▲怖じ〕　[例]人おじしない　[類]人見知り

**ひとおもいに**　**一思いに**　[例]一思いに打ち明ける，いっそ一思いに死にたい

**ひとがき**　**人垣**　[例]人垣を作る

**ひとかさね**　**一重ね**〔一△襲〕　[例]着物一重ね，重箱一重ね

**ひとかたならず**　**ひとかたならず**，一方ならず　[例]ひとかたならずお世話になる

**ひとかど**　**ひとかど**，一角〔一▲廉〕
[例]ひとかどの人物，ひとかどの見識を持っている

**ひとがら**　**人柄**　[例]人柄のしのばれる贈り物

**ひとぎき**　**人聞き**　[例]人聞きが悪い
[類]外聞

**ひときれ**　**一切れ**　[例]一切れの肉，○餅一切れ

**ひときわ**[副詞]　**ひときわ**，一際
[例]ひときわりっぱないでたち

**ひとくい**　**人食い**　[例]人食いざめ

**ひとくせ**　**一癖**　[例]一癖ありそうな男，一癖も二癖もある人物

**ひとくちばなし**　**一口話**〔一口△噺〕
[類]笑い話

**ひとくみ**　**一組み**(一組)　[例]男女一組みになって踊る

**ひとケ**　**人け**，人気　[例]人けのない真夜中の大通り　[注]「ひとゲ」とも言う。

**ひとこと**　**ひと言**，一言　[例]ひと言申し上げます，そう言われてはひと言もない

**ひとごと**　**人ごと**，人事〔▲他▲人事〕
[例]まるで人ごとのように思っている

**ひとこま**　**ひとこま**〔一△齣〕　[例]思い出のひとこまをつづる

**ひとごみ**　**人●混み**，人込み　[例]人●混みを避けて裏通りを歩く

**ひところ**　**一○頃**，ひところ　[例]一○頃と違って人気がない，一○頃はやった歌

**ひとさしゆび**　**人さし指**，人差し指

**ひとざと**　**人里**　[例]人里離れた山奥

**ひとさわがせ**　**人騒がせ**　[例]人騒がせ

なデマ，とんだ人騒がせだ

ひとしい 等しい³ トウ〔均し・斉し〕 1525
  例量が等しい，位置が等しい，ないに等しい

ひとしお 副詞 ひとしお〔一入〕
  例喜びもひとしおだ 類一段と

ひとしきり ひとしきり〔一頻り〕
  例夕方になって雨がひとしきり降る

ひとしく 副詞 ひとしく，等しく〔斉しく〕 例全員ひとしく反対する

ひとじに 人死に（人死） 例人死にがある

ひとしれず 人知れず 例人知れず悩む

ひとずき 人好き 例人好きのする顔だち

ひとすじ 一筋 例一筋の道，作曲一筋に生きる，一筋縄ではいかない

ひとそろい ひとそろい〔一揃い〕
  例ゴルフ用具ひとそろい

ひとだかり 人だかり〔人集り〕
  例駅前の人だかり

ひとだすけ 人助け 例人助けだと思って引き受けてください

ひとだのみ 人頼み 例人頼みは当てにならない

ひとたび 副詞 ひとたび，一度
  例ひとたび決心したからには……

ひとだま 人だま〔人魂〕 例人だまが飛ぶ

ひとたまり ひとたまり〔一溜り〕
  例風速50メートルの台風で家屋がひとたまりもなく倒壊した

ひとちがい 人違い 例人違いをする

ひとつ 一つ¹ イチ・イツ，ひと 41
  例それも考えの一つだ，何一つ知らない，決心一つだ；ひとつ頼む，ひとつやってみよう 注副詞として
「なんとか」「試みに」などの意で用いる場合は仮名書きが望ましい。

ひとつおぼえ 一つ覚え 例ばかの一つ覚え

ひとづかい 人使い 例人使いが荒い

ひとづきあい 人づきあい，人付き合い 例人づきあいがよい

ひとつづき 一続き 例一続きになった組み写真

ひとつまみ 一つまみ〔一撮み〕
  例一つまみの塩

ひとで 人手 例家屋敷が人手に渡る，人手が足りない，人手不足

ひとで 人出 例平日の3倍の人出

ひととおり 人通り 例人通りが激しい

ひととせ ひととせ〔一年〕

ひととなり 人となり〔為人〕当て字
  例その人となりを見る 類生まれつき，性格

ひととび 一飛び 類一足＜イッソク＞飛び 注「ひとっとび」とも言う。

ひとなかせ 人泣かせ 例人泣かせな断水

ひとなつ(っ)こい 人なつ(っ)こい，人懐(っ)こい 例人なつ(っ)こい子ども

ひとなみ 人並み（人並）例人並みの暮らし 類世間並み

ひとにぎり 一握り 例一握りの砂

ひとねいり 一寝入り 例勉強の途中で一寝入りする

ひとねむり 一眠り 類一寝入り

ひとはしり 一走り 例一走り行ってくる 注「ひとっぱしり」とも言う。

ひとばらい 人払い 例内密の用件ゆえ人払いを……

ひとまかせ 人任せ 例契約のことは人任せにしている

ひとまず ひとまず〔一先ず〕 例ひとまず会場だけは予約しておこう

ひとまね 人まね〔人真似当て字〕 例人まねがうまい

ひとまわり 一回り,ひとまわり〔一廻り〕 例グラウンドを一回りする;年はひとまわりも違う,ひとまわり大きい

ひとみ 瞳 ドウ〔ひとみ,眸〕1546 例つぶらな瞳,瞳を凝らす,瞳を輝かす

ひとみしり 人見知り 例人見知りをしない子

ひとむかし 一昔 例十年一昔,一昔も前のことだ

ひとむれ 一群れ 例一群れの野牛

ひとめぐり 一巡り〔一周り〕 例市内を一巡りする;一巡りの法事

ひとやすみ 一休み 例一休みして仕事にかかる

ひとよせ 人寄せ 例人寄せの口上〈コウジョウ〉

ひとり 独り⁵ ドク 1555 例独り者,独りぼっち,独りよがり

ひとり *一人

ひどり 日取り 例式の日取りを決める

ひとりぎめ 独り決め 例相談もなく独り決めは許せない,見込みがないと独り決めにしている 類独り合点

ひとりぐらし 独り暮らし 例のんきな独り暮らし

ひとりごと 独り言 例独り言を言う

ひとりじめ 独り占め 例もうけを独り占めにする

ひとりだち 独り立ち 例親元を離れて独り立ちする

ひとりでに ひとりでに,独りでに 例戸がひとりでに締まる

ひとりぼっち 独りぼっち 例独りぼっちの身の上 注「独りぽっち」とも言う。

ひとりもの 独り者 例独り者の気安さ 類独り身,独身者

ひとわたり ひとわたり,一渡り〔一亙り〕 例事務の引き継ぎがひとわたり済む 類ひととおり,いちおう

ひな ひな〔鄙〕 例ひなにはまれな大寺 類田舎

ひな ひな〔雛〕 例ひなの節句,ひな人形

ひなあそび ひな遊び〔雛遊び〕

ひながた ひな型〔雛型〕 例国際会議場のひな型,横書き書式のひな型

ひなた ひなた〔日向当て字〕 例ひなた水,ひなたぼっこ 対日陰

ひなダン ひな壇〔雛壇〕

ひなまつり ひな祭り(ひな祭)〔雛祭り〕

ヒナン 非難,批難 例国民の非難を浴びる

ヒナン 避難 例風上へ避難する,避難訓練,避難民

ヒニク 皮肉 例皮肉を言う,皮肉な質問,皮肉な運命

ヒニクる 皮肉る 例世の中を皮肉る

ひにち 日にち,日日 例日にちを数える

ヒニン 否認〔非認〕 例犯行を否認する 対是認,承認

ひねくる ひねくる〔拈くる,捻くる〕 例俳句をひねくる 類ひねる 注俗語

ひねくれる ひねくれる〔拈くれる,捻くれる〕 例根性がひねくれる

ひねる ひねる〔陳ねる〕 例ひねた大根;ひねた子ども

ひねる ひねる〔拈る,捻る〕 例こよりをひねる,背中をひねる,スイッ

チをひねる;頭をひねる,句をひねる

ひのきブタイ ひのき舞台〔檜舞台〕 例晴れのひのき舞台

ひのくるま 火の車 例家計が火の車だ

ひのケ 火の気 例火の気のない部屋

ひのこ 火の粉〔火の子〕 例火の粉をかぶる

ひのべ 日延べ 例予定を日延べする 関延期

ひバチ 火鉢

ひばり ひばり〔雲雀当て字〕

ヒハン 批判 例政府を批判する,自己批判

ひび ひび〔罅〕 例足にひびを切らす

ひび ひび〔罅〕 例陶器のひび,交情にひびが入る

ひびかせる 響かせる 例その名を天下に響かせる 注「響かす」とも言う。

ひびき 響き 例鐘の響き,響きの声に応ずるがごとし;消費者への響きが大きい

ひびく 響く キョウ 418
例滝の音が響く,物価の上昇は暮らしに響く,その名は天下に響いている

ヒヒョウ 批評 例批評する,映画批評,批評家,批評眼

ビヒン 備品 例図書部の備品 対消耗品

ヒフ 皮膚 例皮膚がただれる,皮膚科,皮膚病

ひブ 日歩 例日歩1銭の利息

ヒフク 被服 例被服課程,被服科

ひぶた 火蓋,火ぶた 例熱戦の火蓋が切って落とされる

ヒホウ 秘法,秘方 例秘法を伝授す;秘方の漢方薬

ヒボウ 誹謗 例当局を誹謗する 関中傷,そしる,悪口

ビボウ 弥縫 例弥縫策 間に合わせ,一時しのぎ,繕う

ビボウ 美貌 例美貌の踊り子,美貌を鼻にかける

ビボウ 備忘 例備忘録

ひぼし 干ぼし〔干乾し〕 例3日3晩飲まず食わずで干ぼしになりそうだ

ひぼし 日干し〔日乾し〕 例日干しをする 関陰干し

ひま 暇 カ〔隙〕 155
例本を読む暇がない,暇を見て出かける,暇を潰す,3日間暇をもらう,お手伝いさんに暇を出す,暇な人もいる

ひましに 日増しに 例日増しに暖かくなる

ヒマシゆ ひまし油〔蓖麻子油〕

ヒマツ 飛沫 例飛沫をかぶる 関しぶき,とばっちり

ひまどる ひまどる〔隙取る〕 例準備にひまどる 関手間取る

ビマン 瀰漫 例せつな的な思想が瀰漫する 関広がる,みなぎる

ヒミツ 秘密 例秘密を守る,秘密結社,秘密選挙

ビミョウ 微妙 例微妙な立場に置かれる

ひめ 姫 ─ 1715
例姫鏡台,姫垣,姫ごぜ,姫ゆり;舞い姫

ヒメイ 悲鳴 例悲鳴を上げる

ひめる 秘める6 ヒ 1695
例思い出を胸に秘めて去る

ヒメン 罷免 例委員長を罷免する 関免職,解職

ひも ひも〔紐〕 例ひもつきの役員;ひもかわうどん

ビモク 眉目 例眉目秀麗な青年 関容色,顔だち,見目

ひもじい ひもじい 例ひもじい思いをする

ひもち—ヒョウ

ひもち　火持ち〔火保ち〕　囲火持ちのよい炭
ひもとく　ひもとく〔繙く，紐解く〕　囲古典をひもとく　注「ひもどく」とも言う。
ひもの　干物〔乾物〕　囲あじの干物
ひや　冷や⁴　レイ，つめたい・ひえる・ひやす・ひやかす・さめる・さます　2089
　　囲冷やで一杯，お冷や，冷や酒，冷や水，冷や麦，冷や飯，冷ややっこ
ひやあせ　冷や汗　囲冷や汗をかく
ひやかし　冷やかし　囲冷やかしの客，冷やかし半分
ひやかす　冷やかす⁴　レイ，つめたい・ひえる・ひや・ひやす・さめる・さます　2089
　　囲夜店を冷やかして歩く，二人連れを冷やかす　㉑からかう
ヒヤク　飛躍　囲来年は飛躍の年だ，論旨が飛躍している
ヒャク　百¹　—　1716
　　囲そんなことは百も承知だ；百害，百聞，百分比，百分率，百分，百科辞典，百貨店；二百十日　＊八百屋＜やおや＞，＊八百長＜やおちょう＞
ビャク　白¹　ハク，しろ・しら・しろい　1630
　　囲白衣＜ビャクイ・ビャクエ＞，白れん；黒白＜コクビャク＞
ビャクエ　白衣　囲白衣の天使　注「ビャクイ」とも言う。
ヒャクニチぜき　百日咳
ひやけ　日焼け　囲日焼け止めの薬
ひやざけ　冷や酒　㉑かん酒
ひやす　冷やす⁴　レイ，つめたい・ひえる・ひや・ひやかす・さめる・さます　2089
　　囲ビールを冷やす，頭を冷やして考

えろ，肝を冷やす　㉑暖める
ヒャッカリョウラン　百花繚乱
　　囲百花繚乱の風情
ひやとい　日雇い(日雇)　囲日雇いで働く
ひやみず　冷や水　囲年寄りの冷や水
ひやむぎ　冷や麦
ひやめし　冷や飯　囲冷や飯を食わせる，冷や飯食い
ひややか　冷ややか(冷やか)　囲冷ややかな態度
ヒユ　比喩　㉑たとえ
ヒョウ　拍　ハク　1632
　　囲拍子；拍子木；三拍子，手拍子
ヒョウ　氷³　こおり・ひ　1717
　　囲氷河，氷解，氷結，氷山，氷室，氷点；結氷，樹氷，製氷，南氷洋，流氷
ヒョウ　表³　おもて・あらわす・あらわれる　1718
　　(1)物の表面囲表記，表札，表紙，表装，表皮，表面，表裏；意表，地表
　　(2)表に出す，表す，現れる囲表現，表示，表出，表彰，表情，表題，表明；代表，発表
　　(3)上役に提出する囲賀表，辞表，上表
　　(4)まとめて表した物囲表外音訓，表外字；一覧表，時刻表，図表，数表，統計表，年表，別表
ヒョウ　俵⁶　たわら　1719
　　囲米3俵，土俵
ヒョウ　票⁴　—　1720
　　囲票を読み上げる；票決，票数；開票，散票，伝票，投票，得票，白票
ヒョウ　評⁵　—　1721
　　囲評価，評議，評釈，評定，評点，評判，評論；悪評，概評，好評，講評，酷評，時評，世評，定評，批評，品評，風評，論評
ヒョウ　漂　ただよう　1722

〇改定追加漢字　●改定追加音訓　□改定削除漢字　■改定削除音訓　〔 〕参考表記　〈△表外漢字
▲表外音訓　×誤用　当て字〉当て字〕

(1)漂う 例漂失,漂然,漂着,漂泊,漂流
(2)さらす 例漂白

ヒョウ 標⁴ — 1723
例標記,標示,標識,標準,標題,標本;音標文字,座標,指標,商標,墓標,目標

ヒョウ 兵⁴ ヘイ 1790
例兵糧＜ヒョウロウ＞,兵法＜ヒョウホウ・ヘイホウ＞;雑兵

ビョウ 美容 例美容院,美容師,美容術,美容体操

ビョウ 苗 なえ・なわ 1724
例苗圃＜ビョウホ＞;種苗,痘苗

ビョウ 秒³ 1725
例秒針、秒速、秒読み;寸秒

ビョウ 病³ ヘイ, やむ・やまい 1726
例病院,病気,病菌,病苦,病後,病死,病室,病弱,病床,病状,病身,病勢,病体,病棟,病人,病名;悪病,胃病,疫病,看病,急病,呼吸器病,持病,重病,傷病,闘病,難病,熱病,肺病,発病,万病,無病,余病

ビョウ 描 えがく, かく 1727
例描画,描写,描出;素描,点描

ビョウ 猫 ねこ 1728
例老猫,愛猫家

ビョウ 平³ ヘイ, たいら・ひら 1789
例平等

ヒョウカ 評価 例学力を評価する,評価基準

ヒョウカン 剽悍 例剽悍な民族
働たくましい

ヒョウキ 表記 例表記の住所

ヒョウキ 標記 例標記の件につき……

ヒョウキン ひょうきん〔剽軽〕
例ひょうきんな人,ひょうきん者

ビョウク 病軀 例病軀をおして出席する 働病体,病気

ヒョウケツ 表決 注議案の可否に意思表示すること。

ヒョウケツ 票決 注投票によって決めること。

ヒョウケツ 評決 働議決 注評議して決めること。

ヒョウゲン 表現 例思想を表現する,表現主義

ビョウゲン 病原,病源 例病原菌,病原体

ヒョウゴ 標語 例交通安全の標語

ヒョウコウ 標高 例富士山の標高
働海抜

ヒョウサツ 表札,標札 例表札を剥がす

ヒョウザン 氷山 例氷山の一角

ヒョウシ 拍子 例拍子を取る,三拍子,拍子木を鳴らす,拍子抜け;戸を閉めたひょうしに……

ヒョウジ 表示 例意思表示

ヒョウジ 標示 例道路標示 注法令では、特別な理由がある場合を除いて、「表示」を用いる。

ヒョウシキ 標識 例道路標識

ビョウシャ 描写 例自然描写,心理描写

ヒョウジュン 標準 例標準語,標準時,標準電波,標準時計

ヒョウショウ 表彰〔表賞〕 例永年勤続者を表彰する,表彰式,表彰状

ヒョウジョウ 表情 例暗い表情

ビョウショウ 病床〔病牀〕

ビョウジョク 病褥 働病床

ヒョウセツ 剽窃 例剽窃する
働盗作,焼き直し

ヒョウゼン 飄然 例飄然と現れる

ヒョウダイ 表題,標題 例表題を決める

ビョウトウ 病棟 例外科病棟
 瀕病舎, 病屋
ビョウドウ 平等 例平等に扱う, 自由平等
ヒョウノウ 氷のう〔氷囊〕 例患部に氷のうを当てる 瀕氷袋
ヒョウハク 漂白 例さらし粉で漂白する, 漂白剤
ヒョウハク 漂泊 例漂泊の旅
ヒョウバン 評判 例評判の悪い店, 評判になる, 名所評判記
ヒョウビョウ 縹渺 例縹渺として限りない大平原 瀕広々
ビョウブ びょうぶ〔屛風〕 例一双のびょうぶ倒し
ヒョウヘン 豹変 例態度が豹変する, 君子豹変す 瀕一変, 急変, 変節
ビョウホ 苗圃 瀕苗床, 苗畑
ヒョウボウ 標榜 例世界平和を標榜する 瀕看板, 旗印
ビョウボツ 病没〔病歿〕 瀕病死
ヒョウホン 標本 例昆虫の標本
ヒョウリ 表裏 例表裏一体
ヒョウリュウ 漂流 例小船が漂流する
ヒョウロン 評論 例評論家, 文芸評論
ヒヨク 肥沃 例肥沃な土地
ひよけ 日よけ〔日除け〕 例窓の日よけ
ひより *日和 例日和の日, 小春日和, 行楽日和；日和見主義
ひら 平³ ヘイ・ビョウ, たいら 1789
 例平たい石, 平たい顔；平たく言えば……；平謝り
びら びら 例びらをまく, 宣伝びら 瀕ちらし
ひらおよぎ 平泳ぎ〔平泳〕
ひらがな 平仮名 対片仮名
ひらき 開き 例実力に開きがある；さんまの開き；山開き, 川開き, プー

ル開き, 店開き；披露宴のお開き
ひらきど 開き戸 対引き戸
ひらきなおる 開き直る 例開き直って強迫する
ひらきフウ 開き封 瀕開封<カイフウ>
ひらく 開く³ カイ, ひらける・あく・あける 〔展く, 拓く〕 187
 例つぼみが開く；窓を開く, 辞書を開く, 展示会を開く, 店を開く, 胸襟を開く；運を開く 対閉じる
ひらける 開ける³ カイ, ひらく・あく・あける 〔展ける, 拓ける〕 187
 例眼下に広大な裾野が開ける, 道が開ける, 運が開ける, 世の中が開ける, 郊外も年ごとに開けてくる；開けた人
ひらに 副詞 ひらに, 平に 例ひらにお許しください
ひらめかす ひらめかす〔閃かす〕 例白刃をひらめかす；才知をひらめかす
ひらめく ひらめく〔閃く〕 例稲妻がひらめく, 白旗がひらめく；才知がひらめく
ひらやだて 平屋建て, 平家建て〔平屋建, 平家建〕
ビラン びらん〔糜爛〕 例びらん死体 瀕腐乱, ただれ
ビリョク 微力 例微力ながら努力する
ひる 昼² チュウ 1384
 例昼寝, 昼飯；真昼 対夜
ひる 干る⁶ カン, ほす 247
 例潮が干る
ひるがえす 翻す ホン, ひるがえる 1888
 例旗を翻す, 手のひらを翻す, 態度

ひるがえって 副詞 翻って 例翻って
我が国の情勢を考えてみるに……
ひるがえる 翻る ホン，ひるがえ
　す　　　　　　　　　　　　1888
　例国旗がへんぽんと翻る
ひるさがり 昼下がり（昼下り）
　例土曜の昼下がり　類午後，昼過ぎ
ひるすぎ 昼過ぎ 例昼過ぎには帰る
ひるむ ひるむ〔怯む〕 例一瞬ひるん
　だ隙に飛びかかる
ひるやすみ 昼休み
ヒレイ 比例 例比例配分
ヒレキ 披瀝 例真情を披瀝する
　関開陳，示す
ひろい 広い² コウ，ひろまる・
　ひろめる・ひろがる・ひろげる
　〔弘い〕　　　　　　　　　 594
　例広い道路，広い座敷，肩幅が広い，
　視野が広い，広い知識，度量が広い
　対狭い
ひろい 拾い 例拾い物，拾い読み；
　活字拾い
ひろいぬし 拾い主 対落とし主
ひろいもの 拾い物 例拾い物を届け
　る　類拾得物；この古本が100円と
　は思わぬ拾い物だ　類もうけ物
ひろいよみ 拾い読み 例新聞を拾い
　読みする
ひろう 拾う³ シュウ・ジュウ　890
　例財布を拾う，活字を拾う，車を拾
　う；命を拾う　対捨てる
ヒロウ 披露 例婚約の披露をする，
　披露宴
ヒロウ 疲労 例疲労する，疲労回復
ひろがり 広がり〔拡がり〕 例裾の広
　がり，末広がり
ひろがる 広がる² コウ，ひろい・
　ひろまる・ひろめる・ひろげる
　〔拡がる〕　　　　　　　　　594
　例うわさが広がる，感染症が広がる
ひろげる 広げる² コウ，ひろい・
　ひろまる・ひろめる・ひろがる
　〔拡げる〕　　　　　　　　　594
　例巻き物を広げる，道を広げる，羽
　を広げる
ひろびろ 広々 例広々とした庭
ひろまる 広まる² コウ，ひろい・
　ひろめる・ひろがる・ひろげる
　〔弘まる〕　　　　　　　　　594
　例うわさが広まる，感染症が広まる
ひろめる 広める² コウ，ひろい・
　ひろまる・ひろがる・ひろげる
　〔弘める〕　　　　　　　　　594
　例見聞を広める，名を広める
ビワ びわ〔琵琶〕 例びわ法師
ヒワイ 卑猥 例卑猥な歌　関淫ら
ひわり 日割り（日割） 例給料の日割
　り計算
ヒン 品³ しな　　　　　　　1729
　(1)品物例逸品，貴重品，金品，景品，
　現品，作品，出品，商品，賞品，食
　品，新品，製品，粗品，廃品，非売
　品，備品，部品，薬品
　(2)種類例品詞，品質，品種，品目
　(3)等級・値打ち・人柄例品がある；
　品位，品格，品行，品性，品評；気
　品，下品，上品，人品
ヒン 浜 はま　　　　　　　　1730
　例海浜
ヒン 貧⁵ ビン，まずしい　　1731
　(1)貧しい例貧窮，貧苦，貧困，貧者，
　貧相，貧村，貧農，貧富；素寒貧，
　清貧，赤貧　対富
　(2)乏しい・足りない例貧血，貧弱，貧土
ヒン 賓　　　　　　　　　　1732
　例賓客；国賓，主賓，来賓
ヒン 頻 ―　　　　　　　　　1733

例頻度, 頻発, 頻繁, 頻出

ビン 貧⁵ ヒン, まずしい 1731
例貧乏

ビン 敏 — 1734
例敏感, 敏速, 敏腕；鋭敏, 機敏, 俊敏, 明敏 対鈍

ビン 瓶 1735
例瓶詰；花瓶, 魔法瓶

ビン 便⁴ ベン, たより 1815
例便乗, 便船, 便箋＜ビンセン＞；音便, 穏便, 航空便, 後便, 郵便

ヒンイ 品位 例品位を保つ

ビンカン 敏感 例敏感な聴覚 対鈍感

ヒンキュウ 貧窮 例貧窮に耐える
類貧困, 貧苦

ヒンコウ 品行 例品行が悪い, 品行方正

ヒンシ 瀕死 例瀕死の重傷 類危篤

ヒンジャク 貧弱 例貧弱な体, 貧弱な知識

ヒンシュク ひんしゅく〔顰蹙〕
例他人のひんしゅくを買う 類顔をしかめる, 苦々しく思う

ヒンシュツ 頻出 例事故が頻出する
類続出

ビンショウ 敏捷 例敏捷に立ち回る
類機敏

ビンジョウ 便乗 例トラックに便乗する, 機会に便乗してひともうけをたくらむ

ヒンする ひんする〔瀕する〕 例危機にひんする.

ビンセン 便箋 例横書きの便箋
類レターペーパー

ヒンソウ 貧相 例貧相な男 類貧弱

ビンソク 敏速 例敏速に処理する
対遅鈍

ビンづめ 瓶詰〔壜詰め〕

ヒンド 頻度 例出度, 度数

ヒンパツ 頻発 例誘拐事件が頻発する 類続発

ヒンパン 頻繁 例頻繁に出入りする
類しきりに, たびたび

ヒンピョウ 品評 例品評会

ヒンピン 頻々 例頻々と火事が起こる 類たびたび, しきりに

ヒンプ 貧富 例貧富の差が縮まる

ビンボウ 貧乏 例貧乏神, 貧乏性, 貧乏くじ, 貧乏揺すり, 貧乏暇なし

ビンラン 紊乱 例風俗紊乱 類乱す

ビンワン 敏腕 例敏腕をふるう, 敏腕家

〔フ・ふ〕

フ 不⁴ ブ 1736
例不安, 不意, 不運, 不穏, 不穏当, 不可, 不可解, 不覚, 不可欠, 不可抗力, 不可侵, 不義, 不況, 不興, 不屈, 不潔, 不祥, 不幸, 不純, 不詳, 不浄, 不振, 不審, 不調, 不評, 不満, 不和

フ 夫⁴ フウ, おっと 1737
(1)成人の男子 例偉丈夫, 大丈夫, 美丈夫, 凡夫
(2)妻に対する夫 例夫婦, 夫権, 夫妻
(3)夫妻の敬称 例夫君, 夫人
(4)労働に従事する者 例夫役；漁夫, 工夫, 坑夫, 水夫, 農夫

フ 父² ちち 1738
例父兄, 父子, 父母；岳父, 義父, 厳父, 慈父, 実父, 神父, 祖父, 祖父母, 尊父, 亡父, 義父母
注＊叔父・伯父＜おじ＞, ＊父さん＜とうさん＞ 〈父〉

フ 付⁴ つける・つく 1739
例付加, 付記, 付議, 付近, 付言, 付図, 付随, 付託, 付着, 付与, 付

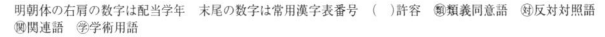

| | | | |
|---|---|---|---|
| | 録;下付, 還付, 給付, 交付, 送付, 添付, 納付, 配付 | フ | 婦⁵ ― 1750 (1)夫に対する妻囫婦道;寡婦, 賢婦, 新婦, 貞婦, 夫婦 (2)女性囫婦女子, 婦人;家政婦, 派出婦 |
| フ | 布⁵ ぬの 1740 (1)織物類・布囫絹布, 敷布, 湿布, 綿布, 毛布 (2)広く敷く囫布陣, 布石, 布置;散布, 塗布, 分布 (3)広く及ぼす囫布教, 布告, 布施;公布, 宣布, 流布<ルフ> | フ | 符 ― 1751 囫符号, 符合, 符丁;音符, 切符, 終止符 |
| フ | 扶 ― 1741 囫扶育, 扶助, 扶養;家扶 | フ | 富⁴ フウ, とむ・とみ 1752 囫富強, 富豪, 富国, 富有, 富裕, 富力;巨富, 貧富 |
| フ | 府⁴ ― 1742 囫文教の府;府営, 府県, 府内;首府, 政府, 幕府;京都府 | フ | 普 ― 1753 囫普及, 普請, 普段, 普通, 普遍 |
| | 怖 こわい 1743 囫恐怖, 驚怖 | フ | 腐 くさる・くされる・くらす 1754 (1)腐る囫腐朽, 腐臭, 腐食, 腐敗;防腐 (2)特に食物について囫豆腐 (3)新しくない囫陳腐 (4)熱心にする・心をこめる囫腐心 |
| フ | 阜⁴ ― 1744 囫主として都道府県名に用いる。 ※岐阜<ぎふ>県 | | |
| フ | 附 ― 1745 囫附則, 附属, 附帯, 附置;寄附 囶「付」で代用されるものが多い。 | フ | 敷 しく 1755 囫敷衍<フエン>, 敷設 |
| | 訃 ― 1746 囫訃報 | フ | 膚 ― 1756 囫完膚, 皮膚 |
| フ | 負³ まける・まかす・おう 1747 (1)背負う・身に負う囫負荷, 負債, 負傷, 負担 (2)たのむ囫自負, 抱負 (3)勝負囫負数, 負戦;勝負, 正負 察勝, 正 | フ | 賦 ― 1757 (1)割り当てて取る・与える・贈り物 囫賦役, 賦課, 賦税, 賦与;割賦, 月賦, 貢賦 (2)天性囫賦性, 天賦 (3)詩・文の種類囫詩賦 |
| | 赴 おもむく 1748 囫赴援, 赴任 | フ | 譜 ― 1758 (1)記録囫印譜, 家譜, 棋譜, 系譜, 年譜 (2)音楽の符号囫暗譜, 音譜, 楽譜, 曲譜 (3)代々・臣下として属する囫譜代 |
| フ | 浮 うく・うかれる・うかぶ・うかべる 1749 (1)浮かぶ囫浮沈, 浮標, 浮力 (2)根拠がない囫浮言, 浮説, 浮浪 (3)考えが浅い囫浮薄 囶*浮気<うわき>, *浮つく<うわつく> | | |
| | | フ | 風² フウ, かぜ・かざ 1764 囫風情;中風<チュウブ・チュウフウ> |
| | | フ | 歩² ホ・ブ, あるく・あゆむ 1817 囫歩 囶将棋用語 |
| | | ブ | 不⁴ フ 1736 |

明朝体の右肩の数字は配当学年 末尾の数字は常用漢字表番号 ( )許容 類類義同意語 対反対対照語 関関連語 学学術用語

| | |
|---|---|
| **ブ** 例不作法, 不粋, 不用心 | **フイうち 不意打ち**, 不意討ち 例不意打ちをかける, 不意打ちを食う |
| **ブ 侮 あなどる** 1759<br>例侮辱；軽侮 | **フイチョウ 吹聴** 例手柄を吹聴して歩く 趣言いふらす |
| **ブ 武⁵ ム** 1760<br>例武官, 武器, 武家, 武芸, 武士, 武士道, 武装, 武道, 武力, 武勇；文武 対文 | **フいに 不意に** 例不意に部屋から人が飛び出す, 不意に人が訪ねて来る |
| **ブ 部³ —** 1761<br>例部員, 部下, 部首, 部署, 部数, 部隊, 部品, 部分, 部門；医学部, 幹部, 患部, 胸部, 細部, 残部, 全部, 大部, 頭部, 腹部, 本部 注＊部屋＜へや＞ | **フいり 不入り** 例興行が不入りに終わる 趣大入り |
| | **フウ 夫⁴ フ, おっと** 1737<br>例夫婦；工夫 |
| | **フウ 富⁴ フ, とむ・とみ** 1752<br>例富貴＜フウキ・フッキ＞ |
| **ブ 舞 まう・まい** 1762<br>(1)舞う・踊る 例舞楽, 舞曲, 舞人, 舞台, 舞踏, 舞踊；歌舞, 剣舞, 日舞, 洋舞, 乱舞<br>(2)励ます 例鼓舞 | **フウ 封 ホウ** 1763<br>例封をする, 封を切る；封印, 封切り, 封鎖, 封書, 封筒, 封入；完封, 密封 |
| **ブ 分² ブン・フン, わける・わかれる・わかる・わかつ** 1785<br>例分がある, 分が悪い, 分厚い本；九分九厘, 五分五分 注※大分＜おおいた＞県 | **フウ 風² かぜ・かざ** 1764<br>(1)風 例風雨, 風雲, 風車, 風雪, 風船, 風波, 風力；季節風, 春風, 台風, 微風, 暴風, 涼風, 烈風<br>(2)特に病気について 例中風＜チュウフウ・チュウブウ＞<br>(3)慣習・様式・傾向 例風紀, 風教, 風習, 風俗, 風潮；遺風, 家風, 校風, 弊風, 洋風, 和風<br>(4)趣・様子・姿 例風雅, 風格, 風景, 風光, 風姿, 風致, 風体, 風物, 風味, 風流<br>(5)うわさ 例風説, 風評<br>(6)当てこすり 例風刺<br>(7)仮名書き 例ふうがよい；欧米のふうをまねる, こんなふうにする, 昔ふうな考え方<br>注＊風邪＜かぜ＞ |
| **ブ 歩² ホ・フ, あるく・あゆむ** 1817<br>例歩合；日歩 | |
| **ブ 奉 ホウ, たてまつる** 1833<br>例奉行 | |
| **ブ 無⁴ ム, ない** 1922<br>例無作法, 無事, 無精, 無勢, 無難, 無礼, 無用心, 無頼；筆無精 | |
| **ブあい 歩合** 例歩合を取る, 歩合算, 歩合制度 | |
| **ブアイソウ 無愛想** 例無愛想な人 注「ブアイソ」とも言う。 | |
| **ブあつい 分厚い**, 部厚い 例分厚い辞典, 分厚い胸幅 | **フウカ 風化** 例風化作用, 人々の記憶も風化してしまった |
| **ふい ふい** 例せっかくの苦労がふいになる 趣だめ, 無駄 | **フウがわり 風変わり**(風変り)<br>例風変わりな人, 風変わりな服装 |
| | **フウカン 封緘**, 封かん 例封緘はがき 注法令では「封かん」。 |

○改定追加漢字 ●改定追加音訓 □改定削除漢字 ■改定削除音訓 〔 〕参考表記〔△表外漢字 ▲表外音訓 ×誤用 当て字当て字〕

**フウキ　富貴**　例富貴な家　対貧賤〈ヒンセン〉　注「フッキ」とも言う。

**フウキ　風紀**〔風規〕　例風紀を乱す

**フウきり　封切り**(封切)　例10月封切りの新着映画　注「フウぎり」とも言う。

**フウきりカン　封切館**(封切館)

**フウケイ　風景**　例風景がよい、風景画、風景写真　関風光

**フウコウメイビ　風光明媚**　例風光明媚の地

**フウサイ　風采**　例風采が上がらない　類外見、風体

**フウシ　風刺**〔諷刺〕　例世相を風刺する；風刺劇

**フウじめ　封じ目**　例手紙の封じ目を剝がす

**フウシュウ　風習**　例風習に沿ったやり方、その土地の風習　類習わし

**フウじる　封じる**　例手紙を封じる、口を封じる、通行を封じる、敵を封じる、虫を封じる；封じ込める　注「フウずる」とも言う。

**フウセツ　風雪**　例風雪をしのぐ、風雪に耐える

**フウセツ　風説**　例風説が流れる、風説によれば……　類風評、うわさ

**フウゼン　風前**　例風前のともしび

**フウゾク　風俗**　例風俗が乱れる、18世紀のヨーロッパ風俗、風俗歌、風俗史、風俗小説　類習慣、風習

**フウタイ　風袋**　例風袋ともに400グラム　対正味

**フウチ　風致**　例風致地区、風致林　類風趣、風韻

**フウチョウ　風潮**　例時代の風潮

**フウテイ　風体**〔風態〕　例怪しげな風体の男　類風姿、身なり　注「フウタイ」とも言う。

**フウドウ　風洞**　類風穴

**フウに　……ふうに**　例こういうふうに、……のふうに

**フウバイカ　風媒花**　例たんぽぽは風媒花の一つだ　関虫媒花、水媒花

**フウビ　風靡**　例一世を風靡した歌　類支配、なびかせる

**フウヒョウ　風評**　例風評にすぎない、よからぬ風評が流れる　類風説、風聞

**フウフ　夫婦**　例夫婦になる、夫婦げんかは犬も食わぬ、親子は一世夫婦は二世、夫婦愛、夫婦仲、若夫婦

**フウフづれ　夫婦連れ**　例夫婦連れで芝居見物をする

**フウブン　風聞**　例とかくの風聞がある

**フウボウ　風貌**　例貴族的な風貌　類容姿、風姿

**フウミ　風味**　例風味がある

**フウリュウ　風流**　例風流を楽しむ、風流を好む、風流な庭、風流な生活、風流の道、風流人　対無風流

**ふえ　笛**³　テキ　1461
例笛吹けども踊らず、草笛、角笛、横笛

**フえて　不得手**　例不得手な学科、交渉は不得手だ　対得手

**ふえる　殖える　ショク，ふやす**　1033
例財産が殖える

**ふえる　増える**⁵　**ゾウ，ます・ふやす**　1256
例人数が増える、水かさが増える　対減る

**フエン　敷衍**　例法令を敷衍する　類押し広める

**ブエンリョ　無遠慮**　例無遠慮な人、他人の物を無遠慮に使う　類不作法　対遠慮

**フオン　不穏**　例不穏な空気　類険悪

**フカ　ふ化**〔孵化〕　例卵がふ化する、

ふかい―ふきさ

ふ化器 ⊜かえす ⊘ふ化

**ふかい 深い**³ シン，ふかまる・ふかめる 1058
例深い井戸，山が深い，欲が深い，思慮が深い，深い考えはない，深い緑，秋が深い 対浅い

**フカイ 不快** 例不快な音，不快な出来事，不快指数 対愉快

**ふがいない** 〔腑甲斐無い〕 当て字 例ふがいない男

**ふかいり 深入り** 例悪い仲間とのつきあいに深入りは禁物だ，事件に深入りする

**フカカイ 不可解** 例不可解な点がある，不可解な行動

**フカク 俯角** ⊜仰角 ⊘伏角

**フカケツ 不可欠**〔不可決〕 例不可欠の条件

**フカコウリョク 不可抗力** 例不可抗力の災害

**ふかす 更かす** コウ，さら・ふける 608
例夜を更かす

**ふかす 吹かす** 例たばこを吹かす

**ふかす ふかす**〔蒸かす〕 例まんじゅうをふかす ⊜蒸す<むす>

**ブカッコウ ぶかっこう，不格好**〔無恰好〕 例ぶかっこうな靴，ぶかっこうな姿

**ふかで 深手**〔深傷〕 例深手を負う ⊜重傷 ⊘浅手

**フカノウ 不可能** 例不可能に近い，月世界旅行も不可能ではない 対可能

**ふかぶかと 深々と** 例帽子を深々とかぶる

**フカブン 不可分** 例密接不可分の関係

**ふかまる 深まる**³ シン，ふかい・ふかめる 1058
例知識が深まる，友情が深まる，秋

が深まる 対浅くなる

**ふかみ 深み** 例川の深みにはまる 対浅み；内容に深みがない

**ふかめる 深める**³ シン，ふかい・ふかまる 1058
例理解を深める，友情を深める

**フカン 俯瞰** 例俯瞰撮影 ⊜見下ろす

**フカンズ 俯瞰図** ⊜鳥瞰図<チョウカンズ>

**フギ 付議，附議**

**ふきあげる 吹き上げる**(吹上げる) 例谷底から風が吹き上げる

**ふきあげる 噴き上げる**(噴上げる) 例鯨が潮を噴き上げる，鉄管から水が噴き上げる

**ふきおろす 吹き下ろす**(吹下ろす) 例山から吹き下ろす風

**ふきかえ 吹き替え**(吹替え) 例声の吹き替え

**ふきかえ ふき替え**〔葺き替え〕 例屋根のふき替え

**ふきかえす 吹き返す**(吹返す) 例息を吹き返す

**ふきかける 吹きかける，吹き掛ける**(吹掛ける) 例布に霧を吹きかける，高値を吹きかける，けんかを吹きかける 注「ふっかける」とも言う。

**ふきけす 吹き消す**(吹消す) 例ろうそくの火を吹き消す

**フキゲン 不機嫌** 例不機嫌な顔，不機嫌な態度 対上機嫌

**ふきこみ 吹き込み**(吹込み) 例レコードの吹き込み

**ふきこむ 吹き込む**(吹込む) 例隙間から風が吹き込む，歌をテープに吹き込む，弟に悪知恵を吹き込む

**ふきさらし 吹きさらし**〔吹き曝し〕 例吹きさらしのぬれ縁 注「ふきっさらし」とも言う。

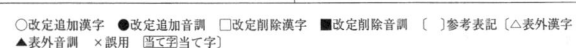

---

○改定追加漢字 ●改定追加音訓 □改定削除漢字 ■改定削除音訓 〔 〕参考表記 〔△表外漢字 ▲表外音訓 ×誤用 当て字当て字〕

| | |
|---|---|
| **ふきすさぶ　吹きすさぶ**〔吹き荒ぶ〕<br>　例吹きすさぶ嵐 | **ふきぶり　吹き降り**(吹降り)　例吹き降りの夜 |
| **ふきソウジ　拭き掃除**,ふき掃除<br>　関掃き掃除 | **ふきまくる　吹きまくる**〔吹き捲る〕<br>　例北風が吹きまくる;ほらを吹きまくる |
| **フキソク　不規則**　例不規則な生活<br>　対規則的 | **ブキミ　不気味**,無気味　例不気味に静まり返る |
| **ふきだす　吹き出す**　例夕方になって風が吹き出す | **フキュウ　不朽**　例不朽の名作　類不滅 |
| **ふきだす　噴き出す**　例湯が噴き出す,思わず噴き出してしまった | **フキュウ　普及**　例パソコンが普及する,普及率 |
| **ふきだまり　吹きだまり**〔吹き溜り〕 | **フキョウ　不況**　例不況にあえぐ<br>　対好況 |
| **フキツ　不吉**　例不吉な予感がする<br>　対吉 | **ブキョウ　不器用**,無器用　例不器用な接待,不器用な手つき　対器用 |
| **ふきつける　吹きつける**,吹き付ける(吹付ける)　例雪が吹雪となって吹きつける,風が船を岸に吹きつける,車体に塗料を吹きつける | **ふきよせ　吹き寄せ**　例音曲吹き寄せ;吹き寄せ式の建築 |
| | **ふきよせる　吹き寄せる**(吹寄せる) |
| **ふきでもの　吹き出物**　例顔に吹き出物が出る | **ふきわたる　吹き渡る**(吹渡る)<br>　例木々のこずえを吹き渡る秋風の音 |
| **ふきどおし　吹き通し**(吹通し)<br>　例風は一晩中<ひとバンジュウ>吹き通しだった　注「ふきとおし」とも言う。 | **フキン　付近**,附近　例付近一帯を捜査する　類近辺 |
| | **フキン　布巾**,ふきん　例清潔な布巾 |
| **ふきとおす　吹き通す**(吹通す)<br>　例涼しい風が表から裏まで吹き通す;風が3日3晩吹き通した | **フク　伏　ふせる・ふす**　　1765<br>　(1)伏す・ひれ伏す　例起伏, 平伏<br>　(2)物陰などに潜む・姿を隠す　例伏在, 伏線, 伏兵;潜伏 |
| **ふきとばす　吹き飛ばす**(吹飛ばす)<br>　例風が帽子を吹き飛ばす,悲しみを吹き飛ばす | (3)従う・従わせる　例伏罪;降伏, 雌伏, 折伏<シャクブク・シャップク>, 調伏<チョウブク> |
| **ふきとる　拭き取る**,ふき取る　例汚れを拭き取る | **フク　服**[3]　　　　　　　　　1766<br>　(1)衣類　例服飾, 服装;衣服, 作業服, 私服, 着服, 被服, 洋服, 礼服, 和服 |
| **ふきながし　吹き流し**(吹流し)<br>　例風になびく吹き流し,こいの吹き流し | (2)こっそり盗む・自分のものとする　例着服 |
| **ふきぬき　吹き抜き**(吹抜き)〔吹貫き〕<br>　例吹き抜きの部屋　注「吹き抜け」とも言う。 | (3)飲む・吸う　例たばこを一服吸う,お茶を一服どうぞ,服毒, 服薬, 服用 |
| **ふきぬける　吹き抜ける**(吹抜ける) | (4)従う　例服役, 服従, 服務;帰服, 屈服, 心服, 征服 |
| **ふきのとう　ふきのとう**〔蕗の薹〕 | **フク　副**[4]　—　　　　　　　1767 |

明朝体の右肩の数字は配当学年　末尾の数字は常用漢字表番号　( )許容　類類義同意語　対反対対照語
関関連語　学学術用語

フク―フクす

例副業, 副作用, 副産物, 副ši食物, 副読本:正副 対正, 主

**フク 幅 はば** 1768
(1)長さ・幅例幅員;振幅, 全幅, 満幅
(2)掛け物例掛け軸一幅, 画幅

**フク 復⁵ ―** 1769
(1)元の状態に戻る例復員, 復縁, 復元, 復職, 復籍, 復活, 復旧, 復古, 復刊;修復, 本復
(2)元の場所に帰る例復路;往復 対往
(3)やり返す例復讐<フクシュウ>;報復
(4)繰り返してする例復習, 復唱;反復
(5)応ずる例復命;拝復

**フク 福³ ―** 1770
例福の神, 福は内鬼は外;福音, 福祉, 福引き, 福利;禍福, 幸福, 七福神, 祝福, 大福 対禍

**フク 腹⁶ はら** 1771
(1)腹部例腹痛, 腹部;下腹部, 空腹, 満腹
(2)血のつながり例異腹, 同腹
(3)心の中・気持ち例腹案, 腹心;私腹, 立腹
(4)山などの中ほど例山腹, 中腹

**フク 複⁵ ―** 1772
例複眼, 複合, 複雑, 複式, 複写, 複数, 複製, 複線, 複比例, 複利;重複, 単複 対単

**フク 覆 おおう・くつがえす・くつがえる** 1773
例覆水盆に返らず, 覆面;転覆, 反覆

**ふく 吹く スイ** 1082
例風が吹く, 口笛を吹く, 御飯が吹いている, 干し柿が粉を吹く, 芽を吹く;ほらを吹く

**ふく 噴く フン** 1781
例火を噴き出す, 火山が煙を噴く, 鯨が潮を噴く, 銃口が火を噴く

**ふく 拭く ショク, ぬぐう** 1030
例床を拭く, 汗を拭く

**ふく ふく〔葺く〕** 例屋根をふく

**ふぐ ふぐ〔河豚当て字〕** 例ふぐちょうちん

**フクアン 腹案** 例腹案を打ち明ける

**フクイク 馥郁** 例馥郁たるばらの香

**フグウ 不遇** 例不遇に甘んじる, 不遇な身の上

**ふくおかケン ※福岡県**

**フクガン 複眼** 対単眼

**フクギョウ 副業** 例副業を持つ, 副業による所得 対本業

**フクゲン 復元, 復原** 例天守閣を復元する

**フクザツ 複雑** 例日本の地形は複雑だ, 複雑な気持ち 対単純, 簡単

**フクサヨウ 副作用** 例薬の副作用

**フクサンブツ 副産物** 例民主主義の副産物 対主産物

**フクシ 福祉** 例福祉事業, 公共の福祉

**フクシキ 複式** 例複式学級, 複式簿記 対単式

**フクシャ 複写〔復写〕** 例複写した絵, カーボン紙を入れて複写する, 複写紙

**フクシャ 輻射** 例輻射熱 参放射

**フクシュウ 復習〔復習〕** 例英語の復習をする 対予習

**フクシュウ 復讐** 例復讐する, 復戦 類報復, 返報, 仕返し

**フクジュウ 服従** 例命令に服従する 対反抗

**フクシン 腹心〔腹臣〕** 例腹心の部下

**フクスウ 複数** 対単数

**フクする 服する** 例命令に服する, 労働に服する, 喪に服する

**フクする 復する** 例旧状に復する

○改定追加漢字 ●改定追加音訓 □改定削除漢字 ■改定削除音訓 〔 〕参考表記 〔△表外漢字 ▲表外音訓 ×誤用 当て字当て字〕

フクセイ　複製　例名画を複製する、複製画

フクセン　伏線　例伏線を張る

フクソウ　服装　例服装を整える

フクソウ　輻輳　例事務が輻輳する
　⑲集中、殺到、混雑

フクゾウなく　腹蔵なく〔腹臓なく〕
　例腹蔵なく打ち明ける

フグタイテン　不倶戴天　例不倶戴天の敵

フクツ　不屈　例不屈の精神、不撓
　<フトウ>不屈

フクドク　服毒　例服毒する、服毒自殺

フクハイ　腹背　例腹背に敵を受ける

フクびき　福引き(福引)　例福引き大売り出し

フクびきケン　福引き券(福引券)

フクヘキ　復辟　例廃帝の復辟　⑲王位回復

ふくみ　含み　例含みのある言い方、含みを持たす、含み声、含み笑い

ふくむ　含む　ガン、ふくめる　293
　例交通費を含む、口に水を含む、憂いを含む、胸に含んでおく、含むところがある

フクム　服務　例服務する、服務中の態度、服務規程

ふくめる　含める　ガン、ふくむ　293
　例交通費も含めて500円、言い含める

フクメン　覆面　例覆面を取る、覆面強盗、覆面批評

フクヨウ　服用　例1日3回服用する薬

ふくよか　ふくよか　例ふくよかな手

ふくらしこ　ふくらし粉、膨らし粉

ふくらます　膨らます〔脹らます〕
　例ほっぺたを膨らます、希望に胸を膨らます

ふくらむ　膨らむ　ボウ、ふくれる
　〔脹らむ〕　1872
　例風船が膨らむ、つぼみが膨らむ

ふくれる　膨れる　ボウ、ふくらむ
　〔脹れる〕　1872
　例霜焼けで手が膨れる；注意をされてふくれる、ふくれっつら

ふくろ　袋　タイ　〔嚢〕　1304
　例大きな袋、胃袋、手袋、戸袋；袋のねずみ、袋だたき

ふくろぬい　袋縫い　例袖下を袋縫いにする

ふけ　ふけ〔雲脂当て字〕　例ふけを落とす

フケイ　父兄

フケイキ　不景気　例不景気な時代、不景気な店　㋩好景気；不景気な顔をする

フケイザイ　不経済　例不経済なやり方　㋩経済的

ふけヤク　老け役　例老け役専門の役者

ふける　更ける　コウ、さら・ふかす　〔深ける〕　608
　例しんしんと夜が更ける、秋が更ける

ふける　老ける[4]　ロウ、おいる
　　　2115
　例年齢より老けて見える

ふける　ふける〔耽る〕　例読書にふける

フコウ　不孝　例親不孝　㋩孝行

フコウ　不幸　例不幸が重なる、不幸な身の上　㋩幸福、幸い

フゴウ　符号　例電信符号

フゴウ　符合　例答えが符合する

ブコクザイ　誣告罪　⑲虚偽申告罪

フこころえ　不心得　例不心得なりょうけん、不心得者

ブコツ　武骨、無骨　例武骨な男、武骨者

ふさ　房　〔総〕　1859
　例房が垂れ下がる、ぶどうの房

フサイ　夫妻　例社長夫妻、御夫妻

**フサイ**　**負債**　[類]借金
**ブサイク**　**不細工**, 無細工　[例]不細工な顔　[注]「ブザイク」とも言う。
**ふさがる**　**塞がる**　サイ・ソク, ふさぐ　〔ふさがる〕　712
[例]入り口が塞がる, 部屋が塞がる, 胸が塞がる, 両手が塞がっている, 開いた口が塞がらない
**ふさぐ**　**塞ぐ**　サイ・ソク, ふさがる　〔ふさぐ〕　712
[例]目を塞ぐ, 穴を塞ぐ, 車が道を塞ぐ；責めを塞ぐ；気分が塞ぐ
**ふざける**　**ふざける**〔巫山戯る[当て字]〕[例]弟とふざける, ふざけたことを言う, ふざけて言った言葉
**ブサタ**　**無沙汰**, ぶさた　[例]御無沙汰する
**ブサホウ**　**不作法**, 無作法　[例]不作法な人, 不作法なふるまい
**ブざま**　**ぶざま**, 無様, 不様　[例]ぶざまな負け方をする
**ふさわしい**　**ふさわしい**〔相応しい[当て字]〕[例]その役にふさわしい人物, 努力にふさわしい結果
**ふし**　**節**4　セツ・セチ　1162
[例]竹の節, 指の節, 体の節々が痛む；詩に節をつける；納得のいかない節がある；節穴
**フジ**　**不治**　[例]不治の病　[注]「フチ」とも言う。
**ふじ**　**藤**　トウ　〔ふじ〕　1533
[例]藤の花, 藤色
**ブジ**　**無事**　[例]無事に戻る, 無事に過ごす　[対]有事
**ふしあな**　**節穴**　[例]君の目は節穴か
**フしあわせ**　**不幸せ**, 不仕合わせ(不仕合せ)　[例]不幸せにも子に先立たれる, 不幸せな身の上　[対]幸せ
**ふしおがむ**　**伏し拝む**　[例]救いの神を伏し拝む, 山門から本殿を伏し拝む
**フシギ**　**不思議**〔不思儀〕[例]不思議に思う, 不思議な話
**ふしだら**　**ふしだら**　[例]ふしだらな生活, ふしだらな女
**ふしづけ**　**節づけ**, 節付け　[例]歌詞に節づけをする
**ブしつけ**　**ぶしつけ**〔不躾〕[例]ぶしつけな質問, ぶしつけながら……
**フシマツ**　**不始末**〔不仕末〕[例]たばこの火の不始末から火事になる, 不始末をしでかす
**ふしまわし**　**節回し**〔節廻し〕[例]難解な節回し, 語り物の節回し
**フジみ**　**不死身**　[例]不死身な男
**ふしめ**　**伏し目**　[例]伏し目がち
**フシュ**　**浮腫**　[類]むくみ
**フジュウブン**　**ふじゅうぶん**, 不十分, 不充分　[例]証拠がふじゅうぶんである, ふじゅうぶんな予備調査　[対]じゅうぶん
**フジュン**　**不純**　[例]不純な考え, 不純物　[対]純粋
**フジュン**　**不順**　[例]天候が不順である　[対]順調
**フジョ**　**扶助**　[例]扶助する, 扶助会, 生活扶助, 相互扶助
**ブショ**　**部署**〔部所〕[例]部署に就く
**フショウ**　**負傷**　[例]事故で負傷する, 負傷者, 負傷兵
**ブショウ**　**不精**, 無精　[例]不精して顔を洗わない, 不精者, 不精ひげ, 出不精, 筆不精　[対]まめ
**フショウブショウ**　**不承不承**〔不精不精, 不性不性〕[例]不承不承承諾する
**フショウフズイ**　**夫唱婦随**
**フショク**　**腐食**〔腐蝕〕[例]銅板が腐食する
**ブジョク**　**侮辱**　[例]侮辱を受ける, 人

ふ

○改定追加漢字　●改定追加音訓　□改定削除漢字　■改定削除音訓　〔　〕参考表記〔△表外漢字　▲表外音訓　×誤用　[当て字]当て字〕

| | |
|---|---|
| を侮辱したやり方 | 識不足　㋜過剰；不足げな顔つき　㋙満足 |
| フシン　普請　例離れを普請する，道普請 | フソク　不測　例不測の事態 |
| フシン　腐心　例店の経営に腐心する　㋜苦心 | フソク　附則,付則　例地方自治法の附則　㊟法令・公用文では「附則」。 |
| フジン　布陣　例強固な布陣を敷く | フゾク　附属,付属　例附属機関，附属品，附属病院　㊟法令・公用文では「附属」。 |
| ふす　伏す　フク，ふせる　1765　例地に伏す　例仰ぐ；草の陰に伏す,泣き伏す | |
| ふす　ふす〔臥す〕　例床にふす | フソクフリ　不即不離〔不則不離〕　例不即不離の関係 |
| フズイ　付随,附随　例付随する，付随品 | フぞろい　ふぞろい〔不揃い〕　例大きさがふぞろいだ |
| ふすま　ふすま〔襖〕　例ふすまを立てる　㋙唐紙 | フソン　不遜　例不遜な態度　㋙尊大，横柄 |
| ふすま　ふすま〔麩,麸〕　例馬にふすまをやる | ふた　双　ソウ　1217　例双子，双葉 |
| フゼイ　風情　例触れなば落ちなんばかりの風情，風情を添える；私ふぜいが……，町人ふぜい | ふた　二¹　ニ，ふたつ　1577　例二重まぶた，二筋 |
| ふせぎ　防ぎ　例防ぎ方，防ぎの手 | ふた　蓋　ガイ　〔ふた〕　204　例瓶の蓋を閉める，興行の蓋を明ける，身も蓋もない話，火蓋，目蓋 |
| ふせぐ　防ぐ⁵　ボウ　〔禦ぐ〕　1858　例敵の軍勢を防ぐ　例攻める；寒さを防ぐ，病気の伝染を防ぐ，秘密が漏れるのを防ぐ | ふだ　札　サツ　734　例札を付ける，正札，立て札，手札形，荷札 |
| ふせジ　伏せ字　例学校名は伏せ字にする | ぶた　豚　トン　1562　例豚に真珠；豚小屋；子豚 |
| フセツ　敷設,布設　例鉄道を敷設する，機雷の敷設 | フタイ　附帯,付帯　例附帯決議　㊟法令・公用文では「附帯」。 |
| ふせる　伏せる　フク，ふす　1765　例コップを伏せる，本を伏せる，目を伏せる，答えを伏せておく，この話はしばらく伏せておこう | フダイ　譜代,譜第　例徳川家譜代の家臣，譜代大名 |
| | ブタイ　舞台　例晴れの舞台に立つ，舞台装置，初舞台，ひのき舞台 |
| ふせる　ふせる〔臥せる〕　例床にふせる，体のぐあいが悪くてふせている | ふたえ　二重　例二重腰，二重まぶた　㋙一重 |
| フセン　付箋　例付箋を貼る，付箋を付ける　㋙付け紙 | ふたご　双子〔双生児 当て字〕　例双子の姉妹 |
| ブゼン　憮然　例憮然とした態度 | ふたしか　不確か　例不確かな話　㋜あやふや　㋙確か |
| ブソウ　武装　例武装する，武装を解く，武装警官 | |
| フソク　不足　例食料が不足する，認 | ふたたび　再び⁵　サイ・サ　694 |

明朝体の右肩の数字は配当学年　末尾の数字は常用漢字表番号　（　）許容　㋙類義同意語　㋜反対対照語　㋕関連語　㋐学術用語

例再び当選する,電波を再び光に戻す 類また,重ねて

**ふたつ 二つ¹** ニ,ふた　1577
例二つながら,二つ返事で承諾する

**ふだつき 札つき,札付き** 例札つきの不良少年

**ふたば 双葉,二葉**

**ふたまた 二股,ふたまた** 例道が二股に別れる,二股をかける

**ふたり ＊二人** 例二人の仲,二人連れ 類＊一人,三人

**フタン 負担** 例費用を負担する,負担になる,負担をかける

**フダン 不断** 例不断の努力,優柔不断な性格

**フダン ふだん,普段** 例ふだんの行い,ふだん着 類平常,日常

**ふち 縁** エン　102
例畳の縁,眼鏡の縁,額縁

**ふち ふち〔淵〕** 例ふちにはまる 類瀬;絶望のふちに沈む

**ぶち ぶち〔斑〕** 例白と黒のぶちの牛

**ぶちこわす ぶち壊す〔打ち壊す〕** 例まとまりかけた縁談をぶち壊す

**ぶちまける ぶちまける** 例心の中をぶちまける,鬱憤をぶちまける

**フチョウ 符丁〔符牒〕** 例商人どうしが符丁を使って話す 類合い言葉,符号

**フチョウホウ 不調法,無調法** 例不調法で恥ずかしい,口が不調法

**フツ 払** はらう　1774
例払暁,払底

**フツ 沸** わく・わかす　1775
例沸点,沸騰,沸騰点;煮沸〈シャフツ〉

**ブツ 仏⁵** ほとけ　1776
例仏教,仏像,仏徒,仏道,仏法;成仏,神仏,大仏,念仏

**ブツ 物³** モツ,もの　1777
例物価,物件,物故,物産,物資,物質,物色,物体,物欲,物理;遺物,海産物,乾物,傑物,見物,建造物,現物,好物,鉱物,私物,事物,実物,植物,人物,生物,静物,俗物,動物,難物,廃物,博物,万物,微生物,風物,副産物,文物,放物線,無機物,名物 対心

**ぶつ ぶつ〔打つ,撲つ〕** 例頬をぶつ;一席ぶつ

**フツウ 普通** 例普通のやり方,普通の人,普通選挙,普通どおり;一人まえになるのは普通10年かかる 対特別

**ふつか ＊二日** 例完成までに二日かかる,二日酔い

**ブッカ 物価** 例物価が上がる,物価指数

**ふっかける ふっかける,吹っ掛ける** 例無理難題をふっかける

**フッカツ 復活** 例昔の祭りが復活する;キリストの復活を祝う,復活祭

**ふつかよい 二日酔い〔宿酔当て字〕**

**ぶつかる ぶつかる〔打つかる〕** 例電柱にぶつかる,困難にぶつかる,目と目がぶつかる,二つの意見がぶつかる,とにかく先方とぶつかってみる,祭日と日曜日がぶつかる

**ブツギ 物議** 例物議を醸す 類論議

**フッキュウ 復旧** 例復旧する,復旧工事,復旧作業

**ぶっきらぼう ぶっきらぼう〔打っ切ら棒当て字〕** 例ぶっきらぼうに話す,ぶっきらぼうな応対 注俗語

**ぶつける ぶつける〔打つける〕** 例石をぶつける,机の角に頭をぶつける 注「打っ付ける」とも言う。

**フッコウ 復興** 例災害を受けた町が復興する,復興事業

**フツゴウ 不都合** 例不都合を働く,

不都合な事態が生じる, 不都合な話 対好都合
フッコク 復刻, 覆刻 例広重の絵を復刻する, 復刻版, 復刻本
ブッシ 物資 例救援物資
ブッシツ 物質 例物質的には不自由しない 対精神
フッショク 払拭 類一掃, 拭い去る
ブッシン 物心 例物心一如, 物心両面
ブッソウ 物騒 例物騒な世の中, 騒なことを言う, 夜道の一人歩きは物騒だ
ぶったおれる ぶっ倒れる〔打っ倒れる〕 例一撃を食らってぶっ倒れる
ブッチョウづら 仏頂面 例仏頂面をする
ふつつか ふつつか〔不束〕 例ふつつか者ですがよろしく
ぶっつけ ぶっつけ〔打っ付け〕 例ぶっつけ本番
ぶっつづけ ぶっ続け〔打っ続け〕 例昼夜ぶっ続けの工事, 3時間ぶっ続けの授業
フットウ 沸騰 例湯が沸騰する, 沸騰点; 議論が沸騰する, 人気沸騰
ぶっとおし ぶっ通し〔打っ通し〕 例昼夜ぶっ通しの勤務, ぶっ通しに働く
ぶっとおす ぶっ通す〔打っ通す〕 例2時間ぶっ通して演説する, 自分のやり方でぶっ通す
ブツヨク 物欲〔物慾〕 例物欲の権化
ブツリ 物理 例物理学, 物理変化, 物理療法 対化学
フつりあい 不釣り合い(不釣合) 例不釣り合いな夫婦
ふで 筆⁴ ヒツ 1714 例筆を執る, 筆が立つ, 筆を捨てる, 筆をふるう; 筆入れ, 筆立て, 筆箱,

筆不精；絵筆, 一筆
フテイ 不逞 例不逞のやから 類不届き, ふらち
ふでいれ 筆入れ
フテキ 不適 例適不適, 飲み水には不適だ
フテキ 不敵 例大胆不敵
フでき 不出来 例今年は農作物が不出来だ, 出来不出来 対上出来
てぎわ 不手際 例不手際な処置, 進行が不手際だ
ふてくされる ふてくされる, ふて腐れる〔不貞腐れる〕〔当て字〕 例気に入らないとすぐにふてくされる, ふてくされた態度
ふでたて 筆立て
ふでづかい 筆づかい, 筆遣い 例力強い筆づかい 類運筆
ふてぶてしい ふてぶてしい〔太々しい〕 例ふてぶてしい態度, ふてぶてしく身構える
ふと ふと〔不図〕〔当て字〕 例ふと思い出す, ふと見ると……
ふとい 太い² タイ・タ, ふとる 1293 例太い木の幹, 腕が太い, 太い神経 対細い；太いやつ
フトウ 不当 例不当な利益を得る, 不当労働行為 対正当
フトウ 不撓 例不撓不屈の精神 類不屈
フトウ 埠頭 類岸壁, 突堤 法令では,「埠頭」と振り仮名を付ける。
ブトウ 舞踏〔舞蹈〕 例舞踏会
ブドウ ぶどう〔葡萄〕 例ぶどう酒
ふとおり 太織り 例太織りの布
ふところ 懐 カイ, なつかしい・なつかしむ・なつく・なつける 194

| | |
|---|---|
| | 例山の懐に抱かれた村;懐が暖かい,懐が寂しい,懐を痛める,懐を肥やす;懐刀,懐勘定,懐手 |
| **フとどき 不届き** | 例不届きを働く,不届き者 |
| **ブどまり 歩留まり**(歩留り),歩止まり | 例歩留まりがよい |
| **ふとる 太る**² タイ・タ,ふとい 1293 | 例まるまると太った犬 ▲痩せる;身代が太る |
| **フトン 布団**〔蒲団〕 | 例座布団,掛け布団 |
| **ふな 舟** シュウ,ふね 886 | 例舟遊び,舟宿,舟歌 |
| **ふな 船**² セン,ふね 1180 | 例船旅,船賃 |
| **ふなあし 船脚,船足** | 例船脚(足)が速い ▲速さ;赤い船脚(足)が見える ▲喫水 |
| **ふなあそび 舟遊び** | |
| **ふなつき 船着き** | |
| **ふなつきば 船着き場**(船着場) | |
| **ふなづみ 船積み** | 例横浜から船積みする ▲荷揚げ |
| **ふなで 船出** | 例船出を告げる汽笛の音 ▲出帆 |
| **ふなのり 船乗り** | ▲船員 |
| **ふなばた 船端**〔舷〕 | 例波が船端を打つ ▲船べり |
| **ふなべり 船べり**(船縁) | |
| **ふなよい 船酔い** | 例船酔いをする |
| **フなれ 不慣れ**〔不馴れ〕 | 例不慣れな仕事 |
| **ブナン 無難** | 例無難な解決策,無難な柄を選ぶ |
| **フにあい 不似合い**(不似合) | 例洋服にげたは不似合いだ,君に不似合いなことを言うね |
| **フにおちない ふに落ちない**〔腑に落ちない〕 | 例説明がふに落ちない ▲納得できない |
| **フニン 赴任** | 例単身赴任する |
| **ふね 舟** シュウ,ふな 886 | 例舟偏;小舟,渡し舟 |
| **ふね 船**² セン,ふな 1180 | 例船をこぐ,黒船,出船,丸木船 |
| **フノウ 不能** | 例再起不能だ |
| **フハイ 腐敗** | 例食べ物が腐敗する,腐敗した政治 |
| **フばらい 不払い**(不払) | 例代金不払い |
| **フばらい 賦払い**(賦払) | |
| **フビン ふびん**〔不愍,不憫〕 | 例ふびんに思う ▲哀れ,かわいそう,気の毒 |
| **ふぶき \*吹雪** | 例吹雪に襲われる;花吹雪 |
| **フフク 不服** | 例不服を申し立てる,不服だ |
| **ブベツ 侮蔑** | 例侮蔑する ▲侮辱,侮る |
| **フヘン 普遍**〔普偏〕 | 例普遍の真理,普遍妥当性 ▲特殊 |
| **フホウ 訃報** | 例訃報に接する ▲訃音<フイン>,悲報 |
| **ふまえる 踏まえる** トウ,ふむ 1529 | 例両足で大地を踏まえる,経験を踏まえた意見 |
| **ふみ 文**¹ ブン・モン 〔書〕 1786 | 例文を読む,文の道,恋文 |
| **ふみあらす 踏み荒らす**(踏荒す) | 例犬が花壇を踏み荒らす |
| **ふみいし 踏み石**(踏石) | 例踏み石伝いに歩く |
| **ふみいた 踏み板**(踏板) | |
| **ふみいれる 踏み入れる**(踏入れる) | 例足の踏み入れる所もない |
| **ふみかためる 踏み固める**(踏固める) | |

○改定追加漢字 ●改定追加音訓 □改定削除漢字 ■改定削除音訓 〔 〕参考表記 〔△表外漢字〕
▲表外音訓 ×誤用 当て字 当て字〕

例土を踏み固める
**ふみきり　踏切**　例踏切に注意する
**ふみきる　踏み切る**(踏切る)　例改正に踏み切る；土俵から足を踏み切る
**ふみこえる　踏み越える**(踏越える)　例敷居を踏み越える
**ふみこむ　踏み込む**(踏込む)　例穴に足を踏み込む，刑事が容疑者の家に踏み込む
**ふみしめる　踏み締める**(踏締める)　例大地を踏み締める
**ふみダイ　踏み台**(踏台)　例人を踏み台にする
**ふみたおす　踏み倒す**(踏倒す)　例草花を踏み倒す，借金を踏み倒す
**ふみだす　踏み出す**(踏出す)　例足を一歩踏み出す，社会人としての第一歩を踏み出す
**ふみダン　踏み段**　例踏み段から足を外す
**ふみづき　文月**　類七月
**ふみつけ　踏みつけ,踏み付け**　例人を踏みつけにする
**ふみつける　踏みつける,踏み付ける**　例虫を踏みつける，人を踏みつけた行為
**ふみつぶす　踏み潰す,踏みつぶす**　例風船を踏み潰す
**ふみとどまる　踏みとどまる**〔踏み止まる〕　例現地に最後まで踏みとどまる，忠告されて悪の道を踏みとどまる
**ふみならす　踏み鳴らす**(踏鳴らす)　例くやしそうに足を踏み鳴らす
**ふみにじる　踏みにじる**〔踏み躙る〕　例好意を踏みにじる
**ふみはずす　踏み外す**(踏外す)　例階段から足を踏み外す，人としての道を踏み外す
**ふむ　踏む　トウ，ふまえる**　〔履

む〕　1529
例人の足を踏む，故国の土を踏む，舞台を踏む，場数を踏む，お百度を踏む，韻を踏む，値を踏む，正当な手続きを踏む
**フむき　不向き**　例店舗として不向きな建物，教師に不向きな性格　対不適当
**ふもと　麓　ロク**　〔ふもと〕　2127
例麓の村
**ふやける　ふやける**〔潤ける〕　例豆がふやける，手がふやける
**ふやす　殖やす　ショク，ふえる**
1033
例財産を殖やす
**ふやす　増やす⁵　ゾウ，ます・ふえる**　1256
例人数を増やす　対減らす
**ふゆ　冬²　トウ**　1499
例冬籠もり，冬空，冬物，冬休み；初冬，真冬　対夏
**フユウ　富裕,富有**　例富裕な暮らし
**ふゆがれ　冬枯れ**　例冬枯れの街路樹，冬枯れを吹き飛ばす好景気　対夏枯れ
**フゆきとどき　不行き届き**(不行届き)　例監督が不行き届きだ
**ふゆごもり　冬籠もり,冬ごもり**　例土の中で冬籠もりする
**フヨ　付与**　例権限を付与する　対剥奪〈ハクダツ〉
**フヨ　賦与**　例天から賦与された才能
**フヨウ　不用**　例こたつが不用になる，不用品　対入用
**フヨウ　不要**　例入場料不要　対必要
**ブヨウ　舞踊**　例舞踊の師匠，日本舞踊
**ブヨウジン　不用心,無用心**　例女所帯は不用心だ
**ぶらさがる　ぶら下がる**　例猿が枝にぶら下がる，腕にぶら下がる

明朝体の右肩の数字は配当学年　末尾の数字は常用漢字表番号　( )許容　類類義同意語　対反対対照語
関関連語　学学術用語

ぶらさげる　ぶら下げる　例軒に干し柿をぶら下げる，手に籠をぶら下げる

ふらす　降らす　例温暖前線が停滞して長雨を降らす　注「降らせる」とも言う。

フラチ　ふらち〔不埒〕　例ふらちなやつ，ふらち千万＜センバン＞

ふらつく　ふらつく　例足がふらつく，盛り場をふらつく

フラン　腐乱〔腐爛〕　例腐乱死体

ぶらんこ　ぶらんこ〔鞦韆〕

フリ　不利　例立場が不利になる，形勢が不利になる　対有利

ふり　降り　例ひどい降り，どしゃ降り　対照り

ふり　振り　例バットの振りが大きい；踊りの振りをつける；刀三振り＜みふり＞

ふり　ふり〔風〕　例見ないふりをする；ふりの客

ぶり　ぶり，振り〔風〕　例枝ぶり，勉強ぶり，歌いぶり；3年ぶりで会う

ふりあい　ふりあい，振り合い(振合い)　例他とのふりあいがある　類釣り合い

ふりあげる　振り上げる(振上げる)　例げんこつを振り上げる

ふりおとす　振り落とす(振り落す)(振落す)　例試験で半数を振り落とす

ふりかえ　振替　例振替貯金，振替口座

ぶりかえす　ぶり返す〔振り返す〕　例寒さがぶり返す，病気がぶり返す，騒ぎがぶり返す

ふりかえる　振り返る(振返る)　例後ろを振り返る，過去を振り返る

ふりかかる　降りかかる，降り懸る　例雪が降りかかる，災難が身に降りかかる

ふりかた　振り方　例今後の身の振り方を相談する

ふりがな　振り仮名　例振り仮名を付ける

ふりかぶる　振りかぶる　例刀を振りかぶって立つ，大上段に振りかぶる

ふりきる　振り切る(振切る)　例手を振り切る，周囲の反対を振り切る

ふりこ　振子　例振り子時計

ふりこむ　降り込む(降込む)　例窓から雨が降り込む

ふりこむ　振り込む(振込む)　例現金を銀行口座に振り込む

ふりしきる　降りしきる〔降り頻る〕　例雪の降りしきる寒い夜

ふりしぼる　振り絞る(振絞る)　例声を振り絞って応援する，全力を振り絞る

ふりすてる　振り捨てる(振捨てる)　例家族を振り捨てて行く，呼び止めるのを振り捨てて帰る

ふりそそぐ　降り注ぐ〔降注ぐ〕　例木々の葉に降り注ぐ雨，太陽がさんさんと降り注ぐ

ふりそで　振袖，振りそで　例振袖の着物

ふりだし　振り出し(振出し)　例振り出しに戻る，新聞記者を振り出しに転々と職を替える

ふりだしキョク　振出局

ふりだしニン　振出人　例手形の振出人

ふりだす　降りだす，降り出す　例雨が降りだす

ふりだす　振り出す(振出す)　例さいころを振り出す，手形を振り出す

ふりたてる　振り立てる(振立てる)　例犬が耳を振り立てて怒る，大声を振り立てる

ふりつけ　振り付け(振付け)　例踊り

ふりつもる 降り積もる(降り積る)(降積る) 例雪が降り積もる
ふりはなす 振り放す(振放す) 例手を振り放して逃げる
ふりまく 振りまく〔振り撒く〕 例あいきょうを振りまく
ふりまわす 振り回す(振回す) 例棒を振り回す,権力を振り回す,知識を振り回す
ふりみだす 振り乱す(振乱す) 例髪を振り乱す
ふりむく 振り向く(振向く) 例後ろを振り向く
ふりむける 振り向ける(振向ける) 例頭を振り向ける,娯楽費を本代に振り向ける
ふりやむ 降りやむ〔降り止む〕 例雪が降りやむ
フリョ 不慮 例不慮の事故
フリョ 俘虜 例俘虜収容所 ㊥捕虜
フリョウ 不漁 例さんまの不漁 ㊨大漁,豊漁
フリョウ 不良 例不良品,栄養不良,不良少年 ㊨善良
フリョウ 不猟 例不猟を嘆くハンター ㊨大猟
ブリョウ 無聊 例無聊を慰める ㊥退屈
ふりわけ 振り分け(振分け) 例振り分け髪,振り分け荷物
ふりわける 振り分ける(振分ける) 例荷物を二つに振り分ける,役を振り分ける
ふる 降る⁶ コウ,おりる・おろす 627
例雨も降るわ風も吹くわ,霜が降る;降ってわいたような話
ふる 振る シン,ふるう・ふれる 1054
例手を振る,赤飯にごま塩を振る,仮名を振る,手形を振る,役を振る;休日を棒に振る,申し出を振ってしまう,彼女に振られる
ふる 古〜 例古池,古着,古傷,古里,古巣,古本
ぶる 〜ぶる,〜振る 例芸術家ぶる,利口ぶる,もったいぶる
ふるい 古い² コ,ふるす〔旧い〕 559
例ずいぶん古い頃の話だ,古い家,古い型の服,古い習慣,頭が古い ㊨新しい
ふるい 震い 例恐ろしくて震いが止まらない,身震い
ふるい ふるい〔篩〕 例ふるいにかける
ふるいおこす 奮い起こす(奮い起す) 例勇気を奮い起こす
ふるいたつ 奮い立つ(奮立つ)〔奮い起つ〕 例青年を奮い立たせる
ふるう 振るう シン,ふる・ふれる 1054
例事業が振るわない
ふるう 震う シン,ふるえる 1067
例体が震う ㊥震える
ふるう 奮う⁶ フン 1784
例勇気を奮う,奮って参加する
ふるう ふるう〔揮う〕 例ハンマーをふるう,腕をふるう,筆をふるう
ふるう ふるう〔篩う〕 例粉をふるう,試験でふるわれて数人が残る
ふるえ 震え 例震えが止まらない
ふるえあがる 震え上がる 例震え上がるような寒さ
ふるえごえ 震え声
ふるえる 震える シン,ふるう 1067
例地面が震える,声が震える,寒さ

ふるき—フン

| | |
|---|---|
| | に震える |
| ふるきず | 古傷〔古創,古疵〕 例古傷が痛む, 古傷を暴く ㊤生傷 |
| ふるくさい | 古くさい,古臭い 例古くさい型の服, 古くさい考え方 |
| ふるさと | ふるさと〔古里,故里,故郷〕 |
| ふるす | 古す² コ,ふるい〔旧す〕 559 |
| | 例使い古す, 言い古す |
| ふるす | 古巣 例古巣に帰る |
| ふるって | 副奮って 例奮って参加する, 奮って御応募ください |
| ふるびる | 古びる〔旧びる〕 例古びた家具, 古びた建物 |
| ふるぼける | 古ぼける〔古惚ける〕 例古ぼけた校舎, 古ぼけたチョッキ |
| ふるまい | ふるまい, 振る舞い(振舞い)(振舞) 例結婚のおふるまい, ふるまい酒 |
| ふるまう | ふるまう, 振る舞う(振舞う) 例好きかってにふるまう;酒をふるまう |
| ふるめかしい | 古めかしい 例古めかしい洋館 |
| ふるわす | 震わす 例地面を震わす, 声を震わす 注「震わせる」とも言う。 |
| ふれ | 触れ〔布令〕当て字 例お触れが出る, お触れ書き |
| ふれあう | 触れ合う 例心が触れ合う |
| ブレイ | 無礼 例無礼な行い, 無礼講, 無礼者 |
| ふれダイコ | ふれ太鼓, 触れ太鼓 例ふれ太鼓の音 |
| ふれまわる | ふれ回る, 触れ回る〔触れ廻る〕 例命令をふれ回る, あることないことふれ回る |
| ふれる | 触れる ショク, さわる 1035 |
| | 例体に触れる, 法に触れる, 神の怒りに触れる, 目に触れる, 外国文化に触れる;あることないことふれて歩く;折にふれて説明する |
| ふれる | 振れる シン, ふる・ふるう〔ふれる〕 1054 |
| | 例磁針が大きく振れる |
| ふろ | 風呂, ふろ 例風呂に行く, 朝風呂, 風呂銭, 風呂場, 風呂屋 |
| フロク | 付録, 附録 例雑誌の付録 |
| ふろしき | 風呂敷, ふろしき 例風呂敷に包む;大風呂敷を広げる |
| ふろしきづつみ | 風呂敷包み, ふろしき包み |
| フわたり | 不渡り 例不渡りを出す |
| フわたりてがた | 不渡り手形(不渡手形) |
| フワライドウ | 付和雷同〔不和雷同〕 例付和雷同する |
| フン | 粉⁵ こ・こな 1778 |
| | (1)粉・細かくしたもの 例粉食, 粉乳, 粉末;花粉, 魚粉, 金粉, 白粉 |
| | (2)粉にする・砕く 例粉骨砕身, 粉砕 |
| | (3)粉を塗る・飾る・飾り粉 例粉飾;脂粉 |
| フン | 紛 まぎれる・まぎらす・まぎらわす・まぎらわしい 1779 |
| | (1)もつれる 例紛糾, 紛争, 紛乱;内紛 |
| | (2)紛れる・無くなる 例紛失 |
| フン | 雰 ― 1780 |
| | 例雰囲気 |
| フン | 噴 ふく 1781 |
| | 例噴煙, 噴火, 噴火口, 噴出, 噴水, 噴霧器 |
| フン | 墳 ― 1782 |
| | 例墳墓;古墳 |
| フン | 憤 いきどおる 1783 |
| | 例憤慨, 憤激, 憤然;義憤, 公憤, 私憤, 発憤, 悲憤 |
| フン | 奮⁶ ふるう 1784 |
| | 例奮起, 奮戦, 奮闘, 奮発, 奮励; |

○改定追加漢字 ●改定追加音訓 □改定削除漢字 ■改定削除音訓 〔 〕参考表記 〔△表外漢字
▲表外音訓 ×誤用 当て字当て字〕

感奮＜カンプン＞，興奮
フン 分² フン・ブ，わける・わかれる・わかる・わかつ 1785
例分別；5分間
フン ふん〔糞〕 例鳥のふん
ブン 分² フン・ブ，わける・わかれる・わかる・わかつ 1785
(1)分ける・別になった物例分会，分解，分割，分家，分業，分校，分散，分譲，分身，分析，分担，分納，分配，分布，分野，分流，分類，分裂；秋分，春分，領分
(2)内容・性質例分性，水分，天分
(3)地位・関係・程度例親分，過分，兄弟分，子分，士分，身分；世分
(4)量の割合例取り分，5人分の食料，1月分の経費 注※大分＜おおいた＞県
ブン 文¹ モン，ふみ 1786
例文を練る；文意，文化，文化財，文科，文学，文具，文芸，文献，文語，文豪，文才，文士，文書，文章，文体，文壇，文鎮，文通，文筆，文武，文法，文房具，文脈，文明，文面，文例；韻文，英文，欧文，漢文，原文，言文一致，古文，公文書，国文，作文，散文，序文，条文，成文，全文，電文，邦文，論文，和文
ブン 聞² モン，きく・きこえる 1787
例外聞，旧聞，見聞，醜聞，新聞，他聞，伝聞，風聞
フンイキ 雰囲気 例明るい雰囲気
フンカ 噴火 例噴火する，噴火口，噴火山
ブンカ 文化 例文化を高める，文化的な生活を営む，文化遺産，文化勲章，文化財 類文明 対自然
フンガイ 憤慨〔憤慨〕 例だまされて憤慨する

ブンカイ 分解 例時計を分解する，水を酸素と水素に分解する，分解掃除，電気分解 対組み立て，合成
ブンカツばらい 分割払い（分割払）例10か月の分割払い，分割払いで買う
フンキ 奮起 例奮起を促す，奮起して練習に励む，奮起一番
ブンケ 分家 対本家
ブンゲイ 文芸 例文芸作品，文芸評論，文芸復興，大衆文芸
ブンゲン 分限 例分限をわきまえる 類身の程，身分
ブンコ 文庫 例文庫判，文庫本，手文庫
ブンゴ 文語 例文語体，文語文 対口語
ブンゴウ 文豪 例明治の文豪
フンサイ 粉砕 例麦を粉砕する，敵を粉砕する，粉砕機
ブンザイ 分際 例学生の分際で生意気だ 類身分，身の程
フンシツ 紛失 例時計を紛失する，紛失届け 類拾得
フンジョウ 紛擾 類紛争，紛乱，紛糾
ブンショウ 分掌 例事務を分掌する
フンショク 粉飾〔扮飾，紛飾〕 例事実を粉飾して語る
フンジン 粉塵 例粉塵公害
フンジン 奮迅 例獅子＜シシ＞奮迅の活躍
ブンスイレイ 分水嶺 類分水線
フンする ふんする〔扮する〕 例ハムレットにふんする
ブンセキ 分析 例内容を分析する，成分の分析 対総合
フンソウ 紛争 例紛争が起こる，内部紛争 類和解
フンソウ 扮装 例王様に扮装する 類仮装，装い

明朝体の右肩の数字は配当学年 末尾の数字は常用漢字表番号 （ ）許容 類類義同意語 対反対対照語 例関連語 学学術用語

| | |
|---|---|
| ブンタン 分担 | 例仕事を分担する |
| ブンチン 文鎮 | 例半紙の上に文鎮を載せる |
| フントウ 奮闘 | 例孤軍奮闘する |
| ブンドキ 分度器 | |
| ふんどし ふんどし〔褌;犢鼻褌〔当て字〕〕 | |

例ふんどしを締めてかかる,他人のふんどしで相撲を取る,ふんどし担ぎ

**ブンどる ぶんどる,分捕る** 例敵の戦車をぶんどる,座席をぶんどる

**ぶんなぐる ぶん殴る〔打ん擲る〕**
例頭をぶん殴る

**フンニョウ 糞尿** 大小便,汚物

**フンヌ 憤怒** 例憤怒やる方なし
注「フンド」とも言う。

**ふんばり ふんばり,踏ん張り** 例ふんばりがきかない,もうひとふんばりする

**ふんばる ふんばる,踏ん張る** 例足をふんばる

**ブンピツ 分泌** 例分泌作用,分泌物
注「ブンピ」とも言う。

**フンベツ 分別** 例分別をわきまえる,分別くさい,分別顔,思慮分別

**ブンベツ 分別** 例分別する ●区別,区分;分別書き ●分かち書き

**フンベツざかり 分別盛り** 例40代といえば分別盛りだ

**ブンベン 分娩** 例男児を分娩する
●出産,お産

**フンマン 憤懣** 例憤懣やる方なし
●憤慨,不平

**ブンメイ 文明** 例文明のもたらした利益は大きい,文明の利器,文明開化,文明病 ●文蛮

**ブンヤ 分野** 例学問の分野,新しい分野を切り開く

**ブンリ 分離** 例分離する ●結合

**ブンリョウ 分量** 例分量を量る,目分量

**ブンレツ 分裂** 例分裂する,核分裂,細胞分裂 ●結合,融合

〔ヘ・ヘ〕

**ヘ 辺**[4] ヘン,あたり　　1808
例海辺,岸辺

**ヘイ 病**[3] ビョウ,やむ・やまい
　　　　　　　　　　　　　1726
例疾病

**ヘイ 丙**　　　　　　　　1788
例甲乙丙丁

**ヘイ 平**[3] ビョウ,たいら・ひら
　　　　　　　　　　　　　1789
(1)高低がない・平常である 例平温,平均,平原,平行,平衡,平地,平板,平伏,平方,平面,平野;公平,水平,地平,不公平;平易,平穏,平気,平時,平年,平常,平静,平然,平素,平熱,平年,平服,平凡,平和;太平,不平
(2)平家・平氏 例源平

**ヘイ 兵**[4] ヒョウ　　　　1790
例兵を構える,兵を語る;兵役,兵器,兵士,兵舎,兵卒,兵隊,兵馬,兵力;騎兵,工兵,出兵,将兵,水兵,精兵,徴兵,敵兵,撤兵,派兵,番兵,伏兵,砲兵,歩兵

**ヘイ 併 あわせる**　　　　1791
(1)並ぶ 例併行,併発
(2)一つになる 例併合,併有,併用;合併,兼併

**ヘイ 並**[6] なみ・ならべる・ならぶ・ならびに　　　　　　1792
例並行,並立,並列

**ヘイ 柄 がら・え**　　　　1793
例横柄,権柄<ケンペイ>ずく

| | | | |
|---|---|---|---|
| ヘイ | 陛⁶ | ― | 1794 |

例陛下；今上陛下

| ヘイ | 閉⁶ | とじる・とざす・しめる・しまる | 1795 |

(1)入口を閉じる 例閉鎖，閉店；開閉
(2)外との連絡を断つ 例密閉，幽閉
(3)終える 例閉会，閉廷

| ヘイ | 塀 | ― | 1796 |

例塀を乗り越える，塀をめぐらす；土塀，板塀

| ヘイ | 幣 | ― | 1797 |

(1)神にささげる物 例幣束，幣物；御幣
(2)お金 例貨幣，紙幣，造幣

| ヘイ | 弊 | ― | 1798 |

(1)悪い・悪い事 例社会の弊；弊害，弊習，弊政；悪弊，旧弊，宿弊
(2)古くなる 例弊衣；疲弊
(3)謙称 例弊社，弊店

| ヘイ | 蔽 | ― | 1799 |

例隠蔽，遮蔽

| ヘイ | 餅 | もち | 1800 |

例画餅；煎餅＜センベイ＞

| ベイ | 米² | マイ，こめ | 1801 |

(1)米・稲の実 例米価，米穀，米作，米食
(2)米国 例米国；欧米，全米，中米，南米，北米，渡米，日米

| ヘイイ | 平易 | 例平易な文章 | 対難解 |
| ヘイオン | 平穏 | 例平穏な暮らし，平穏無事 | 対不穏 |
| ベイカ | 米価 | 例米価政策 | |
| ヘイガイ | 弊害〔幣害〕 | 例弊害を及ぼす | |
| ヘイキン | 平均 | 例平均運動，平均台，平均値 | |
| ヘイゲイ | 睥睨 | 例辺りを睥睨する 類にらむ | |
| ヘイコウ | 平行 | 例平行線をたどる，平行棒 | |
| ヘイコウ | 平衡 | 例平衡を保つ，平衡感覚 | |
| ヘイコウ | 並行 | 例並行して実施する | |
| ヘイコウ | 閉口 | 例暑さに閉口する | |
| ヘイゴウ | 併合 | 例周囲の町村を併合する 類合併 | |
| ベイコク | 米穀 | 例米穀販売店 | |
| ヘイサ | 閉鎖 | 例工場を閉鎖する | |
| ヘイジョウ | 平常 | 例授業は平常どおり；平常心を養う 類平生，平素 | |
| ヘイシンテイトウ | 平身低頭 | 例平身低頭して謝る | |
| ヘイする | へいする〔聘する〕 | 例技術者をへいする 類招く | |
| ヘイセイ | 平静 | 例平静な心理状況，平静を失う | |
| ヘイゼイ | 平生 | 例平生口にしている言葉 注「ヘイセイ」は誤読。 | |
| ヘイソ | 平素 | 例平素おとなしい人だった 類平常，平生 | |
| ヘイソク | 閉塞 | 例閉塞する，腸閉塞 類閉鎖 | |
| ヘイタン | 平坦 | 例平坦な道を歩く 類平地，平ら | |
| ヘイタン | 兵站 | 例兵站地，兵站部 類（軍需）補給 | |
| ヘイテイ | 平定 | 例暴動を平定する | |
| ヘイハク | 幣帛 | 例幣帛をささげる 類供物 | |
| ヘイボン | 平凡 | 例平凡な生活，平凡な会社員 対非凡 | |
| ヘイユ | 平癒 | 例平癒する | |
| ページ | ページ | 〔頁 当て字〕 | |

| ヘキ | 壁 | かべ | 1802 |

(1)建物の中の壁＜かべ＞ 例壁画，壁面
(2)地勢の様子 例岸壁，絶壁
(3)とりで 例城壁，防壁
(4)障害 例障壁

| ヘキ | 璧 | ― | 1803 |

例完璧，双璧

| ヘキ | 癖 | くせ | 1804 |

べき—ベット　458

例悪癖, 潔癖, 習癖, 性癖, 盗癖, 病癖
べき ……べき〔可き〕 例注目すべき業績, 注意すべき事項
ヘキエキ へきえき〔辟易〕 例あくどさにへきえきする 類尻込み, 閉口
ヘキエン 僻遠 例僻遠の地を訪ねる 類へんぴ
ヘキクウ 碧空 例青空
ヘキケン 僻見 例僻見が強い 類偏見
ヘキソン 僻村 例東北の僻村 類片田舎
ヘキチ 僻地, へき地 例僻地の教育問題 類辺地 注法令では「へき地」。
ヘキトウ 劈頭 例演説の劈頭, 開会の劈頭 類初め, 最初, 冒頭
ヘキレキ へきれき〔霹靂〕 例青天のへきれき 類雷鳴
へこおび へこ帯〔兵児帯〕 対角帯
へこます へこます〔凹ます〕 例洗面器をへこます, 腹をへこます;相手を理屈でへこます
へこむ へこむ〔凹む〕 例ピンポンの玉がへこむ
へさき へさき〔舳先〕 例船のへさき 類船首 対とも
へしおる へし折る〔圧し折る〕 例竹棒をへし折る, 鼻をへし折る
へそ へそ〔臍〕 例へそを曲げる, へそで茶を沸かす, へそくり, へその緒, へそ曲がり
へた *下手 例下手の横好き, 下手の長談義 対*上手
へたくそ 下手くそ〔下手糞〕 例何をやらせても下手くそだ 注俗語
べたぐみ べた組み 例見出しをべた組みに組む
へだたり 隔たり 例歳月の隔たり, 実力にだいぶ隔たりがある, 心の隔たり
へだたる 隔たる カク, へだてる

220

例年齢が隔たる, 実力が隔たる, 友達と隔たる
へだて 隔て 例誰とでも隔てなく話す, 分け隔てなくつきあう, 隔て心
へだてる 隔てる カク, へだたる

220

例道路を隔てた向かい側, 木に隔てられて見えない, 二人の仲を隔てる
へたばる へたばる 例暑さにへたばる 注俗語
へちま へちま〔糸瓜〕当て字 例へちま水;嫌もへちまもない
ベツ 別⁴ わかれる　1805
(1)区別する・区別例例男女の別, 年齢別;鑑別, 区別, 戸別, 個別, 差別, 識別, 性別, 千差万別, 大別, 判別, 分別, 弁別
(2)離れる例別館, 別居, 別室, 別棟
(3)別れる例別離;永別, 決別, 告別;死別, 送別, 離別
(4)別である・普通でない例別な品物, 別に変わりはない, 別あつらえ, それとこれとは別だ;別格, 別個, 別紙, 別状, 別人, 別世界, 別天地, 別途, 別表, 別問題;格別, 種別, 特別
ベツ 蔑 さげすむ　1806
例蔑視, 蔑称;軽蔑, 侮蔑
ベッコウ べっこう〔鼈甲〕 例べっこうのかんざし, べっこう細工
ベッシ 蔑視 例勉強を蔑視する 類軽視, 軽侮, 見下げる
ベツジョウ 別条 例別条なく毎日を過ごす
ベツジョウ 別状 例生命に別状はない
ベツズリ 別刷り 例別刷り写真
ベツダン 別段 例別段変わったこともない 類格別, とりわけ
ベット 別途 例そのことについては

○改定追加漢字　●改定追加音訓　□改定削除漢字　■改定削除音訓　〔 〕参考表記〔△表外漢字　▲表外音訓　×誤用　当て字当て字〕

別途に考える，別途会計
ベツドウタイ　別働隊，別動隊　例別動隊を待機させる　対本隊
ベツに　別に　例別に謝ることはない
ベッピン　べっぴん〔別嬪〕　類美女，美人
ベつむね　別棟
へつらう　へつらう〔諂う〕　例上司にへつらう
ベツリ　別離　例永遠の別離　類別れ
ヘド　へど〔反吐当て字〕　例へどを吐く
べに　紅⁶　コウ・ク，くれない　618
　例紅を差す，紅色，紅絵，紅おしろい，紅しょうが；べにがら，べにばな，べにます
へばりつく　へばりつく〔粘り付く〕
　例のりがへばりつく，壁にへばりつく
へばる　へばる　例一日歩き続けてすっかりへばる　注俗語
へび　蛇　ジャ・ダ　854
　例毒蛇，蛇に足を添える，蛇の抜け殻
へま　へま　例へまをする　注俗語
へや　＊部屋　例部屋に案内する，部屋住み，部屋割り，子ども部屋
へやずみ　部屋住み　例部屋住みの身分
へやわり　部屋割り　例部屋割りを決める
へらす　減らす⁵　ゲン，へる　554
　例量を減らす，食を減らす　対増やす
へらずぐち　減らず口　例減らず口をたたく
へり　減り　例水の減りぐあい
へり　へり〔縁〕　例畳のへり
へりくだる　へりくだる〔謙る, 遜る〕
　例へりくだったものの言い方
ヘリクツ　へ理屈〔屁理窟〕　例へ理屈をこねる
へる　経る⁵　ケイ・キョウ　483
　例歳月を経た古木，ハワイを経てサンフランシスコに向かう
へる　減る⁵　ゲン，へらす　554
　例水かさが減る，靴の底が減る，人口が減る　対増える，増す
ヘン　片⁶　かた　1807
　例一片，紙片，断片，破片
ヘン　辺⁴　あたり・べ　1808
　例この辺で一休みしよう，どの辺，辺地；近辺，四辺，四辺形，斜辺，周辺，身辺，水辺，底辺，等辺，二等辺三角形，無辺，炉辺
ヘン　返³　かえす・かえる　1809
　例返還，返却，返済，返事，返上，返信，返送，返電，返答，返納，返報，返礼；生返事
ヘン　変⁴　かわる・かえる　1810
　(1)移り変わり・変わる　例変圧，変異，変化，変革，変換，変形，変更，変質，変色，変心，変成岩，変声期，変節，変遷，変調，変転，変動；異変，一変，急変，千変万化，天変地異，不変
　(2)異常　例変死，変人，変装，変則，変態，変名；事変，政変，大変
ヘン　偏　かたよる　1811
　例偏愛，偏狭，偏屈，偏見，偏向，偏食，偏重；不偏
ヘン　遍　―　1812
　例遍歴，遍路；普遍
ヘン　編⁵　あむ　〔篇〕　1813
　(1)書物を作る・書物の一部分　例編修，編集；共編，後編，新編，前編，続編，短編，長編
　(2)組む・組み入れる　例編曲，編次，編成，編入，編年体
ベン　弁　―　〔辨, 瓣, 辯〕　1814
　(1)用立てる・わきまえる　例弁済，弁証，弁償，弁当，弁理；駅弁，支弁，自弁

明朝体の右肩の数字は配当学年　末尾の数字は常用漢字表番号　（ ）許容　類類義同意語　対反対対照語
関関連語　学学術用語

(2)調節・花びら 例安全弁, 吸入弁, 排気弁；花弁
(3)言葉・話・明らかにする 例弁解, 弁護, 弁士, 弁説, 弁明, 弁論；多弁, 答弁, 熱弁, 雄弁；東京弁, 東北弁

**ベン 便**⁴ ビン, たより　1815
例交通の便がよい；便益, 便宜, 便法, 便覧, 便利；簡便, 軽便, 不便, 方便；便をする；便器, 便所, 便通, 便秘；検便, 小便, 大便, 寝小便, 用便

**ベン 勉**³ ―　1816
例勉学, 勉強, 勉励；勤勉

ヘンイ 変位　例星座の変位
ヘンイ 変異　例突然変異
ヘンイ 変移　例時代の変移
ヘンカ 変化　例語尾の変化, 変化球, 化学変化
ヘンカン 返還　例接収財産を返還する
ベンギ 便宜　例便宜を図る, 便宜上の手続き
ヘンキャク 返却　例図書を返却する, 返却日
ヘンキョウ 辺境〔辺疆〕　例辺境の地 ㊖国境＜くにざかい＞, 片田舎
ベンキョウ 勉強　例国語の勉強, 勉強家；品物を勉強する, 大勉強
ヘンクツ 偏屈〔偏窟〕　例偏屈な性格
ヘンケン 偏見　例偏見を持つ, 独断と偏見
ベンゴ 弁護　例自己を弁護する, 弁護士, 弁護人
ヘンコウ 変更　例予定を変更する, 日付変更線
ヘンサイ 返済　例借金を返済する, 返済期日
ヘンザイ 偏在　例北九州地方にのみ偏在する出品 ㊖遍在
ヘンザイ 遍在　例各地に遍在する伝説 ㊖偏在

ヘンサン 編纂　㊖編集
ヘンシュウ 編集〔編輯〕　例雑誌の編集, 編集会議, 編集長, 編集者
ベンショウ 弁償　例ガラス代を弁償する
ヘンする 偏する　例一方に偏する, 処置が偏する
ヘンセイ 編成　例予算の編成, 番組の編成
ヘンセイ 編制　例予備軍の編制
ベンゼツ 弁舌　例弁舌をろうする, 弁舌爽やか
ヘンタイ 変体　例変体仮名
ヘンタイ 変態　例ちょうの変態, 水の変態；変態性
ベンタツ 鞭撻　例部員を鞭撻する ㊖激励, 励ます
ヘンテツ 編綴　㊖とじる, とじ合わせる
ヘンドウ 変動　例終戦による変動
ベントウ 弁当　例弁当持参
ヘントウセン へんとう腺〔扁桃腺〕　例へんとう腺が腫れる
ヘンニュウ 編入　例法学部に編入する
ヘンパ 偏頗　例偏頗な処置 ㊖不公平, 偏る
ベンバク 弁駁　例激しく弁駁する ㊖反論, 抗弁
ヘンピ へんぴ〔辺鄙〕　例へんぴな土地 ㊖片田舎
ベンピ 便秘〔便泌〕
ヘンペイ へんぺい, 偏平〔扁平〕　例へんぺい足 ㊖平ら
ヘンボウ 変貌　例時代の変貌 ㊖変容
ヘンポン へんぽん〔翩翻〕　例日章旗がへんぽんと翻る ㊖ひらひら
ヘンリン 片鱗　例大器の片鱗をのぞかせる ㊖一端

○改定追加漢字　●改定追加音訓　□改定削除漢字　■改定削除音訓　〔　〕参考表記　〔△表外漢字
▲表外音訓　×誤用 当て字当て字〕

ヘンレイ　返戻　類返却

〔ホ・ほ〕

ホ　歩² ブ・フ，あるく・あゆむ　1817
例歩を運ぶ；歩行，歩測，歩調，歩道，歩兵；散歩，初歩，進歩，退歩，地歩，徒歩，日進月歩，漫歩

ホ　保⁵ たもつ　1818
例安全を保する；保安，保育，保温，保管，保健，保険，保護，保釈，保障，保証，保全，保存，保母，保有；確保，担保

ホ　哺 —　1819
例哺乳，哺乳類

ホ　捕 とらえる・とらわれる・とる・つかまえる・つかまる　1820
例捕獲，捕鯨，捕手，捕縛，捕虜；逮捕

ホ　補⁶ おぎなう 〔補〕　1821
(1)完全にする・充足する・助ける 例補給，補強，補欠，補習，補充，補助，補償，補正，補足；増補
(2)官位に就く・正を補する・資格・位 例参事官に補する；補佐；警部補，候補，判事補

ホ　舗 —　1822
例舗装，舗道；店舗　注＊老舗<しにせ>

ホ　浦 うら　65
例曲浦<キョクホ>

ほ　火¹ カ，ひ　133
例火影

ほ　穂 スイ　1092
例稲の穂，筆の穂，波の穂，初穂；穂に出る

ほ　帆 ハン　1659

例帆を張る，帆掛け船，帆柱，帆前船

ボ　母² はは 〔姆〕　1823
(1)母親 例母系，母子，母性，母堂，母乳；異母，義母，慈母，実母，生母，聖母，祖母，父母，養母，老母
(2)出身の地 例母校，母国
(3)よりどころ 例母艦，母船，母体；空母
(4)元となるもの 例母音；酵母，分母
(5)姆の代用字 例保母
注＊乳母<うば>，＊母さん<かあさん>，＊叔母・伯母<おば>，＊母屋・母家<おもや>

ボ　募 つのる　1824
例募金，募集；応募，公募

ボ　墓⁵ はか　1825
例墓穴，墓参，墓前，墓地，墓碑，墓標

ボ　慕 したう　1826
例愛慕，敬慕，思慕；慕情

ボ　暮⁶ くれる・くらす　1827
(1)日暮れ・夕方 例暮色；朝暮，薄暮
対暁
(2)季節・時々の終わり 例暮秋，暮春；歳暮

ボ　簿 —　1828
例簿記；家計簿，原簿，出納簿，帳簿，通知簿，名簿

ボ　模⁶ モ　1940
例規模

ホイク　保育 〔哺育〕　例保育園，保育所；2年保育

ボイン　拇印　例拇印を押す　類指印，爪印

ホウ　封 フウ　1763
例封建；素封家

ホウ　方² かた　1829
(1)方角・方向・傾向 例方位，方言，方面；当方，諸方，八方；左のほうに傾く，医学のほうの知識，そのほうがよい

---

明朝体の右肩の数字は配当学年　末尾の数字は常用漢字表番号　( )許容　類類義同意語　対反対対照語　㊚関連語　㊋学術用語

(2)四角・形|例|方円, 方形;平方
(3)方法|例|方策, 方式, 方途, 方便;処方
|注|＊行方＜ゆくえ＞

**ホウ 包⁴ つつむ** 1830
|例|包囲, 包括, 包含, 包装, 包容

**ホウ 芳 かんばしい** 1831
(1)香気|例|芳気, 芳香
(2)若い女性の年齢について|例|芳紀18歳
(3)美称|例|芳志, 芳書, 芳名

**ホウ 邦 ―** 1832
|例|邦楽, 邦人, 邦文;本邦, 友邦, 連邦

**ホウ 奉 ブ, たてまつる** 1833
|例|奉還, 奉迎, 奉献, 奉公, 奉告, 奉仕, 奉持, 奉祝, 奉書, 奉職, 奉送, 奉呈, 奉納

**ホウ 宝⁶ たから** 1834
|例|宝玉, 宝庫, 宝石, 宝物;家宝, 国宝, 財宝, 至宝, 七宝

**ホウ 抱 だく・いだく・かかえる** 1835
(1)両腕で抱く|例|抱腹, 抱擁;介抱
(2)心に思う|例|抱負;辛抱

**ホウ 放³ はなす・はなつ・はなれる・ほうる** 1836
(1)自由にさせる|例|放課, 放射, 放出, 放心, 放水, 放送, 放談, 放電, 放任, 放牧, 放免, 放浪;開放, 解放, 釈放, 追放
(2)そのままにする・捨てる|例|放棄, 放置
(3)自由かってにさせる・自由かってに|例|放縦;豪放
(4)火をつける|例|放火

**ホウ 法⁴ ハッ・ホッ** 1837
(1)法律・規則・基準|例|法の適用;法案, 法外, 法規, 法人, 法則, 法治国, 法廷, 法律, 法令;刑法, 憲法, 合法, 司法, 順法, 商法, 寸法, 民法, 立法
(2)物事の方法・方式|例|加法, 仮定法, 技法, 語法, 作法, 製法, 十進法, 除法, 秘法, 筆法, 文法, 魔法, 療法, 論法
(3)宗教|例|法王, 法師, 法事, 法要

**ホウ 泡 あわ** 1838
|例|気泡, 水泡, 発泡

**ホウ 胞 ―** 1839
(1)はらから|例|同胞
(2)生物の組織|例|胞子;細胞

**ホウ 俸 ―** 1840
|例|俸給;年俸, 本俸, 減俸

**ホウ 倣 ならう** 1841
|例|模倣

**ホウ 峰 みね** 1842
|例|孤峰, 高峰, 秀峰, 霊峰, 連峰

**ホウ 砲 ―** 1843
|例|砲火, 砲丸, 砲撃, 砲声, 砲台, 砲弾, 砲兵;空砲, 高射砲, 祝砲, 大砲, 鉄砲, 発砲

**ホウ 崩 くずれる・くずす** 1844
(1)崩れる|例|崩壊, 崩落
(2)天子・天皇の死の敬称|例|崩御
|注|＊雪崩＜なだれ＞

**ホウ 訪⁶ おとずれる・たずねる** 1845
|例|訪日, 訪問;探訪, 来訪, 歴訪

**ホウ 報⁵ むくいる** 1846
(1)報いる・報い|例|報恩, 報国, 報酬, 報償, 報徳, 報復;応報, 果報, 返報
(2)知らせる・知らせ|例|報に接する;報告, 報知, 報道;会報, 快報, 確報, 官報, 既報, 吉報, 急報, 警報, 月報, 誤報, 公報, 時報, 週報, 詳報, 情報, 速報, 通報, 電報, 特報, 予報, 朗報

**ホウ 蜂 はち** 1847
|例|蜂起

**ホウ 豊⁵ ゆたか** 1848
|例|豊作, 豊年, 豊富, 豊満

---

○改定追加漢字 ●改定追加音訓 □改定削除漢字 ■改定削除音訓 〔 〕参考表記 〔△表外漢字 ▲表外音訓 ×誤用 |当|て|字|当て字〕

| | | |
|---|---|---|
|ホウ|飽 あきる・あかす|1849|

例飽食, 飽和

| | | |
|---|---|---|
|ホウ|褒 ほめる|1850|

例褒詞, 褒賞, 褒状, 褒美；過褒

| | | |
|---|---|---|
|ホウ|縫 ぬう|1851|

例裁縫, 弥縫<ビホウ>

**ホウ 方,ほう** 例右のほうに曲がる, 彼のほうが強い, あまり食べないほうがよい

| | | |
|---|---|---|
|ボウ|亡[6] モウ, ない|1852|

(1)滅びる・滅ぼす例亡国, 亡失；欠亡, 興亡, 衰亡, 存亡, 滅亡
(2)逃げる例亡命；逃亡
(3)死ぬ例亡兄, 亡父, 亡母, 亡霊；死亡

| | | |
|---|---|---|
|ボウ|乏 とぼしい|1853|

例窮乏, 欠乏, 耐乏, 貧乏

| | | |
|---|---|---|
|ボウ|忙 いそがしい|1854|

例忙中閑あり；忙殺；多忙, 繁忙
対閑

| | | |
|---|---|---|
|ボウ|坊 ボッ|1855|

(1)寺・僧・区域例坊主, 坊間, 坊門；僧坊, 内坊, 本坊
(2)子どもの名に関する愛称また一般の人の俗称例坊や；赤ん坊, 朝寝坊, きかん坊, けちん坊

| | | |
|---|---|---|
|ボウ|妨 さまたげる|1856|

例妨害

| | | |
|---|---|---|
|ボウ|忘[6] わすれる|1857|

例忘恩, 忘却, 忘年会；健忘症, 備忘録

| | | |
|---|---|---|
|ボウ|防[5] ふせぐ|1858|

例防衛, 防音, 防火, 防寒, 防御, 防具, 防空, 防災, 防止, 防臭, 防水, 防戦, 防毒, 防犯, 防備, 防腐, 防風林, 防壁；海防, 警防, 攻防, 国防, 消防, 堤防, 予防

| | | |
|---|---|---|
|ボウ|房 ふさ|1859|

(1)部屋・寝部屋例房室；官房, 監房, 空房, 書房, 禅房, 僧房, 独房, 冷暖房
(2)女官・転じて妻例女房

| | | |
|---|---|---|
|ボウ|肪 ―|1860|

例脂肪

| | | |
|---|---|---|
|ボウ|某 ―|1861|

例某月, 某国, 某氏, 某青年, 某年

| | | |
|---|---|---|
|ボウ|冒 おかす|1862|

(1)冒す例冒険, 冒瀆<ボウトク>；感冒
(2)初め・最初例冒頭

| | | |
|---|---|---|
|ボウ|剖 ―|1863|

例剖検；解剖

| | | |
|---|---|---|
|ボウ|紡 つむぐ|1864|

例紡糸, 紡織, 紡績；混紡

| | | |
|---|---|---|
|ボウ|望[4] モウ, のぞむ|1865|

(1)遠く望む例望遠, 望郷, 一望, 遠望, 展望
(2)願い・望み例望外；願望, 希望, 志望, 失望, 絶望, 待望, 大望, 熱望, 非望, 野望, 有望, 欲望
(3)信頼・尊敬例衆望, 人望, 声望, 徳望, 名望

| | | |
|---|---|---|
|ボウ|傍 かたわら|1866|

例傍観, 傍系, 傍聴, 傍点, 傍流；近傍, 路傍

| | | |
|---|---|---|
|ボウ|帽 ―|1867|

例帽子, 帽章；赤帽, 角帽, 制帽, 脱帽, 鳥打ち帽

| | | |
|---|---|---|
|ボウ|棒[6] ―|1868|

例棒に振る；棒高跳び, 用心棒, 相棒, 金棒, 心棒, 鉄棒

| | | |
|---|---|---|
|ボウ|貿[5] ―|1869|

例貿易

| | | |
|---|---|---|
|ボウ|貌 ―|1870|

例外貌, 全貌, 相貌, 美貌, 風貌, 変貌, 面貌, 容貌

| | | |
|---|---|---|
|ボウ|暴[5] バク, あばく・あばれる|1871|

例暴をもって暴に報いる；暴威, 暴飲, 暴漢, 暴虐, 暴挙, 暴君, 暴言, 暴行, 暴食, 暴政, 暴徒, 暴動, 暴発, 暴風, 暴風雨, 暴落, 暴利, 暴

| | |
|---|---|
| ボウ 力;横暴, 狂暴, 粗暴, 乱暴 | ホウガンなげ **砲丸投げ**〔砲丸投〕 |
| ボウ **膨** ふくらむ・ふくれる 1872 例膨大, 膨張 | ホウキ **放棄**〔抛棄〕 例権利を放棄する, 試合放棄, 戦争放棄 |
| ボウ **謀** ▲ム, はかる 1873 例謀議, 謀略;陰謀, 共謀, 策謀, 参謀, 首謀, 深謀, 知謀, 無謀 | ホウキ **法規** 例交通法規 |
| | ホウキ **蜂起** 例農民が各地で蜂起する ㊥群起 |
| ボウ **妄** モウ 1942 例妄言＜ボウゲン・モウゲン＞, 妄用, 妄挙, 妄語, 妄評 | ほうき **ほうき**〔箒〕 例竹ほうき;ほうき星 |
| | ホウキャク **忘却** 例忘却する ㊥忘失 |
| ボウアツ **防圧**〔防▲遏〕 例暴力行為を防圧する | ホウキュウ **俸給** 例俸給生活者 ㊥給料, 給与 |
| ホウアン **法案** 例法案を上程する | ボウギョ **防御**〔防禦〕 例攻撃を防御する, 防御率 |
| ホウイ **包囲** 例包囲する, 包囲攻撃 | |
| ホウイ **法衣** 注正しくは「ホウエ」。 | ボウぐい **棒ぐい**〔棒杭〕 例棒ぐいを打つ |
| ホウイツ **放逸**〔放佚〕 例放逸な性格 | |
| ボウエイ **防衛** 例防衛する, 国土防衛, 防衛軍 | ボウクウゴウ **防空壕** 例防空壕に退避する |
| ボウエキ **貿易** 例対外貿易, 貿易港;貿易風 | ほうける **ほうける**〔惚ける, 呆ける〕 例病みほうける, 遊びほうける |
| ホウカ **放火** 例放火する, 放火魔 | ホウケン **封建** 例封建的な思想, 封建時代, 封建主義, 封建制度, 封建社会 |
| ホウカ **放課** 例放課後 | |
| ホウカ **烽火** 例革命の烽火 ㊥のろし | ホウゲン **放言** 例放言が物議を醸す, 放言する |
| ホウガ **萌芽** 例萌芽期 ㊥芽生え, 兆し | |
| | ボウゲン **暴言** 例暴言を吐く |
| ホウカイ **崩壊**〔崩潰〕 例崩壊する, 封建体制の崩壊 注法令では「崩壊」。 | ボウゲン **妄言** 注「モウゲン」とも言う。 |
| ホウガイ **法外** 例法外な値を付ける | ホウコウ **方向** 例方向を誤る, 方向探知器, 方向転換 |
| ボウガイ **妨害**〔妨碍〕 例妨害する, 交通妨害, 選挙妨害 | ホウコウ **咆哮** 例猛獣の咆哮 ㊥ほえる |
| ホウガク **方角** 例南の方角, 方角を誤る, 方角違い | ホウコウ **彷徨** 例荒野を彷徨する ㊥さまよう |
| ホウガチョウ **奉加帳**〔奉賀帳〕 例奉加帳を回す | ボウコウ **暴行** 例暴行を働く, 暴行未遂 |
| ホウカツ **包括**〔抱括〕 例包括する, 包括的に説明する | ボウコウ **ぼうこう**〔膀胱〕 |
| ホウカン **幇間** 例たいこ持ち | ホウコク **報告** 例報告する, 帰朝報告会, 決算報告 |
| ボウカン **傍観** 例傍観する, 傍観者の立場 | |
| | ボウサイ **防災** 例防災訓練 |

○改定追加漢字 ●改定追加音訓 □改定削除漢字 ■改定削除音訓 〔 〕参考表記 〔△表外字 ▲表外音訓 ×誤用 宛て字 当て字〕

| | |
|---|---|
| ボウサイ　防塞 | 例防塞を築く　類防塁, とりで |
| ホウサク　方策 | 例方策を立てる　類手段 |
| ボウサツ　忙殺 | 例激務に忙殺される |
| ホウサン　ほう酸〔硼酸〕 | 例ほう酸水 |
| ホウシ　奉仕 | 例国民に奉仕する, 社会奉仕, 奉仕品 |
| ホウシ　奉伺 | 例御機嫌を奉伺する　注「伺う」の尊敬語。 |
| ホウシ　放恣 | 例放恣に流れる, 放恣な生活　類放縦, 放逸 |
| ホウジ　捧持 | 例玉串を捧持する |
| ホウジ　法事 | 例法事に招く　類法要, 法会<ホウエ> |
| ボウシ　防止 | 例防止する, 事故防止 |
| ボウシ　帽子 | |
| ホウシキ　方式 | 例規定の方式, 水道方式 |
| ホウシャ　放射 | 例放射状, 放射性, 放射性元素, 放射線, 放射能 |
| ホウシャ　報謝〔報捨〕 | 例報謝する, 報謝の念, 旅の僧に御報謝を |
| ボウジャクブジン　傍若無人 | 例傍若無人のふるまい　注「ボウニャクブジン」とも言う。 |
| ホウシュウ　報酬 | 例正当な報酬, 労働の報酬 |
| ホウジュン　芳醇 | 例芳醇な果実酒 |
| ホウジョ　幇助 | 例幇助する, 自殺幇助罪　類補助, 援助 |
| ホウショウ　報奨 | 例報奨金, 報奨制　類奨励 |
| ホウショウ　報償 | 例報償する　類弁償 |
| ホウショウ　褒章 | 例紅綬<コウジュ>褒章, 緑綬<リョクジュ>褒章, 藍綬<ランジュ>褒章, 紺綬<コンジュ>褒章, 黄綬<オウジュ>褒章, 紫綬<シジュ>褒章 |
| ホウショウ　褒賞 | 類褒美 |
| ホウジョウ　豊穣, 豊饒 | 例五穀豊穣(饒);豊穣(饒)な土地　類豊作, 豊熟, 豊かな |
| ホウジョウ　褒状 | 例警視総監の褒状　類賞状 |
| ホウショウキン　報奨金, 報償金 | |
| ホウショク　奉職 | 例小学校に奉職する |
| ホウショク　飽食 | 例暖衣飽食 |
| ボウショク　防食〔防蝕〕 | 例防食剤 |
| ホウじる　ほうじる〔焙じる〕 | 例茶をほうじる　注「ホウずる」とも言う。 |
| ボウズ　坊主 | 例頭を坊主にする, 坊主頭;てるてる坊主 |
| ホウスイケイ　方錐形 | |
| ボウセキ　紡績 | 例紡績糸, 紡績工場, 紡績工 |
| ボウゼン　呆然 | 例焼け跡に呆然とたたずむ, 呆然自失　類ぼんやり |
| ホウソウ　放送 | 例実況放送, 放送局, 放送劇, 短波放送 |
| ホウソウ　法曹 | 例法曹界の長老　類司法, 法律(家) |
| ホウソウ　ほうそう〔疱瘡〕 | 例ほうそうの注射　類天然痘 |
| ホウソウカイ　法曹界 | 例法曹界の重鎮 |
| ホウソク　法則 | 例数の法則, 自然の法則 |
| ホウタイ　包帯〔繃帯〕 | 例包帯をする |
| ホウダイ　ほうだい, 放題 | 例食いほうだい飲みほうだい |
| ボウダイ　膨大〔厖大〕 | 例膨大な予算　類多大 |
| ボウたかとび　棒高跳び(棒高跳) | |
| ボウだち　棒立ち | 例馬が驚いて棒立ちになる |
| ホウチ　放置 | 例ごみを放置する |
| ホウチ　報知 | 例火災報知機 |
| ホウチャク　逢着 | 例困難に逢着する　類遭遇, 直面, 出会う |

明朝体の右肩の数字は配当学年　末尾の数字は常用漢字表番号　( )許容　類類義同意語　反反対対照語　関関連語　学学術用語

**ホウチョウ　包丁**〔庖丁〕　例さしみ包丁
**ボウチョウ　防諜**　例防諜機関　㊥スパイ防止
**ボウチョウ　傍聴**　例議会を傍聴する，傍聴席，傍聴人
**ボウチョウ　膨張，膨脹**　例人員が膨張する，膨張係数　㊌収縮　㊟法令では「膨張」。
**ホウテイ　奉呈**〔捧呈〕　例神前に玉串を奉呈する　㊥ささげる
**ホウテイ　法廷**　例法廷で争う，法廷に持ち込んで決着をつける，法廷闘争
**ホウテキ　抛擲**　例権利を抛擲する　㊥放棄
**ホウトウ　放蕩**　例放蕩の限りを尽くす，放蕩息子，放蕩無頼＜プライ＞　㊥不行跡，不品行
**ホウドウ　報道**　例報道する，報道機関，報道陣　㊥報知
**ボウトウ　冒頭**　例冒頭の挨拶＜アイサツ＞　㊥最初，初め
**ボウトウ　暴騰**〔暴謄〕　例株価が暴騰する　㊌暴落
**ボウトク　冒瀆**　例神を冒瀆する　㊥侵害，汚す
**ホウニン　放任**　例子どもを放任する，自由放任，放任主義　㊌干渉
**ホウノウ　奉納**　例鳥居を奉納する，奉納相撲
**ホウバイ　朋輩**　㊥同僚，友達，仲間
**ボウバク　茫漠**　㊥漠然
**ボウハテイ　防波堤**　例防波堤を築く
**ボウハン　防犯**　例防犯協会，防犯ベル
**ホウビ　褒美**　例褒美を与える
**ボウびき　棒引き**　例借金を棒引きにする　㊥帳消し
**ホウフ　抱負**　例抱負を語る
**ホウフ　豊富**　例豊富な知識
**ホウフク　報復**　例報復する，報復手段

**ホウフクゼットウ　抱腹絶倒**〔捧腹絶倒〕　㊟「抱腹」は「捧腹」の誤用による慣用。
**ホウフツ　ほうふつ**〔彷彿，髣髴〕　例故人の面影がほうふつとする
**ホウブツセン　放物線**〔抛物線〕　例放物線を描く
**ホウベン　方便**　例うそも方便
**ホウホウ　方法**　例適当な方法，方法論
**ホウボウ　ほうぼう，方々**　例ほうぼう歩き回る；ほうほうのてい にある
**ホウマツ　泡沫**　例泡沫候補　㊥あぶく，泡
**ホウマン　放漫**〔放慢〕　例放漫な財政
**ほうむる　葬る**　1240　例遺体を葬る，真相を闇に葬る
**ホウメン　方面**　例上り方面行きの電車，関西方面，その方面に明るい人
**ホウモン　訪問**　例訪問する，家庭訪問，訪問着
**ホウユウ　朋友**　例20年来の朋友　㊥友人，親友
**ホウヨウ　法要**　㊥法事，法会＜ホウエ＞，仏事
**ボウよみ　棒読み**　例漢文を棒読みにする　㊥素読み
**ボウラク　暴落**　例株価が暴落する　㊌暴騰
**ホウラツ　放埒**　例放埒な性格，放埒な男　㊥放逸，放縦
**ほうりだす　放り出す，ほうり出す**〔抛り出す〕　例家の外へ放り出す，仕事を中途で放り出す
**ホウリツ　法律**　例法律行為，法律事務所
**ボウリョク　暴力**　例暴力行為，暴力団
**ほうる　放る　ホウ，はなす・はなつ・はなれる**〔ほうる，抛る〕　1836　例小石を放る　㊥投げる；仕事を放

| | |
|---|---|
| って遊び歩く，もう放っておいてくれ | 思案の外 |
| ホウルイ　堡塁　働とりで | 亜仮名書きで「ほか」とも。法令・公用文では仮名書き。 |
| ホウレイ　法令　例法令集　亜法律と命令。 | ほか　他　タ　〔ほか〕　1284　例他の人の意見，この他に用意するもの　亜法令・公用文では仮名書き。 |
| ホウレイ　法例　働準拠法令　亜法令の適用関係。 | ほか　……（する）ほか，……（する）外　例歩くよりほかはない　働……しか |
| ホウレツ　放列　例カメラの放列を敷く | |
| ホウロウ　琺瑯　例ほうろう質，ほうろう鉄器 | ホカク　捕獲〔捕穫〕　例野牛を捕獲する，鯨の捕獲量 |
| ホウワ　飽和　例飽和する，飽和状態 | ほかけぶね　帆掛け船 |
| ほえる　ほえる〔吠える，吼える〕　例犬がほえる | ぼかし　ぼかし〔暈し〕　例ぼかし染め |
| | ぼかす　ぼかす〔暈す〕　例背景の色をぼかす，返事をぼかす |
| ほお　頬　—　〔ほお〕　1874　例頬を赤らめる，頬張る　亜「ほほ」とも言う。 | ほがらか　朗らか⁶　ロウ　2119　例朗らかな青年，彼はいつも朗らかだ，朗らかな娘，朗らかに笑う　働明朗 |
| ほおえみ　ほおえみ〔微笑み当字〕　例ほおえみを浮かべる　亜「ほほえみ」とも言う。 | ホカン　保管　例書類を保管する，保管料 |
| ほおえむ　ほおえむ〔微笑む当字〕　亜「ほほえむ」とも言う。 | ホキュウ　補給　例食糧を補給する，補給路 |
| ほおかぶり　頬かぶり，ほおかぶり〔頬被り〕　例手ぬぐいで頬かぶりする，都合の悪いことには頬かぶりをする　亜「ほっかぶり」とも言う。 | ホキョウ　補強　例道路を補強する，補強工事 |
| | ホク　北²　きた　1875　(1)方角例北緯，北欧，北上，北東，北部，北米，北洋，北陸；北海道；北極，北極圏，北極星，北限；西北，東北，南北　⇔南　(2)敗れる例敗北 |
| ほおずき　ほおずき〔酸漿〕 | |
| ほおずり　頬擦り，ほおずり，ほおずり〔頬摺り〕　例赤ん坊に頬擦りする | |
| ほおづえ　頬づえ，ほおづえ〔頬杖〕　例頬づえを突く | |
| ほおばる　頬張る，ほおばる　例御飯を頬張る | ボク　木¹　モク，き・こ　1876　例木石，木刀；古木，大木，土木，遊動円木 |
| ほおべに　頬紅，ほお紅　亜「ほほ紅」とも言う。 | ボク　朴　—　1877　例朴直；質朴，素朴，純朴 |
| ほおぼね　頬骨，ほお骨　働かん骨　亜「ほほ骨」とも言う。 | ボク　牧⁴　まき　1878　例牧歌，牧師，牧舎，牧場，牧草，牧畜；放牧，遊牧 |
| ほか　外²　ガイ・ゲ，そと・はずす・はずれる　197　例思いの外に到着が早かった，恋は | ボク　睦　—　1879 |

明朝体の右肩の数字は配当学年　末尾の数字は常用漢字表番号　（　）許容　働類義同意語　⇔反対対照語　働関連語　学学術用語

| | |
|---|---|
| | 例親睦, 和睦 |
| ボク 僕 — 1880 | |
| 例僕の名前, 僕とあなた；公僕 | |
| ボク 墨 すみ 1881 | |
| 例墨守, 墨汁；白墨, 筆墨 | |
| ボク 撲 1882 | |
| 例撲滅；打撲 注*相撲＜すもう＞ | |
| ボク 目¹ モク, め・ま 1947 | |
| 例面目＜メンボク・メンモク＞ | |
| ホクイ 北緯 例北緯23度 対南緯 | |
| ボクジュウ 墨汁 | |
| ほぐす ほぐす〔解す〕 例もつれた糸をほぐす, 気分をほぐす 注「ほごす」とも言う。 | |
| ボクする ぼくする〔卜する〕 例吉凶をぼくする 意占う；居をぼくする 意定める, 選定する | |
| ほくそえむ ほくそ笑む〔北叟笑む 当字〕 例してやったりとほくそ笑む | |
| ボクタク 木鐸 例新聞は社会の木鐸だ | |
| ボクトツ ぼくとつ〔朴訥, 木訥〕 例ぼくとつな青年 意実直, 素朴 | |
| ボクメツ 撲滅 例暴力を撲滅する 意根絶やしにする | |
| ボクら 僕ら〔僕等〕 | |
| ほぐれる ほぐれる〔解れる〕 例もつれた糸がほぐれる, 気持ちがほぐれる | |
| ほくろ ほくろ〔黒子 当字〕 | |
| ぼけ ぼけ〔惚け〕 例南洋ぼけ, 夏ぼけ | |
| ホケツ 補欠〔補闕〕 例補欠に選ばれる, 補欠選挙 | |
| ぼける ぼける〔惚ける〕 例頭がぼける | |
| ぼける ぼける〔暈ける〕 例色がぼける | |
| ホケン 保健 例保健体育, 保健所, 保健師 | |
| ホケン 保険〔保険〕 例保険金, 保険料, 健康保険, 災害保険 | |
| ほこ 矛 ム 〔鉾, 戈〕 1920 | |
| 例矛を収める | |

| | |
|---|---|
| ホゴ 保護 例天然記念物を保護する, 保護関税, 保護国, 保護者, 保護色, 保護水域, 保護鳥, 保護林 | |
| ほご ほご〔反故〕 例約束をほごにする, ほご紙 | |
| ほこさき 矛先〔鋒先〕 例矛先を向ける, 矛先を転じる | |
| ほごす ほごす〔解す〕 注「ほぐす」とも言う。 | |
| ほこらしい 誇らしい | |
| ほこらしげ 誇らしげ 例誇らしげに語る | |
| ほこり 誇り 例誇りに思う, 郷土の誇り, 誇り顔 | |
| ほこり ほこり〔埃〕 例ほこりを払う | |
| ほこる 誇る コ 572 | |
| 例品質を誇る, 信用を誇る | |
| ほころばす 綻ばす, ほころばす 例顔を綻ばす | |
| ほころび 綻び, ほころび 例洋服の綻びを繕う | |
| ほころびる 綻びる タン 〔ほころびる〕 1344 | |
| 例着物の袖が綻びる；はすの花が綻びる | |
| ホサ 補佐〔輔佐〕 例課長を補佐する, 課長補佐, 補佐人 (注法令では「補助者」「補助人」に言い換える) | |
| ほし 星² セイ・ショウ 1118 | |
| 例星をいただく, 星影；星を稼ぐ, 白星 | |
| ホジ 保持 例タイトルを保持する, 機密保持 | |
| ボシ 母子 例母子家庭, 母子手帳 | |
| ボシ 母指〔拇指〕 意親指 | |
| ほしあかり 星明かり 例星明かりの夜道 | |
| ほしい 欲しい⁶ ヨク, ほっする 2016 | |
| 例家が欲しい, 話し相手が欲しい | |

○改定追加漢字 ●改定追加音訓 □改定削除漢字 ■改定削除音訓 〔 〕参考表記〔△表外漢字 ▲表外音訓 ×誤用 当字当て字〕

| | |
|---|---|
| ほしい ……(て)ほしい、……(て)欲しい 例貸してほしい，見てほしい，電話してほしい | 247 例布団を干す，杯を干す；仕事を干される |
| ほしいままに ほしいままに〔縦に，恣に，擅に〕 例権力をほしいままにする 類思うままに，気ままに | ほぞ ほぞ〔臍〕 例ほぞを固める，ほぞをかむ |
| ほしうお 干し魚〔乾し魚〕 類干し物<ひもの> | ほそい 細い² サイ，ほそる・こまか・こまかい 706 例腕が細い，声が細い，線が細い，食が細い 対太い |
| ほしがき 干し柿、干しがき〔乾し柿〕 | ホソウ 舗装〔舗装〕 例道路を舗装する，舗装道路 |
| ほしぐさ 干し草〔乾し草〕 | ホソク 捕捉 例猛獣を捕捉する，意趣を捕捉する 類つかむ，握る，捕らえる |
| ほじくる ほじくる〔穿る〕 例土をほじくる，他人の粗をほじくる 注俗語 | |
| ほしブドウ 干しぶどう〔干し葡萄〕 | ほそながい 細長い 例細長いひも |
| ほしまつり 星祭り〔星祭〕 類七夕祭り | ほそびき 細引き〔細引〕 例細引きで縛る |
| ほしまわり 星回り〔星廻り〕 例星回りが悪い 類運命 | ほそぼそと 副 細々と 例細々と暮らす，細々と暮らしを立てる |
| ほしもの 干し物〔乾し物〕 例干し物をする | ほそる 細る² サイ，ほそい・こまか・こまかい 706 例体が痩せ細る 対太る |
| ホシュ 保守 例保守的な思想，保守政党，保守派 対進歩，革新 | ホゾン 保存 例史跡を保存する |
| ホシュウ 補習 例補習をする，補習授業 | ボダイ 菩提 例菩提を弔う，菩提寺，菩提樹，菩提所，菩提心 |
| ホジュウ 補充 例欠員を補充する | ほだされる ほだされる〔絆される〕 例情にほだされる |
| ボシュウ 募集 例技術者を募集する，募集要項 | ボタもち ぼた餅、ぼたもち〔牡丹餅〕 例棚からぼた餅 |
| ホジョ 補助〔輔助〕 例事務を補助する，補助符号，補助動詞 注法令では「補助」。 | ほたる 蛍 ケイ 484 例蛍籠，蛍狩り，蛍火 |
| ホショウ 歩哨 類警戒兵，見張り兵 | ほたるがり 蛍狩り |
| ホショウ 保証 例品質を保証する，保証人，保証金 | ボタン ぼたん〔牡丹〕 例赤いぼたんが咲く，ぼたん雪 |
| ホショウ 保障 例社会保障 | ホチョウ 歩調 例歩調を合わせる，歩調を整える |
| ホショウ 補償 例損害を補償する，補償金 | ホツ 発³ ハツ 1649 例発起，発起人，発作，発足，発端 |
| ホジョウ 捕縄 例捕縄を掛ける 類捕り縄 | ホッ 法⁴ ホウ・ハッ 1837 |
| ホジョウ 圃場 類畑，農園 | |
| ほじる ほじる〔穿る〕 | |
| ほす 干す⁶ カン，ひる 〔乾す〕 | |

| | |
|---|---|
| | 例法華, 法主＜ホッス・ホッシュ・ホウシュ＞, 法体＜ホッタイ＞ |
| ボツ 没 —〔歿〕 1883 | 例昭和〜年〜月〜日没；没後, 没収, 没書, 没頭, 没入, 没年, 没落；陥没, 死没, 出没, 戦没, 沈没, 日没, 病没, 埋没 |
| ボツ 勃 1884 | 例勃興, 勃発 |
| ボツ 坊 ボウ 1855 | 例坊ちゃん |
| ホッキ 発起 | 例一念発起する, 発起人 |
| ボツゴ 没後〔歿後〕 類死後 対生前 |
| ボッコウ 勃興 | 例新国家の勃興, 勃興期 類興隆, 興る |
| ボッコン 墨痕 | 例墨痕鮮やか 類筆跡 |
| ホッサ 発作 | 例せきの発作, 発作的に人を刺す |
| ボッシュウ 没収 | 例財産を没収する |
| ほっする 欲する⁶ ヨク, ほしい 2016 | 例自由と平和を欲する |
| ボッする 没する〔歿する〕 | 例太陽が西に没する, 水中に影を没する |
| ホッソク 発足 | 例委員会が発足する |
| ほったてごや 掘っ立て小屋〔掘立て小屋〕, 掘っ建て小屋〔掘建て小屋〕 |
| ほったらかす ほったらかす | 例仕事をほったらかす |
| ホッタン 発端 | 例事件の発端 対終局 |
| ボッちゃん 坊ちゃん |
| ボットウ 没頭 | 例研究に没頭する |
| ほづな 帆綱 | 例帆綱を外す |
| ボッパツ 勃発 | 例動乱が勃発する 類突発 |
| ほっぺた ほっぺた〔頬っぺた〕 | 例りんごのようなほっぺた 類頬 注俗語 |
| ボツラク 没落 | 例没落する, 没落貴族 |
| ほつれる ほつれる〔解れる〕 | 例髪がほつれる, 袖の縫い目がほつれる |
| ほてる ほてる, 火照る | 例顔がほてる |
| ホテン 補塡 | 例赤字補塡 類補充, 穴埋め |
| ほど 程⁵ テイ 1455 | 例身の程を知る, 程がある；先ほど, 1週間ほど, 早ければ早いほど（注法令・公用文では仮名書き） |
| ほどあい 程合い〔程合〕 類程度 |
| ホドウ 歩道 類人道 対車道 |
| ホドウ 補導〔輔導〕 | 例少年を補導する |
| ホドウ 舗道〔鋪道〕 類舗装道路 |
| ほどく ほどく〔解く〕 | 例ひもをほどく |
| ほとけ 仏⁵ ブツ 1776 | 例仏作って魂入れず, 仏の顔も三度まで, 仏顔；石仏, 神仏, 生き仏 |
| ほどける ほどける〔解ける〕 | 例結び目がほどける |
| ほどこし 施し | 例施しを受ける, 施し物 |
| ほどこす 施す シ・セ 787 | 例恩恵を施す, 面目を施す, 金を施す |
| ほととぎす ほととぎす〔時鳥, 杜鵑, 子規, 不如帰〕当て字 |
| ほどなく 程なく, 程無く | 例上り電車は程なく到着する |
| ほとばしる ほとばしる〔迸る〕 | 例水がほとばしる, 才気がほとばしる |
| ほどほど ほどほど, 程々 | 例冗談もほどほどにする |
| ほとぼり ほとぼり〔熱〕 | 例ほとぼりが冷める, ほとぼりを冷ます |
| ほどよい 程よい〔程好い〕 | 例程よい味かげん |
| ほとり ほとり〔辺〕 | 例湖水のほとり |
| ほとんど 副語 ほとんど〔殆ど〕 | 例工事はほとんど完成している, ほとんど行ったことがない |

○改定追加漢字　●改定追加音訓　□改定削除漢字　■改定削除音訓　〔 〕参考表記　〈△表外漢字　▲表外音訓　×誤用　当て字〕当て字〕

ほなみ **穂並み**(穂並) 例みごとな穂並み

ホニュウ **哺乳** 例哺乳動物，哺乳類

ほね **骨**⁶ コツ 666
例骨を埋める，骨を折る，骨を惜しむ，骨節，骨身

ほねおしみ **骨惜しみ** 例骨惜しみをする

ほねおり **ほねおり**，骨折り 例ほねおり損のくたびれもうけ 類尽力

ほねおる **ほねおる**，骨折る 例友人の就職にほねおる

ほねぐみ **骨組み** 例がっしりした骨組み；建物の骨組み

ほねつぎ **骨接ぎ** 類整骨，接骨

ほねぬき **骨抜き** 例組合を骨抜きにする

ほねみ **骨身** 例骨身にこたえる，骨身に徹する

ほねやすめ **ほね休め**，骨休め 例仕事が終わってほね休めをする 類休息，休憩

ほのお **炎** エン 〔焰〕 90
例ろうそくの炎，情熱の炎

ほのか **ほのか**〔仄か〕 例ほのかに聞こえる虫の声，ほのかな恋心

ほのぐらい **ほの暗い**〔仄暗い〕
例ほの暗い明かり

ほのぼの **ほのぼの**〔仄々〕 例東の空がほのぼのと白む，心がほのぼのとする

ほのめかす **ほのめかす**〔仄めかす〕
例辞意をほのめかす

ほのめく **ほのめく**〔仄めく〕 例いさり火がほのめく

ほはば **歩幅**〔歩巾〕 例歩幅が広い

ホフク **ほふく**〔匍匐〕 例ほふく訓練，ほふく前進 対はう

ほほ **頬**，ほほ 注「ほお」の新しい言い方。

ホボ **保母**〔保姆〕 例保育園の保母

ほぼ 副詞 **ほぼ**〔略，粗〕 例ほぼ決定する，ほぼ完成する

ほほえましい **ほほえましい**〔微笑ましい当て字〕 注「ほおえましい」とも言う。

ほほえむ **ほほえむ**〔微笑む当て字〕
注「ほおえむ」とも言う。

ほまれ **誉れ** 1989
例一家の誉れ，誉れの家

ほめそやす **褒めそやす**〔誉め称す〕
例善行を褒めそやす

ほめたたえる **褒めたたえる**〔誉め称える〕 例勝者を褒めたたえる

ほめる **褒める** ホウ 〔誉める〕 1850
例人を褒める 対けなす，そしる，くさす

ぼや **ぼや**〔小火当て字〕 例ぼやを出す

ぼやける **ぼやける** 例頭がぼやける

ホヨウ **保養** 例保養する，保養所

ホラ **ほら**〔法螺〕 例ほらを吹く，ほら貝

ほら **洞** ドウ 1537
例洞穴

ほり **堀** ― 1885
例外堀，釣堀

ほり **彫り** 例彫りの深い顔，彫り物；鎌倉彫 注工芸品は「～彫」。

ほりあげる **彫り上げる**(彫上げる)
例像を彫り上げる

ほりおこす **掘り起こす**(掘り起す)(掘起す) 例土を掘り起こす

ほりかえす **掘り返す**(掘返す)
例土を掘り返す

ほりさげる **掘り下げる**(掘下げる)
例穴を掘り下げる，問題を掘り下げる

ほりだしもの **掘り出し物**(掘出し物)
例ちょっとした掘り出し物を見つける

| | |
|---|---|
| ほりだす　掘り出す(掘出す)　囫芋を掘り出す | 囫謀反 |
| ほりぬきいど　掘り抜き井戸(掘抜き井戸)(掘抜井戸) | ホン　本¹　もと　1886 |
| ほりばた　堀端〔濠端〕 | (1)植物囫本草〈ホンゾウ〉，木本；草本 |
| ほりもの　彫り物(彫物)　囫彫り物師 | (2)書物・書籍囫異本, 絵本, 脚本, 原本, 抄本, 新本, 製本, 拓本, 単行本, 手本, 謄本, 配本, 板本, 古本 |
| ホリュウ　保留　囫態度を保留する | (3)物の数え方を示す囫本数, 1本, 3本 |
| ホリュウ　蒲柳　囫蒲柳の質　圏虚弱, 柔弱 | (4)物事の根幹・本元囫本意, 本拠, 本源, 本籍, 本然, 本末, 本来；元本, 基本, 根本, 資本 |
| ホリョ　捕虜　囫敵の捕虜となる | (5)天性・元来から有するもの囫本意, 本懐, 本質, 本性, 本姓, 本分, 本望, 本領 |
| ほりわり　掘り割り(掘割り)(掘割)　囫大阪の掘り割り | (6)主な・中心囫本科, 本館, 本業, 本家, 本社, 本陣, 本尊, 本隊, 本部, 本務, 本塁, 本論 |
| ほる　掘る　クツ　458　囫穴を掘る, 掘り池, 墓掘り | (7)正しい・正当囫本妻, 本字, 本式, 本道, 本名 |
| ほる　彫る　チョウ　1401　囫像を彫る | (8)この囫本官, 本件, 本校, 本事件, 本人 |
| ほれぼれ　ほれぼれ〔惚れ惚れ〕　囫ほれぼれする, ほれぼれとするような晴れ姿 | ホン　奔　—　1887　囫奔走, 奔放, 奔命, 奔流；狂奔, 出奔 |
| ほれる　ほれる〔惚れる〕　囫彼女にほれる, 笛の音に聞きほれる | ホン　翻　ひるがえる・ひるがえす　1888 |
| ほろ　ほろ〔幌；母衣当て字〕　囫ほろ馬車, ほろ蚊帳 | (1)向きを変える・逆になる囫翻意, 翻然, 翻弄〈ホンロウ〉 |
| ぼろ　ぼろ〔襤褸当て字〕　囫ぼろを着る, ぼろを出す | (2)同じものを別な形にする囫翻案, 翻刻, 翻訳 |
| ほろびる　滅びる　メツ, ほろぼす〔亡びる〕　1934　囫国が滅びる, 滅びた民族　囲興る | ボン　煩　ハン，わずらう・わずらわす　1674　囫煩悩 |
| ほろぼす　滅ぼす　メツ, ほろびる〔亡ぼす〕　1934　囫悪人を滅ぼす, 身を滅ぼす　囲興す | ボン　凡　ハン　1889　囫凡人, 凡俗；非凡, 平凡 |
| ぼろもうけ　ぼろもうけ〔ぼろ儲け〕　囫新製品が当たってぼろもうけする | ボン　盆　—　1890　囫盆, お盆；盆栽, 盆地 |
| ほろよい　ほろ酔い〔微酔い〕　囫ほろ酔い機嫌 | ホンイ　本意　囫本意を打ち明ける, 本意を遂げる　囲不本意 |
| ホン　反³　ハン・タン，そる・そらす　1655 | ボンおどり　盆踊り |
| | ホンカイ　本懐　囫本懐を遂げる |

○改定追加漢字　●改定追加音訓　□改定削除漢字　■改定削除音訓　〔　〕参考表記　〔△表外漢字　▲表外音訓　×誤用　当て字〕当て字〕

| ホンキ **本気** 例本気にする，本気で怒る
| ホンぎまり **本決まり**(本決り)〔本極り〕 例本留学が本決まりになる
| ボンくれ **盆暮れ** 例盆暮れの付け届け
| ホンケ **本家** 例本家の主人，本家本元 対分家
| ホンごし **本腰** 例本腰を入れる
| ホンショウ **本性** 例本性を現す
| ボンショウ **梵鐘** 類釣り鐘
| ホンショウづめ **本省詰め**(本省詰) 例本省詰めの記者
| ホンセキ **本籍** 例本籍地に照会する
| ホンソウ **奔走** 例就職の世話に奔走する
| ホンだな **本棚** 類書架
| ホンテンづめ **本店詰め**(本店詰) 対支店詰め
| ホントウ **ほんとう，本当** 例ほんとうに知らない，ほんとうに情けない；その話はほんとうだ
| ホンの **ほんの，本の** 例ほんのおしるしです，ほんの少し
| ホンノウ **本能** 例人間の本能，本能的
| ボンノウ **煩悩** 例煩悩のとりこになる，煩悩を断ち切る
| ほんのり **ほんのり** 例ほんのり赤くなる，ほんのりと色づく
| ホンポウ **本俸** 類本給
| ホンマツテントウ **本末転倒**〔本末顛倒〕
| ホンもの **ほんもの，本物**〔真物当て字〕 例ほんものの芸 対偽物
| ホンヤク **翻訳** 例フランス語を日本語に翻訳する
| ぼんやり **ぼんやり**〔盆槍当て字〕 例ぼんやり見える，ぼんやりとかすんで見える；ぼんやりする，ぼんやりと立っている

| ボンヨウ **凡庸** 例凡庸な才覚 類平凡
| ホンライ **本来** 例会を本来の姿に戻す，本来の目的 類元来
| ホンリョウ **本領** 例本領を発揮する
| ホンロウ **翻弄** 例波に翻弄される 類弄ぶ

〔マ・ま〕

| マ | 麻 あさ | 1891 |

例麻酔，麻薬，亜麻

| マ | 摩 — | 1892 |

例摩擦，摩天楼

| マ | 磨 みがく | 1893 |

例磨滅；研磨，百戦錬磨

| マ | 魔 — | 1894 |

例魔がさす；魔王，魔術，魔女，魔法，魔物；睡魔

| ま | 間² カン・ケン，あいだ | 270 |

(1)あいだ 例間を置いて話す；合間，雲間，谷間，波間
(2)部屋 例間数，間口；茶の間，居間，貸し間，客間，広間，洋間
(3)潮時 例間をうかがう
(4)その他 例小間物，手間，仲間

| ま | 真³ シン | 1056 |

例真一文字，真上，真顔，真北，真心，真四角，真下，真正面，真近，真夏，真人間，真昼，真冬，真夜中，真綿 注＊真面目＜まじめ＞，＊真っ赤＜まっか＞，＊真っ青＜まっさお＞

| ま | 馬² バ，うま | 1609 |

例馬子；絵馬

| ま | 目¹ モク・ボク，め | 1947 |

例目の当たり，目深

| まあたらしい **真新しい** 例真新しい洋服

明朝体の右肩の数字は配当学年　末尾の数字は常用漢字表番号　（ ）許容　類類義同意語　対反対対照語
関関連語　学学術用語

| | |
|---|---|
| マイ 米² ベイ, こめ 1801<br>例外米, 供米, 玄米, 新米, 精米, 白米, 早場米 | 例まいないを贈って便宜を図ってもらう 類袖の下, 賄賂<ワイロ> |
| マイ 毎² — 1895<br>例毎朝, 毎回, 毎月, 毎週, 毎度, 毎日, 毎年, 毎晩, 毎夜 | まいひめ 舞い姫(舞姫) |
| | まいもどる 舞い戻る 例はとが巣に舞い戻る；家に舞い戻る |
| マイ 妹² いもうと 1896<br>例姉妹, 姉妹, 弟妹 | まいり 参り 例お宮参り |
| | まいる 参る⁴ サン 746<br>例神社に参る；持って参ります<br>(注)「行く」の謙譲語)；彼のがんこなのには参る |
| マイ 枚⁶ — 1897<br>例紙1枚；枚挙 | |
| マイ 昧 — 1898<br>例曖昧<アイマイ>, 愚昧, 三昧, 蒙昧<モウマイ> | まう 舞う ブ, まい 1762<br>例神楽を舞う, とんびが空を舞う, 風に揺られて木の葉が舞う |
| マイ 埋 うめる・うまる・うもれる 1899<br>例埋葬, 埋蔵, 埋没 | まうえ 真上 例飛行機が家の真上を飛ぶ, 石が頭の真上に落ちる |
| | まえ 前² ゼン 1197<br>例手を前に出す, 前足, 駅前広場；前置き, 3年前, 眠る前, お昼前；10人前の料理；建て前；名前；腕まえ, 分けまえ |
| まい 舞 ブ, まい 1762<br>例舞をまう；舞い姫（舞姫） | |
| まいあがる 舞い上がる(舞い上がる)<br>例ほこりが舞い上がる, 火の粉が舞い上がる, 気持ちが舞い上がる | |
| | まえあし 前足, 前脚 対後足, 後ろ足 |
| まいおうぎ 舞い扇(舞扇) | まえいわい 前祝い 例前祝いに飲む |
| まいおさめる 舞い納める(舞納める)<br>例めでたく舞い納める | まえうけキン 前受け金(前受金) |
| | まえうしろ 前後ろ 例前後<ゼンゴ> |
| まいおちる 舞い落ちる(舞落ちる)<br>例木の葉がひらひら舞い落ちる | まえうり 前売り(前売) 注入場券の前売り, 前売り券 |
| マイキョ 枚挙 例枚挙にいとまがない | まえおき 前置き 例前置きしてから本題に入る |
| まいこ 舞い子(舞子)〔舞い妓〕 | まえがき 前書き(前書) 対後書き |
| まいご *迷子[迷児] | まえかけ 前掛け 類前垂れ |
| まいこむ 舞い込む(舞込む) 例窓から桜の花びらが舞い込む, 幸運が舞い込む | まえがし 前貸し 例給料の前貸し |
| | まえがしキン 前貸し金(前貸金) |
| | まえがり 前借り 例給料の前借り |
| マイシン 邁進 類突進 | まえだれ 前垂れ 類前掛け |
| マイソウ 埋葬 例埋葬する | まえばらい 前払い(前払) 例工賃の前払い |
| マイチモンジ 真一文字 例真一文字に突進する 類まっすぐ | まえぶれ 前ぶれ, 前触れ 例なんの前ぶれもなしに父が上京して来た, 嵐の前ぶれ |
| マイド 毎度 例毎度ありがとう | |
| まいない まいない〔賄賂〕当て字 | |

| | |
|---|---|
| まえまえから　まえまえから,前々から　例まえまえから計画する,まえまえからわかっていた | まき　巻⁶　カン,まく　　256　例巻の一,巻五;〜巻き |
| まえむき　前向き　例前向きの姿勢 | まき　牧⁴　ボク　　1878　例牧場 |
| まえわたし　前渡し　例給料の前渡し | まき　まき〔薪〕　例まきを割る,まきを燃やす　類薪＜たきぎ＞ |
| まがし　間貸し　対間借り | |
| まかす　任す⁵　ニン,まかせる〔委せる〕　1587　例身を任す | まきあげる　巻き上げる(巻上げる)〔捲き上げる〕　例すだれを巻き上げる;人から金を巻き上げる |
| まかす　負かす³　フ,まける・おう　1747　例相手を負かす | まきエ　まき絵〔蒔絵〕 |
| | まきがい　巻き貝(巻貝) |
| まかせる　任せる⁵　ニン,まかす〔委せる〕　1587　例仕事を任せる,他人の判断に任せる,運を天に任せる;金に任せてかってなことをする | まきかえし　巻き返し(巻返し)　例巻き返しを図る,巻き返し政策 |
| | まきがみ　巻紙 |
| | まきがみ　巻き髪(巻髪) |
| | まきこむ　巻き込む(巻込む)　例船が台風に巻き込まれる;事件に巻き込まれる |
| まかない　賄い　例賄いをする,賄い付きの下宿 | |
| | まきじた　巻き舌(巻舌) |
| まかなう　賄う　ワイ　　2131　例改修費は地方税で賄う,アルバイトをして学費を賄う,下宿で2食賄ってくれる | まきジャク　巻き尺(巻尺) |
| | まきぞえ　巻き添え(巻添え)　例巻き添えを食う |
| | まきちらす　まき散らす〔撒き散らす〕　例豆を辺りへまき散らす,デマをまき散らす |
| マカフシギ　摩訶不思議　例宇宙の起源は摩訶不思議だ | |
| まがり　曲がり(曲り)　例曲がりなりにも合格できた | まきつく　巻き付く(巻付く)　例朝顔のつるが竹の棒に巻き付く |
| まがり　間借り　例間借りの生活,間借りする | まきつけ　巻き付け(巻付け)(巻付) |
| | まきつける　巻き付ける(巻付ける)　例糸を糸巻きに巻き付ける |
| まがりかど　曲がり角(曲り角)　例曲がり角にさしかかる;人生の曲がり角 | |
| | まきとり　巻き取り(巻取り)　例巻き取り紙 |
| まがりくねる　曲がりくねる　例曲がりくねった坂道 | まきとる　巻き取る(巻取る) |
| | まきなおし　まき直し〔蒔き直し〕　例新規まき直し |
| まがりニン　間借り人(間借人) | |
| まがる　曲がる³(曲る)　キョク,まげる　　424　例道が曲がる,腰が曲がる;角を曲がる;根性が曲がる | まきば　牧場 |
| | まきもの　巻き物(巻物)　例巻き物を広げる |
| | まぎらす　紛らす　フン,まぎれる・ |

明朝体の右肩の数字は配当学年　末尾の数字は常用漢字表番号　( )許容　類類義同意語　対反対対照語
関関連語　学学術用語

まぎらわす・まぎらわしい 1779
例心の痛みを仕事の忙しさに紛らす，退屈を紛らす

**まぎらわしい 紛らわしい** フン，まぎれる・まぎらす・まぎらわす 1779
例紛らわしい偽物，紛らわしい言い方

**まぎらわす 紛らわす** フン，まぎれる・まぎらす・まぎらわしい 1779
例悲しみを紛らわす

**まぎれ 紛れ** 例紛れもない事実；苦し紛れ

**まぎれこむ 紛れ込む** 例書類の中に手紙が紛れ込む，すりが人込みに紛れ込む

**まぎれる 紛れる** フン，まぎらす・まぎらわす・まぎらわしい 1779
例メモが書類の中に紛れる，人混みに紛れる，闇に紛れて逃げ出す；気が紛れる

**まぎわ 間際** 例発車間際にホームへ駆け込む，出発間際に腹痛を起こす

**まきわり まき割り**〔薪割り〕

**マク 幕**[6] バク 1900
例幕を張る，幕が開く；暗幕，煙幕，開幕，銀幕，字幕，除幕；黒幕

**マク 膜 —** 1901
例膜質；角膜，隔膜，鼓膜，骨膜，粘膜，薄膜，被膜，網膜

**まく 巻く**[6] カン，まき 〔捲く〕 256
例紙を巻く，包帯を巻く，ねじを巻く，渦を巻く，蛇がとぐろを巻く

**まく まく**〔蒔く〕 例朝顔の種をまく

**まく まく**〔撒く〕 例庭に水をまく，豆をまく；尾行者をまく

**マクあい 幕あい**〔幕間〕 例幕あいに食事をする

**マクぎれ 幕切れ** 例観客をひきつける幕切れ，あっけなく幕切れになる

**まぐさ まぐさ**〔秣〕 例牛のまぐさ
類飼い葉

**まくしたてる まくしたてる**〔捲し立てる〕 例非常な勢いでまくしたてる

**マクツ 魔窟** 例麻薬の魔窟を探る

**まくら 枕 —** 1902
例枕をする，枕を高くして寝る，枕を並べて討ち死にする；落語の枕

**まくらもと 枕元，まくらもと，まくら元**〔枕許〕

**まくりあげる まくり上げる**〔捲り上げる〕 例裾をまくり上げる，腕をまくり上げる

**まくる まくる**〔捲る〕 例ワイシャツの袖をまくる，掛け布団をまくる，腕をまくる；逃げまくる，書きまくる

**まぐれあたり まぐれ当たり**（まぐれ当り）

**まくれる まくれる**〔捲れる〕 例風で着物の裾がまくれる

**まけ 負け** 例負けになる 対勝ち；顔負け；おまけ付き，100円のおまけ

**まげ まげ**〔髷〕 例まげを結う，丸まげ

**まけいくさ 負け戦**〔負軍〕

**まけおしみ 負け惜しみ**（負惜しみ） 例負け惜しみが強い，負け惜しみを言う

**まけぎらい 負け嫌い** 注「負けず嫌い」とも言う。

**まけぐせ 負け癖** 例負け癖がつく

**まけじだましい 負けじ魂** 例持ちまえの負けじ魂が頭をもたげる

**まけずぎらい 負けず嫌い** 注正しくは「負け嫌い」。

**まげて まげて**〔枉げて〕 例まげて御承知ください

---

○改定追加漢字　●改定追加音訓　□改定削除漢字　■改定削除音訓　〔 〕参考表記　△表外漢字　▲表外音訓　×誤用　当て字〕当て字

まげもの　曲げ物
まげもの　曲げ物〔髷物〕　類時代物
まける　負ける³　フ，まかす・〔敗ける〕　1747
　例戦いに負ける，試合に負ける，誘惑に負ける　対勝つ；漆に負ける；50円まける，思い切りまけておこう
まげる　曲げる³　キョク，まがる　424
　例腕を曲げる，法を曲げる，節を曲げる，事実を曲げて話す
まけんキ　負けん気　例負けん気が強い　類負けじ魂
まご　孫⁴　ソン　1280
　例孫の代まで名を残す；孫弟子，孫娘
まご　馬子　例馬子にも衣装　類馬方
まごころ　真心　例真心のこもった贈り物
まごつく　まごつく〔間誤付く当て字〕
　例初めての土地で道にまごつく，どこから着手してよいかまごつく
まこと　誠⁶　セイ　1129
　例うそから出た誠，誠を尽くす
まことに副詞　まことに，誠に〔真に，実に，真実に〕　例まことに美しい眺めである，まことにりっぱなお人です
まごびき　孫引き　例孫引きでは当てにならない，孫引きをする　類引用
まごまごする　まごまごする　例人混みの中でまごまごする，まごまごしていると日が暮れてしまう
まさ　正¹　セイ・ショウ，ただしい・ただす　1106
　例正に，正夢
まさか副詞　まさか〔真逆当て字〕
　例まさか死ぬとは思わなかった，まさか君が知らないはずはあるまい；まさかの時の用意，まさかの大敗
まさかり　まさかり〔鉞〕

まさしく副詞　まさしく，正しく
　例あの子こそまさしく神童である，彼こそまさしく天才である
マサツ　摩擦　例摩擦する，兄弟の間に摩擦が生じる
まさに　正に，まさに〔将に〕　例正に彼の言うとおりである；まさに出かけようとしているとき……
まざまざと　まざまざと　例当時の模様をまざまざと思い出す
まさりおとり　勝り劣り〔優り劣り〕
　例勝り劣りがない
まざりもの　混ざり物〔雑ざり物〕
　例混ざり物を取り除く　類混じり物
まさる　勝る³　ショウ，かつ　〔優る〕　987
　例彼のほうが全ての点で勝る，子に勝る宝はない　対劣る
まざる　交ざる²　コウ，まじわる・まじえる・まじる・まぜる・かう・かわす　596
　例綿に麻が交ざる
まざる　混ざる⁵　コン，まじる・まぜる・こむ　676
　例酒に水が混ざる，雑音が混ざる
まし　増し　例5割増し；行かないほうがましだ
まじえる　交える²　コウ，まじわる・まじる・まざる・まぜる・かう・かわす　596
　例女性を交えて相談する，膝を交えて語り合う；一戦を交える
マシカク　真四角　類正方形
まして　まして〔況して〕　例こんな易しいことができないのにましてあの難しいことができるはずはない
　類なおさら，ことさら
まじない　まじない〔呪い〕　例おまじないをする

| | |
|---|---|
| まじなう | まじなう〔呪う〕 |
| まじめ | *真面目,まじめ 例真面目に話す,真面目になる,真面目な人 |
| まシャク | 間尺 例間尺に合わない |
| マジュツ | 魔術 例魔術にかかる |
| まじらい | 交じらい 敏交じわり |
| まじりケ | 混じりけ,交じりけ〔雑じり気〕例混じりけがない |
| まじりもの | 混じり物 |
| まじる | 交じる² コウ,まじわる・まじえる・まざる・まぜる・かう・かわす 596 例子どもの中に大人が交じって遊ぶ,男の中に女が一人交じる |
| まじる | 混じる⁵ コン,まざる・まぜる・こむ 676 例外国人の血が混じる,砂糖の混じったコーヒー |
| まじわり | 交わり 例国と国との交わり,隣近所との交わり |
| まじわる | 交わる² コウ,まじえる・まじる・まざる・まぜる・かう・かわす 596 例2直線が直角に交わる;友達と交わる |
| マシン | 麻しん〔麻疹〕敏はしか |
| ます | 升 ショウ〔枡,桝〕 960 例升目,一升升 |
| ます | 増す⁵ ゾウ,ふえる・ふやす〔益す〕 1256 例水が増す,スピードを増す;それにも増して困難なことは…… 滅減る |
| ます | ます〔鱒〕 |
| まず | まず〔先ず〕例まず健康であること,まずお茶を,これでまず(は)一安心だ |
| マスイ | 麻酔 例麻酔をかける |
| まずい | まずい〔不味い 当て字〕例まずいさしみ,このお茶はまずい 対うまい |
| まずい | まずい〔拙い〕例まずい演技,技術がまずい 対うまい |
| まずい | まずい 例まずい顔;まずいことになった |
| まずしい | 貧しい⁵ ヒン・ビン 1731 例貧しい生活,貧しい暮らし;貧しい才能 |
| ますセキ | 升席〔枡席,桝席〕 |
| ますます | ますます〔益々〕例スポーツはますます盛んになる 類いよいよ,いっそう |
| まずまず | まずまず〔先ず先ず〕例まずまず安心だ,じゅうぶんではないがまずまずの成績を上げる |
| ますめ | 升目〔枡目〕例升目をごまかす |
| ますらお | ますらお〔丈夫,益荒男〕当て字 対たおやめ,たわやめ |
| まぜおり | 交ぜ織り 敏交織<コウショク> |
| まぜかえす | まぜ返す,交ぜ返す,混ぜ返す〔雑ぜ返す〕例鍋の中のじゃがいもを混ぜ返す;人の話をまぜ返す 注「まぜっ返す」とも言う。 |
| まぜこぜ | まぜこぜ 例まぜこぜになる |
| まぜもの | 混ぜ物 |
| ませる | ませる〔老成る 当て字〕例ませた子,ませたことを言う |
| まぜる | 交ぜる² コウ,まじわる・まじえる・まじる・まざる・かう・かわす 596 例男と女と交ぜて5人いる |
| まぜる | 混ぜる⁵ コン,まじる・まざる・こむ 676 例酒に水を混ぜる,さじでかき混ぜる |
| また | 股 コ 562 例韓信の股くぐり;内股,大股,猿股,二股 |

○改定追加漢字 ●改定追加音訓 □改定削除漢字 ■改定削除音訓 〔 〕参考表記 〔△表外字 ▲表外音訓 ×誤用 当て字当て字〕

| また 又 — 1903
  例又貸し，又借り，又聞き，又の機会
| また 副 接続詞 また，又〔復，亦〕
  例また伺います，これもまた美しい；金があるしまた力もある，山また山
  注法令・公用文では仮名書き。
| まだ まだ〔未だ〕 例まだ完成しない，まだ時間はあまりたっていない；これからまだ寒くなる，寝ているほうがまだましだ
| またがし 又貸し 例本の又貸し，又貸しする 対又借り
| またがる またがる〔跨る，股がる〕
  例馬にまたがる；両県にまたがる鉄橋，5年にまたがる事業計画
| またぎき 又聞き 例又聞きだから当てにはならないが……，又聞きする
| またぐ またぐ〔跨ぐ〕 例水たまりをまたぐ
| またぐら またぐら〔股座〕 類股
| またしても またしても，又しても
  例またしても負ける，またしても雨に降られる
| またたき 瞬き 例星の瞬き
| またたく 瞬く シュン 931
  例なんべんも瞬く，星が瞬く
| またたくまに 瞬く間に 例瞬く間に見えなくなる
| またとない またとない，又とない
  例またとない機会，またとない楽しさ
| または または，又は 例父または母，条例又は規則 注法令・公用文では「又は」。
| まだまだ まだまだ〔未だ未だ〕
  例話さなければならないことがまだまだたくさんある，上達はしたがまだまだだ
| まだら まだら〔斑〕 例まだら模様
| まち 街⁴ ガイ・カイ 202
  例街を吹く風，街を行く，学生の街，街の明かり
| まち 町¹ チョウ 1396
  例町と村；裏町，下町
| まち 待ち 例人待ち
| まちあいシツ 待合室
| まちあわす 待ち合わす（待ち合す）（待合す） 例駅で待ち合わす
| まちあわせ 待ち合わせ（待合せ）
| まちあわせジカン 待ち合わせ時間（待合せ時間）
| まちあわせる 待ち合わせる（待ち合せる）（待合せる）
| まちうける 待ち受ける（待受ける）
  例家で友達を待ち受ける，物陰に隠れて待ち受ける
| まぢか 間近〔真近，目近〕 例入試が間近に迫る，頂上は間近だ，完成は間近だ
| まちがい 間違い 例何かの間違いだ，間違いを犯す，子どもに間違いでもあるといけない
| まぢかい 間近い 例完成する日も間近い
| まちがう 間違う 例答えを間違う，考えが間違っている
| まちがえる 間違える 例答えを間違える，計算を間違える，部屋を間違える
| まちかど 街角，町角
| まちかねる 待ちかねる，待ち兼ねる
  例待ちかねて出発する，医者の来るのを待ちかねる
| まちかまえる 待ち構える（待構える）
  例客の来るのを待ち構える
| まちきれない 待ちきれない 例待ちきれないで先に出かける
| まちこがれる 待ち焦がれる（待ち焦れる）（待焦れる） 例夏休みを待

明朝体の右肩の数字は配当学年　末尾の数字は常用漢字表番号　（ ）許容　類類義同意語　対反対対照語
関関連語　学学術用語

- **まちどおしい 待ち遠しい**(待遠しい) 例完成の日が待ち遠しい,待ち遠しい春
- **まちなみ 町並み**(町並) 例雑然とした町並み
- **まちはずれ 町外れ** 例町外れにある遊園地
- **まちびと 待ち人** 例待ち人来たらず
- **まちぶせ 待ち伏せ**(待伏せ) 例敵の待ち伏せに遭う,待ち伏せする
- **まちぼけ 待ちぼけ**〔待ち惚け〕 例待ちぼけを食う 注「待ちぼうけ」とも言う。
- **まちまち まちまち**〔区々当て字〕 例意見がまちまちである,まちまちの服装
- **まちわびる 待ちわびる**〔待ち詫びる〕 例子どもの帰りを待ちわびる
- **マツ 末**<sup>4</sup> バツ,すえ 1904
  例末端,末尾,本末;末期,末席,末代,末筆,末流,末路;結末,月末,歳末,始末,終末,週末,年末;粗末,抹殺
- **マツ 抹 —** 1905
  例抹殺,抹消,抹茶,抹香;一抹の不安
- **まつ 松**<sup>4</sup> ショウ 971
  例松並木,松林,松原;松風,松の内;市松模様
- **まつ 待つ**<sup>3</sup> タイ〔俟つ〕 1297
  例客を待つ,天候の回復を待つ,機会を待つ;自覚にまつ,将来の研究にまつ
- **マツエイ 末裔** 例源氏の末裔
- **まっか ＊真っ赤** 例真っ赤な服,真っ赤なうそ
- **まつかざり 松飾り**
- **マッキ 末期** 例末期的症状 ㊉初期
- **まっくら 真っ暗** 例外は真っ暗である,真っ暗闇;お先真っ暗
- **まっくろ 真っ黒** 例真っ黒な雲,真っ黒け;真っ黒になって働く
- **まつげ まつげ**〔睫,睫毛〕 例長いまつげ
- **マツゴ 末期** 例末期の苦しみ,末期の水
- **マッコウ 抹香** 例抹香臭い;まっこうくじら(抹香鯨)
- **まっコウ 真っ向** 例真っ向から反対する
- **まっサイチュウ 真っ最中** 例工事の真っ最中,宴会の真っ最中
- **まっさお ＊真っ青** 例真っ青な海;顔が真っ青になる
- **まっさかさま 真っ逆さま,真っ逆様** 例真っ逆さまに落ちる
- **まっさかり 真っ盛り** 例夏の真っ盛り
- **まっさき 真っ先** 例真っ先に飛び出す
- **マッサツ 抹殺** 例事件を抹殺する ㊉除去,無視
- **まっしぐら まっしぐら**〔驀地当て字〕 例まっしぐらに突進する
- **マッショウ 末梢** 例末梢神経 ㊉末節
- **マッショウ 抹消** 例字句を抹消する
- **まっショウジキ 真っ正直** 例真っ正直な人,真っ正直すぎる
- **まっしろ 真っ白** 例真っ白なシャツ
- **まっすぐ まっすぐ**〔真っ直ぐ〕 例まっすぐな道;まっすぐに帰る;まっすぐな性質
- **まった 待った** 例待ったをする,工事に待ったをかける,待ったなし
- **まったく 全く**<sup>3</sup> ゼン,すべて 1196
  例全く関係がない,全くの作り話;全くみごとなできだ,全くりっぱな人だ 注仮名書きで「まったく」とも。法令・公用文では「全く」。

---

○改定追加漢字 ●改定追加音訓 □改定削除漢字 ■改定削除音訓 〔 〕参考表記 〔△表外漢字 ▲表外音訓 ×誤字 当て字当て字〕

まっただなか　真っただ中〔真っ只中〕
　例戦場の真っただ中に飛び出す
　類真ん中；競技の真っただ中に雨が降り出す　類真っ最中
マッチャ　抹茶　類ひき茶　対煎茶
　＜センチャ＞
まっとうする　全うする〔完うする〕
　例責任を全うする；天寿を全うする
まっぱだか　真っ裸　類丸裸
まつばづえ　松葉づえ〔松葉杖〕
マッピツ　末筆　例末筆ながら……
まっぴら 副詞　まっぴら，真っ平
　例まっぴらごめん，そんなことはまっぴらだ
まっぴるま　真っ昼間
まっぷたつ　真っ二つ　例真っ二つに割れる，意見が真っ二つに分かれる
まつやに　松やに〔松脂〕
まつり　祭り³〔祭〕　サイ，まつる　704
　例夏祭り，花祭り，ふるさと祭り
まつりごと　政⁵　セイ・ショウ　1117
　例政を行う，政をつかさどる
まつる　祭る³　サイ，まつり〔祀る〕　704
　例神の霊を祭る，祖先を祭る
まで　まで〔迄〕　例完成するまで，9月1日から5日まで，東京まで行く
まと　的⁴　テキ　1460
　例的を矢で射る；命を的にして戦う，攻撃の的，非難の的
まど　窓⁶　ソウ　1236
　例窓を開ける，窓掛け，窓口；心の窓
まどあかり　窓明かり
まとい　まとい〔纏〕　例まといを振る，まとい持ち
まどい　惑い　例心の惑い　類迷い
まどい　まどい〔団居 当て字〕　類くるま

ざ（車座），だんらん
まとう　まとう〔纏う〕　例衣を身にまとう；まといつく
まどう　惑う　ワク　2133
　例心が惑う，逃げ惑う
まどか　まどか〔円か〕　例まどかな月
　類丸い；まどかに話し合う　類円満，穏やか
まどかけ　窓掛け
まどぎわ　窓際　例窓際に席を占める
まどぐち　窓口　例窓口事務
まとまり　まとまり〔纏まり〕　例まとまりがつかない
まとまる　まとまる〔纏まる〕　例5人ずつまとまる；考えがまとまる，調査の結果がまとまる，交渉がまとまる；まとまった金，まとまった人数
まとめる　まとめる〔纏める〕　例紙くずをまとめて捨てる；考えをまとめる，交渉をまとめる
まとも　まとも〔真面 当て字〕　例まともに風を受ける；まともな人間，まともな考え
まどり　間取り　例間取りのよい家
まどろむ　まどろむ〔微睡む 当て字〕
　例うとうとまどろむ
まどわく　窓枠
まどわす　惑わす　例人の心を惑わす
まいた　まな板〔俎〕の板のこい
まなこ　眼⁵　ガン・ゲン　297
　例眼を閉ざす，驚きの眼，どんぐり眼，血眼
まなざし　まなざし〔眼差し〕　例柔和なまなざし
まなデシ　愛弟子　例愛弟子に極意を伝える
まなび　学び　例学びの庭，学びの窓
まなぶ　学ぶ¹　ガク　226
　例よく学びよく遊ぶ，歴史を学ぶ，

まにあ―まもり

自動車の運転を学ぶ
**まにあう　間に合う**　例約束の時間に間に合う，列車に間に合う；これだけあれば間に合う
**まにあわせ　間に合わせ**　例間に合わせの手当，間に合わせに作る
**まぬかれる　免れる**　メン　1935　例戦災を免れる，責任を免れる　注「まぬがれる」とも言う。
**まぬけ　まぬけ，間抜け**　例まぬけなことばかりする，まぬけな人
**まね　まね**〔真似〕当て字　例人まね，物まね；ふざけたまねをするな
**まねき　招き**　例招きに応ずる
**まねく　招く**⁵　ショウ　968　例手を振って招く，客を招く，指導者を招く；悪い結果を招く
**まねる　まねる**〔真似る〕当て字　例人のやり方をまねる
**まのあたり　目の当たり（目の当り）**〔眼の当たり〕　例事故現場を目の当たりに見る
**まのび　間延び**　例間延びして競技がだれる；間延びした顔
**まばたき　まばたき**〔瞬き〕　例まばたき一つしないで見つめる　類またたき
**まばゆい　まばゆい**〔目映い，眩い〕　例まばゆい光線，まばゆいばかりの美しさ；あまりの賛辞にまばゆい思いをする
**まばら　まばら**〔疎ら〕　例人影もまばらである，まばらな人家
**マヒ　まひ**〔麻痺〕　例右半身がまひする，心臓まひ，良心がまひする；交通機関がまひする
**まひる　真昼**
**まぶか　目深**　例帽子を目深にかぶる
**まぶしい　まぶしい**〔眩しい〕　例太陽

の光がまぶしい，まぶしいほどの美しさ　類まばゆい
**まぶす　まぶす**〔塗す〕　例粉をまぶす
**まぶた　まぶた，目蓋**〔瞼〕　例まぶたをこする，まぶたの母
**マホウ　魔法**　例魔法使い，魔法瓶
**まぼろし　幻**　　　　　　　546
　例幻が浮かぶ，幻のように消える
**まま　まま**〔儘〕　例そのまま
**ままこあつかい　まま子扱い**〔継子扱い〕
**ままごと　ままごと**〔飯事〕　例ままごと遊び
**ままはは　まま母**〔継母〕　対実母
**まみれる　まみれる**〔塗れる〕　例汗とほこりにまみれる，泥にまみれる，一敗地にまみれる
**まむかい　真向かい（真向い）**　例真向かいに見える，真向かいの家
**まめ　豆**³　トウ・ズ　　　　1503
　例豆の皮，豆かす，煮豆；豆電球，豆炭，豆鉄砲，枝豆；そらまめ
**まめ　まめ**〔肉刺〕当て字　例足にまめが出来る，まめを潰す
**まめ　まめ**〔忠実〕当て字　例まめに働く，まめな心，筆まめ；まめに暮らす
**まめかす　豆かす**〔豆粕〕
**まめしぼり　豆絞り**　例豆絞りの手拭
**マメツ　磨滅，摩滅**　例磨滅する，磨滅したやすり
**まめまき　豆まき**〔豆撒き，豆蒔き〕
**マモウ　磨耗**　例靴が磨耗する
**まもなく　まもなく，間もなく**　例まもなく完成する，まもなく出発する
**まもの　魔物**
**まもり　守り**　例守りにつく，お守り
**まもりぶくろ　守り袋**
**まもりふだ　守り札**

○改定追加漢字　●改定追加音訓　□改定削除漢字　■改定削除音訓　〔　〕参考表記　〈△表外漢字
▲表外音訓　×誤用　当て字当て字〕

まもる　守る³　シュ・ス, もり　〔護る〕　865
　例留守を守る, 約束を守る, 規則を守る, 教えを守る　対攻める, 破る
マヤク　麻薬　例麻薬中毒, 麻薬患者
まゆ　繭　ケン　541
　例蚕の繭
まゆ　眉　ビ・ミ　〔まゆ〕　1704
　例眉毛, 眉根；眉に唾を塗る, 眉に火がつく, 眉をひそめる, 眉を開く
まよい　迷い　例心の迷い, 迷いから覚める
まよいご　迷い子　類＊迷子＜まいご＞
まよう　迷う⁵　メイ　1929
　例道に迷う, 色香に迷う, 判断に迷う　類＊迷子＜まいご＞
まよわす　迷わす　例人を迷わす, 人の考えを迷わす
まり　まり〔毬, 鞠〕　例まりつき
まる　丸²　ガン, まるい・まるめる　292
　例丸を付ける　類円＜エン＞；まる3年
まるあらい　まる洗い, 丸洗い　例浴衣をまる洗いする　対洗い張り
まるい　円い¹　エン　87
　例円い窓, 円く輪になる
まるい　丸い²　ガン, まる・まるめる　292
　例丸い顔；まるく収める　対四角い
まるきり　副詞　まるきり, 丸切り
　例まるきりわからない, まるきり知らない　注「まるっきり」とも言う。
まるタ　丸太　例丸太小屋　類丸材
まるだし　まる出し, 丸出し　例方言まる出し　類むき出し
まるつぶれ　まるつぶれ, まるつぶれ, 丸つぶれ　例面目丸潰れだ
まるで　まるで〔丸で当て字〕　例まるで夢のようだ, まるで昼間のような明るさ；まるで役に立たない
まるのみ　まるのみ, 丸飲み〔丸呑み〕　例蛇がかえるをまるのみにする；よく理解しないでまるのみにする；相手の要求をまるのみにする
まるはだか　まる裸, 丸裸　例火事でまる裸になる　類素っ裸
まるまる　まるまる, 丸々　例まるまる1日かかる, まるまると損をする；まるまると太る
まるミ　丸み, 丸味　例丸みを帯びる
まるみえ　まる見え, 丸見え　例二階の窓から家の中がまる見えである
まるめこむ　丸め込む　例ハンカチをポケットの中へ丸め込む；相手の話に丸め込まれて大損をする
まるめる　丸める²　ガン, まる・まるい　292
　例紙を丸める；相手を丸める；頭を丸める
まるもうけ　まるもうけ, 丸もうけ〔丸儲け〕　対まる損
まるやき　まる焼き (まる焼), 丸焼き (丸焼)　例鳥のまる焼き
まるやけ　まる焼け, 丸焼け　例まる焼けになる
まれ　まれ〔稀, 希〕　例まれに見る天才, 近頃まれないい映画
まわし　まわし, 回し〔廻し〕　例化粧まわし
まわしもの　回し者　例敵の回し者　類間者＜カンジャ＞, スパイ
まわす　回す²　カイ・エ, まわる　〔廻す〕　173
　例こまを回す, 目を回す；回覧を回す；金を回す, 手を回す, 気を回す
まわり　周り⁴　シュウ　888
　例周りの人, 池の周り

まわり―マンユ

- **まわり 回り**〔廻り〕 例お得意回り，挨拶＜アイサツ＞回り；火の回りが早い
- **まわりあわせ 回り合わせ**（回り合せ） 例回り合わせが悪い，前世からの回り合わせ 熟巡り合わせ
- **まわりくどい 回りくどい** 例回りくどい話し方
- **まわりドウロウ 回り灯籠**，回りどうろう 熟走馬灯
- **まわりブタイ 回り舞台**
- **まわりみち 回り道**〔回り路〕 例回り道をして帰る
- **まわりもち 回り持ち** 例当番を回り持ちにする
- **まわる 回る²** カイ・エ，まわす〔廻る〕 173
  例地球は太陽の周りを回る，水車が回る，目が回る，挨拶＜アイサツ＞に回る，裏道を回って行く，毒が体中＜からだジュウ＞に回る；金が回る，手が回る，4時を回る
- **マン 万²** バン 1906
  例万一，万年筆，万病，万力；巨万，百万
- **マン 満⁴** みちる・みたす 1907
  (1)いっぱい 例満を持する；満員，満悦，満開，満喫，満月，満座，満載，満作，満場，満点，満潮，満腹，満面，満了；干満，充満
  (2)特に年齢について 例満3歳
  (3)満ち足りる 例満足；円満，肥満，不満
- **マン 慢―** 1908
  例慢心，慢性；緩慢，自慢，怠慢
- **マン 漫―** 1909
  例漫画，漫才，漫談，漫歩，漫遊；冗漫
- **マンイチ 万一** 例万一に備える，万一の場合，万一都合が悪くなったら…… 注「万が一」とも言う。
- **マンエン まんえん**〔蔓延〕 例感染症がまんえんする 熟はびこる，流行
- **マンキツ 満喫** 例清浄な高原の大気を満喫する
- **マンコウ 満腔** 例満腔の賛意を表す 熟全幅，心から
- **マンざら 副詞 まんざら**，満更 例まんざら悪くもない；まんざらうそでもないらしい，まんざらでもない
- **マンジュウ まんじゅう**〔饅頭〕 例くりまんじゅう
- **マンジョウイッチ 満場一致**〔万場一致〕
- **マンセイ 慢性**〔漫性〕 ⇔急性
- **マンゼン 漫然** 例漫然と月日を送る
- **マンゾク 満足** 例満足する，満足な成績
- **マンチャク 瞞着** 熟ごまかす，欺く
- **まんなか 真ん中** 例真ん中の直球 熟中央，真ん中，ど真ん中
- **マンネンヒツ 万年筆**
- **マンびき 万引き**（万引） 例万引する
- **マンプク 満幅** 例満幅の信頼
- **マンプク 満腹** 例ごちそうで満腹する
- **マンベンなく まんべんなく**，満遍無く，万遍無く 例まんべんなく捜す，まんべんなく掃除する
- **マンマク 幔幕** 例幔幕を張り巡らす
- **まんまと まんまと** 例まんまとだまされる 注「うまうまと」の転。
- **マンマン 満々** 例満々と水をたたえる，満々たる自信を示す，自信満々
- **マンユウ 漫遊** 例諸国漫遊

○改定追加漢字 ●改定追加音訓 □改定削除漢字 ■改定削除音訓 〔 〕参考表記〔△表外漢字 ▲表外音訓 ×誤用 当て字当て字〕

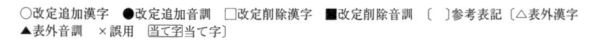

## 〔ミ・み〕

ミ 未⁴ ― 1910
例未開, 未完, 未完成, 未決, 未婚, 未熟, 未遂, 未成年, 未然, 未知, 未知数, 未定, 未納, 未満, 未明, 未来, 未了, 未練 ㊉既

ミ 味³ あじ・あじわう 1911
(1)あじ 例味覚;酸味, 調味料, 珍味, 毒味, 美味, 風味
(2)あじわい・内容 例意味, 加味, 気味, 興味, 滋味, 趣味, 正味, 情味, 俳味, 妙味
(3)あじわう 例味読;吟味
(4)その他 例味方
㊟＊三味線＜しゃみせん＞

ミ 魅 ― 1912
例魅力, 魅惑

ミ 眉 ビ, まゆ 1704
例眉間

み 三¹ サン, みつ・みっつ 744
例三日月, 三日＜みっか＞

み 実³ ジツ, みのる 839
例木の実, 実がなる;実を結ぶ;実のある話

み 身 シン 1046
例身につける, 身を殺して……, 身を落とす, 身を入れる;脂身

み 見～ 例見方, 見境, 見本, 見舞い, 見切り品

み ～見 例形見, 月見, 花見, 雪見, 夢見

み み[御] 例み国, み代

み み～ 例弱み, 重み

みあい 見合い(見合) 例見合いをする

みあいケッコン 見合い結婚(見合結婚) ㊉恋愛結婚

みあう 見合う 例支出に見合う収入

みあげる 見上げる 例空を見上げる;見上げた態度 ㊉見下ろす, 見下げる

みあたる 見当たる(見当る) 例机の上に置いたはずの書類が見当たらない

みあやまる 見誤る 例信号を見誤る

みあわせ 見合わせ(見合せ)

みあわせる 見合わせる(見合せる) 例顔を見合わせて笑う;旅行を見合わせる

みいだす 見いだす〔見出す〕 例有望な新人を見いだす

みいり 実入り 例実入りがよい ㊉収入

みいる 見入る 例優れた演技に見入る

みいる みいる, 魅入る 例悪魔にみいられる ㊟多く受け身の形で用いられる。

みうける 見受ける 例買物をしているのを見受ける, お見受けしたところお元気そうですが……

みうごき 身動き 例身動きひとつできない

みうしなう 見失う 例人込みで父の姿を見失う

みうり 身売り 例工場を身売りする

みえ 見得 例見得を切る ㊟歌舞伎＜カブキ＞用語

みえ 見え〔見栄〕 例見えを張る, 見え坊

みえがくれ 見え隠れ 例見え隠れに人の後をつける

みえボウ 見え坊〔見栄坊〕 ㊃見えっ張り

みえる 見える¹ ケン, みる・みせる 516

明朝体の右肩の数字は配当学年 末尾の数字は常用漢字表番号 ( )許容 ㊃類義同意語 ㊉反対対照語 ㊥関連語 ㊄学術用語

みおく―みきり

例窓から山が見える,楽しそうに見える,眼鏡を掛けないとよく見えない；お客が見える；間違いに気づいたとみえる

**みおくり 見送り** 例おおぜいの見送りを受ける 対出迎え

**みおくる 見送る** 例駅で見送る,親を見送る；せっかくのチャンスを見送る,採用を見送る 対出迎える

**みおさめ 見納め,見収め** 例この世の見納め

**みおつくし みおつくし**〔澪標当て字〕 類みおじるし

**みおとし 見落とし(見落し)** 例見落としのないよう注意する

**みおとす 見落とす(見落す)** 例肝腎なことを見落とす

**みおとり 見劣り** 例見劣りがする

**みおぼえ 見覚え** 例見覚えがない 類記憶

**みおろす 見下ろす** 例屋上から見下ろす；人の身なりを見下ろす 対見上げる,仰ぐ

**みかえし 見返し** 例本の見返し；見返しの布を裁つ

**みかえす 見返す** 例間違いがないか見返す；成功して見返す

**みかえり 見返り** 例見返り品

**みかえりブッシ 見返り物資(見返物資)**

**みがき 磨き**〔研き〕 例磨きをかける,靴磨き

**みがきあげる 磨き上げる** 例床<ゆか>を磨き上げる

**みがきこ 磨き粉**

**みがきたてる 磨き立てる** 例机を磨き立てる

**みがく 磨く**〔研く〕 例靴を磨く；歯を磨く；技を磨く

**みかけ 見かけ,見掛け** 例見掛けはよい

**みかけだおし 見かけ倒し,見掛け倒し** 例見掛け倒しの人

**みかける 見かける,見掛ける** 例よく見かける,この頃さっぱり見かけない

**ミかた 味方,身方** 例味方になる 対敵

**みかた 見方** 例絵画の見方,物の見方

**みがため 身固め** 例身固めをする 類身支度,身ごしらえ

**みかづき 三日月**

**みがって 身勝手** 例身勝手な行動

**みかねる 見かねる,見兼ねる** 例見るに見かねて注意する

**みがまえ 身構え** 例身構えを整える

**みがまえる 身構える** 例ふてぶてしく身構える

**みがら 身柄** 例身柄を引き取る

**みがる 身軽** 例身軽な服装,身軽な独り暮らし

**みかわす 見交わす** 例互いに見交わす顔と顔

**みがわり 身代わり(身代り)** 例身代わりになる,社長の身代わり

**ミカンセイ 未完成** 例未完成のままに終わる

**みき 幹**[5] **カン** 274
例木の幹

**みぎ 右**[1] **ウ・ユウ** 58
例右肩,右側,右手 左；あの人の右に出る者はいない

**みきき 見聞き** 例見聞きする 類見聞<ケンブン>

**みきり 見切り** 例見切りをつける

**みぎり みぎり**〔砌〕 例上京のみぎり,向寒のみぎり 類折

**みきりヒン 見切り品(見切品)**

○改定追加漢字 ●改定追加音訓 □改定削除漢字 ■改定削除音訓 〔 〕参考表記 〔△表外漢字 ▲表外音訓 ×誤用 当て字〕当て字〕

| | |
|---|---|
| **みきる　見切る**　例全巻を見切る<br>類見終わる，品物を見切る　対投げ売りする | 長に見込まれる |
| | **みごもる　身籠もる**(身籠る)，身ごもる　関妊娠する |
| **みぎわ　みぎわ**〔汀，渚〕類なぎさ | **みごろし　見殺し**　例見殺しにする |
| **みきわめ　見極め**　例見極めをつける | **みさお　操**⁶　ソウ，あやつる　1249<br>例操を立てる，操を守る　関貞操 |
| **みきわめる　見極める**　例工事の完成を見極める，事件の裏を見極める，考えが正しいかどうか見極める | **みさかい　見境**　例前後の見境なく金を借りる　関見分け |
| **みくだす　見下す**　例人を見下すような言い方 | **みさき　岬**　―　　　　　　　　1913<br>例船が岬を回る；〜岬 |
| **みくびる　見くびる**〔見縊る〕例相手を見くびるとひどい目に遭う | **みさげる　見下げる**　例身なりで人を見下げるものではない |
| **みくらべる　見比べる**　例二つの絵を見比べる | **みささぎ　陵**　リョウ　　　　2066<br>例先帝の陵　関御陵<ゴリョウ> |
| **みぐるしい　見苦しい**　例いまさら慌てるのは見苦しい，見苦しい態度 | **みさだめる　見定める**　例はっきりと見定める |
| **みぐるみ　身ぐるみ**　例身ぐるみ剝がされる | **みじかい　短い**³　タン　　　　1341<br>例短い鉛筆，短い話，ひもを短く切る；気が短い　対長い |
| **ミケン　眉間**，みけん　例眉間にしわを寄せる | **みじかよ　短夜**　例夏の短夜　対夜長 |
| **みこし　みこし**〔御輿；神輿 当て字〕<br>例みこしを担ぐ；みこしを上げる，みこしを据える | **みジタク　身支度**，身仕度　例身支度する，さっぱりとした身支度 |
| **みごしらえ　身ごしらえ**〔身拵え〕<br>類身支度，身固め | **みじまい　身じまい**〔身仕舞い 当て字〕<br>例身じまいを正す，身じまいする |
| **みごと　みごと，見事**〔美事 当て字〕<br>例みごとな演技，みごとに出来上がる，なかなかみごとだ；みごとに失敗する，みごとにだまされる | **みじめ　惨め**　サン・ザン　　749<br>例惨めな暮らし，惨めな負け戦，それではあまりにも惨めだ |
| | **ミジュク　未熟**　例未熟な技術，未熟者 |
| **みことのり　詔**　ショウ　　　　994<br>例詔を賜る | **みしらぬ　見知らぬ**　例見知らぬ人，見知らぬ土地 |
| **みこみ　見込み**(見込)　例見込みがない，見込みが外れる，見込みが立たない | **みしり　見知り**　例人見知りをする，顔見知り |
| | **みしりごし　見知り越し** |
| **みこみガク　見込み額**(見込額) | **みしる　見知る**　例見知らぬ人 |
| **みこみちがい　見込み違い**(見込違い)<br>例見込み違いも甚だしい | **みじろぎ　身じろぎ**〔身動ぎ〕例身じろぎもしない　関身動き |
| **みこむ　見込む**　例ボーナスを見込んで借金する，男と見込んで頼む，社 | **ミジン　みじん**〔微塵〕例みじんもやましいことはない；みじん切り；木っ端みじん |

明朝体の右肩の数字は配当学年　末尾の数字は常用漢字表番号　（　）許容　類類義同意語　対反対対照語<br>関関連語　学学術用語

みす　みす〔御簾〕　例すだれ
みず　水¹　スイ　1081
　例水色,水辺;雨水,大水,井戸水;水と油;水も漏らさぬ警戒,水が入る,水を差す,水を打ったような静けさ　注＊清水＜しみず＞
みずあげ　水揚げ　例水揚げ高
みずあそび　水遊び　例水遊びをする
みずあび　水浴び　例水浴びする
みずあめ　水あめ〔水飴〕
みずあらい　水洗い　例水洗いする
ミスイ　未遂　例殺人未遂　⇔既遂
みずいれ　水入れ　🅒水滴
みずうみ　湖³　コ　570
　例湖のほとり
みすえる　見据える　例目を見据える
みずかがみ　水鏡
みずかき　水かき〔蹼,水搔き〕
みずかけロン　水掛け論　例どこまでいっても水掛け論である
みずかさ　水かさ〔水嵩〕　例水かさが増す　🅒水量
みすかす　見透かす　例相手の腹の中を見透かす
みずがめ　水がめ〔水瓶,水甕〕
みずから　自ら²　ジ・シ　811
　例自らを滅ぼす,自らを高しとする,自らを尊しとする
みずから　自ら,自ら　例みずから進んで仕事を引き受ける,みずから招いた不幸;天はみずから助くる者を助く
みずぎ　水着　🅒海水着
みずぎわ　水際　例水際の草;水際作戦　注「みぎわ」とも言う。
みずぎわだつ　水際立つ　例水際立った演技
みずくさい　水くさい,水臭い　例水くさいみそ汁;水くさいことを言う
みずくみ　水くみ〔水汲み〕
みずケ　水気　例水気が足りない
みずけむり　水煙　例水煙を上げる
みすごす　見過ごす〔見過す〕　例うっかり見過ごす,いたずらを見過ごす
みずゴリ　水ごり〔水垢離〕　例水ごりを取る
みずさし　水差し〔水指し〕
みずしぶき　水しぶき〔水飛沫　当て字〕　例水しぶきを上げる
みずしらず　見ず知らず　例見ず知らずの人
みずぜめ　水攻め　例城を水攻めにする
みずぜめ　水責め　⇔火責め
みずたまり　水たまり〔水溜り〕
みすてる　見捨てる〔見棄てる〕　例困っている親子を見捨てることはできない,部下を見捨てる
みずのみ　水飲み〔水呑み〕　例水飲み場
みずはけ　水はけ〔水捌け〕　例水はけが悪い土地　🅒排水
みずばな　水ばな〔水洟〕　注「水っぱな」とも言う。
みずひき　水引　例水引を掛ける
みずびたし　水浸し　例水害で水浸しになる
みずぶくれ　水ぶくれ〔水脹れ〕　例水ぶくれが出来る
みすぼらしい　みすぼらしい〔見窄らしい〕　例みすぼらしい身なり,見るからにみすぼらしい人
みずまくら　水枕,水まくら
みずまし　水増し　例酒に水増しをする;経費を水増しする,予算を水増しする
みすみす　副　みすみす,見す見す　例みすみす損をする
みずみずしい　みずみずしい〔瑞々し

みずもり　水盛り　例水計り，水準器
みせ　店² テン　1474
　例店を出す，店先；茶店，夜店
ミセイネン　未成年〔未青年〕 例未成年者
みせかけ　見せかけ，見せ掛け　例見せかけだけがよい　類外見
みせかける　見せかける，見せ掛ける　例本物らしく見せかける，力がないのにあるように見せかける
みせがまえ　店構え　例りっぱな店構え
みせさきわたし　店先渡し　類店頭渡し
みせしめ　見せしめ　例見せしめのために厳罰に処する，見せしめにする
みせつける　見せ付ける　例これ見よがしに見せつける，仲のよいところを見せつける
みぜに　身銭　例身銭を切る
みせびらかす　見せびらかす　例新しい洋服を見せびらかす
みせびらき　店開き　例店開きする　対店じまい
みせもの　見せ物〔見世物当て字〕 例見せ物にされる
みせる　見せる¹ ケン，みる・みえる　516
　例人に絵を見せる，嫌なめを見せる；どうしても成功してみせる
ミゼン　未然〔未前〕 例事故を未然に防ぐ
ミソ　みそ〔味噌〕 例みそ汁；てまえみそを並べる；腕みそ
みぞ　溝　コウ　639
　例溝を掘る；親子間の溝
ミゾウ　未曽有，みぞう　類空前の，かつてない
みそか　みそか〔三十日，晦日当て字〕
　例みそか払

みそこなう　見損なう　例名画展を見損なう；人物を見損なう
ミソしる　みそ汁〔味噌汁〕
ミソづけ　みそ漬け〔味噌漬け〕
みそめる　見初める　例見初めて結婚を申し込む
みぞれ　みぞれ〔霙〕 例みぞれ混じりの時雨
みそれる　見それる〔見逸れる〕
　例お見それいたしました
みたい　みたい　例できもしないのにできるみたいな顔をする，おまえみたいなやつは……
みだし　見出し　例見出しを付ける，大見出し，見出し語
みだしなみ　身だしなみ〔身嗜み〕
　例身だしなみに気を配る
みたす　満たす⁴ マン，みちる〔充たす〕　1907
　例腹を満たす，欲求を満たす
みだす　乱す⁶ ラン，みだれる　2029
　例列を乱す，秩序を乱す
みたて　見立て　例見立てがよい，医者の見立て
みたてる　見立てる　例着物の柄を見立てる，職員を客に見立ててもてなしの練習をする
みだら　淫ら　イン〔みだら，猥ら〕　53
　例淫らなふるまいをする，話の内容が淫らだ
みだりに　みだりに〔妄りに，濫りに〕
　例みだりに花を折ってはいけない
みだれ　乱れ　例裾の乱れ，国の乱れ
みだれがみ　乱れ髪
みだればこ　乱れ箱
みだれる　乱れる⁶ ラン，みだす　2029

例列が乱れる, 秩序が乱れる, 国が乱れる, 心が乱れる

**みち　道²**　ドウ・トウ　〔路, 途, 径〕　1542
例道をつける, 道に迷う, 小道, 坂道;道を説く, 筋道

**みぢか　身近**　例身近に迫る, 身近な問題

**みちがえ　見違え**　注「見違い」とも言う。

**みちがえる　見違える**　例掲示板を見違える, 見違えるように元気になる

**みちくさ　道草**　例道草を食う

**みちしお　満ち潮**　対引き潮

**みちしるべ　道しるべ**〔道標〕　撤道標 <ドウヒョウ>

**みちづれ　道連れ**　例道連れにする;旅は道連れ世は情け

**みちのり　道のり**〔道程〕　例目的地までの道のり　例距離, 道程<ドウテイ>

**みちばた　道端**　例道端に咲くすみれ

**みちひ　満ち干**　例潮の満ち干

**みちびき　導き**　例導きを受ける, 神の導き

**みちびく　導く⁵**　ドウ　1545
例客を応接室に導く, 部下を導く;事業を失敗に導いた原因

**みちゆき　道行き**

**みちる　満ちる⁴**　マン, みたす〔充ちる〕　1907
例潮が満ちる, 活気に満ちる;役員の任期が満ちる

**ミツ　密⁶**　—　1914
(1)隙間がない　例密雲, 密集, 密生, 密接, 密着, 密度, 密封, 密林;緊密, 厳密, 細密, 親密, 精密, 綿密
(2)ひそかに・内々　例密議, 密航, 密告, 密書, 密談, 密売, 密約, 密輸;

機密, 内密, 秘密

**ミツ　蜜**　—　1915
例蜜月, 蜜蜂<ミツばち>, 蜜豆;蜂蜜<はちミツ>

**みつ　三つ¹**　サン, み・みっつ　744
例三つどもえ

**みつおり　三つ折り**　例三つ折りにする, 三つ折りの案内状

**みつがさね　三つ重ね**　例三つ重ねのたんす, 三つ重ねの小鉢

**みつかる　見つかる, 見付かる**　例なくした財布が見つかる, 結論が見つかる, うそをついていたことが見つかる

**みつぎもの　貢ぎ物**

**みつぐ　貢ぐ**　コウ・ク　626
例愛人に貢ぐ, 貢ぎ物

**みつぐみ　三つ組み**（三つ組）　例三つ組みの杯

**みづくろい　身繕い**　例身繕いをする

**みつくろう　見繕う**　例土産物を見繕う

**みつける　見つける, 見付ける**　例珍しい植物を見つける, 間違いを見つける;ふだん見つけない服装をしている

**みっちり　みっちり**　例みっちり勉強する, みっちりしぼられる　注「みっしり」とも言う。

**みっつ　三つ¹**　サン, み・みつ　744

**みっともない　みっともない**　例叱られてばかりいるのはみっともない, みっともない服装

**ミツバチ　蜜蜂**

**ミツまめ　蜜豆, みつ豆**

**みつめる　見つめる, 見詰める**〔凝視る　当て字〕　例息を殺して見つめる, 星を見つめる　撤凝視<ギョウシ>する

**みつもり　見積もり**（見積り）　例見積

みつも—みのう

もりする，工費の見積もり
**みつもりショ　見積書**
**みつもる　見積もる**(見積る)　例建築費を見積もる
**ミテイ　未定**　例場所は未定である
**ミトウ　未到**　例前人未到の偉業
**ミトウ　未踏**　例人跡未踏の奥地
**みとおし　見通し**〔見透し〕　例見通しの利く部屋；見通しは楽観を許さない
**みとおす　見通す**〔見透す〕　例海の向こうまで見通す；相手の腹の中を見通す，景気の立ち直りを見通す
**みとがめる　見とがめる**〔見咎める〕
例怪しい男が警官に見とがめられる
**みどころ　見どころ**，見所〔見処〕
例この映画の見どころ；見どころがある青年
**みとどける　見届ける**　例行き着くのを見届ける，最期を見届ける
**みとめ　認め**　類認め印
**みとめイン　認め印**　対実印
**みとめる　認める**⁶　ニン　1590
例劇場で父の姿を認める；音楽の才能を認める，課長に認められる，犯行を認める
**みとり　見取り**(見取)　例見取り算
**みどり　緑**³　リョク・ロク　2075
例木々の緑，緑色，薄緑
**みとりズ　見取り図**(見取図)
**みとる　見とる**〔看取る〕　例病人をみとる
**みとれる　見とれる**〔見惚れる，見蕩れる〕　例あまりの美しさにうっとりと見とれる
**みな　皆　カイ**　184
例皆が集まる，皆で出かける，皆の者，皆さん，皆さん
**みなおす　見直す**　例答案をなんべん

も見直す，彼の人柄を見直す
**みなぎる　みなぎる**〔漲る〕　例水がみなぎる；闘志がみなぎる，若さがみなぎる
**みなげ　身投げ**　例身投げをする
**みなごろし　皆殺し**
**みなす　見なす**〔看做す〕　例欠席した者は棄権したものと見なす　類推定する
**みなづき　永無月**　類六月
**みなと　港**³　コウ　〔湊〕　635
**みなみ　南**²　ナン・ナ　1574
例湖の南，南風　対北
**みなもと　源**⁶　ゲン　555
例源をたどる，水の源
**みならい　見習い**(見習)　例運転手の見習い，家事の見習い
**みならいコウ　見習い工**(見習工)
**みならう　見習う，見倣う**　例家事を見習う；先輩を見倣う
**みなり　身なり**〔身形〕　例身なりを構わない，あか抜けした身なり
**みなれる　見慣れる**〔見馴れる〕
例見慣れた風景，この辺りで見慣れない顔
**みにくい　醜い　シュウ**　904
例醜いあひるの子，醜い顔，醜い心　対美しい
**みにくい　見にくい**〔見悪い，見難い〕　例黒板が光って字が見にくい，見にくい画面
**みぬく　見抜く**　例相手の計略を見抜く，人の心を見抜く
**みね　峰　ホウ**〔嶺，峯〕　1842
例峰に登る；雲の峰；峰打ち
**みねごし　峰越し**
**みねつづき　峰続き**
**みの　みの**〔蓑〕　例隠れみの
**みのうえ　身の上**　例身の上相談，身

明朝体の右肩の数字は配当学年　末尾の数字は常用漢字表番号　( )許容　類類義同意語　対反対対照語
関関連語　学学術用語

みのが―みみな

の上話
- **みのがす** 見逃す〔見逃す〕 例評判の高い映画を見逃す,子どものいたずらを見逃す
- **みのしろキン** 身の代金(身代金) 例身の代金を要求される
- **みのたけ** 身の丈 例身の丈が大きい
- **みのまわり** 身の回り〔身の廻り〕 例身の回りの世話をする
- **みのり** 実り 例実りの秋,豊かな実り,実りの多い話
- **みのる** 実る³ ジツ,み 839 例稲が実る;長い間の努力が実る
- **みばえ** 見栄え,見映え 例見栄えがする ㊙見劣り
- **みはからい** 見計らい 例見計らいで頼む
- **みはからう** 見計らう 例適当に料理の品を見計らう,潮時を見計らって引き上げる
- **みはじめ** 見始め 例見始めの見納め
- **みはなす** 見放す,見離す 例医者に見放される
- **みはらい** 未払い(未払)
- **みはらいカンジョウ** 未払い勘定(未払勘定)
- **みはらし** 見晴らし(見晴し) 例見晴らしがよい,見晴らしが利く
- **みはらしダイ** 見晴らし台(見晴し台)
- **みはらす** 見晴らす(見晴す) 例遠くまで見晴らせる展望台
- **みはり** 見張り 例厳重な見張り,見張りをする
- **みはりバン** 見張り番(見張番)
- **みはる** 見張る 例敵を見張る,倉庫を見張る
- **みはる** みはる〔瞠る〕 例目をみはる
- **みぶり** 身ぶり,身振り 例大げさな身ぶり,身ぶり手ぶり
- **みぶるい** 身震い 例思わず身震いする,身震いするほどの恐ろしさ
- **みほれる** 見ほれる〔見惚れる〕 例至芸に見ほれる ㊙見とれる
- **みまい** 見舞い(見舞) 例暑中見舞い
- **みまいジョウ** 見舞い状(見舞状)
- **みまいヒン** 見舞い品(見舞品)
- **みまう** 見舞う 例病人を見舞う;台風に見舞われる;げんこつを見舞う
- **みまがう** 見まがう〔見紛う〕 例花と見まがうばかりのあでやかさ
- **みまちがい** 見まちがい,見間違い
- **みまちがえる** 見まちがえる,見間違える 例案内板を見まちがえる
- **みまもる** 見守る 例おおぜいの人が見守る中で式が行われる,子どもの成長を見守る,政治の成り行きを見守る
- **みまわす** 見回す〔見廻す〕 例辺りを見回す
- **みまわる** 見回る〔見廻る〕 例戸締まりが完全かどうか家中<いえジュウ>を見回る
- **みみ** 耳¹ ジ 810 例耳を澄まして聞く,耳に入れる,耳元,初耳,早耳;耳を傾ける;耳が痛い
- **みみあたらしい** 耳新しい 例耳新しい話,耳新しいニュース
- **みみうち** 耳打ち 例そっと耳打ちする
- **みみかき** 耳かき〔耳掻き〕
- **みみかざり** 耳飾り 例真珠の耳飾り
- **みみざわり** 耳障り 例話し声が耳障りで眠れない,耳障りな話
- **みみずく** みみずく〔木菟〕
- **みみたぶ** 耳たぶ〔耳朶〕
- **みみなり** 耳鳴り 例耳鳴りがする
- **みみなれる** 耳慣れる〔耳馴れる〕 例耳慣れた声

○改定追加漢字 ●改定追加音訓 □改定削除漢字 ■改定削除音訓 〔 〕参考表記 〔△表外漢字 ▲表外音訓 × 誤用 用て字 当て字〕

| | |
|---|---|
| みみもと　耳元, 耳もと〔耳許〕 | 妙, 微妙 |
| 例耳元でささやく | (2)美称・若く美しい例妙齢 |
| みみより　耳寄り　例耳寄りな話 | (3)不思議・おかしい例奇妙, 珍妙 |
| みむく　見向く　例見向きもしない | ミョウ　名¹　メイ, な　　　1926 |
| みめ　見目〔眉目当て字〕　例見目麗 | 例名字, 名代；戒名, 功名, 俗名, |
| しい, 見目より心　類容姿 | 大名, 本名 |
| みもち　身持ち〔身持〕　例身持ちが悪 | ミョウ　命³　メイ, いのち　　1927 |
| い；身持ちになる | 例寿命 |
| みもと　身元〔身許〕　例身元が確か | ミョウ　明²　メイ, あかり・あか |
| だ, 身元不明, 身元保証人 | るい・あかるむ・あからむ・あ |
| みもの　見もの, 見物　例彼の活躍ぶ | きらか・あける・あく・あくる・ |
| りは見ものだった | あかす　　　　　　　　　　1928 |
| みや　宮³　キュウ・グウ・ク　375 | 例明星；光明, 灯明；明春, 明朝, |
| 例宮参り；あすかの宮；宮様 | 明日, 明年, 明晩　注*明日<あす> |
| ミャク　脈⁵　　　　　　　　1916 | ミョウ　冥　メイ　　　　　　1930 |
| 例脈を取る, 静脈, 動脈；脈がある； | 例冥加, 冥利 |
| 鉱脈, 山脈, 文脈, 葉脈, 気脈, 乱脈 | ミョウガ　冥加　例命冥加な男 |
| ミャクハク　脈拍〔脈搏〕 | ミョウギ　妙技　類美技 |
| ミャクラク　脈絡　例脈絡のない話 | ミョウゴニチ　明後日　田あさって |
| みやぎケン　※宮城県 | ミョウジ　名字〔苗字〕　例名字帯刀 |
| みやげ　＊土産　例土産話, 上産物 | 社名前 |
| みやこ　都³　ト・ツ　　　　1489 | ミョウジョウ　明星　例宵の明星；歌 |
| 例京の都, 水の都；みやこどり(都鳥) | の明星 |
| みやこおち　都落ち | みょうと　みょうと〔夫婦当て字〕 |
| みやこそだち　都育ち　社田舎育ち | 例みょうと茶碗　<チャワン> |
| みやすい　見やすい〔見易い〕　例見や | 類夫婦<フウフ>　注「めおと」と |
| すい場所, 見やすいように書く | も言う。 |
| みやづかえ　宮仕え　例すまじきもの | ミョウミ　妙味　例言葉では言い表せ |
| は宮仕え | ぬ妙味がある |
| みやびやか　みやびやか〔雅やか〕 | ミョウリ　冥利　例男冥利に尽きる |
| 例みやびやかな舞　類上品 | みより　身寄り　例身寄りがない |
| みやぶる　見破る　例相手の計略を見 | 類親類, 縁者 |
| 破る | ミリョウ　未了　例審議未了 |
| みやまいり　宮参り | ミリョク　魅力　例あふれるばかりの |
| みよい　見よい〔見好い〕　例見よい身 | 魅力, 魅力的な女性 |
| なり　社見苦しい | ミリン　みりん〔味醂〕　例みりん漬け |
| ミョウ　妙　—　　　　　　　1917 | みる　見る¹　ケン, みえる・みせ |
| (1)優れている・たえ例妙案, 妙技, | る〔観る, 看る, 覧る, 視る〕 |
| 妙手, 妙味, 妙薬；軽妙, 巧妙, 神 | 　　　　　　　　　　　　　　516 |

明朝体の右肩の数字は配当学年　末尾の数字は常用漢字表番号　( )許容　類類義同意語　対反対対照語
鴬関連語　学学術用語

例写真を見る, 新聞を見る, 答案を見る;味を見る, 手相を見る, めんどうを見る;夢を見る 類空想する, 理想を描く 困「……してみる」などは仮名書きが望ましい。

みる　診る　シン　　　　　　1062
　例患者を診る, 脈を診る
みる　……(て)みる　例一口食べてみる, 考えてみる, 起きてみると……
みるかげもない　見る影もない
　例見る影もなく痩せる
みるからに　見るからに　例見るからに嫌なやつだ
みるまに　見るまに, 見る間に
　例見るまに燃え広がる
みるみる　みるみる, 見る見る
　例みるみるうちに曇って雨が降りだす
みわけ　見分け　例見分けがつかない
みわける　見分ける　例本物かどうか見分ける
みわすれる　見忘れる　例すっかり見忘れる
みわたし　見渡し　例見渡しが利く
みわたす　見渡す　例展望台から見渡す;見渡す限り
ミン　民⁴　たみ　　　　　　1918
　例民意, 民家, 民間, 民芸, 民権, 民事, 民主, 民衆, 民情, 民心, 民生, 民政, 民選, 民俗, 民族, 民法;移民, 官民, 漁民, 公民, 国民, 市民, 住民, 庶民, 植民, 人民, 村民, 町民, 難民, 農民, 良民　村官
ミン　眠　ねむる・ねむい　　1919
　例永眠, 催眠, 就眠, 睡眠, 惰眠, 冬眠
みんな　みんな〔皆〕　例みんなの歌, みんなで行こう　類皆<みな>

ミンヨウ　民謡　例郷土民謡

〔ム・む〕

ム　武⁵　ブ　　　　　　　1760
　例荒武者
ム　謀　ボウ, はかる　　　　1873
　例謀反
ム　矛　ほこ　　　　　　　1920
　例矛盾
ム　務⁵　つとめる・つとまる　1921
　例外務, 義務, 急務, 教務, 業務, 勤務, 激務, 兼務, 公務, 公務員, 国務, 債務, 財務, 雑務, 事務, 執務, 実務, 庶務, 職務, 政務, 責務, 専務, 総務, 任務, 服務, 本務, 用務, 労務
ム　無⁴　ブ, ない　　　　　1922
　例無意義, 無意識, 無意味, 無益, 無我, 無害, 無関心, 無期, 無機物, 無記名, 無気力, 無口, 無形, 無限, 無効, 無言, 無罪, 無視, 無試験, 無実, 無臭, 無所属, 無償, 無色, 無職, 無情, 無条件, 無心, 無数, 無制限, 無責任, 無線, 無知, 無賃, 無抵抗, 無敵, 無難, 無念, 無能, 無分別, 無法, 無謀, 無免許, 無用, 無欲, 無理, 無料, 無力, 無類;皆無, 虚無　対有
ム　夢⁵　ゆめ　　　　　　　1923
　例夢幻, 夢想, 夢中;悪夢
ム　霧　きり　　　　　　　1924
　例霧笛;五里霧中, 濃霧, 噴霧器
む　六¹　ロク, むつ・むっつ・むい　　　　　　　　　　2125
　例六月目
むい　六¹　ロク, む・むつ・むっ

○改定追加漢字　●改定追加音訓　□改定削除漢字　■改定削除音訓　〔　〕参考表記　〔△表外字〕
▲表外音訓　×誤用　[当て字当て字]

つ　2125
　囲六日
ムイ　無為〔囲無為無策，無為に日を過ごす　対有為
ムイシキ　無意識〔囲無意識に歌を口ずさむ，無意識状態
ムエキ　無益〔対有益
ムガ　無我〔囲無我の境地，無我夢中
むかい　向かい〔向い〕〔囲向かいの家
むかいあう　向かい合う〔向い合う〕〔囲客と向かい合って話す
むかいあわす　向かい合わす〔向い合す〕〔囲向かい合わして座る
むかいあわせ　向かい合わせ〔向い合せ〕〔囲向かい合わせにする
むかいかぜ　向かい風〔向い風〕〔対追い風
むかう　向かう³　コウ，むく・むける・むこう　598
　囲正面に向かって座る，大阪に向かう，夏に向かう，観客に向かって話す，敵に向かう
むかえ　迎え〔囲送り迎え，迎えに行く
むかえうつ　迎え撃つ〔囲敵を迎え撃つ
むかえび　迎え火〔囲迎え火をたく　対送り火
むかえる　迎える　ゲイ　499
　囲客を迎える，社長に迎える，嫁を迎える，新年を迎える　類送る
むかし　昔³　セキ・シャク　1142
　囲昔をしのぶ，大昔
むかしがたり　昔語り〔囲昔語りの好きな老人
むかしなじみ　昔なじみ〔昔馴染み〕〔囲昔なじみに会う
むかしばなし　昔話
むかっぱら　むかっ腹，向かっ腹〔囲むかっぱらを立てる

ムガムチュウ　無我夢中〔無我無中〕〔囲無我夢中で叫ぶ
ムカン　無冠〔囲無冠の帝王，無位無冠
ムカンケイ　無関係〔囲事件には全く無関係だ
むき　向き〔囲向きを変える，南向きの部屋，万人向きの読み物
むき　むき〔向き〕〔本気当て字〕〔囲むきになって怒る
むぎ　麦²　バク　1639
　囲麦粉，麦茶，麦畑，麦飯，麦湯；大麦，小麦，裸麦
むきあう　向き合う〔囲向き合って座る
むぎうち　麦打ち〔麦打〕〔囲麦打ちの季節
むぎかり　麦刈り〔麦刈〕〔囲麦刈りをする
むきだし　むき出し〔剥き出し〕〔囲敵意むき出しの話しぶり
むきなおる　向き直る〔囲議長のほうに向き直って話す
むぎばたけ　麦畑〔麦畠〕
むぎふみ　麦踏み〔麦踏〕
むぎまき　麦まき〔麦蒔き，麦播き〕
むきみ　むき身〔剥身〕〔囲はまぐりのむき身
むぎわらボウシ　麦わら帽子〔麦藁帽子〕
むく　向く³　コウ，むける・むかう・むこう　598
　囲南に向いている部屋，右を向く；気が向く；子どもに向く本
ムク　むく〔無垢〕〔囲純真むくな子ども，清浄むく，白むく　類清浄，汚れない，純粋
むく　むく〔剥く〕〔囲みかんの皮をむく，皮をむいて食べる
むくい　報い〔囲報いを受ける，前世の報い

むくい―むしゃ

- **むくいる** 報いる⁵ ホウ〔酬いる〕1846
  例親の恩に報いる，功労に報いる；一矢＜イッシ＞を報いる
- **むくむ** むくむ〔浮腫む 当て字〕 例顔がむくむ，足がむくむ
- **むくれる** むくれる 例むくれて口も利かない 注俗語
- **むけ** 向け 例高齢者向け
- **ムゲニ** 副詞 むげに，無下に 例むげに断る
- **むける** 向ける³ コウ，むく・むかう・むこう 598
  例背を向ける；外国に向けて発送する，使いを向ける，残金は予備費に向ける
- **むける** むける〔剝ける〕 例皮がむける
- **むこ** 婿 セイ〔壻，聟〕 1125
  例花婿，娘婿 ⇔嫁
- **ムコ** むこ〔無辜〕 例むこの民 ㊟罪のない，善良な
- **むごい** むごい〔惨い，酷い〕 例むごい光景，むごいしうち ㊟むごたらしい
- **むこいり** 婿入り 例婿入りする
- **むこう** 向こう³（向う） コウ，むく・むける・むかう 598
  例海の向こう，向こう岸；向こう3か月；強敵を向こうに回して戦う
- **ムコウ** 無効 例この入場券は無効だ ⇔有効
- **むこうハチまき** 向こう鉢巻き（向う鉢巻） 例向こう鉢巻きで張り切る
- **むこうみず** 向こう見ず 例向こう見ずにも程がある
- **むごたらしい** むごたらしい〔惨たらしい，酷たらしい〕 例むごたらしいありさま ㊟むごい
- **むことり** 婿取り
- **ムゴン** 無言 例無言の抵抗

- **むさい** むさい 例見るからにむさいかっこう 注俗語
- **ムサクイ** 無作為 例無作為抽出
- **むさくるしい** むさ苦しい 例むさ苦しい部屋，むさ苦しい所ですがどうぞお上がりください
- **むさぼる** 貪る ドン〔むさぼる〕 1564
  例安逸を貪る，貪るように本を読む
- **むざむざ** 副詞 むざむざ 例むざむざ相手の計略にひっかかる，むざむざ金をやるわけにはいかない
- **ムザン** 無残，無惨〔無慙〕 例無残な光景，無残な最期を遂げる
- **むし** 虫¹ チュウ 1378
  例虫の声，毛虫，水虫；虫も殺さぬ，ふさぎの虫，虫の居所が悪い，虫が好かない；泣き虫，弱虫
- **ムシ** 無私 例無私の心，公平無私
- **むしあつい** 蒸し暑い（蒸暑い） 例蒸し暑い夏の夜
- **むしかえし** 蒸し返し（蒸返し） 例議論の蒸し返し
- **むしかえす** 蒸し返す（蒸返す） 例同じことをなんべんも蒸し返す
- **むしガシ** 蒸し菓子
- **むしくい** 虫食い
- **むしくだし** 虫下し 例虫下しを飲む
- **むしけら** 虫けら〔虫螻〕
- **むしず** むしず，虫ず〔虫酸，虫唾〕 例むしずが走る
- **むしずし** 蒸しずし〔蒸し寿司 当て字〕
- **ムジツ** 無実 例無実の罪，有名無実
- **むしば** 虫歯〔齲歯〕
- **むしブロ** 蒸し風呂，蒸しぶろ
- **むしぼし** 虫干し 例土用の虫干し
- **むしめがね** 虫眼鏡
- **むしやき** 蒸し焼き（蒸焼き） 例鳥の蒸し焼き，蒸し焼き芋

○改定追加漢字 ●改定追加音訓 □改定削除漢字 ■改定削除音訓 〔 〕参考表記 〔△表外漢字 ▲表外音訓 ×誤用 当て字当て字〕

ムジャキ 無邪気 例子どもは無邪気だ，無邪気な考え

ムシャぶりつく むしゃぶりつく，武者振り付く 例赤ん坊がお乳にむしゃぶりつく

ムシャぶるい 武者震い 例思わず武者震いをする

ムジュン 矛盾 例矛盾する，世の中の矛盾

ムジョウ 無上 例無上の光栄

ムジョウ 無常 例世は無常だ，無常観

ムジョウ 無情 例無情の雨 反有情

ムジョウケン 無条件 例無条件に賛成する，無条件降伏 反条件付き

ムショウに副詞 むしょうに，無性に 例むしょうに腹が立つ

むしよけ 虫よけ〔虫除け〕

むしる むしる〔毟る〕 例草をむしる，毛をむしる

むしろ むしろ〔筵,席〕 例むしろを敷く

むしろ副詞 むしろ〔寧ろ〕 例品物よりもむしろ現金のほうがよい

ムシン 無心 例無心に遊ぶ；金を無心する

ムジンゾウ 無尽蔵 例地球の資源は無尽蔵ではない

むす 蒸す⁶ ジョウ，むれる・むらす 1022
例芋を蒸す；ひどく蒸す夏の夜

むずかしい 難しい⁶ ナン，かたい 1576
例難しい試験問題，予定どおり完了するのは難しい；難しい手続き；難しい顔，難しい人 反易しい 注「むつかしい」とも言う。

むずがゆい むずがゆい〔むず痒い〕 例背中がむずがゆい

むずかる むずかる 例赤ん坊がむずかる 注「むつかる」とも言う。

むすこ ＊息子 対娘

むすび 結び 例結びの言葉，縁結び

むすびつく 結び付く 例政治家に結び付く

むすびつける 結び付ける 例木に結び付ける；二つの事件を結び付けて考える

むすびめ 結び目 例結び目を解く

むすぶ 結ぶ⁴ ケツ，ゆう・ゆわえる 510
例ひもを結ぶ，犬を木に結ぶ，協定を結ぶ,口を堅く結ぶ,文章を結ぶ,努力の結果が実を結ぶ

むずむず むずむず 例背中がむずむずする；早く行きたくてむずむずする

むすめ 娘 — 1925
例娘の縁談，一人娘，娘盛り 反息子

むせかえる むせ返る〔噎せ返る〕 例人いきれで部屋の中がむせ返る，むせ返るような蒸し暑さ

むせびなき むせび泣き〔咽び泣き〕 例むせび泣きをする 類おえつ，しのび泣き

むせびなく むせび泣く〔咽び泣く〕 例むせび泣くような調べ

むせぶ むせぶ〔噎ぶ,咽ぶ〕 例涙にむせぶ，たばこの煙にむせぶ

むせる むせる〔噎せる〕 例煙にむせる

ムソウ 夢想 例夢想家，夢想だにしない

ムゾウサに 無造作に，無雑作に 例無造作に引き受ける，無造作に解答する

ムダ 無駄〔徒〕 例そんなことをしても無駄だ，時間の無駄，努力も無駄に終わる

ムダあし 無駄足〔徒足〕 例無駄足を運ぶ

ムダぐち　無駄口〔徒口〕　例無駄口をたたく
ムダづかい　無駄遣い〔徒遣い〕　例無駄遣いをやめる
ムダばなし　無駄話〔徒話〕
ムダぼね　無駄骨〔徒骨〕　例無駄骨をおる　対ほねをおる
ムダン　無断　例無断外出
ムチ　無知〔無智〕　例無知を恥じる
ムチ　無恥　例厚顔無恥
むちうつ　むち打つ〔鞭打つ〕　例馬にむち打つ；老いた体にむち打って働く
むちゃ　むちゃ〔無茶 当て字〕　例むちゃなまねはよせ，むちゃを言うものではない
むちゃくちゃ　むちゃくちゃ〔無茶苦茶 当て字〕　例むちゃくちゃな話，むちゃくちゃに書きなぐる
ムチュウ　夢中　例夢中になって仕事をする，無我夢中
むつ　六つ¹　ロク，む・むっつ・むい　2125
例六つ切り；明け六つ，暮れ六つ
むつき　睡月　類一月
むっつ　六つ¹　ロク，む・むっつ・むい　2125
むっつり　むっつり　例むっつりしている，むっつり屋
むっと　むっと　例意見を無視されてむっとする；人いきれでむっとした部屋
むつまじい　むつまじい〔睦まじい〕　例むつまじい夫婦
ムテッポウ　むてっぽう，無鉄砲　例むてっぽうな計画
むとどけ　無届け　例無届け集会，無届け欠勤
ムトンチャク　無頓着，むとんちゃく　例金のことにはとんと無頓着だ

注「ムトンジャク」とも言う。
むな　胸⁶　キョウ，むね　408
例胸板，胸毛，胸騒ぎ，胸算用，胸積もり
むな　棟　トウ，むね　1520
例棟木
むなさわぎ　胸騒ぎ　例胸騒ぎがする
むなしい　むなしい〔空しい，虚しい〕　例むなしい努力；むなしくなる
むなもと　胸元，胸もと〔胸許〕　例胸元を狙う
ムニ　無二　例無二の親友
むね　胸⁶　キョウ，むな　408
例胸を張る，胸を反らす；胸がつかえる，胸がどきどきする；胸がいっぱいになる，胸が躍る，胸が張り裂ける，胸が塞がる，胸に一物ある，胸に浮かぶ，胸に描く，胸に刻む，胸に迫る，胸に響く，胸を痛める，胸を打つ，胸をときめかす，胸のうちを打ち明ける
むね　旨　シ　770
例その旨を伝える
むね　棟　トウ，むな　1520
例棟続き；別棟
むねあげ　棟上げ
むねあげシキ　棟上げ式
むねわりながや　棟割り長屋
ムネン　無念　例無念無想，残念無念
ムノウ　無能　例無能な人
ムヒ　無比　例正確無比，痛快無比
ムフンベツ　無分別　例無分別なふるまい
ムボウ　無謀〔無暴〕　例無謀な企て
ムホン　謀反〔謀叛〕　例謀反を起こす，謀反を企てる，謀反人
ムミ　無味　例無味乾燥，無味無臭
むやみに　むやみに〔無暗に，無闇に 当て字〕　例むやみに反抗する，む

○改定追加漢字　●改定追加音訓　□改定削除漢字　■改定削除音訓　〔 〕参考表記〔△表外漢字　▲表外音訓　×誤用　当て字 当て字〕

やみに食べる
むやみやたら　むやみやたら〔無闇矢鱈当て字〕　例むやみやたらに当たり散らす
ムヨク　無欲〔無慾〕　例無欲は大欲に似たり
むら　群⁴　グン，むれる・むれ　468
　例子どもたちが群がる，寺の屋根にはとが群がる，群すずめ
むら　村¹　ソン　1279
　例村人，村役場，村芝居
むら　むら〔斑〕　例染め上がりにむらがある，むらのある成績
むらさき　紫　シ　793
　例紫色
むらさめ　むらさめ〔村雨当て字〕
　類にわか雨，通り雨，夕立
むらす　蒸らす⁶　ジョウ，むす・むれる　1022
　例御飯を蒸らす
むらむら　むらむら　例悪心がむらむら湧き上がる
ムリ　無理　例無理を通す，無理押し，無理算段，無理難題；無理に行う，とても無理だ
ムリやり　無理やり〔無理遣り；無理矢理当て字〕　例無理やりに承知させる
むれ　群れ⁴（群）　グン，むれる・むら　468
　例群れをなす，羊の群れ
むれ　蒸れ　例蒸れがよい
むれる　群れる⁴　グン，むれ・むら　468
　例いわしが群れる
むれる　蒸れる⁶　ジョウ，むす・むらす　1022
　例御飯が蒸れる；足が蒸れる
むろ　室²　シツ　832
　例室に蓄える
むろざき　室咲き　例室咲きの花
ムロン　無論，むろん　例無論間違いはない　類もちろん　注法令・公用文では「無論」。

〔メ・め〕

め　芽⁴　ガ　168
　例木の芽，若芽，芽を吹く，芽が出る，芽を出す
め　雌　シ，めす〔牝〕　802
　例雌花，雌牛　対雄
め　女¹　ジョ・ニョ・ニョウ，おんな　952
　例女神　注＊乙女＜おとめ＞
め　目¹　モク・ボク，ま　1947
　例目を開く，目が回る，目をつぶる，目をむく，目を細める，目に触れる，お目にかかる，目がくらむ，目もくれない，目を通す，目が高い；結び目，一番目；ひどいめに遭う　注＊真面目＜まじめ＞
め　～め　例高め，長め，少なめ
めあたらしい　目新しい　例目新しい服装，目新しい方法
めあて　目当て　例学者になるのを目当てに勉強する，賞金目当てに競技に出場する，明かりを目当てに歩く
めあわせる　めあわせる〔娶せる〕　例教え子に娘をめあわせる　注「めあわす」とも言う。
メイ　名¹　ミョウ，な　1926
　(1)呼び名・名前例名義，名刺，名詞，名実，名称，名分，名目；仮名，改名，学名，記名，偽名，芸名，氏名，指名，書名，署名，除名，人名，姓

名, 題名, 地名, 匿名, 売名, 病名, 変名, 芳名, 無名, 命名
(2)名高い・ほまれ例名案, 名医, 名家, 名歌, 名画, 名器, 名曲, 名句, 名君, 名言, 名工, 名作, 名産, 名士, 名手, 名所, 名勝, 名人, 名声, 名物, 名文, 名門, 名優, 名誉；悪名, 汚名, 著名, 美名, 勇名, 令名

メイ　命³　ミョウ, いのち　1927
(1)命令・言いつけ例命令；厳命, 使命, 特命, 任命, 復命, 奔命
(2)名付ける例命名
(3)天命・巡り合わせ例運命, 革命, 宿命, 天命, 薄命
(4)いのち例命, 命脈；一命, 延命, 救命, 懸命, 助命, 身命, 人命, 生命, 絶命, 存命, 短命, 長命, 亡命, 余命, 落命
(5)的＜まと＞例命中

メイ　明²　ミョウ, あかり・あかるい・あかるむ・あからむ・あきらか・あける・あく・あくる・あかす　1928
例明暗, 明快, 明確, 明記, 明月, 明言, 明細, 明示, 明答, 明白, 明敏, 明滅, 明朗；解明, 簡明, 究明, 賢明, 言明, 公明, 克明, 自明, 失明, 釈明, 証明, 照明, 声明, 説明, 鮮明, 透明, 発明, 判明, 表明, 不明, 文明, 弁明, 未明

メイ　迷⁵　まよう　1929
例迷案, 迷宮, 迷信, 迷路, 迷論, 迷惑；低迷

メイ　冥　ミョウ　1930
例冥王星, 冥界, 冥土, 冥途, 冥府, 冥福

メイ　盟⁶　—　1931
例盟約, 盟友；加盟, 同盟, 連盟

メイ　銘　—　1932
例銘を打つ；銘記；感銘

メイ　鳴²　なく・なる・ならす　1933
例鳴動；共鳴, 悲鳴, 雷鳴

めい　めい［姪］㊙おい
メイカイ　明快　例明快な答弁
メイカク　明確　例明確な判定
メイキ　明記　例法律に明記されている
メイキ　銘記　例心に銘記する
メイギ　名義　例名義人
メイギ　名妓　例芸者
メイキョウシスイ　明鏡止水　例明鏡止水の心境
メイゲツ　名月
メイゲツ　明月　㊙満月
メイサイ　迷彩　例迷彩を施す
メイシ　名刺〔名紙〕　例名刺判の写真
メイジツ　名実　例名実ともに, 名実相伴う
メイシュ　銘酒
メイじる　銘じる　例肝に銘じる
　㊟「銘ずる」とも言う。
メイシン　迷信
メイずる　命ずる　例出張を命ずる, 課長に命ぜられる　㊟「命じる」とも言う。
メイセキ　明晰　例頭脳明晰　㊙明敏
メイセン　銘仙　例銘仙の着物
メイソウ　瞑想　例瞑想にふける
　㊙沈思, 黙想
メイチュウ　命中　例的に命中する
メイテイ　めいてい［酩酊］　㊙深酔い, 泥酔
メイド　冥土, 冥途　例冥土への土産, 冥途への道連れ
メイニチ　命日　例母の命日
メイフク　冥福　例冥福を祈る
メイブツ　名物　例名物男
メイブン　名分［明分］　例名分が立った

○改定追加漢字　●改定追加音訓　□改定削除漢字　■改定削除音訓　〔　〕参考表記　〔△表外漢字
▲表外音訓　×誤用　当て字当て字〕

| | |
|---|---|
| ない，大義名分 | めがね ＊眼鏡 例眼鏡にかなう，色眼鏡，眼鏡違い |
| メイボ 名簿 例会員名簿，卒業生名簿 | めがみ 女神 例自由の女神 |
| メイボウ 明眸 例明眸の美人 関明目 | めきき 目利き 例茶器の目利きを頼む |
| メイボウコウシ 明眸皓歯 例明眸皓歯の彼女に夢中だ | めきめき めきめき 例めきめき上達する，めきめき腕を上げる |
| メイメイ めいめい，銘々 例めいめいの本，めいめいに配る，めいめい皿 それぞれ | めぐすり 目薬 例目薬を差す |
| | めくばせ 目くばせ〔目配せ〕 例目くばせして知らせる |
| メイモウ 迷妄 例世人の迷妄をひらく，迷妄を打破する 関迷い | めぐまれる 恵まれる 例才能に恵まれる，気候に恵まれる |
| メイモク 瞑目 例瞑目する | めぐみ 恵み 例恵みを受ける，自然の恵み |
| メイヨ 名誉 例名誉を毀損＜キソン＞する，一門の名誉；名誉教授，名誉職 | めぐむ 恵む ケイ・エ 479 例人に金を恵む |
| メイヨキソン 名誉毀損 | めぐむ 芽ぐむ〔萌む〕 例草木が芽ぐむ |
| メイヨヨク 名誉欲〔名誉慾〕 | めぐらす めぐらす，巡らす〔回らす，廻らす〕 例馬首をめぐらす，堀をめぐらす，思案をめぐらす |
| メイリョウ 明瞭 例明瞭な間違い 関明白，明確，はっきり | |
| めいる めいる〔滅入る〕 例気がめいる 関しょげる | めぐり 巡り 例寺社巡り，血の巡り |
| | めぐりあう 巡り合う 例別れた父に巡り合う |
| メイレイ 命令 例命令する，出張命令 | めぐりあわせ 巡り合わせ(巡り合せ) 例巡り合わせがよくない |
| メイワク 迷惑 例迷惑する，迷惑をかける，大いに迷惑だ | |
| めうえ 目上 例目上の人 対目下 | めくる めくる〔捲る〕 例ノートをめくる，皮をめくる |
| めうつり 目移り 例目移りしてなかなか買う物が決まらない | めぐる 巡る ジュン〔廻る〕 933 例池の周りを巡る，全国の名所を巡る，因果は巡る；問題をめぐって討論する 注＊お巡りさん＜おまわりさん＞ |
| めおと めおと〔夫婦当て字〕 注「みょうと」とも言う。 | |
| めかくし 目隠し 例目隠しをする；家の目隠し 注囲い，塀など | |
| めがける 目がける，目掛ける 例鳥を目がけて矢を射る，合格を目がけて勉強する | めこぼし 目こぼし〔目溢し〕 例お目こぼしを願う |
| | めさき 目先 例目先にちらつく，目先の利益，目先が利く，目先を変える |
| めかしこむ めかしこむ〔粧し込む〕 例すっかりめかしこむ | |
| めがしら 目頭 例目頭が熱くなる | めざし 目刺し 例目刺しを焼く |
| めかす めかす〔粧す〕 例めかして出かける | めざす 目指す，目差す 例頂上を目指して登る，優勝を目指す |
| めかた 目方 関重量 | めざとい 目ざとい〔目敏い〕 例目ざ |

めざま―めでた

とく見つける
**めざましい** めざましい,目覚ましい〔目醒しい〕 例めざましい活躍,めざましい進歩
**めざましどけい** 目覚まし時計
**めざめ** 目覚め 例目覚めがよい;春の目覚め
**めざわり** 目障り 例目障りになる ㊀耳障り
**めし** 飯[4] ハン 1672 例飯を炊く,朝飯,昼飯,麦飯
**めしあがる** 召し上がる(召上がる) 例どうぞたくさん召し上がってください
**めしかかえる** 召し抱える(召抱える) 例家来に召し抱える
**めした** 目下 ㊀目上
**めしたき** 飯炊き
**めしだす** 召し出す(召出す) 例召し出して話をお聞きになる
**めしつぶ** 飯粒
**めしとる** 召し捕る(召捕る) 例下手人を召し捕る
**めしべ** 雌しべ〔雌蕊〕 ㊀雄しべ
**めしもの** 召し物 例お召し物
**めじり** 目尻,目じり 例目尻にしわを寄せる,目尻を下げる
**めじるし** 目印 例目印をつける
**めじろおし** めじろ押し,目白押し 例めじろ押しに並ぶ
**めす** 雌 シ,め〔牝〕 802 例牛の雌,雌犬 ㊀雄
**めす** 召す ショウ 962 例家来を召す;洋服を召す,お風呂を召す;お風邪を召す;お気に召す
**めずらしい** 珍しい チン 1422 例彼が休むとは珍しい,珍しい植物
**めずらしがる** 珍しがる 例珍しがって離さない

**めそそ めそめそ** 例めそめそする,めそめそと泣く
**めだつ** 目立つ 例目立つように赤色で書く,ひときわ目立つ大男,目立った存在
**めだま** 目玉 例どんぐり目玉,目玉が飛び出るほど高い;目玉焼き
**めちゃ** めちゃ〔目茶,滅茶[当て字]〕 例めちゃな話,めちゃを言う,めちゃめちゃ ㊅俗語
**めちゃくちゃ** めちゃくちゃ〔目茶苦茶,滅茶苦茶[当て字]〕 例めちゃくちゃに壊れる,彼の説明はめちゃくちゃだ,めちゃくちゃに疲れる ㊅俗語
**メツ** 滅 ほろびる・ほろぼす 1934 例滅亡,滅失;壊滅,撃滅,幻滅,死滅,支離滅裂,自滅,消滅,衰滅,絶滅,全滅,点滅,破滅,不滅,撲滅,磨滅,明滅
**めつき** 目つき,目付き 例鋭い目つき,目つきが悪い
**めっき** めっき〔鍍金[当て字]〕 例金めっき;めっきがはげる
**めっきり** めっきり 例めっきり秋らしくなる
**メッソウ** めっそう,滅相 例めっそうもない
**めった** めった〔滅多[当て字]〕 例めったなことを言うものではない
**めったうち** めった打ち〔滅多打ち[当て字]〕 例めった打ちにする
**めったに** めったに〔滅多に[当て字]〕 例めったに人は来ない,めったにない
**めったやたらに** めったやたらに〔滅多矢鱈に[当て字]〕 例めったやたらにおべっかを使う
**メツボウ** 滅亡 例滅亡する ㊀興隆
**めでたい** めでたい〔目出度い,芽出

○改定追加漢字 ●改定追加音訓 □改定削除漢字 ■改定削除音訓 〔 〕参考表記 〔△表外漢字 ▲表外音訓 ×誤用 [当て字]当て字〕

めでる―メンジ

- **めでる** めでる〔愛でる〕 例花をめでる,月をめでる
- **めど** めど〔目処〕 例完成のめどがつく
- **めど** めど〔針孔当て字〕 例針のめど
- **めどおり** 目通り 例目通りがかなう
- **めとる** めとる〔娶る〕 例妻をめとる
- **めぬき** 目抜き 例目抜きの場所,目抜き通り
- **めぬき** 目ぬき〔目貫き〕 例刀の目ぬき
- **めのかたき** 目の敵 例目の敵にしていじめる
- **めのたま** 目の玉〔眼の玉〕 例目の玉が飛び出る,目の玉の黒いうちに……
- **めばえ** 芽生え 例草木の芽生え,愛の芽生え
- **めばえる** 芽生える 例草木の芽生える,独立心が芽生える
- **めはし** 目端 例目端が利く
- **めはな** 目鼻 例目鼻だち;目鼻がつく
- **めばな** 雌花 ⑧雄花
- **めばり** 目張り 例目貼り 例窓に目張りをする
- **めべり** 目減り 例目減りが激しい
- **めぼし** 目星 例目星をつける,目星がつく
- **めぼしい** めぼしい〔目星い当て字〕 例めぼしい品物はみんな売り切れる
- **めまい** めまい〔眩暈当て字〕 例めまいがする
- **めまぐるしい** めまぐるしい,目まぐるしい〔目紛しい〕 例めまぐるしい進歩,めまぐるしく変わる
- **めもくれない** 目もくれない〔目も呉れない〕 例誘惑などには目もくれない
- **めもと** 目元,目もと〔目許〕 例目元が涼しい
- **めもり** 目盛り(目盛) 例目盛りを読む,はかりの目盛り
- **めやす** 目安 例目安がつく,目安をつける;目安箱
- **めやに** 目やに〔目脂〕
- **めりこむ** めり込む〔減り込む〕 例車輪がめりこむ,地にめり込む
- **メン** 免 まぬかれる 1935 例免疫,免官,免許,免除,免状,免職,免税;赦免,任免,無免許,放免
- **メン** 面³ おも・おもて・つら 1936
  (1)顔(のつら)例面会,面識,面接,面前,面談,面目;顔面,赤面,洗面,対面,体面,覆面,満面,裏面
  (2)お面 例鬼の面,仮面,能面
  (3)表面(のつら)・方向 例面積;一面,画面,海面,外面,額面,局面,紙面,地面,斜面,書面,正面,図面,水面,他面,多面,断面,帳面,底面,当面,内面,場面,半面,表面,文面,平面,方面,両面
  注*真面目<まじめ>
- **メン** 綿⁵ わた 1937 例綿織物,綿花,綿糸,綿布,綿羊,海綿,純綿,脱脂綿;綿密 注*木綿<もめん>
- **メン** 麺 1938 例麺類,製麺
- **メンエキ** 免疫 例免疫になる
- **メンおりもの** 綿織物
- **メンカ** 綿花〔棉花〕
- **メンくらう** めんくらう,面食らう〔面喰らう〕 例急に指名されてめんくらう
- **メンシ** 綿糸
- **メンシキ** 面識 例面識がない
- **メンジョ** 免除 例授業料免除

メンジョウ 免状 例免状を授与される
メンする 面する 例庭に面した座敷
メンずる 免ずる 例税を免ずる，職を免ずる，日常の態度に免じて許す 注「免じる」とも言う。
メンセキ 面積 例宅地の面積
メンセツシケン 面接試験
メンツ めんつ〔面子〕 例めんつが立たない，めんつが丸潰れになる 注元来は中国語。その意味では「メンツ」と書く。
めんどう めんどう〔面倒 当て字〕 例めんどうな手続き；人のめんどうを見る
めんどうくさい めんどうくさい〔面倒臭い 当て字〕 例何をするのもめんどうくさい
めんどり めんどり〔雌鳥，雌鶏〕 対おんどり
メンバ 面罵 例罵る
メンボウ 面貌 例顔つき，面ざし＜おもざし＞
メンボク 面目 例面目を保つ，面目を施す，面目が潰れる，面目を一新する 注「メンモク」とも言う。
メンミツ 綿密 例綿密な計画
メンヨウ 綿羊〔緬羊〕
メンルイ 麺類，めん類

〔モ・も〕

モ 茂 しげる 1939
 例繁茂
モ 模[6] ボ 〔摸〕 1940
 例模擬，模型，模写，模造，模範，模倣，模様
も 喪 ソウ 1238
 例喪に服する，喪中，喪服
も 藻 ソウ 1253
 例藻に住む虫，藻が海辺に打ち寄せる
モウ 亡[6] ボウ，ない 1852
 例亡者
モウ 望[4] ボウ，のぞむ 1865
 例所望，大望＜タイモウ・タイボウ＞，本望
モウ 毛[2] け 1941
 例毛髪，毛筆，毛布；羽毛，脱毛，羊毛；毛細管；二毛作；不毛
モウ 妄 ボウ 1942
 例妄信，妄想，妄言＜モウゲン・ボウゲン＞，妄念，妄動，妄執；虚妄，迷妄
モウ 盲 — 1943
 例盲点，盲導犬
モウ 耗 コウ 1944
 例消耗 注「モウ」は「コウ」の慣用音。
モウ 猛 — 1945
 例猛威，猛火，猛犬，猛獣，猛然，猛毒，猛烈；勇猛 注＊猛者＜もさ＞
モウ 網 あみ 1946
 例網膜，通信網，放送網
もうかる もうかる〔儲かる〕 例大いにもうかる，500円もうかった
もうけ 設け 例設けの席
もうけ もうけ〔儲け〕 例もうけ口
もうける 設ける[5] セツ 1159
 例発電所を設ける，席を設ける，休憩時間を設ける
もうける もうける〔儲ける〕 例株で金をもうける；一男一女をもうける
もうしあげる 申し上げる（申上げる） 例お喜びを申し上げる，お知らせ申し上げます
もうしあわせ 申し合わせ（申合せ） 例申し合わせを守る
もうしあわせジコウ 申し合わせ事

○改定追加漢字 ●改定追加音訓 □改定削除漢字 ■改定削除音訓 〔 〕参考表記 〔△表外漢字 ▲表外音訓 ×誤用 当て字当て字〕

項(申合せ事項)
**もうしあわせる　申し合わせる**(申合せる)　[例]不当な値上げをしないように申し合わせる
**もうしいで　申しいで**〔申し出で〕
[例]申しいでを受理する，申しいでを拒否する
**もうしいれ　申し入れ**(申入れ)
[例]申し入れをする，申し入れを断る
**もうしいれジコウ　申し入れ事項**(申入れ事項)
**もうしいれる　申し入れる**(申入れる)
[例]待遇の改善を申し入れる
**もうしうける　申し受ける**(申受ける)
[例]重要な任務を申し受ける
**もうしおくり　申し送り**(申送り)
[例]後任者に申し送りをする，申し送り事項
**もうしおくる　申し送る**(申送る)
[例]後任者に引き継ぎ事項を申し送る
**もうしこみ　申し込み**(申込み)(申込)
[例]申し込みをする
**もうしこみショ　申込書**　[例]申込書を提出する，入会申込書
**もうしこみずみ　申し込み済み**(申込み済み)(申込済)
**もうしこむ　申し込む**(申込む)
[例]試合を申し込む，入会を申し込む
**もうしたて　申し立て**(申立て)
[例]異議の申し立て
**もうしたてニン　申し立て人**(申立て人)(申立人)
**もうしたてる　申し立てる**(申立てる)
[例]異議を申し立てる，不服を申し立てる
**もうしつける　申しつける**，申し付ける(申付ける)　[例]謹慎を申しつける
**もうしで　申し出**(申出)　[例]申し出を拒否する
**もうしでる　申し出る**(申出る)
[例]部長に意見を申し出る，仕事の手伝いを申し出る
**もうしひらき　申し開き**(申開き)
[例]申し開きをする，申し開きが立たない
**もうしぶん　申しぶん**，申し分　[例]申しぶんのない出来栄え
**モウシュウ　妄執**
**モウジュウ　猛獣**　[例]猛獣狩り
**もうしわけ　申し訳**　[例]申し訳がない，申し訳程度の仕事
**もうしわけない　申し訳ない**
**もうしわたし　申し渡し**(申渡し)
[例]申し渡しを承る
**もうしわたす　申し渡す**(申渡す)
[例]じゅうぶん注意するよう申し渡す
**モウシン　妄信**
**もうす**　申す3　シン　1042
[例]失礼申しました，よろしく申し上げます，お知らせ申します，お頼み申す
**モウセン　毛氈**　[例]毛氈を敷く
**モウソウ　妄想**　[例]妄想にふける，誇大妄想
**もうでる**　詣でる　ケイ　〔もうでる〕　491
[例]神社に詣でる，明治神宮に詣でる
**モウドウ　妄動**　[例]軽挙妄動を慎む
**モウネン　妄念**　[類]邪念
**モウヒツ　毛筆**　[対]硬筆
**モウフ　毛布**
**モウマイ　もうまい**〔蒙昧〕　[例]無知もうまいのやから　[類]無知
**モウモウ　もうもう**〔濛々，朦々〕
[例]湯煙がもうもうと立つ，もうもうとしたほこり
**モウラ　網羅**　[例]精鋭を網羅する，有名人を網羅して会合を開く

も

モウレツ 猛烈 例猛烈なスピード, 猛烈に揺れる
モウロウ もうろう〔朦朧〕 例意識がもうろうとする, 記憶がもうろうとする 類曖昧＜アイマイ＞, おぼろげ, はっきりしない
モウロク もうろく〔耄碌〕 例すっかりもうろくする, もうろくしてもの忘れがひどい
もえ 燃え 例燃えがよい, 燃えぐあい
もえあがる 燃え上がる(燃上がる) 例山が燃え上がる
もえがら 燃え殻 例石炭の燃え殻
もえぎ もえぎ〔萌葱, 萌黄〕 例もえぎ色
もえさかる 燃え盛る(燃盛る) 例火が燃え盛る, 燃え盛るたいまつ
もえさし 燃えさし〔燃え止し〕 例マッチの燃えさし
もえつく 燃えつく, 燃え付く(燃付く) 例ようやくのことで燃えつく; 辺りの家に燃えつく
もえでる もえ出る〔萌え出る〕 例草木がもえ出る 類芽ぐむ
もえのこり 燃え残り(燃残り)
もえる 燃える⁵ ネン, もやす・もす 1597
例薪が燃える, 校舎が燃える; 燃えるような色; かげろうが燃える; 希望に燃える
もがく もがく〔踠く〕 例川に落ちてもがく, いまさらいくらもがいても追いつかない 類あがく
モギ 模擬 例模擬試験
もぎとる もぎ取る〔捥ぎ取る〕 例りんごをもぎ取る
もぎる もぎる〔捥る〕 例もぐ, もぎ取る
モク 木¹ ボク, き・こ 1876
例木魚, 木琴, 木工, 木材, 木星, 木製, 木造, 木炭, 木馬, 木版, 木曜; 材木, 樹木, 草木 注＊木綿＜もめん＞
モク 目¹ ボク, め・ま 1947
例目下, 目撃, 目算, 目前, 目測, 目的, 目標, 目礼; 一目, 耳目, 衆目, 着目, 注目, 反目; 目次, 目録; 科目, 眼目, 曲目, 五目, 細目, 種目, 題目, 品目, 名目
モク 黙 だまる 1948
例黙過, 黙契, 黙殺, 黙視, 黙読, 黙認, 黙秘, 黙々; 暗黙, 沈黙
もぐ もぐ〔捥ぐ〕 例梨の実をもぐ 類もぎる
もぐさ もぐさ〔艾〕
モクショウ 目睫 例目睫の間に迫る 類目前
もくず 藻くず〔藻屑〕 例海中の藻くずと消える
モクゼン 目前 例目前に迫る
モクテキ 目的 例目的を果たす, 教育の目的, 目的地
モクトウ 黙禱 例黙禱をささげる 類祈念
モクドク 黙読 例黙読する 対音読
モクニン 黙認 例黙認する
モクヒケン 黙秘権〔黙否権〕
モクヒョウ 目標 例目標を掲げる, 生産目標
モクモクと 黙々と 例黙々と働く
モクヨク 沐浴 例斎戒沐浴 類入浴
もぐり もぐり, 潜り 例もぐりの業者
もぐりこむ 潜り込む 例机の下に潜り込む
もぐる 潜る セン, ひそむ 1189
例海中に潜る, 布団に潜る; 地下に潜る
モクロク 目録 例書物の目録, 結納

の目録

モクロみ　もくろみ〔目論見〕　例もくろみが外れる，もくろみ書

モクロむ　もくろむ〔目論む〕　例陰謀をもくろむ

モケイ　模型〔模形〕　例飛行機の模型

もげる　もげる〔捥げる〕　例引き出しの取っ手がもげる

モコ　もこ〔模糊〕　例曖昧＜アイマイ＞もこ

もさ　＊猛者　例業界の猛者，猛者連中

モサク　模索〔摸索〕　例暗中模索

もし　副詞　もし〔若し〕　例もし雨なら中止する，もしできないときは……

モジ　文字　例文字面，文字どおり，仮名文字　圧「モンジ」とも言う。

もしくは　若しくは[6]　ジャク・ニャク，わかい　860
例父若しくは母，ペン若しくは鉛筆　圧仮名書きで「もしくは」とも。法令・公用文では「若しくは」。法令・公用文では「(a 若しくは b)又は(c 若しくは d)」のように選択が二重になる場合は大きい選択的連結に「又は」を，小さい選択的連結に「若しくは」を用いる。

もしも　もしも〔若しも〕　例もしもぜひ行くというならば……，もしものこと

もしや　もしや〔若しや〕　例もしやあなたは木村さんではありませんか

モシャ　模写〔摸写〕　例名画を模写する

もす　燃す[5]　ネン，もえる・もやす　1597
例ごみを燃す

もだえる　もだえる〔悶える〕　例身をもだえて泣く，悲しみにもだえる

もたげる　もたげる〔擡げる〕　例頭をもたげる

もたせかける　もたせ掛ける〔凭せ掛ける〕　例はしごを塀にもたせ掛ける

もたらす　もたらす〔齎す〕　例台風が被害をもたらす，宇宙開発は科学の進歩をもたらす

もたれかかる　もたれ掛かる〔凭れ掛かる〕　例柱にもたれ掛かる

もたれる　もたれる〔凭れる，靠れる〕　例壁にもたれる；胃にもたれる

もち　餅　ヘイ　〔餅〕　1800
例餅をつく，餅米，餅つき，寒餅，尻餅＜しりもち＞，のし餅，ひし餅，焼き餅

もち　もち〔黐〕　例鳥もち

もちあがり　持ち上がり(持上がり)　例持ち上がりの先生

もちあがる　持ち上がる(持上がる)　例騒動が持ち上がる；クラスが持ち上がる

もちあげる　持ち上げる(持上げる)　例大きな石を持ち上げる；持ち上げておだてる

もちあわす　持ち合わす(持合わす)(持合す)

もちあわせ　持ち合わせ(持合せ)　例お金の持ち合わせがない

もちあわせヒン　持ち合わせ品(持合せ品)

もちあわせる　持ち合わせる(持合わせる)(持合せる)　例あいにく持ち合わせていない

もちいえ　持ち家(持家)　例持ち家を売りに出す

もちいる　用いる[2]　ヨウ　1992
例燃料として用いる，日常用いている品；人を用いる

もちかぶ　持ち株(持株)　例持ち株を売る

もちきり　持ちきり，持ち切り(持切

もちこし　持ち越し(持越し)　例次期への持ち越し, 持ち越し金

もちこす　持ち越す(持越す)　例次期へ持ち越す

もちこたえる　持ちこたえる〔持ち堪える〕　例不況にもどうにか持ちこたえる

もちごま　持ち駒, 持ちごま　例豊富な持ち駒

もちこみ　持ち込み(持込み)　例持ち込みを禁ずる

もちこみキンシ　持ち込み禁止(持込み禁止)

もちこむ　持ち込む(持込む)　例旅館に酒を持ち込む;相談を持ち込まれる

もちごめ　餅米, もち米〔糯米〕　対うるち

もちだし　持ち出し(持出し)　例費用が持ち出しになる

もちだしキンシ　持ち出し禁止(持出し禁止)

もちだす　持ち出す(持出す)　例物置から長いすを持ち出す, 家の品物を持ち出す, 旅行の話を持ち出す

もちつき　餅つき, もちつき〔餅搗き〕

もちなおす　持ち直す(持直す)　例危篤状態から持ち直す, 破産寸前に持ち直す

もちにげ　持ち逃げ(持逃げ)　例公金の持ち逃げ, 持ち逃げ犯人

もちぬし　持ち主(持主)　例アパートの持ち主

もちば　持ち場(持場)　例持ち場を守る

もちはこび　持ち運び(持運び)　例持ち運びに注意する

もちはこぶ　持ち運ぶ(持運ぶ)　例荷物を持ち運ぶ

もちブン　持ち分(持分)

もちまえ　持ちまえ, 持ち前　例持ちまえの義侠心<ギキョウシン>, 持ちまえの短気

もちまわり　持ち回り(持回り)　例優勝杯の持ち回り, 持ち回り閣議

もちもの　持ち物(持物)　例持ち物を忘れる

もちよる　持ち寄る(持寄る)　例資料を持ち寄って検討する, 材料を持ち寄って会食する

モチロン副詞　もちろん〔勿論〕　例もちろん賛成だ, 父はもちろん母も反対する

モツ　物³　ブツ, もの　1777　例貨物, 禁物, 穀物, 作物, 書物, 食物, 進物, 臓物, 宝物, 荷物

もつ　持つ³　ジ〔保つ〕　817　例かばんを持つ, 金を持っていない, 財産を持っている, 才能を持っている, 役目を持つ, 責任を持つ, 費用を持つ, 希望を持つ, 勇気を持つ, 缶詰は何年でももつ, 体がもたない

モッカ　目下　例目下準備中

モッケ　もっけ〔勿怪〕　例もっけの幸い

モッタイない　もったいない〔勿体無い〕　例もったいないお言葉を賜る;そんな使い方をしてはもったいない, 途中でやめてしまうのはもったいない

モッタイぶる　もったいぶる〔勿体振る〕　例もったいぶってなかなか話さない, もったいぶった言い方

もって　もって〔以て〕　例以上をもって終わりといたします, 豪勇をもって鳴る　注法令では仮名書き。

もってこい　もって来い, 持って来い　例商売をするのにもってこいの場所　類絶好

もってのほか　もってのほか〔以ての

**もっと** もっと 例もっと詳しく……，もっとたくさん……，もっと食べたい

**もっとも** 最も⁴ サイ　708
例最も高い山，最も重要な事項
注仮名書きで「もっとも」とも。法令・公用文では「最も」。

**もっとも** もっとも〔尤も〕　例もっともな意見，憤慨するのももっともだ；もっともその言い分にも一理はある

**もっぱら** 専ら⁶ セン　1172
例専ら研究に励む，専らのうわさ
注仮名書きで「もっぱら」とも。法令・公用文では「専ら」。

**もつやき** もつ焼き　例鳥のもつ焼き

**もつれ** もつれ〔縺れ〕　例糸のもつれ，感情のもつれ

**もつれる** もつれる〔縺れる〕　例糸がもつれる，舌がもつれる，話がもつれる，感情がもつれる

**もてあそぶ** 弄ぶ ロウ〔もてあそぶ，玩ぶ〕　2117
例ハンカチを弄びながら話す；人の心を弄ぶ，権力をかさに着て政治を弄ぶ

**もてあます** 持て余す　例いたずらっ子を持て余す，仕事を持て余す

**もてなし** もてなし，持て成し　例盛大なもてなしを受ける

**もてなす** もてなす，持て成す　例客をもてなす，心からもてなす；両者の間をもてなす

**もてはやす** もてはやす〔持て囃す〕
例今もなお世にもてはやされる名曲

**もてる** もてる，持てる　例若い人にもてる歌，子どもにもてる

**もと** 下¹ カ・ゲ，した・しも・さげる・さがる・くだる・くだす・くださる・おろす・おりる〔許〕　131
例親の下を離れる，勇将の下に弱卒なし，……の計画の下に……

**もと** 基⁵ キ，もとい　321
例基づく，資料を基にする

**もと** 元² ゲン・ガン　545
例元に戻る；家元，火元，元手，元も子もない；元を仕込む；元首相，元のさやに収まる

**もと** 本¹ ホン　1886
例本を正す，本と末；旗本

**もとい** 基⁵ キ，もと　321
例国の基，家の基；基礎，根本，根底

**もとうけ** 元請け〔元請〕　例元請け業者

**もどかしい** もどかしい　例聞いていてもどかしくなる話し方，もどかしい仕事ぶり

**もどしいれ** 戻し入れ〔戻入れ〕

**もとじめ** 元締め〔元締〕　例金の元締め

**もどす** 戻す レイ，もどる　2091
例元の場所へ戻す，払い戻す

**もとづく** 基づく　例法律に基づく政令，経験に基づいて判断する

**もとで** 元手　例元手がかかる，元手要らずの商売

**もとどおり** 元どおり，元通り　例元どおりにする

**もとめ** 求め　例求めに応ずる

**もとめる** 求める⁴ キュウ　369
例職を求める，救いを求める，よい品を安く求める

**もともと** もともと，元々，本々
例もともと怒りっぽい人；負けてもともとだ

**もとゆい** 元結　例元結を切る

**もとより** もとより〔固より，素より〕　例そんなことはもとよりわかっていた；子どももとより大人も

もとる―ものも　510

楽しめる乗り物
もとる　もとる〔悖る〕　例理にもとる、規約にもとる行為　対背く
もどる　戻る　レイ,もどす　2091
　例席に戻る、元の状態に戻る
もなか　もなか〔最中〕
もぬけのから　もぬけの殻〔藻抜けの殻,蛻けの殻当て字〕
もの　者³　シャ　845
　例若者、働く者、優秀な者
もの　物³　ブツ・モツ　1777
　例物を大事にする；物置、物音、物事；青物、編み物、鋳物、売り物、獲物、絵巻物、大物、置物、織物、金物、着物、絹織物、毛織物、敷物、品物、吸い物、瀬戸物、宝物、反物、夏物、煮物、刃物、本物、見せ物、綿織物、焼き物、安物；物を思う、物語、物心
　注＊果物＜くだもの＞
もの　……(という)もの　例人間というものは、動物というものは……；嫌なものだ、知りたいものだ
ものいい　もの言い,物言い　例もの言いが上品だ；もの言いをつける
ものいみ　もの忌み,物忌み　例もの忌みする
ものうり　物売り(物売)　例物売りの少年
ものおき　物置
ものおしみ　物惜しみ　例物惜しみをする
ものおと　物音　例物音一つしない
ものおぼえ　もの覚え,物覚え　例もの覚えがよい、もの覚えが速い
ものおもい　もの思い,物思い　例もの思いにふける、もの思いに沈む
ものかげ　物陰　例物陰に隠れる
ものかげ　物影　例物影が動く

ものがたり　物語　例平家物語、イソップ物語
ものがたる　物語る　例伝説を物語る；昔の栄華を物語る古跡
ものかは　ものかは　例雨もものかは
ものぐさ　ものぐさ,物臭〔懶〕　例ものぐさな人
ものごころ　もの心,物心　例もの心がつく
ものごし　物腰　例物腰が柔らかい
ものごと　物事　例物事のけじめをつける
ものさし　ものさし,物差し,物指し
ものさびしい　もの寂しい〔物淋しい〕　例もの寂しい村里、もの寂しい夜
ものしずか　もの静か,物静か　例もの静かな場所、もの静かな人、もの静かに話す
ものしり　物知り〔物識り〕　例物知りの老人、物知りに尋ねる
ものずき　物好き　例物好きな人；あの人の物好きにもあきれる
ものすごい　ものすごい〔物凄い〕　例ものすごい顔をしてどなる；ものすごくおもしろい、ものすごい人気
ものたりない　もの足りない,物足りない　例なんとなくもの足りない、もの足りないような気持ちがする
ものとり　物取り　例物取りに入られる
ものほし　物干し
ものまね　ものまね〔物真似当て字〕　例彼はものまねが得意だ
ものもち　物持ち　例町内一の物持ち；物持ちがよい
ものものしい　ものものしい,物々しい　例ものものしい警戒、ものものしい身なり、ものものしい口の利き方

○改定追加漢字　●改定追加音訓　□改定削除漢字　■改定削除音訓　〔　〕参考表記〔△表外漢字　▲表外音訓　×誤用　当て字当て字〕

| | |
|---|---|
| ものもらい　**物**もらい〔物貰い〕 | ももわれ　**桃割れ**　例桃割れに結う |
| 例物もらいが出来る | もや　もや〔靄〕　例もやがかかる |
| ものわかり　**もの**わかり，**物分**かり〔物判り，物解り〕　例彼はものわかりがよい，ものわかりが早い　類理解，のみこみ | もやす　**燃**やす⁵　ネン，もえる・もす　1597<br>例落ち葉を燃やす，闘志を燃やす，意欲を燃やす |
| ものわかれ　**もの別**れ，**物別**れ　例話し合いがつかずもの別れになる | もやもや　**もやもや**　例湯気がもやもやと立つ；頭がもやもやする；二人の間にもやもやが残る |
| ものわすれ　**もの忘**れ，**物忘**れ　例もの忘れをする，もの忘れがひどい | モヨウ　**模様**　例模様を描く，唐草模様；模様替え，空模様；開会は遅れるもようだ |
| ものわらい　**もの笑**い，**物笑**い　例もの笑いの種になる，まったくもの笑いだ | もよおし　**催**し　例落成記念の催し |
| もはや　**もはや**〔最早〕　例もはや手の打ちようがない，もはや疑いの余地はない | もよおしもの　**催**し**物**(催物) |
| モハン　**模範**　例職員の模範となる，模範的な青年 | もよおす　**催**す　サイ　711<br>例音楽会を催す，落成式が催される；涙を催す　関催涙＜サイルイ＞；眠けを催す　関催眠＜サイミン＞ |
| モホウ　**模倣**〔摸倣〕　例先輩の言動を模倣する　対創造 | もより　＊**最寄**り　例最寄りの駅 |
| もみあう　**もみ合**う〔揉み合う〕　例満員電車の中で客がもみ合う，両軍の選手がライン上でもみ合う | もらい　**もらい**〔貰い〕　例もらいが多い，もらい手，もらい火 |
| もみがら　**もみ殻**〔籾殻〕 | もらいなき　**もらい泣**き〔貰い泣き〕　例思わずもらい泣きする |
| もみけす　**もみ消**す〔揉み消す〕　例たばこの火をもみ消す；汚職事件をもみ消す | もらう　**もらう**〔貰う〕　例贈り物をもらう，許可をもらう；嫁をもらう；見てもらう，持ってもらう |
| もみじ　＊**紅葉**　例紅葉狩り | もらす　**漏**らす　ロウ，もる・もれる〔洩らす〕　2123<br>例水も漏らさぬ警戒，ため息を漏らす，秘密を漏らす，不平を漏らす；書き漏らす，言い漏らす |
| もむ　**もむ**〔揉む〕　例紙をもむ，きりをもむ，肩をもむ；電車でもまれる；もみにもんで結論を出す；社会に出てももまれる | |
| もめる　**もめる**〔揉める〕　例会議がもめる；気がもめる | もり　**守**り³〔守〕　シュ・ス，まもる　865<br>例お守り役　関子守，灯台守 |
| もめん　＊**木綿**　例木綿糸 | もり　**森**¹　シン　〔杜〕　1061<br>例森と林，鎮守の森，森小屋 |
| もも　**桃**　トウ　1511<br>例桃の缶詰，桃色，桃の節句 | もり　**〜盛**り　例子守，灯台守 |
| もも　**もも**〔股，腿〕　例太もも | もり　**盛**り　例盛りがよい，酒盛り＜さかもり＞，盛りそば |
| ももひき　**ももひき**〔股引き〕 | |

明朝体の右肩の数字は配当学年　末尾の数字は常用漢字表番号　（　）許容　類類義同意語　対反対対照語　関関連語　学学術用語

もり―モンゼ

- もり 漏り 例雨漏り<あまもり>
- もりあがり 盛り上がり(盛上り) 例盛り上がりの気運
- もりあがる 盛り上がる(盛上る) 例筋肉が盛り上がる；会の雰囲気が盛り上がる
- もりあげる 盛り上げる(盛上げる) 例土を盛り上げる；みんなの気分を盛り上げる
- もりかえす 盛り返す(盛返す) 例勢いを盛り返す
- もりガシ 盛り菓子 例盛り菓子を供える
- もりきり 盛り切り(盛切り) 例御飯を盛り切りにする
- もりずな 盛り砂
- もりダクサン 盛りだくさん〔盛り沢山〕 例盛りだくさんな行事が催される
- もりたてる もり立てる〔守り立てる〕 例衰えかけた事業をもり立てる
- もりつち 盛り土(盛土)例土を盛る，飯を盛る；毒を盛る
- もりばな 盛り花 例盛り花を飾る
- もる 盛る⁶ セイ・ジョウ，さかる・さかん　　　　　　　1124
  例土を盛る，飯を盛る；毒を盛る
- もる 漏る ロウ，もれる・もらす〔洩る〕　　　　　　2123
  例雨が漏る，水が漏る
- もれ 漏れ 例ガス漏れ
- もれる 漏れる ロウ，もる・もらす〔洩れる〕　　　　2123
  例水が漏れる，明かりが漏れる，ガスが漏れる，秘密が漏れる，選に漏れる
- もろい もろい〔脆い〕 例瀬戸物はもろい，涙もろい；もろくも敗れる
- もろざし もろ差し〔諸差し，双差し〕
- もろて もろ手〔諸手，双手〕 例もろ手を挙げて賛成する
- もろとも もろとも〔諸共〕 例親子もろとも身投げする，死なばもろとも
- もろはだ もろ肌〔諸肌〕 例もろ肌を脱いで意気込む
- もろもろ もろもろ〔諸々〕 例もろもろの事件を解決する，その他もろもろ
- モン 文¹ ブン，ふみ　　　　1786
  例文句，文言<モンゴン>，文字<モンジ・モジ>；一文字，音標文字，経文，十文字，証文，注文，天文，表意文字，真一文字
- モン 聞² ブン，きく・きこえる　　　　　　　　　　1787
  例聴聞，前代未聞
- モン 門² かど　　　　　　1949
  例門衛，門下，門外，門限，門戸，門歯，門人，門前，門柱，門弟，門番；一門，裏門，関門，校門，山門，水門，正門，専門，入門，破門，部門，名門
- モン 紋 ―　　　　　　　1950
  例紋章，紋付き，紋服；指紋，波紋
- モン 問³ とう・とい・とん　1951
  例問題；慰問，学問，喚問，疑問，詰問，顧問，拷問，試問，諮問，自問，質問，尋問，設問，弔問，難問，発問，訪問　㊉答
- モンがまえ 門構え 例りっぱな門構え
- モンきりがた 紋切り型(紋切型) 例紋切り型の挨拶<アイサツ>
- モンク 文句 例文句を言う，文句をつける，文句なし
- モンゲン 門限 例門限を守る，門限に遅れる
- モンコ 門戸 例門戸を開放する
- モンシ 悶死 例毒薬を飲んで悶死する　当もだえ死に
- モンゼツ 悶絶 例悶絶する

---

○改定追加漢字　●改定追加音訓　□改定削除漢字　■改定削除音訓　〔 〕参考表記　〔△表外漢字　▲表外音訓　×誤用　当当て字〕

| | |
|---|---|
| モンゼンばらい　門前払い(門前払) 例門前払いを食わせる | (3)自然・野育ち例野趣, 野獣, 野人, 野生, 野草, 野鳥, 野蛮, 野卑；粗野 |
| モンダイ　問題　例問題を起こす, 問題の人物, 試験問題 | (4)荒っぽい・高望み例野心, 野望 |
| モンチャク　もんちゃく, もん着〔悶着〕例ひともんちゃく起こる　類物議, ごたごた, 紛糾 | や　屋³　オク　　　　　　　　119　例屋敷, 屋台, 屋根；石屋, 岩屋, 楽屋, 菓子屋, 薬屋, 呉服屋, 酒屋, 茶屋, 寺子屋, 豆腐屋, 問屋, 納屋, 長屋, 番小屋, 表具屋, 平屋, 宿屋　注＊母家＜おもや＞, ＊部屋＜へや＞ |
| モンつき　紋付き(紋付)　例紋付きはかま | |
| モンドウ　問答　例問答無用, 押し問答 | |
| もんどり　もんどり〔翻筋斗〕当て字　例もんどりを打つ　類宙返り, とんぼ返り | や　家²　カ・ケ, いえ　　　147　例家賃, 家並み, 家主；大家, 貸家, 借家　注＊母家＜おもや＞ |
| モンピ　門扉 | や　矢²　シ　　　　　　　769　例矢を射る；矢のような催促, 光陰矢のごとし, 矢面, 矢車, 矢印；弓矢 |
| もんめ　匁　例1貫は1,000匁である | |
| モンモン　もんもん〔悶々〕　例もんもんと失意の日を送る | や　八¹　ハチ, やつ・やっつ・よう　　　　　　　　　　1647　例八重桜　注＊八百屋＜やおや＞, ＊八百長＜やおちょう＞ |
| **〔ヤ・や〕** | |
| | や　弥　―　　　　　　　1955　注＊弥生＜やよい＞ |
| ヤ　冶　―　　　　　　　1952　例冶金, 陶冶　注＊鍛冶＜かじ＞ | やえ　八重　例八重咲き, 八重桜, 八重歯 |
| ヤ　夜²　よ・よる　　　1953　例夜陰, 夜会, 夜学, 夜間, 夜業, 夜勤, 夜具, 夜景, 夜警, 夜行, 夜光虫, 夜叉＜ヤシャ＞, 夜尿症, 夜半, 夜分；暗夜, 今夜, 昨夜, 終夜, 十五夜, 十三夜, 除夜, 深夜, 前夜, 昼夜, 通夜, 徹夜, 日夜, 連夜　対日, 昼 | ヤエン　野猿 |
| | やおちょう　＊八百長　例八百長試合 |
| | やおもて　矢面, 矢表　例非難の矢面に立つ　類正面, 陣頭 |
| | やおや　＊八百屋　類青物屋 |
| | やおら　やおら　例やおら起き上がる |
| | やかた　館　カン　　　　285　例貴族の館 |
| ヤ　野²　の　　　　　　1954　(1)野・耕した野例野営, 野外, 野球, 野犬, 野菜, 野戦；原野, 荒野, 山野, 平野 | やがて　やがて〔軈て〕　例やがて1時になる, やがて始まる |
| (2)民間・範囲例野に下る；野党, 野望；外野, 在野, 視野, 内野, 分野 | やかましい　やかましい〔喧しい〕例爆音がやかましい, 世間がやかましい, 警察がやかましい, やかましい老人, 口やかましい |
| | やから　やから〔族, 輩〕当て字 |

明朝体の右肩の数字は配当学年　末尾の数字は常用漢字表番号　( )許容　類類義同意語　対反対対照語　関関連語　学学術用語

| | |
|---|---|
| | 例一家, 一族, ともがら, 仲間 |
| ヤカン やかん〔薬罐〕 | |
| やき 焼き(焼) | 例焼きを入れる, 焼きが回る；焼き飯, 焼き物；塩焼き, すき焼き, 炭焼き, 素焼き, 野焼き；九谷焼, 瀬戸焼 注工芸品は「〜焼」。 |
| やぎ やぎ〔山羊, 野羊 当て字〕 | |
| やきいも 焼き芋(焼芋) | |
| やきイン 焼き印(焼印) | 例焼き印を押す |
| やきがね 焼き金(焼金) | 例烙印＜ラクイン＞ |
| やきぐり 焼きぐり〔焼き栗〕 | |
| やきごて 焼きごて〔焼き鏝〕 | 例焼きごてを当てる |
| やきざかな 焼き魚(焼魚)〔焼き肴〕 | |
| やきしお 焼き塩(焼塩) | |
| やきそば 焼きそば〔焼き蕎麦 当て字〕 | |
| やきたて 焼きたて, 焼き立て | 例焼きたてのパン |
| やきつけ 焼き付け(焼付け) | 例写真の焼き付け |
| やきドウフ 焼き豆腐(焼豆腐) | |
| やきとり 焼き鳥(焼鳥) | |
| やきなおし 焼き直し(焼直し) | 例翻訳小説の焼き直しドラマ |
| やきニク 焼き肉(焼肉) | |
| やきば 焼き場(焼場) | 類火葬場 |
| やきば 焼き刃(焼刃) | 例付け焼き刃 注「やいば」とも言う。 |
| やきはらう 焼き払う(焼払う) | 例雑草を焼き払う |
| やきめし 焼き飯(焼飯) | |
| やきもち 焼き餅, 焼きもち, やきもち | 例焼き餅にして食べる；やきもちを焼く, やきもち焼き 類嫉妬＜シット＞ |
| やきもの 焼き物(焼物) | 例たいの焼き物；焼き物の花瓶, 焼き物師 |

| | | | |
|---|---|---|---|
| ヤキン | 野禽 | 野禽保護 | 類野鳥 |
| | | 対家禽＜カキン＞ | |
| ヤキン | 冶金 | 類精錬 | |
| ヤク | 疫 | エキ | 79 |
| | 例疫病神 | | |
| ヤク | 益[5] | エキ | 80 |
| | 例御利益 | | |
| ヤク | 厄 | — | 1956 |
| | 例厄年, 厄日, 厄落とし；災厄 | | |
| ヤク | 役[3] | エキ | 1957 |
| | 例役に立つ；役員, 役者, 役所, 役人, 役場, 役目, 役割；顔役, 子役, 市役所, 下役, 主役, 収入役, 重役, 助役, 世話役, 荷役, 配役 | | |
| ヤク | 約[4] | — | 1958 |
| | (1)取り決め例約款, 約束；違約, 解約, 確約, 規約, 協約, 契約, 口約, 公約, 婚約, 条約, 制約, 誓約, 先約, 特約, 破約, 売約, 密約, 盟約, 予約, 要約 | | |
| | (2)小さくする・少なくする例約数；倹約, 公約数, 集約, 節約 | | |
| | (3)ほぼ・おおよそ例約1週間, 約千円 | | |
| ヤク | 訳[6] | わけ | 1959 |
| | 例古典の訳；訳者；意訳, 英訳, 完訳, 全訳, 直訳, 通訳, 翻訳, 和訳 | | |
| ヤク | 薬[3] | くすり | 1960 |
| | 例薬剤師, 薬草, 薬品, 薬用, 薬籠＜ヤクロウ＞；医薬, 漢方薬, 丸薬, 劇薬, 試薬, 製薬, 弾薬, 毒薬, 内服薬, 売薬, 服薬, 妙薬, 良薬 | | |
| ヤク | 躍 | おどる | 1961 |
| | 例躍進, 躍動, 躍起；一躍, 活躍, 跳躍, 飛躍, 勇躍 | | |
| やく | 焼く[4] | ショウ, やける〔焚く〕 | 990 |
| | 例紙を焼く, 魚を焼く, 炭を焼く, 皿を焼く | | |
| やく | やく, 焼く | 例手をやく, 世話 | |

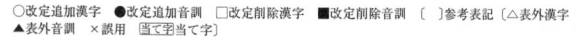

○改定追加漢字  ●改定追加音訓  □改定削除漢字  ■改定削除音訓  〔 〕参考表記 〔△表外漢字  ▲表外音訓  ×誤用  当て字当て字〕

をやく，恋に身をやく

やく　やく〔妬く〕　例二人の仲をやく，友の出世をやく

ヤクおとし　厄落とし(厄落し)　例厄落としのお参り　㈹厄払い

ヤクがえ　役替え　例役替えを命ずる　㈹転勤

ヤクサツ　扼殺　例扼殺死体　㈹絞殺，圧殺

ヤクジョ　躍如　例面目躍如たるものがある

ヤクショづとめ　役所勤め　例役所勤めをしている

ヤクす　約す　例10を2で約す，後日を約す　注「約する」とも言う。

ヤクす　訳す　例英語を日本語に訳す，古文を現代文に訳す　注「訳する」とも言う。

ヤクソク　約束　例前世の約束，約束をほごにする，約束手形

ヤクだつ　役立つ　例生活に役立つ

ヤクだてる　役立てる　例社会のために役立てる

ヤクつき　役付き　例役付きになる，会社の役付き

ヤクどし　厄年

ヤクはらい　厄払い　例厄払いをする　注「ヤクばらい」とも言う。

ヤクまわり　役回り(役廻り)　例迷惑な役回り，嫌な役回り

ヤクよけ　厄よけ〔厄除け〕　例厄よけのお守り

やぐら　やぐら〔櫓〕　例やぐらを上げる，やぐら太鼓

ヤクわり　役割　例各人の役割を果たす

やけ　焼け　例朝焼け，夕焼け；雪焼け

やけ　やけ〔自棄当て字〕　例やけを起こす，やけのやんぱち，やけ酒

㈹自暴自棄

やけあと　焼け跡　例焼け跡の整理

やけいし　焼け石　例焼け石に水

やけくそ　やけくそ〔自棄糞当て字〕　例やけくそになる　注俗語

やけこげ　焼け焦げ

やけつく　焼け付く　例焼け付くような日ざし

やけつち　焼け土

やけど　やけど〔火傷当て字〕　例やけどを負う　㈹火傷〈カショウ〉

やけに　やけに　例今日はやけに暑い

やけの　焼け野　例焼け野のからす，焼け野のきぎす(きじ)夜の鶴，焼け野が原

やけひばし　焼け火箸，焼き火ばし

やけぶとり　焼け太り　例焼け太りする

やける　焼ける⁴　ショウ，やく　990
例家が焼ける，魚が焼ける，肌が焼ける，空が赤く焼ける；胸がやける，世話のやける人

やける　やける〔嫉ける〕　例仲のよいところを見せつけられてやける

やゴウ　屋号　例江戸時代からの古い屋号

ヤサイ　野菜　例野菜市場，野菜畑　㈹青物

やさがし　家捜し，家探し　例家捜しをする　㈹家宅捜索

やさき　やさき，矢先　例出発のやさき

やさしい　易しい⁵　エキ・イ　78
例易しい問題　対難しい

やさしい　優しい⁶　ユウ，すぐれる　1985
例女性の優しい姿；優しい声，気持ちが優しい

やし　やし，野師〔香具師当て字〕
㈹てき屋，大道商人

やじ　やじ〔野次，弥次当て字〕　例やじ

やしき―やつあ

やしき 屋敷〔邸〕 例お屋敷奉公, 屋敷町, 武家屋敷
やしないおや 養い親 対生みの親
やしないご 養い子 例養子 対実の子, 実子
やしなう 養う⁴ ヨウ 2009 例家族を養う, 家畜を養う, 英気を養う, よい習慣を養う
やじる やじる〔野次る, 弥次る 当て字〕 例相手の選手をやじる
やしろ 社² シャ 842
ヤシン 野心 例野心満々, 野心家
やすあがり 安上がり 例安上がりの方法
やすい 安い³ アン 〔廉い〕 12 例安い買物, 安かろう悪かろう 対高い
やすい やすい〔易い〕 例おやすい御用です, 忘れやすい 対難い, ～がたい, (し)にくい
やすうけあい 安請け合い〔安請合い〕 例安請け合いをして後で困る
やすうり 安売り 例冬物の安売り, 約束の安売り, 大安売り
やすっぽい 安っぽい 例安っぽい洋服
やすね 安値 例株の安値 対高値
やすまる 休まる¹ キュウ, やすむ・やすめる 365 例心が休まる
やすみ 休み 例休みの日, 夏休み
やすみヂャや 休み茶屋 例峠の休み茶屋
やすみどころ 休み所〔休み処〕 例お休み所
やすむ 休む¹ キュウ, やすまる・やすめる 365 例店を休む, 学校を休む, 15分休む
やすむ やすむ〔寝む〕

やすめる 休める¹ キュウ, やすむ・やすまる 365 例手を休める, 体を休める, 心を休める
やすもの 安物 例安物買いの銭<ぜに>失い
やすやすと やすやすと〔易々と〕 例難問をやすやすと解く
やすらか 安らか 例安らかな眠りに就く, 気持ちが安らかだ
やすり やすり〔鑢〕 例やすりをかける, やすり紙, やすり板
やすんじる 安んじる 例現状に安んじる, 心を安んじる 注「安んずる」とも言う。
ヤセイ 野生 例野生のばら, 野生の馬
ヤセイ 野性 例野性的な性格
やせうで 痩せ腕, やせ腕 例女の痩せ腕で一家を養う 類細腕
やせガマン やせがまん, 痩せ我慢 例やせがまんをする
やせこける 痩せこける, やせこける 例病気上がりの痩せこけた体
やせほそる 痩せ細る, やせ細る 例腕が痩せ細る
やせる 痩せる ソウ 〔やせる〕 1239 例体が痩せる, 痩せた土地 対太る, 肥える
やタイ 屋台 例屋台骨がかしぐ, 屋台店
やたて 矢立て 例矢立ての墨つぼ
やたら やたら〔矢鱈 当て字〕 例やたらなまねはできない, むやみやたら
やつ 八つ¹ ハチ, や・やっつ・よう 1647 例八つ切り, 八つ当たり
やつ やつ〔奴〕 例ばかなやつ
やつあたり 八つ当たり〔八つ当り〕

○改定追加漢字 ●改定追加音訓 □改定削除漢字 ■改定削除音訓 〔 〕参考表記 〔△表外漢字 ▲表外音訓 ×誤用 当て字 当て字〕

ヤッカ　厄介　例厄介な仕事，厄介をかける，厄介者
ヤッキ　躍起〔躍気〕　例躍起になって弁解する
やつぎばや　矢つぎばや，矢継ぎ早　例矢つぎばやに質問する
やっこ　やっこ〔奴〕　例旗本やっこ；恋のやっこ，やっこだこ，やっこ豆腐
やつざき　八つ裂き　例八つ裂きにする
やっつ　八つ¹　ハチ，や・やつ・よう　1647
例今年八つになる子ども
やっつける　やっつける〔遣っ付ける〕　例敵をやっつける
やつで　やつで，八手　注植物
やってくる　やって来る〔遣って来る〕　例向こうから人がやって来る
やっぱり　やっぱり〔矢っ張り〕〔当て字〕　例やっぱり来てくれたね，やっぱりおかしい　注「やはり」の口語形。
やつれ　やつれ〔窶れ〕　例面やつれする
やつれる　やつれる〔窶れる〕　例頬がやつれる
やど　宿³　シュク，やど・やどす　920
例一夜の宿；宿帳，宿賃，宿屋；木賃宿
やとい　雇い〔雇〕〔傭〕　例臨時雇い　類補助職員
やといいれ　雇い入れ（雇入れ）　例雇い入れの条件
やといいれケイヤク　雇い入れ契約（雇入れ契約）（雇入契約）
やといいれる　雇い入れる（雇い入れる）　例店員を雇い入れる
やといニン　雇い人（雇人）　類使用人
やといぬし　雇い主（雇主）　類使用者
やとう　雇う　コ〔傭う〕　571

例人を雇う，船を雇う
やどす　宿す³　シュク，やど・やどる　920
例水に影を宿す，内に大望を宿す
やどなし　宿無し　例宿無しの風来坊＜フウライボウ＞
やどり　宿り　例一夜の宿り
やどりぎ　宿り木〔寄生木〕〔当て字〕
やどる　宿る³　シュク，やど・やどす　920
例はすの葉に朝露が宿る，病根が宿る，星が宿る
やなぎ　柳　リュウ　2049
例柳に風，柳行李＜ゴウリ＞，柳腰，柳だる
やなみ　家並み（家並），屋並み（屋並）
例家並みに翻る日章旗
やなり　家鳴り　例家鳴りがする
やに　やに〔脂〕　例松やに，目やに
やにわに　やにわに〔矢庭に〕〔当て字〕
例やにわに飛びかかってくる　類いきなり
やね　屋根〔家根〕　例屋根裏住まい
やねづたい　屋根伝い　例泥棒が屋根伝いに逃げる
やはり　やはり〔矢張り〕〔当て字〕
例やはりそうでしたか，やはりだめだった　注「やっぱり」とも言う。
ヤバン　野蛮　例野蛮なふるまい，野蛮人
ヤヒ　野卑〔野鄙〕　例野卑な冗談
やぶ　やぶ〔藪〕　例やぶから棒，やぶをつっついて蛇を出す，やぶ蚊，やぶそば
やぶいり　やぶ入り〔藪入り〕　例盆のやぶ入り
やぶく　破く　例帳面を破く　類破る，裂く　注俗語
やぶける　破ける　例袖が破ける

やぶさ―やみう　518

やぶ破れる, 裂ける　注俗語
やぶさか　やぶさか〔各か〕　例応援するにやぶさかでない
やぶる　破る⁵　ハ, やぶれる　1607
　例紙を破る, 約束を破る, 弊風を破る, 記録を破る, 夢を破る
やぶれ　破れ　例ふすまの破れ, 破れかぶれ
やぶれがさ　破れ傘
やぶれめ　破れ目　例障子の破れ目
やぶれる　破れる⁵　ハ, やぶる　1607
　例障子が破れる, 国破れて山河あり
やぶれる　敗れる⁴　ハイ　1619
　例宿敵に敗れる
やぼ　やぼ〔野暮当て字〕　例やぼなことを言う, やぼな人, やぼったい; やぼてん　対粋, 通
やま　山¹　サン　745
　例山が見える, 山を駆ける, 山高きが故に尊からず, 山の幸; 山犬, 山奥, 山男, 山陰, 山国, 山小屋, 山里, 山師, 山路, 山手, 山寺, 山肌, 山伏し, 山道; 岩山, 裏山, 奥山, 黒山, 砂山, 野山　対海, 川　注＊築山＜つきやま＞
やまい　病³　ビョウ, ヘイ, やむ　1726
　例病は気から
やまがり　山狩り　例山狩りをする
やまくずれ　山崩れ　例山津波
やまごえ　山越え　例山越えをする
やまごもり　山籠もり(山籠り), 山ごもり
　例山籠もりをする
やまじ　山路　例山路をたどる
やましい　やましい〔疚しい, 疾しい〕
　例心がやましい, 後ろ暗い
やますそ　山裾, 山すそ　例山裾の村

やまだし　山出し　例材木の山出し; 山出しの若者
やまづたい　山伝い　例山伝いの道を行く
やまつづき　山続き　例山続きの眺め
やまつなみ　山津波〔山津浪〕　例山崩れ
やまづみ　山積み　例荷物を山積みにする
やまて　山手　例山手の住宅街　⇔下町　注「山の手」とも言う。
やまと　＊大和　例大和絵, 大和魂, 大和時代
やまない　やまない〔止まない, 已まない〕　例期待してやまない
やまのぼり　山登り　例山登りをする
　㊗登山
やまはだ　山肌　例山肌が現れる, 赤い山肌
やまびこ　やまびこ〔山彦〕　㊗こだま
やまびらき　山開き　例富士山の山開き　㊗川開き
やまぶし　山伏し(山伏)
やまもり　山盛り　例御飯を山盛りに盛る
やまやき　山焼き　例春の山焼きの煙が立ち上る＜のぼる＞
やまわけ　山分け　例もうけを山分けする
やみ　闇　―　〔やみ〕　1962
　例前途は闇だ, 闇から闇に葬る, 闇市, 闇討ち, 闇米, 闇路, 闇相場, 闇屋, 暗闇
やみあがり　病み上がり　例病み上がりの体
やみいち　闇市, やみ市　例密輸入品の闇市
やみうち　闇討ち, やみ討ち　例闇討ちに遭う

○改定追加漢字　●改定追加音訓　□改定削除漢字　■改定削除音訓　〔　〕参考表記〔△表外漢字
▲表外音訓　×誤用　当て字当て字〕

やみつき　病みつき,病み付き　例病みつきになる
やみよ　闇夜,やみ夜　例闇夜のからす,やみ夜のともしび
やむ　病む³　ビョウ・ヘイ,やまい　1726
　例胸を病む,気に病む
やむ　やむ〔止む,已む〕　例雨がやむ,風がやむ;倒れて後やむ
やむをえず　やむをえず,やむを得ず〔止むを得ず,已むを得ず〕　例やむをえず辞退する
やむをえない　やむをえない,やむを得ない〔止むを得ない,已むを得ない〕　例だめならやむをえない
やめる　辞める⁴　ジ〔罷める〕　821
　例会社を辞める
やめる　やめる〔止める〕　例旅行をやめる,酒をやめる
やや　やや〔稍〕　例ややおもしろい,やや暗くなる
ややもすれば　ややもすれば〔動もすれば〕　例ややもすれば乱暴な言葉を使いたがる
ヤユ　揶揄　例筆を執って弊風を揶揄する　類からかう
やよい　＊弥生　例弥生時代,弥生式土器　関三月
やら　やら　例なんのことやら;なにやらかにやら
やり　やり〔槍,鑓〕　例やり一筋に生きる
やりあう　やり合う〔遣り合う〕
　例はでにやり合う　類論争する
やりかた　やり方〔遣り方〕　例割り算のやり方
やりくり　やりくり〔遣り繰り〕
　例家計のやりくり,やりくり算段
やりこめる　やり込める〔遣り込める〕

例議論でやり込める
やりさき　やり先〔槍先〕　例やり先の功名
やりだま　やり玉　例やり玉に挙げる
やりっぱなし　やりっぱなし〔遣りっ放し〕　例勉強をやりっぱなしにしたまま遊びに出かける
やりて　やり手〔遣り手〕　例年は若いがなかなかのやり手だ
やりとげる　やり遂げる〔遣り遂げる〕　例りっぱにやり遂げる
やりとり　やり取り〔遣り取り〕
　例言葉のやり取り,杯のやり取り
やりなおし　やり直し〔遣り直し〕
　例やり直しが利かない仕事,やり直しをする
やりなおす　やり直す〔遣り直す〕
　例調査をやり直す
やりなげ　やり投げ〔槍投げ〕
やりば　やり場〔遣り場〕　例不満のやり場がない
やる　やる〔遣る〕　例使いの者をやる,この本を君にやる,試合をやる,一杯やろう,くれてやる;助けてやる,貸してやる
やるせない　やるせない〔遣る瀬無い〕
　例やるせない恋心
やわらか　柔らか　ジュウ・ニュウ,やわらかい　911
　例柔らかな肌,柔らかな布団
やわらか　軟らか　ナン,やわらかい　1575
　例軟らかな土
やわらかい　柔らかい　ジュウ・ニュウ,やわらか　911
　例柔らかい肌,柔らかい口調,当たりが柔らかだ,言葉が柔らかだ　対堅い
やわらかい　軟らかい　ナン,やわ

やわら―ユウ

らか 1575
例表情が軟らかい，軟らかな土
対硬い

やわらかミ 柔らかみ，柔らか味
例柔らかみのある人柄

やわらぐ 和らぐ³ ワ・オ，やわらげる・なごむ・なごやか 2129
例波が和らぐ，気持ちが和らぐ

やわらげる 和らげる³ ワ・オ，やわらぐ・なごむ・なごやか 2129
例表情を和らげる

〔ユ・ゆ〕

ユ 由³ ユウ・ユイ，よし 1963
例由来；経由

ユ 油³ あぶら 1964
例油煙，油田；肝油，揮発油，給油，原油，重油，潤滑油，石油，灯油；油断

ユ 喩 ― 1965
例比喩

ユ 愉 ― 1966
例愉快

ユ 諭 さとす 1967
例諭旨；教諭，説諭

ユ 輸⁵ ― 1968
例輸血，輸出，輸出入，輸送，輸入；運輸，空輸，密輸

ユ 癒 いえる・いやす 1969
例癒着；治癒，平癒

ユ 遊³ ユウ，あそぶ 1980
例物見遊山

ゆ 湯³ トウ 1521
例湯の町，湯気，湯豆腐，湯殿，湯ぶね，湯水

ゆあがり 湯上がり 例湯上がりタオル

ゆあみ 湯あみ〔湯浴み〕 例湯あみする 鋭入浴

ユイ 遺⁶ イ 37
例遺言

ユイ 由³ ユ・ユウ，よし 1963
例由緒

ユイ 唯 イ 1970
例唯一，唯心，唯美，唯物

ユイゴン 遺言 例我が子に遺言する，遺言状 田法律用語では「イゴン」と読む。

ユイショ 由緒

ゆいノウ 結納 例結納を取り交わす，結納金

ユウ 右¹ ウ，みぎ 58
例左右，座右

ユウ 由³ ユ・ユイ，よし 1963
例自由

ユウ 友² とも 1971
例友愛，友軍，友好，友情，友人，友邦；悪友，学友，級友，交友，師友，親友，戦友，盟友，良友；友禅

ユウ 有³ ある 1972
例無から有を生ずる；有為，有意義，有益，有害，有閑，有機，有給，有形，有限，有効，有罪，有志，有識，有終，有線，有徳＜ユウトク・ウトク＞，有毒，有能，有望，有名，有用，有利，有料，有力；含有，共有，固有，公有，国有，私有，所有，特有，保有

ユウ 勇⁴ いさむ 1973
例勇を鼓する；勇敢，勇気，勇士，勇姿，勇者，勇壮，勇退，勇断，勇名，勇猛，勇躍；義勇，豪勇，沈勇，蛮勇，武勇

ユウ 幽 ― 1974
例幽境，幽雅，幽界，幽閉，幽霊

ユウ 悠 ― 1975
例悠然，悠長，悠々

○改定追加漢字 ●改定追加音訓 □改定削除漢字 ■改定削除音訓 〔 〕参考表記〔△表外漢字 ▲表外音訓 ×誤用 当て字当て字〕

| | | | |
|---|---|---|---|
| ユウ | 郵⁶ | ― | 1976 |

　例郵券, 郵送, 郵便

| ユウ | 湧 | わく | 1977 |

　例湧出, 湧水

| ユウ | 猶 | ― | 1978 |

　例猶予

| ユウ | 裕 | ― | 1979 |

　例裕福；余裕

| ユウ | 遊³ | ユ, あそぶ | 1980 |

　例遊園地, 遊学, 遊戯, 遊興, 遊説＜ユウゼイ＞, 遊動円木, 遊牧, 遊離；園遊会, 回遊, 外遊, 豪遊, 漫遊

| ユウ | 雄 | お・おす | 1981 |

　例天下の雄；雄大, 雄図, 雄飛, 雄弁；英雄, 群雄, 雌雄　対雌＜シ＞

| ユウ | 誘 | さそう | 1982 |

　例誘因, 誘致, 誘導, 誘惑；勧誘

| ユウ | 憂 | うれえる・うれい・うい | 1983 |

　例憂国, 憂愁, 憂慮；一喜一憂, 内憂外患　対喜

| ユウ | 融 | ― | 1984 |

　例融解, 融合, 融資, 融通, 融和；金融

| ユウ | 優⁶ | やさしい・すぐれる | 1985 |

　例優位, 優越, 優雅, 優遇, 優秀, 優柔, 優勝, 優勢, 優先, 優待, 優等, 優美, 優良, 優劣；女優, 俳優, 名優　対劣

| ゆう | 結う⁴ | ケツ, むすぶ・ゆわえる | 510 |

　例髪を結う

| ゆう | 夕¹ | セキ | 1138 |

　例夕風, 夕方, 夕刊, 夕霧, 夕雲, 夕暮れ, 夕刻, 夕食, 夕立, 夕月, 夕飯, 夕日；朝夕, 今夕　類朝

ユウアイ　友愛　例友愛の情
ユウイギ　有意義　例夏休みを有意義に過ごす

ユウウツ　憂鬱　例憂鬱になる, 憂鬱な空模様
ユウエイ　遊泳〔游泳〕　例遊泳禁止, 遊泳術
ユウエキ　有益　例有益な話　対無益
ユウエツ　優越　例優越感を覚える　対劣等
ユウエン　優艶　例優艶な舞い姿　類あでやか
ユウガ　優雅　例優雅な物腰
ユウカイ　誘拐　例子どもを誘拐する, 誘拐犯人
ユウガイ　有害　例有害無益　対無害
ゆうがた　夕方　例暮れ方, 夕暮れ　対明け方, 朝方
ユウガトウ　誘у灯〔誘蛾灯〕
ユウカン　勇敢　例勇敢な行為
ゆうカン　夕刊　対朝刊
ユウキ　勇気　例勇気百倍
ユウギ　友誼　例友誼に厚い　類友好, 友情
ユウギ　遊技　例遊技場
ユウギ　遊戯　例遊戯をする, 遊戯場
ユウギダンタイ　友誼団体　類友好団体
ユウキュウ　悠久　例悠久の昔
ユウキョウ　遊俠　例遊俠の徒　類やくざ
ユウグウ　優遇　例技術者を優遇する　対冷遇
ゆうぐれ　夕暮れ(夕暮)　類日暮れ, たそがれ
ユウケイ　有形　例有形無形の援助
ユウコウ　友好　友交　例友好関係, 友好的
ユウゴウ　融合　例薬品を融合する, 核融合　対分裂
ユウコウ　有効　例今月いっぱい有効だ　対無効
ユウコン　雄渾　例雄渾な筆跡；雄大

| | |
|---|---|
| ユウザイ 有罪 例有罪判決 対無罪 | ゆうなぎ 夕なぎ〔夕凪〕 例夕なぎの海 対朝なぎ |
| ユウシ 有志 例有志を募る | |
| ユウシ 雄姿,勇姿 例雄姿を誇る | ユウに 優に 例日本の人口は優に1億を超(越)える |
| ユウシュウ 憂愁,幽愁 例憂愁の色が濃い | |
| ユウシュウ 優秀 例優秀な成績を残す | ユウノウ 有能 例あの技術者は有能だ,有能な青年 対無能 |
| ユウジュウフダン 優柔不断 例優柔不断な性格 | ゆうばえ 夕映え 例夕映えに輝く波 対夕焼け |
| ユウシュツ 湧出,涌出 例温泉が湧出する 対湧き出る | ユウヒ 雄飛〔勇飛〕 例海外に雄飛する |
| ユウシュツリョウ 湧出量 | ユウビン 郵便 例郵便を出す,郵便為替,郵便局,郵便貯金,郵便年金,郵便物 |
| ユウショウ 優勝 例優勝する,優勝杯 | |
| ユウスイ 幽邃 例幽邃境 対幽寂 | |
| ユウスイ 湧水 | ユウビンうけ 郵便受け〔郵便受〕 例郵便受けを設ける 対郵便箱 |
| ユウスウ 有数 例世界でも有数の漁場 対無数 | |
| ゆうすずみ 夕涼み 例夕涼みに出る | ユウフク 裕福〔有福〕 例裕福な暮らし |
| ユウセン 優先 例優先する,優先権 | ゆうべ 夕べ 例民謡の夕べ |
| ユウゼン 友禅〔友染〕 例友禅染 | ゆうべ ゆうべ〔昨夜〕当て字 |
| ユウゼン 悠然 例悠然とした態度 | ユウベン 雄弁 例雄弁家 対能弁 対訥弁〈トッペン〉 |
| ユウソウ 勇壮 例この行進曲は勇壮だ,勇壮なマーチ | |
| ユウタイ 勇退 対役所を勇退する,後進に道を譲って勇退する | ユウボウ 有望 例前途有望な青年 |
| | ユウボク 遊牧 例遊牧の民 |
| ユウタイ 優待 例読者を優待する,優待券 | ユウメイ 有名 例有名な画家,有名無実 |
| | ユウモウ 勇猛 例勇猛心,勇猛果敢 |
| ユウダイ 雄大 例富士の裾野は雄大だ,雄大な眺め | ゆうやけ 夕焼け 例夕焼けの空 対朝焼け |
| ゆうだち 夕立 例夕立は馬の背を分ける | ゆうやけぐも 夕焼け雲〔夕焼雲〕 |
| ユウチ 誘致 例工場を誘致する | ゆうやみ 夕闇,夕やみ 例夕闇が迫る 対宵闇 |
| ユウチョウ 悠長 例悠長に構える,悠長な話 対気長,のんびり | ユウユウ 悠々 例悠々自適の暮らし |
| | ユウヨ 猶予〔猶余〕 例3日間の猶予をもらう,執行猶予 |
| ユウト 雄図 例雄図を抱く 対壮図 | |
| ユウト 雄途 例雄途に就く 対壮途 | ユウラン 遊覧 例遊覧船 |
| ユウトウ 遊蕩 例遊蕩する 対不品行,道楽 | ユウリ 有利 例有利に展開する 対不利 |
| | ユウリョウ 有料 例有料試写会,有料道路 対無料 |
| ユウトウ 優等 例優等で卒業する,優等生 対劣等 | ユウリョク 有力 例有力な情報,財界の有力者 対無力 |

○改定追加漢字 ●改定追加音訓 □改定削除漢字 ■改定削除音訓 〔 〕参考表記 〔△表外漢字 ▲表外音訓 ×誤用 当て字当て字〕

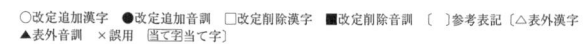

ユウレイ 幽霊　例幽霊人口、幽霊会社
ユウレツ 優劣　例優劣を競う
ユウワ 融和〔宥和〕　例融和を図る、融和政策　類融合　対不和
ユウワク 誘惑　例誘惑を避ける
ゆえ 故⁵ コ　566
　例故あって……、故なく罰せられる；急ぐゆえに　(注法令・公用文では仮名書き)
ゆえに ゆえに、故に　例ゆえに……
　注法令・公用文では仮名書き。
ゆえん ゆえん〔所以 当て字〕　類理由、方法
ユオウ ゆおう〔硫黄〕　類硫黄＜いおう＞
ゆか 床 ショウ、とこ　964
　例床が抜ける、床が低い
ユカイ 愉快　例あの人はとても愉快だ、愉快な話、愉快に語る
ゆかしい ゆかしい〔床しい 当て字〕
　例ゆかしい人柄　類奥ゆかしい
ゆかた ＊浴衣　例浴衣がけ
ゆがみ ゆがみ〔歪み〕　例鏡のゆがみ、心のゆがみ
ゆがむ ゆがむ〔歪む〕　例根性がゆがむ、鏡がゆがむ
ゆがめる ゆがめる〔歪める〕　例真実をゆがめて伝える
ゆかり ゆかり〔縁〕　例縁もゆかりもない、徳川家康ゆかりの地
ゆき 雪² セツ　1160
　例雪と墨、雪の肌：雪国、雪雲；大雪、小雪
ゆき 行き〔往き〕　例学校の行き帰り、行きはバスに乗る　注「いき」とも言う。
ゆきあう 行き合う、行き会う(行合う、行き会う)〔行き逢う〕
ゆきあかり 雪明かり　例雪明かりを頼りに道を行く
ゆきあそび 雪遊び
ゆきあたり 行き当たり(行当り)
　例小路の行き当たりの家、行き当たりばったり
ゆきあたる 行き当たる(行当る)
　例障害に行き当たる
ゆきおれ 雪折れ　例雪折れの竹
ゆきおろし 雪下ろし　例雪下ろしをする
ゆきかい 行き交い　類往来
ゆきかう 行き交う　例人々が行き交う
ゆきかえり 行き帰り　例会社の行き帰り　類往復
ゆきがかり 行きがかり、行き掛かり
　例行きがかり上しかたなく賛成する
ゆきかき 雪かき〔雪掻き〕　類除雪
ゆきがけ 行きがけ、行き掛け　例行きがけの駄賃
ゆきがこい 雪囲い　例庭木を雪囲いする
ゆきかた 行き方　例会の行き方を決める、行き方知れず
ゆきき 行き来　例行き来の激しい道路、人の行き来
ゆきさき 行き先(行先)　例行き先を尋ねる
ゆきすぎ 行き過ぎ(行過ぎ)　例行き過ぎを改める
ゆきだおれ 行き倒れ(行倒れ)
　例行き倒れを介抱する、野たれ死に
ゆきダルマ 雪だるま〔雪達磨〕
　例雪だるまを作る
ゆきちがい 行き違い(行違い)
　例行き違いになる
ゆきづまり 行き詰まり　例行き詰まりを打開する
ゆきづまる 行き詰まる　例計画が行き詰まる

ゆきどけ 雪解け〔雪融け〕 例雪解けの水, 外交関係の雪解け

ゆきとどく 行き届く(行届く) 例世話が行き届く, 行き届いた手当て

ゆきどまり 行き止まり(行止り) 例行き止まりの道

ゆきなやむ 行き悩む(行悩む) 例交渉が行き悩む

ゆきば 行き場 例行き場がない

ゆきばれ 雪晴れ(雪晴) 例雪晴れの朝

ゆきふり 雪降り 例雪降りの夜

ゆきみち 行き道 注帰り道

ゆきわたる 行き渡る(行渡る) 例全員に行き渡る, 宣伝が行き渡る

ゆく 行く² コウ・ギョウ・アン, いく・おこなう〔往く〕 603
例東京へ行く, 高校へ行く, 嫁に行く, 春が行く 注帰る 注＊行方<ゆくえ>

ゆく 逝く セイ, いく 1122
例人に惜しまれて逝く 注「いく」とも言う。

ゆく ……ゆく 例なんとか暮らしてゆく 注「……いく」とも言う。

ゆくえ ＊行方 例行方を捜す, 行方を案じる, 行方不明

ゆくさき 行く先(行先) 例行く先のことを案じる

ゆくすえ 行く末(行末) 例行く末が案じられる

ゆくて 行く手 例行く手に見える湖, 行く手をさえぎる壁

ゆくゆくは ゆくゆくは,行く行くは 例ゆくゆくは家の跡を継がせる

ゆゲ 湯気 例湯気に当たる

ゆさぶる 揺さぶる ヨウ, ゆれる・ゆる・ゆらぐ・ゆるぐ・ゆする・ゆすぶる 2000
例枝を揺さぶる, 土台を揺さぶる

ゆざまし 湯冷まし 例湯冷ましを飲む

ゆざめ 湯冷め 例湯冷めをする

ユサン 遊山 例物見遊山

ユシュツ 輸出 例輸出超過, 輸出入 対輸入

ゆすぐ ゆすぐ〔濯ぐ〕 例洗濯物をゆすぐ

ゆすぶる 揺すぶる ヨウ, ゆれる・ゆる・ゆらぐ・ゆるぐ・ゆする・ゆさぶる 2000
例枝を揺すぶる

ゆすり 揺すり 例貧乏揺すり

ゆすり ゆすり〔強請当て字〕 例ゆすりに金を奪われる 類たかり

ゆずりあう 譲り合う(譲合う) 例席を譲り合う, 先を譲り合う

ゆずりうけ 譲り受け(譲受け)

ゆずりうけニン 譲り受け人(譲受け人)(譲受人)

ゆずりうける 譲り受ける(譲受ける) 例株券を譲り受ける 対譲り渡す

ゆずりジョウ 譲り状 例財産の譲り状

ゆずりわたし 譲り渡し(譲渡し) 例家財の譲り渡し, 譲り渡し書, 譲り渡し人

ゆずりわたす 譲り渡す(譲渡す) 例出版権を譲り渡す 対譲り受ける

ゆする 揺する ヨウ, ゆれる・ゆる・ゆらぐ・ゆるぐ・ゆさぶる・ゆすぶる 2000
例木を揺する, 膝を揺する

ゆする ゆする〔強請当て字〕 例金品をゆする 類たかる

ゆずる 譲る ジョウ 1027
例財産を譲る, 地位を譲る, 順番を譲る, 一歩を譲る

ユソウ 油槽 注法令では「油タンク」を用いる。

ユソウ 輸送 例海上輸送

**ユソウセン　油槽船**, 油送船　類タンカー

**ゆたか　豊か**[5]　ホウ　1848
　例豊かな生活, 豊かな人間性, 才能が豊かだ　反乏しい

**ゆだねる　委ねる**　イ　〔ゆだねる〕　21
　例交渉を委ねる　類任せる

**ゆだる　ゆだ**〔茹だる〕　例卵がゆだる　注「うだる」とも言う。

**ユダン　油断**　例油断も隙もない

**ユチャク　癒着**　例傷口が癒着する

**ゆでたまご　ゆで卵**〔茹で卵〕

**ゆでる　ゆでる**〔茹でる〕　例卵をゆでる　注「うでる」とも言う。

**ゆどおし　湯通し**　例毛布を湯通しする

**ゆどの　湯殿**　類風呂場, 浴室

**ユニュウ　輸入**　例輸入管理, 輸入禁制品, 輸入超過　反輸出

**ゆのみ　湯飲み**〔湯呑み〕　例湯飲み茶碗＜チャワン＞

**ゆび　指**[3]　シ, さす　786
　例指をくわえる, 後ろ指を指す；指先, 指人形, 指輪；親指, 薬指, 小指, 中指, 人さし指

**ゆびおり　指折り**　例観光地として指折りの名所　類屈指

**ゆびおりかぞえて　指折り数えて**　例指折り数えて待つ

**ゆびきり　指切り**　例指切りをする　類げんまん

**ゆびさす　指さす**, 指差す　例指さす方向

**ゆびぬき　指ぬき**〔指貫き〕　例指ぬきをはめる

**ゆびわ　指輪**〔指環〕　例真珠の指輪

**ゆぶね　湯ぶね**, 湯船〔湯槽〕　例湯ぶねから湯があふれる　類浴槽

**ゆみ　弓**[2]　キュウ　362
　例弓を引く, 弓折れ矢尽く, 弓形, 弓弦, 弓取り, 弓なり, 弓場, 弓矢

**ゆみず　湯水**　例金を湯水のように使う

**ゆみとり　弓取り**（弓取）　例弓取り式

**ゆみはりづき　弓張り月**（弓張月）　類弦月〈ゲンゲツ〉

**ゆめ　夢**[5]　ム　1923
　例夢を描く, 夢枕に立つ, 夢路, 夢判断, 夢幻, 夢見, 夢物語

**ゆめうつつ　夢うつつ**〔夢現〕　例夢うつつに聞くたえなる調べ

**ゆめごこち　夢心地**

**ゆゆしい　ゆゆしい**〔由々しい　当て字〕　例ゆゆしい事態が生じる

**ユライ　由来**　例東照宮の由来；由来日本では……

**ゆらぐ　揺らぐ**　ヨウ, ゆれる・ゆる・ゆるぐ・ゆする・ゆさぶる・ゆすぶる　2000
　例土台が揺らぐ, 企業が揺らぐ

**ゆらめく　揺らめく**　例炎が揺らめく

**ゆり　ゆり**〔百合　当て字〕　例ゆりの花, 山ゆり

**ゆりかご　揺り籠**, 揺りかご〔揺り籃〕
　例揺り籠から墓場まで

**ゆる　揺る**　ヨウ, ゆれる・ゆらぐ・ゆるぐ・ゆする・ゆさぶる・ゆすぶる　2000
　例大木を揺る暴風

**ゆるい　緩い**　カン, ゆるやか・ゆるむ・ゆるめる　〔弛い〕　282
　例流れが緩い, 結び目が緩い, 緩い坂道, 緩い規則

**ゆるがす　揺るがす**（揺がす）　例山を揺るがす大噴火

**ゆるがせ　ゆるがせ**〔忽せ〕　例警戒をゆるがせにする, 物事をゆるがせにする　類おろそか, なおざり

**ゆるぐ　揺るぐ**　ヨウ, ゆれる・ゆ

ゆるし―よい

る・ゆらぐ・ゆする・ゆさぶる・ゆすぶる　　　　2000
例信念が揺るぐ

**ゆるし　許し**[赦し]　例許しを受ける，許しを請う

**ゆるす　許す**⁵　キョ　〔赦す〕　389
例非礼を許す，罪を許す，入学を許す，事情が許さない，自他ともに許す

**ゆるむ　緩む**　カン，ゆるい・ゆるやか・ゆるめる　〔弛む〕　282
例結び目が緩む，気持ちが緩む，寒さが緩む；相場が緩む

**ゆるめる　緩める**　カン，ゆるい・ゆるやか・ゆるむ　〔弛む〕　282
例帯を緩める，気を緩める，速力を緩める，取り締まりを緩める

**ゆるやか　緩やか**　カン，ゆるい・ゆるむ・ゆるめる　　　282
例緩やかに進む，緩やかな処分；緩やかな傾斜

**ゆれ　揺れ**　例車の揺れぐあい

**ゆれる　揺れる**　ヨウ，ゆる・ゆらぐ・ゆする・ゆさぶる・ゆすぶる　　　　2000
例風でろうそくの炎が揺れる；議論が大きく揺れて決まらない

**ゆわえる　結わえる**⁴　ケツ，むすぶ・ゆう　　　510
例縄で結わえる　　㊁結う，縛る，結ぶ

**ゆわかし　湯沸かし**(湯沸し)

**ゆわかしキ　湯沸かし器**(湯沸し器)

〔ヨ・よ〕

ヨ　**与**　あたえる　　　1986
(1)関係する・ひとつになる　例与国，与党；関与，寄与，参与

(2)与える　例給与，授与，賞与，譲与，贈与，貸与

ヨ　**予**³　―　　　1987
(1)あらかじめ　例予感，予期，予見，予言，予告，予算，予審，予測，予知，予定，予備，予報，予約

(2)延ばす　例猶予

(3)自分　例予は満足じゃ　㊁余

ヨ　**余**⁵　あまる・あます　　　1988
(1)余る・余分　例余財，余剰，余生，余勢，余地，余徳，余波，余白，余分；十有余年，剰余，有余

(2)自分　例余の儀ではない　㊁予

ヨ　**誉**　ほまれ　　　1989
例栄誉，名誉

ヨ　**預**⁶　あずける・あずかる　1990
例預金，預託

よ　**四**¹　シ，よつ・よっつ・よん　　　767
例四人，四日，四月目

よ　**世**³　セイ・セ　　　1105
例世が世ならば，世の常，世の習い，世を去る，世を忍ぶ，世を捨てる

よ　**代**³　ダイ・タイ，かわる・かえる・しろ　　　1313
例君が代，神代，千代紙

よ　**夜**²　ヤ，よる　　　1953
例夜を日に継いで；夜風，夜着，夜汽車，夜中，夜長，夜番，夜祭り，夜店，夜道；月夜，星月夜，毎夜，真夜中

**よあかし　夜明かし**(夜明し)　例夜明かしで仕事をする　㊁徹夜

**よあけ　夜明け**　例新しい時代の夜明け，夜明け前

**よあそび　夜遊び**　例夜遊びをする

**よあるき　夜歩き**　例女性の夜歩きは危険だ

**よい　宵**　ショウ　　　974

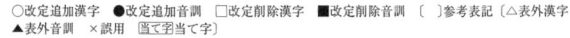

○改定追加漢字　●改定追加音訓　□改定削除漢字　■改定削除音訓　〔　〕参考表記〔△表外漢字
▲表外音訓　×誤用　当て字当て字〕

よい—ヨウ

例宵の口，宵の明星<ミョウジョウ>

よい 善い[6] ゼン　1198
例善い行い，世の中のために善いことをする

よい 良い[4] リョウ〔好い，佳い〕　2062
例頭が良い，良い子;気持ちがよい，心配しなくてもよい，育ちがよい
対悪い　注なるべく仮名書きにする。終止形・連体形は普通「いい」を用いる。法令・公用文では「……てよい」のように用いるときは仮名書き。

よい 酔い　例酔いが回る
よいごこち 酔い心地(酔心地)
例酔い心地のよい酒
よいごし 宵越し　例宵越しの金を持たない
よいざめ 酔いざめ〔酔い醒め〕
例酔いざめの水
よいだおれ 酔い倒れ(酔倒れ)
例酔い倒れになる
よいのくち 宵の口　例まだ宵の口だ
よいまつり 宵祭り　類宵宮，夜宮
ヨウ 幼[6] おさない　1991
例幼児，幼時，幼弱，幼女，幼少，幼稚，幼稚園，幼虫，幼年，幼名
ヨウ 用[2] もちいる　1992
例用具，用件，用心，用途，用法，用務，用例;悪用，運用，応用，公用，効用，採用，信用，徴用，任用，費用，服用，乱用，利用
ヨウ 羊[3] ひつじ　1993
例羊肉，羊毛;白羊，牧羊，綿羊
ヨウ 妖 あやしい　1994
例妖艶<ヨウエン>，妖怪，妖気，妖術，妖精，妖婦
ヨウ 洋[3] —　1995

(1)大海例遠洋，海洋，外洋，大西洋，太平洋，大洋，南氷洋，北洋
(2)広々としている例洋々たる海
(3)西洋の略例洋画，洋菓子，洋楽，洋館，洋行，洋裁，洋式，洋酒，洋書，洋食，洋装，洋髪，洋風，洋服

ヨウ 要[4] いる，かなめ　1996
(1)重要なところ・要所・要点例要項，要旨，要所，要職，要素，要点，要約;肝要，緊要，主要，重要，枢要，大要，提要
(2)必要とする・必要である・求める例要請，要注意;需要，必要

ヨウ 容[5] —　1997
(1)中へ入れる例容器，容積，容量;収容，内容
(2)入れる・抱く・持つ例容疑
(3)受け入れる・許す例寛容，認容，包容
(4)たやすい・手軽である例容易
(5)姿・様子例容色，容態;形姿，美容，理容

ヨウ 庸 —　1998
例庸君;中庸，登庸，凡庸
ヨウ 揚 あげる・あがる　1999
例掲揚，高揚，宜揚，飛揚，抑揚
ヨウ 揺 ゆれる・ゆる・ゆらぐ・ゆるぐ・ゆする・ゆさぶる・ゆすぶる　2000
例揺籃<ヨウラン>;動揺
ヨウ 葉[3] は　2001
例葉脈，葉緑素;子葉，枝葉，針葉樹，落葉　注＊紅葉<もみじ>
ヨウ 陽[3] —　2002
例陽気，陽極，陽光，陽春，陽性，陽電気;陰陽，山陽，斜陽，太陽　対陰
ヨウ 溶 とける・とかす・とく〔熔，鎔〕　2003

ヨウ—ヨウジ　　　528

例溶液, 溶解, 溶岩, 溶鉱炉, 溶接; 可溶性

**ヨウ　腰　こし**　2004
例腰囲, 腰間, 腰痛; 細腰

**ヨウ　様³　さま**　2005
(1)様子例様子, 様相, 様態; 異様, 多様, 大様, 同様
(2)模様例模様, 文様
(3)型・形式例様式; 今様

**ヨウ　瘍　—**　2006
例潰瘍〈カイヨウ〉, 腫瘍〈シュヨウ〉

**ヨウ　踊　おどる・おどり**　2007
例舞踊

**ヨウ　窯　かま**　2008
例窯業

**ヨウ　養⁴　やしなう**　2009
例養育, 養魚, 養鶏, 養護, 養蚕, 養子, 養女, 養生, 養殖, 養成, 養父, 養分, 養母, 養老; 栄養, 休養, 教養, 供養, 孝養, 滋養, 修養, 静養, 滋養, 培養, 扶養, 保養, 療養

**ヨウ　擁　—**　2010
例擁護, 擁立; 抱擁

**ヨウ　謡　うたい・うたう**　2011
例謡曲; 歌謡, 歌謡曲, 童謡, 民謡

**ヨウ　曜²　—**　2012
例曜日; 七曜, 日曜

**よう　酔う　スイ**　1089
例酒に酔う, 船に酔う, 妙技に酔う

**よう　八¹　ハチ, や・やつ・やっつ**　1647
例八日

**ヨウイ　容易**　例容易なことではない
**ヨウイク　養育**　例養育費
**ヨウエン　妖艶**　例妖艶な美女　㋺なまめかしい
**ヨウオン　拗音**　例直音
**ヨウカイ　容喙**　例第三者の容喙を絶

つ　例干渉, 口出し

**ヨウカイ　溶解**〔熔解, 鎔解〕　例金属が溶解する, 溶解熱
**ヨウカイ　妖怪**　例妖怪変化
**ヨウカン　ようかん**〔羊羹〕
**ヨウガン　溶岩**〔熔岩〕
**ヨウキ　陽気**　例陽気な人　㋺陰気; 春の陽気, いい陽気だ
**ヨウキ　妖気**　例妖気が漂う
**ヨウキュウ　要求**　例賃上げを要求する
**ヨウゲキ　要撃**〔邀撃〕　例戦闘機による要撃　㋺迎撃
**ヨウケツ　要訣**　㋺要点, 奥義
**ヨウケン　用件**　例用件を述べる
**ヨウケン　要件**　例資格要件
**ヨウゴ　用語**　例用語法, 医学用語
**ヨウゴ　養護**　例養護教諭
**ヨウコウ　要項**　例募集要項
**ヨウコウ　要綱**　例指導要綱
**ヨウコウロ　溶鉱炉**〔熔鉱炉〕
**ヨウサイ　要塞**　例島を要塞化する　㋺とりで
**ヨウサン　養蚕**　例養蚕農家
**ヨウシ　用紙**　例答案用紙
**ヨウシ　要旨**　例要旨を記録する
**ヨウシ　容姿**　例容姿端麗
**ヨウシ　養子**　例養子縁組
**ヨウジ　ようじ**〔楊枝〕　例つまようじ, ようじで重箱の隅をほじくる
**ヨウシキ　様式**　例生活の様式, 建築様式, 文芸様式
**ヨウシャ　容赦**, 用捨　例容赦なく借金を取り立てる
**ヨウジュツ　妖術**　例妖術使い
**ヨウショ　要所**　例要所を固める
**ヨウジョウ　養生**　例養生する
**ヨウショク　要職**　例財界の要職に就く
**ヨウショク　養殖**　例養殖真珠
**ヨウジン　用心**, 要心　例火の用心,

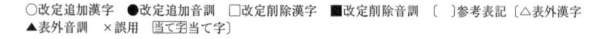

○改定追加漢字　●改定追加音訓　□改定削除漢字　■改定削除音訓　〔　〕参考表記〔△表外漢字　▲表外音訓　×誤用　当て字当て字〕

用心にこしたことはない，用心深い，用心棒

**ヨウス　様子**, 容子　例様子をうかがう，変わった様子もない

**ヨウする　要する**　例注意を要する

**ヨウするに　要するに**　例するに不注意だったのだ，要するに誠意の問題だ

**ヨウセイ　養成**　例技術者を養成する，養成所

**ヨウセキ　容積**　類体積

**ヨウセツ　溶接**〔熔接〕　例電気溶接

**ヨウセツ　夭折**　例夭折する　類早死に，若死に

**ヨウセン　用船**〔傭船〕　類チャーター船

**ヨウだ　ようだ**，様だ　例……のようだ，……のように　類……のごとく　注法令・公用文では仮名書き。

**ヨウダイ　容体**, 容態　例容体（態）が変わる

**ヨウたし　用たし**, 用足し〔用達〕　例用たしに出る，宮内庁御用たし

**ヨウだてる　用立てる**　例資金を用立てる

**ようち　夜討ち**〔夜討〕　例夜討ちをかける　類夜襲　対朝駆け

**ヨウチ　幼稚**　例考え方が幼稚だ

**ヨウテイ　要諦**　例処世の要諦　類要点，眼目　注「ヨウタイ」とも言う。

**ヨウです　ようです**，様です　例あのかたは荒川さんのようです，知っているようです　注「ようだ」の丁寧な言い方。

**ヨード　ヨード**〔沃度当て字〕　例ヨードチンキ

**ヨウトウクニク　羊頭狗肉**　例羊頭狗肉のあくどい商売

**ヨウニン　傭人**　類用人

**ヨウフ　妖婦**　類毒婦

**ヨウヘイ　傭兵**　類雇い兵

**ヨウボウ　要望**　例善処を要望する，要望書

**ヨウボウ　容貌**　例端正な容貌　類顔だち，容姿

**ヨウむき　用向き**　例用向きを尋ねる　類用事

**ようやく　ようやく**〔漸く〕　例ようやく落ち着く，午後になってようやく終わる

**ヨウラン　揺籃**　例揺籃時代，民主主義の揺籃期，近代オリンピック揺籃の地　類揺り籠

**ヨウリョウ　要領**　例要領が悪い，要領を得ない

**ヨカ　余暇**　例余暇を善用する

**よかれあしかれ　よかれあしかれ**〔善かれ悪しかれ〕　例よかれあしかれ試験だけは受けてみる　類いずれにしても

**ヨカン　予感**　例予感が的中する

**ヨキ　予期**　例予期しない不祥事

**ヨギない　余儀ない**〔余義無い〕　例総辞職を余儀なくされる，病気とあれば余儀ない

**ヨキン　預金**　例預金する，預金通帳

**ヨク　抑　おさえる**　2013
例抑圧，抑止，抑制，抑揚，抑留

**ヨク　沃　―**　2014
例沃土，沃野；肥沃

**ヨク　浴**[4]　**あびる・あびせる**　2015
(1)水（湯）を浴びる　例浴室，浴場；海水浴，水浴，入浴
(3)恩などを受ける　例恩浴
注＊浴衣＜ゆかた＞

**ヨク　欲**[6]　**ほっする・ほしい**〔慾〕　2016
例欲が深い，欲の皮，欲深，欲望，欲目，欲求；意欲，禁欲，私欲，食

欲, 無欲, 利欲

**ヨク 翌⁶ —** 2017
例翌月, 翌日, 翌朝, 翌年, 翌晩, 翌々日

**ヨク 翼 つばさ** 2018
(1)つばさ・羽例翼, 比翼, 尾翼, 両翼
(2)左右例右翼, 左翼
(3)協力する例翼賛；扶翼

**よく よく, 良く, 善く〔能く〕** 例よく考えてから返事をする, よく勉強する, よく知らない, よく来てくれた, 世の中にはよくあることだ

**ヨクする 浴する** 例恩恵に浴する
㊹受ける

**ヨクソウ 浴槽** 例タイル張りの浴槽
㊹湯ぶね

**ヨクド 沃土** 例恵まれた沃土

**ヨクばり 欲張り〔慾張り〕** 例欲張りな人

**ヨクばる 欲張る〔慾張る〕** 例欲張って損をする

**ヨクふか 欲深〔慾深〕** 例欲深な男

**ヨクボウ 欲望** 例欲望を満たす

**ヨクめ 欲目** 例親の欲目, ほれた欲目

**よくも**副詞 **よくも, 良くも, 善くも**
例よくもやれたものだ, よくもそんなことが言えたな
注「よく」を強めた言い方。

**ヨクヤ 沃野** ㊹豊かな土地

**よくよく よくよく, 善く善く〔能く能く〕** 例よくよく考える；よくよくの事情

**ヨクリュウ 抑留** 例捕虜を抑留する, 抑留者, 抑留生活

**ヨケイ 余計, よけい** 例余計に物を買う, 余計な品；よけい悪い気になる

**よける よける〔避ける〕** 例水たまり

をよけて通る, 敵弾をよける ㊹どける

**ヨゲン 予言** 例神の予言, 予言者
㊹神託

**よこ 横³ オウ** 117
例横を向く, 横から口を出す；横糸, 横顔, 横綱, 横手, 横腹, 横笛, 横道, 横目, 横文字；縦横 ㊵縦

**ヨゴ 予後〔余後〕** 例順調な予後

**よこあい 横合い** 例横合いから合いの手を入れる

**ヨコウ 予行** 例予行演習

**よこがき 横書き(横書)** 例横書き原稿用紙 ㊵縦書き

**よこぎる 横切る** 例横断歩道を横切る

**よこしま よこしま〔邪〕** 例よこしまな心 ㊹不正

**よこす よこす〔寄越す〕** 例使いをよこす, 手紙をよこす

**よごす 汚す オ, けがす・けがれる・けがらわしい・よごれる・きたない〔穢す〕** 104
例顔を汚す ㊹清める

**よこすべり 横滑り〔横辷り〕** 例人事課長から総務課長に横滑りする

**よこたえる 横たえる** 例身を横たえる

**よこだおし 横倒し** 例急停車の衝撃で乗客が横倒しになる

**よこだおれ 横倒れ** 例自動車が横倒れになる

**よこたわる 横たわる** 例布団に横たわる, 前途に横たわる困難

**よこづけ 横付け** 例玄関に車を横付けにする

**よこづな 横綱** 例無敵の横綱

**よこつら 横面** 例横面をひっぱたく
注「よこっつら」とも言う。

**よこどり 横取り** 例横取りする
㊹横領

○改定追加漢字 ●改定追加音訓 □改定削除漢字 ■改定削除音訓 〔 〕参考表記 〔△表外漢字
▲表外音訓 ×誤用 当て字 当て字〕

| よこな―よそよ

- よこながし　横流し　例物資を横流しする
- よこながれ　横流れ　例横流れ物資
- よこなぐり　横殴り　例横殴りに降る雨
- よこばい　横ばい〔横這い〕　例かにの横ばい；景気は横ばいの状態にある
- よこぶり　横降り　例横降りの雨
- よこみち　横道　例話題が横道にそれる
- よこむき　横向き　例横向きに座る
- よこめ　横目　例横目を使う
- よこやり　横やり〔横槍〕　例横やりを入れる
- よごれる　汚れる　オ，けがす・けがれる・けがらわしい・よごす・きたない〔穢れる〕　104
  例手が汚れる，泥で服が汚れる
- ヨサン　予算　例予算が狂う，予算編成，予算案，予算返上　匁決算
- よし　由³　ユ・ユウ・ユイ　1963
  例知る由もない，由なくして，御栄転の由
- よしあし　よしあし，善しあし〔善し悪し〕　例よしあしの区別
- よしずばり　よしず張り〔葦簾張り〕　例よしず張りの小屋
- よじのぼる　よじ登る〔攀じ登る〕　例木によじ登る
- よしみ　よしみ〔誼〕　例昔のよしみで金を貸す　匁縁故
- よじる　よじる〔攀じる〕　例木によじる
- よじる　よじる〔捩る〕　例体をよじる，よじらせる
- よじれる　よじれる〔捩れる〕　例帯がよじれる
- ヨジン　余燼　例余燼がくすぶる　匁残り火
- よす　よす〔止す，廃す〕　例学校をよして働く，ばかなことはよせ　匁やめる，中止する
- よすが　よすが〔縁〕　例昔をしのぶよすが　匁手がかり，よりどころ
- よすてびと　世捨て人〔世捨人〕　例世捨て人の文学　匁僧，隠者
- よすみ　四隅〔四角〕
- よせ　＊寄席
- よせあつめ　寄せ集め　例寄せ集めのチーム
- よせあつめる　寄せ集める　例資金を寄せ集める
- ヨセイ　余生〔余世〕　例安楽に余生を送る，余生を研究にささげる
- よせがき　寄せ書き　例卒業記念の寄せ書き
- よせぎザイク　寄せ木細工
- よせザン　寄せ算　匁加法　対引き算
- よせなべ　寄せ鍋，寄せなべ　例牛＜ギュウ＞の寄せ鍋
- よせる　寄せる⁵　キ，よる　322　例波が寄せる，机を隅に寄せる，友人の家に身を寄せる，思いを寄せる
- よそ　よそ〔余所，他所当て字〕　例よその家庭，商売をよそにする，よそ行き，よそ事，よそながら，よそ見，よそ目
- よそいき　よそ行き〔余所行き当て字〕　例よそ行きの着物，よそ行きの言葉
- ヨソウ　予想　例予想が的中する，予想外の結果
- よそおい　装い　例旅の装い，装いを凝らす
- よそおう　装う⁶　ソウ・ショウ　1241
  例礼服に身を装う，平気を装う
- よそみ　よそ見〔余所見当て字〕　例よそ見をする
- よそよそしい　よそよそしい〔余所余所しい当て字〕　例よそよそしい態度　対なれなれしい

---

明朝体の右肩の数字は配当学年　末尾の数字は常用漢字表番号　（　）許容　匁類義同意語　対反対対照語
関関連語　学学術用語

- **よだれ　よだれ**〔涎〕 例よだれを垂らす
- **ヨダン　余談** 例余談にわたるが……
- **ヨダンをゆるさない　予断を許さない**〔余断を許さない〕 例形勢は全く予断を許さない
- **ヨチ　余地** 例考慮の余地がない
- **よつ　四つ**¹　シ，よ・よっつ・よん　767　例四つに組む
- **よつかど　四つ角** 例四つ角を右に曲がる
- **よつぎ　世継ぎ** 例世継ぎが生まれる　類相続人
- **よったり　四ったり**〔四人〕
- **よっつ　四つ**¹　シ，よ・よっつ・よん　767
- **よって　よって，因って**〔依って，仍って〕 例よって……する，よってくだんのごとし；……によって
- **よっぱらい　酔っ払い**(酔払い) 例酔っ払いを保護する，酔っ払い運転
- **よっぱらう　酔っ払う**(酔払う)
- **ヨッポド　よっぽど** 例よっぽど疲れたのだろう　注余程＜ヨホド＞の強調形。
- **よどおし　夜通し** 例夜通し看病をする
- **よどみ　よどみ**〔淀み，澱み〕 例よどみなくしゃべる
- **よどむ　よどむ**〔淀む，澱む〕 例流れがよどむ
- **よなか　夜中** 例夜中の3時
- **よなが　夜長** 例秋の夜長　短夜
- **よなき　夜泣き** 例夜泣きする，赤ん坊の夜泣き
- **よなき　夜鳴き**〔夜啼き〕 例夜鳴きそば
- **よなべ　夜なべ**〔夜業〕 例夜なべをする，夜なべで着物を仕上げる　類夜業＜ヤギョウ＞
- **よなれる　世慣れる**〔世馴れる〕 例世慣れた人
- **よにげ　夜逃げ** 例商売の不振から夜逃げをする
- **ヨハ　余波** 例台風の余波，不況の余波　類影響，あおり
- **よばわる　呼ばわる**〔喚ばわる〕 例迷子の名を呼ばわる
- **ヨビ　予備** 例予備の品，予備役，予備知識，予備費
- **よびあう　呼び合う**(呼合う) 例お互いの名を呼び合う
- **よびあつめる　呼び集める**(呼集める) 例口笛で鳥を呼び集める
- **よびおこす　呼び起こす**(呼起す) 例興味を呼び起こす　類喚起する
- **よびかえす　呼び返す**(呼返す) 例電報で呼び返す
- **よびかけ　呼びかけ，呼び掛け** 例世界平和の呼びかけ，民衆への呼びかけ，呼びかけに応ずる
- **よびかける　呼びかける,呼び掛ける** 例通行人にマイクで呼びかける
- **よびこ　呼び子** 例呼び子を鳴らす　注「呼ぶ子」とも言う。
- **よびごえ　呼び声** 例優勝の呼び声が高い　類うわさ，評判
- **よびすて　呼び捨て**(呼捨て) 例先生を呼び捨てにする　注「よびずて」とも言う。
- **よびだし　呼び出し**(呼出し) 例お呼び出しを申し上げます，呼び出し状
- **よびだす　呼び出す**(呼出す) 例電話口へ呼び出す，税務署へ呼び出す
- **よびつける　呼びつける，呼び付ける** 例呼びつけて叱る
- **よびなれる　呼び慣れる**(呼慣れる) 例呼び慣れた名前
- **よびね　呼び値** 例豚肉10キロ当たりの呼び値

**よびもの　呼び物**　例呼び物の空中ぶらんこ
**よびよせる　呼び寄せる**(呼寄せる)　例枕元へ呼び寄せる，電話で呼び寄せる
**よびリン　呼び鈴**　例呼び鈴を鳴らす
**よぶ　呼ぶ**[6]　コ　560
例大声で助けを呼ぶ，医者を呼ぶ，誕生日に友人を呼ぶ，人気を呼ぶ
**よふかし　夜更かし**　例夜更かしをする
**よふけ　夜更け**　例夜更けになって雨が降りだす
**ヨブン　余分**　例余分がない　同余り
**ヨボウ　輿望**　例輿望を担う　同衆望
**ヨボウ　予防**　例感染症を予防する，火災予防，予防接種，予防注射，予防線を張る
**ヨほど　よほど，余程**　例よほどのことがないかぎり，よほど熱心なのだ
注「ヨッぽど」とも言う。法令・公用文では仮名書き。
**よまわり　夜回り**　例夜回りに出る
同夜番，夜警
**よみ　読み**　例読みが浅い；音読み，訓読み，棒読み
**よみあげる　読み上げる**(読上げる)　例判決文を読み上げる
**よみあやまり　読み誤り**(読誤り)　例読み誤りを正す
**よみあやまる　読み誤る**(読誤る)　例文意を読み誤る
**よみあわせ　読み合わせ**(読合せ)　例台本の読み合わせ，読み合わせをする
**よみおわる　読み終わる**(読み終る)(読終る)　例全巻読み終わったときの感動
**よみかえす　読み返す**
**よみかえ　読み替え**(読替え)
**よみがえる　よみがえる**[蘇る，甦る]

例記憶がよみがえる
**よみかき　読み書き**　例読み書きそろばん
**よみかけ　読みかけ，読み掛け**　例読みかけの本を閉じる
**よみかた　読み方**　例読み方を習う
同書き方，つづり方
**よみきり　読み切り**(読切り)　例読み切り小説
**よみごたえ　読み応え，読みごたえ**　例読み応えのある本
**よみて　読み手**　例読み手と聞き手
**よみで　読みで**　同読みごたえ
**よみとる　読み取る**(読取る)　例大意を読み取る
**よみふける　読みふける**[読み耽る]　例小説を読みふける
**よみふだ　読み札**　対取り札
**よみもの　読み物**(読物)　例大衆読み物
**よむ　詠む**　エイ　[誦む]　74
例和歌を詠む，お経を詠む
**よむ　読む**[2]　ドク・トク・トウ
1556
例小説を読む
**よめ　嫁**　カ，とつぐ　154
例嫁をもらう，花嫁，嫁御，嫁取り
**よめいり　嫁入り**　例嫁入りする
**よもすがら　夜もすがら**[終夜当て字]
**よもやま　よもやま**[四方山当て字]
例よもやま話に花が咲く
**ヨユウ　余裕**[余猶]　例家計は100円の余裕もない，余裕ある態度，余裕しゃくしゃく
**より　寄り**　例委員の寄りが悪い，山寄りの高台，鋭い寄りを見せる
**より　より**[縒り，撚り]　例よりを戻す
**より　より**　例彼より若い，より早く歩くよりしかたがない　注「○日より」「…より…まで」は，「○日から」

「…から…まで」のように「から」を用いる。

**よりあい　寄り合い**〔寄合い〕　例組合の寄り合い　類集合, 集会

**よりあいセタイ　寄り合い世帯**〔寄合い世帯〕

**よりあう　寄り合う**〔寄合う〕　例寄り合って相談する

**よりあつまり　寄り集まり**〔寄集り〕　例いろいろな人種の寄り集まり

**よりあつまる　寄り集まる**〔寄集る〕〔寄集る〕　例人がおおぜい寄り集まる

**よりいと　より糸**〔縒り糸, 撚り糸〕

**よりかかる　寄りかかる**〔凭り掛かる〕　例壁に寄りかかる, 親に寄りかかる

**よりごのみ　より好み**〔選り好み〕　例より好みする　注「えり好み」とも言う。

**よりそう　寄り添う**〔寄添う〕　例夫に寄り添う

**よりどころ　よりどころ**〔拠り所〕　例生活のよりどころ

**よりどり　より取り**〔選り取り〕　例より取り見取り

**よりぬき　より抜き**〔選り抜き〕　例より抜きの選手　注「えり抜き」とも言う。

**よりぬく　より抜く**〔選り抜く〕　例選手をより抜く　注「えり抜く」とも言う。

**よりみち　寄り道**　例寄り道する, 寄り道をして遅く帰る

**よりわける　より分ける**〔選り分ける〕　例品物を品質によってより分ける　注「えり分ける」とも言う。

**よる　因る**⁵　**イン**　　　　　　48
例漏電に因る出火, 過失に因る事故　注仮名書きで「よる」とも。法令では仮名書き。

**よる　寄る**⁵　**キ**, **よせる**　　322
例友人の家に寄る, 寄ると触ると, 年が寄る, しわが寄る　注＊最寄り＜もより＞

**よる　夜**²　**ヤ**, **よ**　　　　1953
例夜遅く, 夜のとばりが下りる

**よる　よる**〔拠る, 依る〕　例……の説によれば, 新聞報道によれば……

**よる　よる**〔縒る, 撚る〕　例糸をよる, こよりをよる

**よるべ　寄る辺**　例寄る辺のない身

**よれる　よれる**〔縒れる, 撚れる〕　例腹の皮がよれる

**よろい　よろい**〔鎧〕

**ヨロク　余禄**　例余禄にあずかる

**よろこばしい　喜ばしい**〔悦ばしい〕　例喜ばしい限り　対悲しい

**よろこばせる　喜ばせる**〔悦ばせる〕　例親を喜ばせる　対悲しませる　注「喜ばす」とも言う。

**よろこび　喜び**〔歓び, 慶び, 悦び〕　例合格の喜び, 当選者の喜びの声　対悲しみ

**よろこぶ　喜ぶ**⁵　**キ**　　　　325
例成功を喜ぶ, お喜び申し上げます　対悲しむ

**よろしい　よろしい**〔宜しい〕　例よろしい引き受けましょう, もう帰ってよろしい

**よろしく　よろしく**〔宜しく;宜敷く　当字〕　例よろしくお願いします, どうぞよろしく

**よろず　よろず**〔方〕　例よろず相談ごと引き受けます, よろず屋

**よろめく　よろめく**〔蹣跚めく, 踉跟めく　当字〕　例足がよろめく

**ヨロン　世論, よ論**〔輿論, 与論〕　例世論調査　注「セロン」とも。当

---

○改定追加漢字　●改定追加音訓　□改定削除漢字　■改定削除音訓　〔　〕参考表記　〔△表外漢字
▲表外音訓　×誤用　当字当て字〕

用漢字制定後は「輿」の代わりに「世」を当て「よロン」と読ませて用いるようになった。

**よわい 弱い**² ジャク，よわる・よわまる・よわめる 861
例体が弱い，弱い紙，気が弱い，視力が弱い 対強い

**よわい よわい**〔齢〕 例よわい70歳 類年齢

**よごし 弱腰** 対強腰

**よわたり 世渡り** 例世渡りがうまい 類処世，渡世

**よわね 弱音** 例弱音を吐く

**よわまる 弱まる**² ジャク，よわい・よわる・よわめる 861
例風の勢いが弱まる 対強まる

**よわみ 弱み**〔弱味当て字〕 例弱みにつけ込む，人の弱みを握る 対強み

**よわめる 弱める**² ジャク，よわい・よわる・よわまる 861
例圧力を弱める 対強める

**よわよわしい 弱々しい** 例いかにも弱々しそうな感じ

**よわる 弱る**² ジャク，よわい・よわまる・よわめる 861
例体が弱る，気力が弱る；家がなくて弱っている

**よん 四**¹ シ，よ・よつ・よっつ 767
例四回，四階建てのビル

**よんどころない よんどころない**〔拠所無い〕 例よんどころない事情で欠席する

〔ラ・ら〕

**ラ 拉 —** 2019

例拉致

**ラ 裸 はだか** 2020
例裸形，裸身，裸体；赤裸々，全裸

**ラ 羅 —** 2021
例羅列，羅針盤；網羅

**ら ら**〔等〕 例これら，なんら，われら 注法令・公用文では仮名書き。

**ライ 来**² くる・きたる・きたす 2022
(1)こちらに来る例来会，来客，来信，来診，来朝，来賓，来訪；往来，外来，去来，将来，伝来，渡来，到来，舶来，未来 対往
(2)きたる・次の例来学期，来月，来春，来年
(3)以来・続いて例来歴；以来，元来，本来，由来

**ライ 雷 かみなり** 2023
例雷雨，雷鳥，雷同，雷鳴；機雷，水雷，避雷針，落雷

**ライ 頼 たのむ・たのもしい・たよる** 2024
例依頼，信頼，無頼＜ブライ＞

**ライ 礼**³ レイ 2088
例礼賛，礼拝＜ライハイ・レイハイ＞

**ライイ 来意** 例来意を告げる

**ライウ 雷雨** 例激しい雷雨

**ライキャク 来客** 例不意の来客，来客用 類来訪客

**ライゲツ 来月** 例先月

**ライサン 礼賛**〔礼讃〕 例伝統を礼賛する

**ライネン 来年** 例来年のことを言うと鬼が笑う 対去年

**ライハイ 礼拝** 例仏を礼拝する，礼拝堂 注キリスト教では「レイハイ」。

**ライヒン 来賓** 例来賓の挨拶＜アイサツ＞，来賓席

明朝体の右肩の数字は配当学年 末尾の数字は常用漢字表番号 （ ）許容 類類義同意語 対反対対照語 関関連語 学学術用語

- ライホウ　来訪　例客が来訪する，来訪者　対往訪
- ライメイ　雷名　例雷名をとどろかす，御雷名　類名声
- ライメイ　雷鳴　例雷鳴が鳴り響く
- ライラク　らいらく〔磊落〕　例らいらくな性質，豪放らいらく
- ライレキ　来歴　例故事来歴　類由来，経歴，前例
- ラク　楽²　ガク，たのしい・たのしむ　228
  例楽あれば苦あり，楽は苦の種苦は楽の種，楽な仕事，暮らしが楽になる；楽園，楽勝，楽天家，楽土；哀楽，娯楽，行楽，極楽，享楽，道楽；千秋楽　対苦
- ラク　絡　からむ・からまる・からめる　2025
  例脈絡，連絡
- ラク　落³　おちる・おとす　2026
  (1)落ちる例落日，落手，落城，落着，落雷，落涙，落下，落花；陥落，下落，降落，低落，暴落，没落，零落
  (2)完成する例落成
  (3)集まり例集落，村落
- ラク　酪　―　2027
  例酪農
- ラクイン　落胤　例御落胤　類落とし種
- ラクイン　烙印，らく印　例牛に烙印を押す，烙印を押される　類焼き印　注法令では「らく印」。
- ラクエン　楽園　例地上の楽園　類楽土
- ラクがき　落書き(落書)　例落書きする，塀の落書き
- ラクゴ　らくご，落後〔落伍〕　例社会からふらくごする，らくご者　類脱落
- ラクゴ　落語　例落語家　類落とし話
- ラクサ　落差　例水の落差を利用する
- ラクセイ　落成　例新校舎が落成する，落成式
- ラクセン　落選　例落選する　対当選，入選
- ラクダ　らくだ〔駱駝〕
- ラクダイ　落第　例試験に落第する，落第点，落第生　対及第
- ラクタン　落胆　例落胆した様子
- ラクハク　落魄　例落魄の身　類零落，落ちぶれる
- ラクバク　落莫　例落莫たる晩秋の光景　類寂しい，うらぶれる
- ラクバン　落盤〔落磐〕　例落盤事故　注法令では「落盤」。
- ラクやき　楽焼き(楽焼)　例楽焼きの灰皿
- ラクヨウ　落葉　例木々が落葉する，落葉樹
- ラクライ　落雷　例大木に落雷する
- ラクラクと　楽々と　例資産で楽々と生活する，楽々と担ぐ，楽々とやってのける
- ラシンバン　羅針盤　類羅針儀　学コンパス
- ラセン　らせん〔螺旋〕　例らせん状，らせん階段　学らせん
- ラチ　拉致　例拉致する　類さらう，ひったてる　注「ラッチ」とも言う。
- らち　らち〔埒〕　例らちを越えるさく；らちが明かない
- らちガイ　らち外〔埒外〕　例善悪のらち外　類範囲外，枠外　対らち内
- ラツ　辣　―　2028
  例悪辣，辛辣；辣腕
- ラッカ　落下　例ボールが落下する，落下地点
- ラッカサン　落下傘　学パラシュート
- ラッカン　楽観　例病状を楽観する，物事を楽観的に見る　対悲観

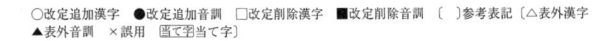

| ラツワン　辣腕　囲辣腕をふるう，辣腕の刑事，辣腕家　題敏腕，すご腕，腕利き
| ラレツ　羅列　囲文字を羅列する　題列挙，並べる
| ラン　乱⁶　みだれる・みだす　2029
囲平治の乱，治にいて乱を忘れず；乱雲，乱行，乱撃，乱雑，乱視，乱心，乱世，乱戦，乱造，乱闘，乱読，乱入，乱伐，乱筆，乱舞，乱暴，乱脈，乱用，乱立；狂乱，混乱，錯乱，散乱，戦乱，動乱，内乱，反乱
| ラン　卵⁶　たまご　2030
囲卵生；鶏卵
| ラン　覧⁶　―　2031
囲一覧，閲覧，観覧，通覧，展覧，便覧
| ラン　濫　―　2032
囲濫伐，濫費，濫用；氾濫＜ハンラン＞
| ラン　藍　あい　2033
囲藍綬＜ランジュ＞褒章，伽藍＜ガラン＞，出藍
| ラン　欄　―　2034
囲欄外，欄干；空欄，上欄，投書欄
| ランガイ　欄外　囲欄外に注釈を付ける
| ランカク　濫獲,乱獲　囲濫獲を取り締まる
| ランカン　欄干　囲橋の欄干，窓の欄干
| ランザツ　乱雑　囲本が乱雑に積み重なっている，乱雑な文章
| ランジュク　爛熟　囲爛熟した文化，爛熟期　題成熟，熟しきる
| ランショウ　濫觴　囲始まり，起源
| ランセイ　乱世　囲不安な乱世，乱世の雄　対治世
| ランゾウ　濫造,乱造　囲粗悪品を濫造する，粗製濫造
| ランドク　濫読,乱読　囲推理小説を濫読する　対精読，熟読
| ランバツ　濫伐,乱伐　囲樹木を濫伐する
| ランピ　濫費,乱費　囲血税を濫費する　対節約，倹約
| ランボウ　乱暴　囲乱暴を働く，乱暴をする；その判断は少し乱暴だ
| ランマン　らんまん〔爛漫〕　囲桜花らんまん　題咲き乱れる
| ランヨウ　濫用,乱用　囲権利を濫用する，職権を濫用する

〔リ・り〕

| リ　吏　―　2035
囲吏員；官吏，公吏，能吏，俗吏
| リ　利⁴　きく　2036
(1)切れる・鋭い囲利器；鋭利　対鈍
(2)ためになる・効用囲地の利を得る；利害，利己，利水，利発，利便，利用；勝利，水利，地利，便利，有利
(3)所得・利子囲利を納める；利益，利権，利子，利潤，利殖，利息，利得，利率；功利，高利，戦利，薄利，暴利　注＊砂利＜じゃり＞
| リ　里²　さと　2037
(1)村里囲里俗；郷里
(2)距離を計る単位囲一里塚，海里＜カイリ＞，四里四方
| リ　理―　2038
(1)整える・納める・取り扱う囲理財，理事，理髪；管理，受理，修理，処理，整理，代理，調理，料理
(2)道理囲理が非でも；理性，理想，理不尽，理由，理論；学理，義理，条理，心理，真理，地理，哲理，道理，物理，論理
(3)自然科学の一分野囲理科，理学，

リ—リツ　538

| リ　痢　—　2039
例疫痢, 赤痢

リ　裏⁶　うら〔裡〕　2040
(1)裏側 例裏面；表裏 対表
(2)内側・中のほう 例胸裏, 禁裏, 脳裏
(3)物事の様子 例暗々裏, 盛会裏

リ　履　はく　2041
(1)はきもの 例弊履
(2)ふむ・経る・行う 例履行, 履歴
注＊草履＜ぞうり＞

リ　璃　—　2042
例浄瑠璃＜ジョウルリ＞, 瑠璃＜ルリ＞

リ　離　はなれる・はなす　2043
(1)離れ・隔たる・隔たり 例離宮, 離合, 離散, 離脱, 離乳, 離陸；隔離, 距離, 支離滅裂, 分離, 遊離
(2)特に二者間の離別 例離縁, 離婚, 離別；別離

リあげ　利上げ　例利上げをする
リエキ　利益　例利益を配分する, 利益社会 圏「リヤク」とも言う。
リエン　離縁　例妻を離縁する, 離縁状
リエン　梨園　例梨園の御曹子 類演劇界, 歌舞伎＜カブキ＞界
リカイ　理解　例文章を理解する, 理解力
リガイ　利害　例利害関係
リキ　力¹　リョク, ちから　2074
例百人力；力学, 力作, 力士, 力戦, 力走, 力点, 力闘；眼力, 強力, 自力, 人力, 人力車, 他力, 念力, 馬力
リキ　利器　例文明の利器
リキソウ　力漕　例力漕する
リキむ　力む　例顔を真っ赤にして力む；力んで見せる
リク　陸⁴　—　2044
例陸軍, 陸上, 陸地, 陸稲＜リクトウ＞, 陸路；海陸, 上陸, 水陸, 大陸, 着陸, 北陸, 離陸 対海

リクあげ　陸揚げ　例船荷の陸揚げ, 陸揚げ地（陸揚地）
リぐい　利食い〔利喰い〕　例利食いをする, 株の利食い
リクツ　理屈〔理窟〕　例理屈をこねる, 理屈っぽい人, 理屈屋, へ理屈 注法令では「理屈」。
リゲン　里言〔俚言〕　類俗語, 方言 対雅言
リゲン　俚諺　類ことわざ
リコ　利己　例利己主義, 利己心
リコウ　りこう,利口〔悧巧〕　例りこうな犬, りこう者
リコン　離婚　例離婚届け 類離縁
リサイ　罹災　例罹災する, 罹災者 類被災
リシ　利子　例預金の利子, 利子を払う 類利息
リシュウ　履修　例履修課目
リする　利する　例人生に利する教え
リセイ　理性　例理性の勝った人, 理性的な判断 対感情
リソウ　理想　例理想に燃える, 理想家, 理想郷, 理想主義 対現実
リソク　利息　例借金の利息, 利息を払う 類利子 対元金
リチ　律⁶　リツ　2046
例律儀
リチ　理知〔理智〕　例理知的な顔だち, 理知的な話しぶり
リチギもの　律儀者,律義者　例律儀者の子だくさん 類実直者
リツ　率⁵　ソツ, ひきいる　1277
例率がよい, 税の率；確率, 高率, 税率, 入学率, 能率, 百分率, 比率, 利率
リツ　立¹　リュウ, たつ・たてる　2045

○改定追加漢字　●改定追加音訓　□改定削除漢字　■改定削除音訓　〔　〕参考表記〔△表外漢字　▲表外音訓　×誤用　当て字 当て字〕

リツ 立案, 立脚, 立憲, 立候補, 立志, 立秋, 立春, 立証, 立身, 立像, 立体, 立冬, 立腹, 立方, 立法;確立, 県立, 孤立, 公立, 国立, 市立, 私立, 自立, 樹立, 成立, 設立, 創立, 存立, 対立, 中立, 直立, 独立, 乱立, 両立, 林立, 連立

リツ **律**[6] **リチ** 2046
(1)決まり・戒め 例律師, 律令;因果律, 戒律, 規律, 自然律, 自律, 法律
(2)リズム 例律詩, 律動;音律, 五言律, 旋律

リツ **慄** ― 2047
例慄然, 戦慄

リツアン **立案** 例法令の立案, 立案者

りつき **利付き**

りつきサイケン **利付き債券**(利付債券)

リッコウホ **立候補** 例市長選挙に立候補する, 立候補を辞退する, 立候補者

リッスイ **立錐** 例立錐の余地もない

リッする **律する** 例自己の好みで他人を律することはできない

リツゼン **慄然** 例悲惨な光景に慄然とする 類ぞっとする, おののく

リツドウ **律動** 例律動的な音楽

リッパ **りっぱ, 立派** 例りっぱな調子, りっぱな人柄

リップク **立腹** 例立腹する

りづめ **理詰め** 例理詰めの交渉

リハツ **利発**[悧発] 例利発な子ども 類賢い 対愚鈍

リハツ **理髪** 例理髪業, 理髪店

リハン **離反**[離叛] 例民心が離反する

リビョウ **罹病** 例罹病率 類発病

りまわり **利回り**[利廻り] 例利回り計算

リメン **裏面** 例政界の裏面, 裏面史

リヤク **利益** 例仏の御利益がある 類霊験

リャク **略**[5] ― 〔畧〕 2048
(1)はかりごと 例機略, 計略, 才略, 策略, 商略, 政略, 戦略
(2)侵す 例略奪;攻略, 侵略
(3)省く・簡単にする 例略字, 略式, 略称, 略図, 略歴;以下略, 概略, 簡略, 省略, 前略, 粗略, 大略, 中略

リャクシキ **略式** 例略式の礼装 対正式, 本式

リャクす **略す** 例詳しい説明は略す 注「略する」とも言う。

リャクダツ **略奪**[掠奪] 例食糧を略奪する, 略奪結婚

リユウ **理由** 例理由を述べる, 欠席の理由

リュウ **立**[1] リツ, たつ・たてる 2045
例建立

リュウ **柳** やなぎ 2049
例花柳界, 川柳<センリュウ>

リュウ **流**[3] **ル**, ながれる・ながす 2050
(1)流れる・流れる様子 例流域, 流血, 流失, 流出, 流水, 流弾, 流通, 流動, 流氷, 流木;海流, 逆流, 急流, 激流, 交流, 支流, 濁流, 暖流, 潮流, 直流, 電流, 放流, 本流
(2)さすらう・さすらい 例流民, 流離;漂流
(3)島流しにする 例流刑<リュウケイ・ルケイ>
(4)派・方式・やり方 例流儀, 流言, 流行, 流通, 流派;亜流, 我流, 外国流, 二刀流, 末流
(5)階層 一流の貿易商, 上流階級, 中流家庭

リュウ **留**[5] **ル**, とめる・とまる

リュウ―リョウ

2051
例留意, 留学, 留任; 慰留, 拘留, 在留, 残留, 蒸留, 駐留, 停留所, 抑留

**リュウ 竜 たつ** 2052
例竜顔, 竜宮, 竜虎<リュウコ>, 竜骨, 竜頭蛇尾

**リュウ 粒 つぶ** 2053
例粒子, 微粒子

**リュウ 隆 ―** 2054
(1)高くなる・高くする例隆起, 隆鼻
(2)盛んになる例隆運, 隆盛, 隆替; 興隆

**リュウ 硫 ―** 2055
例硫安, 硫酸, 亜硫酸 注＊硫黄<いおう>

**リュウイ 留意** 例健康に留意する

**リュウイキ 流域** 例アマゾン川の流域

**リュウイン りゅういん〔溜飲〕**
例りゅういんが下がる, りゅういんを下げる 類せいせいする

**リュウガク 留学** 例フランスに留学する, 留学生 類遊学

**リュウカン 流感** 類インフルエンザ 注流行性感冒の略。

**リュウグウ 竜宮** 例竜宮城

**リュウゲンヒゴ 流言飛語〔流言蜚語〕**
例流言飛語に惑わされる 類デマ

**リュウコウ 流行** 例流行を追う, 流行遅れ, 流行歌, 流行性感冒

**リュウコウカ 流行歌** 類はやり歌, 歌謡曲

**リュウシツ 流失** 例橋が流失する

**リュウシュツ 流出** 例金が海外へ流出する

**リュウショウ 隆昌** 例国運の隆昌 類隆盛<リュウセイ>

**リュウズ 竜頭** 例時計の竜頭を巻く

**リュウスイ 流水** 例行雲流水

**リュウセイ 隆盛** 例国家の隆盛, 隆盛期

**リュウチョウ 流暢** 例流暢な日本語を話す, 流暢に話す 類すらすら, 滑らか, よどみなく

**リュウツウ 流通** 例空気の流通, 流通貨幣, 流通革命

**リュウトウダビ 竜頭蛇尾** 類先細り

**リュウニン 留任** 例局長を留任する 対転任, 退職

**リュウハ 流派** 例茶道の流派

**リュウリュウ 隆々** 例隆々たる筋肉

**リュウリュウシンク 粒々辛苦**
例粒々辛苦のかいあって……

**リョ 侶 ―** 2056
例僧侶, 伴侶

**リョ 旅³ たび** 2057
例旅客, 旅館, 旅券, 旅行, 旅愁, 旅情, 旅装, 旅程, 旅費

**リョ 虜 ―** 2058
例虜囚; 捕虜

**リョ 慮 ―** 2059
例遠慮, 苦慮, 顧慮, 考慮, 思慮, 熟慮, 焦慮, 深慮, 憂慮

**リョウ 利用** 例図書館を利用する, 人を利用する, 利用価値, 利用者

**リョウ 里謡〔俚謡〕** 例里謡を保存する 類民謡

**リョウ 漁⁴ ギョ** 393
例漁に出る; 漁師, 漁場<リョウば>; 大漁 注「リョウ」は「猟」の字音の転用。

**リョウ 了 ―〔諒〕** 2060
(1)終わる例完了, 校了, 終了, 未了
(2)「諒」の代用字例了解, 了承

**リョウ 両³ ―〔輛〕** 2061
(1)両方・二つ例両院, 両腕, 両替, 両側, 両面, 両岸, 両極, 両日, 両者, 両親, 両性, 両端, 両手, 両刀

○改定追加漢字 ●改定追加音訓 □改定削除漢字 ■改定削除音訓 〔 〕参考表記 〔△表外漢字 ▲表外音訓 ×誤用 当て字当て字〕

両人,両方,両民,両面,両用,両翼,両立,両輪;車両
(2)貨幣の単位例小判一両
(3)車の数え方例機関車に8両連結する

**リョウ 良⁴ よい** 2062
例良家,良好,良港,良妻,良識,良質,良書,良心,良否,良薬,良友;温良,改良,最良,純良,善良,不良,優良 注＊野良＜のら＞,※奈良＜なら＞県

**リョウ 料⁴ ―** 2063
(1)処理・調理例料亭,料理;手料理
(2)材料例衣料,飲料,原料,香料,材料,史料,資料,飼料,食料,染料,調味料,塗料,燃料,肥料
(3)料金・代金例給料,使用料,送料,損料,扶助料,無料,有料

**リョウ 涼 すずしい・すずむ** 2064
(1)涼しい例水を入れると涼感,涼気,涼風;清涼,納涼
(2)もの寂しい例荒涼

**リョウ 猟** 2065
(1)鳥獣を捕らえる例猟犬,猟師,猟銃;禁猟,狩猟
(2)求める・あさる例猟奇;渉猟

**リョウ 陵 みささぎ** 2066
例陵墓;御陵

**リョウ 量⁴ はかる** 2067
(1)物の量例量が多い;音量,計量,質量,重量,小量,水量,数量,声量,測量,多量,大量,定量,熱量,分量,容量
(2)心の大きさ例雅量,器量,技量,狭量,推量,度量

**リョウ 僚 ―** 2068
例僚友;閣僚,官僚,同僚,幕僚

**リョウ 領⁵ ―** 2069
(1)手に入れる・支配の範囲例フランス領,領域,領海,領収,領地,領土,領分;横領,占領
(2)支配者・代表者例領事,領主;首領,総領,大統領
(3)要点・中心例綱領,本領,要領

**リョウ 寮 ―** 2070
例会社の寮;寮生活,寮生 関寄宿舎

**リョウ 療 ―** 2071
例療治,療法,療養;医療,診療,施療

**リョウ 瞭 ―** 2072
例瞭然,明瞭

**リョウ 糧 ロウ,かて** 2073
例糧食;食糧

**リョウ 霊 レイ,たま** 2095
例悪霊＜アクリョウ・アクレイ＞,死霊＜シリョウ・シレイ＞

**リョウイキ 領域** 例領域を侵す
**リョウエン 遼遠** 例前途遼遠 類ほど遠い
**リョウガ りょうが〔凌駕〕** 例相手の実績をりょうがする 類しのぐ,追い越す
**リョウカイ 了解,領解〔諒解〕** 例趣旨を了解する 例了承
**リョウがえ 両替** 例1万円札を千円札に両替する,両替屋
**リョウキ 猟期** 例狩猟期
**リョウケイ 菱形**
**リョウケン りょうけん,了見〔了簡,料簡〕** 例どのようなりょうけんのか,とんでもないりょうけんを起こす
**リョウゲン 燎原** 例燎原の火のごとく
**リョウコウ 良好** 例調子は良好だ
**リョウシ 漁師** 類漁夫＜ギョフ＞
**リョウシ 猟師** 類かりゅうど
**リョウジ 領事** 例総領事,領事館
**リョウジ 療治** 例荒療治 類治療

| | |
|---|---|
| リョウシツ　良質　例良質の油田　対悪質 | 注「リョキャク」とも言う。 |
| リョウシュウ　領収　例領収する，領収書 | リョク　力¹　リキ，ちから　2074　例握力，圧力，威力，引力，遠心力，火力，学力，活力，気力，求心力，協力，強力，極力，経済力，権力，原子力，効力，国力，財力，死力，視力，資力，磁力，実力，重力，助力，尽力，水力，勢力，精力，全力，総力，速力，体力，耐久力，弾力，聴力，電力，動力，独力，能力，迫力，微力，筆力，浮力，武力，風力，暴力，魅力，有力，労力，腕力 |
| リョウシュウ　領袖　例一党の領袖　類幹部 | |
| リョウショウ　了承〔諒承〕　例申し出を了承する　類承知 | |
| リョウジョク　凌辱　例凌辱を受ける | |
| リョウセイ　両生〔両棲〕　例両生類 | |
| リョウセン　稜線　類スカイライン，分水線，尾根 | |
| リョウゼン　瞭然　例一目瞭然　類歴然，明らか | リョク　緑³　ロク，みどり　2075　例緑陰，緑地，緑茶；常緑，新緑，葉緑素 |
| リョウだて　両建て　例両建て預金 | リョクカ　緑化　例緑化運動 |
| リョウダン　両断　例一刀両断 | リョクチ　緑地　例緑地帯 |
| リョウテイ　料亭　例赤坂の料亭　類料理屋 | リョクチャ　緑茶　対紅茶 |
| リョウトウづかい　両刀使い，両刀遣い　例辛い物よし甘い物よしの両刀使い | リョケン　旅券　例旅券を申請する　類パスポート |
| リョウびらき　両開き　例両開きの扉　類観音開き | リョヒ　旅費　例旅費を支給する |
| | りりしい　りりしい〔凛々しい〕　例りりしい態度，りりしい者ぶり |
| リョウヤク　良薬　例良薬は口に苦し | |
| リョウヨウ　療養　例療養の身，療養所，療養者 | リレキ　履歴　例履歴書　類経歴 |
| | リロン　理論　例理論闘争，理論家 |
| リョウラン　繚乱　例百花繚乱　類咲き乱れる | リン　林¹　はやし　2076　例林間，林業，林産，林立；山林，植林，森林，造林，農林，防風林，密林 |
| リョウリ　料理　例料理屋，料理人；国政を料理する，打者を簡単に料理する | |
| リョウリツ　両立　例両立する，勉強と運動の両立 | リン　厘　—　2077　例九分九厘 |
| | リン　倫　—　2078　例倫理；人倫，絶倫，不倫 |
| リョウリョウ　りょうりょう〔寥々〕　例りょうりょうたる冬の荒野　類もの寂しい，ごく僅か，ひっそり | |
| | リン　輪⁴　わ　2079　例輪郭，輪唱，輪転機；外輪山，三輪車，車輪，日輪，年輪，両輪 |
| リョウわき　両脇，両わき　例荷物を両脇に抱える，両脇に部下を従える | |
| | リン　隣　となる・となり　2080　例隣家，隣国，隣室，隣人，隣席，隣接，隣村 |
| リョカク　旅客　例旅客運賃，旅客機 | リン　臨⁶　のぞむ　2081 |

○改定追加漢字　●改定追加音訓　□改定削除漢字　■改定削除音訓　〔　〕参考表記　〔△表外漢字　▲表外音訓　×誤用　当て当て字〕

- リン 　(1)その場に臨む 例臨機, 臨写, 臨終, 臨書, 臨床, 臨席；君臨
  (2)行為の敬称 例臨御, 臨幸；光臨, 親臨, 来臨
  (3)臨時 例臨急, 臨休, 臨時
- リン　鈴　レイ, すず　2093
  例風鈴；呼び鈴
- リンカイ　臨海　例臨海学校, 臨海実験所
- リンカク　輪郭〔輪廓〕　例顔の輪郭, 会の輪郭を説明する
- リンキ　りんき〔悋気〕　例りんきする, 女のりんき　⑲やきもち, しっと
- リンギ　稟議　例稟議書
- リンゴ　りんご〔林檎〕　例赤いりんご, りんごのような頬
- リンサン　リン酸〔燐酸〕　例リン酸カルシウム, リン酸肥料
- リンジ　臨時　例臨時国会, 臨時職員
- リンジュウ　臨終　例臨終の床
- リンショク　りんしょく〔吝嗇〕　例りんしょくな家　⑲けち, けちん坊
- リンセツ　隣接　例隣接地帯, 隣接工場
- リンテンキ　輪転機
- リンパセン　リンパ腺〔淋巴腺〕　例リンパ腺が腫れる, リンパ腺炎
- リンラク　淪落　例淪落する, 淪落の身　⑲零落, 転落, 落ちぶれる, 堕落
- リンリツ　林立　例煙突が林立する工場街

〔ル・る〕

- ル　流³　リュウ, ながれる・ながす　2050
  例流罪, 流転, 流布, 流浪
- ル　留⁵　リュウ, とめる・とまる　2051
  例留守, 留守番
- ル　瑠　—　2082
  例浄瑠璃＜ジョウルリ＞, 瑠璃＜ルリ＞
- ルイ　涙　なみだ　2083
  例暗涙, 感涙, 血涙, 悲涙, 落涙
- ルイ　累　—　2084
  (1)重なる・層をなす 例累計, 累積, 累年, 累犯
  (2)次々に進む 例累進
  (3)関係 例累を及ぼす；係累, 連累
- ルイ　塁　—　2085
  (1)とりで・城 例孤塁, 堡塁＜ホウルイ＞
  (2)野球のベース 例塁審；三塁, 残塁, 盗塁, 本塁, 満塁
- ルイ　類⁴　たぐい　2086
  例類がない, 類は友を呼ぶ；類型, 類似, 類書, 類焼, 類人, 類推；衣類, 塩類, 魚類, 菌類, 穀類, 種類, 書類, 親類, 人類, 鳥類, 同類, 肉類, 比類, 部類, 分類, 無類
- ルイケイ　類型　例従来のものの類型で新鮮味がない, 類型的な登場人物
- ルイゴ　類語　⑲類義語　㋭反対語, 対義語
- ルイジ　類似　例意匠が類似する, 類似品, 類似点　㋭差異
- ルイショウ　類焼　例類焼する, 類焼見舞い
- ルイシン　累進　例累進課税
- ルイジンエン　類人猿
- ルイする　類する　例これに類する話　㋭異なる
- ルジ　屡次　例屡次の災難　⑲たびたび, 再三, しばしば
- ルス　留守　例留守を預かる, 留守にする, 留守居, 留守番　⑲不在

明朝体の右肩の数字は配当学年　末尾の数字は常用漢字表番号　（　）許容　⑲類義同意語　㋭反対対照語　⑲関連語　㋵学術用語

**ルスい** **留守居** 例留守居をする

**るつぼ** **るつぼ**〔坩堝　当て字〕 例興奮のるつぼと化する

**ルテン** **流転** 例万物が流転する，流転の人生

**ルフ** **流布** 例世間に流布する，流布本

**ルリ** **瑠璃**，るり 例瑠璃色，瑠璃も玻璃<ハリ>も照らせば光る

**るる** **縷々**〔縷々〕 例るると解説する
　㊟こまごま

**ルロウ** **流浪** 例流浪する，流浪の民
　㊟定住

〔レ・れ〕

**レイ** **令**[4] — 2087
(1)上からの達し・決まり 例令旨，令状；禁令，訓令，号令，司令，辞令，省令，条令，政令，勅令，法令，命令
(2)他人の家族に対する敬称 例令兄，令姉，令室，令嬢，令息，令弟，令夫人，令妹
㊟「齢」の代用字としても用いられる。

**レイ** **礼**[3] **ライ** 2088
例礼にかなった動作，お礼を言う；礼儀，礼状，礼節，礼装，礼拝，礼服，礼法；回礼，儀礼，虚礼，敬礼，欠礼，祭礼，失礼，謝礼，巡礼，洗礼，朝礼，答礼，無礼，返礼，目礼

**レイ** **冷**[4] **つめたい・ひえる・ひや・ひやす・ひやかす・さめる・さます** 2089
(1)大気が冷たい・温度が低い 例冷害，冷気，冷却，冷酒，冷水，冷蔵庫，冷凍，冷房；寒冷，涼冷
(2)心が冷ややかである 例冷遇，冷厳，冷酷，冷笑，冷静，冷淡，冷評

**レイ** **励** **はげむ・はげます** 2090
例励行；激励，奨励，精励，督励，奮励，勉励

**レイ** **戻** **もどす・もどる** 2091
例戻入；返戻

**レイ** **例**[4] **たとえる** 2092
(1)たとえ・見本 例例示，例証，例題，例文；引例，事例，用例
(2)同類 例例外；類例
(3)しきたり・習慣・普通 例例によって例のごとく，毎年の例に倣って；例会，例刻，例年；慣例，古例，条例，先例，前例，通例，定例，典例，凡例

**レイ** **鈴** **リン，すず** 2093
例振鈴<シンレイ>，予鈴

**レイ** **零** — 2094
(1)冷たい雨 例零雨
(2)落ちぶれる・僅か 例零落，零細
(3)ゼロ 例零下20度，零点

**レイ** **霊** **リョウ，たま** 2095
例霊が宿る，霊を祭る，霊と肉との一致，山の霊；霊感，霊験，霊魂，霊前，霊長；慰霊，忠霊塔，亡霊，幽霊

**レイ** **隷** — 2096
例隷書，隷属；奴隷

**レイ** **齢** — 2097
例学齢，月齢，高齢，樹齢，適齢，年齢，妙齢，老齢

**レイ** **麗** **うるわしい** 2098
例麗人，華麗，秀麗，鮮麗，壮麗，端麗，美辞麗句，美醜

**レイカ** **零下** 例零下20度 ㊗氷点下

**レイガイ** **冷害** 例冷害に見舞われる，冷害地

**レイガイ** **例外** 例例外を認める
㊟原則

**レイギ** **礼儀**〔礼義〕 例礼儀正しい，礼儀作法

**レイキャク** **冷却** 例水を冷却する，

〇改定追加漢字　●改定追加音訓　□改定削除漢字　■改定削除音訓　〔 〕参考表記　〔△表外漢字　▲表外音訓　×誤用　当て字　当て字〕

| | |
|---|---|
| 冷却期間　㈫加熱 | (1)時の経過・移り変わり・順を追う |
| **レイキュウ　霊柩**　例霊柩車　㈣ひつぎ | 囲歴史, 歴世, 歴代, 歴朝, 歴任, |
| **レイケイ　令閨**　例御令閨にもおよろしく　㈲夫人 | 歴訪, 閲歴, 経歴, 職歴, 遍歴, 来歴, 履歴 |
| **レイゲン　霊験**〔霊顕〕例霊験あらたか　㈲効験, 利益＜リヤク＞　㊟「レイケン」とも言う。 | (2)明白である　例歴然 |
| | **レキサツ　轢殺**　例轢殺死体　㈣ひき殺す |
| **レイコウ　励行**　例早起きを励行する | **レキシ　歴史**　例歴史をたどる, オリンピックの歴史, 歴史的な行事, 歴史的仮名遣い, 歴史家, 歴史小説 |
| **レイコク　冷酷**　例冷酷なしうち, 冷酷な人　㈫温情 | |
| **レイコン　霊魂**　例肉体に霊魂が宿る, 霊魂不滅　㈫肉体 | **レキシ　轢死**　例轢死する, 轢死体 |
| **レイサイ　零細**　例零細な資金, 零細企業 | **レキダイ　歴代**　例歴代の首相　㈲代々 |
| **レイジョウ　礼状**　例礼状を出す | **レキド　礫土**　㈲砂利土 |
| **レイスイ　冷水**　例冷水摩擦　㈫温湯 | **レツ　列**³　　　　　　　　2101 |
| **レイセイ　冷静**　例冷静に考える, 冷静を装う　㈫興奮 | 例列を乱す；列記, 列挙, 列国, 列車, 列世, 列席, 列伝, 列島；行列, 整列, 前列, 参列, 序列, 陳列 |
| **レイゾウ　冷蔵**　例冷蔵庫 | |
| **レイゾク　隷属**　例隷属する植民地　㈲従属 | **レツ　劣　おとる**　　　　2102 |
| **レイタン　冷淡**　例冷淡な態度, 冷淡な人　㈲無関心, 親切 | 例劣悪, 劣後, 劣情, 劣性, 劣勢, 劣等；愚劣, 下劣, 卑劣, 優劣 |
| **レイテン　零点**　㈫満点 | **レツ　烈　―**　　　　　　2103 |
| **レイトウ　冷凍**　例冷凍鯨, 冷凍船 | 例烈火, 烈士, 烈婦, 烈風；激烈, 壮烈, 忠烈, 熱烈, 猛烈 |
| **レイニュウ　戻入**　例戻入金 | |
| **レイの　例の**　例例の話, 例のとおり | **レツ　裂　さく・さける**　　2104 |
| **レイハイ　礼拝**　例朝夕礼拝する, 礼拝堂　㊟仏教では「ライハイ」。 | 例裂傷；亀裂＜キレツ＞, 決裂, 炸裂＜サクレツ＞, 支離滅裂, 破裂, 分裂 |
| **レイビョウ　霊廟**　㈲霊殿 | **レッキョ　列挙**　例利点を列挙する |
| **レイボウ　冷房**　例冷房装置　㈫暖房 | **レッコク　列国**　例列国の代表が集まる　㈲諸国 |
| **レイメイ　黎明**　例近代日本文学の黎明, 黎明期　㈲明け方, 夜明け, 暁, あけぼの | **レッする　列する**　例祝賀会に列する, 民主主義国家に列する |
| | **レットウ　列島**　例日本列島, 千島列島 |
| **レイリ　れいり**〔怜悧〕㈲りこう, 利発 | **レットウ　劣等**　例劣等感　㈫優等, 優越 |
| **レキ　暦　こよみ**　　　　2099 | **レン　恋　こう・こい・こいしい**　　　　　　　　　2105 |
| 例暦年；陰暦, 還暦, 旧暦, 新暦, 西暦, 太陽暦 | 例恋愛, 恋情, 恋慕；失恋, 悲恋 |
| **レキ　歴**⁵　　　　　　　2100 | **レン　連**⁴　**つらなる・つらねる・つれる**〔聯〕　　　2106 |

レン　―
(1)続く・つながる・続ける 例連歌，連結，連呼，連合，連鎖，連載，連作，連山，連日，連続，連発，連名，連盟，連夜，連署；関連
(2)関係する 例連座
(3)同類 例連中；悪童連
(4)略語 例国連，全学連

レン　廉　―　　　　　　　2107
(1)正しい・清い 例廉潔，廉直；清廉
(2)安い 例廉価，廉売；低廉

レン　練³　ねる　　　　　　2108
例練習，練達，練炭；訓練，試練，修練，習練，熟練，水練，精練，洗練，鍛練，調練，未練，老練

レン　錬　―　　　　　　　2109
例錬金術，錬成，錬磨；精錬，鍛錬

レンアイ　恋愛　例恋愛結婚，恋愛至上主義
レンガ　れんが〔煉瓦〕　例れんが造り　注法令では仮名書き。
レンゲ　れんげ〔蓮華〕　例れんげ草
レンケイ　連係　例同志との連係を保つ　㊂つながり
レンケイ　連携　例同業者が連携する
レンケツ　連結　例郵便車を連結する，連結器，8両連結
レンゴウ　連合〔聯合〕　例連合する，連合軍，連合国，国際連合
レンザ　連座〔連坐〕　例詐欺事件に連座する，連座制
レンジュ　連珠〔聯珠〕　㊂五目並べ
レンシュウ　練習　例繰り返し練習する，練習曲，練習問題
レンジュウ　連中　例おはやし連中　注「レンチュウ」とも言う。
レンショウ　連勝　例8連勝を遂げる　㊉連敗
レンセン　連戦　例3連戦，連戦連勝
レンソウ　連想〔聯想〕　例絵はがきから外国の風景をあれこれと連想する
レンゾク　連続　例徹夜が連続する，連続物語
レンタツ　練達　例練達の士
レンチュウ　連中　例クラスの連中，長唄＜ながうた＞連中　注「レンジュウ」とも言う。
レンニュウ　練乳〔煉乳〕
レンパ　連覇　例連覇する，連覇の偉業　㊂連続優勝，連勝
レンビン　憐憫　例憐憫の情を催す　㊂同情，哀れみ　注「レンミン」とも言う。
レンペイ　連袂　例連袂辞職　㊂連名，連帯
レンポウ　連邦〔聯邦〕　例連邦政府
レンマ　錬磨，練磨　例技能を錬磨する，百戦錬磨　㊂鍛錬
レンメイ　連盟〔聯盟〕　例国際連盟
レンメン　連綿　例連綿として続く
レンラク　連絡〔聯絡〕　例日取りは後ほど連絡する，電話で連絡をとる；連絡船
レンリツ　連立〔聯立〕　例両党連立して内閣を組織する，連立内閣
レンルイ　連累　例事件の連累者　㊂連座

〔ロ・ろ〕

ロ　呂　―　　　　　　　　2110
例語呂，風呂，風呂敷
ロ　炉　―　　　　　　　　2111
例炉を切る，炉辺＜ロヘン＞；懐炉，暖炉，溶鉱炉
ロ　賂　―　　　　　　　　2112
例賄賂

○改定追加漢字　●改定追加音訓　□改定削除漢字　■改定削除音訓　〔　〕参考表記　〔△表外漢字　▲表外音訓　×誤用　当て字当て字〕

| ロ 路³ じ 2113
(1)道・道筋・方面例路次，路地，路上，路頭，路傍；一路，遠路，往路，回路，海路，街路，活路，岐路，帰路，経路，血路，行路，航路，順路，針路，進路，水路，線路，走路，退路，通路，道路，難路，販路，遍路，迷路，要路，陸路
(2)道理・事の筋道例理路
(3)最期例末路
| ロ 露 ロウ，つゆ 2114
(1)水滴・つゆ例露命；雨露，玉露，白露
(2)むきだし・裸・おおいがない例露営，露見，露骨，露宿，露出，露呈，露天，露店；暴露
| ロ ろ〔櫓〕 例ろをこぐ
| ロウ 糧 リョウ，かて 2073
例兵糧
| ロウ 露 ロ，つゆ 2114
例披露宴
| ロウ 老⁴ おいる・ふける 2115
例老眼，老朽，老後，老巧，老女，老人，老衰，老成，老大家，老年，老婆，老母，老齢，老練；家老，敬老，元老，古老，長老，養老 注*老舗〈しにせ〉
| ロウ 労⁴ ― 2116
(1)ほねおり・働く例労力，労をねぎらう；労役，労作，労働，労務，労力；苦労，功労，徒労
(2)疲れる例過労，心労，疲労
(3)ねぎらう・いたわる例慰労
| ロウ 弄 もてあそぶ 2117
例愚弄，嘲弄〈チョウロウ〉，翻弄；策を弄する
| ロウ ― 2118
例一郎，次郎，三郎；郎子；新郎，郎党
| ロウ 朗⁶ ほがらか 2119

例朗詠，朗吟，朗読，朗報；晴朗，明朗
| ロウ 浪 ― 2120
例浪曲，浪人，浪費；激浪，浮浪，風浪，放浪，流浪
| ロウ 廊 ― 2121
例廊下，画廊，回廊，歩廊
| ロウ 楼 ― 2122
例楼閣，楼上，楼門；高楼，鐘楼，摩天楼
| ロウ 漏 もる・もれる・もらす 2123
例漏電；遺漏，疎漏，脱漏
| ロウ 籠 かご・こもる 2124
例籠球，籠城，籠絡；印籠，参籠，灯籠，薬籠
| ロウ ろう〔牢〕 例ろうに入れられる，牢死，牢名主〈なぬし〉，牢番 類獄
| ロウエイ 漏洩，漏泄，漏えい 例機密が漏洩する 類漏らす 注「漏泄〈ロウセツ〉」の慣用読み。法令では「漏えい」。
| ロウオク 陋屋 類あばら家
| ロウカイ 老獪 例老獪な政商 類悪賢い，ずるい
| ロウキュウ 籠球 類バスケットボール
| ロウク 老軀 例老軀にむち打って会長に就任する 類老体
| ロウク 労苦 例労苦をいとわない，労苦に報いる
| ロウコ 牢固 例牢固たる決意 類強固
| ロウコウ 老巧〔老功〕 例老巧な駆け引き 類老練
| ロウゴク 牢獄 類獄舎，刑務所
| ロウサク 労作 例この小説は5年がかりの労作だ 類力作
| ロウシ 牢死 類獄死
| ロウシュウ 陋習 例旧来の陋習 類因習，弊風

明朝体の右肩の数字は配当学年　末尾の数字は常用漢字表番号　（ ）許容　類類義同意語　対反対対照語
関関連語　学学術用語

| | |
|---|---|
| **ロウジョウ　籠城**　例籠城する，籠城の構え　週立て籠もる | 2125　例六月，六法；丈六　注「すごろく」は仮名書き。 |
| **ロウスイ　老衰**　例老衰で死ぬ | |
| **ロウゼキ　ろうぜき**〔狼藉〕　例ろうぜきを働く，ろうぜき者　週乱暴；杯盤ろうぜき，落花ろうぜき　週乱雑 | **ロク　録**⁴　―　2126　例録音；記録，議事録，語録，集録，登録，付録，目録 |
| **ロウセツ　漏泄**　例機密が漏泄する　週慣用的に「ロウエイ」と読むことが多い。 | **ロク　麓**　ふもと　2127　例山麓，南麓，北麓 |
| **ロウソク　ろうそく**〔蠟燭〕 | **ロクオン　録音**　例会議の発言を録音する，録音放送 |
| **ロウダン　壟断**　例特権を壟断する　週独占 | **ろくな　ろくな**〔碌な　当て字〕　例ろくなことはない |
| **ロウデン　漏電**　例漏電による出火 | **ろくに　ろくに**〔碌に　当て字〕　例ろくに耳に入らない，顔もろくに知らない　週じゅうぶんに，よく，満足に |
| **ロウトウ　郎党，郎等**　例家の子郎党　週「ロウドウ」とも言う。 | **ロクマク　ろく膜**〔肋膜〕　例ろく膜炎　字ろく膜 |
| **ロウドウ　労働**　例労働する，1日8時間の労働，労働組合，労働者，肉体労働 | **ロケン　露見，露顕**　例悪事が露見する |
| **ロウドク　朗読**　例詩を朗読する，朗読調　対黙読 | **ロコツ　露骨**　例露骨な描写 |
| **ロウニャクナンニョ　老若男女**　例老若男女を問わず | **ロジ　路地**　例路地裏 |
| **ロウニン　浪人**〔牢人〕　例大学入試に落ちて浪人する，浪人者〈もの〉 | **ロジ　露地**　例露地栽培 |
| **ロウバイ　ろうばい**〔狼狽〕　例不意を突かれてろうばいする　週慌てる | **ロシュツ　露出**　例露出時間 |
| **ロウヒ　浪費**　例時間を浪費する　週無駄遣い　対倹約，節約 | **ロッコツ　ろっ骨**〔肋骨〕　例あばら骨　字ろっ骨 |
| **ロウびき　ろう引き**〔蠟引き〕　例ろう引きの包み紙 | **ロテンショウ　露天商，露店商** |
| **ロウラク　籠絡**　例籠絡してだまし取る　週丸め込む | **ロテンぼり　露天掘り** |
| **ロウレツ　陋劣**　例陋劣な行為　週下劣，卑劣 | **ロトウ　路頭**　例路頭に迷う |
| **ロカ　ろ過**〔濾過〕　例川水をろ過する，ろ過池，ろ過性病原体　字ろ過 | **ろばた　炉端**　例炉端を囲んでだんらんする |
| **ロク　緑**³　リョク，みどり　2075　例緑青〈ロクショウ〉 | **ろびらき　炉開き** |
| **ロク　六**¹　む・むつ・むっつ・むい | **ロレツ　ろれつ**〔呂律〕　例酔ってろれつが回らない |
| | **ロン　論**⁶　―　2128　例論議，論拠，論告，論旨，論証，論説，論争，論評，論文，論法，論理；議論，結論，言論，口論，公論，試論，持論，序論，世論，正論，総論，討論，反論，評論，弁論；そんなことはない |

○改定追加漢字　●改定追加音訓　□改定削除漢字　■改定削除音訓　〔　〕参考表記　〈△表外漢字
▲表外音訓　×誤用　当て字当て字〕

ロンコク　論告　例検事の論告
ロンじる　論じる　例論じるに足りない　囲「論ずる」とも言う。
ロンパク　論駁　例真っ向から論駁する　類論難，反論
ロンブン　論文　例学位論文，卒業論文
ロンポウ　論鋒　例鋭い論鋒　類論調

〔ワ・わ〕

ワ　和³　オ，やわらぐ・やわらげる・なごむ・なごやか　2129
(1)ゆったりしている・穏やかである　例人の和；気，和順；温和，緩和
(2)平和である　例和解，和議，和合，和平；協和，講和，同和，平和
(3)合計　例3と2の和　対差
(4)日本風・日本の言葉　例和算，和紙，和装，和服，和洋，和英；漢和
囲＊日和＜ひより＞，＊大和＜やまと＞

ワ　話²　はなす・はなし　2130
例話術，話題；哀話，逸話，会話，講話，実話，笑話，神話，説話，対話，談話，通話，電話，例話

わ　我⁶　ガ，われ　166
例我が国

わ　輪⁴　リン　2079
例車の輪；首輪，花輪，鼻輪，指輪；ちくわ（竹輪）

ワイ　賄　まかなう　2131
例収賄，贈賄

ワイキョク　歪曲　例事実を歪曲する
㋐ゆがめる　㋐ゆがみ

ワイセツ　わいせつ〔猥褻〕　例わいせつ行為　類淫ら　囲法令では仮名書き。

ワイロ　賄賂，わいろ　類まいない，袖の下

ワカ　和歌　例和歌を詠む，和歌所＜どころ＞

わが　我が，わが〔吾が〕　例我が家，我が国　囲法令・公用文では「我が」。

わかい　若い⁶　ジャク・ニャク，もしくは　860
例年が若い，若い人，若い衆；考え方が若い　囲＊若人＜わこうど＞

ワカイ　和解〔和諧〕　例友達と和解する，和解が成立する　囲法令では「和解」。

わかいシュウ　若い衆　例村の若い衆
わかがえり　若返り　例若返りの妙薬
わかがえる　若返る　例青年と談笑して若返る，年が若返ったようだ
わかゲ　若気，若げ　例若気の至り
わかじに　若死に　例若死にする
わかしゆ　沸かし湯（沸し湯）
わかす　沸かす（沸す）　フツ，わく　1775
例湯を沸かす，風呂を沸かす，へそで茶を沸かす，観衆を沸かす大熱戦
囲「沸かせる」とも言う。

わかつ　分かつ²　ブン・フン・ブ，わける・わかれる・わかる　1785
例たもとを分かつ

わかづくり　若作り　例若作りの女性
わがハイ　我が輩〔吾が輩〕　例我が輩は猫である

わがまま　わがまま〔我が儘〕　例わがままに育てる，わがまま娘

わかめ　わかめ〔若布；和布　当て字〕
わかやぐ　若やぐ　例若やいだ声
わかり　分かり，分かり〔判り〕
例ものわかりがよい

わかる　分かる²　ブン・フン・ブ，わける・わかれる・わかつ　〔判

---

明朝体の右肩の数字は配当学年　末尾の数字は常用漢字表番号　（ ）許容　類類義同意語　対反対対照語　関関連語　㋐学術用語

わかれ **別れ** 例別れの曲, 別れの言葉

わかればなし **別れ話** 例別れ話が持ち上がる

わかれみち **別れ道**〔別れ路〕

わかれめ **分かれ目, 別れ目** 例成功と失敗の分かれ目

わかれる **分かれる**² ブン・フン・ブ, わける・わかる・わかつ 1785
例道が二つに分かれる, 意見が分かれる

わかれる **別れる**⁴ ベツ 1805
例さよならを言って別れる, 恋人と別れる

わかわかしい **若々しい** 例若々しい女性

わき **沸き** 例観衆が沸きに沸く

わき **脇** ― 〔わき,傍,腋〕 2132
例脇見をする, 脇腹；の下, 脇に抱える, 小脇；道路脇の家

ワキアイアイ **和気あいあい**〔和気藹々〕 例和やか

わきあがる **沸き上がる**(沸上がる) 例湯が沸き上がる

わきかえる **沸き返る**(沸返る) 例湯が沸き返る, 聴衆が沸き返る

わきざし **脇差し, わき差し**

わきたつ **沸き立つ**(沸立つ) 例湯が沸き立つ, 不平の声が沸き立つ

わきでる **湧き出る, わき出る**〔涌き出る〕 例温泉が湧き出る

わきばら **脇腹, わき腹** 例脇腹を抱える

わきまえる **わきまえる**〔弁える〕
例常識をわきまえる

わきみ **脇見, わき見**〔傍見〕 例脇見をする ㊚よそ見

わきみち **脇道, わき道** 例脇道にそれる

わきめ **脇目, わき目**〔傍目〕 例脇目もふらずに……

わきヤク **脇役, わき役**〔傍役〕 例脇役を務める ㊚補佐役 ㊥主役

わぎり **輪切り** 例大根の輪切り

ワク **惑 まどう** 2133
例惑星；疑惑, 困惑, 当惑, 魅惑, 誘惑

わく **沸く** フツ, わかす 1775
例風呂が沸く, 聴衆が沸く

わく **湧く** ユウ〔わく, 涌く〕 1977
例温泉が湧く, 勇気が湧く, うじ虫が湧く, 盛大な拍手が湧(沸)く

わく **枠** ― 2134
例枠組み；窓枠, 鉄枠；枠内

ワクセイ **惑星** 例小惑星 ㊥恒星; 財界の惑星

わけ **訳**⁶ ヤク 1959
例訳のわからないことを言う, 欠席した訳を話す, 訳がない, 訳はない；内訳, 仕訳；そういうわけだ, そんなわけにはいかない(注法令・公用文では仮名書き)

わけ **分け** 例形見分け, 分けまえ, 分け目

わけへだて **分け隔て** 例分け隔てなく扱う ㊚差別

わけまえ **分けまえ, 分け前**〔別け前〕 例分けまえを配る, 一人当たりの分けまえ

わけめ **分け目** 例髪の分け目, 天下分け目の合戦

わける **分ける**² ブン・フン・ブ, わかれる・わかる・わかつ 〔別ける〕 1785
例髪を分ける, みんなで分ける, 不良品を分ける (注※大分＜おおいた＞県

わこうど ＊若人 囲若人の祭典
わざ 技⁵ ギ　339
　囲得意の技，決め技
わざ 業³ ギョウ，ゴウ　422
　囲業師；至難の業，離れ業，軽業
わざと わざと〔態と〕 囲わざといたずらをする，わざとらしい
わさび わさび〔山葵当て字〕 囲わさびを利かす，わさび漬け
わざわい 災い⁵ サイ〔禍い〕　695
　囲災いを招く，口は災いのもと
わざわざ わざわざ〔態々〕 囲わざわざお見舞いをいただきまして……
わし わし〔儂〕 囲わしの息子
わし わし〔鷲〕 囲わしづかみ
わずか 僅か キン〔僅か〕　437
　囲僅かな土地，ごく僅かだ
わずらい 患い 囲長患い
わずらい 煩い 囲恋煩い
わずらう 患う カン　261
　囲胸を患う，3年ほど患う
わずらう 煩う ハン・ボン，わずらわす　1674
　囲思い煩う
わずらわしい 煩わしい 囲煩わしい手続き
わずらわす 煩わす ハン・ボン，わずらう　1674
　囲人手を煩わす
わすれ 忘れ 囲度忘れする，忘れ草
わすれがたみ 忘れ形見 囲夫の忘れ形見
わすれもの 忘れ物
わすれる 忘れる⁶ ボウ　1857
　囲帽子を忘れる，約束を忘れる，恩を忘れる，我を忘れる，寝食を忘れて研究に没頭する，忘れてしまう
わせ わせ〔早稲，早生当て字〕 対公くて
わた 綿⁵ メン　1937
　囲真綿；綿のように疲れる
ワダイ 話題 囲話題が豊富だ
わたいれ 綿入れ
わたうち 綿打ち
わだかまり わだかまり〔蟠り〕
　囲わだかまりが解ける，心のわだかまり
わだかまる わだかまる〔蟠る〕
　囲過去の失敗にわだかまる
わたくし 私⁶ シ，わたし　776
　囲私は……，私の名前，私事＜わたくしごと＞，私小説，私立＜わたくしリツ＞ 対公
わたし 渡し 囲大井川の渡し
わたし 私 シ，わたくし〔わたし〕　776
　囲私とあなた
わたしば 渡し場 類渡し
わたしぶね 渡し舟，渡し船
わたしもり 渡し守
わたす 渡す ト，わたる　1490
　囲綱を渡す，橋を渡す，手紙を渡す，品物を渡す；あちらこちら見渡す
わたって わたって〔亘って，亙って〕
　囲詳細にわたって説明する
わたり 渡り 囲オランダ渡りのガラス玉，渡りをつける，渡りに船，渡り板，渡り鳥，渡り職人
わたりあう 渡り合う〈渡合う〉
　囲互角に渡り合う
わたりぞめ 渡り初め 囲渡り初め式
わたりどり 渡り鳥
わたりロウカ 渡り廊下
わたる 渡る ト，わたす　1490
　囲橋を渡る，船でアメリカに渡る；ポルトガルから渡って来た鉄砲，人手に渡る；世を渡る，渡る世間に鬼はない
わたる わたる〔亘る，亙る〕 囲3時

間にわたる大熱演
わな わな〔罠〕 例わなにかかる
わなげ 輪投げ 例輪投げをする
わななく わななく〔戦く〕 例恐怖にわななく 類おののく
わに わに〔鰐〕 例わに皮のハンドバッグ
わび わび〔詫び〕 例わびを入れる
わびずまい わび住まい(わび住い)〔侘住居当字〕 類閑居
わびる わびる〔詫びる〕 例非礼をわびる
ワボク 和睦 例和睦する 類和解,仲直り
わめく わめく〔喚く〕 例大声でわめく,泣きわめく
わら わら〔藁,稈〕 例わらをもつかむ思い
わらい 笑い 例笑い事,お笑いぐさ
わらいがお 笑い顔 対泣き顔
わらいごえ 笑い声 例笑い声が絶えない
わらいジョウゴ 笑い上戸 対泣き上戸
わらいばなし 笑い話 類笑話<ショウワ>
わらう 笑う⁴ ショウ,えむ 980
例みんなで笑う,笑う門<かど>には福来る;花笑い鳥歌う春
わらじ わらじ〔草鞋当字〕 例わらじを履く,わらじを脱ぐ,わらじ銭
わらづつみ わら包み〔藁包み〕
例わら包みの納豆
わらべ 童³ ドウ 1541
例童歌 類わらんべ
わり 割⁶ カツ,わる・われる・さく 237
例割が悪い,割に合う;2割
わり 割り(割) 例一戸割り,割り当て,割り書き,割り注

間にわたる大熱演
わりあい 副詞 わりあいに,割合に
例わりあいに早く終わる
わりあて 割り当て(割当て) 例会費の割り当て
わりあてガク 割り当て額(割当て額)(割当額) 例税の割り当て額
わりあてる 割り当てる(割当てる) 例寄附金を割り当てる,役を割り当てる
わりイン 割り印(割印) 類契印
わりカン 割り勘(割勘) 例費用を割り勘にする 類割りまえ勘定
わりきる 割り切る(割切る) 例割り切った考え方,物事を割り切る;ちょうど割り切れる
わりこむ 割り込む(割込む) 例列に割り込む
わりザン 割り算(割算) 対除法 対掛け算
わりだか 割り高(割高) 例品薄のため割り高になる 対割り安
わりだす 割り出す(割出す) 例一人当たりの額を割り出す;死体から犯行時刻を割り出す
わりチュウ 割り注(割注)〔割り註〕
例割り注を入れる
わりつけ 割り付け(割付け)(割付)
例雑誌の割り付け
わりつける 割り付ける(割付ける)
例記事を割り付ける
わりに わりに,割に 例わりにおいしい 類わりあいに 注法令・公用文では「割に」。
わりばし 割りばし〔割り箸〕
わりパン 割り判 類割り印 注「わりハン」とも言う。
わりびき 割引 類割引料金 対割増し
わりびく 割り引く(割引く) 例手数料を割り引く,手形を割り引く

**わりフ** 割り符(割符) 関割り札

**わりふり** 割り振り,割り振り 例席の割りふり

**わりまえ** 割りまえ,割り前 例割りまえをもらう

**わりまし** 割り増し(割増し) 例割り増し料金 対割り引き

**わりもどし** 割り戻し(割戻し)(割戻) 例料金の割り戻しをする

**わりもどす** 割り戻す(割戻す) 例経費の残額を割り戻す

**わりやす** 割り安(割安) 対割り高

**わる** 割る⁶ カツ,わり・われる・さく〔破る〕 237
例まきを割る,ガラスを割る,ウイスキーを水で割る;1万円の大台を割る,参加者が100人を割った;口を割らない,腹を割って話す;10を2で割る

**わるい** 悪い³ アク・オ 6
例気持ちが悪い,口が悪い,評判が悪い,約束を破っては悪い,悪いことだと気がつく 対善い(良い),いい

**わるがしこい** 悪賢い 例悪賢いやり方で勝つ

**わるギ** 悪気 例悪気があってしたことではない,悪気のない人

**わるくち** 悪口 例悪口を言う 注「わるぐち」とも言う。

**わるさ** 悪さ〔悪戯当て字〕 例悪さをする

**わるヂエ** 悪知恵 例悪知恵が働く

**わるびれる** 悪びれる〔悪怯れる〕 例悪びれないですなおに謝る

**わるふざけ** 悪ふざけ〔悪巫山戯当て字〕

**われ** 我⁶ ガ,わ〔吾〕 166
例我を忘れる,我に返る,我々

**われ** 割れ 例ガラスの割れ,ひび割れ

**われがちに** 副詞 われがちに,我勝ちに 例われがちに席を奪い合う

**われめ** 割れ目〔破れ目〕 例壁の割れ目

**われもの** 割れ物 例割れ物注意

**われら** われら,我ら〔吾等〕 例われら同胞

**われる** 割れる⁶ カツ,わる・わり・さく 237
例ガラスが割れる,皿が割れる;意見が割れる,票が割れる

**われわれ** 我々 例我々学生は……,我々一同

**ワン** 湾 ―〔彎〕 2135
例湾曲;港湾

**ワン** 腕 うで 2136
例腕章,腕力;才腕,手腕,敏腕

**ワン** わん〔椀,碗〕

**ワンキョク** 湾曲〔彎曲〕 例背骨が湾曲する

**ワンニュウ** 湾入〔彎入〕

**わんぱく** わんぱく〔腕白当て字〕 例わんぱくな子ども,わんぱく盛り

---

明朝体の右肩の数字は配当学年 末尾の数字は常用漢字表番号 ( )許容 類類義同意語 対反対対照語 関関連語 学学術用語

# 付　　　録

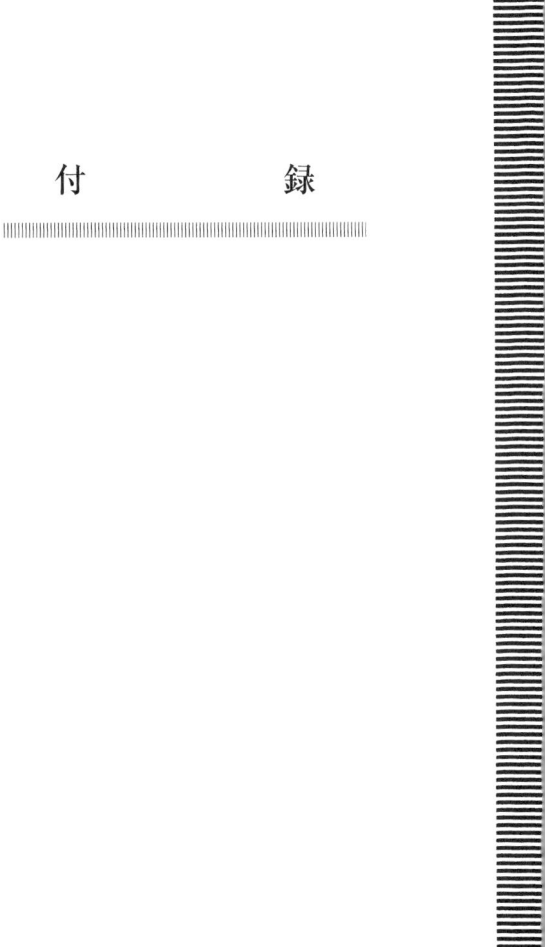

## 目　次

| | |
|---|---|
| 常用漢字表 | ……557 |
| 旧「常用漢字表」からの変更点 | ……613 |
| 　1　追加字種一覧 | |
| 　2　削除字種一覧 | |
| 　3　音訓及び付表の変更点 | |
| 　4　「異字同訓」の漢字の用法例 | |
| 小学校学年別漢字配当表 | ……623 |
| 現代仮名遣い | ……628 |
| 送り仮名の付け方 | ……640 |
| 公用文における漢字使用等について | ……651 |
| 法令における漢字使用等について | ……655 |
| 外来語の表記 | ……665 |
| 地名表記の手引 | ……680 |
| 部首名一覧 | ……697 |
| 常用漢字筆順一覧表 | ……698 |

# 常 用 漢 字 表

(平22.11.30内閣告示2)

○前書き
1 この表は、法令、公用文書、新聞、雑誌、放送など、一般の社会生活において、現代の国語を書き表す場合の漢字使用の目安を示すものである。
2 この表は、科学、技術、芸術その他の各種専門分野や個々人の表記にまで及ぼそうとするものではない。ただし、専門分野の語であっても、一般の社会生活と密接に関連する語の表記については、この表を参考とすることが望ましい。
3 この表は、都道府県名に用いる漢字及びそれに準じる漢字を除き、固有名詞を対象とするものではない。
4 この表は、過去の著作や文書における漢字使用を否定するものではない。
5 この表の運用に当たっては、個々の事情に応じて適切な考慮を加える余地のあるものである。

○表の見方及び使い方
1 この表は、「本表」と「付表」とから成る。
2 「本表」には、字種2136字を掲げ、字体、音訓、語例等を併せ示した。
3 漢字欄には、字種と字体を示した。字種は字音によって五十音順に並べた。同音の場合はおおむね字画の少ないものを先にした。字音を取り上げていないものは、字訓によった。
4 字体は文字の骨組みであるが、便宜上、明朝体のうちの一種を例に用いて「印刷文字における現代の通用字体」を示した。
5 「しんにゅう／しょくへん」に関係する字のうち、「辶／飠」の字形が通用字体である字については、「辶／飠」の字形を角括弧に入れて許容字体として併せ示した。当該の字に関して、現に印刷文字として許容字体を用いている場合、通用字体である「辶／飠」の字形に改める必要はない。これを「字体の許容」と呼ぶ。
   なお、当該の字の備考欄には、角括弧に入れたものが許容字体であることを注記した。また、通用字体の「謎」における「謎」についても「しんにゅう／しょくへん」の扱いに準じるものとして、同様の注記を加えてある。
6 丸括弧に入れて添えたものは、いわゆる康熙字典体である。これは、明治以来行われてきた活字の字体とのつながりを示すために参考として添えたものであるが、

著しい差異のないものは省いた。
7 音訓欄には，音訓を示した。字音は片仮名で，字訓は平仮名で示した。1字下げで示した音訓は，特別なものか，又は用法のごく狭いものである。なお，1字下げで示した音訓のうち，備考欄に都道府県名を注記したものは，原則として，当該の都道府県名にのみ用いる音訓であることを示す。
8 派生の関係にあって同じ漢字を使用する習慣のある次のような類は，適宜，音訓欄又は例欄に主なものを示した。

| けむる | 煙る | わける | 分ける |
| けむり | 煙 | わかれる | 分かれる |
| けむい | 煙い，煙たい，煙たがる | わかる | 分かる |
| | | わかつ | 分かつ |

なお，次のような類は，名詞としてだけ用いるものである。

| しるし | 印 | こおり | 氷 |

9 例欄には，音訓使用の目安として，その字の当該音訓における使用例の一部を示した。なお，「案じる」「信じる」「力む」等のように字音を動詞として用いることのできるものについては，特に必要な場合を除き，示していない。
10 例欄の語のうち，副詞的用法，接続詞的用法として使うものであって，紛らわしいものには，特に〔副〕，〔接〕という記号を付けた。
11 他の字又は語と結び付く場合に音韻上の変化を起こす次のような類は，音訓欄又は備考欄に示しておいたが，全ての例を尽くしているわけではない。

　　納得（<u>ナッ</u>トク）　　　格子（<u>コウ</u>シ）
　　手綱（タ<u>ヅ</u>ナ）　　　　金物（カナ<u>モノ</u>）
　　音頭（オン<u>ド</u>）　　　　夫婦（フウフ）
　　順応（ジュン<u>ノウ</u>）　　因縁（イン<u>ネン</u>）
　　春雨（ハル<u>サメ</u>）

12 備考欄には，個々の音訓の使用に当たって留意すべき事項などを記した。
   (1) 異字同訓のあるものを適宜⇔で示し，また，付表にある語でその漢字を含んでいるものを注記した。
   (2) 都道府県名については，音訓欄に「1字下げで掲げた音訓」が，原則として，当該の都道府県名を表記するために掲げた音訓であることを明示する場合に，「埼玉県」「栃木県」のように注記した。
      また，都道府県名に用いられる漢字の読み方が，当該の音訓欄にない場合

（例えば，大分県の「分」，愛媛県の「愛」「媛」など），その都道府県の読み方を備考欄に「大分（おおいた）県」「愛媛（えひめ）県」という形で注記した。
　　　したがって，全ての都道府県名を備考欄に掲げるものではない。
　(3)　備考欄にある「＊」は，「(付)字体についての解説」「第2　明朝体と筆写の楷書との関係について」の「3　筆写の楷書字形と印刷文字字形の違いが，字体の違いに及ぶもの」の中に参照すべき具体例があることを示す。当該字が具体例として挙げられている場合は，＊の後に，〔(付)第2の3参照〕と掲げたが，具体例が挙げられていない場合は〔(付)第2の3【剝】参照〕のように，同様に考えることができる具体例を併せ掲げた。
　　　また，しんにゅうの字，及びしんにゅうを構成要素として含む字のうち通用字体が「辶」で示されている字については，上記「第2　明朝体と筆写の楷書との関係について」の「1　明朝体に特徴的な表現の仕方があるもの」の中に「辶・辶-辶」が示され，「辶」も筆写では「辶」と同様に「辶」と書くことから，上の「3　筆写の楷書字形と印刷文字字形の違いが，字体の違いに及ぶもの」の例に準じて，備考欄に「＊」を付し，＊の後に，〔(付)第2の1参照〕と掲げた。
　　　なお，「＊」の付いた字の多くは，昭和56年の制定当初から常用漢字表に入っていた字体とは，「臭⇔嗅」「歩⇔捗」「狭⇔頰」「道⇔遜」「弊⇔蔽」などのように，同じ構成要素を持ちながら，通用字体の扱いに字体上の差異があるものである。
13　「付表」には，いわゆる当て字や熟字訓など，主として1字1字の音訓としては挙げにくいものを語の形で掲げた。便宜上，その読み方を平仮名で示し，五十音順に並べた。

付　情報機器に搭載されている印刷文字字体の関係で，本表の通用字体とは異なる字体（通用字体の「頰・賭・剝」に対する「頬・賭・剥」など）を使用することは差し支えない。

(付)　字体についての解説

第1　明朝体のデザインについて

　常用漢字表では，個々の漢字の字体（文字の骨組み）を，明朝体のうちの一種を例に用いて示した。現在，一般に使用されている明朝体の各種書体には，同じ字でありながら，微細なところで形の相違の見られるものがある。しかし，各種の明朝体を検討してみると，それらの相違はいずれも書体設計上の表現の差，すなわちデザインの違いに属する事柄であって，字体の違いではないと考えられるものである。つまり，それらの相違は，字体の上からは全く問題にする必要のないものである。以下に，分類して，その例を示す。

　なお，ここに挙げているデザイン差は，現実に異なる字形がそれぞれ使われていて，かつ，その実態に配慮すると，字形の異なりを字体の違いと考えなくてもよいと判断したものである。すなわち，実態として存在する異字形を，デザインの差と，字体の差に分けて整理することがその趣旨であり，明朝体字形を新たに作り出す場合に適用し得るデザイン差の範囲を示したものではない。また，ここに挙げているデザイン差は，おおむね「筆写の楷書字形において見ることができる字形の異なり」と捉えることも可能である。

1　へんとつくり等の組合せ方について

　(1)　大小，高低などに関する例

硬　硬　　吸　吸　　頃　頃

　(2)　はなれているか，接触しているかに関する例

睡　睡　　異←異←　挨　挨

2　点画の組合せ方について

　(1)　長短に関する例

雪　雪　雪　　満　満　　無←無←　斎←斎←

(2) つけるか,はなすかに関する例

発 発　備 備　奔 奔　溺 溺
空 空　湿 湿　吹 吹　冥 冥

(3) 接触の位置に関する例

岸 岸　家 家　脈 脈 脈
蚕 蚕　印 印　蓋 蓋

(4) 交わるか,交わらないかに関する例

聴 聴　非 非　祭 祭
存 存　孝 孝　射 射

(5) その他

芽 芽 芽　夢 夢 夢

3　点画の性質について
(1) 点か,棒(画)かに関する例

帰 帰　班 班　均 均　麗 麗　蔑 蔑

(2) 傾斜,方向に関する例

考 考　値 値　望 望

(3) 曲げ方，折り方に関する例

勢勢　競競　頑頑頑　災災

(4) 「筆押さえ」等の有無に関する例

芝芝　更更　伎伎

八八八　公公公　雲雲

(5) とめるか，はらうかに関する例

環環　泰泰　談談
医医　継継　園園

(6) とめるか，ぬくかに関する例

耳耳　邦邦　街街　餌餌

(7) はねるか，とめるかに関する例

四四　配配　換換　湾湾

(8) その他

次次　姿姿

4　特定の字種に適用されるデザイン差について

　「特定の字種に適用されるデザイン差」とは，以下の(1)～(5)それぞれの字種にのみ適用されるデザイン差のことである。したがって，それぞれに具体的な字形として示されているデザイン差を他の字種にまで及ぼすことはできない。

　なお，(4)に掲げる「叱」と「叱」は本来別字とされるが，その使用実態から見

て，異体の関係にある同字と認めることができる。

(1) 牙・牙・牙

(2) 韓・韓・韓

(3) 茨・茨・茨

(4) 叱・叱

(5) 栃・栃

第2　明朝体と筆写の楷書との関係について

　常用漢字表では，個々の漢字の字体（文字の骨組み）を，明朝体のうちの一種を例に用いて示した。このことは，これによって筆写の楷書における書き方の習慣を改めようとするものではない。字体としては同じであっても，1，2に示すように明朝体の字形と筆写の楷書の字形との間には，いろいろな点で違いがある。それらは，印刷文字と手書き文字におけるそれぞれの習慣の相違に基づく表現の差と見るべきものである。

　さらに，印刷文字と手書き文字におけるそれぞれの習慣の相違に基づく表現の差は，3に示すように，字体（文字の骨組み）の違いに及ぶ場合もある。

　以下に，分類して，それぞれの例を示す。いずれも「明朝体—手書き（筆写の楷書）」という形で，左側に明朝体，右側にそれを手書きした例を示す。

1　明朝体に特徴的な表現の仕方があるもの

　(1)　折り方に関する例

　　　衣－衣　　去－去　　玄－玄

　(2)　点画の組合せ方に関する例

　　　人－人　　家－家　　北－北

(3) 「筆押さえ」等に関する例

芝 – 芝　　史 – 史

入 – 入　　八 – 八

(4) 曲直に関する例

子 – 子　　手 – 手　　了 – 了

(5) その他

辶・辶 – 辶　　竹 – ケケ　　心 – 心

## 2　筆写の楷書では，いろいろな書き方があるもの

(1) 長短に関する例

雨 – 雨 雨　　戸 – 戸 戸 戸

無 – 無 無

(2) 方向に関する例

風 – 風 風　　比 – 比 比

仰 – 仰 仰

糸 – 糸 糸　　ネ – ネ ネ　　ネ – ネ ネ

主 – 主 主　　言 – 言 言 言

年 – 年 年 年

(3) つけるか，はなすかに関する例

又-又又　　文-文文

月-月月

条-条条　　保-保保

(4) はらうか，とめるかに関する例

奥-奥奥　　公-公公

角-角角　　骨-骨骨

(5) はねるか，とめるかに関する例

切-切切切　　改-改改改

酒-酒酒　　陸-陸陸陸

穴-穴穴穴

木-木木　　来-来来

糸-糸糸　　牛-牛牛

環-環環

(6) その他

令-令令　　外-外外外

女-女 女　　叱-叱 叱 叱

3 筆写の楷書字形と印刷文字字形の違いが、字体の違いに及ぶもの

以下に示す例で、括弧内は印刷文字である明朝体の字形に倣って書いたものであるが、筆写の楷書ではどちらの字形で書いても差し支えない。なお、括弧内の字形の方が、筆写字形としても一般的な場合がある。

(1) 方向に関する例

淫-淫(淫)　　恣-恣(恣)

煎-煎(煎)　　嘲-嘲(嘲)

溺-溺(溺)　　蔽-蔽(蔽)

(2) 点画の簡略化に関する例

葛-葛(葛)　　嗅-嗅(嗅)

僅-僅(僅)　　餌-餌(餌)

箋-箋(箋)　　填-填(填)

賭-賭(賭)　　頰-頰(頰)

(3) その他

惧-惧(惧)　　稽-稽(稽)

詮-詮(詮)　　捗-捗(捗)

剝-剝(剝)　　喩-喩(喩)

## 本　表

（「例」「備考」欄は略。音訓欄の太字は送り仮名の部分を示す。数字は常用漢字表の配列に従って便宜上付けた整理番号であり、筆順を求めるときには、これによって常用漢字筆順一覧表から検出する。）

| 漢　字 | | 音　訓 | | | | | |
|---|---|---|---|---|---|---|---|
| 〔ア〕 | | | | 「三位一体」、「従三位」は、「サンミイッタイ」、「ジュサンミ」。 | | ちがう ちがえる | |
| 亜(亞) | 1 | ア | | | | 維 | 35 | イ |
| 哀 | 2 | アイ あわれ あわれむ | 囲(圍) | 18 | イ かこむ かこう | 慰 | 36 | イ なぐさめる なぐさむ |
| 挨 | 3 | アイ | 医(醫) | 19 | イ | 遺 | 37 | イ |
| 愛 | 4 | アイ | 依 | 20 | イ | | | ユイ |
| 曖 | 5 | アイ | | | エ | | | 「遺言」は、「イゴン」とも。 |
| 悪(惡) | 6 | アク オ わるい | 委 | 21 | イ | 緯 | 38 | イ |
| | | | 威 | 22 | イ | 域 | 39 | イキ |
| | | | 為(爲) | 23 | イ | 育 | 40 | イク そだつ そだてる |
| 握 | 7 | アク にぎる | 畏 | 24 | イ おそれる | | | |
| 圧(壓) | 8 | アツ | 胃 | 25 | イ | 一 | 41 | イチ イツ ひと ひとつ |
| 扱 | 9 | あつかう | 尉 | 26 | イ | | | |
| 宛 | 10 | あてる | 異 | 27 | イ こと | | | |
| 嵐 | 11 | あらし | | | | | | |
| 安 | 12 | アン やすい | 移 | 28 | イ うつる うつす | 壱(壹) | 42 | イチ |
| | | | | | | 逸(逸) | 43 | イツ |
| 案 | 13 | アン | 萎 | 29 | イ なえる | 茨 | 44 | いばら |
| 暗 | 14 | アン くらい | | | | 芋 | 45 | いも |
| | | | 偉 | 30 | イ えらい | 引 | 46 | イン ひく ひける |
| 〔イ〕 | | | 椅 | 31 | イ | | | |
| 以 | 15 | イ | 彙 | 32 | イ | 印 | 47 | イン しるし |
| 衣 | 16 | イ ころも | 意 | 33 | イ | 因 | 48 | イン よる |
| 位 | 17 | イ | 違 | 34 | イ | | | |

| 咽 | 49 | イン |
| --- | --- | --- |
| 姻 | 50 | イン |
| 員 | 51 | イン |
| 院 | 52 | イン |
| 淫 | 53 | イン |
|  |  | みだら |
| 陰 | 54 | イン |
|  |  | かげ |
|  |  | かげる |
| 飲 | 55 | イン |
|  |  | のむ |
| 隠(隱) | 56 | イン |
|  |  | かくす |
|  |  | かくれる |
| 韻 | 57 | イン |

〔ウ〕

| 右 | 58 | ウ |
| --- | --- | --- |
|  |  | ユウ |
|  |  | みぎ |
| 宇 | 59 | ウ |
| 羽 | 60 | ウ |
|  |  | は |
|  |  | 「羽(は)」は，前に来る音によって「わ」，「ば」，「ぱ」になる。 |
|  |  | はね |
| 雨 | 61 | ウ |
|  |  | あめ |
|  |  | 「春雨」，「小雨」，「霧雨」などは，「はるさめ」，「こさめ」，「きりさめ」。 |
|  |  | あま |
| 唄 | 62 | うた |
| 鬱 | 63 | ウツ |
| 畝 | 64 | うね |
| 浦 | 65 | うら |
| 運 | 66 | ウン |
|  |  | はこぶ |
| 雲 | 67 | ウン |
|  |  | くも |

〔エ〕

| 永 | 68 | エイ |
| --- | --- | --- |
|  |  | ながい |
| 泳 | 69 | エイ |
|  |  | およぐ |
| 英 | 70 | エイ |
| 映 | 71 | エイ |
|  |  | うつる |
|  |  | うつす |
|  |  | はえる |
| 栄(榮) | 72 | エイ |
|  |  | さかえる |
|  |  | はえ |
|  |  | はえる |
| 営(營) | 73 | エイ |
|  |  | いとなむ |
| 詠 | 74 | エイ |
|  |  | よむ |
| 影 | 75 | エイ |
|  |  | かげ |
| 鋭 | 76 | エイ |
|  |  | するどい |
| 衛(衞) | 77 | エイ |
| 易 | 78 | エキ |
|  |  | イ |
|  |  | やさしい |
| 疫 | 79 | エキ |
| 益 | 80 | エキ |
|  |  | ヤク |
| 液 | 81 | エキ |
| 駅(驛) | 82 | エキ |
| 悦 | 83 | エツ |
| 越 | 84 | エツ |
|  |  | こす |
|  |  | こえる |
| 謁(謁) | 85 | エツ |
| 閲 | 86 | エツ |
| 円(圓) | 87 | エン |
|  |  | まるい |
| 延 | 88 | エン |
|  |  | のびる |
|  |  | のべる |
|  |  | のばす |
| 沿 | 89 | エン |
|  |  | そう |
| 炎 | 90 | エン |
|  |  | ほのお |
| 怨 | 91 | エン |
|  |  | オン |
| 宴 | 92 | エン |
| 媛 | 93 | エン |
| 援 | 94 | エン |
| 園 | 95 | エン |
|  |  | その |
| 煙 | 96 | エン |
|  |  | けむる |
|  |  | けむり |
|  |  | けむい |
| 猿 | 97 | エン |
|  |  | さる |
| 遠 | 98 | エン |

|  |  |  |
|---|---|---|
| | | オン |
| | | とおい |
| 鉛 | 99 | エン |
| | | なまり |
| 塩(鹽) | 100 | エン |
| | | しお |
| 演 | 101 | エン |
| 縁(緣) | 102 | エン |
| | | 「因縁」は,「インネン」。 |
| | | ふち |
| 艶(艷) | 103 | エン |
| | | つや |

〔オ〕

|  |  |  |
|---|---|---|
| 汚 | 104 | オ |
| | | けがす |
| | | けがれる |
| | | けがらわしい |
| | | よごす |
| | | よごれる |
| | | きたない |
| 王 | 105 | オウ |
| | | 「親王」,「勤王」などは,「シンノウ」,「キンノウ」。 |
| 凹 | 106 | オウ |
| 央 | 107 | オウ |
| 応(應) | 108 | オウ |
| | | 「反応」,「順応」などは,「ハンノウ」,「ジュンノウ」。 |
| 往 | 109 | オウ |
| 押 | 110 | オウ |
| | | おす |
| | | おさえる |
| 旺 | 111 | オウ |
| 欧(歐) | 112 | オウ |
| 殴(毆) | 113 | オウ |
| | | なぐる |
| 桜(櫻) | 114 | オウ |
| | | さくら |
| 翁 | 115 | オウ |
| 奥(奧) | 116 | オウ |
| | | 「奥義」は,「おくギ」とも。 |
| | | おく |
| 横(横) | 117 | オウ |
| | | よこ |
| 岡 | 118 | おか |
| 屋 | 119 | オク |
| | | や |
| 億 | 120 | オク |
| 憶 | 121 | オク |
| 臆 | 122 | オク |
| 虞 | 123 | おそれ |
| 乙 | 124 | オツ |
| 俺 | 125 | おれ |
| 卸 | 126 | おろす |
| | | おろし |
| 音 | 127 | オン |
| | | 「観音」は,「カンノン」。 |
| | | イン |
| | | 「音信不通」は,「オンシンフツウ」とも。 |
| | | おと |
| | | ね |
| 恩 | 128 | オン |
| 温(溫) | 129 | オン |
| | | あたたか |
| | | あたたかい |
| | | あたたまる |
| | | あたためる |
| 穏(穩) | 130 | オン |
| | | 「安穏」は,「アンノン」。 |
| | | おだやか |

〔カ〕

|  |  |  |
|---|---|---|
| 下 | 131 | カ |
| | | ゲ |
| | | した |
| | | しも |
| | | もと |
| | | さげる |
| | | さがる |
| | | くだる |
| | | くだす |
| | | くださる |
| | | おろす |
| | | おりる |
| 化 | 132 | カ |
| | | ケ |
| | | ばける |
| | | ばかす |
| 火 | 133 | カ |
| | | ひ |
| | | ほ |
| 加 | 134 | カ |
| | | くわえる |
| | | くわわる |
| 可 | 135 | カ |

| 仮(假) | 136 | カ |
| --- | --- | --- |
| | | ケ |
| | | かり |
| 何 | 137 | カ |
| | | なに |
| | | なん |
| 花 | 138 | カ |
| | | はな |
| 佳 | 139 | カ |
| 価(價) | 140 | カ |
| | | あたい |
| 果 | 141 | カ |
| | | はたす |
| | | はてる |
| | | はて |
| 河 | 142 | カ |
| | | かわ |
| 苛 | 143 | カ |
| 科 | 144 | カ |
| 架 | 145 | カ |
| | | かける |
| | | かかる |
| 夏 | 146 | カ |
| | | ゲ |
| | | なつ |
| 家 | 147 | カ |
| | | ケ |
| | | いえ |
| | | や |
| 荷 | 148 | カ |
| | | に |
| 華 | 149 | カ |
| | | ケ |
| | | はな |
| 菓 | 150 | カ |

| 貨 | 151 | カ |
| --- | --- | --- |
| 渦 | 152 | カ |
| | | うず |
| 過 | 153 | カ |
| | | すぎる |
| | | すごす |
| | | あやまつ |
| | | あやまち |
| 嫁 | 154 | カ |
| | | よめ |
| | | とつぐ |
| 暇 | 155 | カ |
| | | ひま |
| 禍(禍) | 156 | カ |
| 靴 | 157 | カ |
| | | くつ |
| 寡 | 158 | カ |
| 歌 | 159 | カ |
| | | うた |
| | | うたう |
| 箇 | 160 | カ |
| 稼 | 161 | カ |
| | | かせぐ |
| 課 | 162 | カ |
| 蚊 | 163 | か |
| 牙 | 164 | ガ |
| | | ゲ |
| | | きば |
| 瓦 | 165 | ガ |
| | | かわら |
| 我 | 166 | ガ |
| | | われ |
| | | わ |
| 画(畫) | 167 | ガ |
| | | カク |

| 芽 | 168 | ガ |
| --- | --- | --- |
| | | め |
| 賀 | 169 | ガ |
| 雅 | 170 | ガ |
| 餓 | 171 | ガ |
| 介 | 172 | カイ |
| 回 | 173 | カイ |
| | | エ |
| | | まわる |
| | | まわす |
| 灰 | 174 | カイ |
| | | はい |
| 会(會) | 175 | カイ |
| | | エ |
| | | あう |
| 快 | 176 | カイ |
| | | こころよい |
| 戒 | 177 | カイ |
| | | いましめる |
| 改 | 178 | カイ |
| | | あらためる |
| | | あらたまる |
| 怪 | 179 | カイ |
| | | あやしい |
| | | あやしむ |
| 拐 | 180 | カイ |
| 悔(悔) | 181 | カイ |
| | | くいる |
| | | くやむ |
| | | くやしい |
| 海(海) | 182 | カイ |
| | | うみ |
| 界 | 183 | カイ |
| 皆 | 184 | カイ |
| | | みな |

| | | | | | | | | |
|---|---|---|---|---|---|---|---|---|
| 械 | 185 | カイ | | | はずす | | | さます |
| 絵(繪) | 186 | カイ | | | はずれる | | | さめる |
| | | エ | 効 | 198 | ガイ | 較 | 219 | カク |
| 開 | 187 | カイ | 害 | 199 | ガイ | 隔 | 220 | カク |
| | | ひらく | 崖 | 200 | ガイ | | | へだてる |
| | | ひらける | | | がけ | | | へだたる |
| | | あく | 涯 | 201 | ガイ | 閣 | 221 | カク |
| | | あける | 街 | 202 | ガイ | 確 | 222 | カク |
| 階 | 188 | カイ | | | カイ | | | たしか |
| 塊 | 189 | カイ | | | まち | | | たしかめる |
| | | かたまり | 慨(慨) | 203 | ガイ | 獲 | 223 | カク |
| 楷 | 190 | カイ | 蓋 | 204 | ガイ | | | える |
| 解 | 191 | カイ | | | ふた | 嚇 | 224 | カク |
| | | ゲ | 該 | 205 | ガイ | 穫 | 225 | カク |
| | | とく | 概(槪) | 206 | ガイ | 学(學) | 226 | ガク |
| | | とかす | 骸 | 207 | ガイ | | | まなぶ |
| | | とける | 垣 | 208 | かき | 岳(嶽) | 227 | ガク |
| 潰 | 192 | カイ | 柿 | 209 | かき | | | たけ |
| | | つぶす | 各 | 210 | カク | 楽(樂) | 228 | ガク |
| | | つぶれる | | | おのおの | | | ラク |
| 壊(壞) | 193 | カイ | | | 「各々」とも書く。 | | | たのしい |
| | | こわす | | | | | | たのしむ |
| | | こわれる | 角 | 211 | カク | 額 | 229 | ガク |
| 懐(懷) | 194 | カイ | | | かど | | | ひたい |
| | | ふところ | | | つの | 顎 | 230 | ガク |
| | | なつかしい | 拡(擴) | 212 | カク | | | あご |
| | | なつかしむ | 革 | 213 | カク | 掛 | 231 | かける |
| | | なつく | | | かわ | | | かかる |
| | | なつける | 格 | 214 | カク | | | かかり |
| 諧 | 195 | カイ | | | コウ | 渇 | 232 | かた |
| 貝 | 196 | かい | 核 | 215 | カク | 括 | 233 | カツ |
| 外 | 197 | ガイ | 殻(殼) | 216 | カク | 活 | 234 | カツ |
| | | ゲ | | | から | 喝(喝) | 235 | カツ |
| | | そと | 郭 | 217 | カク | 渇(渴) | 236 | カツ |
| | | ほか | 覚(覺) | 218 | カク | | | かわく |
| | | | | | おぼえる | | | |

| | | | | | | | | |
|---|---|---|---|---|---|---|---|---|
| 割 | 237 | カツ | | | まく | | | みき |
| | | わる | | | まき | 感 | 275 | カン |
| | | わり | 看 | 257 | カン | 漢(漢) | 276 | カン |
| | | われる | 陥(陷) | 258 | カン | 慣 | 277 | カン |
| | | さく | | | おちいる | | | なれる |
| 葛 | 238 | カツ | | | おとしいれる | | | ならす |
| | | くず | | | | 管 | 278 | カン |
| 滑 | 239 | カツ | 乾 | 259 | カン | | | くだ |
| | | すべる | | | かわく | 関(關) | 279 | カン |
| | | なめらか | | | かわかす | | | せき |
| 褐(褐) | 240 | カツ | 勘 | 260 | カン | 歓(歡) | 280 | カン |
| 轄 | 241 | カツ | 患 | 261 | カン | 監 | 281 | カン |
| 且 | 242 | かつ | | | わずらう | 緩 | 282 | カン |
| 株 | 243 | かぶ | 貫 | 262 | カン | | | ゆるい |
| 釜 | 244 | かま | | | つらぬく | | | ゆるやか |
| 鎌 | 245 | かま | 寒 | 263 | カン | | | ゆるむ |
| 刈 | 246 | かる | | | さむい | | | ゆるめる |
| 干 | 247 | カン | 喚 | 264 | カン | 憾 | 283 | カン |
| | | ほす | 堪 | 265 | カン | 還 | 284 | カン |
| | | ひる | | | たえる | 館 | 285 | カン |
| 刊 | 248 | カン | 換 | 266 | カン | 環 | 286 | カン |
| 甘 | 249 | カン | | | かえる | 簡 | 287 | カン |
| | | あまい | | | かわる | 観(觀) | 288 | カン |
| | | あまえる | 敢 | 267 | カン | 韓 | 289 | カン |
| | | あまやかす | 棺 | 268 | カン | 艦 | 290 | カン |
| 汗 | 250 | カン | 款 | 269 | カン | 鑑 | 291 | カン |
| | | あせ | 間 | 270 | カン | 丸 | 292 | ガン |
| 缶(罐) | 251 | カン | | | ケン | | | まる |
| 完 | 252 | カン | | | あいだ | | | まるい |
| 肝 | 253 | カン | | | ま | | | まるめる |
| | | きも | 閑 | 271 | カン | 含 | 293 | ガン |
| 官 | 254 | カン | 勧(勸) | 272 | カン | | | ふくむ |
| 冠 | 255 | カン | | | すすめる | | | ふくめる |
| | | かんむり | 寛(寬) | 273 | カン | 岸 | 294 | ガン |
| 巻(卷) | 256 | カン | 幹 | 274 | カン | | | きし |

常用漢字表

常用漢字表

| | | | | | | | | |
|---|---|---|---|---|---|---|---|---|
| 岩 | 295 | ガン | 軌 | 314 | キ | | | とうとい |
| | | いわ | 既(旣) | 315 | キ | | | たっとぶ |
| 玩 | 296 | ガン | | | すでに | | | とうとぶ |
| 眼 | 297 | ガン | 記 | 316 | キ | 棄 | 331 | キ |
| | | ゲン | | | しるす | 毀 | 332 | キ |
| | | まなこ | 起 | 317 | キ | 旗 | 333 | キ |
| 頑 | 298 | ガン | | | おきる | | | はた |
| 顔 | 299 | ガン | | | おこる | 器(器) | 334 | キ |
| | | かお | | | おこす | | | うつわ |
| 願 | 300 | ガン | 飢 | 318 | キ | 畿 | 335 | キ |
| | | ねがう | | | うえる | 輝 | 336 | キ |
| | | | 鬼 | 319 | キ | | | かがやく |
| 〔キ〕 | | | | | おに | 機 | 337 | キ |
| 企 | 301 | キ | 帰(歸) | 320 | キ | | | はた |
| | | くわだてる | | | かえる | 騎 | 338 | キ |
| 伎 | 302 | キ | | | かえす | 技 | 339 | ギ |
| 危 | 303 | キ | 基 | 321 | キ | | | わざ |
| | | あぶない | | | もと | 宜 | 340 | ギ |
| | | あやうい | | | もとい | 偽(僞) | 341 | ギ |
| | | あやぶむ | 寄 | 322 | キ | | | いつわる |
| 机 | 304 | キ | | | よる | | | にせ |
| | | つくえ | | | よせる | 欺 | 342 | ギ |
| 気(氣) | 305 | キ | 規 | 323 | キ | | | あざむく |
| | | ケ | 亀(龜) | 324 | キ | 義 | 343 | ギ |
| 岐 | 306 | キ | | | かめ | 疑 | 344 | ギ |
| 希 | 307 | キ | 喜 | 325 | キ | | | うたがう |
| 忌 | 308 | キ | | | よろこぶ | 儀 | 345 | ギ |
| | | いむ | 幾 | 326 | キ | 戯(戲) | 346 | ギ |
| | | いまわしい | | | いく | | | たわむれる |
| 汽 | 309 | キ | 揮 | 327 | キ | 擬 | 347 | ギ |
| 奇 | 310 | キ | 期 | 328 | キ | 犠(犧) | 348 | ギ |
| 祈(祈) | 311 | キ | | | ゴ | 議 | 349 | ギ |
| | | いのる | 棋 | 329 | キ | 菊 | 350 | キク |
| 季 | 312 | キ | 貴 | 330 | キ | 吉 | 351 | キチ |
| 紀 | 313 | キ | | | たっとい | | | 「吉日」は, |

| | | | | | | | | |
|---|---|---|---|---|---|---|---|---|
| | | 「キツジツ」とも。 | 休 | 365 | キュウ やすむ やすまる やすめる | | | きわまる |
| | | | | | | 牛 | 381 | ギュウ うし |
| 喫 | 352 | キツ | | | | 去 | 382 | キョ コ さる |
| 詰 | 353 | キツ つめる つまる つむ | 吸 | 366 | キュウ すう | | | |
| | | | 朽 | 367 | キュウ くちる | 巨 | 383 | キョ |
| | | | | | | 居 | 384 | キョ いる |
| 却 | 354 | キャク | 臼 | 368 | キュウ うす | | | |
| 客 | 355 | キャク カク | 求 | 369 | キュウ もとめる | 拒 | 385 | キョ こばむ |
| 脚 | 356 | キャク キャ あし | 究 | 370 | キュウ きわめる | 拠(據) | 386 | キョ コ |
| | | | | | | 挙(擧) | 387 | キョ あげる あがる |
| 逆 | 357 | ギャク さか さからう | 泣 | 371 | キュウ なく | | | |
| | | | 急 | 372 | キュウ いそぐ | 虚(虛) | 388 | キョ コ |
| 虐 | 358 | ギャク しいたげる | 級 | 373 | キュウ | | | |
| 九 | 359 | キュウ ク ここの ここのつ | 糾 | 374 | キュウ | 許 | 389 | キョ ゆるす |
| | | | 宮 | 375 | キュウ グウ ク 「宮内庁」などと使う。 みや | 距 | 390 | キョ |
| | | | | | | 魚 | 391 | ギョ うお さかな |
| 久 | 360 | キュウ ク ひさしい | | | | 御 | 392 | ギョ ゴ おん |
| 及 | 361 | キュウ およぶ および およぼす | 救 | 376 | キュウ すくう | | | |
| | | | 球 | 377 | キュウ たま | 漁 | 393 | ギョ リョウ 「猟」の字音の転用。 |
| 弓 | 362 | キュウ ゆみ | 給 | 378 | キュウ | | | |
| | | | 嗅 | 379 | キュウ かぐ | 凶 | 394 | キョウ |
| 丘 | 363 | キュウ おか | 窮 | 380 | キュウ きわめる きわまる | 共 | 395 | キョウ とも |
| 旧(舊) | 364 | キュウ | | | | 叫 | 396 | キョウ |

| | | | | | | | | |
|---|---|---|---|---|---|---|---|---|
| 狂 | 397 | さけぶ | 強 | 410 | おどかす<br>キョウ | 業 | 422 | あかつき<br>ギョウ |
| | | くるう | | | ゴウ | | | ゴウ |
| | | くるおしい | | | つよい | | | わざ |
| 京 | 398 | キョウ | | | つよまる | 凝 | 423 | ギョウ |
| | | ケイ | | | つよめる | | | こる |
| | | 「京浜」、「京阪」などと使う。 | | | しいる | | | こらす |
| | | | 教 | 411 | キョウ | 曲 | 424 | キョク |
| 享 | 399 | キョウ | | | おしえる | | | まがる |
| 供 | 400 | キョウ | | | おそわる | | | まげる |
| | | ク | 郷(鄕) | 412 | キョウ | 局 | 425 | キョク |
| | | そなえる | | | ゴウ | 極 | 426 | キョク |
| | | とも | 境 | 413 | キョウ | | | ゴク |
| 協 | 401 | キョウ | | | ケイ | | | きわめる |
| 況 | 402 | キョウ | | | さかい | | | きわまる |
| 峡(峽) | 403 | キョウ | 橋 | 414 | キョウ | | | きわみ |
| 挟(挾) | 404 | キョウ | | | はし | 玉 | 427 | ギョク |
| | | はさむ | 矯 | 415 | キョウ | | | たま |
| | | はさまる | | | ためる | 巾 | 428 | キン |
| 狭(狹) | 405 | キョウ | 鏡 | 416 | キョウ | 斤 | 429 | キン |
| | | せまい | | | かがみ | 均 | 430 | キン |
| | | せばめる | 競 | 417 | キョウ | 近 | 431 | キン |
| | | せばまる | | | ケイ | | | ちかい |
| 恐 | 406 | キョウ | | | きそう | 金 | 432 | キン |
| | | おそれる | | | せる | | | コン |
| | | おそろしい | 響(響) | 418 | キョウ | | | かね |
| 恭 | 407 | キョウ | | | ひびく | | | かな |
| | | うやうやしい | 驚 | 419 | キョウ | 菌 | 433 | キン |
| 胸 | 408 | キョウ | | | おどろく | 勤(勤) | 434 | キン |
| | | むね | | | おどろかす | | | ゴン |
| | | むな | 仰 | 420 | ギョウ | | | つとめる |
| 脅 | 409 | キョウ | | | コウ | | | つとまる |
| | | おびやかす | | | あおぐ | 琴 | 435 | キン |
| | | おどす | | | おおせ | | | こと |
| | | おどかす | 暁(曉) | 421 | ギョウ | 筋 | 436 | キン |

| | | | | | | | | |
|---|---|---|---|---|---|---|---|---|
| | | すじ | 偶 | 453 | グウ | | | かたち |
| 僅 | 437 | キン | 遇 | 454 | グウ | 系 | 472 | ケイ |
| | | わずか | 隅 | 455 | グウ | 径(徑) | 473 | ケイ |
| 禁 | 438 | キン | | | すみ | 茎(莖) | 474 | ケイ |
| 緊 | 439 | キン | 串 | 456 | くし | | | くき |
| 錦 | 440 | キン | 屈 | 457 | クツ | 係 | 475 | ケイ |
| | | にしき | 掘 | 458 | クツ | | | かかる |
| 謹(謹) | 441 | キン | | | ほる | | | かかり |
| | | つつしむ | 窟 | 459 | クツ | 型 | 476 | ケイ |
| 襟 | 442 | キン | 熊 | 460 | くま | | | かた |
| | | えり | 繰 | 461 | くる | 契 | 477 | ケイ |
| 吟 | 443 | ギン | 君 | 462 | クン | | | ちぎる |
| 銀 | 444 | ギン | | | きみ | 計 | 478 | ケイ |
| 〔ク〕 | | | 訓 | 463 | クン | | | はかる |
| | | | 勲(勳) | 464 | クン | | | はからう |
| 区(區) | 445 | ク | 薫(薰) | 465 | クン | 恵(惠) | 479 | ケイ |
| 句 | 446 | ク | | | かおる | | | エ |
| 苦 | 447 | ク | 軍 | 466 | グン | | | めぐむ |
| | | くるしい | 郡 | 467 | グン | 啓 | 480 | ケイ |
| | | くるしむ | 群 | 468 | グン | 掲(揭) | 481 | ケイ |
| | | くるしめる | | | むれる | | | かかげる |
| | | にがい | | | むれ | 渓(溪) | 482 | ケイ |
| | | にがる | | | むら | 経(經) | 483 | ケイ |
| 駆(驅) | 448 | ク | 〔ケ〕 | | | | | キョウ |
| | | かける | | | | | | へる |
| | | かる | 兄 | 469 | ケイ | 蛍(螢) | 484 | ケイ |
| 具 | 449 | グ | | | キョウ | | | ほたる |
| 惧 | 450 | グ | | | 「兄弟」は、「ケイテイ」と読むこともある。 | 敬 | 485 | ケイ |
| 愚 | 451 | グ | | | | | | うやまう |
| | | おろか | | | | 景 | 486 | ケイ |
| 空 | 452 | クウ | | | あに | 軽(輕) | 487 | ケイ |
| | | そら | 刑 | 470 | ケイ | | | かるい |
| | | あく | 形 | 471 | ケイ | | | かろやか |
| | | あける | | | ギョウ | 傾 | 488 | ケイ |
| | | から | | | かた | | | かたむく |

|   |   |   |   |   |   |   |   |
|---|---|---|---|---|---|---|---|
|   |   | かたむける | 血 | 508 | ケツ | 剣(劍) | 524 | ケン |
| 携 | 489 | ケイ |   |   | ち |   |   | つるぎ |
|   |   | たずさえる | 決 | 509 | ケツ | 拳 | 525 | ケン |
|   |   | たずさわる |   |   | きめる |   |   | こぶし |
| 継(繼) | 490 | ケイ |   |   | きまる | 軒 | 526 | ケン |
|   |   | つぐ | 結 | 510 | ケツ |   |   | のき |
| 詣 | 491 | ケイ |   |   | むすぶ | 健 | 527 | ケン |
|   |   | もうでる |   |   | ゆう |   |   | すこやか |
| 慶 | 492 | ケイ |   |   | ゆわえる | 険(險) | 528 | ケン |
| 憬 | 493 | ケイ | 傑 | 511 | ケツ |   |   | けわしい |
| 稽 | 494 | ケイ | 潔 | 512 | ケツ | 圏(圈) | 529 | ケン |
| 憩 | 495 | ケイ |   |   | いさぎよい | 堅 | 530 | ケン |
|   |   | いこい | 月 | 513 | ゲツ |   |   | かたい |
|   |   | いこう |   |   | ガツ | 検(檢) | 531 | ケン |
| 警 | 496 | ケイ |   |   | つき | 嫌 | 532 | ケン |
| 鶏(鷄) | 497 | ケイ | 犬 | 514 | ケン |   |   | ゲン |
|   |   | にわとり |   |   | いぬ |   |   | きらう |
| 芸(藝) | 498 | ゲイ | 件 | 515 | ケン |   |   | いや |
| 迎 | 499 | ゲイ | 見 | 516 | ケン | 献(獻) | 533 | ケン |
|   |   | むかえる |   |   | みる |   |   | コン |
| 鯨 | 500 | ゲイ |   |   | みえる | 絹 | 534 | ケン |
|   |   | くじら |   |   | みせる |   |   | きぬ |
| 隙 | 501 | ゲキ | 券 | 517 | ケン | 遣 | 535 | ケン |
|   |   | すき | 肩 | 518 | ケン |   |   | つかう |
| 劇 | 502 | ゲキ |   |   | かた |   |   | つかわす |
| 撃(擊) | 503 | ゲキ | 建 | 519 | ケン | 権(權) | 536 | ケン |
|   |   | うつ |   |   | コン |   |   | ゴン |
| 激 | 504 | ゲキ |   |   | たてる | 憲 | 537 | ケン |
|   |   | はげしい |   |   | たつ | 賢 | 538 | ケン |
| 桁 | 505 | けた | 研(硏) | 520 | ケン |   |   | かしこい |
| 欠(缺) | 506 | ケツ |   |   | とぐ | 謙 | 539 | ケン |
|   |   | かける | 県(縣) | 521 | ケン | 鍵 | 540 | ケン |
|   |   | かく | 倹(儉) | 522 | ケン |   |   | かぎ |
| 穴 | 507 | ケツ | 兼 | 523 | ケン | 繭 | 541 | ケン |
|   |   | あな |   |   | かねる |   |   | まゆ |

| 顕(顯) | 542 | ケン | | | きびしい | 誇 | 572 | コ |
| 験(驗) | 543 | ケン | | | | | | ほこる |
| | | ゲン | | | 〔コ〕 | 鼓 | 573 | コ |
| 懸 | 544 | ケン | | | | | | つづみ |
| | | ケ | 己 | 557 | コ | 鋼 | 574 | コ |
| | | かける | | | キ | 顧 | 575 | コ |
| | | かかる | | | おのれ | | | かえりみる |
| 元 | 545 | ゲン | 戸 | 558 | コ | 五 | 576 | ゴ |
| | | ガン | | | と | | | いつ |
| | | もと | 古 | 559 | コ | | | いつつ |
| 幻 | 546 | ゲン | | | ふるい | 互 | 577 | ゴ |
| | | まぼろし | | | ふるす | | | たがい |
| 玄 | 547 | ゲン | 呼 | 560 | コ | 午 | 578 | ゴ |
| 言 | 548 | ゲン | | | よぶ | 呉 | 579 | ゴ |
| | | ゴン | 固 | 561 | コ | 後 | 580 | ゴ |
| | | いう | | | かためる | | | コウ |
| | | こと | | | かたまる | | | のち |
| 弦 | 549 | ゲン | | | かたい | | | うしろ |
| | | つる | 股 | 562 | コ | | | あと |
| 限 | 550 | ゲン | | | また | | | おくれる |
| | | かぎる | 虎 | 563 | コ | 娯 | 581 | ゴ |
| 原 | 551 | ゲン | | | とら | 悟 | 582 | ゴ |
| | | はら | 孤 | 564 | コ | | | さとる |
| 現 | 552 | ゲン | 弧 | 565 | コ | 碁 | 583 | ゴ |
| | | あらわれる | 故 | 566 | コ | 語 | 584 | ゴ |
| | | あらわす | | | ゆえ | | | かたる |
| 絃 | 553 | ゲン | 枯 | 567 | コ | | | かたらう |
| 減 | 554 | ゲン | | | かれる | 誤 | 585 | ゴ |
| | | へる | | | からす | | | あやまる |
| | | へらす | 個 | 568 | コ | 護 | 586 | ゴ |
| 源 | 555 | ゲン | 庫 | 569 | コ | 口 | 587 | コウ |
| | | みなもと | | | ク | | | ク |
| 厳(嚴) | 556 | ゲン | 湖 | 570 | コ | | | くち |
| | | ゴン | | | みずうみ | 工 | 588 | コウ |
| | | おごそか | 雇 | 571 | コ | | | ク |
| | | | | | やとう | | | |

|  |  |  |
|---|---|---|
| 公 | 589 | コウ<br>おおやけ |
| 勾 | 590 | コウ |
| 孔 | 591 | コウ |
| 功 | 592 | コウ<br>ク |
| 巧 | 593 | コウ<br>たくみ |
| 広(廣) | 594 | コウ<br>ひろい<br>ひろまる<br>ひろめる<br>ひろがる<br>ひろげる |
| 甲 | 595 | コウ<br>カン<br>「甲板」は、「コウハン」とも。 |
| 交 | 596 | コウ<br>まじわる<br>まじえる<br>まじる<br>まざる<br>まぜる<br>かう<br>かわす |
| 光 | 597 | コウ<br>ひかる<br>ひかり |
| 向 | 598 | コウ<br>むく<br>むける<br>むかう<br>むこう |
| 后 | 599 | コウ |
| 好 | 600 | コウ<br>このむ<br>すく |
| 江 | 601 | コウ<br>え |
| 考 | 602 | コウ<br>かんがえる |
| 行 | 603 | コウ<br>ギョウ<br>アン<br>いく<br>ゆく<br>おこなう |
| 坑 | 604 | コウ |
| 孝 | 605 | コウ |
| 抗 | 606 | コウ |
| 攻 | 607 | コウ<br>せめる |
| 更 | 608 | コウ<br>さら<br>ふける<br>ふかす |
| 効(效) | 609 | コウ<br>きく |
| 幸 | 610 | コウ<br>さいわい<br>さち<br>しあわせ |
| 拘 | 611 | コウ |
| 肯 | 612 | コウ |
| 侯 | 613 | コウ |
| 厚 | 614 | コウ<br>あつい |
| 恒(恆) | 615 | コウ |
| 洪 | 616 | コウ |
| 皇 | 617 | コウ<br>オウ<br>「天皇」は、「テンノウ」。 |
| 紅 | 618 | コウ<br>ク<br>べに<br>くれない |
| 荒 | 619 | コウ<br>あらい<br>あれる<br>あらす |
| 郊 | 620 | コウ |
| 香 | 621 | コウ<br>キョウ<br>か<br>かおり<br>かおる |
| 候 | 622 | コウ<br>そうろう |
| 校 | 623 | コウ |
| 耕 | 624 | コウ<br>たがやす |
| 航 | 625 | コウ |
| 貢 | 626 | コウ<br>ク<br>みつぐ |
| 降 | 627 | コウ<br>おりる<br>おろす<br>ふる |
| 高 | 628 | コウ<br>たかい<br>たか<br>たかまる |

|   |   |   |
|---|---|---|
| | | たかめる |
| 康 | 629 | コウ |
| 控 | 630 | コウ |
| | | ひかえる |
| 梗 | 631 | コウ |
| 黄(黃) | 632 | コウ |
| | | オウ |
| | | き |
| | | こ |
| 喉 | 633 | コウ |
| | | のど |
| 慌 | 634 | コウ |
| | | あわてる |
| | | あわただしい |
| 港 | 635 | コウ |
| | | みなと |
| 硬 | 636 | コウ |
| | | かたい |
| 絞 | 637 | コウ |
| | | しぼる |
| | | しめる |
| | | しまる |
| 項 | 638 | コウ |
| 溝 | 639 | コウ |
| | | みぞ |
| 鉱(鑛) | 640 | コウ |
| 構 | 641 | コウ |
| | | かまえる |
| | | かまう |
| 綱 | 642 | コウ |
| | | つな |
| 酵 | 643 | コウ |
| 稿 | 644 | コウ |
| 興 | 645 | コウ |

|   |   |   |
|---|---|---|
| | | キョウ |
| | | おこる |
| | | おこす |
| 衡 | 646 | コウ |
| 鋼 | 647 | コウ |
| | | はがね |
| 講 | 648 | コウ |
| 購 | 649 | コウ |
| 乞 | 650 | こう |
| 号(號) | 651 | ゴウ |
| 合 | 652 | ゴウ |
| | | ガッ |
| | | 「合点」は,「ガテン」とも。 |
| | | カッ |
| | | あう |
| | | あわす |
| | | あわせる |
| 拷 | 653 | ゴウ |
| 剛 | 654 | ゴウ |
| 傲 | 655 | ゴウ |
| 豪 | 656 | ゴウ |
| 克 | 657 | コク |
| 告 | 658 | コク |
| | | つげる |
| 谷 | 659 | コク |
| | | たに |
| 刻 | 660 | コク |
| | | きざむ |
| 国(國) | 661 | コク |
| | | くに |
| 黒(黑) | 662 | コク |
| | | くろ |
| | | くろい |
| 穀(穀) | 663 | コク |

|   |   |   |
|---|---|---|
| 酷 | 664 | コク |
| 獄 | 665 | ゴク |
| 骨 | 666 | コツ |
| | | ほね |
| 駒 | 667 | こま |
| 込 | 668 | こむ |
| | | こめる |
| 頃 | 669 | ころ |
| 今 | 670 | コン |
| | | キン |
| | | いま |
| 困 | 671 | コン |
| | | こまる |
| 昆 | 672 | コン |
| | | 「昆布」は,「コブ」とも。 |
| 恨 | 673 | コン |
| | | うらむ |
| | | うらめしい |
| 根 | 674 | コン |
| | | ね |
| 婚 | 675 | コン |
| 混 | 676 | コン |
| | | まじる |
| | | まざる |
| | | まぜる |
| 痕 | 677 | コン |
| | | あと |
| 紺 | 678 | コン |
| | | 「紺屋」は,「コウや」とも。 |
| 魂 | 679 | コン |
| | | たましい |
| 墾 | 680 | コン |
| 懇 | 681 | コン |

| | | | ねんごろ | 彩 | 701 | サイ | | | 際 | 715 | サイ |
|---|---|---|---|---|---|---|---|---|---|---|---|
| | | | | | | いろどる | | | | | きわ |
| | | | 〔サ〕 | 採 | 702 | サイ | | | 埼 | 716 | さい |
| 左 | 682 | サ | | | | とる | | | 在 | 717 | ザイ |
| | | | ひだり | 済(濟) | 703 | サイ | | | | | ある |
| 佐 | 683 | サ | | | | すむ | | | 材 | 718 | ザイ |
| 沙 | 684 | サ | | | | すます | | | 剤(劑) | 719 | ザイ |
| 査 | 685 | サ | | 祭 | 704 | サイ | | | 財 | 720 | ザイ |
| 砂 | 686 | サ | | | | まつる | | | | | サイ |
| | | シャ | | | | まつり | | | 罪 | 721 | ザイ |
| | | すな | | 斎(齋) | 705 | サイ | | | | | つみ |
| 唆 | 687 | サ | | 細 | 706 | サイ | | | 崎 | 722 | さき |
| | | そそのかす | | | | ほそい | | | 作 | 723 | サク |
| 差 | 688 | サ | | | | ほそる | | | | | サ |
| | | さす | | | | こまか | | | | | つくる |
| 詐 | 689 | サ | | | | こまかい | | | 削 | 724 | サク |
| 鎖 | 690 | サ | | 菜 | 707 | サイ | | | | | けずる |
| | | くさり | | | | な | | | 昨 | 725 | サク |
| 座 | 691 | ザ | | 最 | 708 | サイ | | | 柵 | 726 | サク |
| | | すわる | | | | もっとも | | | 索 | 727 | サク |
| 挫 | 692 | ザ | | 裁 | 709 | サイ | | | 策 | 728 | サク |
| 才 | 693 | サイ | | | | たつ | | | 酢 | 729 | サク |
| 再 | 694 | サイ | | | | さばく | | | | | す |
| | | サ | | 債 | 710 | サイ | | | 搾 | 730 | サク |
| | | ふたたび | | 催 | 711 | サイ | | | | | しぼる |
| 災 | 695 | サイ | | | | もよおす | | | 錯 | 731 | サク |
| | | わざわい | | 塞 | 712 | サイ | | | 咲 | 732 | さく |
| 妻 | 696 | サイ | | | | ソク | | | 冊 | 733 | サツ |
| | | つま | | | | ふさぐ | | | | | サク |
| 采 | 697 | サイ | | | | ふさがる | | | 札 | 734 | サツ |
| 砕(碎) | 698 | サイ | | 歳 | 713 | サイ | | | | | ふだ |
| | | くだく | | | | セイ | | | 刷 | 735 | サツ |
| | | くだける | | 載 | 714 | サイ | | | | | する |
| 宰 | 699 | サイ | | | | のせる | | | 利 | 736 | サツ |
| 栽 | 700 | サイ | | | | のる | | | | | セツ |

| | | | | | | | |
|---|---|---|---|---|---|---|---|
| 拶 | 737 | サツ | | | ちる | | |
| 殺(殺) | 738 | サツ | | | ちらす | | |
| | | サイ | | | ちらかす | 市 | 768 |
| | | セツ | | | ちらかる | | |
| | | ころす | 算 | 753 | サン | 矢 | 769 |
| 察 | 739 | サツ | 酸 | 754 | サン | | |
| 撮 | 740 | サツ | | | すい | 旨 | 770 |
| | | とる | 賛(贊) | 755 | サン | | |
| 擦 | 741 | サツ | 残(殘) | 756 | ザン | 死 | 771 |
| | | する | | | のこる | | |
| | | すれる | | | のこす | 糸(絲) | 772 |
| 雑(雜) | 742 | ザツ | 斬 | 757 | ザン | | |
| | | ゾウ | | | きる | 至 | 773 |
| 皿 | 743 | さら | 暫 | 758 | ザン | | |
| 三 | 744 | サン | | | | 伺 | 774 |
| | | み | | 〔シ〕 | | | |
| | | みつ | 士 | 759 | シ | 志 | 775 |
| | | みっつ | 子 | 760 | シ | | |
| 山 | 745 | サン | | | ス | | |
| | | やま | | | こ | 私 | 776 |
| 参(參) | 746 | サン | 支 | 761 | シ | | |
| | | まいる | | | ささえる | 使 | 777 |
| 桟(棧) | 747 | サン | 止 | 762 | シ | | |
| 蚕(蠶) | 748 | サン | | | とまる | 刺 | 778 |
| | | かいこ | | | とめる | | |
| 惨(慘) | 749 | サン | 氏 | 763 | シ | | |
| | | ザン | | | うじ | 始 | 779 |
| | | みじめ | 仕 | 764 | シ | | |
| 産 | 750 | サン | | | ジ | | |
| | | うむ | | | つかえる | 姉 | 780 |
| | | うまれる | 史 | 765 | シ | | |
| | | うぶ | 司 | 766 | シ | 枝 | 781 |
| 傘 | 751 | サン | 四 | 767 | シ | | |
| | | かさ | | | よ | 社(社) | 782 |
| 散 | 752 | サン | | | よつ | 肢 | 783 |

| | | |
|---|---|---|
| | | よっつ |
| | | よん |
| 市 | 768 | シ |
| | | いち |
| 矢 | 769 | シ |
| | | や |
| 旨 | 770 | シ |
| | | むね |
| 死 | 771 | シ |
| | | しぬ |
| 糸(絲) | 772 | シ |
| | | いと |
| 至 | 773 | シ |
| | | いたる |
| 伺 | 774 | シ |
| | | うかがう |
| 志 | 775 | シ |
| | | こころざす |
| | | こころざし |
| 私 | 776 | シ |
| | | わたくし |
| 使 | 777 | シ |
| | | つかう |
| 刺 | 778 | シ |
| | | さす |
| | | ささる |
| 始 | 779 | シ |
| | | はじめる |
| | | はじまる |
| 姉 | 780 | シ |
| | | あね |
| 枝 | 781 | シ |
| | | えだ |
| 社(社) | 782 | シ |
| 肢 | 783 | シ |

| | | | | | | | | |
|---|---|---|---|---|---|---|---|---|
| 姿 | 784 | シ すがた | 摯 | 803 | シ | | | なおる なおす |
| 思 | 785 | シ おもう | 賜 | 804 | シ たまわる | 持 | 817 | ジ もつ |
| 指 | 786 | シ ゆび さす | 諮 | 805 | シ はかる | 時 | 818 | ジ とき |
| 施 | 787 | シ セ ほどこす | 示 | 806 | ジ シ しめす | 滋 | 819 | ジ |
| | | | | | | 慈 | 820 | ジ いつくしむ |
| 師 | 788 | シ | 字 | 807 | ジ あざ | 辞(辭) | 821 | ジ やめる |
| 恣 | 789 | シ | 寺 | 808 | ジ てら | 磁 | 822 | ジ |
| 紙 | 790 | シ かみ | 次 | 809 | ジ シ つぐ つぎ | 餌[餌] | 823 | ジ えさ え |
| 脂 | 791 | シ あぶら | | | | 璽 | 824 | ジ |
| 視(視) | 792 | シ | | | | 鹿 | 825 | しか か |
| 紫 | 793 | シ むらさき | 耳 | 810 | ジ みみ | 式 | 826 | シキ |
| 詞 | 794 | シ | 自 | 811 | ジ シ みずから | 識 | 827 | シキ |
| 歯(齒) | 795 | シ は | | | | 軸 | 828 | ジク |
| 嗣 | 796 | シ | 似 | 812 | ジ にる | 七 | 829 | シチ なな ななつ なの |
| 試 | 797 | シ こころみる ためす | 児(兒) | 813 | ジ ニ | | | |
| | | | 事 | 814 | ジ ズ こと | | | 「七日」は、「なぬか」とも。 |
| 詩 | 798 | シ 「詩歌」は、「シイカ」とも。 | | | | 叱 | 830 | シツ しかる |
| | | | 侍 | 815 | ジ さむらい | 失 | 831 | シツ うしなう |
| 資 | 799 | シ | 治 | 816 | ジ チ おさめる おさまる | 室 | 832 | シツ むろ |
| 飼 | 800 | シ かう | | | | | | |
| 誌 | 801 | シ | | | | 疾 | 833 | シツ |
| 雌 | 802 | シ め | | | | 執 | 834 | シツ |

|  |  |  |
|---|---|---|
| | | シュウ |
| | | とる |
| 湿(濕) | 835 | シツ |
| | | しめる |
| | | しめす |
| 嫉 | 836 | シツ |
| 漆 | 837 | シツ |
| | | うるし |
| 質 | 838 | シツ |
| | | シチ |
| | | チ |
| 実(實) | 839 | ジツ |
| | | み |
| | | みのる |
| 芝 | 840 | しば |
| 写(寫) | 841 | シャ |
| | | うつす |
| | | うつる |
| 社(社) | 842 | シャ |
| | | やしろ |
| 車 | 843 | シャ |
| | | くるま |
| 舎 | 844 | シャ |
| 者(者) | 845 | シャ |
| | | もの |
| 射 | 846 | シャ |
| | | いる |
| 捨 | 847 | シャ |
| | | すてる |
| 赦 | 848 | シャ |
| 斜 | 849 | シャ |
| | | ななめ |
| 煮(煮) | 850 | シャ |
| | | にる |
| | | にえる |
| | | にやす |
| 遮 | 851 | シャ |
| | | さえぎる |
| 謝 | 852 | シャ |
| | | あやまる |
| 邪 | 853 | ジャ |
| 蛇 | 854 | ジャ |
| | | ダ |
| | | へび |
| 尺 | 855 | シャク |
| 借 | 856 | シャク |
| | | かりる |
| 酌 | 857 | シャク |
| | | くむ |
| 釈(釋) | 858 | シャク |
| 爵 | 859 | シャク |
| 若 | 860 | ジャク |
| | | ニャク |
| | | 「老若」は,「ロウジャク」とも。 |
| | | わかい |
| | | もしくは |
| 弱 | 861 | ジャク |
| | | よわい |
| | | よわる |
| | | よわまる |
| | | よわめる |
| 寂 | 862 | ジャク |
| | | セキ |
| | | 「寂然」は,「ジャクネン」とも。 |
| | | さび |
| | | さびしい |
| | | さびれる |
| 手 | 863 | シュ |
| | | て |
| | | た |
| 主 | 864 | シュ |
| | | ス |
| | | 「法主(ホッス)」は,「ホウシュ」,「ホッシュ」とも。 |
| | | ぬし |
| | | おも |
| 守 | 865 | シュ |
| | | ス |
| | | まもる |
| | | もり |
| 朱 | 866 | シュ |
| 取 | 867 | シュ |
| | | とる |
| 狩 | 868 | シュ |
| | | かる |
| | | かり |
| 首 | 869 | シュ |
| | | くび |
| 殊 | 870 | シュ |
| | | こと |
| 珠 | 871 | シュ |
| 酒 | 872 | シュ |
| | | さけ |
| | | さか |
| 腫 | 873 | シュ |
| | | はれる |
| | | はらす |
| 種 | 874 | シュ |
| | | たね |
| 趣 | 875 | シュ |
| | | おもむき |
| 寿(壽) | 876 | ジュ |

| | | | | | | | |
|---|---|---|---|---|---|---|---|
| 受 | 877 | ことぶき<br>ジュ<br>うける<br>うかる | 袖 | 894 | シュ<br>おさめる<br>おさまる<br>シュウ<br>そで | 汁<br>充 | 908<br>909 | と<br>ジュウ<br>しる<br>ジュウ<br>あてる |
| 呪 | 878 | ジュ<br>のろう | 終 | 895 | シュウ<br>おわる | 住 | 910 | ジュウ<br>すむ |
| 授 | 879 | ジュ<br>さずける<br>さずかる | 羞 | 896 | おえる<br>シュウ | 柔 | 911 | すまう<br>ジュウ<br>ニュウ |
| 需 | 880 | ジュ | 習 | 897 | シュウ<br>ならう | | | やわらか<br>やわらかい |
| 儒 | 881 | ジュ | 週 | 898 | シュウ | | | |
| 樹 | 882 | ジュ | 就 | 899 | シュウ | 重 | 912 | ジュウ |
| 収(收) | 883 | シュウ<br>おさめる<br>おさまる | | | ジュ<br>つく<br>つける | | | チョウ<br>え<br>おもい |
| 囚 | 884 | シュウ | 衆 | 900 | シュウ<br>シュ | | | かさねる<br>かさなる |
| 州 | 885 | シュウ<br>す | 集 | 901 | シュウ<br>あつまる | 従(從) | 913 | ジュウ<br>ショウ |
| 舟 | 886 | シュウ<br>ふね<br>ふな | | | あつめる<br>つどう | | | ジュ<br>したがう<br>したがえる |
| 秀 | 887 | シュウ<br>ひいでる | 愁 | 902 | シュウ<br>うれえる<br>うれい | 渋(澁) | 914 | ジュウ<br>しぶ |
| 周 | 888 | シュウ<br>まわり | 酬 | 903 | シュウ | | | しぶい<br>しぶる |
| 宗 | 889 | シュウ<br>ソウ | 醜 | 904 | シュウ<br>みにくい | 銃 | 915 | ジュウ |
| 拾 | 890 | シュウ<br>ジュウ<br>ひろう | 蹴 | 905 | シュウ<br>ける | 獣(獸) | 916 | ジュウ<br>けもの |
| 秋 | 891 | シュウ<br>あき | 襲 | 906 | シュウ<br>おそう | 縦(縱) | 917 | ジュウ<br>たて |
| 臭(臭) | 892 | シュウ<br>くさい | 十 | 907 | ジュウ<br>ジッ | 叔 | 918 | シュク |
| 修 | 893 | シュウ | | | とお | 祝(祝) | 919 | シュク<br>シュウ |

| | | | | | | | | |
|---|---|---|---|---|---|---|---|---|
| | | いわう | 純 | 937 | ジュン | 如 | 953 | ジョ |
| 宿 | 920 | シュク | 循 | 938 | ジュン | | | ニョ |
| | | やど | 順 | 939 | ジュン | 助 | 954 | ジョ |
| | | やどる | 準 | 940 | ジュン | | | たすける |
| | | やどす | 潤 | 941 | ジュン | | | たすかる |
| 淑 | 921 | シュク | | | うるおう | | | すけ |
| 粛(肅) | 922 | シュク | | | うるおす | 序 | 955 | ジョ |
| 縮 | 923 | シュク | | | うるむ | 叙(敍) | 956 | ジョ |
| | | ちぢむ | 遵 | 942 | ジュン | 徐 | 957 | ジョ |
| | | ちぢまる | 処(處) | 943 | ショ | 除 | 958 | ジョ |
| | | ちぢめる | 初 | 944 | ショ | | | ジ |
| | | ちぢれる | | | はじめ | | | のぞく |
| | | ちぢらす | | | はじめて | 小 | 959 | ショウ |
| 塾 | 924 | ジュク | | | はつ | | | ちいさい |
| 熟 | 925 | ジュク | | | うい | | | こ |
| | | うれる | | | そめる | | | お |
| 出 | 926 | シュツ | 所 | 945 | ショ | 升 | 960 | ショウ |
| | | スイ | | | ところ | | | ます |
| | | でる | 書 | 946 | ショ | 少 | 961 | ショウ |
| | | だす | | | かく | | | すくない |
| 述 | 927 | ジュツ | 庶 | 947 | ショ | | | すこし |
| | | のべる | 暑(暑) | 948 | ショ | 召 | 962 | ショウ |
| 術 | 928 | ジュツ | | | あつい | | | めす |
| 俊 | 929 | シュン | 署(署) | 949 | ショ | 匠 | 963 | ショウ |
| 春 | 930 | シュン | 緒(緒) | 950 | ショ | 床 | 964 | ショウ |
| | | はる | | | チョ | | | とこ |
| 瞬 | 931 | シュン | | | 「情緒」は, | | | ゆか |
| | | またたく | | | 「ジョウショ」 | 抄 | 965 | ショウ |
| 旬 | 932 | ジュン | | | とも。 | 肖 | 966 | ショウ |
| 巡 | 933 | ジュン | | | お | 尚 | 967 | ショウ |
| | | めぐる | 諸(諸) | 951 | ショ | 招 | 968 | ショウ |
| 盾 | 934 | ジュン | 女 | 952 | ジョ | | | まねく |
| | | たて | | | ニョ | 承 | 969 | ショウ |
| 准 | 935 | ジュン | | | ニョウ | | | うけたまわる |
| 殉 | 936 | ジュン | | | おんな | | | |
| | | | | | め | | | |

| | | | | | | | | |
|---|---|---|---|---|---|---|---|---|
| 昇 | 970 | ショウ のぼる | 焦 | 991 | ショウ こげる こがす ごがれる あせる | 上 | 1009 | ジョウ ショウ 「身上」は,「シンショウ」と「シンジョウ」とで,意味が違う。 うえ うわ かみ あげる あがる のぼる のぼせる のぼす |
| 松 | 971 | ショウ まつ | | | | | | |
| 沼 | 972 | ショウ ぬま | 硝 | 992 | ショウ | | | |
| 昭 | 973 | ショウ | 粧 | 993 | ショウ | | | |
| 宵 | 974 | ショウ よい | 詔 | 994 | ショウ みことのり | | | |
| 将(將) | 975 | ショウ | 証(證) | 995 | ショウ | | | |
| 消 | 976 | ショウ きえる けす | 象 | 996 | ショウ ゾウ | | | |
| | | | 傷 | 997 | ショウ きず いたむ いためる | | | |
| 症 | 977 | ショウ | | | | 丈 | 1010 | ジョウ たけ |
| 祥(祥) | 978 | ショウ | | | | | | |
| 称(稱) | 979 | ショウ | | | | | | |
| 笑 | 980 | ショウ わらう えむ | 奨(奬) | 998 | ショウ | 冗 | 1011 | ジョウ |
| | | | 照 | 999 | ショウ てる てらす てれる | 条(條) | 1012 | ジョウ |
| | | | | | | 状(狀) | 1013 | ジョウ |
| 唱 | 981 | ショウ となえる | | | | 乗(乘) | 1014 | ジョウ のる のせる |
| 商 | 982 | ショウ あきなう | 詳 | 1000 | ショウ くわしい | | | |
| 渉(涉) | 983 | ショウ | 彰 | 1001 | ショウ | 城 | 1015 | ジョウ しろ |
| 章 | 984 | ショウ | 障 | 1002 | ショウ さわる | 浄(淨) | 1016 | ジョウ |
| 紹 | 985 | ショウ | 憧 | 1003 | ショウ あこがれる | 剰(剩) | 1017 | ジョウ |
| 訟 | 986 | ショウ | | | | 常 | 1018 | ジョウ つね とこ |
| 勝 | 987 | ショウ かつ まさる | 衝 | 1004 | ショウ | | | |
| | | | 賞 | 1005 | ショウ | 情 | 1019 | ジョウ セイ なさけ |
| 掌 | 988 | ショウ | 償 | 1006 | ショウ つぐなう | | | |
| 晶 | 989 | ショウ | | | | 場 | 1020 | ジョウ ば |
| 焼(燒) | 990 | ショウ やく やける | 礁 | 1007 | ショウ | | | |
| | | | 鐘 | 1008 | ショウ かね | 畳(疊) | 1021 | ジョウ |

| | | | | | | | | |
|---|---|---|---|---|---|---|---|---|
| | | | たたむ | | | ふれる | 唇 | 1052 | シン |
| | | | たたみ | | | さわる | | | くちびる |
| 蒸 | 1022 | ジョウ | 嘱(囑) | 1036 | ショク | 娠 | 1053 | シン |
| | | むす | 織 | 1037 | ショク | 振 | 1054 | シン |
| | | むれる | | | シキ | | | ふる |
| | | むらす | | | おる | | | ふるう |
| 縄(繩) | 1023 | ジョウ | 職 | 1038 | ショク | 浸 | 1055 | シン |
| | | なわ | 辱 | 1039 | ジョク | | | ひたす |
| 壌(壤) | 1024 | ジョウ | | | はずかしめる | | | ひたる |
| 嬢(孃) | 1025 | ジョウ | 尻 | 1040 | しり | 真(眞) | 1056 | シン |
| 錠 | 1026 | ジョウ | 心 | 1041 | シン | | | ま |
| 譲(讓) | 1027 | ジョウ | | | こころ | 針 | 1057 | シン |
| | | ゆずる | 申 | 1042 | シン | | | はり |
| 醸(釀) | 1028 | ジョウ | | | もうす | 深 | 1058 | シン |
| | | かもす | 伸 | 1043 | シン | | | ふかい |
| 色 | 1029 | ショク | | | のびる | | | ふかまる |
| | | シキ | | | のばす | | | ふかめる |
| | | いろ | 臣 | 1044 | シン | 紳 | 1059 | シン |
| 拭 | 1030 | ショク | | | ジン | 進 | 1060 | シン |
| | | ふく | 芯 | 1045 | シン | | | すすむ |
| | | ぬぐう | 身 | 1046 | シン | | | すすめる |
| 食 | 1031 | ショク | | | み | 森 | 1061 | シン |
| | | ジキ | 辛 | 1047 | シン | | | もり |
| | | くう | | | からい | 診 | 1062 | シン |
| | | くらう | 侵 | 1048 | シン | | | みる |
| | | たべる | | | おかす | 寝(寢) | 1063 | シン |
| 植 | 1032 | ショク | 信 | 1049 | シン | | | ねる |
| | | うえる | 津 | 1050 | シン | | | ねかす |
| | | うわる | | | つ | 慎(愼) | 1064 | シン |
| 殖 | 1033 | ショク | 神(神) | 1051 | シン | | | つつしむ |
| | | ふえる | | | ジン | 新 | 1065 | シン |
| | | ふやす | | | かみ | | | あたらしい |
| 飾 | 1034 | ショク | | | かん | | | あらた |
| | | かざる | | | こう | | | にい |
| 触(觸) | 1035 | ショク | | | | 審 | 1066 | シン |

| 震 | 1067 | シン<br>ふるう<br>ふるえる |
|---|---|---|
| 薪 | 1068 | シン<br>たきぎ |
| 親 | 1069 | シン<br>おや<br>したしい<br>したしむ |
| 人 | 1070 | ジン<br>ニン<br>ひと |
| 刃 | 1071 | ジン<br>は |
| 仁 | 1072 | ジン<br>ニ |
| 尽(盡) | 1073 | ジン<br>つくす<br>つきる<br>つかす |
| 迅 | 1074 | ジン |
| 甚 | 1075 | ジン<br>はなはだ<br>はなはだしい |
| 陣 | 1076 | ジン |
| 尋 | 1077 | ジン<br>たずねる |
| 腎 | 1078 | ジン |

〔ス〕

| 須 | 1079 | ス |
|---|---|---|
| 図(圖) | 1080 | ズ<br>ト<br>はかる |
| 水 | 1081 | スイ<br>みず |
| 吹 | 1082 | スイ<br>ふく |
| 垂 | 1083 | スイ<br>たれる<br>たらす |
| 炊 | 1084 | スイ<br>たく |
| 帥 | 1085 | スイ |
| 粋(粹) | 1086 | スイ |
| 衰 | 1087 | スイ<br>おとろえる |
| 推 | 1088 | スイ<br>おす |
| 酔(醉) | 1089 | スイ<br>よう |
| 遂 | 1090 | スイ<br>とげる |
| 睡 | 1091 | スイ |
| 穂(穗) | 1092 | スイ<br>ほ |
| 随(隨) | 1093 | ズイ |
| 髄(髓) | 1094 | ズイ |
| 枢(樞) | 1095 | スウ |
| 崇 | 1096 | スウ |
| 数(數) | 1097 | スウ<br>ス<br>「人数」は,<br>「ニンズウ」<br>とも。<br>かず<br>かぞえる |
| 据 | 1098 | すえる<br>すわる |
| 杉 | 1099 | すぎ |

| 裾 | 1100 | すそ |
|---|---|---|
| 寸 | 1101 | スン |

〔セ〕

| 瀬(瀨) | 1102 | せ |
|---|---|---|
| 是 | 1103 | ゼ |
| 井 | 1104 | セイ<br>ショウ<br>い |
| 世 | 1105 | セイ<br>セ<br>よ |
| 正 | 1106 | セイ<br>ショウ<br>ただしい<br>ただす<br>まさ |
| 生 | 1107 | セイ<br>ショウ<br>いきる<br>いかす<br>いける<br>うまれる<br>うむ<br>おう<br>はえる<br>はやす<br>き<br>なま |
| 成 | 1108 | セイ<br>ジョウ<br>なる<br>なす |
| 西 | 1109 | セイ<br>サイ |

| | | | | | | | | |
|---|---|---|---|---|---|---|---|---|
| | | にし | 盛 | 1124 | セイ | 夕 | 1138 | セキ |
| 声(聲) | 1110 | セイ | | | ジョウ | | | ゆう |
| | | ショウ | | | もる | 斥 | 1139 | セキ |
| | | こえ | | | さかる | 石 | 1140 | セキ |
| | | こわ | | | さかん | | | シャク |
| 制 | 1111 | セイ | 婿 | 1125 | セイ | | | コク |
| 姓 | 1112 | セイ | | | むこ | | | いし |
| | | ショウ | 晴 | 1126 | セイ | 赤 | 1141 | セキ |
| 征 | 1113 | セイ | | | はれる | | | シャク |
| 性 | 1114 | セイ | | | はらす | | | あか |
| | | ショウ | 勢 | 1127 | セイ | | | あかい |
| 青 | 1115 | セイ | | | いきおい | | | あからむ |
| | | ショウ | 聖 | 1128 | セイ | | | あからめる |
| | | あお | 誠 | 1129 | セイ | 昔 | 1142 | セキ |
| | | あおい | | | まこと | | | シャク |
| 斉(齊) | 1116 | セイ | 精 | 1130 | セイ | | | むかし |
| 政 | 1117 | セイ | | | ショウ | 析 | 1143 | セキ |
| | | ショウ | 製 | 1131 | セイ | 席 | 1144 | セキ |
| | | まつりごと | 誓 | 1132 | セイ | 脊 | 1145 | セキ |
| 星 | 1118 | セイ | | | ちかう | 隻 | 1146 | セキ |
| | | ショウ | 静(靜) | 1133 | セイ | 惜 | 1147 | セキ |
| | | ほし | | | ジョウ | | | おしい |
| 牲 | 1119 | セイ | | | しず | | | おしむ |
| 省 | 1120 | セイ | | | しずか | 戚 | 1148 | セキ |
| | | ショウ | | | しずまる | 責 | 1149 | セキ |
| | | かえりみる | | | しずめる | | | せめる |
| | | はぶく | 請 | 1134 | セイ | 跡 | 1150 | セキ |
| 凄 | 1121 | セイ | | | シン | | | あと |
| 逝 | 1122 | セイ | | | こう | 積 | 1151 | セキ |
| | | ゆく | | | うける | | | つむ |
| 清 | 1123 | セイ | 整 | 1135 | セイ | | | つもる |
| | | ショウ | | | ととのえる | 績 | 1152 | セキ |
| | | きよい | | | ととのう | 籍 | 1153 | セキ |
| | | きよまる | 醒 | 1136 | セイ | 切 | 1154 | セツ |
| | | きよめる | 税 | 1137 | ゼイ | | | サイ |

|   |   |   |   |   |   |   |   |
|---|---|---|---|---|---|---|---|
|   |   | きる |   | 先 | 1170 | セン | 箋 | 1187 | セン |
|   |   | きれる |   |   |   | さき | 銭(錢) | 1188 | セン |
| 折 | 1155 | セツ | 宣 | 1171 | セン |   |   | ぜに |
|   |   | おる | 専(專) | 1172 | セン | 潜(潛) | 1189 | セン |
|   |   | おり |   |   | もっぱら |   |   | ひそむ |
|   |   | おれる | 泉 | 1173 | セン |   |   | もぐる |
|   |   |   |   |   | いずみ | 線 | 1190 | セン |
| 拙 | 1156 | セツ | 浅(淺) | 1174 | セン | 遷 | 1191 | セン |
| 窃(竊) | 1157 | セツ |   |   | あさい | 選 | 1192 | セン |
| 接 | 1158 | セツ | 洗 | 1175 | セン |   |   | えらぶ |
|   |   | つぐ |   |   | あらう | 薦 | 1193 | セン |
| 設 | 1159 | セツ | 染 | 1176 | セン |   |   | すすめる |
|   |   | もうける |   |   | そめる | 繊(纖) | 1194 | セン |
| 雪 | 1160 | セツ |   |   | そまる | 鮮 | 1195 | セン |
|   |   | ゆき |   |   | しみる |   |   | あざやか |
| 摂(攝) | 1161 | セツ |   |   | しみ | 全 | 1196 | ゼン |
| 節(節) | 1162 | セツ | 扇 | 1177 | セン |   |   | まったく |
|   |   | セチ |   |   | おうぎ | 前 | 1197 | ゼン |
|   |   | ふし | 栓 | 1178 | セン |   |   | まえ |
| 説 | 1163 | セツ | 旋 | 1179 | セン | 善 | 1198 | ゼン |
|   |   | ゼイ | 船 | 1180 | セン |   |   | よい |
|   |   | とく |   |   | ふね | 然 | 1199 | ゼン |
| 舌 | 1164 | ゼツ |   |   | ふな |   |   | ネン |
|   |   | した | 戦(戰) | 1181 | セン | 禅(禪) | 1200 | ゼン |
| 絶 | 1165 | ゼツ |   |   | いくさ | 漸 | 1201 | ゼン |
|   |   | たえる |   |   | たたかう | 膳 | 1202 | ゼン |
|   |   | たやす | 煎 | 1182 | セン | 繕 | 1203 | ゼン |
|   |   | たつ |   |   | いる |   |   | つくろう |
| 千 | 1166 | セン | 羨 | 1183 | セン |   |   |   |
|   |   | ち |   |   | うらやむ |   |   | 〔ソ〕 |
| 川 | 1167 | セン |   |   | うらやましい |   |   |   |
|   |   | かわ |   |   |   | 狙 | 1204 | ソ |
| 仙 | 1168 | セン |   |   |   |   |   | ねらう |
| 占 | 1169 | セン | 腺 | 1184 | セン | 阻 | 1205 | ソ |
|   |   | しめる | 詮 | 1185 | セン |   |   | はばむ |
|   |   | うらなう | 践(踐) | 1186 | セン | 祖(祖) | 1206 | ソ |

| | | | | | | | |
|---|---|---|---|---|---|---|---|
| 租 | 1207 | ソ | | | あい | 僧(僧) | 1242 | ソウ |
| 素 | 1208 | ソ | 荘(莊) | 1224 | ソウ | 想 | 1243 | ソウ |
| | | ス | 草 | 1225 | ソウ | 層(層) | 1244 | ソウ |
| 措 | 1209 | ソ | | | くさ | 総(總) | 1245 | ソウ |
| 粗 | 1210 | ソ | 送 | 1226 | ソウ | 遭 | 1246 | ソウ |
| | | あらい | | | おくる | | | あう |
| 組 | 1211 | ソ | 倉 | 1227 | ソウ | 槽 | 1247 | ソウ |
| | | くむ | | | くら | 踪 | 1248 | ソウ |
| | | くみ | 捜(搜) | 1228 | ソウ | 操 | 1249 | ソウ |
| 疎 | 1212 | ソ | | | さがす | | | みさお |
| | | うとい | 挿(插) | 1229 | ソウ | | | あやつる |
| | | うとむ | | | さす | 燥 | 1250 | ソウ |
| 訴 | 1213 | ソ | 桑 | 1230 | ソウ | 霜 | 1251 | ソウ |
| | | うったえる | | | くわ | | | しも |
| 塑 | 1214 | ソ | 巣(巢) | 1231 | ソウ | 騒(騷) | 1252 | ソウ |
| 遡[遡] | 1215 | ソ | | | す | | | さわぐ |
| | | さかのぼる | 掃 | 1232 | ソウ | 藻 | 1253 | ソウ |
| 礎 | 1216 | ソ | | | はく | | | も |
| | | いしずえ | 曹 | 1233 | ソウ | 造 | 1254 | ゾウ |
| 双(雙) | 1217 | ソウ | 曽(曾) | 1234 | ソウ | | | つくる |
| | | ふた | | | ゾ | 像 | 1255 | ゾウ |
| 壮(壯) | 1218 | ソウ | 爽 | 1235 | ソウ | 増(增) | 1256 | ゾウ |
| 早 | 1219 | ソウ | | | さわやか | | | ます |
| | | サッ | 窓 | 1236 | ソウ | | | ふえる |
| | | はやい | | | まど | | | ふやす |
| | | はやまる | 創 | 1237 | ソウ | 憎(憎) | 1257 | ゾウ |
| | | はやめる | 喪 | 1238 | ソウ | | | にくむ |
| 争(爭) | 1220 | ソウ | | | も | | | にくい |
| | | あらそう | 痩(瘦) | 1239 | ソウ | | | にくらしい |
| 走 | 1221 | ソウ | | | やせる | | | にくしみ |
| | | はしる | 葬 | 1240 | ソウ | | | |
| 奏 | 1222 | ソウ | | | ほうむる | 蔵(藏) | 1258 | ゾウ |
| | | かなでる | 装(裝) | 1241 | ソウ | | | くら |
| 相 | 1223 | ソウ | | | ショウ | 贈(贈) | 1259 | ゾウ |
| | | ショウ | | | よそおう | | | ソウ |

常用漢字表

| 漢字 | 番号 | 読み |
|---|---|---|
| 臓(臟) | 1260 | ゾウ |
| 即(卽) | 1261 | ソク |
| 束 | 1262 | ソク／たば |
| 足 | 1263 | ソク／あし／たりる／たる／たす |
| 促 | 1264 | ソク／うながす |
| 則 | 1265 | ソク |
| 息 | 1266 | ソク／いき |
| 捉 | 1267 | ソク／とらえる |
| 速 | 1268 | ソク／はやい／はやめる／すみやか |
| 側 | 1269 | ソク／かわ |
| 測 | 1270 | ソク／はかる |
| 俗 | 1271 | ゾク |
| 族 | 1272 | ゾク |
| 属(屬) | 1273 | ゾク |
| 賊 | 1274 | ゾク |
| 続(續) | 1275 | ゾク／つづく／つづける |
| 卒 | 1276 | ソツ |
|  |  | 「寄贈」は、「キゾウ」とも。おくる |
| 率 | 1277 | ソツ／リツ／ひきいる |
| 存 | 1278 | ソン／ゾン |
| 村 | 1279 | ソン／むら |
| 孫 | 1280 | ソン／まご |
| 尊 | 1281 | ソン／たっとい／とうとい／たっとぶ／とうとぶ |
| 損 | 1282 | ソン／そこなう／そこねる |
| 遜[遜] | 1283 | ソン |

〔タ〕

| 他 | 1284 | タ |
| 多 | 1285 | タ／おおい |
| 汰 | 1286 | タ |
| 打 | 1287 | ダ／うつ |
| 妥 | 1288 | ダ |
| 唾 | 1289 | ダ／つば |
| 堕(墮) | 1290 | ダ |
| 惰 | 1291 | ダ |
| 駄 | 1292 | ダ |
| 太 | 1293 | タイ／タ／ふとい／ふとる |
| 対(對) | 1294 | タイ／ツイ |
| 体(體) | 1295 | タイ／テイ／からだ |
| 耐 | 1296 | タイ／たえる |
| 待 | 1297 | タイ／まつ |
| 怠 | 1298 | タイ／おこたる／なまける |
| 胎 | 1299 | タイ |
| 退 | 1300 | タイ／しりぞく／しりぞける |
| 帯(帶) | 1301 | タイ／おびる／おび |
| 泰 | 1302 | タイ |
| 堆 | 1303 | タイ |
| 袋 | 1304 | タイ／ふくろ |
| 逮 | 1305 | タイ |
| 替 | 1306 | タイ／かえる／かわる |
| 貸 | 1307 | タイ／かす |
| 隊 | 1308 | タイ |
| 滞(滯) | 1309 | タイ／とどこおる |
| 態 | 1310 | タイ |
| 戴 | 1311 | タイ |

| | | | | | | | | |
|---|---|---|---|---|---|---|---|---|
| 大 | 1312 | ダイ | 棚 | 1331 | たな | | | ナン |
| | | タイ | 誰 | 1332 | だれ | | | おとこ |
| | | おお | 丹 | 1333 | タン | 段 | 1349 | ダン |
| | | おおきい | 旦 | 1334 | タン | 断(斷) | 1350 | ダン |
| | | おおいに | | | ダン | | | たつ |
| 代 | 1313 | ダイ | 担(擔) | 1335 | タン | | | ことわる |
| | | タイ | | | かつぐ | 弾(彈) | 1351 | ダン |
| | | かわる | | | になう | | | ひく |
| | | かえる | 単(單) | 1336 | タン | | | はずむ |
| | | よ | 炭 | 1337 | タン | | | たま |
| | | しろ | | | すみ | 暖 | 1352 | ダン |
| 台(臺) | 1314 | ダイ | 胆(膽) | 1338 | タン | | | あたたか |
| | | タイ | 探 | 1339 | タン | | | あたたかい |
| 第 | 1315 | ダイ | | | さぐる | | | あたたまる |
| 題 | 1316 | ダイ | | | さがす | | | あたためる |
| 滝(瀧) | 1317 | たき | 淡 | 1340 | タン | 談 | 1353 | ダン |
| 宅 | 1318 | タク | | | あわい | 壇 | 1354 | ダン |
| 択(擇) | 1319 | タク | 短 | 1341 | タン | | | タン |
| 沢(澤) | 1320 | タク | | | みじかい | | | |
| | | さわ | 嘆(歎) | 1342 | タン | | 〔チ〕 | |
| 卓 | 1321 | タク | | | なげく | | | |
| 拓 | 1322 | タク | | | なげかわしい | 地 | 1355 | チ |
| 託 | 1323 | タク | | | | | | ジ |
| 濯 | 1324 | タク | 端 | 1343 | タン | 池 | 1356 | チ |
| 諾 | 1325 | ダク | | | はし | | | いけ |
| 濁 | 1326 | ダク | | | は | 知 | 1357 | チ |
| | | にごる | | | はた | | | しる |
| | | にごす | 綻 | 1344 | タン | 値 | 1358 | チ |
| 但 | 1327 | ただし | | | ほころびる | | | ね |
| 達 | 1328 | タツ | 誕 | 1345 | タン | | | あたい |
| 脱 | 1329 | ダツ | 鍛 | 1346 | タン | 恥 | 1359 | チ |
| | | ぬぐ | | | きたえる | | | はじる |
| | | ぬげる | 団(團) | 1347 | ダン | | | はじ |
| 奪 | 1330 | ダツ | | | トン | | | はじらう |
| | | うばう | 男 | 1348 | ダン | | | はずかしい |
| | | | | | | 致 | 1360 | チ |

| | | | | | | | | |
|---|---|---|---|---|---|---|---|---|
| 遅(遲) | 1361 | | いたす<br>チ<br>おくれる<br>おくらす<br>おそい | 仲 | 1377 | チュウ<br>なか | 長 | 1397 | チョウ<br>ながい |
| | | | | 虫(蟲) | 1378 | チュウ<br>むし | 挑 | 1398 | チョウ<br>いどむ |
| 痴(癡) | 1362 | | チ | 沖 | 1379 | チュウ<br>おき | 帳<br>張 | 1399<br>1400 | チョウ<br>チョウ<br>はる |
| 稚 | 1363 | | チ | 宙 | 1380 | チュウ | | | |
| 置 | 1364 | | チ<br>おく | 忠<br>抽 | 1381<br>1382 | チュウ<br>チュウ | 彫 | 1401 | チョウ<br>ほる |
| 緻 | 1365 | | チ | 注 | 1383 | チュウ<br>そそぐ | 眺 | 1402 | チョウ<br>ながめる |
| 竹 | 1366 | | チク<br>たけ | 昼(晝) | 1384 | チュウ<br>ひる | 釣 | 1403 | チョウ<br>つる |
| 畜 | 1367 | | チク | | | | | | |
| 逐 | 1368 | | チク | 柱 | 1385 | チュウ<br>はしら | 頂 | 1404 | チョウ<br>いただく |
| 蓄 | 1369 | | チク<br>たくわえる | 衷<br>酎 | 1386<br>1387 | チュウ<br>チュウ | | | いただき<br>「山頂」の意。 |
| 築 | 1370 | | チク<br>きずく | 鋳(鑄) | 1388 | チュウ<br>いる | 鳥 | 1405 | チョウ<br>とり |
| 秩 | 1371 | | チツ | 駐 | 1389 | チュウ | 朝 | 1406 | チョウ |
| 窒 | 1372 | | チツ | 著(著) | 1390 | チョ | | | あさ |
| 茶 | 1373 | | チャ<br>サ | | | あらわす<br>いちじるし | 貼 | 1407 | チョウ<br>はる |
| 着 | 1374 | | チャク<br>ジャク | | | い | 超 | 1408 | チョウ<br>こえる |
| | | | 「愛着」,「執<br>着」は,「ア<br>イチャク」, | 貯<br>丁 | 1391<br>1392 | チョ<br>チョウ<br>テイ | 腸 | 1409 | こす<br>チョウ |
| | | | 「シュウチャ<br>ク」とも。<br>きる<br>きせる<br>つく<br>つける | 弔 | 1393 | チョウ<br>とむらう | 跳 | 1410 | チョウ<br>はねる<br>とぶ |
| | | | | 庁(廳) | 1394 | チョウ | | | |
| | | | | 兆 | 1395 | チョウ<br>きざす<br>きざし | 徴(徵)<br>嘲 | 1411<br>1412 | チョウ<br>チョウ<br>あざける |
| 嫡 | 1375 | | チャク | | | | | | |
| 中 | 1376 | | チュウ<br>なか | 町 | 1396 | チョウ<br>まち | 潮 | 1413 | チョウ<br>しお |

| 澄 | 1414 | チョウ |
| --- | --- | --- |
|  |  | すむ |
|  |  | すます |
| 調 | 1415 | チョウ |
|  |  | しらべる |
|  |  | ととのう |
|  |  | ととのえる |
| 聴(聽) | 1416 | チョウ |
|  |  | きく |
| 懲(懲) | 1417 | チョウ |
|  |  | こりる |
|  |  | こらす |
|  |  | こらしめる |
| 直 | 1418 | チョク |
|  |  | ジキ |
|  |  | ただちに |
|  |  | なおす |
|  |  | なおる |
| 勅(敕) | 1419 | チョク |
| 捗 | 1420 | チョク |
| 沈 | 1421 | チン |
|  |  | しずむ |
|  |  | しずめる |
| 珍 | 1422 | チン |
|  |  | めずらしい |
| 朕 | 1423 | チン |
| 陳 | 1424 | チン |
| 賃 | 1425 | チン |
| 鎮(鎭) | 1426 | チン |
|  |  | しずめる |
|  |  | しずまる |

〔ツ〕

| 追 | 1427 | ツイ |
|  |  | おう |
| 椎 | 1428 | ツイ |
| 墜 | 1429 | ツイ |
| 通 | 1430 | ツウ |
|  |  | ツ |
|  |  | とおる |
|  |  | とおす |
|  |  | かよう |
| 痛 | 1431 | ツウ |
|  |  | いたい |
|  |  | いたむ |
|  |  | いためる |
| 塚(塚) | 1432 | つか |
| 漬 | 1433 | つける |
|  |  | つかる |
| 坪 | 1434 | つぼ |
| 爪 | 1435 | つめ |
|  |  | つま |
| 鶴 | 1436 | つる |

〔テ〕

| 低 | 1437 | テイ |
|  |  | ひくい |
|  |  | ひくめる |
|  |  | ひくまる |
| 呈 | 1438 | テイ |
| 廷 | 1439 | テイ |
| 弟 | 1440 | テイ |
|  |  | ダイ |
|  |  | デ |
|  |  | おとうと |
| 定 | 1441 | テイ |
|  |  | ジョウ |
|  |  | さだめる |
|  |  | さだまる |
|  |  | さだか |
| 底 | 1442 | テイ |
|  |  | そこ |
| 抵 | 1443 | テイ |
| 邸 | 1444 | テイ |
| 亭 | 1445 | テイ |
| 貞 | 1446 | テイ |
| 帝 | 1447 | テイ |
| 訂 | 1448 | テイ |
| 庭 | 1449 | テイ |
|  |  | にわ |
| 逓(遞) | 1450 | テイ |
| 停 | 1451 | テイ |
| 偵 | 1452 | テイ |
| 堤 | 1453 | テイ |
|  |  | つつみ |
| 提 | 1454 | テイ |
|  |  | さげる |
| 程 | 1455 | テイ |
|  |  | ほど |
| 艇 | 1456 | テイ |
| 締 | 1457 | テイ |
|  |  | しまる |
|  |  | しめる |
| 諦 | 1458 | テイ |
|  |  | あきらめる |
| 泥 | 1459 | デイ |
|  |  | どろ |
| 的 | 1460 | テキ |
|  |  | まと |
| 笛 | 1461 | テキ |
|  |  | ふえ |
| 摘 | 1462 | テキ |
|  |  | つむ |
| 滴 | 1463 | テキ |
|  |  | しずく |

| | | | | | | | |
|---|---|---|---|---|---|---|---|
| | | したたる | | | テン | | おこる |
| 適 | 1464 | テキ | | | との | 刀 | 1498 | トウ |
| 敵 | 1465 | テキ | | | どの | | かたな |
| | | かたき | 電 | 1483 | デン | 冬 | 1499 | トウ |
| 溺 | 1466 | デキ | | | | | ふゆ |
| | | おぼれる | | 〔ト〕 | | 灯(燈)1500 | トウ |
| 迭 | 1467 | テツ | 斗 | 1484 | ト | | ひ |
| 哲 | 1468 | テツ | 吐 | 1485 | ト | 当(當)1501 | トウ |
| 鉄(鐵)1469 | テツ | | | はく | | あたる |
| 徹 | 1470 | テツ | 妬 | 1486 | ト | | あてる |
| 撤 | 1471 | テツ | | | ねたむ | 投 | 1502 | トウ |
| 天 | 1472 | テン | 徒 | 1487 | ト | | なげる |
| | | あめ | 途 | 1488 | ト | 豆 | 1503 | トウ |
| | | あま | 都(都)1489 | ト | | ズ |
| 典 | 1473 | テン | | | ツ | | まめ |
| 店 | 1474 | テン | | | みやこ | 東 | 1504 | トウ |
| | | みせ | 渡 | 1490 | ト | | ひがし |
| 点(點)1475 | テン | | | わたる | 到 | 1505 | トウ |
| 展 | 1476 | テン | | | わたす | 逃 | 1506 | トウ |
| 添 | 1477 | テン | 塗 | 1491 | ト | | にげる |
| | | そえる | | | ぬる | | にがす |
| | | そう | 賭 | 1492 | ト | | のがす |
| 転(轉)1478 | テン | | | かける | | のがれる |
| | | ころがる | 土 | 1493 | ド | 倒 | 1507 | トウ |
| | | ころげる | | | ト | | たおれる |
| | | ころがす | | | つち | | たおす |
| | | ころぶ | 奴 | 1494 | ド | 凍 | 1508 | トウ |
| 塡 | 1479 | テン | 努 | 1495 | ド | | こおる |
| 田 | 1480 | デン | | | つとめる | | こごえる |
| | | た | 度 | 1496 | ド | 唐 | 1509 | トウ |
| 伝(傳)1481 | デン | | | ト | | から |
| | | つたわる | | | タク | 島 | 1510 | トウ |
| | | つたえる | | | たび | | しま |
| | | つたう | 怒 | 1497 | ド | 桃 | 1511 | トウ |
| 殿 | 1482 | デン | | | いかる | | もも |

| | | | | | | | | |
|---|---|---|---|---|---|---|---|---|
| 討 | 1512 | トウ | 踏 | 1529 | トウ | | | ひとみ |
| | | うつ | | | ふむ | 峠 | 1547 | とうげ |
| 透 | 1513 | トウ | | | ふまえる | 匿 | 1548 | トク |
| | | すく | 糖 | 1530 | トウ | 特 | 1549 | トク |
| | | すかす | 頭 | 1531 | トウ | 得 | 1550 | トク |
| | | すける | | | ズ | | | える |
| | | | | | ト | | | うる |
| 党(黨) | 1514 | トウ | | | あたま | 督 | 1551 | トク |
| 悼 | 1515 | トウ | | | かしら | 徳(德) | 1552 | トク |
| | | いたむ | 謄 | 1532 | トウ | 篤 | 1553 | トク |
| 盗(盜) | 1516 | トウ | 藤 | 1533 | トウ | 毒 | 1554 | ドク |
| | | ぬすむ | | | ふじ | 独(獨) | 1555 | ドク |
| 陶 | 1517 | トウ | 闘(鬪) | 1534 | トウ | | | ひとり |
| 塔 | 1518 | トウ | | | たたかう | 読(讀) | 1556 | ドク |
| 搭 | 1519 | トウ | 騰 | 1535 | トウ | | | トク |
| 棟 | 1520 | トウ | 同 | 1536 | ドウ | | | トウ |
| | | むね | | | おなじ | | | よむ |
| | | むな | 洞 | 1537 | ドウ | 栃 | 1557 | とち |
| 湯 | 1521 | トウ | | | ほら | 凸 | 1558 | トツ |
| | | ゆ | 胴 | 1538 | ドウ | 突(突) | 1559 | トツ |
| 痘 | 1522 | トウ | 動 | 1539 | ドウ | | | つく |
| 登 | 1523 | トウ | | | うごく | 届(屆) | 1560 | とどける |
| | | ト | | | うごかす | | | とどく |
| | | のぼる | 堂 | 1540 | ドウ | 屯 | 1561 | トン |
| 答 | 1524 | トウ | 童 | 1541 | ドウ | 豚 | 1562 | トン |
| | | こたえる | | | わらべ | | | ぶた |
| | | こたえ | 道 | 1542 | ドウ | 頓 | 1563 | トン |
| 等 | 1525 | トウ | | | トウ | 貪 | 1564 | ドン |
| | | ひとしい | | | みち | | | むさぼる |
| 筒 | 1526 | トウ | 働 | 1543 | ドウ | 鈍 | 1565 | ドン |
| | | つつ | | | はたらく | | | にぶい |
| 統 | 1527 | トウ | 銅 | 1544 | ドウ | | | にぶる |
| | | すべる | 導 | 1545 | ドウ | 曇 | 1566 | ドン |
| 稲(稻) | 1528 | トウ | | | みちびく | | | くもる |
| | | いね | 瞳 | 1546 | ドウ | 丼 | 1567 | どんぶり |
| | | いな | | | | | | |

常用漢字表

|   |   |   |   |   |   |   |   |
|---|---|---|---|---|---|---|---|
|   |   | どん |   | ひ |   |   | 〔ノ〕 |
|   | 〔ナ〕 |   | 入 | 1584 | ニュウ | 悩(惱) 1598 | ノウ |
| 那 | 1568 | ナ |   |   | いる |   | なやむ |
| 奈 | 1569 | ナ |   |   | いれる |   | なやます |
| 内 | 1570 | ナイ |   |   | はいる | 納 1599 | ノウ |
|   |   | ダイ | 乳 | 1585 | ニュウ |   | ナッ |
|   |   | うち |   |   | ちち |   | ナ |
| 梨 | 1571 | なし |   |   | ち |   | ナン |
| 謎[謎] | 1572 | なぞ | 尿 | 1586 | ニョウ |   | トウ |
| 鍋 | 1573 | なべ | 任 | 1587 | ニン |   | おさめる |
| 南 | 1574 | ナン |   |   | まかせる |   | おさまる |
|   |   | ナ |   |   | まかす | 能 1600 | ノウ |
|   |   | みなみ | 妊 | 1588 | ニン | 脳(腦) 1601 | ノウ |
| 軟 | 1575 | ナン | 忍 | 1589 | ニン | 農 1602 | ノウ |
|   |   | やわらか |   |   | しのぶ | 濃 1603 | ノウ |
|   |   | やわらかい |   |   | しのばせる |   | こい |
| 難(難) | 1576 | ナン | 認 | 1590 | ニン |   |   |
|   |   | かたい |   |   | みとめる |   | 〔ハ〕 |
|   |   | むずかしい |   | 〔ネ〕 |   | 把 1604 | ハ |
|   |   | 「むつかしい」 |   |   |   |   | 「把(ハ)」は、前に来る音によって「ワ」「バ」、「パ」になる。 |
|   |   | とも。 | 寧 | 1591 | ネイ |   |   |
|   |   |   | 熱 | 1592 | ネツ |   |   |
|   | 〔ニ〕 |   |   |   | あつい | 波 1605 | ハ |
| 二 | 1577 | ニ | 年 | 1593 | ネン |   | なみ |
|   |   | ふた |   |   | とし | 派 1606 | ハ |
|   |   | ふたつ | 念 | 1594 | ネン | 破 1607 | ハ |
| 尼 | 1578 | ニ | 捻 | 1595 | ネン |   | やぶる |
|   |   | あま | 粘 | 1596 | ネン |   | やぶれる |
| 弐(貳) | 1579 | ニ |   |   | ねばる |   |   |
| 匂 | 1580 | におう | 燃 | 1597 | ネン | 覇(霸) 1608 | ハ |
| 肉 | 1581 | ニク |   |   | もえる | 馬 1609 | バ |
| 虹 | 1582 | にじ |   |   | もやす |   | うま |
| 日 | 1583 | ニチ |   |   | もす |   | ま |
|   |   | ジツ |   |   |   | 婆 1610 | バ |
|   |   |   |   |   |   | 罵 1611 | バ |

| | | | | | | | |
|---|---|---|---|---|---|---|---|
| | | ののしる | | | ビャク | 肌 | 1646 |
| 拝(拜) | 1612 | ハイ | | | しろ | 八 | 1647 |
| | | おがむ | | | しら | | |
| 杯 | 1613 | ハイ | | | しろい | | |
| | | さかずき | 伯 | 1631 | ハク | | |
| 背 | 1614 | ハイ | 拍 | 1632 | ハク | | |
| | | せ | | | ヒョウ | | |
| | | せい | 泊 | 1633 | ハク | 鉢 | 1648 |
| | | そむく | | | とまる | | |
| | | そむける | | | とめる | 発(發) | 1649 |
| 肺 | 1615 | ハイ | 迫 | 1634 | ハク | | |
| 俳 | 1616 | ハイ | | | せまる | 髪(髮) | 1650 |
| 配 | 1617 | ハイ | 剥 | 1635 | ハク | | |
| | | くばる | | | はがす | 伐 | 1651 |
| 排 | 1618 | ハイ | | | はぐ | 抜(拔) | 1652 |
| 敗 | 1619 | ハイ | | | はがれる | | |
| | | やぶれる | | | はげる | | |
| 廃(廢) | 1620 | ハイ | 舶 | 1636 | ハク | | |
| | | すたれる | 博 | 1637 | ハク | | |
| | | すたる | | | バク | 罰 | 1653 |
| 輩 | 1621 | ハイ | 薄 | 1638 | ハク | | |
| 売(賣) | 1622 | バイ | | | うすい | 閥 | 1654 |
| | | うる | | | うすめる | 反 | 1655 |
| | | うれる | | | うすまる | | |
| 倍 | 1623 | バイ | | | うすらぐ | | |
| 梅(梅) | 1624 | バイ | | | うすれる | | |
| | | うめ | 麦(麥) | 1639 | バク | | |
| 培 | 1625 | バイ | | | むぎ | 半 | 1656 |
| | | つちかう | 漠 | 1640 | バク | | |
| 陪 | 1626 | バイ | 縛 | 1641 | バク | 氾 | 1657 |
| 媒 | 1627 | バイ | | | しばる | 犯 | 1658 |
| 買 | 1628 | バイ | 爆 | 1642 | バク | | |
| | | かう | 箱 | 1643 | はこ | 帆 | 1659 |
| 賠 | 1629 | バイ | 箸 | 1644 | はし | | |
| 白 | 1630 | ハク | 畑 | 1645 | はた | 汎 | 1660 |

| | |
|---|---|
| はたけ | |
| はだ | |
| ハチ | |
| や | |
| やつ | |
| やっつ | |
| よう | |
| ハチ | |
| ハツ | |
| ホツ | |
| ハツ | |
| かみ | |
| バツ | |
| バツ | |
| ぬく | |
| ぬける | |
| ぬかす | |
| ぬかる | |
| バツ | |
| バチ | |
| バツ | |
| ハン | |
| ホン | |
| タン | |
| そる | |
| そらす | |
| ハン | |
| なかば | |
| ハン | |
| ハン | |
| おかす | |
| ハン | |
| ほ | |
| ハン | |

| | | | | | | | | |
|---|---|---|---|---|---|---|---|---|
| 伴 | 1661 | ハン | | | | くらべる | | |
| | | バン | 皮 | 1684 | ヒ | | 費 | 1699 | ヒ |
| | | ともなう | | | かわ | | | ついやす |
| 判 | 1662 | ハン | 妃 | 1685 | ヒ | | | ついえる |
| | | バン | 否 | 1686 | ヒ | | 碑(碑) | 1700 | ヒ |
| 坂 | 1663 | ハン | | | いな | | 罷 | 1701 | ヒ |
| | | さか | 批 | 1687 | ヒ | | 避 | 1702 | ヒ |
| 阪 | 1664 | ハン | 彼 | 1688 | ヒ | | | さける |
| 板 | 1665 | ハン | | | かれ | | 尾 | 1703 | ビ |
| | | バン | | | かの | | | おお |
| | | いた | 披 | 1689 | ヒ | | 眉 | 1704 | ビ |
| 版 | 1666 | ハン | 肥 | 1690 | ヒ | | | ミ |
| 班 | 1667 | ハン | | | こえる | | | まゆ |
| 畔 | 1668 | ハン | | | こえ | | 美 | 1705 | ビ |
| 般 | 1669 | ハン | | | こやす | | | うつくしい |
| 販 | 1670 | ハン | | | こやし | | 備 | 1706 | ビ |
| 斑 | 1671 | ハン | 非 | 1691 | ヒ | | | そなえる |
| 飯 | 1672 | ハン | 卑(卑) | 1692 | ヒ | | | そなわる |
| | | めし | | | いやしい | | 微 | 1707 | ビ |
| 搬 | 1673 | ハン | | | いやしむ | | 鼻 | 1708 | ビ |
| 煩 | 1674 | ハン | | | いやしめる | | | はな |
| | | ボン | 飛 | 1693 | ヒ | | 膝 | 1709 | ひざ |
| | | わずらう | | | とぶ | | 肘 | 1710 | ひじ |
| | | わずらわす | | | とばす | | 匹 | 1711 | ヒツ |
| 頒 | 1675 | ハン | 疲 | 1694 | ヒ | | | ひき |
| 範 | 1676 | ハン | | | つかれる | | 必 | 1712 | ヒツ |
| 繁(繁) | 1677 | ハン | | | つからす | | | かならず |
| 藩 | 1678 | ハン | 秘(祕) | 1695 | ヒ | | 泌 | 1713 | ヒツ |
| 晩(晩) | 1679 | バン | | | ひめる | | | 「分泌」は,「ブンピ」とも。 |
| 番 | 1680 | バン | 被 | 1696 | ヒ | | | |
| 蛮(蠻) | 1681 | バン | | | こうむる | | | ヒ |
| 盤 | 1682 | バン | 悲 | 1697 | ヒ | | 筆 | 1714 | ヒツ |
| | | | | | かなしい | | | ふで |
| | [ヒ] | | | | かなしむ | | 姫 | 1715 | ひめ |
| 比 | 1683 | ヒ | 扉 | 1698 | ヒ | | 百 | 1716 | ヒャク |

| 氷 | 1717 | ヒョウ<br>こおり<br>ひ |
|---|---|---|
| 表 | 1718 | ヒョウ<br>おもて<br>あらわす<br>あらわれる |
| 俵 | 1719 | ヒョウ<br>たわら |
| 票 | 1720 | ヒョウ |
| 評 | 1721 | ヒョウ |
| 漂 | 1722 | ヒョウ<br>ただよう |
| 標 | 1723 | ヒョウ |
| 苗 | 1724 | ビョウ<br>なえ<br>なわ |
| 秒 | 1725 | ビョウ |
| 病 | 1726 | ビョウ<br>ヘイ<br>やむ<br>やまい |
| 描 | 1727 | ビョウ<br>えがく |
| 猫 | 1728 | ビョウ<br>ねこ |
| 品 | 1729 | ヒン<br>しな |
| 浜(濱) | 1730 | ヒン<br>はま |
| 貧 | 1731 | ヒン<br>ビン<br>まずしい |
| 賓(賓) | 1732 | ヒン |
| 頻(頻) | 1733 | ヒン |
| 敏(敏) | 1734 | ビン |
| 瓶(瓶) | 1735 | ビン |

〔フ〕

| 不 | 1736 | フ<br>ブ |
|---|---|---|
| 夫 | 1737 | フ<br>フウ<br>おっと |
| 父 | 1738 | フ<br>ちち |
| 付 | 1739 | フ<br>つける<br>つく |
| 布 | 1740 | フ<br>ぬの |
| 扶 | 1741 | フ |
| 府 | 1742 | フ |
| 怖 | 1743 | フ<br>こわい |
| 阜 | 1744 | フ |
| 附 | 1745 | フ |
| 訃 | 1746 | フ |
| 負 | 1747 | フ<br>まける<br>まかす<br>おう |
| 赴 | 1748 | フ<br>おもむく |
| 浮 | 1749 | フ<br>うく<br>うかれる<br>うかぶ<br>うかべる |
| 婦 | 1750 | フ |

| 符 | 1751 | フ |
|---|---|---|
| 富 | 1752 | フ<br>フウ<br>「富貴」は，<br>「フッキ」<br>とも。<br>とむ<br>とみ |
| 普 | 1753 | フ |
| 腐 | 1754 | フ<br>くさる<br>くされる<br>くさらす |
| 敷 | 1755 | フ<br>しく |
| 膚 | 1756 | フ |
| 賦 | 1757 | フ |
| 譜 | 1758 | フ |
| 侮(侮) | 1759 | ブ<br>あなどる |
| 武 | 1760 | ブ<br>ム |
| 部 | 1761 | ブ |
| 舞 | 1762 | ブ<br>まう<br>まい |
| 封 | 1763 | フウ<br>ホウ |
| 風 | 1764 | フウ<br>フ<br>かぜ<br>かざ |
| 伏 | 1765 | フク<br>ふせる<br>ふす |
| 服 | 1766 | フク |

| | | | | | | | |
|---|---|---|---|---|---|---|---|
| 副 | 1767 | フク | 憤 | 1783 | フン | | ならびに |
| 幅 | 1768 | フク | | | いきどおる | 柄 | 1793 | ヘイ |
| | | はば | 奮 | 1784 | フン | | がら |
| 復 | 1769 | フク | | | ふるう | | え |
| 福(福) | 1770 | フク | 分 | 1785 | ブン | 陛 | 1794 | ヘイ |
| 腹 | 1771 | フク | | | フン | 閉 | 1795 | ヘイ |
| | | はら | | | ブ | | | とじる |
| 複 | 1772 | フク | | | わける | | | とざす |
| 覆 | 1773 | フク | | | わかれる | | | しめる |
| | | おおう | | | わかる | | | しまる |
| | | くつがえす | | | わかつ | 塀(塀) | 1796 | ヘイ |
| | | くつがえる | 文 | 1786 | ブン | 幣 | 1797 | ヘイ |
| 払(拂) | 1774 | フツ | | | モン | 弊 | 1798 | ヘイ |
| | | はらう | | | 「文字」は、「モジ」とも。 | 蔽 | 1799 | ヘイ |
| 沸 | 1775 | フツ | | | | 餅[餅] | 1800 | ヘイ |
| | | わく | | | | (餅) | | もち |
| | | わかす | | | ふみ | 米 | 1801 | ベイ |
| 仏(佛) | 1776 | ブツ | 聞 | 1787 | ブン | | | マイ |
| | | ほとけ | | | モン | | | こめ |
| 物 | 1777 | ブツ | | | きく | | | |
| | | モツ | | | きこえる | 壁 | 1802 | ヘキ |
| | | もの | | | | | | かべ |
| | | | | 〔ヘ〕 | | 璧 | 1803 | ヘキ |
| 粉 | 1778 | フン | 丙 | 1788 | ヘイ | 癖 | 1804 | ヘキ |
| | | こ | 平 | 1789 | ヘイ | | | くせ |
| | | こな | | | ビョウ | 別 | 1805 | ベツ |
| 紛 | 1779 | フン | | | たいら | | | わかれる |
| | | まぎれる | | | ひら | 蔑 | 1806 | ベツ |
| | | まぎらす | 兵 | 1790 | ヘイ | | | さげすむ |
| | | まぎらわす | | | ヒョウ | 片 | 1807 | ヘン |
| | | まぎらわしい | 併(倂) | 1791 | ヘイ | | | かた |
| | | | | | あわせる | 辺(邊) | 1808 | ヘン |
| 雰 | 1780 | フン | 並(竝) | 1792 | ヘイ | | | あたり |
| 噴 | 1781 | フン | | | なみ | | | べ |
| | | ふく | | | ならべる | 返 | 1809 | ヘン |
| 墳 | 1782 | フン | | | ならぶ | | | かえす |

常用漢字表 603

| | | | | | | | | |
|---|---|---|---|---|---|---|---|---|
| | | かえる | 母 | 1823 | ボ | | | 「法主」は,「ホウシュ」とも。 |
| 変(變) | 1810 | ヘン | | | はは | | | |
| | | かわる | 募 | 1824 | ボ | 泡 | 1838 | ホウ |
| | | かえる | | | つのる | | | あわ |
| 偏 | 1811 | ヘン | 墓 | 1825 | ボ | 胞 | 1839 | ホウ |
| | | かたよる | | | はか | 俸 | 1840 | ホウ |
| 遍 | 1812 | ヘン | 慕 | 1826 | ボ | 倣 | 1841 | ホウ |
| 編 | 1813 | ヘン | | | したう | | | ならう |
| | | あむ | 暮 | 1827 | ボ | 峰 | 1842 | ホウ |
| 弁(辨/瓣/辯) | 1814 | ベン | | | くれる | | | みね |
| | | | | | くらす | 砲 | 1843 | ホウ |
| | | | 簿 | 1828 | ボ | 崩 | 1844 | ホウ |
| 便 | 1815 | ベン | 方 | 1829 | ホウ | | | くずれる |
| | | ビン | | | かた | | | くずす |
| | | たより | 包 | 1830 | ホウ | 訪 | 1845 | ホウ |
| 勉(勉) | 1816 | ベン | | | つつむ | | | おとずれる |
| 〔ホ〕 | | | 芳 | 1831 | ホウ | | | たずねる |
| | | | | | かんばしい | 報 | 1846 | ホウ |
| 歩(步) | 1817 | ホ | 邦 | 1832 | ホウ | | | むくいる |
| | | ブ | 奉 | 1833 | ホウ | 蜂 | 1847 | ホウ |
| | | フ | | | ブ | | | はち |
| | | あるく | | | たてまつる | 豊(豐) | 1848 | ホウ |
| | | あゆむ | 宝(寶) | 1834 | ホウ | | | ゆたか |
| 保 | 1818 | ホ | | | たから | 飽 | 1849 | ホウ |
| | | たもつ | 抱 | 1835 | ホウ | | | あきる |
| 哺 | 1819 | ホ | | | だく | | | あかす |
| 捕 | 1820 | ホ | | | いだく | 褒(襃) | 1850 | ホウ |
| | | とらえる | | | かかえる | | | ほめる |
| | | とらわれる | 放 | 1836 | ホウ | 縫 | 1851 | ホウ |
| | | とる | | | はなす | | | ぬう |
| | | つかまえる | | | はなつ | 亡 | 1852 | ボウ |
| | | つかまる | | | はなれる | | | モウ |
| 補 | 1821 | ホ | 法 | 1837 | ホウ | | | ない |
| | | おぎなう | | | ハッ | | | 多く文語の「亡き」で使う。 |
| 舗 | 1822 | ホ | | | ホッ | | | |

|  |  |  |
|---|---|---|
| 乏 | 1853 | ボウ／とぼしい |
| 忙 | 1854 | ボウ／いそがしい |
| 坊 | 1855 | ボウ／ボッ |
| 妨 | 1856 | ボウ／さまたげる |
| 忘 | 1857 | ボウ／わすれる |
| 防 | 1858 | ボウ／ふせぐ |
| 房 | 1859 | ボウ／ふさ |
| 肪 | 1860 | ボウ |
| 某 | 1861 | ボウ |
| 冒 | 1862 | ボウ／おかす |
| 剖 | 1863 | ボウ |
| 紡 | 1864 | ボウ／つむぐ |
| 望 | 1865 | ボウ／モウ／のぞむ |

「大望」は,「タイボウ」とも。

|  |  |  |
|---|---|---|
| 傍 | 1866 | ボウ／かたわら |
| 帽 | 1867 | ボウ |
| 棒 | 1868 | ボウ |
| 貿 | 1869 | ボウ |
| 貌 | 1870 | ボウ |
| 暴 | 1871 | ボウ／バク／あばく／あばれる |
| 膨 | 1872 | ボウ／ふくらむ／ふくれる |
| 謀 | 1873 | ボウ／ム／はかる |
| 頰 | 1874 | ほお |
| 北 | 1875 | ホク／きた |
| 木 | 1876 | ボク／モク／き／こ |
| 朴 | 1877 | ボク |
| 牧 | 1878 | ボク／まき |
| 睦 | 1879 | ボク |
| 僕 | 1880 | ボク |
| 墨(墨) | 1881 | ボク／すみ |
| 撲 | 1882 | ボク |
| 没 | 1883 | ボツ |
| 勃 | 1884 | ボツ |
| 堀 | 1885 | ほり |
| 本 | 1886 | ホン／もと |
| 奔 | 1887 | ホン |
| 翻(飜) | 1888 | ホン／ひるがえる／ひるがえす |
| 凡 | 1889 | ボン／ハン |
| 盆 | 1890 | ボン |

〔マ〕

|  |  |  |
|---|---|---|
| 麻 | 1891 | マ／あさ |
| 摩 | 1892 | マ |
| 磨 | 1893 | マ／みがく |
| 魔 | 1894 | マ |
| 毎(每) | 1895 | マイ |
| 妹 | 1896 | マイ／いもうと |
| 枚 | 1897 | マイ |
| 昧 | 1898 | マイ |
| 埋 | 1899 | マイ／うめる／うまる／うもれる |
| 幕 | 1900 | マク／バク |
| 膜 | 1901 | マク |
| 枕 | 1902 | まくら |
| 又 | 1903 | また |
| 末 | 1904 | マツ／バツ |

「末子」,「末弟」は,「マッシ」,「マッテイ」とも。

すえ

|  |  |  |
|---|---|---|
| 抹 | 1905 | マツ |
| 万(萬) | 1906 | マン／バン |
| 満(滿) | 1907 | マン／みちる／みたす |
| 慢 | 1908 | マン |

|  |  |  |
|---|---|---|
| 漫 | 1909 | マン |
| 〔ミ〕 | | |
| 未 | 1910 | ミ |
| 味 | 1911 | ミ |
| | | あじ |
| | | あじわう |
| 魅 | 1912 | ミ |
| 岬 | 1913 | みさき |
| 密 | 1914 | ミツ |
| 蜜 | 1915 | ミツ |
| 脈 | 1916 | ミャク |
| 妙 | 1917 | ミョウ |
| 民 | 1918 | ミン |
| | | たみ |
| 眠 | 1919 | ミン |
| | | ねむる |
| | | ねむい |
| 〔ム〕 | | |
| 矛 | 1920 | ム |
| | | ほこ |
| 務 | 1921 | ム |
| | | つとめる |
| 無 | 1922 | ム |
| | | ブ |
| | | ない |
| 夢 | 1923 | ム |
| | | ゆめ |
| 霧 | 1924 | ム |
| | | きり |
| 娘 | 1925 | むすめ |
| 〔メ〕 | | |
| 名 | 1926 | メイ |
| | | ミョウ |
| | | な |
| 命 | 1927 | メイ |
| | | ミョウ |
| | | いのち |
| 明 | 1928 | メイ |
| | | ミョウ |
| | | あかり |
| | | あかるい |
| | | あかるむ |
| | | あからむ |
| | | あきらか |
| | | あける |
| | | あく |
| | | あくる |
| | | あかす |
| 迷 | 1929 | メイ |
| | | まよう |
| 冥 | 1930 | メイ |
| | | ミョウ |
| 盟 | 1931 | メイ |
| 銘 | 1932 | メイ |
| 鳴 | 1933 | メイ |
| | | なく |
| | | なる |
| | | ならす |
| 滅 | 1934 | メツ |
| | | ほろびる |
| | | ほろぼす |
| 免(免) | 1935 | メン |
| | | まぬかれる |
| | | 「まぬがれる」とも。 |
| 面 | 1936 | メン |
| | | おも |
| | | おもて |
| | | つら |
| 綿 | 1937 | メン |
| | | わた |
| 麺(麵) | 1938 | メン |
| 〔モ〕 | | |
| 茂 | 1939 | モ |
| | | しげる |
| 模 | 1940 | モ |
| | | ボ |
| 毛 | 1941 | モウ |
| | | け |
| 妄 | 1942 | モウ |
| | | ボウ |
| | | 「妄言」は,「モウゲン」とも。 |
| 盲 | 1943 | モウ |
| 耗 | 1944 | モウ |
| | | 「モウ」は,慣用音。 |
| | | コウ |
| 猛 | 1945 | モウ |
| 網 | 1946 | モウ |
| | | あみ |
| 目 | 1947 | モク |
| | | ボク |
| | | 「面目」は,「メンモク」とも。 |
| | | め |
| | | ま |
| 黙(默) | 1948 | モク |
| | | だまる |
| 門 | 1949 | モン |
| | | かど |

| | | | | | | | | |
|---|---|---|---|---|---|---|---|---|
| 紋 | 1950 | モン | 喩 | 1965 | ユ | | | 文語の連体形。 |
| 問 | 1951 | モン とう とい とん 「問屋」は,「といや」とも。 | 愉 諭 | 1966 1967 | ユ ユ さとす | 融 優 | 1984 1985 | ユウ ユウ やさしい すぐれる |
| | | | 輸 癒 | 1968 1969 | ユ ユ | | | |
| 〔ヤ〕 | | | 唯 | 1970 | ユイ イ | 〔ヨ〕 | | |
| 冶 | 1952 | ヤ | 友 | 1971 | ユウ とも | 与(與) | 1986 | ヨ あたえる |
| 夜 | 1953 | ヤ よ よる | 有 | 1972 | ユウ ウ ある | 予(豫) 余(餘) | 1987 1988 | ヨ ヨ あまる |
| 野 | 1954 | ヤ の | 勇 | 1973 | ユウ いさむ | 誉(譽) | 1989 | あます ヨ ほまれ |
| 弥(彌) | 1955 | や | 幽 | 1974 | ユウ | | | |
| 厄 | 1956 | ヤク | 悠 | 1975 | ユウ | 預 | 1990 | ヨ |
| 役 | 1957 | ヤク エキ | 郵 湧 | 1976 1977 | ユウ ユウ わく | | | あずける あずかる |
| 約 | 1958 | ヤク | 猶 | 1978 | ユウ | 幼 | 1991 | ヨウ おさない |
| 訳(譯) | 1959 | ヤク わけ | 裕 遊 | 1979 1980 | ユウ ユウ | 用 | 1992 | ヨウ もちいる |
| 薬(藥) | 1960 | ヤク くすり | | | ユ あそぶ | 羊 | 1993 | ヨウ ひつじ |
| 躍 | 1961 | ヤク おどる | 雄 | 1981 | ユウ お | 妖 | 1994 | ヨウ あやしい |
| 闇 | 1962 | やみ | | | おす | 洋 | 1995 | ヨウ |
| 〔ユ〕 | | | 誘 | 1982 | ユウ さそう | 要 | 1996 | ヨウ いる |
| 由 | 1963 | ユ ユウ ユイ よし | 憂 | 1983 | ユウ うれえる うれい うい 「憂き」は, | 容 庸 揚 | 1997 1998 1999 | ヨウ ヨウ ヨウ あげる |
| 油 | 1964 | ユ あぶら | | | | | | あがる |

|  |  |  |
|---|---|---|
| 揺(搖) | 2000 | ヨウ / ゆれる / ゆる / ゆらぐ / ゆるぐ / ゆする / ゆさぶる / ゆすぶる |
| 葉 | 2001 | ヨウ / は |
| 陽 | 2002 | ヨウ |
| 溶 | 2003 | ヨウ / とける / とかす / とく |
| 腰 | 2004 | ヨウ / こし |
| 様(樣) | 2005 | ヨウ / さま |
| 瘍 | 2006 | ヨウ |
| 踊 | 2007 | ヨウ / おどる / おどり |
| 窯 | 2008 | ヨウ / かま |
| 養 | 2009 | ヨウ / やしなう |
| 擁 | 2010 | ヨウ |
| 謡(謠) | 2011 | ヨウ / うたい / うたう |
| 曜 | 2012 | ヨウ |
| 抑 | 2013 | ヨク / おさえる |
| 沃 | 2014 | ヨク |
| 浴 | 2015 | ヨク / あびる / あびせる |
| 欲 | 2016 | ヨク / ほっする / ほしい |
| 翌 | 2017 | ヨク |
| 翼 | 2018 | ヨク / つばさ |

〔ラ〕

|  |  |  |
|---|---|---|
| 拉 | 2019 | ラ |
| 裸 | 2020 | ラ / はだか |
| 羅 | 2021 | ラ |
| 来(來) | 2022 | ライ / くる / きたる / きたす |
| 雷 | 2023 | ライ / かみなり |
| 頼(賴) | 2024 | ライ / たのむ / たのもしい / たよる |
| 絡 | 2025 | ラク / からむ / からまる |
| 落 | 2026 | ラク / おちる / おとす |
| 酪 | 2027 | ラク |
| 辣 | 2028 | ラツ |
| 乱(亂) | 2029 | ラン / みだれる / みだす |
| 卵 | 2030 | ラン / たまご |
| 覧(覽) | 2031 | ラン |
| 濫 | 2032 | ラン |
| 藍 | 2033 | ラン / あい |
| 欄(欄) | 2034 | ラン |

〔リ〕

|  |  |  |
|---|---|---|
| 吏 | 2035 | リ |
| 利 | 2036 | リ / きく |
| 里 | 2037 | リ / さと |
| 理 | 2038 | リ |
| 痢 | 2039 | リ |
| 裏 | 2040 | リ / うら |
| 履 | 2041 | リ / はく |
| 璃 | 2042 | リ |
| 離 | 2043 | リ / はなれる / はなす |
| 陸 | 2044 | リク |
| 立 | 2045 | リツ / リュウ / たつ / たてる |
| 律 | 2046 | リツ / リチ |
| 慄 | 2047 | リツ |
| 略 | 2048 | リャク |
| 柳 | 2049 | リュウ |

| | | | | | | | |
|---|---|---|---|---|---|---|---|
| | | | やなぎ | 寮 | 2070 | リョウ | |
| 流 | 2050 | リュウ | | 療 | 2071 | リョウ | |
| | | ル | | 瞭 | 2072 | リョウ | |
| | | ながれる | | 糧 | 2073 | リョウ | |
| | | ながす | | | | ロウ | |
| 留 | 2051 | リュウ | | | | かて | |
| | | ル | | 力 | 2074 | リョク | |
| | | とめる | | | | リキ | |
| | | とまる | | | | ちから | |
| 竜(龍) | 2052 | リュウ | | 緑(綠) | 2075 | リョク | |
| | | たつ | | | | ロク | |
| 粒 | 2053 | リュウ | | | | みどり | |
| | | つぶ | | 林 | 2076 | リン | |
| 隆(隆) | 2054 | リュウ | | | | はやし | |
| 硫 | 2055 | リュウ | | 厘 | 2077 | リン | |
| 侶 | 2056 | リョ | | 倫 | 2078 | リン | |
| 旅 | 2057 | リョ | | 輪 | 2079 | リン | |
| | | たび | | | | わ | |
| 虜(虜) | 2058 | リョ | | 隣 | 2080 | リン | |
| 慮 | 2059 | リョ | | | | となる | |
| 了 | 2060 | リョウ | | | | となり | |
| 両(兩) | 2061 | リョウ | | 臨 | 2081 | リン | |
| 良 | 2062 | リョウ | | | | のぞむ | |
| | | よい | | 〔ル〕 | | | |
| 料 | 2063 | リョウ | | | | | |
| 涼 | 2064 | リョウ | | 瑠 | 2082 | ル | |
| | | すずしい | | 涙(淚) | 2083 | ルイ | |
| | | すずむ | | | | なみだ | |
| 猟(獵) | 2065 | リョウ | | 累 | 2084 | ルイ | |
| 陵 | 2066 | リョウ | | 塁(壘) | 2085 | ルイ | |
| | | みささぎ | | 類(類) | 2086 | ルイ | |
| 量 | 2067 | リョウ | | | | | |
| | | はかる | | 〔レ〕 | | | |
| 僚 | 2068 | リョウ | | | | | |
| 領 | 2069 | リョウ | | 令 | 2087 | レイ | |
| | | | | 礼(禮) | 2088 | レイ | ライ<br>「礼拝」は,<br>「レイハイ」<br>とも。 |
| | | | | 冷 | 2089 | レイ | |
| | | | | | | つめたい | |
| | | | | | | ひえる | |
| | | | | | | ひや | |
| | | | | | | ひやす | |
| | | | | | | ひやかす | |
| | | | | | | さめる | |
| | | | | | | さます | |
| | | | | 励(勵) | 2090 | レイ | |
| | | | | | | はげむ | |
| | | | | | | はげます | |
| | | | | 戻(戾) | 2091 | レイ | |
| | | | | | | もどす | |
| | | | | | | もどる | |
| | | | | 例 | 2092 | レイ | |
| | | | | | | たとえる | |
| | | | | 鈴 | 2093 | レイ | |
| | | | | | | リン | |
| | | | | | | すず | |
| | | | | 零 | 2094 | レイ | |
| | | | | 霊(靈) | 2095 | レイ | |
| | | | | | | リョウ | |
| | | | | | | たま | |
| | | | | 隷 | 2096 | レイ | |
| | | | | 齢(齡) | 2097 | レイ | |
| | | | | 麗 | 2098 | レイ | |
| | | | | | | うるわしい | |
| | | | | 暦(曆) | 2099 | レキ | |
| | | | | | | こよみ | |
| | | | | 歴(歷) | 2100 | レキ | |
| | | | | 列 | 2101 | レツ | |
| | | | | 劣 | 2102 | レツ | |

| | | | | | | | | |
|---|---|---|---|---|---|---|---|---|
| | | おとる | | | ロウ | 録(錄) | 2126 | むい |
| 烈 | 2103 | レツ | | | つゆ | 籠 | 2127 | ロク |
| 裂 | 2104 | レツ | 老 | 2115 | ロウ | | | ふもと |
| | | さく | | | おいる | 論 | 2128 | ロン |
| | | さける | | | ふける | | | |
| 恋(戀) | 2105 | レン | 労(勞) | 2116 | ロウ | | 〔ワ〕 | |
| | | こう | 弄 | 2117 | ロウ | | | |
| | | こい | | | もてあそぶ | 和 | 2129 | ワ |
| | | こいしい | 郎(郞) | 2118 | ロウ | | | オ |
| 連 | 2106 | レン | 朗(朗) | 2119 | ロウ | | | やわらぐ |
| | | つらなる | | | ほがらか | | | やわらげる |
| | | つらねる | 浪 | 2120 | ロウ | | | なごむ |
| | | つれる | 廊(廊) | 2121 | ロウ | | | なごやか |
| 廉 | 2107 | レン | 楼(樓) | 2122 | ロウ | | | |
| 練(練) | 2108 | レン | 漏 | 2123 | ロウ | 話 | 2130 | ワ |
| | | ねる | | | もる | | | はなす |
| 錬(鍊) | 2109 | レン | | | もれる | | | はなし |
| | | | | | もらす | 賄 | 2131 | ワイ |
| | 〔ロ〕 | | 籠 | 2124 | ロウ | | | まかなう |
| | | | | | かご | 脇 | 2132 | わき |
| 呂 | 2110 | ロ | | | こもる | 惑 | 2133 | ワク |
| 炉(爐) | 2111 | ロ | 六 | 2125 | ロク | | | まどう |
| 賂 | 2112 | ロ | | | む | 枠 | 2134 | わく |
| 路 | 2113 | ロ | | | むつ | 湾(灣) | 2135 | ワン |
| | | じ | | | むっつ | 腕 | 2136 | ワン |
| 露 | 2114 | ロ | | | | | | うで |

# 付　表

※以下に挙げられている語を構成要素の一部とする熟語に用いてもかまわない。

例「河岸（かし）」→「魚河岸（うおがし）」
　「居士（こじ）」→「一言居士（いちげんこじ）」

| あす | 明日 | | いおう | 硫黄 |
|---|---|---|---|---|
| あずき | 小豆 | | いくじ | 意気地 |
| あま | ｛海女<br>　海士 | | いなか | 田舎 |
| | | | いぶき | 息吹 |

| | | | |
|---|---|---|---|
| うなばら | 海原 | さおとめ | 早乙女 |
| うば | 乳母 | ざこ | 雑魚 |
| うわき | 浮気 | さじき | 桟敷 |
| うわつく | 浮つく | さしつかえる | 差し支える |
| えがお | 笑顔 | さつき | 五月 |
| おじ | 叔父<br>伯父 | さなえ | 早苗 |
| | | さみだれ | 五月雨 |
| おとな | 大人 | しぐれ | 時雨 |
| おとめ | 乙女 | しっぽ | 尻尾 |
| おば | 叔母<br>伯母 | しない | 竹刀 |
| | | しにせ | 老舗 |
| おまわりさん | お巡りさん | しばふ | 芝生 |
| おみき | お神酒 | しみず | 清水 |
| おもや | 母屋<br>母家 | しゃみせん | 三味線 |
| | | じゃり | 砂利 |
| かあさん | 母さん | じゅず | 数珠 |
| かぐら | 神楽 | じょうず | 上手 |
| かし | 河岸 | しらが | 白髪 |
| かじ | 鍛冶 | しろうと | 素人 |
| かぜ | 風邪 | しわす | 師走 |
| かたず | 固唾 | | （「しはす」とも言う。） |
| かな | 仮名 | すきや | 数寄屋<br>数奇屋 |
| かや | 蚊帳 | | |
| かわせ | 為替 | すもう | 相撲 |
| かわら | 河原<br>川原 | ぞうり | 草履 |
| | | だし | 山車 |
| きのう | 昨日 | たち | 太刀 |
| きょう | 今日 | たちのく | 立ち退く |
| くだもの | 果物 | たなばた | 七夕 |
| くろうと | 玄人 | たび | 足袋 |
| けさ | 今朝 | ちご | 稚児 |
| けしき | 景色 | ついたち | 一日 |
| ここち | 心地 | つきやま | 築山 |
| こじ | 居士 | つゆ | 梅雨 |
| ことし | 今年 | でこぼこ | 凸凹 |
| | | てつだう | 手伝う |

| | | | |
|---|---|---|---|
| てんません | 伝馬船 | ふぶき | 吹雪 |
| とあみ | 投網 | へた | 下手 |
| とうさん | 父さん | へや | 部屋 |
| とえはたえ | 十重二十重 | まいご | 迷子 |
| どきょう | 読経 | まじめ | 真面目 |
| とけい | 時計 | まっか | 真っ赤 |
| ともだち | 友達 | まっさお | 真っ青 |
| なこうど | 仲人 | みやげ | 土産 |
| なごり | 名残 | むすこ | 息子 |
| なだれ | 雪崩 | めがね | 眼鏡 |
| にいさん | 兄さん | もさ | 猛者 |
| ねえさん | 姉さん | もみじ | 紅葉 |
| のら | 野良 | もめん | 木綿 |
| のりと | 祝詞 | もより | 最寄り |
| はかせ | 博士 | やおちょう | 八百長 |
| はたち | ⎧ 二十 <br> ⎩ 二十歳 | やおや | 八百屋 |
| | | やまと | 大和 |
| はつか | 二十日 | やよい | 弥生 |
| はとば | 波止場 | ゆかた | 浴衣 |
| ひとり | 一人 | ゆくえ | 行方 |
| ひより | 日和 | よせ | 寄席 |
| ふたり | 二人 | わこうど | 若人 |
| ふつか | 二日 | | |

# 旧「常用漢字表」からの変更点

ここでは，旧「常用漢字表」からの変更点のみ抄出して収録する。

## 1 追加字種一覧

### 追加字種（196字）表

（「例」「備考」欄は略。音訓欄の太字は送り仮名の部分を示す。）

| 漢 字 | 音 訓 | 漢 字 | 音 訓 | 漢 字 | 音 訓 |
|---|---|---|---|---|---|
| 〔ア〕 | | 媛 | エン | 柿 | かき |
| | | 艶(艷) | エン | 顎 | ガク |
| 挨 | アイ | | つや | | あご |
| 曖 | アイ | 〔オ〕 | | 葛 | カツ |
| 宛 | あてる | | | | くず |
| 嵐 | あらし | 旺 | オウ | 釜 | かま |
| 〔イ〕 | | 岡 | おか | 鎌 | かま |
| | | 臆 | オク | 韓 | カン |
| 畏 | イ | 俺 | おれ | 玩 | ガン |
| | おそれる | 〔カ〕 | | 〔キ〕 | |
| 萎 | イ | | | | |
| | なえる | 苛 | カ | 伎 | キ |
| 椅 | イ | 牙 | ガ | 亀(龜) | キ |
| 彙 | イ | | ゲ | | かめ |
| 茨 | いばら | | きば | 毀 | キ |
| 咽 | イン | 瓦 | ガ | 畿 | キ |
| 淫 | イン | | かわら | 臼 | キュウ |
| | みだら | 楷 | カイ | | うす |
| 〔ウ〕 | | 潰 | カイ | 嗅 | キュウ |
| | | | つぶす | | かぐ |
| 唄 | うた | | つぶれる | 巾 | キン |
| 鬱 | ウツ | 諧 | カイ | 僅 | キン |
| 〔エ〕 | | 崖 | ガイ | | わずか |
| | | | がけ | 錦 | キン |
| 怨 | エン | 蓋 | ガイ | | にしき |
| | オン | | ふた | | |
| | | 骸 | ガイ | | |

旧「常用漢字表」からの変更点　614

| 袖 | シュウ／そで |
| 羞 | シュウ |
| 蹴 | シュウ／ける |
| 憧 | ショウ／あこがれる |
| 拭 | ショク／ふく／ぬぐう |
| 尻 | しり |
| 芯 | シン |
| 腎 | ジン |

〔ス〕

| 須 | ス |
| 裾 | すそ |

〔セ〕

| 凄 | セイ |
| 醒 | セイ |
| 脊 | セキ |
| 戚 | セキ |
| 煎 | セン／いる |
| 羨 | セン／うらやむ／うらやましい |
| 腺 | セン |
| 詮 | セン |
| 箋 | セン |
| 膳 | ゼン |

| 痕 | コン／あと |

〔サ〕

| 沙 | サ |
| 挫 | ザ |
| 采 | サイ |
| 塞 | サイ／ソク／ふさぐ／ふさがる |
| 埼 | さい |
| 柵 | サク |
| 刹 | サツ |
| 拶 | サツ |
| 斬 | ザン／きる |

〔シ〕

| 恣 | シ |
| 摯 | シ |
| 餌[餌] | ジ／えさ／え |
| 鹿 | しか／か |
| 叱 | シツ／しかる |
| 嫉 | シツ |
| 腫 | シュ／はれる／はらす |
| 呪 | ジュ／のろう |

〔ク〕

| 惧 | グ |
| 串 | くし |
| 窟 | クツ |
| 熊 | くま |

〔ケ〕

| 詣 | ケイ／もうでる |
| 憬 | ケイ |
| 稽 | ケイ |
| 隙 | ゲキ／すき |
| 桁 | けた |
| 拳 | ケン／こぶし |
| 鍵 | ケン／かぎ |
| 舷 | ゲン |

〔コ〕

| 股 | コ／また |
| 虎 | コ／とら |
| 錮 | コ |
| 勾 | コウ |
| 梗 | コウ |
| 喉 | コウ／のど |
| 乞 | こう |
| 傲 | ゴウ |
| 駒 | こま |
| 頃 | ころ |

## 〔ソ〕

| | |
|---|---|
| 狙 | ソ / ねらう |
| 遡[遡] | ソ / さかのぼる |
| 曽(曾) | ソウ / ゾ |
| 爽 | ソウ / さわやか |
| 痩(瘦) | ソウ / やせる |
| 踪 | ソウ |
| 捉 | ソク / とらえる |
| 遜[遜] | ソン |

## 〔タ〕

| | |
|---|---|
| 汰 | タ |
| 唾 | ダ / つば |
| 堆 | タイ |
| 戴 | タイ |
| 誰 | だれ |
| 旦 | タン / ダン |
| 綻 | タン / ほころびる |

## 〔チ〕

| | |
|---|---|
| 緻 | チ |
| 酎 | チュウ |
| 貼 | チョウ / はる |
| 嘲 | チョウ / あざける |
| 捗 | チョク |

## 〔ツ〕

| | |
|---|---|
| 椎 | ツイ |
| 爪 | つめ / つま |
| 鶴 | つる |

## 〔テ〕

| | |
|---|---|
| 諦 | テイ / あきらめる |
| 溺 | デキ / おぼれる |
| 塡 | テン |

## 〔ト〕

| | |
|---|---|
| 妬 | ト / ねたむ |
| 賭 | ト / かける |
| 藤 | トウ / ふじ |
| 瞳 | ドウ / ひとみ |
| 栃 | とち |
| 頓 | トン |
| 貪 | ドン / むさぼる |
| 丼 | どんぶり / どん |

## 〔ナ〕

| | |
|---|---|
| 那 | ナ |
| 奈 | ナ |
| 梨 | なし |
| 謎[謎] | なぞ |
| 鍋 | なべ |

## 〔ニ〕

| | |
|---|---|
| 匂 | におう |
| 虹 | にじ |

## 〔ネ〕

| | |
|---|---|
| 捻 | ネン |

## 〔ハ〕

| | |
|---|---|
| 罵 | バ / ののしる |
| 剝 | ハク / はがす / はぐ / はがれる / はげる |
| 箸 | はし |
| 氾 | ハン |
| 汎 | ハン |
| 阪 | ハン |
| 斑 | ハン |

## 〔ヒ〕

| | |
|---|---|
| 眉 | ビ / ミ / まゆ |
| 膝 | ひざ |
| 肘 | ひじ |

## 〔フ〕

| | |
|---|---|
| 阜 | フ |
| 訃 | フ |

旧「常用漢字表」からの変更点　616

| | |
|---|---|
| 〔ヘ〕 | |
| 蔽 | ヘイ |
| 餅[餅] | ヘイ |
| （餅） | もち |
| 壁 | ヘキ |
| 蔑 | ベツ |
| | さげすむ |
| 〔ホ〕 | |
| 哺 | ホ |
| 蜂 | ホウ |
| | はち |
| 貌 | ボウ |
| 頰 | ほお |
| 睦 | ボク |
| 勃 | ボツ |
| 〔マ〕 | |
| 昧 | マイ |
| 枕 | まくら |
| 〔ミ〕 | |
| 蜜 | ミツ |

| | |
|---|---|
| 〔メ〕 | |
| 冥 | メイ |
| | ミョウ |
| 麺（麵） | メン |
| 〔ヤ〕 | |
| 冶 | ヤ |
| 弥（彌） | や |
| 闇 | やみ |
| 〔ユ〕 | |
| 喩 | ユ |
| 湧 | ユウ |
| | わく |
| 〔ヨ〕 | |
| 妖 | ヨウ |
| | あやしい |
| 瘍 | ヨウ |
| 沃 | ヨク |
| 〔ラ〕 | |
| 拉 | ラ |
| 辣 | ラツ |

| | |
|---|---|
| 藍 | ラン |
| | あい |
| 〔リ〕 | |
| 璃 | リ |
| 慄 | リツ |
| 侶 | リョ |
| 瞭 | リョウ |
| 〔ル〕 | |
| 瑠 | ル |
| 〔ロ〕 | |
| 呂 | ロ |
| 賂 | ロ |
| 弄 | ロウ |
| | もてあそぶ |
| 籠 | ロウ |
| | かご |
| | こもる |
| 麓 | ロク |
| | ふもと |
| 〔ワ〕 | |
| 脇 | わき |

## 2　削除字種一覧

### 削除字種（5字）表

（「例」「備考」欄は略。）

| 漢　字 | 音　訓 | | | | |
|---|---|---|---|---|---|
| 勺 | シャク | 錘 | スイ | 脹 | チョウ |
| | | | つむ | | |
| | | 銑 | セン | 匁 | もんめ |

## 3　音訓及び付表の変更点

### Ⅰ　音訓について

#### ＜音訓の変更＞
1　側（訓：かわ）→「がわ」と変更。

#### ＜音訓の追加＞
1　委（訓：ゆだねる）
2　育（訓：はぐくむ）
3　応（訓：こたえる）
4　滑（音：コツ）
5　関（訓：かかわる）
6　館（訓：やかた）
7　鑑（訓：かんがみる）
8　混（訓：こむ）
9　私（訓：わたし）
10　臭（訓：におう）
11　旬（音：シュン）【1字下げ】
12　伸（訓：のべる）
13　振（訓：ふれる）
14　粋（訓：いき）
15　逝（訓：いく）
16　拙（訓：つたない）
17　全（訓：すべて）
18　創（訓：つくる）
19　速（訓：はやまる）
20　他（訓：ほか）
21　中（音：ジュウ）【1字下げ】
22　描（訓：かく）
23　放（訓：ほうる）
24　務（訓：つとまる）
25　癒（訓：いえる・いやす）
26　要（訓：かなめ）
27　絡（訓：からめる）
28　類（訓：たぐい）

#### ＜音訓の削除＞
1　畝（訓：せ）
2　疲（訓：つからす）
3　浦（音：ホ）

#### ＜語例欄・備考欄の変更＞
1　愛（＝都道府県名）：＜愛媛（えひめ）県＞と注記。
2　音（＝語例の変更）：音「イン」の語例にある「音信不通」を「母音」に変更し，備考欄の「音信不通」につ

| | | |
|---|---|---|
| | | いての注記を削除。 |
| 3 | 堪（＝語例の追加） | ：音「カン」の語例として「堪能」を追加し，その備考欄に＜「堪能」は，「タンノウ」とも。＞と注記。 |
| 4 | 岐（＝都道府県名） | ：＜岐阜（ぎふ）県＞と注記。 |
| 5 | 屈（＝語例の追加） | ：語例「理屈」を追加。 |
| 6 | 児（＝都道府県名） | ：＜鹿児島（かごしま）県＞と注記。 |
| 7 | 滋（＝都道府県名） | ：＜滋賀（しが）県＞と注記。 |
| 8 | 十（＝備考欄に注記） | ：音「ジッ」の備考欄に＜「ジュッ」とも。＞と注記。 |
| 9 | 従（＝語例欄の変更） | ：訓「したがう」の語例「従って〔接〕」を削除。 |
| 10 | 昭（＝語例の追加） | ：語例「昭和」を追加。 |
| 11 | 城（＝都道府県名） | ：＜茨城（いばらき）県，宮城（みやぎ）県＞と注記。 |
| 12 | 神（＝都道府県名） | ：＜神奈川（かながわ）県＞と注記。 |
| 13 | 側（＝音訓の変更） | ：訓「かわ」を「がわ」と変更し，「がわ」の備考欄に＜「かわ」とも。＞と注記。 |
| 14 | 鳥（＝都道府県名） | ：＜鳥取（とっとり）県＞と注記。 |
| 15 | 透（＝語例欄の変更） | ：訓「すく」の語例にある「透き間」を削除。 |
| 16 | 破（＝語例の追加） | ：語例「破棄」を追加。 |
| 17 | 富（＝都道府県名） | ：＜富山（とやま）県＞と注記。 |
| 18 | 分（＝都道府県名） | ：＜大分（おおいた）県＞と注記。 |
| 19 | 良（＝都道府県名） | ：＜奈良（なら）県＞と注記。 |
| 20 | 力（＝字音の動詞化） | ：音「リキ」を動詞「力む」と使うことも可能であると「表の見方」に明記（「愛⇔愛する」，「案⇔案じる」などと同様の扱い）。 |

## Ⅱ 付表について

＜現行付表の変更＞

|   |   |   |
|---|---|---|
| 1 | 居士（付表：こじ） | ⇒「一言居士」を「居士」に変更。 |
| 2 | 五月（付表：さつき） | ⇒「五月晴れ」を「五月」に変更。 |
| 3 | お母さん（付表） | ⇒「お母さん」を「母さん」に変更。 |
| 4 | お父さん（付表） | ⇒「お父さん」を「父さん」に変更。 |
| 5 | 海女（付表：あま） | ⇒「海女」を「海女，海士」に変更。 |

<付表に追加>
1　鍛冶（かじ）　　　　　　4　老舗（しにせ）
2　固唾（かたず）　　　　　5　真面目（まじめ）
3　尻尾（しっぽ）　　　　　6　弥生（やよい）

<付表の語の扱いの変更>
○　付表の語を構成要素の一部とする熟語に用いてもよいことを明記。
　　（例）　「河岸(かし)」を「魚河岸(うおがし)」,「心地(ここち)」を「居心地（いごこち）」として使用。


## 4　「異字同訓」の漢字の用法例（追加字種・追加音訓関連）

【注】ここに収録した「異字同訓」の漢字の用法例（追加字種・追加音訓関連）は,「改定常用漢字表」（平22．6．7文化審議会答申）の「Ⅲ参考」に掲載されたものである。

あたる・あてる
　　当たる・当てる……ボールが体に当たる。任に当たる。予報が当たる。
　　　　　　　　　　　出発に当たって。胸に手を当てる。日光に当てる。
　　　　　　　　　　　当て外れ。
　　充てる……建築費に充（当）てる。保安要員に充（当）てる。
　　宛てる……恩師に宛てて手紙を書く。本社に宛てられた書類。
あと
　　跡……車輪の跡。苦心の跡が見える。父の跡を継ぐ。
　　痕……傷痕が痛む。壁に残る弾丸の痕。手術の痕（跡）。

**あやしい**
    怪しい……挙動が怪しい。空模様が怪しい。怪しい人影を見る。
    妖しい……妖しい魅力。妖しく輝く瞳。
**いく**
    行く……電車で行く。早く行こう。仕事帰りに図書館に行った。
    逝く……彼が逝って3年たつ。多くの人に惜しまれながら逝った。
**うた**
    歌……歌を歌う。美しい歌声が響く。
    唄……小唄の師匠。長唄を習う。馬子唄が聞こえる。
**おそれる**
    恐れる……死を恐れる。報復を恐れて逃亡する。失敗を恐れるな。
    畏れる……師を畏れ敬う。神を畏（恐）れる。畏（恐）れ多いお言葉。
**かかる・かける**
    掛かる・掛ける……迷惑が掛かる。腰を掛ける。保険を掛ける。壁掛け。掛け売り。
    懸かる・懸ける……月が中天に懸かる。優勝が懸かる。賞金を懸ける。命を懸けて。
    架かる・架ける……橋が架かる。橋を架ける。電線を架ける。
    係る……本件に係る訴訟。係り結び。係員。
    賭ける……大金を賭ける。人生を賭（懸）けた勝負。名誉を賭（懸）けて誓う。
**かく**
    書く……小説を書く。日記を書く。小さな字で書かれた本。
    描く……油絵を描く。ノートに地図を描く。
**きる**
    切る……野菜を切る。期限を切る。電源を切る。縁を切る。
    斬る……刀で斬（切）る。敵を斬（切）り殺す。世相を斬（切）る。
**こう**
    請う……許可を請（乞）う。紹介を請（乞）う。案内を請（乞）う。
    乞う……乞う御期待。命乞いをする。雨乞いの儀式。慈悲を乞う。
**こたえる**
    答える……質問に答える。正確に答える。

応える……期待に応える。時代の要請に応える。
こむ
　混む……電車が混（込）む。混（込）み合う店内。人混（込）みを避ける。
　込む……負けが込む。手の込んだ細工を施す。仕事が立て込む。
つくる
　作る……米を作る。規則を作る。詩を作る。刺身に作る。生け作り。
　造る……船を造る。庭園を造る。酒を造る。
　創る……新しい文化を創（作）る。画期的な商品を創（作）り出す。
つとまる
　勤まる……私にはこの会社は勤まらない。彼にも十分勤（務）まる仕事だ。
　務まる……彼には主役は務まらないだろう。会長が務まるかどうか不安だ。
とらえる
　捕らえる……犯人を捕らえる。獲物の捕らえ方。
　捉える……文章の要点を捉える。問題の捉え方が難しい。
におい・におう
　匂い・匂う……梅の花の匂い。香水がほのかに匂う。
　臭い・臭う……魚の腐った臭い。生ごみが臭う。
のべる
　延べる……出発の期日を延べる。布団を延べる。金の延べ棒。
　伸べる……手を伸べて助け起こす。救いの手を伸べる。
はやまる
　早まる……出発時間が早まる。順番が早まる。早まった行動。
　速まる……回転のスピードが速まる。脈拍が速まる。
はる
　張る……氷が張る。テントを張る。策略を張り巡らす。張りのある声。
　貼る……ポスターを貼る。切手を貼り付ける。タイル貼（張）りの壁。
ほか
　外……思いの外に到着が早かった。想像の外の事件が起こる。
　他……この他に用意するものはあるか。他の人にも尋ねる。

わく
    沸く……湯が沸く。風呂が沸く。すばらしい演技に場内が沸く。
    湧く……温泉が湧く。勇気が湧く。盛大な拍手が湧（沸）く。

# 小学校学年別漢字配当表

この表は,現行の小学校学習指導要領(平29.3.31文部科学省告示63)「第2章,第1節国語」に別表として示されたものである。

この辞典では,「学年別漢字配当表」に示された漢字については,その右肩に配当学年の数字を示してある。

| | |
|---|---|
| 第一学年 | 一 右 雨 円 王 音 下 火 花 貝 学 気 九 休 玉 金 空 月 犬 見<br>五 口 校 左 三 山 子 四 糸 字 耳 七 車 手 十 出 女 小 上 森<br>人 水 正 生 青 夕 石 赤 千 川 先 早 草 足 村 大 男 竹 中 虫<br>町 天 田 土 二 日 入 年 白 八 百 文 木 本 名 目 立 力 林 六<br><div align="right">(80字)</div> |
| 第二学年 | 引 羽 雲 園 遠 何 科 夏 家 歌 画 回 会 海 絵 外 角 楽 活 間<br>丸 岩 顔 汽 記 帰 弓 牛 魚 京 強 教 近 兄 形 計 元 言 原 戸<br>古 午 後 語 工 公 広 交 光 考 行 高 黄 合 谷 国 黒 今 才 細<br>作 算 止 市 矢 姉 思 紙 寺 自 時 室 社 弱 首 秋 週 春 書 少<br>場 色 食 心 新 親 図 数 西 声 星 晴 切 雪 船 線 前 組 走 多<br>太 体 台 地 池 知 茶 昼 長 鳥 朝 直 通 弟 店 点 電 刀 冬 当<br>東 答 頭 同 道 読 内 南 肉 馬 売 買 麦 半 番 父 風 分 聞 米<br>歩 母 方 北 毎 妹 万 明 鳴 毛 門 夜 野 友 用 曜 来 里 理 話<br><div align="right">(160字)</div> |

## 学年別漢字配当表

| 第三学年 | 悪 安 暗 医 委 意 育 員 院 飲 運 泳 駅 央 横 屋 温 化 荷 界<br>開 階 寒 感 漢 館 岸 起 期 客 究 急 級 宮 球 去 橋 業 曲 局<br>銀 区 苦 具 君 係 軽 血 決 研 県 庫 湖 向 幸 港 号 根 祭 皿<br>仕 死 使 始 指 歯 詩 次 事 持 式 実 写 者 主 守 取 酒 受 州<br>拾 終 習 集 住 重 宿 所 暑 助 昭 消 商 章 勝 乗 植 申 身 神<br>真 深 進 世 整 昔 全 相 送 想 息 速 族 他 打 対 待 代 第 題<br>炭 短 談 着 注 柱 丁 帳 調 追 定 庭 笛 鉄 転 都 度 投 豆 島<br>湯 登 等 動 童 農 波 配 倍 箱 畑 発 反 坂 板 皮 悲 美 鼻 筆<br>氷 表 秒 病 品 負 部 服 福 物 平 返 勉 放 味 命 面 問 役 薬<br>由 油 有 遊 予 羊 洋 葉 陽 様 落 流 旅 両 緑 礼 列 練 路 和<br>(200字) |
|---|---|
| 第四学年 | 愛 案 以 衣 位 茨 印 英 栄 媛 塩 岡 億 加 果 貨 課 芽 賀 改<br>械 害 街 各 覚 潟 完 官 管 関 観 願 岐 希 季 旗 器 機 議 求<br>泣 給 挙 漁 共 協 鏡 競 極 熊 訓 軍 郡 群 径 景 芸 欠 結 建<br>健 験 固 功 好 香 候 康 佐 差 菜 最 埼 材 崎 昨 札 刷 察 参<br>産 散 残 氏 司 試 児 治 滋 辞 鹿 失 借 種 周 祝 順 初 松 笑<br>唱 焼 照 城 縄 臣 信 井 成 省 清 静 席 積 折 節 説 浅 戦 選<br>然 争 倉 巣 束 側 続 卒 孫 帯 隊 達 単 置 仲 沖 兆 低 底 的 |

|  |  |
|---|---|
|  | 典 伝 徒 努 灯 働 特 徳 栃 奈 梨 熱 念 敗 梅 博 阪 飯 飛 必<br>票 標 不 夫 付 府 阜 富 副 兵 別 辺 変 便 包 法 望 牧 末 満<br>未 民 無 約 勇 要 養 浴 利 陸 良 料 量 輪 類 令 冷 例 連 老<br>労 録　　　　　　　　　　　　　　　　　　　　(202字) |
| 第五学年 | 圧 囲 移 因 永 営 衛 易 益 液 演 応 往 桜 可 仮 価 河 過 快<br>解 格 確 額 刊 幹 慣 眼 紀 基 寄 規 喜 技 義 逆 久 旧 救 居<br>許 境 均 禁 句 型 経 潔 件 険 検 限 現 減 故 個 護 効 厚 耕<br>航 鉱 構 興 講 告 混 査 再 災 妻 採 際 在 財 罪 殺 雑 酸 賛<br>士 支 史 志 枝 師 資 飼 示 似 識 質 舎 謝 授 修 述 術 準 序<br>招 証 象 賞 条 状 常 情 織 職 制 性 政 勢 精 製 税 責 績 接<br>設 絶 祖 素 総 造 像 増 則 測 属 率 損 貸 態 団 断 築 貯 張<br>停 提 程 適 統 堂 銅 導 得 毒 独 任 燃 能 破 犯 判 版 比 肥<br>非 費 備 評 貧 布 婦 武 復 複 仏 粉 編 弁 保 墓 報 豊 防 貿<br>暴 脈 務 夢 迷 綿 輸 余 容 略 留 領 歴　　　　　(193字) |
| 第六 | 胃 異 遺 域 宇 映 延 沿 恩 我 灰 拡 革 閣 割 株 干 巻 看 簡<br>危 机 揮 貴 疑 吸 供 胸 郷 勤 筋 系 敬 警 劇 激 穴 券 絹 権<br>憲 源 厳 己 呼 誤 后 孝 皇 紅 降 鋼 刻 穀 骨 困 砂 座 済 裁<br>策 冊 蚕 至 私 姿 視 詞 誌 磁 射 捨 尺 若 樹 収 宗 就 衆 従 |

| 学年 | |
|---|---|
| | 縦 縮 熟 純 処 署 諸 除 承 将 傷 障 蒸 針 仁 垂 推 寸 盛 聖 |
| | 誠 舌 宣 専 泉 洗 染 銭 善 奏 窓 創 装 層 操 蔵 臓 存 尊 退 |
| | 宅 担 探 誕 段 暖 値 宙 忠 著 庁 頂 腸 潮 賃 痛 敵 展 討 党 |
| | 糖 届 難 乳 認 納 脳 派 拝 背 肺 俳 班 晩 否 批 秘 俵 腹 奮 |
| | 並 陛 閉 片 補 暮 宝 訪 亡 忘 棒 枚 幕 密 盟 模 訳 郵 優 預 |
| | 幼 欲 翌 乱 卵 覧 裏 律 臨 朗 論　　　　　　　　　(191字) |

## ○学習指導要領(抄)

小 学 校　平29.3.31文部科学省告示63
中 学 校　平29.3.31文部科学省告示64
高等学校　平30.3.30文部科学省告示68

□小学校（各学年とも「2　内容〔知識及び技能〕(1)」による。）
〔第1学年及び第2学年〕
エ　第1学年においては、別表の学年別漢字配当表（以下「学年別漢字配当表」という。）の第1学年に配当されている漢字を読み、漸次書き、文や文章の中で使うこと。第2学年においては、学年別漢字配当表の第2学年までに配当されている漢字を読むこと。また、第1学年に配当されている漢字を書き、文や文章の中で使うとともに、第2学年に配当されている漢字を漸次書き、文や文章の中で使うこと。
〔第3学年及び第4学年〕
エ　第3学年及び第4学年の各学年においては、学年別漢字配当表の当該学年までに配当されている漢字を読むこと。また、当該学年の前の学年までに配当されている漢字を書き、文や文章の中で使うとともに、当該学年に配当されている漢字を漸次書き、文や文章の中で使うこと。

〔第5学年及び第6学年〕
エ　第5学年及び第6学年の各学年においては，学年別漢字配当表の当該学年までに配当されている漢字を読むこと。また，当該学年の前の学年までに配当されている漢字を書き，文や文章の中で使うとともに，当該学年に配当されている漢字を漸次書き，文や文章の中で使うこと。


□中学校（各学年とも「2　内容〔知識及び技能〕(1)」による。）
　〔第1学年〕
イ　小学校学習指導要領第2章第1節国語の学年別漢字配当表（以下「学年別漢字配当表」という。）に示されている漢字に加え，その他の常用漢字のうち300字程度から400字程度までの漢字を読むこと。また，学年別漢字配当表の漢字のうち900字程度の漢字を書き，文や文章の中で使うこと。
　〔第2学年〕
ウ　第1学年までに学習した常用漢字に加え，その他の常用漢字のうち350字程度から450字程度までの漢字を読むこと。また，学年別漢字配当表に示されている漢字を書き，文や文章の中で使うこと。
　〔第3学年〕
ア　第2学年までに学習した常用漢字に加え，その他の常用漢字の大体を読むこと。また，学年別漢字配当表に示されている漢字について，文や文章の中で使い慣れること。


□高等学校（「第1　現代の国語　2　内容〔知識及び技能〕(1)」等による。）
ウ　常用漢字の読みに慣れ，主な常用漢字を書き，文や文章の中で使うこと。

# 現代仮名遣い

$$\begin{pmatrix}昭61.7.1内閣告示1\\平22.11.30内閣告示4で一部改正\end{pmatrix}$$

前 書 き

1 この仮名遣いは,語を現代語の音韻に従って書き表すことを原則とし,一方,表記の慣習を尊重して一定の特例を設けるものである。
2 この仮名遣いは,法令,公用文書,新聞,雑誌,放送など,一般の社会生活において,現代の国語を書き表すための仮名遣いのよりどころを示すものである。
3 この仮名遣いは,科学,技術,芸術その他の各種専門分野や個々人の表記にまで及ぼそうとするものではない。
4 この仮名遣いは,主として現代文のうち口語体のものに適用する。原文の仮名遣いによる必要のあるもの,固有名詞などでこれによりがたいものは除く。
5 この仮名遣いは,擬声・擬態的描写や嘆声,特殊な方言音,外来語・外来音などの書き表し方を対象とするものではない。
6 この仮名遣いは,「ホオ・ホホ(頰)」「テキカク・テッカク(的確)」のような発音にゆれのある語について,その発音をどちらかに決めようとするものではない。
7 この仮名遣いは,点字,ローマ字などを用いて国語を書き表す場合のきまりとは必ずしも対応するものではない。
8 歴史的仮名遣いは,明治以降,「現代かなづかい」(昭和21年内閣告示第33号)の行われる以前には,社会一般の基準として行われていたものであり,今日においても,歴史的仮名遣いで書かれた文献等を読む機会は多い。歴史的仮名遣いが,我が国の歴史や文化に深いかかわりをもつものとして,尊重されるべきことは言うまでもない。また,この仮名遣いにも歴史的仮名遣いを受け継いでいるところがあり,この仮名遣いの理解を深める上で,歴史的仮名遣いを知ることは有用である。付表において,この仮名遣いと歴史的仮名遣いとの対照を示すのはそのためである。

## 本　文

凡　例
1　原則に基づくきまりを第1に示し，表記の慣習による特例を第2に示した。
2　例は，おおむね平仮名書きとし，適宜，括弧内に漢字を示した。常用漢字表に掲げられていない漢字及び音訓には，それぞれ＊印及び△印をつけた。

第1　語を書き表すのに，現代語の音韻に従って，次の仮名を用いる。
　　　ただし，下線を施した仮名は，第2に示す場合にだけ用いるものである。

1　直音

　　　あ　い　う　え　お
　　　か　き　く　け　こ　　　が　ぎ　ぐ　げ　ご
　　　さ　し　す　せ　そ　　　ざ　じ　ず　ぜ　ぞ
　　　た　ち　つ　て　と　　　だ　<u>ぢ</u>　<u>づ</u>　で　ど
　　　な　に　ぬ　ね　の
　　　は　ひ　ふ　へ　ほ　　　ば　び　ぶ　べ　ぼ
　　　　　　　　　　　　　　　ぱ　ぴ　ぷ　ぺ　ぽ
　　　ま　み　む　め　も
　　　や　　　ゆ　　　よ
　　　ら　り　る　れ　ろ
　　　わ　　　　　　　<u>を</u>

例　あさひ(朝日)　きく(菊)　さくら(桜)　ついやす(費)　にわ(庭)　ふで(筆)
　　もみじ(紅葉)　ゆずる(譲)　れきし(歴史)　わかば(若葉)
　　えきか(液化)　せいがくか(声楽家)　さんぽ(散歩)

2　拗音(よう)

　　　きゃ　きゅ　きょ　　　ぎゃ　ぎゅ　ぎょ
　　　しゃ　しゅ　しょ　　　じゃ　じゅ　じょ
　　　ちゃ　ちゅ　ちょ　　　<u>ぢゃ</u>　<u>ぢゅ</u>　<u>ぢょ</u>
　　　にゃ　にゅ　にょ

　　　　　ひゃ　ひゅ　ひょ　　　　びゃ　びゅ　びょ
　　　　　　　　　　　　　　　　　ぴゃ　ぴゅ　ぴょ
　　　　みゃ　みゅ　みょ
　　　　りゃ　りゅ　りょ
　例　しゃかい(社会)　しゅくじ(祝辞)　かいじょ(解除)　りゃくが(略画)
　　〔注意〕　拗音に用いる「や，ゆ，よ」は，なるべく小書きにする。

3　撥音
　　　　ん
　例　まなんで(学)　みなさん　しんねん(新年)　しゅんぶん(春分)

4　促音
　　　　っ
　例　はしって(走)　かっき(活気)　がっこう(学校)　せっけん(石鹸)
　　〔注意〕　促音に用いる「つ」は，なるべく小書きにする。

5　長音
　(1)　ア列の長音
　　　　　　ア列の仮名に「あ」を添える。
　　例　おかあさん　　おばあさん
　(2)　イ列の長音
　　　　　　イ列の仮名に「い」を添える。
　　例　にいさん　　おじいさん
　(3)　ウ列の長音
　　　　　　ウ列の仮名に「う」を添える。
　　例　おさむうございます(寒)　くうき(空気)　ふうふ(夫婦)
　　　　うれしゅう存じます　きゅうり　ぼくじゅう(墨汁)　ちゅうもん(注文)
　(4)　エ列の長音
　　　　　　エ列の仮名に「え」を添える。
　　例　ねえさん　ええ(応答の語)
　(5)　オ列の長音
　　　　　　オ列の仮名に「う」を添える。

例　おとうさん　とうだい(灯台)
　　　　わこうど(若人)　おうむ
　　　　かおう(買)　あそぼう(遊)　おはよう(早)
　　　　おうぎ(扇)　ほうる(放)　とう(塔)
　　　　よいでしょう　はっぴょう(発表)
　　　　きょう(今日)　ちょうちょう(蝶々)

第2　特定の語については，表記の慣習を尊重して，次のように書く。

1　助詞の「を」は，「を」と書く。
　　例　本を読む　岩をも通す　失礼をいたしました
　　　　やむをえない　いわんや…をや　よせばよいものを
　　　　てにをは

2　助詞の「は」は，「は」と書く。
　　例　今日は日曜です　山では雪が降りました
　　　　あるいは　または　もしくは
　　　　いずれは　さては　ついては　ではさようなら　とはいえ
　　　　惜しむらくは　恐らくは　願わくは
　　　　これはこれ　こんにちは　こんばんは
　　　　悪天候もものかは
　　〔注意〕　次のようなものは，この例にあたらないものとする。
　　　　いまわの際　すわ一大事
　　　　雨も降るわ風も吹くわ　来るわ来るわ　きれいだわ

3　助詞の「へ」は，「へ」と書く。
　　例　故郷へ帰る　…さんへ　母への便り　駅へは数分

4　動詞の「いう(言)」は，「いう」と書く。
　　例　ものをいう(言)　いうまでもない　昔々あったという
　　　　どういうふうに　人というもの　こういうわけ

5 次のような語は,「ぢ」「づ」を用いて書く。
(1) 同音の連呼によって生じた「ぢ」「づ」
  例 ちぢみ(縮)　ちぢむ　ちぢれる　ちぢこまる
　　つづみ(鼓)　つづら　つづく(続)　つづめる(約)　つづる(綴)
　　〔注意〕　「いちじく」「いちじるしい」は,この例にあたらない。

(2) 二語の連合によって生じた「ぢ」「づ」
  例 はなぢ(鼻血)　そえぢ(添乳)　もらいぢち　そこぢから(底力)　ひぢりめん
　　いれぢえ(入知恵)　ちのみぢゃわん
　　まぢか(間近)　こぢんまり
　　ちかぢか(近々)　ちりぢり
　　みかづき(三日月)　たけづつ(竹筒)　たづな(手綱)　ともづな　にいづま(新妻)　けづめ　ひづめ　ひげづら
　　おこづかい(小遣)　あいそづかし　わしづかみ　こころづくし(心尽)　てづくり(手作)　こづつみ(小包)　ことづて　はこづめ(箱詰)　はたらきづめ　みちづれ(道連)
　　かたづく　こづく(小突)　どくづく　もとづく　うらづける　ゆきづまる　ねばりづよい
　　つねづね(常々)　つくづく　つれづれ
  なお,次のような語については,現代語の意識では一般に二語に分解しにくいもの等として,それぞれ「じ」「ず」を用いて書くことを本則とし,「せかいじゅう」「いなずま」のように「ぢ」「づ」を用いて書くこともできるものとする。
  例 せかいじゅう(世界中)
　　いなずま(稲妻)　かたず(固唾)　きずな(絆)　さかずき(杯)　ときわず　ほおずき　みみずく
　　うなずく　おとずれる(訪)　かしずく　つまずく　ぬかずく　ひざまずく
　　あせみずく　くんずほぐれつ　さしずめ　でずっぱり　なかんずく
　　うでずく　くろずくめ　ひとりずつ
　　ゆうずう(融通)
  〔注意〕　次のような語の中の「じ」「ず」は,漢字の音読みでもともと濁っているものであって,上記(1),(2)のいずれにもあたらず,「じ」「ず」を用いて書く。

例　じめん(地面)　ぬのじ(布地)
　　　　ずが(図画)　りゃくず(略図)

6　次のような語は，オ列の仮名に「お」を添えて書く。
　例　おおかみ　おおせ(仰)　おおやけ(公)　こおり(氷・郡)　こおろぎ　ほお(頬・朴)　ほおずき　ほのお(炎)　とお(十)
　　　いきどおる(憤)　おおう(覆)　こおる(凍)　しおおせる　とおる(通)　とどこおる(滞)　もよおす(催)
　　　いとおしい　おおい(多)　おおきい(大)　とおい(遠)
　　　おおむね　おおよそ
　これらは，歴史的仮名遣いでオ列の仮名に「ほ」又は「を」が続くものであって，オ列の長音として発音されるか，オ・オ，コ・オのように発音されるかにかかわらず，オ列の仮名に「お」を添えて書くものである。

付記
　次のような語は，エ列の長音として発音されるか，エイ，ケイなどのように発音されるかにかかわらず，エ列の仮名に「い」を添えて書く。
　　　例　かれい　せい (背)
　　　　　かせいで (稼)　まねいて (招)　春めいて
　　　　　へい (塀)　めい (銘)　れい (例)
　　　　　えいが (映画)　とけい (時計)　ていねい (丁寧)

現代仮名遣い　　　　　　　634

## 付　　表

凡　例

1　現代語の音韻を目印として，この仮名遣いと歴史的仮名遣いとの主要な仮名の使い方を対照させ，例を示した。

2　音韻を表すのには，片仮名及び長音符号「ー」を用いた。

3　例は，おおむね漢字書きとし，仮名の部分は歴史的仮名遣いによった。常用漢字表に掲げられていない漢字及び音訓には，それぞれ＊印及び△印をつけ，括弧内に仮名を示した。

4　ジの音韻の項には，便宜，拗音の例を併せ挙げた。

| 現代語の音韻 | この仮名遣いで用いる仮名 | 歴史的仮名遣いで用いる仮名 | 例 |
|---|---|---|---|
| イ | い | い | 石　報いる　赤い　意図　愛 |
|  |  | ゐ | 井戸　居る　参る　胃　権威 |
|  |  | ひ | 貝　合図　費やす　思ひ出　恋しさ |
| ウ | う | う | 歌　馬　浮かぶ　雷雨　機運 |
|  |  | ふ | 買ふ　吸ふ　争ふ　危ふい |
| エ | え | え | 柄　枝　心得　見える　栄誉 |
|  |  | ゑ | 声　植ゑる　絵　円　知恵 |
|  |  | へ | 家　前　考へる　帰る　救へ |
|  | へ | へ | 西へ進む |
| オ | お | お | 奥　大人　起きる　お話　雑音 |
|  |  | を | 男　十日　踊る　青い　悪寒 |
|  |  | ほ | 顔　氷　滞る　直す　大きい |
|  |  | ふ | 仰ぐ　倒れる |
|  | を | を | 花を見る |
| カ | か | か | 蚊　紙　静か　家庭　休暇 |
|  |  | くわ | 火事　歓迎　結果　生活　愉快 |

現代仮名遣い

| ガ | が | が | 石垣 学問 岩石 生涯 発芽 |
| --- | --- | --- | --- |
| | | ぐわ | 画家 外国 丸薬 正月 念願 |
| ジ | じ | じ | 初め こじあける 字 自慢 術語 |
| | | ぢ | 味 恥ぢる 地面 女性 正直 |
| | ぢ | ぢ | 縮む 鼻血 底力 近々 入れ知恵 |
| ズ | ず | ず | 鈴 物好き 知らずに 人数 洪水 |
| | | づ | 水 珍しい 一つづつ 図画 大豆 |
| | づ | づ | 鼓 続く 三日月 塩漬け 常々 |
| ワ | わ | わ | 輪 泡 声色 弱い 和紙 |
| | | は | 川 回る 思はず 柔らか 琵琶（び は） |
| | は | は | 我は海の子 又は |
| ユー | ゆう | ゆう | 勇気 英雄 金融 |
| | | ゆふ | 夕方 |
| | | いう | 遊戯 郵便 勧誘 所有 |
| | | いふ | 都邑（といふ） |
| | いう | いふ | 言ふ |
| オー | おう | おう | 負うて 応答 欧米 |
| | | あう | 桜花 奥義 中央 |
| | | あふ | 扇 押収 凹凸 |
| | | わう | 弱う 王子 往来 卵黄 |
| | | はう | 買はう 舞はう 怖うございます |
| コー | こう | こう | 功績 拘束 公平 気候 振興 |
| | | こふ | 劫（こふ） |
| | | かう | 咲かう 赤う かうして 講義 健康 |
| | | かふ | 甲乙 太閤（たいかふ） |
| | | くわう | 光線 広大 恐慌 破天荒 |

| | | | |
|---|---|---|---|
| ゴー | ごう | ごう | 皇后 |
| | | ごふ | 業 永劫（えいごふ） |
| | | がう | 急がう 長う 強引 豪傑 番号 |
| | | がふ | 合同 |
| | | ぐわう | 轟音（ぐわうおん） |
| ソー | そう | そう | 僧 総員 競走 吹奏 放送 |
| | | さう | 話さう 浅う さうして 草案 体操 |
| | | さふ | 挿話 |
| ゾー | ぞう | ぞう | 増加 憎悪 贈与 |
| | | ざう | 象 蔵書 製造 内臓 仏像 |
| | | ざふ | 雑煮 |
| トー | とう | とう | 弟 統一 冬至 暴投 北東 |
| | | たう | 峠 勝たう 痛う 刀剣 砂糖 |
| | | たふ | 塔 答弁 出納 |
| ドー | どう | どう | どうして 銅 童話 運動 空洞 |
| | | だう | 堂 道路 葡萄（ぶだう） |
| | | だふ | 問答 |
| ノー | のう | のう | 能 農家 濃紺 |
| | | のふ | 昨日 |
| | | なう | 死なう 危なうございます 脳 苦悩 |
| | | なふ | 納入 |
| ホー | ほう | ほう | 奉祝 俸給 豊年 霊峰 |
| | | ほふ | 法会 |
| | | はう | 葬る 包囲 芳香 解放 |
| | | はふ | はふり投げる はふはふの体 法律 |

| ボー | ぼう | ぼう | 某 貿易 解剖 無謀 |
| --- | --- | --- | --- |
| | | ぼふ | 正法 |
| | | ばう | 遊ばう 飛ばう 紡績 希望 堤防 |
| | | ばふ | 貧乏 |
| ポー | ぽう | ぽう | 本俸 連峰 |
| | | ぽふ | 説法 |
| | | ぱう | 鉄砲 奔放 立方 |
| | | ぱふ | 立法 |
| モー | もう | もう | もう一つ 啓蒙 (けいもう) |
| | | まう | 申す 休まう 甘う 猛獣 本望 |
| ヨー | よう | よう | 見よう ようございます 用 容易 中庸 |
| | | やう | 八日 早う 様子 洋々 太陽 |
| | | えう | 幼年 要領 童謡 日曜 |
| | | えふ | 紅葉 |
| ロー | ろう | ろう | 楼 漏電 披露 |
| | | ろふ | かげろふ ふくろふ |
| | | らう | 祈らう 暗う 廊下 労働 明朗 |
| | | らふ | 候文 蠟燭 (らふそく) |
| キュー | きゅう | きゆう | 弓術 宮殿 貧窮 |
| | | きう | 休養 丘陵 永久 要求 |
| | | きふ | 及第 急務 給与 階級 |
| ギュー | ぎゅう | ぎう | 牛乳 |
| シュー | しゅう | しゆう | 宗教 衆知 終了 |
| | | しう | よろしう 周囲 収入 晩秋 |
| | | しふ | 執着 習得 襲名 全集 |

| ジュー | じゅう | じゅう | 充実 従順 臨終 猟銃 |
| --- | --- | --- | --- |
| | | じう | 柔軟 野獣 |
| | | じふ | 十月 渋滞 墨汁 |
| | | ぢゅう | 住居 重役 世界中 |
| チュー | ちゅう | ちゅう | 中学 衷心 注文 昆虫 |
| | | ちう | 抽出 鋳造 宇宙 白昼 |
| ニュー | にゅう | にゆう | 乳酸 |
| | | にう | 柔和 |
| | | にふ | 埴生(はにふ) 入学 |
| ヒュー | ひゅう | ひう | 日向(ひうが) |
| ビュー | びゅう | びう | 誤謬(ごびう) |
| リュー | りゅう | りゆう | 竜 隆盛 |
| | | りう | 留意 流行 川柳 |
| | | りふ | 粒子 建立 |
| キョー | きょう | きよう | 共通 恐怖 興味 吉凶 |
| | | きやう | 兄弟 鏡台 経文 故郷 熱狂 |
| | | けう | 教育 矯正 絶叫 鉄橋 |
| | | けふ | 今日 脅威 協会 海峡 |
| ギョー | ぎょう | ぎよう | 凝集 |
| | | ぎやう | 仰天 修行 人形 |
| | | げう | 今暁 |
| | | げふ | 業務 |
| ショー | しょう | しよう | 昇格 承諾 勝利 自称 訴訟 |
| | | しやう | 詳細 正直 商売 負傷 文章 |
| | | せう | 見ませう 小説 消息 少年 微笑 |
| | | せふ | 交渉 |

| ジョー | じょう | じよう | 冗談 乗馬 過剰 |
| --- | --- | --- | --- |
| | | じやう | 成就 上手 状態 感情 古城 |
| | | ぜう | 饒舌（ぜうぜつ） |
| | | ぢやう | 定石 丈夫 市場 令嬢 |
| | | でう | 箇条 |
| | | でふ | 一帖（いちでふ） 六畳 |
| | ぢょう | ぢやう | 盆提灯（ぼんぢやうちん） |
| | | でう | 一本調子 |
| チョー | ちょう | ちよう | 徴収 清澄 尊重 |
| | | ちやう | 腸 町会 聴取 長短 手帳 |
| | | てう | 調子 朝食 弔電 前兆 野鳥 |
| | | てふ | 蝶（てふ） |
| ニョー | にょう | によう | 女房 |
| | | ねう | 尿 |
| ヒョー | ひょう | ひよう | 氷山 |
| | | ひやう | 拍子 評判 兵糧 |
| | | へう | 表裏 土俵 投票 |
| ビョー | びょう | びやう | 病気 平等 |
| | | べう | 秒読み 描写 |
| ピョー | ぴょう | ぴよう | 結氷 信憑性（しんぴようせい） |
| | | ぴやう | 論評 |
| | | ぺう | 一票 本表 |
| ミョー | みょう | みやう | 名代 明日 寿命 |
| | | めう | 妙技 |
| リョー | りょう | りよう | 丘陵 |
| | | りやう | 領土 両方 善良 納涼 分量 |
| | | れう | 寮 料理 官僚 終了 |
| | | れふ | 漁 猟 |

# 送り仮名の付け方

> 昭48.6.18内閣告示2
> 昭56.10.1内閣告示3で一部改正
> 平22.11.30内閣告示3で一部改正

○前書き

一　この「送り仮名の付け方」は，法令・公用文書・新聞・雑誌・放送など，一般の社会生活において，「常用漢字表」の音訓によって現代の国語を書き表す場合の送り仮名の付け方のよりどころを示すものである。

二　この「送り仮名の付け方」は，科学・技術・芸術その他の各種専門分野や個々人の表記にまで及ぼそうとするものではない。

三　この「送り仮名の付け方」は，漢字を記号的に用いたり，表に記入したりする場合や，固有名詞を書き表す場合を対象としていない。

○「本文」の見方及び使い方

一　この「送り仮名の付け方」の本文の構成は，次のとおりである。

　　単独の語
　1　活用のある語
　通則1　（活用語尾を送る語に関するもの）
　通則2　（派生・対応の関係を考慮して，活用語尾の前の部分から送る語に関するもの）
　2　活用のない語
　通則3　（名詞であって，送り仮名を付けない語に関するもの）
　通則4　（活用のある語から転じた名詞であって，もとの語の送り仮名の付け方によって送る語に関するもの）
　通則5　（副詞・連体詞・接続詞に関するもの）
　　複合の語
　通則6　（単独の語の送り仮名の付け方による語に関するもの）
　通則7　（慣用に従って送り仮名を付けない語に関するもの）
　　付表の語
　　1　（送り仮名を付ける語に関するもの）
　　2　（送り仮名を付けない語に関するもの）

二　通則とは，単独の語及び複合の語の別，活用のある語及び活用のない語の別等に

応じて考えた送り仮名の付け方に関する基本的な法則をいい、必要に応じ、例外的な事項又は許容的な事項を加えてある。

　したがって、各通則には、本則のほか、必要に応じて例外及び許容を設けた。ただし、通則 7 は、通則 6 の例外に当たるものであるが、該当する語が多数に上るので、別の通則として立てたものである。

三　この「送り仮名の付け方」で用いた用語の意義は、次のとおりである。

　単独の語……漢字の音又は訓を単独に用いて、漢字 1 字で書き表す語をいう。

　複合の語……漢字の訓と訓、音と訓などを複合させ、漢字 2 字以上を用いて書き表す語をいう。

　付表の語……「常用漢字表」の付表に掲げてある語のうち、送り仮名の付け方が問題となる語をいう。

　活用のある語……動詞・形容詞・形容動詞をいう。

　活用のない語……名詞・副詞・連体詞・接続詞をいう。

　本　則……送り仮名の付け方の基本的な法則と考えられるものをいう。

　例　外……本則には合わないが、慣用として行われていると認められるものであって、本則によらず、これによるものをいう。

　許　容……本則による形とともに、慣用として行われていると認められるものであって、本則以外に、これによってよいものをいう。

四　単独の語及び複合の語を通じて、字音を含む語は、その字音の部分には送り仮名を要しないのであるから、必要のない限り触れていない。

五　各通則において、送り仮名の付け方が許容によることのできる語については、本則又は許容のいずれに従ってもよいが、個々の語に適用するに当たって、許容に従ってよいかどうか判断し難い場合には、本則によるものとする。

## 本　文

（〔　〕の部分は、編者注）

単独の語

1　活用のある語

通則 1

　　本則　活用のある語（通則 2 を適用する語を除く。）は、活用語尾を送る。

　　　〔例〕　憤る　承る　書く　実る　催す

　　　　　　　生きる　陥れる　考える　助ける
　　　　　　　荒い　潔い　賢い　濃い
　　　　　　　主だ

* ①「憤る」～「助ける」は動詞の例であり，「催す」までは五段活用，「生きる」は上一段活用，「陥れる」～「助ける」は下一段活用である。カ行及びサ行の変格活用を欠いており，後の（注意）で触れている。サ行の変格活用の動詞の「欲する」は，この告示の趣旨からは単独の語と認められ，語例としてここに加えられてよい。②「主だ」は形容動詞の例であるが，これには活用形は備わっていない。

例外　(1)　語幹が「し」で終わる形容詞は，「し」から送る。
　　　　　〔例〕　著しい　惜しい　悔しい　恋しい　珍しい
　　　(2)　活用語尾の前に「か」，「やか」，「らか」を含む形容動詞は，その音節から送る。
　　　　　〔例〕　暖かだ　細かだ　静かだ
　　　　　　　　穏やかだ　健やかだ　和やかだ
　　　　　　　　明らかだ　平らかだ　滑らかだ　柔らかだ
　　　(3)　次の語は，次に示すように送る。
　　　　　明らむ　味わう　哀れむ　慈しむ　教わる　脅かす（おどかす）　脅かす（おびやかす）　関わる　食らう　異なる　逆らう　捕まる　群がる　和らぐ　揺する
　　　　　明るい　危ない　危うい　大きい　少ない　小さい　冷たい　平たい
　　　　　新ただ　同じだ　盛んだ　平らだ　懇ろだ　惨めだ
　　　　　哀れだ　幸いだ　幸せだ　巧みだ

* ①「同じだ」については，「おなじ」を形容詞と考えるときは，通則2の本則例(2)のように「同じ」「同じく」と書く。連体詞と考えるときは，通則5の本則によって「同じ」と書く。②「惨めだ」「巧みだ」は，語幹を名詞として使うことがある。その場合は，通則4の本則例(1)のように「惨め」「巧み」と書く。

許容　次の語は，（　）の中に示すように，活用語尾の前の音節から送ることができる。
　　　　　表す（表わす）　著す（著わす）　現れる（現われる）　行う（行なう）　断

る（断わる） 賜る（賜わる）

(注意) 語幹と活用語尾との区別がつかない動詞は、例えば、「着る」、「寝る」、「来る」などのように送る。

通則2

本則 活用語尾以外の部分に他の語を含む語は、含まれている語の送り仮名の付け方によって送る。（含まれている語を〔 〕の中に示す。）

〔例〕

(1) 動詞の活用形又はそれに準ずるものを含むもの。

動かす〔動く〕 照らす〔照る〕

語らう〔語る〕 計らう〔計る〕 向かう〔向く〕

浮かぶ〔浮く〕

生まれる〔生む〕 押さえる〔押す〕 捕らえる〔捕る〕

勇ましい〔勇む〕 輝かしい〔輝く〕 喜ばしい〔喜ぶ〕

晴れやかだ〔晴れる〕

及ぼす〔及ぶ〕 積もる〔積む〕 聞こえる〔聞く〕

頼もしい〔頼む〕

起こる〔起きる〕 落とす〔落ちる〕

暮らす〔暮れる〕 冷やす〔冷える〕

当たる〔当てる〕 終わる〔終える〕 変わる〔変える〕 集まる〔集める〕 定まる〔定める〕 連なる〔連ねる〕 交わる〔交える〕

混ざる・混じる〔混ぜる〕

恐ろしい〔恐れる〕

\* 「押さえる」「捕らえる」については、「押さえる」は「押す」に比べて機能停止ノ処置ヲスルのような意味の変化を来している。「捕らえる」は「捕る」による語であるが、現代語として「捕る」はほとんど使われず、「捕り物」にのみ限られている。

(2) 形容詞・形容動詞の語幹を含むもの。

重んずる〔重い〕 若やぐ〔若い〕

怪しむ〔怪しい〕 悲しむ〔悲しい〕 苦しがる〔苦しい〕

確かめる〔確かだ〕

重たい〔重い〕 憎らしい〔憎い〕 古めかしい〔古い〕

細かい〔細かだ〕 柔らかい〔柔らかだ〕
清らかだ〔清い〕 高らかだ〔高い〕 寂しげだ〔寂しい〕
(3) 名詞を含むもの。
汗ばむ〔汗〕 先んずる〔先〕 春めく〔春〕
男らしい〔男〕 後ろめたい〔後ろ〕

*「先んずる」は、サキ・ニ・スル→サキ・ン・ズルの語構成といわれる。この告示で単独の語とするのは、その考え方による。前書き三の定義参照。

許容 読み間違えるおそれのない場合は、活用語尾以外の部分について、次の( )の中に示すように、送り仮名を省くことができる。
〔例〕 浮かぶ(浮ぶ) 生まれる(生れる) 押さえる(押える) 捕らえる(捕える)
　　　晴れやかだ(晴やかだ)
　　　積もる(積る) 聞こえる(聞える)
　　　起こる(起る) 落とす(落す) 暮らす(暮す) 当たる(当る)
　　終わる(終る) 変わる(変る)
(注意) 次の語は、それぞれ〔　〕の中に示す語を含むものとは考えず、通則1によるものとする。
　　　明るい〔明ける〕 荒い〔荒れる〕 悔しい〔悔いる〕 恋しい〔恋う〕

*①「あかり」は、「明ける」「明く」「明くる」「明かす」と関連させて「明かり」と書くが、「あかるい」「あかるむ」「あからむ」は別に、それだけで関連させて「明るい」「明るむ」「明らむ」と書く。②「くやむ」は、「悔いる」によって「悔やむ」と書くが、「くやしい」には及ぼさず、「悔しい」と書く。③「こいしい」は、「恋」「恋する」と同じように「恋しい」と書く。「恋う」は、「恋い慕う」のように複合の動詞としてのみ使う。

2 活用のない語
通則3
　本則 名詞(通則4を適用する語を除く。)は、送り仮名を付けない。
　　〔例〕 月 鳥 花 山
　　　　　男 女
　　　　　彼 何

〔「仮」は,この例になる。「仮に」は副詞であって,通則5の本則による。〕

例外　(1)　次の語は,最後の音節を送る。

<u>辺</u>り　<u>哀</u>れ　<u>勢</u>い　<u>幾</u>ら　<u>後</u>ろ　<u>傍</u>ら　<u>幸</u>い　<u>幸</u>せ　<u>全</u>て　<u>互</u>い　<u>便</u>り　<u>半</u>ば　<u>情</u>け　<u>斜</u>め　<u>独</u>り　<u>誉</u>れ　<u>自</u>ら　<u>災</u>い

*（「互い」「斜め」は,普通には,単独では使わず,他の語といっしょになって「互い違い」「斜め左」のように使う。「互いに」「斜めに」は副詞であって,通則5の例外(3)による。）

(2)　数をかぞえる「つ」を含む名詞は,その「つ」を送る。

〔例〕　一<u>つ</u>　二<u>つ</u>　三<u>つ</u>　幾<u>つ</u>

通則4

本則　活用のある語から転じた名詞及び活用のある語に「さ」,「み」,「げ」などの接尾語が付いて名詞になったものは,もとの語の送り仮名の付け方によって送る。

〔例〕

(1)　活用のある語から転じたもの。

動<u>き</u>　仰<u>せ</u>　恐<u>れ</u>　薫<u>り</u>　曇<u>り</u>　調<u>べ</u>　届<u>け</u>　願<u>い</u>　晴<u>れ</u>
当<u>たり</u>　代<u>わり</u>　向<u>かい</u>
狩<u>り</u>　答<u>え</u>　問<u>い</u>　祭<u>り</u>　群<u>れ</u>
憩<u>い</u>　愁<u>い</u>　憂<u>い</u>　香<u>り</u>　極<u>み</u>　初<u>め</u>
近<u>く</u>　遠<u>く</u>

*（「初め」は,もとの動詞「はじめる」による。「初めて」は副詞であって,通則5の例外(3)による。ただし,「初」は,常用漢字表によれば動詞には使わない。）

(2)　「さ」,「み」,「げ」などの接尾語が付いたもの。

暑<u>さ</u>　大<u>きさ</u>　正<u>しさ</u>　確<u>かさ</u>
明<u>るみ</u>　重<u>み</u>　憎<u>しみ</u>
惜<u>しげ</u>

*（「憎しみ」は,「憎い」に対する。その点,「明るい」と「明るみ」,「重い」と「重み」の対応とは違う。「憎々しい」「慈しみ」参照。）

例外　次の語は，送り仮名を付けない。

　　　　謡　虞　趣　氷　印　頂　帯　畳
　　　　卸　煙　恋　志　次　隣　富　恥　話　光　舞
　　　　折　係　掛（かかり）　組　肥　並（なみ）　巻　割

（注意）　ここに掲げた「組」は，「花の組」，「赤の組」などのように使った場合の「くみ」であり，例えば，「活字の組みがゆるむ。」などとして使う場合の「くみ」を意味するものではない。「光」，「折」，「係」なども，同様に動詞の意識が残っているような使い方の場合は，この例外に該当しない。したがって，本則を適用して送り仮名を付ける。

（「守」の「もり」の送り仮名は，もとの動詞「もる」によって「守り」となり，「お守（も）り」などと書くが，「子守」「灯台守」の場合は，通則7による。）

許容　読み間違えるおそれのない場合は，次の（　）の中に示すように，送り仮名を省くことができる。

　　〔例〕　曇り（曇）　届け（届）　願い（願）　晴れ（晴）
　　　　　当たり（当り）　代わり（代り）　向かい（向い）
　　　　　狩り（狩）　答え（答）　問い（問）　祭り（祭）　群れ（群）
　　　　　憩い（憩）

通則5

本則　副詞・連体詞・接続詞は，最後の音節を送る。

　　〔例〕　必ず　更に　少し　既に　再び　全く　最も
　　　　　来る　去る
　　　　　及び　且つ　但し

例外　(1)　次の語は，次に示すように送る。

　　　　　明くる　大いに　直ちに　並びに　若しくは

(2)　次の語は，送り仮名を付けない。

　　　　又

(3)　次のように，他の語を含む語は，含まれている語の送り仮名の付け方によって送る。（含まれている語を〔　〕の中に示す。）

　　〔例〕　併せて〔併せる〕　至って〔至る〕　恐らく〔恐れる〕　従って〔従う〕
　　　　　絶えず〔絶える〕　例えば〔例える〕　努めて〔努める〕

辛うじて〔辛い〕　少なくとも〔少ない〕

互いに〔互い〕

必ずしも〔必ず〕

*（「大きな」「小さな」は，連体詞と考えるときはこの例であり，形容詞「大きい」「小さい」による。）


複合の語
通則6
　本則　複合の語（通則7を適用する語を除く。）の送り仮名は，その複合の語を書き表す漢字の，それぞれの音訓を用いた単独の語の送り仮名の付け方による。

　　〔例〕
　　(1)　活用のある語
　　　　　書き抜く　流れ込む　申し込む　　打ち合わせる　向かい合わせる
　　　　長引く　若返る　裏切る　旅立つ
　　　　　聞き苦しい　薄暗い　草深い　心細い　待ち遠しい
　　　　軽々しい　若々しい　女々しい
　　　　気軽だ　　望み薄だ

*（①「待ち遠しい」は，「待つ」と「遠い」の複合の語である。ク活用からシク活用になる。「軽々しい」「若々しい」は，「軽い」「若い」の重複した語であり，ク活用からシク活用になる。「女々しい」は「女（め）」の畳語が形容詞になったもので，同じくシク活用である。「雄々しい」の類である。
②「切れ切れだ」は，「切れる」の畳語が形容動詞になったものである。）

　　(2)　活用のない語
　　　　　石橋　竹馬　山津波　後ろ姿　斜め左　花便り　独り言　卸商　水煙　目印
　　　　　田植え　封切り　物知り　落書き　雨上がり　　墓参り　日当たり　夜明かし　先駆け　巣立ち　手渡し
　　　　　入り江　飛び火　教え子　合わせ鏡　　生き物　落ち葉　預かり金　寒空　深情け
　　　　　愚か者

行き帰り 伸び縮み 乗り降り 抜け駆け 作り笑い 暮らし向き
売り上げ 取り扱い 乗り換え 引き換え 歩み寄り 申し込み
移り変わり
　　長生き 早起き 苦し紛れ　　大写し
　　粘り強さ 有り難み 待ち遠しさ
　　乳飲み子 無理強い　　立ち居振る舞い 呼び出し電話
　　次々 常々
　　近々 深々
　　休み休み 行く行く

＊「同い年」は，複合の語の名詞とすると，ここの例である。「同い」は，「同じ」の派生語と考えて送り仮名は「同じ」による。

　許容　読み間違えるおそれのない場合は，次の（　）の中に示すように，送り仮名を省くことができる。
　　〔例〕　書き抜く（書抜く）　申し込む（申込む）　打ち合わせる（打ち合せる・打合せる）　向かい合わせる（向い合せる）　聞き苦しい（聞苦しい）　待ち遠しい（待遠しい）
　　　　田植え（田植）　封切り（封切）　落書き（落書）　雨上がり（雨上り）　日当たり（日当り）　夜明かし（夜明し）
　　　　入り江（入江）　飛び火（飛火）　合わせ鏡（合せ鏡）　預かり金（預り金）
　　　　抜け駆け（抜駆け）　暮らし向き（暮し向き）　売り上げ（売上げ・売上）　取り扱い（取扱い・取扱）　乗り換え（乗換え・乗換）　引き換え（引換え・引換）　申し込み（申込み・申込）　移り変わり（移り変り）
　　　　有り難み（有難み）　待ち遠しさ（待遠しさ）
　　　　立ち居振る舞い（立ち居振舞い・立ち居振舞・立居振舞）　呼び出し電話（呼出し電話・呼出電話）
　（注意）　「こけら落とし（こけら落し）」，「さび止め」，「洗いざらし」，「打ちひも」のように，前又は後ろの部分を仮名で書く場合は，他の部分については，単独の語の送り仮名の付け方による。

> *「透かし彫」「ぞうげ彫」「すき焼」「つぼ焼」「ただし書」「手打そば」などを認めるときは，通則7による。

通則7

複合の語のうち，次のような名詞は，慣用に従って，送り仮名を付けない。

〔例〕
(1) 特定の領域の語で，慣用が固定していると認められるもの。

　ア　地位・身分・役職等の名。
　　　関取　頭取　取締役　事務取扱
　イ　工芸品の名に用いられた「織」，「染」，「塗」等。
　　　《博多》織　《型絵》染　《春慶》塗　《鎌倉》彫　《備前》焼
　ウ　その他。
　　　書留　気付　切手　消印　小包　振替　切符　踏切
　　　請負　売値　買値　仲買　歩合　両替　割引　組合　手当
　　　倉敷料　作付面積
　　　売上《高》　貸付《金》　借入《金》　繰越《金》　小売《商》　積立《金》　取扱《所》　取扱《注意》　取次《店》　取引《所》　乗換《駅》　乗組《員》　引受《人》　引受《時刻》　引換《券》　《代金》引換　振出《人》　待合《室》　見積《書》　申込《書》

(2) 一般に，慣用が固定していると認められるもの。

　　奥書　木立　子守　献立　座敷　試合　字引　場合　羽織　葉巻　番組　番付　日付　水引　物置　物語　役割　屋敷　夕立　割合
　　合図　合間　植木　置物　織物　貸家　敷石　敷地　敷物　立場　建物　並木　巻紙
　　受付　受取
　　浮世絵　絵巻物　仕立屋

(注意)
　(1) 「《博多》織」，「売上《高》」などのようにして掲げたものは，《　》の中を他の漢字で置き換えた場合にも，この通則を適用する。
　(2) 通則7を適用する語は，例として挙げたものだけで尽くしてはいない。したがって，慣用が固定していると認められる限り，類推して同類の語にも及ぼすものである。通則7を適用してよいかどうか判断し難い場合には，

通則6を適用する。

〔「刺身」「指図」などを認めるとき,通則7のどの分類に属するかが,問題となる。〕

付表の語

「常用漢字表」の「付表」に掲げてある語のうち,送り仮名の付け方が問題となる次の語は,次のようにする。

1 次の語は,次に示すように送る。

浮つく　お巡りさん　差し支える　立ち退く　手伝う　最寄り

なお,

次の語は,(　)の中に示すように,送り仮名を省くことができる。

差し支える(差支える)　立ち退く(立退く)

2 次の語は,送り仮名を付けない。

息吹　桟敷　時雨　築山　名残　雪崩　吹雪　迷子　行方

# 公用文における漢字使用等について

(平22.11.30内閣訓令1)

1 漢字使用について
(1) 公用文における漢字使用は,「常用漢字表」(平成22年内閣告示第2号)の本表及び付表(表の見方及び使い方を含む。)によるものとする。
　　なお,字体については通用字体を用いるものとする。
(2) 「常用漢字表」の本表に掲げる音訓によって語を書き表すに当たっては,次の事項に留意する。
　ア 次のような代名詞は,原則として,漢字で書く。
　　　例　俺　彼　誰　何　僕　私　我々
　イ 次のような副詞及び連体詞は,原則として,漢字で書く。
　　　例(副詞)
　　　　　余り　至って　大いに　恐らく　概して　必ず　必ずしも
　　　　　辛うじて　極めて　殊に　更に　実に　少なくとも　少し
　　　　　既に　全て　切に　大して　絶えず　互いに　直ちに
　　　　　例えば　次いで　努めて　常に　特に　突然　初めて
　　　　　果たして　甚だ　再び　全く　無論　最も　専ら　僅か
　　　　　割に
　　　(連体詞)
　　　　　明くる　大きな　来る　去る　小さな　我が(国)
　　　ただし,次のような副詞は,原則として,仮名で書く。
　　　例　かなり　ふと　やはり　よほど
　ウ 次の接頭語は,その接頭語が付く語を漢字で書く場合は,原則として,漢字で書き,その接頭語が付く語を仮名で書く場合は,原則として,仮名で書く。
　　　例　御案内(御+案内)　御挨拶(御+挨拶)
　　　　　ごもっとも(ご+もっとも)
　エ 次のような接尾語は,原則として,仮名で書く。
　　　例　げ(惜し<u>げ</u>もなく)　ども(私<u>ども</u>)　ぶる(偉<u>ぶる</u>)
　　　　　み(弱<u>み</u>)　め(少な<u>め</u>)
　オ 次のような接続詞は,原則として,仮名で書く。

例　おって　かつ　したがって　ただし　については　ところが
　　ところで　また　ゆえに

ただし，次の4語は，原則として，漢字で書く。

及び　並びに　又は　若しくは

カ　助動詞及び助詞は，仮名で書く。

例　ない（現地には，行か<u>ない</u>。）
　　ようだ（それ以外に方法がない<u>ようだ</u>。）
　　ぐらい（二十歳<u>ぐらい</u>の人）
　　だけ（調査した<u>だけ</u>である。）
　　ほど（三日<u>ほど</u>経過した。）

キ　次のような語句を，（　）の中に示した例のように用いるときは，原則として，仮名で書く。

例　ある（その点に問題が<u>ある</u>。）
　　いる（ここに関係者が<u>いる</u>。）
　　こと（許可しない<u>こと</u>がある。）
　　できる（だれでも利用が<u>できる</u>。）
　　とおり（次の<u>とおり</u>である。）
　　とき（事故の<u>とき</u>は連絡する。）
　　ところ（現在の<u>ところ</u>差し支えない。）
　　とも（説明すると<u>とも</u>に意見を聞く。）
　　ない（欠点が<u>ない</u>。）
　　なる（合計すると1万円に<u>なる</u>。）
　　ほか（その<u>ほか</u>…，特別の場合を除く<u>ほか</u>…）
　　もの（正しい<u>もの</u>と認める。）
　　ゆえ（一部の反対の<u>ゆえ</u>にはかどらない。）
　　わけ（賛成する<u>わけ</u>にはいかない。）
　　・・・かもしれない（間違い<u>かもしれない</u>。）
　　・・・てあげる（図書を貸し<u>てあげる</u>。）
　　・・・ていく（負担が増え<u>ていく</u>。）
　　・・・ていただく（報告し<u>ていただく</u>。）
　　・・・ておく（通知し<u>ておく</u>。）
　　・・・てください（問題点を話し<u>てください</u>。）

・・・てくる（寒くなって<u>くる</u>。）
・・・てしまう（書い<u>てしまう</u>。）
・・・てみる（見<u>てみる</u>。）
・・・てよい（連絡し<u>てよい</u>。）
・・・にすぎない（調査だけ<u>にすぎない</u>。）
・・・について（これ<u>について</u>考慮する。）

2　送り仮名の付け方について
(1)　公用文における送り仮名の付け方は，原則として，「送り仮名の付け方」（昭和48年内閣告示第2号）の本文の通則1から通則6までの「本則」・「例外」，通則7及び「付表の語」（1のなお書きを除く。）によるものとする。

　　ただし，複合の語（「送り仮名の付け方」の本文の通則7を適用する語を除く。）のうち，活用のない語であって読み間違えるおそれのない語については，「送り仮名の付け方」の本文の通則6の「許容」を適用して送り仮名を省くものとする。なお，これに該当する語は，次のとおりとする。

　　　　明渡し　預り金　言渡し　入替え　植付け　魚釣用具
　　　　受入れ　受皿　受持ち　受渡し　渦巻　打合せ　打合せ会
　　　　打切り　内払　移替え　埋立て　売上げ　売惜しみ　売出し
　　　　売場　売払い　売渡し　売行き　縁組　追越し　置場　贈物
　　　　帯留　折詰　買上げ　買入れ　買受け　買換え　買占め
　　　　買取り　買戻し　買物　書換え　格付　掛金　貸切り　貸金
　　　　貸越し　貸倒れ　貸出し　貸付け　借入れ　借受け　借換え
　　　　刈取り　缶切　期限付　切上げ　切替え　切下げ　切捨て
　　　　切土　切取り　切離し　靴下留　組合せ　組入れ　組替え
　　　　組立て　くみ取便所　繰上げ　繰入れ　繰替え　繰越し
　　　　繰下げ　繰延べ　繰戻し　差押え　差止め　差引き　差戻し
　　　　砂糖漬　下請　締切り　条件付　仕分　据置き　据付け
　　　　捨場　座込み　栓抜　備置き　備付け　染物　田植　立会い
　　　　立入り　立替え　立札　月掛　付添い　月払　積卸し
　　　　積替え　積込み　積出し　積立て　積付け　釣合い　釣鐘
　　　　釣銭　釣針　手続　問合せ　届出　取上げ　取扱い　取卸し
　　　　取替え　取決め　取崩し　取消し　取壊し　取下げ　取締り

　　　　　　　取調べ　取立て　取次ぎ　取付け　取戻し　投売り　抜取り
　　　　　　　飲物　乗換え　乗組み　話合い　払込み　払下げ　払出し
　　　　　　　払戻し　払渡し　払渡済み　貼付け　引上げ　引揚げ
　　　　　　　引受け　引起し　引換え　引込み　引下げ　引締め　引継ぎ
　　　　　　　引取り　引渡し　日雇　歩留り　船着場　不払　賦払
　　　　　　　振出し　前払　巻付け　巻取り　見合せ　見積り　見習
　　　　　　　未払　申合せ　申合せ事項　申入れ　申込み　申立て　申出
　　　　　　　持家　持込み　持分　元請　戻入れ　催物　盛土　焼付け
　　　　　　　雇入れ　雇主　譲受け　譲渡し　呼出し　読替え　割当て
　　　　　　　割増し　割戻し

(2) (1)にかかわらず，必要と認める場合は，「送り仮名の付け方」の本文の通則2，通則4及び通則6 ((1)のただし書の適用がある場合を除く。)の「許容」並びに「付表の語」の1のなお書きを適用して差し支えない。

3　その他
(1) 1及び2は，固有名詞を対象とするものではない。
(2) 専門用語又は特殊用語を書き表す場合など，特別な漢字使用等を必要とする場合には，1及び2によらなくてもよい。
(3) 専門用語等で読みにくいと思われるような場合は，必要に応じて，振り仮名を用いる等，適切な配慮をするものとする。

4　法令における取扱い
　　法令における漢字使用等については，別途，内閣法制局からの通知による。

# 法令における漢字使用等について

(平22.11.30内閣法制局総総208)

1 漢字使用について
(1) 法令における漢字使用は、次の(2)から(6)までにおいて特別の定めをするもののほか、「常用漢字表」(平成22年内閣告示第2号。以下「常用漢字表」という。)の本表及び付表（表の見方及び使い方を含む。）並びに「公用文における漢字使用等について」(平成22年内閣訓令第1号)の別紙の1「漢字使用について」の(2)によるものとする。また、字体については、通用字体を用いるものとする。

なお、常用漢字表により漢字で表記することとなったものとしては、次のようなものがある。

挨拶　宛先　椅子　咽喉　隠蔽　鍵　覚醒　崖
玩具　毀損　亀裂　禁錮　舷　拳銃　勾留　柵
失踪　焼酎　処方箋　腎臓　進捗　整頓　脊柱
遡及　堆積　貼付　賭博　剥奪　破綻　汎用
氾濫　膝　肘　払拭　閉塞　捕捉　補塡　哺乳類
蜜蜂　明瞭　湧出　拉致　賄賂　関わる　鑑みる
遡る　全て

(2) 次のものは、常用漢字表により、（ ）の中の表記ができることとなったが、引き続きそれぞれ下線を付けて示した表記を用いるものとする。

<u>壊滅</u>（潰滅）　<u>壊乱</u>（潰乱）　<u>決壊</u>（決潰）
<u>広範</u>（広汎）　<u>全壊</u>（全潰）　<u>倒壊</u>（倒潰）
<u>破棄</u>（破毀）　<u>崩壊</u>（崩潰）　<u>理屈</u>（理窟）

(3) 次のものは、常用漢字表により、下線を付けて示した表記ができることとなったので、（ ）の中の表記に代えて、それぞれ下線を付けて示した表記を用いるものとする。

<u>臆説</u>（憶説）　<u>臆測</u>（憶測）　<u>肝腎</u>（肝心）

(4) 次のものは、常用漢字表にあるものであっても、仮名で表記するものとする。

虞
恐れ ｝ → おそれ

且つ → かつ

| | | |
|---|---|---|
| 従って（接続詞） | → | したがって |
| 但し | → | ただし |
| 但書 | → | ただし書 |
| 外〕他〕 | → | ほか |
| 又 | → | また（ただし、「または」は「又は」と表記する。） |
| 因る | → | よる |

(5) 常用漢字表にない漢字で表記する言葉及び常用漢字表にない漢字を構成要素として表記する言葉並びに常用漢字表にない音訓を用いる言葉の使用については、次によるものとする。

ア 専門用語等であって、他に言い換える言葉がなく、しかも仮名で表記すると理解することが困難であると認められるようなものについては、その漢字をそのまま用いてこれに振り仮名を付ける。

【例】

暗渠(きょ)　按(あん)分　蛾(が)　瑕(か)疵(し)　管渠　涵(かん)養　強姦(かん)
砒(ひ)素　埠(ふ)頭

イ 次のものは、仮名で表記する。

| | | |
|---|---|---|
| 拘わらず | → | かかわらず |
| 此 | → | この |
| 之 | → | これ |
| 其 | → | その |
| 煙草 | → | たばこ |
| 為 | → | ため |
| 以て | → | もって |
| 等（ら） | → | ら |
| 猥褻 | → | わいせつ |

ウ 仮名書きにする際、単語の一部だけを仮名に改める方法は、できるだけ避ける。

【例】

| | | |
|---|---|---|
| 斡旋 | → | あっせん（「あっ旋」は用いない。） |
| 煉瓦 | → | れんが（「れん瓦」は用いない。） |

ただし、次の例のように一部に漢字を用いた方が分かりやすい場合は、この

限りでない。

【例】

あへん煙　　えん堤　　救じゅつ　　橋りょう　　　し尿

出えん　　じん肺　　ため池　　ちんでん池　　でん粉

てん末　　と畜　　ばい煙　　排せつ　　封かん　　へき地

らく印　　漏えい

エ　常用漢字表にない漢字又は音訓を仮名書きにする場合には，仮名の部分に傍点を付けることはしない。

(6)　次のものは，(　)の中に示すように取り扱うものとする。

匕　首（用いない。「あいくち」を用いる。）

委　棄（用いない。）

慰藉料（用いない。「慰謝料」を用いる。）

溢　水（用いない。）

違　背（用いない。「違反」を用いる。）

印　顆（用いない。）

湮　滅（用いない。「隠滅」を用いる。）

苑　地（用いない。「園地」を用いる。）

汚　穢（用いない。）

解　止（用いない。）

戒　示（用いない。）

灰　燼（用いない。）

改　訂・改　定（「改訂」は書物などの内容に手を加えて正すことという意味についてのみ用いる。それ以外の場合は「改定」を用いる。）

開　披（用いない。）

牙　保（用いない。）

勧　解（用いない。）

監　守（用いない。）

管　守（用いない。「保管」を用いる。）

陥　穽（用いない。）

干　与・干　預（用いない。「関与」を用いる。）

義　捐（用いない。）

汽　鑵（用いない。「ボイラー」を用いる。）

技　監（特別な理由がある場合以外は用いない。）
規　正・規　整・規　制（「規正」はある事柄を規律して公正な姿に当てはめることという意味についてのみ，「規整」はある事柄を規律して一定の枠に納め整えることという意味についてのみ，それぞれ用いる。それ以外の場合は「規制」を用いる。）
覊　束（用いない。）
吃　水（用いない。「喫水」を用いる。）
規　程（法令の名称としては，原則として用いない。「規則」を用いる。）
欺　瞞（用いない。）
欺　罔（用いない。）
狭　隘（用いない。）
饗　応（用いない。「供応」を用いる。）
驚　愕（用いない。）
魚　艙（用いない。「魚倉」を用いる。）
紀　律（特別な理由がある場合以外は用いない。「規律」を用いる。）
空気槽（用いない。「空気タンク」を用いる。）
具　有（用いない。）
繋　船（用いない。「係船」を用いる。）
繋　属（用いない。「係属」を用いる。）
計　理（用いない。「経理」を用いる。）
繋　留（用いない。「係留」を用いる。）
懈　怠（用いない。）
牽　連（用いない。「関連」を用いる。）
溝　渠（特別な理由がある場合以外は用いない。）
交叉点（用いない。「交差点」を用いる。）
更　代（用いない。「交代」を用いる。）
弘　報（用いない。「広報」を用いる。）
骨　牌（用いない。「かるた類」を用いる。）
戸　扉（用いない。）
誤　謬（用いない。）
詐　偽（用いない。「偽り」を用いる。）
鑿　井（用いない。）

作 製・作 成（「作製」は製作（物品を作ること）という意味についてのみ用いる。それ以外の場合は「作成」を用いる。）
左 の（「次の」という意味では用いない。）
鎖 鑰（用いない。）
撒水管（用いない。「散水管」を用いる。）
旨 趣（用いない。「趣旨」を用いる。）
枝 条（用いない。）
首 魁（用いない。「首謀者」を用いる。）
酒 精（用いない。「アルコール」を用いる。）
鬚 髯（用いない。）
醇 化（用いない。「純化」を用いる。）
竣 功（特別な理由がある場合以外は用いない。「完成」を用いる。）
傷 痍（用いない。）
焼 燬（用いない。）
銷 却（用いない。「消却」を用いる。）
情 況（特別な理由がある場合以外は用いない。「状況」を用いる。）
檣 頭（用いない。「マストトップ」を用いる。）
証 標（用いない。）
証 憑・憑 拠（用いない。「証拠」を用いる。）
牆 壁（用いない。）
塵 埃（用いない。）
塵 芥（用いない。）
侵 蝕（用いない。「侵食」を用いる。）
成 規（用いない。）
窃 用（用いない。「盗用」を用いる。）
船 渠（用いない。「ドック」を用いる。）
洗 滌（用いない。「洗浄」を用いる。）
僣 窃（用いない。）
総 轄（用いない。「総括」を用いる。）
齟 齬（用いない。）
疏 明（用いない。「疎明」を用いる。）
稠 密（用いない。）

通 事（用いない。「通訳人」を用いる。）
定繋港（用いない。「定係港」を用いる。）
呈 示（用いない。「提示」を用いる。）
停 年（用いない。「定年」を用いる。）
捺 印（用いない。「押印」を用いる。）
売 淫（用いない。「売春」を用いる。）
配 付・配 布（「配付」は交付税及び譲与税配付金特別会計のような特別な場合についてのみ用いる。それ以外の場合は「配布」を用いる。）
蕃 殖（用いない。「繁殖」を用いる。）
版 図（用いない。）
誹 毀（用いない。）
彼 此（用いない。）
標 示（特別な理由がある場合以外は用いない。「表示」を用いる。）
紊 乱（用いない。）
編 綴（用いない。）
房 室（用いない。）
膨 脹（用いない。「膨張」を用いる。）
法 例（用いない。）
輔 助（用いない。「補助」を用いる。）
満限に達する（特別な理由がある場合以外は用いない。「満了する」を用いる。）
宥 恕（用いない。）
輸 贏（用いない。）
踰 越（用いない。）
油 槽（用いない。「油タンク」を用いる。）
落 磐（用いない。「落盤」を用いる。）
臨 検・立入検査（「臨検」は犯則事件の調査の場合についてのみ用いる。それ以外の場合は「立入検査」を用いる。）
鄰 佑（用いない。）
狼 狽（用いない。）
和 諧（用いない。「和解」を用いる。）

2 送り仮名の付け方について

(1) 単独の語
　ア　活用のある語は,「送り仮名の付け方」(昭和48年内閣告示第2号の「送り仮名の付け方」をいう。以下同じ。) の本文の通則1の「本則」・「例外」及び通則2の「本則」の送り仮名の付け方による。
　イ　活用のない語は,「送り仮名の付け方」の本文の通則3から通則5までの「本則」・「例外」の送り仮名の付け方による。
　［備考］　表に記入したり記号的に用いたりする場合には,次の例に示すように,原則として,( ) の中の送り仮名を省く。
　【例】
　　晴 (れ)　　曇 (り)　　問 (い)　　答 (え)　　終 (わり)
　　生 (まれ)

(2) 複合の語
　ア　イに該当する語を除き,原則として,「送り仮名の付け方」の本文の通則6の「本則」の送り仮名の付け方による。ただし,活用のない語で読み間違えるおそれのない語については,「送り仮名の付け方」の本文の通則6の「許容」の送り仮名の付け方により,次の例に示すように送り仮名を省く。
　【例】

| 明渡し | 預り金 | 言渡し | 入替え | 植付け | 魚釣用具 |
| 受入れ | 受皿 | 受持ち | 受渡し | 渦巻 | 打合せ |
| 打合せ会 | 打切り | 内払 | 移替え | 埋立て | 売上げ |
| 売惜しみ | 売出し | 売場 | 売払い | 売渡し | 売行き |
| 縁組 | 追越し | 置場 | 贈物 | 帯留 | 折詰 | 買上げ |
| 買入れ | 買受け | 買換え | 買占め | 買取り | 買戻し |
| 買物 | 書換え | 格付 | 掛金 | 貸切り | 貸金 | 貸越し |
| 貸倒れ | 貸出し | 貸付け | 借入れ | 借受け | 借換え |
| 刈取り | 缶切 | 期限付 | 切上げ | 切替え | 切下げ |
| 切捨て | 切土 | 切取り | 切離し | 靴下留 | 組合せ |
| 組入れ | 組替え | 組立て | くみ取便所 | 繰上げ |
| 繰入れ | 繰替え | 繰越し | 繰下げ | 繰延べ | 繰戻し |
| 差押え | 差止め | 差引き | 差戻し | 砂糖漬 | 下請 |
| 締切り | 条件付 | 仕分 | 据置き | 据付け | 捨場 |
| 座込み | 栓抜 | 備置き | 備付け | 染物 | 田植 |

| 立会い | 立入り | 立替え | 立札 | 月掛 | 付添い |
| 月払 | 積卸し | 積替え | 積込み | 積出し | 積立て |
| 積付け | 釣合い | 釣鐘 | 釣銭 | 釣針 | 手続 | 問合せ |
| 届出 | 取上げ | 取扱い | 取卸し | 取替え | 取決め |
| 取崩し | 取消し | 取壊し | 取下げ | 取締り | 取調べ |
| 取立て | 取次ぎ | 取付け | 取戻し | 投売り | 抜取り |
| 飲物 | 乗換え | 乗組み | 話合い | 払込み | 払下げ |
| 払出し | 払戻し | 払渡し | 払渡済み | 貼付け | 引上げ |
| 引揚げ | 引受け | 引起し | 引換え | 引込み | 引下げ |
| 引締め | 引継ぎ | 引取り | 引渡し | 日雇 | 歩留り |
| 船着場 | 不払 | 賦払 | 振出し | 前払 | 巻付け |
| 巻取り | 見合せ | 見積り | 見習 | 未払 | 申合せ |
| 申合せ事項 | 申入れ | 申込み | 申立て | 申出 | 持家 |
| 持込み | 持分 | 元請 | 戻入れ | 催物 | 盛土 | 焼付け |
| 雇入れ | 雇主 | 譲受け | 譲渡し | 呼出し | 読替え |
| 割当て | 割増し | 割戻し |

イ　活用のない語で慣用が固定していると認められる次の例に示すような語については、「送り仮名の付け方」の本文の通則7により、送り仮名を付けない。

【例】

<u>合図</u>　合服　<u>合間</u>　預入金　編上靴　<u>植木</u>
（進退）伺　浮袋　<u>浮世絵</u>　受入額　受入先
受入年月日　<u>請負</u>　<u>受付</u>　受付係　<u>受取</u>　受取人
受払金　打切補償　埋立区域　埋立事業　埋立地
裏書　<u>売上（高）</u>　売掛金　売出発行　売手　売主
<u>売値</u>　売渡価格　売渡先　<u>絵巻物</u>　襟巻　沖合
<u>置物</u>　<u>奥書</u>　奥付　押売　押出機　覚書
<u>（博多）織</u>　折返線　織元　<u>織物</u>　卸売　買上品
買受人　買掛金　外貨建債権　概算払　買手　買主
<u>買値</u>　書付　<u>書留</u>　過誤払　貸方　貸越金　貸室
貸席　貸倒引当金　貸出金　貸出票　<u>貸付（金）</u>
貸主　貸船　貸本　貸間　<u>貸家</u>　箇条書　貸渡業
肩書　<u>借入（金）</u>　借受人　借方　借越金　刈取機

借主　　仮渡金　　缶詰　　気付　　切手　　切符

切替組合員　　切替日　　くじ引　　組合　　組入金　　組立工

倉敷料　　繰上償還　　繰入金　　繰入限度額　　繰入率

繰替金　　繰越（金）　　繰延資産　　消印　　月賦払

現金払　　小売　　小売（商）　　小切手　　木立　　小包

子守　　献立　　先取特権　　作付面積　　挿絵

差押（命令）　　座敷　　指図　　差出人　　差引勘定

差引簿　　刺身　　試合　　仕上機械　　仕上工　　仕入価格

仕掛花火　　仕掛品　　敷網　　敷居　　敷石　　敷金　　敷地

敷布　　敷物　　軸受　　下請工事　　仕出屋　　仕立券

仕立物　　仕立屋　　質入証券　　支払　　支払元受高　　字引

仕向地　　事務取扱　　事務引継　　締切日　　所得割

新株買付契約書　　据置（期間）　　（支出）済（額）　　関取

備付品　　（型絵）染　　ただし書　　立会演説　　立会人

立入検査　　立場　　竜巻　　立替金　　立替払　　建具

建坪　　建値　　建前　　建物　　棚卸資産

（条件）付（採用）　　月掛貯金　　付添人　　漬物

積卸施設　　積出地　　積立（金）　　積荷　　詰所　　釣堀

手当　　出入口　　出来高払　　手付金　　手引　　手引書

手回品　　手持品　　灯台守　　頭取　　（欠席）届

留置電報　　取扱（所）　　取扱（注意）　　取入口　　取替品

取組　　取消処分　　（麻薬）取締法　　取締役　　取立金

取立訴訟　　取次（店）　　取付工事　　取引　　取引（所）

取戻請求権　　問屋　　仲買　　仲立業　　投売品　　並木

縄張　　荷扱場　　荷受人　　荷造機　　荷造費　　（春慶）塗

（休暇）願　　乗合船　　乗合旅客　　乗換（駅）

乗組（員）　　場合　　羽織　　履物　　葉巻　　払込（金）

払下品　　払出金　　払戻金　　払戻証書　　払渡金

払渡郵便局　　番組　　番付　　控室　　引当金

引受（時刻）　　引受（人）　　引換（券）　　（代金）引換

引継事業　　引継調書　　引取経費　　引取税　　引渡（人）

日付　　引込線　　瓶詰　　歩合　　封切館　　福引（券）

| | | | | | |
|---|---|---|---|---|---|
| 船積貨物 | 踏切 | <u>振替</u> | 振込金 | <u>振出（人）</u> | |
| 不渡手形 | 分割払 | <u>（鎌倉）彫</u> | 掘抜井戸 | 前受金 | |
| 前貸金 | 巻上機 | <u>巻紙</u> | 巻尺 | 巻物 | <u>待合（室）</u> |
| 見返物資 | 見込額 | 見込数量 | 見込納付 | 水張検査 | |
| <u>水引</u> | <u>見積（書）</u> | 見取図 | 見習工 | 未払勘定 | |
| 未払年金 | 見舞品 | 名義書換 | <u>申込（書）</u> | 申立人 | |
| 持込禁止 | 元売業者 | <u>物置</u> | 物語 | 物干場 | |
| <u>（備前）焼</u> | 役割 | <u>屋敷</u> | 雇入契約 | 雇止手当 | <u>夕立</u> |
| 譲受人 | 湯沸器 | 呼出符号 | 読替規定 | 陸揚地 | |
| 陸揚量 | <u>両替</u> | <u>割合</u> | 割当額 | 割高 | <u>割引</u> | 割増金 |
| 割戻金 | 割安 | | | | |

［備考１］　下線を付けた語は，「送り仮名の付け方」の本文の通則７において例示された語である。

［備考２］　「売上（高）」,「(博多）織」などのようにして掲げたものは，（　）の中を他の漢字で置き換えた場合にも，「送り仮名の付け方」の本文の通則７を適用する。

(3)　付表の語

「送り仮名の付け方」の本文の付表の語（１のなお書きを除く。）の送り仮名の付け方による。

3　その他

(1)　１及び２は，固有名詞を対象とするものではない。

(2)　１及び２については，これらを専門用語及び特殊用語に適用するに当たって，必要と認める場合は，特別の考慮を加える余地があるものとする。

# 外来語の表記

(平3.6.28内閣告示2)

前書き

1　この『外来語の表記』は，法令，公用文書，新聞，雑誌，放送など，一般の社会生活において，現代の国語を書き表すための「外来語の表記」のよりどころを示すものである。
2　この『外来語の表記』は，科学，技術，芸術，その他の各種専門分野や個々人の表記にまで及ぼそうとするものではない。
3　この『外来語の表記』は，固有名詞など（例えば，人名，会社名，商品名等）でこれによりがたいものには及ぼさない。
4　この『外来語の表記』は，過去に行われた様々な表記（「付」参照）を否定しようとするものではない。
5　この『外来語の表記』は，「本文」と「付録」から成る。「本文」には「外来語の表記」に用いる仮名と符号の表を掲げ，これに留意事項その1（原則的な事項）と留意事項その2（細則的な事項）を添えた。「付録」には，用例集として，日常よく用いられる外来語を主に，留意事項その2に例示した語や，その他の地名・人名の例などを五十音順に掲げた。

## 本　　文

「外来語の表記」に用いる仮名と符号の表

1　第1表に示す仮名は，外来語や外国の地名・人名を書き表すのに一般的に用いる仮名とする。
2　第2表に示す仮名は，外来語や外国の地名・人名を原音や原つづりになるべく近く書き表そうとする場合に用いる仮名とする。
3　第1表・第2表に示す仮名では書き表せないような，特別な音の書き表し方については，ここでは取決めを行わず，自由とする。
4　第1表・第2表によって語を書き表す場合には，おおむね留意事項を適用する。

## 第1表

| ア | イ | ウ | エ | オ |
|---|---|---|---|---|
| カ | キ | ク | ケ | コ |
| サ | シ | ス | セ | ソ |
| タ | チ | ツ | テ | ト |
| ナ | ニ | ヌ | ネ | ノ |
| ハ | ヒ | フ | ヘ | ホ |
| マ | ミ | ム | メ | モ |
| ヤ |   | ユ |   | ヨ |
| ラ | リ | ル | レ | ロ |
| ワ |   |   |   |   |
| ガ | ギ | グ | ゲ | ゴ |
| ザ | ジ | ズ | ゼ | ゾ |
| ダ |   |   | デ | ド |
| バ | ビ | ブ | ベ | ボ |
| パ | ピ | プ | ペ | ポ |
| キャ |   | キュ |   | キョ |
| シャ |   | シュ |   | ショ |
| チャ |   | チュ |   | チョ |
| ニャ |   | ニュ |   | ニョ |
| ヒャ |   | ヒュ |   | ヒョ |
| ミャ |   | ミュ |   | ミョ |
| リャ |   | リュ |   | リョ |
| ギャ |   | ギュ |   | ギョ |
| ジャ |   | ジュ |   | ジョ |
| ビャ |   | ビュ |   | ビョ |
| ピャ |   | ピュ |   | ピョ |

|   |   |   | シェ |   |
|---|---|---|---|---|
|   |   |   | チェ |   |
|   | ツァ |   | ツェ | ツォ |
|   |   | ティ |   |   |
|   | ファ | フィ | フェ | フォ |
|   |   |   | ジェ |   |
|   |   | ディ |   |   |
|   |   |   | デュ |   |

## 第2表

|   |   |   | イェ |   |
|---|---|---|---|---|
|   |   | ウィ | ウェ | ウォ |
| クァ | クィ |   | クェ | クォ |
|   |   | ツィ |   |   |
|   |   |   | トゥ |   |
| グァ |   |   |   |   |
|   |   |   | ドゥ |   |
| ヴァ | ヴィ | ヴ | ヴェ | ヴォ |
|   |   |   | テュ |   |
|   |   |   | フュ |   |
|   |   |   | ヴュ |   |

- ン (撥音)
- ッ (促音)
- ー (長音符号)

### 留意事項その1 （原則的な事項）

1　この『外来語の表記』では，外来語や外国の地名・人名を片仮名で書き表す場合のことを扱う。
2　「ハンカチ」と「ハンケチ」，「グローブ」と「グラブ」のように，語形にゆれのあるものについて，その語形をどちらかに決めようとはしていない。
3　語形やその書き表し方については，慣用が定まっているものはそれによる。分野によって異なる慣用が定まっている場合には，それぞれの慣用によって差し支えない。

4 国語化の程度の高い語は、おおむね第1表に示す仮名で書き表すことができる。一方、国語化の程度がそれほど高くない語、ある程度外国語に近く書き表す必要のある語——特に地名・人名の場合——は、第2表に示す仮名を用いて書き表すことができる。
5 第2表に示す仮名を用いる必要がない場合は、第1表に示す仮名の範囲で書き表すことができる。

　例　イェ→イエ　　ウォ→ウオ　　トゥ→ツ, ト　　ヴァ→バ
6 特別な音の書き表し方については、取決めを行わず、自由とすることとしたが、その中には、例えば、「スィ」「ズィ」「グィ」「グェ」「グォ」「キェ」「ニェ」「ヒェ」「フョ」「ヴョ」等の仮名が含まれる。

留意事項その2（細則的な事項）

以下の各項に示す語例は、それぞれの仮名の用法の一例として示すものであって、その語をいつもそう書かなければならないことを意味するものではない。語例のうち、地名・人名には、それぞれ（地）、（人）の文字を添えた。

I　第1表に示す「シェ」以下の仮名に関するもの

  1　「シェ」「ジェ」は、外来音シェ、ジェに対応する仮名である。
　〔例〕　シェーカー　シェード　ジェットエンジン　ダイジェスト
　　　　　シェフィールド（地）　アルジェリア（地）
　　　　　シェークスピア（人）　ミケランジェロ（人）
　　　注　「セ」「ゼ」と書く慣用のある場合は、それによる。
　　　　　〔例〕　ミルクセーキ　ゼラチン
  2　「チェ」は、外来音チェに対応する仮名である。
　〔例〕　チェーン　チェス　チェック　マンチェスター（地）　チェーホフ（人）
  3　「ツァ」「ツェ」「ツォ」は、外来音ツァ、ツェ、ツォに対応する仮名である。
　〔例〕　コンツェルン　シャンツェ　カンツォーネ
　　　　　フィレンツェ（地）　モーツァルト（人）　ツェッペリン（人）
  4　「ティ」「ディ」は、外来音ティ、ディに対応する仮名である。
　〔例〕　ティーパーティー　ボランティア　ディーゼルエンジン　ビルディング
　　　　　アトランティックシティー（地）　ノルマンディー（地）
　　　　　ドニゼッティ（人）　ディズニー（人）

注1 「チ」「ジ」と書く慣用のある場合は、それによる。
〔例〕 エチケット　スチーム　プラスチック　スタジアム　スタジオ　ラジオ
チロル（地）　エジソン（人）
注2 「テ」「デ」と書く慣用のある場合は、それによる。
〔例〕 ステッキ　キャンデー　デザイン

5 「ファ」「フィ」「フェ」「フォ」は、外来音ファ、フィ、フェ、フォに対応する仮名である。
〔例〕 ファイル　フィート　フェンシング　フォークダンス
バッファロー（地）　フィリピン（地）　フェアバンクス（地）　カリフォルニア（地）
ファーブル（人）　マンスフィールド（人）　エッフェル（人）　フォスター（人）
注1 「ハ」「ヒ」「ヘ」「ホ」と書く慣用のある場合は、それによる。
〔例〕 セロハン　モルヒネ　プラットホーム　ホルマリン　メガホン
注2 「ファン」「フィルム」「フェルト」等は、「フアン」「フイルム」「フエルト」と書く慣用もある。

6 「デュ」は、外来音デュに対応する仮名である。
〔例〕 デュエット　プロデューサー　デュッセルドルフ（地）　デューイ（人）
注 「ジュ」と書く慣用のある場合は、それによる。
〔例〕 ジュース（deuce）　ジュラルミン

Ⅱ 第2表に示す仮名に関するもの

第2表に示す仮名は、原音や原つづりになるべく近く書き表そうとする場合に用いる仮名で、これらの仮名を用いる必要がない場合は、一般的に、第1表に示す仮名の範囲で書き表すことができる。

1 「イェ」は、外来音イェに対応する仮名である。
〔例〕 イェルサレム（地）　イェーツ（人）
注 一般的には、「イエ」又は「エ」と書くことができる。
〔例〕 エルサレム（地）　イエーツ（人）

2 「ウィ」「ウェ」「ウォ」は、外来音ウィ、ウェ、ウォに対応する仮名である。
〔例〕 ウィスキー　ウェディングケーキ　ストップウォッチ

ウィーン（地）　スウェーデン（地）　ミルウォーキー（地）
ウィルソン（人）　ウェブスター（人）　ウォルポール（人）

　　注1　一般的には、「ウイ」「ウエ」「ウオ」と書くことができる。
　　　　〔例〕　ウイスキー　ウイット　ウエディングケーキ　ウエハース　ストップウオッチ
　　注2　「ウ」を省いて書く慣用のある場合は、それによる。
　　　　〔例〕　サンドイッチ　スイッチ　スイートピー
　　注3　地名・人名の場合は、「ウィ」「ウェ」「ウォ」と書く慣用が強い。

3　「クァ」「クィ」「クェ」「クォ」は、外来音クァ，クィ，クェ，クォに対応する仮名である。
〔例〕　クァルテット　クィンテット　クェスチョンマーク　クォータリー
　　注1　一般的には、「クア」「クイ」「クエ」「クオ」又は「カ」「キ」「ケ」「コ」と書くことができる。
　　　　〔例〕　クアルテット　クインテット　クエスチョンマーク　クオータリー
　　　　　　　カルテット　レモンスカッシュ　キルティング　イコール
　　注2　「クァ」は、「クヮ」と書く慣用もある。

4　「グァ」は、外来音グァに対応する仮名である。
〔例〕　グァテマラ（地）　パラグァイ（地）
　　注1　一般的には、「グア」又は「ガ」と書くことができる。
　　　　〔例〕　グアテマラ（地）　パラグアイ（地）
　　　　　　　ガテマラ（地）
　　注2　「グァ」は、「グヮ」と書く慣用もある。

5　「ツィ」は、外来音ツィに対応する仮名である。
〔例〕　ソルジェニーツィン（人）　ティツィアーノ（人）
　　注　一般的には、「チ」と書くことができる。
　　　　〔例〕　ライプチヒ（地）　ティチアーノ（人）

6　「トゥ」「ドゥ」は、外来音トゥ，ドゥに対応する仮名である。
〔例〕　トゥールーズ（地）　ハチャトゥリヤン（人）　ヒンドゥー教
　　注　一般的には、「ツ」「ズ」又は「ト」「ド」と書くことができる。
　　　　〔例〕　ツアー（tour）　ツーピース　ツールーズ（地）　ヒンズー教
　　　　　　　ハチャトリヤン（人）　ドビュッシー（人）

7 「ヴァ」「ヴィ」「ヴ」「ヴェ」「ヴォ」は，外来音ヴァ，ヴィ，ヴ，ヴェ，ヴォに対応する仮名である。
　〔例〕　ヴァイオリン　ヴィーナス　ヴェール
　　　　　ヴィクトリア（地）　ヴェルサイユ（地）　ヴォルガ（地）
　　　　　ヴィヴァルディ（人）　ヴラマンク（人）　ヴォルテール（人）
　　注　一般的には，「バ」「ビ」「ブ」「ベ」「ボ」と書くことができる。
　　　〔例〕　バイオリン　ビーナス　ベール
　　　　　　　ビクトリア（地）　ベルサイユ（地）　ボルガ（地）
　　　　　　　ビバルディ（人）　ブラマンク（人）　ボルテール（人）
8 「テュ」は，外来音テュに対応する仮名である。
　〔例〕　テューバ（楽器）　テュニジア（地）
　　注　一般的には，「チュ」と書くことができる。
　　　〔例〕　コスチューム　スチュワーデス　チューバ　チューブ
　　　　　　　チュニジア（地）
9 「フュ」は，外来音フュに対応する仮名である。
　〔例〕　フュージョン　フュン島（地・デンマーク）　ドレフュス（人）
　　注　一般的には，「ヒュ」と書くことができる。
　　　〔例〕　ヒューズ
10 「ヴュ」は，外来音ヴュに対応する仮名である。
　〔例〕　インタヴュー　レヴュー　ヴュイヤール（人・画家）
　　注　一般的には，「ビュ」と書くことができる。
　　　〔例〕　インタビュー　レビュー　ビュイヤール（人）

Ⅲ　撥音，促音，長音その他に関するもの

1 撥音は，「ン」を用いて書く。
　〔例〕　コンマ　シャンソン　トランク　メンバー　ランニング　ランプ
　　　　　ロンドン（地）　レンブラント（人）
　　注1　撥音を入れない慣用のある場合は，それによる。
　　　〔例〕　イニング（←インニング）　サマータイム（←サンマータイム）
　　注2　「シンポジウム」を「シムポジウム」と書くような慣用もある。
2 促音は，小書きの「ッ」を用いて書く。
　〔例〕　カップ　シャッター　リュックサック　ロッテルダム（地）　バッハ（人）

注　促音を入れない慣用のある場合は，それによる。
　　〔例〕　アクセサリー（←アクセッサリー）　フィリピン（地）（←フィリッピン）
3　長音は，原則として長音符号「ー」を用いて書く。
　〔例〕　エネルギー　オーバーコート　グループ　ゲーム　ショー　テーブル　パーティー
　　　　ウェールズ（地）　ポーランド（地）　ローマ（地）　ゲーテ（人）　ニュートン（人）
　　注1　長音符号の代わりに母音字を添えて書く慣用もある。
　　　〔例〕　バレエ（舞踊）　ミイラ
　　注2　「エー」「オー」と書かず，「エイ」「オウ」と書くような慣用のある場合は，それによる。
　　　〔例〕　エイト　ペイント　レイアウト　スペイン（地）　ケインズ（人）　サラダボウル　ボウリング（球技）
　　注3　英語の語末の -er, -or, -ar などに当たるものは，原則としてア列の長音とし長音符号「ー」を用いて書き表す。ただし，慣用に応じて「ー」を省くことができる。
　　　〔例〕　エレベーター　ギター　コンピューター　マフラー
　　　　　　エレベータ　コンピュータ　スリッパ
4　イ列・エ列の音の次のアの音に当たるものは，原則として「ア」と書く。
　〔例〕　グラビア　ピアノ　フェアプレー　アジア（地）　イタリア（地）　ミネアポリス（地）
　　注1　「ヤ」と書く慣用のある場合は，それによる。
　　　〔例〕　タイヤ　ダイヤモンド　ダイヤル　ベニヤ板
　　注2　「ギリシャ」「ペルシャ」について「ギリシア」「ペルシア」と書く慣用もある。
5　語末（特に元素名等）の -(i) um に当たるものは，原則として「-（イ）ウム」と書く。
　〔例〕　アルミニウム　カルシウム　ナトリウム　ラジウム
　　　　　サナトリウム　シンポジウム　プラネタリウム
　　注　「アルミニウム」を「アルミニューム」と書くような慣用もある。
6　英語のつづりのXに当たるものを「クサ」「クシ」「クス」「クソ」と書くか，「キ

サ」「キシ」「キス」「キソ」と書くかは，慣用に従う。

〔例〕　タクシー　ボクシング　ワックス　オックスフォード（地）

　　　　エキストラ　タキシード　ミキサー　テキサス（地）

7　拗音に用いる「ャ」「ュ」「ョ」は小書きにする。また,「ヴァ」「ヴィ」「ヴェ」「ヴォ」や「トゥ」のように組み合せて用いる場合の「ァ」「ィ」「ゥ」「ェ」「ォ」も，小書きにする。

8　複合した語であることを示すための，つなぎの符号の用い方については，それぞれの分野の慣用に従うものとし，ここでは取決めを行わない。

〔例〕　ケース　バイ　ケース　　ケース・バイ・ケース　　ケース-バイ-ケース

　　　　マルコ・ポーロ　　マルコ＝ポーロ

# 用　例　集

## 凡　例

1　ここには，日常よく用いられる外来語を主に，本文の留意事項その2（細則的な事項）の各項に例示した語や，その他の地名・人名の例などを五十音順に掲げた。地名・人名には，それぞれ（地），（人）の文字を添えた。

2　外来語や外国の地名・人名は，語形やその書き表し方の慣用が一つに定まらず，ゆれのあるものが多い。この用例集においても，ここに示した語形やその書き表し方は，一例であって，これ以外の書き方を否定するものではない。なお，本文の留意事項その2に両様の書き方が例示してある語のうち主なものについては，バイオリン／ヴァイオリンのような形で併せ掲げた。

| 【ア】 | アンケート | ウィット |
|---|---|---|
| アーケード | 【イ】 | ウィルソン(人) |
| アイスクリーム | イエーツ／イェーツ(人) | ウェールズ(地) |
| アイロン | イェスペルセン(人) | ウエスト　waist |
| アインシュタイン(人) | イエナ(地) | ウエディングケーキ／ |
| アカデミー | イエローストン(地) | 　　　　ウェディングケーキ |
| アクセサリー | イギリス(地) | ウエハース |
| アジア(地) | イコール | ウェブスター(人) |
| アスファルト | イスタンブール(地) | ウォルポール(人) |
| アトランティックシティー | イタリア(地) | ウラニウム |
| (地) | イニング | 【エ】 |
| アナウンサー | インタビュー／ | エイト |
| アパート | 　　　　インタヴュー | エキス |
| アフリカ(地) | インド(地) | エキストラ |
| アメリカ(地) | インドネシア(地) | エジソン(人) |
| アラビア(地) | インフレーション | エジプト(地) |
| アルジェリア(地) | 【ウ】 | エチケット |
| アルバム | ウイークデー | エッフェル(人) |
| アルファベット | ウィーン(地) | エネルギー |
| アルミニウム | ウイスキー／ウィスキー | エプロン |

エルサレム／
　　　イェルサレム(地)
エレベーター／エレベータ
【オ】
オーエン(人)
オーストラリア(地)
オートバイ
オーバーコート
オックスフォード(地)
オフィス
オホーツク(地)
オリンピック
オルガン
オレンジ
【カ】
ガーゼ
カーテン
カード
カーブ
カクテル
ガス
ガソリン
カタログ
カット
カップ
カバー
カムチャツカ(地)
カメラ
ガラス
カリフォルニア(地)
カルシウム
カルテット

カレンダー
カロリー
ガンジー(人)
カンツォーネ
【キ】
ギター
キムチ
キャベツ
キャンデー
キャンプ
キュリー(人)
ギリシャ／ギリシア(地)
キリマンジャロ(地)
キルティング
【ク】
グアテマラ／グァテマラ
　　　　　　　　　　(地)
クイーン
クイズ
クインテット
クーデター
クーポン
クエスチョンマーク
クオータリー／
　　　　　　クォータリー
グラビア
クラブ
グランドキャニオン(地)
クリスマスツリー
グリニッジ(地)
グループ
グレゴリウス(人)

クレジット
クレヨン
【ケ】
ケインズ(人)
ゲーテ(人)
ケープタウン(地)
ケーブルカー
ゲーム
ケンタッキー(地)
ケンブリッジ(地)
【コ】
コーヒー
コールタール
コスチューム
コップ
コピー
コペルニクス(人)
コミュニケーション
コロンブス(人)
コンクール
コンクリート
コンツェルン
コンピューター／
　　　　　　コンピュータ
コンマ
【サ】
サーカス
サービス
サナトリウム
サハラ(地)
サファイア
サマータイム

| | | |
|---|---|---|
| サラダボウル | スイング | セーター |
| サラブレッド | スウェーデン(地) | セーラー 〔～服〕 |
| サンドイッチ | スーツケース | セメント |
| サンパウロ(地) | スープ | ゼラチン |
| 【シ】 | スカート | ゼリー |
| シーボルト(人) | スキー | セルバンテス(人) |
| シェーカー | スケート | セロハン |
| シェークスピア(人) | スケール | センター |
| シェード | スコール | セントローレンス(地) |
| ジェットエンジン | スコップ | 【ソ】 |
| シェフィールド(地) | スター | ソウル(地) |
| ジェンナー(人) | スタジアム | ソーセージ |
| シドニー(地) | スタジオ | ソファー |
| ジブラルタル(地) | スタンダール(人) | ソルジェニーツィン(人) |
| ジャカルタ(地) | スチーム | 【タ】 |
| シャツ | スチュワーデス | ダーウィン(人) |
| シャッター | ステージ | ターナー(人) |
| シャベル | ステッキ | ダイジェスト |
| シャンソン | ステレオ | タイヤ |
| シャンツェ | ステンドグラス | ダイヤモンド |
| シュークリーム | ステンレス | ダイヤル |
| ジュース juice, deuce | ストーブ | タオル |
| シューベルト(人) | ストックホルム(地) | タキシード |
| ジュラルミン | ストップウオッチ／ストップウォッチ | タクシー |
| ショー | | タヒチ(地) |
| ショパン(人) | スプーン | ダンス |
| シラー(人) | スペイン(地) | 【チ】 |
| シンフォニー | スペース | チーズ |
| シンポジウム | スポーツ | チーム |
| 【ス】 | ズボン | チェーホフ(人) |
| スイートピー | スリッパ | チェーン |
| スイッチ | 【セ】 | チェス |

チェック
チケット
チップ
チフス
チャイコフスキー(人)
チューバ／テューバ
チューブ
チューリップ
チュニジア／テュニジア(地)
チョコレート
チロル(地)

【ツ】
ツアー tour
ツーピース
ツールーズ／トゥールーズ(地)
ツェッペリン(人)
ツンドラ

【テ】
ティー
ディーゼルエンジン
ディズニー(人)
ティチアーノ／ティツィアーノ(人)
ディドロ(人)
テープ
テーブル
デカルト(人)
テキサス(地)
テキスト
デザイン
テスト
テニス
テネシー(地)
デパート
デューイ(人)
デューラー(人)
デュエット
デュッセルドルフ(地)
テレビジョン
テント
テンポ

【ト】
ドア
ドーナツ
ドストエフスキー(人)
ドニゼッティ(人)
ドビュッシー(人)
トマト
ドライブ
ドライヤー
トラック
ドラマ
トランク
トルストイ(人)
ドレス
ドレフュス(人)
トロフィー
トンネル

【ナ】
ナイアガラ(地)
ナイフ
ナイル(地)
ナトリウム
ナポリ(地)

【ニ】
ニーチェ(人)
ニュース
ニュートン(人)
ニューヨーク(地)

【ネ】
ネーブル
ネオンサイン
ネクタイ

【ノ】
ノーベル(人)
ノルウェー(地)
ノルマンディー(地)

【ハ】
パーティー
バイオリン／ヴァイオリン
ハイキング
ハイドン(人)
ハイヤー
バケツ
バス
パスカル(人)
バター
ハチャトリヤン／ハチャトゥリヤン(人)
バッハ(人)
バッファロー(地)
バドミントン
バトン
バニラ

ハノイ(地)
パラグアイ／パラグァイ(地)
パラフィン
パリ(地)
バルブ
バレエ〔舞踊〕
バレーボール
ハンドル
【ヒ】
ピアノ
ビーナス／ヴィーナス
ビール
ビクトリア／ヴィクトリア(地)
ビスケット
ビスマルク(人)
ビゼー(人)
ビタミン
ビニール
ビバルディ／ヴィヴァルディ(人)
ビュイヤール／ヴュイヤール(人)
ヒューズ
ビルディング
ヒンズー教／ヒンドゥー教
ピンセット
【フ】
ファーブル(人)
ファイル
ファッション

ファラデー(人)
ファン
フィート
フィクション
フィラデルフィア(地)
フィリピン(地)
フィルム
フィレンツェ(地)
フィンランド(地)
プール
フェアバンクス(地)
フェアプレー
ブエノスアイレス(地)
フェルト
フェンシング
フォーク
フォークダンス
フォード(人)
フォーム
フォスター(人)
プディング
フュージョン
フュン島(地)
ブラームス(人)
ブラシ
プラスチック
プラットホーム
プラネタリウム
ブラマンク／ヴラマンク(人)
フランクリン(人)
ブレーキ

フロイト(人)
プログラム
プロデューサー
【ヘ】
ヘアピン
ペイント
ベーカリー
ヘーゲル(人)
ベーコン
ページ
ベール／ヴェール
ベストセラー
ペダル
ベニヤ〔～板〕
ベランダ
ベリー(人)
ヘリウム
ヘリコプター
ベルサイユ／ヴェルサイユ(地)
ペルシャ／ペルシア(地)
ヘルシンキ(地)
ヘルメット
ベルリン(地)
ペンギン
ヘンデル(人)
【ホ】
ホイットマン(人)
ボウリング〔球技〕
ホース
ボートレース
ポーランド(地)

| | | |
|---|---|---|
| ボーリング boring | ミシシッピ(地) | ユングフラウ(地) |
| ボクシング | ミシン | 【ヨ】 |
| ポケット | ミッドウェー(地) | ヨーロッパ(地) |
| ポスター | ミネアポリス(地) | ヨット |
| ボストン(地) | ミュンヘン(地) | 【ラ】 |
| ボタン | ミルウォーキー(地) | ライバル |
| ボディー | ミルクセーキ | ライプチヒ(地) |
| ホテル | 【メ】 | ラジウム |
| ホノルル(地) | メーカー | ラジオ |
| ボランティア | メーキャップ | ラファエロ(人) |
| ボルガ／ヴォルガ(地) | メーデー | ランニング |
| ボルテール／ | メガホン | ランプ |
| 　　　ヴォルテール(人) | メッセージ | 【リ】 |
| ポルトガル(地) | メロディー | リオデジャネイロ(地) |
| ホルマリン | メロン | リズム |
| 【マ】 | メンデル(人) | リノリウム |
| マージャン | メンデルスゾーン(人) | リボン |
| マイクロホン | メンバー | リュックサック |
| マカオ(地) | 【モ】 | リレー |
| マッターホーン(地) | モーター | リンカーン(人) |
| マドリード(地) | モーツァルト(人) | 【ル】 |
| マニラ(地) | モスクワ(地) | ルーベンス(人) |
| マフラー | モデル | ルーマニア(地) |
| マラソン | モリエール(人) | ルクス lux |
| マンション | モルヒネ | ルソー(人) |
| マンスフィールド(人) | モンテーニュ(人) | 【レ】 |
| マンチェスター(地) | モントリオール(地) | レイアウト |
| マンモス | 【ヤ】 | レール |
| 【ミ】 | ヤスパース(人) | レギュラー |
| ミイラ | 【ユ】 | レコード |
| ミキサー | ユーラシア(地) | レスリング |
| ミケランジェロ(人) | ユニホーム | レニングラード(地) |

| | | |
|---|---|---|
| レビュー／レヴュー | ローマ(地) | ロンドン(地) |
| レフェリー | ロケット | 【ワ】 |
| レベル | ロシア(地) | ワイマール(地) |
| レモンスカッシュ | ロダン(人) | ワイヤ |
| レンズ | ロッテルダム(地) | ワシントン(地) |
| レンブラント(人) | ロマンス | ワックス |
| 【ロ】 | ロマンチック | ワット(人) |

## 付

　前書きの4で過去に行われた表記のことについて述べたが，例えば，明治以来の文芸作品等においては，下記のような仮名表記も行われている。

　　ヰ：スヰフトの「ガリヴー旅行記」　　ヱ：ヱルテル　　ヲ：ヲルポール

　　ヴ：ヴィオリン　　ギ：ギオロン　　ヸ：ヸルレエヌ　　ヺ：ヺルガ

　　ヂ：ケンブリッヂ　　ヅ：ワーヅワース

# 地名表記の手引

◎財団法人教科書研究センター編著「新地名表記の手引」(平成6年)からの抜粋である。

## 第1 地名の表記に関する方針

### 1．取り上げる地名の範囲

　ここで取り上げる地名は，小学校・中学校及び高等学校で使用される教科書（地図帳を含む。以下同じ）によく出る山・山脈・高原・島・半島・平野・川・海洋・湖など，陸地・水域に関する自然地域名，並びに，都市・村落などの集落名称，道路名・鉄道名，国や地方の名称などの文化地域名を含む。日本の地名については，ほぼ20万分の1，又はそれより小さい縮尺の図に記入される自然地域名を一応の対象とする。外国の地名に付表を含め多くの紙数を割くのは，小学校・中学校及び高等学校の教科書で日本の地名よりも表記の点で問題になるものが多いためである。

　なお，現代の地名を取り扱うものとする。

### 2．地名の呼び方と書き方

(1)　日本の地名の呼び方と書き方については，それぞれ一般の慣習によるが，町名など特定のものは，市・町・村などの自治体又は各種の機関の定めた呼び方や書き方に従う。

(2)　地名の表記には，義務教育における児童・生徒の漢字に対する能力を考慮する。

(3)　外国の地名は，漢字平仮名交じりの文の場合及び地図などの場合，原則として片仮名で書く。

(4)　外国の地名は，なるべく，その国なりその地域なりの呼び方によって書く。ただし慣用の熟しているものについては，それに従って書く。

(5)　現地での呼び方の基準として，それぞれの国における公用のほか国際的機関による統一表記を重視する。慣用についても，日本における慣用のほか，国際的慣用について考慮する。

## 第2 一般外国の地名

### 原　　則

1．一般外国地名の表記は，原則として，片仮名を用いる。
2．片仮名書きによる外国地名の表記は，日本人にとってなるべく親しみやすいものにする。
3．片仮名書きの表記は，原則として，小学校・中学校・高等学校を通じて一定する。

### 細　　則

1．「ヂ」「ヅ」「ヰ」「ヱ」及び「ヲ」の文字は使わない。
2．語頭の「イェ」の音は，「イエ」と書く。

|  | 例 | Yemen | イエメン | (イェメン) |
|---|---|---|---|---|
|  |  | Yellowstone | イエローストーン | (イェローストーン) |
|  | 例外 | Jerusalem | エルサレム | (イェルサレム) |

3．「ウィ」「ウェ」「ウォ」の音は，「ウィ」「ウェ」「ウォ」と書く。

|  | 例 | Winnipeg | ウィニペグ | (ウィニペグ) |
|---|---|---|---|---|
|  |  | Norway | ノルウェー | (ノルウェー) |
|  |  | Milwaukee | ミルウォーキー | (ミルウォーキー) |

4．「クァ」「クィ」「クェ」「クォ」の音は，「クア」「クイ」「クエ」「クオ」と書く。また，「グァ」「グィ」「グェ」「グォ」の音は，「グア」「グイ」「グエ」「グオ」と書く。

|  | 例 | Paraguay | パラグアイ | (パラグァイ) |
|---|---|---|---|---|
|  |  | Nicaragua | ニカラグア | (ニカラグァ) |
|  |  | Queensland | クイーンズランド | (クィーンズランド) |

5．「ジェ」の音は，「ジェ」と書く。ただし，慣用の固定したものは「ゼ」と書く。

|  | 例 | Niger | ニジェール | (ニゼール) |
|---|---|---|---|---|
|  |  | Nigeria | ナイジェリア | (ナイゼリア) |
|  |  | Algeria | アルジェリア | (アルゼリア) |
|  | 慣用 | Argentine | アルゼンチン | (アルジェンチン) |
|  |  | Magellan [海峡] | マゼラン | (マジェラン) |

|  |  | Los Angeles | ロサンゼルス | (ロサンジェルス) |
|---|---|---|---|---|

6.「ティ」「ディ」「テュ」「デュ」の音は,「ティ」「ディ」「テュ」「デュ」と書く。
ただし,慣用の固定したものは「チ」「ジ」「チュ」「ジュ」と書く。

|  | 例 | Antilles [諸島] | アンティル | (アンチル) |
|---|---|---|---|---|
|  |  | Timor [島] | ティモール | (チモール) |
|  |  | Dividing [山脈] | ディバイディング | (ジバイジング) |
|  |  | Stewart [島] | ステュアート | (スチュアート) |
|  |  | Thüringen [森] | テューリンゲン | (チューリンゲン) |
|  |  | Düsseldorf | デュッセルドルフ | (ジュッセルドルフ) |
|  | 慣用 | Titicaca [湖] | チチカカ | (ティティカカ) |
|  |  | Tunisia | チュニジア | (テュニジア) |

7.「フュ」の音は,「フュ」と書く。

|  | 例 | Fyn [島] | フュン | (ヒュン) |
|---|---|---|---|---|
|  |  | Fürth | フュルト | (ヒュルト) |

8. 語末の「ト」又は「ド」及び語頭,語中で他の子音に先立つ「ト」又は「ド」音は,それぞれ「ト」又は「ド」と書き,母音 [u] を伴う「トゥ」又は「ドゥ」の音は,それぞれ「ツ」又は「ズ」と書く。

|  | 例 | Egypt | エジプト |  |
|---|---|---|---|---|
|  |  | Baghdad | バグダッド |  |
|  |  | Tbilisi | トビリシ |  |
|  |  | Dnepr [川] | ドニエプル |  |
|  |  | Etna [山] | エトナ |  |
|  |  | Hudson [湾, 海峡] | ハドソン |  |
|  |  | Toulouse | ツールーズ | (トゥルーズ) |
|  |  | Tuvalu | ツバル | (トゥバル) |
|  |  | Kathmandu | カトマンズ | (カトマンドゥ) |
|  | 慣用 | Turkmenistan | トルクメニスタン | (ツルクメニスタン) |
|  |  | Turfan | トルファン | (ツルファン) |

ただし,母音 [u] を伴うとき,特に原音に近く書き表す必要がある場合には,「トゥ」「ドゥ」と書くことができる。

|  | 例 | Turku | トゥルク |
|---|---|---|---|
|  |  | Dushanbe | ドゥシャンベ |

|  | Kaduna | カドゥナ | |

9. 原則として,「ヴァ」「ヴィ」「ヴ」「ヴェ」「ヴォ」の音は,「バ」「ビ」「ブ」「ベ」「ボ」と書く。

| 例 | Vancouver | バンクーバー | (ヴァンクーヴァー) |
|---|---|---|---|
|  | Victoria | ビクトリア | (ヴィクトリア) |
|  | Venezuela | ベネズエラ | (ヴェネズエラ) |
|  | Versailles | ベルサイユ | (ヴェルサイユ) |

ただし,特に原音に近く書き表す必要がある場合には,「ヴァ」「ヴィ」「ヴ」「ヴェ」「ヴォ」と書くことができる。

10. はねる音は「ン」と書く。

| 例 | London | ロンドン | |
|---|---|---|---|
|  | Campos | カンポ | (カムポ) |
|  | Cannes | カンヌ | |
|  | Hamburg | ハンブルク | (ハムブルク) |

ただし,原語のつづりにとらわれず,原音ではっきりしたもの以外には使わない。

| 例 | Peloponnesos | ペロポネソス | (ペロポンネソス) |
|---|---|---|---|
|  | Tennessee〔川〕 | テネシー | (テンネシー) |

11. つまる音は,小さく「ッ」と書く。

| 例 | Dhaka | ダッカ |
|---|---|---|
|  | Mecca | メッカ |
|  | Lappland | ラップランド |
|  | Calcutta | カルカッタ |

ただし,原語のつづりにとらわれず,原音ではっきりしたもの以外には使わない。

| 例 | Ross〔海〕 | ロス | (ロッス) |
|---|---|---|---|
|  | Appalachia〔山脈〕 | アパラチア | (アッパラチア) |

12. よう音は,小さく「ャ」「ュ」「ョ」と書く。

| 例 | Jakarta | ジャカルタ |
|---|---|---|
|  | New Guinea | ニューギニア |
|  | Georgia | ジョージア |

13. 長音を示すには,長音符号「ー」を添えて示し,母音字を重ねたり,「ウ」を用いたりしない。また,原音ではっきりしたもの以外は省略する。

| 例 | Hyderabad | ハイデラバード | (ハイデラバアド) |
|---|---|---|---|

|   | Key West | キーウェスト | (キイウェスト) |
|---|---|---|---|
|   | Seine〔川〕 | セーヌ | (セイヌ) |
|   | Auckland | オークランド | (オウクランド) |
|   | Roma | ローマ | (ロウマ) |

14. 二重母音「エイ」「オウ」は，原則として長音符号で表す。

| 例 | Cascade〔山脈〕 | カスケード | (カスケイド) |
|---|---|---|---|
|   | Norway | ノルウェー | (ノルウェイ) |
|   | Gold Coast | ゴールドコースト | (ゴウルドコウスト) |
| 例外 | Rio de Janeiro | リオデジャネイロ | (リオデジャネーロ) |
|   | Brunei | ブルネイ | (ブルネー) |
|   | Thunder Bay | サンダーベイ | (サンダーベー) |
| 慣用 | Spain | スペイン | (スペーン) |
|   | Bombay | ボンベイ | (ボンベー) |
|   | Cambridge | ケンブリッジ | (ケインブリッジ) |
|   | Oklahoma | オクラホマ | (オウクラホウマ) |

15. 語末の-iaは「イア」のように書く。また，語末の-yaのその前が子音のときは「イア」のように書く。

| 例 | California | カリフォルニア | (カリフォルニヤ) |
|---|---|---|---|
|   | Alessandria | アレッサンドリア | (アレッサンドリヤ) |
|   | Italia | イタリア | (イタリヤ) |
|   | Yugoslavia | ユーゴスラビア | (ユーゴスラビヤ) |
|   | Kenya | ケニア | (ケニヤ) |
|   | Libya | リビア | (リビヤ) |

16. 2語以上で成り立つ地名を表すときは一続きに書くこととし，つなぎ符号を入れたり，語間を空けたりしない。ただし，一語として著しく長くて，一気に呼びにくいとき，又は原語にandがあって，同類の語を並べる複合名であることを強調しようとするときは，短いつなぎ符号として「＝」を用いる。

| 例 | San Francisco | サンフランシスコ |
|---|---|---|
|   | Port-au-Prince | ポルトーブランス |
|   | São Tomé and Principe | サントメ＝プリンシペ |
|   | United Kingdom of Great Britain and Northern Ireland | |
|   |   | グレートブリテン＝北アイルランド連合王国 |

(注意) つなぎ符号として「・」(なかてん)は用いない。なかてんは,「横浜・神戸」のように,同じ種類の言葉を幾つか並べる場合に用いられており,これと紛らわしい場合があるためである。

17. 主な外国語別の発音と書き方は,次の要項による。

(1) **英　語**

ア　原則として,語末の-ley, -ray, -reyは「レー」と書き,語末の-ryは「リ」と書く。

| | 例 | | | |
|---|---|---|---|---|
| | Murray〔川〕 | マーレー | (マーレイ) |
| | Monterey | モンテレー | (モンテレイ) |
| | Coventry | コベントリ | (コベントリー) |
| | Sudbury | サドバリ | (サドバリー) |
| **例外** | McKinley〔山〕 | マッキンリー | (マッキンレー) |
| | Hungary | ハンガリー | (ハンガリ) |

(注意) -buryは,イギリスでは「ベリ」,北アメリカでは「バリ」とする。

(2) **ドイツ語**

ア　語頭のSp-, St-のSは「シュ」と書く。

| **例** | Spree〔川〕 | シュプレー | (スプレー) |
|---|---|---|---|
| | Stuttgart | シュツットガルト | (ストットガルト) |

イ　-nach, -bachは「ナハ」「バハ」と書く。

| **例** | Eisenach | アイゼナハ | (アイゼナッハ) |
|---|---|---|---|
| | Sulzbach | ズルツバハ | (ズルツバッハ) |

ウ　語末の-berg, -burgのgは「ク」,-ingのgは「グ」,-igのgは「ヒ」と書く。

| **例** | Heidelberg | ハイデルベルク | (ハイデルベルグ) |
|---|---|---|---|
| | Magdeburg | マクデブルク | (マクデブルグ) |
| | Straubing | シュトラウビング | (シュトラウビンク) |
| | Leipzig | ライプチヒ | (ライプツィヒ) |

エ　語末の-dは「ト」と書く。

| **例** | Rheinland | ラインラント | (ラインランド) |
|---|---|---|---|
| | Dortmund | ドルトムント | (ドルトムンド) |
| | Schwarzwald | シュバルツバルト | (シュバルツバルド) |

オ　語頭のW-は「ワ」「ウィ」「ウ」「ウェ」「ウォ」のように書く。

| **例** | Weimar | ワイマール | (バイマール) |
|---|---|---|---|

|   |   |   |   |
|---|---|---|---|
|   | Wien | ウィーン | (ビーン) |
|   | Wiesbaden | ウィースバーデン | (ビースバーデン) |
|   | Westfalen | ウェストファーレン | (ベストファーレン) |
| **例外** | Wuppertal | ブッパータール | (ウッパータール) |

カ 語末の-erは「アー」のように書く。

|   |   |   |   |
|---|---|---|---|
| **例** | Weser [川] | ウェーザー | (ウェーゼル) |
|   | Hannover | ハノーバー | (ハノーベル) |
| **例外** | Oder [川] | オーデル | (オーダー) |

キ öは「エ」, üは「ユ」のように書く。

|   |   |   |   |
|---|---|---|---|
| **例** | Köln | ケルン | (コルン, コエルン) |
|   | München | ミュンヘン | (ムンヘン) |

(3) **フランス語**

ア oiは「オワ」のように書く。

|   |   |   |   |
|---|---|---|---|
| **例** | Poitiers | ポワチエ | (ポアチエ) |
|   | Loire [川] | ロワール | (ロアール) |

イ bourgは「ブール」と書く。

|   |   |   |   |
|---|---|---|---|
| **例** | Cherbourg | シェルブール | (シェルブルグ) |
|   | Strasbourg | ストラスブール | (ストラスブルグ) |

ウ -eilleは「エイユ」, -aillesは「アイユ」のように書く。

|   |   |   |   |
|---|---|---|---|
| **例** | Marseille | マルセイユ | (マルセーユ) |
|   | Versailles | ベルサイユ | (ベルサーユ) |

エ 語末の-gneは「ニュ」, -neは「ヌ」, -nnesは「ンヌ」と書く。

|   |   |   |   |
|---|---|---|---|
| **例** | Champagne | シャンパーニュ | (シャンパーン) |
|   | Bourgogne | ブルゴーニュ | (ブルゴーン) |
|   | Marne [川] | マルヌ | (マルン) |
|   | Seine [川] | セーヌ | (セーン) |
|   | Cannes | カンヌ | (カンネ) |

(4) **イタリア語**

ア gnaは「ニャ」と書く。

|   |   |   |   |
|---|---|---|---|
| **例** | Bologna | ボローニャ | (ボログナ) |
|   | Campagna | カンパーニャ | (カンパニア) |

イ 母音に挟まれたsは濁音で書く。

| | 例 | Vesuvio〔山〕 | ベズビオ | (ベスﾞビオ) |
|---|---|---|---|---|
| | | Brindisi | ブリンディジ | (ブリンディシﾞ) |

ウ gliaは「リャ」と書く。

| | 例 | Cagliari | カリャリ | (カリアﾞリ) |
|---|---|---|---|---|

(5) **スペイン語**

ア llは「リャ」「リュ」「リョ」のように書く。

| | 例 | Valladlid | バリャドリッド | (バヤドリッド) |
|---|---|---|---|---|
| | | Callao | カリャオ | (カヤﾞオ) |

(注意) スペイン及びラテンアメリカのいずれにおいても，llを「ヤ」又は「ジャ」行で呼ぶ場合がかなり見られるが，地域によってこれを区別することは難しい。統一するには最も広く通用する「リャ」行音に従う。

イ jは「ハ」行音として書く。

| | 例 | San Juan | サンフアン | (サンジュアン, サンユﾞアン) |
|---|---|---|---|---|
| | | Ojos del Salado〔山〕 | オホスデルサラド | (オジョﾞスデルサラド) |

ウ hは無音として扱う。

| | 例 | Anáhuac〔高原〕 | アナワク | (アナフﾞアク) |
|---|---|---|---|---|
| | | Tehuantepec〔地峡〕 | テワンテペク | (テフアﾞンテペク) |
| | 慣用 | Honduras | ホンジュラス | (オﾞンジュラス) |

エ quiは「キ」，queは「ケ」と書く。

| | 例 | Iquitos | イキトス | (イクイﾞトス) |
|---|---|---|---|---|
| | | Iquique | イキケ | (イキクエﾞ) |

オ guaは「グア」と書く。

| | 例 | Uruguay | ウルグアイ | (ウルガﾞイ，ウルグアﾞイ) |
|---|---|---|---|---|
| | | Guayaquil | グアヤキル | (ガﾞヤキル，グアﾞヤキル) |

(6) **ロシア語**

ア vskなどのv及び語尾の-vは「フ」と書く。

| | 例 | Dnepropetorovsk | ドニエプロペトロフスク | |
|---|---|---|---|---|
| | | | (ドニエプロペトロブﾞスク) | |
| | | Khar'kov | ハリコフ | (ハリコブﾞ) |

イ vは原則としてバ行で書くが，語頭にV-があって，次に子音のとき，「ウ」と書く。vaは慣用として「ワ」と書くことがある。

| | 例 | Valdai〔丘陵〕 | バルダイ | (ウﾞルダイ) |
|---|---|---|---|---|

地 名　　　　　　　　　　　688

|  |  |  |  |
|---|---|---|---|
|  | Voronezh | ボロネシ | (ヴォロネシ) |
|  | Vladimir | ウラジミル | (ブラジミル) |
| 慣用 | Moskva | モスクワ | (モスクバ) |
|  | Ivanovo | イワノボ | (イバノボ) |
| 例外 | Vladivostok | ウラジオストク | (ウラジボストク) |

ウ　軟音符号「'」は「イ」のように扱って書く。

|  |  |  |  |
|---|---|---|---|
| 例 | Arkhangel'sk | アルハンゲリスク | (アルハンゲルスク) |
|  | Astrakhan' | アストラハニ | (アストラハン) |
|  | Kazan' | カザニ | (カザン) |

エ　「イェ」「キェ」「ニェ」などは「イエ」「キエ」「ニエ」などのように書く。ただし、語頭の「イェ」は「エ」と書く。

|  |  |  |  |
|---|---|---|---|
| 例 | Kiev | キエフ | (キイェフ) |
|  | Yenisei〔川〕 | エニセイ | (イェニセイ) |

18. 自然地域や行政単位などを表す接尾語以外は，意味のはっきりしたものでも，慣用の固定したものを除き，できるだけ訳さずそのままに書く。

| 例 | サウスカロライナ | (南カロライナ) |
|---|---|---|
|  | クイーンエリザベス諸島 | (エリザベス女王諸島) |
|  | ノースウェスト准州 | (北西地方) |

19. 東アジアを含めて，漢字使用の慣用が固定している自然地域名及び地方名は，漢字で書く。

　　例　　太平洋，大西洋，北極海，南極海，地中海，北海，黒海，紅海，死海，
　　　　　珊瑚海，黄海，日本海，間宮海峡，南極半島，朝鮮半島，千島列島，華
　　　　　北，華中，華南，台湾，樺太

　　例外　（漢字仮名交じり）東シナ海，南シナ海

# 第3　中国の地名

## 原　則

　一般外国の地名の表記について挙げた原則は，この項についてもそのまま準用する。その上に更に留意すべき事項を含めると，次のとおりである。

1．中国の地名の呼び方は，中国語の発音による。

2．中国の地名は片仮名で書く。ただし，慣用として広く使用されているもの，その他必要のあるものについては，漢字を付記する。

## 細　　則

1．表記に用いる仮名は，「第2　一般外国の地名」の表記について挙げた細則に従う。用いない文字，用いない書き方についても同上の細則による。
2．中国地名の仮名に，必要に応じて原音を参考にする場合は，ローマ字を音標文字として利用した中国語のつづり方である拼音（ピンイン）方案による。拼音の仮名書きには，「中国地名・人名の書き方の表」（昭和24年7月30日　国語審議会第17回総会建議）に基づき，これを一部補訂した表を用いる。
3．中国語以外の原語による地名は，片仮名で書き，漢字を添えない。

　　　　チベット［高原］　　　　　Tibet
　　　　ゴビ［砂漠］　　　　　　　Gobi
　　　　アルタイ［山脈］　　　　　Altai
　　　　タリム［盆地］　　　　　　Tarim
　　　　タクラマカン［砂漠］　　　Takla Makan
　　　　ツァイダム［盆地］　　　　Tsaidam
　　　　ウルムチ　　　　　　　　　Urumchi
　　　　ラサ　　　　　　　　　　　Lhasa
　　　　トルファン　　　　　　　　Turfan

4．国際的な慣用がわが国で広く用いられている，次の地名は，慣用に従って呼ぶ。

　　　　アモイ（厦門）　　　　　　スワトウ（油頭）
　　　　マカオ（澳門）　　　　　　シェンシー（陝西）省
　　　　ペキン（北京）　　　　　　カントン（広東）省
　　　　ナンキン（南京）　　　　　キールン（基隆）
　　　　ホンコン（香港）

5．行政単位名の省・県・旗・自治区などは，漢字で書く。

　　　例　　ユンナン（雲南）省
　　　　　　シャオシン（紹興）県
　　　　　　シンチアンウイグル自治区

6．山・山脈・湖・湾・半島・盆地などの自然地域を表す接尾語は，漢字で書く。山地名で「嶺」の付くものは，それを原名に読み込んで，その次に山脈又は山地を付

ける。

　　例　　タイ（泰）山　　　　　　　　ティエンシャン（天山）山脈
　　　　　ポーヤン（鄱陽）湖　　　　　　チアオチョウ（膠州）湾
　　　　　リアオトン（遼東）半島　　　　スーチョワン（四川）盆地
　　　　　ハイナン（海南）島　　　　　　ナンリン（南嶺）山脈
7．江・水・河・渓などの河川を表す接尾語は，漢字で川と書く。

　　例　　チュー川（珠江）　　　　　　　ウェイ川（渭河）
　　　　　タンショイ川（淡水河）　　　　チュオショイ川（濁水渓）

　　ただし，黄河・長江に限って，黄河（ホワンホー）・長江（チャンチアン）と書ける。
8．中国語以外の原音で，自然地域を表す接尾語であることが明らかであるものは，それぞれに当てはまる漢字に置き換えて用いる。

　　例　　ロブ湖（Lop Nor）　　　　　　アスティン山脈（Astyn Tagh）
9．自然地域を表す接尾語以外は，原則として漢字を用いない。用いる場合は，次のように最小限のものにとどめる。

　　　　　大シンアンリン山脈　　　　　　内モンゴル

## 第4　韓国・北朝鮮の地名

### 原　　則

　一般外国の地名の表記について挙げた原則は，この項についてもそのまま準用する。その上に更に留意すべき事項を含めると，次のとおりである。
1．韓国・北朝鮮の地名の呼び方は，それぞれの現地音による。
2．韓国・北朝鮮の地名は片仮名で書く。ただし，慣用として広く使用されているもの，その他必要のあるものについては，漢字を付記する。

### 細　　則

1．表記に用いる仮名は，「第2　一般外国の地名」の表記について挙げた細則に従う。用いない文字，用いない書き方についても同上の細則による。
2．行政単位の道・市・郡・区などは，漢字で書く。「南道」「北道」も漢字で書く。

　　例　　キョンギ（京畿）道

スウォン（水原）市
キョンサン（慶尚）南道（キョンサンナム（慶尚南）道）
チュンチョン（忠清）北道（チュンチョンブク（忠清北）道）

3. 山・山脈・湖・湾・半島・盆地などの自然地域を表す接尾語は，漢字で書く。峠名で「嶺」の付くものは，それを原名に読み込んで，その次に峠を付ける。

例　クムガン（金剛）山　　　　　ソベク（小白）山脈
　　チャンジン（長津）湖　　　　コモリョン（顧母嶺）峠

4. 江・川などの河川を表す接尾語は，漢字で川と書く。

例　ハン川（漢江）　　　　　　　イムジン川（臨津江）
　　アンソン川（安城川）

## 第5　南樺太・千島の地名

南樺太（北緯50°以南の樺太）及び千島（得撫島から占守島に至る地域をさす）の地名の表記については，原則として日本語の慣用により，現地の呼び方を付記する。

## 外 国 地 名 の 書 き 方

一般に用いられる外国の地名を選んで例記した。

| | | | |
|---|---|---|---|
| アイスランド | Iceland | アラブ首長国 | United Arab Emirates |
| アイルランド（エール） | | アルジェ | Alger |
| | Ireland（Eire） | アルジェリア | Algeria |
| アクラ | Accra | アルゼンチン | Argentine |
| アディスアベバ | Addis Ababa | アルバニア | Albania |
| アスンシオン | Asunción | アレクサンドリア | Alexandria |
| アテネ | Athínai（Athens） | アンカラ | Ankara |
| アフガニスタン | Afghanistan | アンマン | ʼAmmān |
| アムステルダム | Amsterdam | イギリス（連合王国，英国） | |
| アメリカ（合衆国，米国） | | | United Kingdom |
| | United States of America | イスタンブール | Istanbul |
| アラスカ | Alaska | イスラエル | Israel |

## 地 名

| | | | |
|---|---|---|---|
| イタリア | Italy (Italia) | キャンベラ | Canberra |
| イラク | Iraq | キューバ | Cuba |
| イラン (ペルシャ) | Iran (Persia) | ギリシャ (エラス) | Greece (Ellas) |
| インド (バラート) | India (Bharat) | グアテマラ | Guatemala |
| インドネシア | Indonesia | クアラルンプール | Kuala Lumpur |
| ウィニペグ | Winnipeg | グラスゴー | Glasgow |
| ウィーン | Wien | ケープタウン | Cape Town |
| ウェリントン | Wellington | コスタリカ | Costa Rica |
| ウランバートル | Ulan Bator | コナクリ | Conakry |
| ウルグアイ | Uruguay | コペンハーゲン | Copenhagen |
| エクアドル | Ecuador | コロンビア | Colombia |
| エジプト (ミスル) | Egypt (Miṣr) | コロンボ | Colombo |
| エチオピア | Ethiopia | コンゴ | Congo |
| エルサルバドル | El Salvador | サウサンプトン | Southampton |
| エルサレム | Jerusalem | サウジアラビア | Saudi Arabia |
| オーストラリア | Australia | サンサルバドル | San Salvador |
| オーストリア (エスターライヒ) | Austria (Österreich) | サンティアゴ | Santiago |
| | | サンパウロ | São Paulo |
| オスロ | Oslo | サンフアン | San Juan |
| オタワ | Ottawa | サンホセ | San José |
| オランダ | Netherlands | サンマリノ | San Marino |
| ガーナ | Ghana | サンモリッツ | St. Moritz |
| カイロ | Cairo | シカゴ | Chicago |
| カトマンズ | Kathmandu | シドニー | Sydney |
| カブール | Kābul | ジャカルタ | Djakarta |
| カラカス | Caracas | ジャフナ | Jaffna |
| カラチ | Karachi | シリア | Syria |
| カルカッタ | Calcutta | シンガポール | Singapore |
| カンボジア | Cambodia (Kampuchea) | スーダン | Sudan |
| キト | Quito | スイス | Switzerland (Schweiz, Suisse, Svizzera) |
| ギニア | Guinea | | |

## 地名

| | | | |
|---|---|---|---|
| スウェーデン | Sweden | ノルウェー | Norway |
| ストックホルム | Stockholm | ハーグ | 's Gravenhage (The Hague) |
| スペイン | Spain | バーミンガム | Birmingham |
| セイロン島 | Ceylon | ハイチ | Haiti |
| セウタ | Ceuta | ハイデラバード | Hyderabad |
| セーヌ川 | Seine | パキスタン | Pakistan |
| セビリア | Sevilla | バグダッド | Baghdād |
| ソフィア | Sofia | バチカン | Vatican |
| タイ | Thailand | パナマ | Panama |
| チェコ | Czech | ハノイ | Hanoi |
| チュニジア | Tunisia | ハバナ | Havana |
| チュニス | Tunis | パラグアイ | Paraguay |
| チューリヒ | Zürich | パリ | Paris |
| チョロン | Cho Lon | バルセロナ | Barcelona |
| チリ | Chile | ハルツーム | Khartoum |
| テグシガルパ | Tegucigalpa | バルバドス | Barbados |
| デトロイト | Detroit | ハンガリー (マジャール) | Hungary (Magyar) |
| テヘラン | Teheran (Tehrān) | | |
| テムズ川 | R. Thames | バンコク (クルンテプ) | Bangkok (Krung Thep) |
| デンマーク | Denmark | | |
| ドイツ | Germany (Deutschland) | ハンブルク | Hamburg |
| ドミニカ共和国 | Dominica | ビエンチャン | Vientiane |
| トリポリ | Tripoli | ピレネー山脈 | Pyrénées |
| トルコ | Turkey | フィラデルフィア | Philadelphia |
| ナポリ | Napoli | フィリピン | Philippines |
| ナミビア | Namibia | フィンランド (スオミ) | Finland (Suomi) |
| ニカラグア | Nicaragua | | |
| ニュージーランド | New Zealand | ブエノスアイレス | Buenos Aires |
| ニューデリー | New Delhi | プエルトリコ島 | Puerto Rico |
| ニューヨーク | New York | ブクレシュチ (ブカレスト) | Bucureşti (Bucharest) |
| ネパール | Nepal | | |

地 名

| | | | |
|---|---|---|---|
| ブダペスト | Budapest | ボンベイ | Bombay |
| プノンペン | Phnom Penh | マドラス | Madras |
| ブラジル | Brazil | マドリード | Madrid |
| プラハ (プラーグ) | Praha (Prag) | マナグア | Managua |
| フランス | France | マニラ | Manila |
| ブリュッセル | Bruxelles(Brussels) | 南アフリカ | South Africa |
| ブルガリア | Bulgaria | ミラノ | Milano |
| プレトリア | Pretoria | メキシコ (メヒコ) | Mexico |
| ベイルート | Beirut | メキシコシティー | Mexico City |
| ベオグラード (ベルグラード) | Beograd (Belgrade) | メッカ | Mecca |
| | | メルボルン | Melbourne |
| ベスビオ山 | Vesuvio | モスクワ | Moskva |
| ベトナム | Vietnam | モナコ | Monaco |
| ベネズエラ | Venezuela | モロッコ | Morocco |
| ペルー | Peru | モンゴル | Mongolia |
| ベルギー | | モンテビデオ | Montevideo |
| | Belgium (Blgique, België) | モントリオール | Montreal |
| ヘルシンキ | Helsinki | モンロビア | Monrovia |
| ベルリン | Berlin | ユーゴスラビア | Yugoslavia |
| ベルン | Bern | ヨハネスバーグ | Johannesburg |
| ベンガジ | Benghazi | ヨルダン | Jordan |
| ベンガル湾 | B. of Bengal | ラオス | Laos |
| ホーチミン (サイゴン) | | ラパス | La Paz |
| | Ho Chi Minh (Saigon) | ラバト | Rabat |
| ポーランド | Poland | ラワルピンディ | Rawalpindi |
| ボスニア=ヘルツェゴビナ | | リオデジャネイロ | Rio de Janeiro |
| | Bosnia-Herzegovina | リスボン | Lisbon |
| ボリビア | Bolivia | リビア | Libya |
| ポルトープランス | Port-au-Prince | リヒテンシュタイン | |
| ポルトガル | Portugal | | Liechtenstein |
| ボン | Bonn | リベリア | Liberia |
| ホンジュラス | Honduras | リマ | Lima |

| | |
|---|---|
| リヤド | Riyadh |
| リヨン | Lyon |
| ルーマニア | Romania |
| ルアンプラバン | Luang Prabang |
| ルクセンブルク | Luxembourg (Luxemburg) |
| レイキャビク | Reykjavik |
| レイテ島 | Leyte |
| レバノン | Lebanon |
| ローマ | Roma |
| ロサンゼルス | Los Angeles |
| ワシントン | Washington,D.C. |
| ワルシャワ | Warszawa |

## 中国地名の書き方

慣用として広く使用されているもの，その他必要のあるものについては，漢字を付記する。

| | | | |
|---|---|---|---|
| 鞍山 | アンシャン | 洛陽 | ルオヤン |
| Urumchi(烏魯木斉) | ウルムチ | 蘭州 | ランチョウ |
| | | Lhasa (拉薩) | ラサ |
| 陰山山脈 | インシャン山脈 | 遼河 | リアオ川 |
| 開灤 | カイロワン | 遼東半島 | リアオトン半島 |
| 宜昌 | イーチャン | 旅順 | リュイシュン |
| 吉林 | チーリン | | |
| 広州 | コワンチョウ | | |
| 九竜 | カオルン | | |
| Amur R.(黒龍江) | アムール川 | | |
| Gobi Tan | ゴビ砂漠 | | |
| 昆明 | クンミン | | |
| Sungari R.(松花江) | スンガリ川 | | |
| 徐州 | シュイチョウ | | |
| 新疆維吾爾 | シンチアンウイグル | | |
| 西江 | シー川 | | |
| 成都 | チョントゥー | | |
| 蘇州 | スーチョウ | | |
| 大興安嶺 | 大シンアンリン山脈 | | |
| 大別山脈 | タービエ山脈 | | |
| 大連 | ターリエン | | |
| Tarim Pendi | タリム盆地 | | |
| 長春 | チャンチュン | | |
| 青島 | チンタオ | | |
| 天山山脈 | ティエンシャン山脈 | | |
| 包頭 | パオトウ | | |
| 鄱陽湖 | ポーヤン湖 | | |
| Harbin (哈爾浜) | ハルビン | | |
| 撫順 | フーシュン | | |
| 本渓 | ペンシー | | |

## 部首名一覧

|  |  |  |  |  |  |  |  |  |  |
|---|---|---|---|---|---|---|---|---|---|
| 一部 | いちぶ | 子部 | こへんぶ | 欠部 | けつ あくびぶ | 缶部 | あくびぶ | 西部 | ひよみのとり |
| 丨部 | こんぶ | 宀部 | うかんむりぶ | 止部 | とめへんぶ | 网部 | あみがしらぶ | 采部 | のごめへんぶ |
| 丶部 | てんぶ | 寸部 | すんぶ | 歹部 | がつへんぶ | 羊部 | ひつじへんぶ | 里部 | さとぶ |
| 丿部 | へつぶ | 小部 | しょうぶ | 殳部 | るまたぶ | 羽部 | はねぶ | 金部 | かねへんぶ |
| 乙部 | おつ にょうぶ | 尢部 | おう くぐせぶ | 母部 | なかれぶ | 老部 | おいかんむり ぶ | 長部 | ちょうぶ ながいぶ |
| 亅部 | けつぶ | 尸部 | しかばねかん しんむり | 比部 | ひぶ | 而部 | | 門部 | もんがまえぶ |
| 二部 | にぶ | 山部 | やまぶ | 毛部 | けぶ | 耒部 | すきへんぶ | 阜部 | こざとへんぶ |
| 亠部 | けいさん なべぶたぶ | 巛部 | かわ まがりかわぶ | 氏部 | うじぶ | 耳部 | みみへんぶ | 隶部 | れい（たい）ぶ |
| 人部 | にんべんぶ | 工部 | たくみへんぶ | 气部 | きがまえぶ | 聿部 | ふでづくりぶ | 隹部 | ふるとりぶ |
| 儿部 | にんにょう ひとあし | 己部 | きおのれぶ | 水部 | さんずい みず | 肉部 | にくづきぶ | 雨部 | あめかんむ り |
| 入部 | にゅうぶ | 巾部 | はばへん きんべんぶ | 火部 | ひへん れんがぶ | 自部 | じぶ | 青部 | あおぶ |
| 八部 | はちがしらぶ | 干部 | かん たてかんぶ | 爪部 | つめかんむ り | 至部 | いたるぶ | 非部 | ひぶ |
| 冂部 | けいがまえ まきがまえぶ | 幺部 | よう おさなぶ | 父部 | ちちぶ | 臼部 | うすぶ | 面部 | めんぶ |
| 冖部 | わかんむりぶ | 广部 | まだれぶ | 爻部 | こう まじわるぶ | 舌部 | したぶ | 革部 | かわへん つくりかわ ぶ |
| 冫部 | にすいぶ | 廴部 | いんにょう えんにょうぶ | 片部 | かたへんぶ | 舛部 | ます せんぶ | 音部 | おとへんぶ |
| 几部 | きぶ | 廾部 | きょう こまぬきぶ | 牙部 | きばへんぶ | 舟部 | ふねへんぶ | 頁部 | おおがいぶ |
| 凵部 | かんにょうぶ | 弋部 | よく いぐるみぶ | 犬部 | いぬ けものへんぶ | 艮部 | こんぶ | 風部 | かぜぶ |
| 刀部 | かたな りっとうぶ | 弓部 | ゆみへんぶ | 玄部 | げんぶ | 色部 | いろぶ | 飛部 | ひ |
| 力部 | ちからぶ | 彐部 | | 玉部 | たまへんぶ | 艸部 | くさかんむ り | 食部 | しょくへんぶ |
| 勹部 | つつみがまえ | 彡部 | さんづくりぶ | 甘部 | かんぶ | 虍部 | とらかんむ り とらがしらぶ | 首部 | くびぶ |
| 匕部 | ひぶ | 彳部 | ぎょうにん べん | 生部 | せいぶ | 虫部 | むしへんぶ | 香部 | こうぶ |
| 匚部 | はこがまえぶ | 心部 | こころ したごころ りっしんべ ん | 用部 | ようぶ | 血部 | ちぶ | 馬部 | うまへんぶ |
| 匸部 | かくしがまえぶ | | | 田部 | たへんぶ | 行部 | ゆきがまえぶ | 骨部 | ほねへんぶ |
| 十部 | じゅうぶ | | | 疋部 | ひきぶ | 衣部 | ころもへんぶ | 高部 | こう たかいぶ |
| 卜部 | ぼくぶ | 戈部 | ほこ たすきほこぶ | 疒部 | やまいだれぶ | 西部 | あみがしらぶ | 髟部 | かみがしら かみかんむぶ |
| 卩部 | ふしづくりぶ | 戸部 | とかんむり とだれぶ | 癶部 | はつがしらぶ | 見部 | みるぶ | 鬥部 | とうがまえぶ |
| 厂部 | がんだれぶ | 手部 | てへんぶ | 白部 | しろぶ | 角部 | つのへんぶ | 鬼部 | おに ききょうぶ |
| 厶部 | む わたくし | 支部 | しにょう えだにょうぶ | 皮部 | けがわぶ | 言部 | ごんべんぶ | 魚部 | うおへんぶ |
| 又部 | またぶ | 攴部 | ぼくにょうぶ | 皿部 | さらぶ | 谷部 | たにぶ | 鳥部 | とりぶ |
| 口部 | くちへんぶ | 文部 | ぶんにょうぶ | 目部 | めへんぶ | 豆部 | まめへんぶ | 鹵部 | しおぶ |
| 囗部 | くにがまえぶ | 斗部 | とますぶ | 矛部 | ほこへんぶ | 豕部 | いのこぶ | 鹿部 | しかぶ |
| 土部 | つちへんぶ | 斤部 | おののづくりぶ | 矢部 | やへんぶ | 貝部 | かいへん こがいぶ | 麦部 | むぎぶ |
| 士部 | さむらいぶ | 方部 | ほう かたへんぶ | 石部 | いしへんぶ | 赤部 | あかぶ | 麻部 | あさぶ |
| 夂部 | すいにょうぶ | 无部 | き | 示部 | しめすへんぶ | 走部 | そうにょうぶ | 黄部 | きぶ |
| 夕部 | ゆうべ せきぶ | 日部 | にちへん ひへんぶ | 禸部 | のぎへんぶ | 足部 | あしへんぶ | 黒部 | くろぶ |
| 大部 | だいぶ | 曰部 | ひらびぶ | 穴部 | あなかんむ り | 身部 | みへんぶ | 鼓部 | つづみぶ |
| 女部 | おんなへんぶ | 月部 | つきへんぶ | 立部 | たつへんぶ | 車部 | くるまへんぶ | 鼻部 | はなへんぶ |
| | | 木部 | きへんぶ | 竹部 | たけかんむ り | 辛部 | たつ しん | 齊部 | さいぶ |
| | | | | 米部 | こめへんぶ | 辰部 | しん | 歯部 | はぶ |
| | | | | 糸部 | いとへんぶ | 辵部 | しんにゅうぶ | 龍部 | たつぶ |
| | | | | | | 邑部 | おおざとぶ | 亀部 | かめぶ |

## 常用漢字筆順一覧表

○この表は，常用漢字（2136字）の筆順を示したものである。
○配列は，常用漢字表の順に従い，頭に示してある番号は，その整理番号を示す。なお，本文中の常用漢字の箇所に示した番号は，この整理番号と同一である。参照して利用されたい。
○右肩に数字を付してある漢字は小学校学年別漢字配当表の漢字であり，その数字は，それぞれ配当学年を示す。漢字の筆順は，文部省「筆順指導の手びき」（昭33.3.31）に示された筆順によった。
○学年別配当漢字の筆順のうち，右肩に星印＊をつけてある部分は，それぞれの学年の指導上の便宜を考えて，編者が更に加えたものである。
○小学校学年別漢字配当表の漢字以外の常用漢字の筆順は，「筆順指導の手びき」に準拠して示した。
○ここに掲げた筆順は，絶対的なものではない。前掲「筆順指導の手びき」には，「本書のねらい」に，「本書に示される筆順は，学習指導上に混乱をきたさないようにとの配慮から定められたものであって，そのことは，ここに取りあげなかった筆順についても，これを誤りとするものでもなく，また否定しようとするものでもない。」とある。
○〔　　〕の中に示した字体は，旧字体である。

◎筆順の原則（文部省「筆順指導の手びき」による。）

## 大原則1　上から下へ

① 上の点画から書いていく。

　　三（一 二 三）　　工（一 丁 工）

② 上の部分から書いていく。

　　喜（十 吉 青 直 喜）　　客（宀 灾 客）　　築（ｿﾞ 筑 築）

## 大原則2　左から右へ

① 左の点画から書いていく。

　　川（丿 川 川）　　学（丶 丶 ﾂ 学）　　帯（一 十 世 世 帯）

② 左の部分から書いていく。

　　竹（ケ 竹）　　休（亻 休）　　例（亻 伆 例）

## 原則1　横画がさき

① 横・縦の順

　　十（一 十）　　土（一 十 土）　　士（一 十 士）
　　七（一 七）　　大（一 ナ 大）
　　告（丿 ⺧ 丄 生 告）　　木（一 十 木）　　寸（一 寸 寸）

② 横・縦・横の順

　　共（一 艹 ± 共）　　編（糹 糹 絹 絹 編）　　花（一 艹 花）　　算（⺮ 笞 筲 算）
　　帯（一 十 世 世 帯）　　無（二 無 無 無）

③ 横・横・縦の順

用（冂 月 用） 耕（三 扌 耒 耕） 夫（一 二 チ 夫）

④ 横・横・縦・縦の順

耕（耒 耒 耒 耕 耕）

## 原則2　横画があと

① 田

田（冂 冂 用 田）

② 田の発展したもの

由（冂 巾 由 由） 曲（冂 巾 曲 曲 曲） 角（ク 角 角 角） 再（冂 冂 再 再）

③ 王

王（一 丁 干 王）

④ 王の発展したもの

進（亻 亻 亻 隹 隹 進） 馬（厂 冂 冃 馬 馬） 生（一 亠 牛 生） 寒（宀 宀 宀 宑 寒 寒）

## 原則3　中がさき

小（亅 亅 小） 当（亅 亅 ⺍ 当） 水（亅 オ 水） 緑←（糸 紵 緑 緑） 衆（血 宀 弁 衆） 業（丷 丷 业 業 業） 赤←（土 耂 赤 赤） 楽←（白 泊 冰 楽） 承（丂 亙 承）

〔例外〕

　　→性（丶　丷　忄　性）　　火（丶　丷　火）

原則4　**外側がさき**

　　国（冂　国　国）　　同（冂　同）　　内（冂　内）　　司（𠃌　司）

〔例外〕

　　区（一　ㄨ　区）　　医（一　匚　矢　医）

原則5　**左払いがさき**

　　文（亠　ナ　文）　　金（ノ　𠆢　金）

原則6　**つらぬく縦画は最後**

　　中（口　中）　　書（聿　書　書）　　平（丆　平）　　手（二　手）

〔例外〕上にも，下にも，つきぬけない縦画は上部・縦画・下部の順で書く。

　　里（日　甲　里）　　重（㐰　重　重）　　謹←（言　謹　謹）

原則7　**つらぬく横画は最後**

　　女（く　女　女）　　子（了　子）

〔例外〕

　　世（一　廿　世）

原則8　**横画と左払い**

①　横画が長く，左払いが短い字では，左払いをさきに書く。

　　右（ノ　ナ　右）

② 横画が短く，左払いが長い字では，横画をさきに書く。

　　左（一　ナ　左）

| # | 漢字 | 筆順 | | # | 漢字 | 筆順 |
|---|---|---|---|---|---|---|
| 1 | 亜〔亞〕 | 一 ㅠ 再 亜 | | 30 | 偉 | 亻 伃 伃 偉 偉 |
| 2 | 哀 | 亠 宀 亨 哀 | | 31 | 椅 | 木 术 栌 栫 椅 椅 |
| 3 | 挨 | 扌 扩 护 拃 挨 | | 32 | 彙 | 彑 壴 彙 彙 彙 |
| 4 | 愛[4] | 爫 爫 忩 夢 愛 | | 33 | 意[3] | 亠 宀 立 音 意 |
| 5 | 曖 | 日 昈 昈 晒 曖 曖 | | 34 | 違 | 音 肀 韋 違 |
| 6 | 悪[3]〔惡〕 | 一 ㅠ 再 亜 悪 | | 35 | 維 | 糸 紆 紆 維 |
| 7 | 握 | 扌 护 捏 握 | | 36 | 慰 | 尸 尿 尉 慰 |
| 8 | 圧[5]〔壓〕 | 一 厂 圧 圧 | | 37 | 遺[6] | 一 巾 虫 貴 遺 |
| 9 | 扱 | 扌 圾 扱 | | 38 | 緯 | 糸 紆 緯 緯 |
| 10 | 宛 | 宀 宀 宛 宛 宛 | | 39 | 域[6] | 土 圹 垣 域 域 |
| 11 | 嵐 | 山 广 片 嵐 嵐 嵐 | | 40 | 育[3] | 亠 宀 古 产* 育 |
| 12 | 安[3] | 宀 宀 安 安 | | 41 | 一[1] | 一 |
| 13 | 案[4] | 宀 宀 宀 安 安 案 | | 42 | 壱〔壹〕 | 士 声 声 壱 |
| 14 | 暗[3] | 日 暗 暗 | | 43 | 逸〔逸〕 | 而 免 逸 |
| 15 | 以 | l l l 以 以 | | 44 | 茨[4] | 艹 芊 茨 茨 |
| 16 | 衣 | 亠 宀 宀 大 衣 衣 | | 45 | 芋 | 艹 井 芋 |
| 17 | 位 | 亻 仁 位 位 | | 46 | 引[2] | フ 弓 引 |
| 18 | 囲[5]〔圍〕 | 冂 冂 用 囲 | | 47 | 印[4] | ′ ⺈ F E 印 印 |
| 19 | 医[3]〔醫〕 | 一 厂 匚 匞 医 | | 48 | 因[5] | 冂 冂 因 因 |
| 20 | 依 | 亻 仁 佐 依 | | 49 | 咽 | 口 叮 咽 咽 |
| 21 | 委 | 二 千 禾 委 委 | | 50 | 姻 | 女 妑 姻 姻 |
| 22 | 威 | 厂 反 威 威 | | 51 | 員[3] | 口 日 肙 員 |
| 23 | 為〔爲〕 | ノ 为 为 為 為 | | 52 | 院 | ′ *′* 阝 阧 陀 院 |
| 24 | 畏 | 田 甲 甲 畍 畏 | | 53 | 淫 | 氵 汀 沀 浮 淫 |
| 25 | 胃[6] | 冂 田 胃 | | 54 | 陰 | 阝 阣 陰 陰 |
| 26 | 尉 | 尸 尿 尉 | | 55 | 飲[3] | 人 今 食 飠 飲 |
| 27 | 異[6] | 田 甲 罪 罪 異 | | 56 | 隠〔隱〕 | 阝 阿 陷 隠 |
| 28 | 移[5] | 禾 移 移 | | 57 | 韻 | 音 部 韻 |
| 29 | 萎 | 艹 芋 苯 萎 | | 58 | 右[1] | ノ ナ ズ* 右 |

| | | |
|---|---|---|
| 59 | 宇⁶ | 宀 宇 |
| 60 | 羽² | 丨 刂 羽 |
| 61 | 雨¹ | 一 厂 币 雨 雨 |
| 62 | 唄 | 口 叩 唄 唄 |
| 63 | 鬱 | 缶 枾 林 쵆 촳 鬱 鬱 鬱 鬱 鬱 |
| 64 | 畝 | 亠 亩 畝 |
| 65 | 浦 | 氵 沪 浦 浦 |
| 66 | 運³ | 冖 宣 軍 運 |
| 67 | 雲² | 雨 雲 雲 雲 |
| 68 | 永⁵ | 亠 j 永 永 |
| 69 | 泳³ | 氵 汁 泳 泳 |
| 70 | 英⁴ | 艹 芎 英 |
| 71 | 映⁶ | 日 映 映 |
| 72 | 栄⁴〔榮〕| 𭕄 𭕄 栄 |
| 73 | 営⁵〔營〕| 𭕄 𭕄 営 営 営 |
| 74 | 詠 | 訁 訓 詠 |
| 75 | 影 | 日 景 影 |
| 76 | 鋭 | 金 鈶 鋭 |
| 77 | 衛⁵〔衞〕| 彳 行 衛 衛 衛 衛 |
| 78 | 易⁵ | 日 旦 易 易 |
| 79 | 疫 | 疒 疔 疫 |
| 80 | 益⁵ | 丷 兯 𫝆 益 益 |
| 81 | 液⁵ | 氵 汁 浐 液 液 |
| 82 | 駅³〔驛〕| 丨 丨 丨 馬 駅 駅 |
| 83 | 悦 | 忄 竹 悦 |
| 84 | 越 | 走 走 越 越 |
| 85 | 謁〔謁〕| 訁 謁 謁 |
| 86 | 閲 | 門 閂 閲 |
| 87 | 円¹〔圓〕| 冂 冂 円 |
| 88 | 延⁶ | 丿 亠 𠂊 正 延 延 |
| 89 | 沿⁶ | 氵 沿 沿 |
| 90 | 炎 | 丷 火 炎 |
| 91 | 怨 | 夕 夗 怨 怨 |
| 92 | 宴 | 宀 宵 宴 |
| 93 | 媛⁴ | 女 女 女 娗 媛 媛 |
| 94 | 援 | 扌 拧 挼 援 |
| 95 | 園² | 冂 冂 周 園 園 園 |
| 96 | 煙 | 火 炉 烟 煙 |
| 97 | 猿 | 犭 犭 犳 狆 狆 猿 |
| 98 | 遠² | 吉 吉 亨 袁 遠 |
| 99 | 鉛 | 金 鈆 鉛 |
| 100 | 塩⁴〔鹽〕| 土 圹 圹 圹 塩 塩 |
| 101 | 演⁵ | 氵 氵 浐 浐 演 演 |
| 102 | 縁〔緣〕| 糹 糹 糹 緑 縁 |
| 103 | 艶 | 豊 艶 艶 艶 |
| 104 | 汚 | 氵 汚 |
| 105 | 王¹ | 一 干 王 |
| 106 | 凹 | 丨 凵 凵 凹 凹 |
| 107 | 央³ | 冂 口 央 |
| 108 | 応⁵〔應〕| 丶 广 応 応 |
| 109 | 往⁵ | 彳 彳 往 |
| 110 | 押 | 扌 扣 押 |
| 111 | 旺 | 日 旺 旺 |
| 112 | 欧〔歐〕| 𠃌 区 欧 |
| 113 | 殴〔毆〕| 𠃌 区 殴 |
| 114 | 桜⁵〔櫻〕| 木 栌 桜 桜 |
| 115 | 翁 | 公 𭕄 翁 |

| # | 字 | 筆順 | | # | 字 | 筆順 |
|---|---|---|---|---|---|---|
| 116 | 奥 | 〔奧〕冂 舟 奥 | | 145 | 架 | カ 加 架 |
| 117 | 横³ | 〔橫〕木 杧 桩 构 横 横 | | 146 | 夏² | 一 T 万 百 夏 夏 |
| 118 | 岡⁴ | 冂 冂 岡 岡 岡 | | 147 | 家² | 宀 宀 宀 宀 家 家 |
| 119 | 屋³ | ㄱ* 尸 尸 厔 屋 屋 | | 148 | 荷³ | 艹 艹 荷 荷 |
| 120 | 億⁴ | 亻 伫 倍 億 億 億 | | 149 | 華 | 艹 苎 苎 華 |
| 121 | 憶 | 忄 忄 憶 憶 | | 150 | 菓 | 艹 苩 菓 |
| 122 | 臆 | 月 胪 胪 臆 臆 臆 | | 151 | 貨⁴ | 亻 亻 化 貨 |
| 123 | 虞 | 卜 卢 卢 虞 虞 | | 152 | 渦 | 氵 沪 沪 沪 渦 |
| 124 | 乙 | 乙 | | 153 | 過⁵ | 冂 冂 咼 咼 咼 過 |
| 125 | 俺 | 亻 仏 侪 俺 | | 154 | 嫁 | 女 婷 嫁 |
| 126 | 卸 | 亠 午 缶 卸 | | 155 | 暇 | 日 昍 昍 暇 |
| 127 | 音¹ | 亠 立 咅 音 | | 156 | 禍 | 〔禍〕礻 礻 礻 禍 禍 |
| 128 | 恩⁶ | 冂 冈 因 因 恩 恩 | | 157 | 靴 | 一 廿 芇 革 鞄 靴 |
| 129 | 温³ | 〔溫〕氵 沪 沪 淠 温 温 | | 158 | 寡 | 宀 宜 寅 寡 |
| 130 | 穏 | 〔穩〕稻 穏 穏 | | 159 | 歌² | 可 叮 哥 哥 歌* 歌 |
| 131 | 下¹ | 一 T 下 | | 160 | 箇 | 竹 筒 箇 |
| 132 | 化³ | 亻 亻 化 | | 161 | 稼 | 二 禾 秭 稼 稼 稼 |
| 133 | 火¹ | 丶 丷 火 火 | | 162 | 課⁴ | 訁 訂 訳 課 |
| 134 | 加⁴ | カ カ 加 | | 163 | 蚊 | 虫 蚊 |
| 135 | 可⁵ | 一 可 可 | | 164 | 牙 | 一 二 牙 牙 |
| 136 | 仮⁵ | 〔假〕亻 仮 仮 | | 165 | 瓦 | 一 T 工 瓦 瓦 |
| 137 | 何² | 丿 *亻 亻 亻 何 何 | | 166 | 我⁶ | 一 二 手 我 我 我 |
| 138 | 花¹ | 一 艹 艹 花 花 | | 167 | 画² | 〔畫〕一 币 面 画 画 |
| 139 | 佳 | 亻 仹 佳 | | 168 | 芽⁴ | 艹 艹 芽 芽 |
| 140 | 価⁵ | 〔價〕亻 仃 価 価 | | 169 | 賀⁴ | 丁 力 加 賀 |
| 141 | 果⁴ | 日 旦 甲 果 | | 170 | 雅 | 一 牙 雅 雅 |
| 142 | 河⁵ | 氵 汀 河 河 | | 171 | 餓 | 飠 飠 飠 餓 |
| 143 | 苛 | 艹 艹 苛 苛 | | 172 | 介 | 丿 人 介 |
| 144 | 科² | 禾 科 科 科 | | 173 | 回² | 冂 回 回 |

| | | |
|---|---|---|
| 174 | 灰⁶ | 一 厂 厂 灰 |
| 175 | 会²〔會〕 | 人 亽 会 会 |
| 176 | 快⁵ | 丶 丶 忄 忆 快 |
| 177 | 戒 | 二 开 戒 戒 |
| 178 | 改⁴ | 己 己 改 改 |
| 179 | 怪 | 忄 怪 怪 |
| 180 | 拐 | 扌 扫 扫 护 拐 拐 |
| 181 | 悔〔悔〕 | 忄 忄 悔 悔 |
| 182 | 海²〔海〕 | 氵 *氵 海 海 海 海 |
| 183 | 界³ | 田 界 界 |
| 184 | 皆 | 比 比 皆 |
| 185 | 械⁴ | 木 杧 枋 械 械 械 |
| 186 | 絵²〔繪〕 | 糸 糸 絵 絵 |
| 187 | 開³ | 門 門 閂 開 |
| 188 | 階³ | 阝 *阝 阝 阠 陛 陛 階 |
| 189 | 塊 | 扌 圠 圹 塊 |
| 190 | 楷 | 木 木 杧 杧 楷 楷 |
| 191 | 解⁵ | 角 角 解 解 解 |
| 192 | 潰 | 氵 沖 浐 清 清 潰 |
| 193 | 壊〔壞〕 | 圹 圹 壊 壊 |
| 194 | 懐〔懷〕 | 忄 忄 懐 懐 |
| 195 | 諧 | 言 計 計 詳 諧 諧 |
| 196 | 貝¹ | 冂 目 貝 |
| 197 | 外² | 丿 *ク *ク タ 外 外 |
| 198 | 劾 | 亠 ナ 亥 劾 |
| 199 | 害⁴ | 宀 中 宝 害 |
| 200 | 崖 | 屮 产 产 岸 岸 崖 |
| 201 | 涯 | 氵 汀 汀 沪 涯 涯 |
| 202 | 街⁴ | 彳 佳 街 |
| 203 | 慨〔慨〕 | 忄 忄 忾 慨 |
| 204 | 蓋 | 艹 艹 苦 荎 蓋 |
| 205 | 該 | 言 計 該 該 |
| 206 | 概〔概〕 | 木 柯 概 |
| 207 | 骸 | 冂 冃 冎 骨 骸 骸 |
| 208 | 垣 | 土 圹 圩 坥 垣 垣 |
| 209 | 柿 | 木 木 杧 柿 |
| 210 | 各⁴ | 丿 ク 冬 各 |
| 211 | 角² | 冂 ク 角 角 |
| 212 | 拡⁶〔擴〕 | 扌 扌 扩 拡 |
| 213 | 革⁶ | 一 艹 莘 革 |
| 214 | 格⁵ | 木 杦 格 |
| 215 | 核 | 木 杧 核 |
| 216 | 殻〔殼〕 | * 圭 亳 殼 殼 |
| 217 | 郭 | 亨 享 郭 |
| 218 | 覚⁴〔覺〕 | 丷 兴 覚 |
| 219 | 較 | 車 軡 較 |
| 220 | 隔 | 阝 阝 隔 隔 |
| 221 | 閣⁶ | 閂 閣 |
| 222 | 確⁵ | 石 矿 矿 碓 確 |
| 223 | 獲 | 犭 犷 猎 猎 獲 獲 |
| 224 | 嚇 | 口 叶 吐 嚇 嚇 |
| 225 | 穫 | 禾 禾 穑 穫 |
| 226 | 学¹〔學〕 | 丶 丷 兴 学 学 |
| 227 | 岳〔嶽〕 | 厂 丘 岳 |
| 228 | 楽²〔樂〕 | 丶 白 泊 泊 楽 |
| 229 | 額⁵ | 丶 宀 安 客 額 |
| 230 | 顎 | 口 四 咢 鄂 顎 顎 |
| 231 | 掛 | 扌 挂 掛 掛 |

| | | | | | |
|---|---|---|---|---|---|
| 232 | 潟⁴ | 氵氵氵沪潟潟 | 261 | 患 | 日串患 |
| 233 | 括 | 扌扌括 | 262 | 貫 | 乚四貫貫 |
| 234 | 活² | 氵汗活 | 263 | 寒³ | 宀宙宒寒寒 |
| 235 | 喝〔喝〕 | 口叩吧喝喝喝 | 264 | 喚 | 口喚喚 |
| 236 | 渇〔渴〕 | 氵渇渇 | 265 | 堪 | 圵圤堪堪 |
| 237 | 割⁶ | 宀宀中害割 | 266 | 換 | 扌挽換 |
| 238 | 葛 | 艹苜葛葛葛 | 267 | 敢 | 工直耳敢 |
| 239 | 滑 | 氵氵氵滑 | 268 | 棺 | 木柊棺 |
| 240 | 褐〔褐〕 | 衤衤衤褐褐褐 | 269 | 款 | 十士素款 |
| 241 | 轄 | 軡軡軡轄 | 270 | 間² | 丨冂冂門門間 |
| 242 | 且 | 冂月且 | 271 | 閑 | 門閑 |
| 243 | 株⁶ | 木朾柒株 | 272 | 勧〔勸〕 | ′二产产奞勧 |
| 244 | 釜 | 八父父爷爹釜 | 273 | 寛〔寬〕 | 宀宵寛 |
| 245 | 鎌 | 金鈩鈩鍕鎌鎌 | 274 | 幹⁵ | 十卉卓軑幹幹 |
| 246 | 刈 | ノメ刈 | 275 | 感³ | 厂后咸咸感 |
| 247 | 干⁶ | 二干 | 276 | 漢³〔漢〕 | 氵汁沣漢漢 |
| 248 | 刊⁵ | 二千刊刊 | 277 | 慣⁵ | 忄忄忄慣慣 |
| 249 | 甘 | 廿甘 | 278 | 管 | 竹竺管管 |
| 250 | 汗 | 氵汗 | 279 | 関⁴〔關〕 | 門門閞関 |
| 251 | 缶〔罐〕 | ′ト上午缶缶 | 280 | 歓〔歡〕 | 二产产奞歓 |
| 252 | 完⁴ | 宀宁完 | 281 | 監 | 臣臤臤監 |
| 253 | 肝 | 肝肝 | 282 | 緩 | 糸紖紓緩 |
| 254 | 官⁴ | 宀宁官 | 283 | 憾 | 忄恒恒憾憾 |
| 255 | 冠 | 冖亍完冠 | 284 | 還 | 罒罡還 |
| 256 | 巻⁶〔卷〕 | ′丷关卷巻 | 285 | 館³ | 食食館館 |
| 257 | 看⁶ | 二手看 | 286 | 環 | 王珇環 |
| 258 | 陥〔陷〕 | 阝陥陥 | 287 | 簡⁶ | 竹笩節簡 |
| 259 | 乾 | 十古卓卓乾 | 288 | 観⁴〔觀〕 | 二产产奞観 |
| 260 | 勘 | 廿甘其勘 | 289 | 韓 | 古卓軑靾韓 |

| | | | | | | | | | | | | |
|---|---|---|---|---|---|---|---|---|---|---|---|---|
| 290 | 艦 | | 舟 | 舯 | 艦 | 艦 | | 319 | 鬼 | 宀 | 由 | 鬼 鬼 |
| 291 | 鑑 | | 釒 | 鍂 | 鑑 | 鑑 | | 320 | 帰² 〔歸〕 | ﾉ | リ | リ 归 炉 帰 |
| 292 | 丸² | | ノ | 九 | 丸 | | | 321 | 基 | 一 | 廿 | 甘 其 其 基 |
| 293 | 含 | | 人 | 今 | 含 | | | 322 | 寄⁵ | 宀 | 宀 | 宀 宊 寄 |
| 294 | 岸³ | | 山 | 严 | 岸 岸 | | | 323 | 規⁵ | 二 | 夫 | 相 規 |
| 295 | 岩² | | 山 | 屶 | 岸 岩 | | | 324 | 亀 | ⺈ | 召 | 刍 亀 |
| 296 | 玩 | | 王 | 玕 | 玕 玩 | | | 325 | 喜 | 十 | 士 | 吉 青 直 喜 |
| 297 | 眼⁵ | | 目 | 眼 | 即 眼 眼 | | | 326 | 幾 | 幺 | 丝 | 幾 幾 |
| 298 | 頑 | | 二 | 元 | 元 兀 頑 頑 | | | 327 | 揮⁶ | 扌 | 揮 | |
| 299 | 顔² | | ⼇ | 产 | 彦 彦* 顔* 顔 | | | 328 | 期³ | 廿 | 甘 | 其 期 |
| 300 | 願⁴ | | 一 | 厂 | 厉 原 原 願 | | | 329 | 棋 | 木 | 棋 | 棋 |
| 301 | 企 | | 个 | 企 | 企 企 | | | 330 | 貴⁶ | 口 | 中 | 虫 貴 |
| 302 | 伎 | | 亻 | 仁 | 仕 伎 伎 | | | 331 | 棄 | 亠 | 产 | 奔 棄 |
| 303 | 危⁶ | | ⼓ | 产 | 户 危 危 | | | 332 | 毀 | 𠂉 | 𠂊 | 𦥑 𦥑 𦥑 毁 |
| 304 | 机⁶ | | 朾 | 机 | | | | 333 | 旗⁴ | ᅩ | 扩 | 旃 旗 旗 |
| 305 | 気¹〔氣〕 | | ⼃ | 气 | 気 気 | | | 334 | 器⁴ 〔器〕 | ⺌ | 吅 | 哭 器 器 |
| 306 | 岐⁴ | | 山 | 屶 | 岐 | | | 335 | 畿 | 幺 | 絲 | 斷 幾 畿 |
| 307 | 希⁴ | | 丶 | 丷 | 乂 产 希 | | | 336 | 輝 | ⺌ | 扩 | 輝 |
| 308 | 忌 | | コ | 己 | 忌 | | | 337 | 機⁴ | 木 | 栏 | 機 機 機 |
| 309 | 汽² | | 氵 | *汽 | 汽 | | | 338 | 騎 | | 駢 | 騎 騎 |
| 310 | 奇 | | 大 | 奇 | 奇 | | | 339 | 技⁵ | 扌 | 扌 | 抃 抜 技 |
| 311 | 祈 | 〔祈〕 | 礻 | 祈 | 祈 | | | 340 | 宜 | 宀 | 宜 | |
| 312 | 季⁴ | | 二 | 禾 | 季 | | | 341 | 偽 〔僞〕 | 亻 | 伬 | 伪 伪 偽 |
| 313 | 紀⁵ | | 幺 | 幺 | 糸 紀 紀 | | | 342 | 欺 | 廿 | 其 | 欺 |
| 314 | 軌 | | 車 | 軌 | | | | 343 | 義⁵ | 丷 | 羊 | 兰 美 義 義 |
| 315 | 既 〔既〕 | ヨ | 艮 | 旡 | 旣 既 | | | 344 | 疑⁶ | 匕 | 毕 | 疑 疑 疑 |
| 316 | 記 | | 言 | 訂 | 記 記 | | | 345 | 儀 | 亻 | 仪 | 侞 佯 儀 |
| 317 | 起³ | | 十 | 土 | 走 起 起 | | | 346 | 戯 〔戲〕 | 广 | 肯 | 虚 戯 戯 |
| 318 | 飢 | | 食 | 飢 | | | | 347 | 擬 | 扌 | 扩 | 扩 捉 擬 擬 |

| | | |
|---|---|---|
| 348 | 犠 〔犧〕 | 扑 拌 拌 犠 犠 |
| 349 | 議⁴ | 討 詳 詳 議 議 |
| 350 | 菊 | 艻 荀 菊 |
| 351 | 吉 | 十 士 吉 |
| 352 | 喫 | 叶 叫 哋 喫 |
| 353 | 詰 | 詰 詰 |
| 354 | 却 | 土 去 却 却 |
| 355 | 客³ | 宀 灾 灾 客 |
| 356 | 脚 | 肛 肤 脚 脚 |
| 357 | 逆⁵ | 丶 亠 䒑 屰 逆 |
| 358 | 虐 | 庀 虐 虐 虐 |
| 359 | 九¹ | ノ 九 |
| 360 | 久⁵ | ノ ク 久 |
| 361 | 及 | ノ 乃 及 |
| 362 | 弓² | 弓 弓 |
| 363 | 丘 | 亻 斤 丘 |
| 364 | 旧⁵〔舊〕 | 丨 旧 旧 |
| 365 | 休¹ | ノ *亻 *亻 仁 什 休 休 |
| 366 | 吸⁶ | 叨 吸 吸 |
| 367 | 朽 | 朽 朽 |
| 368 | 臼 | 亻 臼 臼 臼 白 |
| 369 | 求⁴ | 十 寸 求 求 |
| 370 | 究³ | 丶 宀 宀 究 究 |
| 371 | 泣⁴ | 氵 汁 泣 |
| 372 | 急³ | ク ヶ 刍 急 |
| 373 | 級³ | 糸 紉 級 |
| 374 | 糾 | 糸 糾 |
| 375 | 宮³ | 宀 宮 宮 |
| 376 | 救⁵ | 十 寸 求 求 救 |

| | | |
|---|---|---|
| 377 | 球³ | 王 玎 玎 球 球 |
| 378 | 給⁴ | 糸 紷 給 |
| 379 | 嗅 | 口 叻 唱 嗅 嗅 |
| 380 | 窮 | 宀 穹 穹 窮 |
| 381 | 牛² | ノ 二 牛 |
| 382 | 去³ | 十 土 去 去 |
| 383 | 巨 | 丨 厂 匞 巨 |
| 384 | 居⁵ | 尸 尸 居 居 |
| 385 | 拒 | 扌 拒 拒 |
| 386 | 拠〔據〕 扐 拠 拠 |
| 387 | 挙⁴〔舉〕 | 丶 丷 兴 挙 挙 |
| 388 | 虚〔虛〕 | 广 虍 虚 虚 |
| 389 | 許⁵ | 訂 許 許 |
| 390 | 距 | 卧 趴 距 距 |
| 391 | 魚² | ク 夕 角 魚 魚 |
| 392 | 御 | 彳 徉 徉 御 御 |
| 393 | 漁⁴ | 氵 沽 渔 漁 |
| 394 | 凶 | ノ 乂 区 凶 |
| 395 | 共⁴ | 一 卄 共 共 |
| 396 | 叫 | 叫 叫 叫 |
| 397 | 狂 | 犴 狂 |
| 398 | 京² | 丶 亠 古 京 京 |
| 399 | 享 | 一 亠 古 享 |
| 400 | 供⁶ | 仁 仕 供 供 |
| 401 | 協⁴ | 一 十 协 协 協 |
| 402 | 況 | 氵 汇 況 |
| 403 | 峡 〔峽〕 屾 峪 峡 |
| 404 | 挟〔挾〕扌 扌 扫 挟 挟 挟 |
| 405 | 狭〔狹〕犴 狭 狭 |

| № | 漢字 | 筆順 | | № | 漢字 | 筆順 | |
|---|---|---|---|---|---|---|---|
| 406 | 恐 | 丆 巩 恐 | | 435 | 琴 | 王 珏 琴 | |
| 407 | 恭 | 艹 共 恭 | | 436 | 筋⁶ | 筋 筋 | |
| 408 | 胸⁶ | 胸 胸 胸 | | 437 | 僅 | 亻 仠 佯 佯 僅 | |
| 409 | 脅 | 刀 多 脅 | | 438 | 禁⁵ | 木 林 禁 | |
| 410 | 強² | ㇈ 弓 弘 弘 弹 強 強 | | 439 | 繁 | 厂 戸 敏 繁 | |
| 411 | 教² | ⺊ 土 耂 耂 孝 教 | | 440 | 錦 | 釒 釤 錦 錦 | |
| 412 | 郷⁶〔鄉〕 | 纟 𠁊 郷 | | 441 | 謹〔謹〕 | 訁 詿 諽 謹 | |
| 413 | 境⁵ | 土 圹 垃 培 堷 境 | | 442 | 襟 | 衤 衤 衤 袜 袜 襟 | |
| 414 | 橋³ | 杧 栌 桴 橋 橋 | | 443 | 吟 | 吖 吟 | |
| 415 | 矯 | 乇 矢 矢 矫 矯 矯 | | 444 | 銀³ | 釒 釤 釤 釤 釼 銀 | |
| 416 | 鏡⁴ | 釒 釒 鍍 鏡 | | 445 | 区³〔區〕 | 一 フ 又 区 | |
| 417 | 競⁴ | ⺍ 竞 竞 競 | | 446 | 句⁵ | ) ⼓ 勹 句 | |
| 418 | 響〔響〕 | 纟 郷 郷 響 | | 447 | 苦³ | 艹 芋 苦 | |
| 419 | 驚 | 艹 荷 敬 驚 | | 448 | 駆〔驅〕 | 馭 駆 駆 | |
| 420 | 仰 | 亻 仁 伫 仰 | | 449 | 具³ | 冂 目 且 具 | |
| 421 | 曉〔曉〕 | 日 時 暁 暁 | | 450 | 惧 | 忄 忄 忄 忄 惧 | |
| 422 | 業³ | 业 业 业 業 業 | | 451 | 愚 | 号 禺 愚 | |
| 423 | 凝 | 冫 冽 冼 凝 | | 452 | 空¹ | 丶 宀 宀 穴 空 空 | |
| 424 | 曲³ | 丨 冂 曲 曲 | | 453 | 偶 | 亻 伄 偊 偶 | |
| 425 | 局³ | 𠃍 尸 局 局 | | 454 | 遇 | 吕 禺 遇 | |
| 426 | 極⁴ | 木 杞 柯 椓 極 | | 455 | 隅 | 阝 阝 阢 阳 隅 隅 | |
| 427 | 玉¹ | 一 丅 王 玉 | | 456 | 串 | 口 吕 串 | |
| 428 | 巾 | 丨 冂 巾 | | 457 | 屈 | 屛 屈 屈 | |
| 429 | 斤 | 斤 斤 斤 | | 458 | 掘 | 扌 押 捃 掘 掘 | |
| 430 | 均⁵ | 土 圴 均 均 | | 459 | 窟 | 宀 宇 宇 窂 窟 窟 | |
| 431 | 近² | 𠂊 𠂉 斤 沂 近 近 | | 460 | 熊⁴ | 厶 育 育 能 熊 | |
| 432 | 金¹ | 人 合 仐 余 金 | | 461 | 繰 | 糸 繰 繰 繰 | |
| 433 | 菌 | 菌 菌 菌 | | 462 | 君³ | 𠃍 ⼹ ヨ 尹 君 | |
| 434 | 勤⁶〔勤〕 | 一 廾 苫 茁 堇 勤 | | 463 | 訓⁴ | 訁 訓 訓 | |

| | | | |
|---|---|---|---|
| 464 | 勲〔勳〕 𠂉 重 重 動 勲 | 493 | 憬 忄 忄 忄 忄 憬 憬 |
| 465 | 薫〔薰〕 䒑 莔 薗 薫 | 494 | 稽 秆 秆 秆 秸 稽 |
| 466 | 軍⁴ 冖 宣 軍 | 495 | 憩 ⺌ 刮 刮 憩 |
| 467 | 郡⁴ フ ヨ 尹 君 郡 郡 | 496 | 警⁶ ⺌ ⺌ 敬 警 |
| 468 | 群⁴ ⼝ ヨ 尹 君 群 群 | 497 | 鶏〔鷄〕⺌ 爫 爫 鶏 |
| 469 | 兄² ⼘ 口 尸 兄 | 498 | 芸〔藝〕芸 芸 芸 |
| 470 | 刑 二 开 刑 | 499 | 迎 匚 卬 卬 迎 |
| 471 | 形² 二 开 形 | 500 | 鯨 魚 鯨 |
| 472 | 系⁶ 一 ⼂ 玄 乑 系 | 501 | 隙 阝 阝 阝 陷 隙 隙 |
| 473 | 径⁴〔徑〕彳 径 | 502 | 劇⁶ ⼴ 广 庐 虎 豦 劇 |
| 474 | 茎〔莖〕 芝 茎 茎 | 503 | 撃〔擊〕車 軯 撃 |
| 475 | 係³ 亻 仁 佢 係 係 | 504 | 激 氵 淖 激 |
| 476 | 型⁵ ⼆ 开 刑 型 | 505 | 桁 木 机 桁 桁 |
| 477 | 契 ⼟ 主 切 契 | 506 | 欠⁴〔缺〕ノ ク ケ 欠 |
| 478 | 計² 言 言 計 | 507 | 穴⁶ 宀 宂 穴 |
| 479 | 恵〔惠〕 ⼀ 自 恵 | 508 | 血³ ⼃ ⼈ 白 血 血 |
| 480 | 啓 ヮ 殷 啓 | 509 | 決³ 氵 汁 決 |
| 481 | 掲〔揭〕扌 掲 掲 | 510 | 結⁴ 糸 紀 結 |
| 482 | 渓〔溪〕氵 氵 泛 泛 渓 渓 | 511 | 傑 亻 仟 仔 傑 |
| 483 | 経⁵〔經〕紀 紀 経 経 | 512 | 潔⁵ 氵 洁 洁 潔 潔 潔 |
| 484 | 蛍〔螢〕⺌ ⺌ ⺌ ⺌ 蛍 蛍 | 513 | 月¹ ⼃ 月 月 |
| 485 | 敬⁶ ⼀ 艹 苟 苟 敬 | 514 | 犬¹ 一 ナ 大 犬 |
| 486 | 景⁴ ⽇ 旦 暑 景 | 515 | 件⁵ 亻 仁 *件 件 |
| 487 | 軽〔輕〕車 車 軒 軽 軽 | 516 | 見¹ 冂 目 見 |
| 488 | 傾 亻 仃 佰 佰 傾 | 517 | 券⁶ ⼢ ⼢ 兴 券 |
| 489 | 携 扌 拧 挗 携 | 518 | 肩 ヨ 戸 肩 |
| 490 | 継〔繼〕糸 紉 継 | 519 | 建⁴ ⼀ ⼗ ⽇ 聿 建 建 |
| 491 | 詣 詣 詣 詣 | 520 | 研³〔硏〕石 矿 研 |
| 492 | 慶 广 庐 慶 慶 | 521 | 県³〔縣〕冂 且 県 |

常用漢字筆順

| # | 漢字 | 筆順 | | # | 漢字 | 筆順 |
|---|---|---|---|---|---|---|
| 522 | 倹〔儉〕 | 亻 伶 倹 | | 551 | 原² | 一 厂 厈 原 原 |
| 523 | 兼 | 丷 当 争 兼 | | 552 | 現⁵ | 丁 王 玑 珇 現 |
| 524 | 剣〔劍〕 | ケ 争 剣 | | 553 | 舷 | 舟 舟 舩 舷 舷 |
| 525 | 拳 | 丷 学 类 参 拳 | | 554 | 減⁵ | 冫 厂 沽 減 減 |
| 526 | 軒 | 軒 軒 | | 555 | 源⁶ | 沂 源 源 |
| 527 | 健⁴ | 亻 仁 伊 律 健 健 | | 556 | 厳⁶〔嚴〕 | 丷 兴 产 岸 嚴 |
| 528 | 険⁵〔險〕 | 阝 阡 阼 険 | | 557 | 己⁶ | 一 コ 己 |
| 529 | 圏〔圈〕 | 冂 罓 罖 圏 | | 558 | 戸² | 一 ヨ 戸 |
| 530 | 堅 | 丨 臣 臤 堅 | | 559 | 古² | 一 十 古 |
| 531 | 検⁵〔檢〕 | 朷 桧 検 | | 560 | 呼⁶ | 口 叮 叨 呼 |
| 532 | 嫌 | 女 女 女 婶 嫌 嫌 | | 561 | 固⁴ | 冂 円 固 固 |
| 533 | 献〔獻〕 | 亠 南 献 | | 562 | 股 | 肌 股 股 股 |
| 534 | 絹⁶ | 糸 紀 絹 | | 563 | 虎 | 丨 上 广 广 卢 虎 |
| 535 | 遣 | 中 串 貴 遣 | | 564 | 孤 | 孑 孤 孤 |
| 536 | 権⁶〔權〕 | 木 栏 栏 榨 権 | | 565 | 弧 | 引 弧 弧 |
| 537 | 憲⁶ | 宀 宝 宝 宝 憲 | | 566 | 故⁵ | 十 古 故 |
| 538 | 賢 | 丨 臣 臤 賢 | | 567 | 枯 | 朩 枯 |
| 539 | 謙 | 訁 謙 謙 謙 | | 568 | 個⁵ | 亻 们 伵 個 個 |
| 540 | 鍵 | 釒 鈩 鍏 鍏 鍵 | | 569 | 庫³ | 丶 广 盲 庫 庫 |
| 541 | 繭 | 艹 芇 芇 繭 繭 | | 570 | 湖³ | 氵 沽 沽 湖 |
| 542 | 顕〔顯〕 | 昻 昻 顕 | | 571 | 雇 | 三 戸 屏 雇 |
| 543 | 験⁴〔驗〕 | 馬 馬 験 験 | | 572 | 誇 | 訁 訁 誇 |
| 544 | 懸 | 日 県 県 懸 | | 573 | 鼓 | 十 吉 青 皷 鼓 |
| 545 | 元² | 一 二 テ 元 | | 574 | 鋼 | 金 釘 鉰 鋼 鋼 |
| 546 | 幻 | 幺 幻 | | 575 | 顧 | 戸 屏 雇 顧 |
| 547 | 玄 | 亠 幺 玄 | | 576 | 五¹ | 一 丁 五 五 |
| 548 | 言² | 亠 言 言 | | 577 | 互 | 一 工 互 互 |
| 549 | 弦 | 弘 弦 弦 | | 578 | 午² | 丿 仁 午 |
| 550 | 限⁵ | 阝 阝 阝 阝 阻 限 | | 579 | 呉 | 口 呂 呉 |

| # | 字 | 筆順 | # | 字 | 筆順 |
|---|---|---|---|---|---|
| 580 | 後² | ⼃ *彳 彳 彳 後 | 609 | 効⁵〔效〕 | 亠 六 交 効 |
| 581 | 娯 | 女 娯 娯 | 610 | 幸³ | 十 去 坴 幸 |
| 582 | 悟 | 忄 悟 | 611 | 拘 | 扌 拘 拘 |
| 583 | 碁 | 一 廿 甘 其 碁 | 612 | 肯 | ⼃ 肯 |
| 584 | 語² | 訁 語 語 | 613 | 侯 | 亻 俣 侯 |
| 585 | 誤⁶ | 訁 訁 訅 誤 | 614 | 厚⁵ | 一 厂 厈 厚 厚 |
| 586 | 護⁵ | 訁 訁 訸 護 護 | 615 | 恒〔恆〕 | 忄 恒 恒 |
| 587 | 口¹ | 丨 口 | 616 | 洪 | 氵 汁 沖 洪 洪 |
| 588 | 工² | 一 丁 工 | 617 | 皇⁶ | 宀 白 皁 皇 |
| 589 | 公² | 八 公 公 | 618 | 紅⁶ | 糹 紅 紅 |
| 590 | 勾 | ⼃ ⼓ 勾 勾 | 619 | 荒 | 艹 芒 荒 |
| 591 | 孔 | 子 孔 | 620 | 郊 | 亠 交 郊 |
| 592 | 功⁴ | 工 工 巧 功 | 621 | 香⁴ | 二 禾 香 |
| 593 | 巧 | 工 工 巧 | 622 | 候⁴ | 亻 俣 俣 候 |
| 594 | 広²〔廣〕 | 丶 *广 広 広 | 623 | 校¹ | 木 杧 校 |
| 595 | 甲 | 冂 日 甲 | 624 | 耕⁵ | 一 三 耒 耒 耕 |
| 596 | 交² | 亠 六 交 | 625 | 航⁵ | ⼃ 丨 力 月 舟 航 |
| 597 | 光² | 丶 ⼃ 业 光 | 626 | 貢 | 一 戸 貢 |
| 598 | 向³ | ⼃ ⼁ ⼁ 冂 向 | 627 | 降⁶ | 阝 阝 降 |
| 599 | 后⁶ | ⼃ 厂 厂 后 | 628 | 高² | 亠 古 高 高 |
| 600 | 好⁴ | 女 好 | 629 | 康⁴ | 广 庐 庚 康 康 |
| 601 | 江 | 氵 江 | 630 | 控 | 扌 控 控 |
| 602 | 考² | 土 耂 考 | 631 | 梗 | 木 杧 梗 梗 梗 梗 |
| 603 | 行² | ⼃ 彳 行 行 | 632 | 黄²〔黃〕 | 一 廿 共 芇 黄 |
| 604 | 坑 | 扌 坊 坑 | 633 | 喉 | 口 吖 咩 咩 喉 |
| 605 | 孝⁶ | 土 孝 孝 | 634 | 慌 | 忄 忙 忙 慌 |
| 606 | 抗 | 扌 扌 抗 | 635 | 港³ | 氵 汁 洪 港 港 |
| 607 | 攻 | 工 工 攻 攻 | 636 | 硬 | 石 硈 硬 |
| 608 | 更 | 一 百 更 更 | 637 | 絞 | 糹 絞 絞 |

| # | | | | | | | # | | | | | | |
|---|---|---|---|---|---|---|---|---|---|---|---|---|---|
| 638 | 項 | 工 | 项 | 項 | | | 667 | 駒 | 馬 | 馰 | 駒 | | |
| 639 | 溝 | 氵 | 汮 | 浐 | 溝 | 溝 溝 | 668 | 込 | 丶 | 入 | 込 | | |
| 640 | 鉱⁵〔鑛〕| 釒 | 釕 | 鈩 | 鉱 | | 669 | 頃 | 丶 | ヒ | 圵 | 頃 | | |
| 641 | 構⁵ | 木 | 朴 | 栏 | 槠 | 構 構 | 670 | 今² | 丶 | 人 | 今 | 今 | | |
| 642 | 綱 | 網 | 網 | 綱 | | | 671 | 困⁶ | 冂 | 困 | 困 | | | |
| 643 | 酵 | 酉 | 酵 | | | | 672 | 昆 | 冂 | 日 | 昆 | 昆 | 昆 | |
| 644 | 稿 | 秸 | 穚 | 稿 | | | 673 | 恨 | 忄 | 忙 | 恨 | | | |
| 645 | 興⁵ | 丨 | 冂 | 舆 | 興 | | 674 | 根³ | 木 | 朴 | 杷 | 根 | | |
| 646 | 衡 | 彳 | 徝 | 獋 | 衡 | | 675 | 婚 | 女 | 娇 | 婚 | | | |
| 647 | 鋼⁶ | 釒 | 鋼 | 鋼 | | | 676 | 混⁵ | 氵 | 汨 | 混 | 混 | | |
| 648 | 講⁵ | 訁 | 計 | 誹 | 請 | 講 | 677 | 痕 | 亠 | 疒 | 疒 | 痄 | 痕 | |
| 649 | 購 | 貝 | 貝 | 購 | 購 | 購 | 678 | 紺 | 紺 | 紺 | 紺 | | | |
| 650 | 乞 | 丶 | 乞 | | | | 679 | 魂 | 云 | 动 | 魂 | 魂 | | |
| 651 | 号³〔號〕| 丶 | 口 | 号 | 号 | | 680 | 墾 | 豸 | 豸 | 銀 | 墾 | | |
| 652 | 合² | 丶 | 人 | 合 | 合 | | 681 | 懇 | 豸 | 豸 | 銀 | 懇 | | |
| 653 | 拷 | 扌 | 拷 | 拷 | | | 682 | 左¹ | 一 | ナ | 左 | 左*左 | | |
| 654 | 剛 | 門 | 岡 | 剛 | | | 683 | 佐⁴ | 亻 | 仕 | 佐 | 佐 | | |
| 655 | 傲 | 亻 | 佧 | 住 | 做 | 傲 傲 | 684 | 沙 | 氵 | 沙 | 沙 | 沙 | | |
| 656 | 豪 | 亠 | 高 | 亨 | 豪 | 豪 | 685 | 査⁵ | 十 | 木 | 杏 | 査 | | |
| 657 | 克 | 十 | 古 | 克 | | | 686 | 砂⁶ | 石 | 砂 | 砂 | | | |
| 658 | 告⁵ | 丶 | 丷 | 吿 | 告 | 告 | 687 | 唆 | 口 | 吁 | 唆 | | | |
| 659 | 谷² | 八 | 父 | 谷 | | | 688 | 差⁴ | 丶 | 丷 | ¥ | 羊 | 差 | |
| 660 | 刻⁶ | 一 | 歹 | 亥 | 刻 | | 689 | 詐 | 言 | 許 | 詐 | | | |
| 661 | 国²〔國〕| 冂 | 冂 | 国 | 国 | 国 | 690 | 鎖 | 釒 | 釿 | 鎖 | | | |
| 662 | 黒²〔黑〕| 曰 | 甲 | 里 | 黒 | | 691 | 座⁶ | 广 | 庈 | 座 | | | |
| 663 | 穀⁶〔穀〕| 十 | 士 | 耒 | 穀 | 穀 | 692 | 挫 | 扌 | 扌 | 扖 | 挫 | | |
| 664 | 酷 | 酉 | 酷 | | | | 693 | 才² | 一 | 十 | 才 | | | |
| 665 | 獄 | 犭 | 猑 | 獄 | | | 694 | 再⁵ | 一 | 冂 | 而 | 再 | | |
| 666 | 骨⁶ | 冂 | 冎 | 冎 | 骨 | | 695 | 災⁵ | 巛 | 巛 | 災 | 災 | | |

| # | 漢字 | 筆順 | # | 漢字 | 筆順 |
|---|---|---|---|---|---|
| 696 | 妻⁵ | 一 ㄱ ㅋ 事 妻 | 725 | 昨⁴ | 日 旷 昨 昨 |
| 697 | 采 | 爫 覀 乎 采 | 726 | 柵 | 木 机 柵 柵 |
| 698 | 砕〔碎〕 | 矿 砕 砕 | 727 | 索 | 宀 玄 索 |
| 699 | 宰 | 宀 幸 宰 | 728 | 策⁶ | 竹 符 筘 策 |
| 700 | 栽 | 士 栽 栽 栽 | 729 | 酢 | 酐 酢 |
| 701 | 彩 | 爫 采 彩 | 730 | 搾 | 扩 挖 挖 搾 |
| 702 | 採⁵ | 扩 护 抖 採 | 731 | 錯 | 鉗 錯 錯 |
| 703 | 済⁶〔濟〕 | 氵 汁 汸 済 済 済 | 732 | 咲 | 叺 咩 咲 |
| 704 | 祭³ | ク タ タヌ 祭 | 733 | 冊⁶ | 冂 冊 冊 |
| 705 | 斎〔齋〕 | 产 斉 斎 斎 | 734 | 札⁴ | 木 札 |
| 706 | 細² | 糸 細 細 | 735 | 刷⁴ | ㄱ 尸 吊 吊 刷 |
| 707 | 菜⁴ | 艹 艹 苎 苎 菜 | 736 | 刹 | ノ 乂 杀 刹 刹 |
| 708 | 最⁴ | 旦 早 昺 最 最 | 737 | 拶 | 扌 扌 抄 拶 拶 |
| 709 | 裁⁶ | 士 表 裁 | 738 | 殺⁵〔殺〕 | ノ 乂 杀 杀 殺 |
| 710 | 債 | 亻 仁 倩 債 | 739 | 察⁴ | 宀 宀 灾 灾 寥 察 |
| 711 | 催 | 亻 伊 併 催 催 | 740 | 撮 | 扫 捍 捍 撮 |
| 712 | 塞 | 宀 宀 宵 寒 塞 塞 | 741 | 擦 | 扩 护 挔 擦 |
| 713 | 歳 | 广 产 歳 歳 歳 | 742 | 雑⁵〔雜〕 | ノ 九 杂 杂 耒 雑 |
| 714 | 載 | 車 載 載 | 743 | 皿³ | 丨 冂 冊 皿 |
| 715 | 際⁵ | 阝 阣 阡 阡 際 | 744 | 三¹ | 一 二 三 |
| 716 | 埼⁴ | 士 圹 圹 垳 埼 | 745 | 山¹ | 丨 山 山 |
| 717 | 在⁵ | 一 ナ ナ 右 在 | 746 | 参⁴〔參〕 | ム 卆 失 参 |
| 718 | 材⁴ | 十 木 木 材 | 747 | 桟〔棧〕 | 木 杉 栈 栈 桟 |
| 719 | 剤〔劑〕 | 亠 斉 斉 剤 | 748 | 蚕⁶〔蠶〕 | 二 天 吞 蚕 |
| 720 | 財⁵ | 目 貝 財 財 | 749 | 惨〔慘〕 | 忄 快 惨 |
| 721 | 罪⁵ | 冂 罒 罒 罪 罪 罪 | 750 | 産 | 亠 产 产 库 産 |
| 722 | 崎⁴ | 山 屸 屸 崎 崎 | 751 | 傘 | 入 仐 仐 傘 傘 |
| 723 | 作² | ノ *亻 *亻 亻 作 作 | 752 | 散⁴ | 一 卄 卄 背 散 |
| 724 | 削 | ⺌ 肖 肖 削 | 753 | 算² | 竹 笛 筲 算 |

| | | | | | | | |
|---|---|---|---|---|---|---|---|
| 754 | 酸⁵ | 酉 酢 酸 酸 | | 783 | 肢 | 刂 月 肝 肚 肢 肢 |
| 755 | 賛⁵〔贊〕 | ニ 夫 梺 賛 | | 784 | 姿⁶ | 冫 次 姿 |
| 756 | 残⁴〔殘〕 | 歹 殂 残 残 残 | | 785 | 思² | 口 田 思 *思 *思 思 |
| 757 | 斬 | 亘 車 斬 斬 斬 | | 786 | 指³ | 一 *忄 *扌 扌 指 |
| 758 | 暫 | 亘 斬 暫 | | 787 | 施 | 扩 扩 施 |
| 759 | 士⁵ | 一 十 士 | | 788 | 師⁵ | ノ ſ 戶 自 自 師 |
| 760 | 子¹ | 了 子 | | 789 | 恣 | フ 次 次 恣 恣 |
| 761 | 支⁵ | 一 十 步 支 | | 790 | 紙² | ⺯ *幺 *糸 紆 紙 |
| 762 | 止² | ⌶ ⺊ 止 止 | | 791 | 脂 | 肝 脂 脂 |
| 763 | 氏⁴ | ノ ⺄ 氏 氏 | | 792 | 視⁶〔視〕 | 礻 ネ 視 |
| 764 | 仕³ | ノ イ 仁 什 仕 | | 793 | 紫 | ⺊ 止 紫 紫 |
| 765 | 史⁵ | 口 史 史 | | 794 | 詞⁶ | 訂 詞 詞 |
| 766 | 司⁴ | 刁 刁 司 | | 795 | 歯³〔齒〕 | 一 ト 止 歩 茶 歯 |
| 767 | 四¹ | 丨 冂 四 四 | | 796 | 嗣 | 冃 冐 冐 冐 嗣 |
| 768 | 市² | 一 亠 市 市 | | 797 | 試⁴ | 計 計 試 試 |
| 769 | 矢² | ノ 二 午 矢 | | 798 | 詩³ | 計 計 詰 詩 |
| 770 | 旨 | 一 匕 旨 | | 799 | 資⁵ | 冫 冫 次 資 |
| 771 | 死³ | 一 歹 歹 死 | | 800 | 飼⁵ | 飣 飼 |
| 772 | 糸¹〔絲〕 | ⺯ 幺 幺 糸 | | 801 | 誌⁶ | 註 誌 誌 |
| 773 | 至⁶ | 一 云 至 至 | | 802 | 雌 | 此 此 斑 雌 |
| 774 | 伺 | 伊 伺 伺 | | 803 | 摯 | 幸 圼 執 摯 |
| 775 | 志⁵ | 十 士 志 志 | | 804 | 賜 | 賜 賜 |
| 776 | 私⁶ | ノ 二 禾 私 私 | | 805 | 諮 | 訁 訡 諮 |
| 777 | 使³ | 亻 伊 伊 使 | | 806 | 示⁵ | 二 亍 示 |
| 778 | 刺 | 冂 币 東 刺 | | 807 | 字¹ | 冖 宁 字 |
| 779 | 始³ | 女 妒 始 | | 808 | 寺² | 十 土 土 寺 *寺 |
| 780 | 姉² | 女 妒 姉 姉 | | 809 | 次³ | 冫 *冫 冫 次 次 |
| 781 | 枝⁵ | 木 杉 枝 | | 810 | 耳¹ | 丅 下 耳 耳 |
| 782 | 社〔社〕 | 礻 社 社 | | 811 | 自² | ノ 亻 冂 自 |

| | | |
|---|---|---|
| 812 | 似⁵ | 亻 亻' 似 |
| 813 | 児⁴〔兒〕 | 丨 ⼍ 旧 児 |
| 814 | 事³ | 一 百 写 写 事 |
| 815 | 侍 | 亻 仕 侍 侍 |
| 816 | 治⁴ | 氵 氵' 治 治 |
| 817 | 持³ | 一 *扌 *扌' 扌 持 |
| 818 | 時² | 日' 日寺 時 |
| 819 | 滋⁴ | 氵' 汱 滋 |
| 820 | 慈 | 艹 兹 慈 |
| 821 | 辞⁴〔辭〕 | ニ 千 舌 舌' 辞 辞 |
| 822 | 磁⁶ | 石' 砂 磁 |
| 823 | 餌 | 今 今 食 飠 餌 餌 |
| 824 | 璽 | 厂 爾 璽 |
| 825 | 鹿⁴ | 广 广 庐 庐 鹿 鹿 |
| 826 | 式³ | 一 エ 式 式 |
| 827 | 識⁵ | 言' 言' 諳 識 識 |
| 828 | 軸 | 車' 軸 軸 |
| 829 | 七¹ | 一 七 |
| 830 | 叱 | 丨 ⼍ ⼞ ⼞' 叱 |
| 831 | 失⁴ | ノ 二 失 |
| 832 | 室² | 宀 宀' 宀 宀' 室 |
| 833 | 疾 | 广 疒 疾 |
| 834 | 執 | 圭' 幸' 執 執 |
| 835 | 湿〔濕〕 | 氵 湿 湿 湿 |
| 836 | 嫉 | 女' 女' 女' 女' 女' 嫉 |
| 837 | 漆 | 氵 氵' 洓 漆 漆 |
| 838 | 質⁵ | 厂 厂' ⼻ 所 質 |
| 839 | 実³〔實〕 | 宀 実 |
| 840 | 芝 | 艹 芝 |

| | | |
|---|---|---|
| 841 | 写³〔寫〕 | ⼍ ⼍' 写 写 |
| 842 | 社²〔社〕 | 丶 ラ *ネ *ネ 社 社 |
| 843 | 車¹ | 一 百 車 車 |
| 844 | 舎⁵ | 入 今 全 舎 |
| 845 | 者³〔者〕 | 耂 者 |
| 846 | 射⁶ | 亻 身 射 |
| 847 | 捨⁶ | 扌' 捨 捨 |
| 848 | 赦 | 十 赤 赦 赦 |
| 849 | 斜 | 仝 余 斜 斜 |
| 850 | 煮〔煮〕 | 土 者 者 煮 |
| 851 | 遮 | 广 庐 庐 庶 遮 |
| 852 | 謝⁵ | 訁 訐 諤 謝 |
| 853 | 邪 | エ 牙 邪 |
| 854 | 蛇 | ⼝ 虫 虫' 虫' 虫' 蛇 |
| 855 | 尺⁶ | コ 尸 尺 |
| 856 | 借⁴ | 亻 什 佧 借 借 |
| 857 | 酌 | 丨 西 酉 酉' 酌 |
| 858 | 釈〔釋〕 | ノ 三 耒 釈 釈 |
| 859 | 爵 | ⺌ 爫 爵 爵 |
| 860 | 若⁶ | 艹 芏 若 |
| 861 | 弱² | コ *弓 引 弱 弱 |
| 862 | 寂 | 宀 宇 寂 |
| 863 | 手¹ | 一 二 三 手 |
| 864 | 主³ | 丶 ニ 宁 主 |
| 865 | 守³ | 宀' 宀 宀 宀 守 |
| 866 | 朱 | ノ 牛 朱 |
| 867 | 取³ | 一 厂 耳 耳 取 |
| 868 | 狩 | 犭' 狩 狩 |
| 869 | 首² | 丶 丷 艹 首 首 |

| | | | | | | | | | | | | | |
|---|---|---|---|---|---|---|---|---|---|---|---|---|---|
| 870 | 殊 | ァ | 歼 | 殊 | | | 899 | 就⁶ | 亠 | 古 | 京 | 尌 | 就 |
| 871 | 珠 | ¹ | 王 | 珠 | | | 900 | 衆⁶ | 亠 | 血 | 卆 | 乑 | 衆 |
| 872 | 酒³ | 氵 | 沂 | 洒 | 酒 | | 901 | 集³ | イ | 什 | 隹 | 隼 | 集 |
| 873 | 腫 | 月 | 胪 | 脂 | 腫 | 腫 | 902 | 愁 | 禾 | 秋 | 愁 | | |
| 874 | 種⁴ | 禾 | 稻 | 種 | 種 | | 903 | 酬 | 酉 | 酌 | 酬 | | |
| 875 | 趣 | 走 | 赴 | 趣 | | | 904 | 醜 | 酉 | 酌 | 醜 | 醜 | |
| 876 | 寿〔壽〕 | 三 | 寿 | 寿 | | | 905 | 蹴 | 足 | 路 | 蹲 | 踏 | 蹴 蹴 |
| 877 | 受³ | ⺥ | 爫 | 罒 | 受 | | 906 | 襲 | 立 | 龍 | 龍 | 龍 | 襲 |
| 878 | 呪 | 口 | 叩 | 叨 | 呪 | | 907 | 十¹ | 一 | 十 | | | |
| 879 | 授⁵ | 扌 | 扩 | 抒 | 授 | | 908 | 汁 | 氵 | 汁 | 汁 | | |
| 880 | 需 | 雨 | 雫 | 需 | 需 | | 909 | 充 | 亠 | 云 | 云 | 充 | |
| 881 | 儒 | イ | 伊 | 儒 | 儒 | | 910 | 住³ | イ | 仁 | 住 | 住 | |
| 882 | 樹⁶ | 桔 | 梼 | 樹 | | | 911 | 柔 | フ | 予 | 矛 | 柔 | |
| 883 | 収⁶〔收〕 | 丨 | 丩 | 収 | | | 912 | 重³ | ノ | 亠 | 盲 | 重 | |
| 884 | 囚 | 丨 | 冂 | 囚 | 囚 | | 913 | 従⁶〔從〕 | 彳 | 什 | 伴 | 従 | |
| 885 | 州³ | ヽ | 丿 | 州 | 州 | | 914 | 渋〔澁〕 | 氵 | 沙 | 渋 | 渋 | |
| 886 | 舟 | 丿 | 舟 | 舟 | | | 915 | 銃 | 釒 | 針 | 銃 | 銃 | |
| 887 | 秀 | 千 | 禾 | 秀 | | | 916 | 獣〔獸〕 | 丷 | 単 | 獣 | | |
| 888 | 周⁴ | 冂 | 冃 | 用 | 周 | | 917 | 縦⁶〔縱〕 | 糹 | 斜 | 絆 | 絆 | 縦 |
| 889 | 宗⁶ | 宀 | 宀 | 宗 | 宗 | | 918 | 叔 | ⺊ | 十 | 叔 | | |
| 890 | 拾³ | 扌 | 扒 | 拾 | | | 919 | 祝⁴〔祝〕 | 礻 | 祀 | 祝 | | |
| 891 | 秋² | 乂 | ⃰⃰ | 禾 | 秋 | | 920 | 宿 | 宀 | 宀 | 宀 | 宿 | |
| 892 | 臭〔臭〕 | 冂 | 自 | 臭 | | | 921 | 淑 | 氵 | 汁 | 淑 | 淑 | |
| 893 | 修⁵ | 亻 | 攸 | 修 | 修 | | 922 | 粛〔肅〕 | 三 | 聿 | 粛 | 粛 | |
| 894 | 袖 | ネ | 衤 | 衵 | 袖 | 袖 | 923 | 縮 | 糹 | 紵 | 縮 | 縮 | |
| 895 | 終³ | 糹 | 終 | 終 | | | 924 | 塾 | 古 | 亨 | 享 | 孰 | 塾 |
| 896 | 羞 | 艹 | 芏 | 差 | 羞 | 羞 | 925 | 熟⁶ | 亨 | 孰 | 孰 | 熟 | |
| 897 | 習³ | ヨ | 羽 | 羽 | 習 | | 926 | 出¹ | 丨 | 屮 | 中 | 出 | |
| 898 | 週² | 丿 | 月 | 用 | 周 | 週 | 927 | 述⁵ | 十 | 木 | 朮 | 述 | |

| # | 字 | 筆順 | # | 字 | 筆順 |
|---|---|---|---|---|---|
| 928 | 術⁵ | 彳 什 休 術 術 | 957 | 徐 | 彳 彾 徐 |
| 929 | 俊 | 亻 仫 佟 俊 | 958 | 除⁶ | 阝 阶 险 降 除 |
| 930 | 春² | 三 夫 夫 春 | 959 | 小¹ | 丿 小 小 |
| 931 | 瞬 | 眇 睁 瞬 瞬 | 960 | 升 | 丿 チ 升 |
| 932 | 旬 | 勹 旬 | 961 | 少² | 小 少 |
| 933 | 巡 | 巛 巡 | 962 | 召 | 刀 召 |
| 934 | 盾 | 广 厂 盾 盾 | 963 | 匠 | 匚 斤 匠 |
| 935 | 准 | 冫 汁 汁 准 | 964 | 床 | 一 广 床 |
| 936 | 殉 | 歹 列 殉 | 965 | 抄 | 扌 抄 |
| 937 | 純⁶ | 纟 紅 紅 純 | 966 | 肖 | 丨 片 肖 |
| 938 | 循 | 彳 衎 循 | 967 | 尚 | 丨 小 ⺌ 冯 尚 尚 |
| 939 | 順⁴ | 丿 川 川 順 順 | 968 | 招⁵ | 扌 扣 扣 招 |
| 940 | 準⁵ | 冫 汁 汁 淮 準 | 969 | 承⁶ | 了 孑 承 承 |
| 941 | 潤 | 氵 沪 潤 潤 | 970 | 昇 | 日 尸 昇 昇 |
| 942 | 遵 | 艹 酋 尊 遵 | 971 | 松⁴ | 木 松 松 |
| 943 | 処⁶〔處〕| 夂 夂 処 | 972 | 沼 | 氵 汈 沼 |
| 944 | 初⁴ | 亠 ネ ネ 初 | 973 | 昭³ | 旷 昭 昭 |
| 945 | 所³ | ラ 戸 所 所 | 974 | 宵 | 宀 宀 宵 宵 宵 |
| 946 | 書² | 一 主 書 書 | 975 | 将⁶〔將〕| 丬 扩 将 |
| 947 | 庶 | 广 庐 庶 | 976 | 消 | 氵 汀 消 消 |
| 948 | 暑³〔暑〕| 日 早 昇 暑 | 977 | 症 | 疒 疔 疠 症 |
| 949 | 署⁶〔署〕| 罒 罗 署 | 978 | 祥〔祥〕| 礻 祥 祥 |
| 950 | 緒〔緒〕| 纟 紅 緒 | 979 | 称〔稱〕| 禾 称 称 |
| 951 | 諸⁶〔諸〕| 訁 訁 諸 | 980 | 笑⁴ | 竹 竺 笑 |
| 952 | 女¹ | 𡿨 女 女 | 981 | 唱⁴ | 口 吅 唱 唱 |
| 953 | 如 | 女 如 | 982 | 商³ | 丶 亠 产 商 商 |
| 954 | 助³ | 𠃌 且 且 助 | 983 | 渉〔涉〕| 氵 汁 渉 |
| 955 | 序⁵ | 广 广 序 | 984 | 章³ | 丶 立 音 章 章 |
| 956 | 叙〔敍〕| 𠂉 叙 叙 | 985 | 紹 | 纟 紹 |

| | | | | | | | |
|---|---|---|---|---|---|---|---|
| 986 | 訟 | 訁 訟 | | 1015 | 城⁴ | 圵 圹 城 城 |
| 987 | 勝³ | 丿 月 肝 肸 胖 勝 | | 1016 | 浄 〔淨〕 | 氵 浐 浄 |
| 988 | 掌 | 丷 ⺍ 严 掌 | | 1017 | 剰 〔剩〕 | ⺈ 白 乗 剰 |
| 989 | 晶 | 日 晶 晶 | | 1018 | 常⁵ | 丶 丷 ⺍ 尚 常 |
| 990 | 焼⁴ 〔燒〕 | 火 灶 灶 焼 焼 | | 1019 | 情⁵ | 丶 *忄 忄 忄 情 情 |
| 991 | 焦 | 亻 什 隹 焦 | | 1020 | 場² | 圵 圹 坦 場 |
| 992 | 硝 | 石 硝 硝 | | 1021 | 畳 〔疊〕 | 田 畀 畳 |
| 993 | 粧 | 米 粒 粧 | | 1022 | 蒸⁶ | 艹 茊 蒸 |
| 994 | 詔 | 訁 訒 詔 | | 1023 | 縄⁴ 〔繩〕 | 糸 紀 細 絹 緄 縄 |
| 995 | 証⁵ 〔證〕 | 訁 訒 証 証 証 | | 1024 | 壌 〔壤〕 | 圹 圹 圹 垟 垟 壌 |
| 996 | 象⁵ | ⺈ 色 色 象 象 象 | | 1025 | 嬢 〔孃〕 | 女 女丷 女丷 女丷 嬢 |
| 997 | 傷⁶ | 亻 佄 傷 傷 | | 1026 | 錠 | 釒 釒 釒 錠 |
| 998 | 奨 〔奬〕 | 丬 将 奨 | | 1027 | 譲 〔讓〕 | 訁 訁' 諪 諪 譲 |
| 999 | 照⁴ | 日 日 日 昭 昭 照 | | 1028 | 醸 〔釀〕 | 酉 酉' 酉' 醸 |
| 1000 | 詳 | 訁 詳 詳 | | 1029 | 色² | 丿 夕 夕 色 |
| 1001 | 彰 | 立 章 彰 | | 1030 | 拭 | 扌 扌 扌 拭 |
| 1002 | 障⁶ | 阝 阝 障 障 | | 1031 | 食² | 人 へ 今 今 食 食 |
| 1003 | 憧 | 忄 忄 忄 憧 憧 | | 1032 | 植³ | 木 朴 植 植 |
| 1004 | 衝 | 彳 徝 徸 衝 | | 1033 | 殖 | 歹 殖 殖 殖 |
| 1005 | 賞⁵ | 丶 丷 ⺍ 尚 賞 | | 1034 | 飾 | 飠 飾 |
| 1006 | 償 | 亻 倘 償 償 | | 1035 | 触 〔觸〕 | 角 触 |
| 1007 | 礁 | 石 砋 碓 礁 | | 1036 | 嘱 〔囑〕 | 口 呬 呬 嘱 |
| 1008 | 鐘 | 釒 鈩 鐘 | | 1037 | 織⁵ | 糸 糸 絴 絴 織 織 |
| 1009 | 上¹ | 丨 卜 上 | | 1038 | 職⁵ | 耳 耴 職 職 職 |
| 1010 | 丈 | 一 ナ 丈 | | 1039 | 辱 | 厂 辰 辱 |
| 1011 | 冗 | 冖 冗 | | 1040 | 尻 | ⺋ 尸 尸 尻 |
| 1012 | 条⁵ 〔條〕 | 夂 冬 条 | | 1041 | 心² | 丶 心 心 心 |
| 1013 | 状⁵ 〔狀〕 | 丬 丬 状 状 | | 1042 | 申³ | 丨 口 日 申 |
| 1014 | 乗³ 〔乘〕 | 一 二 千 千 乗 乗 | | 1043 | 伸 | 亻 佀 伸 |

| | | |
|---|---|---|
| 1044 | 臣⁴ | 丨 厂 尸 臣 |
| 1045 | 芯 | 艹 芯 芯 |
| 1046 | 身³ | ´ 亻 冂 自 身 身 |
| 1047 | 辛 | 亠 立 辛 |
| 1048 | 侵 | 亻 侵 侵 侵 |
| 1049 | 信⁴ | 亻 亻 信 信 |
| 1050 | 津 | 氵 汢 津 |
| 1051 | 神³ 〔神〕 | 丶 *ラ *ネ 衤 衵 神 |
| 1052 | 唇 | 厂 戸 辰 辰 唇 唇 |
| 1053 | 娠 | 女 妒 妒 娠 |
| 1054 | 振 | 扌 扩 拆 振 |
| 1055 | 浸 | 氵 浔 浸 浸 |
| 1056 | 真³ 〔眞〕 | 十 直 直 真 |
| 1057 | 針⁶ | 金 針 |
| 1058 | 深³ | 氵 沉 深 深 |
| 1059 | 紳 | 糸 紳 紳 |
| 1060 | 進³ | 亻 什 隹 進 |
| 1061 | 森¹ | 一 * 十 * 十 * 木 * 森 森 |
| 1062 | 診 | 診 診 |
| 1063 | 寝 〔寢〕 | 宀 宇 寝 |
| 1064 | 慎 〔愼〕 | 忄 恒 慎 |
| 1065 | 新² | 丶 亠 立 辛 新 新 |
| 1066 | 審 | 宀 宷 審 |
| 1067 | 震 | 雨 震 震 |
| 1068 | 薪 | 艹 芦 薪 薪 |
| 1069 | 親² | 亠 立 辛 親 |
| 1070 | 人¹ | 丿 人 |
| 1071 | 刃 | 𠃌 刀 刃 |
| 1072 | 仁⁶ | 丿 亻 仁 |
| 1073 | 尽 〔盡〕 | 𠃌 尺 尽 |
| 1074 | 迅 | 乁 引 迅 迅 |
| 1075 | 甚 | 一 廿 甘 甚 其 甚 |
| 1076 | 陣 | 阡 陣 |
| 1077 | 尋 | ⺕ 큼 尋 |
| 1078 | 腎 | 丨 丆 臣 臤 腎 腎 |
| 1079 | 須 | 彡 彡 須 須 須 |
| 1080 | 図² 〔圖〕 | 冂 冈 冈 図 |
| 1081 | 水¹ | 亅 才 水 水 |
| 1082 | 吹 | 口 吩 吹 吹 |
| 1083 | 垂⁶ | 一 千 垂 垂 |
| 1084 | 炊 | 火 炒 炊 |
| 1085 | 帥 | 𠂉 自 帥 |
| 1086 | 粋 〔粹〕 | 米 籵 粋 |
| 1087 | 衰 | 亠 亠 亨 衰 |
| 1088 | 推⁶ | 扌 扩 扩 推 |
| 1089 | 酔 〔醉〕 | 酉 酌 酔 |
| 1090 | 遂 | 艹 芽 豕 遂 |
| 1091 | 睡 | 目 盱 睡 睡 |
| 1092 | 穂 〔穗〕 | 禾 秆 秬 穂 穂 |
| 1093 | 随 〔隨〕 | 阝 阡 随 随 |
| 1094 | 髄 〔髓〕 | ᵐ 骨 髄 髄 |
| 1095 | 枢 〔樞〕 | 木 杉 枢 |
| 1096 | 崇 | 岩 岩 崇 |
| 1097 | 数² 〔數〕 | 丶 丬 丬 娄 数 *数 |
| 1098 | 据 | 扌 护 押 押 据 据 |
| 1099 | 杉 | 一 十 木 杉 杉 |
| 1100 | 裾 | 衤 礻 礻 裾 裾 |
| 1101 | 寸⁶ | 寸 寸 |

| № | 字 | 筆順 |
|---|---|---|
| 1102 | 瀬〔瀬〕 | 氵 氵津 潮 瀬 |
| 1103 | 是 | 旦 早 早 是 |
| 1104 | 井⁴ | 二 丰 井 |
| 1105 | 世³ | 一 十 丗 丗 世 |
| 1106 | 正¹ | 丁 下 下 正 正 |
| 1107 | 生¹ | ノ ト 牛 生 |
| 1108 | 成⁴ | ノ 厂 厅 成 成 成 |
| 1109 | 西² | 一 一 冂 西 西 |
| 1110 | 声²〔聲〕 | 十 吉 吉 声 |
| 1111 | 制⁵ | ′ 二 午 朱 制 |
| 1112 | 姓 | 女 女 姓 |
| 1113 | 征 | 彳 彳 征 |
| 1114 | 性⁵ | ′ ※ ′ 忄 忄 性 |
| 1115 | 青¹ | 一 十 土 青 青 |
| 1116 | 斉〔齊〕 | 一 ナ 文 齐 斉 |
| 1117 | 政⁵ | 丁 下 正 政 |
| 1118 | 星² | 日 旦 早 星 |
| 1119 | 牲 | 牜 牜 牲 |
| 1120 | 省⁴ | ′ 小 少 省 |
| 1121 | 凄 | 冫 冫 冫 津 凄 凄 |
| 1122 | 逝 | ′ 扌 扌 扩 折 逝 |
| 1123 | 清⁴ | 氵 汁 沽 清 清 |
| 1124 | 盛⁶ | ノ 厂 成 盛 |
| 1125 | 婿 | 女 妌 妌 婿 |
| 1126 | 晴² | 日 旷 旷 晴 晴 |
| 1127 | 勢⁵ | 一 大 刲 執 勢 |
| 1128 | 聖⁶ | 丁 耳 耳 耵 聖 聖 |
| 1129 | 誠⁶ | 言 訂 訢 誠 誠 |
| 1130 | 精⁵ | 米 米 米 精 精 |
| 1131 | 製⁵ | ′ 二 午 制 製 製 |
| 1132 | 誓 | 十 折 誓 |
| 1133 | 静⁴〔靜〕 | + 青 青 静 静 |
| 1134 | 請 | 言 請 請 請 |
| 1135 | 整³ | 一 束 敕 敕 整 |
| 1136 | 醒 | 酉 酉 酉 酉 醒 |
| 1137 | 税⁵ | 禾 秘 税 |
| 1138 | 夕¹ | ノ ク 夕 |
| 1139 | 斤 | 厂 斤 斤 |
| 1140 | 石¹ | 一 厂 石 |
| 1141 | 赤¹ | 十 土 赤 赤 |
| 1142 | 昔³ | 廿 昔 |
| 1143 | 析 | 木 杧 析 |
| 1144 | 席⁴ | 一 广 产 庐 席 |
| 1145 | 脊 | 人 文 夹 脊 脊 |
| 1146 | 隻 | 亻 隹 隻 |
| 1147 | 惜 | 忄 忄 惜 |
| 1148 | 戚 | ノ 厂 厂 戌 戚 戚 |
| 1149 | 責⁵ | 十 主 責 |
| 1150 | 跡 | 足 跡 跡 跡 |
| 1151 | 積⁴ | 禾 秙 秙 積 積 |
| 1152 | 績⁵ | 糸 紶 績 績 |
| 1153 | 籍 | 竹 笻 籍 籍 |
| 1154 | 切² | 一 七 切 ※切 |
| 1155 | 折⁴ | 扌 扩 折 |
| 1156 | 拙 | 扌 扑 拙 |
| 1157 | 窃〔竊〕 | 宀 穷 窃 |
| 1158 | 接⁵ | 扌 扩 护 按 接 接 |
| 1159 | 設⁵ | 言 訲 訳 設 |

| | | |
|---|---|---|
| 1160 | 雪² | 一 ニ テ 币 帍 雪 |
| 1161 | 摂 〔攝〕 | 拝 摂 摂 |
| 1162 | 節⁴ 〔節〕 | ガ ダ 節 節 節 |
| 1163 | 説⁴ | 言 訝 訝 説 |
| 1164 | 舌⁶ | 二 千 舌 |
| 1165 | 絶⁵ | 糸 紀 絡 絶 |
| 1166 | 千¹ | 一 二 千 |
| 1167 | 川¹ | ) 丿| 川 |
| 1168 | 仙 | ノ 亻 仙 仙 仙 |
| 1169 | 占 | 丨 ト 卜 占 |
| 1170 | 先¹ | ノ ト 屮 生 生\*先 |
| 1171 | 宣⁶ | 宀 宵 宣 |
| 1172 | 専⁶ 〔專〕 | 一 〒 百 巿 㠬 専 |
| 1173 | 泉 | 白 皁 泉 |
| 1174 | 浅⁴ 〔淺〕 | 氵 汢 浅 浅 浅 |
| 1175 | 洗 | 氵 汁 汁 洗 |
| 1176 | 染⁶ | 氵 沈 染 |
| 1177 | 扇 | ヨ 戸 扇 扇 |
| 1178 | 栓 | 木 朴 朴 柃 栓 栓 |
| 1179 | 旋 | 方 旂 旋 |
| 1180 | 船² | ノ\*ノ\*丿 ｹ 自 船 船 |
| 1181 | 戦⁴ 〔戰〕 | 丷 斗 単 戦 戦 戦 |
| 1182 | 煎 | 䒑 莭 前 前 煎 |
| 1183 | 羨 | 丷 芏 差 羊 羨 |
| 1184 | 腺 | 月 胪 胪 腺 腺 |
| 1185 | 詮 | 言 訃 訡 訡 詮 |
| 1186 | 践 〔踐〕 | 跙 践 践 |
| 1187 | 箋 | ⺮ 竹 竺 笒 箋 箋 |
| 1188 | 銭⁶ 〔錢〕 | 釒 鉄 銭 銭 |
| 1189 | 潜 〔潛〕 | 氵 洪 潜 |
| 1190 | 線² | 糸 紤 綈 線 |
| 1191 | 遷 | 襾 覀 覀 遷 |
| 1192 | 選⁴ | ﾟ ﾟ 巴 巽 巽 選 |
| 1193 | 薦 | 艹 芦 薦 薦 薦 |
| 1194 | 繊 〔纖〕 | 糸 紆 綀 綀 繊 繊 |
| 1195 | 鮮 | 魚 魚 鮮 鮮 |
| 1196 | 全³ | 人 仝 仐 全 |
| 1197 | 前² | 䒑 芐 芐 前\*前 |
| 1198 | 善⁶ | 丷 半 羊 羔 善 |
| 1199 | 然⁴ | ク タ 然 然 |
| 1200 | 禅 〔禪〕 | 礻 祀 祒 禅 |
| 1201 | 漸 | 氵 沪 浉 漸 |
| 1202 | 膳 | 月 朕 脺 膳 膳 膳 |
| 1203 | 繕 | 糸 紎 綝 繕 |
| 1204 | 狙 | ノ 丿 犭 犭 犴 狙 |
| 1205 | 阻 | 阝 阳 阻 阻 |
| 1206 | 祖⁵ 〔祖〕 | 礻 初 祖 |
| 1207 | 租 | 和 租 |
| 1208 | 素⁵ | 一 圭 幸 素 |
| 1209 | 措 | 扌 抃 措 |
| 1210 | 粗 | 籵 粗 |
| 1211 | 組² | ( \* ㄠ \* ㄠ \*紅 組 |
| 1212 | 疎 | 丁 𠃌 𣥂 疎 |
| 1213 | 訴 | 言 訢 訴 訴 |
| 1214 | 塑 | 丷 岂 朔 塑 |
| 1215 | 遡 | 辶 芇 朔 遡 溯 |
| 1216 | 礎 | 石 砳 碎 礎 |
| 1217 | 双 〔雙〕 | フ 又 双 |

| | | | | | | | |
|---|---|---|---|---|---|---|---|
| 1218 | 壮〔壯〕| 丬 壮 | | | 1247 | 槽 | 木 柿 柿 槽 槽 槽 |
| 1219 | 早¹ | 日 旦 早 | | | 1248 | 踪 | 口 足 趵 趵 踪 |
| 1220 | 争⁴〔爭〕ク ク 匀 争 争 | | | | 1249 | 操⁶ | 押 押 操 |
| 1221 | 走² | 十 土 キ 韦 走 | | | 1250 | 燥 | 灯 炉 炉 燥 燥 |
| 1222 | 奏⁶ | 夹 奏 奏 | | | 1251 | 霜 | 雫 霜 |
| 1223 | 相³ | 一 十 机 相 | | | 1252 | 騒〔騷〕馬 駸 騒 |
| 1224 | 荘〔莊〕艹 芊 荘 | | | | 1253 | 藻 | 艹 沽 洴 浜 薄 藻 |
| 1225 | 草¹ | 艹 苩 草 | | | 1254 | 造⁵ | ノ 牛 生 告 造 |
| 1226 | 送³ | 丶 丷 关 送*送 | | | 1255 | 像⁵ | 俨 仴 伊 傍 像 |
| 1227 | 倉⁴ | 入 入 今 今 倉 | | | 1256 | 増〔增〕土 圹 増 増 増 |
| 1228 | 捜〔搜〕押 捜 捜 | | | | 1257 | 憎〔憎〕忄 忡 悄 憎 |
| 1229 | 挿〔插〕扌 扩 扩 拆 挿 挿 | | | | 1258 | 蔵⁶〔藏〕艹 芦 芹 菨 蔵 蔵 |
| 1230 | 桑 | ア 子 桑 | | | 1259 | 贈〔贈〕貯 贈 贈 |
| 1231 | 巣⁴〔巢〕⺍ 単 巣 | | | | 1260 | 臓⁶〔臟〕胪 胪 胪 臓 臓 |
| 1232 | 掃 | 押 掃 掃 | | | 1261 | 即〔卽〕艮 即 |
| 1233 | 曹 | 一 戸 曲 曲 曹 曹 | | | 1262 | 束⁴ | 一 戸 申 束 |
| 1234 | 曽 | 丷 丷 ヴ 曲 曽 曽 | | | 1263 | 足¹ | 丶 口 口 兄 足 |
| 1235 | 爽 | ー 丌 帀 爽 爽 | | | 1264 | 促 | 仴 仴 促 |
| 1236 | 窓⁶ | 宀 空 窓 窓 | | | 1265 | 則⁵ | 冂 目 貝 則 |
| 1237 | 創⁶ | 人 今 今 倉 創 | | | 1266 | 息³ | ノ 自 自 息 |
| 1238 | 喪 | 十 ォ 喪 | | | 1267 | 捉 | 扌 押 押 拐 捉 |
| 1239 | 痩 | 广 疒 疸 痩 痩 痩 | | | 1268 | 速³ | 一 日 申 束 速 |
| 1240 | 葬 | 艹 荻 萉 葬 | | | 1269 | 側⁴ | 仴 仴 俱 側 側 |
| 1241 | 装⁶〔裝〕丨 壮 壮 装 | | | | 1270 | 測⁵ | 氵 洱 洴 測 |
| 1242 | 僧〔僧〕倅 伯 僧 僧 | | | | 1271 | 俗 | 仒 伀 俗 |
| 1243 | 想³ | 十 木 相 想 | | | 1272 | 族³ | う 方 荘 族 |
| 1244 | 層⁶〔層〕尸 居 層 | | | | 1273 | 属⁵〔屬〕尸 戸 属 属 属 |
| 1245 | 総⁵〔總〕糸 糸 総 総 | | | | 1274 | 賊 | 貝 貯 賊 |
| 1246 | 遭 | 冂 曹 遭 | | | 1275 | 続⁴〔續〕糸 糸 紞 続 |

| | | | | | | | |
|---|---|---|---|---|---|---|---|
| 1276 | 卒⁴ | 一 亠 广 玄 卆 卒 | | 1305 | 逮 | ヨ 争 隶 逮 | |
| 1277 | 率⁵ | 一 十 玄 太 卒 率 | | 1306 | 替 | 夫 扶 替 | |
| 1278 | 存⁶ | 一 ナ 疒 存 | | 1307 | 貸⁵ | イ 仁 代 代 貸 | |
| 1279 | 村¹ | 木 村 村 | | 1308 | 隊⁴ | ⻖ *阝 阾 阾 隊 隊 | |
| 1280 | 孫⁴ | 了 子 孑 孫 孫 孫 | | 1309 | 滞〔滯〕| 氵 滞 滞 | |
| 1281 | 尊⁶ | 丷 酋 酋 酋 尊 | | 1310 | 態⁵ | 厶 介 能 能 態 | |
| 1282 | 損⁵ | 打 捐 捐 損 | | 1311 | 戴 | 亠 責 責 戴 戴 戴 | |
| 1283 | 遜 | 孑 孑 孫 孫 遜 遜 | | 1312 | 大¹ | 一 ナ 大 | |
| 1284 | 他³ | イ 仁 仲 他 | | 1313 | 代³ | 仁 代 代 | |
| 1285 | 多² | ノ *ク 夕 多 | | 1314 | 台²〔臺〕| 厶 厶 台 | |
| 1286 | 汰 | 氵 汁 汰 汰 | | 1315 | 第³ | ⺮ 竺 笃 第 第 | |
| 1287 | 打³ | 一 十 扌 打 | | 1316 | 題³ | 日 早 早 是 題 | |
| 1288 | 妥 | ⺍ 妥 | | 1317 | 滝〔瀧〕| 氵 浐 滝 滝 | |
| 1289 | 唾 | 口 吖 呩 唾 唾 唾 | | 1318 | 宅⁶ | 宀 宅 | |
| 1290 | 堕〔墮〕| 阝 阣 隋 堕 | | 1319 | 択〔擇〕| 扌 扩 択 | |
| 1291 | 惰 | 忄 忄 惰 惰 | | 1320 | 沢〔澤〕| 氵 沢 沢 | |
| 1292 | 駄 | 丨 冂 馬 馿 駄 駄 | | 1321 | 卓 | ⺊ 占 卓 | |
| 1293 | 太² | 大 太 | | 1322 | 拓 | 扌 拓 | |
| 1294 | 対³〔對〕| ' ナ 文 対 | | 1323 | 託 | 言 訂 託 | |
| 1295 | 体²〔體〕| イ 什 休 体 | | 1324 | 濯 | 氵 氵 氵 氵 濯 | |
| 1296 | 耐 | 丆 而 耐 | | 1325 | 諾 | 訃 諾 | |
| 1297 | 待³ | イ *彳 彳 待 | | 1326 | 濁 | 氵 氵 濁 | |
| 1298 | 怠 | 厶 台 怠 | | 1327 | 但 | 仴 但 但 | |
| 1299 | 胎 | 肛 胎 | | 1328 | 達⁴ | 土 幸 達 | |
| 1300 | 退⁶ | 丨 コ ヨ 艮 艮 退 | | 1329 | 脱 | 肕 胎 脱 | |
| 1301 | 帯⁴〔帶〕| 一 卄 世 世 帯 | | 1330 | 奪 | 大 衣 奪 | |
| 1302 | 泰 | 三 夫 表 泰 | | 1331 | 棚 | 木 朾 朸 棚 棚 | |
| 1303 | 堆 | 土 圠 圹 垆 垍 堆 | | 1332 | 誰 | 言 訁 訒 訮 誰 | |
| 1304 | 袋 | 仁 代 袋 | | 1333 | 丹 | 刀 冂 丹 | |

| | | | | | |
|---|---|---|---|---|---|
| 1334 | 旦 | 丨 冂 日 旦 | 1363 | 稚 | 利 秆 稚 |
| 1335 | 担⁶〔擔〕 | 扣 担 | 1364 | 置⁴ | 冖 ※ 罒 ※ 罒 署 置 |
| 1336 | 単⁴〔單〕 | 丶 丷 肖 当 単 | 1365 | 緻 | 糸 紆 絎 絳 絳 緻 |
| 1337 | 炭³ | 丶 屮 山 屵 炭 | 1366 | 竹¹ | 丿 ケ 竹 竹 |
| 1338 | 胆〔膽〕 | 肌 胆 | 1367 | 畜 | 亠 斉 畜 |
| 1339 | 探⁶ | 扩 探 探 | 1368 | 逐 | 丆 豕 豕 逐 |
| 1340 | 淡 | 汁 汋 淡 | 1369 | 蓄 | 艹 莕 蓄 |
| 1341 | 短³ | 矢 知 短 | 1370 | 築⁵ | 竹 筑 筑 筑 築 |
| 1342 | 嘆〔歎〕 | 吖 唯 嘆 嘆 | 1371 | 秩 | 彳 秩 |
| 1343 | 端 | 立 端 端 | 1372 | 窒 | 宀 宀 窒 |
| 1344 | 綻 | 糸 紆 紆 紆 綻 | 1373 | 茶² | 艾 芐 茶 |
| 1345 | 誕⁶ | 訂 証 誕 誕 | 1374 | 着³ | 丷 ※ 兰 芏 着 |
| 1346 | 鍛 | 鈩 鋅 鍛 | 1375 | 嫡 | 女 妬 嫡 |
| 1347 | 団⁵〔團〕 | 冂 月 団 団 | 1376 | 中¹ | 丨 冂 口 中 |
| 1348 | 男¹ | 冂 田 男 男 | 1377 | 仲⁴ | 亻 仲 仲 |
| 1349 | 段⁶ | 厂 自 段 | 1378 | 虫¹〔蟲〕 | 口 中 虫 虫 |
| 1350 | 断⁵〔斷〕 | 丬 米 迷 断 断 | 1379 | 沖⁴ | 汈 汐 沖 |
| 1351 | 弾〔彈〕 | 弘 弾 弾 | 1380 | 宙⁶ | 宀 审 宙 |
| 1352 | 暖⁶ | 旷 晬 暖 | 1381 | 忠⁶ | 口 中 忠 |
| 1353 | 談³ | 訂 訟 談 談 | 1382 | 抽 | 扣 抽 抽 |
| 1354 | 壇 | 扩 壇 壇 | 1383 | 注³ | 氵 汁 注 |
| 1355 | 地² | 土 圠 地 地 | 1384 | 昼²〔晝〕 | 丆 尺 昼 昼 |
| 1356 | 池² | 氵 江 池 | 1385 | 柱³ | 木 柞 柱 |
| 1357 | 知² | 丿 广 矢 知 | 1386 | 衷 | 亠 亩 衷 衷 |
| 1358 | 値⁶ | 亻 佰 佰 値 | 1387 | 酎 | 酉 酐 酎 |
| 1359 | 恥 | 厂 耳 恥 | 1388 | 鋳〔鑄〕 | 鈩 鋳 鋳 |
| 1360 | 致 | 云 至 致 | 1389 | 駐 | 馿 駐 |
| 1361 | 遅〔遲〕 | 尸 屋 屖 遅 | 1390 | 著⁶〔著〕 | 艹 荠 著 |
| 1362 | 痴〔癡〕 | 疒 疢 痴 | 1391 | 貯⁵ | 貝 貯 貯 |

| | | | | | | |
|---|---|---|---|---|---|---|
| 1392 | 丁³ | 一丁 | | 1421 | 沈 | 氵沙沈 |
| 1393 | 弔 | 弓弔 | | 1422 | 珍 | 王玠珍 |
| 1394 | 庁⁶〔廳〕 | 广庁 | | 1423 | 朕 | 肵朕 |
| 1395 | 兆⁴ | ノ 儿 兆 兆 | | 1424 | 陳 | 陌陳 |
| 1396 | 町¹ | 田 田 町 | | 1425 | 賃⁶ | 亻 仁 仁 任 賃 |
| 1397 | 長² | 丨 F 巨 長 長 | | 1426 | 鎮〔鎭〕 | 鈰 鎮 鎮 |
| 1398 | 挑 | 扌 扚 扚 扚 挑 挑 | | 1427 | 追³ | 亻 户 自 追 |
| 1399 | 帳³ | 巾 忄 忦 帳 帳 帳 | | 1428 | 椎 | 木 朴 栌 栌 柨 椎 |
| 1400 | 張⁵ | 弓 引 弲 張 張 | | 1429 | 墜 | 阝 阼 隊 墜 |
| 1401 | 彫 | 用 周 彫 | | 1430 | 通² | 丶 了 丙 甬 甬 通 |
| 1402 | 眺 | 目 盯 眇 眇 眺 眺 | | 1431 | 痛⁶ | 疠 痡 痛 |
| 1403 | 釣 | 钅 金 釤 釤 釣 釣 | | 1432 | 塚〔塜〕 | 扌 圹 圹 圹 塚 塚 |
| 1404 | 頂⁶ | 丁 页 頂 | | 1433 | 漬 | 氵 氵 泮 渍 清 漬 |
| 1405 | 鳥² | 亻 户 户 鳥 鳥 | | 1434 | 坪 | 扌 圢 坪 |
| 1406 | 朝² | 十 吉 卓 朝 | | 1435 | 爪 | ノ 厂 爪 爪 |
| 1407 | 貼 | 冂 目 貝 貝 貼 | | 1436 | 鶴 | ノ 犭 雈 雈 雚 鶴 |
| 1408 | 超 | 丰 走 起 超 | | 1437 | 低⁴ | 亻 亻 任 低 低 |
| 1409 | 腸⁶ | 肵 胆 腭 腸 | | 1438 | 呈 | 旦 早 呈 |
| 1410 | 跳 | 跙 跳 跳 | | 1439 | 廷 | 二 千 廷 廷 |
| 1411 | 徴〔徵〕 | 彳 徍 徵 | | 1440 | 弟² | 丶 丷 兯 弟 弟 |
| 1412 | 嘲 | 口 吐 咭 咟 嘲 嘲 | | 1441 | 定³ | 宀 宁 定 定 |
| 1413 | 潮⁶ | 氵 汋 潮 | | 1442 | 底⁴ | 广 广 庀 庀 底 底 |
| 1414 | 澄 | 氵 氵 氵 澄 | | 1443 | 抵 | 扌 扌 抵 |
| 1415 | 調³ | 訂 訓 調 調 | | 1444 | 邸 | ┗ 氐 氐 邸 |
| 1416 | 聴〔聽〕 | 耳 聹 聴 | | 1445 | 亭 | 亠 亠 古 高 亭 亭 |
| 1417 | 懲〔懲〕 | 彳 徍 徵 懲 | | 1446 | 貞 | 占 貞 貞 |
| 1418 | 直² | 十 古 直 直 | | 1447 | 帝 | 亠 帝 帝 |
| 1419 | 勅〔敕〕 | 冂 東 勅 | | 1448 | 訂 | 訂 訂 |
| 1420 | 捗 | 扌 扌 扌 扌 扐 捗 | | 1449 | 庭³ | 广 庁 庄 庭 庭 |

| | | |
|---|---|---|
| 1450 | 逓〔遞〕 | ｒ 乕 乕 逓 |
| 1451 | 停⁵ | 亻 亻' 伫 停 停 |
| 1452 | 偵 | 亻 亻' 佇 偵 偵 |
| 1453 | 堤 | 圯 垾 垾 堤 |
| 1454 | 提⁵ | 扌 押 捍 捍 提 |
| 1455 | 程⁵ | 禾 程 程 |
| 1456 | 艇 | 舟' 舺 艇 艇 |
| 1457 | 締 | 糹 締 締 |
| 1458 | 諦 | 言 訁' 訁' 訁' 諦 諦 |
| 1459 | 泥 | 氵 氵' 沪 沪 泥 |
| 1460 | 的⁴ | 亻 白 的 的 |
| 1461 | 笛³ | 竹 笛 笛 |
| 1462 | 摘 | 扌 捡 摘 |
| 1463 | 滴 | 氵 沪 浦 滴 |
| 1464 | 適⁵ | 亠 商 商 適 |
| 1465 | 敵⁶ | 亠 广 肖 商 敵 |
| 1466 | 溺 | 氵 氵' 汋 汋 溺 溺 |
| 1467 | 迭 | 二 失 迭 |
| 1468 | 哲 | 扌 扩 折 哲 |
| 1469 | 鉄³〔鐵〕 | 钅 *金 釿 鉄 |
| 1470 | 徹 | 彳 彳' 徹 |
| 1471 | 撤 | 扌 捞 捞 撤 |
| 1472 | 天¹ | 二 天 |
| 1473 | 典⁴ | 口 曲 典 典 |
| 1474 | 店² | 亠 *广 庁 庁 店 |
| 1475 | 点²〔點〕 | 亻 卜 占 点 |
| 1476 | 展⁶ | 尸 屏 屏 展 |
| 1477 | 添 | 氵 汙 添 添 |
| 1478 | 転³〔轉〕 | 亘 *軒 転 転 |
| 1479 | 塡 | 圫 圫 圲 圳 塡 塡 |
| 1480 | 田¹ | 丨 口 田 田 |
| 1481 | 伝⁴〔傳〕 | 亻 仁 伝 伝 |
| 1482 | 殿 | 尸 屏 殿 |
| 1483 | 電² | 雨 雪 電 |
| 1484 | 斗 | 丶 冫 二 斗 |
| 1485 | 吐 | 口' 吋 吐 |
| 1486 | 妬 | 女 女' 女' 妬 妬 |
| 1487 | 徒⁴ | 彳 仕 徒 徒 |
| 1488 | 途 | 亼 佘 途 |
| 1489 | 都³〔都〕 | 十 土 耂 者 者* 都 |
| 1490 | 渡 | 氵 沪 沪 渡 |
| 1491 | 塗 | 氵 沦 涂 涂 塗 |
| 1492 | 賭 | 貝 貝' 貝' 貯 賭 賭 |
| 1493 | 土¹ | 一 十 土 |
| 1494 | 奴 | 女 奴 |
| 1495 | 努⁴ | く 女 女 奴 努 |
| 1496 | 度³ | 亠 *广 广 庐 庋 度 |
| 1497 | 怒 | 女 奴 怒 |
| 1498 | 刀² | 丿 刀 |
| 1499 | 冬² | 丿 夂 冬 冬 |
| 1500 | 灯⁴〔燈〕 | 丶 丷 丷 火 火' 灯 |
| 1501 | 当²〔當〕 | 丨 丷 ソ 当 当 |
| 1502 | 投³ | 一 *扌 *扌 投 投 |
| 1503 | 豆³ | 一 豆 豆 豆 |
| 1504 | 東² | 甬 車 東 |
| 1505 | 到 | 云 至 至 到 |
| 1506 | 逃 | 扌 北 洮 逃 |
| 1507 | 倒 | 亻 仁 伫 倒 |

| | | |
|---|---|---|
| 1508 | 凍 | 冫 冱 浡 凍 |
| 1509 | 唐 | 广 庐 唐 |
| 1510 | 島³ | ′ 亻 广 自 鳥 島 |
| 1511 | 桃 | 木 杊 机 桃 |
| 1512 | 討⁶ | 言 討 |
| 1513 | 透 | 禾 禾 秀 透 |
| 1514 | 党⁶〔黨〕 | ′ 丷 ヅ 尚 党 |
| 1515 | 悼 | 忄 悼 悼 |
| 1516 | 盗〔盜〕 | 冫 浴 盗 |
| 1517 | 陶 | 阝 陶 陶 陶 |
| 1518 | 塔 | 扩 圹 塔 |
| 1519 | 搭 | 扌 扩 拉 拢 搭 |
| 1520 | 棟 | 木 杙 栢 柿 棟 |
| 1521 | 湯³ | 汀 浔 湯 湯 |
| 1522 | 痘 | 疒 疗 痘 |
| 1523 | 登³ | ⁊ ク 癶 癶 癶 登 |
| 1524 | 答² | 竺 竺 答 |
| 1525 | 等³ | 竺 竺 等 |
| 1526 | 筒 | 竹 筒 筒 |
| 1527 | 統⁵ | 糹 紣 紣 統 |
| 1528 | 稲〔稻〕 | 禾 稲 稲 |
| 1529 | 踏 | 趵 踏 |
| 1530 | 糖⁶ | 粐 粏 粏 糖 |
| 1531 | 頭² | 亘 豆 豇 *頭 *頭 |
| 1532 | 騰 | 朕 朕 騰 |
| 1533 | 藤 | 艹 芹 薩 薩 薩 藤 |
| 1534 | 闘〔鬪〕 | 門 鬥 鬥 鬥 闘 |
| 1535 | 騰 | 朕 朕 朕 騰 |
| 1536 | 同² | 丨 冂 冋 同 |
| 1537 | 洞 | 冫 氵 氵 洞 洞 洞 |
| 1538 | 胴 | 月 胴 胴 |
| 1539 | 動³ | 二 亘 重 重 動 |
| 1540 | 堂⁵ | ′ 丷 尚 尚 堂 |
| 1541 | 童³ | 立 音 童 |
| 1542 | 道² | 丷 ヅ 首 *道 *道 |
| 1543 | 働⁴ | 亻 佰 佰 俥 働 |
| 1544 | 銅⁵ | 金 釦 釘 銅 |
| 1545 | 導⁵ | 丷 首 道 導 |
| 1546 | 瞳 | 目 暲 暗 瞳 瞳 |
| 1547 | 峠 | 山 峠 峠 |
| 1548 | 匿 | 匚 若 匿 |
| 1549 | 特⁴ | 牛 牛 牪 特 |
| 1550 | 得⁵ | 彳 徂 得 得 |
| 1551 | 督 | 上 十 叔 督 |
| 1552 | 徳⁴〔德〕 | 彳 徍 徍 徳 徳 |
| 1553 | 篤 | 竹 笁 笁 篤 |
| 1554 | 毒⁵ | 十 主 青 青 毒 |
| 1555 | 独⁵〔獨〕 | ′ *亻 犭 犯 独 独 |
| 1556 | 読²〔讀〕 | 言 訂 訂 読 読 |
| 1557 | 栃⁴ | 木 材 栃 栃 栃 |
| 1558 | 凸 | 一 凸 凸 凸 |
| 1559 | 突〔突〕 | 穴 空 突 |
| 1560 | 届⁶〔屆〕 | 尸 局 届 届 |
| 1561 | 屯 | 一 匸 屯 |
| 1562 | 豚 | 月 肟 豚 |
| 1563 | 頓 | ′ Ľ 屯 屯 頓 頓 |
| 1564 | 貪 | 人 今 含 貪 貪 |
| 1565 | 鈍 | 金 鈍 |

| | | | | | |
|---|---|---|---|---|---|
| 1566 曇 | 昇 曇 曇 | | | | |
| 1567 井 | 一 二 于 井 井 | | | | |
| 1568 那 | 刁 ヨ 月 那 那 那 | | | | |
| 1569 奈⁴ | 一 ナ 大 太 李 奈 | | | | |
| 1570 内² | 丨 冂 内 内 | | | | |
| 1571 梨⁴ | 禾 利 和 梨 梨 | | | | |
| 1572 謎 | 訁 訂 誅 謎 謎 | | | | |
| 1573 鍋 | 釒 鉧 鍋 鍋 鍋 | | | | |
| 1574 南² | 一 † ¹¹ 内 内 南 南 | | | | |
| 1575 軟 | 軒 軟 | | | | |
| 1576 難⁶〔難〕 | 一 ¹¹ 莒 莫 蓲 難 | | | | |
| 1577 二¹ | 一 二 | | | | |
| 1578 尼 | 尸 尼 | | | | |
| 1579 弍〔貳〕 | 一 二 弍 弍 弍 | | | | |
| 1580 匂 | 丿 勹 勺 匂 | | | | |
| 1581 肉² | 丨 冂 内 肉 | | | | |
| 1582 虹 | 口 中 虫 虹 虹 虹 | | | | |
| 1583 日¹ | 丨 冂 日 日 | | | | |
| 1584 入¹ | 丿 入 | | | | |
| 1585 乳⁶ | 〃 孚 乳 | | | | |
| 1586 尿 | 尸 尿 | | | | |
| 1587 任⁵ | 亻 仁 仟 任 | | | | |
| 1588 妊 | 女 妊 妊 | | | | |
| 1589 忍 | フ 刃 忍 | | | | |
| 1590 認⁶ | 訒 訒 認 認 | | | | |
| 1591 寧 | 宀 宮 寧 | | | | |
| 1592 熱⁴ | 土 夫 刲 執 執 熱 | | | | |
| 1593 年¹ | 丿 ⌐ 乍 年 | | | | |
| 1594 念⁴ | 人 今 念 | | | | |
| 1595 捻 | 扌 扩 拎 捻 捻 | | | | |
| 1596 粘 | 米 籵 粘 | | | | |
| 1597 燃⁵ | 火 炒 炒 燃 燃 燃 | | | | |
| 1598 悩〔惱〕 | 忄 怪 悩 悩 | | | | |
| 1599 納⁶ | 糸 糿 納 | | | | |
| 1600 能⁵ | 厶 ム 育 能 能 | | | | |
| 1601 脳⁶〔腦〕 | 月 脂 脳 脳 | | | | |
| 1602 農³ | 冂 由 曲 芦 農 農 | | | | |
| 1603 濃 | 汀 沖 浐 濃 濃 | | | | |
| 1604 把 | 一 † 扌 扣 把 | | | | |
| 1605 波³ | 冫 汀 沪 波 | | | | |
| 1606 派⁶ | 冫 汀 泝 派 | | | | |
| 1607 破⁵ | 石 矴 矿 矿 破 | | | | |
| 1608 覇〔霸〕 | 一 覀 覀 覂 覄 覇 | | | | |
| 1609 馬² | 丨 厂 厂 匡 馬 馬 | | | | |
| 1610 婆 | 冫 波 婆 | | | | |
| 1611 罵 | 罒 罒 駡 駡 罵 罵 | | | | |
| 1612 拝⁶〔拜〕 | 扌 扞 拝 拝 | | | | |
| 1613 杯 | 木 杆 杯 杯 | | | | |
| 1614 背⁶ | 一 丬 北 背 | | | | |
| 1615 肺⁶ | 胪 胪 肺 | | | | |
| 1616 俳⁶ | 亻 俳 俳 俳 | | | | |
| 1617 配³ | 厂 酉 酉 酉 配 配 | | | | |
| 1618 排 | 扌 扌 排 排 | | | | |
| 1619 敗⁴ | 冂 月 貝 敗 | | | | |
| 1620 廃〔廢〕 | 广 广 庍 庑 廃 | | | | |
| 1621 輩 | 丨 非 非 輩 | | | | |
| 1622 売²〔賣〕 | 十 士 壱 売 | | | | |
| 1623 倍³ | 亻 仁 伫 倍 倍 | | | | |

| | | |
|---|---|---|
| 1624 | 梅⁴〔梅〕 | 朾 栴 梅 |
| 1625 | 培 | 圹 垃 培 |
| 1626 | 陪 | 阹 陪 |
| 1627 | 媒 | 女 妒 媒 |
| 1628 | 買² | 冂 罒 罒\*胃\*買 |
| 1629 | 賠 | 貯 賠 |
| 1630 | 白¹ | ノ 亻 白 白 |
| 1631 | 伯 | 亻 伯 伯 |
| 1632 | 拍 | 拍 拍 |
| 1633 | 泊 | 氵 泊 泊 |
| 1634 | 迫 | 白 迫 |
| 1635 | 剝 | ㄑ ㅂ ᄆ ᄏ 彔 剝 |
| 1636 | 舶 | 舟 舶 |
| 1637 | 博⁴ | 恒 博 博 博 |
| 1638 | 薄 | 艹 萡 蒲 薄 |
| 1639 | 麦²〔麥〕 | 十 圭 丰 麦 |
| 1640 | 漢 | 氵 汁 渋 渶 漢 漢 |
| 1641 | 縛 | 絈 縛 縛 縛 |
| 1642 | 爆 | 炟 焊 爆 爆 爆 |
| 1643 | 箱³ | 竹 箔 箱 |
| 1644 | 箸 | 竹 竺 筝 筝 箸 |
| 1645 | 畑³ | 丶 火 畑 畑 |
| 1646 | 肌 | ) 月 月 肌 肌 |
| 1647 | 八¹ | ノ 八 |
| 1648 | 鉢 | 钅 金 釒 針 鉢 鉢 |
| 1649 | 発³〔發〕 | 癶 癶 癶 発 |
| 1650 | 髪〔髮〕 | 髟 髟 髣 髣 髪 髪 |
| 1651 | 伐 | 亻 代 伐 伐 |
| 1652 | 抜〔拔〕 | 扌 扙 抜 |
| 1653 | 罰 | 罒 罰 罰 |
| 1654 | 閥 | 閥 閥 閥 |
| 1655 | 反³ | 一 厂 斤 反 |
| 1656 | 半² | 丶 丷 半 半 |
| 1657 | 氾 | 氵 汒 氾 |
| 1658 | 犯⁵ | ノ 犭 犭 犭 犯 |
| 1659 | 帆 | 巾 帆 帆 |
| 1660 | 汎 | 氵 汎 汎 汎 |
| 1661 | 伴 | 亻 伴 伴 |
| 1662 | 判⁵ | 丶 丷 半 判 |
| 1663 | 坂³ | 土 圢 圻 坂 坂 |
| 1664 | 阪⁴ | 阝 阝 阝 阪 阪 |
| 1665 | 板³ | 木 朷 板 板 |
| 1666 | 版⁵ | ノ 凢 厂 片 版 版 |
| 1667 | 班⁶ | 玎 珂 班 |
| 1668 | 畔 | 田 畔 畔 |
| 1669 | 般 | 舟 般 |
| 1670 | 販 | 貝 販 販 |
| 1671 | 斑 | 丅 王 圻 玟 珂 斑 |
| 1672 | 飯⁴ | 食 飣 飯 |
| 1673 | 搬 | 扌 扚 搬 搬 |
| 1674 | 煩 | 火 灯 煩 煩 |
| 1675 | 頒 | 分 分 頒 |
| 1676 | 範 | 竹 箳 範 範 |
| 1677 | 繁〔繁〕 | 毎 毎 敏 繁 |
| 1678 | 藩 | 艹 莎 萢 藩 藩 |
| 1679 | 晩⁶〔晚〕 | 日 晩 晩 晩 晩 |
| 1680 | 番² | 丶 ⺍ 平 来 番 |
| 1681 | 蛮〔蠻〕 | 亠 変 蛮 |

| | | | | | | | | | | | |
|---|---|---|---|---|---|---|---|---|---|---|---|
| 1682 | 盤 | 舟 | 舩 | 盤 | | 1711 | 匹 | 一 | 兀 | 匹 | |
| 1683 | 比⁵ | ・ | 上 | 比 | 比 | 1712 | 必⁴ | ノ | 义 | 必 | 必 |
| 1684 | 皮³ | ノ | 厂 | 广 | 皮 | 1713 | 泌 | 氵 | 沙 | 泌 | 泌 |
| 1685 | 妃 | 奵 | 妃 | | | 1714 | 筆³ | 竹 | 竺 | 筀 | 筆 |
| 1686 | 否⁶ | 一 | ア | 不 | 否 | 1715 | 姫 | 奵 | 妒 | 姫 | |
| 1687 | 批⁶ | 扌 | 扣 | 批 | | 1716 | 百¹ | 一 | 厂 | 百 | 百 |
| 1688 | 彼 | 彳 | 彷 | 彼 | | 1717 | 氷³ | ㇆ | ㇆ | 引 | 氷 |
| 1689 | 披 | 扌 | 扩 | 扩 | 披 披 | 1718 | 表 | 十 | 主 | 声 | *表 *表 |
| 1690 | 肥⁵ | 月 | 肝 | 肝 | 肥 | 1719 | 俵⁶ | 亻 | 什 | 佳 | 佬 俵 |
| 1691 | 非⁵ | ノ | ㇉ | 非 | 非 | 1720 | 票⁴ | 一 | 襾 | 西 | 覀 票 |
| 1692 | 卑〔卑〕 | 中 | 由 | 卑 | 卑 | 1721 | 評⁵ | 言 | 訃 | 評 | 評 |
| 1693 | 飛⁴ | 乁 | 飞 | 飞 | 飛 飛 | 1722 | 漂 | 氵 | 汇 | 漂 | 漂 |
| 1694 | 疲 | 疒 | 疼 | 疲 | 疲 | 1723 | 標⁴ | 扌 | 栌 | 桿 | 標 |
| 1695 | 秘⁶〔祕〕 | 禾 | 秋 | 秘 | 秘 | 1724 | 苗 | 艹 | 芇 | 苗 | |
| 1696 | 被 | 衤 | 祊 | 补 | 被 | 1725 | 秒³ | 禾 | 秒 | 秒 | |
| 1697 | 悲³ | ノ | 扌 | 扌 | 悲 | 1726 | 病³ | 一 | 广 | 疒 | 疠 病 |
| 1698 | 扉 | 三 | 戸 | 戸 | 扉 扉 | 1727 | 描 | 扌 | 描 | 描 | |
| 1699 | 費⁵ | 一 | 弓 | 典 | 費 | 1728 | 猫 | ノ | 犭 | 犭 | 猫 猫 |
| 1700 | 碑〔碑〕 | 矿 | 础 | 碑 | 碑 | 1729 | 品³ | 口 | 品 | 品 | |
| 1701 | 罷 | 罒 | 罒 | 罪 | 罷 | 1730 | 浜〔濱〕 | 氵 | 汋 | 浜 | |
| 1702 | 避 | 辟 | 辟 | 避 | | 1731 | 貧⁵ | ノ | 八 | 分 | 貧 貧 |
| 1703 | 尾 | 尸 | 层 | 尾 | | 1732 | 賓〔賓〕 | 宀 | 宍 | 宇 | 賓 |
| 1704 | 眉 | 一 | ㇇ | 尸 | 眉 眉 | 1733 | 頻〔頻〕 | 止 | 朱 | 歩 | 虏 頻 頻 |
| 1705 | 美³ | 丷 | 羊 | 美 | 美 | 1734 | 敏〔敏〕 | 与 | 与 | 每 | 敏 |
| 1706 | 備⁵ | 亻 | 伊 | 伊 | 備 備 | 1735 | 瓶〔瓶〕 | 丷 | 并 | 瓶 | 瓶 |
| 1707 | 微 | 彳 | 彵 | 微 | | 1736 | 不⁴ | 一 | ア | 不 | 不 |
| 1708 | 鼻³ | 鼻 | 自 | 畠 | 畠 鼻 | 1737 | 夫⁴ | 二 | 夫 | | |
| 1709 | 膝 | 月 | 胪 | 胦 | 膝 膝 | 1738 | 父² | ・ | *ハ | 少 | 父 |
| 1710 | 肘 | 月 | 肚 | 肘 | | 1739 | 付⁴ | 亻 | 忄 | 付 | |

| | | |
|---|---|---|
| 1740 布⁵ | ノナオ布 | |
| 1741 扶 | 扌扶 | |
| 1742 府⁴ | 广广庁府 | |
| 1743 怖 | 忄忙怖 | |
| 1744 阜⁴ | ´ 广 户 白 皀 阜 | |
| 1745 附 | 阝 阡 附 附 | |
| 1746 訃 | 言 訃 訃 | |
| 1747 負³ | ノ 仔 負 負 | |
| 1748 赴 | 土 走 赴 赴 | |
| 1749 浮 | 冫 浮 浮 | |
| 1750 婦⁵ | 女 妇 婦 婦 婦 | |
| 1751 符 | 竹 符 符 符 | |
| 1752 富⁴ | 宀 宁 官 富 富 | |
| 1753 普 | 並 並 普 | |
| 1754 腐 | 庐 府 府 腐 | |
| 1755 敷 | 旦 申 尃 敷 | |
| 1756 膚 | 广 虍 虐 膚 | |
| 1757 賦 | 財 財 賦 賦 | |
| 1758 譜 | 訕 詳 譜 譜 | |
| 1759 侮〔侮〕| 仁 仏 佈 侮 侮 | |
| 1760 武⁵ | 一 二 千 下 正 武 武 | |
| 1761 部³ | 亠 立 音 部 部 | |
| 1762 舞 | 一 無 舞 舞 | |
| 1763 封 | 土 封 封 | |
| 1764 風² | 丿 几 凡 凨 風 風 | |
| 1765 伏 | 仁 仕 伏 伏 | |
| 1766 服³ | 月 肝 服 服 | |
| 1767 副⁴ | 日 帚 畐 副 | |
| 1768 幅 | 巾 幅 幅 | |
| 1769 復⁵ | 彳 衎 徍 復 復 | |
| 1770 福³〔福〕| 礻 祠 福 福 | |
| 1771 腹⁶ | 胙 腹 腹 | |
| 1772 複⁵ | 衤 衤 衤 袙 複 | |
| 1773 覆 | 覀 覆 覆 | |
| 1774 払〔拂〕| 扌 払 | |
| 1775 沸 | 冫 沸 沸 沸 | |
| 1776 仏⁵〔佛〕| 仏 仏 | |
| 1777 物³ | 丿 ＊ 牛 牛 牝 物 | |
| 1778 粉⁵ | 半 米 粉 粉 | |
| 1779 紛 | 糸 紛 紛 | |
| 1780 雰 | 亠 二 雨 雰 雰 雰 | |
| 1781 噴 | 吐 咕 喒 噴 | |
| 1782 墳 | 圤 坊 墳 | |
| 1783 憤 | 忄 忙 憤 | |
| 1784 奮⁶ | 大 衣 存 奞 奮 奮 | |
| 1785 分² | 八 分 ＊分 | |
| 1786 文¹ | 亠 亠 ナ 文 | |
| 1787 聞² | 丨 門 門 聞 聞 | |
| 1788 丙 | 一 丙 丙 丙 | |
| 1789 平³ | 一 一 亚 平 | |
| 1790 兵⁴ | ノ 亻 斤 斤 兵 | |
| 1791 併〔倂〕| 亻 伴 併 | |
| 1792 並⁶〔竝〕| 亠 廾 並 並 | |
| 1793 柄 | 枾 柄 | |
| 1794 陛⁶ | 阝 阠 阰 陛 陛 | |
| 1795 閉⁶ | 閇 閉 | |
| 1796 塀〔塀〕| 土 圹 坪 坪 塀 塀 | |
| 1797 幣 | 尚 敝 幣 | |

| | | | | | | | | | | | | |
|---|---|---|---|---|---|---|---|---|---|---|---|---|
| 1798 | 弊 | 尚 | 敝 | 弊 | | | 1826 | 慕 | 苎 | 莫 | 莫 | 慕 |
| 1799 | 蔽 | ナ | 艹 | 苎 | 苩 | 荫 | 蔽 | 1827 | 暮[6] | 苎 | 莫 | 暮 |
| 1800 | 餅 | ケ | 仐 | 食 | 飠 | 飣 | 餅 | 1828 | 簿 | 筕 | 筟 | 蓮 | 薄 | 薄 |
| 1801 | 米[2] | 丶 | 二 | 半 | 米 | | | 1829 | 方[2] | 丶 | 亠 | 方 | 方 |
| 1802 | 壁 | ㄱ | 尸 | 辟 | 壁 | | | 1830 | 包[4] | ノ | ク | 勺 | 包 |
| 1803 | 璧 | ㄱ | 尸 | 辟 | 辟 | 壁 | 璧 | 1831 | 芳 | 艹 | 艿 | 芳 |
| 1804 | 癖 | 疒 | 疒 | 癖 | 癖 | | | 1832 | 邦 | 三 | 丰 | 邦 |
| 1805 | 別[4] | 口 | 月 | 号 | 別 | | | 1833 | 奉 | 三 | 表 | 奉 |
| 1806 | 蔑 | 苎 | 芦 | 芦 | 芦 | 蒦 | 蔑 | 1834 | 宝[6]〔寶〕 | 宀 | 宝 | 宝 |
| 1807 | 片[6] | ノ | 广 | 片 | | | | 1835 | 抱 | 扚 | 抱 |
| 1808 | 辺[4]〔邊〕 | フ | 刀 | 辺 | | | | 1836 | 放[3] | 亠 | 方 | 方 | 放 |
| 1809 | 返[3] | 一 | 厂 | 反 | 返 | 返 | | 1837 | 法[4] | 氵 | 汁 | 注 | 法 |
| 1810 | 変[4]〔變〕 | 一 | 亠 | 赤 | 亦 | 変 | | 1838 | 泡 | 氵 | 氵 | 氵 | 沟 | 泃 | 泡 |
| 1811 | 偏 | 伊 | 伊 | 偏 | 偏 | | | 1839 | 胞 | 朐 | 朐 | 胞 |
| 1812 | 遍 | 月 | 肩 | 扁 | 遍 | | | 1840 | 俸 | 亻 | 亻 | 俠 | 倭 | 俸 |
| 1813 | 編 | 糹 | 紵 | 絹 | 絹 | 編 | | 1841 | 倣 | 亻 | 伤 | 伤 | 倣 |
| 1814 | 弁[5] 〔辨辯辮〕 | ㄥ | ム | 兯 | 弁 | | | 1842 | 峰 | 屿 | 峰 | 峰 |
| | | | | | | | 1843 | 砲 | 矽 | 砲 | 砲 |
| 1815 | 便[4] | 亻 | 佢 | 佢 | 便 | 便 | | 1844 | 崩 | 屵 | 屵 | 崩 |
| 1816 | 勉[3]〔勉〕 | ク | 舟 | 舟 | 免 | 勉 | | 1845 | 訪[6] | 訁 | 訂 | 訪 | 訪 |
| 1817 | 步[2]〔步〕 | 丨 | 止 | 壮 | 步 | | | 1846 | 報[5] | 土 | 扌 | 幸 | 幸 | 報 |
| 1818 | 保[5] | 亻 | 伀 | 仔 | 保 | | | 1847 | 蜂 | 虫 | 虾 | 蚙 | 蛏 | 蜂 |
| 1819 | 哺 | 口 | 叮 | 咟 | 哺 | 哺 | | 1848 | 豊[5]〔豐〕 | 冂 | 曲 | 曲 | 豊 | 豊 |
| 1820 | 捕 | 扌 | 扪 | 捕 | 捕 | | | 1849 | 飽 | 飣 | 飣 | 飽 |
| 1821 | 補[6] | ネ | 衤 | 衤 | 袻 | 補 | 補 | 1850 | 褒〔襃〕 | 亠 | 疒 | 扪 | 袢 | 褒 | 褒 |
| 1822 | 舖 | 舍 | 舑 | 舖 | 舖 | | | 1851 | 縫 | 糸 | 絆 | 縫 |
| 1823 | 母[2] | ㄥ | Ц | Ц | 母 | | | 1852 | 亡[6] | 丶 | 亠 | 亡 |
| 1824 | 募 | 艹 | 苎 | 莫 | 募 | | | 1853 | 乏 | 丶 | 乛 | 丆 | 乏 |
| 1825 | 墓[5] | 一 | | 苎 | 莫 | 墓 | | 1854 | 忙 | 忄 | 忙 |

| | | | | | | |
|---|---|---|---|---|---|---|
| 1855 | 坊 | 扩 坊 坊 | | 1884 | 勃 | 十 キ 孛 孛 勃 |
| 1856 | 妨 | 女 妨 | | 1885 | 堀 | 土 圹 圹 圹 堀 堀 |
| 1857 | 忘⁶ | 亡 忘 | | 1886 | 本¹ | 十 才 *木 本 |
| 1858 | 防⁵ | 一 了 阝 阝 防 防 | | 1887 | 奔 | 本 李 奔 |
| 1859 | 房 | ヨ 戸 房 | | 1888 | 翻 | 〔飜〕番 翻 |
| 1860 | 肪 | 肝 肪 肪 | | 1889 | 凡 | 丿 几 凡 |
| 1861 | 某 | 艹 甘 某 | | 1890 | 盆 | 分 盆 盆 |
| 1862 | 冒 | 曰 冃 冒 | | 1891 | 麻 | 广 庅 麻 |
| 1863 | 剖 | 咅 剖 | | 1892 | 摩 | 一 广 麻 摩 |
| 1864 | 紡 | 糹 紡 紡 | | 1893 | 磨 | 一 广 广 麻 麻 磨 |
| 1865 | 望⁴ | 亠 亡 切 朢 朢 望 | | 1894 | 魔 | 广 麻 麿 魔 |
| 1866 | 傍 | 亻 伫 傍 傍 | | 1895 | 毎²〔每〕 | 亠 广 勹 勾 毎 |
| 1867 | 帽 | 巾 帽 帽 | | 1896 | 妹² | 女 女 妌 妌 妹 |
| 1868 | 棒⁶ | 木 㭍 棒 棒 | | 1897 | 枚⁶ | 朷 枚 |
| 1869 | 貿⁵ | 𠂉 𠂊 𠂋 𠂌 貿 | | 1898 | 昧 | 日 旪 旪 昧 昧 |
| 1870 | 貌 | 𠂉 𠂊 豸 豸 豹 貌 | | 1899 | 埋 | 土 坦 坦 埋 |
| 1871 | 暴⁵ | 旦 昌 昊 昊 暴 暴 | | 1900 | 幕⁶ | 艹 莫 幕 |
| 1872 | 膨 | 胪 膨 膨 | | 1901 | 膜 | 肝 膜 膜 |
| 1873 | 謀 | 訊 訊 謀 | | 1902 | 枕 | 木 朾 朾 枕 |
| 1874 | 頰 | 𠂉 𠂊 𠂋 夾 奀 頰 | | 1903 | 又 | 𠃌 又 |
| 1875 | 北² | 一 ナ 十 𠃌 北 | | 1904 | 末⁴ | 一 二 丰 末 |
| 1876 | 木¹ | 一 十 才 木 | | 1905 | 抹 | 扌 扩 扩 拌 抹 抹 |
| 1877 | 朴 | 一 十 才 木 村 朴 | | 1906 | 万²〔萬〕 | 一 フ 万 |
| 1878 | 牧⁴ | 𠂉 𠂊 𣥂 牧 | | 1907 | 満⁴〔滿〕 | 氵 汁 汁 満 満 満 |
| 1879 | 睦 | 目 肚 胩 睦 睦 睦 | | 1908 | 慢 | 忄 悍 慢 慢 |
| 1880 | 僕 | 亻 伊 伊 俨 僕 僕 | | 1909 | 漫 | 氵 渭 渭 漫 |
| 1881 | 墨 | 〔墨〕甲 里 墨 | | 1910 | 未⁴ | 二 丰 未 |
| 1882 | 撲 | 扌 扩 撲 撲 | | 1911 | 味³ | 口 吀 吀 味 |
| 1883 | 没 | 氵 氾 没 没 | | 1912 | 魅 | 甶 鬼 魅 魅 |

| № | 字 | 筆順 |
|---|---|---|
| 1913 | 岬 | 丨 山 屾 屾 岬 岬 |
| 1914 | 密⁶ | 宀 宀 宓 宓 密 |
| 1915 | 蜜 | 宀 宀 宓 宓 宓 密 蜜 |
| 1916 | 脈⁵ | 丿 *月 刖 肵 肵 脈 |
| 1917 | 妙 | 如 如 妙 |
| 1918 | 民⁴ | フ 尸 尸 民 |
| 1919 | 眠 | 眤 眠 眠 |
| 1920 | 矛 | 予 予 矛 |
| 1921 | 務⁵ | マ 予 矛 教 務 |
| 1922 | 無⁴ | 二 無 無 無 |
| 1923 | 夢⁵ | 艹 苗 夢 |
| 1924 | 霧 | 雰 雰 霧 霧 |
| 1925 | 娘 | 妇 妇 娘 |
| 1926 | 名¹ | 丿 ク タ 名 |
| 1927 | 命³ | 丿 人 个 合 命 命 |
| 1928 | 明² | 日 明 明 |
| 1929 | 迷⁵ | 丶 丷 半 迷 |
| 1930 | 冥 | 冖 冝 冝 冥 |
| 1931 | 盟⁶ | 日 明 明 盟 |
| 1932 | 銘 | 釒 銘 |
| 1933 | 鳴² | 口 叮 嗚 鳴 |
| 1934 | 滅 | 氵 汃 滅 滅 |
| 1935 | 免〔免〕 | 丷 免 免 |
| 1936 | 面³ | 一 丆 丏 而 面 面 |
| 1937 | 綿⁵ | 糹 綿 綿 綿 |
| 1938 | 麺 | 圭 麦 麫 麫 麺 麺 |
| 1939 | 茂 | 艹 茂 茂 |
| 1940 | 模⁶ | 棋 椹 模 |
| 1941 | 毛² | 一 三 毛 |
| 1942 | 妄 | 丶 亠 亡 亡 妄 妄 |
| 1943 | 盲 | 亡 盲 |
| 1944 | 耗 | 耒 耒 耗 |
| 1945 | 猛 | 犭 犭 猛 猛 |
| 1946 | 網 | 網 網 網 |
| 1947 | 目¹ | 丨 冂 月 目 |
| 1948 | 黙〔默〕 | 里 默 黙 |
| 1949 | 門² | 丨 冂 門 門 門 門 |
| 1950 | 紋 | 糹 紋 紋 |
| 1951 | 問³ | 丨 冂 門 門 門 問 |
| 1952 | 冶 | 冫 氵 冾 冶 |
| 1953 | 夜² | 一 广 疒 *疒 *疒 夜 |
| 1954 | 野 | 口 *日 *甲 里 野 野 |
| 1955 | 弥 | 丶 弓 弓 弥 弥 |
| 1956 | 厄 | 一 厂 厄 厄 |
| 1957 | 役³ | 丶 彳 彳 彳 役 |
| 1958 | 約⁴ | 幺 糸 糸 約 約 |
| 1959 | 訳⁶〔譯〕 | 訳 訳 訳 |
| 1960 | 薬³〔藥〕 | 艹 苩 苩 薬 薬 |
| 1961 | 躍 | 跞 跞 躍 |
| 1962 | 闇 | 門 門 閏 闇 |
| 1963 | 由³ | 丨 冂 *巾 由 |
| 1964 | 油³ | 氵 汕 油 油 |
| 1965 | 喩 | 口 叭 呤 喩 |
| 1966 | 愉 | 忄 怜 愉 愉 |
| 1967 | 諭 | 訡 諭 諭 |
| 1968 | 輸⁵ | 車 軒 軡 輸 輸 |
| 1969 | 癒 | 一 疒 疒 痛 痛 癒 |
| 1970 | 唯 | 口 叭 呀 唯 |

| | | | |
|---|---|---|---|
| 1971 | 友² 一 ナ 方 *友 | 2000 | 揺〔搖〕挥 挥 揺 |
| 1972 | 有³ ノ ナ 有 | 2001 | 葉³ 艹 艹 艹 艹 苹 葉 |
| 1973 | 勇⁴ マ 丙 甬 勇 | 2002 | 陽 阝 *阝 阴 陽 陽 |
| 1974 | 幽 丨 幺 幽 幽 | 2003 | 溶 氵 泣 溶 |
| 1975 | 悠 亻 亻 攸 攸 悠 悠 | 2004 | 腰 肜 腰 腰 腰 |
| 1976 | 郵⁶ 𠂉 𠂉 垂 郵 | 2005 | 様³〔樣〕栏 栏 様 様 |
| 1977 | 湧 氵 沼 湧 湧 | 2006 | 瘍 广 扩 疒 疸 疸 瘍 |
| 1978 | 猶 犭 猞 猷 猶 | 2007 | 踊 跙 踊 踊 |
| 1979 | 裕 衤 衫 裕 | 2008 | 窯 穴 宼 窣 窯 |
| 1980 | 遊³ 宀 宀 方 斿 斿 遊 | 2009 | 養⁴ 兰 芏 美 美 養 養 |
| 1981 | 雄 厷 叿 㛀 雄 | 2010 | 擁 扩 捶 捶 擁 |
| 1982 | 誘 詐 誘 誘 | 2011 | 謡〔謠〕誇 誇 謡 謡 |
| 1983 | 憂 页 直 夏 憂 | 2012 | 曜² 日 明 明 明 晔 曜 |
| 1984 | 融 鬲 融 融 | 2013 | 抑 扌 抑 抑 |
| 1985 | 優⁶ 亻 偂 優 優 | 2014 | 沃 氵 氵 氵 沃 |
| 1986 | 与〔與〕一 与 与 | 2015 | 浴⁴ 氵 汃 浴 |
| 1987 | 予³〔豫〕マ 了 予 | 2016 | 欲⁶ 𠆢 父 谷 欲 |
| 1988 | 余⁵〔餘〕人 今 令 余 | 2017 | 翌⁶ 彐 羽 翌 |
| 1989 | 誉〔譽〕兴 兴 誉 | 2018 | 翼 門 翼 翼 翼 |
| 1990 | 預⁶ マ 予 預 預 | 2019 | 拉 扌 扩 拉 拉 |
| 1991 | 幼⁶ 幺 幻 幼 | 2020 | 裸 衤 衵 裡 裸 |
| 1992 | 用² ) 冂 月 用 | 2021 | 羅 罒 罗 罜 罪 羅 |
| 1993 | 羊³ 丷 兰 羊 | 2022 | 来²〔來〕一 ㄇ 卫 平 来 |
| 1994 | 妖 女 𡛸 奼 妖 | 2023 | 雷 雨 雷 雷 |
| 1995 | 洋³ 氵 汫 洋 | 2024 | 頼〔賴〕束 束 籾 頼 |
| 1996 | 要⁴ 覀 西 更 要 要 | 2025 | 絡 絲 絡 |
| 1997 | 容⁵ 宂 宂 突 容 | 2026 | 落³ 艹 艿 艿 芡 落 |
| 1998 | 庸 庐 庐 庸 庸 | 2027 | 酪 酊 酪 |
| 1999 | 揚 扌 捛 揭 揚 | 2028 | 辣 立 立 辛 扝 辣 辣 |

| | | |
|---|---|---|
| 2029 乱⁶〔亂〕⁻ 舌 乱 | 2058 虜〔擄〕ﾑ 虏 虏 虜 虜 | |
| 2030 卵⁶ ʼ ʅ ʆ 卯 卵 | 2059 慮 广 广 庐 慮 | |
| 2031 覧⁶〔覽〕ﾊ ㅌ 旷 覧 | 2060 了 ﹁ 了 | |
| 2032 濫 氵 浐 浐 濫 | 2061 両³〔兩〕一 行 币 両 両 両 | |
| 2033 藍 艹 艹 茳 茳 藍 藍 | 2062 良 ﹅ ˋ ㄅ ㅌ 肖 良 | |
| 2034 欄〔欄〕㭉 㭉 㭉 㭏 㭏 欄 | 2063 料⁴ ˊ 米 米 料 料 | |
| 2035 吏 ㅁ 更 吏 | 2064 涼 氵 汁 泞 涼 | |
| 2036 利⁴ ˊ ˊ 禾 利 | 2065 猟〔獵〕犭 犷 狪 猟 | |
| 2037 里² ㄇ 日 田 里 | 2066 陵 阝 陜 陵 | |
| 2038 理² 王 玗 玾 理 理 | 2067 量⁴ 日 旦 昌 量 | |
| 2039 痢 疒 疕 痢 | 2068 僚 亻 伙 倅 僚 | |
| 2040 裏⁶ 亠 审 重 裏 | 2069 領⁵ ˊ ˊ ˋ 領 | |
| 2041 履 尸 屏 履 | 2070 寮 宀 安 寧 寮 | |
| 2042 璃 ⺩ 王 圹 玡 璃 璃 | 2071 療 疒 痄 痄 療 | |
| 2043 離 ㅗ 甪 禽 离 離 | 2072 瞭 目 䀠 䀠 瞭 瞭 | |
| 2044 陸⁴ ʼ ⁺阝 阡 阵 陸 陸 | 2073 糧 米 料 糧 糧 | |
| 2045 立¹ ʼ ㅗ ㅗ 立 | 2074 力¹ フ 力 | |
| 2046 律⁶ 彳 彳 律 律 | 2075 緑³〔綠〕糹 糹 紀 紆 緑 | |
| 2047 慄 忄 忄 ꞌ 愣 愣 慄 | 2076 林¹ 木 林 | |
| 2048 略⁵ 田 町 畋 略 | 2077 厘 厂 厄 厘 厘 | |
| 2049 柳 枊 枊 柳 | 2078 倫 亻 伶 倫 倫 | |
| 2050 流³ 氵 氵 氵 流 流 | 2079 輪⁴ 車 ⁺軨 軨 輪 | |
| 2051 留⁵ ʻ ʅ ʅ 卯 留 | 2080 隣 阝 阝 陟 隣 | |
| 2052 竜〔龍〕ㅗ ㅛ 立 音 竜 | 2081 臨⁶ ┃ 臣 厒 臣ト 跕 臨 | |
| 2053 粒 米 粒 粒 | 2082 瑠 ⺩ 王 玗 瑠 瑠 | |
| 2054 隆〔隆〕阝 陞 隆 | 2083 涙〔淚〕氵 沪 沪 涙 | |
| 2055 硫 石 矿 硫 硫 | 2084 累 田 累 | |
| 2056 侶 亻 们 伊 侶 | 2085 塁〔壘〕田 田 围 塁 | |
| 2057 旅³ 方 ⁺方 㚆 旅 旅 | 2086 類⁴〔類〕ﾂ 米 类 類 | |

| | | | |
|---|---|---|---|
| 2087 | 令⁴ 𠆢 𠆢 今 令 | 2116 | 労⁴〔勞〕丶 ⺍ ⺍ 労 |
| 2088 | 礼³〔禮〕丶 ⼀ ネ ネ 礼 | 2117 | 弄 一 T 王 王 丰 弄 |
| 2089 | 冷⁴ 丶 冫 冫 冷 冷 | 2118 | 郎〔郞〕⁹ 良 郎 |
| 2090 | 励〔勵〕一 厂 厉 厉 励 | 2119 | 朗⁶〔朗〕⁹ 朗 朗 |
| 2091 | 戻〔戾〕一 𠃍 戸 戸 戸 戻 | 2120 | 浪 氵 泸 浪 |
| 2092 | 例⁴ 亻 亻 伢 伢 例 例 | 2121 | 廊〔廊〕广 庐 廊 |
| 2093 | 鈴 釒 釤 鈴 | 2122 | 楼〔樓〕木 桦 楼 楼 |
| 2094 | 零 𠕒 零 | 2123 | 漏 氵 沪 漏 漏 |
| 2095 | 霊〔靈〕雫 霏 霊 | 2124 | 籠 ⺮ 篭 篭 篭 籠 籠 |
| 2096 | 隷 士 圭 隶 隷 隷 | 2125 | 六¹ 一 六 六 |
| 2097 | 齢〔齡〕歯 齢 齢 | 2126 | 録⁴〔錄〕釒 鈩 鈩 鍒 録 |
| 2098 | 麗 ⼀ 一 兩 麗 麗 麗 | 2127 | 麓 𦬇 菻 菻 菻 麓 麓 |
| 2099 | 暦〔曆〕厂 厤 暦 | 2128 | 論⁶ 訁 診 論 論 |
| 2100 | 歴⁵〔歷〕厂 厤 厤 歴 | 2129 | 和³ 二 千 禾 和 |
| 2101 | 列³ 一 ⼂ 歹 列 | 2130 | 話² 二 ⺬ 訁 訁 訁 話 |
| 2102 | 劣 ⼩ 少 劣 | 2131 | 賄 貝 貯 賄 |
| 2103 | 烈 歹 列 烈 | 2132 | 脇 月 肋 脇 脇 |
| 2104 | 裂 歹 列 裂 | 2133 | 惑 一 或 或 惑 |
| 2105 | 恋〔戀〕一 亣 亦 恋 | 2134 | 枠 木 朴 枠 枠 枠 |
| 2106 | 連⁴ 亘 車 連 | 2135 | 湾〔灣〕氵 泻 濟 湾 |
| 2107 | 廉 广 廌 廉 廉 | 2136 | 腕 肶 肜 腕 |
| 2108 | 練³〔練〕糹 紀 紀 練 | | |
| 2109 | 錬〔鍊〕鈿 錬 | | |
| 2110 | 呂 口 𠮛 呂 呂 | | |
| 2111 | 炉〔爐〕炉 炉 | | |
| 2112 | 賂 貝 貯 賂 賂 | | |
| 2113 | 路³ 𧾷 𧾷 趵 跂 路 | | |
| 2114 | 露 雨 零 露 | | |
| 2115 | 老⁴ 十 耂 耂 老 | | |

❖編者紹介❖
**白石大二**（しらいし だいじ）
1912年　愛媛県今治市生まれ　　1935年　東京大学文学部国文学科卒業
元　文部省調査局国語課長　　元　早稲田大学教育学部教授
1989年　逝去
著　書：「新文章辞典」（ぎょうせい）／「徒然草と兼好」（同）／「国語慣用句大辞典」（東京堂出版）／「擬声語擬態語慣用句辞典」（同）など

❖新版監修者紹介❖
**野元菊雄**（のもと きくお）
1922年　神奈川県横須賀市生まれ　　1948年　東京大学文学部言語学科卒業
元　国立国語研究所長　　元　神戸松蔭女子学院大学文学部教授
2006年　逝去
著　書：「文章・あいさつ表現辞典」（ぎょうせい）／「文章・会話辞典」（同）／「日本人と日本語」（筑摩書房）／「敬語を使いこなす」（講談社）など

❖改訂新版監修者紹介❖
**高田智和**（たかだ ともかず）
1975年　新潟県新潟市生まれ
2004年　北海道大学大学院文学研究科博士後期課程修了（博士（文学））
　　　　人間文化研究機構国立国語研究所教授
著　書：「常用漢字と「行政用文字」」（『新常用漢字表の文字論』，勉誠出版，2009年）／「漢字と書き換え」（『日本語学』26-13，明治書院，2007年）など

# 例解辞典・改訂新版
常用漢字／送り仮名
現代仮名遣い／筆順

平成22年7月30日　初版発行
令和6年8月1日　　16版発行

編　　　　　者　白石大二
新版監修者　野元菊雄
改訂新版監修者　高田智和

発　行　株式会社　ぎょうせい

〒136-8575　東京都江東区新木場1-18-11
URL：https://gyosei.jp

フリーコール　0120-953-431
ぎょうせい　お問い合わせ　検索　https://gyosei.jp/inquiry/

＜検印省略＞

印刷　ぎょうせいデジタル㈱
乱丁・落丁本は、送料小社負担にてお取り替えいたします。
ISBN978-4-324-09143-2　　©2010　Printed in Japan
（5107660-00-000）　　〔略号：例解辞典（改訂新版）〕

※14版（令和3年4月1日発行）にて、小学校学習指導要領（令和2年度施行）・中学校学習指導要領（令和3年度施行）に基づく内容修正（学年別漢字配当表の反映等）を行いました。

**文章研修テキストとしてはもちろん、初心者からベテランまで、日常業務に欠かせないバイブル！**

# 分かりやすい公用文の書き方
## ［第２次改訂版］

礒崎 陽輔【著】

A5判・定価2,530円（税込）　**電子版** 価格2,530円（税込）

※電子版は ぎょうせいオンラインショップ 検索 からご注文ください。

### 新「公用文作成の考え方」準拠

- 「主語と述語」「漢字と平仮名」など、分野別に基本原則と例外、間違いやすい実例などを、豊富な例文とともに解説。
- 公務員に求められる、あらゆる文書作成の際に必要な基本的ルールが分かり、間違いのない文章づくりに役立ちます。

70年ぶりに改定された新「公用文作成の考え方」に準拠し、全面改訂
公用文の書き方の歴史的な経緯、マスコミ各紙との異同なども加筆

累計15万部突破！

### 【主要目次】

| | |
|---|---|
| 序　章　公用文の書き方について | 第8章　名詞の列挙 |
| 第1章　公用文の書き方のルール | 第9章　通知文の書き方 |
| 第2章　主語と述語 | 第10章　差別用語・不快用語 |
| 第3章　漢字と平仮名 | 追補1　外来語の表記 |
| 第4章　送り仮名 | 追補2　広報文の書き方 |
| 第5章　句読点 | 追補3　コンピューターで使える漢字 |
| 第6章　文　体 | 追補4　Wordでの段落書式の設定 |
| 第7章　項目番号及び配字 | 参考資料 |
| | 用字用語索引 |

株式会社 ぎょうせい
フリーコール TEL:0120-953-431 [平日9～17時] FAX:0120-953-495
〒136-8575 東京都江東区新木場1-18-11　https://shop.gyosei.jp　ぎょうせいオンラインショップ 検索

**公用文作成の絶対的よりどころ。**
**用字用語の標準例を約1万語収録！**

# 最新公用文
# 用字用語例集

[改定常用漢字対応] **増補版**

## ぎょうせい公用文研究会【編】

A5判・定価2,420円(税込)　電子版 価格2,420円(税込)

※本書は電子版も発行しております。ご注文は ぎょうせいオンラインショップ 検索 からお願いいたします。

### 70年ぶりに改められた手引
### 「公用文作成の考え方」を新規収録。
### 見出し語・用例もプラスした充実の【増補版】

◆平成22年改定「常用漢字表」(平成22年内閣告示第2号)に完全準拠。
◆令和4年、70年ぶりに改められた手引「公用文作成の考え方」を受けて、【増補版】としてグレードアップ！
◆公用文の用字用語の標準例を五十音順で約1万語収録。
◆「漢字か仮名か」「送り仮名の付け方は」「動詞・名詞の書き分けは」——迷ったときに頼りになる、公務上の座右の書。

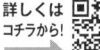

詳しくはコチラから！

### 【目次】

●公用文用字用語例集
　(あ行～わ行)　約1万項目の用語を収録
●公用文に関する参考資料
　・公用文における漢字使用等
　・常用漢字表
　・旧「常用漢字表」からの変更点
　・送り仮名の付け方
　・現代仮名遣い
　・外来語の表記
　・法令における漢字使用等
　・公用文作成の考え方　　増補版から**新規収録**
　　　(令和4年3月 文化審議会建議)

・同音の漢字による書きかえ
・「異字同訓」の漢字の用法
・「異字同訓」の漢字の用法例
　(追加字種・追加音訓関連)

●編　集
**ぎょうせい公用文研究会**
代表 **高田 智和**(たかだ ともかず)
(人間文化研究機構国立国語研究所教授)
(2022年度現在)

## 新訂 ワークブック 法制執務 第2版

**法制執務研究会／編**
A5判　上製本・ケース入り
定価（本体4,800円＋税）

- 累計発行部数7万部を超える法制執務の必携書を10年ぶりに全面改訂！
- 規定例を最新の法令に更新しました。
- 法制執務の「困った」「わからない」を、330問のQ&Aで解決します。幅広い規定例が満載です。
- 入門から実務のプロまで幅広いニーズに応える信頼の一冊です。

### 目次
◆法令一般編
◆基礎編
第1章 一般的事項／第2章 題名関係／第3章 制定文関係／第4章 前文関係 ほか
◆応用編
第1章 一部改正関係／第2章 全部改正関係／第3章 廃止関係
◆用字・用語編
第1章 用字関係／第2章 用語関係／第3章 配字関係
◆付録・索引

**株式会社ぎょうせい**
フリーコール TEL:0120-953-431（平日9～17時） FAX:0120-953-495
〒136-8575 東京都江東区新木場1-18-11
https://shop.gyosei.jp　ぎょうせいオンライン 検索